# Lehr- und Handbücher zu Tourismus, Verkehr und Freizeit

## Herausgegeben von Universitätsprofessor Dr. Walter Freyer

### Bisher erschienene Werke:

*Agricola,* Freizeit – Grundlagen für Planer und Manager
*Althof,* Incoming-Tourismus
*Bastian · Born · Dreyer,* Kundenorientierung im Touristikmanagement, 2. Auflage
*Bieger,* Management von Destinationen und Tourismusorganisationen, 4. Auflage
*Bochert,* Tourismus in der Marktwirtschaft
*Dreyer,* Kulturtourismus, 2. Auflage
*Dreyer · Krüger,* Sporttourismus
*Dreyer · Dehner,* Kundenzufriedenheit im Tourismus
*Freyer,* Tourismus, 7. Auflage
*Freyer,* Tourismus-Marketing, 3. Auflage
*Freyer · Pompl,* Reisebüro-Management
*Henselek,* Hotelmanagement – Planung und Kontrolle
*Kaspar,* Management der Verkehrsunternehmungen
*Landgrebe,* Internationaler Tourismus
*Pompl · Lieb,* Qualitätsmanagement im Tourismus
*Schreiber,* Kongress- und Tagungsmanagement
*Sterzenbach,* Luftverkehr, 2. Auflage

# Tourismus-Marketing

Marktorientiertes Management im Mikro- und Makrobereich der Tourismuswirtschaft

Von
### Prof. Dr. Walter Freyer
Technische Universität Dresden

3., überarbeitete Auflage

R. Oldenbourg Verlag München Wien

**Die Deutsche Bibliothek – CIP-Einheitsaufnahme**

Freyer, Walter:
Tourismus-Marketing : marktorientiertes Management im Mikro- und Makrobereich der Tourismuswirtschaft / von Walter Freyer. – 3., überarb. Aufl.. – München ; Wien : Oldenbourg, 2001
  (Lehr- und Handbücher zu Tourismus, Verkehr und Freizeit)
  ISBN 3-486-25700-5

© 2001 Oldenbourg Wissenschaftsverlag GmbH
Rosenheimer Straße 145, D-81671 München
Telefon: (089) 45051-0
www.oldenbourg-verlag.de

Das Werk einschließlich aller Abbildungen ist urheberrechtlich geschützt. Jede Verwertung außerhalb der Grenzen des Urheberrechtsgesetzes ist ohne Zustimmung des Verlages unzulässig und strafbar. Das gilt insbesondere für Vervielfältigungen, Übersetzungen, Mikroverfilmungen und die Einspeicherung und Bearbeitung in elektronischen Systemen.

Gedruckt auf säure- und chlorfreiem Papier
Druck: R. Oldenbourg Graphische Betriebe Druckerei GmbH

ISBN 3-486-25700-5

# Inhaltsübersicht

**Inhaltsverzeichnis** .............................................. VII

**Vorwort** ........................................................ XVII

**Teil A:**
**Grundlagen des Marketing im Tourismus – Einführung** ............... 1
1. Das Phänomen Tourismus ....................................... 3
2. Grundlagen des modernen Marketing-Managements ................ 34
3. Besonderheiten des Tourismus-Marketing: Elemente einer Theorie des Tourismus-Marketing ......................................... 58

**Teil B:**
**Informations- oder Analysephase: Marketingforschung im Tourismus** .... 115
1. Die touristischen „Umwelt"- oder „Umfeld"bedingungen ........... 118
2. Marktanalyse im Tourismus .................................... 161
3. Betriebsanalyse im Tourismus ................................. 243
4. Strategische Diagnose ........................................ 295

**Teil C:**
**Konzeptionsphase: Strategisches Marketing** ........................ 299
0. Grundlagen des strategischen Marketing ....................... 302
1. Methoden der strategischen Diagnose bzw. Analyse .............. 306
2. Strategische Ziele im Tourismus .............................. 329
3. Strategieentwicklung ......................................... 361
4. Strategisches Marketing-Mix .................................. 404

**Teil D:**
**Gestaltungsphase: Marketing-Mix im Tourismus** ..................... 411
0. Grundlagen des Marketing-Mix ................................. 414
1. Produktpolitik im Tourismus .................................. 420
2. Preis- oder Kontrahierungspolitik ............................ 465
3. Vertriebswege- oder Distributionspolitik ..................... 495
4. Kommunikationspolitik im Tourismus ........................... 528
5. Zusammenfassung: Marketing-Mix im Tourismus .................. 615

**Teil E:**
**Marketing-Implementierung: Operatives Marketing (Realisierungsphase)** 617
1. Allgemeine Aufgaben der Marketing-Implementierung ............ 620
2. Marketing-Organisation als Implementierungsaufgabe (Managementstrukturen und Marketing-Implementierung) .......... 628
3. Allokationsaufgaben der Marketing-Implementierung ............ 652
4. Marketing-Implementierung in bezug auf Anspruchsgruppen ...... 687
5. Marketing-Controlling ........................................ 715

# Inhaltsverzeichnis

## Teil A
**Grundlagen des Marketing im Tourismus – Einführung.** ................. 1

| | | |
|---|---|---|
| **1** | **Das Phänomen Tourismus**. .................................... | 3 |
| 1.1 | Grundlagen der Tourismuslehre ............................... | 3 |
| 1.2 | Die ökonomische Sicht des Tourismus. ........................ | 6 |
| 1.2.1 | Die betriebswirtschaftlichen Aspekte des Tourismus. ............. | 6 |
| 1.2.2 | Die volkswirtschaftlichen Aspekte des Tourismus ................ | 7 |
| 1.2.3 | Marketing und Märkte als Schnittstelle der VWL und BWL ....... | 10 |
| 1.3 | Tourismus-Produzenten und Marketing-Träger (das Tourismus-Angebot) .................................. | 16 |
| 1.3.1 | Touristische Betriebe ........................................ | 16 |
| 1.3.2 | Die Tourismuswirtschaft im engeren Sinne..................... | 18 |
| 1.3.3 | Die ergänzende Tourismuswirtschaft und die touristische Randindustrie ............................................... | 24 |
| 1.4 | Die touristische Nachfrage ................................... | 26 |
| 1.4.1 | Grundlagen der ökonomischen Betrachtung der Tourismus-Nachfrage. ................................................ | 26 |
| 1.4.2 | Nachfragetypologien ........................................ | 29 |
| 1.5 | Erklärungen des Tourismus – die Fremdenverkehrslehre oder die Tourismuswissenschaft. ...................................... | 31 |
| **2** | **Grundlagen des modernen Marketing-Managements** ............. | 34 |
| 2.1 | Vom „traditionellen" zum „modernen" Marketing ............... | 35 |
| 2.1.1 | Marketingentwicklung....................................... | 35 |
| 2.1.2 | Modernes und traditionelles Marketing ........................ | 38 |
| 2.2 | Entwicklungsstufen des Marketing im Tourismus ................ | 43 |
| 2.2.1 | Wandel der Märkte: von Produzenten- zu Konsumentenmärkten... | 43 |
| 2.2.2 | Entwicklungsstufen des Tourismus-Marketing in der Bundesrepublik Deutschland. ............................................... | 49 |
| 2.2.3 | Erweiterung und Vertiefung des modernen Marketing............ | 52 |
| 2.3 | Formen und Bereiche des modernen Marketing ................. | 54 |
| **3** | **Besonderheiten des Tourismus-Marketing/Elemente einer Theorie des Tourismus-Marketing** ................................... | 58 |
| 3.1 | Einordnung des Tourismus-Marketing in das Gebäude des allgemeinen Marketing ...................................... | 59 |
| 3.1.1 | Tourismus-Marketing als Unterfall des allgemeinen Marketing: kein spezielles Tourismus-Marketing. .......................... | 60 |
| 3.1.2 | Tourismus-Marketing als eigenständiges Marketing .............. | 60 |
| 3.1.3 | Fazit: Elemente eines eigenständigen Tourismus-Marketing. ....... | 62 |
| 3.2 | Tourismus-Marketing als Dienstleistungs-Marketing ............. | 64 |
| 3.2.1 | Das sachgüterorientierte Modell der betrieblichen Leistungserstellung. .................................................. | 65 |
| 3.2.2 | Dienstleistungsorientiertes Modell von Produktion und Absatz im Tourismus. ................................................ | 66 |
| 3.2.2.1 | Potentialorientierung des touristischen (Dienstleistungs-)Marketing | 68 |

| | | |
|---|---|---|
| 3.2.2.2 | Prozeßorientierung des touristischen Marketing | 71 |
| 3.2.2.3 | Ergebnisorientierung des Tourismus-Marketing | 75 |
| 3.3 | Das Tourismusprodukt aus Nachfragersicht | 79 |
| 3.3.1 | Das touristische Produkt: ein Leistungsbündel („Gesamtprodukt"). | 79 |
| 3.3.2 | Das Tourismus-Produkt: eine Leistungskette | 82 |
| 3.3.3 | Das Tourismus-Produkt: Kern- und Zusatzleistung | 89 |
| 3.3.4 | Weitere marketingrelevante Eigenschaften von Tourismusleistungen | 93 |
| 3.4 | Die Träger des Tourismus-Marketing: Mikro- und Makro-Marketing im Tourismus (Die Angebots-Sicht) | 95 |
| 3.4.1 | Zwei Ansätze des Tourismus-Marketing | 96 |
| 3.4.2 | Ebenen und Träger des Tourismus-Marketing | 98 |
| 3.5 | Ganzheitliches Tourismus-Marketing | 102 |
| 3.5.1 | Ökonomisches Tourismus-Marketing | 103 |
| 3.5.2 | Gesellschaftsorientiertes Tourismus-Marketing | 104 |
| 3.5.3 | Ökologieorientiertes Tourismus-Marketing | 105 |
| 3.5.4 | Freizeitorientiertes Tourismus-Marketing | 107 |
| 3.5.5 | Nachfragerorientiertes Tourismus-Marketing | 108 |
| 3.5.6 | Internationales Tourismus-Marketing | 108 |
| 3.5.7 | Fazit | 109 |
| 3.6 | Tourismus-Marketing als systematische Managementmethode | 109 |
| 3.6.1 | Die Phasen des Marketing-Management-Prozesses | 109 |
| 3.6.2 | Der Kreislaufgedanke des Marketing | 112 |
| 3.7 | Zusammenfassung: Elemente eines eigenständigen Tourismus-Marketing | 113 |

**Teil B**
**Informations- oder Analysephase: Marketingforschung im Tourismus** ..... 115

| | | |
|---|---|---|
| 1 | **Die touristischen „Umwelt"- oder „Umfeld"bedingungen** | 118 |
| 1.1 | Grundlagen der Umfeldanalyse | 118 |
| 1.2 | Umfeldanalyse mit Hilfe systematischer Verfahren | 127 |
| 1.2.1 | Trendanalysen und -expolationen | 127 |
| 1.2.2 | Regressions- und Korrelationsanalyse | 127 |
| 1.2.3 | Multivariate Verfahren | 128 |
| 1.2.4 | Frühwarnsysteme | 131 |
| 1.2.5 | Grenzen systematischer Analyseverfahren | 131 |
| 1.3 | Umfeldanalyse mit Hilfe kreativer und/oder intuitiver Verfahren | 133 |
| 1.3.1 | Expertenbefragungen | 134 |
| 1.3.2 | Demoskopische Marketingforschung | 138 |
| 1.3.3 | Szenario-Technik | 138 |
| 1.4 | Exkurs: Umfeldanalyse und Zukunftsforschung im Tourismus mit Hilfe der Szenario-Methode | 142 |
| 1.4.1 | Auswahl der Deskriptoren („Szenariofeld-Analyse") | 142 |
| 1.4.2 | Bewertung der Deskriptoren: allgemeine Trendaussagen („Szenario-Prognostik") | 144 |
| 1.4.3 | Szenario-Bildung („Gesamt- oder Mega-Szenarien") | 155 |
| 1.4.4 | Marketing-Perspektiven aus der Szenarioanalyse | 158 |

| | | |
|---|---|---|
| 1.5 | Zusammenfassung: Umfeldanalyse als Voraussetzung für vernetztes und ganzheitliches Marketing | 160 |
| **2** | **Marktanalyse im Tourismus** | **161** |
| 2.1 | Besonderheiten der Marktanalyse im Tourismus | 162 |
| 2.1.1 | Marktforschung in der Potentialphase des Tourismus-Marketing | 163 |
| 2.1.2 | Marktforschung in der Durchführungsphase des Tourismus-Marketing | 168 |
| 2.1.3 | Marktforschung in der Ergebnisphase des Tourismus-Marketing | 172 |
| 2.1.4 | Zusammenfassung | 174 |
| 2.2 | Besonderheiten der Marktabgrenzung im Tourismus | 174 |
| 2.2.1 | Grundsätze der Marktabgrenzung und Marktsegmentierung: Makro- und Mikroabgrenzung | 175 |
| 2.2.2 | Kriterien der (Makro-)Marktabgrenzung | 178 |
| 2.2.3 | Marktvolumen und Marketingpotential | 180 |
| 2.2.4 | Mikroabgrenzung oder Marktsegmentierung | 183 |
| 2.3 | Besonderheiten der Nachfrageranalyse im Tourismus: von der Marktsegmentierung zur Kaufverhaltensforschung | 191 |
| 2.3.1 | Grundfragen der Kaufverhaltensforschung | 191 |
| 2.3.2 | Modelle der Kaufverhaltensforschung | 192 |
| 2.3.3 | Ergebnisse der touristischen Reiseverhaltensforschung | 195 |
| 2.3.3.1 | S – Stimulus: intrapersonelle Einflußfaktoren | 196 |
| 2.3.3.2 | O – Organismus: interpersonelle Einflußfaktoren | 197 |
| 2.3.3.3 | R – Response/Reaktionen | 207 |
| 2.3.4 | Exkurs: Funktionale Nachfragemodelle im Tourismus (S-R-Modelle) | 207 |
| 2.4 | Besonderheiten der Konkurrenzanalyse im Tourismus | 210 |
| 2.4.1 | Vorbemerkungen | 210 |
| 2.4.2 | Die Konkurrenzabgrenzung: Markteingrenzung auf der Angebotsseite | 211 |
| 2.4.3 | Wettbewerbsbestimmende Faktoren | 213 |
| 2.4.4 | Der Konkurrentenvergleich | 219 |
| 2.5 | Marktforschung | 222 |
| 2.5.1 | Träger der Marktforschung | 222 |
| 2.5.2 | Methoden der Marktforschung | 225 |
| 2.5.2.1 | Sekundärforschung | 226 |
| 2.5.2.2 | Primärforschung | 228 |
| 2.5.3 | Methoden der Informationsauswertung | 231 |
| 2.5.3.1 | Skalierungsverfahren | 232 |
| 2.5.3.2 | Interpretation der Daten | 233 |
| 2.5.4 | Informationsquellen im Tourismus | 233 |
| 2.5.5 | Gästebefragungen | 238 |
| **3** | **Betriebsanalyse im Tourismus** | **243** |
| 3.1 | Betriebe in der Tourismuswirtschaft | 244 |
| 3.1.1 | Vorbemerkungen: Betriebsbestimmung und Bewertung | 244 |
| 3.1.2 | Das sachgüterorientierte Betriebsmodell | 246 |
| 3.1.3 | Das dienstleistungsorientierte Betriebsmodell | 247 |
| 3.1.4 | Öffentliche Betriebe und Verwaltung im Tourismus | 250 |

| | | |
|---|---|---|
| 3.1.5 | Einzel- und Gesamtbetriebe im Tourismus: touristische Kollektiv-Unternehmen | 251 |
| 3.1.6 | Zusammenfassung: Betriebsbewertung im Tourismus | 253 |
| 3.2 | Funktions- und bereichsorientierte Betriebsanalyse | 254 |
| 3.2.1 | Bewertung nach Funktionen und Funktionsbereichen (Potential- oder Ressourcenanalyse) | 254 |
| 3.2.2 | Ist-Portfolios | 256 |
| 3.2.3 | Kennzahlen | 257 |
| 3.3 | Prozeßorientierte Betriebsanalyse | 265 |
| 3.3.1 | Prozeßorientierte Betriebsbewertung als Qualitäts-Management | 265 |
| 3.3.1.1 | Von der betriebsinternen Qualitätssicherung zum „totalen" Managementprinzip (TQM) | 266 |
| 3.3.1.2 | Methoden der Qualitätsmessung und -bewertung | 267 |
| 3.3.1.3 | Prozeßorientierte Qualitätsanalyse im Tourismus | 269 |
| 3.3.1.4 | Potentialqualität | 270 |
| 3.3.1.5 | Prozeßqualität | 271 |
| 3.3.1.6 | Ergebnisqualität | 273 |
| 3.3.1.7 | Zertifizierung: Bewertung mit Hilfe von ISO-Normen | 277 |
| 3.3.2 | Prozeßorientierte Bewertung mit Hilfe der Wertketten- oder Geschäftssystemanalyse | 279 |
| 3.3.2.1 | Betriebsorientierte Wertkette(n) | 279 |
| 3.3.2.2 | Branchenorientierte Wertketten (Makro-Wertkette) | 282 |
| 3.3.2.3 | Betriebsbewertung mit Hilfe von Wertketten („Geschäftssystemanalyse") | 286 |
| 3.4 | Bewertung von touristischen Gesamtbetrieben | 287 |
| 3.4.1 | Gesamtbetriebe als „Leistungskette" | 287 |
| 3.4.2 | Gesamtbetriebe als „Leistungsbündel" | 290 |
| **4** | **Strategische Diagnose** | 295 |

**Teil C**
**Konzeptionsphase: Strategisches Marketing** ... 299

| | | |
|---|---|---|
| **0** | **Grundlagen des strategischen Marketing** | 302 |
| **1** | **Methoden der strategischen Diagnose bzw. Analyse** | 306 |
| 1.1 | Chancen-Risiken-Analyse | 308 |
| 1.1.1 | Darstellungsformen | 309 |
| 1.1.2 | Einschätzung der Chancen-Risiken-Methode | 309 |
| 1.2 | Ressourcen-Analyse (Stärken-Schwächen-Profil) | 310 |
| 1.2.1 | Bestimmung der Ressourcen | 311 |
| 1.2.2 | Bewertung der Ressourcenfaktoren | 311 |
| 1.2.3 | Strategische Interpretation: Ermittlung der Stärken und Schwächen | 313 |
| 1.2.4 | Einschätzung der Ressourcen-Analyse-Methode | 314 |
| 1.2.5 | SWOT-Analyse | 315 |
| 1.3 | Lebenszyklusanalyse | 315 |
| 1.3.1 | Phasen des Lebenszyklus | 316 |
| 1.3.2 | Einschätzung der Lebenszyklus-Methode | 319 |
| 1.3.3 | Anwendung der Lebenszyklus-Analyse im Tourismus | 319 |

| | | |
|---|---|---|
| 1.4 | Die Portfolio-Analyse | 321 |
| 1.4.1 | Strategische Einheiten | 322 |
| 1.4.2 | Darstellungsformen zur Portfolio-Analyse | 323 |
| 1.4.3 | Grundsatz der Portfolio-Analyse | 326 |
| 1.4.4 | Beurteilung der Portfolio-Methode | 327 |
| | | |
| **2** | **Strategische Ziele im Tourismus** | **329** |
| 2.1 | Zielfindung im Tourismus-Marketing | 330 |
| 2.1.1 | Stellung der Zieldiskussion im Marketing-Management(-Prozeß) | 330 |
| 2.1.2 | Zielstrukturen (und Zielfindung) | 331 |
| 2.2. | Besonderheiten der Zielbestimmung im Tourismus | 334 |
| 2.2.1 | Mikro-Ziele im Tourismus (für touristische Einzelbetriebe) | 334 |
| 2.2.2 | Makro-Ziele im Tourismus | 335 |
| 2.2.3 | Zielebenen im Tourismus | 339 |
| 2.2.4 | Bereichsziele im Tourismus | 340 |
| 2.2.5 | Allgemeine Zielbeziehungen | 341 |
| 2.3. | Der hierarchische Zielfindungsprozeß im Tourismus | 343 |
| 2.3.1 | Unternehmenszweck | 345 |
| 2.3.2 | Unternehmensgrundsätze | 346 |
| 2.3.3 | Unternehmensidentität („Corporate Identity") | 347 |
| 2.3.4 | Strategische Unternehmensziele im Tourismus | 351 |
| 2.3.5 | Bereichsziele Marketing | 356 |
| 2.3.6 | Ziele der Prozeßphase im touristischen Marketing („Abteilungen"/ Geschäftsfelder des Marketing) | 358 |
| | | |
| **3** | **Strategieentwicklung** | **361** |
| 3.1 | (Allgemeine) Aufgaben der Strategiebestimmung | 362 |
| 3.1.1 | Aufbau einer strategischen Erfolgsposition | 362 |
| 3.1.2 | Undifferenziertes oder differenziertes strategisches Marketing: vom „Schrotflinten-" zum „Scharfschützenkonzept" | 363 |
| 3.2. | Entwicklungs-Strategie: Geschäftsfelder-Strategien oder Produkt-Markt-Überlegungen (allgemeine Entwicklungsrichtungen) | 372 |
| 3.2.1 | Generelle Entwicklungsrichtung („Geschäftsvolumen") | 372 |
| 3.2.2 | Markt- oder Geschäftsfelder-Strategie | 376 |
| 3.2.2.1 | Grundstrategien | 377 |
| 3.2.2.2 | Dynamische Marktfeldstrategien | 378 |
| 3.2.2.3 | Strategie(n) der Marktabdeckung | 380 |
| 3.2.3 | Marktareal-Strategie | 383 |
| 3.3 | Konkurrenzorientierte Strategien | 386 |
| 3.3.1 | Strategien und Konkurrenz | 386 |
| 3.3.2 | Wettbewerbsorientierte oder konfliktäre Strategien | 387 |
| 3.3.3 | Friedliche Konkurrenzstrategien | 388 |
| 3.3.4 | Kombinierte Wettbewerbsstrategien | 389 |
| 3.4 | Kundenorientierte Strategien | 391 |
| 3.4.1 | Grundgedanke der kundenorientierten Strategien | 391 |
| 3.4.2 | Kundenorientierte Basisstrategien | 391 |
| 3.4.3 | Ausgewählte kundenorientierte Segmentierungs-Strategien | 392 |
| 3.4.4 | Geographische Marktsegmentierung im Tourismus | 394 |
| 3.5 | Positionierungs- oder Profilierungs-Strategien | 396 |
| 3.5.1 | Grundgedanke der Positionierungsstrategie | 396 |

| | | |
|---|---|---|
| 3.5.2 | Präferenz-Strategien | 399 |
| 3.5.3 | Preis-Mengen-Strategien | 401 |
| 3.6 | Kombinierte Gesamtstrategien | 403 |
| **4** | **Strategisches Marketing-Mix** | **404** |
| 4.1 | Marketing-Mix als strategische Aufgabe | 404 |
| 4.2 | Die Gesamtheit der Instrumente: „Marketing-Mix" | 405 |
| 4.3 | Strategische und taktische Instrumente | 407 |
| 4.4 | „Phasen-Mix" im Tourismus-Marketing | 407 |

**Teil D**
**Gestaltungsphase: Marketing-Mix im Tourismus** ........................ 411

| | | |
|---|---|---|
| **0** | **Grundlagen des Marketing-Mix** | **414** |
| **1** | **Produktpolitik im Tourismus** | **420** |
| 1.1 | Grundlagen der Produktpolitik im Tourismus-Marketing | 421 |
| 1.2 | Produktpolitik in bezug auf die touristische Leistungskette (Phasenbezogene Produktpolitik) | 425 |
| 1.2.1 | Übergreifende produktpolitische Aufgaben | 426 |
| 1.2.2 | Produktpolitik in der Potentialphase | 428 |
| 1.2.3 | Produktpolitik in der Prozeßphase | 436 |
| 1.2.4 | Produktpolitik in der Ergebnisphase | 437 |
| 1.3 | Beeinflussung der Leistungsebenen (Kern- und Zusatzprodukt) | 442 |
| 1.3.1 | Das Kernprodukt | 444 |
| 1.3.2 | Die Zusatzleistungen im Tourismus: Vom „harten Kern" zur „weichen Schale" | 446 |
| 1.3.3 | Produktpolitik in bezug auf Kern- und Zusatznutzen – Beispiele | 452 |
| 1.4 | Gestaltungsmöglichkeiten der Produktpolitik | 456 |
| 1.4.1 | Richtungen der Produktpolitik | 457 |
| 1.4.2 | Bereiche der Produktpolitik | 458 |
| 1.5 | Grenzen der Produktpolitik im Tourismus | 462 |
| **2** | **Preis- oder Kontrahierungspolitik** | **465** |
| 2.1 | Grundsätzliche Aufgaben der Preispolitik | 466 |
| 2.2 | Besonderheiten der Preispolitik im Tourismus | 470 |
| 2.2.1 | Bedeutung der Preispolitik im Tourismus-Marketing – allgemein | 470 |
| 2.2.2 | Preispolitik in der Potentialphase des touristischen Leistungsmodells | 472 |
| 2.2.3 | Preispolitik in der Prozeßphase | 475 |
| 2.2.4 | Preispolitik in der Ergebnisphase | 477 |
| 2.3 | Formen der Preisfestsetzung | 478 |
| 2.3.1 | Kostenorientierte Preisbildung | 479 |
| 2.3.2 | Marktorientierte Preisbildung | 483 |
| 2.3.3 | Mikroökonomische Preistheorie | 486 |
| 2.4 | Preispolitische Strategien | 487 |
| 2.4.1 | Hochpreispolitik | 489 |
| 2.4.2 | Niedrigpreispolitik | 489 |
| 2.4.3 | Mittelpreis- oder Marktpreis-Strategie (Strategie des mittleren Preisniveaus) | 491 |

| | | |
|---|---|---|
| 2.4.4 | Preisdifferenzierung | 491 |
| 2.4.5 | Konditionenpolitik | 494 |
| | | |
| **3** | **Vertriebswege- oder Distributionspolitik** | **495** |
| 3.1 | Grundaufgaben der Distributionspolitik | 496 |
| 3.1.1 | Die traditionelle Distributionsaufgabe bei Sachgütern | 496 |
| 3.1.2 | Distribution im Tourismus | 497 |
| 3.2 | Strategische Aufgaben der Distributionspolitik im Tourismus | 499 |
| 3.3 | Struktur des Vertriebs (Distributionswege und -formen) | 504 |
| 3.3.1 | Direkte Distributionswege | 505 |
| 3.3.2 | Indirekte Distribution | 507 |
| 3.4 | Vertriebswege im Tourismus | 508 |
| 3.4.1 | Distributionsaufgaben im touristischen Leistungsmodell | 508 |
| 3.4.2 | Distributionsorgane im Tourismus – Übersicht | 509 |
| 3.4.3 | Distributionsweg Reisebüros | 511 |
| 3.4.4 | Elektronische Vertriebsmedien: Von CRS zum elektronischen Markt | 518 |
| 3.4.5 | Vertriebswege im öffentlichen Fremdenverkehr / für Destinationen | 526 |
| | | |
| **4** | **Kommunikationspolitik im Tourismus** | **528** |
| 4.1 | Grundlagen der Kommunikationspolitik | 528 |
| 4.1.1 | Grundaufgaben der Kommunikation | 528 |
| 4.1.2 | Übersicht über die Kommunikationsinstrumente | 532 |
| 4.1.3 | Entwicklung des Kommunikations-Mix | 534 |
| 4.2 | Besonderheiten der Kommunikationspolitik im Tourismus | 535 |
| 4.2.1 | Kommunikationspolitik in der Potentialphase des touristischen Leistungsprozesses: Bereitstellungskommunikation | 536 |
| 4.2.2 | Kommunikationspolitik in der Durchführungsphase des touristischen Leistungsprozesses | 537 |
| 4.2.3 | Kommunikationspolitik in der Ergebnisphase des touristischen Leistungsprozesses | 538 |
| 4.3 | Corporate Identity | 539 |
| 4.3.1 | CI als kommunikationspolitische Aufgabe | 540 |
| 4.3.2 | CI und Image (Exkurs) | 541 |
| 4.3.2.1 | Grundlagen der Imageforschung | 541 |
| 4.3.2.2 | Methoden der Imageforschung | 545 |
| 4.3.2.3 | Fazit | 553 |
| 4.4. | Verkaufsförderung und persönlicher Verkauf | 554 |
| 4.4.1 | Grundlagen der Verkaufsförderung im Tourismus | 554 |
| 4.4.2 | Maßnahmen der Vertriebswegeförderung („Verkaufsförderung") | 556 |
| 4.4.3 | Persönlicher Verkauf (und Einkauf) | 558 |
| 4.4.4 | Exkurs: Verkaufspsychologie im Tourismus | 560 |
| 4.5 | Öffentlichkeitsarbeit (Public Relations) | 563 |
| 4.5.1 | Grundlagen der PR (im Tourismus) | 564 |
| 4.5.2 | Stellung der PR im Tourismus-Marketing | 568 |
| 4.5.3 | Öffentlichkeiten der Public Relations und ihre Instrumente | 571 |
| 4.5.3.1 | Externe PR | 573 |
| 4.5.3.2 | Interne PR | 576 |
| 4.5.4 | Inhalte von PR-Mitteilungen | 577 |
| 4.6 | Werbepolitik | 579 |

| | | |
|---|---|---|
| 4.6.1 | Grundlagen der Werbepolitik | 579 |
| 4.6.2 | Wirkung der Werbung | 581 |
| 4.6.3 | Werbemix als Teil der Kommunikationspolitik | 584 |
| 4.6.3.1 | Werbeziele und -botschaft | 585 |
| 4.6.3.2 | Zielgruppenbestimmung | 585 |
| 4.6.3.3 | Werbemittel und -form | 586 |
| 4.6.3.4 | Werbeträger | 592 |
| 4.6.3.5 | Sonderform: Direkt-Werbung | 594 |
| 4.6.3.6 | Werbedurchführung und -kontrolle | 596 |
| 4.6.4 | Gemeinschaftswerbung im Tourismus | 599 |
| 4.6.5 | Vergleich der Werbemedien | 599 |
| 4.7 | Weitere Kommunikationsinstrumente | 600 |
| 4.7.1 | Von Kommunikation „below the line" zu neuen Marketing-Management-Bereichen | 600 |
| 4.7.2 | Sponsoring im Tourismus | 601 |
| 4.7.3 | Tourismus-Events: Veranstaltungs-Marketing und -Management | 604 |
| 4.7.3.1 | Marketing von Events im Tourismus | 605 |
| 4.7.3.2 | Vielfalt der Tourismus-Events | 605 |
| 4.7.3.3 | Event-Marketing im Tourismus | 607 |
| 4.7.4 | Product-Placement | 610 |
| 4.7.5 | (Tourismus-)Messen als Marketinginstrument | 611 |
| **5** | **Zusammenfassung: Marketing-Mix im Tourismus** | **615** |

**Teil E**
**Marketing-Implementierung: Operatives Marketing**
**(Realisierungsphase)** ............................................. 617

| | | |
|---|---|---|
| **1** | **Allgemeine Aufgaben der Implementierung** | **620** |
| 1.1 | Stellung der Implementierung im Marketing-Managment-Prozeß | 620 |
| 1.2 | Wissenschaftliche Ansätze zur Marketing-Implementierung | 623 |
| **2** | **Marketing-Organisation als Implementierungsaufgabe (Managementstrukturen und Marketing-Implementierung)** | **628** |
| 2.1 | Marketing-Implementierung bei privatwirtschaftlichen Tourismus-Unternehmen | 630 |
| 2.2 | Marketing-Implementierung bei öffentlich-rechtlichen Tourismus-Unternehmen | 640 |
| 2.2.1 | Organisationsfragen als Implementierungsaufgaben im Makrobereich des öffentlichen Tourismus | 641 |
| 2.2.2 | Implementierung im Mikrobereich bzw. in der „Binnenstruktur" des öffentlichen Tourismus | 643 |
| 2.2.3 | Die Wahl der Rechtsform bei Fremdenverkehrsbetrieben | 646 |
| **3** | **Allokationsaufgaben der Marketing-Implementierung** | **652** |
| 3.0 | Allgemeine Allokationsfunktionen (Allokationsfähigkeit) | 653 |
| 3.1 | Allokation der zeitlichen Ressourcen (Zeitplanung) | 656 |
| 3.1.1 | Zeit als konstitutives Element des Reisens | 657 |

| | | |
|---|---|---|
| 3.1.2 | Allgemeine Aufgaben des Zeit-Managements im Tourismus-Marketing | 659 |
| 3.1.3 | Implementierungsaufgaben des Zeit-Managements im Tourismus | 660 |
| 3.2 | Allokation der personellen Ressourcen (Personalplanung) | 667 |
| 3.2.1 | Qualitative Implementierungsaufgaben der Personalpolitik | 667 |
| 3.2.2 | Quantitative Implementierungsaufgaben im Rahmen der – traditionellen – Personalplanung | 671 |
| 3.2.2.1 | Personalbeschaffung/-einsatzplanung | 674 |
| 3.2.2.2 | Personalführung | 676 |
| 3.2.2.3 | Personalentwicklung: Aus-, Weiter- und Fortbildung im Tourismus | 678 |
| 3.3. | Allokation der finanziellen Ressourcen (Finanzplanung) | 680 |
| 3.3.1 | Allgemeine Aufgaben des Finanzmanagements im Tourismus-Marketing | 680 |
| 3.3.2 | Langfristige Finanzplanung im Tourismus | 682 |
| 3.3.3 | Kurzfristige Finanzplanung: Liquidität | 683 |
| 3.3.4 | Öffentliche Finanzplanung im Tourismus | 683 |
| **4** | **Marketing-Implementierung in bezug auf Anspruchsgruppen** | **687** |
| 4.1 | Grundlagen des Anspruchsgruppen-Managements für die Marketing-Implementierung | 688 |
| 4.2 | Anspruchsgruppen im Tourismus | 689 |
| 4.2.1 | Betriebsinterne Anspruchsgruppen | 691 |
| 4.2.2 | Marktbezogene Anspruchsgruppen | 692 |
| 4.2.3 | Anspruchsgruppen im Bereich Politik und Verwaltung | 693 |
| 4.2.4 | Sozio-kulturelle Anspruchsgruppen | 694 |
| 4.2.5 | Zukunftsorientierte Anspruchsgruppen | 696 |
| 4.2.6 | Medien | 698 |
| 4.3 | Übergreifende Maßnahmen in bezug auf Anspruchsgruppen | 699 |
| 4.3.1 | Problemlösungsmodelle für den Tourismus – Übersicht | 699 |
| 4.3.2 | Die Wirkungsweise von Anspruchsgruppen im touristischen Phasenmodell | 700 |
| 4.3.3 | Beispiel Mediation im Tourismus | 704 |
| 4.3.4 | Beispiel Binnen-Marketing | 706 |
| **5** | **Marketing-Controlling** | **715** |
| 5.1 | Grundlagen des Marketing-Controlling | 715 |
| 5.2 | Funktionale Aufgaben des Controlling | 717 |
| 5.3 | Marketing-Controlling im Tourismus | 719 |

**Literaturverzeichnis** .................................................. 725

**Abbildungsverzeichnis** ................................................ 747

**Stichwortverzeichnis** ................................................. 755

# Vorwort zur ersten und zweiten Auflage

Der Tourismus zählt in vielen Ländern zu einem der führenden Wirtschaftszweige. Doch die Zeiten fortwährenden Wachstums sind inzwischen vorbei. Der Reiseboom der Nachkriegsjahre ist auf einem hohen Niveau angekommen und Stagnation sowie Verdrängungswettbewerb prägen die Tourismusbranche. Ähnlich wie in den meisten anderen Wirtschaftsbereichen müssen touristische Unternehmen ihr Handeln verstärkt nach modernen Markterfordernissen und Marketinggesichtspunkten ausrichten.

Allerdings steht die wirtschaftliche Bedeutung des Tourismus sowie der Bedarf nach einer marktorientierten Führung der verschiedenen touristischen Unternehmen und Organisationen in einem gewissen Mißverhältnis zum derzeitigen Stand einer touristischen Marketinglehre. Zahlreiche Autoren beklagen das Fehlen einer tourismusspezifischen Marketingtheorie und plädieren für mehr marketingbezogene Grundlagenforschung sowie mehr Marketingbewußtsein im Tourismus (vgl. u.a. HAEDRICH 1991: 32, ROTH 1995: 29, ADERHOLD 1992: 39, auch MIDDLETON 1995: 10). Heute zeigen sich vor allem **drei Strömungen** des Tourismus-Marketing:

- **Pragmatische und traditionelle Ansätze in der Praxis:** Die Praxis des Tourismus-Marketing ist vorwiegend durch pragmatische Ansätze sowie die partielle Übertragung der Erkenntnisse des traditionellen Sachgütermarketing auf den Tourismus geprägt. Es interessieren insbesondere anwendungsbezogene Aussagen im Sinne eines instrumentellen Marketing („Checklistenmentalität"). Marketing wird hier nach wie vor häufig als bloße Werbung, Prospektgestaltung und Messeteilnahme verstanden. Es fehlen strategische und konzeptionelle Ansätze des Marketing im Sinne einer marktorientierten Unternehmensführung.

Die beiden anderen Strömungen sind eher **theoretisch orientiert:**

- **Übertragung und Anwendung des allgemeinen Marketing auf die Tourismuswirtschaft:** Eine Richtung der mehr theoretisch orientierten touristischen Marketingbeiträge überträgt die traditionelle Marketing-Methode, wie sie v.a. für Sachgüter entwickelt worden ist (z.B. von KOTLER 1989, KOTLER/BLIEMEL 1995, MEFFERT 1986, 1994, NIESCHLAG/DICHTL/HÖRSCHGEN 1991), auch auf den Tourismus. Tourismus wird von einer Tourismusindustrie „produziert" und Tourismusprodukte werden – ähnlich den Konsumgütern – vermarktet. Tourismus wird hierbei zumeist als Unterbereich oder Sonderfall eines umfassenden Marketingansatzes behandelt, wobei sich zwar verschiedene Besonderheiten der Anwendung zeigen, die aber nicht so gravierend gesehen werden, daß sie zu einem grundsätzlichen Umdenken oder einem eigenständigen umfassenden Ansatz des Tourismus-Marketing führen. (Typisch hierfür sind die meisten Beiträge in den Sammelbänden von HAEDRICH u.a. 1993, ROTH/SCHRAND 1995, SEITZ/WOLFF 1991, STUDIENKREIS 1970, 1972, 1993, 1975, 1992, WITT/MOUTINHO 1994). Allerdings wurden hierbei im Laufe der Jahre mehr und mehr strategische und konzeptionelle Überlegungen sowie instrumentelle Vertiefungen entwickelt. Als Sonderfall hat sich hier ebenfalls ein verstärkter Einbezug des Dienstleistungs-Marketing gezeigt.

- **Herausarbeitung und Entwicklung der Besonderheiten des touristischen Marketing:** Eine weitere Gruppe von Autoren bemüht sich um die Herausarbeitung der Besonderheiten eines touristischen Marketing. Diese Ansätze sind in den letzten Jahren vor allem durch die verstärkte Entwicklung eigenständiger Methoden des Dienstleistungs-Marketing und des Qualitäts-Managements geprägt: Service-Qualität, Total Quality Management, Prozeßorientierung und Dienstleistungsketten, wie sie zunehmend im Dienstleistungs-Marketing Eingang gefunden haben (vgl. u.a. BRUHN/STRAUSS 1995, HILKE 1989, LEHMANN 1995, LOVELOCK 1992, MEFFERT/BRUHN 1995, MEYER 1994), werden vermehrt auch auf den Tourismus übertragen (vgl. u.a. HAEDRICH 1991, KREILKAMP 1993a, POMPL 1996, ROMEISS-STRACKE 1995, SCHIAVA/HAFNER 1995, STUDIENKREIS 1991). Hier zeigen sich bereits wichtige Ansatzpunkte für die Entwicklung eines umfassenden und eigenständigen Tourismus-Marketing.

Im folgenden wird versucht, vor allem in Fortführung dieser vorhandenen Beiträge Ansatzpunkte für eine eigenständige touristische Marketing-Theorie zu entwickeln, die für die verschiedenen touristischen Unternehmen (wie Reiseveranstalter, Reisebüros, Beherbergungsunternehmen) und Organisationen (wie Kommunen, Regionen, Destinationen, Fremdenverkehrsvereine und -verbände) Anwendung finden kann. Hierbei sind vor allem folgende Aspekte zu berücksichtigen:

- Tourismus-Marketing ist mehr als in anderen Wirtschaftsbereichen durch nicht-ökonomische Aspekte geprägt. Gerade der Tourismus als Querschnittsdisziplin hat verstärkt soziale, ökologische, ethnische und normative Aspekte zu berücksichtigen, wie sie ebenfalls bereits in anderen Wirtschaftsbereichen Eingang in das Marketing gefunden haben („broadening des Marketing"). Doch Ansätze zu einem ganzheitlichen und/oder gesellschaftlich orientierten Tourismus-Marketing stehen erst am Anfang, obwohl immer häufiger Nachhaltigkeit, Sozialverträglichkeit sowie ökologische und gesellschaftliche Orientierung gerade im Tourismus-Marketing gefordert werden (so FREYER 1991a, HOPFENBECK/ZIMMER 1993, KREILKAMP 1993a: 253, VOIGT 1991).

- Ein touristisches Marketing hat das traditionelle einzelbetriebliche Marketing (sog. „Mikro-Marketing") mit einem überbetrieblichen, öffentlichen Marketing von gemeinschaftlich agierenden Tourismusorganisationen (sog. „Makro-Marketing") zu verbinden. Doch seit der Arbeit von KRIPPENDORF 1971 und seiner Darstellung eines Makro-Marketing für öffentliche Träger des Tourismus-Marketing, insbesondere von Destinationen, ist dieser Gedanke nur selten wieder aufgegriffen worden. Die neueren Beiträge beziehen sich vorwiegend auf Reiseveranstalter und -büros (HEBESTREIT 1992, ROTH/SCHRAND 1995) sowie auf Transportunternehmen und das Beherbergungswesen oder versuchen, spezielle touristische Angebotsformen näher zu beleuchten (vgl. DREYER/KRÜGER 1995, DREYER 1996). Daneben wird ein spezifisches Marketing und/oder Management für touristische Destinationen entwickelt (vgl. HEATH/WALL 1992, BIEGER 1996), ohne daß beide Formen des touristischen Mikro- und Makro-Marketing mit einer gemeinsamen Methode verbunden werden.

- Der besondere Charakter der touristischen Leistungen und Leistungserstellung, insbesondere der vorwiegende Dienstleistungscharakter und die gemeinschaftliche Erstellung eines touristischen Gesamtproduktes durch verschiedene Leistungsträger, verlangt eine eigenständige Aufarbeitung der bereits vorliegenden Erkenntnisse des Dienstleistungs-Marketing für das Tourismus-Marketing, wie z.B. Prozeßorientierung, Total Quality Management (TQM), touristische Leistungsketten und touristische Gesamtprodukte („Leistungsbündel").

Diese Ansatzpunkte einer eigenständigen Theorie prägen das Marketing der verschiedenen Träger im Tourismus. Es ist im Sinne eines ganzheitlichen, markt- und gesellschaftlich-orientierten Marketing-Managements für den Mikro- und Makrobereich der Tourismuswirtschaft weiterzuentwickeln und auszugestalten. Dies führt zu einer veränderten Darstellung des allgemeinen Marketing-Management-Prozesses für touristische Unternehmen und Organisationen.

Sicher wäre es vermessen, bereits zum jetzigen Zeitpunkt von einer stimmigen und umfassenden touristischen Marketinglehre zu sprechen, doch es werden wichtige Elemente aufgezeigt und ein mögliches Theoriegebäude skizziert und ausgeführt. Damit erfolgt ein erster Schritt für eine weitergehende Theorie- und Methodendiskussion für eine touristische Marketinglehre. Sie wird hiermit einem breiteren Kreis zur Diskussion gestellt.

**Übersicht**

Im *Teil A* werden die Grundlagen des Tourismus sowie Ansatzpunkte für eine umfassende touristische Marketinglehre aufgezeigt. Ein solches eigenständiges Tourismus-Marketing sollte ganzheitlich sowie dienstleistungs- und prozeßorientiert sein. Diese Eigenheiten können grundsätzlich entlang des traditionellen, allgemeinen Marketing-Management-Prozesses – als methodische Grundstruktur – weiter entwickelt werden. Dies wird in den *Teilen B* bis *E*, die eher praktisch-methodisch orientiert sind, im einzelnen genauer dargestellt.

*Teil B* behandelt die Informations- und Analyseaufgaben als Basis für das touristische Marketing, von der Umfeldanalyse über die Marktanalyse bis zur touristischen Betriebsanalyse (analytische Ausrichtung des Tourismus-Marketing).

*Teil C* entwickelt die strategischen und konzeptionellen Elemente des touristischen Marketing, die für die Entwicklung eines Marketing-Konzepts notwendig sind (strategische Ausrichtung).

*Teil D* betrachtet die instrumentellen Aufgaben des Tourismus-Marketing im Rahmen des Marketing-Mix, die sowohl prozeßorientiert als auch entlang der traditionellen Marketing-Instrumente (Produkt-, Preis-, Vertriebswege-, Kommunikationspolitik) dargestellt werden. Hier sind vor allem Ansätze des Dienstleistungs-Marketing, der Serviceorientierung sowie des TQM wichtige Besonderheiten für ein eigenständiges touristisches Marketing-Mix.

*Teil E* behandelt die Marketing-Implementierung. Fragen der Umsetzung oder Implementierung kommen für die touristische Praxis große Bedeutung zu. Hier weist die traditionelle Marketinglehre den wohl größten Nachholbedarf auf („Implementierungs-Dilemma", MEFFERT 1994: 361). Anstelle der in anderen Publikationen behandelten Fallbeispiele aus der Tourismuspraxis (siehe ROTH/SCHRAND 1995, MIDDLETON 1994) wird der Versuch unternommen, eine mehr methodisch orientierte Grundlage der Marketing-Implementierung aufzuzeigen, die für alle Praxisaufgaben Anwendung finden kann. Es werden neben organisatorisch-strukturellen Fragen des Marketing in privaten und öffentlichen touristischen Organisationen die Allokationsaufgaben der Ressourcenplanung (der finanziellen, zeitlichen und personellen Ressourcen) behandelt. Hinzu kommen im Tourismus Fragen der gesellschaftlichen Akzeptanz sowie des Einbezugs der verschiedenen Anspruchsgruppen in die Marketing-Implementierung. Eine zentrale Aufgabe kommt hierbei dem Innen- oder Binnen-Marketing zu.

**Danksagungen**

Dieses Buch wäre nicht ohne die Hilfe zahlreicher Personen möglich gewesen, denen allen an dieser Stelle herzlich gedankt wird. Insbesondere gilt der Dank den Kollegen, die direkt oder indirekt viele Gedanken zu diesem Werk beigesteuert haben und mich auf dem langen Weg zur Fertigstellung immer wieder ermuntert haben. Bei der formalen Fertigstellung waren mir vor allem meine Mitarbeiter am Lehrstuhl Tourismuswirtschaft eine große Hilfe, allen voran Herr Diplom-Betriebswirt Norbert Tödter, der fast unermüdlich die zahlreichen Änderungen an der Gestaltung der Abbildungen mit viel Fleiß und Sachverstand bearbeitet hat. Die Koordination der Endkorrekturen lag in der Hand von cand. rer. pol. Steffen Streitz, der sich ebenfalls mit überdurchschnittlichem Engagement um das vorliegende Buch verdient gemacht hat.

Mein Dank gilt an dieser Stelle auch Herrn Diplom-Volkswirt Martin Weigert, der durch seine Unterstützung für die Reihe „Lehr- und Handbücher Tourismus, Verkehr und Freizeit" im Oldenbourg-Verlag der touristischen Lehre und Forschung eine große Hilfestellung gibt.

Nicht zuletzt bedanke ich mich bei meiner Familie, die mir während des mehrjährigen Entstehungsprozesses dieses Buches mit viel Verständnis und Geduld zur Seite gestanden hat. Dabei haben vor allem meine Töchter Lara und Fabiana immer wieder gerne den Sandkasten mit einem Platz auf oder neben meinem Schreibtisch vertauscht und waren so die ersten „Nutzer" des vorliegenden Buches.

# Vorwort zur dritten Auflage

Für die 3. Auflage wurden einige inhaltliche und formale Korrekturen vorgenommen, ferner die empirischen Daten aktualisiert sowie die Literatur um neuere Beiträge zum Tourismus-Marketing ergänzt. Ansonsten wurde die bisher bewährte Grundstruktur der vorherigen Auflage beibehalten.

# Teil A
# Grundlagen des Marketing im Tourismus – Einführung

**1    Das Phänomen Tourismus**
1.1  Grundlagen der Tourismuslehre
1.2  Die ökonomische Sicht des Tourismus
1.3  Tourismus-Produzenten und Marketing-Träger (das Tourismusangebot)
1.4  Die touristische Nachfrage
1.5  Erklärungen des Tourismus – die Fremdenverkehrslehre oder die Tourismuswissenschaft

**2    Grundlagen des modernen Marketing-Managements**
2.1  Vom „traditionellen" zum „modernen" Marketing
2.2  Entwicklungsstufen des Marketing im Tourismus
2.3  Formen und Bereiche des modernen Marketing

**3    Besonderheiten des Tourismus-Marketing: Elemente einer Theorie des Tourismus-Marketing**
3.1  Einordnung des Tourismus-Marketing in das Gebäude des allgemeinen Marketing
3.2  Tourismus-Marketing als Dienstleistungs-Marketing
3.3  Das Tourismusprodukt aus Nachfragersicht
3.4  Die Träger des Tourismus-Marketing: Mikro- und Makro-Marketing im Tourismus (Die Angebots-Sicht)
3.5  Ganzheitliches Tourismus-Marketing
3.6  Tourismus-Marketing als systematische Managementmethode
3.7  Zusammenfassung: Elemente eines eigenständigen Tourismus-Marketing

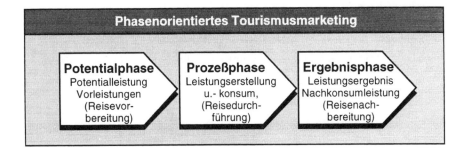

**Abb. A-0**    Phasenorientiertes Tourismusmarketing

# Übersicht Teil A

Im Teil A werden die allgemeinen Grundlagen des Tourismus-Marketing dargestellt. Nach einem kurzen allgemeinen Überblick über das Phänomen Tourismus (A.1) werden die Grundzüge des modernen Marketing aufgezeigt (A.2). Anschließend werden die Besonderheiten des Tourismus-Marketing behandelt und in das Gebäude des allgemeinen Marketing eingeordnet (A.3). Als wesentlicher Inhalt dieses ersten Teils werden Elemente einer eigenständigen Theorie des Tourismus-Marketing abgeleitet.

Dabei sollen die Kapitel A.1 und A.2 weder eine umfassende Darstellung der Tourismuslehre noch des modernen Marketing geben; hierbei sei auf die umfangreiche Spezialliteratur zu diesen Bereichen verwiesen. Doch es wird versucht, in diesen beiden Kapiteln jeweils soweit Grundlagen zu vermitteln, daß auch Lesern ohne fundierte Kenntnisse in diesen Bereichen der Zugang zur nachfolgenden Behandlung des Tourismus-Marketing ermöglicht wird. Entsprechend sind die Kapitel A.1 und A.2 als kurze Einführung vorangestellt, obwohl die meisten Leser dieses Buches bereits

- Vorkenntnisse des Marketing,
- Vorkenntnisse des Tourismus

haben werden. Lesern mit entsprechenden Vorkenntnissen wird gleich die Lektüre des Kapitels A.3 empfohlen.

Die nachfolgenden Teile schildern die einzelnen Schritte und Phasen der Marketing-Management-Methode für den Tourismus, was den Leser zur Entwicklung und Anwendung von touristischen Marketing-Konzeptionen führen soll. Dabei wird jeweils auf Vertiefungsliteratur zu weiteren Spezialaspekten sowohl zur Marketing-Management-Methode als auch zur Tourismuswissenschaft hingewiesen.

---

**Ziele des Teils A**

*Im Teil A sollen vermittelt werden:*

- *das Phänomen Tourismus aus wirtschaftswissenschaftlicher Sicht (A.1),*
- *die Bedeutung des Tourismus-Marketing im Gebäude der Tourismuswissenschaft (A.1, A.2),*
- *allgemeine Grundlagen der Marketinglehre sowie deren Bedeutung und Besonderheit für ein spezifisches Tourismus-Marketing (A.2),*
- *Elemente einer eigenständigen Theorie des Tourismus-Marketing (A.3).*

# 1 Das Phänomen Tourismus

## 1.0 Übersicht Kapitel A.1

Tourismus und die damit zusammenhängenden Phänomene stellen ein komplexes Beziehungsgeflecht dar, mit dem sich zahlreiche Wissenschaftsdisziplinen beschäftigen.

Kapitel A.1 gibt eine kurze Übersicht über die Grundlagen der Tourismuslehre, soweit es für die Behandlung der spezifischen Aspekte des Tourismus-Marketing notwendig erscheint. Dazu werden die Elemente des Phänomens Tourismus dargestellt, die das Verständnis bzw. die Einordnung des Tourismus-Marketing erleichtern. Es werden vor allem die Grundstrukturen des Reisens und der Tourismuswirtschaft mit ihren für das Tourismus-Marketing relevanten Teilaspekten des touristischen Angebotes, der touristischen Nachfrage sowie der sich daraus ergebenden touristischen Märkte behandelt.

> **Ziele des Kapitels A.1**
>
> *Herausarbeitung folgender Wesensmerkmale des Tourismus:*
>
> - *die Reise,*
> - *touristische Anbieter,*
> - *touristische Nachfrager,*
> - *allgemeine Erklärung,*
> - *spezielle wirtschaftswissenschaftliche Erklärungen des Tourismus, insbesondere betriebswirtschaftliche und Ansätze des Tourismus-Marketing.*

## 1.1 Grundlagen der Tourismuslehre

Die Tourismuslehre beschäftigt sich ganz allgemein mit dem Phänomen der vorübergehenden Ortsveränderung von Personen. Modellhaft kann dies anhand der Abb. A-1 dargestellt werden: Menschen verlassen ihren gewöhnlichen Aufenthaltsort (ihr „zu Hause") und verbringen eine gewisse Zeit außerhalb ihres üblichen Wohnsitzes. Dabei sind sie zeitweise mit Transportmitteln „unterwegs" und halten sich an einem oder mehreren Zielorten („in der Fremde") auf.

Je nach Entfernung vom Heimatort (Ort, Raum) sowie Dauer der Ortsveränderung (Zeit) und Ursache (Motiv) werden in der Tourismuswissenschaft verschiedene Reisearten und -formen unterschieden. Nicht alle sind gleichermaßen bedeutsam für die Tourismuslehre. Ort, Zeit und Motiv stellen zugleich die „drei konstitutiven Elemente" des Tourismus dar (vgl. FREYER 1995a: 2f):

- **Ort: Verlassen des gewöhnlichen Aufenthaltsortes und Rückkehr**

    In der Bezeichnung Tourismus ist „die Tour", also die Rundreise oder die Hin- und Rückreise enthalten. Gegenüber anderen Reiseformen sind touristische Reisen stets mit einer baldigen Rückkehr zum Ausgangspunkt verbunden. In der einfachsten Form ist es das Verlassen des Heimatortes und der vorübergehende Aufenthalt am Urlaubsort oder Reiseziel („die Fremde"), bei Rundreisen können es auch mehrere Zielorte sein. Ungeklärt ist, ab welcher Entfernung von einer touristischen Reise gesprochen werden kann. Anstelle einer präzisen Bestimmung der Entfernung des Reisens wird allgemein vom „Verlassen des gewöhnlichen Aufenthaltsortes" gesprochen.

- **Zeit: „Vorübergehend"**

Für die touristische Reise ist ferner der Zeitaspekt von Bedeutung. Es geht um das **vorübergehende** Verlassen des gewöhnlichen Aufenthaltsortes. Die übliche Zeitspanne bewegt sich zwischen einem Tag und einem Jahr. Hinzu kommt zumeist eine gesonderte Betrachtung von Reisen während der Frei- und Arbeitszeit.

„Freizeitreisen" sind eng mit den verschiedenen „Frei"-Zeiten verbunden. Die bekannteste Reiseart sind Urlaubsreisen, die während des 3- bis 4-wöchigen Jahresurlaubes der arbeitenden Bevölkerung stattfinden. Entsprechend dauern touristische Urlaubsreisen in der Regel zwischen 1 und 4 Wochen, je nachdem, ob der gesamte Jahresurlaub oder nur Teile davon für Reisen verwendet werden.

Reisen ohne Übernachtung werden als **Ausflugsverkehr**, Reisen mit wenigen Übernachtungen als **Kurzreisen** meist nur am Rande der Tourismuswissenschaft betrachtet.

„**Geschäftsreisen**", die während der Arbeitszeit stattfinden, sind meist von kürzerer Dauer: Sie finden teilweise am Arbeitsort statt („Dienstgänge"), erfolgen als Dienstreisen oftmals ohne Übernachtung (also „Ausflugsverkehr"), oder mit nur wenigen Übernachtungen während der Arbeitstage („Midweek-Reisen"), lediglich Montageaufenthalte dauern einige Wochen oder Monate.

Dauerhafte Ortsveränderungen (ohne „Rückkehr" innerhalb eines Jahres), wie Umzug, Wechsel des Arbeitsplatzes usw., sind nicht Gegenstand der Tourismuswissenschaft.

- **Motive: Vergnügen und Geschäft**

Das Phänomen des Reisens ist einerseits sehr alt: Kreuzzüge und Entdeckerreisen gab es bereits in der Antike und im Mittelalter. Doch von Tourismus als moderner Form des Reisens spricht man erst seit Ende des 19. Jahrhunderts. Erst hier wurde das Reisen zu einer Freizeitbeschäftigung mit Vergnügungscharakter, für die sich ein eigener Wirtschaftsbereich, die Tourismuswirtschaft, entwickelt hat.

Heute zählen zum modernen Tourismus neben der Freizeit- und Vergnügungsreise in einem erweiterten Verständnis auch die geschäftlich motivierte Reise sowie Kuraufenthalte und Verwandten- und Bekanntenbesuche. Für all diese Formen stellt die Tourismuswirtschaft die entsprechende touristische Infrastruktur (v.a. Transport-, Beherbergungsleistungen, Reiseberatung und -organisation) zur Verfügung.

---

**Tourismus** ist der vorübergehende Ortswechsel von Personen, wobei eine unterschiedlich weite Abgrenzung des Begriffes, je nach Entfernung erfolgt (Ort), Dauer (Zeit), Grund oder Anlaß (Motiv) des Reisens.

In einem **weiten Verständnis** sind (fast) **alle** vorübergehenden Ortsveränderungen Gegenstand der Tourismuswissenschaft und des touristischen Marketing. In einem **engeren Verständnis** werden nur einige Märkte für den jeweiligen Marketingträger betrachtet. So erfordern für das touristische Marketing vor allem die Teilmärkte Urlaubs-, Geschäfts-, Kurreisen oder -tourismus sowie der Inlands-, Auslands- und Tagesausflugsreiseverkehr sehr verschiedenartige Marketingüberlegungen.

Touristische Reisen sind äußerst vielfältig und werden nach den verschiedensten Kriterien unterteilt.

**Beispiele:**
- nach Entfernung: Inlands-, Auslands-, Europa-, Übersee-, Fernreisen,
- nach Dauer: Tages-, Wochenend-, Kurz-, Urlaubs-, Langzeitreisen,
- nach Verkehrsmitteln: Rad-, Auto-, Bus-, Bahn-, Schiff-, Flugreisen,
- nach Motiv: Erholungs-, Geschäfts-, Bildungs-, Sport-, Kultur-, Kurreisen,
- nach Gepäckstück: Rucksack-, Koffer-, Aktentaschentourismus,
- nach Kosten: Billig-, Exklusivreisen.

> **Tourismusdefinition der Welttourismusorganisation (WTO):**
>
> „Tourismus umfaßt die Aktivitäten von Personen, die an Orte außerhalb ihrer gewohnten Umgebung reisen und sich dort zu Freizeit-, Geschäfts- oder bestimmten anderen Zwecken nicht länger als ein Jahr ohne Unterbrechung aufhalten." (Quelle: WTO 1993).

Im Mittelpunkt der vielfältigsten touristischen Betrachtungen steht die mehrtägige oder mehrwöchige Erholungsreise in speziell dafür vorgesehene Zielgebiete. Die meisten touristischen Reisen sind mindestens mit einer Übernachtung verbunden – häufig mit mehreren – und auch eine bestimmte Entfernung vom Heimatort wird vorausgesetzt, ohne daß diese in den überwiegenden Fällen genau beziffert wird.

Doch auch Reisen ohne Übernachtung (sog. Tagesausflüge) sind für die verschiedensten touristischen Anbieter von großer Bedeutung, da deren Leistungen ebenfalls von den Ausflüglern genutzt werden, wie z.B. Transportmittel, Reiseorganisation, Gaststätten, Freizeiteinrichtungen usw. Doch in den meisten touristischen Untersuchungen geht der Ausflugsverkehr nicht – oder nur am Rande – in die Betrachtung ein.

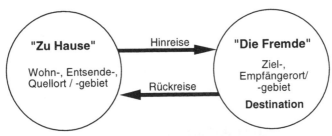

**Abb. A-1** Die Reise als Erklärungsgegenstand der Tourismuswissenschaft

## 1.2 Die ökonomische Sicht des Tourismus

Mit dem Phänomen Tourismus beschäftigen sich ganz unterschiedliche Wissenschaftszweige, ohne daß bisher eine einheitliche Theorie des Tourismus existiert (vgl. genauer A.3).

Die **Wirtschaftswissenschaften** stellen im Rahmen der „Tourismuswirtschaft" die **ökonomischen Aspekte**, die mit der Ortsveränderung zusammenhängen, in den Mittelpunkt ihrer Betrachtungen. Im deutschsprachigen Bereich wird hierbei noch gesondert zwischen einer **volks- und betriebswirtschaftlichen Betrachtung** unterschieden. Für beide stellt die Marktanalyse im Rahmen der Mikroökonomie eine wichtige Schnittstelle dar.

Für die späteren Ausführungen zum Tourismus-Marketing interessiert insbesondere diese ökonomische Sicht des Tourismus, wobei aber für ein ganzheitliches Marketing auch weitere gesellschaftliche Aspekte von Bedeutung sind.

### 1.2.1 Die betriebswirtschaftlichen Aspekte des Tourismus

Die Betriebswirtschaftslehre (BWL) des Tourismus beschreibt und analysiert die mit der Leistungserstellung der Reise beschäftigten Betriebe. Als tourismusspezifische Betriebe gelten z.B. Reiseveranstalter, Reisemittler, Beherbergungsbetriebe, touristische Transportbetriebe, aber auch Fremdenverkehrsämter, Tourismusdestinationen und Tourismusverbände. Sie alle wirken an der Bereitstellung und Durchführung von touristischen Reisen an verschiedenen Orten und in verschiedenem Umfang mit.

Die meisten von Tourismusbetrieben erstellten Leistungen („Produkte") sind Dienstleistungen, nur in wenigen Fällen werden vorrangig Sachgüter hergestellt. Insofern hat eine Tourismus-BWL viele Gemeinsamkeiten mit der BWL von Dienstleistungsunternehmen.

In Anlehnung an eine weitere übliche Unterteilung der allgemeinen Betriebswirtschaftslehre werden auch für den Tourismus eine funktionale und eine institutionelle BWL des Tourismus unterschieden:

- Die **funktionale BWL des Tourismus** untersucht üblicherweise die Bereiche Management, Beschaffung, Leistungserstellung, Finanzierung, Personalwesen sowie Absatz oder Marketing. Dabei stehen die organisatorische Zuordnung der Funktionsbereiche sowie die normative, strategische und operative Ausgestaltung im Mittelpunkt.

  Für den Tourismus ergeben sich damit die funktionalen Teilbereiche „Tourismus-Management", „Personalwesen im Tourismus", „Touristisches Marketing" usw., die unabhängig von den einzelnen Arten von Tourismusbetrieben analysiert werden. Aufgrund verschiedener Besonderheiten von – touristischen – Dienstleistungen (v.a. „uno-actu-Prinzip") ist die betriebliche Funktionslehre im Tourismus auf eine gemeinsame Betrachtung von Produktion und Absatz ausgerichtet (vgl. genauer A.3.2.1).

- In der **institutionellen BWL des Tourismus** werden anstelle der Analyse der betriebsinternen Aufgaben („Funktionen") von Tourismusbetrieben im Rahmen der touristischen Managementlehre die institutionellen Besonderheiten (und Gemeinsamkeiten) einzelner Arten von Tourismusbetrieben genauer dargestellt. So werden insbesondere Reiseveranstalter und -mittler, Beherbergungsbetriebe, touristische Transportunternehmen sowie Fremdenverkehrsdestinationen im Rahmen einer institutionellen BWL des Tourismus behandelt: „BWL des Luftverkehrs", „Reiseveranstalter-BWL" usw. Dabei wird die institutionelle Betrachtung meist mit einer funktionalen Analyse verbunden, was zu einer weiteren Ausdifferenzierung einer Tourismus-BWL führt: „Personalwesen in Hotelbetrieben", „Marketing für Reiseveranstalter" usw.

Analog zum Grundmodell des Reisens lassen sich diese Tätigkeiten entsprechend darstellen. In Abb. A-2 sind die betriebswirtschaftlichen Aspekte des Reisevorganges dargestellt: Am Heimatort bereiten bestimmte Betriebe die Reise vor und verkaufen sie an die Reisenden (vor allem Reiseveranstalter, Reisemittler). Die eigentliche Leistungserstellung erfolgt dann unterwegs (durch die Transportunternehmen) und am Reiseziel (durch Beherbergungsbetriebe usw.). Nach der Rückkehr von der Reise sind gelegentlich noch bestimmte Formen der Reisenachbereitung am Heimatort zu berücksichtigen. Hier sind bereits einige Besonderheiten der touristischen Leistungserstellung zu sehen, auf die später genauer eingegangen wird:

- die gesamte Reise besteht aus mehreren Teilprodukten bzw. -leistungen,
- die Teilleistungen werden durch unterschiedliche Produzenten erstellt,
- die Reise wirkt in ihrer Gesamtheit, wobei die verschiedenen Teilleistungen das Gesamtergebnis unterschiedlich beeinflussen.

### 1.2.2 Die volkswirtschaftlichen Aspekte des Tourismus

Einzelbetriebliches Handeln und die Erklärungen der betriebsinternen Abläufe im Rahmen der BWL des Tourismus sind nur im Zusammenhang mit dem betrieblichen Umfeld zu verstehen. Dabei bestehen zum einen Wechselwirkungen der Betriebe untereinander als auch weitere Einflußgrößen aus dem gesamtgesellschaftlichen Bereich. Gerade für das touristische Reisen müssen verschiedene Betriebe zur Erstellung des Gesamtproduktes „Reise" zusammenwirken. Andererseits beeinflussen zahlreiche weitere – betriebsexterne – Faktoren den betrieblichen Ablaufprozeß sowie die Unternehmenspolitik.[1]

Die Analyse der betriebsexternen ökonomischen Faktoren ist vor allem Gegenstand der volkswirtschaftlichen Betrachtung. Für den Tourismus sind es die verschiedenen gesamtwirtschaftlichen Effekte, die durch das Reisen verursacht werden, sowie – umgekehrt – die Rückwirkungen der gesamtwirtschaftlichen Entwicklung auf den touristischen Reiseprozeß.

**Makroökonomische Effekte des Tourismus**

Dabei werden im Tourismus die gesamtwirtschaftlichen bzw. makroökonomischen Effekte unterschiedlich weit gefaßt, je nachdem welcher tourismuswirtschaftliche (Teil-) Bereich betrachtet wird. So werden für den Tourismus volkswirtschaftliche Aus- und Wechselwirkungen u.a. für folgende Wirtschaftseinhei-

---

[1] Üblicherweise werden im Rahmen der betriebswirtschaftlichen Analyse volkswirtschaftliche Faktoren als feststehende Größen (als „Datum") angenommen („ceteris-paribus-Analyse"). Umgekehrt betrachtet die VWL betriebsinterne Faktoren als Daten.

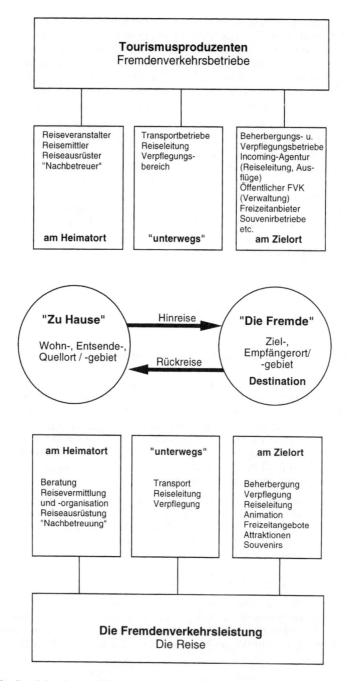

**Abb. A-2** Betriebswirtschaftliche Aspekte des Reisevorgangs

ten ("Volkswirtschaften", besser: Makrobereich) untersucht (in Klammern Beispiele für typisch volkswirtschaftliche Fragestellungen):
- einzelne Gemeinden, Kommunen oder Städte (die wirtschaftliche Bedeutung des Tourismus für eine Gemeinde, vgl. FREYER 1993b),
- Regionen (Tourismus als Faktor der regionalen Entwicklung),
- (Bundes-)Länder (touristische Beschäftigung im Bundesland Sachsen, Bayern usw.),
- Gesamtwirtschaft eines Landes ("Nationalökonomie") (Auswirkungen des Tourismus auf die Zahlungsbilanz Deutschlands),
- übernationale Gebiete, z.B. EU, Weltwirtschaft, Entwicklungsländer usw. (Bedeutung des Tourismus für Entwicklungsländer).

Tourismus hat unterschiedliche räumliche Effekte auf die jeweiligen zuvor benannten "Volkswirtschaften". Er führt zu entsprechenden kommunalen, regionalen, nationalen oder übernationalen Veränderungen. Die makroökonomische Betrachtung des Tourismus erfolgt vor allem hinsichtlich der Auswirkungen bzw. Wechselwirkungen auf folgende zentrale gesamtwirtschaftliche Größen ("Aggregate"):
- Tourismus und Wirtschaftswachstum (Wertschöpfungseffekte, Beitrag zum Sozialprodukt),
- Tourismus und Beschäftigung (Einkommenseffekte und Arbeitslosigkeit),
- Tourismus und Preisniveau (am Heimatort oder im internationalen Vergleich),
- Tourismus und Außenwirtschaft (Auswirkungen auf die Zahlungsbilanz),
- Tourismus und Verteilung (regional, national, personell),
- Tourismus und Konzentration (v.a. in einzelnen Branchen bzw. auf Teilmärkten),
- Tourismus und Ökologie (v.a. natürliche und gesellschaftliche Nachhaltigkeit).

Es interessieren jeweils die Auswirkungen des Tourismus auf die vorgenannten Teilbereiche als sog. "Wirtschaftsfaktor Tourismus". Andererseits werden die – umgekehrten – Rückwirkungen der gesamtwirtschaftlichen Bereiche auf das touristische Nachfrage- und Angebotsverhalten sowie auf die touristische Preisbildung auf den Märkten als ökonomische Erklärungen für das touristische Reisen untersucht.

**Beispiele:**
- Reisen und Konjunktur: wird in Phasen wirtschaftlicher Rezession (oder Boomsituationen) weniger (mehr) gereist?
- Führen Devisenveränderungen, z.B. Abwertung des Dollars, zu mehr/weniger Reisen in die jeweiligen Destinationen?
- Wie wirken sich Umweltveränderungen auf das Reiseverhalten aus (z.B. Ozonloch, verschmutzte Gewässer)?

Ferner werden volkswirtschaftliche Veränderungen als Gründe für betriebswirtschaftliche Folgen angesehen.

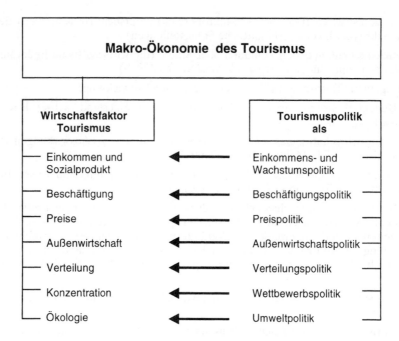

Abb. A-3   Makro-Ökonomie des Tourismus

**Das touristische Marktmodell**

Weitere wichtige volkswirtschaftliche Teilbetrachtungen sind Analysen touristischer **Märkte** mit ihren Angebots- und Nachfragestrukturen. Hierfür werden touristische Marktprozesse analysiert, die durch die Gesamtheit des touristischen Angebotes sowie der touristischen Nachfrage durch verschiedene touristische Märkte veranschaulicht werden (vgl. Abb. A-4, oberer Teil). Dabei werden im einzelnen das touristische Angebotsverhalten von Tourismusbetrieben und das touristische Nachfrageverhalten von Reisenden genauer untersucht.

Ferner werden im Rahmen der **Tourismuspolitik** die verschiedenen Möglichkeiten untersucht, die Marktteilnehmer und die Marktergebnisse entsprechend bestimmten tourismuspolitischen Zielen zu planen und zu gestalten (vgl. dazu genauer FREYER 1995a: 269ff). In der Theorie der Tourismuspolitik treten immer häufiger Ansätze des Marketing-Managements für überbetriebliche und öffentliche Träger der Tourismuspolitik anstelle der traditionellen Tourismuspolitik. Es wird auch von solchen Organisationen marktorientiertes Handeln und „Marketing-Management" statt des früher verbreiteten „Verwaltungshandelns" erwartet.

**1.2.3 Marketing und Märkte als Schnittstelle der VWL und BWL**

Die marktbezogene oder mikroökonomische Betrachtung des Tourismus stellt ein Bindeglied zwischen volks- und betriebswirtschaftlicher Analyse dar (vgl.

Abb. A-4). Ihre Zuordnung zur Betriebswirtschaftslehre oder zur Volkswirtschaftslehre ist nicht eindeutig:

- Aus **betriebswirtschaftlicher Sicht** werden die betrieblichen Überlegungen für die Entstehung des Angebotes analysiert (Unternehmenstheorie als Teil der Mikroökonomie), ferner stellen marktorientierte unternehmerische Entscheidungen einen zentralen Punkt des betriebswirtschaftlichen Marketing dar. Marktorientiertes Handeln ist eine Form moderner Unternehmensführung und -politik.

- Aus **volkswirtschaftlicher Sicht** interessieren das Zusammenwirken verschiedener Anbieter und Nachfrager am Markt und die sich dort entwickelnden Anpassungsprozesse, vor allem die Preisbildung. Diese Betrachtung von Teil- oder Partialmärkten bildet die Voraussetzung für die marktbezogene makroökonomische Betrachtung. Ähnlich wie der Betrieb auf Marktveränderungen durch Anpassung der betriebsinternen Prozesse reagiert („Unternehmenspolitik"), versuchen aus volkswirtschaftlicher Sicht die verschiedenen Akteure der Tourismuspolitik auf die Marktteilnehmer und die Marktprozesse Einfluß zu nehmen („Tourismuspolitik").

Für die Mikroökonomie des Tourismus stellt das **Marktmodell** das zentrale Gedankengerüst dar. Im Marktmodell und in der Markttheorie für den Tourismus geht es um die Bestimmung und genaue Analyse der Angebots- und Nachfragestrukturen an verschiedenen Märkten (sog. Teil- oder Partialmärkten) sowie der Einflußgrößen für das Angebots- und Nachfrage**verhalten**.

- Die Analyse der **Angebotsseite** umfaßt die Abgrenzung des Wirtschaftssektors Tourismus. Im einzelnen sind sowohl die Bestimmungsgründe für Umfang und Struktur des Angebotes aus Anbietersicht abzuleiten (betriebswirtschaftliche Sichtweise) als auch die Struktur der Tourismusindustrie bzw. aller Anbieter an einem Markt aufzuzeigen (volkswirtschaftliche Sichtweise).

- Entsprechend werden bei der **Nachfrageanalyse** die verschiedenen Einflüsse für die Tourismusnachfrage abgeleitet und die – nachfrager- bzw. haushaltsinternen – Entscheidungsabläufe untersucht (betriebs- bzw. haushaltsinterne Sicht). Hierbei interessiert aus ökonomischer Sicht vor allem, ob die Entscheidungsprozesse im Tourismus auch durch ökonomische Grenznutzenüberlegungen erfolgen. Für die mikroökonomische Marktanalyse sind Umfang und Struktur der gesamten Nachfrage an einem (Teil-)Markt von Interesse (volkswirtschaftliche Sichtweise).

In Abb. A-4 wird die zentrale Stelle des Marktes – quasi als Bindeglied – zwischen volks- und betriebswirtschaftlicher Betrachtung der Tourismuswirtschaft dargestellt. Während die Tourismus-Volkswirtschaft vor allem die Gesamtheit aller Betriebe und Nachfrager auf entsprechenden touristischen (Teil-)Märkten und die entsprechenden Auswirkungen auf gesamtwirtschaftliche Größen wie Sozialprodukt, Einkommen, Preisniveau, Außenwirtschaft usw. betrachtet, analysiert die Tourismus-Betriebswirtschaft die betriebsinternen Abläufe von Tourismusbetrieben, entweder nach institutioneller Untergliederung der Reiseveranstalter, Beherbergungsbetriebe usw. oder nach funktionalen Gesichtspunkten der betrieblichen Beschaffungs-, Produktions-, Finanzierungs-, Organisationsplanung – oder des **Marketing(-Managements)**.

**Marketing** ist eine Art Schnittstelle der volks- und betriebswirtschaftlichen Betrachtung. Im modernen Marketing wird das unternehmerische Management vor-

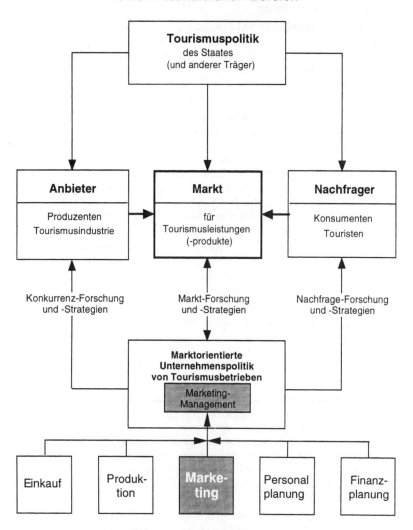

**Abb. A-4** Der Markt als Bindeglied von Volks- und Betriebswirtschaftslehre des Tourismus

rangig auf die Marktmöglichkeiten ausgerichtet, wobei sowohl die Angebotssituation als auch die Nachfragewünsche Ausgangs- und Zielpunkt des marktorientierten Handelns im Rahmen des Marketing-Managements sind. Entsprechend bilden – neben anderen wichtigen Teilelementen des Marketing-Managements – Marktanalysen einen zentralen Bestandteil und Bezugspunkt des Marketing (vgl. v.a. Kapitel B.2). Auf der Nachfrageseite interessiert das touristische Nachfrageverhalten:

- *Warum* fragen *wieviele* Personen *welche* touristischen Leistungen zu welchen *Zeiten* und *Preisen* an welchen *Orten* nach?

Entsprechend ist es Aufgabe für die verschiedenen touristischen Anbieter, ihre Produktion und ihr Leistungsangebot – unter Berücksichtigung anderer Anbieter am Markt – entsprechend auszurichten, also

- die nachgefragten spezifischen *Leistungen* zu den jeweiligen *Preisen* in den entsprechenden *Mengen* zum jeweiligen *Zeitpunkt* (oder Zeitraum) und am richtigen *Ort* zur Verfügung zu stellen.

Dafür stehen im Marketing verschiedene Instrumente zur Leistungsgestaltung und zum Leistungsabsatz zur Verfügung, vor allem die Marketing-Instrumente Produkt-, Preis-, Vertriebswege- und Kommunikationspolitik (vgl. Teil D). Ferner haben Betriebe im Rahmen ihres strategischen Marketing die Möglichkeit, ihre mittel- bis langfristige Unternehmenspolitik auf vorhandene oder neu zu planende Märkte, Produkte bzw. Zielgruppen auszurichten (siehe strategisches Marketing, Teil C).

**Inbound- und Outbound-Marketing**

Für das touristische Marketing sind – ausgehend vom touristischen Grundmodell der Reise der Abb. A-1 – zwei gegenläufige Reisebewegungen von besonderer Bedeutung: Die Push- und Pullfunktion des Reisens oder der Incoming- und Outgoing-Tourismus (auch: Inbound- und Outbound-Tourismus, vgl. WTO 1993):

- **Push-Marketing:** Am touristischen Heimatort sind verschiedene Betriebe mit der Vorbereitung und Organisation der Reise beschäftigt. Ihre Hauptaufgabe ist das sog. „Outgoing-Geschäft". Dies beinhaltet alle mit dem Wegfahren verbundenen Tätigkeiten. Vorrangiges Interesse ist das „Wegsenden" der ortsansässigen einheimischen Bevölkerung. Man könnte dies als „Push-Effekt" oder „Weg(-von-) Reisen" charakterisieren.

  Die damit zusammenhängenden Marketingaufgaben betreffen in der Tourismuswirtschaft vor allem Reiseveranstalter und Reisemittler. Teilweise nehmen auch ausländische Fremdenverkehrsämter und Transportunternehmen Push-Aufgaben des Marketing am Heimatort der Touristen wahr.

- **Pull-Marketing:** Anders hingegen ist die Aufgabe des sog. „Incoming-Tourismus". Hiermit beschäftigen sich insbesondere die in den Zielgebieten ansässigen touristischen Betriebe. Ihr Hauptinteresse ist es, ortsfremde Personen zur Reise in das betreffende Zielgebiet – die Destination – zu bewegen. Am Incoming ortsfremder Personen sind die verschiedenen ortsansässigen touristischen Leistungsträger interessiert, wie z.B. Beherbergungsbetriebe, Transportunternehmen usw. Ferner gibt es spezifische Incoming-Agenturen, die mit den Reiseveranstaltern der Quellgebiete zusammenarbeiten. Auch verschiedene nicht-touristische Unternehmen, die sich von touristischen Besuchern ökonomische Erträge erhoffen, wie z.B. verschiedene Freizeitunternehmen, Sport- und Kultureinrichtungen, aber auch ortsansässige Geschäfte, haben ein grundsätzliches Interesse am Incoming-Tourismus. Allerdings sind die zuvor genannten Unternehmen sehr unterschiedlich bereit und in der Lage, Marketingaktivitäten zur Gewinnung von Touristen zu unternehmen. Diese Aufgabe wird häufig überbetrieblich erwartet und ist Gegenstand des sog. **Makro-Marketing** im Tourismus.

**Marketingaufgabe** des Incoming-Tourismus ist eine Sogfunktion oder eine „Pull-Funktion" – in der Tourismuslehre wird auch vom „Hin-zu"-Reisen gesprochen.

Beide Bewegungen sind nicht losgelöst voneinander zu sehen, das Incoming- und Outgoing-Marketing muß für das touristische Gesamtsystem zusammenwirken: Destinationen müssen mit Reiseveranstaltern und Reisemittlern zusammenarbeiten, damit ihr Incominggeschäft funktioniert, umgekehrt müssen Reiseveranstalter und Reisemittler mit Destinationen kooperieren, damit ein effektives Outgoinggeschäft ermöglicht wird.

Zwischen den beiden Hauptaufgaben des Push- und Pull-Marketing am Heimatort und in den Tourismus-Destinationen stehen die Verkehrsträger („unterwegs"), die zum Teil Push-, zum Teil Pull-Funktionen übernehmen. Zumeist entscheidet der Sitz der Verkehrsträger über die jeweilige Ausrichtung der Marketingaktivitäten:

Einheimische Transportunternehmen mit Sitz am Heimatort der Reisenden nehmen Push-Aufgaben wahr, ausländische Transportunternehmen (mit Sitz in den Reisedestinationen) agieren in Richtung eines „Pull-Marketing". Allerdings gelten diese Grundaussagen vorwiegend für Chartertransportunternehmen, die für den Hin- **und** Rücktransport der jeweiligen Reisenden zuständig sind. Soweit es sich um Linientransportunternehmen handelt, müssen sie für eine optimale Auslastung auf dem Hin- und Rücktransport sorgen und nehmen damit sowohl Pull- als auch Push-Funktionen wahr.

**Beispiele:**
- Die Condor – als Charterfluggesellschaft – muß sich vorwiegend mit dem Hin- und Rücktransport Deutscher in Urlaubsgebiete beschäftigen („Push-Funktion").
- Die Push-Aufgabe der Lufthansa – als Linienfluggesellschaft – besteht darin, deutsche Reisende aus Deutschland beispielsweise in die USA zu transportieren. Andererseits betreibt sie in den USA Pull-Marketing, um US-Bürger nach Deutschland zu transportieren.

Neben den zuvor beschriebenen institutionellen und lokalen Aufgaben verschiedener touristischer Betriebe im Rahmen des Reise-Grundmodells ist für das touristische Marketing die Ausrichtung des unternehmerischen Handelns an den Nachfragerwünschen bzw. den Marktgegebenheiten im Rahmen der „marktorientierten Unternehmensführung" eine zentrale Bezugsgröße. Dies wird im Abschnitt A.2.1.2 genauer behandelt.

Im folgenden Abschnitt wird die Tourismuswirtschaft mit ihren Angebots- und Nachfragestrukturen noch etwas detaillierter dargestellt (vgl. auch B.2).

**1. Push-Marketing (z.B. Reiseveranstalter)**

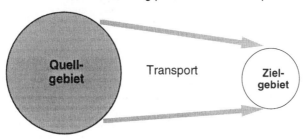

**2. Pull-Marketing (z.B. Fremdenverkehrsort)**

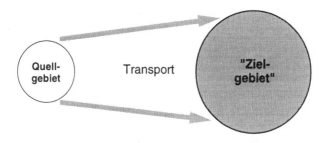

**3. Pull- u. Push-Marketing (z.B. Airline)**

**Legende:**

**Abb. A-5** Inbound- und Outbound-Marketing (Push- und Pull-Marketing)

## 1.3 Tourismus-Produzenten und Marketing-Träger (das Tourismus-Angebot)

**1.3.1 Touristische Betriebe**

Tourismus-Marketing ist die Anwendung der Marketing-Management-Methode auf touristische Betriebe. Dabei ist die Art der touristischen Anbieter sehr vielfältig. Neben den bereits in den vorherigen Abschnitten erwähnten touristischen Unternehmen, die mit der Erstellung der Reisegrundleistung beschäftigt sind, werden noch zahlreiche andere Betriebe vom Tourismus beeinflußt. Ihre Abgrenzung bzw. Einordnung als touristische Betriebe im engeren oder weiteren Sinn ist in der Literatur und in der touristischen Praxis nicht einheitlich geklärt. Dabei werden im folgenden die Bezeichnungen „Betrieb" und „Produkt" als die übergreifenden Begriffe für die verschiedensten touristischen Betriebsarten (wie privatwirtschaftliche, öffentliche Betriebe, Einzelbetriebe oder Betriebsgemeinschaften sowie Körperschaften) und Leistungen (Sachgüter, Dienstleistungen usw.) verwendet (vgl. genauer B.3).[2,3]

Die Einteilung der Tourismusbetriebe erfolgt nach zwei Grundprinzipien:

- **angebotsorientierte Einordnung:** nach Art der Leistungserstellung

    Normalerweise werden Betriebe aufgrund ihrer Leistungsendprodukte den jeweiligen Wirtschaftssektoren zugeordnet. Entsprechend sind alle Betriebe, die ausschließlich reise- bzw. tourismusbezogene Leistungen herstellen, eindeutig als touristische Betriebe anzusehen. Dies trifft z.B. für Reiseveranstalter-, Reisemittler- und Beherbergungsbetriebe mit ihren tourismustypischen Leistungen zu.

    Doch bereits die meisten Transportunternehmen erbringen neben den engeren touristischen Teilleistungen auch Transportleistungen für Nicht-Touristen, z.B. ÖPNV, Beförderung von Gütern usw.

    Andererseits werden einige typische Tourismusleistungen von Betrieben hergestellt, die nicht als typische Tourismusbetriebe anzusehen sind, wie z.B. Reiseversicherungen (durch Versicherungsunternehmen), Landkarten und Reiseführer (durch Buchverlage), Souvenirs (durch Geschenkartikelbetriebe) usw. Solche Betriebe sind aber zum Teil oder ganz auf Touristen als Zielgruppe spezialisiert und wären auch nach dem Kriterium der typischen Tourismusleistung entsprechend als Tourismusbetriebe anzusehen.

    Dies führt zu einem zweiten Kriterium, der nachfrageseitigen Bestimmung der Tourismusbetriebe.

- Bei der **nachfrageseitigen Bestimmung** der Tourismusbetriebe werden all die Betriebe der Tourismuswirtschaft zugerechnet, deren Absatz ganz oder zu einem strukturbestimmenden Anteil tourismusabhängig ist. Solche Betriebe müssen keine typischen Tourismusleistungen herstellen; es genügt, daß ihre

---

[2] Zur genaueren Abgrenzung von Betrieben und Produkten im Tourismus vgl. A.3.
[3] Zur Diskussion um Betriebstypologien im Tourismus vgl. als Überblick FREYER 1995: 105ff und im einzelnen die ausführliche Grundsatzdiskussion in den 50er Jahren bei WALTERSPIEL 1956, HUNZIKER 1952, JOSCHKE 1953 und die dort angegebene Literatur.

Leistungen von Touristen nachgefragt werden: „Eine Unternehmung wird unter dem Gesichtspunkt des Marketing in dem Moment zur Fremdenverkehrsunternehmung, da sie einen Touristen bedient und damit gewisse direkte Einflußmöglichkeiten auf die touristische Bedürfnisbefriedigung gegeben sind." (KRIPPENDORF 1971:35).

Dieses Verfahren kann einerseits zu einer betriebswirtschaftlichen Zuordnung führen, andererseits wird es in der Praxis häufig zur volkswirtschaftlichen Bestimmung der touristischen Wertschöpfung verwendet. Demnach werden alle touristischen Ausgaben (als Ausgaben auf Reisen) der Tourismuswirtschaft zugerechnet. Da die Ausgaben von Touristen aber nicht nur für typische touristische Produkte erfolgen, werden zahlreiche nicht-touristische Leistungen als Wirtschaftsfaktor Tourismus erfaßt. Zwar profitieren unbestritten auch eine Reihe nicht-touristischer Betriebe im Einzelfall zu einem bedeutenden Anteil vom Tourismus, doch werden sie dadurch nicht zu Tourismusbetrieben.

Ein typisches **Beispiel** der Tourismusliteratur ist der Bäcker an einem Urlaubsort, der zu Hochsaisonzeiten den Großteil seiner Backwaren an Touristen verkauft, womit sein Absatz unstrittig zu einem bedeutenden Anteil tourismusabhängig ist, er aber dadurch nicht zu einem – typischen – Tourismusbetrieb wird. Ähnliche Überlegungen treffen grundsätzlich für die meisten Gastronomiebetriebe zu, die aber – entgegen der grundsätzlichen theoretischen Zuordnung – statistisch im Zusammenhang mit dem Hotelgewerbe erfaßt und damit zu 100% dem Tourismusbereich zugerechnet werden.

Aufgrund dieser beiden Abgrenzungskriterien ergeben sich zwei bzw. drei unterschiedliche Gruppen von Tourismusbetrieben und – in einer volkswirtschaftlichen Variante – zwei bzw. drei unterschiedlich weit gefaßte tourismuswirtschaftliche Bereiche:

- als **Tourismusbetriebe im engeren Sinn** werden alle Betriebe angesehen, die tourismustypische Leistungen erstellen und damit ausschließlich Leistungen für Touristen erbringen,

- als **Tourismusbetriebe im weiteren Sinne** werden darüber hinaus auch Betriebe oder Betriebsteile angesehen, die nicht üblicherweise oder nicht ausschließlich tourismustypische Leistungen herstellen, aber sich entweder
  (a) mit Teilen ihrer Leistungserstellung („Produktion") auf tourismustypische Leistungen („Produkte") spezialisiert haben
  oder
  (b) deren Nachfrager vorwiegend Touristen sind.

---

**Fazit: Tourismusbetriebe** aus Marketingsicht umfassen

1. typische Tourismusbetriebe, die typische Tourismusprodukte anbieten, welche ausschließlich von Touristen/Reisenden nachgefragt werden,
2. untypische Tourismusbetriebe, die sich mit typischen Tourismusprodukten auf Touristen als Zielgruppe spezialisiert haben,
3. untypische Tourismusbetriebe, die sich mit <u>un</u>typischen Tourismusleistungen auf Touristen als Zielgruppe spezialisiert haben bzw. einen (Groß-)Teil ihres Umsatzes durch den Tourismus erzielen.

**Beispiele:**
- zu 1: Beherbergungsbetriebe, Reiseveranstalter, Reisemittler, Fremdenverkehrsämter, touristische Transportbetriebe
- zu 2: Verlage (Landkarten, Reiseführer), Journalisten (Reiseberichte), Sportlehrer (Touristen-Animation)
- zu 3: Bäcker (am Urlaubsort), Friseur (am Flughafen), Gastronomiebetrieb (für Touristen)

### 1.3.2 Die Tourismuswirtschaft im engeren Sinne

Als Tourismuswirtschaft im engeren Sinne werden all jene Betriebe angesehen, die direkt an der Erstellung des touristischen Grundproduktes, der Reise, beteiligt sind. Hierzu wird üblicherweise zwischen den sogenannten „Leistungsträgern" und den Reiseveranstaltern und -mittlern unterschieden. Die touristischen **Leistungsträger,** insbesondere Beherbergungs- und Transportbetriebe, erbringen im touristischen Produktionsprozeß die eigentlichen Grundleistungen der Reise(durchführung), Reiseveranstalter und Reisemittler bereiten die Reise vor, insbesondere nehmen sie Bereitstellungsaufgaben wahr.

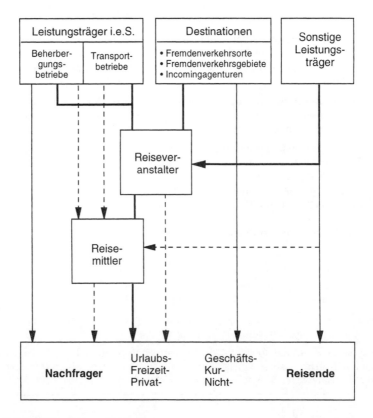

**Abb. A-6** Die Tourismuswirtschaft

## 1. Das Phänomen Tourismus 19

Eine gewisse **Zwitterfunktion** nehmen **Fremdenverkehrsorte** oder **Destinationen** und die damit verbundenen Organisationen, insbesondere Fremdenverkehrsämter, -vereine und -verbände, ein. Sie erfüllen zum einen Aufgaben der Leistungsträger, indem sie Transport und Unterkünfte zur Verfügung stellen, als auch Aufgaben der Reiseorganisation und -vermittlung, soweit sie selbst Reisepauschalen zusammenstellen und anbieten und Unterkünfte und Transportleistungen vermitteln. Insofern können sie im System der Tourismuswirtschaft mit entsprechenden Teilleistungen sowohl als Leistungsträger, als Reiseveranstalter oder als Reisemittler behandelt werden (vgl. genauer Punkt (4)).

**(1) Touristische Leistungsträger**

Als touristische Leistungsträger werden vor allem Beherbergungsbetriebe und Transportunternehmen betrachtet. Sie „produzieren" die touristische (Teil-)Leistung Transport oder Beherbergung. Zu den Leistungsträgern im weiteren Sinne zählen auch verschiedene Betriebe und Dienstleister, die in der zuvor behandelten Betriebsabgrenzung der ergänzenden Tourismuswirtschaft zugerechnet worden sind, z.B. Reiseleiter, Animateure, Reiseausstatter, Versicherungsunternehmen usw. (vgl. A.1.3.3).

Auf die besondere Rolle von Tourismusdestinationen war bereits einleitend hingewiesen worden. Sie bieten Leistungen an, die allerdings vielfach nicht gegen Geld bzw. über Märkte gehandelt werden, wie z.B. das natürliche touristische Angebot sowie die nicht-touristische Infrastruktur.

**(1a) Leistungsträger Transport**

Aus touristischer Sicht sind vor allem die Transportbetriebe für Flugleistung, Bahntransport und Seefahrt von Bedeutung. Beim Leistungsträger Straße inter-

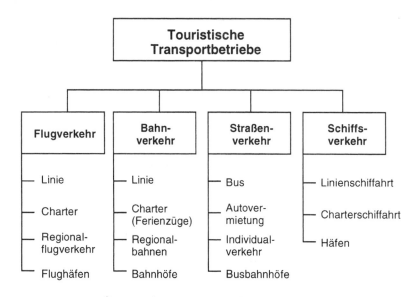

**Abb. A-7** Touristische Transportbetriebe (Auswahl)

essieren die Autoverleihfirmen und verschiedenen Automobilclubs mit ihrer Nebenfunktion als Reiseveranstalter. Wohnmobilfirmen stellen spezielle Transportmittel für Reisende her, die Transport- und Beherbergungsmöglichkeiten verbinden. Busunternehmen übernehmen ebenfalls eine Transportfunktion, sind aber zum Großteil auch als Reiseveranstalter tätig. Das Haupttreisetransportmittel PKW dient vor allem der individuellen Reisegestaltung („Individualreise").

**(1b) Leistungsträger Beherbergung**
Das Beherbergungsgewerbe ist vielfältig strukturiert und wird v.a. in die klassische oder traditionelle Hotellerie mit Hotels (Kurhotels, Motels, Aparthotels), Hotels garni, Pensionen sowie Gasthöfen und die Parahotellerie mit Ferienwohnungen, Sanatorien, Ferienlagern, Campingwesen, Privatzimmern und Jugendherbergen unterteilt.

Das **Marketing der Leistungsträger** richtet sich zum einen an die Touristen als Endkonsumenten der jeweiligen Transport- oder Beherbergungsleistung, zum anderen aber auch an die weiteren touristischen Betriebe, wie v.a. Reiseveranstalter und Fremdenverkehrsorte/Destinationen, für die ihre Leistungen als Vor- oder Zwischenprodukte bzw. als Teilleistungen in das absatzmarktorientierte Gesamtprodukt „Pauschalreise" oder „Gesamtangebot einer Destination" eingehen. Ferner sind im Rahmen des Marketing der Leistungsträger auch Reisemittler Ziel von Marketingaktivitäten, wobei Reisemittler meist als Distributionswege innerhalb des Marketing-Mix betrachtet werden.

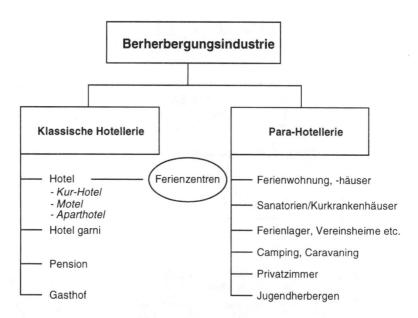

**Abb. A-8** Gliederung des Beherbergungswesens
(Quelle: FREYER 1995a: 118)

## (2) Reiseveranstalter

Eine wichtige Funktion in der Tourismuswirtschaft nehmen Reiseveranstalter ein. Sie kombinieren die Teilfunktionen der Leistungsträger zu einer neuen Gesamtleistung, der **Pauschalreise**. Hierbei werden – mindestens – zwei unabhängige Leistungen zu einem Gesamtangebot und unter eigenem Namen und einem Gesamtpreis zusammengefügt.

Strittig ist in der Literatur, ob diese Funktion eine Produktionsleistung ist, bei der ein neues Produkt entsteht, da sich die Inputfaktoren, z.B. Transport- und Beherbergungsleistung oder auch das (natürliche) Angebot der Fremdenverkehrsorte, nicht verändern. Nach dieser Sichtweise haben Reiseveranstalter lediglich eine Vermittlungsfunktion oder Handelsfunktion und agieren als (Groß-) Händler (so z.B. bei KRIPPENDORF 1971: 130). Eine andere Sichtweise betont, daß durch die Reiseveranstalterleistung die Inputfaktoren der Leistungsträger zu einem neuen Produkt zusammengefügt werden und damit eine Produktionsaufgabe wahrgenommen wird (vgl. u.a. POMPL 1994: 39, HEBESTREIT 1992: 16ff).

Das Reiseveranstaltergewerbe wird unterteilt nach Größe, Angebotsregion, Programmspezialisierung und wirtschaftlichem Status (vgl. genauer FREYER 1995a: 150ff).

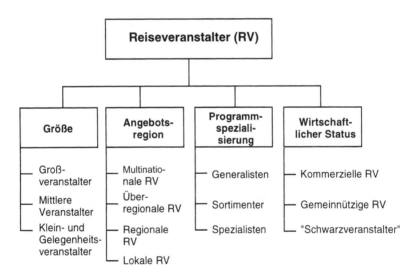

**Abb. A-9** Arten von Reiseveranstaltern
(Quelle: FREYER 1995a: 152)

Das **Marketing der Reiseveranstalter** stellt eine wichtige Säule im Tourismus-Marketing dar. Marketingaufgaben bestehen zum einen im **Beschaffungs-Marketing**, d.h. im Einkauf der touristischen Teilleistungen, zum anderen aber v.a. im **Absatz-Marketing**, d.h. im strategischen Marketing-Management der Produktion von Pauschalreisen und deren marktorientiertem Absatz.

Zu den Reiseveranstaltern können auch Fremdenverkehrsorte oder Transport- und Beherbergungsbetriebe zählen, soweit sie Pauschalprogramme erstellen. In dieser Teilfunktion sind sie bei Reiseveranstaltern zu behandeln. Bei der Vermarktung von Pauschalreisen übernehmen Reiseveranstalter auf der anderen Seite auch Marketingaufgaben für die Leistungsträger und Fremdenverkehrsdestinationen.

**(3) Reisemittler**

Reisemittler vermitteln touristische Leistungen im Namen der Produzenten an touristische Endverbraucher, an die Touristen. Umgekehrt leiten sie die Wünsche der Reisenden an die Reiseveranstalter und Leistungsträger weiter, sie „buchen" und „reservieren" Plätze und sorgen für das Inkasso für die Produzenten und die Übermittlung der Reservierungsunterlagen an die Kunden. Reisemittler stellen keine neuen touristischen Leistungen her, sie vermitteln – wie der Name sagt – lediglich zwischen Herstellern und Verbrauchern.

**Reisemittler** sind vielfach eng an Reiseveranstalter und Leistungsträger gebunden. Das traditionelle Voll-Reisebüro ist eine selbständige Geschäftseinheit und besitzt eigene Lizenzen bzw. Agenturen für das Fluggeschäft (IATA-Lizenz), für die Vermittlung von Bahnreisen (DB-Lizenz) und für die Großveranstalter (TUI, NUR, LTU usw.). Vielfach bestehen enge Bindungen an Leistungsträger oder an Veranstalter bis hin zu unselbständigen Filialbetrieben oder Franchisebetrieben. In letzteren Fällen werden überbetriebliche Marketingaktivitäten der Mutterunternehmen oder der Franchisegeber unternommen. Als Sonderformen des Marketing kommt es immer häufiger zu Reisebüro-Kooperationen, die ebenfalls gemeinsame Marketingaktivitäten zum Gegenstand haben.

„**Reisebüros**" nehmen vielfach sowohl Vermittlungs- als auch Veranstalterfunktionen wahr. Aus theoretischer Sicht sind diese Funktionen aber am besten getrennt zu behandeln, in den Extremformen als „reiner" Reiseveranstalter oder „reiner" Reisemittler bzw. als „Mischfunktion" der Reiseveranstalter **und** der Reisevermittlung.

Das **Marketing der Reisemittler** ist häufig eine Unterstützung der Marketingaktivitäten der Leistungsträger und Reiseveranstalter. Ein eigenständiges Reisemittler-Marketing bezieht sich vor allem auf eine marktorientierte Gestaltung der Vermittlungsleistung. Reisemittler suchen dazu eine gezielte Kundenansprache, spezialisieren sich auf Leistungsträger und Reiseveranstalter und versuchen, z.B. durch geeignete Standortwahl und den Aufbau einer Stammkundschaft, eigene strategische Wege.

In den letzten Jahren wurden **Computer-Reservierungssysteme (CRS)** als Reservierungs- und Vertriebssysteme von Reisen immer bedeutender. Strenggenommen handelt es sich dabei aber um keine eigenen Vermittlungsunternehmen, sondern lediglich um technische Einrichtungen zur Verwaltung und Organisation freier Plätze und des Reservierungsvorganges. Da die meisten CRS allerdings durch eigene Betriebsgesellschaften organisiert sind, werden sie in Zukunft auch als Reisevertriebssysteme immer bedeutender und können eventuell den traditionellen Vertriebsweg Reisebüro als Mittler mehr und mehr ersetzen (vgl. D.3).

**(4) Fremdenverkehrsorte oder Destinationen**

Der Begriff Destinationen ist in der deutschsprachigen Tourismusliteratur noch wenig verbreitet, international hingegen sehr gebräuchlich. Destinationen umfassen die verschiedenen touristischen Zielgebiete, von kleinen Kommunen über

Städte, Regionen bis zu Ländern und Ländergruppen. Ferner beinhaltet der Begriff Destinationen oftmals die verschiedenen Marketingträger wie öffentliche Ämter, Fremdenverkehrsvereine und -verbände usw. Im Rahmen der Tourismuswirtschaft nehmen Fremdenverkehrsorte oder touristische Destinationen eine Zwitterfunktion zwischen Leistungsträgern, Reiseveranstaltern und Reisemittlern ein:

- **Destination als Leistungsträger**

Soweit touristische Destinationen ihre Attraktionen und ihr natürliches Angebot zur Verfügung stellen, übernehmen sie Leistungsfunktionen, ganz ähnlich den Leistungsträgern. In dieser Funktion betreiben Destinationen auch touristisches Marketing gegenüber den potentiellen Besuchern (als Endverbraucher) und bieten den Ort gegenüber Reiseveranstaltern zur Konstruktion von Pauschalreisen in die Destination und gegenüber Reisemittlern zur Vermittlung an.

- **Destination als Reiseveranstalter**

Oftmals werden von Fremdenverkehrsorten oder Destinationen mehrere Angebotselemente von Destinationen zu einem Gesamtangebot im Sinne von Reisepauschalen zusammengefaßt und eigenständig vermarktet. Mit diesen Funktionen werden Fremdenverkehrsdestinationen als Reiseveranstalter aktiv und sind analog dem Reiseveranstalter-Marketing zu behandeln.

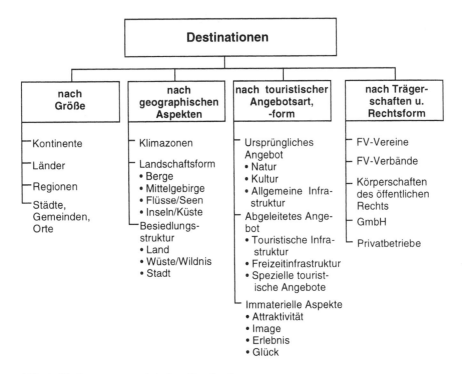

**Abb. A-10** Arten von touristischen Destinationen

● **Destination als Reisemittler**

Als andere Aufgabenvariante übernehmen Fremdenverkehrsorte häufig die Zimmervermittlung oder die Kartenvermittlung für Veranstaltungen. Mit diesen Teilfunktionen sind Fremdenverkehrsorte als Reisemittler und ihre Aktivitäten als Reisemittler-Marketing zu betrachten.

Entsprechend kann das **Marketing von Destinationen** verschiedene Aufgaben umschreiben, z.B. Leistungsträger-Marketing, Reiseveranstalter-Marketing oder Reisemittler-Marketing. Zumeist wird ein eigenständiges Destinations-Marketing als überbetriebliches oder Makro-Marketing betrachtet, wobei das touristische Gesamtangebot einer Destination im Sinne eines Marketing-Verbundes vermarktet wird (vgl. A.3.4).

**(5) Tourismusvereine und -organisationen**

Aus institutioneller Sicht sind zahlreiche überbetriebliche Vereinigungen für das touristische Angebot und das Tourismus-Marketing von Bedeutung. Solche Vereinigungen lassen sich für alle Ebenen des Tourismus unterscheiden, wobei einige dieser Vereinigungen auf mehreren Ebenen vertreten sind. Als wichtige touristische Marketingträger seien an dieser Stelle bereits genannt: Fremdenverkehrsvereine und -verbände als Zusammenschlüsse von zumeist Gebietsgemeinschaften, Reisebüroverbände, Hotel- und Gaststättenvereinigungen, Bäderverband, IHK's usw. (vgl. genauer A.3.4).

Zudem sind im öffentlichen Bereich Gebietskörperschaften, Ämter und Verwaltungen mit der touristischen Entwicklung und teilweise auch mit dem Tourismus-Marketing beschäftigt. Diese Vereinigungen betreiben in der Regel ein überbetriebliches oder Makro-Marketing im Sinne der Interessenvertretung ihrer Mitglieder.

### 1.3.3 Die ergänzende Tourismuswirtschaft und die touristische Randindustrie

Neben den unter (1) bis (5) beschriebenen typischen Tourismusbetrieben sind noch zahlreiche weitere Betriebe mit der Erstellung von Leistungen für Touristen tätig. In der Fremdenverkehrslehre werden dabei zwei Gruppen von ergänzenden Tourismusproduzenten unterschieden:

**(1) Tourismusspezialisierte Betriebe**

Betriebe, die üblicherweise keine touristischen Leistungen herstellen, haben sich mit Teilfunktionen auf tourismustypische Produkte und Leistungen spezialisiert.

**Beispiele:**
● Lederwarenhersteller mit der Produktion von Koffern und Taschen für Reisende,
● Automobilhersteller mit der Produktion von Wohnmobilen,
● die Pharmaindustrie mit der Produktion von Reisemedikamenten,
● Banken und Kreditkartenunternehmen mit ihren Dienstleistungen bezüglich Reisezahlungsmitteln,
● Sportlehrer mit Animationsdienstleistungen für Touristen,
● Anbieter von kulturellen Veranstaltungen (Musik, Theater usw.) für Touristen,

## (2) Tourismusabhängige Betriebe

Eine andere Gruppe von Betrieben stellt keinerlei tourismusspezifische Produkte und Leistungen her, ist aber aufgrund ihrer spezifischen Absatzsituation zu einem mehr oder weniger deutlichen Ausmaß von Touristen als Nachfragern abhängig. Sie werden in der Fremdenverkehrslehre als tourismusabhängige Betriebe oder als touristische Randindustrie bezeichnet.

**Beispiele:**
- Gastronomiebetriebe in Fremdenverkehrsorten, die v.a. von Touristen besucht werden,
- der Flughafenfriseur oder andere Betriebe am Flughafen oder an Bahn- oder Busstationen, deren Nachfrager v.a. Touristen sind.

Insgesamt ergibt sich damit eine enge(re) oder weite(re) Auffassung von touristischen Betrieben bzw. des **Wirtschaftssektors Tourismus**. Oftmals wird bei der Bestimmung der Bedeutung des Wirtschaftsfaktors Tourismus nicht klar zwischen Tourismuswirtschaft im engeren Sinne, ergänzender Tourismuswirtschaft und

| Tourismuswirtschaft im engeren Sinn Typische Tourismusbetriebe | Ergänzende Tourismuswirtschaft Tourismusspezialisierte Betriebe | Touristische Randindustrie Tourismusabhängige Betriebe |
|---|---|---|
| Reiseveranstalterbetriebe<br>Reisemittlerbetriebe<br>Beherbergungsbetriebe<br>Verkehrsbetriebe<br>• Straße<br>• Schiene<br>• Luft<br>• Wasser<br>Fremdenverkehrsgemeinden und Gebiete (Destinationen)<br>Fremdenverkehrsbetriebe, -vereine, -verbände, -organisationen<br>Kongreß- und Tagungswesen<br>Messen und Ausstellungen | **Produktion**<br>Sachgüterbetriebe<br>Souvenirindustrie<br>Reiseausrüster<br>Buch- und Zeitschriftenverlage (Reisepublikationen)<br><br>**Dienstleistungsbetriebe**<br>Animateure, Fremdenführer, Reiseleiter<br>Reisejournalisten<br>Kreditinstitute (Reisedevisen)<br>Versicherungsunternehmen<br>Verleihfirmen (Autos, Fahrräder etc.)<br>Ausbildungsstätten Tourismus<br>Marktforschungsinstitute Tourismus<br>Behörden, Verwaltung für Tourismus | **Produktion**<br>Sportartikelindustrie<br>Bekleidungsindustrie<br>Fotoindustrie<br>Kosmetikindustrie<br>Arzneimittelindustrie<br>Elektroindustrie<br><br>**Dienstleistungsbetriebe**<br>Gastronomiebetriebe<br>Sportbetriebe<br>Friseurbetriebe<br>Reparaturbetriebe<br>Tankstellen, Automobilclubs<br>Bergbahnen, Skilifte<br>Spielbanken<br>Kulturanbieter<br>Ärzte, Masseure<br>Einzelhandel |
| *Typische Tourismusbetriebe bieten typische Tourismusleistungen an, die ausschließlich von Touristen/ Reisenden nachgefragt werden* | *Untypische Tourismusbetriebe haben sich mit typischen Tourismusleistungen auf Touristen/ Reisende als Zielgruppe spezialisiert* | *Untypische Tourismusbetriebe haben sich mit untypischen Tourismusleistungen auf Touristen/ Reisende als Zielgruppe spezialisiert* |

**Abb. A-11** Die Tourismuswirtschaft (im engeren und weiteren Sinn) (Quelle: FREYER 1995a: 111)

touristischer Randwirtschaft unterschieden, wodurch der Beitrag des Tourismus zur Wertschöpfung oder der touristische Beschäftigungseffekt unterschiedlich hoch angegeben wird – je nachdem, ob nur die Tourismuswirtschaft im engeren Sinne oder die ergänzenden Bereiche dazugerechnet werden.

**Marketingaktivitäten** der tourismusspezialisierten und tourismusabhängigen Betriebe sind vorwiegend auf Touristen gerichtet und damit sind solche Aktivitäten auch – zumindest teilweise – dem touristischen Marketing zuzurechnen. Vor allem sind solche Betriebe an einem überbetrieblichen und destinationsbezogenen Marketing (im Sinne des Makro-Marketing) interessiert (vgl. A.3.4).

## 1.4 Die touristische Nachfrage

Die Ursachen und Einflußgrößen für das Reisen sind vielfältig. Sie beschäftigen die Tourismuslehre seit Beginn dieser Wissenschaft, und eine einheitliche Erklärung für das Phänomen des Reisens ist nicht in Sicht. Die Palette der Erklärungsversuche umfaßt unter anderem:

- Reisen als „Naturgesetz" oder als „biologisches Bedürfnis",
- Reisen als Suche nach der Gegenwelt (zum Alltag): „weg-von-Reisen",
- Reisen als eine „Veranstaltung des Kapitalismus",
- religiöse, politische, kommunikative Motive usw.

Für die Tourismuswirtschaft interessieren vor allem die den Reiseentscheidungen zugrundeliegenden ökonomischen Überlegungen. Doch während die wirtschaftswissenschaftliche Betrachtung des Nachfrageverhaltens von Haushalten sehr weit entwickelt worden ist (v.a. innerhalb der Mikroökonomie), fehlen entsprechende Übertragungsversuche auf das touristische Nachfrageverhalten noch weitgehend. Die zentralen ökonomischen Kategorien, v.a. Preis und Einkommen spielen eine eher untergeordnete Rolle. Nicht-ökonomische Faktoren stehen oftmals im Vordergrund (vgl. FREYER 1995a: 50ff).

### 1.4.1 Grundlagen der ökonomischen Betrachtung der Tourismus-Nachfrage

#### (1) Kaufverhaltensforschung

Im Rahmen der betriebswirtschaftlichen Betrachtung ist es vor allem der Bereich der **Kaufverhaltensforschung**, der für das touristische Marketing von Bedeutung ist. Es geht im wesentlichen darum, *wer* kauft (Reiseentscheidungsträger) *welche* Reisearten, *warum* (Reisemotiv), *wie* (Kauf-/Buchungsverhalten), *wieviel* (Reiseumfang u. -häufigkeit), *wann* (Reisezeitpunkt) und *wo* (Buchungsort). Die Kaufverhaltensforschung interessiert sich weiterhin im Rahmen von Erklärungsmodellen für die Einflußfaktoren auf das Kaufverhalten, für die darauf aufbauenden Entscheidungsprozesse sowie für das beobachtbare Reiseverhalten.

Reisen als ökonomische Güter dienen der **Befriedigung von Bedürfnissen**. Am häufigsten wird dabei die Maslow'sche Bedürfnispyramide zur Erklärung unterschiedlicher Bedürfnisse herangezogen, die auch für den Tourismus Ansatzpunkte zur Erklärung verschiedener Reisearten und -formen gibt. So dienen Fahrten zum Arbeitsplatz und Handelsreisen der Befriedigung der Grundbedürfnisse Essen, Trinken usw. Mit zunehmenden Bedürfnissen werden Reisen zur Kommunikation (mit Bekannten) oder aus Prestigegründen unternommen. An der Spitze der Pyramide stehen Reisen zum Vergnügen aus Anlaß der Entwicklungsbedürfnisse wie Selbstverwirklichung, Freude usw. Diese Reiseformen stellen die moderne Form des Freizeit- und Erholungstourismus dar.

Andere Erklärungen für das touristische Kaufverhalten stellen auf gesellschaftliche und politische Einflußfaktoren, auf Einstellungen, Persönlichkeitsmerkmale oder auf lerntheoretische Komponenten ab (vgl. genauer B.2.3(3)).

**(2) Mikro- und makroökonomische Erklärungen**

Mikroökonomische Ansätze führen die Reiseentscheidungen auf **zwei Grundarten** zurück (vgl. Abb. A-12):

– **Reisen als Konsum** („konsumptive Reisen"): ein Teil des Einkommens wird für Reisen verwendet;
– **Reisen als Investition** („investive Reisen"): ein Teil des betrieblichen Aufwandes (Kosten, „Investitionen") wird für Reisen verwendet.

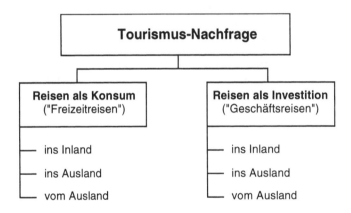

Abb. A-12  Die Tourismus-Nachfrage – aus ökonomischer Sicht

**(2a) Touristische Reisen als Konsum(nachfrage)**

Die verschiedenen Wirtschaftssubjekte verwenden einen Teil ihres Einkommens für Reiseausgaben. Hierbei kann die Vielfalt der Motive ursächlich sein, wie z.B. Verwandtenbesuche, Tagesausflüge, Kurzurlaub oder Haupturlaubsreise, Sport- oder Erholungsurlaub, Kuraufenthalte usw.

Diese möglichen Motive für die Reise interessieren aus **makroökonomischer Sicht** nicht im Detail, lediglich in ihrer Gesamtheit, als die gesamte Summe des Einkommens, die für Reiseausgaben verwendet wird. Für die ökonomische Betrachtung sind es die **privaten Haushalte**, die Reisen als Teil ihres gesamten Konsumverhaltens nachfragen, die also „Reisen konsumieren".

Für die **mikroökonomische Nachfrageanalyse** des Tourismus sind vor allem die Zusammenhänge von (a) Reisenachfrage und Preisen sowie von (b) Reisenachfrage und Einkommen von Bedeutung. Ein solches Vorgehen ist in der Wirtschaftswissenschaft durchaus üblich und wird als **„ceteris-paribus-Analyse"** bezeichnet. Ceteris-paribus bedeutet „unter Konstanz aller anderen Größen", d.h. man bestreitet nicht grundsätzlich die Bedeutung anderer Einflußgrößen, aber man beschränkt sich auf die Analyse der Auswirkungen der Veränderung **einer** Einflußgröße (hier z.B. des Preises **oder** des Einkommens) bei konstanten anderen Einflußgrößen (wie Jahreszeit, Wetter usw.) auf das Nachfrageverhalten.

**(2b) Touristische Reisen als Investition(snachfrage)**

Ein anderer wirtschaftlich interessanter Bereich des Reisens sind investive Ausgaben für das Reisen. Hier sind es vor allem Unternehmen, die für ihre Leistungserstellung, z.B. für die Produktion von Maschinen, oder für den Absatz ihrer Produkte, notwendigerweise reisen müssen. Für sie stellen Reisen einen notwendigen Aufwand, also **Kosten**, für die betriebliche Leistungserstellung dar. Nicht ganz exakt werden diese Aufwendungen unter wirtschaftlichen Aspekten als Investitionen bzw. Investitionsnachfrage nach Reisen bezeichnet.

Für die verschiedenen Formen der Geschäftsreisen liegen nur wenige Analysen bzw. Theorien über die Zusammenhänge von Geschäftsreisen und wirtschaftlicher Situation bzw. Entwicklung des jeweiligen Betriebes vor. Grundsätzlich kann sicherlich vermutet werden, daß Geschäftsreisen mit steigendem Umsatz eines Unternehmens ebenfalls ansteigen werden (gegebenenfalls auch umgekehrt), allerdings ist die Bedeutung von Geschäftsreisen und der relative Anteil von Geschäftsreisen am jeweiligen Betrieb branchenspezifisch so unterschiedlich, daß sich hierfür kaum allgemeingültige Aussagen ableiten lassen.

Zu geschäftlich motivierten Reisen zählen so verschiedene Reisearten wie dienstlich angeordnete Reisen, Einkaufsreisen, Messe- und Kongreßreisen, Montagereisen, Fortbildungsreisen usw. – Sie dienen in der Regel

– der Vorbereitung von Geschäftsabschlüssen,

– der Produktion bzw. direkten Leistungserstellung (z.B. Montage-, Reparaturarbeiten) und der Weiterqualifikation der Mitarbeiter,

– dem Absatz bzw. Vertrieb der Produkte.

In allen Fällen gehen die Ausgaben für die Reisen als Kosten bzw. Vorleistungen in die betriebliche bzw. volkswirtschaftliche Leistungserstellung ein.

**(2c) Inlands- und Auslandsnachfrage** nach Konsum- und Investitions-Reisen

Für verschiedene Analysen im Tourismusbereich ist ferner von Bedeutung, von **wo** die Produkte bzw. Dienstleistungen für die Reisenachfrage kommen bzw. **wohin** die Reisenden fahren. Hierbei wird speziell unterschieden, ob

– **die inländische Nachfrage** durch inländische oder ausländische Reiseprodukte befriedigt wird: Im ersten Fall sind es Reisen von Inländern oder von Ausländern ins Inland (Inlandsreisen, Binnen-Tourismus oder Incoming-Tourismus), im zweiten Fall Reisen von Inländern (und Ausländern) ins Ausland (Auslandsreisen oder Outgoing-Tourismus).

– **die Nachfrage(r)** aus dem Inland oder dem Ausland kommt (kommen). Im ersten Fall reisen Inländer ins Inland oder ins Ausland („Inländer-Tourismus-Nachfrage"), im zweiten Fall Ausländer ins Inland (Incoming-Tourismus) oder ins Ausland (ausländischer Binnen-Tourismus oder Tourismus („Ausländer-Tourismus-Nachfrage") zwischen ausländischen Staaten).

Bei all diesen Unterscheidungen ist das **Motiv** (Konsum oder Investition) grundsätzlich unwichtig, trotzdem wird die Gesamtheit der investiven und konsumptiven Reisenachfrage nur in den wenigsten empirischen Untersuchungen zur Reisenachfrage vollständig, also für beide Motive, erfaßt.

- **Binnen-Tourismus** sind – investive und konsumptive – Reisen (ist Reisenachfrage) von Inländern im Inland (oder von Ausländern im eigenen Land).
- **Incoming-Tourismus** sind – investive und konsumptive – Reisen (ist Reisenachfrage) von Ausländern ins Inland.
- **Outgoing-Tourismus** sind – investive und konsumptive – Reisen (ist Reisenachfrage) von Inländern ins Ausland.

### 1.4.2 Nachfragetypologien

Während die Erklärungen für die touristischen Entscheidungsabläufe theoretisch eher unbefriedigend sind, ist in Bezug auf die Beschreibung und Differenzierung eine Vielfalt von Touristentypologien festzustellen. Sie hat ihre Ursachen zum einen in den verschiedenen soziologischen und psychologischen Beiträgen zum Tourismus, zum anderen ist sie Gegenstand der unterschiedlichen Ansätze zur Marktsegmentierung im Tourismus. Neben den eher traditionellen Beiträgen zur sozio-demographischen Segmentierung sind in den letzten Jahren vermehrt Life-Style-Segmentierungen vorgenommen worden (vgl. REISEANALYSE 1990).

Aufgrund der Reisemotivation lassen sich vor allem folgende wichtige touristische Nachfragegruppen unterscheiden, die Gegenstand der Tourismuslehre sind:

**(1) Erholungs- oder Freizeittouristen oder -reisende**

Erholungs- oder Freizeittouristen stellen die Hauptnachfragegruppe des modernen Tourismus dar. Die verschiedenen Freizeitformen (v.a. Tages-, Wochen(end)-, Jahresfreizeit) werden häufig zum Reisen verwendet. Dabei dienen diese Reisen vorwiegend der Erholung und dem Vergnügen (v.a. gegenüber (2) und (3)). Meist wird der Begriff Urlaubsreisen oder -tourismus verwendet, obwohl er gegenüber der Bezeichnung Freizeittourismus weniger umfassend ist. Zum Teil erfolgen weitere Unterteilungen der Reisenachfrage, meist nach Reiseart oder -form, wie z.B. Bildungs-, Sport-, Winter-, Badetourismus usw.

**(2) Geschäfts-Touristen**

Reisen, die in der Arbeitszeit stattfinden, werden meist als „Geschäftsreisen" bezeichnet. Neben der „klassischen Geschäftsreise" (zu Geschäftspartnern) umfaßt diese Gruppe auch den Tagungs- und Seminartourismus sowie Messe- und Montageaufenthalte.

Die Geschäftsreise-Nachfrage unterscheidet sich meist deutlich von den Freizeitreisen: die Reisedauer ist kürzer, die Reiseausgaben pro Tag höher, die Reisedestinationen sind häufig Städte, bei den Verkehrsmitteln und Beherbergungsbetrieben wird oftmals First-Class gewählt usw.

### (3) Kur-Touristen

Der „Kur- und Bädertourismus" stellt ebenfalls ein eigenes Segment der touristischen Nachfrage dar. Dabei erfolgen Kuraufenthalte aufgrund ärztlicher Verordnung (als Klinikkur oder Offene Badekur). Sie sind so verstanden keine „freiwillige" Nachfrage, auch dienen sie zumeist nicht dem Vergnügen, sondern sind weitgehend gesundheitlich bedingt. Da sie weder eindeutig in der Freizeit noch in der Arbeitszeit stattfinden, ist auch eine diesbezügliche Zuordnung schwierig. Die in Kureinrichtungen ausgewiesenen Übernachtungen betragen ca. ein Drittel des deutschen übernachtenden Fremdenverkehrs. Andererseits spricht sich der Deutsche Bäderverband gegen die Bezeichnung „Kur-Touristen" aus, da dieser Begriff offensichtlich mit „Spaß und Freude" verbunden ist, was bei Kuraufenthalten nicht im Vordergrund stehen sollte.

In den letzten Jahren treten immer mehr verschiedene Formen des sogenannten „Gesundheitstourismus" in den Vordergrund (Fitneß-, Wellness-, Beautyreisen), wobei diese Reisearten freiwillig, ohne ärztliche Verordnung, aber häufig in die traditionellen Kur- und Bäderorte erfolgen.

### (4) Privat-Touristen

Die Gruppe der Verwandten- oder Bekanntenreisen („Privat-(übernachtende)-Touristen) wird in der Tourismusbetrachtung oftmals vernachlässigt. Hauptgrund ist die fehlende statistische Erfassung. Während aufgrund der Meldepflicht der Beherbergungsbetriebe die gewerblichen Übernachtungen (ab 8 Betten) regelmäßig registriert werden, sind Daten zum Privat-Tourismus nur durch gesonderte Einwohner- oder Gästebefragungen erhältlich. Solche Untersuchungen zeigen, daß der Privattourismus bis zu 50% der lokalen Übernachtungen ausmacht.

### (5) Nicht-Reisende

Eine eigene Nachfragegruppe stellen die „Nicht-Reisenden" für die Tourismuswirtschaft dar. Ihre Motive für das Zu-Hause-Bleiben sowie Möglichkeiten, diese Gruppe für das Reisen zu gewinnen, sind wichtige Informationen für die touristischen Anbieter, doch ist dieses Marktsegment noch weitgehend unerforscht (vgl. FREYER 1995a: 81f, S. 94f und KLEIN 1989).

### (6) Weitere touristische Nachfragegruppen

Darüberhinaus gibt es die vielfältigsten Unterscheidungen der touristischen Nachfrage, die zumeist nach den verschiedensten äußeren Kriterien erfolgen.

**Beispiele:**
- nach Entfernung: Nah-, Inlands-, Europa-, Ferntouristen,
- nach Zielländern: Österreich-, Griechenland-, Spanientouristen usw.,
- nach Herkunft: Inlands- oder Binnentouristen, Auslandstouristen,
- nach Alter: Jugend-, Seniorentourismus,
- nach Reisezeit: Sommer-, Wintertouristen oder Vor-, Nach-, Hochsaisontouristen,
- nach Organisationsform der Reise: Pauschal-, Teilpauschal-, Individualtouristen,
- nach Gepäckart: Rucksack-, Koffer-, Aktentaschentouristen,
- usw.

## 1.5 Erklärungen des Tourismus – die Fremdenverkehrslehre oder die Tourismuswissenschaft

Trotz der vielfachen Beschäftigung mit touristischen Phänomenen hat sich bis heute noch keine einheitliche Theorie des Tourismus herausgebildet. Die meisten bisherigen Ansätze sind additiv, d.h. sie fügen verschiedene Teilelemente zu einer Gesamtwissenschaft des Tourismus zusammen. Zudem sind es meistens Analogietheorien, d.h. sie schließen von Erkenntnissen einer Teilwissenschaft auf den Tourismus und versuchen, die gleichen Methoden auch im Tourismusbereich zu verwenden.

Als Beispiel für die verschiedenen touristischen Modelle und Erklärungsversuche wird im folgenden das modulare ganzheitliche Tourismusmodell vorgestellt, wie es in FREYER 1995a entwickelt wurde (vgl. genauer ebd.: 31ff).

Im Mittelpunkt dieses Modells steht die Reise mit ihren verschiedenen Auswirkungen auf Institutionen, Menschen, Handlungen, Transformationen usw. Zur Erklärung dieser verschiedenen Reiseelemente können Erkenntnisse aus verschiedenen Wissenschaftsdisziplinen herangezogen werden. Beispielhaft, wenn auch nicht erschöpfend, sind die Erkenntnisse aus den Wissenschaftsbereichen Ökonomie, Soziologie, Ökologie, Freizeitwissenschaft, Psychologie, Politologie.

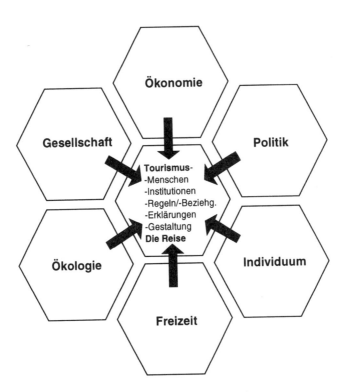

**Abb. A-13** Ganzheitliches oder modulares Tourismusmodell
(Quelle: FREYER 1995a: 32)

Des weiteren sind im Tourismus häufig Ergebnisse aus Geographie, Medizin, Jura, Architektur, Kulturwissenschaft, Pädagogik usw. vertreten. Auch die letzteren Bereiche können als weitere Module zu einem ganzheitlichen touristischen Modell herangezogen werden.

Doch häufig sind die entsprechenden Erkenntnisse bereits als Unterfälle der zuerst genannten sechs großen Wissenschaftsmodule des Tourismus enthalten. Hiermit ist in ganz typischer Form ein additiver wissenschaftstheoretischer Ansatz vorgestellt.

Insgesamt begründet das zuvor vorgestellte Modell die Grundstruktur einer ganzheitlichen wissenschaftlichen Betrachtung des Tourismus. In einer konsequenten Übertragung auf die verschiedenen Teilelemente des Tourismus ermöglicht sie ein in sich geschlossenes touristisches System, das in additiver Form und mit Hilfe der Analogiemethode den derzeitigen Forschungsstand der Tourismuslehre wiedergibt. Auch für die in dieser Publikation enthaltenen Ausführungen

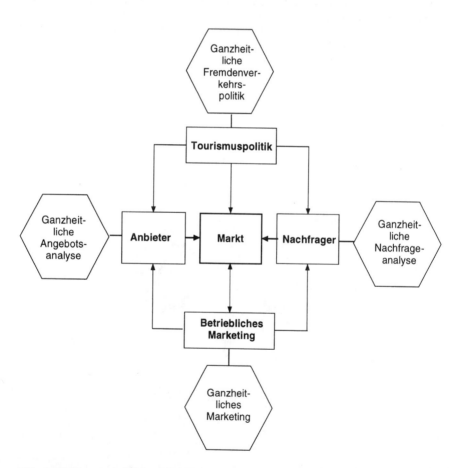

**Abb. A-14** Ein ganzheitliches Modell der Tourismuswirtschaft

zum Tourismus-Marketing erscheint diese ganzheitliche und modulare Betrachtungsweise als hilfreicher methodischer Ansatz. Zu einem späteren Zeitpunkt wird auf dieses touristische Grundmodell Bezug genommen und die verschiedenen Teilelemente werden genauer erläutert (vgl. A.3.5).

Für das **Teilmodul der ökonomischen Erklärung** des Tourismus existieren vor allem Erklärungen mit Hilfe volkswirtschaftlicher Modelle (z.b. mit Hilfe des volkswirtschaftlichen Marktmodells) sowie mit verschiedenen betriebswirtschaftlichen Ansätzen der Managementlehre, auf die bereits in Abschnitt A.1 hingewiesen worden ist (vgl. als Übersicht auch FREYER 1995b).

Eine **Theorie des Tourismus-Marketing** ordnet sich einerseits ebenfalls in dieses Teilmodul ein, andererseits dient das modulare Grundmodell auch zur Ableitung einer ganzheitlichen Theorie des Tourismus-Marketing (vgl. FREYER 1991a und Abschnitt A.3.5). Hierzu gibt dieses Modell Ansatzpunkte für eine gesamtgesellschaftliche („ganzheitliche") Erklärung touristischen Handelns auf der Angebots- und Nachfrageseite der touristischen Märkte sowie für die tourismuspolitischen Akteure. Dies wurde in FREYER 1995a ausführlich dargestellt (vgl. ebd. S. 31ff (Grundmodell), 50ff (Nachfrageseite), 102ff (Angebotsseite), 276f (Tourismuspolitik)). Damit ergibt sich ein umfassendes marktorientiertes Modell des Tourismus, das über den eigentlichen Bereich der Ökonomie hinaus gesamtgesellschaftliche Erklärungen beinhaltet (vgl. Abb. A-14). Dieser Ansatz kann auch für Erklärungen des touristischen Marketing herangezogen werden, was in Abschnitt A.3.5 näher behandelt wird.

# 2 Grundlagen des modernen Marketing-Managements

## 2.0 Übersicht Kapitel A.2

In diesem Kapitel wird kurz die Entwicklung des Marketing im Wirtschaftsbereich und seine Bedeutung für den Tourismus bzw. das Tourismus-Marketing aufgezeigt.

Der Wandel im Marketing ist im Laufe der letzten Jahrzehnte vor allem in zwei Richtungen erfolgt:

- **Ausweitung** („broadening"): immer mehr wirtschaftliche und gesellschaftliche Bereiche haben sich der Marketingmethode geöffnet. Dabei hat sich eine Wechselwirkung von Marketing und Gesellschaft ergeben: zum einen verwenden immer häufiger nicht-ökonomische Bereiche modernes Marketing (sog. „Social-Marketing"), zum anderen haben gesellschaftliche Werte Eingang in das frühere vorwiegend ökonomisch orientierte Marketing gefunden („normatives und gesellschaftsbezogenes Marketing").

- **Vertiefung** („deepening"): mit der gestiegenen Bedeutung des Marketing für immer mehr wirtschaftliche und nicht-wirtschaftliche Beiträge hat sich auch die Methodik des Marketing zunehmend verfeinert („vertieft"). Entsprechend ist heute eine umfassende Marketing-Management-Methode in vielen Bereichen zur vorherrschenden Methode der Unternehmensführung geworden. Sie hat sich von der früheren vorwiegend instrumentellen Ausrichtung zu einem strategischen Denkmuster und zu einer umfassenden „Betriebsphilosophie" entwickelt.

Diese Entwicklung wird mit ihrer spezifischen Bedeutung für das touristische Marketing im folgenden dargestellt.

---

**Ziele des Kapitels A.2**

*Vermittlung von Kenntnissen des/der*

– *Marktwandels: von Produzenten- zu Konsumentenmärkten: allgemein und für spezifische Tourismusmärkte,*

– *Ausweitung der Bedeutung des Marketing: von ursprünglichen ökonomischen Märkten und Betrieben auf immer mehr nicht-ökonomische Märkte und Organisationen,*

– *Vertiefung und Verfeinerung der Methode: vom ursprünglichen instrumentellen und operativen zum strategischen, konzeptionellen und normativen Marketing.*

## 2.1 Vom „traditionellen" zum „modernen" Marketing

### 2.1.1 Marketingentwicklung

In nur wenigen Jahrzehnten hat sich Marketing zu einem zentralen betrieblichen Managementkonzept in Wissenschaft und Praxis entwickelt. Dabei wurde der deutsche Begriff „Absatz(politik)" immer häufiger durch „Marketing" ersetzt, womit allerdings auch ein Bedeutungswandel verbunden war. Anstelle der früheren instrumentellen Vorstellung der Absatzpolitik trat eine umfassende Marketing-Management-Methode.

Ursächlich für diese methodische Fortentwicklung im Marketing waren veränderte Absatzmärkte, die neue Anforderungen an das unternehmerische Management gestellt haben. Zumeist werden diese Marktveränderungen als Entwicklung von Produzenten- zu Konsumentenmärkten charakterisiert. Als Folge der veränderten Marktsituationen ergaben sich veränderte Unternehmensphilosophien und Führungskonzepte: weg von der Produktorientierung, hin zur Marktorientierung.

Die Entwicklung zum modernen Marketing-Management verlief in den meisten westlichen Industrienationen sukzessiv über mehrere Dekaden. Parallel zu den Marktveränderungen haben sich auch Veränderungen der Unternehmenspolitik sowie der Marketing-Methode und der Marketing-Instrumente ergeben. Hingegen sind in vielen osteuropäischen Staaten sowie in den ostdeutschen Bundesländern diese Veränderungen binnen kürzester Zeit erfolgt. Durch die Öffnung der Grenzen sowie die Übernahme westlicher Managementtechniken sind die produzenten-dominierten Verteilungsmärkte der Zentralverwaltungswirtschaft quasi „schlagartig" in kundenorientierte Nachfragemärkte übergegangen.

Heute stehen in vielen wirtschaftlichen Teilbereichen unterschiedliche Marktsituationen nebeneinander, die mehr oder weniger moderne Marketing-Management-Methoden erfordern. Vor allem in Bereichen, die sich neu dem Markt öffnen, ist oftmals ein „altes und enges" Marketing-Verständnis verbreiteter als „neues und weites" Marketing. Eine adäquate Einschätzung der jeweiligen Marktsituation gibt entsprechende Hinweise auf die Notwendigkeit des jeweiligen Managementkonzeptes.

**Im Tourismus** läßt sich eine ähnliche Entwicklung feststellen, wobei das Tourismus-Marketing aufgrund des „Reisebooms" nach dem 2. Weltkrieg der allgemeinen Entwicklung hinterherhinkte. Noch zu Beginn der 90er Jahre argumentieren zahlreiche Autoren für ein verstärktes Marketing im Tourismus. So hält ROTH ein „Plädoyer für mehr Marketingbewußtsein in der Touristik" (ROTH 1995: 29), HAEDRICH beklagt ein Theoriedefizit im Tourismus- und Dienstleistungs-Marketing – im Vergleich zum Konsumgüter-Marketing – und weist darauf hin, daß bis vor kurzem „Marketing im Tourismus ein Fremdwort war" (HAEDRICH 1991: 33) und heute dessen Bedeutung noch immer falsch eingeschätzt wird: „Teile der Tourismusindustrie haben die Bedeutung der Marketingkonzeption noch nicht richtig erkannt, anderen fehlen die notwendigen Voraussetzungen zu einer professionellen Umsetzung" (ders.: 35).

Hinzu kommt das Vorherrschen eines vereinfachten alltagssprachlichen Marketing-Verständnisses und einer sehr stark praxisorientierten und pragmatischen

Vorgehensweise im Tourismus-Marketing, wobei der Stand der modernen Marketingforschung noch nicht ausreichend in die Tourismusbetriebe vorgedrungen ist (so auch MIDDLETON (1994: 13): „To explain marketing, it is necessary to distinguish between the familiar word in everyday use and the term as it is used professionally by marketing managers.")

Dieser Kritik steht allerdings die zunehmende Bereitschaft der Tourismuswirtschaft zur Anwendung moderner Marketing-Methoden gegenüber. Neben den traditionell privatwirtschaftlich organisierten Betrieben der Tourismuswirtschaft öffnen sich vor allem öffentliche Tourismusunternehmen, Tourismusverbände, Kommunen und Destinationen immer mehr der modernen Marketing-Management-Methode.

Es ist Aufgabe der Wissenschaft, die Erkenntnisse zum allgemeinen Marketing auf die Besonderheiten des Tourismus zu übertragen und für die Tourismuswirtschaft zunehmend nutzbar zu machen. Hierbei wird im folgenden mehrfach auf die nach wie vor zu starke Orientierung des Tourismus-Marketing am Konsum- und Sachgüter-Marketing hingewiesen, wobei der Besonderheit der touristischen Leistungserstellung als Dienstleistungsbereich zu wenig Rechnung getragen wird. Im Abschnitt A.3 wird dieser Gedanke weiter ausgeführt.

**Modernes Marketing als Philosophie und Managementfunktion**

Heute meint Marketing eine umfassende Managementmethode für Unternehmen, die ihr Handeln vorrangig auf den Markt (und seine Veränderungen) ausrichten und dabei gesellschaftliche Werte einbeziehen. Marketing hat dabei

- eine „**Philosophiefunktion**", die sich vor allem in der normativen Diskussion um die übergeordnete Bedeutung des Marketing als Leitkonzept innerhalb des betrieblichen Managements ausdrückt,

- **eine funktionelle Bedeutung**, wobei Marketing als ein Teilbereich innerhalb des gesamten Managements gesehen wird. Dabei kommen dem modernen Marketing normative, strategische und instrumentelle bzw. operative Aufgaben zu.

Im einzelnen umfaßt danach das moderne Marketing – gegenüber dem früheren instrumentell orientierten Marketing – vor allem drei unterschiedliche Aufgabenebenen:

- **normatives Marketing:** Bestimmung der normativen Werte im Marketing-Management, wie Unternehmensphilosophie, -ethik, -kultur, -ziele, -leitbilder, Corporate Identity usw.,

- **strategisches Marketing:** Bestimmung des langfristigen Entwicklungsrahmens, der Strategien und Konzepte,

- **instrumentelles oder operatives Marketing:** Maßnahmenplanung im Rahmen des Marketing-Mix und der weiteren operativen Ausgestaltung.

Abb. A-15 zeigt sowohl die verschiedenen Ebenen des modernen Marketing als auch die analoge Vorgehensweise für die anderen Managementbereiche oder -funktionen (wie finanzwirtschaftliche, personalwirtschaftliche, leistungswirtschaftliche und soziale Funktionen), die sich als weitere Seiten bzw. Dimensionen einer Managementpyramide darstellen lassen (vgl. ähnlich BRUHN/MEFFERT 1995: 5ff in bezug auf das Dienstleistungs-Marketing, KASPAR 1995: 46ff als „integriertes Management" oder POMPL 1994: 79).

**Abb. A-15** Marketing als Managementfunktion

Im Hinblick auf die Marktorientierung hat das Marketing-Management im einzelnen die Aufgabe(n) der Erforschung

- **des Verhaltens und der Entscheidungen der Nachfrager** auf den relevanten Ziel- und Absatzmärkten: welche Reisewünsche bestehen und welche Nutzen werden den verschiedenen Angebotsvarianten beigemessen, was sich vor allem in der Zahlungsbereitschaft der Reisenden ausdrückt,

- **des Verhaltens und der Entscheidungen der touristischen Anbieter** hinsichtlich der Produktion bzw. der Bereitstellung von touristischen Leistungen im Rahmen der langfristigen unternehmerischen Zielsetzungen,

- **der Kommunikationswege zwischen Anbietern und Nachfragern** touristischer Leistungen, vor allem der gegenseitigen Verhaltensänderungen aufgrund von – verändertem – Einsatz der verschiedenen Marketinginstrumente. Üblicherweise ist dies Aufgabe der Marktkommunikation.

> **Modernes Marketing im Tourismus ist mehr als ...**
> - nur „verkaufen" („Verkaufsorientierung"),
> - „etwas" Werbung oder Öffentlichkeitsarbeit oder Prospektgestaltung („Kommunikations(instrumente)orientierung"),
> - einzelne Marketing-Instrumente oder das „Marketing-Mix" (instrumentelle Sicht).
>
> **Tourismus-Marketing ist eine ...**
> - systematische, konzeptionelle Methode oder Denkrichtung („Philosophieorientierung"),
> - Führungs-(Management-)Technik („Managementorientierung")
>
> von touristischen Unternehmen, Einzelpersonen oder Organisationen, wobei „der Markt" zentraler Bezugspunkt ist („Marktorientierung") und gesellschaftliche Werte berücksichtigt werden („ganzheitliches Marketing").

### 2.1.2 Modernes und traditionelles Marketing

Im folgenden werden die beiden „Extreme" des „alten/traditionellen" und „neuen/modernen" Marketing etwas genauer dargestellt, da sich daraus unterschiedliche Marketingansätze ableiten lassen.

**(1) Vom traditionellen zum modernen Marketing**

Die Veränderung der Märkte sowie die damit einhergehende Veränderung der Marketing-Methode wird in der Literatur zumeist mit den Bezeichnungen „modernes" gegenüber „altem" oder „traditionellem" Marketing diskutiert. Dabei wird von einem **Paradigmenwechsel des Marketing** gesprochen, der im Laufe der Jahre erfolgt sei und der im wesentlichen den Wandel von einer Produzentenorientierung zur Konsumentenorientierung meint. Hiermit werden zumeist noch weitere Aspekte bzw. Begriffe verbunden, wie z.B.:

- *vom* alten oder traditionellen *zum* neuen oder modernen Marketing,
- *vom* engen *zum* weiten Marketing,
- *vom* eindimensionalen *zum* mehrdimensionalen oder ganzheitlichen Marketing,
- *vom* harten *zum* weichen Marketing,
- *vom* instrumentellen *zum* strategischen und konzeptionellen Marketing,
- *vom* kommerziellen *zum* nicht-kommerziellen Marketing („broadening"),
- *von* der Produzenten- *zur* Konsumentenorientierung.

Nicht alle Entwicklungen und Teilaspekte des modernen Marketing treffen gleichzeitig und auf alle Märkte gleichermaßen zu. Die wichtigsten Unterschiede zwischen dem „alten" und „neuen" Marketing finden sich in Abb. A-16.

## (2) Traditionelles Marketing als Produktorientierung und Verkaufskonzeption

Im alten oder traditionellen Marketing ist die Produktion oder die Leistungserstellung der Ausgangspunkt des unternehmerischen Managements. Die „Produktionsplanung" erfolgt bei Sachgütern vor allem aufgrund der technischen Produktionsmöglichkeiten, bei Dienstleistungen vorwiegend aufgrund der vorhandenen Kapazitätsgrenzen und -möglichkeiten. Vielfach werden die historischen und traditionellen Produktionsgewohnheiten unverändert fortgeführt und Nachfrageveränderungen werden nicht (ausreichend) berücksichtigt. Da eine solche produktionsorientierte Unternehmenspolitik häufig mit Produzentenmarktsituationen verbunden ist, bei denen die Nachfrage die vorhandenen Angebotsmengen übersteigt, reduzieren sich absatzpolitische Überlegungen zumeist auf Verteilungsfragen. Damit sind absatzpolitische Überlegungen vorwiegend logistische Probleme bzw. Fragen der Kapazitätsgrenzen.

Die gesamte Produktionsmenge kann in der Regel unproblematisch verkauft und vertrieben werden. Das traditionelle Produktions- und Marketingverständnis geht infolge der jeweiligen Marktsituation oft einher mit quasi-monopolistischen Handlungsmustern. Infolge der Marktsituation können die jeweiligen Betriebe Preise, Mengen sowie Qualität ihrer Produkte zumeist eigenständig bestimmen. Die Nachfrager haben keine bzw. nur sehr geringe Einflußmöglichkeiten auf die jeweilige Produktion. Für den Unternehmer ist Marktforschung unter Berücksichtigung der Konsumentenwünsche weitgehend unüblich.

Ein solches traditonelle Marketingdenken ist auch heute noch in zahlreichen Wirtschaftsbereichen verbreitet. Vor allem in der Anfangsphase der Marketingorientierung werden oftmals nur „zaghaft" einzelne Instrumente der Absatzpolitik eingesetzt, v.a. Werbung, anstatt ein umfassendes, strategisches und konzeptionelles Marketing zu betreiben.

> **Altes oder traditionelles Marketing** bezieht sich vorrangig auf den Verkauf vorhandener Produkte oder Dienstleistungen mit Hilfe absatzpolitischer Instrumente.

Typisch hierfür ist die **Tourismuswirtschaft**, in der Marketing über Jahrzehnte nur von untergeordneter Bedeutung gewesen ist. Der Reiseboom in den meisten westlichen Industrieländern nach dem 2. Weltkrieg hat den touristischen Produzenten einen weitgehend unproblematischen Absatz ihrer Leistungsangebote ermöglicht. Als Marketing wurden v.a. Prospektgestaltung und einzelne Werbeaktivitäten oder kurzfristige preispolitische Maßnahmen, v.a. außerhalb der Saisonzeiten, verstanden. Weder umfassende Marktforschung noch langfristige Unternehmensstrategien oder ein abgestimmtes Marketing-Mix waren in der Tourismuswirtschaft als notwendig erachtet worden. Auch heute gibt es nach wie vor touristische Destinationen oder Reiseveranstalter, die ihr Angebot ohne umfassendes Marketing absetzen können. Insbesondere in der Hochsaison können sich viele Tourismusanbieter wie in Zeiten des traditionellen Marketing verhalten.

**Beispiele** (für traditionelles Marketing):
- Viele Kurorte bieten ihr Angebot wie vor Jahrzehnten an: vorhandene Bettenkapazitäten und traditionelle Behandlungsmethoden stellen den Rahmen der touristischen Entwicklung dar. Mit einem Ortsprospekt und eventuell der – traditionell üblichen – Teilnahme auf einigen Tourismusmessen erschöpfen sich die Marketingaktivitäten.

- Ein Reiseveranstalter bietet traditionell in der Sommersaison die Mittelmeerdestinationen und im Winter die Kanarischen Inseln im Rahmen seines Pauschalprogrammes an. Soweit für einige Termine Absatzschwierigkeiten bestehen, inseriert er zusätzlich in der Tageszeitung oder/und bietet die Restplätze zu reduzierten Preisen an.

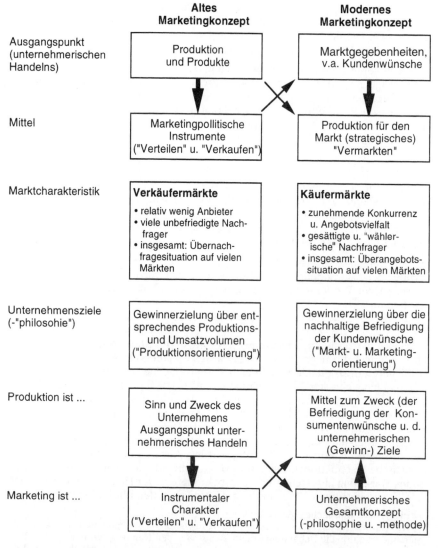

Abb. A-16 Altes und modernes Marketingkonzept
(Quelle: FREYER 1990: 8)

### (3) Modernes Marketing als Marktorientierung und Managementkonzeption

Ganz anders im **modernen Marketing:** Hier sind der Markt und die dort vorhandenen Nachfragewünsche Ausgangspunkt für das unternehmerische Handeln. Die Produktion paßt sich an die durch Markt- und Marketingforschung ermittelten Situationen an. Marketing ist demnach die Reaktion der Unternehmung auf veränderte Bedingungen des gesellschaftlichen Umfeldes und der Märkte. Die dort festgestellten Entwicklungen werden mit den eigenen Betriebszielen und Produktionsmöglichkeiten verbunden und in eine entsprechende Produktion von Sachgütern und Dienstleistungen umgesetzt. Insofern reagieren die Unternehmen auf Marktsituationen, sie gestalten sie aber auch umgekehrt aktiv mit.

> **Modernes Marketing-Management**
>
> Heute wird **modernes Marketing** als eine Konzeption der Unternehmensführung, als eine Unternehmensphilosophie, Denkrichtung, Leitidee oder Maxime angesehen, bei der im Interesse der Erreichung der Unternehmensziele alle betrieblichen Aktivitäten konsequent auf die gegenwärtigen und künftigen Erfordernisse der Märkte ausgerichtet werden.

Die zuvor geschilderte engere absatzpolitische Sichtweise des Marketing wurde in den letzten Jahren verstärkt um verschiedene **gesellschaftliche Aspekte** erweitert. Neue, sanfte, weiche und vor allem normative Fragestellungen prägen das moderne Marketing. Zum Ansatz des „ganzheitlichen Marketing" vergleiche genauer Abschnitt A.3.5.

Zudem ist Marketing in einem erweiterten Verständnis auch auf zahlreiche nichtkommerzielle Bereiche ausgedehnt worden und ist damit eine Managementmöglichkeit für verschiedene Formen von Unternehmen oder Organisationen („broadening des Marketing", vgl. A.2.3(2)).

**In der Tourismuswirtschaft** haben verstärkte Konkurrenzbeziehungen und reiseerfahrenere Touristen dazu geführt, daß sich immer mehr Tourismusbetriebe und Reisedestinationen an der modernen Marketing-Management-Methode orientieren. Umfassende Marktforschung, Marktsegmentierung, zielgruppenspezifisches und strategisches Handeln werden immer bedeutender, ebenso wie ein abgestimmtes Marketing-Mix und neue, normative, qualitative, ökologische und gesellschaftsorientierte Werte im touristischen Marketing und Management. Immer mehr umwelt-, qualitäts- und erlebnisorientierte Tourismusangebote werden mit modernen Marketing-Methoden angeboten. Tourismusbetriebe schließen sich zu strategischen Allianzen zusammen und führen ihre Unternehmen nach modernen Markterfordernissen.

**Beispiele** (für modernes Marketing):
- Kurorte erweitern im Sinne modernen Marketing-Managements ihre Angebotspalette neben der klinifizierten Kur um gesundheitsorientierte Reisepauschalen (wie Fitneß- und Beautyreisen). Sie schließen sich zu Werbegemeinschaften zusammen, entwickeln ein „Leitbild" des touristischen Handelns und übernehmen Handlungsmuster moderner Markenpolitik für den Kurort.
- Reiseveranstalter entwickeln auf der Grundlage von nachfragebezogener Marktforschung neue bzw. veränderte zielgruppenspezifische Angebote, die z.B. verstärkt Erlebniswerte oder umweltorientierte Aspekte berücksichtigen. Durch intensivere Kundenbetreuung, durch eine liberale Vertriebswegepolitik („Agenturpolitik") und verstärkte

Kooperationen mit anderen Reiseveranstaltern und verschiedenen Leistungsträgern („strategische Allianzen") werden strategische Aspekte in das unternehmerische Management aufgenommen.

### (4) Enges und weites Marketing

In einem **engeren Verständnis** bezieht sich Marketing vor allem auf ökonomische Austauschprozesse von Produzenten und Konsumenten bestimmter wirtschaftlicher Leistungen („Markttransaktionen"). Beide Marktteilnehmer unternehmen unter Marketinggesichtspunkten Aktivitäten, um ihre Wünsche zu realisieren: Produzenten wollen ihre Produkte absetzen, die Konsumenten wollen die von ihnen erwünschten Leistungen beschaffen. Zumeist werden als Marketing die Aktivitäten der Produzenten zum Verkauf oder Absatz ihrer Leistungen – als **„Absatzmarketing"** betrachtet.

**Beispiele:**
- Aktivitäten von Unternehmen zum Verkauf von fertigen Sachgütern (oder von Dienstleistungen),
- Werbung eines Reisebüros oder eines Reiseveranstalters für eine Pauschalreise nach Mallorca

Seltener werden unter Marketing die Aktivitäten der Nachfrager und deren Verhalten auf Beschaffungsmärkten – als **„Beschaffungsmarketing"** – betrachtet.

**Beispiele:**
- Der Einkauf (die „Reservierung") von Plätzen bei Hotels und bei Fluggesellschaften durch einen Reiseveranstalter ist eine wichtige Aufgabe des Beschaffungs-Marketing im Tourismus.
- Die Suche nach freien bzw. geeigneten Urlaubsplätzen durch Reisende wird nur selten als „Beschaffungs-Marketing" bezeichnet. Soweit aber der Reisende ein Reisebüro mit der Aufgabe beauftragt, sind die Reisebüroaktivitäten als Teil des Reisebüro-Marketing (Beschaffungs- und Absatz-Marketing) zu betrachten.

In einem **weiten Verständnis des Marketing** werden nicht nur wirtschaftliche und monetäre Austauschprozesse betrachtet. Aber auch hier kann der Austausch als Markttransaktion dargestellt werden. Am bekanntesten ist die Ausweitung des Marketinggedankens auf gemeinwirtschaftliche oder Non-Profit-Organisationen, bei denen v.a. soziale, ökologische oder politische „Produkte" bzw. Leistungen angeboten oder beschafft werden (vgl. zum „broadening" im Marketing genauer A.2.3).

**Beispiele:**
- Politiker wollen für sich und ihre Partei Wählerstimmen gewinnen. Unter dem Blickwinkel des Marketing können all ihre Handlungen (und Unterlassungen) als (politisches) Marketing angesehen werden, z.B. die (Nicht-)Genehmigung des Baus eines Freizeitzentrums.
- Die Aktivitäten der Organisation Greenpeace zur Erhaltung der Umwelt können als (Initiativen-)Marketing betrachtet werden. Soweit Reiseveranstalter oder touristische Destinationen den Umweltgedanken in ihre Aktivitäten aufnehmen, ist der Bezug zum Marketing offensichtlich.

Im Tourismus:
- Aktionen für „Sanfter Tourismus", „Urlaub in Deutschland", „behindertengerechtes Reisen" usw.

> **Zusammenfassung: Aufgaben eines modernen Marketing**
>
> Modernes Marketing wird als umfassende Managementaufgabe gesehen. Es hat dabei im Rahmen des Managements vor allem drei unterschiedliche Aufgabenebenen – gegenüber dem früheren vorwiegend instrumentellen Aufgabenbereich:
>
> - **normatives Marketing:** Bestimmung der normativen Werte im Marketing-Management, wie Unternehmensphilosophie, -ethik, -kultur, -ziele, -leitbilder, Corporate Identity usw.
>
> - **strategisches Marketing:** Bestimmung des langfristigen Entwicklungsrahmens, der Strategien und Konzepte,
>
> - **instrumentelles oder operatives Marketing:** Maßnahmenplanung im Rahmen des Marketing-Mix und der operativen Ausgestaltung.
>
> Träger des Marketing können Organisationen (Unternehmen oder Betriebe), oder Einzelpersonen sein.

## 2.2 Entwicklungsstufen des Marketing im Tourismus

### 2.2.1 Wandel der Märkte: von Produzenten- zu Konsumentenmärkten

Als Begründung bzw. Erklärung für den Trend zum modernen Marketing in den meisten Wirtschaftsbereichen werden üblicherweise die Veränderungen der Märkte angeführt. Man spricht von einem Wandel von Produzenten- zu Konsumentenmärkten bzw. vom Übergang einer Produktions- zur Nachfrageorientierung. Zum besseren Verständnis der jeweiligen Marketing-Konsequenzen werden im folgenden die beiden idealtypischen Marktsituationen gegenübergestellt.

Obwohl für viele Wirtschaftssysteme ein genereller Wandel der Märkte konstatiert wird, existieren zumeist beide Markttypen nebeneinander, wenn auch mit unterschiedlicher Bedeutung. Das Erkennen der jeweiligen Marktsituation gibt wichtige Aufschlüsse für das entsprechende marktbezogene Handeln im Marketing-Bereich. Ferner besteht nach Auffassung des strategischen Marketing tendenziell immer die Bestrebung, den eigenen Markt so ab- bzw. einzugrenzen, daß man in eine „Quasi-Produzenten-Marktsituation" kommt. Hierzu dient insbesondere der Aufbau und Einsatz von Wettbewerbsvorteilen, sog. USP's (unique selling propositions).

Im Tourismus sind ganz ähnliche Veränderungen festzustellen, wobei sich hier die marketingbezogenen Veränderungen im etwas weiteren Zusammenhang des generellen Wandels des Tourismus darstellen. Zudem ist Marketing im Tourismus aufgrund der Besonderheiten des Tourismus weitaus mehr als in anderen Bereichen ganzheitliches Marketing, bei dem außer den engeren ökonomischen vor allem gesellschaftliche Aspekte und normative Werte Eingang finden (müssen). So wird für den **Tourismus** häufig von sog. „Boomfaktoren des Reisens" gesprochen, die im Laufe der Jahre zu Stagnations- und Rezessionsfaktoren geworden sind.

Als solche Entwicklungstrends, die zu veränderten touristischen Reisemärkten geführt haben, werden u.a. genannt (vgl. genauer B.1.4):
- Veränderung von Einkommen und Wohlstand,
- Veränderung von Freizeit und Arbeitszeit,
- Wertewandel (von Arbeit und Freizeit),
- Veränderung der Mobilität,
- Technische Entwicklungen,
- Veränderungen der Bevölkerungsstruktur und des -wachstums,
- Entstehung einer Tourismusindustrie.

Diese Entwicklungstrends sind weitere Gründe für ein zunehmendes touristisches Marketing. Je nach grundsätzlicher Marktsituation ergeben sich ganz unterschiedliche Anforderungen an das touristische Marketing (vgl. (1) bis (4)).

**(1) Marketing bei Produzenten- bzw. Verkäufermärkten**

Auf sogenannten **Verkäufermärkten** übersteigt in der Regel die Nachfrage nach bestimmten Produkten bzw. Dienstleistungen die jeweilige Angebotsmenge. Für die Produzenten ist damit die Nachfrage als gegeben anzusehen, zudem gibt es keine bzw. nur geringe Konkurrenz mit gleichem Angebot, so daß die jeweiligen Anbieter in bezug auf den entsprechenden Markt (Produzenten-)**Macht** haben. Dies bedeutet, daß die Anbieter die Qualität sowie die Quantität und den Preis des jeweiligen Angebotes weitgehend selbständig bestimmen können. Ihre Marktstellung ist als absolute oder relative Monopolstellung anzusehen. Entsprechend ist auch das unternehmerische Verhalten oder der Firmenstil als Monopolverhalten zu charakterisieren. In der Literatur zum Marketing wird dies gelegentlich als „Friß-oder-Stirb-Mentalität" bezeichnet: „Entweder Sie fliegen nach Portugal oder Sie müssen im Urlaub zu Hause bleiben."

Ausgangs- und Bezugspunkt unternehmerischen Denkens und Handelns ist die Produktion: sie ist im wesentlichen zu verteilen, die Nachfrage hat sich nach dem Angebot zu richten (vgl. Abb. A-17a: von 1. der Produktion zu 2.der Nachfrage).

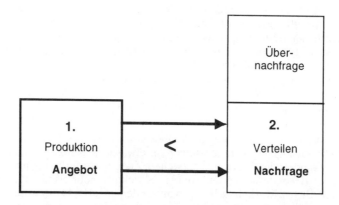

**Abb. A-17a** Marketing als „Verteilen" (Hintergrund: „Produzentenmärkte")

Die vorrangigen Aufgaben des Managements sind Produktionsüberwachung und -verwaltung. Die Top-Manager eines Unternehmens sind eher technisch- statt marktorientierte Manager. Die Unternehmensziele sind vorwiegend kurzfristiger Natur und produktionsorientiert. „Marketing" besteht im wesentlichen aus dem Verteilen und Verkaufen. Die jeweilige Produktion und das Angebot auf Märkten mit Nachfrageüberhang wird durch die technischen Möglichkeiten funktionsorientiert erfolgen. Forschung ist im wesentlichen technisch- und kostenorientierte Produktforschung, die Gestaltung von Produkten und Dienstleistungen ist funktionsorientiert: „Form follows function". Für die unternehmerische Preispolitik steht Kostenorientierung im Vordergrund, es folgt in der Regel eine Aufschlagskalkulation, die weitgehend marktunabhängig ist.

**Beispiel:**
- In der Hochsaison sind weniger Plätze bei Transportunternehmen und in Beherbergungsbetrieben vorhanden als von den Reisenden gewünscht. Entsprechend bestimmt das – knappe – Angebot Qualität und Preis der Hochsaisonangebote.

### (2) Marketing bei Marktveränderungen

Marktveränderungen in Richtung Käufermärkte sind zumeist das Ergebnis von drei – teilweise voneinander unabhängigen – Entwicklungstrends:

- Auf der **Angebotsseite** kommen immer neue Anbieter mit ganz ähnlichen Produkten hinzu – die Konkurrenz wird größer. Im Tourismus bieten immer mehr Reiseveranstalter, Hotels oder Destinationen ähnliche Reisearten und -formen an.

- Auf der **Nachfrageseite** tritt eine zunehmende Sättigung im Hinblick auf die bisherigen Produkte ein, oft verbunden mit einer Verlagerung der Nachfrage auf andere Produkte. Im Tourismus werden die Reisenden immer reiseerfahrener, sie wünschen neue und qualitativ hochwertigere Angebote.

- Entgegen der idealtypischen Annahme vollkommener Informationen von Anbietern und Nachfragern über das insgesamt am Markt bzw. in der Gesellschaft vorhandene Leistungsangebot bzw. die entsprechende Nachfrage bestehen in der Realität **Informationsprobleme**, so daß sich Angebot und Nachfrage auf bestimmten Teilmärkten nicht schnell genug aneinander angleichen können und damit – zumindest zeitlich befristete – Überangebots- und Übernachfragesituationen entstehen können. Um dies zu vermeiden, sind ebenfalls verstärkte Marketingaufwendungen notwendig geworden. – Im Tourismus ist v.a. in der Hochsaison nicht immer ausreichend bekannt, wo und zu welchen Konditionen noch Plätze frei sind (aus Kundensicht) oder wie noch Kunden für die freien Restplätze zu gewinnen sind (aus Produzentensicht).

Als „Zwischenstufe" von Produzenten- und Konsumentenmärkten sind Marktsituationen zu betrachten, in denen die Angebotsmenge und -vielfalt in etwa den Nachfragewünschen entspricht. Doch solche Situationen sind relativ instabil. Nur in Ausnahmefällen können alle Angebots- und Nachfragepläne in Übereinstimmung gebracht werden. Immer wieder können einzelne Wünsche entweder auf der Angebots- oder Nachfrageseite nicht befriedigt werden. Entweder fehlt die Information über die jeweilige Gegenseite des Marktes oder zeit- und raumbezogen existiert eine kurzfristige Überangebots- oder Übernachfragesituation.

Für das Marketing bedeuten solche Marktsituationen, daß v.a. kurzfristige (oder taktische) Marketingmaßnahmen ergriffen werden müssen, wie Werbeaktionen, Preispolitik usw. Da die meisten Marktprobleme lediglich kurzfristiger Natur sind, ist hier noch kein konzeptionelles oder strategisches Marketing notwendig.

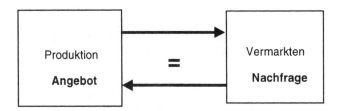

**Abb. A-17b** Marketing als „Verkaufen und Vermarkten" (Hintergrund: „Marktveränderungen")

**(3) Marketing bei Konsumenten- bzw. Käufermärkten**

Die verschiedenen zuvor aufgezeigten Veränderungen auf der Angebots- und Nachfrageseite verschiedener Märkte haben eine grundsätzlich neue Marktsituation entstehen lassen. Hierbei stehen einem absolut oder relativ großen und vielfältigen Angebot, das durch zahlreiche Produzenten in ähnlicher Form am Markt angeboten wird (viele „me-too-Produkte"), eine vergleichsweise geringere Nachfrage gegenüber. Die relativ geringere Nachfrage ist entweder die Folge von Sättigungstendenzen oder das Ergebnis von zahlreichen Wahlmöglichkeiten für die Nachfrager.

Entsprechend müssen sich in solchen Marktsituationen Anbieter verstärkt über die Nachfragerwünsche informieren und in der Regel ihr Angebot zunehmend an die jeweiligen Nachfragerwünsche anpassen (vgl. Abb. A-17c: von 1. der Nachfrage zu 2. der Produktion). Damit wird der Käufer zur obersten Instanz am Markt, der Firmenstil ist kundenorientiert. Dies wird gelegentlich auch – etwas negativ – als „Fähnchen-im-Wind-Mentalität" bezeichnet: „Wir verkaufen Ihnen Reisen wohin Sie wollen, vorausgesetzt Sie wollen nach Portugal." – „Wir befriedigen das Bedürfnis nach Freiheit und Abenteuer" und „bieten Ihnen die kostbarsten Tage des Jahres".

Die Managementaufgaben wandeln sich von Verwaltung und Produktionsüberwachung zu Marktbeobachtung und -gestaltung. Es werden Marketing-Manager anstelle von Technikern im Top-Management benötigt. Ihre Hauptaufgabe wird im langfristigen und strategischen Planen der Unternehmenspolitik gesehen, wobei hier „Marketing" strategisches Planen und Gestalten bedeutet.

Über die engere Marktorientierung hinaus gewinnen in einer modernen marktorientierten Unternehmenspolitik neben den eigentlichen Kundenwünschen immer mehr weitergehende gesellschaftliche Werte an Bedeutung („gesellschaftsorientiertes Marketing"). Der Markt wird sowohl auf der Angebots- als auch auf der Nachfrageseite als sehr flexibel angesehen, es gibt zahlreiche Konkurrenzbeziehungen, zum Teil schnell wandelnde Nachfragestrukturen („Wertewandel"), die im Rahmen der konkurrenz- und konsumentenorientierten Marktforschung zu einer nachfrageorientierten Gestaltung des eigenen Angebotes sowie der entsprechenden Preispolitik führen.

**Beispiel:**
- In die Haupturlaubsgebiete werden Reisen von fast allen großen Reiseveranstaltern angeboten, so daß die Kunden zwischen den einzelnen Anbietern wählen können und sich die Anbieter mit besonderen Marketingaktivitäten an den Kundenwünschen orientieren müssen.

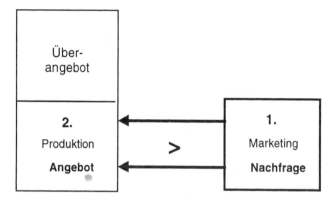

**Abb. A-17c** Marketing als „modernes strategisches Marketing" (Hintergrund: „Konsumentenmärkte"')

### (4) Nebeneinander von Produzenten- und Konsumentenmärkten im Tourismus

Die vorherigen allgemeinen Aussagen zum Wandel der Märkte sind für die Tourismuswirtschaft etwas differenzierter zu sehen. Zwar ist auch hier eine ähnliche generelle Veränderung auf der Angebots- und Nachfrageseite auf zahlreichen Tourismusmärkten festzustellen:

- Auf der **Anbieterseite** erstellen immer mehr Tourismusbetriebe Reiseleistungen, immer mehr Orte öffnen sich dem Tourismus, immer mehr Regionen werden touristisch erschlossen, die Zahl der Reiseveranstalter, Reisemittler wächst immer weiter, neue und vielfältigere Beherbergungsbetriebe konkurrieren um die Reisenden usw.

- Auf der **Nachfragerseite** werden die Reisenden immer reiseerfahrener, sie suchen entweder immer neue Reisedestinationen oder werden gegenüber den bisherigen Angeboten immer wählerischer und kritischer.

Doch anstelle des globalen Argumentes des Marktwandels gibt es im Tourismusbereich immer wieder Teilmärkte, die ganz im Sinne von Produzentenmärkten funktionieren. Je nach touristischem Angebot und Anbieter zeigen sich solche Tendenzen vorwiegend in der touristischen Hochsaison und in besonders attraktiven Reisedestinationen sowie bei Transport- und Beherbergungsbetrieben. Während dieser – oft zeitlich oder lokal begrenzten – Übernachfragesituation können die jeweiligen Tourismusanbieter sich ganz im Stile Produzentensouveränität monopolistisch verhalten: Sie können insbesondere den Preis und die Qualität des jeweiligen touristischen Angebotes in ihrem Sinne beeinflußen. Typische Beispiele sind die hohen Preise sowie die häufig geringe Service-Qualität in der Hochsaison, von vielen Reisenden oft als typische „Friß-oder-Stirb-Mentalität" kritisiert.

Nun sind die zuvor geschilderten Marktsituationen aber häufig nur von begrenzter Dauer. Außerhalb der Hochsaison, aber auch auf verschiedenen touristischen Teilmärkten, müssen sich die gleichen touristischen Anbieter mit einem ganz anderen Unternehmens- und Marketing-Stil um die potentiellen Reisenden bemühen. Auch in der Hochsaison werden häufig gewisse Teilleistungen nicht ausreichend nachgefragt, so daß für diesen Teilmarkt eine Käufermarktsituation existiert. Es bestehen im Tourismus also häufig Produzenten- und Konsumentenmärkte für die gleichen Anbieter nebeneinander. Entsprechend schwierig ist die Entwicklung einer Marketing-Strategie, die – je nach Teilmarkt – sowohl Konsumenten- als auch Produzentenaspekte mit berücksichtigen muß.

**Beispiele:**
- Für eine Fluggesellschaft können in der Hochsaison die Flüge in attraktive touristische Gebiete und zu attraktiven Flugzeiten überbucht sein (z.B. Mallorca am Wochenende), zugleich können aber Flüge in weniger attraktive Gebiete oder zu weniger günstigen Flugzeiten noch Flugkapazitäten aufweisen (z.B. nach London in der Wochenmitte).
- Während die Hauptorte einer Tourismusdestination bereits überfüllt sein können (z.B. Binz auf Rügen), bestehen noch Übernachtungskapazitäten in anderen Orten (z.B. Prora auf Rügen), ohne daß sich diese Nachfrageüberhänge bzw. -defizite von alleine ausgleichen.
- Ausgebuchte Hotels und unterausgelastete Privatpensionen bei großen Tagungen und umgekehrt während der Urlaubszeiten.
- Ausgebuchte Hotels, aber schlechter Besuch in den Restaurants oder im Schwimmbad.

Für die gewählten Beispiele sind zwei ganz **unterschiedliche Marketing-Aktivitäten** der jeweiligen Marketing-Träger notwendig:

- **Nachfragesteigerung** im Bereich des unterausgelasteten Teilmarktes, ohne damit gleichzeitig die vorhandene Übernachfrage auf dem anderen Teilmarkt noch weiter zu erhöhen,

- **Anbieterorientiertes** bzw. monopolistisches Marketing am Teilmarkt mit Übernachfrage.

Die generelle Folgerung für ein touristisches Marketing ist ein **zeitlich und lokal unterschiedliches Marketing**, einmal mehr im Stil der

- **Produzentenorientierung:** während der Hochsaison bei attraktiven Destinationen und Events, für bestimmte – dominierende – Zielgruppen und Angebote,

zum anderen mehr im Stile der

- **Konsumentenorientierung:** in der Nebensaison, bei neuen Destinationen, bei weniger attraktiven Destinationen und Events, für bestimmte – weniger dominante – Zielgruppen und Angebote usw.

### 2.2.2 Entwicklungsstufen des Tourismus-Marketing in der Bundesrepublik Deutschland

Die Entwicklung zum modernen Marketing hat sich in den meisten westlichen Industrienationen in verschiedenen Stufen vollzogen. Für die Bundesrepublik Deutschland werden dabei in der Nachkriegszeit meist vier Stufen bzw. Phasen unterschieden, die jeweils ca. zehn Jahre vorherrschend waren. Eine Veranschaulichung des veränderten Marketing-Verständnisses findet sich in Abb. A-18, wobei die in der traditionellen Marketingliteratur aufgeführten vier Phasen bis Ende der 80er Jahre um eine fünfte Phase – für die 90er Jahre – ergänzt wurde.

Anders stellt sich die Entwicklung zum modernen Marketing-Management für die ostdeutschen Bundesländer sowie für verschiedene osteuropäische Nationen dar, die sich erst gegen Ende der 80er bzw. zu Beginn der 90er Jahre von der früheren zentralwirtschaftlichen Verwaltung zu einer modernen marktorientierten Unternehmensführung entwickelt haben. Hierbei mußten verschiedene Entwicklungsstufen zum modernen Marketing entweder in kürzester Zeit nachgeholt oder auch ganz – einfach – übersprungen werden. Heute zeigt sich hier aufgrund des Fehlens einer gewachsenen Marketing-Tradition ein vielfaches Nebeneinander der verschiedenen Entwicklungsstufen.

Für den **Tourismusbereich** hat sich Marketing hingegen deutlich anders entwickelt. Hier lassen sich vor allem drei Phasen bis Ende der 80er Jahre unterscheiden, die erst zu Beginn der 90er Jahre zunehmend Parallelitäten zur allgemeinen Marketingentwicklung aufweisen. Hier besteht ein deutlicher Nachholbedarf nach „professionellem Marketing", das die verschiedenen Teilaspekte in ein modernes touristisches Marketing integrieren muß. Zudem erfordern die vielfachen Besonderheiten der touristischen Leistungserstellung und -vermarktung ein eigenständiges Tourismus-Marketing (vgl. dazu A.3).

**(1) Stufe 1: Fehlendes Tourismus-Marketing** (bis ca. 1980)

Bis zu Beginn der 80er Jahre war die touristische Entwicklung in der BRD durch einen stetigen Anstieg der Reisenachfrage sowie des Angebotes gekennzeichnet. Die Reisewelle im Gefolge des bundesdeutschen „Wirtschaftswunders" hat die Nachfrage nach immer neuen und weiteren Reisedestinationen und -möglichkeiten permanent wachsen lassen. Dabei war die Entwicklung überwiegend angebotsdominiert: Die Ausweitung des Angebotes ging viele Jahre langsamer vor sich als die Steigerung der Nachfrage nach Reisen. Die Tourismuswirtschaft galt als eine Wachstumsbranche par excellence, die trotz der zunehmenden Steigerungsraten auf der Anbieterseite infolge der noch schneller wachsenden Nachfrage immer noch als Produzentenmarkt angesehen werden konnte. Diese generellen Wachstumstendenzen im Tourismusmarkt haben dazu geführt, daß sich das touristische Marketing nicht im Sinne eines modernen Marketing hat entwickeln müssen. „Verteilen" der knappen Kapazitäten war ganz im Sinne des alten und traditionellen Marketing ausreichend.

**(2) Stufe 2: Instrumentelles Tourismus-Marketing** (von ca. 1975 bis 1985)

Mit Beginn der 80er Jahre gab es erste Stagnationstendenzen auf der Nachfrageseite. Die Reisenachfrage ging relativ – real gesehen sogar absolut – zurück und parallel dazu kam es auch zu ersten Stagnationen auf der Anbieterseite. Insgesamt hat sich das bundesdeutsche Reisevolumen mit Beginn der 80er Jahre nur

## Entwicklungsstufen des Tourismus-Marketing

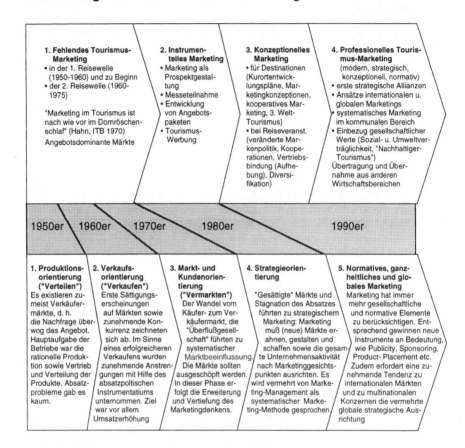

**Abb. A-18** Entwicklungsstufen des Marketing

noch wenig nach oben entwickelt. Die Urlaubsreiseintensität blieb seitdem mit nur geringen jährlichen Veränderungen bei ca. 60% der Deutschen. Es begannen zunehmend Verdrängungswettbewerbe innerhalb der verschiedenen Marktsegmente.

In dieser Phase gab es einige Ansätze, die auch im Tourismus nach einem moderneren Marketing riefen. Symptomatisch dafür sind die verschiedenen Fachtagungen zu Marketingproblemen des Studienkreises für Tourismus während der ITB-Internationalen Tourismusbörse Berlin, z.B.:

- Marketing im Tourismus (vgl. STUDIENKREIS 1970),
- Marktforschung im Tourismus (vgl. STUDIENKREIS 1972),
- Werbung im Tourismus (vgl. STUDIENKREIS 1973),

- Angebotsplanung und -gestaltung im Tourismus (vgl. STUDIENKREIS 1974),
- Verkaufsförderung im Tourismus (vgl. STUDIENKREIS 1975).

Doch diese Entwicklung blieb in ihren Anfängen stecken, zumal sich Ende der 80er und zu Beginn der 90er Jahre aufgrund neuer Märkte und Nachfrager die alte Wachstumsmentalität im Tourismus wieder einzustellen schien. Folglich mußte das touristische Marketing nicht weiter entwickelt werden. Erst zu Beginn der 90er Jahre wurde die Marketingproblematik im Tourismus wieder intensiver aufgegriffen (vgl. STUDIENKREIS 1991: Marketing im Tourismus, Studienkreis 1992: Marketing und Forschung im Tourismus).

Tourismus-Marketing in dieser Periode war vor allem durch den verstärkten Einsatz verschiedener Marketing-Instrumente geprägt. Dabei standen Tourismus-Werbung, Prospektgestaltung und Tourismus-Messen im Vordergrund der Marketingaktivitäten.

Im Bereich des öffentlichen Fremdenverkehrs wurden zunehmend Kurortentwicklungsplanungen, ergänzende Infrastrukturmaßnahmen sowie ebenfalls Prospektgestaltungen und Messeteilnahmen im Rahmen des „Fremdenverkehrs-Marketing" initiiert.

**(3) Stufe 3: Konzeptionelles Marketing im Tourismus** (von ca. 1985 bis 1995)

Die Fortentwicklung zu einem verstärkten Marketing im Tourismus wurde 1989 durch die deutsch-deutsche Vereinigung unterbrochen. Nach 1989 bzw. zu Beginn der 90er Jahre kamen in Deutschland neue Tourismusangebote und eine weitere Tourismusnachfrage der neuen Bundesländer hinzu. Diese Entwicklung täuschte in den ersten Jahren über die bereits in den 80er Jahren vermehrt auftretenden Überkapazitäten hinweg. Die neue Nachfrage westdeutscher Touristen nach Reisezielen in den neuen Bundesländern („Schnuppertourismus") sowie der „Nachholbedarf" an Reisen der Bewohner der neuen Bundesländer in westdeutsche und europäische Destinationen haben die Probleme der Fremdenverkehrsplaner um einige Jahre aufgeschoben.

**(4) Stufe 4: Professionelles Tourismus-Marketing** (ab ca. Mitte der 90er Jahre)

Mit zunehmender Stabilisierung der Nachfrage und dem verstärkten neuen Angebot der neuen Bundesländer machten sich Mitte der 90er Jahre die rezessiven Tendenzen sowohl beim Outgoing- als auch beim Incoming- bzw. Inlandstourismus erneut bemerkbar. Insofern sind ganz besondere Anforderungen an ein modernes Tourismus-Marketing in den 90er Jahren gestellt. Sowohl im Bereich des „broadening" als auch des „deepening" besteht ein Nachholbedarf im modernen Tourismus-Marketing.

Nunmehr ist die gesamte Palette des modernen Marketing auch für den Tourismus zu aktivieren und anzuwenden. Tourismus-Marketing wird zu einem neuen „Wundermittel" für die touristische Entwicklung, dem sich auch vermehrt öffentliche Tourismuseinrichtungen zuwenden: Marketing von Fremdenverkehrsämtern und -verbänden, kommunales Marketing, Stadt-Marketing, Schlösser-Marketing, Kultur-Marketing usw.

### 2.2.3 Erweiterung und Vertiefung des modernen Marketing

Im Laufe der Entwicklung hat sich Marketing nicht nur begrifflich und inhaltlich gewandelt. Auf diese Unterschiede des Paradigmawechsels im Marketing wurde bereits in den vorherigen Abschnitten hingewiesen. Hervorzuheben war vor allem die Entwicklung vom instrumentellen Marketing-Denken zum umfassenden Marketing-Management. Ferner führten veränderte Marktbedingungen zu einem Umdenken von der Produktorientierung zur Nachfrage-, Markt- und Marketing-Orientierung.

Neben den zuvor bereits erwähnten Entwicklungen hat sich modernes Marketing aber noch in zwei andere Richtungen fortentwickelt. Marketing erfuhr zum einen eine Ausweitung bzw. eine Verbreiterung („broadening"), zum anderen ergab sich im Marketing eine Verfeinerung und methodische Vertiefung („deepening"). Die Diskussion wurde im allgemeinen Marketing vor allem von KOTLER angestoßen und später vielfach weiter entwickelt (vgl. u.a. KOTLER/LEVY 1969, BRUHN/TILMES 1989, WACHENFELD 1987).

**(1) „Broadening" des Marketing**

Unter „broadening" wird vor allem die Erweiterung des Marketing von der engeren profitorientierten, betriebswirtschaftlichen Ausrichtung auf Institutionen verstanden, die nicht vorrangig nach gewinnwirtschaftlichen Prinzipien agieren, wie vor allem Einrichtungen des Gemeinwesens und des Gesundheitswesens, z.B. Krankenhäuser, Krankenkassen, (Sport-, Kunst-)Vereine und -verbände. Einige dieser Bereiche waren bereits im vorherigen Abschnitt zum nicht-kommerziellen Sektor des Marketing genannt worden.

Unter Erweiterung bzw. Verbreiterung des Marketing-Gedankens werden auch Ansätze verstanden, die vermehrt nicht-ökonomische Aspekte in das betriebswirtschaftliche Marketing aufnehmen. Hier sind es gesellschaftliche Werte (wie z.B. soziale, ökologische, ethische Ziele), die für ein modernes Marketing zunehmend an Bedeutung gewinnen. Die Integration moderner Unternehmen in gesellschaftliche Entwicklungen und die Übernahme gesellschaftlicher Wertvorstellungen für das moderne Marketing-Management haben zu einem entsprechenden Wandel geführt. Moderne Marketing-Managementansätze sind daher komplexer, umfassender und „breiter" als in der Vergangenheit. Insbesondere werden Ansätze eines „ganzheitlichen Marketing" aus moderner Sichtweise diskutiert. Gerade im **Tourismus** mit seiner interdisziplinären Ausrichtung und seinem Querschnittscharakter in bezug auf verschiedene Wissenschaftsbereiche ist ein solcher breiter Marketing-Ansatz zu empfehlen (vgl. dazu FREYER 1991a und Abschnitt A.3.5).

**(2) „Deepening" des Marketing**

Unter „deepening" im Marketing wird vor allem die „Vertiefung" und „Verfeinerung" der Methode des Marketing verstanden. Dies zeigt sich zum einen in der Entwicklung einer umfassenden Marketing-Management-Planungssystematik. Hierdurch wurde die Gesamtheit der möglichen Teilaspekte für das moderne Marketing systematisch erfaßt und entwickelt. Zum anderen zeigt sich aber auch innerhalb dieses Gesamtansatzes eine weitergehende methodische Fortentwicklung. So wurden im Bereich der Umfeldanalyse die Szenario-Technik und im Bereich der Marktanalyse Segmentierungs- und Life-Style-Ansätze entwickelt, die

Ressourcenanalyse wurde fortentwickelt sowie der gesamte Bereich der Strategiefindung im Marketing neu konzipiert. Konkurrenz- und Wettbewerbsstrategien, Positionierungsmodelle und verschiedene Möglichkeiten der Diversifikation im Marketing erfuhren ebenso eine Weiterentwickelung wie die Portfolio-Technik, Ziel- und Leitbildfunktionen. Weiterhin wurden die verschiedenen Instrumente des Marketing-Mix, beginnend bei der Produkt-, Preis- und Vertriebswegepolitik, über die verschiedenen neuen Möglichkeiten der Kommunikationspolitik bis hin zu neuen Marketing-Instrumenten (den neuen P's, vgl. D.0) entwickelt. Auch im Bereich des operativen Marketing sind zahlreiche Fortschritte zu erkennen, in den letzten Jahren wurde vor allem der Bereich des Controlling im Marketing neu konzipiert.

### (3) „Ausweitung" und „Vertiefung" im Tourismus-Marketing

Analoge Entwicklungen zeigen sich für das **Tourismus-Marketing**, wo ebenfalls ganz ähnliche methodische Erweiterungen und Verfeinerungen festzustellen waren. Hinzu kommt die spezialisierte Übertragung der Marketing-Methode auf die verschiedenen Teilbereiche und Betriebsarten des Tourismus, wie z.B. Hotel-Marketing, Reiseveranstalter-Marketing, Transport-Marketing und Destinations-Marketing. Bereits in FREYER 1991a waren die verschiedenen Möglichkeiten der Ausweitung und Vertiefung im Tourismus-Marketing systematisch dargestellt worden, wobei sich über 36 Teilbereiche der Fortentwicklung im Tourismus-Marketing ergeben haben (vgl. Abb. A-19).

Auch das Tourismus-Marketing hat in den letzten Jahren eine „Ausweitung" und „Vertiefung" erfahren, wobei die beiden Begriffe im Tourismus-Marketing inhaltlich etwas anders als bei der Entwicklung im allgemeinen Marketing zu bestimmen sind:

- **Vertiefung** meint eine Weiterentwicklung der allgemeinen Marketingerkenntnisse für den Gesamtbereich Tourismus („Allgemeines Tourismus-Marketing") ebenso wie für Teilbereiche der Tourismuswirtschaft, z.B. in Form eines „Speziellen Tourismus-Marketing" für Hotels, Transportbetriebe, Reiseveranstalter, Reisemittler, Fremdenverkehrsgebiete usw. Methodische Vertiefungen meinen v.a. die Weiterentwicklung der touristischen Marktforschung, der strategischen Möglichkeiten sowie der Erweiterung der traditionellen Marketinginstrumente (der 4 P's) um tourismusspezifische Instrumente (wie people, power, packages, public usw., vgl. Teil D). Sie hat dabei auch Elemente der „Ausweitung" mitzuberücksichtigen.

- **Ausweitung** meint im Tourismus die Erweiterung der traditionell ökonomischen Marketingerkenntnisse um weitere Bereiche oder Dimensionen, wie z.B. Ökologie, Gesellschaftsorientierung, Freizeitorientierung, Nachfragebezug oder Internationale Orientierung. Diese Bereiche finden entsprechend Eingang in ein „Allgemeines Tourismus-Marketing" und die verschiedenen speziellen Tourismus-Marketing-Ansätze.

Alle Möglichkeiten eines solchen Vorgehens lassen sich in einer Matrix darstellen, in der die verschiedenen Teilaspekte für die Weiterentwicklung modernen ganzheitlichen Tourismus-Marketings enthalten sind (vgl. Abb. A-l9).

**Beispiele:**
- ökologisch orientiertes Beherbergungs-Marketing (3),
- gesellschaftsbezogenes Reiseveranstalter-Marketing (14).

| "Ausweitung" → <br> ↓ "Vertiefung" | Ökonomisches Marketing | Gesellschaftsbezogenes Marketing | Ökologisches Marketing | Freizeitorientiertes Marketing | Nachfragerbezogenes Marketing | Internationales Marketing |
|---|---|---|---|---|---|---|
| Beherbergungsbetriebe | (1) | (2) | (3) | (4) | (5) | (6) |
| Transportbetriebe | (7) | (8) | (9) | (10) | (11) | (12) |
| Reiseveranstalterbetriebe | (13) | (14) | (15) | (16) | (17) | (18) |
| Reisemittlerbetriebe | (19) | (20) | (21) | (22) | (23) | (24) |
| Destinationsbetriebe | (25) | (26) | (27) | (28) | (29) | (30) |
| usw. | (31) | (32) | (33) | (34) | (35) | (36) |

**Abb. A-19** „Ausweitung" und „Vertiefung" des Tourismus-Marketing
(Quelle: FREYER 1991a: 6)

## 2.3 Formen und Bereiche des modernen Marketing

Im modernen Marketing werden verschiedene Bereiche und Betätigungsfelder unterschieden, bei denen der Kern identisch, die speziellen Ausformulierungen aber verschieden sind. So ergeben sich:

- **nach Zielen:** Profitorientiertes oder Business-Marketing gegenüber gemeinwirtschaftlichem Non-Business-Marketing oder Marketing von Non-Profit-Organisationen,
- **nach Produkten oder Sektoren:** Konsumgüter-, Investitionsgüter- und Dienstleistungs-Marketing oder spezieller Marketing für die Auto-, Tabak- oder Seifenindustrie oder Tourismus-Marketing, Sport-Marketing usw.,
- **nach Adressaten:** Absatz-Marketing, meist nochmals unterteilt in Endverbraucher- und Handels-Marketing sowie Beschaffungs-Marketing, in dessen Mittelpunkt die Beschaffung von Einsatzfaktoren (Rohstoffe, Arbeitskräfte und Personal, Finanzen usw.) steht; ferner werden Marketing-Aktivitäten in bezug auf die Mitarbeiter als „Innen-Marketing" bezeichnet (vgl. E.4.3.4).
- **nach Reichweite und Trägern (Ebenen):** betriebliches, kommunales, sektorales, nationales oder internationales Marketing,
- **nach Richtung der Marketingaktivitäten:** Absatz- oder Beschaffungsmarketing bzw. Vorkauf- oder Nachkaufmarketing.

Am verbreitetsten ist das privatwirtschaftliche, profitorientierte Absatzmarketing. Es steht im Mittelpunkt der (allgemeinen) Marketinglehre und hat verschiedene spezielle Ausformulierungen, vor allem hinsichtlich der zu vermarktenden

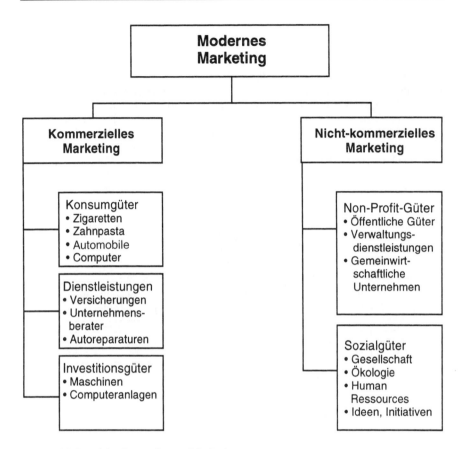

**Abb. A-20** Bereiche des modernen Marketing

Güter, im Konsum-, Dienstleistungs- und Investitionsgüter-Marketing erfahren. Dabei werden neben den allgemeinen Marketingaspekten die Besonderheiten der entsprechenden Marketingaufgaben herausgearbeitet.

**Kommerzielles und nicht-kommerzielles Marketing**

Die beiden großen Bereiche des kommerziellen und nicht-kommerziellen Marketing werden im folgenden wegen ihrer grundsätzlichen Bedeutung noch etwas genauer dargestellt. Alle Unterformen des allgemeinen Marketing finden sich auch im Tourismus-Marketing wieder, wenn auch mit anderen Gewichtungen (vgl. dazu A.3.1).

**(1) Kommerzielles Marketing**

Kommerzielles Marketing wird üblicherweise in die drei Bereiche Konsumgüter-, Dienstleistungs- und Investitionsgüter-Marketing unterteilt. Gelegentlich wird noch das Handels-Marketing gesondert als vierter Bereich behandelt. All diesen Bereichen des sektoralen Marketing ist ein weiter (methodischer) Bereich gemeinsam, der seine speziellen Ausprägungen hat. Diese Besonderheiten beziehen sich auf das Produkt selbst und beinhalten die unterschiedlichen Ausgestaltungen der verschiedenen Instrumente des Marketing.

**Tourismus-Marketing** ist zu weiten Teilen kommerzielles Marketing mit einem deutlichen Schwerpunkt im Bereich des Dienstleistungs-Marketing: Transport-, Übernachtungs-, Reisedienstleistungen, Organisation von Pauschalreisen usw. Doch auch Aspekte des Investitionsgüter-Marketing lassen sich in Teilbereichen feststellen: Marketing von Transportmitteln (Busse, Flugzeuge, Bahn), Hotelbauten, Geschäftsgründungen (Filialen), Computer-Reservierungs-Systeme usw. Die Grundgedanken des Konsumgüter-Marketing finden sich im Tourismus nur im übertragenen Sinne: Massenhafte Angebote für zahlreiche Nachfrager ohne direkten Kundenkontakt ließen sich bestenfalls im Bereich des Fahrscheinverkaufs

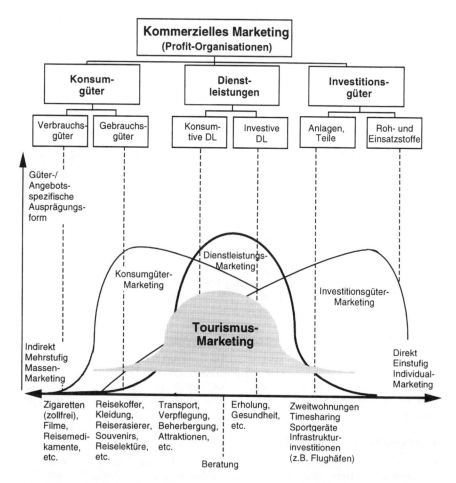

**Abb. A-21** Sektorales kommerzielles Marketing
(Quelle: nach MEFFERT 1986: 46 und eigene touristische Ergänzungen)

oder der Souvenirindustrie ansatzweise finden. Doch in der Regel besteht im Tourismus Kundenkontakt und der individuelle Charakter der touristischen Dienstleistung überwiegt.

**(2) Nicht-kommerzielles Marketing**

Nicht-kommerzielles Marketing ließe sich auch nach den zuvorgenannten Sektoren unterteilen, doch umfaßt es in der Marketing-Literatur meist die Bereiche Marketing für Non-Profit-Organisationen und/oder in der öffentlichen Verwaltung sowie das gesellschaftsorientierte Marketing („Social Marketing"). Die Abgrenzung erfolgt teilweise nach den zu vermarktenden Leistungen (Sozialleistungen, Verwaltungsleistungen), teilweise nach den Zielen der Institutionen oder Organisationen (Non-Profit-, soziale, ökologische Ziele). Nicht-kommerzielles Marketing hat mit dem kommerziellen Marketing ebenfalls einen weiten methodischen Bereich gemeinsam und unterscheidet sich ähnlich wie die verschiedenen Bereiche des sektoralen Marketing in einzelnen Ausprägungen.

Nicht-kommerzielles Marketing ist **im Tourismus** vor allem bei öffentlichen Organisationen, wie Fremdenverkehrsämtern, -vereinen und -verbänden, Gebietsgemeinschaften usw. anzutreffen. Die Besonderheiten des Marketing im öffentlichen Bereich oder von Non-Profit-Organisationen zeigen, daß hier zumeist

| Kriterien | Privatwirtschaftliches Marketing | Sozio- und öffentliches Marketing |
|---|---|---|
| Eigentumsverhältnisse | privat | öffentlich, gemeinschaftlich |
| Ziele | Profit, Gewinn | Non-Profit Kostendeckung Versorgung Anhänger gewinnen |
| Finanzierung | über Markt | durch Bund, Land, Gemeinden |
| Grundsätze | verkaufen | oftmals "verschenken" |
| Gegenleistung | Geld, materielle Leistungen | Abgaben, Gebühren, Beiträge |
| Verhaltensweisen | marktorientiert | bürokratisch vorschriftenorientiert mitgliederorientiert |
| Produkte | private Güter und Dienstleistungen | öffentliche Güter und Dienstleistungen |
| Organisationsstruktur | autoritär, hierarchisch | demokratisch |

**Abb. A-22** Besonderheiten des nicht-kommerziellen Marketing
(Quelle: FREYER 1990: 19)

gemeinschaftliches Eigentum – gegenüber Privateigentum – vorherrscht und entsprechend die Ziele weniger vorrangig an Gewinn und Profit orientiert sind. Kostendeckung, Versorgungsprinzip und Mitgliedergewinnung sind häufig anzutreffende Zielsetzungen. Im Unterschied zur privatwirtschaftlichen Finanzierung über den Markt erfolgen im öffentlichen Bereich die Finanzierungen durch staatliche Unterstützungen sowie über die eigenen Mitglieder (bei Vereinen und Verbänden). Entsprechend sind die Verhaltensweisen häufiger bürokratisch, vorschriften- und mitgliederorientiert. Die demokratische Entscheidungsfindung ist häufiger anzutreffen als die autoritäre und hierarchische Einzelentscheidung.

# 3 Besonderheiten des Tourismus-Marketing: Elemente einer Theorie des Tourismus-Marketing

## 3.0 Übersicht Kapitel A.3

In Kapitel A.3 werden Elemente einer eigenständigen Theorie des Tourismus-Marketing vorgestellt:

- Tourismus-Marketing als Sonderform des Dienstleistungs-Marketing (A.3.2),
- Tourismus-Marketing als Vermarktung spezifisch touristischer Leistungsketten und -bündel (A.3.3),
- Tourismus-Marketing als Mikro- und Makro-Marketing (A.3.4),
- Tourismus-Marketing als ganzheitliches oder gesellschaftliches Marketing (A.3.5),
- Tourismus-Marketing als Management-Methode (A.3.6).

Es wird im wesentlichen ein Modell der touristischen Leistungsketten oder -phasen – in Anlehnung an ähnliche Modelle des Dienstleistungs-Marketing – entwickelt, das im Tourismus in einer Mikro- und Makroversion für die verschiedenen touristischen Marketing-Träger Anwendung findet. Da sich eine Theorie des Tourismus-Marketing noch in den Anfängen befindet, werden die Theorieelemente bzw. -alternativen relativ unverbunden nebeneinander behandelt. Ansatzweise erfolgt bereits eine Integration der einzelnen Elemente, wobei die Entwicklung einer umfassenden Theorie des Tourismus-Marketing einem späteren Zeitpunkt vorbehalten ist. In A.3.7 (Zusammenfassung) wird auf die weiteren Schritte bzw. auf einen solchen umfassenden Ansatz hingewiesen. Weitere Ausführungen und Differenzierungen zur Modellbildung finden sich in späteren Kapiteln, v.a. in B.3.

Aufgrund des engen Zusammenhanges zwischen touristischen Produkten und Dienstleistungen müßte im folgenden zumeist ausführlich von **„touristischen Dienstleistungen"** oder vom „touristischen Dienstleistungsmodell" oder „Phasenmodell der touristischen Dienstleistung" gesprochen werden. Als Synonym werden aber auch die – verkürzten – Begriffe „(Tourismus-)Leistung", „(Tourismus-)Dienstleistung" oder „(Tourismus-)Produkt" bzw. „Dienstleistungs- oder Phasenmodell" verwendet. Nur für den Fall von Mißverständnissen wird an den entsprechenden Stellen die ausführliche Formulierung verwendet.

**Ziele des Kapitels A.3**
*Nach der Lektüre des Kapitels A.3 sollte(n) erkannt werden:*
- *Einordnung des Tourismus-Marketing in das Theoriegebäude des allgemeinen Marketing.*
- *Spezifische Besonderheiten des Tourismus-Marketing, wie:*
  - *Dienstleistungscharakter und Phasenmodell der touristischen Dienstleistung,*
  - *Produktions- und Produktbesonderheiten, v.a. kollektive Produktion und Serviceketten und deren Bedeutung für das Tourismus-Marketing,*
  - *Besonderheiten einzelbetrieblicher und überbetrieblicher Trägerschaften im Tourismus-Marketing (Mikro- und Makro-Marketing),*
  - *Ganzheitlicher Ansatz eines Tourismus-Marketing.*

## 3.1 Einordnung des Tourismus-Marketing in das Gebäude des allgemeinen Marketing

Die Marketinglehre gilt als allgemeiner Wissenschaftsbereich, der im Rahmen des „Allgemeinen Marketing" Theorien und Methoden entwickelt, die für alle privatwirtschaftlichen Betriebe und gemeinwirtschaftlichen Organisationen zutreffend sind. Dies erfordert einen relativ hohen Abstraktionsgrad, um entsprechende allgemeingültige Aussagen für die verschiedenen Betriebsarten und zahlreichen spezifischen Marketingprobleme zu formulieren. Auf der anderen Seite läßt sich „Marketing als marktorientierte Unternehmensführung (...) nur konsequent realisieren, wenn dem unternehmerischen Handeln ein abgesichertes, unternehmensindividuelles Konzept oder (...) eine entsprechende Marketing-Konzeption zugrundeliegt."(BECKER 1993: 2)

Zwischen diesem Anspruch des Allgemeinen Marketing und den Anforderungen eines praxisorientierten individuellen Marketing hat sich das sektorale Marketing angesiedelt, das vor allem für die Bereiche der Konsumgüter, Investitionsgüter und Dienstleistungen betriebsübergreifende Aussagen formuliert. Aber auch eine weitere Ausdifferenzierung für einzelne Branchen oder Betriebstypen ist in der Marketingliteratur zu finden (so z.B. Banken-Marketing, Handels-Marketing, Marketing für Versicherungen usw., vgl. dazu auch A.2.3).

Versucht man, Tourismus-Marketing in das Gebäude des allgemeinen Marketing einzuordnen, so stehen sich zwei Meinungen gegenüber:
- Tourismus-Marketing sei weitgehend identisch mit den Erkenntnissen des allgemeinen Marketing und erfordere lediglich eine – relativ unproblematische – Übertragung dieser allgemeinen Erkenntnisse und Methoden auf den wirtschaftlichen Teilbereich der Tourismuswirtschaft mit seinen verschiedenen Betrieben und Organisationen.
- Auf der anderen Seite wird ein eigenständiges Tourismus-Marketing gefordert und formuliert. Hierbei wird davon ausgegangen, daß die verschiedenen Ei-

genarten und Besonderheiten des Tourismus und seiner Betriebe durch die allgemeine Marketinglehre nicht ausreichend behandelt werden.

### 3.1.1 Tourismus-Marketing als Unterfall des allgemeinen Marketing: kein spezielles Tourismus-Marketing

Die Marketinglehre beansprucht in ihrer allgemeinen Formulierung, Aussagen für alle wirtschaftlichen und nicht-wirtschaftlichen Betriebe und Organisationen zu treffen. Gerade das moderne Marketing-Management hat eine Ausweitung von ehemals überwiegend profitorientiertem Marketing zum Social- oder Non-Profit-Marketing erfahren. In dieser allgemeinen Sichtweise ist die Anwendung auf touristische Betriebe und Organisationen lediglich ein Unterfall der allgemein formulierten Marketing-Management-Methode.

In Anlehnung an die allgemeine Unterteilung des Marketing in Dienstleistungs-, Konsumgüter- und Investitionsgüter-Marketing kann Tourismus-Marketing als „Querschnitts-Marketing" der drei Bereiche angesehen werden, wobei in überwiegenden Teilen der Tourismuswirtschaft Dienstleistungen vermarktet werden.

Eine noch weitergehende Sicht wäre die **Gleichsetzung** von Tourismus-Marketing mit Dienstleistungs-Marketing. Entsprechend wäre kein eigenständiges Tourismus-Marketing zu entwickeln, es wären lediglich die Aussagen des Dienstleistungs-Marketing auf den Spezialfall touristischer Dienstleistungen zu übertragen.

Doch weder die Entwicklung eines eigenständigen Dienstleistungs-Marketing noch die entsprechende Übertragung auf die Tourismuswirtschaft ist derzeit weit entwickelt.

### 3.1.2 Tourismus-Marketing als eigenständiges Marketing

Soweit ein eigenständiges Tourismus-Marketing gefordert wird, wird auf die zahlreichen Besonderheiten des Tourismus hingewiesen, insbesondere auf die Nachfrage nach einem touristischen Gesamtprodukt („die Reise") sowie die gemeinsame Erstellung der touristischen Reise durch verschiedene Leistungsträger. Dies erfordert auch ein eigenständiges Tourismus-Marketing, das vor allem durch gemeinsames Marketing („Makro-Marketing") und Dienstleistungsorientierung geprägt ist:

**(1) Tourismus-Marketing als Dienstleistungs-Marketing**

In der Tourismuswirtschaft werden vor allem Dienstleistungen erstellt und vermarktet. Typisch sind die Beratungsleistung von Reisebüros, die Transportleistung der Verkehrsträger sowie die verschiedenen Serviceleistungen von Beherbergungsbetrieben und öffentlichen Fremdenverkehrsstellen. Die Besonderheiten dieser Dienstleistungserstellung und ihrer Vermarktung erfordern entsprechende veränderte Ansätze gegenüber dem traditionellen Sachgüter-Marketing.

So verstanden muß auch Tourismus-Marketing ein eigenständiges, dienstleistungsorientiertes Marketing entwickeln. Dies ist in der Vergangenheit zumeist nicht geschehen. Die meisten Beiträge zum Tourismus-Marketing orientieren sich bis Ende der 80er Jahre vorwiegend an Ansätzen der Sachgüterproduktion und des Sachgüter-Marketing.

**(2) Tourismus-Marketing als institutionelles Marketing**

Eine weitere Sichtweise des Tourismus-Marketing betont die unterschiedliche Trägerschaft des touristischen Marketing, die eine weitere Unterteilung entlang der verschiedenen touristischen Träger empfiehlt. Aufgrund der verschiedenen Aufgaben im Tourismus sind dies vor allem Betriebe der

- Beherbergung, wobei noch weiter unterteilt werden könnte in Marketing von Hotel-, Pensions-, Campingbetrieben usw.,
- Reiseveranstaltung und -vermittlung,
- Transportwirtschaft,
- Fremdenverkehrsorte, -regionen oder touristischen Destinationen,

für die ein eigenständiges Marketing entwickelt werden muß.

**(3) Tourismus-Marketing als einzel- und überbetriebliches Marketing**

Eng verbunden mit der zuvor benannten institutionellen Sicht des Tourismus-Marketing ist eine weitere Unterteilung des touristischen Marketing in einzelwirtschaftliches und/oder gemeinsames Marketing, auch als **Mikro- und Makro-Marketing** im Tourismus bezeichnet.

Während touristische Einzelbetriebe (wie Fluggesellschaften, Reiseveranstalter) ganz analoge Aufgaben wie andere Wirtschaftsbetriebe im Marketing erfüllen müssen, erfordert das touristische Gesamtprodukt auch ein gemeinsames Marketing. Diese Form des Makro-Marketing ist im Tourismus weit verbreitet und erfordert auch eine eigenständige theoretische Fundierung.

Hinzu kommen im Tourismus zahlreiche gemeinwirtschaftliche Marketingträger, wie z.B. öffentliche Fremdenverkehrsstellen oder Fremdenverkehrsvereine und verbände, für die ebenfalls andere Gesetzmäßigkeiten gelten als für privatwirtschaftliche Einzelbetriebe.

**(4) Tourismus-Marketing als ganzheitliches Marketing**

Tourismus als gesellschaftliche Querschnittsdisziplin erfordert neben einer ökonomischen Betrachtung die Berücksichtigung zahlreicher nicht-ökonomischer Bereiche. Hierfür haben sich im Tourismus-Marketing Ansätze eines gesellschaftlichen oder ganzheitlichen Marketing entwickelt, die ebenfalls als eigenständiges Tourismus-Marketing – oder als Elemente dafür – betrachtet werden können (vgl. genauer A.3.5).

Da allerdings der Gedanke des „broadening" des Marketing auch in der allgemeinen Marketinglehre Eingang gefunden hat, ist hier ebenfalls fraglich, inwieweit hier nicht lediglich ein Unterfall gegeben ist.

### 3.1.3 Fazit: Elemente eines eigenständigen Tourismus-Marketing

Vor dem Hintergrund der zuvor benannten Sichtweisen wird im folgenden ein eigenständiger Ansatz des Tourismus-Marketing formuliert, der vor allem folgende Elemente in den Mittelpunkt der Modell- und Theoriebildung und Betrachtung stellt:

- **Dienstleistungscharakter** des Tourismus-Marketing: Hierbei werden die allgemeinen Aussagen eines speziellen Dienstleistungs-Marketing auf den Tourismus übertragen und ein Phasenmodell der touristischen Dienstleistung entwickelt (vgl. A.3.2).

- **Nachfragebezogenes Tourismus-Marketing:** Bezugspunkt eines modernen Marketing sind die Nachfrager und deren Wünsche bzw. Sichtweise des Leistungsangebotes. Damit geben die Besonderheit(en) der Tourismusleistung als Gesamtprodukt und Servicekette aus Kundensicht ebenfalls Ansatzpunkte für ein eigenständiges Tourismus-Marketing (vgl. A.3.3).

- **Tourismus-Marketing als Makro-Marketing** (Anbietersicht, Marketing-Träger): Vor allem die überbetrieblichen Marketingaufgaben im Tourismus unterscheiden ein touristisches Marketing von weiten Bereichen des einzelbetrieblichen Marketing. Hier wird ein eigenständiges **touristisches Makro-Marketing** entwickelt. Daneben wird auf die verschiedenen Formen des einzelbetrieblichen Mikro-Marketing im Tourismus hingewiesen, vor allem auf das Marketing der Beherbergungs-, Reiseorganisations- sowie Transport- und Freizeitbetriebe (vgl. A.3.4).

- **Tourismus-Marketing als ganzheitlicher Ansatz:** Infolge der umfassenden gesellschaftlichen Bedeutung des Tourismus muß touristisches Marketing neben der ökonomischen Fundierung auch vermehrt nicht-ökonomische Aspekte einbeziehen (vgl. A.3.5).

Neben den zuvor erwähnten besonderen Ansatzpunkten für ein eigenständiges Tourismus-Marketing hat das Tourismus-Marketing die im allgemeinen Marketing entwickelte Marketing-Management-Methode mit ihren Besonderheiten für den Tourismus anzuwenden und zu entwickeln:

- **Tourismus-Marketing als Marketing-Management-Methode:** Die Methodik des allgemeinen Marketing-Managements kann in ihrer bestehenden Struktur im wesentlichen auch für den Tourismus Anwendung finden. Abwandlungen sind lediglich für die Besonderheiten der touristischen Trägerschaft und Dienstleistungen notwendig. In diesem Zusammenhang ist nochmals auf die erweiterte Aufgabe des modernen Marketing gegenüber dem traditionellen Marketing zu verweisen, insbesondere auf die normativen, strategischen und instrumentell-operativen Aufgaben.

Dabei ist dieses Vorgehen im wesentlichen eine Applikations- oder Analogietheorie, bei der Erkenntnisse aus anderen (Teil-)Bereichen des Allgemeinen Marketing auf die Besonderheiten der Tourismuswirtschaft übertragen und abgewandelt werden. Da dies aber erstmals umfassend und in dieser Form für den Tourismus versucht wird, sind aber zumindest Elemente einer eigenständigen Theorie des Tourismus-Marketing gegeben.

Die zuvor benannten einzelnen Elemente einer eigenständigen Theorie des Tourismus-Marketing werden in den folgenden Abschnitten genauer dargestellt.

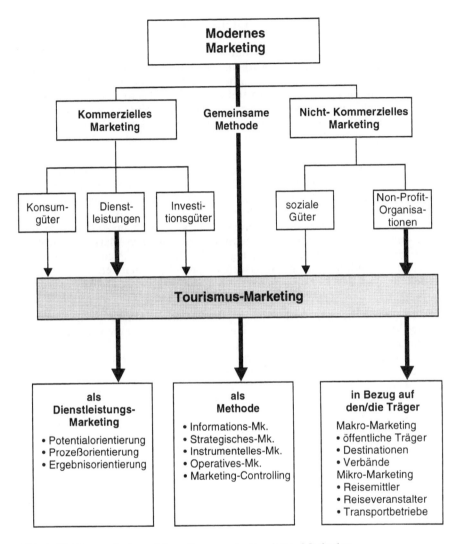

**Abb. A-23** Hintergründe und Ausprägungen des Tourismus-Marketing

## 3.2 Tourismus-Marketing als Dienstleistungs-Marketing

Für eine eigenständige Theorie des touristischen Marketing ist vor allem der Hinweis bedeutsam, daß Tourismus-Marketing als Teil des Dienstleistungs-Marketing zu betrachten ist. Viele der Besonderheiten des Dienstleistungs-Marketing gegenüber dem Sachgüter-Marketing treffen auch für das touristische Marketing zu. Sie ermöglichen aber auch in einer weiteren Sichtweise die Ausformulierung einer eigenständigen Theorie des Tourismus-Marketing unter Verwendung und Fortführung entsprechender dienstleistungsorientierter Theorieansätze und -elemente.

Fast alle Beiträge zum Tourismus-Marketing stellen die besonderen Dienstleistungseigenschaften touristischer Produkte, wie Immaterialität, Vergänglichkeit, Komplementarität usw. heraus[4] und geben somit Hinweise auf eine eigenständige Tourismus-Marketing-Theorie. Doch die Fortführung dieses Ansatzes und die Integration in ein umfassenderes Theoriegebäude steht noch am Anfang. Insbesondere sollte die Entwicklung eines eigenständigen Tourismus-Marketing nicht aus der bloßen Definition und Abgrenzung der Produktunterschiede zu Sachgütern resultieren, sondern muß die unterschiedlichen Gegebenheiten der Leistungserstellung und des Konsumentenverhaltens im Tourismus als Ausgangspunkt haben.

Die geringe theoretische Fundierung des Tourismus-Marketing als Dienstleistungs-Marketing mag verschiedene Ursachen haben. Einer dieser Gründe ist sicherlich die insgesamt ebenfalls wenig entwickelte Theorie der Dienstleistungs-BWL sowie des Dienstleistungs-Marketing. Erst in letzter Zeit wenden sich einige Autoren einer Theorie der Dienstleistungen sowie des Dienstleistungs-Marketing zu (vgl. u.a. BRUHN/MEFFERT 1995, BENÖLKEN/GREIPEL 1994, CORSTEN 1990, HILKE 1989, MEYER 1994).

Fast alle Vetreter einer eigenständigen Dienstleistungs-BWL bzw. eines Dienstleistungs-Marketing nennen gleichermaßen die zu starke Ausrichtung der allgemeinen BWL in der Vergangenheit auf die Sachgüterproduktion. So ist „die Allgemeine Betriebswirtschaftslehre vornehmlich eine Industriebetriebslehre, die schwerpunktmäßig auf Sachgüter bezogen ist und sich lediglich am Rande mit den Besonderheiten der Erstellung und des Absatzes von Dienstleistungen beschäftigt." (BRUHN/MEFFERT 1995: 18) Die weit und tief entwickelten Theorien beanspruchen zwar häufig aufgrund ihrer allgemeinen Formulierung, die „Produktion" von Dienstleistungen zu umfassen, doch vor allem im Bereich des Dienstleistungs-Marketing sind fundamentale Unterschiede zu erkennen. Sie beruhen im wesentlichen auf einer ganz unterschiedlichen Sichtweise der einzelnen Stufen des betrieblichen Ablaufes und Managements.

Zur Veranschaulichung werden im folgenden die Grundzüge der sachgüterorientierten Produktion – und der entsprechenden Auswirkungen auf das Marketing – sowie der andersartigen Sichtweise im Dienstleistungsbereich aufgezeigt. Darauf aufbauend wird versucht, Ansatzpunkte für ein eigenständiges Modell des Tourismus-Marketing zu entwickeln.

---

[4] Vgl. z.B. ROTH 1995: 37, KRIPPENDORF 1973: 15ff, KREILKAMP 1993: 284ff, MIDDLETON 1994: 28ff, HOLLOWAY/PLANT 1992: 10ff

### 3.2.1 Das sachgüterorientierte Modell der betrieblichen Leistungserstellung

Zum besseren Verständnis der Besonderheiten der touristischen Leistungserstellung im Rahmen eines dienstleistungsorientierten Modells sind im folgenden die Grundzüge des Modells der sachgüterorientierten Leistungserstellung aufgenommen. Ferner ist in diesem Zusammenhang das grundsätzliche Verständnis von Produktion und Leistungserstellung genauer zu betrachten.

Traditionellerweise wird die betriebliche Leistungserstellung durch drei Grundphasen gekennzeichnet (vgl. z.B. SCHIERENBECK 1995: 181):

(1) **Beschaffung** der Produktionsfaktoren (Input): Bereitstellungsplanung von Personal, Betriebsmitteln, Material und Finanzen,

(2) **Kombination** der Produktionsfaktoren (zu Zwischen- oder Endprodukten): Produktionsplanung (Produktion im engeren/eigentlichen Sinn), **Produktion** des Outputs,

(3) **Absatz** der erstellten Erzeugnisse (des Outputs) an den Endverbraucher (verbraucherorientiertes Marketing).

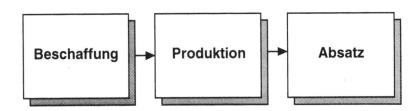

**Abb. A-24** Traditionelles Produktionsmodell

Aus Sicht des Marketing sind in diesem Modell vor allem die Phase 1 als „Beschaffungs-Marketing" und die Phase 3 als „Absatz-Marketing" von Bedeutung. Die allgemeine Marketing-Theorie beschäftigt sich insbesondere mit dem **Absatz-Marketing**. Typisch für die sachgüterorientierte Sicht des Marketing für Dienstleistungen ist die Aussage, daß Marketing bzw. Absatz am Ende des Produktionsprozesses stattfindet, in der Regel also nach erfolgter Produktion bzw. Leistungserstellung:

„Die Absatzphase ist also notwendiges und zugleich bedeutsames Bindeglied zwischen der Produktion einerseits und dem Absatzmarkt andererseits." (SCHIERENBECK 1995: 243) oder „Der Absatz der erstellten Leistungen beschließt genetisch den betrieblichen Leistungsprozeß, der somit durch die Leistungsabgaben an den Absatzmarkt gleichsam seine „Erfüllung" findet." (ebd.)

„Der Absatz ist die letzte Phase des Betriebsprozesses. Er schließt den betrieblichen Wertkreislauf, indem er über die Verwertung der Betriebsleistungen, also durch Verkauf von Sachgütern und Dienstleistungen, den Rückfluß der im Betriebsprozeß eingesetzten Geldmittel einsetzt und damit die Fortsetzung der Produktion ermöglicht." (WÖHE 1986: 531).

Dieses weit verbreitete Grundmodell der BWL hat auch in der Dienstleistungswissenschaft und der Tourismuswissenschaft vielfach Eingang gefunden. Dabei wird von einer weitgehenden Übernahme des vorgenannten dreistufigen Modells der Leistungserstellung für Sachgüter auch im Dienstleistungsbereich ausgegangen (vgl. z.B. die „funktionale Betrachtung" von Dienstleistungen bei CORSTEN 1990: 43ff).

Doch bei Dienstleistungen und bei der touristischen Leistungserstellung erscheint diese sachgüterorientierte Sichtweise weniger angemessen: Im **Gegensatz zur traditionellen Produktionswirtschaft** wird im Tourismus nicht erst ein Produkt gefertigt, dann auf Lager gelegt und gewartet, bis der Käufer kommt. Auch wird nicht – hilfsweise – nach der Produktion „Marketing" oder „Absatzpolitik" (im Sinne von Werbung, Prospektgestaltung, Messebeteiligung usw.) betrieben, sondern bei touristischen Dienstleistungen:

- ist eine Lagerhaltung nicht möglich,
- fallen Produktion bzw. Leistungserstellung und Leistungsverwertung (also Absatz der Dienstleistung) zeitlich und örtlich zusammen („uno-actu-Prinzip"),
- erfolgt erst nach dem Verkauf (Buchung vor der Reise) die Leistungserstellung (während der Reise),
- besteht während der Leistungserstellung und des -absatzes ein unmittelbarer Kontakt zwischen Produzent und Konsument,
- sind die Leistungen überwiegend immateriell, der Kunde kann sie nicht anschauen, vergleichen, sondern dies alles findet weitgehend gedanklich („im Kopf" des Kunden) statt.

All diese Besonderheiten im Tourismus führen dazu, daß ganz andere (Denk-)Zusammenhänge für die touristische Leistungserstellung und das Tourismus-Marketing zugrundegelegt werden müssen. Ohne an dieser Stelle auf die grundsätzlichen Unterschiede zur Sachgüterproduktion und zum Sachgüter-Marketing weiter einzugehen, wird im folgenden Abschnitt ein Dienstleistungs-Modell vorgestellt, daß den Produktions- und Marketinggegebenheiten in diesem wirtschaftlichen Teilbereich angemessener erscheint.

### 3.2.2 Dienstleistungsorientiertes Modell von Produktion und Absatz im Tourismus

Für die Dienstleistungserstellung und deren Absatz ist eine – gegenüber dem Sachgütermodell – veränderte Sicht der Leistungserstellung und -verwertung notwendig. Insbesondere ist eine **zeit- oder phasenbezogene Betrachtung** hilfreich:

„Bei einer prozeßorientierten Betrachtung stellt die Dienstleistung damit ein **zeitraumbezogenes Produkt** dar, d.h. der Leistungsnehmer fragt die Teilnahme an einem Vorgang nach." (CORSTEN 1990: 19)

Ein grundlegender Versuch, die Besonderheiten von Dienstleistungen herauszuarbeiten, ist die Unterscheidung sogenannter **„konstitutiver" Merkmale**. Hierbei wird darauf hingewiesen, daß bei Dienstleistungen drei Leistungsaspekte bzw. Phasen zu unterscheiden sind: die Potential-, Prozeß- und Ergebnisphase. Dieser Unterscheidung liegt ein eigenes Modell bzw. eine Theorie der Dienstleistungen zugrunde, das v.a. in verschiedenen deutschsprachigen Beiträgen der Dienstleistungsliteratur herausgearbeitet worden ist (vgl. u.a. HILKE 1989: 10ff, CORSTEN 1990, MALERI 1991: 18ff, GERLACH 1991: 7, BRUHN/MEFFERT 1995: 23ff). Zum Teil werden als konstitutive Elemente von Dienstleistungen auch die drei Faktoren bzw. Eigenschaften Immaterialität, Leistungsfähigkeit und Integration des externen Faktors benannt (vgl. BRUHN/MEFFERT 1995: 61ff, WESTERBARKEY 1996: 6ff, MEYER 1994: 17ff) und die Besonderheiten des Dienstleistungs-Marketing werden aus diesen drei Faktoren abgeleitet. Doch alle drei Elemente sind auch im hier vorgestellten phasenorientierten Modell enthalten. Zudem erscheint das phasenorientierte Modell geeigneter, den gesamten touristischen (Dienst-)Leistungsprozeß mit den verschiedenen während einer Reise auftretenden Teilleistungen adäquat abzubilden:

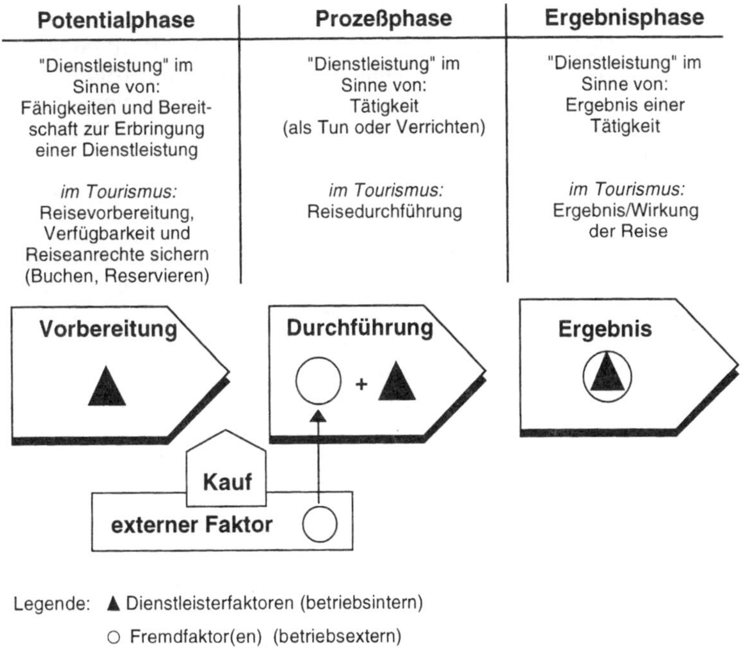

| Potentialphase | Prozeßphase | Ergebnisphase |
|---|---|---|
| "Dienstleistung" im Sinne von: Fähigkeiten und Bereitschaft zur Erbringung einer Dienstleistung | "Dienstleistung" im Sinne von: Tätigkeit (als Tun oder Verrichten) | "Dienstleistung" im Sinne von: Ergebnis einer Tätigkeit |
| im Tourismus: Reisevorbereitung, Verfügbarkeit und Reiseanrechte sichern (Buchen, Reservieren) | im Tourismus: Reisedurchführung | im Tourismus: Ergebnis/Wirkung der Reise |
| Vorbereitung ▲ | Durchführung ○ + ▲ | Ergebnis ▲ |

Kauf
externer Faktor ○

Legende: ▲ Dienstleisterfaktoren (betriebsintern)
○ Fremdfaktor(en) (betriebsextern)

**Abb. A-25** Dienstleistungsorientiertes Marketingmodell im Tourismus
(Quelle: in Anlehnung an HILKE 1989: 15)

- **Potential- oder Vorbereitungsphase:** In der Potentialphase erfolgen „Dienstleistungen" im Sinne von Fähigkeiten und Bereitschaft zur Erbringung einer Dienstleistung. Im Tourismus sind es verschiedene Leistungen der Reisevorbereitung, vor allem die Beratung sowie die Bereitstellung und Sicherung der Verfügbarkeit von Plätzen (Buchen, Reservieren). Die meisten dieser Leistungen wirken am (Heimat-)Ort des Konsumenten.
- **Prozeß- oder Durchführungsphase:** In der Prozeßphase erfolgen „Dienstleistungen" im Sinne von Tätigkeiten (als Tun und Verrichten). Im Tourismus sind es die Leistungen, die mit der eigentlichen Reisedurchführung zusammenhän-

gen. Sie erfolgen „unterwegs" (Transport) bzw. „in der Fremde" (Beherbergung, Gastronomie usw.).

- **Ergebnisphase:** In der Ergebnisphase erfolgen „Dienstleistungen" im Sinne von Ergebnissen einer Tätigkeit. Im Tourismus sind es die Ergebnisse bzw. die Wirkungen einer Reise. Sie wirken in der Regel nach der Rückkehr, also „wieder zu Hause", am Heimatort des Konsumenten. Einige dieser Ergebnisse stellen sich aber bereits während der Reise (also während der Durchführungsphase) ein.

Dabei werden im Bereich des touristischen Dienstleistungs-Marketing vor allem „marktfähige" Leistungen betrachtet, also Dienstleistungen, für die der Konsument ein entsprechendes Entgelt bezahlt („kommerzielles Marketing", vgl. A.2.3 und Abb. A-20, A-23). In bezug auf öffentliche bzw. gemeinnützige Träger des touristischen Marketing werden aber auch Dienstleistungen als öffentliche und soziale Güter erstellt („nicht-kommerzielles Marketing"), wofür kein marktbezogener Tausch sowie keine Marktpreisbildung erfolgen, z.B. „Produktion" von Infrastruktur (Verkehr, Bildung, Kommunikation) oder touristische Informationsleistungen, z.B. von Fremdenverkehrsämtern, ohne Bezahlung. Dieser Bereich ist insbesondere für Destinationen im Rahmen des **Makro-Marketing** von großer Bedeutung (vgl. A.3.4).

---

**Touristische Dienstleistungen** sind

- selbständige, marktfähige oder öffentliche Leistungen, die mit der Bereitstellung verschiedener touristischer Teilleistungen (v.a. von Kapazitäten) und/oder dem Einsatz von Leistungsfähigkeiten zur Reise (v.a. Buchungsmöglichkeiten) verbunden sind **(Potentialorientierung)**.

- Im Rahmen des Prozesses der Leistungserstellung werden interne Faktoren (der Leistungsträger), z.B. Personal, Transportmittel, Beherbergungseinrichtungen, mit den externen Faktoren (v.a. mit den Touristen) kombiniert **(Prozeßorientierung)**.

- Der touristische Dienstleistungsanbieter setzt die Faktorenkombination mit dem Ziel ein, an den externen Faktoren (den Touristen) nutzenstiftende Wirkungen zu erreichen **(Ergebnisorientierung)**.[5]

---

Im folgenden werden die einzelnen Phasen näher erläutert und ihre Bedeutung für das touristische Marketing aufgezeigt.

### 3.2.2.1 Potentialorientierung des touristischen (Dienstleistungs-) Marketing

In der Vorbereitungs- oder Potentialphase bieten Tourismusbetriebe lediglich ihre Fähigkeiten und Bereitschaft (ihr „Potential") an, bestimmte Leistungen zu erbringen. Die eigentliche Leistungserstellung erfolgt erst in der nachfolgenden Prozeßphase.

Auf der anderen Seite ist die Potentialphase für die Nachfrager nach touristischen Leistungen bereits kaufentscheidend. Sie suchen in der Vorbereitungspha-

---

[5] Vgl. eine ähnliche Definition für Dienstleistungen allgemein bei MEFFERT/BRUHN (1995: 27), die sich allerdings nur auf kommerzielle, „marktfähige" Leistungen bezieht.

se der Reise den Leistungsanbieter, von dem sie eine bestmögliche – spätere – Durchführung der entsprechenden Reisedienstleistung erwarten. Am Ende der Potentialphase steht der Kauf (die Buchung oder Reservierung) der Reise. Erst zu einem späteren Zeitpunkt wird die Reise angetreten und werden die Reiseleistungen in Anspruch genommen (in der Durchführungsphase). Damit wird die eigentliche Kaufentscheidung im wesentlichen bereits in der Vorbereitungsphase getroffen.[6]

Entsprechend ist ein Großteil der touristischen Marketingaktivitäten bereits auf die Potentialphase zu richten. Marketing und (Ver-)Kauf erfolgen also im Gegensatz zum Sachgütermarketing bereits **vor** der eigentlichen Produktion.

**(1) Marketing von Kompetenz und Vertrauen**

**Marketing** in der Potentialphase umfaßt vor allem die **Vermittlung von Kompetenz und Vertrauen**.[7] Im Tourismus geht es darum, daß die verschiedenen touristischen Leistungsanbieter ihre **Kompetenz** für eine gute Beratung sowie eine gute „technische" Durchführung der Reise (als Kernprodukt), aber auch für die weiteren mit Reisen und Tourismus verbundenen Erwartungen aufzeigen.

**Beispiele:**
- Letztlich muß der Kunde davon überzeugt werden, daß ein bestimmter **Reiseveranstalter** (z.B. die TUI) eine angenehmere Problemlösung („Schöne Ferien") für die „kostbarsten Tage des Jahres" bietet als ein Mitwettbewerber (z.B. NUR: „Gehen Sie auf Nummer Neckermann").
- **Fremdenverkehrsorte** und Destinationen müssen die Aussicht vermitteln, Attraktionen und Erholung sowie insgesamt einen angenehmen und „schönen" Aufenthalt zu bieten.
- **Fluggesellschaften** (oder andere Transportunternehmen) müssen die Gewähr für einen sicheren, pünktlichen und komfortablen Transport bieten.
- Bevor ein Kunde ein **Reisebüro** betritt, muß er davon überzeugt sein, daß er hier die gewünschte Beratung erhält.

In der Phase der Potentialorientierung zeigt sich ferner die Besonderheit der **Immaterialität von Tourismusleistungen**, die zudem ein hohes Maß an Subjektivität bei der Beurteilung ermöglicht. Eine „Reise" kann nicht – wie z.B. Sachgüter – vor dem Kauf geprüft oder besichtigt werden. Der Kunde erhält nur teilweise sichtbare Informationen über das – spätere – Reiseerleben, z.B. Bilder des Hotels oder der Landschaft. In bezug auf die verschiedenen immateriellen Reisedienstleistungen wird insbesondere die geistige Vorstellungskraft des Kunden angesprochen, sich seine Problemlösung durch den jeweiligen Anbieter vorzustellen. Somit ist es Aufgabe des Marketing, den Kunden über diese immateriellen Eigenschaften vorab zu informieren und bei ihm eine möglichst positive subjektive Einschätzung hinsichtlich der Leistungsbereitschaft, der -fähigkeit und der -ergebnisse des Leistungsträgers zu erreichen.

---

[6] Ein leicht veränderter Ablauf der Leistungskette ist bei **Reisemittlern** zu betrachten: Hier entscheiden sich potentielle Reisende aufgrund der Potentialphase zum Besuch eines Reisebüros, lassen sich beraten (Leistungserstellung durch das Reisebüro, Prozeßphase) und buchen („kaufen") gegebenenfalls aufgrund der Beratungsleistung ihre Reise, also während oder am Ende der Prozeßphase.

[7] Ganz besonders typisch ist diese Aufgabe im Dienstleistungsbereich für die verschiedenen Beratungsunternehmen, z.B. Rechtsanwälte oder Steuerberater oder auch Aus- und Fortbildungsinstitutionen, denen eine hohe Kompetenz zur Problemlösung zugetraut wird. Im Tourismus kommt diese Aufgabe vor allem den Reisemittlern (als Beratern) zu.

Diese Aufgabe hat sehr viel mit **vertrauensschaffenden Maßnahmen** zu tun. Entsprechend sind vertrauenserweckende Personen im Dienstleistungs-Marketing meist von besonderer Bedeutung. Ihre Beratung, aber auch ihr „Versprechen", muß den potentiellen Kunden von der zu erbringenden Dienstleistung so überzeugen, daß er sie einem anderen Mitwettbewerber vorzieht.[8]

Dieses Vertrauensverhältnis muß sich dann über die vollbrachte Dienstleistung möglichst so fortsetzen, daß der Kunde auch wiederholt bereit ist, diese Dienstleistungen in Anspruch zu nehmen oder – im Idealfall – auch als Referenzperson für neue Kunden aktiv zu werden. Diese Form der „Mund-zu-Mund"-Empfehlung ist für das Dienstleistungs-Marketing ebenso charakteristisch wie der Aufbau einer „Stammkundschaft".

**(2) Bereitstellungspotential:** Marketing von Kapazitäten

Zur Potentialorientierung der Dienstleistungsanbieter gehört ebenfalls, daß sie dem potentiellen Kunden ausreichend vermitteln können, wie sie für ihn aktiv werden können. Dies betrifft zum einen die Bereithaltung entsprechender Beratungskapazitäten während der Vorbereitungsphase, also z.B. Personal für die Beratung und den Buchungsvorgang. Zum anderen meint die Bereitstellungsaufgabe im Tourismus aber vor allem die ausreichenden Platzkapazitäten für die – erst zu einem späteren Zeitpunkt anzutretende – Reise. Touristische Anbieter müssen bereits während der Potentialphase eine ausreichende Kapazität an Flugplätzen, Hotelbetten usw. bereithalten und die Gewähr bieten, daß sie zum jeweiligen Reisezeitpunkt problemlos abgerufen werden können.

**Beispiel:**
- So war die Einführung von Ausfallbürgschaften bei den deutschen Reiseveranstaltern im Jahr 1994 eine Maßnahme zur Absicherung des Bereitstellungspotentials.
- Tourismuswerbung verweist vielfach auf „(noch) freie Plätze" oder „Wir sind immer für sie da".

Im Tourismus ist das **Bereitstellungs-Marketing** zudem stark mit **saisonalen Schwankungen** verbunden. Aufgrund der Abhängigkeit touristischer Reisen von Wetter und Urlaubszeiten hat die Bereitstellungsplanung in der Hochsaison vor allem die Aufgabe der Kapazitäts**beschaffung** und in der Nebensaison der Kapazitäts**auslastung**. Zahlreiche Tourismusbetriebe haben neben der jahreszeitbezogenen Bereitstellungsaufgabe noch wöchentliche bzw. tägliche Schwankungen ihres Bereitstellungspotentials zu berücksichtigen, z.B. Ausflugsbetriebe (am Wochenende), Gastronomiebetriebe (am Abend), Reisemittler (in der Mittagspause oder nach Feierabend anderer Betriebe).

Weitere spezifische Marketingauswirkungen dieses (Dienst-)Leistungsmodells werden an späterer Stelle erörtert.

**(3) Der Kauf**

Die meisten Marketing-Aktivitäten sind letztlich darauf gerichtet, daß am Ende der Phase 1 – oder im Übergang zu Phase 2 – ein Kaufabschluß erfolgt. Erst nach

---

[8] Erst in der Ergebnisphase (3) zeigt sich, inwieweit das Leistungsversprechen der Potentialphase auch eingelöst worden ist, z.B. inwieweit die Abbildungen im Reiseprospekt mit der Realität übereingestimmt haben. Dies ist dann wiederum die Vertrauensbasis für die nächste Reisebuchung (vgl. die Ausführungen an späterer Stelle).

diesem Kaufabschluß erfolgt die eigentliche Erstellung der Leistung in der nachfolgenden Phase 2.

Im Tourismus handelt es sich beim „Kauf" meist um Buchungs- oder Reservierungsabschlüsse vor der eigentlichen Reise. Die Reisenden erhalten „Anrechte" auf die späteren Transport- und Beherbergungsplätze und -leistungen. Üblicherweise wird im Tourismus die touristische Dienstleistung vor der eigentlichen Reisedurchführung bezahlt. Bei anderen Dienstleistungen erfolgt die Bezahlung oftmals erst nach der Leistungserbringung (so bei Anwälten, Reparaturdienstleistungen usw.). Im Bereich Tourismus ist dies lediglich bei Gastronomieleistungen der Fall.

Die genauere Betrachtung des eigentlichen Kaufaktes bzw. des Kauf**prozesses** stellt eine wichtige Besonderheit für touristische Leistungen, soweit es sich um Dienstleistungen handelt, dar. Sachgüter werden in der Regel **vor** dem Kaufakt produziert und unmittelbar nach dem Kaufabschluß an den Käufer ausgehändigt. Danach beginnt die sogenannte „Nachkaufphase", in der die Güter genutzt oder verbraucht werden (Konsum). Bei dieser Sichtweise fallen Kaufakt und Transaktion von Gütern und Geld zeitlich weitgehend zusammen. Auch die Sonderfälle von Lieferzeiten oder Ratenkauf ändern nichts an diesem Grundprinzip.

Anders hingegen bei touristischen Dienstleistungen: Hier sind Kauf und Transaktion bzw. Absatz kein diskretes zeitpunktbezogenes Ereignis, sondern die „Übergabe" der Leistung (der „Absatz" aus Produzentensicht) erfolgt während der gesamten Phase 2 in Form der gleichzeitigen Leistungserstellung und -konsumption. Somit beginnt „After-Sale-" oder „Nachkauf-Marketing"

- in einem weiten Verständnis bereits mit Phase 2 und umfaßt Aktivitäten während der Konsum- und Nachkonsumphase,

- in einem engeren Verständnis erst nach Beendigung der Leistungserstellung und des Leistungskonsums in Phase 2 und behandelt die postkonsumptiven und ergebnisbezogenen Maßnahmen in Phase 3. Somit ist die Bezeichnung „Nachkauf-Marketing" für Dienstleistungen nicht exakt, an ihrer Stelle sollte von **Nachkonsum-Marketing** oder – im Tourismus – vom **Nach-Reise-Marketing** gesprochen werden.

### 3.2.2.2 Prozeßorientierung des touristischen Marketing

Während die in der zuvor erläuterten Phase erwähnten Aufgaben und Funktionen ebenfalls bereits zum eigentlichen Produktionsprozeß der Dienstleistungserbringung zu zählen sind – und ebenfalls Marketing- bzw. Absatzfunktionen darstellen – kommt es in der Phase (2) zur eigentlichen Durchführung der Dienstleistung.

Typisch für Dienstleistungen ist, daß in der Prozeßphase die Leistungserstellung durch den Produzenten und die Leistungsabgabe an den Konsumenten zusammenfallen („uno-actu-Prinzip"). So „konsumieren" Touristen ihre Reise im gleichen Moment wie die Transport- oder die Übernachtungsleistung seitens der jeweiligen Tourismusbetriebe „produziert" werden.

### (1) „Fremdfaktor" und „Residenzprinzip"

Zudem treten – als weitere Besonderheit von touristischen Dienstleistungen – während der Phase der Leistungserstellung der Produzent und der Konsument der Leistung miteinander in persönlichen Kontakt. Bei der Sachgüterproduktion erfolgt die Leistungserstellung in der Regel ohne Anwesenheit des Konsumenten innerhalb der Betriebsstätte des Produzenten und erst das fertige Produkt wird an den Konsumenten abgegeben.

Anders hingegen bei (touristischen) Dienstleistungen: Hier spricht man im Dienstleistungsmarketing vom **„Fremdfaktor"**, der zum Produzenten kommen muß, damit an ihm die Dienstleistung verrichtet werden kann. Dieser „Fremdfaktor" ist aus Sicht des Dienstleistungs-Anbieters zu sehen. Die Dienstleistung wird an einem anbieter-externen Objekt erbracht.

Es gilt ferner das **„Residenzprinzip"**, d.h. der Leistungskonsum erfolgt am Ort des Produzenten, nicht – wie bei den meisten Sachgütern – am Ort des Konsumenten („Versandprinzip").[9] Im Tourismus ist das sog. Residenzprinzip selbst ein wichtiger Teil der touristischen Leistungserstellung. Hier müssen – wie bei vielen Dienstleistungen auch – die „Fremdfaktoren" Kunden bzw. Touristen zum Dienstleister kommen, damit die Dienstleistung verrichtet werden kann. Im Tourismus bedeutet dies nichts anderes, als daß die Touristen ihren gewöhnlichen Aufenthaltsort verlassen müssen, auf „Reisen" gehen, um in der „Fremde", also am Ort der touristischen Leistungsträger, die verschiedenen touristischen Leistungen wie Beherbergungs-, Transport-, Verpflegungs-, Unterhaltungsleistungen usw. konsumieren zu können. Die meisten touristischen Dienstleistungen werden in der Regel außerhalb des gewöhnlichen Aufenthaltsortes der Touristen erbracht, also unterwegs bzw. am Zielort. Lediglich einige wenige Teile der Reise werden am Residenzort des touristischen Konsumenten erbracht, so z.B. die Reisevorbereitung und – zum Teil – die Reiseorganisation durch Reiseveranstalter und -mittler, aber auch das Marketing der Fremdenverkehrsorte sowie gewisse Formen der Reisenachbereitung. „Allein die touristische Verkehrsleistung erfreut sich einer relativen Beweglichkeit – relativ, weil sie meistens bloß in die Nähe, seltener jedoch unmittelbar bis zum einzelnen Nachfrager hingebracht werden kann." (KRIPPENDORF 1971:15f)

Wichtig ist in diesem Zusammenhang die Zuordnung verschiedener Maßnahmen des touristischen Marketing, wie vor allem kommunikative Maßnahmen, zur Potentialphase. Da sie in der Regel den Reisenden vor Reiseantritt und damit vor Reisekauf und -buchung erreichen müssen, erfolgen die meisten dieser Maßnahmen **am Heimatort** des Reisenden, also nicht am Ort des jeweiligen touristischen Dienstleisters. Hiermit ist für solche Maßnahmen das Residenzprinzip nicht gegeben.

Im Tourismus sind das Hinzutreten des Fremdfaktors sowie das Residenzprinzip für die Touristen zumeist sehr angenehme Vorgänge. Sie besagen, daß die Touristen ihren Heimatort verlassen müssen, um zu den „Betriebsstätten" der touristischen Dienstleister zu gelangen und dort die Leistungen in Anspruch zu nehmen. Das heißt, sie gehen auf Reisen und „erfahren" unterwegs und in der Reisedestination die Dienstleistungsprozesse der Transportunternehmen, der Beherbergungsbetriebe, der Gaststätten, Reiseleiter, Animateure usw.

---

[9] Das „Residenzprinzip" ist allerdings nicht bei allen Dienstleistungen gleichermaßen ausgeprägt, so gibt es gerade in den letzten Jahren immer mehr „In-Haus-Dienstleistungen", die am Ort des Konsumenten erbracht werden, z.B. Steuer- und Buchhaltungsdienstleistungen externer Berater für Unternehmen oder Baby-Sitting, Putzdienste, Pizza- und Getränke-Heim-Service bei konsumptiven Dienstleistungen.

**(2) Kommunikation und Mitwirkungspflicht im Tourismus-Marketing**

Infolge des persönlichen Kontaktes von Produzent und Konsument bei den meisten touristischen Dienstleistungen besteht auch eine verstärkte Mitwirkungspflicht des Nachfragers bei der Leistungserstellung: Das Verhalten der Touristen selbst während ihrer Reise bestimmen den Erfolg und das Ergebnis der gesamten Reiseleistung in besonderem Maße mit. Somit wird der Reisekonsument gleichzeitig zu einem Mitproduzenten, weshalb er auch als „**Prosumer**" (**pro**duzent und con**sumer**) bezeichnet wird.

**Beispiele:**
- Der Reisebürokunde muß seine Wünsche genau mitteilen, damit ihm das richtige Reiseangebot unterbreitet werden kann.
- Das Verhalten der Mitreisenden (lärmende Kinder oder kontaktfreudige Reiseteilnehmer) trägt wesentlich zum Erfolg einer Reise bei.

Da der letztliche Erfolg einer Dienstleistung in einem sehr hohen Maß von der Mitwirkung des Konsumenten abhängt, muß aus Marketingsicht neben der zuvor erwähnten Vertrauenswürdigkeit des Dienstleisters auch das **Mitwirkungspotential** des Nachfragers aktiviert werden. Dies führt bei vielen Fällen von Dienstleistungen zu einer relativ engen Beziehung zwischen Produzent und Konsument.

Seitens des touristischen Dienstleisters erfordert dies sowohl die Kenntnis als auch das Eingehen auf die Wünsche des Gastes. Zudem muß beim Dienstleister ein hohes Maß an Bereitschaft vorhanden sein, die Kundenwünsche zu erkennen und möglichst zu befolgen, eben zu „dienen". Diese häufig als „Dienstleistungsmentalität" bezeichnete Fähigkeit von Personen, die im Dienstleistungsbereich tätig sind, stellt eine weitere Besonderheit des Dienstleistungs-Marketing dar. Wenn diese Eigenschaften seitens des Anbieters nicht gegeben bzw. seitens des Nachfragers nicht zu erkennen sind, werden die entsprechenden Marketing-Aktivitäten nicht vom erwünschten Erfolg begleitet sein.

**Beispiele:**
- Kommunikation Reisender und Reiseveranstalter: Sprechstunde der Reiseleiter,
- Kommunikation Reisender und Gastgeber: Ausflüge, Heimatabende, Freundlichkeit der Gastgeber (Binnen-Marketing),
- Kommunikation Reisender und Beherbergungsbetrieb: Rezeption, Kellner, Zimmermädchen.

Im Dienstleistungs-Marketing wird in diesem Zusammenhang häufig von „Interaktivem oder Beziehungs-Marketing" gesprochen. Es geht um die langfristige Gestaltung der Mitarbeiter-Kunden-Beziehung, sie muß etabliert, stabilisiert und ausgebaut werden (vgl. GRÖNROOS 1990: 136ff auch LEHMANN 1995: 47ff). Dies stellt ebenfalls eine weitere Besonderheit gegenüber dem Sachgüter-Marketing dar, wo diese Kontakt- und Informationsphase bzw. -beziehung relativ schwach ausgeprägt ist und sich vor allem auf den eigentlichen – kurzen – Verkaufsakt bezieht (vgl. auch Abb. A-26).

Ferner stehen die verschiedenen Kontaktpunkte zwischen Dienstleister und Konsument während der Prozeßphase, aber auch in den vor- und nachgelagerten Phasen im Mittelpunkt der Dienstleistungsbetrachtung. Sie werden als „Momente der Wahrheit" (moments of truth) oder der gesamte Kontaktprozeß als „Prozeß der Wahrheit" bezeichnet (vgl. LEHMANN 1995: 57ff, MEYER/WESTERBARKEY 1995, STAUSS 1995).

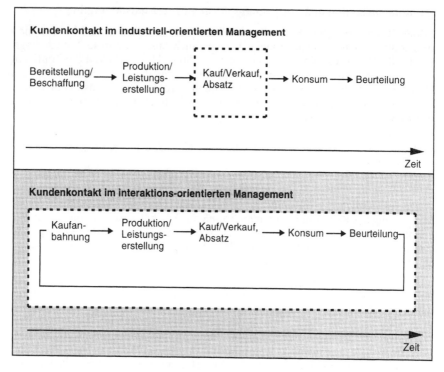

**Abb. A-26** Die Bedeutung des Kundenkontaktes im touristischen Leistungsprozeß
(Quelle: nach LEHMANN 1995: 47)

**(3) Marketing der Verrichtungsqualität**

Im Bereich der Prozeß-Orientierung der Dienstleistung tauchen auch wichtige Aspekte der „Verrichtungsqualität" auf. Ein reibungsloser Ablauf der Reise betont vor allem die „Null-Fehler-Problematik". Während bei Sachgütern fehlerhafte Produkte in der Regel zurückgegeben und gegen einwandfreie Produkte umgetauscht oder repariert werden können, ist dies bei Dienstleistungen nicht möglich: „Man kann nicht 20% der unzufriedenen Urlauber wegwerfen, wie dies mit 20% der fehlerhaften Produkte theoretisch geschehen könnte." (HOROVITZ 1992: 46)

Ein entstandener Fehler (z.B. falsche Beratung über Abfahrtzeiten, überbuchte Flüge oder Hotels, unfreundliche Kellner, Fehlen zugesicherter Eigenschaften, wie Hotel mit Kinderbecken) kann auf Reisen nur begrenzt wieder rückgängig gemacht werden. In der Regel ist der Gast verärgert und die Beseitigung des Mangels erfordert einen überproportionalen Aufwand: Zeitverlust durch Mehrarbeit oder Entschuldigungsgespräche und -schreiben, Kosten für Wiedergutmachung (Gratisgetränk, Prozeßkosten, Reisepreisrückerstattung), Verlust von Glaubwürdigkeit und Image.

Somit kommt dem Prozeß-Marketing unter anderem die Aufgabe der Fehlervermeidung zu („Do it right the first time"). Zudem geht es im Tourismus-Marketing während der Prozeßphase insbesondere darum, **wie** die Kunden die **Qualität der Dienstleistungen** erfahren und erleben.

**Beispiele:**
- Freundlichkeit und angenehmer Umgang,
- Vertrauenswürdigkeit,
- Ort und Ambiente, Zeitpunkt,
- Beratungsintensität- und tiefe,
- Null-Fehler-Verrichtung

### 3.2.2.3 Ergebnisorientierung des touristischen Marketing

In der Prozeßphase hat der Dienstleistungsproduzent seine Leistung an den Fremdfaktor abgegeben. Hierdurch sind materielle und vor allem immaterielle Veränderungen am Konsumenten erzielt worden, die in der **Ergebnisphase** betrachtet werden. Im Tourismus hat der Gast (als externer Faktor) den direkten Einzugsbereich der touristischen Leistungsersteller wieder verlassen, er ist an seinen Heimatort zurückgekehrt und es haben sich bestimmte Leistungsergebnisse aufgrund der Reise eingestellt.

Marketing-Aufgaben in der Ergebnisphase beziehen sich v.a. auf:
- die Erfassung der Wirkung des Leistungsprozesses, hierbei insbesondere auf die Zufriedenheit des Kunden bzw. Gastes, vgl. (2),
- die Betrachtung und die Beeinflussung von Zusatznutzen und Problemlösungen, vgl. (1),
- die Kommunikation der Leistungsergebnisse, vgl. (3).

Als Instrumente des Ergebnis-Marketing stehen vor allem die touristische Marktforschung sowie die Produkt- und Kommunikationspolitik zur Verfügung.

Anstelle der Bezeichnung Ergebnis-Marketing wird häufig auch von „Nachkauf-" oder „Nachkonsum-Marketing" gesprochen, was unter Punkt (4) genauer behandelt wird.

**(1) Marketing der Immaterialität: Zusatznutzen und Problemlösungen**

In der Literatur wird häufig darauf hingewiesen, daß die Ergebnisorientierung von Dienstleistungen ausschließlich die immaterielle Ebene betrifft. Es geht um die **Wirkung** der Dienstleistung auf den zuvor eingebrachten externen Faktor, also auf den Kunden. Dabei sind es nicht die materiellen Änderungen, die gelegentlich auch durch Dienstleistungen hervorgebracht werden. In diesem Fall würde es sich um den traditionellen Produktionsprozeß im Sinne von materieller Veränderung handeln.

Während Marketing-Maßnahmen in der Phase 2 vor allem auf die Beeinflussung der Kernleistungen gerichtet sind, bezieht sich das Ergebnis-Marketing insbesondere auf das Erleben (und die Beeinflussung) der verschiedenen Zusatzebenen der Dienstleistung (vgl. genauer D.3.2). Letztlich geht es um die „nutzenstiftende Wirkung" der touristischen Leistungen. Dies betrifft die an späterer Stelle näher erläuterten Aspekte des Kern- und **Zusatznutzens** von Leistungen aus Marketing-Sicht sowie der **„Problemlösung"** im Marketing (vgl. A.3.3.3 und D.1.3). Da Dienstleistungen im wesentlichen immaterielle Leistungen darstellen, wird im Zusammenhang mit der Beeinflussung der – zusätzlichen – immateriellen

Elemente der Zusatz- und Ergebnisdimension auch von „doppelter Immaterialität" gesprochen (vgl. HILKE 1989:25).

**Beispiele** zur Veranschaulichung:
- So geht es bei den – auch mit materiellen Veränderungen verbundenen – Dienstleistungen, wie Haareschneiden, Autoreparatur, Sonnenbräunung (im Urlaub) nicht um diese materiellen Veränderungen, sondern um die damit verbundenen immateriellen (Dienst-)Leistungen bzw. Veränderungen wie z.B.:
  - besseres Aussehen durch veränderte Frisur (als Ergebnis der Friseur-Dienstleistung),
  - Funktionsfähigkeit des Autos (als Ergebnis der Reparatur-Dienstleistung),
  - Erholung durch die Reise (als Ergebnis der Reise-Dienstleistung).

Im Tourismus-Marketing geht es bei der Ergebnisorientierung um die Erfüllung der Wünsche und Erwartungen der Reisenden. Sie wollen während der „schönsten Tage des Jahres" Erholung, Fitneß, Entspannung, Unterhaltung, Freude, Glück usw. erfahren. Dies muß dem Gast als Ergebnis der verschiedenen Teilleistungen geboten werden, um so Wiederholungsbesuche zu gewähren.

**(2) Zufriedenheitsforschung in der Ergebnisphase**

„Zufriedenheit" als Leistungsergebnis sowie die damit verbundenen qualitativen Einschätzungen sind zu einem hohen Maß **subjektiv** („jeder erlebt eine Reise anders") und nicht standardisierbar („die gleiche Reise ist nicht wiederholbar"). Daher muß sich touristisches Marketing in der Ergebnisphase bemühen, Informationen über die Einschätzung der Gäste hinsichtlich des erlebten Aufenthaltes zu erhalten. Diese Aufgabe erfordert vor allem eine spezifisch touristische Marktforschung, vor allem sind ex post Befragungen der Gäste durchzuführen. Zudem sind Reklamationen ein weiteres Indiz bzw. eine Informationsquelle für die Kundenzufriedenheit oder -unzufriedenheit.

**Beispiele:**
- Beschwerdebuch in Hotels, Gaststätten und Fremdenverkehrsämtern,
- Gästebefragungen in Urlaubsorten und während des Transports,
- Testkäufe in Gaststätten und in Reisebüros

Insgesamt steht die Zufriedenheitsanalyse im Marketing in engem Zusammenhang mit der Analyse der Beeinflussung der **Dienstleistungsqualität**, was sich jedoch nicht nur auf Phase 3 bezieht, sondern Aufgabe aller Leistungsphasen ist. Allerdings ist im Rahmen der Ergebnisorientierung gerade diese Betrachtung eine wichtige Aufgabe des Ergebnis-Marketing (vgl. genauer zum Qualitäts-Management B.3.3.1 und D.1).

**(3) Öffentlichkeitsarbeit in der Ergebnisphase**

Eine wichtige Aufgabe des touristischen Marketing in der Ergebnisphase kommt der Öffentlichkeitsarbeit zu. Hierbei sind die Ergebnisse von Gästefragungen oder von qualitativen Maßnahmen der Öffentlichkeit mitzuteilen, um wiederum eine „Vertrauensbasis" für die Potentialphase zu erreichen („Tue Gutes und rede darüber").

**(4) Nachkauf-, Nach-Konsum- oder Nach-Reise-Marketing**

Vielfach werden die verschiedenen Marketing-Aktivitäten der Ergebnisphase auch als **Nachkauf-Marketing** bezeichnet, wobei keine grundsätzlichen Unterschiede für Sach- oder Dienstleistungen gesehen werden: „Die Nachkaufphase ist ein dynamischer Prozeß, der als zeitlicher Abschnitt sozialer Transaktionen sämtliche Aktivitäten bzw. Handlungen beteiligter Transaktionspartner (Konsumenten, Unternehmungen) erfaßt, die nach erfolgtem Kauf, d.h. im Anschluß an den Austausch von Transaktionsobjekten (Sachgüter, Dienstleistungen) einsetzen können." (JESCHKE 1995: 26).

Bei sachgüterorientierter Sichtweise erfolgt der Konsum der Güter erst in dieser Nachkaufphase und Aspekte des Gütergebrauchs und -verbrauchs sind ebenfalls wichtige Elemente des Nachkauf-Marketing. Gelegentlich wird die Nachkaufphase noch weiter in eine Konsum- und Nicht- oder Nachkonsumphase unterteilt (vgl. Abb. A-27).

Anders hingegen bei der phasenorientierten Betrachtung touristischer Leistungsprozesse. Hier liegen zwischen dem eigentlichen Kauf- oder Buchungsakt am Ende der Phase 1 und der Beendigung der Transaktion nach Phase 2 erhebliche Zeiträume. In der Regel umfaßt Phase 2 die Zeit der gesamten Reisedurchführung. Zudem ist bei Dienstleistungen zu Beginn der Phase 3 bereits der Konsum beendet und die Aufgaben des „Nachkauf-Marketing" beschränken sich somit auf das „Nachkonsum-Marketing". Diese präzisere Bezeichnung findet sich auch in der Literatur, ohne jedoch auf Dienstleistungen bezogen zu sein.

Denkbar wäre allerdings auch, ein touristisches Nachkauf-Marketing auf den gesamten Prozeß nach der Reisebuchung zu beziehen, also für Phase 2 **und** Phase 3 zu verwenden. Dem Grundgedanken des Ergebnis-Marketing kommt allerdings die Beschränkung auf die nachkonsumptive Phase am nächsten.

Anstelle der Betrachtung des Kaufaktes und/oder der Transaktion bei Sachgütern sind für (touristische) Dienstleistungen zwei weitere Kriterien für die Abgrenzung des „Nach-Marketing" hilfreich. Während der Phase 2 kommt es sowohl zum **direkten persönlichen Kontakt** von Leistungsersteller und -konsument, der zudem **im Einzugsbereich des Dienstleisters** stattfindet. Bei touristischen Leistungen findet dieser Kontakt zumeist aus Sicht des Reisenden „unterwegs" oder „in der Fremde" statt. Am Ende der Phase 2 verläßt der Konsument in der Regel den Einzugsbereich des Dienstleisters, sei es das Verkehrsmittel der Transportbetriebe, das Hotel eines Beherbergungsbetriebes oder die Reisedestination. Die unmittelbare Interaktion zwischen Leistungsersteller und -konsument ist beendet. Alle danach erfolgenden Aktivitäten sind im Sinne eines „Nachbetreuungs-Marketing" oder „Ergebnis-Marketing" Aufgaben der Ergebnisphase.

Im Zusammenhang mit touristischen Leistungen könnte auch der Begriff des **„Nachreise-Marketing"** verwendet werden. Allerdings sind bei einer differenzierteren Betrachtung des Tourismus-Marketing neben der „Reiseleistung" auch weitere Teilleistungen zu betrachten, wie Beratungsleistungen im Reisebüro, Animationsleistungen usw., wofür ebenfalls Marketingaktivitäten nach Verkauf und Absatz möglich sind, ohne daß die gesamte Reise bereits beendet ist.

Abgesehen von der etwas problematischen begrifflichen Abgrenzung sind die Aufgaben des Nach-Marketing relativ klar bestimmt (vgl. z.B. JESCHKE 1995). Es sind:

- **Nachbetreuungsaktivitäten** oder „Nach-Kommunikation", wie z.B. Direkt-Mailing-Aktionen an frühere bzw. ehemalige Kunden;

- **Beschwerde-Management** und alle damit zusammenhängenden Maßnahmen (vgl. genauer D.1);
- **Entsorgungsaufgaben**, beispielsweise in Anschluß an Events oder nach Beendigung der Transportleistungen. Aufgrund des zeitraumbezogenen Aufenthaltes von Touristen in Destinationen fallen Entsorgungsaufgaben zeitlich bereits parallel zur Prozeßphase an.
- Aktivitäten zum Aufbau einer **Stammkundschaft** („Wiederholungskauf"), wobei Nachkaufaktivitäten unmittelbar in „Vorkaufaktivitäten" für den nächsten Leistungsprozeß übergehen.

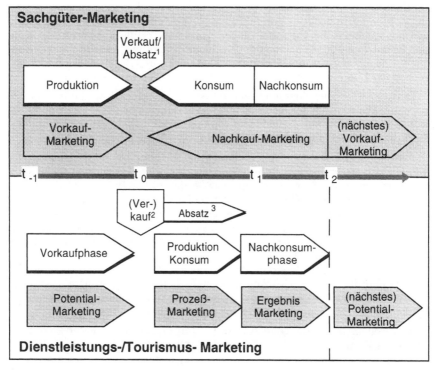

[1] bestehend aus: Antrag und Annahme und Übergabe Geld u. Ware
[2] bestehend aus: Antrag und Annahme und Übergabe Geld
[3] bestehend aus: Übergabe Leistungen

**Abb. A-27** Nachkauf- und Ergebnis-Marketing im Sachgüter- und Tourismus-Marketing

## 3.3 Das Tourismusprodukt aus Nachfragersicht

Im vorherigen Abschnitt wurde mehr die Produktions- bzw. Erstellungsseite der Tourismuswirtschaft in den Vordergrund der Betrachtung gestellt. Dabei ergaben sich einige Besonderheiten für die touristische Leistungserstellung, die auch von besonderer Bedeutung für das Tourismus-Marketing sind. Hierbei war insbesondere der mehrphasige Prozeß der touristischen Leistungserstellung von besonderer Bedeutung gewesen. Entsprechend müssen auch die verschiedenen Marketing-Aktivitäten besonders auf die unterschiedlichen Phasen der touristischen Leistungserstellung bezogen sein. Hierauf wird im einzelnen an späterer Stelle (vor allem D.1 bis D.4) eingegangen.

Doch das touristische Produkt bzw. die Tourismusleistung hat aus Marketingsicht noch verschiedene andere Aspekte, die im folgenden genauer dargestellt werden. Dabei steht vor allem die **marktorientierte Nachfragersicht** im Vordergrund der Betrachtung: Was wünschen Touristen (und warum)? „Letztlich darf aus Marketingsicht nicht das Produkt selbst Gegenstand des erkenntnisleitenden Interesses sein, sondern die „dahinter" steckende (...) Bedürfnisbefriedigung" (RAPP 1994: 10).

In einer verkürzten Zusammenfassung der folgenden Ausführungen ist es die „Gesamtheit von Attraktionen", die den touristischen Nachfrager an einer Reise interessieren. Im einzelnen sind es zwei Besonderheiten, die das touristische Produkt aus Nachfragersicht charakterisieren:

- **Tourismus/Reise als Gesamtprodukt und Leistungskette:** Nachfrager interessieren sich weniger für die einzelnen Teilkomponenten der touristischen Leistungen, die durch einzelne Leistungsträger erstellt werden, sondern für das touristische Gesamtprodukt („Leistungsbündel", vgl. A.3.3.1). Als weitere tourismusbezogene Besonderheit läßt sich die Gesamtheit des Leistungsangebotes als Leistungs**kette** darstellen (A.3.3.2).

- **Kern- und Zusatzprodukte im Marketing:** Touristische Nachfrager interessieren sich in der Regel weniger für die „technischen" Teilleistungen einer Reise, sondern für die damit verbundenen Wirkungen und Ergebnisse im Sinne von „Attraktivität" einer Reise. Beide stehen im Mittelpunkt der touristischen Nachfragewünsche und werden im Marketing zumeist als „Kern- und Zusatzprodukt" diskutiert (vgl. A.3.3.3).

Diese beiden Besonderheiten touristischer Leistungen aus Nachfragersicht und die entsprechenden Bedeutungen für das Tourismus-Marketing werden im folgenden etwas genauer erläutert (vgl. auch ausführlich D.1.2, D.1.3).

### 3.3.1 Das touristische Produkt: ein Leistungsbündel („Gesamtprodukt")

Bereits mehrfach war darauf hingewiesen worden, daß in der Tourismuswirtschaft zwar viele touristische Teilleistungen durch verschiedene Tourismus-Produzenten erstellt werden, doch für die touristischen Nachfrager sind weniger die einzelnen Teilkomponenten von Bedeutung, sondern ihre **Gesamtwirkung**.

Auf einer eher technisch-organisatorischen Ebene der Betrachtung ist es das Zusammenwirken der einzelnen touristischen Teilleistungen als Gesamtleistung „Reise", wie es in Abb. A-1 und A-2 dargestellt ist. In bezug auf die verschiedenen

Orte der touristischen Leistungserstellung können **drei Orte** bzw. Gebiete **touristischer Leistungserstellung** unterschieden werden, was zahlreiche Gemeinsamkeiten mit dem touristischen Phasenmodell aus Abb. A-25 und A-29 aufweist:

- Am **Heimatort** wird die Reisevorbereitung und -organisation insbesondere durch Reiseveranstalter und Reisemittler vorgenommen. Dazu werden von den Reiseveranstaltern bestimmte Anrechte bei den Leistungsträgern (Beherbergungs-, Transportbetriebe usw.) erworben, zu einem eigenständigen Reisepaket zusammengestellt (die „Pauschalreise") und entsprechend direkt oder über Reisemittler den potentiellen Reisenden angeboten. Durch eine vertragsmäßige Vereinbarung zwischen Reisenden und Reiseveranstaltern wird das Anrecht auf eine entsprechende Reise erworben – die Reise wird „gebucht" und „bestätigt". Zu einem späteren Zeitpunkt wird die Reise angetreten und die Leistungsträger sind zur Erfüllung der zuvor zugesicherten Leistungen verpflichtet.

- **Unterwegs:** Hier werden vor allem die verschiedenen Teilleistungen der Transportbetriebe erstellt, wie insbesondere Personen- und Gepäcktransport, Verpflegungsleistung während des Transports und ggf. Reiseleitung und -begleitung.

- Im **Zielgebiet:** Die restlichen Elemente einer Reise werden in der Reisedestination, im sog. Zielgebiet, erbracht. Dies sind insbesondere die Beherbergungsleistung, ggf. verbunden mit Verpflegung, Reiseleitung, Animation, Freizeitangeboten und weiteren Attraktionen. Die Nachfrager nehmen zudem weitere Leistungen im Reisezielgebiet wahr, wie Kauf von Souvenirs usw. Ergänzend sind gelegentlich noch einige Leistungen nach Rückkehr am Heimatort zu erwähnen, wie beispielsweise verschiedene Formen der Nachbetreuung, z.B. Filmentwicklung, Behandlung von Krankheiten usw.

Aus der hier behandelten Nachfragersicht des Tourismus zählen alle Produkte/Leistungen, die Touristen vor, nach und während der Reise in Anspruch nehmen, zu den Tourismusleistungen. Im einzelnen werden die verschiedenen touristischen Teilleistungen von unterschiedlichen Tourismusbetrieben erstellt (vgl. Abb. A-2 und A-31):

- Die Transportbetriebe erstellen die Beförderungsleistung,
- die Hotels die Beherbergungsleistung,
- der Reiseführer die Reiseleitung,
- die Souvenirindustrie die Souvenirs,
- Verlage die Reisezeitschriften und Landkarten,
- usw.

Doch diese verschiedenen Teilkomponenten erfüllen oft nur in ihrer **Gesamtheit** die Wünsche der Reisenden. Alle touristischen Betriebe sowie einige nicht-touristischen Betriebe tragen zur Erstellung eines touristischen Gesamtproduktes (Reise- oder Fremdenverkehrsleistung) bei. Dabei besteht das „Gesamtprodukt Tourismus" aus allem, was für Touristen hergestellt wird oder was Touristen kaufen (nachfrageorientierte Bestimmung der touristischen Leistung). Charakteristisch für touristische Gesamtangebote sind die **Pauschalangebote** („Reisepakete") von Reiseveranstaltern, sowie das Angebot von Tourismusorten und -regionen **(„Reise-Destinationen")**.

- Reiseveranstalter stellen ein Bündel von verschiedenen Teilleistungen, wie Transport, Beherbergung, Verpflegung, Reiseleitung usw. zu einem Gesamtpaket, der **Pauschalreise**, zusammen und bieten dieses Gesamtprodukt an. Reisemittler vermitteln diese Pauschalangebote und die verschiedenen Leistungsträger erstellen während der Reisedurchführung die Einzelkomponenten.

• Fremdenverkehrs-**Destinationen** bieten ebenfalls ein Leistungsbündel an, hier vor allem aus natürlichem und abgeleitetem touristischen Angebot. Das natürliche Angebot umfaßt die landschaftlichen und geographischen Besonderheiten, wie Landschaft, Natur, Flora, Fauna, Klima usw. sowie das anthropogene Angebot, also das durch den Menschen mitgeprägte Angebot, wie z.B. Kultur, Tradition, Kunst, Musik, Architektur, usw. Hinzu kommt das abgeleitete Angebot, insbesondere Beherbergung, Verpflegung, Unterhaltung, Sport, Kultur, Freizeit, usw.

Nach dieser Auffassung ist Tourismus ein Leistungsbündel „a composite product, an amalgam of attractions, transport, accomodation and of entertainment" (BURKART/MEDLIK 1974:193). Die Tourismuswirtschaft ist verstärkt als ein „Multiproduktunternehmen" zu verstehen, daß eine Produktpalette aus Transport, Be-

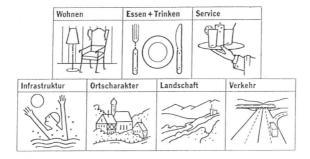

| Wohnen | Essen + Trinken | Service |
|---|---|---|
| Hotellerie, Parahotellerie, Privatvermieter, Ferienclubs, Campingplätze, Time-Sharing-Gesellschaften | Gastronomie, Kioskbesitzer, Einzelhändler, Landwirte | Kommunale Ämter, Fremdenverkehrsämter, Vereine, Reiseleiter, Reisebüros, Unternehmen der Dienstleistungsbranche |

| Infrastruktur | Ortscharakter | Landschaft | Verkehr |
|---|---|---|---|
| Stadt-/Kreisbauamt, Wirtschaftsförderungsamt, Kultur-/Sportamt, Kurverwaltung, Architekten, Privatunternehmer (mit kommunaler Genehmigung), Vereine | Regionale Planungsbehörden, Stadtbauamt, Denkmalschutzbehörde, Kultur-/Sportamt, Architekten, Privatunternehmer, Bürgerinitiativen | Natur- und Landschaftsschutzbehörde, Flurbereinigungsbehörde, Landwirtschaftskammer, Planungsbehörden, Forstverwaltung, Landwirte, Forstwirte, Dorfbevölkerung, Naturschutz-Initiativen | Straßenbaubehörden, kommunale Verkehrsbetriebe, Tiefbauamt, Bundesbahn, Polizei, Automobilclubs, Privatunternehmer, wie Reisebüros, Bus- und Taxibetriebe |

**Abb. A-28** Produktbündel „Urlaub in Deutschland" (Quelle: ADAC 1989)

herbergung, Reisevermittlung usw. anbietet. In Abb. A-28 wird die Vorstellung von Tourismusangeboten als Produktbündel am Beispiel des „Urlaubs in Deutschland" veranschaulicht.

Während der Kunde die Gesamtheit dieser Teilprodukte erleben will, erfolgt die touristische Leistungserstellung und Vermarktung oft relativ isoliert durch die verschiedenen Tourismusbetriebe. Für die gesamte Produktpalette und deren einzelnen Komponenten ist hingegen ein **koordiniertes Marketing** erforderlich (vgl. A.3.4).

### 3.3.2 Das Tourismus-Produkt: eine Leistungskette

Während die vorherige – in der Tourismusliteratur weit verbreitete – Sicht Tourismus vor allem als „statisches Gesamtbündel" veranschaulicht, werden in letzter Zeit touristische Leistungen immer häufiger als zeitbezogene **Leistungs- oder Serviceketten** dargestellt. Dies ist eine weitere Ausdifferenzierung des touristischen Phasenmodells aus Abb. A-25. Anstelle der dort aufgezeigten drei Phasen werden bei der touristischen Leistungserstellung noch weitere Stufen („Glieder") der touristischen Leistungskette behandelt. Eine solche Darstellung bezieht sich entweder auf die touristische Gesamtproduktion, wo das Zusammenwirken aller touristischen Leistungsträger veranschaulicht wird oder es werden touristische Teilleistungen einzelner Leistungsträger weiter ausdifferenziert:

- Im Fall der **betriebsbezogenen Leistungskette** („Mikro-Kette") werden die einzelnen betrieblichen Leistungsabläufe weiter differenziert. Hier kommt es vor allem darauf an, wieweit nach vorne und hinten die jeweilige betriebliche Leistungskette über den eigentlichen Prozeß der Leistungserstellung hinaus ausgedehnt wird und inwieweit die Potential-, Prozeß- und Ergebnisphasen weiter unterteilt werden.

- Im Fall der **touristischen Gesamtkette** („Makro-Kette") wirken verschiedene Leistungsträger zur Erstellung des Gesamtproduktes „Reise" zusammen, wie z.B. Reiseveranstalter (mit Kapazitätsbeschaffung und Pauschalreiseorganisation), Reisemittler (mit Beratung, Reservierung, Buchungsabwicklung), Transportunternehmen (Beförderungsleistung), Reiseleitung (Transferleistung, Betreuung), Beherbergungsbetriebe (Übernachtungsleistung, zum Teil Verpflegung), „Attraktionsbetriebe"[10] (z.B. Unterhaltung, Ausflugsprogramme), Transportunternehmen (Rücktransport) und Nachbetreuungsbetriebe (z.B. Reiseveranstalter, Filmentwicklung, Behandlung von Krankheiten usw.) nacheinander bzw. parallel an der touristischen Leistungserstellung mit.

**(1) Betriebsbezogene Leistungsketten** („Mikro-Ketten")

Die zeit- bzw. phasenbezogene Betrachtung unterteilt zum einen den betrieblichen Leistungsprozeß in verschiedene Phasen, wobei in allgemeinster Form eine Orientierung an den Phasen des Dienstleistungsmodells aus Abb. A-25 gegeben ist, also eine Potential-, Prozeß- und Ergebnisphase unterschieden wird. Zum an-

---

[10] Diese Bezeichnung steht für die Gesamtheit der am Ort mit der Leistungserstellung von „Attraktionen" (wie Ausflugsprogramm, Sport- und Kulturunterhaltung, auch Verpflegung, Souvenirverkauf usw.) beschäftigten Leistungsträger.

# 3. Besonderheiten des Tourismus-Marketing

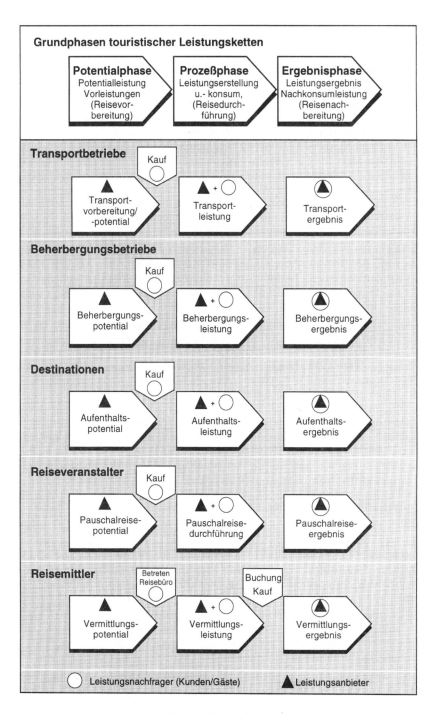

**Abb. A-29** Grundmodell touristischer Leistungsketten

deren werden diese drei Grundphasen der Leistungskette noch weiter unterteilt und differenziert.

**(a) Die Länge der Leistungskette**

Während in bezug auf die eigentliche Prozeßphase weitgehend Einigkeit besteht, werden die Marketingaufgaben insbesondere hinsichtlich der vorgelagerten und nachgelagerten Aktivitäten unterschiedlich weit ausgedehnt. So beginnen die Potentialaufgaben mit den verschiedenen Bereitstellungs- und Marketingaufgaben, die letztlich zum Kaufabschluß führen sollen. Je früher in der Potentialphase mit einem aktiven Marketing begonnen wird, umso eher können Nachfrager für das jeweilige Produkt interessiert werden. Doch wann genau die touristischen Potentialaufgaben, z.B. für eine Pauschalreise, beginnen, ist nicht exakt festzulegen. So können beispielsweise der Planungsbeginn einer Pauschalreise, der Hoteleinkauf, der Prospektdruck, die Programmvorstellung oder konkrete Werbemaßnahmen den Anfang der Potentialphase markieren.

Auf der anderen Seite ist kein klares Ende der Ergebnis-Marketingaktivitäten festzusetzen. Reklamationsbearbeitung und Nachbetreuung der Kunden kann zum einen dem jeweiligen Leistungsprozeß zugerechnet werden, sie gehen aber bereits in ein erneutes Vorkauf-Marketing für den nächsten Leistungsprozeß über.

In Abb. A-29 ist das Grundmodell einer prozeßorientierten Leistungskette allgemein und für einzelne Tourismusbetriebe dargestellt, das in seiner einfachsten Form aus den drei Phasen Potential-, Prozeß- und Ergebnisphase besteht. Oder in Anlehnung an Abb. A-27 können neben der Phase der gleichzeitigen Leistungserstellung und des -konsums, bei der ein direkter persönlicher Kontakt zwischen Leistungsersteller und -konsument gegeben ist, eine vorgelagerte Phase (auch: Vorkauf- oder Vorkonsumphase) und eine nachgelagerte Phase (auch: Nachkonsumphase) unterschieden werden. In diesen Phasen bestehen nur indirekte oder fallweise Kontakte zwischen den beiden Marktteilnehmern, wobei der eigentliche Leistungs- und Konsumprozeß vor- bzw. nachbereitet wird. Im Tourismus ist eine solche Betrachtung weitgehend mit Aufgaben bzw. Phasen der Reisevorbereitung, -durchführung und -nachbereitung identisch.

**(b) Differenzierung der Leistungskette**

Neben der Unterteilung in die vorgenannten drei Grundphasen werden touristische Leistungsketten noch weiter differenziert, wobei in jeder Grundphase weitere Kettenglieder unterschieden werden können oder auch zwischen den Grundphasen neue Zwischenglieder eingeführt oder anstelle der drei großen Grundkettenphasen bis zu zehn oder fünfzehn kleinere Einzelketten gebildet werden können.

Entscheidend für die prozeßorientierte Sicht touristischer Leistungen ist hierbei die Bestimmung der sog. „Momente der Wahrheit" (vgl. STAUSS 1995), d.h. derjenigen Teilleistungen bzw. Leistungsmomente, bei denen Kunden und Produzenten miteinander in Kontakt kommen:

> „Der ‚Moment der Wahrheit' bedeutet, daß jeder Kontakt mit dem Kunden seine Gesamtbeziehung zur Unternehmung beeinflußt und ihn bei positivem Ausgang bestärkt, die Beziehung fortzusetzen. Der Kunde erwartet somit nicht nur Serviceleistungen während der Beratung und beim Verkauf, sondern er emp-

## 3. Besonderheiten des Tourismus-Marketing

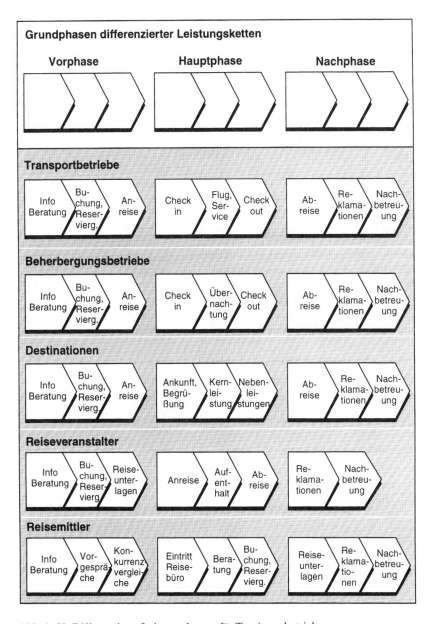

Abb. A-30 Differenzierte Leistungsketten für Tourismusbetriebe

findet den Verhaltensstil der Unternehmung während der gesamten Dauer der Kundenbeziehung als generellen Bestandteil der Gesamtleistung. In diesem Sinne werden Kontaktanbahnung, Vertragsabschluß, Kundenpflege, Garantieleistung und erneute Beratung zu immer neuen ‚Moments of Truth' und zu Bewährungsproben, deren jeweiliger Verlauf die Kundenbeziehung entscheidend prägt." (LEHMANN 1995: 57f)

Zudem sind für den gesamten Leistungsprozeß auch Teilleistungen bedeutend, die für den Kunden nicht sichtbar sind, sog. unsichtbare Leistungen, die im Hintergrund der „Leistungsbühne" erstellt bzw. bereitgestellt werden.

**Beispiele:**
- Zur – sichtbaren – Präsentation der Reisekataloge bei Reiseveranstaltern oder in Reisebüros müssen zahlreiche Aktivitäten im back-office-Bereich erfolgen.
- Der Service während eines Fluges – als „Moment of Truth" – setzt den (unsichtbaren) Einkauf des entsprechenden Caterings sowie der Personalschulung etc. voraus.

Als Ergebnis der Differenzierung ergeben sich für jeden touristischen Leistungsprozeß spezifische Leistungsketten, wie sie in Abb. A-30 in vereinfachter Form dargestellt sind. Dabei wurde lediglich aus Gründen der einheitlichen Darstellung jede der drei Grundphasen in weitere drei Teilphasen unterteilt. Wie bereits erwähnt, ist die Zahl der Unterkettenglieder sehr vom Einzelfall abhängig und kann zahlreiche weitere Teile aufweisen.

Auf die Verbindung mit Leistungsketten oder -elementen anderer Dienstleister im Tourismus wird im nächsten Abschnitt genauer hingewiesen.

### (2) Touristische Gesamtketten („Makro-Ketten")

Im Tourismus sind die einzelbetrieblichen Leistungsketten zu einer touristischen Gesamt- oder Branchenkette, zur „Reisekette", zu verbinden. Dazu tragen unterschiedliche Betriebe bei und insgesamt wird eine touristische „Branchenkette" betrachtet.

#### (2a) Die einfache Makrokette

In der einfachsten Form setzt sich die touristische Gesamtleistung „Reise" als Leistungskette verschiedener Einzelbetriebe zusammen, z.B. läßt sich der Reisende in einem Reisebüro beraten und eine Pauschalreise eines Reiseveranstalters vermitteln. Mit Reiseantritt nimmt er nach und nach die verschiedenen Angebote der Leistungsträger des Transports, der Beherbergung, in den Fremdenverkehrsorten, der Attraktionsleistungen, des Rücktransportes sowie eventuell für Nachbetreuungsleistungen in Anspruch (vgl. Abb. A-31).

Diese „einfache Makrokette" betrachtet jeden der Tourismusbetriebe als Einheit innerhalb der touristischen Makrokette, ohne nach verschiedenen Leistungsphasen weiter zu differenzieren. Doch jeder dieser Einzelbetriebe hat seine Leistung entsprechend der zuvor dargestellten drei Leistungsphasen erstellt, womit sich die gesamte Makrokette noch differenzierter betrachten läßt.

#### (2b) Differenzierte Makrokette

Unter Berücksichtigung des touristischen 3-Phasenmodells kann die einfache Makrokette noch weiter differenziert werden (vgl. auch die diesbezüglichen Ausführungen zur Wertschöpfung im touristischen Phasenmodell in Kapitel B.3.3.2).

## Betriebsebene

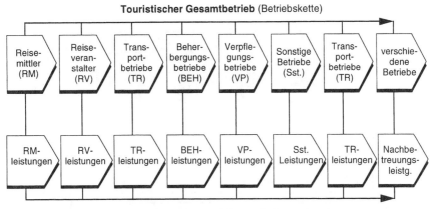

**Abb. A-31** Vereinfachte Makrokette einer Reise

In der Vorphase der Reise (Makro-Potentialphase) nimmt der Reisende verschiedene Potentialleistungen direkt oder indirekt in Anspruch: Er hat sich bei den verschiedenen Tourismusbetrieben über deren Potentiale und Angebote informiert, z.b. in Reisebüros, bei Fremdenverkehrsämtern der Destinationen, bei Reiseveranstaltern oder bei den Transport- bzw. Beherbergungsbetrieben. Dies muß nicht immer in direkter Kontaktaufnahme erfolgt sein, denn einige der Tourismusbetriebe halten stellvertretend die Potentiale anderer bereit.

**Beispiele:**
- Reisemittler informieren über das Potential der Reiseveranstalter oder der Beherbergungs- bzw. Transportbetriebe.
- Reiseveranstalter haben bereits ausgewählte Potentiale der Leistungsträger Beherbergung und Transport zu einer Reisepauschale zusammengefaßt.

Entschließt sich der Tourist zur Buchung einer Reise, werden nach und nach die bereitgehaltenen Potentiale abgerufen – es kommt zur Leistungserstellung und gleichzeitig zum Leistungskonsum (2. Makrokettenglied oder Makro-Prozeßphase).

**Beispiele:**
- Reisemittler führen die Vermittlung durch.
- Reiseveranstalter lassen nach und nach die einzelnen Leistungsanteile der Gesamtreise durch die Leistungsträger erfüllen: den Transport, die Beherbergung, die Beköstigung, die Reiseleitung usw.

Nach beendeter Leistungsabgabe verläßt der Reisende den Einzugsbereich des jeweiligen Dienstleisters und es stellen sich die Reiseergebnisse in bezug auf die einzelnen Tourismusbetriebe (Mikro-Leistungsergebnisse), aber auch in bezug auf die gesamte Reise ein (Makro-Leistungsergebnisse).

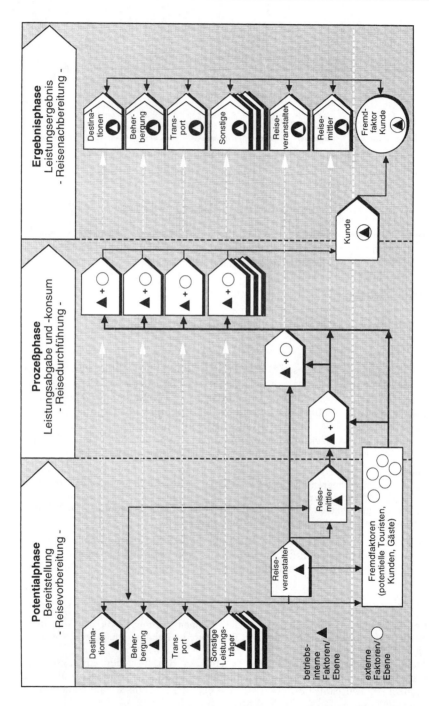

Abb. A-32 Differenzierte Makrokette einer Pauschalreise

**Beispiele:**
- Er ist durch das Reisebüro beraten worden und ihm ist eine Reise vermittelt worden.
- Er hat die Pauschalreise in Anspruch genommen und z.B. eine 14-Tage-Flug-Reise mit Übernachtung und Vollpension in Spanien „erlebt",
- und/oder in bezug auf die einzelnen Teilleistungen hat sich das Transportergebnis, das Beherbergungsergebnis, das Aufenthaltsergebnis in der Destination usw. eingestellt.

Betrachtet man die verschiedenen Teilleistungen zusammen, wie dies üblicherweise aus Touristensicht der Fall ist, hat sich insgesamt das Reiseergebnis eingestellt: der Reisende ist erholt, hat Neues erfahren oder – im negativen Fall – ist enttäuscht, krank und wird sich beschweren.

### 3.3.3 Das Tourismus-Produkt: Kern- und Zusatzleistung

Das gesamte Reiseprodukt besteht aber nicht nur aus eher „technisch-organisatorischen" Teilprodukten der Leistungsträger. Um die verschiedenen touristischen Teilleistungen sowie das touristische Grundprodukt „Reise" ranken sich verschiedene weitere, mit dem Tourismus eng verbundene Faktoren, die die touristische Gesamtleistung beeinflussen. Viele dieser weiteren Teilkomponenten sind nicht durch einzelne touristische oder nicht-touristische Leistungsträger zu erstellen. Trotzdem sind sie zumeist sehr eng mit den Eigenschaften einer Reise aus Sicht der Nachfrage verbunden.

Im modernen Marketing wird daher zumeist zwischen **Kern- und Zusatznutzen oder -produkten bzw. -leistungen** der verschiedenen Leistungsangebote unterschieden. Kernnutzen oder -produkt meint die – vermeintlich – im Vordergrund des Austauschprozesses stehenden Leistungen.

**Beispiele Tourismus:**
- Transportleistung von A nach B,
- Übernachtungsleistung in einem 2*- oder 5*-Hotel,
- Beköstigungsleistung im Restaurant,
- Flug- oder Zimmerreservierung durch ein Reisebüro.

Auch bei den in Abb. A-28 erwähnten Teilleistungen handelt es sich überwiegend um Kernleistungen. Doch hinter der – äußerlich sichtbaren – Kaufentscheidung stehen oftmals andere Wünsche („Probleme"), deren Erfüllung durch die jeweilige Dienstleistung gesucht wird. Gerade im Tourismus werden auf Reisen ganz andere „Problemlösungen" als der Transport von A nach B oder die Beherbergung und Beköstigung erwartet.

**Beispiele:**
- Attraktionen, Unterhaltung, Menschen am Urlaubsort, Image des Zielgebietes oder der Airline oder des Reiseveranstalters,
- Hoffnungen, Wünsche, Träume, Sehnsüchte der Reisenden usw.

Diese zuvor erwähnten verschiedenen Produkteigenschaften einer Reise hängen in der Regel nur sehr indirekt mit einzelnen Leistungskomponenten zusammen, sondern sind das Zusammenwirken von Reiseerwartungen, Reisedurchführung und Ergebniskomponenten. Touristen erwarten Urlaubsglück oder die „kostbarsten Tage des Jahres" und nicht allein eine voll funktionierende Tourismusmaschinerie:

„Der Kunde kauft aber nicht primär Transport, Beherbergung, Verpflegung, sondern in erster Linie „Urlaubsglück", den Urlaub als Gegenalltag, er sucht

Erholung, Kontakte, Bildung, Erlebnisse usw., also Inhalte, die in den Urlaubsmotivationen ihren Niederschlag finden." (BERNKOPF 1983:63)

Ein solches erweitertes Produktverständnis im Tourismus ist vor allem für das touristische Marketing von Bedeutung („selling dreams"). Im Abschnitt D.1 (Produktpolitik) werden einige dieser Aspekte als erweitertes Produkt oder Zusatzprodukt im Marketing behandelt.

Für die Wahl zwischen verschiedenen Leistungsanbietern mit ähnlichen Grundleistungen werden zudem solche „Zusatzleistungen oder -nutzen" immer bedeutender. Mit fortschreitender Technik bei Sachgütern und ansteigendem Qualitätsbewußtsein bei Dienstleistungen werden die angebotenen „Grundleistungen" immer ähnlicher. Sie unterscheiden sich zunehmend nur noch durch Zusatzeigenschaften, die produktionstechnisch eher von untergeordneter Bedeutung, aber für das Marketing und die Kaufentscheidung aus Kundensicht entscheidend sind:

- Autos werden – bei ähnlicher technischer Leistung – immer häufiger wegen des äußeren Designs, z.B. ihrer Farbe, oder wegen – eher nebensächlicher – Zusatzleistungen, wie z.B. elektrischer Fensterheber, verlängerter Garantieleistung usw., gekauft.
- Für die Reiseentscheidung können Nebenleistungen, wie z.B. Kinderbetreuung, zusätzliche Gepäckbeförderung, Full-Service am Urlaubsort usw., ausschlaggebend sein.

Aus dieser Sicht läßt sich die Kernleistung auch als Basisleistung verstehen, die die meisten Wettbewerber aufweisen (müssen) und die kaum Differenzierungspotential aus Sicht der Kunden aufweist. Da andererseits auch die Marketingaktivitäten – und die Zusatzleistungen – immer ähnlicher werden, wird die Kernleistung in diesem Verständnis immer umfangreicher.

> **Kernleistung** *im engeren Sinn* ist im Tourismus die touristische Grundleistung Transport, Übernachtung, Verpflegung.
>
> Kernleistung *im weiteren Sinn* ist der **Basisservice,** den alle Wettbewerber aufweisen (müssen) und der kaum Differenzierungspotential aus Sicht der Kunden aufweist.

Mit der eben erwähnten fortschreitenden Bedeutung von Zusatzleistungen im Marketing müssen auch die Zusatzleistungen weiter differenziert werden. In Anlehnung an die Kaufverhaltensforschung (vgl. B.2.3) wird die Ebene der Zusatzleistungen nochmals unterteilt in (vgl. Abb. A-33):

- **Eine Design- oder Wahrnehmungsebene** („kognitive" Faktoren): dies sind vor allem Eigenschaften, die mit der Dienstleistungsdarbietung zusammenhängen und entsprechend wahrnehmbar sind, z.B. gedanklich oder mit den fünf Sinnen (Schmecken, Riechen, Fühlen, Hören, Sehen). Bei Sachgütern handelt es sich im wesentlichen um die äußerlich erkennbaren Eigenschaften des „Designs" (wie Farbe, Aussehen usw.).
- **Eine Ergebnis- oder Vorstellungsebene**, die vor allem Seele und Gefühl anspricht („affektive" Faktoren): „selling dreams". Diese Ebene hat viele Gemeinsamkeiten mit der Ergebnisphase aus dem Phasenmodell von Abb. A-25.

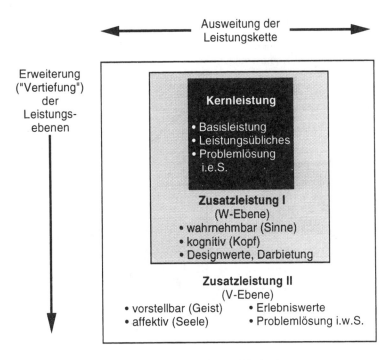

**Abb. A-33** Kern- und Zusatzleistungen im modernen Marketing

**Zusatzleistungen** gehen über die eigentliche Kernleistung hinaus. Sie sollen – aus Kundensicht – zur Differenzierung der angebotenen Leistungen dienen und – aus Produzentensicht – Wettbewerbsvorteile schaffen.

Man spricht in diesem Zusammenhang im **Marketing** von einem Wandel von der „Hard- zur Software" oder von den „harten" zu den „weichen" Faktoren. Dies entspricht dem generellen Paradigmawandel im modernen Marketing von der traditionellen Produktorientierung zur Marktorientierung. Im traditionellen Marketing wurde vor allem das technische Kernprodukt in den Mittelpunkt von Marketingaktivitäten gestellt: „Wer früher ein gutes Produkt anbieten konnte, hatte den Erfolg schon in der Tasche" (Werbeanzeige von VW). Im modernen Marketing sind Marketingaktivitäten insbesondere auf die Entwicklung und das Herausstellen von Zusatzleistungen gerichtet. Hierbei sind vor allem solche immateriellen Eigenschaften bedeutsam wie Image, Erlebnis und Attraktivität (vgl. Abb. A-34).

**Fazit:** Das Tourismus-Produkt ist ein Leistungsbündel, das in seiner Gesamtheit aus dem engeren technisch-organisatorischen Leistungsangebot sowie weiteren ergänzenden Eigenschaften von Touristen nachgefragt wird.

**Traditionelles Marketing:**

Ausrichtung auf das
"technische" Kernprodukt

**Modernes Marketing:**

Ausrichtung auf das
Zusatzprodukt I und II

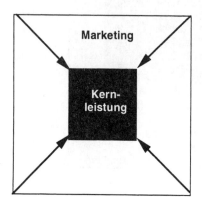 

**Abb. A-34** Wandel des Marketing: von der Kern- zur Zusatzleistung

Unter Berücksichtigung der vorherigen Aussagen zu Leistungsbündeln und Leistungsketten im Tourismus bietet sich eine **Verbindung** der verschiedenen Teilaspekte an.

Ein einfaches Beispiel findet sich in Abb. A-35, wo die Leistungskette um wenige Zusatzglieder über die Kernleistung des Transports nach vorne und hinten ausgedehnt worden ist (Erweiterung der Kette) und lediglich eine Zusatzebene neben der Grundleistung unterschieden worden ist (Vertiefung der Leistungsebenen). Einige ausführlichere und weiter differenzierte Beispiele finden sich in Abschnitt D.1, z.B. Abb. D-9, D-13, D-14, D-15.

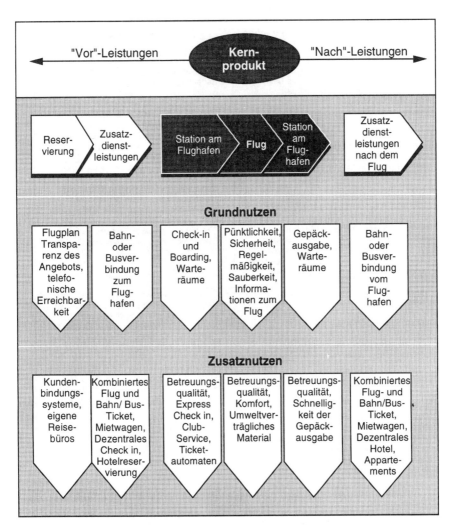

**Abb. A-35** Servicekette einer Flugreise
(Quelle: nach BRUHN/MEFFERT 1995: 471)

### 3.3.4 Weitere marketingrelevante Eigenschaften von Tourismusleistungen

Im folgenden sind einige weitere Eigenschaften von Tourismusprodukten zusammengestellt, die zuvor nicht bzw. nicht so klar herausgearbeitet worden sind. Zudem dient die folgende Übersicht als zusammenfassende Darstellung der verschiedenen touristischen Produkteigenschaften, wie sie in den meisten Beiträgen zum Tourismus-Marketing enthalten ist. Sie werden in den später folgenden Teilen dieses Buches z.T. noch genauer erläutert. Touristische Produkte bzw. Leistungen weisen mit ihren verschiedenen Bestandteilen u.a. folgende Besonderheiten auf:

| Besonderheiten von touristischen Leistungen | Beispiele |
|---|---|
| **Immaterialität**: touristische Leistungen sind überwiegend immateriell, was eng mit weiteren Eigenschaften zusammenhängt, wie Nichtlagerfähigkeit, Nichttransportfähigkeit usw. | • Reiseberatung<br>• Reiseleitung<br>• Beherbergungsleistung |
| **Uno-actu-Prinzip**: Produktion und Konsum fallen zusammen. | • Während der Reise werden die Transport- und Übernachtungsleistungen gleichzeitig erstellt und - vom Reisenden - konsumiert |
| **Integration des externen Faktors**: zur Leistungserstellung muß der Konsument in den Einzugsbereich des Produzenten kommen. | • Nur bei Anwesenheit des Reisenden kann die Leistung erbracht werden (im Reisebüro, im Zielgebiet, im Hotel usw.). |
| **Mitwirkungspflicht**: der Reisende hat zum Gelingen der Reise mitzuwirken. | • Im Reisebüro hat der Kunde seine Wünsche adäquat mitzuteilen.<br>• Kommunikative und aufgeschlossene Reisende bewirken zumeist ein besseres Gesamtergebnis "Reise" als nörgelnde und streitsüchtige Touristen. |
| **Verbrauch am Ort der Leistungserstellung**: Die Reisenden müssen zum Produkt kommen, der Verbrauch erfolgt am Ort des Produzenten, d. h. nicht am Heimatort des Konsumenten wie bei den meisten anderen wirtschaftlichen Produkten. | • Eine Italienreise eines Deutschen wird in Italien "produziert" und "konsumiert", nicht in Deutschland. |
| **Leistungsbündel**, kombiniert aus Sach- und Dienstleistungen. | • Die Pauschalreise besteht u. a. aus Transport (Dienstleistung), Übernachtung (Dienstleistung), Verpflegung (Sachleistung). |
| **Leistungskette**, für die entweder betriebsintern verschiedene Leistungsbereiche oder betriebsextern verschiedene Leistungsträger zusammenwirken. | • Leistungskette Pauschalreise: Prospektgestaltung - Beratung - Buchung - Transport - Beherbergung - Reiseleitung - Rücktransport - Nachbetreuung<br>• Leistungskette Transportleistung: Beratung/Auskunft - Ticketverkauf - Leistung der Abfahrtstation (Flughafen, Bahnhof) - Transport - Verpflegung - Ankunft - Weiterfahrt |
| **Kern- und Zusatzleistung** Touristisch Leistungen beziehen sich aus Kundensicht häufig auf Zusatzleistungen, die über den eigentlichen Kernservice hinausgehen. | • Urlaubsglück, Abenteuer, Komfort (Zusatzleistungen) statt Transport und Übernachtung (Kernleistung) |
| Hohe **"Komplementarität"** der Teilprodukte: Die verschiedenen Teilelemente des Tourismusproduktes beeinflussen sich gegenseitig. | • Ein schlechtes (oder gutes) Hotel beeinflußt das Gesamtbild der Reise ebenso wie Verspätungen beim Transport usw., ohne daß die anderen Teilproduzenten, z. B. Reisemittler, Fremdenverkehrsort usw., darauf direkt Einfluß nehmen können. |
| **Vergänglichkeit**: Die meisten touristischen Angebote können nicht gelagert werden, sie sind zeit- und raumabhängig und deshalb vergänglich. | • Ein nicht genutztes Hotelbett "verfällt" ebenso wie ein nicht besetzter Flug- oder Bahnplatz, sie können nicht bis zum nächsten Tag gelagert werden. |
| **Zeitraumbezug** Tourismusleistungen werden über einen Zeitraum erstellt ("services are performed"). | • 14 Tage "lang" Beherbergungsleistung und Reiseleitung<br>• 8 Stunden "langer" Flug (mit Service) von Frankfurt nach New York<br>• 1/2 Stunde "lange" Beratung im Reisebüro |
| **Subjektivität**: Die gleiche Reise wird von verschiedenen Reisenden unterschiedlich wahrgenommen und beurteilt. | • Die gleiche Reise nach Ibiza wird von Jugendlichen in der Regel anders empfunden als von Senioren. Das gleiche gilt für Wanderreisen, Bildungsreisen usw. |
| **Jeder Ist Experte**: Tourismus ist ein Bereich, in dem auch Laien mitreden können. Entsprechend sind die Erwartungen an Reisen und Reiseabläufe nur schwierig für alle Beteiligten gleichermaßen zu erfüllen. | • Die steigende Kritik am Reisen ("sanfter" und "harter" Tourismus) und die steigenden Reisereklamationen sind Indizien für die vielfachen "Reise-Experten". |

**Abb. A-36** Besonderheiten von touristischen Leistungen

## 3.4 Die Träger des Tourismus-Marketing: Mikro- und Makro-Marketing im Tourismus (Die Angebots-Sicht)

Im vorherigen Abschnitt A.3.3. waren die Nachfragerwünsche der Touristen in den Mittelpunkt der Marketing-Betrachtung gestellt worden. Dies geschah ganz in der Tradition modernen Marketings, bei dem die Bedürfnisse und Wünsche der Nachfrager Ausgangspunkt für unternehmerisches Handeln sind. Hierbei hat sich sehr deutlich gezeigt, daß Touristen nicht die Leistung eines einzelnen touristischen Betriebes nachfragen, sondern die Gesamtheit der touristischen Angebotspalette, das Gesamterlebnis „Reise".

Hieraus ergibt sich eine weitere Besonderheit für das touristische Marketing: Neben den bekannten Formen des betrieblichen bzw. einzelwirtschaftlichen Marketing sind im Tourismus besondere Formen des überbetrieblichen oder gemeinschaftlichen Marketing notwendig bzw. typisch. Dieser Aspekt des touristischen Marketing ist bisher in der Literatur nur teilweise herausgearbeitet bzw. berücksichtigt worden. Die meisten Beiträge zum touristischen Marketing gehen von einem einzelwirtschaftlichen Marketingansatz aus, der spezifische Marketing-Management-Konzepte für touristische Betriebe entwickelt. Das Ergebnis sind Marketingbeiträge für spezifische Tourismusbetriebe wie z.B. Reiseveranstalter (so HEBESTREIT 1992), Hotelbetriebe (so DEHOGA 1992), Gaststättenbetriebe (BOBER 1992), Busbetriebe (GAUF 1980) usw.

Die jeweiligen Ausführungen erfolgen weitgehend identisch zum traditionellen betriebswirtschaftlichen Marketing, wobei lediglich die Besonderheiten des jeweiligen touristischen Teilproduktes innerhalb des üblichen Marketing-Management-Prozesses hervorgehoben werden. Es wird zumeist auf die Dienstleistungseigenschaften der touristischen Leistungen sowie das vorrangige Interesse von Touristen an einem touristischen Gesamtprodukt hingewiesen, doch eine weitergehende theoretische Fundierung dieser Ausführungen fehlt zumeist.

Demgegenüber sind Beiträge zu einem übergreifenden touristischen Marketing nur selten in der Literatur anzutreffen. Zwar wird dies durchaus als Aufgabe verschiedener öffentlicher Tourismus-Träger oder von Tourismusvereinen und -verbänden gesehen, doch die weitere Fundierung solcher grundsätzlicher Überlegungen im Rahmen einer Theorie des Tourismus-Marketing ist bisher nicht erfolgt. Die weitestgehenden Hinweise für einen solchen übergreifenden Ansatz eines Tourismus-Marketing finden sich bereits bei KRIPPENDORF 1971, der von einem touristischen Branchen- oder Makro-Marketing spricht; sie sind in den folgenden Jahren in ihrer theoretischen Dimension nicht weiter entwickelt worden. Die vorhandenen Hinweise in der Literatur auf den Ansatz von KRIPPENDORF sehen dessen Beitrag meist sehr verkürzt bzw. verengt als Sonderaspekte des Tourismus-Marketing für spezifisch öffentliche Träger des Tourismus-Marketing, wie z.B. Kommunen, Fremdenverkehrsvereine und -verbände.[11]

---

[11] Vgl. ferner DROEGE 1979 mit seinen Hinweisen auf ein koordiniertes und unkoordiniertes Marketing von Fremdenverkehrskommunen, ROTH 1995: 142f mit dem Hinweis auf ein Branchen-Marketing der Nationalen Touristen Offices (NTO's).

### 3.4.1 Zwei Ansätze des Tourismus-Marketing

Heute stehen somit zwei unterschiedliche Marketing-Ansätze im Tourismus nebeneinander:

- Das **einzelwirtschaftliche oder betriebsbezogene Marketing (Mikro-Marketing)**, das sich in weitgehender Parallelität zum traditionellen betriebswirtschaftlichen Marketing entwickelt hat und lediglich spezifische Tourismusbetriebe zum Gegenstand seiner Betrachtung macht.

- Der Ansatz eines **überbetrieblichen oder koordinierten Marketing** im Tourismus, das weitere Elemente für einen eigenständigen Ansatz bzw. eine eigene Theorie des Tourismus-Marketing bietet. Im folgenden wird hierfür die Bezeichnung **Makro-Marketing** verwendet. Ein so verstandenes Tourismus-Marketing berücksichtigt die Besonderheiten der touristischen Produktion als „**kollektive Produktion**", sie sieht die Reise als ein eigenständiges betriebsübergreifendes Gesamtprodukt, für dessen Vermarktung die verschiedenen Tourismusträger gemeinsam eine Marketing-Konzeption erarbeiten müssen und damit vom Einzelunternehmer zum touristischen Gesamtproduzenten oder zur „Kollektiv-Unternehmung" (KRIPPENDORF 1971:21) geworden sind. „Das touristische Marketing wird in einem gewissen Sinne aus dem engen betriebswirtschaftlichen Sinne herausgehoben und erhält teilweise volkswirtschaftliche Dimensionen" (ebd.). Für einen solchen eigenständigen Ansatz des touristischen (Makro-)Marketing sind besondere Überlegungen hinsichtlich der Trägerschaft, der Zielsetzungen, der Strategien und der Instrumente im Marketing notwendig. Dies wird in den folgenden Kapiteln genauer ausgeführt.

Die zuvor erwähnten Marketing-Kollektive oder Kooperationen sind im Tourismus sowohl in unterschiedlichen Bereichen als auch auf unterschiedlichen Ebenen gegeben. Es wird hierbei von vertikaler oder horizontaler Kooperation gesprochen. Am deutlichsten zeigt sich dies auf den unterschiedlichen Ebenen touristischer Destinationen.

In Abb. A-37 und A-38 ist die Sichtweise des Mikro- und Makro-Marketing am Beispiel des kommunalen Tourismus-Marketing dargestellt. Abb. A-37 enthält die verschiedenen Formen des betrieblichen touristischen „Mikro-Marketing". Einzelne Tourismusbetriebe oder -betriebsgruppen betreiben unabhängig voneinander ein einzelwirtschaftliches Marketing. Im Rahmen des jeweiligen Einzel-Marketing werden von allen Betrieben die gleichen touristischen Zielgruppen (hier: Geschäftsreisende, Touristen, Einheimische) angesprochen.

So entwickelt beispielsweise die ortsansässige Hotellerie bestimmte Aktivitäten, um Geschäftsreisende, Urlauber, aber auch die Einheimischen zum Besuch der verschiedenen Hoteleinrichtungen zu gewinnen. Während Geschäftsreisende und Touristen insbesondere das Übernachtungsangebot der Beherbergungsbetriebe wahrnehmen sollen, so sind die Einheimischen für verschiedene Hotel-Events als Zielgruppe interessant. Ganz ähnlich stellt sich unter Marketing-Gesichtspunkten die Situation für die Gastronomiebetriebe, für die Kureinrichtungen, die Verkehrsträger aber auch andere ortsansässige Betriebe, wie z.B. Bäckereibetriebe, dar. Alle versuchen mit ganz ähnlichen Marketing-Maßnahmen die drei zuvor erwähnten Zielgruppen zu erreichen und zur Inanspruchnahme der jeweiligen Leistungen zu gewinnen. Dabei ist es in bezug auf Geschäftsreisende

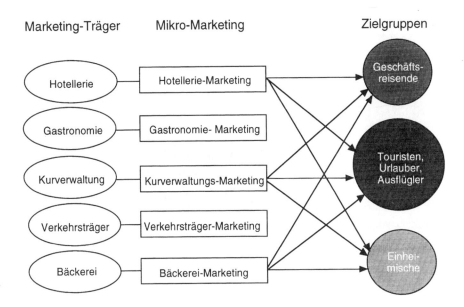

**Abb. A-37** Mikro-Marketing in Fremdenverkehrsgemeinden

und Urlaubs- bzw. Ausflugstouristen vorrangiges Ziel der jeweiligen Mikro- und Makro-Aktivitäten, diese Zielgruppen zum Besuch des jeweiligen Fremdenverkehrsortes zu bewegen. Im Hinblick auf die Einheimischen sind es sowohl absatzrelevante Maßnahmen, die die Einheimischen ebenfalls zum Kauf der jeweiligen Leistung anregen sollen. Zum anderen sind es Maßnahmen des sog. „Binnen-Marketing", die an die einheimische Bevölkerung gerichtet sind.

Während in dem vorgenannten Beispiel fünf verschiedene Träger des Mikro-Marketing jeweils drei Maßnahmen für die drei Zielgruppen ergreifen müssen, also insgesamt 15 Mikro-Marketing-Maßnahmen, von denen sich einige überschneiden, so zeigt die Abb. A-38, daß im Rahmen eines einheitlichen „Makro-Marketing" lediglich drei koordinierte Maßnahmen für Geschäftsreisende, Touristen und Einheimische notwendig sind.

Die jeweiligen Maßnahmen des Makro-Marketing sind betriebsübergreifend. Sie ersetzen nicht das einzelbetriebliche Marketing, haben aber – in bezug auf den Tourismus – eine eigenständige Dimension.

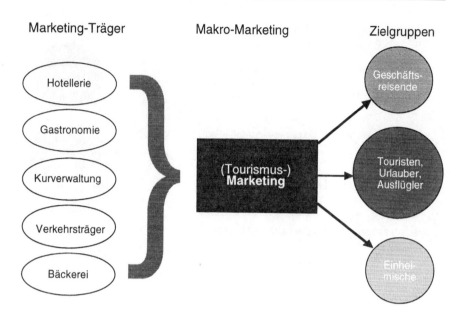

**Abb. A-38** Makro-Marketing in Fremdenverkehrsgemeinden

### 3.4.2 Ebenen und Träger des Tourismus-Marketing

Im Hinblick auf das touristische Mikro- und Makro-Marketing genügt es aus theoretischer Sicht, lediglich die **zwei Grundformen** der Mikro- und Makroebene zu unterscheiden.

- Auf der unteren Ebene, der **Mikro-Ebene**, sind alle Aspekte des betrieblichen oder einzelwirtschaftlichen Marketing zu behandeln.
- Die **Makro-Ebene** umfaßt Elemente, die über die einzelwirtschaftliche Betrachtung hinausgehen, also alle Aspekte des überbetrieblichen Marketing. Strukturell erfolgen viele der Überlegungen ganz parallel zur Mikro-Ebene; es sind vor allem inhaltliche Besonderheiten, die im Makro-Marketing zu erfassen sind.

Allerdings müssen diese beiden Grundformen für die zahlreichen Träger des touristischen Marketing in der touristischen Realität weiter differenziert werden (vgl. hierzu Abb. A-39).

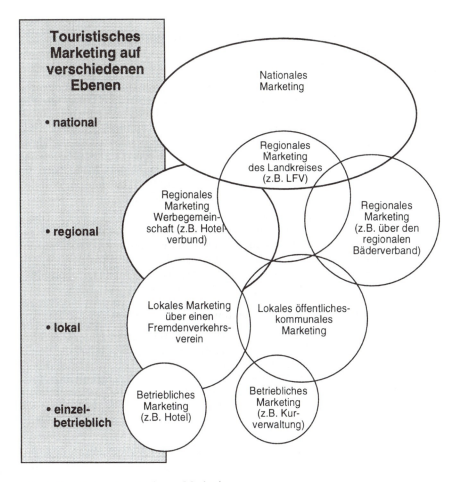

**Abb. A-39** Ebenen des Tourismus-Marketing

**(1) Marketing-Träger auf der Mikro-Ebene**

Marketing-Träger auf der einzelwirtschaftlichen, betrieblichen oder Mikro-Ebene sind die verschiedenen touristischen Einzelbetriebe, die grundsätzlich unabhängig voneinander ihre jeweiligen Marketing-Planungen konzipieren. Dies geschieht ganz in der Tradition des bekannten betrieblichen Marketing-Managements. Außer der Berücksichtigung verschiedener externer Effekte, so z.B. auch der Aktionsparameter anderer Tourismusbetriebe, sind auf dieser Ebene vor allem betriebsinterne und externe Einflußgrößen die Hauptparameter für das jeweilige Handeln der Tourismusunternehmen.

Beispiele:
- TUI, LH, DB, Team Reisen GmbH, Kurhaus Binz, blub-Badeparadies Berlin, Hotel A, Pension B, Campingplatz C.

Erst in dem Moment, wo betriebliche Entscheidungsgrößen an eine externe Einrichtung abgegeben werden, beginnt überbetriebliches oder Makro-Marketing.

### (2) Träger des Makro-Marketing

Träger des Makro-Marketing im Tourismus sind vor allem freiwillige oder institutionalisierte Zusammenschlüsse der verschiedenen touristischen Einzelbetriebe. Neben privatwirtschaftlichen Zusammenschlüssen nehmen im Tourismus vor allem Gebietskörperschaften und die entsprechenden Vereinigungen Marketing-Aufgaben wahr. Aufgrund des föderalistischen Systems des Tourismus sind diese Zusammenschlüsse entsprechend der verschiedenen Ebenen und der Reichweite des Marketing nochmals weiter zu differenzieren. Dabei unterscheiden sich die Marketing-Aufgaben weniger substantiell als im Hinblick auf ihre Reichweite, z.B. lokal, regional, überregional, national oder multinational.

Soweit es sich um öffentliche Trägerschaften handelt, sind gewisse Überschneidungen des touristischen Marketing mit Aufgaben der Tourismuspolitik gegeben. Im Laufe der Jahre ist aber ein zunehmender Übergang von Tourismuspolitik und -planung zur Marketingorientierung auch im öffentlichen Bereich festzustellen, auf die an dieser Stelle nicht näher eingegangen wird (vgl. „Fremdenverkehrspolitik als Marketing-Aufgabe" in FREYER 1995a: 275f).

### (2a) Kommunen und Betriebs-Kooperationen

Als unterste Ebene des Makro-Marketing im Tourismus werden in der Regel der lokale oder kommunale Bereich betrachtet. Hier sind es insbesondere die Fremdenverkehrsvereine – oder ähnliche Organisationen –, die erste Formen des überbetrieblichen Marketing betreiben. Meist beginnt dies mit der gemeinsamen Produktion eines Ortsprospektes (für die Gemeinschafts-Werbung), geht weiter mit einem gemeinsamen Messe- oder Ausstellungsstand, kann bestimmte Formen des gemeinsamen Stadt-Marketing umfassen und führt zu einer überlokalen Vertretung in einer Fremdenverkehrsgemeinschaft.

Aber auch Marketing-Kooperationen einzelner Tourismusbetriebe, wie z.B. Reisebüros oder -veranstalter, Hotels usw., stellen Ansätze des Makro-Marketing auf der unteren Ebene dar.

**Beispiele:**
- Fremdenverkehrsverein Binz, DWT-Dresden Werbung und Tourismus GmbH usw.,
- Reisebürogemeinschaften, Hotelkooperationen

### (2b) Regionale Marketing-Träger („Zwischenebene")

Lokales oder kommunales Makro-Marketing setzt sich in verschiedenen Tourismusregionen und – überregional – auf Länderebene fort. Diese Ebene der Marketing-Träger wird hier als „Zwischenebene" bezeichnet, da sie zwischen der unteren – kommunalen und der – oberen – nationalen Ebene liegt. Sie besteht selbst wiederum aus mehreren Ebenen bzw. Bereichen und umfaßt so unterschiedliche Markcting-Träger wie regionale Fremdenverkehrsverbände, Landesfremdenverkehrsverbände, Gebietsgemeinschaften, Werbegemeinschaften, Standesverbände usw.

Am häufigsten werden die Funktionen des Makro-Marketing in diesem Zwischenbereich von gebietsmäßig organisierten Fremdenverkehrsvereinen oder -verbänden wahrgenommen. In bezug auf privatbetriebliche Vereinigungen sind es zudem die entsprechenden Standesvereinigungen, z.B. regionale Hotel- und Gaststättenvereinigungen, Vereinigungen des Kur- und Bäderwesens, der Reiseveranstalter, usw., die wiederum mit den öffentlichen Fremdenverkehrsverbänden zusammenarbeiten.

Methodisch bestehen keine Marketing-Besonderheiten dieser Zwischenebene gegenüber dem lokalen oder nationalen Tourismus-Marketing, lediglich die Reichweite der Aufgaben ist eine unterschiedliche. Auch bedeutet die Abstim-

| Funktionen | Leistungsträger | | | |
|---|---|---|---|---|
| | Betrieb | Kommune | Land | Bund |
| Marktforschung | x | x | x | x |
| Leitbild-Entwicklung | x | xx | x | x |
| Zielgruppendefinition | x | xx | x | x |
| Marketingzielbestimmung | x | xx | x | x |
| Angebotspolitik | | | | |
| • Erholungslandschaft | | x | xx | x |
| • allgemeine Infrastruktur | | xx | x | x |
| • Freizeitinfrastruktur | xx | xx | x | x |
| • Hotellerie u. Gastronomie | xx | | | |
| • Tagungs- u. Kongreßwesen | xx | xx | | |
| Preispolitik | xx | x | | |
| Werbe- und Absatzförderungsstrategie | | | | |
| • Verkaufswerbung | xx | x | | |
| • Imagewerbung | x | xx | xx | xx |
| • Verkaufsförderung | xx | xx | x | x |
| • Öffentlichkeitsarbeit | x | xx | x | x |
| Distributionsstrategie | | | | |
| • Vertrieb/Aquisition | xx | x | x | |
| • Vertriebswege | xx | xx | x | |
| Erstellen von Marketingplänen bzw. -konzeptionen, Durchführung der Maßnahmen | x | xx | x | x |
| • Angebotsgestaltung | xx | x | | |
| • Preisgestaltung | xx | | | |
| • Werbung/PR | x | x | x | x |
| • Vertrieb | xx | x | x | |
| • Koordination der Marktarbeit | x | xx | x | |
| Kontrolle der Maßnahmen bzw. der Ergebnisse | | | | |
| • Angebot | xx | xx | | |
| • Werbung | x | xx | x | x |

Legende: **xx** = zutreffend, **x** = begrenzt zutreffend

**Abb. A-40** Marketingfunktionen und ihre Träger
(Quelle: DROEGE 1979: 102)

mung der Marketing-Aktivitäten mit den über- und untergeordneten Ebenen eine eingeschränkte Gestaltungsmöglichkeit bzw. andere Gewichtung der eigenen Aktionsparameter, wie Zielgruppenbestimmung, Angebotsgestaltung usw. (vgl. Abb. A-40).

**Beispiele:**
- Landesfremdenverkehrsverband Sachsen, Touristische Routen (mit gemeinschaftlichem Marketing, vgl. MÜLLER 1994)

**(2c) Nationale Träger des Makro-Marketing**

Als eigentliche Makro-Ebene im Tourismus wird häufig die nationale Tourismus-Ebene angesehen. Hier treten vor allem die verschiedenen vertikalen und horizontalen Kooperationen im Hinblick auf ein nationales Fremdenverkehrs-Marketing in Erscheinung, wie z.B. Deutscher Reisebüroverband (DRV), Deutscher Hotel- und Gaststättenverband (DEHOGA), Deutscher Heilbäderverband (DHV) usw. Strukturell sind die verschiedenen Organisationen der Bundesebene zumeist in ganz ähnlicher Form auch auf Landes- und Regionalebene im Fremdenverkehr vertreten.

Eine Sonderaufgabe für das Tourismus-Marketing wird in der Regel bei den nationalen Einrichtungen für das Auslands-Marketing gesehen. International wird diese Aufgabe von den NTBs (NTB-National Tourist Board) übernommen, in Deutschland ist es die Deutsche Zentrale für Tourismus (DZT), die die Aufgaben des Auslands-Marketing wahrnimmt (und ab 1999 auch des Inlands-Marketing).

**Beispiele:**
- DZT-Deutsche Zentrale für Tourismus, DRV-Deutscher Reisebüroverband, asr-Allgemeiner Verband mittelständischer Reiseunternehmen, DEHOGA-Deutscher Hotel- und Gaststättenverband, DBV-Deutscher Bäderverband, DTV-Deutscher Tourismusverband, ADAC, BDO-Bund Deutscher Omnibusbetriebe.

**(2d) Internationale Träger des Makro-Marketing**

Im internationalen Bereich gibt es ebenfalls einige Trägerschaften, die Aktivitäten im Sinne eines Makro-Marketing betreiben.

**Beispiele:**
- privatwirtschaftliche Träger: IATA-International Air Transport Association, IHA-International Hotel Association, UFTAA-Universal Federation of Travel Agents Association,
- öffentliche Träger: EG-Kommission, FITEC-Féderation Internationale du Thermalisme et du Climatisme International, WTO-World Tourism Organisation.

Allerdings steht bei den meisten internationalen Tourismusorganisationen die tourismuspolitische Ausrichtung ihrer Aktivitäten anstelle einer Marketingorientierung im Vordergrund.

## 3.5 Ganzheitliches Tourismus-Marketing

Auf der Basis der grundsätzlichen Vorüberlegungen zu einer ganzheitlichen Tourismuswissenschaft wurde in FREYER 1991a ein Modellansatz für ein **ganzheitliches Tourismus-Marketing** entwickelt, das im folgenden in einer Kurzfassung dargestellt wird.

Ein modernes, zukunftsorientiertes Tourismus-Marketing erfordert eine umfassendere Vorgehensweise als dies im rein betriebswirtschaftlich orientierten Marketing der Fall ist. Ausgehend von der Tatsache, daß Tourismus kein monokausales oder gar primärökonomisches Wissensgebiet ist, sondern ein Schnittbereich mehrerer anderer Wissenschaftsbereiche, hat auch ein zukunftsorientiertes Tourismus-Marketing verstärkt deren Erkenntnisse mit zu berücksichtigen. Nur ein solches Vorgehen bietet letzlich die Möglichkeit für die adäquate Gestaltung und Vermarktung touristischer Produkte.

Im Hinblick auf den Tourismus könnte ein solcher Ansatz als zukunftsorientiertes, vernetztes, multidimensionales, neues Tourismus-Marketing charakterisiert werden oder durch die Betonung einzelner Teilaspekte auch als gesellschaftlich bewußtes, ökologisch orientiertes, international ausgerichtetes oder verantwortungs-gemeinschaftliches Tourismus-Marketing. Als neutrale und umfassendste Bezeichnung erscheint aber „ganzheitliches Marketing", da es die meisten der vorgenannten Aspekte beinhaltet.

Im folgenden wird dieses „ganzheitliche" Tourismus-Marketing am Beispiel von sechs Bereichen bzw. Dimensionen beleuchtet. Dabei sind die verschiedenen Bereiche nicht grundsätzlich neu, sie werden auch teilweise bereits für modernes, neues, ökonomisches Marketing diskutiert, doch in dieser Gesamtschau und in der Übertragung auf den Tourismusbereich können sie neue Sichtweisen für ein zukunftsorientiertes Tourismus-Marketing eröffnen.

Auch erfassen die sechs erwähnten Dimensionen für ein ganzheitliches Tourismus-Marketing nicht alle möglichen Aspekte, es können beispielsweise ferner juristische, geographische, pädagogische, architektonische oder medizinische Ansatzpunkte berücksichtigt werden. Ferner überschneiden sich einzelne Bereiche, doch zeigen diese sechs Dimensionen beispielhaft die Vielfalt modernen Marketings im Tourismus und die neuen Anforderungen an Tourismus-Manager auf.

### 3.5.1 Ökonomisches Tourismus-Marketing

Ganzheitliches Tourismus-Marketing erfordert fundierte Kenntnis der modernen betriebswirtschaftlichen Marketing-Methode (hier als „ökonomisches" Marketing bezeichnet) und deren Übertragungsmöglichkeiten für den Tourismus. Im einzelnen bedeutet dies, daß modernes Marketing-Management als Unternehmensphilosophie und Führungskonzeption verstanden wird („Marketing als Methode"), die strategisch ausgerichtet sowie markt- und zielgruppenorientiert ist. Zudem ist die tourismusspezifische Ausgestaltung der Marketing-Strategien mit den traditionellen Instrumentarien der Produkt-, Preis-, Vertriebs- und Kommunikationspolitik notwendig, wobei im Tourismus teilweise neue Instrumente zu berücksichtigen sind (vgl. Teil D).

Diese verschiedenen Anforderungen an modernes Marketing waren bereits in Kapitel A.2 ausführlich dargestellt worden und werden in den Teilen B bis D noch weiter ausgeführt. Entsprechend können an dieser Stelle die Erläuterungen des – ganz zentralen – ökonomischen Marketing-Moduls kurz gefaßt werden.

**Abb. A-41** Ganzheitliches Marketing im Tourismus
(Quelle: nach FREYER 1991a)

### 3.5.2 Gesellschaftsorientiertes Tourismus-Marketing

Als Teilaspekt des gesellschaftsbezogenen Tourismus-Marketing werden die Wechselwirkungen von Marketing und Gesellschaft betont.[12] Diese Ansätze entstanden aus der Kritik an der rein kommerziell ausgerichteten Unternehmenspolitik im traditionellen ökonomischen Marketing und sind Folge eines allgemeinen sozialen Wertewandels, insbesondere in westlichen Industrienationen. Im einzelnen umfaßt ein so geartetes gesellschaftsorientiertes Tourismus-Marketing analog zum gesellschaftsbezogenen Marketing:

---

[12] Vgl. z.B. BRUHN/TILMES 1989, DAWSON 1969, FÄSSLER 1990, FREYER 1990: 18ff, 1997a, KOTLER 1984.

- Das **„human concept of marketing"** (menschliches Marketing, vgl. DAWSON 1969) betont die humanitären Aspekte des Marketing. Hierbei wird der Mensch in den Mittelpunkt des Marketing gestellt („Märkte bestehen aus Menschen"). Seine individuellen Wünsche („Konsumentenorientierung"), aber auch humanitäre Ziele, Ethik und Moral, sollen verstärkt beim unternehmerischen Marketinghandeln berücksichtigt werden. Auch im Tourismus wird bereits seit längerem gefordert, daß eine „Tourismus-Ethik" benötigt würde (so KRIPPENDORF 1984:218) und „daß das unselige ,Pax-Denken' einem neuen touristischen Menschenbild Platz macht" (BERNECKER 1974:23).

- **Social- oder soziales Marketing** meint neben der Betonung sozialer Ziele vor allem die Ausweitung des Marketingdenkens auf Bereiche des Gesundheitswesens. Ein weiterer Aspekt betont die marketingmäßig organisierte Verwirklichung von gesellschaftlichen Anliegen („Initiativen-" oder „Ideen-Marketing"), wie z.B. „Nicht-Raucher-Kampagne", „AIDS-Aufklärung", „Trimm-Dich"-Aktionen. Der Begriff „Sozio- oder soziales Marketing" wird in einer Weiterentwicklung zum Teil auch als Oberbegriff für sozial verantwortliches oder gemeinnütziges Marketing verwendet. – Auch **im Tourismus** existieren Bereiche, die sich vorrangig an gesundheitlichen und sozialen Aspekten orientieren und die Erfahrungen des Sozio-Marketing nutzen könnten, wie Sozial-Tourismus (für benachteiligte gesellschaftliche Gruppen), Kur- und Bäderreisen, aber auch Initiativen wie „Urlaub in Deutschland", „Nicht-Reisen", „Tourismus mit Einsicht" usw.

- **Non-Profit-Marketing** oder „gemeinnütziges Marketing" stellt zur Unterscheidung das (Nicht-)Profitmotiv des jeweiligen Marktingträgers in den Vordergrund. Die bekanntesten Institutionen des Non-Profit-Bereiches im Tourismus sind öffentliche Unternehmen, die öffentliche Verwaltung und verschiedene gemeinwirtschaftliche Organisationen, v.a. im Kultur-, Sport- und Gesundheitsbereich sowie Fremdenverkehrsvereine und -verbände. Im Tourismus sind gemeinnützige Organisationen meist nicht vorrangig mit der wirtschaftlichen Vermarktung von Reiseangeboten beschäftigt. Für sie stehen eher das Versorgungsprinzip – mit Freizeiteinrichtungen und Verkehrsleistungen – und das Sozialprinzip im Vordergrund der Tätigkeit. Andererseits werden Stadt- und Tourismus-Marketing oder Event-Marketing (als „Public Marketing") immer mehr als öffentliche Aufgaben gesehen.

- **Ökologisches Marketing:** Zum gesellschaftlichen Marketing zählt ferner Marketing im Zusammenhang mit ökologischen Zielsetzungen und Aufgaben, was aufgrund der gestiegenen Bedeutung in den letzten Jahren als eigenständiges Modul behandelt wird (vgl. genauer den nächsten Abschnitt A.3.5.3).

### 3.5.3 Ökologieorientiertes Tourismus-Marketing

Auch im Tourismus stehen Umweltfaktoren schon seit langem im Mittelpunkt der Diskussion auf gesellschaftlicher und betrieblicher Ebene. Ein ganzheitliches Tourismus-Marketing muß daher diese Aspekte in die unternehmerische Zielsetzung integrieren, es muß ökologische Strategien und Konzepte entwickeln und diese im Marketing-Mix entsprechend umsetzen.

Ein umweltbewußter Tourismus-Manager hat die Ziele des ökologischen Tourismus-Marketing auch „sanft" umzusetzen und zu vermitteln, er hat ein **bewuß-**

**tes Ressourcen-Marketing** zu betreiben, ferner Belastungsgrenzen festzulegen, die akzeptable Tourismusdichte für Regionen zu bestimmen, auf Überfremdung und ökologische Schäden zu achten und geographische sowie raumplanerische Aspekte zu berücksichtigen, ansonsten fehlt ihm langfristig die entsprechende ökologische Legitimation und Glaubwürdigkeit.

Doch längst sind findige Reiseveranstalter und Gemeinden darauf gekommen, sich durch „umweltbewußte", „sanfte", „einsichtige" oder „intelligente" Reiseangebote von Mitwettbewerbern abzugrenzen und alte Angebote unter dem neuen Etikett des „ökologiebewußten Tourismus" anzupreisen, ohne dabei ökologische Ziele zu verfolgen. Ein solches Vorgehen widerspricht der Grundabsicht eines umweltbewußten Tourismus-Marketing. Es führt lediglich zu einer Vermarktung bisher unerschlossener Gebiete unter einem ökologischen Etikett. Es besteht die Gefahr, daß Ökologie, Umweltpreise und Gütesiegel nur zu einer Alibifunktion

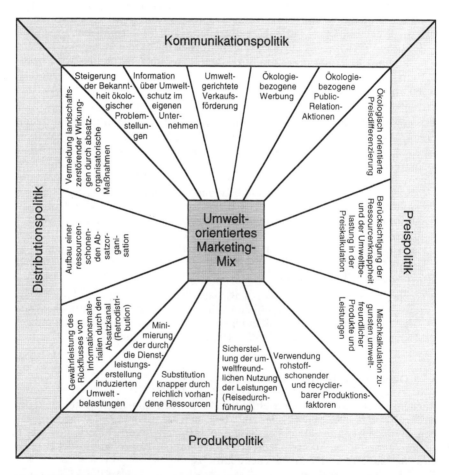

**Abb. A-42** Ansatzpunkte der Gestaltung eines ökologieorientierten Tourismus-Marketing-Mix (Quelle: in Anlehnung an MEFFERT 1993: 210)

„harten" ökonomischen Marketings werden (vgl. zum ökologischen Marketing und Management im Tourismus u.a. PILLMANN/WOLZT 1993, PILLMANN/PREDL 1992, DEHOGA 1992a, SCHERTLER u.a. 1991, HOPFENBECK/ZIMMER 1993, KIRSTGES 1992b, SWARBROOKE 1998, VIEGAS 1998, FREYER 1993c und die dort angegebene weiterführende Literatur).

Die konkreten Maßnahmen zur Realisierung der verschiedenen Gestaltungsmöglichkeiten für ein ökologieorientiertes Marketing-Mix variieren in den produktabhängigen Bereichen entsprechend des Leistungsangebotes. So können z.B. Reisebüros und Reiseveranstalter auf eine ökologischere Ausrichtung der Produktpolitik nur über eine Beeinflussung der jeweiligen Leistungsträger einwirken bzw. indirekt durch die Auswahl der Destination oder des Vertragspartners (außer bei eigenen Ferienanlagen der Reiseveranstalter). Direkt können sie ökologische Aspekte in die Auswahl und Verwendung der für ihre Vermittlungs- und Organisationstätigkeiten notwendigen Betriebsmittel einbeziehen. Reiseveranstalter haben darüberhinaus die Möglichkeit, durch eine entsprechende Schulung der Reiseleiter auf den Punkt „Sicherstellung der umweltfreundlichen Nutzung der Leistungen" (Reisedurchführung) Einfluß zu nehmen.

Einige Maßnahmen für ein ökologieorientiertes Marketing von touristischen Unternehmen werden in Abb. A-42 gezeigt.

### 3.5.4 Freizeitorientiertes Tourismus-Marketing

Tourismus ist nur ein Teil der gesamten Freizeitaktivitäten. Entsprechend müssen im Tourismus-Marketing vermehrt Entwicklungen der Freizeitaktivitäten berücksichtigt werden. Sie können zu eigenständigen Reiseformen führen, sind aber auch als Teil der jeweiligen Reise zu berücksichtigen. Ansätze eines umfassenden Freizeit-Marketing stehen aber noch sehr am Anfang (vgl. WACHENFELD 1986), auch werden sie noch selten mit Tourismus-Konzepten verbunden. Hier werden aber in Zukunft neue Anforderungen an Tourismus- und Freizeit-Manager gestellt. Sie müssen neben touristischen Fachexperten auch oftmals Kultur- oder Sportexperten sein und entsprechende Angebote in ihre Tourismus-Konzepte integrieren. Unter anderem werden in diesem Teilbereich für das Tourismus-Marketing verlangt:

- **Erlebnis-Marketing:** Aktivurlaub, Events, Marketing von Erlebnissen („Erlebniswelten") sowie Freizeitaktivitäten während der Reise (vgl. WEINGARTEN 1991, OPASCHOWSKI 1993, FREYER 1998d),

- **kulturelles Marketing:** „Kultur" wird im Pauschalpaket mit Transport, Übernachtung und Rahmenprogramm angeboten („Kultur-Tourismus", vgl. BECKER 1993, DREYER 1996),

- **Sport-Marketing:** Reisen zu Sportveranstaltungen sind ein lukratives Geschäft für die Tourismuswirtschaft („Sport-Tourismus", vgl. DREYER/KRÜGER 1995, FREYER 1990, 2001c),

- **Vereins-Marketing** („Hobby-Tourismus", Club-Urlaub, Geselligkeit usw.): Eine Vielfalt deutscher Freizeitvereine veranstaltet Wettbewerbe, Ausstellungen, Mitgliederversammlungen und -ausflüge (vgl. DGF 1991, CANTAUW 1995).

## 3.5.5 Nachfrageorientiertes Tourismus-Marketing

Nachfrageorientiertes Tourismus-Marketing berücksichtigt verstärkt neue Trends im Konsumentenverhalten, die zumeist aus Nachbardisziplinen der Wirtschaftswissenschaft gewonnen werden, wie z.b. der Psychologie, Soziologie, Kommunikationswissenschaft usw. Sie sind wesentlicher Gegenstand der Konsumentenforschung im Marketing und werden in den Abschnitten B.2.2.4 und B.2.3 ausführlicher behandelt.

Einige **Beispiele** für die entsprechende Berücksichtigung im Tourismus-Marketing:
- **persönlichkeitsbezogenes Marketing:** Ergebnisse der psychologischen Tourismusforschung ergeben als Folgerungen die vermehrte Ausrichtung der Tourismusangebote an Persönlichkeitsmerkmalen (wie z.b. „Ängstlichkeit", „Extraversion", „Rigidität", „Sensation-Seeking" usw.) und an Emotionen, am „Gefühl" und „Geschmack" der Kunden (vgl. FAEHSLER/MEFFERT 1986, SCHMIDT 1991).
- **typologieorientiertes Marketing:** Entsprechend der verschiedenen verhaltenswissenschaftlichen oder psychologischen Reise- und Urlaubstypen könnte ein ganzheitliches Tourismus-Marketing sich verstärkt auf Angebote für die einzelnen Touristentypen konzentrieren. Nicht mehr die globalen Unterscheidungen in Pauschal- oder Individualreisende, sondern moderne, verhaltens- und persönlichkeitsorientierte Typologien im Tourismus, wie z.b. „Reise-Optimisten", „ängstliche", „intelligente", „umweltbewußte" Reisende usw. werden das nachfrageorientierte Tourismus-Marketing prägen.
- **werteorientiertes Marketing:** Die persönlichen Werthaltungen der Konsumenten fordern möglicherweise – die Entwicklung von wertorientierten Urlaubsangeboten. Insbesondere Werte wie „Hedonismus", „Selbstverwirklichung", „Emanzipation", „neue Körperlichkeit" geben deutliche Hinweise auf neue, wertorientierte Marktsegmente (vgl. SILBERER 1985).
- **erlebnisorientiertes Marketing:** Orientiert an den Nachfragewünschen werden die in A.3.5.4 erwähnten freizeitorientierten Angebote verstärkt zu entwickeln sein. Freizeiterleben, Mode, Geschmack, Gefühl sollen durch das Reisen ermöglicht werden: Erlebnisurlaub, Genußreisen, Reisen „mit Gefühl", aber auch „mit Kopf" („Intelligentes Reisen") werden die Marketingaktivitäten der Zukunft prägen.

## 3.5.6 Internationales Tourismus-Marketing

Tourismus ist von seiner Natur her ein Phänomen, bei dem lokale, regionale oder nationale Grenzen überschritten werden. Entsprechend müssen auch die Erkenntnisse des internationalen Marketing verstärkt für das touristische Marketing berücksichtigt werden. Marketing-Strategien sind grenzüberschreitend, global und multikulturell zu entwickeln, was in Abschnitt C.3.2.3 im Rahmen der internationalen Strategiebildung genauer behandelt wird.

Internationales Tourismus-Marketing behandelt die Ausrichtung des bisherigen nationalen Marketing über nationale Grenzen hinaus, d.h. auf internationale Märkte. Dabei handelt es sich meist um eine Markterweiterung; anstelle des regionalen oder nationalen Einzugsgebietes wird das Absatzgebiet erweitert. Erst mit Ausweitung des internationalen Marketing kommt es zu grundsätzlichen Veränderungen im methodischen Ansatz des Marketing (bis hin zum globalen Marketing).

So sieht **globales Tourismus-Marketing** zunehmend die Globalisierung und Standardisierung der weltweiten Tourismusangebote. Hierbei wird Marketing systematisch im internationalen Rahmen betrieben. Es herrscht die Sichtweise vor, daß es internationale Konsumentengruppen („multikulturelle Zielgruppen") gibt, die länderübergreifend – mit den gleichen Marketingaktivitäten anzusprechen sind. Im Tourismus sind es zur Zeit nur wenige multinationale Unternehmen, die weltweit miteinander um die gleichen Nachfrager konkurrieren.

Typische **Beispiele** sind:
- Marketingkonzepte der großen Fluggesellschaften, von Hotelketten und verschiedenen Reisedestinationen, die eine internationale Markenpolitik betreiben, z.B. „Lufthansa", „Holiday Inn", „Bali".

Quasi als „Gegenbewegung" zum Internationalen Marketing ist auch das vermehrte Besinnen auf Nachfrager und Besonderheiten der eigenen Region zu sehen: („lokales Marketing"). Eine zunehmende „Internationalisierung" darf nicht die Bedeutung lokaler, regionaler oder nationaler Kunden aus dem Auge verlieren. „Denke global – handle lokal" (KOTLER) beschreibt im betriebswirtschaftlichen Marketing die zukünftigen Trends und ist gerade für den Tourismus verstärkt von Bedeutung (vgl. AIEST 1996, FREYER 1998b).

### 3.5.7 Fazit

Die vorherigen Erläuterungen sollten einige Richtungen einer Erweiterung des Marketingansatzes für ein ganzheitliches Tourismus-Marketing aufzeigen. Dabei orientierten sich die Beispiele am ganzheitlichen Tourismusmodell aus Abb. A-41. Neben den erwähnten sechs Modulen sind – je nach konkreter Aufgabenstellung – noch zahlreiche weitere Module für ein ganzheitliches Marketing möglich, wie z.B. juristische, medizinische, pädagogische Aspekte des Marketing usw.

**Ganzheitliches Tourismus-Marketing erfordert**
- ökonomische Fundierung: ökonomisch ertragreich,
- gesellschaftliche Ausrichtung: sozial verträglich,
- ökologische Berücksichtigung: ökologisch nachhaltig,
- Freizeitorientierung: freizeitbezogen aktiv,
- Nachfrageorientierung: nachfragebezogen spezifisch,
- Internationalität: global orientiert,
- zudem: medizinische, architektonische, kulturelle, pädagogische Verträglichkeit.

## 3.6 Tourismus-Marketing als systematische Managementmethode

### 3.6.1 Die Phasen des Marketing-Management-Prozesses

Der zuvor beschriebene Ansatz der modernen Unternehmensführung – Management durch Marktorientierung – hat sich in der Marketing-Wissenschaft zu einer eigenständigen Methodik entwickelt, über deren Grundsätze in den meisten Marketing-Publikationen weitgehend Einigkeit herrscht. Von der früheren eher instrumentellen Sichtweise des Marketing, die sich insbesondere auf die Teilbereiche Werbung und Verkauf sowie später auf die Instrumente des Marketing-Mix, – im Deutschen: auf das absatzpolitische Instrumentarium (vgl. GUTENBERG 1968) bezogen haben, hat sich eine umfassende und mehrstufige Planungsmethode des modernen Marketing entwickelt. Ein solcher umfassender Marketing-Management-Prozeß betrachtet meist – mit leichten Variationen bei einigen Autoren – fünf wesentliche Schritte bzw. Phasen:

(1) **Informations- oder Analysephase:** Hier werden die verschiedenen Methoden zur Erfassung der Ausgangssituation für das betriebliche Marketing entwickelt und beschrieben. Meist werden unterschiedlich weite Bereiche analysiert: Von der generellen Umfeldanalyse über die ausführliche Marktanalyse mit Nachfrage- und Konkurrenzanalyse bis zur Information über die eigenen betrieblichen Stärken und Schwächen reichen die Teilbeiträge. Ergebnis dieser Informations- oder Analysephase im Marketing ist zumeist eine abschließende strategische Diagnose, die hierbei gewonnene Ergebnisse bereits strategisch für die nächste Phase des Marketing aufbereitet.

(2) **Strategie- oder Zielphase** (Konzeptionsphase): Wesentlicher Aspekt modernen Marketings ist die Entwicklung langfristiger betrieblicher Ziele und Strategien. Dabei ist die eher betriebsbezogene frühere Zielanalyse immer mehr in die Entwicklung von Strategien übergegangen. Auf der Grundlage von betrieblichen und überbetrieblichen Zielsetzungen werden allgemeine Zielstrukturen entwickelt. Ergänzend bzw. unabhängig davon wurden in den letzten Jahren unterschiedliche Strategiemodule entwickelt, die das gesamte unternehmerische Marketing-Handeln und die damit verbundenen Möglichkeiten aufzeigen.

(3) **Gestaltungsphase:** Erst in einem dritten Teilbereich werden im modernen Marketing-Management die verschiedenen Instrumente zur Gestaltung der Marketing-Strategien behandelt. Die Beiträge zu den absatzpolitischen Instrumenten gehören in der Regel zu den ältesten Beiträgen des Marketing, sie werden in den letzten Jahren aber immer mehr in den strategischen Rahmen und Dienst der Phase (2) gestellt. Insofern ist der Instrumenteneinsatz im Marketing nicht Selbstzweck und die einzelnen Instrumente sind nicht isoliert voneinander und von der Strategiephase zu sehen.

Während die vorherigen Phasen des Marketing im wesentlichen im Zusammenhang mit der Strategieentwicklung zu sehen sind, haben die beiden weiteren Phasen vor allem operationalen Charakter. Es geht um die Realisierung, Umsetzung oder Implementierung der strategischen Marketingempfehlungen. Im Bereich des sog. **operationalen** Marketing oder der Marketing-Implementierung werden im wesentlichen zwei Teilbereiche unterschieden:

(4) **Umsetzungsphase** (Realisierungsphase): die sich im wesentlichen mit der Konkretisierung sowie mit der Organisations-, Zeit-, Personal- und Finanzplanung für die jeweiligen Marketing-Überlegungen beschäftigt.

(5) **Kontrollphase** oder das Marketing-Controlling, das sich als Parallel- und Ex-post-Kontrolle mit der Überwachung von Zielen und deren Realisierung beschäftigt.

In einer vereinfachten Form werden die Hauptüberlegungen der einzelnen Marketingschritte häufig mit fünf Hilfsfragen veranschaulicht:

# 3. Besonderheiten des Tourismus-Marketing 111

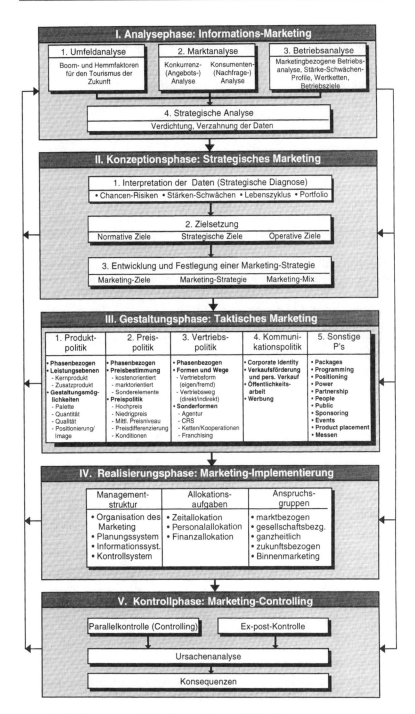

**Abb. A-43** Planungsmethode eines modernen Marketing

- Wo stehen wir? (Analysephase)
- Wo wollen wir hin? (Konzeptionsphase)
- Was können wir unternehmen? (Gestaltungsphase)
- Welche Maßnahmen ergreifen wir? (Realisierungsphase)
- Sind wir angekommen? (Kontrollphase)

Diese Marketing-Management-Methode wird in den nachfolgenden Teilen B bis E mit ihren einzelnen Teilbereichen genauer beschrieben.

### 3.6.2 Der Kreislaufgedanke des Marketing

Bereits in Abb. A-43 ist durch die Pfeile am rechten Rand der jeweiligen Schritte auf Querverbindungen und Rückkopplungen der einzelnen Phasen hingewiesen worden. Neue Erkenntnisse und Veränderungen im jeweiligen Marketingschritt führen zu entsprechenden Anpassungen der vorherigen – und nachgelagerten – Überlegungen.

Dabei zeigt sich, daß für ein marketingorientiertes unternehmerisches Management alle Phasen mehrfach durchlaufen werden müssen – eben im Sinne eines permanenten Managements („Management by Marketing").

Noch deutlicher wird der „Kreislaufgedanke" durch eine vereinfachte Darstellung der gesamten Marketing-Management-Methode in Abb. A-44. So verstanden besteht eine enge Anlehnung des modernen Marketing-Managements an den früheren Managementzirkel (vgl. WÖHE 1986:89).

Abb. A-44 Das Kreislaufmodell des Tourismus-Marketing

**Anwendung im Tourismus-Marketing**

Im Tourismus-Marketing stehen ähnliche Ablaufmodelle im Mittelpunkt der praxisorientierten Anwendung und Umsetzung. Unter Berücksichtigung der touristischen Besonderheiten aus dem Kapitel A.3 werden die verschiedenen Schritte in den folgenden Teilen näher erläutert. Dabei steht jeweils das touristische Leistungskettenmodell im Vordergrund der Behandlung.

## 3.7 Zusammenfassung: Elemente eines eigenständigen Tourismus-Marketing

In Kapitel A.3 wurden Elemente eines eigenständigen touristischen Marketingmodells aufgezeigt. Dabei kann ein solches Modell vor allem in drei Richtungen weiterentwickelt werden:

- Tourismus als **Querschnittsdisziplin** hat eine eigenständige Theorie stets im Zusammenhang mit **ganzheitlichen Ansätzen** zu sehen, wofür das additive bzw. modulare Modell aus A.3.5 als geeigneter Ansatzpunkt zu sehen ist. Hierbei werden aus verschiedenen Wissenschaftsbereichen entsprechende Einflußgrößen auf die zentralen Erkenntnisobjekte des Tourismus gesehen. Bei tourismusökonomischen Modellen sind dies vor allem die Einflußbereiche zur Erklärung der touristischen Nachfrage, des touristischen Angebotes sowie für eine entsprechende Tourismus-Politik bzw. ein touristisches Marketing (weitere Ausführungen finden sich in FREYER 1995a).

- Der überwiegende Dienstleistungscharakter der meisten touristischen Leistungen läßt eine Berücksichtigung verschiedener moderner Ansätze zur dynamischen **Prozeßbetrachtung** anstelle einer zur Zeit auch im Tourismus vorherrschenden statischen Produktionsorientierung als geeigneten Ansatzpunkt sehen. In allgemeiner Form ist dieses Modell in Abb. A-29 dargestellt worden. In leichter Abwandlung kann dieses Phasenmodell mit weiteren Ansätzen der Servicekettenanalyse verbunden werden. Beide Modellvarianten weisen viele Parallelitäten mit dem touristischen Grundmodell der Reise auf (Abb. A-1 und A-2) und untermauern damit nochmals die hier vorgeschlagene Theorie und Modellbildung für das touristische Marketing.

- Letztlich erfordert modernes Marketing als Unternehmensphilosophie und Management-Methode die Berücksichtigung der verschiedenen **Marketing-Management-Schritte** in Form eines Ablaufmodells, wie es in den meisten Darstellungen zum modernen Marketing-Management zu finden ist (vgl. Abb. A-43).

Folglich wird das Phasenmodell mit der Ablaufplanung der Marketing-Management-Methode verbunden und in den folgenden Abschnitten schrittweise erläutert sowie jeweils für den touristischen Leistungsprozeß – soweit möglich – mit Hilfe des Drei-Phasen-Modells der touristischen Dienstleistungen dargestellt.

# Teil B
# Informations- oder Analysephase: Marketingforschung im Tourismus

**1 Die touristischen „Umwelt"- oder „Umfeld"bedingungen**
1.1 Grundlagen der Umfeldanalyse
1.2 Umfeldanalyse mit Hilfe systematischer Verfahren
1.3 Umfeldanalyse mit Hilfe kreativer und/oder intuitiver Verfahren
1.4 Exkurs: Umfeldanalyse und Zukunftsforschung im Tourismus mit Hilfe der Szenario-Technik
1.5 Zusammenfassung: Umfeldanalyse als Voraussetzung für vernetztes und ganzheitliches Marketing

**2 Marktanalyse im Tourismus**
2.1 Besonderheiten der Marktanalyse im Tourismus
2.2 Besonderheiten der Marktabgrenzung im Tourismus
2.3 Besonderheiten der Nachfrageranalyse im Tourismus: von der Marktsegmentierung zur Kaufverhaltensforschung
2.4 Besonderheiten der Konkurrenzanalyse im Tourismus
2.5 Marktforschung im Tourismus

**3 Betriebsanalyse im Tourismus**
3.1 Betriebe in der Tourismuswirtschaft
3.2 Funktions- und bereichsorientierte Betriebsanalyse
3.3 Prozeßorientierte Betriebsanalyse
3.4 Bewertung von touristischen Gesamtbetrieben

**4 Strategische Diagnose**

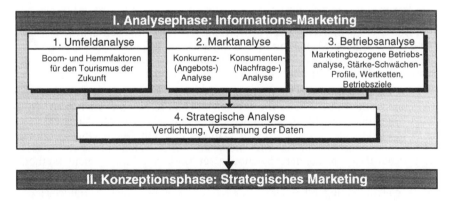

Abb. B-0   Die Analysephase im touristischen Marketing-Management

# Übersicht Teil B

Jede Entscheidung setzt ausreichende und „richtige" Informationen voraus. So auch im Tourismus-Marketing. Entsprechend beginnt die Entwicklung von Marketing-Konzepten mit einer **Informations- oder Analysephase**. Sie umfaßt drei wesentliche Überlegungen, die die jeweilige Ausgangslage für das Marketing untersuchen und wird daher auch als „Ist-Analyse" bezeichnet:

- die **Betriebsanalyse** informiert über die marketingrelevanten Stärken und Schwächen des jeweiligen Betriebes,

- die **Marktanalyse** (i.e.S.) informiert über das Marktvolumen sowie die Nachfrage- und Konkurrenzsituation am relevanten Markt,

- die **Umfeldanalyse** informiert über die marketingrelevanten Einflüsse im allgemeinen betrieblichen Umfeld.

In der Literatur werden alle drei Phasen auch als „**Marketing**-Analyse" bezeichnet in Abgrenzung zur **Markt**analyse. Aber auch die Bezeichnungen Marktanalyse i.e.S. und Marktanalyse i.w.S. finden Verwendung. Als **Marktanalyse im engeren Sinne** wird lediglich die Angebots- und Nachfrageanalyse angesehen (vgl. B.2). Aber schon zu einer fundierten Marktanalyse gehören die Analyse der Umfeldbedingungen und des Betriebes. Soweit dies nicht an anderer Stelle des Marketing-Managements erfolgt, ist jede Marktanalyse i.e.S. um diese beiden Bereiche zu erweitern („Marktanalyse i.w.S."). Von daher ist zur jeweiligen Präzisierung auf die Bezeichnungen **Marketing**analyse bzw. Marktanalyse i.e.S. und i.w.S. hinzuweisen.

Es geht hierbei weniger um das reine Beschaffen oder „Sammeln" von Informationen über Umfeld, Markt und Betrieb, sondern alle erhaltenen Informationen sind zweckgerichtet zu analysieren. Für das strategische Marketing-Management bedeutet dies, daß von allen Informationen letztlich nur die von Interesse sind, die sich für das jeweilige Unternehmen strategisch verwerten lassen. Man spricht daher auch von „Analysephase" oder – zusammenfassend – von „strategischer Diagnose".

Die entsprechende Reduzierung der Fülle der Ausgangsfaktoren auf die strategisch relevanten erfolgt am Ende der drei Teilüberlegungen zu Umfeld, Markt und Betrieb (vgl. B.4). Da diese Auswertungen bereits zu wesentlichen Aussagen für das strategische Marketing führen, wird die Aufgabe der strategischen Diagnose anstelle am Ende der Informationsphase immer häufiger bei Phase (2) des konzeptionellen bzw. strategischen Marketing behandelt (vgl. C.1).

Um eine entsprechende zukunfts- und strategiebezogene Auswahl vornehmen zu können, sind die jeweiligen allgemeinen und marketingbezogenen Zielvorstellungen notwendig, auf die in Kapitel C.2 näher eingegangen wird. Aufgrund des – in A.3.6 erwähnten – Kreislaufcharakters der Marketing-Management-Methode ist die genaue Zuordnung der verschiedenen Marketingteilschritte von weniger praktischer Relevanz bei der Anwendung der Marketing-Management-Methode. In jedem Fall müssen

- die Zielvorstellungen bei der strategischen Diagnose berücksichtigt werden,

- strategische Ableitungen aufgrund sich verändernder Umfeld-, Markt- und Betriebsgegebenheiten flexibel verändert werden.

Bei einiger Übung im Marketing-Management bzw. in der Marketingpraxis werden die drei Teilanalysen nicht in der methodischen Ausführlichkeit durchgeführt, wie sie in den folgenden Kapiteln 1 bis 3 behandelt werden. Es werden vielmehr gleich die strategischen Informationen „herausgefiltert" und mit Hilfe der verschiedenen Diagnose- oder Auswertungsmethoden dargestellt (vgl. B.4 und C.1). Trotzdem empfiehlt es sich für ein systematisches Marketing-Management, die ausführlichere Analyse vorzunehmen, da ansonsten die Gefahr besteht, daß wichtige Informationen übersehen oder nicht richtig gewichtet werden. Letztlich sind die Teilschritte 1 bis 3 nichts anderes als Vorarbeiten für die strategische Aufbereitung (Teilschritt 4).

**Diagnostisches Marketing** versucht, die für den jeweiligen Betrieb relevanten Informationen herauszuarbeiten. Dazu wird der Blick vom eigenen Betrieb („Betriebsanalyse") auf den Markt („Marktanalyse") und das gesamte betriebliche Umfeld („Umfeldanalyse") erweitert (vgl. Abb. B-1a). In den meisten Lehrbuchdarstellungen wird die umgekehrte Vorgehensweise gewählt: vom Allgemeinen (der „Umfeldanalyse") zum Besonderen (der „Betriebsanalyse") – so auch hier (vgl. Abb. B-1b).

---

**Ziele des Teils B**

*Vermittlung von Kenntnissen der verschiedenen Analysemethoden der Informationsphase zur Bestimmung der Ausgangssituation (Ist-Analyse) des touristischen Marketing:*

- *Umfeldanalyse,*
- *Marktanalyse,*
- *Betriebsanalyse.*

*Interpretation und Aufbereitung der Daten für die darauf aufbauende strategische und konzeptionelle Phase in Teil C.*

---

**Abb. B-1** Drei Bereiche der Marketinganalyse
1a: Marketinganalyse aus Sicht des Betriebes (Erweiterung der Sichtweise)
1b: Marketinganalyse von Umfeld zum Betrieb (Einengung der Sichtweise)

# 1 Die touristischen „Umwelt"- oder „Umfeld"bedingungen

## 1.0 Übersicht Kapitel B.1

Als erster Bereich der touristischen Marketinganalyse werden die allgemeinen Umfeldbedingungen betrachtet. Sie beziehen sich im wesentlichen auf die allgemeinen gesellschaftlichen Einflußgrößen auf das betriebliche Marketing. Dies ist zum einen die eher statische Analyse der Gesamtheit der – relevanten – Einflußgrößen im Sinne einer ganzheitlichen Betrachtung des touristischen Marketing. Zum anderen ist für ein zukunftsorientiertes touristisches Marketing auch die Entwicklung der Einflußgrößen und damit eine dynamische Umfeldanalyse notwendig, was eng mit Trend- oder Zukunftsanalysen zusammenhängt.

Im einzelnen werden nach einigen grundsätzlichen Vorbemerkungen (B.1.1) verschiedene systematische (B.1.2) und kreative Verfahren (B.1.3) für das touristische Umfeld und seine Entwicklungsmöglichkeiten aufgezeigt.

Ergänzend zu der vor allem zukunftsorientierten Umfeldanalyse in diesem Kapitel B.1 können einige Aussagen zum ganzheitlichen Marketing aus Abschnitt A.3.5 hinzugezogen werden.

---

**Ziele des Kapitels B.1**

*Es werden die verschiedenen Methoden zur Umfeldanalyse im Tourismus behandelt, wie:*

- *systematische Verfahren,*
- *intuitive Verfahren.*

*Auf ihrer Grundlage sollte als Ausgangspunkt für jedes touristische Marketing eine ganzheitliche und dynamische Umfeldanalyse erfolgen, wofür im Tourismus vor allem sechs Bereiche (Module und/oder Megatrends) analysiert werden den sollten:*

- *Einkommen, Wohlstand, Konjunktur,*
- *Arbeitszeit und Freizeit, Wertewandel,*
- *Mobilität und Verkehr,*
- *Technologie und Kommunikation,*
- *Ressourcen (Bevölkerung, Ökologie),*
- *„Industrialisierung" bzw. Ökonomisierung des Reisens.*

---

## 1.1 Grundlagen der Umfeldanalyse

Der am breitesten angelegte Analyseteil der Informationsphase beschäftigt sich mit den sogenannten Umwelt- oder Umfeldbedingungen für das Marketing. Die in der älteren Marketingliteratur noch weitverbreitete Bezeichnung „Umwelt"-

analyse sollte im modernen Marketing besser durch den Begriff „ **Umfeldanalyse**" ersetzt werden, da „Umwelt" vermehrt durch ökologische Inhalte besetzt ist. Innerhalb der Marketingforschung kommt die sogenannte „Umwelt- oder Umfeldanalyse" oft zu kurz. Einer der Gründe dafür ist sicherlich, daß dieser Bereich nur sehr schwer systematisch zu erfassen ist; die Umfeldanalyse bewegt sich nach Meinung von Marketingexperten zwischen „Kunst und Wissenschaft" (KOTLER). Trotzdem – oder gerade deswegen – kommt diesem Bereich als Ausgangspunkt des Marketing eine große Bedeutung zu.

Die Notwendigkeit der Umfeldanalyse ergibt sich aus der Zukunftsbezogenheit und der daraus resultierenden Unsicherheit von Marketingentscheidungen. Sie erfordert eine Berücksichtigung der – vorhandenen oder potentiellen – Einflüsse der verschiedenen Umfeldbereiche, in denen sich der jeweilige Betrieb bzw. dessen Marketingaufgaben bewegen. Es interessieren hierbei beispielsweise die Einflußmöglichkeiten der politischen, soziologischen, geographischen, (gesamt)wirtschaftlichen, ethischen, technischen, nationalen oder internationalen Gegebenheiten und Entwicklungen auf die jeweilige Marketingaufgabenstellung. Daraus sind wichtige gegenwärtige und zukünftige Trends, sog. **Mega-, Makro- und Mikrotrends**, für das betriebliche Marketing abzuleiten.

Umfeldanalysen haben sowohl eine **statische** als auch eine **dynamische Dimension**. Beide Überlegungen zusammen ergeben die marketingrelevanten Aussagen zu Chancen und Risiken sowie zu Stärken und Schwächen des jeweiligen Betriebes in bezug auf die Umfeldbedingungen und -trends.

- Bei der **statischen Betrachtung** wird das gesamte betriebs- und marketingrelevante Mikro- und Makroumfeld analysiert. Dieser Ansatz ist eher global angelegt (Global- oder Totalanalyse), erlaubt aber auch Aussagen für Teilbereiche (Partialanalyse).
- Bei der **dynamischen Betrachtung** werden vor allem Aussagen zur zukünftigen Entwicklung abgeleitet. Grundsätzlich sind Umfeldaussagen vorwiegend langfristig angelegt. Sie versuchen, Trends und Entwicklungen über einen Zeitraum von mehreren Jahren, gelegentlich länger, aufzuzeigen (meist drei bis zehn Jahren).

**(1) Statische Umfeldanalyse: ganzheitliche Betrachtung**

Üblicherweise wird als Umfeldanalyse die Wechselwirkung von betriebsexternen mit betriebsinternen Faktoren bezeichnet. Während in der Betriebswirtschaftslehre vor allem betriebsinterne Prozesse analysiert werden, so besteht Einigkeit, daß diese Prozesse nicht losgelöst von externen Entwicklungen und Einflußgrößen erfolgen können. Vor allem Marketing setzt sich mit den betriebsexternen Entwicklungen und mit ihren Wechselwirkungen im Hinblick auf den Betrieb auseinander.

Aus wirtschaftswissenschaftlicher Sicht wird in diesem Zusammenhang zumeist vom Mikro- und Makroumfeld des Betriebes gesprochen. Hierbei meint das

- **Mikroumfeld** vor allem die wirtschaftlich relevanten Einflußgrößen, wie Anbieter, Nachfrager, Zulieferer usw.
- Das **Makroumfeld** meint hingegen vorwiegend nicht-ökonomische Einflußgrößen, wie juristische, soziologische, medizinische, geographische Einflußfak-

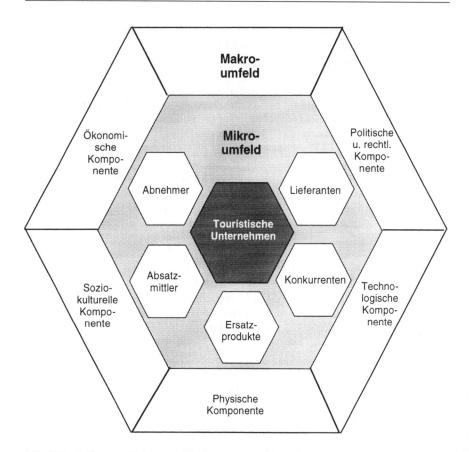

**Abb. B-2** Mikro- und Makroumfeld für Tourismusbetriebe

toren usw. Gerade im Tourismus als gesellschaftliche „Querschnittsdisziplin" kommt den Makroeinflußgrößen besondere Bedeutung zu (vgl. Abb. B-2).

So verstanden ist die Umfeldanalyse vor allem **statisch** ausgerichtet, d.h. sie erweitert lediglich die gegenwartsbezogene betriebliche Betrachtung um weitere Aspekte des Marktes und des gesamtgesellschaftlichen Umfeldes. Eine solche Betrachtung erfolgt ganz im Sinne des **ganzheitlichen Marketing** (vgl. A.3.5).

Im modernen Marketing stehen hingegen strategische, d.h. längerfristige und damit dynamische Aspekte im Vordergrund der Überlegungen. Hierfür sind weniger Aussagen zu gegenwartsbezogenen Umfeldaspekten, sondern zu zukünftigen Trends und Entwicklungen erforderlich. Damit steht bei der Marketinganalyse eine **dynamische Umfeldanalyse** im Mittelpunkt der Betrachtung.

**(2) Dynamische Umfeldanalyse: Trends, Prognosen und Szenarien**

Die Umfeldanalyse als dynamische Aufgabe versucht, aufgrund der Analyse vergangener Entwicklungen, Vorhersagen für die Zukunft zu treffen. Dazu ist sowohl die – vergangenheitsbezogene – Analyse und Interpretation von Entwicklungen notwendig als auch die – zukunftsbezogene – Prognose und Vorhersage zukünftig vermuteter Trends und Entwicklungen. Die Umfeldanalyse hat somit die Aufgabe, Zukunfts- und Entwicklungsmodelle zu interpretieren, gelegentlich – wenn solche nicht adäquat vorhanden sind – auch selbst zu entwickeln.

**(2a) Hintergrund: deterministische Wissenschaftsauffassung**

Die meisten Zukunftsforscher gehen von einer deterministischen Gesellschaftsauffassung aus, d.h. sie unterstellen, daß man die heutige und zukünftige Entwicklung auf Entwicklungen in der Vergangenheit zurückführen kann. Eine mögliche Zwischenstufe dafür ist, daß man Trends und Entwicklungen in der Gegenwart beschreibt und erklärt und sie mehr oder weniger deutlich für die Zukunft prognostiziert. – Ein anderer Standpunkt wären chaotische, anarchistische oder stochastische Gesellschaftserklärungen, die jegliche Gesetzmäßigkeit verneinen und alle Geschehnisse auf „Zufälle" zurückführen. Mit einer solchen Auffassung sind allerdings keinerlei systematische Aussagen möglich, außer vielleicht der, daß man **nichts** vorhersagen kann.

**(2b) Eintrittswahrscheinlichkeiten**

Die Fortentwicklung der Zukunftsforschung ist aus der traditionellen Prognosetechnik hervorgegangen, bei der versucht wird, möglichst eindeutige Beziehungen zwischen den Ausgangs- und Zielgrößen herzustellen (vgl. Abb. B-3):

● mit möglichst hoher Sicherheit: Eintrittswahrscheinlichkeit 0 oder 1,

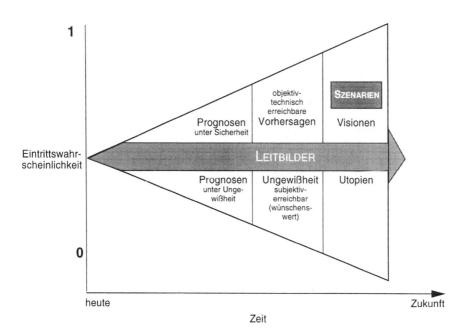

**Abb. B-3** Eintrittswahrscheinlichkeiten von Prognosen und Szenarien
(Quelle: FREYER 1996c: 27)

- unter Unsicherheit: den Situationen kann keine exakte Eintrittswahrscheinlichkeit zugeordnet werden – aber diese „Unsicherheit ist sicher", sie liegt zwischen O und 1 („Ungewißheit").

So haben sich auf der „sicheren Seite" der Zukunftsforschung Prognosen, Vorhersagen (die objektiv-technisch erreichbar sind) zu Szenarien und – relativ sicheren – Visionen entwickelt. Im eher unsicheren Bereich bewegen sich Prognosen unter Ungewißheit, die eher subjektiv erreichbare bzw. wünschenswerte Vorhersagen (z.B. der Futurologen) sowie – eher unwahrscheinliche – Utopien (griechisch: „das Land Nirgendwo") beinhalten.

**(2c) Einfluß der Trend- und Zukunftsforschung**

Die dynamische Umfeldanalyse im Marketing wurde vor allem von der sogenannten **Trendforschung** beeinflußt und geprägt. Hierbei kam es zu einer Abkehr vom eher linearen und statischen Denken im betrieblichen Mikrokosmos und einer Hinwendung zum dynamischen, komplexen und dialektischen Denken. Zu jedem Trend gibt es einen Gegentrend, zudem gibt es Brüche und Verstärkungen der Trends („Dialektik der Trends").

Nach Auffassung der Trendforscher sind Trends „zähflüssig" (OPASCHOWSKI 1995: 11), sie dauern in der Regel über fünf Jahre, „ansonsten sind es Moden" (HORX 1995: 11) „Trends müssen eine Verankerung in den soziokulturellen Tiefenströmungen haben" (ebd.).

Trends werden sowohl für die Gesellschaft als Ganzes untersucht, sog. Groß- oder **Megatrends** „mit einer Halbwertzeit von mindestens zehn Jahren" (HORX 1995: 13). Für den Tourismus interessieren insbesondere **Branchentrends**, wobei die Auswirkungen und Bedeutung der gesellschaftlichen Trends für die Tourismusbranche untersucht werden.

Die heutige touristische Trendforschung ist durch unterschiedliche Ansätze der allgemeinen Zukunftsforschung und der Futurologie geprägt. Dabei lassen sich vor allem drei Richtungen unterscheiden:

- **Die positive Futurologie**

Zum einen gibt es die populistisch orientierte Zukunftsforschung. Sie ist geprägt durch Beiträge amerikanischer Trend- und Zukunftsforscher, die sich in optimistischer Form mit der Zukunft auseinandersetzen. Hierbei besteht eine enge Verbindung zwischen objektiver Analyse und Aussagen zu wünschenswerten Zukunftssituationen („Futurologie"). Die zumeist positiven und sehr plastisch formulierten Aussagen dieser positiven Futurologen werden gerne von den Medien aufgegriffen, sie werden daher auch als journalistische Zukunftsforscher bezeichnet. Vor allem Autoren wie NAISBITT (Megatrends 2000), POPCORN (Popcorn Report) und in Deutschland GERKEN (Trends 2015), HORX („Trendbüro") usw. prägen die futuristische und populistische Zukunftsdiskussion (vgl. auch BOLZ/BOSSHART 1995, BECKER u.a. 1995, MODIS 1994, RUST 1995).

Dabei beschäftigen sich diese Autoren vorwiegend mit allgemeinen gesellschaftlichen Trends und Entwicklungen und treffen nur indirekt Aussagen für den Tourismus. Doch auch Tourismus- und Freizeitforscher lehnen sich mit ihren Aussagen gerne an die zahlreichen Trends und Zukunftsvisionen an. Ähnlich wie die gesamte Konsumwelt durch immer neue Moden und Trends geprägt ist, z.B. von den Life-Style-Typen der Yuppies, der Hedonisten und der Gefühls- und Erlebniskonsumenten, werden auch im Tourismus Erlebniswelten, Center Parks und der „Freizeitpark Deutschland" formuliert (vgl. OPASCHOWSKI 1992).

- **Gesellschaftskritische Zukunftsforschung**
  Ein zweiter Bereich der Zukunftsforschung ist eher pessimistisch sowie sozial- und kulturkritisch geprägt. Hier sind es vor allem westeuropäische Zukunftsforscher, die sich mit den – vorwiegend negativen – Folgen der gesellschaftlichen und touristischen Entwicklung auseinandersetzen.

  Es begann mit dem „Club of Rome", der bereits 1967 vor den „Grenzen des Wachstums" warnte. Im Tourismus fand diese Sichtweise ihre Entsprechung in kritischen Beiträgen in den 70er und 80er Jahren zu den negativen Auswirkungen des Tourismus in die Dritte Welt sowie daran anschließend zu den negativen ökologischen Folgen. Der „sanfte, andere, einsichtige" und – seit der Konferenz von Rio – der „nachhaltige" Tourismus liegt im Trend. JUNGK 1980 fragte „Wieviel Touristen pro Hektar Strand?" und formulierte erste Ansätze des sanften Tourismus. KRIPPENDORF beleuchtete kritisch die „Ferienmenschen" (1984) und ihren negativen Einfluß auf Landschaft und Sozialstruktur (1975: „Die Landschaftsfresser"): „Was der Tourist auch tut, er tut es immer falsch": der lächerliche, einfältige, häßliche, kulturlose, ausbeuterische, umweltverschmutzende Tourist (vgl. KRIPPENDORF 1984, S. 94f).

  Aber auch hinsichtlich des nachhaltigen Tourismus werden bereits kritische Stimmen laut, die eine „Massenbewegung des sanften Tourismus" vorhersehen, wodurch wiederum die „Sanftheit" verlorengehen wird (vgl. KIRSTGES 1996).

- **Die marketingorientierte Trendforschung**
  Neben der eher medienorientierten sowie gesellschaftskritisch ausgerichteten Zukunftsforschung bemühen sich auch immer mehr Tourismusexperten um eine wissenschaftlich fundierte Zukunftsforschung. Solche Ansätze sind vorwiegend marketingorientiert und versuchen mit den Methoden der Markt- und Marketingforschung, sich der Zukunft des Tourismus zu nähern.

  Es wird das touristische Marktumfeld analysiert („Umfeldanalyse"), es werden Reiseverhaltensanalysen sowie Motiv- und Meinungsbefragungen bei den Gästen durchgeführt und mit Expertenmeinungen verbunden.

  Die marketingorientierte Trendforschung bezieht sich vor allem auf die Beschreibung und Vorhersage des Konsumentenverhaltens. Der hybride bzw. gespaltene Tourist, der sowohl Billigangebote („Last-Minute") als auch teure neigungstouristische Reisen wahrnimmt, tritt zunehmend in den Mittelpunkt der Forschung.

**Drei mögliche Trendentwicklungen**

Bei der im folgenden zugrundegelegten deterministischen Auffassung sind grundsätzlich drei Arten von Trendentwicklungen möglich (vgl. Abb. B-4):

- Trends können sich als **permanente** Entwicklung darstellen, die sich über alle Stufen, also Vergangenheit, Gegenwart und Zukunft, gleichmäßig erstrecken.

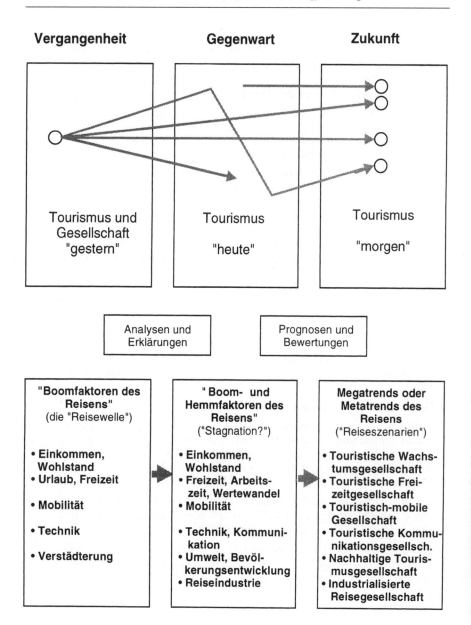

**Abb. B-4** Touristische Umfeldanalyse: Von „Boomfaktoren" und „Megatrends" zu „Reiseszenarien"
(Quelle: FREYER 1991b: 5)

- Zweitens besteht die Möglichkeit, daß sich heute bzw. in der Vergangenheit Andeutungen für Trends zeigen, die sich möglicherweise bereits heute **verstärken** und in der Zukunft erst so richtig zum tragen kommen.

- Eine dritte Möglichkeit wäre, daß Trends und Entwicklungen, die man gestern oder heute als bedeutsam feststellt, **"versiegen"** und in der Zukunft unbedeutend sein oder sich mit einem „Knick" oder mit „Sprüngen" ganz anders als bisher fortsetzen werden.

**(3) Die touristische Umfeldanalyse**

Für die touristische Umfeldanalyse werden **ganzheitliche** (statische) und **dynamische** Aspekte zumeist miteinander verbunden. Die touristische Umfeldanalyse betrachtet vor allem die zeitliche Entwicklung folgender Umfeldfaktoren:

- **lokale Gegebenheiten:** Einzugsbereich, Bevölkerungsstruktur, Lage, Klima usw.,

- **gesamtwirtschaftliche Entwicklung:** konjunkturelle Situation (Aufschwung-/Abschwungerwartung oder konjunkturelle (Un-)Abhängigkeit der eigenen Produktion), Einkommenssituation einschließlich der Arbeitslosigkeit als Indiz für das generelle Nachfrageverhalten nach Reisen, Preisniveau und Inflation im In- und Ausland sowie die außenwirtschaftliche Situation (Nachfrage nach Auslandsreisen),

- **allgemeine Reisetrends:** Rückgang oder Anstieg des Reisens, verändertes Verhalten in bezug auf Urlaub, Freizeit und Reisen,

- **technische Entwicklung:** neue Technologien für den Betrieb und im Hinblick auf Absatzmöglichkeiten/Vertriebswege bei den Nachfragern (z.B. CRS),

- **Ressourcenentwicklung:** veränderte ökologische Gegebenheiten, Bevölkerungsentwicklung und Stadt-Land-Beziehungen,

- **politische und juristische Umfeldbedingungen:** veränderte Gesetze und politische Strukturen.

Die Umfeldanalyse im Tourismus wird zumeist unter dem Obertitel „Tourismus 2000", „Reisetrends der Zukunft" oder ähnlichen Bezeichnungen diskutiert (vgl. Abb. B-4). Traditionell wurde überwiegend von „Boomfaktoren des Reisens" gesprochen (vgl. KRIPPENDORF 1984, FREYER 1995a: 14ff), wobei die touristischen Zuwachsraten der Vergangenheit auch für die Gegenwart und Zukunft als zutreffend angesehen werden.

Erst mit aufkommenden Stagnationstendenzen im Tourismus wurden neue Entwicklungen, wie Wertewandel, Umweltprobleme und die Reiseindustrie zur Erklärung der Gegenwart und für zukünftige Prognosen aufgenommen. Die neuesten touristischen Zukunftsvorhersagen – auf der Schwelle zum 3. Jahrtausend – verwenden zumeist die Szenario-Technik und sprechen von verschiedenen „Reiseszenarien".

Eine ausführliche Darstellung der verschiedenen aktuellen und zukünftigen Tourismustrends findet sich in Abschnitt B. 1.4.

**(4) Die Methoden: Zwischen Kunst und Wissenschaft**

Zur Erfassung der marketingrelevanten Umfeldtrends lassen sich methodisch zwei Richtungen unterscheiden; sie sind zum Teil nicht klar von verwendeten Me-

thoden der Marktforschung i.e.S., speziell von der Nachfrageforschung, zu trennen:
- systematische Verfahren (vgl. B. 1.2),
- kreative oder intuitive Verfahren (vgl. B.1.3).

Beide Verfahren dienen sowohl dazu, gegenwärtige Einflüsse der Umfeldbedingungen auf das betriebliche Marketing aufzuzeigen (zu analysieren) als auch zukünftige Trends und deren Bedeutung abzuleiten (zu prognostizieren). Doch im momentanen Tourismus-Marketing finden diese in der modernen Marketing-Management-Methode üblichen und verbreiteten Verfahren der Marketingforschung noch wenig Anwendung. – Im folgenden werden einige der heutigen Analysemethoden für den Umfeldbereich des modernen Marketing-Management aufgezeigt und ihre Bedeutung für die touristische Marketing-Forschung erläutert.

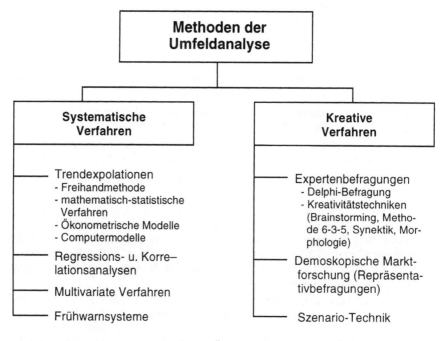

**Abb. B-5** Methoden der Umfeldanalyse (Übersicht)

## 1.2 Umfeldanalyse mit Hilfe systematischer Verfahren

In bezug auf die Umfeldanalyse unterstellen systematische Verfahren klare, mathematisch darstellbare Zusammenhänge zwischen der bzw. den untersuchten Größe(n) und anderen erklärenden Variablen. Meist werden Entwicklungen aus der Vergangenheit für die Zukunft hochgerechnet und/oder ihr Einfluß für momentane Tatbestände aufgezeigt.

Die Palette der systematischen Verfahren der Marketing-Forschung reicht von einfachen „Freihandmethoden" bis hin zu mathematisch aufwendigen und anspruchsvollen multivariaten Verfahren der Entwicklung von umfassenden Prognose- und Entscheidungsmodellen (ökonometrische Modelle, Operations Research).[1]

### 1.2.1 Trendanalysen und -expolationen

Sehr verbreitet sind Trendanalysen und -expolationen. Man geht dabei von der Erfahrung in der Vergangenheit aus, sucht nach Gesetzmäßigkeiten („Trends") und projiziert sie in die Zukunft. Hierbei verzichtet man auf eine Analyse der einzelnen Ursachenkomponenten und faßt alle Einflußgrößen zu einem „Ursachenkomplex" zusammen.

Ein sehr einfaches Verfahren hierbei ist die „Freihandmethode", die aufgrund einer graphischen Darstellung vorhandene Kurven „verlängert". Für die exakte mathematisch-analytische Trendexpolation bedient man sich verschiedener Methoden, z.B. die der „gleitenden Durchschnitte", der „kleinsten Quadrate" oder der „Maximum-Likelyhood-Methode", die alle vom gleichen Grundsatz ausgehen. Es wird die Verteilung einer erhobenen Stichprobe (z.B. eine Befragung zu zukünftigen Urlaubswünschen) bezüglich eines oder mehrerer Parameter (z.B. Reiseformen oder Destinationen) und deren Eintrittswahrscheinlichkeit geschätzt (zur exakten Berechnung der Methoden siehe z.B. BAMBERG/BAUR 1993).

Damit lassen sich prognostische Aussagen über die zukünftige Entwicklung – innerhalb gewisser Grenzen – treffen.

**Beispiel Tourismus:**
- Stellt man z.B. für die gesamte Bundesrepublik fest, daß seit Jahren immer mehr Menschen im Urlaub eine Reise unternehmen, so könnte man daraus folgern, daß dieser „Trend" auch für alle Bundesländer oder auch andere Industrienationen zutrifft (Trendanalyse) und auch für die Zukunft ein weiterer Anstieg zu erwarten ist (Trendexpolation). Für die Ursachen bzw. für die einzelnen Einflußgrößen dieses Trends interessiert man sich dabei nicht. Vgl. auch Abb. B-7.

### 1.2.2 Regressions- und Korrelationsanalyse

Regressions- und Korrelationsanalysen sind ebenfalls statistische Verfahren zur Ursachenanalyse und für die Prognose. Sie interessieren sich für die statistisch-

---

[1] Die meisten der hier im Zusammenhang mit der Umfeldanalyse beschriebenen systematischen Verfahren finden auch als Auswertungsmethode im Rahmen der Marktforschung Verwendung (vgl. dazu B.2.5).

kausalen Zusammenhänge von verschiedenen Größen oder Zeitreihen. Dabei geht es vor allem um die Feststellung und spätere Erklärung mathematischer Beziehungen zwischen mindestens zwei Merkmalen. Mit Hilfe der Regressionsanalyse werden Werte einer sog. „abhängigen Variablen", z.B. das Reiseverhalten (wie Reisehäufigkeit, Nutzung von Verkehrsmitteln usw.) aufgrund der Werte einer oder mehrerer sogenannter „unabhängiger" Variablen, z.B. des Einkommens oder der sozialen Stellung, zu erklären bzw. zu prognostizieren versucht. Es wird ein sachlogischer Zusammenhang zwischen der abhängigen und der oder den unabhängigen Variablen aufgezeigt. Die Richtung des Zusammenhanges (der Abhängigkeit) ist eindeutig, also nicht umkehrbar (vgl. MEFFERT 1992: 247).

Wird nur eine Einflußgröße angenommen, spricht man von „einfacher Regressionsanalyse", werden mehrere unterstellt, von „multipler Regressionsanalyse". Korrelationsanalysen bestimmen die Stärke des Zusammenhanges, nicht jedoch die Abhängigkeit, zwischen den Variablen über den sog. Korrelationskoeffizienten. Werden gegenseitige Einflüsse unterstellt, handelt es sich um „multiple Korrelationsanalysen".

**Beispiel Tourismus:**
- Typische Fragestellungen, die mit Hilfe von Regressionsanalysen untersucht werden, sind z.B.: Wie ändert sich das Reiseverhalten, wenn das Einkommen um 10 Prozent steigt? Haben Persönlichkeitsmerkmale, wie z.B. Ängstlichkeit, Rigidität oder Sensation-Seeking, Einfluß auf das Reiseverhalten?

### 1.2.3 Multivariate Verfahren

Werden mehrere miteinander in Beziehung stehende Variablen analysiert, spricht man von multivariaten Auswahlverfahren. Es werden an einer Vielzahl von Merkmalsträgern (Reiseformen, Destinationen, Urlauber etc.) mehrere Variablen gemessen, die zur Beantwortung differenzierter Fragestellungen **gleichzeitig** ausgewertet werden.

Bezogen auf die Regressionsanalyse geht man dabei analog zum vorherigen Beispiel vor, berücksichtigt aber mehrere Einflußfaktoren, z.B. den Einfluß von Einkommen und Wohnort oder von Ängstlichkeit und Rigidität auf das Reiseverhalten. (Vgl. als Beispiele für die Vorhersage der touristischen Nachfrage mit Hilfe der multiplen Regressionsanalyse SMERAL 1985 und WITT/MARTIN 1985).

Der Vorteil multivariater Verfahren ist, daß alle problemrelevanten Variablen gleichzeitig in die Datenanalyse einbezogen werden und diese zu einem gemeinsamen Ergebnis kommen. Zu beachten ist, daß sich die einzelnen Verfahren bezüglich des erforderlichen Meßniveaus der Variablen sowie der der Fragestellung zugrundeliegenden Problemstellung deutlich unterscheiden (vgl. DREIER 1994: 269).

Um die einzelnen multivariaten Verfahren einzuordnen, bietet sich eine Unterscheidung in primär strukturen-entdeckende sowie strukturen-überprüfende Verfahren an. Allerdings ist eine überschneidungsfreie Zuordnung nicht immer möglich (BACKHAUS u.a. 1995).

(1) Unter **strukturen-entdeckenden Verfahren** werden die Verfahren zusammengefaßt, welche in erster Linie Zusammenhänge zwischen Variablen oder Ob-

jekten entdecken sollen; im Ergebnis sollen neue Erkenntnisse über einen Datensatz enthalten sein. Im einzelnen sind dies:

- **Faktorenanalyse**
  Anwendung findet dieses Verfahren, wenn in einer Untersuchung eine Vielzahl von Variablen zu einer bestimmten Fragestellung erhoben wurde und überprüft werden soll, ob sich mehrere, zu einem Sachverhalt erhobene Merkmale auf einige wenige zentrale Merkmale – Faktoren – zurückführen bzw. verdichten lassen. Hinter einem Faktor verbirgt sich demnach ein ganzes Bündel von Variablen; es werden gleichzeitig mehrere Variablen in die Auswertung einbezogen. Eine Einteilung in abhängige und unabhängige Variablen wird bei der Faktorenanalyse nicht vorgenommen.
  
  **Beispiel:**
  - In einer Gästebefragung werden die Probanden nach der Zufriedenheit mit den angebotenen Leistungen gefragt. Werden beispielsweise Reisende nach den Leistungen ihres Urlaubsortes befragt, ergibt sich eine Vielzahl möglicher Antworten. Ziel der Faktorenanalyse ist es zu klären, ob die Leistungen (oder Variablen) unabhängig voneinander sind oder sich gegenseitig bedingen. Es lassen sich alle Variablen, in denen das Sportangebot/die Sportstätten der Destination beurteilt werden, zu dem Faktor „Sich Trimmen/aktiv sein" zusammenfassen. Dagegen lassen sich alle Variablen, die Erholung und Ausruhen beinhalten, beispielsweise zu einem Faktor „Abschalten" zusammenfassen. Alle Variablen, die sich gegenseitig bedingen, werden zu einem Faktor zusammengefaßt und von dem oder den Faktoren getrennt, die davon unabhängig sind.

- **Clusteranalyse**
  Im Gegensatz zur Faktorenanalyse erfolgt bei der Clusteranalyse eine Verdichtung auf der Objektebene: Es werden solche Objekte (Destinationen, Urlaubergruppen) zu einem Cluster zusammengefaßt, die aufgrund ihrer Beschreibungsmerkmale sehr ähnlich zueinander sind. Die Objekte eines Clusters sind demnach möglichst homogen zueinander, die einzelnen Cluster sollen dagegen möglichst heterogen sein. Bezogen auf eine Gästebefragung werden alle Urlauber zusammengefaßt, die ähnliche Ansprüche an den Urlaubsort haben oder denen ähnliche Kriterien für die Entscheidung der Urlaubsdestination wichtig sind.
  
  **Beispiel:**
  - Das Cluster der Erholungssuchenden, der Familien, der Aktiv-Urlauber.

- **Multidimensionale Skalierung** (MDS)
  Auch die MDS hat reduzierenden Charakter, allerdings handelt es sich um eine Gruppe von statistischen Verfahren. Es werden hier nur globale Ähnlichkeiten zwischen den Objekten erfragt, d.h. die Objekte werden nicht durch Variablen beschrieben. Ziel ist es, den Darstellungsraum zu reduzieren und die Ähnlichkeiten der einzelnen Objekte in einem möglichst engen Raum darzustellen. Anwendung findet dieses Verfahren, wenn nur geringe oder keine Vorstellungen über die Beschreibungsmerkmale von Objekten vorhanden sind. Im Ergebnis der MDS sind dann Informationen über mögliche Beschreibungsmerkmale enthalten. Eine mit der MDS zu lösende Fragestellung wäre z.B.:
  - Anhand welcher Kriterien wählt ein Konsument seine Urlaubsdestination aus?
  - Welche Merkmale machen ein Reisebüro für einen Kunden attraktiv?

(2) Bei den **strukturen-überprüfenden Verfahren** werden die vom Forscher vermuteten Zusammenhänge zwischen den Variablen überprüft und quantitativ abgeschätzt. Die einzelnen Verfahren unterscheiden sich vor allem durch das Skalenniveau der betrachteten Variablen. Grundsätzlich erfolgt bei allen strukturen-überprüfenden Verfahren eine Differenzierung in abhängige und unabhängige Verfahren:

- Bei der **Regressionsanalyse** wird der Zusammenhang zwischen einer abhängigen und einer oder mehreren unabhängigen Variablen untersucht, wobei alle Variablen metrisch skaliert sind.

- Die **Varianzanalyse** untersucht den Zusammenhang zwischen metrisch skalierten abhängigen und nominal skalierten unabhängigen Variablen. Die unabhängige Variable ist der Beobachtungswert, die abhängigen Variablen stellen Einflußgrößen dar, die diesen bedingen.

   **Beispiel:**
   - Durch welche Werbemaßnahmen (Mailing, Fernsehwerbung, Messeauftritte usw.) wird die Buchungshäufigkeit (entspricht dem Beobachtungswert, also der unabhängigen Variablen) für eine Destination am effektivsten beeinflußt?

- Die **Diskriminanzanalyse** dagegen untersucht den Zusammenhang zwischen nominal skalierten abhängigen und metrisch skalierten unabhängigen Variablen. Oft wird sie auch zur Überprüfung der mit Hilfe der Clusteranalyse gefundenen Objektgruppierungen angewendet (die dann als nominale Variablen betrachtet werden). Ein mögliches touristisches Anwendungsfeld wäre die Untersuchung, ob zwischen den mit Hilfe der Clusteranalyse gefundenen Gruppen signifikante Unterschiede bestehen, z.B. aufgrund ihrer Motive zur Wahl einer Urlaubsdestination oder bei der Wahl ihres Transportmittels.

   Werden zwei Gruppen auf Unterschiede hin untersucht, handelt es sich um eine einfache, werden mehrere Gruppen untersucht, dagegen um eine multiple Diskriminanzanalyse.

- Die **Kontingenzanalyse** untersucht die Zusammenhänge zwischen ausschließlich nominal skalierten abhängigen und unabhängigen Variablen. In Kontingenztabellen (auch Kreuztabellen) kann z.B. die Zufriedenheit der Befragten mit dem touristischen Leistungsangebot in Abhängigkeit vom Alter oder dem Geschlecht erfaßt werden.

- Die **Conjointanalyse** erklärt Zusammenhänge zwischen ordinal skalierten Variablen. Sie weist bezüglich des Anwendungsbereiches und der Methodik Ähnlichkeiten zur MDS auf, jedoch hat der Anwender Kenntnisse darüber, welche Eigenschaften für die Nutzen- oder Präferenzenbildung gegenüber bestimmten Objekten verantwortlich sind. Im Ergebnis hat der Marktforscher ein Set von Nutzenwerten, die einem Attribut (einer Objektbeschreibung) zugeordnet werden (vgl. PARASURAMAN 1986). Es wird die Wichtigkeit einzelner Produktmerkmale am Gesamtprodukt herausgestellt.

   **Beispiel:**
   - Es werden die Teilnutzenpräferenzen für einzelne Aspekte des umweltverträglichen Reisens von Probanden bewertet. Aufgrund der Gesamtheit der Einzelpräferenzen kann die grundsätzliche Bereitschaft der befragten Personen, umweltverträgliche Reisen zu buchen, errechnet werden.

- Sollen allerdings hypothetische Konstrukte (auch nicht meßbare Merkmale oder latente Variablen genannt) analysiert werden, findet der **LISREL-Ansatz der Kausalanalyse** Anwendung. Hierbei ist es notwendig, daß der Anwender Informationen darüber besitzt, wie sich die hypothetischen Konstrukte über meßbare Größen operationalisieren lassen, sowie über die Beziehungen, welche zwischen den latenten Variablen bestehen. Ein mögliches Anwendungsfeld ist die Überprüfung von Szenarien, solange eine operationalisierbare Datengrundlage vorhanden ist. Es könnten z.b. aus Urlaubswünschen für die Zukunft oder formulierten Bedürfnissen an den zukünftigen Urlaub konkrete Reiseformen herausgefiltert werden.

In der empirischen Praxis werden zur Auffindung von Kausalstrukturen allerdings häufig die Regressions- und Diskriminanzanalyse eingesetzt, was im Besonderen durch die Verfügbarkeit leistungsfähiger Rechner und Anwenderprogramme (z.b. SPSS) ermöglicht wird. Jedoch ist ein statistisch signifikanter Zusammenhang keine hinreichende Bedingung für das Vorliegen eines kausal bedingten Zusammenhanges. Daher ist es sinnvoll, die strukturen-überprüfenden Verfahren auch zur Überprüfung von theoretisch bzw. sachlogisch begründeten Hypothesen einzusetzen.

### 1.2.4 Frühwarnsysteme

Die Bedeutung von Umfeldeinflüssen, vor allem deren erhöhte Turbulenzen und die reduzierte Flexibilität von (Groß-)Unternehmen, haben zur Entwicklung sog. „Frühwarnsysteme" geführt. Sie sollen als „Sensoren-" oder „Indikatorensysteme" frühzeitig Veränderungen des betrieblichen Umfeldes signalisieren und rechtzeitig Aktionen und Reaktionen der Unternehmenspolitik und des Marketing ermöglichen.

Frühwarnsysteme können als Weiterentwicklung der traditionellen Umfeldanalyse bzw. als systematischer Einbau in das Marketing angesehen werden. Sie bedienen sich dabei u.a. der verschiedenen, zuvor aufgezeigten Analysemethoden. Sie gehen aber im neuesten Verständnis („Frühwarnsysteme der 3. Generation" oder „strategischer Radar") darüber hinaus, indem sie auch vermehrt qualitative Faktoren (vgl. Abschnitt B.1.3) berücksichtigen.

**Beispiele Tourismus:**
- Der Buchungseingang bei Reiseveranstaltern dient als Frühwarnindikator für die – späteren – Umsätze. Konjunkturelle Entwicklungen (Aufschwung oder Abschwung) lassen mit einer zeitlichen Verzögerung von ca. 1/2 Jahr eine ansteigende oder abnehmende Reisetätigkeit erwarten (vgl. Abb. B-6).
- Die Nachfrage nach Prospekten und Unterkunftsverzeichnissen in Fremdenverkehrsorten ist ein Frühwarnindikator für die später zu erwartenden Gäste.

### 1.2.5 Grenzen systematischer Analyseverfahren

Rein statistische Prognoseverfahren erscheinen aber für viele Bereiche des Tourismus nur begrenzt geeignet, da sie eine relativ stabile Verhaltensstruktur unterstellen. Reisen ist aber kein Naturgesetz oder gar dem Menschen angeboren, es beinhaltet nur begrenzt konstante Strukturen, die sich für Trendexpolationen oder andere Prognoseverfahren eignen. Das Reiseverhalten ist stark gesellschaft-

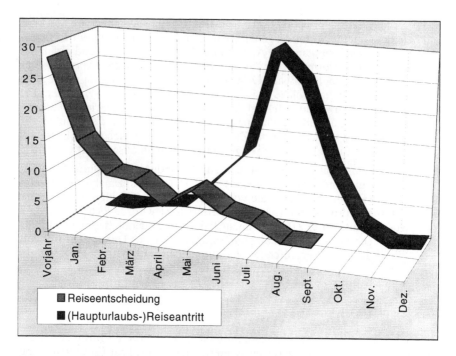

**Abb. B-6** Reisebuchung und Abreisetermin bei Pauschalreisen
(Quelle: FREYER 1995a: 85)

lich und individuell geprägt und führt entsprechend zu Brüchen, Treppen oder Sprüngen in der Entwicklung, die keine – oder nur sehr begrenzte – statistisch vorhersagbare Trends zulassen.

- **Beispiele** sind die innerdeutsche Grenzöffnung, die Öffnung der Grenzen und Märkte Osteuropas, das Ozonloch, veränderte Werte und Normen, Landschaftsausbeutung, plötzliche kriegerische Handlungen oder Bombenanschläge usw.

Zudem können rein statistische Interpretationen zu unrealistischen Aussagen führen. Ein einfaches **Beispiel** mag dies verdeutlichen:

- Analysiert man das Reiseverhalten der Deutschen anhand der Kennziffer „Reiseintensität", so erhält man – statistisch – eindeutige Trends und Prognosen für die Zukunft: der Anstieg der Reiseintensität in der Vergangenheit (von 28 Prozent (1960) über 41 Prozent (1970), 58 Prozent (1980), 67 Prozent (1990) auf 75 Prozent (2000)), läßt auch in Zukunft ein Ansteigen erwarten. Je nach unterstelltem Trend für die folgenden Jahrzehnte (Annahme 1: gleichmäßige Durchschnitte oder Annahme 2: abnehmender Trend, z.B. Halbierung (Hintergrund: 60er Jahre durchschnittlich 1,3 Prozent, 70er Jahre 1,7 Prozent, 80er Jahre 0,9 Prozent, Prognose: 90er Jahre 0,45 Prozent, 2000er Jahre 0,225 Prozent)) ergäben sich im Jahr 2000 80 Prozent/71,5 Prozent (Annahme 1/Annahme 2), für das Jahr 2010 93 Prozent/73,75 Prozent, für 2020 106 Prozent/75 Prozent Reiseintensität.

Beide Prognosen sind bei Berücksichtigung qualitativer Aspekte unwahrscheinlich bzw. unmöglich (Annahme 1). – Intuitiv-qualitative Prognosen könnten 60 bis 70 Prozent Reiseintensität als „Sättigungsgrenze" ansehen oder es

# 1. Die touristischen „Umwelt"- oder „Umfeld"bedingungen

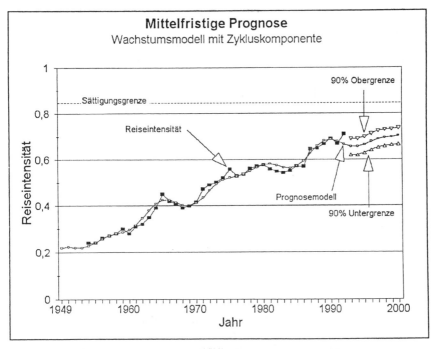

**Abb. B-7** Trendexpolation für die Reiseintensität
(Quelle: REISEANALYSE 1992:19)

ließen sich sogar Rückgänge vermuten, denn je mehr Touristen unterwegs und in den Urlaubsgebieten sind, desto weniger attraktiv wird eventuell das zukünftige Reisen in diese Gebiete.

## 1.3 Umfeldanalyse mit Hilfe kreativer und/oder intuitiver Verfahren

Bereits vorher war mehrfach darauf hingewiesen worden, daß systematisch-mathematische Verfahren der Marketingforschung für viele Fragestellungen nur begrenzt anwendbar sind. Insbesondere können sie viele der **qualitativen** Entwicklungen nicht mitberücksichtigen.

Hier können **kreative und intuitive Verfahren** helfen. Sie verbinden in der Regel fachliche Erfahrungen und Sachinformationen mit Phantasie, Wertungen und Kreativität. Grundsätzlich sind auch diese Verfahren wissenschaftlicher Natur, aber es überwiegt vielfach lediglich „gesunder Menschenverstand", „Fingerspitzengefühl" oder eine „gute Nase". Insofern werden Umfeld- und Zukunftsforscher oft auf eine Ebene mit Wahrsagern, Scharlatanen oder Handlesern gestellt und das darauf aufbauende Marketing als – unwissenschaftliches – „Bauch-Marketing" abgetan.

Doch in der Marketingforschung wird versucht, die bestehenden Unsicherheiten so weit wie möglich auszuräumen, auch wenn letztlich immer ein mehr oder weniger großer Bereich der Ungewißheit zukünftiger Entwicklungen bleiben wird.

### 1.3.1 Expertenbefragungen

Eine Möglichkeit der intuitiv-kreativen Marketingforschung im Rahmen der Umfeldanalyse bieten Expertenbefragungen. Auch hierbei werden meist Erfahrungen aus der Vergangenheit oder aus anderen Bereichen auf die jeweilige Fragestellung übertragen. In vielen Bereichen erfolgt dies unsystematisch, aber durchaus erfolgreich.

Darüber hinaus wird durch intuitiv-kreative Verfahren versucht, diese Möglichkeiten der Analyse und Prognose möglichst optimal zu entfalten. Die bekanntesten Verfahren sind das Brainstorming, die Synektik, die Methode 6-3-5, die Morphologie und die Delphi-Methode. Die ersten vier Verfahren werden auch als „**Kreativitätstechniken**" bezeichnet und dienen eher der Materialsammlung und Entscheidungsvorbereitung in kleineren Expertengruppen. Sie versuchen, durch spontane Einfälle, Intuition, Analogieschlüsse und Assoziationsverkettungen zu neuen Lösungen von Problemen zu kommen.

Häufiger wird hingegen die Delphi-Methode als strategisch-logisches Verfahren zur Ableitung von systematischen Zukunftsaussagen verwendet.

**(1) Kreativitätstechniken bei Expertenbefragungen**

Als Kreativitätstechniken gelten im einzelnen (vgl. als Übersicht Abb. B-8):

**(1a) Brainstorming:** Beim Brainstorming möchte man das kreative Potential der an der Ideenfindung beteiligten Personen möglichst vollständig ausschöpfen. Den Mitgliedern der Gruppen wird ein großer Freiraum bei der Äußerung ihrer Ideen zugestanden, so daß es auch zur Formulierung von – zunächst – ausgefallenen Ideen und Problemlösungsvorschlägen kommt. Damit das Prinzip des Brainstorming funktioniert, müssen sich die Mitglieder der Gruppe an einige „Spielregeln" halten:

- begrenzte Teilnehmerzahl (5 bis 12 je Sitzung),
- alle Teilnehmer sind gleichberechtigt (bzgl. der Sprechfolge),
- Quantität geht vor Qualität (**jede** Idee soll geäußert werden),
- Kritik an den Ideen der anderen ist untersagt,
- das Thema der Sitzung wird einige Tage im Voraus bekannt gegeben,
- Auswertung und Bewertung der Ideen finden in einer eigenen Sitzung statt.

Die geäußerten Ideen werden festgehalten und in einer späteren Sitzung auf ihr Problemlösungspotential hin analysiert. Der Vorteil dieser Methode liegt darin, daß in einer relativ kurzen Zeit eine Vielzahl von möglichen Problemlösungen formuliert wird. Da es das Ziel dieser Methode ist, möglichst viele Ideen zu gewinnen, ist die Erfolgsquote, gemessen an der Zahl der geäußerten Ideen, relativ gering.

**(1b) Methode 6-3-5:** Dieses Verfahren ist ähnlich dem Brainstorming, wird aber schriftlich durchgeführt („Brainwriting"): Sechs Teilnehmer schreiben jeweils drei Ideen oder Problemlösungsvorschläge zu einem Problem in fünf Minuten nieder. Diese Niederschriften werden anschließend ausgetauscht und um jeweils drei weitere Ideen ergänzt. Als Ergebnis stehen letztendlich 18 Lösungsideen von jedem der sechs Teilnehmer, also insgesamt 108 Vorschläge zur Verfügung.

Durch die schriftliche Form hat diese Methode den Vorteil, daß es kaum zu Diskussionen während der Durchführung kommt, die häufig für den Mißerfolg solcher kreativen Methoden verantwortlich sind.

**(1c) Synektik:** Diese Methode gilt als die „kreativste" Methode der Ideengewinnung. Das Verfahren beruht auf der systematischen Verfremdung des Problems mit Hilfe von Analogien, die durchaus aus anderen Bereichen stammen können. Die durch das Bilden von Analogien gefundenen Lösungen werden mit dem ursprünglichen Problem in Verbindung gebracht und daraus Lösungen für das eigentliche Problem entwickelt.

Bei der Durchführung dieser Methode ist es wichtig, daß die Teilnehmer (i.d.R. 5 bis 7) sich mit dieser Methode auskennen. Die einzelnen Schritte sollten auf einer Tafel visualisiert werden, damit sich alle Mitglieder in der selben Phase des Prozesses befinden.

**(1d) Morphologie:** Die morphologische Methode (auch bekannt als *morphologischer Kasten*) wird als Strukturanalyse begonnen: Es werden alle wichtigen Dimensionen des zu lösenden Problems isoliert, welche dann jeweils mehrere Lösungsmöglichkeiten zugeordnet bekommen. So lassen sich die jeweiligen Lösungen für die einzelnen, isolierten Problemdimensionen kombinieren und ergeben so einen kompletten Überblick über mögliche Lösungen, aus deren Gesamtheit die beste Lösung ausgewählt werden kann.

Im allgemeinen wird diese Methode in fünf Schritte unterteilt:

- möglichst allgemeine Problemdefinition,
- Zerlegung des Problems in seine, die Lösung beeinflussende Komponenten,
- Entwicklung des morphologischen Kastens: jedem Parameter werden Lösungsalternativen zugeordnet,
- die einzelnen Lösungsalternativen werden zu kreativen Lösungen kombiniert,
- aus den möglichen Lösungen wird die optimale ausgewählt.

### (2) Delphi-Befragungen im Tourismus

Die Delphi-Befragung ist eine mehrstufige schriftliche Befragung, bei der den befragten Experten in der nächsten Runde die Zwischenergebnisse der Vorrunden bekanntgegeben werden.

Meist werden drei Befragungsrunden durchgeführt. In der ersten Runde werden ausgewählte Experten um ihr Urteil und ihre Bewertung verschiedener fach-

| Kreativitätstechniken | | |
|---|---|---|
| **Technik** | **Vorteile** | **Nachteile** |
| Brainstorming | • hoher Ideenoutput<br>• kurzer Zeitbedarf<br>• Kreation neuer Problemlösungen<br>• positive Motivation der Teilnehmer | • Frustration bei Dominanz der Inhaber der Leitungsstellen<br>• Gefahr des Abgleitens in irrelevante Gebiete<br>• Geringe Verwertungsquote (ca. 5-10%) |
| Synektik | • Kreation neuer Problemlösungen<br>• kurzer Zeitbedarf<br>• Bewußtmachung psychischer Prozesse<br>• meist positive Motivation der Teilnehmer | • Mangelnde Mitarbeit vieler Teilnehmer infolge ungenügendem Enthemmungsvermögens<br>• Relevanz der Analogien nicht immer gesichert<br>• Psychologisch geschulter Moderator notwendig |
| Methode 635 | • Kreation neuer Problemlösungen möglich<br>• kurzer Zeitbedarf<br>• Denkprozeßsteuerung durch exakte Spielregeln<br>• vorwiegend positive Motivation der Teilnehmer | • Starres Schema engt Kreativitätsspielraum ein<br>• Schriftform begünstigt logisches Denkvermögen zu Lasten der Kreativität<br>• Zeitzwang behindert schöpferische Entfaltung |
| Morphologie | • Kreation neuer Problemlösungen denkbar<br>• Aufdeckung von bisher unbekannten Systemzusammenhängen auch individuell anwendbar, kein Zwang zur Gruppenbildung mit den damit verbunden Problemen | • Kein expliziter Gruppeneffekt<br>• Keine revolutionären Ideen zu erwarten, da Teillösungen zumeist bekannt<br>• Bei komplexeren Problemen ist das Verfahren ziemlich umständlich |

**Abb. B-8** Kreativitätstechniken
(Quelle: FREYER 1990: 59)

spezifischer Fragen gebeten, z.B. über die zu erwartende zukünftige Entwicklung des Tourismus. Dabei finden vor allem Bewertungsfragen und offene Fragen Verwendung.

**Beispiele:**
- Bewertungsfrage: „Wie schätzen Sie die touristische Entwicklung in den Neuen Bundesländern für die nächsten 10 Jahre ein?
  – hoch (Zuwächse über 10%)
  – mittel (ca. 5%)
  – gering (Stagnation oder Rückgang)
- Offene Frage: „Geben Sie die 5 wichtigsten Gründe an!"

Für die zweite und dritte Runde werden denselben Experten die wichtigsten Ergebnisse der ersten bzw. zweiten Runde vorgelegt und es wird um nochmalige Beantwortung der gleichen Fragen gebeten. Nach der dritten Runde erhält man meist ein qualifiziertes Expertenurteil über die touristische Entwicklung, wobei die Meinung mehrerer Fachleute einbezogen und Lernprozesse bei den Befrag-

# 1. Die touristischen „Umwelt"- oder „Umfeld"bedingungen

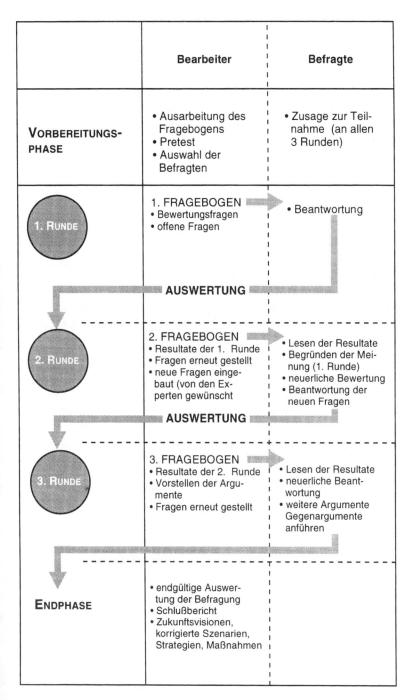

**Abb. B-9** Delphi-Methode
(Quelle: nach ZIMMERMANN 1992: 16)

ten ermöglicht worden sind. Extreme Einschätzungen und Prognosen können so relativiert und/oder beseitigt werden.

Vorteil der Delphi-Methode ist die relativ geringe Zahl der befragten Experten (in der Regel 50 bis 200) sowie die kombinierte Fachaussage von Experten. Nachteile sind aufgrund der Subjektivität der Bewertungen sowie des Einflusses unvorhersehbarer Ereignisse gegeben: „Die Delphi-Experten-Befragung, als Methode quantitativer und qualitativer Prognostik, scheint auf den ersten Blick für tourismusorientierte Zukunftsforschung optimal zu sein, aber auch diese Methode unterliegt Gegenwartsannahmen und kann unvorhersehbare Entwicklungen logischerweise nicht berücksichtigen und von diesen ad absurdum geführt werden." (ZIMMERMANN 1992: 64)

### 1.3.2 Demoskopische Marketingforschung

Sehr verbreitet ist die **demoskopische Marketingforschung**, bei der Analysen und Prognosen aufgrund von persönlichen Meinungen der Kunden, aber auch von Experten, erstellt werden. Sie werden überwiegend dort eingesetzt, wo systematische und quantifizierbare Verfahren nicht ausreichen oder sie werden zur Ergänzung von mathematischen Prognosen verwendet.

Bekannteste Beispiele im Tourismus sind die jährlichen Urlauberbefragungen, v.a. des Studienkreises für Tourismus (bis 1993, danach U+R) über die Reiseabsichten des nächsten Jahres oder die verschiedenen Studien des BAT-Freizeitforschungsinstituts über das Freizeit- und Reiseverhalten in der Zukunft („im Jahr 2000", vgl. REISEANALYSE, BAT versch. Jg.).

- Ein im Zusammenhang mit Zukunftsaussagen des Tourismus häufig zitiertes Ergebnis beruht auf einer repräsentativen Befragung von 2151 Personen aus dem Jahr 1990 hinsichtlich ihrer Urlaubswünsche und der entsprechenden Reiseformen (vgl. Abb. B-10).

Hauptproblem bei diesen demoskopischen Vorhersagen ist, daß es sich stets um momentane Absichtserklärungen handelt, wobei die (heutige) Absicht und das (morgige) Verhalten oftmals auseinanderfallen. Bei vorsichtiger Interpretation und unter Berücksichtigung weiterer Methoden können einige dieser Befragungsergebnisse durchaus Ansatzpunkte oder vage Hinweise für die zukünftige Entwicklung geben.

### 1.3.3 Szenario-Technik

Die umfassendste intuitiv-kreative Methode ist die Szenario-Technik, wo auf der Grundlage von systematischen und intuitiv-kreativen Verfahren Aussagen über die zukünftige Umfeldsituation, über die „Welt von morgen" versucht werden. Sie verbindet systematisch-explorative Ergebnisse mit subjektiv-normativen Einschätzungen.

Gegenüber der engeren Marketing-Forschung ist dies oftmals Aufgabe sogenannter „Zukunftsforscher" oder von „Zukunfts-Forschungsinstituten". Solche Vorhersagen gehen zumeist über den eigentlichen Prognoserahmen der Marketingforschung von ca. drei bis zehn Jahren hinaus und entwickeln Szenarien für die nächste oder übernächste Generation, also für einen Zeitraum von 20 bis 50 Jahren.

# 1. Die touristischen „Umwelt"- oder „Umfeld"bedingungen

| Trends im Tourismus | Charakteristika (Zustimmung in %) |
|---|---|
| 1. Trend zum Urlaubserleben in intakter Landschaft | "Im Urlaub lege ich großen Wert auf schöne Natur und saubere Landschaft. Feriengebiete mit verschmutzten Stränden und verbauter Landschaft meide ich." (91%) |
| 2. Trend zur Entspannung **und** Unternehmung im Urlaub | "Im Urlaub will ich beides: Ich möchte mich entspannen und zur Ruhe kommen, aber auch viel unternehmen und erleben." (87%) |
| 3. Trend zur Individualisierung der Reiseform | "Meine Urlaubsreise stelle ich mir ganz individuell zusammen. In der persönlichen Urlaubsgestaltung will ich frei und flexibel bleiben." (81%) |
| 4. Trend zu anspruchsvolleren Reiseangeboten (Qualitätstourismus) | "An meinen Urlaub stelle ich hohe Ansprüche. Qualität und Leistung müssen stimmen." (60%) |
| 5. Trend zum zweiten Zuhause | "Meine Ferienunterkunft muß geräumig, wohnlich und komfortabel sein." (54%) |
| 6. Trend zu sonnigen Reisezielen | "Ein Schlecht-Wetter-Risiko gehe ich ungern ein. Lieber eine Reise in den sonnigen Süden als zwei Reisen innerhalb Deutschlands." (46%) |
| 7. Trend zu mobilerem Reiseverhalten | "Im Urlaub brauche ich Abwechslung. Drei Wochen an einem Urlaubsort - das ist mir einfach zu langweilig." (37%) |
| 8. Trend zu kürzeren Reisen | "Ich verreise lieber kürzer, dafür öfter." (33%) |
| 9. Trend zu spontaneren Reiseentscheidungen | "Am liebsten verreise ich spontan, ohne Plan und Termindruck. Langfristige Urlaubsplanung mag ich nicht." (32%) |
| 10. Trend zur Urlaubsgestaltung mit Clubatmosphäre | "In Ferienanlagen mit Clubatmosphäre fühle ich mich besonders wohl." (22%) |

**Abb. B-10** Tourismustrends der 90er Jahre
(Quelle: BAT 1990: 54)

Bekannteste Beispiele sind die Vorhersagen des „Club of Rome" aus dem Jahre 1969 über die Entwicklung der Weltressourcen, von GALBRAITH (1967) über die moderne Industriegesellschaft ( 1967) oder Aussagen der verschiedenen Zukunftsforscher über „Megatrends 2000" oder die „Welt 2000" (vgl. z.B. KAHN 1980, NAISBITT 1986, GERKEN 1989, POPKORN 1992, BECKER u.a. 1995, HORX 1995, RUST 1995). Ähnlich umfassende Studien **für den Tourismus** liegen nicht vor, auch wenn an verschiedenen Stellen immer wieder ansatzweise versucht wird und wurde, Zukunftsszenarien für den Tourismus nach dem Jahr 2000 zu entwickeln (vgl. GDI 1985, DSF 1990, SMERAL 1994, OPASCHOWSKI 1991, KIRSTGES/MAYER 1991, FREYER 1991b, FREYER/SCHERHAG 1996).

**Ziel** der Szenario-Technik ist das Treffen von Aussagen über zukünftige Entwicklungen mit Hilfe subjektiver Einschätzung von Experten. Der **Grundgedanke der SzenarioTechnik** ist die Entwicklung von Zukunftsbildern oder -visionen, sogenannter **„Szenarien"** aufgrund von vergangenen, gegenwärtigen und zukünftig zu erwartenden Trends. Da Trendanalysen nicht immer rein statistisch in die Zukunft fortzuschreiben und zu prognostizieren sind, erfordert die Szenario-Technik vielfache Experteneinschätzungen (z.B. über die Delphi-Methode) und beinhaltet damit subjektive – und auch unsichere – Elemente. Vergangene und gegenwärtige Trends können sich grundsätzlich in der Zukunft verstärken, abschwächen oder gleich fortsetzen. Auch muß die Entwicklung nicht für alle Jahre gleich sein. Zudem sind zufällige Entwicklungen und Trendbrüche (z.B. Golfkrieg, Schlechtwetterperioden oder sich plötzlich ändernde Reisegewohnheiten) nicht vorhersehbar. Der übliche Vorhersagehorizont für Szenarien liegt zwischen 10 und 20 bzw. 30 Jahren.

Die Szenariomethode verbindet zudem die eingangs erwähnte ganzheitliche und dynamische Vorgehensweise der Umfeldanalyse im Marketing (vgl. Abschnitt B.1.1). Gerade im Tourismus – aber nicht nur dort – ist die Zukunftsvorhersage komplex und unsicher.

- **Tourismus ist komplex, ganzheitlich und vernetzt:** Die Komplexität stellt sich im Tourismus vor allem dadurch dar, daß Tourismus eine „Querschnittsdisziplin" ist, zu der viele Wissenschaftsbereiche beitragen. Entsprechend muß in der touristischen Zukunftsforschung komplex, vernetzt und ganzheitlich gedacht werden.

In Abb. B-11 ist dies im oberen Teil dargestellt, wo die komplexe Vorgehensweise mit Hilfe des ganzheitlichen modularen Grundmodells der Tourismuswissenschaft aus Abb. A-l 1 veranschaulicht wurde.

- **Unsichere und multiple Zukunftsforschung im Tourismus:** Auf der anderen Seite haben sich Vorhersagen als immer unsicherer erwiesen. Vorhersagen sind nicht treffgenau oder ein-eindeutig. Ganz im Gegenteil: sie sind ungenau, vielfältig, „multipel". Es läßt sich lediglich ein „Trefferfeld" festlegen oder – um in der Sprache des Tourismus zu bleiben – man weiß beim Start (heute) nicht, wo man (morgen) landet, aber man weiß bzw. vermutet in etwa das Landegebiet.

In Abb. B-11 wird dies im unteren Teil durch sogenannte Szenario-Trichter veranschaulicht (vgl. genauer B. 1.4.2).

Als Ergebnis dieser beiden Entwicklungen haben sich Szenarien bzw. die Szenario-Methode (oder das Szenario-Management, vgl. GAUSEMEIER/FINK/SCHLAKE 1995) herausgebildet, die eine der geeignetsten Methoden zur Zukunftsforschung

1. Die touristischen „Umwelt"- oder „Umfeld"bedingungen 141

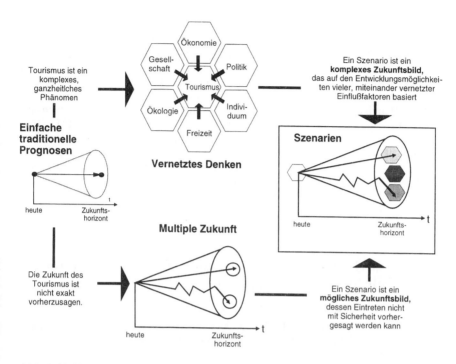

**Abb. B-11** Von der traditionellen Prognose zu ganzheitlichen Szenarien im Tourismus (Quelle: FREYER 1996c: 31)

darstellt, zumal sie - in einem weiten Verständnis - die meisten der anderen Methoden verbindet (vgl. genauer B.1.4).

**Einschätzung der Szenariotechnik**

„Mit Hilfe der Szenario-Technik wurde verschiedentlich versucht, auch für den Tourismus Zukunfts-Szenarien zu entwickeln. Doch wissenschaftliche Vorhersagen mit Hilfe von „Megatrends" und „Zukunftsszenarien" stehen in der Tourismusforschung erst am Anfang und sind daher noch sehr wenig entwickelt. Den meisten Tourismuswissenschaftlern und -praktikern sind Trendaussagen möglicherweise aufgrund der Fülle und Vielfalt der Einflußfaktoren zu komplex (Problem der „Vernetzung") oder zu vage (Problem der „Bewertung"). Die wenigen Tourismusexperten, die sich zur Zukunft des Reisens äußern, werden oft nicht ernst genommen und ihnen haftet der Ruch von Wahrsagern, Handlesern und Scharlatanen an. Ihre Aussagen sind mit einem hohen Maß an Wertungen, Kreativität und Intuition verbunden und lassen sich insofern leicht kritisieren. Kritiker müssen nur die unterstellten touristischen Trends und deren Auswirkungen anzweifeln und schnell kann die gegenteilige Meinung vertreten werden." (FREYER 1991b: 2)

In der Literatur wird häufig für eine Verknüpfung von Szenario-Technik und Delphi-Methode plädiert:

„Der Vorteil der Szenarien ist die Möglichkeit, gesellschaftspolitisch gewünschte Entwicklungen einzubauen, der Nachteil liegt in der oft fehlenden Exaktheit der Aussagen. Bezogen auf die Tourismusprojektion erscheint die Arbeit mit Szenarien nur dann sinnvoll, wenn die Annahmen von einer breiten Gruppe von Experten evaluiert werden und somit garantiert ist, daß eine Vielzahl von Erkenntnissen in der Szenarienformulierung enthalten ist sowie möglichst viele Rahmenbedingungen, Steuerungsfaktoren und interne Verflechtungen erkannt und berücksichtigt werden. Diese Ausführungen seien als Plädoyer für die Verknüpfung von Methoden der Szenario-Technik mit jenen der Delphi-Experten-Befragung verstanden, um einerseits die quantitativen und qualitativen Dimensionen für die Szenario-Technik methodisch einwandfrei zu erarbeiten und andererseits die Identifikation mit und die Umsetzung von Ergebnissen durch die Experten, die in der Gegenwart als Gestalter der Zukunft handeln, zu gewährleisten." (ZIMMERMANN 1992: 64f)

## 1.4 Exkurs: Umfeldanalyse und Zukunftsforschung im Tourismus mit Hilfe der Szenario-Methode

Wegen der häufigen Verbreitung für die touristische Umfeld- und Zukunftsforschung werden im folgenden die Szenariotechnik und vor allem die daraus abgeleiteten touristischen Zukunftsaussagen etwas ausführlicher dargestellt (vgl. ähnlich FREYER 1991b).

Üblicherweise werden bei der Szenario-Technik drei Schritte bzw. Teilüberlegungen unterschieden:

- Auswahl der Deskriptoren oder Szenariofeldanalyse (vgl. B.1.4.1),
- Bewertung der Deskriptoren oder Szenario-Prognostik (vgl. B.1.4.2) und
- Gewichtung der Einzelaussagen oder Szenario-Bildung („Gesamt- oder Mega-Szenarien", vgl. B.1.4.3).

### 1.4.1 Auswahl der Deskriptoren („Szenariofeld-Analyse")

Die gesellschaftliche Entwicklung ist durch zahlreiche Faktoren geprägt, von denen für die jeweilige Marketingaufgabe die relevanten herauszufiltern sind. Dieser erste Schritt der Szenario-Methode wird als Szenariofeldanalyse bezeichnet. Es werden aus der Fülle der möglichen Entwicklungen und Trends die wichtigsten Einflußbereiche herausgegriffen. Sie werden als **„Deskriptoren"** oder Trends, Megatrends, Einfluß-, Schlüssel- oder Boomfaktoren usw. bezeichnet. Gelegentlich werden sie noch weiter unterschieden nach:

- **unkritischen Deskriptoren:** für sie werden relativ stabile oder wahrscheinliche Entwicklungen vermutet,
- **kritischen Deskriptoren:** für sie erscheinen Vorhersagen problematisch. Zum einen sind sie relativ „anfällig" für Störfaktoren, zum anderen unterliegen sie einer stark subjektiven Einschätzung in Richtung Optimismus-, Pessimismus- oder Trendeinschätzung.

# 1. Die touristischen „Umwelt"- oder „Umfeld"bedingungen 143

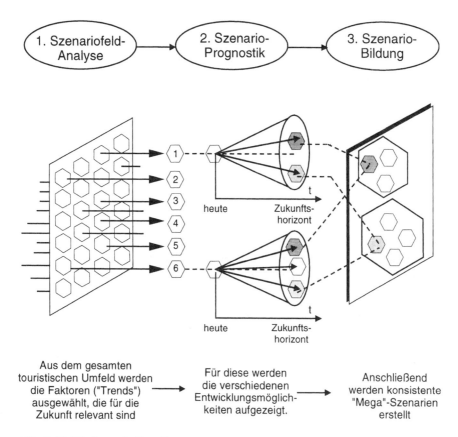

**Abb. B-12** Die Szenario-Erstellung
(Quelle: FREYER 1996c: 35)

**Im Tourismus** werden vor allem sechs große Deskriptoren oder Bereiche behandelt, die als Folge der Diskussion um Entwicklungs- oder „Boomfaktoren" des Tourismus entstanden sind. Über die meisten Bereiche herrscht weitgehend Einigkeit, wobei gelegentlich der eine oder andere Deskriptor als Ober- oder Unterfall in bezug auf andere Deskriptoren fungiert.

In der Vergangenheit hat man insbesondere von **„Boomfaktoren"** im Bereich Tourismus gesprochen, da die Entwicklung von einem permanenten Anstieg geprägt war (vgl. auch FREYER 1995a: 14ff). In der Bundesrepublik war es die **„Reisewelle"** der 50er und 60er Jahre – und auch in den 70 Jahren war die Tourismusindustrie ein „boomender" Wirtschaftsbereich. Die meisten Bereiche des Fremdenverkehrs waren reine Wachstumsbereiche. Doch in der jüngeren Vergangenheit und in der Gegenwart ist bereits ein Stadium eingetreten, bei dem wachsende, stagnierende und rückläufige Entwicklungen im Tourismus nebeneinander stehen. Entsprechend müßte man anstelle von Boomfaktoren eher von **„Boom- und Hemmfaktoren"** der Entwicklung sprechen.

Für den „Tourismus von morgen" verläßt man aber mehr und mehr die Diskussion um Boom- und Hemmfaktoren und geht zu einer Fragestellung über, die auch in der Gesellschaftswissenschaft und im ökonomischen Bereich eine zunehmende Rolle spielt und fragt nach gesellschaftlichen **„Megatrends"**. Sie beschreiben ähnliche Phänomene wie bisher die „Boom- (und Hemm)faktoren". Manche Autoren haben weitere, eigene Wortschöpfungen dafür, sie sprechen dann z.b. von „Metatrends" oder „Turbotrends" der Gesellschaft.

Für den Tourismus lassen sich die touristischen Umfeldtrends in sechs Gruppen systematisieren, die für jede Tourismusanalyse herangezogen und hinsichtlich ihrer jeweiligen Relevanz überprüft werden sollten (so z.B. ausführlich in FREYER 1991b):

- Deskriptor oder Megatrend 1: Wirtschafts- und Einkommensentwicklung,
- Deskriptor oder Megatrend 2: Entwicklung von Arbeitszeit und Freizeitwerten,
- Deskriptor oder Megatrend 3: Mobilität und Verkehr,
- Deskriptor oder Megatrend 4: Technik und Kommunikationswesen,
- Deskriptor oder Megatrend 5: Ressourcenentwicklung (Bevölkerung und Ökologie),
- Deskriptor oder Megatrend 6: Entwicklung der Reiseindustrie.

Bei manchen Untersuchungen kommen noch weitere Megatrends hinzu, z.B. im Rahmen der touristischen Transformationsprozesse der Megatrend „Politik und Recht", wobei üblicherweise die politischen Gegebenheiten ein feststehendes Datum sind.

Für die so „herausgefilterten" Gesellschafts- oder Branchentrends sind im nächsten Schritt die verschiedenen zukünftigen Entwicklungen aufzuzeigen und danach sind die Teiltrends oder -szenarien zu aufeinander abgestimmten Branchen- oder Gesamtszenarien zusammenzufügen. Am Ende der Untersuchung dieser Megatrends steht dann der Tourismus bzw. die touristische Gesellschaft der Zukunft, bestehend aus mehreren **„touristischen Zukunftsszenarien"**. Sie geben eine Vorstellung oder Vision von der Reisegesellschaft nach dem Jahr 2000 (vgl. Abschnitt B.1.4.2 und B.1.4.3).

### 1.4.2 Bewertung der Deskriptoren: allgemeine Trendaussagen („Szenario-Prognostik")

Im zweiten Schritt der Szenario-Methode werden für die abgeleiteten Deskriptoren Vorhersagen zur zukünftigen Entwicklung formuliert („Szenario-Prognostik"). Dabei sind sehr unterschiedliche Entwicklungsrichtungen und -wahrscheinlichkeiten möglich. Während bei den **unkritischen Deskriptoren** ziemlich wahrscheinliche Entwicklungen vermutet werden, sind bei den **kritischen Deskriptoren** eher unsichere Vorhersagen möglich. Ferner sind zahlreiche Zusammenhänge und Interdependenzen zwischen den Deskriptoren zu berücksichtigen.

Die Wissenschaft spricht von „Störvariablen", die feststellbare Trends immer wieder „von ihrem Wege abbringen". Hierzu sind Wahrscheinlichkeitsaussagen,

## 1. Die touristischen „Umwelt"- oder „Umfeld"bedingungen

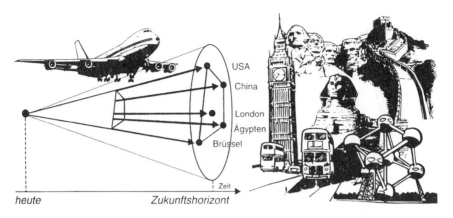

**Abb. B-13** Modell der multiplen Zukunft
(Quelle: GAUSEMEIER/FINK/SCHLAKE 1995:85)

Vermutungen sowie das Aufzeigen von Entwicklungsspektren notwendige Sichtweisen der Zukunftsforschung.
- Wer hätte vor dem 9. November 1989 vermutet, daß die innerdeutsche Grenze, daß der langjährige eiserne Vorhang zwischen West und Ost fällt oder, daß die beliebten Urlaubsregionen an der jugoslawischen Adria und im Hinterland in den 90er Jahren zu einem Kriegsschauplatz werden?

Am häufigsten finden **„Trichtermodelle"** bzw. Modelle der „multiplen" Zukunftsvorhersagen Verwendung. In einer abgeschwächten Form werden maximale und minimale Entwicklungsmöglichkeiten aufgezeigt, es werden Optimismus-, Pessimismus- und Realismusvarianten entwickelt.

Für die Szenario-Technik werden im folgenden die verschiedenen Möglichkeiten über die Entwicklung der Deskriptoren in drei Gruppen eingeteilt und dabei vor allem die Extreme (und ein „Mittelwert") dargestellt:

- **Das Optimismus-Szenario** weist auf die Entwicklungsmöglichkeiten hin, die dann eintreten können, wenn jeweils die optimistische Variante der Entwicklung eintritt – und wenn die Vorschläge einer aktiven Tourismus- oder Marketingpolitik wie beabsichtigt eintreten. Motto: „in Zukunft wird alles besser werden".

- **Das Pessimismus-Szenario** geht auf der anderen Seite von der ungünstigsten Entwicklungsvariante aus – ferner wird zumeist unterstellt, daß die Vorschläge der Tourismus- oder Marketingpolitik nicht wie erwünscht eintreffen oder daß unvorhergesehene bzw. als unrealistisch eingeschätzte Ereignisse und Entwicklungen eintreffen. Motto: „in Zukunft wird alles schlechter werden".

- **Das Realismus- oder Trend-Szenario:** hier werden die Entwicklungen aufgezeigt, von denen man vermutet, daß sie am wahrscheinlichsten eintreffen werden. Oftmals werden dabei die momentanen Trends weitgehend fortgeschrieben, allerdings sind auch – wahrscheinliche – Veränderungen mitzuberücksichtigen. Das Trend-Szenario setzt weitgehende Stabilität der Entwicklung voraus

(Motto: „in Zukunft wird sich nicht viel ändern") und kann damit als „konservative Vorhersage" angesehen werden. Eine entsprechende Entwicklung geht zumeist von keiner aktiven Tourismus- oder Marketingpolitik aus.

Diese drei Szenarien können grundsätzlich für alle Deskriptoren entwickelt werden, womit sich im Falle von sechs Hauptdeskriptoren sechs mal drei Teilszenarien ergeben (vgl. Abb. B-18). Unter Berücksichtigung von Querverbindungen und Zwischenaussagen in bezug auf die Extremszenarien sind noch zahlreiche weitere Szenarien möglich.

Im folgenden findet sich eine kurze Übersicht über wesentliche touristische Trendaussagen im Hinblick auf die sechs zuvor benannten Deskriptoren (vgl. ausführlicher u.a. FREYER 1991b, KIRSTGES/MAYER 1991, SMERAL 1994, OPASCHOWSKI 1991).

**(1) Deskriptor Wirtschaftsentwicklung** (Einkommen und Wohlstand)

Einer der wichtigsten Faktoren für den gestiegenen Tourismus in den letzten Jahren war der Anstieg von Einkommen und Wohlstand. Der häufigste Indikator hierfür ist das (Brutto-)Sozialprodukt, das sich in der Bundesrepublik Deutschland seit 1950 real etwa versiebenfacht hat. Für die westlichen Industrienationen geht man bis zum Jahr 2000 von einem durchschnittlichen Wirtschaftswachstum von 2,5% aus, das auch in den Jahren danach nur wenig abflachen wird.

Mit steigenden Einkommen ist in der Vergangenheit auch ein permanenter – und meist überproportionaler – Anstieg der Reisetätigkeit verbunden gewesen. Diese Korrelation bzw. Kausalität wird auch für die Zukunft vermutet. Nach wie vor zählt der Tourismus zu den hoffnungsvollsten Wachstumsbranchen und er wird auch in Zukunft eher überproportional vom weltweiten Wachstum profitieren. Dabei wird sich die touristische Wachstumsgesellschaft in Zukunft sehr unterschiedlich entwickeln. Weltweit wird in optimistischen Schätzungen ein Anteil des Tourismus auf 8 bis 10% des Welt-BSPs prognostiziert (zum Vergleich: Anteil in der Bundesrepublik derzeit ca. 4 bis 5%).

Pessimistische Schätzungen verweisen hingegen auf die seit Jahren real stagnierenden Reiseausgaben und auf die kaum mehr steigerbare Reisetätigkeit in vielen westlichen Industrienationen. Nach dieser Auffassung werden Einkommensrückgänge vorrangig zu Lasten des Reisens gehen, es wird in Zukunft eine „touristische Stagnationsgesellschaft" geben.

- So läßt sich in Deutschland ein enger Zusammenhang zwischen Konjunkturentwicklung und Reisen feststellen: In rezessiven Phasen ging meist auch die Reisetätigkeit zurück – mit einem time-lag von ca. 6 Monaten. Weniger deutlich zeigten sich Zusammenhänge zwischen Wachstumsanstieg und Reisetätigkeit (vgl. FREYER 1986, BLEILE 1992).

Je nach Einschätzung der gegenwärtigen und zukünftigen Wirtschaftsentwicklung und der damit zusammenhängenden Reisetätigkeit ergeben sich die folgenden drei Szenarien:

- **Trend-Szenario:** Ein Trend- oder Realismus-Szenario geht von ähnlicher Entwicklung der Reisetätigkcit wie in der Vergangenheit aus. Dies würde für die Bundesrepublik Deutschland durchschnittliche Zuwächse zwischen 3-5% für den Tourismus bedeuten.
- **Optimismus-Szenario:** Aber noch immer sind in vielen Ländern die Wachstumsressourcen der touristischen „Wegfahrgesellschaft" nicht annähernd genutzt, so daß weltweit eine – optimistische – Schätzung von 8-10% touristischen Wachstums als durchaus realistisch anzusehen ist. Ferner zeigen sich in den meisten touristisch entwickelten Ländern

# 1. Die touristischen „Umwelt"- oder „Umfeld"bedingungen 147

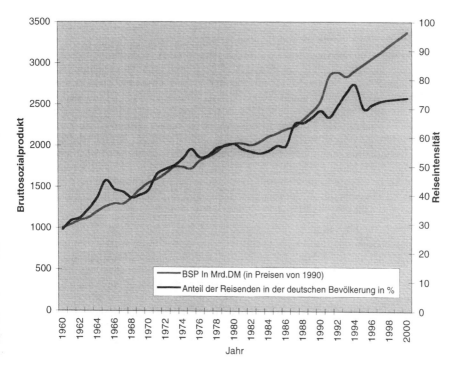

**Abb. B-14** Wirtschaft und Reisen: Der Reiseboom

**qualitative Veränderungen** des touristischen Verhaltens: neuer, kritischer Tourismus, Neigungstourismus, Trends zu Kurzreisen, Aktivurlaub prägen möglicherweise verstärkt den Tourismus der Zukunft und verändern das bisherige quantitative touristische Wachstum in qualitativer und struktureller Hinsicht.

- **Pessimismus-Szenario:** Im Pessimismus-Szenario wird in Zukunft von Stagnationstendenzen (auf hohem Niveau) im deutschen Tourismusbereich ausgegangen. Die derzeitige Reiseintensität der Deutschen liegt bei knapp 70% und ist kaum mehr steigerbar. Die touristische Ausgabenfreudigkeit hat ebenfalls eine – hohe – obere Grenze erreicht. Zukünftig ist nicht mit weiteren – oder nur mit geringen – Zuwächsen des Tourismus zu rechnen – es kommt zu Verlagerungen innerhalb des Tourismus („touristischer Verdrängungswettbewerb"). Eine pessimistische Einschätzung zielt vor allem auf Teilbereiche der touristischen Entwicklung ab. Bestimmte Märkte und Marktsegmente sind in Zukunft eher problematisch zu sehen, wie z.B. der Kurbereich oder die traditionelle Pauschalreise.

## (2) Arbeitszeit, Freizeit, Wertewandel

Der zweite Deskriptor hat eine quantitative und eine qualitative Komponente. Zum einen besteht eine deutliche Entwicklung hin zu einer „Freizeitgesellschaft" oder einer „touristischen Freizeitgesellschaft". Als wichtigstes Indiz wird die immer mehr steigende tägliche, wöchentliche und jährliche Freizeit genannt, die aus der „Arbeitsgesellschaft" der 50er Jahre eine „Freizeitgesellschaft" in den 90er Jahren gemacht hat. In Zukunft werden hingegen die Tages- und Jahresfreizeit noch leicht ansteigen, aber keine bedeutende Änderung des Freizeitverhaltens gegenüber heute verursachen.

Zum anderen werden diese quantitativen Aussagen über die Freizeitanteile durch die verschiedensten **qualitativen** Überlegungen über gewandelte gesellschaftliche Werte ergänzt. In der allgemeinsten Form wird die „traditionelle Gesellschaft" als arbeitsorientierte Gesellschaft charakterisiert, in der Freizeit nur ein „Anhängsel" zur Arbeitswelt darstellt und fast ausschließlich der Regeneration dient. Die gesamte Lebenseinstellung ist „arbeitsorientiert", es dominieren Arbeitsethos und Leistungsphilosophie. Der Beruf und die Arbeit sind zum zentralen Lebenssinn geworden. Hingegen bestimmt sich der Sinn des Lebens in der modernen „Freizeitgesellschaft" immer mehr über den Freizeitbereich. Hier sucht man Erlebnisse, Anerkennung und Selbstverwirklichung. Arbeit dient nur mehr der Sicherung der ökonomischen Sicherheit (vgl. OPASCHOWSKI 1978, HORX 1995: 43, FREYER 1991b: 12ff).

In einer solchen „neuen" Gesellschaft sind auch neue Werte an die Stelle der alten getreten. Vor allem Spaß, Freude und Kommunikation sind Elemente der modernen, „hedonistischen" freizeitkulturellen Gesellschaft. Dabei ist der Freizeit-Mensch selbst wieder gesellschaftlichen Wandlungen unterworfen. Typisch hierfür sind die neuen Konsumententypen der Marktforschung, die vom Konsumverweigerer und Aussteiger der 68er Generation über die genußorientierten YUPPIES der 80er Jahre bis zum heutigen gespaltenen Konsumenten, der sowohl Genuß als auch Bescheidenheit in sich vereint, reichen. Zudem bestehen unterschiedliche Wertvorstellungen bei den verschiedenen Konsumentengenerationen nebeneinander (vgl. Abb. B-15). Auch das Jahr 2000 wird seine neuen Freizeittypen haben.

Das Reiseverhalten der Zukunft wird ebenfalls stark von der gestiegenen Freizeit sowie den neuen Freizeit- und Konsumwerten geprägt sein. Doch insbesondere auf die Entwicklung der neuen Wertigkeiten erscheinen Zukunftsvoraussagen äußerst problematisch, nichtsdestoweniger aber von besonderer Relevanz für den Tourismus:

- **Realismus-Szenario:** Anstelle der einmaligen Haupturlaubsreise treten sehr wahrscheinlich mehrere Reisen im Jahr. Der Anstieg der Tages- und Wochenfreizeit könnte verstärkt zu Kurzreisen führen, die erhöhte Lebensfreizeit zu zunehmenden langfristigen Reisen. Hinzu kommt, daß durch Reiseerfahrenheit sowie gestiegenes Bildungsniveau und Umweltbewußtsein höhere kulturelle, soziale und ökologische Ansprüche an das Reisen gestellt werden.

- **Pessimismus-Szenario:** Doch in touristischen Fachkreisen ist man sich über die möglichen Auswirkungen der Freizeit auf das Reiseverhalten nicht ganz einig. Vielfach wird auch vermutet, daß mehr Freizeit eher zu einem Rückgang des Reisens führen würde, denn infolge der gestiegenen Freizeit würden beispielsweise viele (neue und alte) Aktivitäten am Heimatort wahrgenommen und der „Drang zum (Weg-)Reisen" würde abnehmen:

„Immer mehr Menschen werden in Zukunft die Freizeitszene zu Hause als echte Alternative zur Urlaubsreise empfinden. Für eine wachsende Zahl der Bundesbürger wird die Ferienwelt von morgen wie die Freizeitwelt von heute sein: Auto, Hobby und Sport, Musical und Museum, Shopping, Aus- und Essengehen garantieren Erlebniskonsum rund um die Uhr. Der Urlaub bekommt ernsthafte Konkurrenz vom Freizeitalltag, der immer attraktiver wird. Exotische Restaurants, tropische Badelandschaften und karibische Feste kann man schließlich auch zu Hause erleben." (OPASCHOWSKI 1992: 29)

# 1. Die touristischen „Umwelt"- oder „Umfeld"bedingungen

**Abb. B-15** Alte und neue gesellschaftliche Werte
(Quelle: BAUMANN 1990: 40)

Auch ist zu befürchten, daß eventuell zunehmende Kurz- oder Hobbyreisen, eventuell auch verbunden mit einem generellen Wertewandel in der Gesellschaft, auf Kosten der bisher üblichen 2- bis 3-wöchigen Haupturlaubsreise gehen werden.
- **Optimismus-Szenario:** Aufgrund der vergangenen und gegenwärtigen Erfahrungen und Entwicklung ist in der optimistischen Variante zu vermuten, daß sich die zusätzliche Freizeit weiterhin positiv auf das Reiseverhalten auswirken wird. Die Menschen der Zukunft werden noch reisefreudiger werden, sie werden häufiger, länger und weiter reisen. Davon können alle Reisebereiche profitieren. Zudem werden Aktivitäten im Sport- oder kulturellen Bereich, Reisen zu Festivals und Musikveranstaltungen eher zunehmen und die Freizeit wird zunehmend „in der Fremde" stattfinden. Damit wird das erhöhte Freizeitverhalten zu einem generellen Anstieg des Reisens führen.

### (3) Mobilität und Verkehr

Auch im Transportbereich ist die Zukunft nicht klar vorhersagbar. Erleidet die mobile Gesellschaft bald einen „Verkehrsinfarkt" oder werden Überschallflugzeuge, Schnellzüge, Superautos und Raumfähren die Gesellschaft noch mobiler machen?

Wesentliche touristische Epochen waren stets mit der Entwicklung der Verkehrsmittel verbunden: Die Bahn, der PKW, das Dampfschiff und das Flugzeug haben in der Vergangenheit entscheidend zur heutigen Form des Tourismus beigetragen (vgl. FREYER 1995a: 4ff).

- Der **PKW** ist nach wie vor das beliebteste Verkehrsmittel für die jährliche Urlaubsreise sowie für den Ausflugsverkehr. Ein weit ausgebautes Straßensystem in Deutschland und Europa ermöglicht private PKW-Reisen. Doch immer mehr Verstopfungen und Staus auf den Straßen, Umweltprobleme sowie Benzinverknappung lassen die Zukunft des Straßenverkehrs eher problematisch erscheinen. Neue Straßenbauprogramme werden zunehmend von Umweltschützern in Frage gestellt.

- Die Entwicklung des **Flugverkehrs**, Charterflüge und der Trend zum „open sky" haben Fernreisen zu einer attraktiven Reiseform werden lassen. Doch auch im Flugverkehr wird der Himmel immer bewölkter: Verspätungen, Flugunfälle und steigende Kosten lassen die Zukunft des Fliegens eher vage erscheinen.

- Die **Bahn** bemüht sich seit Jahren, den Anschluß an die anderen Verkehrsmittel herzustellen, doch weder IC, ICE noch Verbesserungen im Nahverkehr haben deutliche Veränderungen der Marktanteile bewirkt. Vor allem der Urlaubsreiseverkehr nutzt die angebotenen Möglichkeiten nur unzureichend.

- Der **Busreiseverkehr** hat seinen knapp ca. 10%-igen Anteil am Urlauberverkehr nur unwesentlich verändern können. Immer komfortablere Busse stehen dem Problem zunehmender Busunfälle gegenüber.

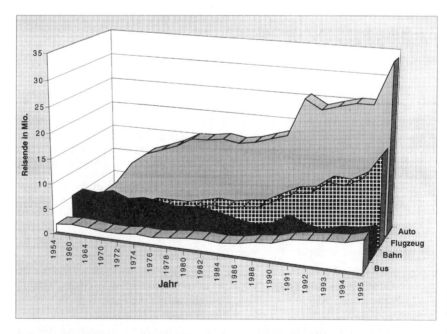

**Abb. B-16** Reisetrends bei den Urlaubsverkehrsmitteln
(Quelle: REISEANALYSE bis 1992, danach URLAUB + REISEN)

Die **Zukunftsszenarien** bewegen sich zwischen Verkehrsinfarkt und touristisch mobiler Gesellschaft:

- **Realismus-Szenario:** Insgesamt werden im Hinblick auf den Verkehr vorwiegend pessimistische Prognosen für die Zukunft abgegeben. Als Fazit scheint daher eher ein pessimistisches Szenario auf 10-20 Jahre gedacht – gerechtfertigt zu sein. Viele Straßen und Autobahnen sind bereits heute täglich überlastet, der Luftverkehr leidet unter immer längeren Wartezeiten und Verspätungen. Diese stockende Mobilität des Reisens könnte zu einem generell rückläufigen Tourismus bzw. zu einer Verlagerung von touristischen Verkehrsströmen innerhalb der Verkehrsmittel führen.

- **Optimismus-Szenario:** Die Verkehrs-Optimisten verweisen auf die gestiegene Mobilität der Vergangenheit und die technischen Fortschritte der Verkehrsmittel und -wege. Von ihnen werden immer kürzere Reisezeiten prognostiziert, die auch zum weiteren Anstieg des touristischen Verkehrs führen werden. Neue Verkehrsmittel, wie Transrapid, Überschall- und Großraumflugzeuge, und neue Verkehrslösungen, v.a. im Bereich des Verkehrsverbundes, werden zu einem weiteren Anstieg der Reise-Mobilität führen.

- **Pessimismus-Szenario:** Hiernach wird es in Zukunft nur noch wenige neue Entwicklungsmöglichkeiten im touristischen Transportbereich geben. Die Mobilität der meisten Gesellschaften kommt im 20. Jahrhundert immer mehr an ihre Grenzen. Bereits zwei Drittel der Deutschen unternehmen jährlich eine Urlaubsreise, viele Städte der Welt erleben täglich zweimal zur Rush-Hour ihre Verkehrsinfarkte und Europa steht jährlich in den Sommermonaten vor dem Urlaubsinfarkt infolge verstopfter Straßen und überfüllter Luftverkehrswege. Dieses touristische Massenaufkommen ist in den entwickelten Reiseländern aus Sicht des Verkehrs nur noch begrenzt steigerungsfähig. Doch auch die Entwicklungsländer stehen vor ähnlichen Mobilitätsproblemen.

Zwar werden die Transportmittel immer schneller und können vergleichsweise mehr Menschen in der gleichen Zeit transportieren, doch zunehmende Umwelt- und Lärmbelastung sowie Überlastung des Luftraums und der Transportwege am Boden neutralisieren weitgehend diese Fortschritte. Beispiele sind die „Bruchlandung" des französischen Überschallflugzeuges Concorde oder die Kritik der Umweltschützer an den ICE-Zügen in der Bundesrepublik Deutschland. Die oftmals in der Vergangenheit vorhergesagten intergallaktischen Reisen scheinen für das Jahr 2000 oder 2010 aus heutiger Sicht nach wie vor ebenso Utopie wie das Umsteigen auf Bahn und Rad im Nahverkehr.

### (4) Technik und Kommunikationswesen

Der technische Fortschritt erfolgte in den vergangenen Jahrzehnten eher exponentiell. Dies könnte erwarten lassen, daß auch die Zukunft noch weitere – heute kaum vorstellbare – Entwicklungen aufweisen wird.

Für den Tourismusbereich sind besonders die Entwicklung der Bürokommunikation (interne Kommunikation) von Relevanz, die zu neuen Techniken im Buchungs- und Reservierungsbereich sowie der Büroverwaltung geführt haben. Binnen weniger Jahre ist das Telex durch das Telefax verdrängt worden, PCs und In-House-Systeme haben den Datenzugang und die Datenverwaltung zunehmend verändert. Auch die externe Kommunikation hat durch neue Reservierungssysteme, Internet, Datenbanken und Multi-Media einen deutlichen Wandel erfahren. Für den Tourismus kann dies zu verschiedenen **Zukunftstrends** führen:

- **Realismus-Szenario:** Die zu erwartende „Kommunikationsgesellschaft" der Zukunft wird auch in der Reisebranche Verbesserungen nach sich ziehen. Die schon vorhandenen nationalen, teilweise internationalen, Reservierungssysteme werden sicherlich immer bedeutender. Es wird immer einfacher, den Urlaub schon von zu Hause, über den Bildschirm, über den PC oder vielleicht selbst über die Reservierungssysteme der Airlines zu buchen. Dies wird zu Kosteneinsparungen über höhere Auslastungen und niedrigeren Reservierungsaufwand seitens der Reiseindustrie führen.

- **Optimismus-Szenario:** Im Optimismus-Szenario werden die technischen Verbesserungen weltweit zu mehr und schnelleren Buchungen und Reisen führen (CRS, Global Ring, Internet, Multi-Media).

- **Pessimismus-Szenario:** Im Pessimismus-Szenario wird hingegen vermutet, daß die immer besseren Kommunikationsmöglichkeiten eher zu einer Abnahme der Reisetätigkeit führen werden. Einige der Zukunftsforscher sagen beispielsweise voraus, daß man in den nächsten 10 oder 20 Jahren aufgrund der Entwicklungen der immer besseren Kommunikation (Videokonferenzen, Bildschirmtelefon, ISDN-Datenübermittlung in kürzester Zeit) bis 50% der bisherigen Reisen und persönlichen Kontakte durch neue Kommunikationsmedien ersetzen wird.

Dies betrifft nicht nur Geschäftsreisen. Auch die private Reisetätigkeit der Zukunft könnte durch verbesserte Kommunikationsmittel, vor allem im Bereich von Multi-Media, eher negativ beeinflußt werden. Die umfassende Berichterstattung über ferne Länder, auch vermehrte Katastrophenmeldungen (z.b. über die Algenpest in der Adria oder über Kriege, Natur- und Umweltkatastrophen in den Urlaubsgebieten) könnten dazu führen, daß die bisherigen Urlaubsgebiete vermehrt passiv aus dem Lehnstuhl „erlebt" werden. „Video-Reisen" und „Virtual Reality" sind mögliche technische Zukunftsvisionen.

Insbesondere die traditionelle Rolle der Reisebüros wird in Zukunft neu definiert werden: CRS bieten neue Möglichkeiten, an den Reisebüros „vorbei" Reservierungen zu tätigen. Kunden können von zu Hause buchen und der Gang in die Reisebüros entfällt mehr und mehr.

**(5) Ressourcenentwicklung: Bevölkerung und Ökologie**

Eine weitere Gruppe von Deskriptoren beschäftigt sich mit Vorhersagen für die verschiedenen Ressourcen. Dabei werden im Tourismus die Bevölkerungsentwicklung (Human Resources, vgl. 5a, 5b) und die Ressourcen des Naturhaushaltes (vgl. 5c) weiter unterschieden.

**(5a) Bevölkerungsentwicklung weltweit**

Zur Zeit bewegen sich ca. 70 Prozent des internationalen Tourismus zwischen den westlichen Industrienationen. Doch in Zukunft wird eine Stagnation der europäischen und nordamerikanischen Bevölkerung vorhergesagt, hingegen eine Bevölkerungsexplosion in Asien und Afrika. Dies wird voraussichtlich auch zu einem starken – absoluten und relativen – Ansteigen des internationalen Tourismus in diesen Regionen führen. Wenn in diesen Ländern die Reiseintensitäten von derzeitig oftmals nur 5 bis 10 Prozent auf das europäische Niveau (von 40 bis 60 Prozent) ansteigen sollten, wird es zu deutlichen Verschiebungen der weltweiten Reise- und Devisenströme kommen.

**(5b) Bevölkerungsentwicklung in Deutschland**

In Deutschland ist zudem die Entwicklung des Altersaufbaus der Bevölkerung ein weiterer wichtiger Deskriptor für die touristische Entwicklung: Der ansteigende Anteil älterer Menschen im Laufe der Jahre stellt neue Herausforderungen an den Tourismus. Der Prozentsatz der älteren Personen (über 60 Jahre) steigt von derzeit ca. 20% auf ca. 35%. Noch deutlicher wird der problematische Altersaufbau, wenn man den Anteil der Rentner an den Erwerbspersonen (zwischen 20 und 60) betrachtet: dieser sog. „Altenquotient" (Anteil der Über-60-Jährigen an

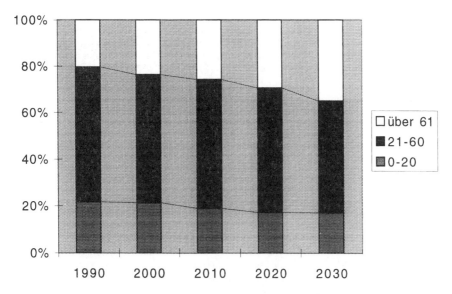

**Abb. B-17** Bevölkerungsentwicklung Bundesrepublik Deutschland
(Quelle: Eigene Zusammenstellung nach STATISTISCHES BUNDESAMT 1996)

den 20- bis 60-Jährigen) steigt von derzeit 35,2 % (1990) auf 72,7 % (im Jahr 2030)! Dies wird sich in den nächsten Jahren sehr deutlich auf die Zusammensetzung der Gäste auswirken: anstelle der bisherigen vor allem 20-40-jährigen Gäste wird ein steigender Anteil der „Senioren-Touristen" treten. Entsprechend sind die touristischen Angebote an den Bedürfnissen der neuen Zielgruppe auszurichten.

**(5c) Knappe Ressourcen: Tourismus und Ökologie**

Tourismus „lebt" zu einem bedeutenden Anteil von Natur und Landschaft. Entsprechend sind ökologische Fragen und Formen eines verträglichen oder nachhaltigen Tourismus wichtige Deskriptoren für die Szenariotechnik im Tourismus.

Eng mit der Bevölkerungsentwicklung und Urbanisierung hängen Fragen der natürlichen Ressourcen zusammen. Da weder die allgemeinen noch die touristischen Ressourcen unbegrenzt sind, werden zunehmende Bevölkerungszahlen und Urbanisierung auch die natürlichen Grundlagen des Tourismus immer mehr in Anspruch nehmen und zu einer Stagnation oder zu einem Rückgang des Tourismus beitragen. Dazu kommen weltweite Veränderungen der natürlichen Umwelt: Klimakatastrophe, Waldsterben, Ozonloch, Erdölverknappung usw., die das Reiseverhalten der Zukunft beeinflussen werden.

**(5d) Die Szenarien**

Die vorherigen Trends werden sich ganz unterschiedlich auf die touristische Entwicklung in den Industrienationen und den sog. Entwicklungsländern auswirken.
- **Optimismus-Szenario:** In einer optimistischen Interpretation kann der Anstieg der Bevölkerung auch zu einem weiteren Anstieg des Reisens führen, wobei neue Zielgruppen und neue Zielgebiete vor allem in den bisherigen Entwicklungsländern entstehen werden.

- **Pessimismus-Szenario:** Die pessimistische Variante stellt vor allem die zunehmende Umweltzerstörung in den Vordergrund der Betrachtung und warnt vor der Zerstörung einer der wesentlichen Grundlagen des Tourismus – der intakten Natur. Verschmutzte Strände, Ozonloch und Energieverknappung führen zu einem Rückgang des Reisens oder stellen zumindest eine Gefährdung der bisherigen Urlaubsgebiete am Meer und in der Natur dar.

- **Realismus-Szenario:** Im Realismus-Szenario sind die beiden vorherigen Trends abzuwägen und die Chancen und Risiken für das Reisen neuer Bevölkerungsgruppen und in neue Reisedestinationen zu gewichten. Vor allem sind verstärkt Veränderungen bei der Bevölkerungsentwicklung zu berücksichtigen. Die Reiseströme werden sich verlagern: innerhalb Afrikas, innerhalb Asiens, aber auch aus diesen Ländern Afrikas und Asiens in Richtung Europa, wo sie derzeit nur einen geringen Prozentsatz des Reise-Incoming ausmachen. Der Anteil älterer Menschen in Deutschland wird sich auf das Incoming- und Outgoing-Geschäft des Deutschland-Tourismus auswirken.

### (6) Entwicklung der Tourismusindustrie

Der Tourismus hat sich zu einem weltweit führenden Wirtschaftsbereich entwickelt, der mehr und mehr durch die „Gesetze des Marktes" geprägt ist: Auf der Anbieterseite werden Milliardenbeträge in die touristische Infrastruktur investiert und große Reisekonzerne bieten Reisen der unterschiedlichsten Art und in alle Gebiete der Welt an. Hinzu kommen moderne Marketing-Methoden im Tourismus: die Wünsche und Verhaltensweisen des „gläsernen Touristen" werden durch die touristische Marktforschung erforscht und entsprechend von der Reiseindustrie auch nachfragerbezogen angeboten. – Auf der Nachfragerseite wird Reisen mehr und mehr zum Konsumentenkalkül, bei dem Angebote verglichen und Reisebudgets optimiert werden.

Schon im Jahr 1958 hat Magnus Enzensberger davon gesprochen, daß die Entwicklung des Reisens dahingehen werde, daß alles wie am Fließband organisiert, standardisiert und globalisiert werde („Normung, Montage, Serienfertigung", ENZENSBERGER 1958: 713) und daß der Reisende der Zukunft die „Reise von der Stange" kaufen könne. Diese Vorhersage hat sich in der Zwischenzeit weitgehend realisiert. Die moderne Form des Tourismus als „Massentourismus" oder „Tourismus der Massen" (oder besser „industrialisierter oder institutionalisierter Tourismus") ist geprägt von zahlreichen Tourismusbetrieben, die national und weltweit Tourismus „produzieren".

Doch wie wird sich die Reiseindustrie der Zukunft entwickeln: Wird sie weiterhin einer der führenden Wirtschaftszweige sein oder wird die Tourismusindustrie sich zunehmend die eigenen Grundlagen zerstören?

- **Realismus-Szenario:** Tourismus als einer der größten Wirtschaftszweige hat seine Eigendynamik. Die vorhandenen Tourismusunternehmen werden bemüht sein, ihre Marktanteile zu bewahren und/oder auszubauen (konservatives Element). Von daher ist auch für den Tourismus der Zukunft eine ähnliche Struktur wie in der Gegenwart zu erwarten.

- **Optimismus-Szenario:** Tourismusunternehmen werden die Nachfragewünsche adäquat aufnehmen und entsprechende Angebote zur Verfügung stellen. Sie werden rechtzeitig Gegenmaßnahmen zur „Vermassung" und zur Gefährdung der Umwelt einleiten. Die Nachfrager können ihre Reisewünsche auch in Zukunft realisieren. Der Reiseboom wird abflachen, „intelligente" und „verträgliche" Reiseformen werden sich durchsetzen.

- **Pessimismus-Szenario:** Der bereits momentan sich abzeichnende Trend zu immer größeren Konzernen im Tourismus wird die touristische Struktur der Zukunft entscheidend verändern. Die heute eher mittelständisch geprägte Tourismuswirtschaft wird sich aufspalten, die Tourismusmärkte der Zukunft werden sich als „gespaltene Märkte" darstellen – eine ähnliche Entwicklung, die heute bereits in vielen Konsumgütermärkten anzutreffen ist:

Zum einen werden sich große Tourismuskonzerne entwickeln, die weltweit agieren (wie Airlines, Hotelketten, Reservierungssysteme oder – zur Zeit erst am Anfang – Reiseveranstalter) und weltweit Reisen durch ein global und international vernetztes System von horizontal und vertikal verflochtenen Tourismusunternehmen organisieren. – Zum anderen wird es noch mehr kleine Spezialisten und regionale Anbieter geben, die auf kleineren, lokalen Märkten agieren. Dies wird zu einem „Verlust der Mitte" führen: das – heute noch weit verbreitete – durchschnittliche, mittelgroße Unternehmen wird durch die Großen **und** durch die Kleinen verdrängt werden.

Die Tourismusindustrie der Zukunft wird sich – futuristisch zu Ende gedacht – möglicherweise zwischen durchgestylten Erlebnisparks („Urlaub aus der Retorte"), großen internationalen Reisekonzernen, einer multikulturellen Reisegesellschaft und neuen Reisezielen im Weltraum bewegen.

### 1.4.3 Szenario-Bildung („Gesamt- oder Mega-Szenarien")

Die Vielzahl der Teil- oder Mikro- bzw. Mini-Szenarien aus B.1.4.2 sind quasi als Arbeitsschritt oder „Arbeits-Szenarien" in der Szenario-Technik zu entwickeln. Die Fülle der Einzelszenarien ergibt ein „Szenario-Tableau" (vgl. Abb. B-18), aus dem aufeinander abgestimmte Gesamt- oder Mega-Szenarien zu bilden sind. Hierbei ergeben sich üblicherweise vor allem drei Varianten:

- **(Gesamt- oder Makro-)Optimismus-Szenario:** es faßt vor allem die optimistischen Varianten der Teilszenarien zusammen,

- **(Gesamt- oder Makro-)Pessimismus-Szenario:** es faßt vor allem die pessimistischen Varianten der Teilszenarien zusammen,

- **(Gesamt- oder Makro-)Realismus- oder Trend-Szenario:** es faßt vor allem die realistischen oder „wahrscheinlichen" Varianten der Teilszenarien zusammen.

In der einfachsten Variante ergeben sich die Gesamt-Szenarien als Zusammenfassung der Spalten für die einzelnen Szenario-Varianten in Abb. B-18. Dabei sind die Gesamt-Szenarien nicht eine bloße Aufsummierung der Teil-Szenarien, sondern es sind Querverbindungen, Synergieeffekte, aber auch Konfliktbereiche zu berücksichtigen, die allesamt in die Gesamtbewertung einfließen.

Gesamt-Szenarien können wiederum für die gesamte Gesellschaft, oder „den Tourismus", oder für Teile der jeweiligen Branche oder für funktionale Bereiche entwickelt werden, z.B. für die Reisemittlerbranche oder für das touristische Marketing usw.

Modernes Marketing muß die verschiedenen Megatrends auf ihre Bedeutung und Auswirkung für die jeweilige Aufgabenstellung überprüfen. Aufgrund der entsprechenden Szenarien ist das betreffende Marketing auszuformulieren und zu gestalten. In einer sehr allgemeinen Form können für den Tourismus der Zukunft folgende drei großen „Mega-Szenarien" aufgrund der sechs zuvor behandelten Deskriptoren formuliert werden:

| Megatrends ("Deskriptoren") | Optimismus-Szenarien | Realismus-Szenarien | Pessimismus-Szenarien |
|---|---|---|---|
| **Wirtschaftsentwicklung** (Einkommen und Wohlstand) | touristische Wachstumsgesellschaft | Seitwärtsbewegungen auf Teilmärkten | touristische Stagnationsgesellschaft |
| **Arbeitszeit und Freizeit** (Wertewandel) | touristische Freizeitgesellschaft "in der Fremde" | "gespaltene" touristische Konsumenten | Freizeitaktivitäten "zu Hause" |
| **Mobilität und Verkehr** | mobile Freizeitgesellschaft | Fortentwicklung einzelner Verkehrsmittel, Stagnation bei anderen | "Verkehrsinfarkt" |
| **Technik und Kommunikationswesen** | Mehr und schnelleres Reisen durch neue Techniken (CRS, Global Ring) | Technischer Fortschritt gleicht Rückgänge in anderen Bereichen aus | Reisende bleiben "zu Hause" (Virtual Reality, Videokonferenzen) |
| **Ressourcenentwicklung**<br>• Bevölkerungsentwicklung<br>• Ökologie im Tourismus | • Reiseboom in Asien und Afrika<br>• Seniorenreisen in Deutschland<br>• Ökologisches Reisen | Neue Reisezielgruppen gleichen Stagnationstendenzen aus | "Aufstand der Bereisten" in den Zielgebieten (sozial und ökologisch) |
| **Reise"industrie"**<br>• Reise"konsumenten"<br>• Reise"investoren"<br>• Internationalisierung u. Globalisierung | Internationalisierung des Tourismus: "Welt ohne Grenzen" | Die "Reiseindustrie" schafft sich neue Märkte und erhält die alten | Industrialisierte Reisegesellschaft "Vermassung" |
| **Mega- oder Gesamt-Szenarien** | Optimismus-Mega-Szenario | Realismus-Mega-Szenario | Pessimismus-Mega-Szenario |

Abb. B-18 Szenario-Tableau für die touristischen Megatrends

**(1) Optimismus-Mega-Szenario**

In der Optimismus-Variante werden vor allem die positiven Trends der einzelnen Mikro-Deskriptoren in Erwägung gezogen. Dabei ist von einem immer weiter steigenden touristischen Wachstum auszugehen, wozu im einzelnen die verschiedenen Mikrotrends beitragen:

- **Steigende Einkommen** werden nach wie vor überproportional für Reisen ausgegeben.
- **Vermehrte Freizeit** wird zu zusätzlichen Reisen am Wochenende im Laufe des Lebens führen, die Reise-Palette wird von Reisen für Babys bis zu Seniorenreisen reichen.
- **Neue Wertigkeiten** lassen immer neue Reisearten entstehen, wie Hobby-Reisen, Aktiv-Urlaub, Kultur- und Sportreisen.

- Die immer weiter **steigende Mobilität** macht auch vor Reisen in das Weltall nicht halt; schnellere Züge und Flüge sowie der Ausbau des Straßennetzes lassen den Urlauber noch mobiler werden, die Weltreise im Haupturlaub wird durch viele Kurzreisen ergänzt.

- **Neue Kommunikationstechnologien** machen das Reisen noch attraktiver, Informationen über ferne Länder, schnelles Buchen und Reservieren der Transport- und Hotelplätze von zu Hause führen ebenso zu einem weiter ansteigenden Reiseboom wie die weltweit wachsende Bevölkerung, die national und international der Tourismuswirtschaft ungeahnte Zuwachszahlen bescheren wird.

- In bezug auf die **Ressourcenproblematik** wirken neue Technologien der heutigen Ressourcenverknappung entgegen, neue Energiequellen werden erschlossen, Probleme der Umweltveränderungen werden gestoppt, die Landschaften werden für die Reisenden noch schöner und attraktiver – und leichter zu erreichen sein.

- **Die Reiseindustrie** wird wachsen und international operierende Reiseveranstalter werden auch die entlegensten Destinationen zum Wohle aller touristisch erschließen. Modernes Marketing erkennt die Kundenwünsche und setzt sie in entsprechende Reiseangebote um.

**(2) Pessimismus-Mega-Szenario**

Für die Pessimismus-Variante werden vor allem die negativen Möglichkeiten der Trends betont. Sie führen zu einem generellen Rückgang des Reisens mit verschiedenen Teilaspekten:

- **Weltweite Wirtschaftskrisen** führen zu ansteigender Arbeitslosigkeit und sinkenden Einkommen.

- Neue **Freizeitaktivitäten** lassen das Interesse am Reisen ebenso sinken wie neue Wertigkeiten. Das „Zu-Hause-Bleiben", „Urlaub auf Balkonien" und „Reiseverzicht" treten anstelle der heutigen Reiseaktivitäten.

- **Die Mobilität** wird durch mehr und mehr Verkehrsmittel und überlastete Verkehrswege **eingeschränkt.**

- Neue **Kommunikationstechnologien ersetzen das heutige Reisen** im geschäftlichen und privaten Bereich: Videokonferenzen (Geschäftsreisen), aber auch „virtual reality" (Freizeitreisen).

- Der Bevölkerungszuwachs und die Ressourcenverknappung führen zu **überlasteten Urlaubsgebieten** und als deren Folge zu Einschränkungen des weltweiten Reisens.

- **Die Reiseindustrie zerstört** immer mehr ihre eigenen Grundlagen, Hotelsilos und Massentourismus werden immer unattraktiver, neue Reisegebiete lassen sich nur noch selten erschließen. Auch Marketing ist an eine Grenze gekommen, wo den neuen Bedürfnissen nach Ruhe und Erholung nicht mehr ausreichend Rechnung getragen werden kann.

**(3) Realismus-Mega-Szenario**

Das Realismus-Szenario verbindet die zuvor aufgezeigten Trends und spricht von neuen Markt- und Reisebereichen und versucht, den pessimistischen Trends rechtzeitig durch veränderte Angebote entgegenzuwirken, so daß Reisen auch in Zukunft zu einem der führenden Wirtschaftszweige zählen wird. Dabei kommt modernem **Marketing** eine wesentliche Rolle zu. Durch rechtzeitiges Erkennen der Trends und der Nachfragerwünsche und entsprechende Angebotsgestaltung können die wesentlichen Negativ-Trends abgeschwächt werden. Insgesamt wird sich nach Auffassung des Realismus-Mega-Szenarios der Tourismus der Zukunft gegenüber heute nur unwesentlich verändern.

**(4) Phantastische Visionen:** Tourismus im „Retortenland" oder im Weltall?

Ferner kann es zu phantastischen „Tourismus-Visionen" kommen. Möglicherweise wird die Tourismusindustrie in Zukunft neue, künstliche Urlaubsgebiete und -formen schaffen, die man sich heute noch gar nicht vorstellen kann. Erste Ansätze sind vielleicht bereits heute mit den Disneylands und Center-Parks vorhanden. Ferner können sich gigantische Bäderlandschaften unter gläsernen Glocken entwickeln. Ob sie jedoch das Ausmaß annehmen werden, wie sie André Heller kürzlich vorhergesagt hat, scheint aus heutiger Sicht ebenso phantastisch wie – mindestens in Teilen – möglich:

„Ich plädiere daher, und nur zur Hälfte ironisch, für die Schaffung eines reinen Tourismuslandes, das all das beinhaltet, was die Tourismus-Industrie als Köder verwendet. (...)

Das sogenannte Replika-Territorium soll entstehen. Eine Musterkollektion von kaleidoskophaft wechselnden Eindrücken mit klimatischen Zonen aller Geschmacksrichtungen. Eiswüsten neben zaghaft aktiven Vulkanen, elektronisch gesteuerte Atlantik-Brandungen neben provenzalischen Lavendelfeldern, lawinensichere Tiefschneeabfahrten neben tahitianischen Transvestitenbordellen. Eine Mischung aus Disneyland, Zisterzienserkloster und Club Méditerranée, Vatikan und Kreml, McDonalds und Gault Millau. Kurzum, die sonst über alle Kontinente und Meere verteilten Einrichtungen, Aussichten und Absichten auf einem Territorium in etwa der dreifachen Größe der Schweiz zusammengefaßt und als Joint-venture aller bisherigen Tourismusnationen unter Leitung der Welttourismusbehörde (...)

Dieser Alptraum könnte das Gros der Reiselustigen mit Sonnenuntergängen und Barbecue, Veranstaltungen, Eiffeltürmen und Niagarafällen, Hüttenzauber und Eisstockschießen beschäftigen. (...)

Und ich behaupte, daß die Mehrheit aller Kunden nach kurzer Eingewöhnzeit schrecklicherweise damit ihre Vorstellungen vom Paradies verwirklicht sähe (...)" (HELLER 1990: 242f).

## 1.4.4 Marketing-Perspektiven aus der Szenarioanalyse

Bereits an dieser Stelle lassen sich vor dem Hintergrund der verschiedenen touristischen Trends und Szenarien einige allgemeine Aussagen für das Tourismus-Marketing ableiten. Die Aussagen müssen hier relativ allgemein gehalten werden, da sie ohne die weiteren Überlegungen zu konkreten Tourismusbetrieben und konkreten Tourismusmärkten erfolgen.

Erst nach der weiteren Spezifizierung für den jeweiligen Betrieb oder Markt sind handlungsorientierte Marketingaussagen möglich, z.B.:

- im Bereich des **Destinations-Marketing** für das Marketing der Stadt Dresden oder der Insel Rügen oder der Gemeinde Bad X,Y, oder für das Bundesland Sachsen, Bayern oder im nationalen Bereich, z.B. das Marketing der DZT,
- im Bereich des **sektoralen Marketing** für Reisebüros, Reiseveranstalter, für Großhotels, Campingbetriebe oder Airlines, Busunternehmen, die Bahn usw.,
- im Bereich des **betrieblichen Marketing** für ein einzelnes Reisebüro (z.B. eine TUI-Agentur in Dresden), einen konkreten Reiseveranstalter (z.B. die TUI oder NUR), eine Fluggesellschaft (z.B. die LH) oder einen Busunternehmer usw.

Im folgenden sind die wesentlichen Marketingaussagen in bezug auf die einzelnen Trends erst relativ unverbunden aufgelistet. Anschließend werden einige Querverbindungen in bezug auf alle Trends und Szenarien hergestellt.

## (1) Deskriptorenbezogene Marketingaussagen für verschiedene Marketingträger:

Die verschiedenen Megatrends der Deskriptoren und die daraus folgenden Szenarien haben für das Tourismus-Marketing verschiedener Träger folgende Bedeutung:

- **Einkommens-Szenarien:** Gestiegenes Einkommen bietet vermehrt hochpreisigen und qualitativ hochstehenden Reisearten Marketingchancen: Exklusive und teure Reiseangebote werden in Zukunft verstärkt erwartet und nachgefragt. Daneben sind aber auch preisgünstige „Schnupperangebote" für Reisezielgruppen gefragt, die sich neuen Destinationen und neuen Reisearten zuwenden. Die zunehmende Konkurrenz (vgl. Trend 6) wird ebenfalls zu preisgünstigen Sonderangeboten, zur Kapazitätsauslastung oder zur Gewinnung neuer Kunden führen.

- **Freizeit-Szenarien:** Neue Freizeitwerte spiegeln sich auch im touristischen Marketing wider: Aktiv-Reisen, Reisen zu Sport- und Kulturveranstaltungen sowie „Sanftes Reisen" sind moderne Reiseformen, die durch die neuen Werte geprägt sind. Auch die Trends zu Kurzurlauben, zu spontanem Buchungsverhalten („Last-Minute") stellen neue Möglichkeiten für das touristische Marketing dar.

   Reisen wird in Zukunft verstärkt der (aktiven) Freizeitgestaltung und dem Freizeiterleben dienen. Dadurch wird aber auch eine zunehmende Konkurrenz zu anderen Freizeit-Aktivitäten entstehen. Möglicherweise lassen sich vermehrt Verbindungen der beiden Trends entwickeln: aktives Reisen sowie Sport- und Kulturreisen.

   Daneben wird aber auch die Regenerationsfunktion des Reisens ihren Wert behalten: Ausspannen, Erholen sind Grundlagen für die verstärkte Entwicklung von gesundheitsbezogenen Reiseangeboten, wie Kur-, Gesundheits-, Fitneßreisen.

- **Verkehrsszenarien:** Touristisches Marketing muß die veränderten Verkehrsaspekte verstärkt berücksichtigen: neue Transportmöglichkeiten, Verkehrsverbund, komfortablere Verkehrsmittel sind in das Marketing zu integrieren.

   Die Ortsveränderung ist möglicherweise selbst verstärkt als „Erlebnis" zu vermarkten. Bereits heute sind verkehrsmittelorientierte Reiseangebote wie Kreuzfahrten, Bus-(rund)reisen, Radreisen usw. zu eigenen Angebotsformen geworden.

- **Kommunikations-Szenarien:** Im Tourismus-Marketing werden die neuen Kommunikationstechnologien zu neuen Marketingformen und -möglichkeiten führen. Vor allem im Bereich der Vertriebswege stehen mit modernen Reservierungssystemen neue Möglichkeiten der Kundenansprache und des Dialogs zur Verfügung. Ob und inwieweit damit die traditionellen Reisemittler verdrängt werden, wird eine der wichtigen Entwicklungen im Tourismussektor sein.

   Die Veränderungen im Bereich der Bürokommunikation haben bereits zu zahlreichen neuen Möglichkeiten geführt, wie In-house-Kommunikation und Back-office-Verwaltung.

   Auch im Bereich der Kommunikationspolitik des Marketing-Mix bieten sich neue Formen der Werbung und Öffentlichkeitsarbeit für das Marketing an: Video, Bildplatten und Multi-Media informieren heute bereits besser über die touristischen Zielgebiete als die traditionellen Printmedien.

- **Ressourcen-Szenarien:** Modernes Marketing hat sich bereits in den vergangenen Jahren auf einige der vorherigen Trends eingestellt: Das „Auslands-Marketing" bemüht sich um die neuen ausländischen Zielgruppen, „Sanftes Marketing" berücksichtigt die gestiegenen Anforderungen an Umweltaspekte im Tourismus, Marketing für „Stadt-, Land- oder Naturtourismus" stellt sich auf Aspekte der Urbanisierung ein. Unter Berücksichtigung der demoskopischen Entwicklung in Deutschland werden zunehmend Angebote für Senioren und für Singles entwickelt.

- **Reiseindustrie-Szenarien:** Marketing wird auf den „industrialisierten Reisemärkten" mit gestiegener Konkurrenz und reiseerfahreneren Nachfragern immer wichtiger. Nur umfassende und marktbezogene Konzepte der verschiedenen Reiseanbieter im Transport-, Beherbergungs-, Reiseveranstalter- und Destinationsbereich werden in Zukunft die vorhandenen Marktanteile sichern helfen.

(2) **Marketingbezogene „Verbund-Szenarien":**

Aus den vorherigen deskriptorenbezogenen Szenarien lassen sich durch einen „Szenarienverbund" folgende weitere allgemeine Kombinationen für das Tourismus-Marketing ableiten:

- **Individuelle Vermarktung** mit hohem Preis, hoher Qualität, verbunden mit speziellen Werten, wie Kultur, Sport, Ökologie, und Qualität im Transportbereich, persönliche Kommunikation („Beratungsqualität"), Wunsch nach Neben- und Zusatzleistungen sowie „Erlebnis-Werten",

- **Technische Vermarktung** vor allem für preisgünstige Last-Minute-Angebote, wenig Beratungs- und Betreuungsaufwand, standardisierte Angebote ohne viel Neben- und Zusatzleistungen,

- **Spezialangebote** für den Neigungstourismus (Sport-, Kultur-, Ökologie-Reisen),

- **Differenziertes Marketing** für den Langzeit- und Kurzurlaub,

- **Vielfältiges Marketing** für die verschiedenen Marktsegmente.

(3) **Sektorenspezifische Marketingaussagen:**

In bezug auf die verschiedenen Tourismussektoren und Betriebsarten im Tourismus lassen sich folgende allgemeine Trends und Marketingaufgaben ableiten:

- **Reisebüros** geraten zunehmend „unter Druck" durch neue Reservierungstechnologien, Möglichkeiten der technischen Vermarktung treten neben Angebote mit hoher Beratungsintensität und dem Wunsch nach persönlichem Kontakt der Reisebürokunden.

- **Reiseveranstalter** müssen sich verstärkt profilieren und ihre Angebote kundenspezifisch, interessenorientiert und destinationsspezifisch gestalten.

- **Transportunternehmen** müssen neben technisch zuverlässigem Transport auch die Erlebnisfunktion des Transports berücksichtigen.

- **Beherbergungs- und Gastronomiebetriebe** werden sich zunehmend auf den „gespaltenen Konsumenten" einstellen müssen: Qualitätsangebote stehen neben Billigangeboten, Fast-Food neben Erlebnisgastronomie, Komforthotels neben der Billig-Nächtigung.

- **Destinationen** müssen sich vermehrt auf ältere Zielgruppen, auf umweltorientierte und aktivitätsbezogene Angebote einstellen. Aber auch Gesundheits- und Fitneßangebote sind gefragt. Für Sonnendestinationen stellen Umweltprobleme (v.a. Ozonloch), künstliche Badelandschaften und Aktivitätserwartungen zunehmend Gefahren dar.

## 1.5 Zusammenfassung: Umfeldanalyse als Voraussetzung für vernetztes und ganzheitliches Marketing

Zuvor waren einige Möglichkeiten der Erfassung und Bestimmung von Umfeldtrends in der touristischen Marktforschung aufgezeigt worden. Sie bilden eine wichtige Voraussetzung für die Entwicklung der jeweiligen eigenen betrieblichen Marketingstrategien. Dabei wird nicht jeder globale Trend für den einzelnen Betrieb gleichermaßen bedeutend sein. Es kann sein, daß er für das einzelne Reisebüro-, Hotel-, Fremdenverkehrsort- oder Reiseveranstaltermarketing unbedeutend ist oder sich genau umgekehrt darstellt.

Die Bewertung der Chancen oder Risiken, die die Umfeldtrends für den jeweiligen Marketingträger haben können, erfolgt im Rahmen der strategischen Diagnose. Dabei wird die Umfeldanalyse zumeist in Verbindung mit der Betriebsanalyse sowie der Marktanalyse gesehen. Als Methoden zur strategischen Interpretation der Umfeldanalyse stehen die

- Chancen-Risiken-Analyse,
- SWOT-Analyse,
- Portfolio-Analyse,
- Lebenszyklus-Analyse

zur Verfügung (vgl. Kapitel C.1).

# 2 Marktanalyse im Tourismus

## 2.0 Übersicht Kapitel B.2

Vor dem Hintergrund der Umfeldanalyse (vgl. Abschnitt B.1) und unter Berücksichtigung der eigenen betrieblichen Möglichkeiten (vgl. Abschnitt B.3) untersucht die **Marktanalyse** alle für das touristische Marketing relevanten Faktoren eines speziellen Tourismusmarktes. Hierzu werden aus der Fülle des gesamten Tourismusmarktes die für den jeweiligen Anbieter „relevanten" Angebots- und Nachfragefaktoren analysiert. Insofern besteht die Marktanalyse aus den beiden Teilschritten einer Angebots- sowie einer Nachfrageanalyse. Hinzu kommt – als erster oder letzter Schritt – die Marktabgrenzung bzw. -bestimmung.

Insgesamt ist es Ziel der Marktanalyse, den **„relevanten" Markt** zu bestimmen und die entsprechenden Informationen über die marktrelevanten Angebots- und Nachfragemöglichkeiten zu sammeln. Zusammen mit der Umfeldanalyse und der Betriebsanalyse ergibt sich die gesamte Informationsbasis, auf der die möglichen Marketingstrategien entwickelt werden können.

Dabei ist die **Marktanalyse**

- **spezieller als die Umfeldanalyse;** sie berücksichtigt die allgemeinen Trends und Möglichkeiten der Umfeldanalyse und setzt sie in Relation zum speziellen Markt,

- **allgemeiner als die Betriebsanalyse;** sie berücksichtigt die betrieblichen Möglichkeiten am speziellen Markt.

**Der Markt** ist ganz allgemein der (abstrakte) Ort des Zusammentreffens von Anbietern (und deren Angeboten) und von Nachfragern (und deren Nachfragewünschen). Oftmals hört und liest man, daß jeder Markt lediglich aus „zwei Seiten", der Angebots- und Nachfrageseite, bestehen würde. Ein weiteres Mißverständnis bzw. eine verkürzte Sichtweise des Marktes ist, daß der Markt

- nur aus der Nachfrageseite bestehen würde („der Senioren-Markt"),

- nur global oder lokal abzugrenzen sei („der Tourismus-Markt", „der Markt Berlin"),
- ausreichend nur nach Produkten zu bestimmen wäre („der Sportreise-, Fernreise-, Tagungs-Markt").

Doch eine genaue **Marktanalyse** hat ergänzend dazu auch die Marktabgrenzung und Marktstruktur als eigene Teilüberlegung vorzunehmen. Nur das Zusammenwirken aller Teilüberlegungen ergibt eine strategisch verwertbare Marktanalyse.

---

**Die Marktanalyse** (i.e.S.) umfaßt:
- Marktabgrenzung und Bestimmung der Marktstruktur,
- Nachfrageanalyse,
- Konkurrenzanalyse.

---

Insofern wird im folgenden ein Überblick über die verschiedenen Schritte der Marktforschung im Tourismus gegeben. Im einzelnen werden die drei Teilschritte
- Marktabgrenzung und -bestimmung (B.2.2),
- Nachfrageanalyse (B.2.3),
- Konkurrenzanalyse (B.2.4)

ausführlich behandelt. Hinzu kommen einige Anmerkungen zu den Besonderheiten der touristischen Marktforschung in bezug auf die touristischen Leistungsphasen (in B.2.1) sowie zur Methodik der Marktforschung (B.2.5) mit speziellen Ausführungen zur Gästebefragung im Tourismus (B.2.5.5).

---

**Ziele des Kapitels B.2**

*Nach Lektüre des Kapitels B.2 sollte eine fundierte Marktanalyse möglich sein, die für die jeweiligen besonderen Marketing-Aufgaben:*
- *den „relevanten" Markt abgrenzt und gegebenenfalls aufteilt (Makro- und Mikrosegmentierung),*
- *die Konkurrenz- bzw. Wettbewerbssituation aufzeigt,*
- *die Nachfrageanalyse durchführt, wobei die wesentlichen Elemente der besonderen Kaufverhaltens-Forschung bekannt sein sollten.*

---

## 2.1 Besonderheiten der Marktanalyse im Tourismus

Neben der allgemeinen Methodik der Marktforschung gibt es für den Tourismus eine Reihe von Besonderheiten, die im folgenden Abschnitt genauer dargestellt werden. Sie hängen im wesentlichen mit dem Prozeßcharakter der Tourismusleistungen zusammen und lassen sich am besten in Anlehnung an das touristische Phasenmodell erläutern. Einige dieser Aussagen sind ähnlich als Besonderheiten für Dienstleistungen formuliert worden, wobei hier als Besonderheiten einer dienstleistungsorientierten Marktforschung die Immaterialität der Dienstleistungen sowie die Integration des externen Faktors hervorgehoben werden (vgl. MEF-

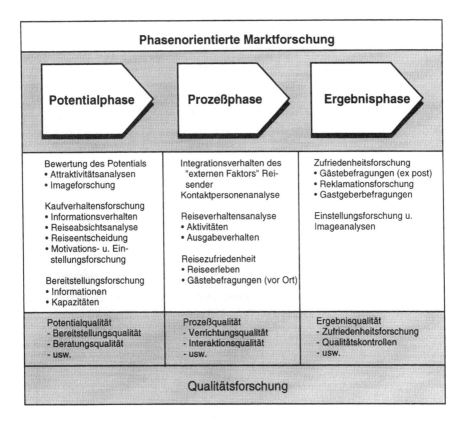

Abb. B-19 Marktforschung im Tourismus

FERT/BRUHN 1995: 92ff, CORSTEN 1990: 179ff, MEYER 1983: 93ff). Beides wird im folgenden auch innerhalb der touristischen Marktforschung behandelt. Der allgemeinere Ansatz eines eigenständigen Tourismus-Marketing führt aber zu einer vertiefenden Behandlung der Besonderheiten einer touristischen Marktforschung.

### 2.1.1 Marktforschung in der Potentialphase des Tourismus-Marketing

Die Potentialphase im Tourismus-Marketing umfaßt vor allem die Bereitstellungsplanung seitens der Anbieter der touristischen Leistungen und – aus Sicht der Nachfrager – die Reisevorbereitung. Entsprechend ist es Aufgabe der touristischen Marktforschung, Informationen über:

- die **Einschätzung des** (Bereitschafts- und Bereitstellungs-)**Potentials** der Anbieter aus Sicht der Nachfrager und im Vergleich zur Konkurrenz (Nachfrage- und Konkurrenzanalyse) sowie

- die Einflußfaktoren auf die **touristische Reiseentscheidung**, d.h. auf das Kaufverhalten der Touristen

bereitzustellen. Aufgrund der Immaterialität sowie der Zeit- und Ortsabhängigkeit touristischer Leistungen kommt ferner der

- **Bereitstellungsforschung** eine besondere Rolle zu.

Zudem ist es Aufgabe der Marktforschung in der Potentialphase

- die generelle Einordnung des jeweiligen Anbieters in den für ihn relevanten Teilmarkt (**Markteingrenzung**, vgl. genauer Abschnitt 2.2) vorzunehmen.

Diese vier Hauptaufgaben werden als Besonderheiten der touristischen Marktforschung in der Potentialphase im folgenden behandelt. Im einzelnen werden diese verschiedenen Aufgaben und Methoden der touristischen Marktforschung in den nachfolgenden Teilen noch genauer dargestellt (so z.B. die touristische Nachfrageanalyse in Abschnitt B.2.3, die Konkurrenzanalyse in B.2.4 und Aspekte der Betriebsbewertung in B.3), worauf an den entsprechenden Stellen verwiesen wird.

**(1) Bewertung des Potentials als Aufgabe der touristischen Marktforschung**

In der Potentialphase stellen die touristischen Anbieter ihre Fähigkeiten zur möglichen, „potentiellen" Erbringung einer Leistung in den Vordergrund der jeweiligen Marketingaktivitäten. Da die – potentiellen – Kunden diese Fähigkeiten verschiedener Leistungsanbieter nicht unmittelbar miteinander vergleichen können, hängt ihr Urteil stark von subjektiven Bewertungen der jeweiligen Leistungsanbieter bzw. von der zu erwartenden Leistungserstellung ab.

Aufgabe der Marktforschung ist es, Informationen über diese Einschätzungen zu erhalten. Dafür sind vor allem zwei Methoden in der touristischen Marktforschung verbreitet, die **Attraktivitätsanalyse** sowie die **Imageforschung**. Beides sind Methoden der Einstellungsforschung.

**(1a) Attraktivitätsanalysen**, auch als **Potentialanalysen** bezeichnet, geben Hinweise auf das vorhandene touristische Potential, insbesondere auf dessen Attraktivität. Im Tourismus steht der Begriff der „Attraktionen" im Mittelpunkt der jeweiligen Nachfrageerwartung und – entsprechend auch – der Angebotsgestaltung: „The central aspect of tourism are attractions (the ability to draw people to them)" (MILL/MORRISON 1985: 202).

Die touristische Marktforschung hat die relevanten Kriterien für die Beurteilung von Reiseangeboten aufzuspüren sowie die jeweiligen Bewertungen dieser Angebotsfaktoren aus Sicht der Nachfrager sowie im **Vergleich zu Konkurrenzangeboten** vorzunehmen. Methodisch erfolgt dies vor allem aufgrund von Gästebefragungen und den verschiedenen strategischen Analysemethoden, v.a. der **Stärken-Schwächen-Analyse** sowie der Chancen-Risiken-Methode (vgl. genauer B.3 und C.1.1).

**Beispiele:**
- Für touristische Destinationen ist es vor allem die Bewertung des natürlichen und abgeleiteten touristischen Angebotes. Es werden „Attraktivitätsprofile" erstellt.
- Für Reiseveranstalter geht es um die Erwartungen der potentiellen Kunden an eine Pauschalreise (wie z.B. Exklusivität, Exotik, Geborgenheit, Betreuung, „All Inclusive" usw.).
- Bei Fluggesellschaften (oder anderen Transportunternehmen) interessiert die Einschätzung der Sicherheit, Zuverlässigkeit und des Komforts der jeweiligen Gesellschaft.

**(1b) Imageforschung:** Eng mit Attraktivitätsanalysen hängt die Erfassung sogenannter Imagefaktoren zusammen. Hierbei werden ebenfalls Eigenschaften der jeweiligen Leistungsanbieter erfaßt und bewertet, wobei Imageanalysen verstärkt auf die Zusatzeigenschaften der touristischen Leistungen abstellen. Aufgrund der Immaterialität touristischer Leistungen ist eine strenge Trennung von Kern- und Imagefaktoren nicht immer möglich. In Abschnitt A.3.3.3 waren Imagefaktoren vor allem der „Zusatzebene 2" bzw. der „Vorstellungsebene" zugerechnet und als die Faktoren bezeichnet worden, die „Seele und Gefühl" ansprechen (vgl. zur Imageforschung ferner D.4.3.2).

Während der Potentialphase des touristischen Marketing tragen Imagefaktoren zu einem bedeutenden Teil zur **Glaubwürdigkeit** und Aussicht auf Wunscherfüllung der touristischen Leistungsträger oder einer Reise in ein bestimmtes Gebiet bei. Infolge der vorgenannten schwierigen Bestimmung und Erfassung von Imagefaktoren ist es nicht unproblematisch, entsprechende Imageanalysen für die touristischen Leistungsanbieter während der Potentialphase durchzuführen.

**Beispiele:**
- Im Rahmen der REISEANALYSE 1990 wurden Imageanalysen für die deutschen Urlaubsgebiete vom Studienkreis für Tourismus aufgrund der jährlichen – ex post – Urlauberbefragung durchgeführt (vgl. STUDIENKREIS 1992b).
- Vgl. verschiedene weitere Beispiele in Abschnitt D.4.3.2

**(2) Kaufverhaltensforschung im Tourismus**

In der Potentialphase bzw. an ihrem Ende kommt es zur touristischen Kaufentscheidung, zur Reiseentscheidung. Diese Entscheidung erfolgt aufgrund unterschiedlicher Einflußgrößen. Aufgabe der Marktforschung ist es, Informationen über die verschiedenen Einflußgrößen bereitzustellen und die entsprechenden kognitiven und affektiven Entscheidungsprozesse zu analysieren. Dies geschieht weitgehend in der touristischen Motivations- und Einstellungsforschung (vgl. genauer B.2.3).

In der Potentialphase steht dabei die Erforschung folgender Einflußfaktoren auf die Reiseentscheidung im Vordergrund der touristischen Marktforschung:

- **Informationsverhalten:** welche Informationsquellen werden in welchem Umfang genutzt? (vgl. Abb. B-20)
- **Reiseabsichtsanalysen:** welche Reiseabsichten werden erklärt – und wieviele davon werden auch entsprechend realisiert? (vgl. B-21)
- **Nutzung von Buchungsstellen:** Reisemittler, Fremdenverkehrsämter, elektronische Medien usw.
- **Saisonalität:** wie verteilen sich Reiseinformation, Reisebuchung und Reiseantritt?

Einzelne der vorgenannten Komponenten können beobachtet werden, die meisten Einflußgrößen auf die Reiseentscheidung können aber erst im Nachhinein („ex-post") mit Hilfe von Kundenbefragungen erforscht werden. Dabei ist es in der touristischen Kaufverhaltensforschung umstritten, inwieweit solche Faktoren im kausalen Sinn kaufentscheidend sind und nicht nur als solche – fälschlicherweise – interpretiert werden.

Frage: „Zur Entscheidung für ein Reiseziel können verschiedene Informationsquellen benutzt werden. Welche der verschiedenen Informationsquellen haben Sie herangezogen, um sich für Ihr Reiseziel, das Sie 1992 angesteuert haben, zu entscheiden?"

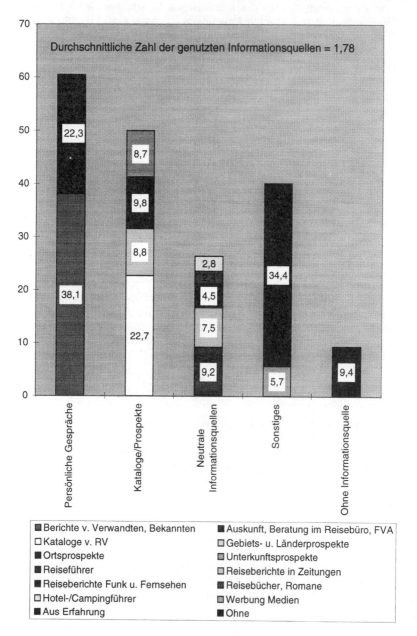

Abb. B-20 Informationsverhalten von Touristen
(Quelle: REISEANALYSE, URLAUB + REISEN, versch. Jg.)

## (3) Bereitstellungsforschung im Tourismus

Eine besondere Aufgabe kommt der touristischen Marktforschung in der Vorbereitungsphase der Reise vor allem bezüglich der Erforschung der zeitlichen Verteilung der Reisenachfrage zu. Dies unterteilt sich nochmals hinsichtlich der verschiedenen Teilschritte eines „Reisekaufs" in die

- **Bereitstellung der Reiseinformation:** Wann informieren sich die Kunden über ihre nächste Reise? Für die Haupturlaubsreise besteht zumeist eine sehr lange Phase der Vorabinformation, die häufig unmittelbar nach der Letztjahresreise beginnt. Entsprechend weit im Voraus sind die Informationsunterlagen zur Verfügung zu stellen.

- **Bereitstellung der Platzanrechte** („Reisebuchung"): Wann erfolgt die eigentliche Buchung? Zu diesem Zeitpunkt sind die Platzanrechte zur Verfügung zu stellen.

- **Bereitstellung der Reiseunterlagen** („Reisezahlung"): Zum Zeitpunkt der Reisezahlung sind dem Reisenden die Reiseunterlagen zur Verfügung zu stellen.

- **Bereitstellung der Durchführungskapazität** („Reiseantritt"): Mit Reiseantritt ist die Erfüllung der Leistungen sicherzustellen, insbesondere müssen die Flug- und Hotelplätze zur Verfügung stehen.

Bei den erstgenannten Bereitstellungsproblemen geht es vor allem um prognostische Aussagen, in welchem Umfang welche Leistungen zu welchem Zeitpunkt benötigt werden. Nach erfolgter Buchung sind die weiteren Schritte weitgehend festgelegt – von einem geringen Anteil von Stornierungen abgesehen.[2]

Diese Form der Bereitstellungsplanung bedeutet für verschiedene Tourismusanbieter gleichzeitig **„Beschaffungs-Marketing"** bzw. **„Beschaffungs-Marktforschung"**, d.h. sie müssen die entsprechenden Plätze von anderen Leistungsträgern beschaffen.

**Beispiele:**
- Reisemittler müssen die Plätze bei Reiseveranstaltern oder bei den Leistungsträgern Transport und Beherbergung beschaffen,
- Reiseveranstalter müssen Platzkontingente für die Pauschalreisen von Hotel- und Transportbetrieben beschaffen.

Die Entwicklung von betrieblichen „Frühwarnsystemen" über die konkreten Zusammenhänge von Reiseanfragen, Anteil der Frühbuchungen und Spätbucher („Last-Minute") sind wesentliche Aufgabe der touristischen Marktforschung.

Wegen der Nichtlagerbarkeit touristischer Leistungen kommt der Bereitstellungsplanung sowie der Auslastung der entsprechenden Kapazitäten große Bedeutung zu. Im Zusammenhang mit der touristischen Marktforschung hat sich das **Yield-Management** als wichtige Methode zur Lösung der Bereitstellungsprobleme auch im Tourismus immer weiter entwickelt. Zudem sind **Computerreservierungssystemen** (CRS) als Instrumente der Bereitstellungsplanung im Tourismus immer bedeutender geworden.

---

[2] Für Linienflüge und teilweise auch für Hotels ist das Problem der Stornierungen („No-Shows") allerdings zum Teil bedeutend. Auch für Reiseveranstalter sind Stornierungsprobleme sowohl in bezug auf die Kunden („Absatzmarkt") als auch in bezug auf die Leistungsträger („Beschaffungsmärkte") gegeben.

### (4) Qualitätsforschung in der Potentialphase

Eine besondere Aufgabe der touristischen Marktforschung kommt den unterschiedlichen Möglichkeiten der Qualitätsmessung und -kontrolle zu, was im touristischen Dienstleistungsbereich in letzter Zeit unter (Total) Quality Management diskutiert wird. Dies wird genauer in Abschnitt B.3.3.1 behandelt. Solche Aufgaben fallen auch aus Sicht der Marktforschung in allen drei Phasen an: Erforschung und Messung der Potential-, Prozeß- und Ergebnisqualität. In der Potentialphase sind dies Messung der Beratungsqualität sowie der Bereitstellungsqualität, also vor allem Schnelligkeit und Zuverlässigkeit der Kapazitätsinformation und des Reservierungsvorganges.

### (5) Allgemeine Markteingrenzung

In der Potentialphase fallen auch verschiedene allgemeinere Aufgaben der touristischen Marktforschung an. Insbesondere ist hier die generelle Einordnung des jeweiligen Anbieters in den für ihn relevanten Teilmarkt vorzunehmen **(Markteingrenzung)**. Ferner sind aufgrund der Marktforschung die strategischen Marktsegmente **(Marktsegmentierung)** zu bestimmen.

Allerdings handelt es sich bei diesen Aufgaben um keine grundsätzlichen Besonderheiten der touristischen Marktforschung, sie stehen bei allen Marketingüberlegungen gleichermaßen an. Lediglich die Übertragung der verschiedenen Methoden auf touristische Märkte führt zu unterschiedlichen Ergebnissen. Beides wird ausführlich in Abschnitt B.2.2 behandelt.

## 2.1.2 Marktforschung in der Durchführungsphase des Tourismus-Marketing

Nach der Reisevorbereitung in der Potentialphase und der eigentlichen Reiseentscheidung kommt die Reisedurchführung („Prozeßphase"). Als touristische Besonderheit ist diese Phase vor allem durch das Hinzutreten des externen Faktors (des Reisenden) in den Bereich der touristischen Leistungsersteller geprägt. Hierbei ergibt sich ein längerfristiger direkter Kontakt von Tourismuskonsument und Tourismusproduzent – während der gesamten Reise(dauer).

Grundsätzliche Aufgabe der touristischen Marktforschung in der Prozeßphase ist vor allem die Erforschung des Interaktionsprozesses zwischen Produzent und Konsument. Im einzelnen umfaßt dies:

- das Integrationsverhalten des Reisenden (als „externer Faktor"),
- Marktforschung bei den Kontaktpersonen,
- die Analyse des Reiseverhaltens (der „Reisende"),
- Qualitätsforschung: Verrichtungsqualität.

### (1) Marktforschung in bezug auf das Integrationsverhalten des „externen Faktors" Reisender

Während der gesamten Reisedurchführung treten der Reisende (als Konsument) mit den verschiedenen Reiseproduzenten immer wieder in persönlichen Kontakt. Die hierbei ablaufenden interaktiven Kommunikationsprozesse zwischen Leistungsersteller und Leistungskonsument sind ein interessanter und wichtiger Forschungsbereich für die Dienstleistungs-Marktforschung. Im Sachgüterbereich hat diese Phase keine direkte Entsprechung: weder ist der Kunde am Prozeß der Leistungserstellung beteiligt – er erfolgt hersteller(betriebs)intern ohne Mitwirkung des Konsumenten –, noch umfaßt die Übergabe der Leistung einen längeren Zeitraum.

Am Beispiel einer 14-tägigen Urlaubsreise zeigt sich dieser längerfristige Produktions- und Austauschprozeß sehr deutlich: Während der An- und Abreise treten das Transportunternehmen und die Reisenden über mehrere Stunden miteinander in Kontakt, während der gesamten Aufenthaltszeit kommunizieren Mitarbeiter des Leistungsträgers Beherbergungsbetrieb sowie Bewohner und Dienstleistungsunternehmen des Urlaubsortes mit dem Gast. Bei Pauschalreisen erfolgt zudem eine – mehr oder weniger intensive – Betreuung durch eine Reiseleitung, eventuell intensiviert durch Animations- und Ausflugsangebote.

Die Vielzahl der Kontaktbeziehungen sowie die unterschiedliche Intensität des Kontaktes geben im Rahmen der touristischen Marktforschung Aufschluß über die Gästezufriedenheit. Marktforschung über den gesamten Zeitraum der Reisedurchführung ist damit im wesentlichen Verlaufsforschung. Sie umfaßt die Erforschung der – gewünschten – Betreuungsintensität sowie des Betreuungsumfanges.

**(2) Marktforschung bei den Kontaktpersonen**

Der Austausch und Kontakt zwischen Tourismusproduzenten und Tourismuskonsumenten während der Prozeßphase wird im Tourismus nur ansatzweise als Möglichkeit der Marktforschung genutzt. Dabei sind die Personen, die während der Leistungserstellung in direkten Kontakt mit den Reisenden treten, wie z.B. Reiseleiter, Transportpersonal, Empfangspersonal, Kellner, Zimmermädchen, Animateure, Bewohner der Fremdenverkehrsorte usw., eine gut nutzbare „Quelle" für die touristische Marktforschung, die im Rahmen des innerbetrieblichen Vorschlagswesens genutzt werden kann:

„Die Mitarbeiter in der Leistungserstellung werden folglich, wie auch die internen Kontaktsubjekte, zu Marktforschern, d.h. ihnen obliegen die Aufgaben, die Nachfrager während der Phase der Leistungserstellung zu beobachten und im Rahmen von Gesprächen ihre Zufriedenheit oder Gründe für eine eventuelle Unzufriedenheit zu erkunden. Ferner bietet sich diesen Mitarbeitern die Möglichkeit, weitere Bedarfe bei den Nachfragern zu ergründen, um hieraus Anhaltspunkte für die Bereitstellung neuer oder modifizierter Dienstleistungen zu erhalten." (CORSTEN 1990: 180)

Doch Einwohnerbefragungen, Gästestammtische sowie systematische Mitarbeiterbefragungen werden nur sehr wenig im Tourismus verwendet. Auf der anderen Seite sind Gästebefragungen während ihres Aufenthaltes ein häufig eingesetztes Instrumentarium der Marktforschung während der Prozeßphase.

Befragungen der Kontaktpersonen geben auf der anderen Seite auch Informationen über die **Zufriedenheit der Gastgeber** („Bereisten") mit dem Ausmaß und der Form des jeweiligen Tourismus am Ort. Dies ist eine wichtige Aufgabe im Rahmen des touristischen Binnen-Marketing (vgl. D.4.5).

**(3) Marktforschung in bezug auf das Reiseverhalten (der „Reisende")**

Während des gesamten Reiseverlaufs ergeben sich Möglichkeiten zur Erforschung des **Reiseverhaltens** als Grundlage für die entsprechende Leistungsgestaltung. Hier interessieren die **Aktivitäten** des Gastes am Urlaubsort, die Nutzung der verschiedenen touristischen und nicht-touristischen Leistungsangebote. Für ökonomische Betrachtungen ist vor allem das **Ausgabeverhalten** der Reisenden von besonderem Interesse.

Eine weitere wichtige Information aus der Durchführungsphase ist die **saisonale Verteilung** der Reisenden. Anders als bereits in der Vorbereitungsphase, wo Reise**absichten** untersucht werden, erhält man nun aufgrund der Auswertung der Abreise- oder Ankunftsstatistiken die **effektive** Verteilung der Reisenden auf beispielsweise Haupt-, Neben- und Zwischensaison sowie auf die verschiedenen Reisedestinationen.

Diese Informationen erhält man zum einen durch Beobachtung, durch Befragung der – genutzten – Leistungsträger sowie durch Befragung der Gäste selbst. Insbesondere Gästebefragungen **während des Aufenthaltes** sind ein häufig genutztes Mittel der touristischen Marktforschung im Verlauf der Prozeßphase. Hilfsweise sind diese Informationen auch nach Beendigung der Reise zu erhalten (Ex-post-Analyse, vgl. auch B.2.1.3).

**(4) Reisezufriedenheit**

Während des Aufenthaltes der Gäste in den Reisegebieten können ebenfalls Befragungen hinsichtlich der **Reisezufriedenheit** in bezug auf die Durchführung erhoben werden. Aufgrund solcher Befragungen erhält man Einschätzungen des vorhandenen oder gewünschten touristischen Angebotes. Auch können bereits Informationen über eine eventuelle Wiederkehr in das jeweilige Reisegebiet eingeholt werden (vgl. B.2.1.3). Als passive Instrumente der Messung der Reisezufriedenheit gelten Beschwerdebücher oder „Kummerkästen", bei denen sich die Gäste entsprechend äußern können.

Allerdings erhält man durch Gästebefragungen während des Aufenthaltes nur Auskünfte darüber, wie die vorhandenen Gäste das Leistungsangebot bewerten. Hingegen fehlen bei solchen Formen der touristischen Marktforschung Informationen, aufgrund welcher Faktoren andere Reisende den Ort **nicht besucht** oder den jeweiligen Leistungsträger **nicht** genutzt haben.

Letztlich dienen Informationen über die Aufenthaltszufriedenheit dazu, auftretende Mängel und Unzufriedenheiten bereits während des Aufenthaltes zu beseitigen oder abzuschwächen, sie sind also auch ein Instrument des Beschwerdemanagements.

**(5) Qualitätsforschung: Verrichtungsqualität**

Im Zusammenhang mit dem touristischen Qualitäts-Management sind bereits während der Prozeßphase Informationen über die Reisezufriedenheit und Verrichtungsqualität seitens der Reisenden oder auch der Leistungsersteller zu erhalten. Neben der zuvor erwähnten aktiven oder passiven Gästebefragung können Qualitätskontrollen der Reiseorganisationen durch (neutrale) Testpersonen abgenommen werden.

**Beispiele:**
- Testessen, Testreisen,
- teilnehmende Beobachtung auf Reisen.

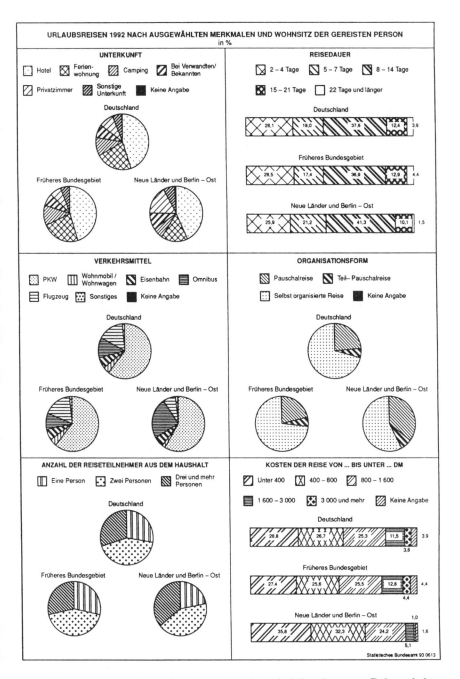

**Abb. B-21** Ausgewählte Ergebnisse der touristischen Marktforschung zum Reiseverhalten (Quelle: STATISTISCHES BUNDESAMT 1996: 43)

## 2.1.3 Marktforschung in der Ergebnisphase des Tourismus-Marketing

Ein dritter Bereich der touristischen Marktforschung ergibt sich in der Ergebnisphase des Reiseprozesses bzw. der Reisekette. Hier sind die Ergebnisse der Dienstleistung, im Tourismus der Reise, für das Marketing von Interesse. Somit steht am Ende der Reise die Erforschung der Wirkung bzw. des Ergebnisses der touristischen Dienstleistungen (Ex-post-Forschung). Da die Einschätzung der Zufriedenheit mit den jeweiligen Dienstleistungen vor allem **subjektiv** erfolgt, sind entsprechende Kundenbefragungen notwendig. Auf der Grundlage der Zufriedenheitsmessung können adäquate Marketingstrategien und -maßnahmen ergriffen werden.

### (1) Zufriedenheitsforschung durch Gästebefragungen im Tourismus

Im Tourismus sind **Gästebefragungen** ein weit verbreitetes Mittel zur Ermittlung der Kundenzufriedenheit. Sie werden – wie erwähnt – zum Teil bereits während des Aufenthaltes der Touristen am Urlaubsort oder während des Transports durchgeführt, also während der Durchführungsphase. Strenggenommen sind Zufriedenheitsanalysen aber erst nach Beendigung der Leistungserstellung möglich.

Da eine touristische Reise aus vielen Teilen zusammengesetzt ist, können für Teilleistungen bereits vor Beendigung der gesamten Reise entsprechende Beurteilungen vorgenommen werden, z.B. kann der Hintransport, der Besuch von Lokalen oder die Betreuung durch die Reiseleitung schon während des Aufenthaltes beurteilt werden.

Ferner führen Zufriedenheitsanalysen am Reiseende auch zu weiteren Informationen über das Informations- und Kaufverhalten in der Potentialphase sowie über das Reiseverhalten in der Durchführungsphase.

„Eine zentrale Determinante für die Reiseentscheidung ist die *Urlaubszufriedenheit*. Je zufriedener man mit einem Urlaubsort war, um so höher ist die Wahrscheinlichkeit, daß man ihn wieder besucht. Ähnlich dürfte sich die Zufriedenheit mit anderen Teilaspekten des Urlaubs auswirken; wer z.B. positive Erfahrungen mit einer Clubreise gemacht hat, wird auch in Zukunft wieder Clubreisen buchen." (BRAUN 1993b: 306)

> „Reisezufriedenheit ist die Summe der Produkte aus Wichtigkeit und Erfüllungsgrad von Urlaubsmotiven bzw. Urlaubserwartungen" (BRAUN 1993c: 311).

In den meisten Touristenbefragungen wird deshalb auch die Reise(un)zufriedenheit abgefragt (vgl. genauer BRAUN 1993c, BRAUN/LOHMANN 1989, DAUN 1978, PIZAM/NEUMANN/REICHEL 1978, PURUCKER 1986, WOHLMANN 1981).

### (2) Reklamationsforschung

Ein weiteres Mittel zur Erforschung der Reisezufriedenheit ist die Reklamationsforschung. „Seit Jahren hat die Zufriedenheits- und Beschwerdeforschung immer wieder nachgewiesen, welche positiven Auswirkungen eine schnelle und kundengerechte Beschwerdebearbeitung auf Kundenzufriedenheit, Kundenbindung, Unternehmensimage und die persönliche Kommunikation hat und welchen ökonomischen Nutzen die in Beschwerden enthaltenen Informationen für Marketingmaßnahmen und Qualitätskontrollen darstellen." (STAUSS 1993: 44)

Gerade im Tourismus sind in den letzten Jahren immer häufiger **Reisereklamationen** problematisiert worden. Reisereklamationen sind Ausdruck von Abweichungen der ursprünglichen Erwartungen und der jeweiligen Erfüllungen. Sie können zum einen in den unrealistischen Erwartungen der Reisenden liegen, andererseits aber in der fehlerhaften Erfüllung der vorab zugesicherten Eigenschaften einer Reise. Neben der Erfassung und Auswertung von offiziellen Reisereklamationen im juristischen Sinn ist das Führen von Beschwerdebüchern bei Fremdenverkehrsämtern oder Leistungsträgern ein geeignetes Mittel zur Erfassung der Kunden(un)zufriedenheit.

Auf der anderen Seite gibt die Auswertung von Gästestatistiken sowie von Kundenkarteien Aufschluß über die „**Wiederholerrate**", als quasi positives Pendant zur Reklamationsforschung. In Abb. B-22 ist der Zusammenhang zwischen Reklamationen und Wiederholung aufgrund einer empirischen Untersuchung veranschaulicht. Während die zufriedenen Gäste zum Großteil wieder mit dem selben Reiseveranstalter verreisen wollten (z.B. 95% der „sehr zufriedenen" Gäste), lag der Anteil der Wiederholer bei den unzufriedenen Gästen bei lediglich 25%.

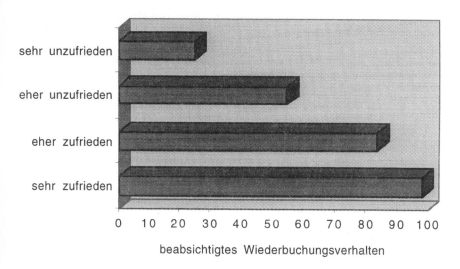

**Abb. B-22** Beschwerdezufriedenheit und Wiederkaufabsicht bei Reiseveranstaltern in % (Quelle: STAUSS 1993: 45)

### (3) Zufriedenheitsforschung bei den Gastgebern

Marktforschung in der Ergebnisphase des touristischen Leistungsprozesses sollte auch Informationen über die „Zufriedenheit" der Bewohner der Reisedestination geben. Hierbei sind neben den wirtschaftlichen Effekten des Tourismus vor allem die sozialen und ökologischen Auswirkungen des Reisens zu berücksichtigen.

Bereits erwähnt war die Bedeutung des **Binnen-Marketing** im Tourismus, wofür Zufriedenheitsanalysen der Betroffenen eine große Rolle spielen (vgl. D.4.3.4).

### (4) Einstellungsforschung und Imageanalysen

In der Ergebnisphase werden im Rahmen von Imageanalysen auch die Einstellungen zu den einzelnen Leistungsträgern untersucht (vgl. genauer D.4.3.2). Sie sind wiederum die Basis für die Potentialbewertung der Vorbereitungs- oder Potentialphase (vgl. B.2.1.1).

### (5) Ergebnisqualität

Methoden zur Messung und Bewertung der Ergebnisqualität werden in Abschnit B.3.3.1.6 dargestellt, v.a. die GAP-Analyse von BERRY/PARASURAMAN/ZEITHAML 1992.

### 2.1.4 Zusammenfassung

Zuvor waren die Aufgaben und Besonderheiten der touristischen Marktforschung im Zusammenhang mit dem leistungsorientierten Phasenmodell des Tourismus-Marketing erläutert worden. Allerdings sind die Methoden der touristischen Marktforschung zur Zeit noch nicht ausreichend auf diese phasenbezogene Sichtweise hin entwickelt und systematisiert worden.

Folglich werden in den Abschnitten B.2.2 bis B.2.5 einige weiterführende Aussagen zur Marktforschung entlang der in der Literatur verbreiteten Unterteilung nach Markteingrenzung, Konkurrenz- und Nachfrageanalyse dargestellt und es wird auf die jeweiligen Besonderheiten in bezug auf das touristische Marketing hingewiesen.

## 2.2 Besonderheiten der Marktabgrenzung im Tourismus

Als Voraussetzung für die verschiedenen Überlegungen der Marktforschung während des touristischen Leistungsprozesses müssen die jeweiligen Märkte bestimmt werden. Dazu versucht die **Marktabgrenzung**, aus der Fülle der touristischen Strukturen diejenigen herauszufiltern, die für den jeweiligen Betrieb bzw. die Marketingaufgabe **relevant** sind. Nur so können die darauf aufbauenden Marketingaktivitäten effektiv eingesetzt werden.

Grundsätzlich sind dazu Abgrenzungen auf der Angebots- und Nachfrageseite notwendig:

- nicht alle Anbieter sind „relevante" Konkurrenten,
- nicht alle Nachfrager sind „relevante" Nachfrager

für den jeweiligen Tourismusbetrieb bzw. Marketingträger.

Dazu erfolgt in einer ersten Stufe zumeist eine Abgrenzung nach allgemeinen Kriterien (wie z.B. Ort, Zeit, Produkt), die sowohl für die Angebots- als auch für die Nachfrageseite des Marktes von Bedeutung ist. Diese Form der Markteingrenzung orientiert sich an der volkswirtschaftlichen Markttheorie und wird daher auch gelegentlich als **Makro-Marktabgrenzung oder Makrosegmentierung** bezeichnet.

Als **Ergebnis** der Marktabgrenzung oder Makrosegmentierung ergibt sich der nach Ort, Zeit, Produkt bestimmte „relevante" Markt. Zur Makroabgrenzung gehört grundsätzlich auch die Marktabgrenzung nach Käufergruppen. Doch im modernen Marketing kommt der Marktabgrenzung nach Käufer- oder Zielgruppen eine besondere Bedeutung zu.

Dies hängt zum einen mit dem Wandel des Marketing-Paradigmas (von der „Massenmarkt"betrachtung zur „Zielgruppenorientierung) zusammen, zum anderen ist es eine wichtige Voraussetzung für die spätere Strategiephase, wo „Marktsegmentierung" als eigenständiges Strategie-Modul betrachtet wird. Folglich wird die Marktabgrenzung nach Zielgruppen gesondert als sog. **„Mikroabgrenzung" oder „Mikrosegmentierung"** behandelt.

### 2.2.1 Grundsätze der Marktabgrenzung und Marktsegmentierung: Makro- und Mikroabgrenzung

Die Begriffe „Marktabgrenzung" und „Marktsegmentierung" bereiten im strategischen Marketing zunehmend Mißverständnisse, da sie einerseits für die **allgemeine Markterfassung**, -differenzierung und -segmentierung stehen, andererseits vor allem für eine **zielgruppenbezogene Marktaufteilung** (-segmentierung) verwendet werden. Bei einer umfassenderen strategischen Vorgehensweise sind aber auch neben ausschließlich zielgruppenbezogenen Kriterien andere Formen der Marktsegmentierung zu unterscheiden (wie die folgenden Ausführungen zeigen werden). Andere Bezeichnungen neben „Marktsegmenten" sind „Marktbereich", „-feld", „Zielmarkt" oder „relevanter Markt". Die Diskussion um marketingbezogene Marktbestimmung ist – wie bereits erwähnt – durch den Paradigmawechsel im Marketing mitgeprägt:

- **Von Gemeinsamkeiten zu Unterschieden:** Während im „alten" oder „massenmarktorientierten" Marketing vor allem möglichst große Märkte mit ihren jeweiligen Gemeinsamkeiten von Interesse waren, sind für modernes Marketing eher „kleine" und bzw. oder klar abgegrenzte Märkte von Bedeutung. Früher war das Denken vorherrschend, daß Betriebe möglichst viel für einen möglichst großen Markt produzieren sollten, um über Kostenvorteile – und damit über niedrigere Preise als die Mitanbieter – am Markt erfolgreich sein zu können. Diese Auffassung existiert auch heute noch an monopolistischen Märkten und gewinnt für internationale und globale Märkte wieder an Bedeutung. Doch im modernen Marketing ist man in den letzten Jahren dazu übergegangen, die Idee der Marktsegmentierung in den Vordergrund zu stellen.

Man geht bei der Marktsegmentierung davon aus, daß es – realistisch betrachtet – kein Unternehmen gibt, das in der Lage wäre, alle Wünsche aller Nachfrager zu erfüllen. Bei einer solchen universellen Vorstellung gibt es immer

Konkurrenten, die bestimmte Marktsegmente besser bedienen können als der eigene Betrieb.

● **Von produktorientierter zur nachfragerorientierten Unterteilung:** Auch die gewandelte Sichtweise vom produkt- und produktionsorientierten Marketing zum markt- und nachfragerbezogenen Marketing spiegelt sich in der Marktdiskussion wider. Die Marktabgrenzung nach Produkten wird immer mehr durch eine Marktaufteilung aufgrund von Nachfragerdimensionen ersetzt. Anstelle der Suche nach **Gemeinsamkeiten** („Markthomogenisierung") auf Märkten bei der Makroabgrenzung treten zunehmend **Unterschiede** („Marktheterogenisierung") bei der Mikroabgrenzung.

**Marktab- oder -eingrenzung** bezeichnet ganz allgemein die verschiedenen Kriterien zur Marktbestimmung, wie z.B. Ort, Zeit, Produkt, (auch Nachfrager) usw. – es geht vorrangig um **„Gemeinsamkeiten"**.

**Marktaufteilung oder -segmentierung** bezeichnet vor allem die nachfrager- oder zielgruppenbezogene Aufteilung des Gesamtmarktes in verschiedene Teilmärkte (sog. Segmente) – es geht vorrangig um **„Unterschiede"**.

| **Faktoren**, die dazu beitragen, Märkte zu **homogenisieren** (--> Massenmarketing) | **Faktoren**, die dafür verantwortlich sind, daß Märkte stärker **heterogen** werden (--> Marktsegmentierung) |
|---|---|
| • moderne Kommunikationssysteme | • zunehmende Liberalisierung |
| • gestiegene Mobilität, Tourismus | • Wissensexplosion |
| • bessere Sprachkenntnisse | • höherer Sättigungsgrad von Grundbedürfnissen („Überfluß") |
| • Grenzöffnungen, Reisefreiheit | |
| • standardisierte Einkaufsstätten und Produkte | • verstärktes Differenzierungsstreben |
| • Verstädterung (Urbanisierung) | • steigende freie Kaufkraft |
| • staatliche Regelungen (Gesetze) | • zunehmende Kreativität |
| • Internationalisierung und Globalisierung des Marketing | • Regionalisierung des Marketing |

**Abb. B-23** Homogenisierungs- und Heterogenisierungstendenzen in der Marktforschung (Quelle: nach BECKER 1993: 250, mit Ergänzungen)

Für die Marktab- und -eingrenzung gibt es trotz vielfältiger Möglichkeiten weitgehend Einigkeit in der Marketingwissenschaft (und -praxis), wie im konkreten Fall vorzugehen ist.

● Grundsätzlich sind Markteingrenzungen **multidimensional**. Doch aufgrund der schwierigen Darstellung erläutert man die Vorgehensweise vor allem mit Hilfe von 1-, 2- und 3-dimensionalen Modellen.

- Im modernen Marketing erfolgt die Aufteilung („Segmentierung") – wie bereits erwähnt – vorwiegend aufgrund der Nachfrageseite des Marktes – nach Kunden und den verschiedenen Kriterien der Kundenunterteilung („**Zielgruppen**").

- In der **Extremsichtweise** und -formulierung von KOTLER beginnt Marktsegmentierung, wo mindestens zwei Nachfrager vorhanden sind: „Jeder Käufer ist potentiell ein Markt für sich allein, denn seine Bedürfnisse und Wünsche sind einzigartig" (KOTLER 1989: 202).

Der Gesamtmarkt besteht aus einer Fülle von Teilmärkten, die nach unterschiedlichsten Kriterien eingegrenzt werden: „Im Prinzip stellen sich die meisten Märkte (Grundmärkte) als ein **Konglomerat von Segmenten** dar, die es – gerade angesichts verschärfter Markt- und Wettbewerbsbedingungen – verstärkt zu identifizieren gilt" (BECKER 1993: 224f). Die Vielfalt der touristischen Märkte ist in Abb. B-25 angedeutet.

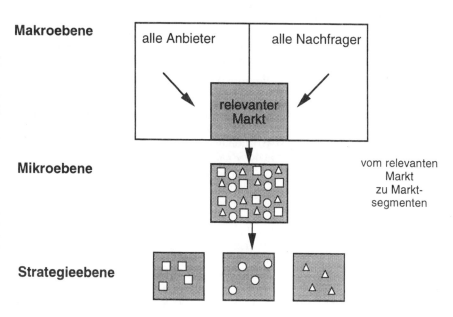

Abb. B-24 Von der Markteingrenzung zur Marktsegementierung (Makro- und Mikroabgrenzung)

Als **Grundsätze für die Marktabgrenzung** gilt es, den „relevanten" Markt

- **nicht zu eng** einzugrenzen, da ansonsten der Blick auf ebenfalls potentielle Kunden vernachlässigt wird und die erzielten Absatzerfolge zu gering sind sowie der Blick für die späteren Aktivitäten, z.B. beim Rückgang oder „Verschwinden" des Marktes, verstellt wird;

- **nicht zu weit** einzugrenzen, da daraus zu weitreichende Marketingaktivitäten folgen, was zu „Verschwendung" und zu Ineffizienz führt; dies ist einer der Kritikpunkte am „alten Massenmarkt-Konzept".

### 2.2.2 Kriterien der (Makro-)Marktabgrenzung

Der vielfältig verwendete Begriff des Marktes unterscheidet sich in der wirtschaftswissenschaftlichen Betrachtung vom Alltagssprachgebrauch:

In der Wirtschaftswissenschaft versteht man unter **Markt** eine **gedankliche Konstruktion**, bei der alle Anbieter und Nachfrager für bestimmte Leistungen betrachtet werden. Dazu müssen sie sich nicht an konkreten Orten treffen, sondern es genügt die Absicht, die entsprechenden Leistungen anbieten oder nachfragen zu wollen. So werden Reisen in ganz Deutschland und über das ganze Jahr angeboten, ohne daß sich je alle Anbieter und Nachfrager zu einem bestimmten Zeitpunkt oder/und an einem bestimmten Ort treffen.

> **Touristische Märkte** sind Gedankenkonstruktionen, die alle für bestimmte Tourismusleistungen relevanten Angebots- und Nachfrageinformationen zusammenfassen.

Dies unterscheidet sich vom Alltagssprachgebrauch, wo Märkte als die **konkreten Orte** bezeichnet werden, an denen sich Anbieter und Nachfrager treffen, um Güter zu (ver)kaufen, z.B. Wochenmarkt, Messen und Ausstellungen. Doch solche konkreten Märkte sind in der Realität die Ausnahme.

Allerdings ergibt sich damit für die Marktbestimmung innerhalb des Marketing die Schwierigkeit, ausreichend Informationen über alle potentiellen Nachfrager und Anbieter für spezielle Produkte zu erfassen. Dies ist Aufgabe der Marktforschung. Sie hat als erstes aus der Fülle der touristischen Marktbeziehungen den jeweils relevanten Teilmarkt marketingspezifisch **einzugrenzen**. In Abb. B-25 sind die zahlreichen touristischen Anbieter und Nachfrager dargestellt, die in unterschiedlicher Zusammensetzung auf den verschiedenen Tourismusmärkten aktiv sein können. Dabei sind noch keinerlei Aussagen darüber getroffen, über welchen Zeitraum oder über welches Gebiet sich die zu betrachtenden Tourismusmärkte erstrecken oder welche Teilprodukte für das jeweilige Marketing von Interesse sind.

Die Marktabgrenzung im Sinne der hier erläuterten **Makrosichtweise** erfolgt vorwiegend nach räumlichen, zeitlichen und produktspezifischen Aspekten. Hinzu kommen oftmals betriebsspezifische sowie Angebots- und Nachfrageaspekte. All diese Kriterien werden zur Abgrenzung eines Marktes meist zusammen betrachtet.

**Abgrenzungskriterien für Märkte:**
- **Gebiet** (räumlicher Aspekt). Dies umfaßt zumeist das sogenannte „Einzugsgebiet" für das jeweilige Produkt. Unter räumlichen Aspekten zählen – je nach Fragestellung – alle potentiellen oder vorhandenen Kunden eines Produktes oder einer Dienstleistung zum Markt.
  **Beispiel:** Für ein kleineres **TUI-Reisebüro** in Frankfurt ist der relevante Markt auf einen Teilbereich der Stadt begrenzt, meist ist das Haupteinzugsgebiet die nähere Umgebung

## 2. Marktanalyse im Tourismus 179

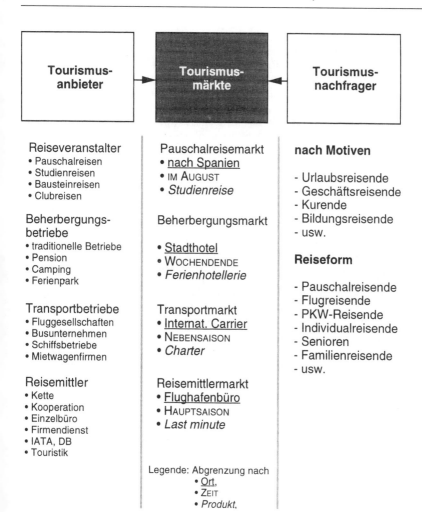

**Abb. B-25** Tourismusmärkte

mit einem Radius von einigen 100 Metern (Laufkundschaft). Hinzu kommen einige Kunden aus anderen Stadtteilen (Telefonkundschaft, frühere Kunden und über Mundpropaganda). Hingegen ist für eine in Frankfurt ansässige Airline, z.B. Singapore Airline, das gesamte Bundesgebiet, eventuell auch angrenzende Gebiete, als Markt anzusehen.
**Oder:** Für Berliner sind vorrangig die Reiseangebote in Berlin relevant, für Münchner die in München usw.
Für die Destination Sächsische Schweiz bestimmt sich der Markt z.B. nach dem Einzugs- oder Quellgebiet der potentiellen Gäste, z.B. als (a) regionaler Markt Sächsische Schweiz ± 50 km, (b) Bundesland Sachsen, (c) nationaler Markt Deutschland, (d) internationaler Markt Europa oder (e) weltweit.

- **Zeit** (saisonaler Aspekt): Während die theoretische Marktvorstellung davon ausgeht, daß alle Informationen zu einem bestimmten **Zeitpunkt** vorhanden sind, erstrecken sich in der Realität Marktanalysen und -betrachtungen zumeist auf Zeiträume und/oder verschiedene Zeitpunkte.

  **Beispiel:** So sind im Tourismus saisonale Veränderungen der meisten Märkte gegeben: Der Markt für Griechenlandreisen ist am 19. März kleiner als der Markt am 21.7. (Ferienzeit), oder: Der Reisemarkt stellt sich im Sommer (vorrangig Reisen ins Mittelmeergebiet) anders dar als im Winter (zumeist mehr Skireisen und mehr Fernreisen).

- **Produkt** (sachlicher Aspekt): Marktbetrachtungen erfordern eine klare Abgrenzung, welche Produkte (Dienstleistungen) an diesem Markt gehandelt werden und inwieweit sie mit anderen Angeboten vergleichbar sind („konkurrieren") und/oder durch diese ersetzbar sind (Substituierbarkeit), oder inwieweit vermeintlich gleiche Angebote für den zu untersuchenden Markt nicht relevant sind.

  **Beispiele:** Nur für die wenigsten Marktteilnehmer sind alle in der Bundesrepublik angebotenen Reisen von Interesse. Meist beschränken sich die Aktivitäten auf spezielle Reiseformen und -arten. So spezialisieren sich einige Anbieter auf Fern- und Auslandsreisen, die anderen auf Inlandsreisen und Kurzausflüge.
  Der Markt für Billigflüge läßt sich klar vom Markt für Persönlichkeits-Urlaubsangebote abgrenzen. Bestimmte Destinationen bieten das Produkt „Sonnenurlaub", „Sport-Tourismus", „Kuraufenthalt", andere „Kultur- und Tagungstourismus" an.

- Sozio-ökonomischen **Gruppen** der Nachfrager (personeller Aspekt): So z.B. nach Alter, Geschlecht, Einkommen, Beruf, Ausbildung, Religion usw.). Die genauere Betrachtung der kundenspezifischen Markteingrenzung erfolgt in Abschnitt B.2.2.4.

  **Beispiel:** Für ältere Reisende existiert ein Seniorenreisemarkt, für jüngere der Jugendreisemarkt.

- **Anzahl** (und Verhaltensweise) der Marktteilnehmer (Marktformen): Im Extrem können nur ein Anbieter und viele Nachfrager (Angebotsmonopol) oder auch viele Anbieter und ein Nachfrager (Nachfragemonopol) vorhanden sein. Dazwischen sind vielfältige Kombinationen möglich. Für das Marketing werden zumeist die beiden Marktsituationen der Konsumenten- und Produzentenmärkte unterschieden. Vgl. genauer zu touristischen Marktformen FREYER 1995a: 207ff.

  **Beispiele:** In der Hochsaison sind Märkte zumeist angebotsmonopolistisch strukturiert: viele Nachfrager stehen wenigen Anbietern gegenüber (Übernachfragesituation). In der Nebensaison ist es meist umgekehrt: viele Anbieter stehen wenigen Nachfragern gegenüber (Überangebotssituation).

### 2.2.3 Marktvolumen und Marketingpotential

Als Ergebnis der Marktabgrenzung erhält man Angaben über das **Marktvolumen** des für einen Betrieb oder für die jeweilige Fragestellung „relevanten" Marktes. Die gängigsten Angaben zur Charakterisierung des Marktvolumens beziehen sich auf Umsatz, Zahl der Beschäftigten, Zahl der Anbieter oder/und Nachfrager oder Zahl der „Paxe" (Gäste) usw.

Die realisierten Umsätze aller Marktteilnehmer stellen das vorhandene **Marktvolumen** dar. Davon zu unterscheiden sind das **Absatzvolumen** sowie der vorhandene Marktanteil des jeweiligen Unternehmens. Zwischen dem eigenen **Marktanteil** und dem gesamten Marktvolumen bzw. Marktpotential wird sich das eigene **Marketingpotential** (oder Absatzpotential) bewegen (vgl. Abb. B-26). Auf gesättigten Märkten liegen Marktvolumen und Marktpotential eng zusammen und Veränderungen des betrieblichen Marktanteils können nur zu Lasten anderer Marktteilnehmer gehen. Hingegen klaffen Marktpotential und -volumen auf wachsenden Märkten noch weit auseinander, womit sich Vergrößerungen des betrieblichen Absatzvolumens zusammen mit der Vergrößerung des gesamten Marktvolumens ergeben können.

Marktvolumen und -anteile werden zumeist zeitpunktbezogen bestimmt **(statische Betrachtung)**. Unter statischer Betrachtung ist eine Erhöhung (oder Rückgang) des eigenen Marktanteils nur auf Kosten (oder zugunsten) des Absatzvolumens anderer Marktteilnehmer möglich, da sich alle Marktanteile zusammen zu 100% addieren. Da sich Märkte aber auch im Zeitablauf entwickeln, also wachsen oder schrumpfen können **(dynamische Betrachtung)**, können sich Marktanteile verändern ohne daß dies zu Lasten (oder zugunsten) des jeweiligen betrieblichen Absatzvolumens anderer Marktteilnehmer geschieht – die verschiedenen Marktteilnehmer profitieren nur unterschiedlich von den Zuwächsen.

**Beispiele:**
- In Abbildung B-26 ist der Marktanteil m = A / M im Zeitpunkt $t_1$ trotz gestiegenem Absatzvolumen ($A_1 > A_0$) **gefallen** ($m_1 < m_0$), da das Marktvolumen ebenfalls überproportional gestiegen ist. Hingegen ist im Zeitpunkt $t_2$ der Marktanteil $m_2$ gegenüber dem

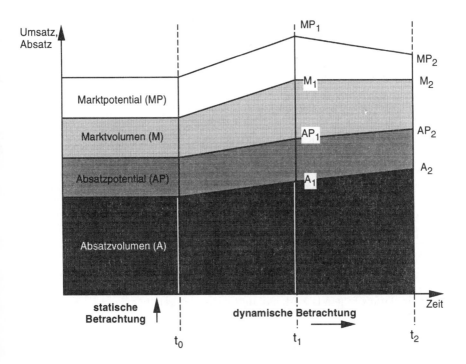

**Abb. B-26** Zusammenhang zwischen Marktpotential, Marktvolumen und Absatzvolumen

Zeitpunkt $t_1$ **gestiegen** ($m_2 > m_1$), da sich das Absatzvolumen gleichmäßig erhöht hat und $M_2$ gegenüber $M_1$ gleich geblieben ist. Zudem hat sich das Absatzpotential (AP) von $t_0$ bis $t_1$ vergrößert, von $t_1$ bis $t_2$ ist es geringer geworden, aber es ist nach wie vor höher als im Ausgangszeitpunkt $t_0$.

- Das Reiseland Bayern hatte 1992 mit ca. 4,2 Mio. deutschen Gästen einen Anteil von 9,3 % am gesamten Inländerreisemarkt (mit einem Gesamtvolumen von 44,7 Mio. Reisen). Werden 1993 insgesamt 10 % mehr Reisen unternommen, so wächst – bei gleichen Marktanteilen aller Destinationen – auch das Gästeaufkommen in Bayern um 10%. Bayern kann aber auch bei gleichem Gesamtmarktvolumen ein Wachstum von 10% realisieren, indem es seinen Marktanteil entsprechend vergrößert.

---

(Betriebliches) **Absatzvolumen** ist der mengen- oder wertmäßige Absatz **eines** Betriebes (der realisiert oder prognostiziert wird/wurde).

**Marktvolumen** ist der mengen- oder wertmäßige Absatz aller Unternehmen an einem Markt (der realisiert oder prognostiziert wird/wurde).

(Betriebliches) **Absatzpotential** (oder Marketingpotential) ist der mengen- oder wertmäßige Absatz **eines** Betriebes, der maximal möglich wäre.

**Marktpotential** ist der maximal zu vermutende mengen- oder wertmäßige Absatz für **alle** Betriebe an einem Markt.

**Marktanteil** ist das Verhältnis des Absatzvolumens eines Betriebes zum gesamten Marktvolumen, gemessen durch Wert- oder Mengengrößen.

---

Als Sonderproblem der Bestimmung des Marktvolumens ergibt sich aus gesamtwirtschaftlicher Sicht die Frage der **Konzentration.** Sie ist dann gegeben, wenn einige Marktteilnehmer einen bedeutenden Anteil am Gesamtmarkt haben. In der Bundesrepublik wird aufgrund gesetzlicher Regelungen dann von konzentrierten Märkten gesprochen, wenn

- ein Unternehmen einen Marktanteil von mindestens 1/3,
- drei Unternehmen einen Marktanteil von mindestens 1/2,
- fünf Unternehmen einen Marktanteil von mindestens 2/3

haben (nach § 22 Abs. 3 Kartellgesetz).

Aufgrund der schwierigen und sehr unterschiedlichen Marktabgrenzung sind trotz dieser klaren Festlegung häufig keine eindeutigen Aussagen zur Marktkonzentration möglich. Typisches Beispiel in der Tourismusindustrie ist die Situation am Reiseveranstaltermarkt, wo die größten Reiseveranstalter zwar bedeutende Marktanteile haben, aber je nach Marktabgrenzung nicht unter die Konzentrationsbestimmungen des Kartellamtes fallen. Anderseits hat das einzige Reisebüro am Ort zwar in der Regel 100% Marktanteil (dieses lokalen Marktes), aber auch hier werden die Konzentrationsbestimmungen nicht aktiviert.

Aus betriebswirtschaftlicher Sicht interessieren weniger die gesamtwirtschaftlichen Konzentrationstendenzen als die Bestimmung des eigenen Marktanteils und die daraus folgende Verhandlungsposition gegenüber den anderen Marktteilnehmern.

## 2.2.4 Mikroabgrenzung oder Marktsegmentierung

Aus der betriebsbezogenen Sicht des Marketing sind die zuvor behandelten umfassenden Makro-Märkte nur selten von strategischer Relevanz. Von wenigen Ausnahmen abgesehen (z.b. Staatsbetriebe) können nur die wenigsten Unternehmen solche Makro-Märkte bedienen. Für fast alle Betriebe sind hinsichtlich ihrer Beschaffungs- oder Absatzüberlegungen nur Teile dieser Märkte „relevant".

Insofern stellt die Makroabgrenzung eine (wichtige) Voraussetzung für betriebswirtschaftlich strategische Überlegungen dar, doch sind hierfür noch weitere betriebsbezogene Kriterien von Bedeutung. Dies ist Gegenstand der sog. **Mikroabgrenzung oder -segmentierung** oder der (Markt-)Segmentierung i.e.S. Eine solche Segmentierung bedeutet eine Abgrenzung bzw. Segmentierung der Märkte nach **Unterschieden** (im Gegensatz zur Marktbestimmung nach Gemeinsamkeiten).

> „**Marktsegmentierung**" (i.e.S.) bedeutet die Aufteilung eines (heterogenen) Marktes in deutlich abgegrenzte (homogene) Marktsegmente oder -teilmärkte (auch: Kundensegmente, Zielmärkte, Cluster).

Die **kundenbezogene Segmentierung** gilt als der wohl am meisten behandelte Bereich des Marketing. Im Rahmen der Marktsegmentierung geht es um die Aufteilung des Gesamtmarktes in abgrenzbare, möglichst homogene Teilmärkte. Aufgrund der vorgenommenen Marktsegmentierung lassen sich Zielgruppen besser erfassen und gezielter bearbeiten, da die Käufer des Teilmarktes in bezug auf ihre Wünsche und Bedürfnisse klarer zu bestimmen sind als diejenigen des Gesamtmarktes.

Die touristische Marktforschung versucht, relativ stabile Nachfragegruppen aus dem touristischen Gesamtmarkt auszugrenzen, die als Basis für darauf ausgerichtete segment-spezifische Marketingmaßnahmen dienen. Bei der Zielgruppenbestimmung hat anfänglich die sogenannte sozio-demographische Marktsegmentierung die Diskussion und Methodik der Marktforschung bestimmt. Zwischenzeitlich sind in der touristischen – ebenso wie in der allgemeinen – Marktforschung vermehrt Motive des Kauf- und Reiseverhaltens in den Mittelpunkt der Untersuchungen gerückt. Erst in den letzten Jahren wurden sog. psychographische Aspekte (u.a. „Life-Style-Analysen") der Konsumentenforschung im Tourismus vereinzelt aufgegriffen – In der empirischen Tourismusforschung sind es vor allem die jährlichen Urlauberbefragungen hinsichtlich des Reiseverhaltens, die als Grundlage der touristischen Marktbestimmung dienen.

In der Literatur werden die unterschiedlichen Kriterien zur Marktsegmentierung meist auf zwei Grundarten der demographischen und psychographischen Kriterien zurückgeführt (vgl. BECKER 1993: 229f, MEFFERT 1986: 245f). Gelegentlich werden aus der zweiten Gruppe die verhaltensorientierten Kriterien als eigene Gruppe nochmals besonders herausgestellt, womit sich drei Grundarten ergeben – so auch hier:

(1) demographische Kriterien,
(2) verhaltensorientierte Kriterien,
(3) psychographische Kriterien.

Als generelle Voraussetzungen für die Marktsegmentierung und ein darauf aufbauendes Marketinghandeln gelten (vgl. u.a. BECKER 1993:252, KOTLER 1989: 213):

- **Meßbarkeit:** die speziellen Käufereigenschaften des oder der Marktsegmente(s) müssen hinreichend zu erfassen sein,
- **Tragfähigkeit:** Größe und Potential des Marktsegmentes müssen zu ermitteln sein,
- **Erreichbarkeit:** spezielle Marketingprogramme müssen wirksam in diesen Marktsegmenten einzusetzen sein,
- **Profitabilität:** der zusätzliche Kostenaufwand für die Marktsegmentierung muß sich in zusätzlichen Erträgen auszahlen,
- **Stabilität:** die Marktsegmente müssen eine ökonomische Mindestzeit tragfähig sein.

Es geht dabei um die Bildung homogener Untergruppen von Verbrauchern (Zielmärkte), die mit einer bestimmten Marketing-Strategie und einem entsprechenden Marketing-Mix erreicht werden können. Segmente sollen „intern homogen" und „extern heterogen" sein. In einem späteren Schritt dienen die verschiedenen Marktsegmente und Zielgruppen für weitergehende **strategische Überlegungen** (vgl. C.2). Dabei wird ein eigenes Strategiemodul der „Marktsegmentierung" unterschieden. Strenggenommen finden sich Erkenntnisse und Ergebnisse der Marktsegmentierung bzw. Zielgruppenbestimmung im Rahmen der Marktforschung auch in den anderen Strategiemodulen wieder:

- **Produkt-Markt-Strategien** sind auf Marktkombinationen von Produkt und Zielgruppen ausgerichtet.
- **Konkurrenzorientierte Strategien** untersuchen – unter anderem – die Vorgehensweise der Konkurrenz bezüglich der verschiedenen Zielgruppen.
- **Nachfragerorientierte Strategien** sind die konkrete strategische Ausgestaltung der zugrunde liegenden Zielgruppensegmentierung.
- **Positionierungsüberlegungen** sind auch zielgruppenbezogen, ziehen aber zur Positionierung im Eigenschaftsraum vor allem Imagedimensionen und weitere qualitative Kriterien heran.

**(1) Demographische Marktsegmentierung**

**Die demographische Marktsegmentierung** wird auch als „klassische Form der Marktsegmentierung" bezeichnet (MEFFERT 1986: 245). Sie legt die verschiedenen demographischen Kundeneigenschaften als Segmentierungsansatz zugrunde. Die häufigsten Kriterien sind: Geschlecht, Alter, Familienstand, Haushaltsgröße, Einkommen, Beruf, Ausbildung, Wohnort.

Fraglich ist bei allen Kriterien, inwieweit sie als kaufrelevant anzusehen sind. Zumeist werden aus einfachen Häufigkeitstabellen kausale Zusammenhänge „abgeleitet". Letztlich handelt es sich aber zumeist um theorielose Black-Box-Interpretationen (vgl. B.2.3.2(3a)). In der Reiseforschung werden beispielsweise immer wieder Zusammenhänge zwischen Reiseintensität und den demographischen Daten der Reisenden formuliert (vgl. STATISTISCHES BUNDESAMT 1995:32). Häufig werden mehrere demographische Kriterien zusammen zur Zielgruppenbe-

| Soziodemographische Segmentierungskriterien | Beispiele Tourismus |
|---|---|
| Wohnort/Herkunft (geographisch) | Auslands-, Inlandsgäste, Stadt-, Landbewohner |
| Alter | nach Altersgruppen (von ... bis) bzw. Kinder-, Jugend-, Erwachsenen-, Seniorenreisende |
| Geschlecht | Männer-, Frauen-Reisen |
| Schulabschluß/Bildung | Reisen von Haupt-, Realschülern, Abiturienten |
| Beruf | Arbeiter-, Angestellten-, Beamten-, Selbständigen-Tourismus |
| Familienstand/Haushaltsgröße/Kinder | Reisen für Single, Befreundete, Verheiratete, Familien mit/ohne Kinder |

**Abb. B-27** Marktsegmentierung nach demographischen Kriterien

stimmung herangezogen. Ein Beispiel für die mehrdimensionale Schichtung verschiedener demographischer Kriterien findet sich in Abb. B-27.

**(2) Verhaltensorientierte Marktsegmentierung**

**Die verhaltensorientierte Marktsegmentierung** stellt auf feststellbare Kriterien des Käuferverhaltens – im Tourismus auf das Reiseverhalten – ab. Häufig vorgenommene Marktsegmentierungen im Tourismus betreffen:

- die Wahl der Verkehrsmittel → PKW-, Flug-, Bahn-, Bus-, Rad-Reisende,
- das Buchungsverhalten → Individual-, Teilpauschal-, Vollpauschalreisende,
- die Reiseziele → Inlands-, Auslandsreisende, See-, Mittelgebirgs-, Berg-Touristen,
- die Reisedauer → Ausflügler, Kurzreisende, Urlaubsreisende, Langzeiturlauber,
- die Wahl der Unterkunft → Camping-, Bauernhof-, Pensions-, Hotelgäste,
- das Reisegepäck → Rucksack-, Koffer-, Aktentaschentouristen.

Solche Formen der Marktsegmentierung beschäftigten sich überwiegend mit den Urlaubs-Reisenden und bei regionalen Gästebefragungen mit den Reisenden **in** einer bestimmten Region/Destination. Hingegen sind die **Nichtreisenden** bzw. die Reisenden in anderen Regionen nur selten Gegenstand der touristischen Reiseverhaltensforschung. Sie können bei diesen Formen der Marktsegmentierung auch nicht erfaßt werden. So werden bei den wenigen vorliegenden Untersuchungen von Nicht-Reisenden als Grund für das Nichtreisen vor allem genannt (vgl. SCHMID 1972, KLEIN 1989):

- alternative Zeitverwendung,
- alternative Geldverwendung,
- keine Zeit für Urlaub und Reisen.

Dabei wäre die Erforschung der alternativen Verwendung von Zeit und Geld für andere Freizeit- oder Angebotsaktivitäten bzw. für andere Produkte (Substitutionsforschung) ein wichtiges Erkenntnisobjekt der Reiseverhaltensforschung.

Darauf aufbauend wären verschiedene Marktstrategien und -aktivitäten möglich, vor allem im Sinne der:

- generellen **Marktausweitung**, wenn Nicht-Reisende zum Reisen angehalten werden könnten oder der

- **Marktpenetration**, wenn Nicht-Reisende und Wenig-Reisende zu mehr Reisen motiviert werden könnten.

### (3) Psychographische Marktsegmentierung

**Die psychographische Marktsegmentierung** wird auch als „moderne Form der Marksegmentierung" bezeichnet (MEFFERT 1986: 245). Doch für die Vielzahl der psychographischen und verhaltensorientierten Marktsegmentierungen hat sich noch keine einheitliche Systematisierung durchgesetzt. Die psychographischen Kriterien kommen aus so unterschiedlichen Bereichen wie:

- allgemeine **Persönlichkeitsmerkmale** („Charaktereigenschaften"): Ängstlichkeit, Rigidität, Sensation-Seeking,

- **Einstellungen** und (Nutzen-)Erwartungen („benefits") sowie **Motive**: Weg-Von-/Hin-Zu-Reisen, Ausspann-, Aktiv-, Kunst-, Kultur-Touristen, Kurgäste, Verwandtenbesuche, Geschäftsreisende,

- **Lebensstilansätze** (life style)/Verhaltensmerkmale (vgl. (3b)).

### (3a) Konsumenten- bzw. Touristentypologien

Als Kombination demographischer und psychographischer Kriterien zur Marktsegmentierung wurden Verhaltenstypologien entwickelt, die oft sehr plastisch bestimmte Zielgruppen charakterisieren (vgl. genauer BRAUN 1993 a, b, SCHRAND 1993, ECKERLE 1994 und die dort angegebene Literatur).

Der Begriff und die methodische Vorgehensweise der Typologienbildung kommen aus der Persönlichkeitspsychologie. Die Gemeinsamkeit aller Typologien besteht in der Annahme, daß die grundlegende Persönlichkeitsstruktur des Menschen von vornherein entweder genetisch, durch Erlebnisse in der frühkindlichen Entwicklung oder aber auch durch eine Mischung von beidem bestimmt ist. Für die Marktforschung und das Marketing sind Typologien vor allem dadurch sehr bedeutend, daß für die verschiedenen Typen konkrete Aussagen zu unterschiedlichen Verhaltensweisen in einzelnen Lebensbereichen gegeben werden. So unterscheidet sich deren Urlaubsverhalten beispielsweise vom Alltagsverhalten und gibt damit konkrete Anhaltspunkte für die Gestaltung der Marketing-Mix-Maßnahmen für einzelne Typen(gruppen). Die einzelnen Typen werden in der Marktforschung zumeist sehr prägnant bezeichnet und oftmals plakativ mit Fotos, Karikaturen oder mit Alliterationen usw. dargestellt (vgl. z.B. Abb. B-28 und B-29a,b).

In einer aktuellen Untersuchung zu Typologien im Tourismus werden knapp 100 unterschiedliche Typologien zusammengestellt und bewertet (ECKERLE 1994). Diese Vielfalt deutet auf eines der Hauptprobleme von Typologisierungen hin: die mangelnde Trennschärfe der Unterscheidungskriterien und die weitgehende Beliebigkeit der Gruppen- und Typenbildung. Die Vielfalt der Typologien steht eher in einem reziproken Verhältnis zum Erkenntnisfortschritt der Typologieforschung. Während einzelne Typologien durchaus hilfreich für Marketingstrategien sein mögen, so ist ihre Vielfalt eher verwirrend und kontraproduktiv. Ferner wird der Vorwurf erhoben, „daß Typologien ihrer Natur nach tautologisch

| Eindimensionale Typenbildungen (Differenzierungskriterium, VERFASSER) | Touristen- u. Freizeittypen |
|---|---|
| Urlaubsaktivität (HAHN 1974) | Abenteuer-, Bewegungs-, Bildungs-, Erholungs-, Erlebnis-, Sporturlauber |
| Landschaftspräferenzen (HARTMANN 1974, 1981) | Mittelgebirgs-, Hochgebirgs-, Mittelmeer-, Nordsee-, Ostsee-, Flachland-, Doppelurlauber (im Sommer das Meer, im Winter die Berge) |
| Aktionsräumliches Verhalten (FINGERHUT 1973) | Wander-, Freiraum-, Landschafts-, Rundfahrer-, Promenier-, Sport-, Bildungstyp |
| Lieblingsfarbe (als Indiz für das Freizeitverhalten) (LÜSCHER 1973) | Blau-Typ (Ruhe, Entspannung und Zufriedenheit), Grün-Typ (Festigkeit, Beharrung und Selbststeuerung), Rot-Typ (Erregung, Bewegung u. Aktivität), Gelb-Typ (Lösung, Veränderung, Entfaltung) |
| Interaktionspartner (MEYER 1978) | Partner-, Personal-, Urlauber-, Kolonisten-, Brückenkopf-Kontakt-Typ |
| Grad der Anpassung von Touristen an lokale Gegebenheiten (SMITH 1977) | explorer, elite-, off-beat-, unusual-, incipient-mass, mass-, charter-Touristen |
| Informationsverhalten (DATZER 1983) | Der Informationsfreudige, Interpersonelle Kommunikation, Informationsverzicht, neutrale Informationsquellen, angebotsorientierte Quellen |
| Konträrhaltung (Alternativtourist) (FREYER 1985) | Polit-Tourist, Globetrotter, Abhauer |
| Bereiste Länder (G + J 1988) | Globetrotter, der Weitgereiste, Studienreisende, Sonnen- und Erholungsreisende, Mittel- und Südeuropa-Reisende, Deutschland-Reisende, Wenig-Reisende, Stubenhocker |
| Reisehäufigkeit im Lebenszyklus (BECKER 1992) | Reisefanatiker, Ständig-, Intervall-, Häufig-, Wenig-, Selten-Reisende |

**Abb. B-28** Typenbildungen im Tourismus (Auswahl)

sind. Menschen werden aufgrund ihres Verhaltens (z.B. aufgrund ihres Kontaktverhaltens) bestimmten Kategorien zugeordnet. Die Kategoriezugehörigkeit wird dann als Ursache für das Verhalten angesehen. Da Tautologien aber nichts erklären, sollte man besser auf sie verzichten, wenn man Verhalten erklären will." (BRAUN 1993a: 10).

Andererseits betonen praxisorientierte Marktforscher einen deutlichen Fortschritt der Typologiebildung gegenüber der traditionellen sozio-demographischen Marktsegmentierung:

„Die Bildung solcher Urlauber-Typen (wie im nachfolgenden Beispiel, Anm. W.F.), die für jedes Zielgebiet nach sozio-demographischen Merkmalen, Reiseverhaltenskriterien und Motiven gesondert beschrieben werden können, ist das eigentliche Ziel touristischer Marktforschung. Auf der Grundlage der Kenntnis der Typen läßt sich das gesamte Marketing von der Produktentwicklung bis hin zur Kommunikation wesentlich effizienter gestalten als in herkömmlichen, soziodemographischen Zielgruppen-Definitionen." (ADERHOLD 1995:30)

**Beispiel:**
- Als Beispiel wird eine Urlauber-Typologie für Dritte-Welt-Touristen angeführt, die aus einer repräsentativen Urlauberbefragung für Deutschland abgeleitet worden ist und in der die einzelnen Typen oder Marktsegmente wie folgt charakterisiert werden (vgl. ADERHOLD 1995):

Typ 1 – **Neugierige unabhängige Reisende** (33%):
- weltoffen, sehr reiseerfahren, wissensbegierig
- sucht neue Eindrücke und Erfahrungen
- sucht kulturelle und soziale Kontakte
- bevorzugt kleine, landestypische Hotels
- individuelle Reisegestaltung

Typ 2 – **Sightseeing + Badetourist** (36%):
- interessiert und offen, begrenzt neugierig
- sucht Mischung aus Erlebnis und Baden
- organisierte Reise

Typ 3 – **Bade-/Erholungsurlauber** (31%):
- Sonne und Strand
- Ruhe + Bequemlichkeit
- soziale Kontakte mit anderen Urlaubern
- wenig Interesse am Urlaubsland an sich
- Luxushotels
- organisierte Reisen
- Interesse an Cluburlaub

**(3b) Lifestyle-Typologien**

Als Fortentwicklung der Typenbildung hat sich der Bereich der Lebenswelten- oder Lebensstil-Typen („Lifestyle-Typen") herausgebildet. Da gerade das Reiseverhalten Ausdruck des allgemeinen Konsum- und Lebensstils ist, erfreuen sich Lebensstil-Typen im Tourismus immer größerer Beliebtheit, ohne daß sich bisher eine Typologie durchgesetzt hätte. Ähnlich der Aussagen zur allgemeinen Typenbildung zeichnet sich auch die Lifestyle-Forschung eher durch Vielfalt, Kreativität und Buntheit aus. Viele der vorgelegten Ergebnisse und Typen sind sehr plakativ und einprägsam formuliert, allerdings ist der praktisch-wissenschaftliche Nutzen aufgrund des schnellen Wandels und der hohen Zahl von Lifestyle-Typenbildungen sehr eingeschränkt.

**Beispiele** für Lebensstil-Typologien (vgl. auch Abb. B-28 und B-29a,b):
- 1991 wurden erstmals in der REISEANALYSE auch Lifestyle-Urlaubertypologien ausführlich behandelt. Mit Hilfe multivariater Verfahren wurden aus den Ergebnissen von Lebensstil- und Reisephilosophiefragen je 6 Typen für die alten und neuen Bundesländer entwickelt. Die einzelnen Lifestyle-Typen weisen deutliche Gemeinsamkeiten des Konsum- und Reiseverhaltens sowie signifikante Unterschiede gegenüber den anderen Typen auf: „Innerhalb dieser Gruppen (Typen) sind sich die Personen ziemlich ähnlich, zwischen den Gruppen (Typen) bestehen relativ große Unterschiede." (REISEANALYSE 1990:123) Als Ergebnis wurden zwei Lifestylegruppen mit je sechs Untergruppen gebildet:
    - Lifestyle-Urlaubertypen alte Bundesländer: (1) der gesundheitsbewußte, vielfältige Engagierte, (2) der passive, häusliche Unauffällige, (3) der aufgeschlossene Freizeit-

orientierte, (4) der gutsituierte Familienorientierte, (5) der genügsame Fleißige, (6) der dynamische Egozentriker
- Lifestyle-Urlaubertypen neue Bundesländer: (1) der kreative, unabhängige Aktive, (2) der familiengebundene Passive, (3) der bescheidene, häusliche Fleißige, (4) der unzufriedene Interessenlose, (5) der gutsituierte Geschäftige, (6) der sportliche, erfolgreiche Genießer.

- OPASCHOWSKI (u. a. 1987, 1993a,b) hat die Lebensstilforschung auf **Freizeittypen** übertragen und folgende „Freizeitkonsumenten" abgeleitet: Anpassungs-, Geltungs-, Erlebnis-, Kultur-, Anspruchs-, Versorgungs- und Sparkonsum im Freizeitbereich.

- In ADAC 1989 wurden vier Grundtypen formuliert, auf die in zahlreichen praxisorientierten touristischen Untersuchungen Bezug genommen wird: Typ A: die aktiven Genießer, Typ B: die Trendsensiblen, Typ C: die Familiären, Typ D: die Nur-Erholer.

- **Euro-Lifestyle-Typen:** Eine in der Tourismusliteratur als Österreich 2000 zitierte Lifestyle-Typologie geht auf eine Untersuchung der deutschen Gesellschaft für Konsumforschung (GfK) in Zusammenarbeit mit anderen europäischen Marktforschungsinstituten zurück (vgl. GFK 1989). Diese allgemeine europäische Konsumententypologie hat ihre touristische Bedeutung v.a. infolge ihrer Übertragung auf Urlaubertypen für Österreich erfahren (vgl. ÖSTERREICH 2000). Das Grundkonstrukt der Euro-Lifestyle-Typen ist auf zwei Achsen abgebildet (vgl. Abb. B-29a,b), wobei auf der Ordinate eine Zuordnung von Persönlichkeitsmerkmalen zwischen den beiden Extremen Beharrung („Rigidität": konservativ, etabliert, Sicherheit und Tradition) und Bewegung (modern, aufgeschlossen, beweglich) erfolgt. Auf der Abszisse sind Wertehaltungen in bezug auf geistige und materielle Werte bzw. Güter zugeordnet worden. Dabei bilden die allgemeinen Lebensstiltypen den Hintergrund für entsprechende Urlaubertypologien.

- In bezug auf die deutsche Lifestyleforschung sind vor allem die Beiträge des Heidelberger Marktforschungsinstitutes SINUS 1993 sowie von Conrad & Burnett zu erwähnen. SINUS ordnet die Personen acht sog. „Milieus" zu: (1) Konservativ gehobenes Milieu, (2) Kleinbürgerliches Milieu, (3) Traditionelles Arbeitermilieu, ferner (4) Traditionsloses, (5) Aufstiegsorientiertes, (6) Technokratisch-liberales, (7) Hedonistisches und (8) Alternatives Milieu (vgl. FLAIG/MEYER/UELTZHÖFFER 1994).

Die Untersuchungen von CONRAD & BURNETT bilden personifizierte Lebensstil-Typen ab, wobei insgesamt elf Verbrauchertypen gebildet wurden, zum Teil als Einzelpersonen, zum Teil als Verbraucherpaare, wie z.B. (vgl. BARG 1989):
- *Eberhard*, der selbstbewußte, arrivierte Konservative. Dieser Typ repräsentiert den erfolgreichen und von sich selbst überzeugten Bildungsbürger mit einer souveränen konservativen Einstellung.
- *Alexandra*, die vielseitig interessierte Selbstbewußte. Dieser Typ hat sich aufgrund seiner überdurchschnittlichen Bildung und einer gewissen materiellen Unabhängigkeit auf selbstverständliche Weise emanzipiert.
- *Andreas/Andrea*, die alternativ orientierten Intellektuellen oder *Gerd/Gerda*, die resignierten Unzufriedenen usw.

Eine Übertragung dieser beiden Studien auf den Tourismus hat nur ansatzweise stattgefunden. Hierbei sind immer wieder Verlage im Rahmen ihrer Mediaanalysen aktiv geworden, vgl. STERN 1993.

- Weitere allgemeine Aussagen zu Urlauber-Typologien sowie Systematisierungsversuche der zahlreichen Ansätze finden sich ferner in SCHRAND 1993, ECKERLE 1994, SEITZ/MEYER 1995: 293ff sowie der dort angegebenen Literatur.

## Güter

**Angeber**
Hedonistische Jugendliche aus dem Mittelstand, die Wohlfahrtsstrukturen suchen

**Rocker**
Jugendliche Arbeiter, die sich ausgeschlossen fühlen und sich durch Geltendmachen integrieren wollen

**Abgekoppelte**
Pensionäre, Hausfrauen, die sich durch die wachsende Komplexität der Gesellschaft erdrückt sehen, sucht Schutz und Fürsorge

**Mißtrauische**
Frustrierte städtische Arbeiter, die sich ihre Identität erhalten wollen

**Karrieremacher**
Wohlhabende Verschwender, junge Wölfe; suchen Führerschaft in einer kämpferischen Freizeitgestaltung

**Sorglose**
Tolerante, junge Vorstadtpaare, die sich ein Leben mit Sport und Freizeit suchen

**Romantiker**
Sentimentale, junge Arbeiterpaare, die einen moderaten Fortschritt suchen

**Heimchen**
Ausländerfeindliche Kleinstadtbewohner, die Beistand und Schutz suchen

**Vorsichtige**
Pensionisten, die sich mit ihrem Schicksal abgefunden haben; suchen Sicherheit

## Bewegung — Beharrung

**Wohltäter**
Tolerante Konservative mittleren Alters, die einen geordneten sozialen Fortschritt suchen

**Moralisten**
Ruhige, religiöse Bürger; leben für die friedliche Zukunft ihrer Kinder

**Protestler**
Intellektuelle, junge Freiheitskämpfer, die Unabhängigkeit suchen

**Pioniere**
Junge, wohlsituierte, tolerante Intellektuelle, die soziale Gerechtigkeit suchen

**Gute Nachbarn**
Organisatoren der Gesellschaft; suchen Führerrolle im sozialen Leben

**Ordentliche**
Ultrakonservative Großbürger; für law and order

**Puritaner**
Ultra-repressive Puritaner; suchen soziale Kontrolle

## Werte

**Abb. B-29a** Euro-Life-Styles
(Quelle: nach ASW 1989: 85)

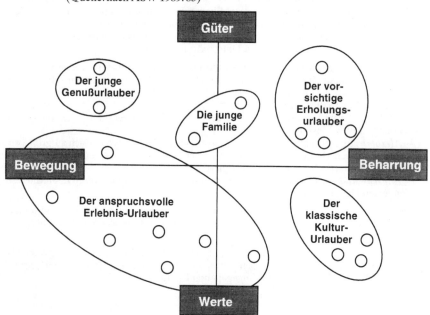

**Abb. B-29b** Urlaubertypologien
(Quelle: ÖSTERREICH 2000: 105)

## 2.3 Besonderheiten der Nachfrageranalyse im Tourismus: von der Marktsegmentierung zur Kaufverhaltensforschung

Ein weiterer Bereich der Marktforschung betrifft die Analyse der Nachfrageseite des Marktes. Die Betrachtung von Zielgruppen auf der Nachfrageseite steht in den meisten Marktforschungsbeiträgen im Vordergrund der Betrachtung. Doch sie ist grundsätzlich nicht wichtiger bzw. ebenso wichtig wie die allgemeine Marktabgrenzung und die Konsumentenanalyse.

Nachfrageanalysen werden in der touristischen Marktforschung einerseits vor allem als **Marktsegmentierung** durchgeführt. Hintergrund sind ähnliche Markteingrenzungen und -abgrenzungen wie dies bereits in B.2.2.4 dargestellt worden ist. Lediglich das Abgrenzungskriterium – Nachfragegruppen – ist ein anderes. Allerdings ist die zielgruppenorientierte Marktsegmentierung mehr betriebswirtschaftlich und strategisch orientiert als die in B.2.2 behandelte Makroabgrenzung der Märkte. Diese (Über-)Betonung der Nachfrageforschung und Zielgruppenbestimmung hängt eng mit dem bereits erwähnten Wandel des Marketingparadigmas zusammen: die Nachfrage ist Ausgangspunkt des modernen Marketingdenkens und -handelns – im Gegensatz zur früheren Produktorientierung und der entsprechenden produktorientierten Marktabgrenzung.

Andererseits steht bei der Nachfrageanalyse die **Kaufverhaltensforschung** im Mittelpunkt der Betrachtung, die im folgenden in bezug auf den Tourismus genauer dargestellt wird. Dazu erfolgen einleitend einige Aussagen zur allgemeinen Kaufverhaltensforschung.

### 2.3.1 Grundfragen der Kaufverhaltensforschung

Die allgemeinen Fragestellungen der Kaufverhaltensforschung sind in ganz ähnlicher Form auch für das touristische Marketing von Interesse. Ähnlich wie ein unterschiedliches Kaufverhalten für Konsum-, Investitions- oder Dienstleistungsgüter analysiert wird, stehen in der touristischen Marktforschung die **Besonderheiten des touristischen Kaufverhaltens** im Mittelpunkt der Betrachtung. Touristen kaufen vor allem Reisen in bestimmte Zielgebiete, folglich werden hierbei die Wahl des Zielgebietes sowie die Untersuchung des Reiseverhaltens untersucht.

In Anlehnung an die Grundfragen der Kaufverhaltensforschung (vgl. z.B. MEFFERT 1992: 22, NIESCHLAG/DICHTL/HÖRSCHGEN 1991: 619) stellen sich die entsprechenden Fragestellungen für den touristischen Kauf- und Entscheidungsprozeß entsprechend Abb. B-30 („Paradigmata des Reiseverhaltens").

Der Schwerpunkt der Käuferverhaltensforschung liegt derzeit auf Untersuchungen des **individuellen Käuferverhaltens auf Konsumgütermärkten**. Nur wenige Beiträge untersuchen das Kauf- und Entscheidungsverhalten in Organisationen (wie Behörden, Ämter) und in den Bereichen Dienstleistungen und Investitionsgüter. Gerade im Tourismus stehen aber Konsumentenentscheidungen im Dienstleistungsbereich sowie in Familien oder während des gesamten Lebenszyklus im Vordergrund des Interesses (vgl. GASSER/WEIERMAIR 1994).

| Paradigmata | allgemeines Kaufverhalten | im Tourismus (Reiseverhalten) |
|---|---|---|
| Wer ... | kauft? (Kaufakteure, Träger der Kaufentscheidung) | reist? (Reisende, Reiseentscheidungsträger) |
| Was? | Kaufobjekt | Reiseart und -form |
| Warum? | Kaufmotiv | Reisemotiv |
| Wie? | Kaufentscheidung, Kaufpraktiken | Reiseentscheidung, Buchungsverhalten |
| Wieviel? | Kaufmenge | Reiseumfang (Weite, Preis, Nebenleistungen) |
| Wann? | Kaufzeitpunkt, Kaufhäufigkeit | Buchungs- u. Reisezeitpunkt, Reisehäufigkeit |
| Wo bzw. bei wem? | Einkaufsstätten, Lieferantenwahl | Buchungsort, Direkt- oder Reisemittlerbuchung |

**Abb. B-30** Paradigmata des Kauf- bzw. Reiseverhaltens

### 2.3.2 Modelle der Kaufverhaltensforschung

Die Kaufverhaltensforschung ist neben den originär ökonomischen Beiträgen durch verschiedene Beiträge aus anderen Sozialwissenschaften, vor allem aus den Bereichen der Psychologie und Soziologie, geprägt. In der Literatur werden insbesondere drei Ansatzpunkte zum Käuferverhalten unterschieden, die ganz ähnlich auch in der touristischen Marktforschung vorhanden sind (vgl. MEFFERT 1992: 23ff, KRÖBER-RIEL 1990: 20).

**(1) Die empirisch-induktive Ausrichtung**

Zahlreiche Ansätze der Konsumentenforschung sind empirisch und an der Realität orientiert. Auch im Tourismus geschieht die Analyse bzw. Interpretation der Daten von pragmatischen Marktforschungsstudien oftmals im Sinne nachträglicher Hypothesenbildung und weitgehend theorielos.

**Beispiel:**
- Ergeben Gästebefragungen einen überproportionalen (unterproportionalen) Anteil bestimmter Gästegruppen, z.B. von jungen, gut verdienenden Besuchern aus Großstädten (oder von älteren Besuchern vom Lande mit geringem Einkommen), so werden diese Ergebnisse oftmals kausal interpretiert: die untersuchte Destination sei besonders attraktiv (bzw. wenig attraktiv) für die jeweilige Gästegruppe. Auf welcher Grundlage deren Entscheidung erfolgt ist, wird nicht näher untersucht.

## (2) Die theoretisch-deduktive Analyse

Die theoretisch-deduktive Analyse des Käuferverhaltens ist vor allem Gegenstand der mikroökonomischen Haushaltstheorie. Hier stehen rationale und bewußte ökonomische Wahlakte des „homo oeconomicus" im Mittelpunkt der Betrachtung. Ausgangspunkt für die Entwicklung formallogischer Modelle in der Absatztheorie waren in Deutschland vor allem die Beiträge von GUTENBERG. In der Haushaltstheorie der Nationalökonomie wurden geschlossene Modelle des Käuferverhaltens entwickelt (vgl. STACKELBERG 1951, SCHNEIDER 1969, HENDERSON-QUANDT 1970).

**Beispiel:**
- Infolge des in der Mikroökonomie abgeleiteten Preis-Mengen-Trade-Offs wird auch im Tourismus ein Anstieg (ein Rückgang) der Nachfragemenge bei sinkenden (steigenden) Reisepreisen vermutet. Diese Aussage gilt ceteris paribus, also bei gleichem Wetter, gleicher landschaftlicher Attraktivität usw. der betreffenden Zielgebiete. – Gerade im Tourismus sind aber die letztgenannten Faktoren bei den wenigsten Zielgebieten identisch und daher häufig wichtiger für die Reiseentscheidung als die Preiskomponente.

## (3) Verhaltenswissenschaftliche Ansätze der Konsumentenforschung

Ein dritter Forschungsbereich ist interdisziplinär geprägt. Er nahm seinen Ausgangspunkt Anfang der 70er Jahre durch die Übernahme verschiedener Beiträge aus den USA (KATONA 1968) und wurde in Deutschland vor allem durch die Beiträge von KRÖBER-RIEL geprägt. Solche verhaltenswissenschaftliche Ansätze der Konsumentenforschung wollen das **Verhalten** der Konsumenten erklären und prognostizieren. Sie sind theoriegeleitet, es erfolgt eine vorangehende Thesenbildung und eigenständige Modellentwicklung. Hierbei gibt es vor allem zwei Gruppen von Forschungsansätzen:

**(3a) Black-Box-Modelle** (S-R-Ansatz): Bei den Black-Box-Modellen wird das Verhalten der Menschen als Reaktion (R) auf beobachtbare Stimuli (S) interpretiert. Die psychischen Prozesse bei der Kaufentscheidung der Menschen sind nicht beobachtbar und werden daher als „black box" nicht zum Gegenstand der Untersuchung gemacht. Es werden die Reaktionen der Käufer auf Veränderungen von Einflußgrößen, z.B. Marketingaktivitäten wie Werbung usw., untersucht. Dieser Ansatz liegt den meisten stochastischen und ökonometrischen Modellen zugrunde. Sie untersuchen den direkten Zusammenhang zwischen Modellinput (x) und Output (y), z.B. $y = f(x)$. Vorgänge in der Black-Box werden als Zufallskomponenten berücksichtigt. Stochastische Modelle geben Wahrscheinlichkeiten für bestimmte Zusammenhänge an.

**Beispiel:**
- Befragt man Gäste einer bestimmten Region (Output) nach verschiedenen sozio-demographischen Komponenten (Input), so kann man Zusammenhänge zwischen Einkommen, Herkunftsort, Bildung und der Reisetätigkeit in dieser Region vermuten (und stochastisch aufzeigen), ohne damit jedoch zu wissen, wie die Entscheidung für die betreffende Region (z.B. Urlaub auf Rügen statt Urlaub auf Usedom) zustandegekommen ist.

**(3b) Strukturansätze (S-O-R-Modelle)**

**Strukturmodelle** machen den Organismus (O) verstärkt zum Gegenstand der Forschung und Erklärung. Sie bemühen sich um die Strukturierung der Black Box und untersuchen die nicht beobachtbaren Vorgänge im „Organismus Mensch".

Den verschiedenen Modellen liegen unterschiedliche Menschenbilder und zumeist psychologische Interpretationen des menschlichen Verhaltens zugrunde. Es werden Hypothesen über die aktivierenden (Motive, Emotionen, Einstellungen/Präferenzen) und kognitiven Komponenten (wie Wahrnehmung, Denken, Lernen) der Käufer aufgestellt und untersucht. Manchen Ansätzen geht es dabei um die „totale Erhellung" der Black-Box (System- und Entscheidungsnetzansätze), anderen nur um Teile davon (Partialansätze). Letztere untersuchen nur Teilaspekte des Entscheidungsprozesses, wie z.B. Motivations-, oder Einstellungsanalysen.

**Beispiel:**
- Man befragt Reisende nach ihren Einstellungen und interpretiert diese kausal in bezug auf ihr Verhalten, z.B. Rigidität als Ursache für Inlandsurlaub.

Das S-O-R-Modell wird im folgenden Abschnitt B.2.3.3 genauer dargestellt. Ferner wird es als umfassender Ansatz zum Kaufverhalten als Grundmodell zur

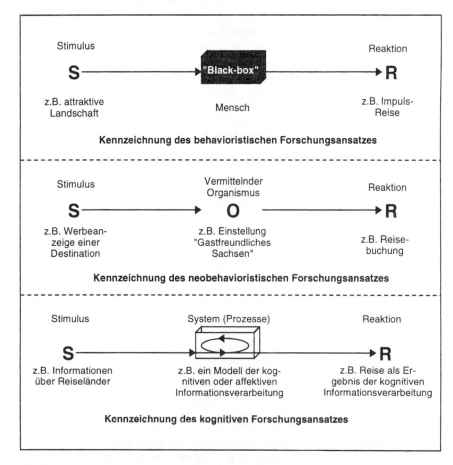

**Abb. B-31** Forschungsansätze des Käuferverhaltens
(Quelle: nach BEHRENS 1991:17, leicht verändert)

Erläuterung momentaner Ansätze und Beiträge der touristischen Käufer- und Reiseverhaltensforschung verwendet.

### 2.3.3 Ergebnisse der touristischen Reiseverhaltensforschung

Trotz zahlreicher Touristenbefragungen auf nationaler, regionaler und lokaler Ebene sind die eigentlichen Beweggründe des Reisens nach wie vor ungeklärt. Zwar gibt es vielfache Hinweise auf Einflußgrößen und Ausprägungen des Reisens, doch ist noch keine ausreichende Aufarbeitung bzw. keine klare Zuordnung vorhandener Untersuchungen zum Reiseverhalten zu den vorhandenen Modellen und Theorien des Käuferverhaltens erfolgt.

Es überwiegt eine **empirisch-pragmatische Ausrichtung** der vorhandenen Beiträge, wobei die Daten von verschiedenen Marktstudien hinsichtlich ihrer Aussagekraft für das Reisendenverhalten interpretiert und – in einer weiteren Stufe induktiv die entsprechenden Folgerungen für das touristische Marketing gezogen werden. Doch die meisten bisherigen Studien sind nur sehr vage für das konkrete Marketing zu nutzen. Das umgekehrte Vorgehen der deduktiven Hypothesenbildung aufgrund von Reiseverhaltenstheorien und -modellen ist nach wie vor unterentwickelt.

Insgesamt wird in der Reiseentscheidungsforschung beklagt, „daß bis heute keine Theorie existiert, die in der Lage wäre, die Entscheidung ansatzweise zu erklären" (so BRAUN 1993b: 302).

Die wenigen **theoretisch orientierten** Beiträge zur Reiseverhaltensforschung sind in Deutschland vor allem durch die verschiedenen sozial-psychologischen

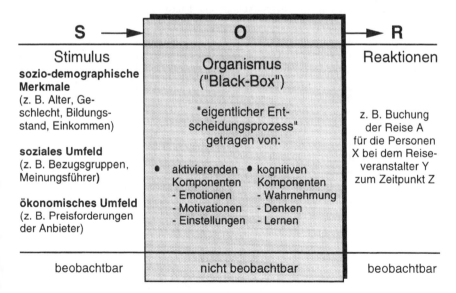

**Abb. B-32** Modell des Käuferverhaltens im Tourismus
(Quelle: in Anlehnung an BÄNSCH 1989: 4)

Untersuchungen des Studienkreises für Tourismus geprägt, insbesondere durch die im Zusammenhang mit der langjährigen Reiseanalyse durchgeführten psychologischen Leitstudien. Doch aufgrund des eher empirisch-pragmatischen Interesses der Bezieher der REISEANALYSE wurden die zugrundeliegenden theoretischen Ergebnisse und Ansätze nur vereinzelt veröffentlicht (vgl. u.a. DIVO 1961, 1962, HAHN/HARTMANN 1971, PIVONAS 1973, HARTMANN 1972, 1978, zur Interpretation von Teilergebnissen weiterhin BRAUN 1993a, 1993b, DATZER 1983, REISEANALYSE versch. Jg. Als Übersicht zur angelsächsischen Reiseverhaltensforschung vgl. RITCHIE 1994, WOODSIDE/MACDONALD 1994).

Daneben existieren eine Reihe von weiteren Untersuchungen, ohne jeglichen Theoriebezug, ganz im Sinne der **pragmatischen Ausrichtung** der allgemeinen Konsumentenforschung. Hierzu zählen die verschiedenen Gästebefragungen auf kommunaler und regionaler Ebene, deren „Interpretation" vorwiegend aufgrund von einfachen Häufigkeitstabellen und stochastischen Wahrscheinlichkeiten im Sinne der S-R-Modelle erfolgt.

In Anlehnung an das S-O-R-Modell der Kaufverhaltensforschung können die Beiträge zur touristischen Reiseverhaltensforschung wie folgt systematisiert werden (vgl. Abb. B-32):

### 2.3.3.1 S-Stimulus: interpersonelle Einflußfaktoren

Der Bereich der Stimuli betrifft die Fülle der **externen oder interpersonellen Einflußfaktoren**. Sie können entlang der Einteilung aus Abb. B-32 in die drei Gruppen:

- sozio-demographische Merkmale, z.B. Alter, Geschlecht, Bildungsstand, Einkommen usw.,
- soziales Umfeld, z.B. Bezugsgruppen, Meinungsführer usw.,
- ökonomisches Umfeld, z.B. makroökonomische Faktoren oder betriebliche Maßnahmen, wie Preisforderungen der Anbieter

unterschieden werden oder in Anlehnung an den ganzheitlichen Ansatz der Tourismuswissenschaft aus Abb. A-11 entlang der folgenden sechs Module erläutert werden (vgl. Abb. B-33 und ausführlich FREYER 1995a: 50ff):

- **Gesellschaft** meint das soziale Umfeld mit seinen Werten und Normen sowie den verschiedenen gesellschaftlichen Einflußgruppen (u.a. Meinungsführer, Familie oder sonstige Bezugsgruppen).
- **Umwelt** betont die hohe Bedeutung von ökologischen Faktoren im Tourismus, v.a. Klima, Landschaft, aber auch das Wohn- und Arbeitsumfeld, das zum Teil auch dem gesellschaftlichen Bereich zuzurechnen ist.
- **Wirtschaft:** Wirtschaftliche Einflußfaktoren meinen vor allem das ökonomische Umfeld, wie z.B. gesamtwirtschaftliche Entwicklung, Einkommensverteilung, Beschäftigung, außenwirtschaftliche Faktoren oder die verschiedenen Marketing-Maßnahmen usw.
- **Anbieter:** Eine gesonderte Rolle spielen Einflußfaktoren der touristischen Anbieter, wie sie vor allem im Rahmen des Marketing behandelt werden, wie z.B. Leistungs-, Preis-, Vertriebswege oder Kommunikationspolitik.
- **Staat:** Als fünfter Einflußbereich sind staatliche Faktoren zu beachten, die im Rahmen der allgemeinen Wirtschafts- und Sozialpolitik oder mit Hilfe spezifischer Gesundheits-, Paß- und Devisenvorschriften vor allem Regelungen und Maßnahmen im Rahmen der Tourismuspolitik und somit die touristische Nachfrage beeinflussen.

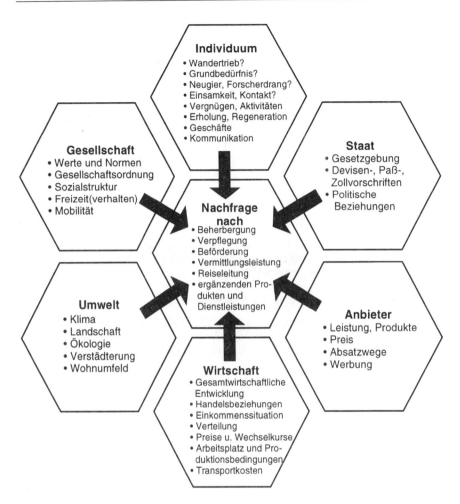

**Abb. B-33** Einflußfaktoren auf die Tourismusnachfrage
(Quelle: FREYER 1995a: 51)

- **Individuum:** Das sechste Modul sucht Erklärungen, die innerhalb der Person des Einzelnen liegen, v.a. psychologische Faktoren, wie Motive, Wünsche, Persönlichkeitsmerkmale usw. Dies wird im folgenden Abschnitt B.2.3.3.2 näher erläutert.

Sie geben erste Ansätze für die verschiedenen Einflüsse auf die Reiseentscheidung und werden oftmals kausal in bezug auf das feststellbare Reiseverhalten (die ‚Reaktionen', vgl. B.2.3.3.3) interpretiert.

### 2.3.3.2 O-Organismus: intrapersonelle Einflußfaktoren

Der zweite Bereich der Kaufverhaltensforschung versucht, Erklärungen **innerhalb** des Organismus Mensch zu geben; er betrifft die **intrapersonellen Komponenten.** Es geht dabei um **Erklärungen** der menschlichen Verhaltensweisen, vor allem in bezug auf ihr – in Phase „R" – feststellbares Verhalten. Die personeninternen Komponenten werden in zwei Gruppen unterteilt:

- in **aktivierende Komponenten:** Sie beschreiben aktivierende Determinanten als innere Erregungszustände (Motive und Bedürfnisse, Einstellungen sowie Emotionen), also vor allem gefühlsmäßige Faktoren.

- in **kognitive Komponenten:** Sie betonen die Komponenten, mit denen sich Personen gedanklich auseinandersetzen („Verstand").

Beide Gruppen sowie die weiteren Ausprägungen sind nicht klar gegeneinander abgrenzbar. Sie wirken in ihrer Gesamtheit und gehen ineinander über: „Die durch die Konstrukte repräsentierten Inhalte heben sich nur akzentuell gegeneinander ab." (BÄNSCH 1989:11)

Gelegentlich wird noch als dritte Gruppe auf

- **Persönlichkeitsmerkmale**

hingewiesen (so u.a. MEFFERT 1992), die von anderen Autoren allerdings als Wertesystem bei den Einstellungen mitbehandelt werden und entsprechend mit der ersten Gruppe verbunden werden können.[3]

**(1) Aktivierende Komponenten der Reiseentscheidung**

Die aktivierenden Komponenten sorgen dafür, daß es **überhaupt zu Verhalten** kommt, ohne daß genauere Aussagen erfolgen, **welches** Verhalten im einzelnen **realisiert** wird. Sie sind vor allem „im Inneren" des Menschen begründet und beziehen sich auf

- Emotionen,
- Motivationen und Bedürfnisse sowie
- Einstellungen.

Alle drei Komponenten hängen eng zusammen, teilweise bauen sie aufeinander auf, wobei Motivationen auch Emotionen umfassen und in Einstellungen auch Motive enthalten sind.

**(1a) Motive**

Bei den aktivierenden Komponenten sind in bezug auf die Reiseverhaltensforschung Motiv- und Bedürfnisforschung am verbreitetsten. **Motive** erklären die Ursachen und Beweggründe für das jeweilige Reiseverhalten. Sie „versorgen den Konsumenten mit Energie und richten das Verhalten zusätzlich auf ein Ziel aus. Insofern beantwortet dieses Konstrukt die Frage nach dem ‚Warum' menschlichen Handelns." (MEFFERT 1992:52).[4]

Eine der bekanntesten Theorien zur Bedürfnisforschung ist die **Maslow'sche Bedürfnispyramide.** Je nach Entwicklungsstufe in der Bedürfnispyramide werden immer neue Verhaltensweisen „aktiviert". So werden in der untersten Ebene Fahrten zum Arbeitsplatz und Handelsreisen zur Befriedigung der Grundbedürf-

---

[3] Trotzdem werden unter (3) einige grundsätzliche Aussagen zur touristischen Bedeutung von Persönlichkeitsmerkmalen erwähnt.
[4] Im folgenden wird nicht weiter nach Motiv und Motivation unterschieden, wobei **Motivationen** eher die aktuelle Handlungsausrichtung, **Motiv** hingegen die überdauernden Aspekte kennzeichnen (so MEFFERT 1992:52).

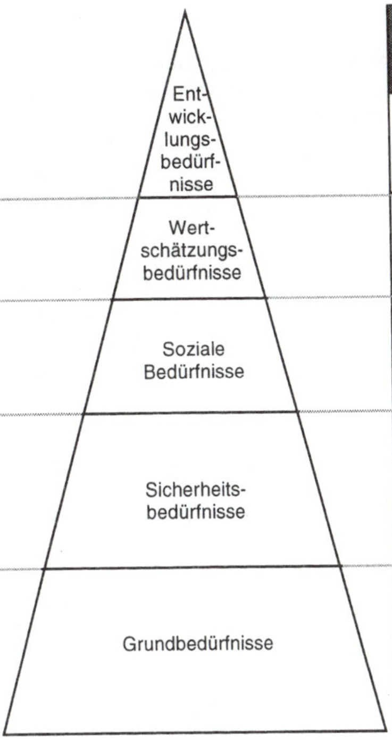

| | Allgemeine Erläuterung | Touristische Beispiele |
|---|---|---|
| Entwicklungsbedürfnisse | Selbstverwirklichung, Unabhängigkeit, Freude, Glück | Reisen als Selbstzweck, Vergnügen, Freude, "Sonnenlust" |
| Wertschätzungsbedürfnisse | Anerkennung, Prestige, Macht, Freiheit | Reisen als Prestige und gesellschaftliche Anerkennung |
| Soziale Bedürfnisse | Liebe, Freundschaft, Solidarität, Kontakt, Kommunikation | Private und gesellschaftliche Besucherreisen (zur Kommunikation) |
| Sicherheitsbedürfnisse | Vorsorge für die Zukunft, Gesetze, Versicherungen | Reisen zur Sicherung des Grundeinkommens, z. B. zur Regeneration der Arbeitskraft, Handelsreisen, Kurzreisen |
| Grundbedürfnisse | Essen, Trinken, Schlafen, Wohnen, Sexualität | Reisen zur unmittelbaren Deckung des Grundbedarfs, z. B. Fahrten zur Arbeitsstätte, evtl. Handelsreisen |

**Abb. B-34** Bedürfnishierarchie
(Quelle: nach MASLOW 1943 mit eigenen touristischen Ergänzungen)

nisse Essen, Trinken usw. durchgeführt. An der Spitze der Pyramide stehen Reisen zum Vergnügen aufgrund der Entwicklungsbedürfnisse wie Selbstverwirklichung, Freude usw.

Ferner unterscheiden die Ergebnisse der touristischen Motivationsforschung zwei grundlegende Reisemotivationen, das

- **Hin-zu-Reisen:** Hierbei steht das Interesse an fremden Regionen im Vordergrund der Betrachtung.

- **Weg-von-Reisen:** Hierbei wird Reisen als „Flucht aus dem Alltag" oder als „Gegenalltag" gesehen. Motive des Reisens liegen in der Alltags- hier vor allem in der Arbeitswelt. Reisen dient der Erholung, der Regeneration oder Rekreation.

(so bereits SCHADE/HAHN 1969, vgl. ferner FREYER 1995a: 56ff). Detailliertere Untersuchungen benennen eine Fülle von weiteren Motivationen, die mit dem Reisen zusammenhängen.

### (1b) Einstellungen und Images[5]

Mit dem immateriellen Charakter des Reiseproduktes setzen sich vor allem Untersuchungen zu Einstellungen und den Images von Reisedestinationen und Reiseanbietern auseinander. Dabei bezieht sich die Imageanalyse im Tourismus auf die verschiedenen Komponenten der Reiseentscheidung, wie z.B. die Zielgebietswahl, die Wahl des Reiseveranstalters, der Verkehrsmittel usw. (vgl. MEYER 1993, WOHLMANN 1993, STUDIENKREIS 1992, JASPER 1992, MUCH 1995).

**Images** (mehrdimensional) und **Einstellungen** (eindimensional) bezeichnen die subjektive Einschätzung von touristischen Angeboten oder Betrieben. Sie sind häufig gefühlsmäßig bedingt (affektive Komponente), aber auch aufgrund von subjektivem Wissen verursacht (kognitive Komponente). Letztlich führt das Zusammenwirken von affektiven und kognitiven Einflüssen zum erkennbaren Verhalten (zur sog. konativen Komponente).

**Beispiele:**
- Die Bewohner Sachsens gelten als „gastfreundlich" (auch ohne daß jemand selbst in Sachsen war – affektive Komponente).

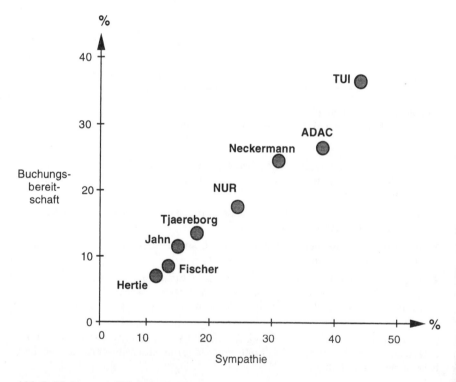

**Abb. B-35** Image und Reisebuchungen
(Quelle: MUCH 1995: 84)

---

[5] Vgl. auch ausführlich zur Imageforschung als Mittel der Kommunikationspolitik D.4.3.2

- England gilt als weniger attraktives Urlaubsziel für einen Badeurlaub – weil man aus Erfahrung weiß, daß es dort öfter regnet als z.B. in Spanien (kognitive Komponente).

Generell wird ein enger Zusammenhang zwischen **Image und Kaufverhalten** vermutet, was auch in der touristischen Marktforschung immer wieder betont wird: „Gründe für die Reisezielwahl gibt es sicherlich viele. Unbestritten aber ist, daß das Image oder Bild, das der potentielle Urlauber von verschiedenen Reiseländern besitzt, zu den wesentlichen Beweggründen für die Wahl seines Reisezieles zählt. Subjektiv und gesellschaftlich geprägte Images besitzen erfahrungsgemäß im Tourismusbereich eine ähnliche verhaltenssteuernde Wirkung wie in anderen Sektoren des Konsumverhaltens. Damit ist Imageforschung auch für die Tourismusbranche ein wesentlicher Zweig im marktpsychologischen Forschungsinstrumentarium." (STUDIENKREIS 1992: 15)

Andererseits ist gerade im Tourismus die Veröffentlichung von Untersuchungsergebnissen zum Bereich der Imageforschung relativ rar. Erst 1990 wurde im Rahmen der Reiseanalyse erstmals das Image von Reisezielen explizit untersucht und veröffentlicht (zuvor war es nur Gegenstand der Leitstudien). Entsprechend unsicher sind Aussagen über die Zusammenhänge von Image und Reiseverhalten:

„Wenn z.B. der Schwarzwald ein „Kuckucksuhren-Image" hat, heißt dies nicht zugleich, daß dieses Image schlecht oder langweilig ist. Es hängt von der jeweiligen Zielgruppe ab, die ich mit meinem touristischen Angebot ansprechen will. Es gäbe durchaus die Strategie, das „Kuckucksuhren-Image" auszubauen und positiv zu besetzen. Für den jungen deutschen Gast ist das Image vielleicht langweilig, für den jungen amerikanischen Gast oder den etwas älteren deutschen Gast dagegen wesentlich positiver." (JASPER 1992: 142)

Images hängen ferner eng mit der Markenbildung und -politik zusammen (vgl. D.1). Weitere Ausführungen zur Imageforschung finden sich in D.4.3.2. Ein Beispiel in bezug auf das Image (die Sympathie) von Reiseveranstaltern und die Buchungsbereitschaft der Kunden ist in Abb. B-35 aufgenommen.

**(1c) Emotionen und Erlebniswerte**

Emotionen bezeichnen „innere Erregungszustände", die mit entsprechenden positiven oder negativen Verhaltensweisen oder -äußerungen verbunden sind, wie z.B. Zustimmung oder Ablehnung bzw. Freude oder Ärger.

Für den Tourismus spielen emotionale Erlebniswerte zumeist eine große Rolle. So sind es „das reizvolle Unbekannte", „schöne Ferien" oder die „kostbarsten Tage des Jahres", die von Touristen erlebt werden wollen. Dazu können der erlebte Sonnenuntergang, die Landschaft und kommunikative Erlebnisse – wie Gastfreundschaft oder die Ästhetik von Speisen und Getränken gleichermaßen auf die Sinne der Reisenden wirken. Ein Urlaubsort hat „Flair" – oder auch nicht. Vgl. zur Bedeutung von Emotionen, Gefühl und Erlebniswerten im allgemeinen Marketing u.a. FAEHSLER/MEFFERT 1986, WEINBERG 1992.

In der touristischen Marktforschung werden als die wichtigsten Erlebnis- und Bedürfnisdimensionen während der Reise benannt (nach REISEANALYSE (Leitstudie 1972, überprüft 1981), auch DUNDLER 1988):

– Entspannung, Erholung, Besinnung, Gesundheit,
– Abwechslung, Erlebnis, Geselligkeit,

- Eindrücke, Entdeckung, Bildung,
- Selbständigkeit, Selbstbesinnung, Hobbys,
- Natur erleben, Umweltbewußtsein, Wetter,
- Bewegung, Sport,

ähnlich RUBENSTEIN (1980: 65):
- Rest an relaxation,
- Escape Routine,
- Visit friends or relatives,
- recharge, get renewed,
- explore new places.

Auch verschiedene Untersuchungen von SCHOBER (1972, 1981) zur Attraktivitätsforschung ergaben als touristische Attraktionsbereiche im Sinne des Urlaubserlebens:

- Umweltwechsel,
- Rekreation/Verstärkung,
- Biotische Erlebnisse,
- Soziale Interaktion,
- Spiel und Spontanität.

Weitgehend Einigkeit besteht in der touristischen Marktforschung hinsichtlich der **Einstellungen** der Reisenden **zum Reiseland** – sie ändern sich nicht: „Holiday experiences tend to confirm pre-existing attitudes. When pre-travel attitudes are favourable, marginally more positive evaluations are usually obtaines. However, if the pre-travel results are slightly negative ..., the confirmation and strengthening of pretravel attitudes results in more unfavourable assessments" (PEARCE 1982: 92, ähnlich HARTMANN 1981: 62; vgl. ferner HARTMANN 1982).

**(2) Kognitive Komponenten der Reiseentscheidung**

Die kognitiven Komponenten des Reiseverhaltens (wie Wahrnehmung, Denken, Lernen) setzen vor allem unterschiedliche Lernprozesse während des Kaufprozesses voraus – sie sind „über den Kopf" beeinflußt. Mit ihnen setzen sich Käufer gedanklich auseinander – gegenüber den gefühlsmäßigen Aspekten der affektiven Komponenten. Sie sind allerdings nicht ohne die zuvor behandelten aktivierenden Prozesse denkbar: „Aktivierende Prozesse übernehmen dabei im Sinne eines Filters die Steuerung, Hemmung oder Aktivierung von gedanklichen Vorgängen. Während die Aktivierung dafür sorgt, daß Verhalten überhaupt stattfindet, wird bei der kognitiven Steuerung der Frage nachgegangen, welches Verhalten stattfindet." (MEFFERT 1992: 60)

Im einzelnen werden in der (touristischen) Kaufverhaltensforschung unterschieden:

- Die **Wahrnehmung** bezeichnet die Aufnahme und Verarbeitung von Informationen, von „Reizen". Sie erfolgt in der Regel selektiv, d.h. aus der Fülle der Informationen werden nur einige subjektiv aufgenommen und verarbeitet. Die Auswahl hängt wiederum eng mit den oben erwähnten Einstellungen zusammen: „In negativer Hinsicht kann die selektive Wahrnehmung durch Stereotypen, Rollenklischees oder Vorurteile geprägt sein. Beispiele für typische Vorurteile: Sommerurlaub kann man kaum im Norden machen; Kurorte sind für Alte und Kranke; Club-Ferien sind nicht familiengerecht." (MEFFERT/BRUHN 1995: 82)

- **Denken** stellt auf den Vorgang der Informationsverarbeitung ab, wobei das

- **Lernen** die systematische Verhaltensänderung aufgrund von Erfahrungen behandelt.

Diese drei Teilbereiche der allgemeinen Kaufverhaltensforschung werden im folgenden nicht im einzelnen dargestellt, sondern im Zusammenhang mit verschiedenen Grundmodellen und -theorien der Reiseentscheidung behandelt.

### (2a) Reiseentscheidung als dynamischer Prozeß: AIDA-Modell

Im AIDA-Modell werden Reiseentscheidungen – wie die meisten Kaufentscheidungen – als ein Entscheidungsprozeß über einen längeren Zeitraum und mit zunehmenden Konkretisierungsstufen angesehen. Vor allem die psychologische Reiseforschung des STUDIENKREISES hat diese Entscheidungsabfolge für die Untersuchungen der REISEANALYSE zum Urlaubsreiseverhalten zugrundegelegt. So lassen sich vier Phasen bei der touristischen Reiseentscheidung unterscheiden (vgl. HAHN/HARTMANN 1973, PIVONAS 1973)[6]:

- *Phase 1:* Phase der ersten Anregung zur Reise, Phase der Anmutung **(A-Attention):** Wecken der Reiseabsicht

Durch Erzählungen von Bekannten oder Verwandten, durch – zufällige – Berichte in den Medien oder durch Werbeanzeigen wird man auf einen Urlaubsort, ein -gebiet oder -land aufmerksam (gemacht). – Es entsteht ein gewisses Interesse („Da könnte man auch mal hinfahren").

Seitens der touristischen **Anbieter** werden **generelle Informationen** gegeben, um diese Aufmerksamkeit zu wecken.

- *Phase 2:* Phase der Bekräftigung der Reiseabsicht, Phase der bewußten Orientierung und **Information (I-Interest):**

Das Interesse ist geweckt und man informiert sich mehr oder weniger systematisch über diese Urlaubsmöglichkeit. Von seiten der **Anbieter** müssen nun gezielte Informationen gegeben werden (Orts- und Reiseprospekte, Antworten auf direkte Anfragen).

- *Phase 3:* Phase der eigentlichen **Reiseentscheidung (D-Decision)**

Hier fällt erst die eigentliche Reiseentscheidung. Aufgrund der vorhandenen Informationen werden die konkreten Maßnahmen der Urlaubsbuchung vorgenommen: Reisezeitpunkt festlegen, Urlaubszeit eintragen, Hotel reservieren, Pauschalreise buchen usw. Oft ist dies 3 bis 6 Monate vor dem Reiseantritt der Fall.

- *Phase 4:* Phase des **Reiseantritts** bzw. der Reisedurchführung **(A-Action)**

Hier treten die Reisenden ihre Reise an und es beginnt ein längerfristiger Austauschprozeß zwischen den verschiedenen touristischen Leistungsträgern und den Reisenden. Es erfolgt gleichzeitig die Leistungserstellung und der Leistungskonsum.

**Anmerkung:** Die Kenntnis dieser verschiedenen Phasen ermöglicht es den verschiedenen Anbietern von Reisen, durch entsprechende (gezielte) Informatio-

---

[6] Dies ist in enger Anlehnung mit allgemeinen Erkenntnissen der Entscheidungstheorie zu sehen, v.a. hinsichtlich des in der Kommunikationstheorie sehr verbreiteten A-I-D-A-Modells (Attention, Interest, Decision, Action).

nen, Werbung und eigenes Verhalten (Zurückhaltung bei der Beratung am Anfang, erst Informationen geben, nicht gleich zum Kauf drängen), die Kaufentscheidung im eigenen Interesse zu beeinflussen.

**(2b) Reiseentscheidung als (hierarchischer) Stufenprozeß**

Ähnlich dem AIDA-Modell gehen andere Untersuchungen ebenfalls von einem mehrstufigen Entscheidungsprozeß aus, wobei hier die Betonung weniger auf den Zeitablauf als auf die Komplexität und die unterschiedliche Bedeutung der Teilentscheidungen gelegt wird. Touristische Entscheidungen sind ein komplexer Prozeß, der aus verschiedenen Einzelentscheidungen besteht. Da Tourismus als Leistungsbündel anzusehen ist, erfolgen auch unterschiedliche Teilentscheidungen in Hinsicht auf die verschiedenen Teilelemente. **Empirische Untersuchungen** haben gezeigt, daß in die Reiseentscheidung verschiedene Aspekte der Reise mit unterschiedlicher Bedeutung einfließen, z.B. in der Reihenfolge (vgl. HAHN/ HARTMANN 1973, PIVONAS 1973):

1. Zielgebiet/-ort (Destinationsentscheidung),

2. Urlaubsart: Erholung, Bildungs-, Hobbyurlaub oder Verwandtenbesuche,

3. Preis/Reisekosten,

4. Unterkunftsart,

5. Verkehrsmittel,

6. Reiseorganisation (pauschal oder individuell).

Detailliertere Untersuchungen haben die verschiedenen Teilelemente der Reiseentscheidung weiter analysiert, z.B. ergaben sich als Gründe für die Zielgebietswahl vor allem „attraktive Landschaft" und „besseres Wetter". Die Attraktivitätsforschung hat zudem nach den bevorzugten Landschaftsformen gefragt: „Die Befragten bevorzugen das Meer im Süden, Seen und Inseln im Süden, mittelmäßig beliebt sind die Mittelgebirge in Berg- und Waldlandschaften, die Nord- und Ostsee und Flußlandschaften. Ungeklärt ist die Frage, worin letztlich die Faszination des Wassers liegt." (BRAUN 1993b: 303)

**Theoretische** Ansätze stellen die Reiseentscheidung in den Rahmen eines hierarchischen Entscheidungsprozesses, analog zum „Analytic Hierarchy Process (AHP)" in der Konsumentenforschung, vor allem der Markenstrategien (vgl. SAATY 1980, HAEDRICH/TOMCZAK 1990). Beim AHP werden komplexe Entscheidungsaufgaben in einer Folge von Bewertungsschritten aufgelöst. Dabei entstehen mehrere Ebenen (Hierarchien) der Entscheidung, die die Entscheidungskomplexität immer mehr auflösen. In Abb. B-36 wurde ein solcher hierarchischer Entscheidungsprozeß am Beispiel der Reiseentscheidung dargestellt, wobei die Hierarchieebenen analog zur zuvor benannten empirischen Bedeutung der Reiseaspekte laut REISEANALYSE gewählt worden sind. Es wären aber auch andere hierarchische Anordnungen möglich. Am Ende dieses stufenweisen Entscheidungsprozesses steht eine konkrete Reise(entscheidung), z.B. (vgl. Abb. B-36):

- Reise A: Individualreise mit dem Auto, Übernachtung in einer Pension, Kosten zwischen 1001.– und 2000.– DM, zur Erholung an die Küste im Inland.
- Reise B: Pauschalflugreise mit Übernachtung im Hotel, Kosten über 2000.– DM, zur Erholung nach Asien.

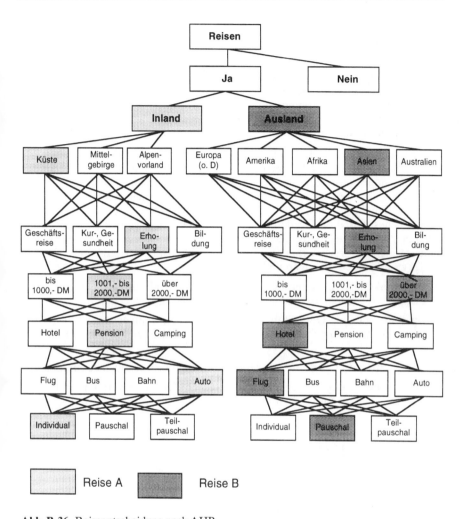

**Abb. B-36** Reiseentscheidung nach AHP

**(2c) Reiseverhalten und touristisches Informationsverhalten**

Da Entscheidungen immer aufgrund von Informationen erfolgen, stand auch das Informationsverhalten von Touristen immer wieder im Mittelpunkt von Untersuchungen. Wichtige Aussagen hierzu sind (vgl. REISEANALYSE, versch. Jg.):

- *Informationsquellen:* Anstöße zur Beschäftigung mit dem Urlaub kommen in erster Linie von Freunden, Bekannten und Verwandten (knapp 40%). (Tourismus-)Messen sind mit unter 5% der Nennungen relativ unwichtig für die Reiseentscheidung. Nicht untersucht wurde bisher die unterschiedliche Bedeutung solcher Informationsquellen für die verschiedenen Phasen des Reiseentscheidungsprozesses. So könnte vermutet werden, daß Messen gerade für die erste Phase der „Anregung (attention)" durchaus bedeutender sind als es in den

meisten Urlauberbefragungen der Fall ist, aber die letztliche Entscheidung (decision) aufgrund anderer Faktoren getroffen wird (vgl. FREYER 1995a: 85).
- *Zeitpunkt der Reiseentscheidung:* Über den nächsten Urlaub wird bei ca. 30% der Reisenden bereits im Vorjahr, bei den meisten im Januar und Februar, entschieden. Neuere Tendenzen zum „Last-Minute-Urlaub" werden von ca. 10% der Reisenden wahrgenommen.

### (3) Persönlichkeitsmerkmale

Gelegentlich werden in der Kaufverhaltensforschung noch Persönlichkeitsmerkmale gesondert behandelt. Persönlichkeitsdeterminanten sind Eigenschaften bzw. Verhaltenskonstrukte, die jedem Mensch als einzigartig innewohnen und über einen längeren Zeitraum stabil sind. Die Persönlichkeitspsychologie beschäftigt sich ausführlich mit diesen Konstrukten und ihren Einflüssen auf menschliches Verhalten. Für den Tourismus gibt es relativ wenige Beiträge zu diesem Forschungsbereich. Als eine der wenigen Untersuchungen über Zusammenhänge von Urlaubsreiseverhalten und Persönlichkeitsmerkmalen kommt SCHMID (1992) zu folgenden Aussagen und Ergebnissen:

- **Ängstlichkeit** ist ein Hemmfaktor für das Reisen und führt eher zu Reisen ins Inland, zu Reisegebietstreue und zu Pauschalreisen,

- **Rigidität** (fehlende Umstellungsfähigkeit) führt zu weniger Reisen, zu Reisen in Gebiete ohne Sprachumstellung, zu bekannten Reisezielen und Pauschalreisen,

- **Ethnozentrismus** hängt eng mit deutschsprachigen Reisezielen zusammen,

- **Extraversion** (Fähigkeit zu sozialen Kontakten) führt zum vermehrten Reisen, zu Reisezielen im Ausland, zu Vollpauschalreisen und Studien- sowie Sportreisen,

- Das Persönlichkeitskonstrukt „**Sensation-Seeking**" führt zu Auslandsreisen und zu Rund- statt Zielreisen.

In der Kaufverhaltensforschung wird häufig auf das Kauf-Engagement oder „**Involvement**" als spezielles Persönlichkeitsmerkmal abgestellt. Dabei bezeichnet Involvement den Grad der Beteiligung oder des Engagements für den jeweiligen Kaufvorgang. „Damit stellt das Involvement einen inneren Zustand der Aktivierung dar, der in Abhängigkeit der Relevanz beim Individuum unterschiedliche Wirkungen auf Informationsaufnahme, -verarbeitung und -speicherung auslöst." (MEFFERT/BRUHN 1995: 83)

Während bei vielen Konsumgütern ein relativ geringes Involvement festzustellen ist, z.B. Kauf einer Zahnpasta oder eines Waschmittels, gelten **touristische Käufe** als mit einem hohen Involvement verbunden („high-involvement-Käufe"). Die „kostbarsten Tage des Jahres" setzen ein – im Vergleich zu Konsumgütern – hohes Informations- und Entscheidungsverhalten voraus, das mit hohen affektiven Werten verbunden ist.

Eine wesentliche Rolle spielt dabei das – relativ hohe – Risiko, das mit Entscheidungsprozessen von immateriellen Gütern verbunden ist; sie können nicht vor dem Kauf geprüft werden und der komplexe Einfluß der vielfältigen Faktoren einer touristischen Reise läßt den Ausgang (das Ergebnis) einer Reise mit einem hohen Risiko behaftet sein.

Anders vertritt HAEDRICH 1993b die Meinung, daß auch im Tourismusbereich immer mehr Reiseangebote mit „low involvement" Bedingungen verbunden werden, wobei solche Leistungen als weitgehend austauschbar angesehen werden: „Beispielsweise gilt das für die meisten Billigreisen und für Reiseangebote, die keinen eindeutig abgrenzbaren Produktnutzen für den Käufer versprechen." (HAEDRICH 1993b: 318)

**Beispiel:**
- In Teil D.4 wird in bezug auf Werbung eine Zuordnung verschiedener Leistungen in bezug auf das Involvement und die aktivierenden und kognitiven Elemente vorgenommen (vgl. Abb. D-57).

Vgl. zum Involvement und Tourismus: HAEDRICH 1993b: 318ff, KLEINERT 1983: 288ff, ferner allgemein HAEDRICH/TOMCZAK 1990: 41, KROEBER-RIEL 1990: 377ff, MEFFERT 1992: 66ff.

### 2.3.3.3 R-Response/Reaktionen

Der Bereich der Reaktionen im S-O-R-Modell betrifft die beobachtbaren Auswirkungen der Reiseentscheidung, also das konkrete Reiseverhalten. Hierzu zählt die Fülle von empirischen Aussagen, in welchem Umfang – ex post – Reisen stattgefunden haben. Hierzu liegen zahlreiche empirische Studien, u.a. zum Urlaubsreiseverhalten vor (vgl. STUDIENKREIS und U+R, versch. Jg.). Eine Anzahl der wichtigsten Marktforschungsergebnisse zum feststellbaren Reiseverhalten findet sich in Übersicht B-21.

### 2.3.4 Exkurs: Funktionale Nachfragemodelle im Tourismus (S-R-Modelle)

Das beobachtbare Reiseverhalten (vgl. B.2.3.3.3) wird als Ausgangspunkt für verschiedene funktionale Modelle der Reisenachfrage genommen. Es werden Zusammenhänge zwischen dem Reiseverhalten und den – ebenfalls beobachtbaren – Stimuli der touristischen Einflußgrößen abgeleitet, womit diese Modelle als S-R-Modelle im Sinne der verhaltenswissenschaftlichen Ansätze der Konsumentenforschung gelten (vgl. B.2.3.3(3a)).
In der einfachsten Form gilt als Grundmodell der Beziehung zwischen der anhängigen Variablen y und der bzw. den unabhängigen Variablen x:

$$y = f(x)$$

Im Laufe der Jahre wurde dieses einfache Grundmodell von verschiedenen Autoren immer weiter entwickelt, wobei insbesondere die unabhängigen Variablen tourismusspezifisch interpretiert worden sind. Charakteristisch für diese Vorgehensweise ist die Behandlung der touristischen Nachfrage bei PÖSCHL 1973, der die Tourismusnachfrage in Abhängigkeit von folgenden Variablen darstellt:

$$t = f(m, p, u, c, o, \frac{1}{sp.u.})$$

Sie soll ausdrücken, daß die touristische Nachfrage t abhängig ist, von der Beweglichkeit (m-mobilitas), der Kaufkraft (p-pecunia), der Verstädterung (u-urbanitas), der Ballung (c-cumulatio), der Freizeit (o-otium) und dem Reziprok der Entfernung vom Heimatort (sp.u.-spatium utile).

Diese Form der mathematisch-ökonometrischen Nachfrageanalyse wurde durch verschiedene angelsächsische Wissenschaftler am weitesten fortgeführt, die Einflüsse auf die Reisenachfrage vor allem innerhalb ökonometrischer Modelle mit Hilfe mathematisch-statistischer Methoden betrachten (vgl. QUANDT 1970, JOHNSON/THOMAS 1992, GASSER/WEISERMAIR 1994, WITT/WITT 1992). Die deutsche Fremdenverkehrsliteratur behandelt das Problem der touristischen Nachfrage nur zum Teil in dieser funktional-formalisierten Form. Eine Ausnahme stellt der 1989 erschienene Versuch von BÖVENTER dar. Er betrachtet beispielsweise den Entscheidungsprozeß zur Bestimmung der individuellen Reiseausgaben R des Haushalts h aus der Herkunftsregion k während der Periode t (also $R^k_{ht}$) in Abhängigkeit der Einflußfaktoren

- $Y^h_t$ gegenwärtiges Einkommen
- $V^h_t$ zu Beginn der Periode vorhandenes Vermögen
- $D^h_t$ für Reisen verfügbare Zeit
- $I^h_t$ Informationen des Haushalts über verschiedene Urlaubsmöglichkeiten
- $U^h_t$ Präferenzen des Haushalts
- $p_t$ Vektor der relevaten Preise
- $B_t$ Einfluß demographischer Faktoren und Siedlungsstrukturen
- $T_t$ globale Entwicklungstrends

als $R^{kh}_t = R^{kh}_t (Y^h_t, V^h_t, D^h_t, I^h_t, U^h_t, p_t, B_t, T_t)$

Ähnlich analysiert BÖVENTER die Qualitätskomponenten sowie die zeitlichen saisonalen Aspekte sowie die räumlichen Dimensionen der Reiseausgaben (vgl. ders., S. 35ff).[7]

Für Österreich hat SMERAL (1994:135ff) einen umfassenden Versuch der Bestimmung der makroökonomischen Nachfrage vorgenommen. Dieser Ansatz läßt sich gut mit den verschiedenen Theorieteilen aus den vorherigen Abschnitten verbinden, so daß fünf wesentliche Einflußgrößen zur Erklärung der touristischen Nachfrage herangezogen werden können (vgl. Abb. 37b):

- A steht für die Attraktivität der Reisedestination, z.B. weiter unterteilt nach den drei a's (vgl. FREYER 1995a:180ff): attraction, access und amenities.

- P ist der Preisvektor für die verschiedenen Reiseteilpreise sowie die Konkurrenzprodukte (relative Preise).

- Y steht für die wirtschaftliche Situation (Sozialprodukt Y) in den verschiedenen Ländern, z.B. für das Quellgebiet oder die Reisedestination oder für Konkurrenzländer.

- TT sind Einflüsse, wie sie beispielsweise durch die touristischen Trends aus Teil B.1 ausgedrückt werden können, von Einkommen und Wohlstand ($T_1$) bis Tourismuswirtschaft ($T_6$).

---

[7] Allerdings ist BÖVENTERS Ansatz, der eng der traditionellen Mikroökonomie und Raumwirtschaftsthcorie verhaftet ist, auf deutliche Kritik gestoßen:
„Indifferenzkurven, Potentialvariablen, Gleichgewichtsmodelle – das gesamte Arsenal der Volkswirtschaftstheorie muß herhalten, um zu Erkenntnissen zu kommen, die sich jeder Urlauber, (...) jeder Tourismuspolitiker an fünf Fingern abzählen kann. ...
Umfang und Relevanz der wissenschaftlichen Aussagen konvergieren gegen null, die methodische Absicherung gegen unendlich; nichts wird mehr ausgesagt, das aber absolut sicher." (SCHALKOWSKI 1989)

## 2. Marktanalyse im Tourismus

| Autoren | Modell | Erläuterung | |
|---|---|---|---|
| 1. Grundmodell | $y = f(x)$ | y | Reisenachfrage |
| | | f | funktionale Beziehung |
| | | x | unabhängige Variable |
| 2. Pöschl 1973 | $t = f(m, p, u, c, o, 1/sp.u.)$ | m | mobilitas (Beweglichkeit), |
| | | p | pecunia (Kaufkraft), |
| | | u | urbanitas (Verstädterung), |
| | | c | cumulatio (Ballung), |
| | | o | otium (Freizeit) |
| | | sp.u. | spatium utile (Entfernung vom Heimatort) |
| 3. Böventer 1989 | Reiseausgaben R des Haushalts h aus der Herkunftsregion k während der Periode t $$R^{kh}{}_t = f(Y^h{}_t, V^h{}_t, D^h{}_t, I^h{}_t, U^h{}_t, p_t, B_t, T_t)$$ | $Y^h{}_t$ | gegenwärtiges Einkommen |
| | | $V^h{}_t$ | zu Beginn der Periode vorhandes Vermögen |
| | | $D^h{}_t$ | für Reisen verfügbare Zeit |
| | | $I^h{}_t$ | Informationen des Haushalts über verschiedene Urlaubsmöglichkeiten, |
| | | $U^h{}_t$ | Präferenzen des Haushalts |
| | | $p_t$ | Vektor der relevaten Preise |
| | | $B_t$ | Einfluß demographischer Faktoren u. Siedlungsstrukturen |
| | | $T_t$ | globale Entwicklungstrends |
| 4. Freyer 1997 (ähnlich Smeral 1994) | $N = f(A, P, Y, TT, M)$ | A | Attraktivität ($a_1, a_2, a_3$) |
| | | P | Preisvektor ($p_1 ... p_n$) |
| | | Y | Sozialprodukt ($Y_1 ... Y_y$) |
| | | TT | Tourismustrends ($T_1 ... T_6$) |
| | | M | Marketing ($M_1 ... M_m$) |

**Abb. B-37a:** Funktionale Nachfragemodelle im Tourismus

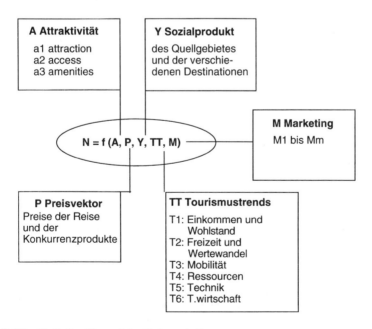

**Abb. B-37b:** Einflußgrößen auf das Reiseverhalten

• M steht für die verschiedenen Marketingeinflußgrößen, wie sie in den verschiedenen Kapiteln entwickelt werden, z.B. die verschiedenen Instrumente des Marketing-Mix, von Preispolitik bis Kommunikationspolitik (vgl. Teil D).

In ähnlicher Weise können auch weitere Einflußfaktoren aufgenommen werden bzw. die verschiedenen Gruppen weiter unterteilt werden.

## 2.4 Besonderheiten der Konkurrenzanalyse im Tourismus

### 2.4.1 Vorbemerkungen

Ein weiterer wichtiger Schritt der Marktanalyse ist die Konkurrenzforschung oder -analyse. Sie steht im allgemeinen Bewußtsein gelegentlich im Schatten der Nachfrage(r)analyse, doch für das strategische Marketing spielt sie eine mindestens ebenso wichtige Rolle. Die Konkurrenzforschung gibt zum einen – direkte – Hinweise auf die anderen am gleichen Markt operierenden Unternehmen, zum anderen – indirekte – Hinweise auf das am Markt vorhandene Kundenpotential.

Andere Unternehmen, die sich am gleichen Markt betätigen, müssen grundsätzlich die gleichen Marketingaufgaben lösen. Durch die Analyse der Aktivitäten dieser Mitwettbewerber können Hinweise auf die eigenen Stärken und Schwächen gewonnen werden. Eine Erfassung des Angebotes und der Marktstrategien anderer vergleichbarer Unternehmen und Destinationen spart der eigenen Marketingabteilung oftmals viel Geld und Mühe und hilft, Mißerfolge zu vermeiden.

Die Konkurrenzanalyse wird gelegentlich auch als „kleine Marktforschungslösung" bezeichnet. Sie gibt ohne großen eigenen Aufwand einen Einblick in die am Markt vorhandenen Strukturen. Diese Methode ist einfach, billig und oft erfolgreich; sie reduziert zumeist die eigenen Kosten und vor allem das Risiko. Von der kaufmännischen Seite her ist sie in vielen Situationen zu empfehlen, aus rechtlichen Gründen ist sie gelegentlich unzulässig (Extremform: Industriespionage). Trotzdem ist die Konkurrenzanalyse selbst bei Großunternehmen in Deutschland erst seit Ende der 80er Jahre stärker verbreitet. 1988 verfügten bei den befragten Großunternehmen die Hälfte der Unternehmen über keine permanente und systematische Konkurrenzanalyse (vgl. SIMON 1988).

**Beispiele:**
• Durch Konkurrenzbeobachtung kann ein **Reiseveranstalter** beispielsweise erkennen, welche Destinationen (und Abflughäfen) sich bei einem Mitbewerber recht (wenig) erfolgreich verkaufen. Entsprechend kann er seine Angebotspalette dieser Destination ausweiten (einschränken).
• Ein **Reisebüro** kann sein äußeres Erscheinungsbild besser dadurch den Markterfordernissen anpassen, daß es nicht einen (branchenunerfahrenen) Innenarchitekten oder eine „08-15-Firma" mit der Neueinrichtung des Büros beauftragt, sondern beispielsweise zehn andere Reisebüros anschaut, was ihm weitaus mehr Hinweise für eine Neukonzeption geben wird als der Innenarchitekt.
• Für eine **Fremdenverkehrsgemeinde** kann es besonders interessant sein, andere Gemeinden zu besuchen und zu überlegen, inwieweit deren Konzepte auf die eigene Gemeinde zu übertragen sind. So erhält man möglicherweise Hinweise auf fehlende Infrastruktur oder auf bestimmte Werbeaktionen oder Angebotsvarianten.

**Hauptschwierigkeiten** bei Konkurrenzvergleichen sind:
- adäquate Vergleichsobjekte zu finden, mit ähnlicher Kundenstruktur, Lage sowie Art und Umfang der touristischen Angebotsstruktur,
- ausreichend Informationen über die Konkurrenzunternehmen zu erhalten,
- die entsprechenden Rückschlüsse für das eigene Unternehmen zu ziehen.

### 2.4.2 Die Konkurrenzabgrenzung: Markteingrenzung auf der Angebotsseite

Parallel zur Markteingrenzung nach den allgemeinen Kriterien wie Ort, Zeit, Produkt usw. ergibt sich eine Markteingrenzung auf der Anbieterseite. Nicht alle am (Tourismus)Markt tätigen Unternehmen und Destinationen sind Konkurrenten für das eigene Angebot. Nur eine Teilmenge aller Tourismusanbieter ist als „Mitwettbewerber" oder „relevante Konkurrenz" für die eigenen Marketingaktivitäten anzusehen.

Hierbei ist es hilfreich, zwischen (1) enger, (2) weiter und (3) weitester Konkurrenz zu unterscheiden:

(1) **Enge Konkurrenz:** Dies sind Anbieter mit gleichen Angeboten zur gleichen Zeit am gleichen Ort (im gleichen Marktsegment). Doch nicht immer ist die (vermeintliche) enge Konkurrenz wirklich Konkurrenz. Bei einer präzisen Marktsegmentierung kann sich zeigen, daß der Konkurrent ein anderes Marktsegment bedient, z.B. für ein anderes Einzugsgebiet, mit anderen Schwerpunkten, für andere Zielgruppen usw.

(2) **Weite(re) Konkurrenz:** sind Anbieter mit ähnlichen Produkten, bei denen man sich fragen muß, ob sie überhaupt konkurrieren, ob sie als „Substitute" für das eigene Produkt anzusehen sind. **Beispiele** sind: Tourenrad oder Rennrad, Kleinbildkamera oder Videokamera, Flugreise oder Autoreise, Tante-Emma-Laden oder Supermarkt, Wurst oder Käse?

(3) **Weiteste Konkurrenz:** Oft sind weniger die direkten Konkurrenzbeziehungen für die zukunftsorientierten Strategien von Bedeutung, sondern Entwicklungen in ganz anderen Bereichen sind für die eigenen Absatzchancen die entscheidenden. **Beispiele:** der Trend zum Radfahren ist Konkurrenz für das Autofahren, der Trend zum „Zu-Hause-bleiben" Konkurrenz zum Reisen, Schokolade als „Pausen-Snack" ersetzt das Pausenbrot (mit Wurst und Käse), usw.

Dabei steht die Entstehung neuer Konkurrenten im Blickfeld der allgemeinen Betrachtungen. In Abbildung B-38 sind die grundsätzlichen Möglichkeiten für die Entstehung neuer Konkurrenten aus Angebotssicht dargestellt.

Die Konkurrenzanalyse ist dadurch eng mit strategischen Überlegungen verbunden. Während in der Sachgüterproduktion eine Abgrenzung zwischen Vorwärtsintegration und Rückwärtsintegration relativ einfach zu bewerten ist, fällt dieses im Zusammenhang mit der touristischen Leistungserstellung bedeutend schwerer. Unter **Vorwärtsintegration** sind im Tourismus strategische Entscheidungen einzuordnen, die in Richtung des Kunden eine spätere Stufe der Leistungserstellung betreffen.

| Heutige Gruppe | wird morgen Konkurrent durch |
|---|---|
| Lieferant, Leistungsträger | --> Vorwärtsintegration |
| Absatzmittler und Kunde | --> Rückwärtsintegration |
| Unternehmen mit neuen Technologien | --> Substitution |
| Bestehender Konkurrent in anderen Ländern, Regionen | --> Regionale Expansion |
| Unternehmen mit ähnlicher Technologie | --> Diversifikation |
| Unternehmen, das gleiche Kunden hat | --> Produkt-Expansion |
| Unternehmen, das gleiche Produkte an andere Zielgruppen verkauft | --> Zielgruppen Expansion |

**Abb. B-38** Entstehung neuer Konkurrenten
(Quelle: HOFFMANN 1983)

**Beispiele:**
- Internationale Hotelketten bauen eigene Absatzwege auf, Hotelkooperationen bieten eigene Pauschalreisen an, Fremdenverkehrsunternehmen werden Reiseveranstalter, Reiseveranstalter bieten einen Direktvertrieb an.

Hingegen bezieht sich die **Rückwärtsintegration** im Tourismus vor allem in Richtung der Leistungsträger und Absatzmittler. Bestehende Unternehmen am Ende der Leistungskette übernehmen aufgrund verschiedener Wettbewerbsbedingungen (vgl. B.2.4.3), aber auch anderer strategischer Überlegungen z.B. zur Durchsetzung von Qualitätsoffensiven, eine Rückwärtsintegration.

**Beispiele:**
- Fremdenverkehrsbetriebe betreiben eigene Kliniken, Hotels, Tagungs- und Kongreßstätten. Reiseveranstalter besitzen oder beteiligen sich an Hotelketten, Fluggesellschaften, Reisemittlerbetriebe werden Eigenveranstalter (vgl. auch Kooperationen und strategische Allianzen E.2.2).

Während in der Sachgüterproduktion in der Vergangenheit sowohl die Vorwärts- als auch die Rückwärtsintegrationen zunehmend zurückgegangen sind und statt dessen vermehrt Outsourcing betrieben wurde, ist im Tourismus die Entstehung neuer Konkurrenten durch beide Integrationsformen festzustellen.

Im Zusammenhang mit der **Substitution** wurden in der nahen Vergangenheit vor allem der Einsatz der multimedialen Techniken sowie der Online-Möglichkeiten diskutiert. Der Ersatz der Reisemittler durch den Einsatz neuer Technologien bei den Reiseveranstaltern sorgte für erhebliche Wettbewerbsirritationen. Hingegen wurden die Möglichkeiten der **Diversifikation** eigentlich branchenfremder Unternehmen nur relativ wenig in die Konkurrenzanalyse einbezogen. Hierbei spielen die in B.2.4.3 genannten Wettbewerbsvoraussetzungen sicher eine wichtige Rolle für eine gewisse „Arroganz" der Branche, daß branchenfremde Unternehmen, die die Technik z.B. im Handel für „Homeshopping" einsetzen, aber auch Verlage und Stromversorgungsunternehmen, zunehmend Möglichkeiten der Diversifikation erhalten und so zu potentiellen Konkurrenten werden bzw. neue Schnittstellen im Markt besitzen. Gerade die neuen Technologien haben neue Wettbewerbspartner entstehen lassen. Auf der ITB 96 wurden in diesem

Zusammenhang erstmals öffentlich Fragen diskutiert wie „Sind CRS überflüssig?" oder „CRS und Online-Dienste im Wettbewerb" (vgl. SCHULZ 1996). Hingegen sind Ansätze der weitesten Konkurrenzbetrachtung, welche Substitute das Bedürfnis Reisen ersetzen könnten (wie z.b. Virtuelle Realitäten etc.), eher von untergeordneter Bedeutung, was sicher nicht zuletzt daran liegt, daß die Gründe für das Reisen nur unzureichend untersucht sind. In Teilsegmenten des Tourismus ist jedoch auch in diesem Bereich die Entstehung neuer Konkurrenten festzustellen (z.B. Videokonferenzen statt Geschäftsreisen).

Eine **Zielgruppenexpansion** konnten vor allem die neuen Bundesländer in der Vergangenheit feststellen. Hier entstanden neue Konkurrenten vor allem durch die westlichen Reiseveranstalter, die den Inländertourismus von einem Anteil von 70% in der Vorwendezeit auf einen Anteil von 30% 1995 sinken ließen. Allerdings wurden auch hier die Probleme deutlich, die im Zusammenhang mit der Übertragung von Produkten auf andere Zielgruppen entstehen (vgl. STERN 1993). Als Reaktion für verlorene Marktanteile reagierten die neuen Bundesländer mit einer **Produktexpansion** und stehen seitdem im Wettbewerb mit den Destinationen der alten Bundesländer, indem sie in verschiedenen Marktsegmenten (Kur- und Bäderreisen, Kulturtourismus, Urlaub auf dem Lande) vergleichbare Produkte anbieten.

Mangels objektiver Kriterien, wie beispielsweise bei PKW-Vergleichen PS, Höchstgeschwindigkeit, Preis, Kofferraumgröße etc., sind Meßgrößen/Parameter von Destinationen schwer standardisierbar. So sind manche Touristen hinsichtlich der Wahl ihres Reisezieles sehr flexibel: für die einen muß es lediglich eine „Sonnendestination" sein, egal ob in Portugal, der Türkei oder Übersee, für andere ist das Preisargument oder die „Vertrautheit" oder „Exklusivität" ausschlaggebend. So müssen Konkurrenzüberlegungen zum einen die hohe Austauschbarkeit des touristischen Produktes (hohe Konkurrenz) und zum anderen die Subjektivität des touristischen Produktes (Präferenzbildung): immer wieder an den selben Ort, oder Exklusivität, Exotik o.ä. Argumente berücksichtigen.

**2.4.3 Wettbewerbsbestimmende Faktoren**

Die wettbewerbsbestimmenden Faktoren werden im Marketing häufig in Anlehnung an das Wettbewerbsmodell von PORTER dargestellt. PORTER unterscheidet fünf Wettbewerbsfaktoren (vgl. Abb. B-39):

(1) Wettbewerber in der Branche: Rivalität unter den vorhandenen Unternehmen,

(2) potentielle neue Konkurrenten: Bedrohung durch neue Konkurrenten,

(3) Ersatzprodukte: Bedrohung durch Ersatzprodukte und -dienste (v.a. Neue Technologien wie CRS, Multimedia, Online),

(4) Lieferanten: Verhandlungsstärke Lieferanten,

(5) Abnehmer: Verhandlungsmacht der Abnehmer, z.B. Verhandlungsmacht von Airlines, Einkäufer in Destinationen (Multiplikatoren) usw.

Als Informationsquellen für Konkurrenzanalysen dienen im Tourismus für die Mehrheit der Unternehmen vor allem Sekundärquellen (wie Tageszeitungen, Wirtschaftszeitungen, Stellenanzeigen, Fachzeitschriften, Prospekte und Werbe-

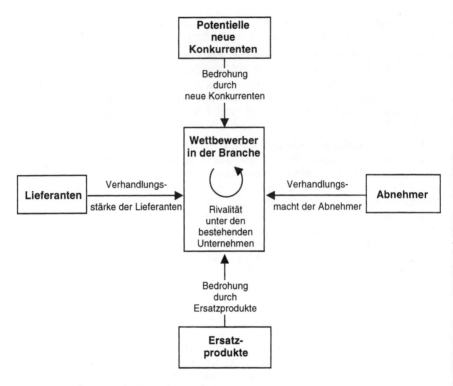

**Abb. B-39** Elemente der Branchenstruktur
(Quelle: PORTER 1992b: 26)

mittel, Statistiken und Geschäftsberichte. Allerdings haben auch Primärquellen wie Messen, Fachtagungen der Verbände eine wichtige Rolle eingenommen. Marktanalysen führen überwiegend größere Unternehmen bzw. für Teilbereiche der touristischen Leistungserstellung deren Verbände durch. Hinzu kommen Befragungen aller Art (vgl. B.2.5) und Gespräche mit Mitarbeitern der Konkurrenz als weitere primäre Informationsquellen. Dazu werden für die verschiedenen Teilbereiche der Wettbewerbsanalyse jeweils unterschiedliche Determinanten abgefragt.

**(1) Wettbewerber in der Branche**

Als wichtigstes Element ist die **Wettbewerbsstruktur** der bereits am Markt tätigen Unternehmen mit qualitativen und quantitativen Größen zu bestimmen. Dies kann entweder im Vergleich zu Einzelkonkurrenten oder zu einer Vielzahl von Konkurrenten national oder international geschehen.

Als **Determinanten der Rivalität** betrachtet PORTER:

- Branchenwachstum,
- Fixkosten/Wertschöpfung,
- Phasen der Überkapazität,
- Produktunterschiede,

- Markenidentität,
- Umstellungskosten,
- Konzentration und Gleichgewicht,
- Komplexe Informationslage,
- Heterogene Konkurrenten,
- Strategische Unternehmensinteressen,
- Austrittsbarrieren.

Auf die einzelnen Determinanten ist dabei in den verschiedenen Kapiteln an anderer Stelle bereits eingegangen worden.

Die Rivalität der etablierten Unternehmen am Markt ist dann als besonders hoch einzuschätzen, wenn kein bzw. nur ein langsames Marktwachstum vorhanden ist. Im Falle einer Stagnation des Marktwachstums führt das Wachstum eines Unternehmens zu Lasten seiner Konkurrenten. Die Nichtlagerfähigkeit von Dienstleistungen erhöht den Druck, Kapazitäten auszulasten. Bei hohen Austrittsbarrieren, wie sie z.b. im Kur- und Bäderwesen existieren, wird der Wettbewerb dadurch verstärkt, daß selbst unwirtschaftlich arbeitende Unternehmen, regional am Markt bleiben. Je größer die Rivalität der etablierten Unternehmen am Markt ist, um so negativer stellt sich die Wettbewerbssituation dar.

Bei der Ermittlung der Rivalität der etablierten Unternehmen spielen im Tourismus vor allem die Branchenanalysen eine wichtige Rolle. Für den Reisemittler- und Reiseveranstalterbereich sind hier vor allem die allgemein zugänglichen jährlichen Untersuchungen von Marktforschungsinstituten und der Fachpresse, soweit sie veröffentlicht werden z.b. der FVW-International zu Deutschen Reisebüroketten und Kooperationen, zu Deutschen Veranstaltern oder zu Europäischen Veranstaltern von Bedeutung. Zusätzlich haben in der Vergangenheit Unternehmensberatungen wie ARTHUR D. LITTLE entsprechende Wettbewerbsanalysen für touristische Unternehmen vorgenommen. In der Regel erfolgt allerdings eine Analyse betriebsbezogener Branchendaten durch die verschiedenen touristischen Verbände, wie DRV, asr, DBV, DEHOGA etc. Schwierigkeiten bereitet vor allem die Aufbereitung der verschiedenen sekundären Daten.

Ein Problem der Vergleichbarkeit der Daten liegt in einer mangelnden Kontinuität des erhobenen Datenmaterials bezüglich der statistischen Erhebung, Abgrenzung oder Definition der Werte. Zudem beschränken sich einige Konkurrenzanalysen überwiegend auf große und mittlere Unternehmen z.B. des Veranstaltermarktes (KIRSTGES 1992). Dies gilt grundsätzlich auch für den Beherbergungsbereich, wodurch der Blick für die wahre Konkurrenzsituation „verfälscht" wird.

Die alternativen Konzepte für eine Konkurrenzanalyse sind in Abbildung B-40a dargestellt und werden in B.2.5 nochmals erläutert.

### (2) Neue Konkurrenten

Die **Bedrohung durch neue Konkurrenten** wird vor allem durch Markteintrittsbarrieren erschwert. Allgemein können die Eintrittsbarrieren ihren Ursprung haben, in

- Economics of scale,
- Kapitalbedarf,
- Zugang zu Vertriebskanälen,

| Konzepte | Checklisten (mit verbalen Handlungsempfehlungen) | Scoring Modelle | Verfahren automatischer Klassifikation |
|---|---|---|---|
| Verfahrenstyp | rein deskriptiv | deskriptiv mit Punktbewertung | mathematisch-statistisch |
| Skalenniveau | | nominal/ordinal, metrisch bei Aggregation von Mittelwerten | Clusteranalyse: metrisch Diskriminanzanalyse: unabhängige Variable metrisch |
| Auswertungsmöglichkeit | verbale Handlungsempfehlungen, grobe Profile | Rangordnungen, Profile | Gruppierungen, Identifikation diskriminierender Variablen |
| Konkurrentenbezug | Einzelkonkurrenten | Einzelkonkurrenten | Vielzahl von Konkurrenten |
| Aussagen | nicht quantitativ | quantitativ | quantitativ |

**Abb. B-40a** Konzepte der Konkurrenzanalyse

- staatlichen und rechtlichen Zugangsbeschränkungen,
- Zugang zur Distribution.

Daneben ist von Interesse, welche Faktoren den Eintritt in einen bestehenden Markt begünstigen. So ziehen beispielsweise hohe Profitabilität, Märkte mit hohen Wachstumsraten bzw. hohe Kapazitätsauslastungen, aber auch plötzliche Marktaustritte, Wettbewerber an (vgl. SONTHEIMER 1989).

Bei der Beurteilung der Markteintrittsbarrieren spielen vor allem institutionelle Unterschiede eine wichtige Rolle. Im deutschen Fremdenverkehr stellen hohe rechtliche Eintrittsbarrieren, z.B. im Kur- und Bäderwesen, eine z.T. unüberwindliche Schwelle für Regionen dar. Neben den rechtlichen Vorschriften erfordern sie einen hohen Kapitalbedarf der öffentlichen Unternehmen, um entsprechende infrastrukturelle Voraussetzungen zu schaffen. Allerdings ist für die Beurteilung der Wettbewerbssituation zu überprüfen, ob die Eintrittsbarrieren tatsächlich notwendig sind, um Teilsegmente des Nachfragemarktes zu bedienen.

Im Reiseveranstalterbereich waren vor allem Größenvorteile (economics of scale) in der Vergangenheit Barrieren für einen Markteintritt. In Zukunft werden hier vor allem eine zunehmende Bedrohung durch diversifizierende Carrier und durch zielgruppenexpandierende ausländische Veranstalter erwartet (KIRSTGES 1992).

Bei den Reisemittlern werden die Eintrittsbarrieren für neue Konkurrenten vor allem mit der Entwicklung der Technologie verbunden.

## (3) Ersatzprodukte

Die Beschäftigung mit möglichen **Ersatzprodukten** bzw. einer von der Branche empfundenen Bedrohung „von außen" wurde in der Vergangenheit mit stetigen Wachstumsraten weitgehend vernachlässigt. Vielmehr war Reisen ein Ersatzprodukt für bis dahin andere Formen der Freizeitgestaltung. Allerdings besteht hier ein erhebliches Defizit an tatsächlichen Erkenntnissen darüber, was als Ersatzprodukt für die Urlaubsreise anzusehen ist, denn Substitute müssen den gleichen Kundennutzen oder die gleiche Abnehmerfunktion erfüllen.

Entsprechend des touristischen Phasenmodells kann allerdings mit Hilfe der an den einzelnen Phasen beteiligten Unternehmen der Begriff der Ersatzprodukte ausgedehnt werden. Hier wird vor allem eine Verlagerung des bestehenden horizontalen Wettbewerbs zu einem vertikalen Wettbewerb führen. Dabei besteht die Möglichkeit, daß Kommunikationsmittel wie CRS, Multimedia und Online-Dienste und deren Betreiber Ersatzprodukt für Reisemittler und Veranstalter werden (vgl. SCHULZ/FRANK/SEITZ 1996). Im Gegensatz dazu können Reiseveranstalter zukünftig verstärkt durch selbstveranstaltende Reisemittler in ihrer Existenz bedroht werden. Bei den Zielgebieten ist ohnehin seit Jahren deutlich, daß es neben einer Rivalität zwischen den Destinationen zu einer Austauschbarkeit bei z.B. Umweltproblemen, höheren Reisepreisen, Naturkatastrophen, kriegerischen Auseinandersetzungen kommt (KIRSTGES 1992).

Die zuvor genannten Aspekte betrachten Ersatzprodukte vorwiegend innerhalb der Leistungskette und legen institutionelle Wettbewerbsveränderungen zu Grunde.

Wichtiger Aspekt der Konkurrenzanalyse im Bezug auf Substitute sind neben Verschiebungen innerhalb der Leistungskette mögliche Bedrohungen durch grundsätzlich andere Produkte (Virtuelle Realitäten, Urlaub zu Hause etc.) oder aber durch Konkurrenzsituationen zu anderen Konsumgütern (z.B. luxuriöse Wohnung, PKW), deren Erwerb zum Reiseverzicht führt.

## (4) Lieferanten

Determinanten der **Lieferantenmacht** sind entsprechend des PORTERschen Wettbewerbsmodells:

- Gefahr der Vorwärtsintegration,
- Lieferantenkonzentration,
- Bedeutung des Auftragsvolumens für Lieferanten,
- hohe Umstellungskosten.

Neben den oben beschriebenen Bedrohungen durch eine Vorwärtsintegration der Reiseveranstalter in den Direktvertrieb sind vor allem Aspekte der Lieferantenkonzentration sowie die Bedeutung des Auftragsvolumens für den Lieferanten/Leistungsträger von besonderer Bedeutung bei der Bestimmung einer entsprechenden Wettbewerbssituation aus Sicht des Angebotes. Dabei haben in der Vergangenheit insbesondere das Fallen der Vertriebsbindung und die zunehmenden Konzentrationstendenzen im Reisemittlerbereich zu veränderten Wettbewerbsbedingungen geführt. Die Vertriebsbindung hat die Lieferantenmacht aus Sicht der Reisemittler deutlich gemacht. Allerdings wird auch nach Fallen der Vertriebsbindung deutlich, daß durch Lösung rechtlicher Beschränkungen nicht unmittelbar ein Machtverlust entsteht. Vielmehr blieb die Machtposition der Reiseveranstalter gegenüber den Mittlern durch Provisionsstaffelungen weitgehend erhalten. Erst eine zunehmende Konzentration durch Ketten und Einkaufskooperationen (vgl. E.2.2) hat hier zu Veränderungen in der Lieferantenmacht geführt.

Im Gegensatz dazu haben die Leistungsträger wie Beherbergungsbetriebe und Carrier durch bestehende Überkapazitäten, verbunden mit der nicht Lagerfähigkeit der Leistungen, in der Vergangenheit nur eine unzureichende Lieferantenmacht gegenüber den Reiseveranstaltern gehabt. Eine Gefahr der Vorwärtsintegration besteht damit vor allem dann, wenn die Leistungsträger in einem verschärften Wettbewerb sich einen höheren Erfolg durch z.B. den Direktvertrieb versprechen, als sie Kosten oder Preisnachlässe durch den indirekten Vertriebsweg haben. In diesem Zusammenhang spielt insbesondere die Bedeutung des Auftragsvolumens für den Leistungsträger eine entscheidende Rolle für die Verhandlungsmacht der Reiseveranstalter bzw. zunehmend auch der Fremdenverkehrsbetriebe.

Als Beispiel für Lieferantenmacht können die CRS-Systeme gesehen werden. Nur durch hohe Umstellungskosten bei technischer Ausstattung und Personalschulung wäre es den Reisemittlern möglich, Konkurrenzprodukte im Unternehmen einzuführen.

**(5) Abnehmer**

Als meßbare Kriterien der **Verhandlungsstärke der Abnehmer** gelten:

- Verhandlungsmacht und
- Preisempfindlichkeit sowie
- Rückwärtsintegration.

Die Verhandlungsstärke der Abnehmer soll in erster Linie ausdrücken, inwieweit Nachfrager Möglichkeiten besitzen, die am Markt etablierten Unternehmen zu beeinflussen bzw. Druck auf sie auszuüben. Auch bei der Verhandlungsstärke der Abnehmer besteht das Problem, den Abnehmer der Teilleistungen zum einen und den Abnehmer der Gesamtleistung Reise zum anderen zu bestimmen.

Ist der Abnehmer Reisender, so kann er seine Verhandlungsstärke vor allem dann geltend machen, wenn er einen hohen Informationsstand hat (z.B. Preisvergleichsmöglichkeiten). Auch steigt seine Verhandlungsmacht mit stärkerer zeitlicher Flexibilität (vgl. E.4). So hat die Verschiebung des Buchungsverhalten auf einen späteren Zeitpunkt dann einen positiven Erfolg, wenn Überkapazitäten auf Anbieterseite existieren. Im Falle von Nachfrageüberhängen, wie sie z.B. bei Ferienzeiten für bestimmte Regionen existieren, hat der Abnehmer nur eine geringe Verhandlungsmacht. Im Geschäftsbereich haben vor allem Firmenkunden aufgrund ihres Reisevolumens gegenüber Reisemittlern eine gewisse Verhandlungsmacht. Eine entsprechende Steigerung der Verhandlungsmacht für Einzelreisende wäre zudem dann zu erwarten, wenn bestehende Preisbindungen für Pauschalreisen fallen würden. Allerdings haben die Reisenden die Möglichkeit, nach einer Reise problemlos zu einem anderen Anbieter zu wechseln. Dies geschieht häufig ohne Kenntnis des direkten Produzenten, wodurch sich die Verhandlungsstärke nicht verändert.

Reisebüroketten und -kooperationen können bei einer gewissen Größe ebenfalls eine Verhandlungsmacht ausüben. Einzelnen, kleineren Büros wird dieses auch in Zukunft schwer fallen, jedoch stehen heute einige große Reisebüroketten wie Atlas-Reisen mit einer erheblichen Verhandlungsmacht durch Abnehmerkonzentration vor allem kleineren und mittleren Reiseveranstaltern gegenüber. Daneben haben gerade diese Unternehmen zusätzlich die Möglichkeit, durch vermehrte Eigenveranstaltungen und damit einer Rückwärtsintegration als neuer Konkurrent gegenüber reinen Reiseveranstaltern aufzutreten. Selbst die Möglichkeit einer Androhung einer Rückwärtsintegration kann dazu führen, beim Produzenten Zugeständnisse zu erzwingen, da die Unternehmen ansonsten einen Abnehmer verlieren.

### 2.4.4 Der Konkurrentenvergleich

Aus betrieblicher Sicht interessiert vor allem ein Vergleich des eigenen Unternehmens mit den Mitwettbewerbern. Hieraus sind Erkenntnisse zu gewinnen, was andere Unternehmen besser oder schlechter (oder anders) am Markt anbieten und warum möglicherweise Kunden diese Konkurrenzangebote dem eigenen vorziehen.

Im Tourismus können dies Eigenschaften des ursprünglichen Angebotes sein, die nur sehr begrenzt durch eigene Marketingmaßnahmen beeinflußt werden können. Doch im weiten Bereich des abgeleiteten Angebotes oder von Einstellungskomponenten kann das eigene Marketing Veränderungen bewirken. Im Idealfall können Touristen aus anderen Gebieten zu Reisen in die eigene Destination bewogen werden.

**(1) Stärken-Schwächen-Analyse**

Im Marketing wird vor allem die Methode der Stärken-Schwächen-Analyse verwendet, die das eigene Angebot nach verschiedenen Kriterien mit den (Haupt-) Konkurrenten vergleicht (vgl. dazu genauer C. 1.2).

Eine Stärken-Schwächen-Analyse kann durch das eigene Unternehmen – als Desk research – erstellt werden. Es kann aber auch aufgrund von Nachfragerbefragungen oder als Kombination von beiden erstellt werden. So sind vielfach bei Nachfragerbefragungen auch Einstellungsfragen zum eigenen oder zu konkurrierenden Angeboten enthalten („Was gefällt/mißfällt Ihnen am Angebot der Destination A?").

Auch kann die Konkurrenzanalyse Hinweise darauf geben, ob man sich zukünftig nicht auf anderen Märkten – z.B. mit weniger Konkurrenz – bewegen sollte. Erkennt man aufgrund der Konkurrenzanalyse, daß bereits sehr viele Mitwettbewerber um die gleichen Zielgruppen konkurrieren, kann es sinnvoller sein, auf andere Märkte mit weniger Konkurrenz auszuweichen. Voraussetzung ist die Erwartung von größeren Erträgen für das eigene Unternehmen bzw. die eigene Destination.

Grundlage der Stärken-Schwächen-Analyse ist i.d.R. eine Ressourcen- und Fähigkeiten-Analyse der Wettbewerber, da sie das zukünftige Wettbewerbsumfeld des Unternehmens prägen (vgl. MEFFERT 1994). Entsprechend ist es Aufgabe der Konkurrenzanalyse, die wettbewerbsrelevanten Ressourcen der Untersuchung zu bestimmen. Dabei werden die in Abbildung B-40b dargestellten Kern-, Wachstums-, Reaktions- und Anpassungsfähigkeiten untersucht.

## (2) Benchmarking

Immer häufiger werden in diesem Zusammenhang Konkurrenzvergleiche als Benchmarking durchgeführt. Hierbei erfährt die traditionelle Konkurrenzanalyse mehrere Erweiterungen, indem als Vergleichsobjekte („benchmarks") nicht nur direkte Konkurrenzunternehmen betrachtet werden, sondern auch andere Vergleiche stattfinden:

- **Internal Benchmarks:** Vergleich mit betriebsinternen Funktionen und Geschäftsfeldern, die als innovativ und vorbildlich gelten.

- **Competitive Benchmarks:** Vergleich mit brancheninternen Konkurrenten, was in weiten Teilen mit der herkömmlichen Konkurrenzanalyse identisch ist.

- **Industry Benchmarks:** Es werden branchenfremde Unternehmen zum Vergleich herangezogen. Vergleiche finden mit den „Klassenbesten" statt, unabhängig von der jeweiligen Branche. Hierbei sind oftmals internationale Wettbewerber von Interesse: „Bench-Marking: modisches Schlagwort im Global-Marketing für grenzüberschreitende Wettbewerbsorientierung, bei der man sich nicht am nationalen Wettbewerb, sondern an den international besten Konkurrenten ausrichtet und mißt." (DILLER 1994: 96)

- **Generic Benchmarks:** Hier werden alle Vergleichsmöglichkeiten, insbesondere auch nicht-ökonomische, herangezogen z.B. aus dem sportlichen Wettkampf, aus dem künstlerischen Leistungswettbewerb usw.

Insgesamt hat sich als Grundidee des Bench-Marking die Festlegung der **besten** und **höchsten** Vergleichsmaßstäbe entwickelt, egal ob betriebsintern oder -extern, ob branchenintern oder -übergreifend, ob national oder international bzw. ökonomisch oder nicht-ökonomisch.

Dies führt einerseits zu einer Erweiterung des branchenorientierten Wettbewerbsdenkens, wobei man zahlreiche Anregungen aus anderen gesellschaftlichen Feldern erfahren kann; ein Aspekt der gerade im Tourismus-Marketing von besonderer Relevanz sein kann. Andererseits erleichtert dieses Vorgehen die Informationsbeschaffung für die Wettbewerbsanalyse, denn mit Nicht-Konkurrenten ist ein offenerer Erfahrungsaustausch möglich als mit direkten Wettbewerbern.

## (3) Strategische Folgerungen

Aufgrund der Konkurrenzanalyse lassen sich weitergehende strategische Folgerungen ziehen. Sie werden in der Strategiephase als „Konkurrenzorientierte Strategien" behandelt. Ganz allgemein folgen aus der Konkurrenzanalyse drei verschiedene Strategien (vgl. genauer Abschnitt C.3.3):

1. Das gleiche Produkt oder Konzept der Konkurrenz wird übernommen.
2. Das Angebot der Konkurrenz wird abgewandelt.
3. Man sucht sich eine „Marktnische", stellt also etwas her oder entwickelt eine Strategie, die die Konkurrenz nicht hat.

| Art der Fähigkeit | Fähigkeiten des Wettbewerbers |
|---|---|
| Kernfähigkeiten | • Welche Fähigkeiten besitzt der Wettbewerber in jedem der Funktionsbereiche? Worin ist er am besten, worin am schlechtesten<br><br>• Wie schneidet der Konkurrent beim Test auf die Konsistenz seiner Strategie ab<br><br>• Zeichnen sich mit wachsender Erfahrung des Wettbewerbers Änderungen der Fähigkeiten ab und in welche Richtung gehen sie? |
| Wachstumsfähigkeit | • Werden die Fähigkeiten des Wettbewerbers im Zuge seiner Expansion zu- oder abnehmen und auf welchen Gebieten?<br><br>• Wie hoch ist die Wachstumsfähigkeit im Bezug auf Personal, Fertigkeiten und Betriebskapazität?<br><br>• Welches dauerhafte Wachstum kann der Wettbewerber in finanzieller Hinsicht erreichen? |
| Fähigkeit zur schnellen Reaktion | • Inwieweit ist der Wettbewerber in der Lage, auf Maßnahmen anderer Anbieter schnell zu reagieren oder eine plötzliche Offensive zu starten? |
| Anpassungsfähigkeit | • Wie sieht das Verhältnis fixer und variabler Kosten aus, wie hoch sind die Kosten ungenutzter Kapazitäten?<br><br>• Kann sich der Wettbewerber z.B. auf Kostenwettbewerb, Bewältigung komplexer Produktlinien, Einführung neuer Produkte, Servicewettbewerb, Eskalation der Marketing-Anstrengungen einstellen?<br><br>• Kann der Konkurrent auf mögliche exogene Faktoren reagieren wie z.B. eine anhaltende hohe Inflation, technologische Veränderungen, eine Rezession, Lohnerhöhungen, behördliche Vorschriften?<br><br>• Ist der Konkurrent durch Austrittsbarrieren gehindert, Kapazitäten abzubauen oder sich ganz zurückzuziehen? |
| Durchhaltevermögen | • Inwieweit ist der Wettbewerber in der Lage eine längere "Schlacht" zu führen und welche Liquiditätsreserven, Einstimmigkeit im Management, Lanzeitperspektiven bei den finanziellen Zielen, Börsendruck hat er? |

**Abb. B-40b** Fähigkeiten-Analyse der Wettbewerber
(Quelle: nach PORTER 1992a: 99ff)

## 2.5 Marktforschung im Tourismus

Marktforschung ist sicherlich eine der wichtigsten Aufgaben im Rahmen der Analysephase des Marketing. Doch Marktforschung im Tourismus genießt zur Zeit in der Praxis noch nicht die notwendige Anerkennung, die sie eigentlich verdient. Zu sehr verlassen sich die Tourismus-Praktiker auf ihre eigenen Erfahrungen. Vielfach wird auf neue Entwicklungen erst im Nachhinein reagiert, anstelle aufgrund im Voraus erhobener Marktdaten und der dabei erkannten Trends zu agieren.

Ein Grund für die Vernachlässigung der Marktforschung ist, daß die Branche im wesentlichen von kleinen und mittleren Unternehmen geprägt ist, für die eine jeweils spezifische Marktforschung – aus Sicht der Praxis – wenig sinnvoll erscheint, meist aber schlicht zu teuer ist.

### 2.5.1 Träger der Marktforschung

Um Marktforschung zu betreiben, hat ein Betrieb oder Verband grundsätzlich verschiedene Möglichkeiten. Die Entscheidung hängt von verschiedenen Faktoren ab, wobei das Ziel des Marktforschungsvorhabens und die finanzielle Mittelausstattung des Unternehmens von herausragender Bedeutung sind.

Grundlegende Entscheidungen für die betriebliche Praxis betreffen die Fragen:
- Fremd- oder Eigenforschung?
- Interne oder externe Marktforschung?
- Kleine oder große Marktforschungslösung?

**(1) Fremd- oder Eigenforschung?**

Aus Sicht der meisten touristischen Unternehmen stellt sich als wichtigste Frage, inwieweit marktbezogene Daten durch eigene oder durch fremde Personen oder Organisationen erhoben werden sollten bzw. können. Dies hängt sowohl mit den eigenen betrieblichen Ressourcen als auch Qualifikationen zusammen. Zudem gibt es einige grundlegende Vorteile der Fremd- oder Eigenforschung, die nachfolgend dargestellt sind (vgl. NIESCHLAG/DICHTL/HÖRSCHGEN 1991: 610):

Als Vorteile der **Eigenforschung** gelten:
- große Vertrautheit der Marktforscher mit der zugrundeliegenden Problemstellung,
- in der Durchführungsphase bestehen bessere Möglichkeiten der Kontrolle und der Einflußnahme auf den Forschungsablauf,
- es wird Forschungserfahrung gesammelt, wobei die Erkenntnisse auch langfristig im Unternehmen bleiben,
- das Risiko von Indiskretion, die Weitergabe von Marktforschungsinformationen an Dritte, ist weitaus geringer,
- Kommunikationsprobleme, die i.d.R. bei der Zusammenarbeit mit externen Institutionen auftreten, entfallen,
- spezifische Kenntnisse der Entscheidungsträger können besser genutzt werden.

Diesen Vorteilen der Eigenforschung stehen ebenfalls eine Reihe von Vorteilen der **Fremdforschung** gegenüber:

- die Forschung wird objektiver durchgeführt, es besteht keine Betriebsblindheit der Forscher,
- die Gefahr interessengefärbter Auskünfte und Entwicklungen ist wesentlich geringer,
- es besteht die Möglichkeit einer erheblichen Kosteneinsparung, da das beauftragte Marktforschungsinstitut Synergien nutzen kann, was dem einzelnen Betrieb nur in Ausnahmefällen möglich sein wird,
- Marktforschungsinstitute verfügen über einen aktuellen Wissenstand bzgl. des methodischen Fachwissen,
- Spezialisten, wie Psychologen, Statistiker, Strategen, können bei Bedarf unterstützend eingebunden werden.

Die Nachteile entsprechen in etwa den Vorteilen der jeweils anderen Alternative. Eine konkrete Aussage, welche Form der Forschung für die jeweilige Marktforschungsfrage und das jeweilige Unternehmen die sinnvollere Lösung darstellt, kann nur in der konkreten Situation getroffen und nicht pauschaliert werden.

**(2) Interne oder externe Marktforschung?**

Die Entscheidung für eine interne oder externe Marktforschung hängt im Wesentlichen von der Problemstellung ab. Bei einer **internen Marktforschung** werden Daten des eigenen Unternehmens analysiert, um die eigene Leistungsfähigkeit zu eruieren. Weiterhin werden der bisherige Marketing-Mix und die Ergebnisse der bisherigen Marketingaktivitäten untersucht, um hier weitere Potentiale im eigenen Unternehmen aufzudecken.

Bei der Erhebung der Daten zur **externen Marktforschungslösung** werden alle Daten berücksichtigt, die Informationen über den Markt (Strukturen, Potentiale, Ein- und Austrittsbarrieren), das Verhalten der Wettbewerber (Aktivitäten und Ergebnisse), die Zielgruppen und den Vertrieb (Strukturen, Einstellungen, Verhaltensweisen) beinhalten.

**(3) „Kleine" oder „große" Marktforschungslösungen?**

Eine weitere Entscheidung muß getroffen werden, ob eine kleine oder eine große Marktforschungslösung für die entsprechende Forschungsfrage sinnvoll erscheint. Eine **kleine Marktforschungslösung** beschränkt sich auf einen abgegrenzten Teilmarkt, wogegen die **große Marktforschungslösung** eine Analyse des Gesamtmarktes beinhaltet.

Gerade im Tourismus ergeben sich aufgrund der zahlreichen Marketingträger auch vielfältige Möglichkeiten der kooperativen Datenerhebung. So sind Einzelbetriebe, wie Reiseveranstalter oder Transportunternehmen, ebenso an Daten über das Reiseverhalten interessiert wie kleine oder große Destinationen. Andererseits sind Daten über den Incoming- und Outgoing-Tourismus von unterschiedlichem Interesse für Reiseveranstalter (Outgoing-Betriebe) oder inländische Fremdenverkehrs-Destinationen (Incoming-Betriebe).

**Beispiel:**
- So erscheint es verwunderlich, daß die jährliche Urlauberbefragung der REISEANALYSE bzw. von URLAUB + REISEN, die zu 60% das Auslandsreiseverhalten der Deutschen analysiert, vorwiegend von Organisationen der deutschen Incomingregionen getragen wird, hingegen ausländische Fremdenverkehrsämter oder der DRV diese Untersuchung weniger unterstützen.

Insgesamt bestehen für den Tourismus noch eine Reihe nicht ausgeschöpfter Möglichkeiten der Datenerhebung und -nutzung: „So hat zwar die ‚große Familie des Fremdenverkehrs' noch gute Möglichkeiten, die Quantität der Daten für den einzelnen Ort oder Betrieb zu verbessern, es muß aber gleichzeitig auch stark an der Verbesserung des Know-Hows in der Umsetzung dieser Daten in zielgerichtete Planung gearbeitet werden." (HANRIEDER 1992:109)

Die Entscheidung für oder gegen die interne (oder externe), Eigen- (oder Fremd-)Forschung oder „kleine" (oder große) Marktforschungslösung hängt vom jeweiligen Einzelfall ab. So sind im Fremdenverkehr zahlreiche Daten auf

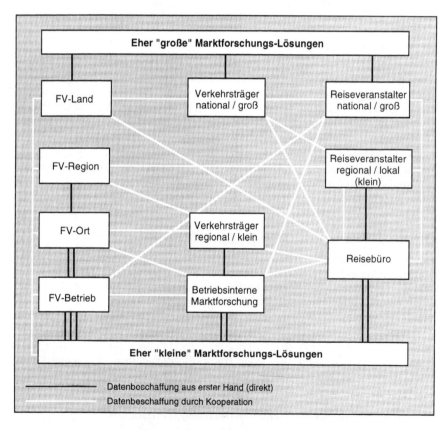

**Abb. B-41** „Kleine und „große" Marktforschungslösungen für den Tourismus (Quelle: HANRIEDER 1992:108, leicht verändert)

der dezentralen Ebene der Betriebe oder des Fremdenverkehrsortes zu erheben, die bereits ausreichende Informationen darstellen können.

Andererseits liefern auch umfassende Erhebungen von professionellen Marktforschungs-Instituten nicht immer die benötigten Marketingdaten. Nicht zuletzt hat die Kritik an der fehlenden Markt- und Marketingorientierung der umfangreichen jährlichen Urlauberbefragung des Studienkreises für Tourismus zu immer weniger Interessenten an einer finanziellen Beteiligung an der Reiseanalyse geführt.

Analysen des Käuferverhaltens sind für einzelne Betriebe aufgrund des hohen Untersuchungsaufwandes sowie der geforderten methodischen Kenntnisse nur schwer selbst durchführbar. Eher sind es Branchenuntersuchungen und vor allem wissenschaftliche Auswertungen von weiterem Sekundärmaterial, die Grundlage für die Konsumentenforschung darstellen.

Im Tourismus sind es insbesondere die verschiedenen Untersuchungen zum Reiseverhalten von Urlaubern, die als Gemeinschaftsuntersuchungen im Auftrag von mehreren Tourismusunternehmen und -verbänden von Forschungsinstituten durchgeführt werden. Am bekanntesten ist die über ca. 30 Jahre durchgeführte „Reiseanalyse" des Studienkreises für Tourismus Starnberg.

Daneben sind aber „kleine" Marktforschungslösungen auf betrieblicher oder kommunaler Ebene im Tourismus durchaus möglich. Informationen über das Kundenverhalten erhält man hier zum einen durch die Tourismuskräfte, die im direkten Kontakt mit den Kunden stehen, zum anderen durch die Auswertung von Sekundärmaterial. Auch sind kleinere Befragungsaktionen (mündlich oder schriftlich) ohne großen Aufwand möglich.

**Beispiele:**
- Auswertung von Buchungsunterlagen aus der Vergangenheit (nach Buchungsanzahl und -häufigkeiten),
- Führen von Strichlisten (hinsichtlich der zeitlichen Buchungsschwerpunkte usw.),
- Befragung der touristischen Kontaktpersonen (Reiseleiter, Gästeberater usw.),
- Touristenbefragungen mit Hilfe kleiner Fragebögen oder eines „Kummerkastens" oder „Beschwerdebuches",
- Auswertung von Sekundärmaterial wie Fachzeitschriften, Verbandsmitteilungen usw.

### 2.5.2 Methoden der Marktforschung

Die verschiedenen Methoden der Marktforschung werden meist nach Basismethoden der Primär- oder Sekundärforschung, der Erhebungsmethode, der Art der Erhebungssituation bzw. Messung und dem Befragungsweg weiter unterteilt. Abbildung B-42 zeigt, daß auch im Tourismus die methodischen Aspekte ganz ähnlich zu unterscheiden sind (vgl. u.a. SEITZ/MEYER 1995, BRUNT 1997).

Die Basismethoden – Primär- und Sekundärforschung – unterscheiden sich durch die Art der Informationsbeschaffung: Während bei der Primärforschung Daten ausgewertet werden, die speziell für die zugrundeliegende Forschungsfrage erhoben wurden, werden bei der **Sekundärforschung** (desk research) Daten ausgewertet, die primär für einen anderen Zweck erhoben wurden.

## 2.5.2.1 Sekundärforschung

Die Datenbasis der internen Sekundärforschung bezieht sich auf interne Betriebsdaten, den Betrieb oder den Verband betreffend. Externe Quellen beziehen sich in der Regel auf den Markt und das Marktgeschehen.

Grundsätzlich sollte eine Marktforschung immer mit einer Sekundäranalyse begonnen werden, denn häufig können die interessierenden Fragen nach einer Auswertung des vorhandenen Datenmaterials schon beantwortet werden (vgl. FREYER 1990: 131). Als weitere Vorteile der Sekundärforschung sind zu nennen (vgl. BEUTELMEYER/KAPLITZA 1993: 293ff):

- Da sie sich auf bereits vorhandenes Datenmaterial stützt, ist die Sekundärforschung erheblich billiger als eine Primärerhebung.

- Sekundärinformationen sind i.d.R. sehr schnell verfügbar.

- Mit Hilfe moderner Datenverarbeitungssysteme mit großen Daten- und Methodenbanken werden neue Möglichkeiten des Zugriffs auf Sekundärdaten ermöglicht.

- Sekundärforschungen können von den Marketingfachleuten an ihren Arbeitsplätzen durchgeführt werden.

- Die Ergebnisse der Sekundäranalysen sind i.d.R. überprüfbar.

Allerdings sind bezogen auf den Informationsgehalt des sekundärstatistischen Materials häufig Einschränkungen zu machen, die aber – werden sie entsprechend bei der Ergebnisformulierung berücksichtigt – in ihrer Handhabung unproblematisch sein können (vgl. ebd.):

- Die zur Verfügung stehenden Daten sind oft nicht auf dem aktuellsten Stand, wodurch die Ergebnisse verzerrt werden können.

- Bei manchen Statistiken ist die Repräsentativität nicht gegeben.

- Gerade beim Vergleich von internationalen Daten ist die Vergleichbarkeit häufig nicht gegeben, was durch das unterschiedliche Niveau der jeweiligen Sozialstatistiken, aber auch von der Qualität der Marktforschungsinstitute abhängig ist.

- Häufig besitzen Sekundärstatistiken aufgrund ihrer starken Aggregation keinen oder nur einen geringen Aussagewert für spezielle Informationsprobleme.

Der Umgang mit dieser Datenform bedingt einen kritischen Umgang sowohl bezogen auf die Datenherkunft – für welchen Zweck wurden die Daten erhoben (Forschungsfrage), wer gab die Erhebung in Auftrag, usw. – als auch bei der Übertragung auf den eigenen Betrieb/Verband (der relevante Markt ist zu berücksichtigen).

Als mögliche Quellen für sekundärstatistisches Datenmaterial sind im nachfolgenden Abschnitt B.2.5.4 die Informationsquellen im Tourismus dargestellt.

2. Marktanalyse im Tourismus 227

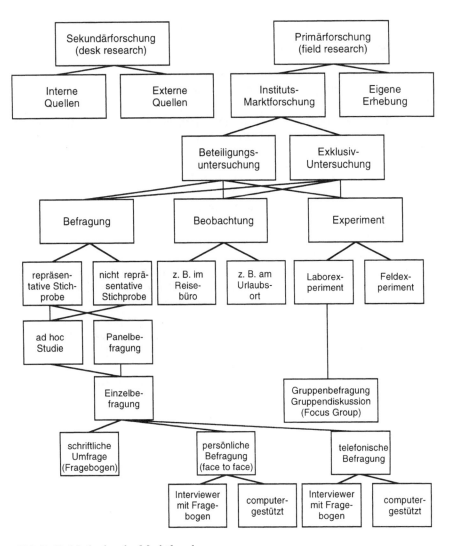

**Abb. B-42** Methoden der Marktforschung
(Quelle: SEITZ/MEYER 1995: 15)

## 2.5.2.2 Primärforschung

Lassen sich mit Hilfe der Sekundärforschung nicht die gewünschten Ergebnisse erzielen, muß i.d.R. eine Primärerhebung durchgeführt werden, um spezielles, für die zu beantwortende Fragestellung erhobenes Datenmaterial zu bekommen. Die **Primärforschung** wird hinsichtlich der Form und Methoden weiter unterschieden in:

- **Marktbeobachtung:** Diese Form der Datenerhebung kann in eine teilnehmende und eine nicht-teilnehmende Beobachtung unterschieden werden. Bei letzterer werden Beobachtungen zum Beispiel des Kaufverhaltens am Counter durchgeführt oder es werden die Besucher eines Ausflugszieles (z.b.: Schloß, Freizeitbad, Strand) gezählt. Von einer teilnehmenden Beobachtung spricht man, wenn der Beobachtende am Ablauf des Geschehens teilnimmt, z.B. bei Testkäufen, bei denen der Beobachtende als Testkäufer in Erscheinung tritt.

- **Experimente:** Für die Entwicklung von Marketing-Konzepten spielen vorherige Tests (Pre-Tests) in kleinerem Umfang (bei Testpersonen oder auf Testmärkten) eine wichtige Rolle.

- **Befragungen:** Sie werden vor allem hinsichtlich der Form in persönliche, telefonische oder schriftliche Befragung unterschieden. Eine weitere Unterteilung ist nach der Form der gestellten Fragen in direkte/indirekte und offene/geschlossene Fragen möglich.

Bei der Befragung unterscheidet man verschiedene **Auswahlverfahren**, mit Hilfe derer die zu untersuchenden Personen aus der Grundgesamtheit ausgewählt werden (BERND 1990: 82).

Vor der Entscheidung für eines der unten aufgeführten Auswahlverfahren muß die Grundgesamtheit festgelegt werden. Mit diesem Schritt wird meist schon entschieden, ob eine **Vollerhebung** – alle Personen der Grundgesamtheit werden befragt – möglich oder sinnvoll erscheint, oder ob eine Teilerhebung durchgeführt wird.

**Beispiele:**
- Die bekannteste Vollerhebung in Deutschland ist die Volkszählung, die 1987 das letzte Mal – allerdings nur für die alten Bundesländer – durchgeführt wurde.
- Der mit ähnlichen Zielen durchgeführte Mikrozensus dagegen ist eine Teilerhebung, bei der 0,1 % bzw. 1 % der Bevölkerung in einer Stichprobe erfaßt werden.

Soll zum Beispiel eine Befragung zum internen Arbeitsklima in einem Reisebüro durchgeführt werden, erscheint es sinnvoll, alle Mitarbeiter zu befragen. Dagegen wird es nicht möglich sein, alle Urlauber eines Bundeslandes oder einer Stadt mit einer Gästebefragung zu erreichen (vgl. B.2.5.5).

Das Grundproblem bei einer Stichprobe ist, einen repräsentativen Querschnitt (ein möglichst genaues Abbild) der Grundgesamtheit zu erhalten, da ansonsten keine Aussage getroffen werden kann, die für die zugrundegelegte Grundgesamtheit Gültigkeit besitzt.

Grundsätzlich gewährleistet ein Zufallsauswahl- oder Randomverfahren einen repräsentativen Querschnitt der Grundgesamtheit in einer Teilerhebung. Um eine Zufallsauswahl zu treffen, hat der Marktforscher verschiedene Möglichkeiten (vgl. zum folgenden SCHNELL/HILL/ESSER 1995: 259ff):

## (a) einfache Zufallsstichprobe

Für jedes Element einer definierten Grundgesamtheit ist die Wahrscheinlichkeit gleich hoch, in die mögliche Stichprobe zu gelangen, die Auswahl der Elemente aus der Grundgesamtheit erfolgt in einem einzigen Auswahlvorgang. Die für die Stichprobe zutreffenden Aussagen können auf die Grundgesamtheit übertragen werden.

Um eine einfache Zufallsstichprobe zu ziehen, finden in der Marketingpraxis die folgenden Möglichkeiten Anwendung:

- Erfolgt die Auswahl nach dem **Urnenmodell**, wird für jedes Element der Grundgesamtheit ein Los in eine Lostrommel gegeben, aus der dann die Stichprobe gezogen wird. Dieses Verfahren ist jedoch nur bei einer überschaubaren Grundgesamtheit praktikabel.

- Bei der Auswahl nach **Zufallstafeln** wird die Stichprobe anhand einer Zufallstafel aus einer vorliegenden Kartei der Grundgesamtheit (Beispiel: Buchungsliste für eine Kreuzfahrt) gezogen.

- Unter **systematischen Auswahlverfahren** werden verschiedene praktische Auswahltechniken subsumiert. So werden beim Schlußziffernverfahren die Elemente ausgewählt, die über eine bestimmte Schlußziffer verfügen. Häufige Anwendung finden auch das Geburtstagsauswahlverfahren oder das Buchstabenverfahren (die Probanden weisen bestimmte Buchstaben in ihrem Namen auf). Allerdings ist hier zu beachten, daß die verwendeten Listen eine Zufallsstichprobe aufgrund der systematischen Anordnung auf der Liste einschränken.

Zufallsstichproben sind mit zufälligen Fehlern belastet, die sich jedoch mit Hilfe mathematischer Schätzungen oder aber einer Erhöhung des Stichprobenumfanges in der Regel reduzieren lassen. Zur Vertiefung sei an dieser Stelle auf die einschlägige Literatur zur Methodenlehre verwiesen (vgl. z.B.: DREIER 1994).

## (b) geschichtete Zufallsstichprobe

Die Elemente der Grundgesamtheit werden so in Gruppen eingeteilt, daß jedes Element der Grundgesamtheit genau einer Schicht zugeordnet werden kann. Aus jeder gebildeten Schicht werden dann einfache Zufallsstichproben gezogen. Diese Schichtung setzt Kenntnisse einiger Merkmale der Grundgesamtheit voraus, anhand derer eine Schichtung vorgenommen werden kann. Daher ist eine Schichtung in der Regel nur für eine spezifische Fragestellung sinnvoll. Ihre große Bedeutung in der Marktforschungspraxis liegt vor allem darin begründet, daß geschichtete Zufallsstichproben bei gleichen Kosten in der Regel genauere Schätzungen zulassen sowie, daß sie – sind bestimmte Mindestzahlen für bestimmte Gruppen von Elementen notwendig – unumgänglich sind. Die Ergebnisse von geschichteten Zufallsstichproben werden häufig gewichtet, um so eine Verletzung der Chancengleichheit – vor allem bei disproportionalen Schichten (die Schichtanteile entsprechen nicht der Verteilung in der Grundgesamtheit) auszugleichen.

### (c) Klumpenstichprobe

Kennzeichen der Klumpenstichprobe oder des cluster sample ist, daß die Auswahlregeln nicht auf die Elemente einer Grundgesamtheit, sondern auf zusammengefaßte Elemente angewendet werden. Es werden allerdings die Daten aller Elemente eines Klumpens erhoben. Ein Problem der Klumpenstichprobe ist, daß sie um so ungenauer wird, je mehr sich die einzelnen Elemente eines Clusters ähneln und je höher die Anzahl der Elemente in den einzelnen Clustern ist. Um eine relative Ungenauigkeit bei einer großen Fallzahl zu vermeiden, werden häufig weitere Auswahlverfahren angewandt (mehrstufige Auswahlverfahren).

### (d) Mehrstufige Auswahlverfahren

Es werden mehrere Zufallsstichproben durchgeführt, wobei die jeweils entstehende Zufallsstichprobe die Grundlage der nachfolgenden darstellt.

Darüber hinaus gibt es weitere Verfahren, die – da die Auswahl willkürlich oder bewußt erfolgt – keine repräsentativen Ergebnisse liefern. Die Entscheidung, ob ein Proband befragt und somit Element der Stichprobe wird, liegt im Ermessen des Auswählenden, die Zusammensetzung der Stichprobe erfolgt unkontrolliert. Ein Beispiel für bewußtes Auswählen sind **Expertengespräche**. Aber auch die **Quotenauswahl**, das in der Marktforschung am häufigsten angewandte Verfahren, ist eine bewußte Auswahl. In der Regel entsprechen die vorgegebenen Quoten zwar den Häufigkeiten der jeweiligen Merkmale in der Grundgesamtheit, aber letztendlich erfolgt die Auswahl auf der letzten Stufe willkürlich durch den einzelnen Interviewer. Allerdings kann durch restriktive Quotenvorgaben der Entscheidungsspielraum der Interviewer soweit eingeschränkt werden, daß eine Zufallsauswahl angenähert wird. Seine Beliebtheit in der Marktforschung liegt u.a. darin begründet, daß eine Quotenauswahl billiger und schneller als eine Zufallsauswahl durchführbar ist (vgl. SCHNELL/HILL/ESSER 1988:277). Für Marktforschungszwecke ist eine Annäherung der Ergebnisse an eine repräsentative Zufallsauswahl in den meisten Fällen völlig ausreichend.

Unabhängig von der Repräsentativität der Befragung wird eine Unterscheidung in Quer- und Längsschnittuntersuchung durchgeführt. **Querschnittsuntersuchungen**, häufig auch als ad hoc-Studien bezeichnet, sind Momentaufnahmen des aktuellen Geschehens. Instrumente der Querschnittsuntersuchungen sind die Beobachtung und häufig auch Befragungen. Aufgrund der einmaligen Durchführung lassen sich hier keine Trends oder Entwicklungen aufzeigen. Trotz allem sind solche Momentaufnahmen oft die einzige Informationsquelle, auf deren Grundlage Entscheidungen für das zukünftige Handeln des Betriebes oder des Fremdenverkehrsverbandes getroffen werden (können).

Im Tourismus wären gerade die **Längsschnittuntersuchungen (Panelbefragungen)** von Bedeutung, da diese Auskunft über den Wandel der Reisegewohnheiten und somit den Wandel der Ansprüche an eine Reise, ein Reiseangebot oder eine Destination geben. In einem Panel wird ein bestimmter, gleichbleibender, repräsentativer Kreis von Auskunftspersonen über einen längeren Zeitraum hinweg in gewissen Abständen oder fortlaufend über prinzipiell den gleichen Erhebungsgegenstand befragt (vgl. HÜTTNER/PINGEL/SCHWARTING 1994: 58). Diese Kriterien bei einer Befragung im Tourismus zu erfüllen, ist prinzipiell nur bei wenigen standardisierten Fragen zum allgemeinen Reiseverhalten bzw. bei Einstellungsfragen möglich. Schon bei Fragen zu einzelnen Destinationen/Urlaubsregionen ist dieses Instrument an seine methodischen Grenzen gestoßen.

### 2.5.3 Methoden der Informationsauswertung

Zu den Methoden der Marktforschung gehören neben den zuvor beschriebenen Verfahren der Datengewinnung und -erhebung die Auswertung und Interpretation der Daten. Hierbei sind die gewonnenen Daten
- aufzubereiten, insbesondere zu ordnen und zu skalieren sowie
- zu interpretieren, d.h. entsprechende kausale Zusammenhänge zwischen den festgestellten Marktgegebenheiten und möglichen ursächlichen Faktoren herzustellen. Dieses stellt wiederum die Voraussetzung für darauf aufbauende Maßnahmen im Rahmen des touristischen Marketing oder der Tourismuspolitik dar.

Dazu wurden vor allem im Rahmen der statistischen Methodenlehre eine Reihe von Verfahren entwickelt, die im folgenden kurz mit ihrer touristischen Relevanz und Anwendungsmöglichkeiten dargestellt werden. Zum EDV-Einsatz bei der Datenauswertung im Tourismus vgl. u.a. SEITZ/MEYER 1995: 184ff.

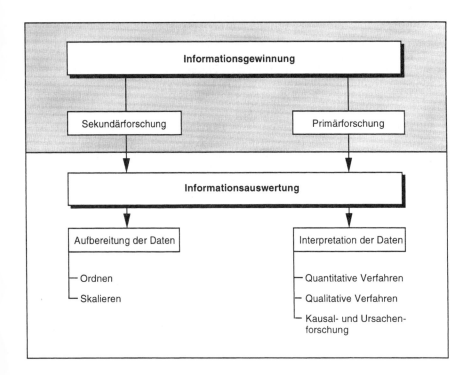

**Abb. B-43** Methoden der Informationsauswertung

## 2.5.3.1 Skalierungsverfahren

Skalen sind die „Meßlatte" für die Ausprägung einer Eigenschaft. Sie werden in unterschiedliche Meßniveaus unterschieden, je nachdem in welcher Weise die Eigenschaft eines Objekts in Zahlen ausgedrückt werden kann. Aufgrund des Skalenniveaus sind Grenzen ihrer mathematischen Verwendung und der Operationalisierung gegeben.

- **Nominalskalen** stellen Klassifizierungen qualitativer Eigenschaftsausprägungen dar. Werden diese Eigenschaften mit Hilfe von Zahlen ausgedrückt, so nur aus Gründen der Handhabbarkeit für die spätere Vercodung. Mit nominalskalierten Variablen sind keinerlei Rechenoperationen erlaubt.

**Beispiele:**
- Geschlecht: männlich (1); weiblich (2);
- Reiseform: Individualreise (1); Pauschalreise (2)

- **Ordinalskalen** als das nächst höhere Meßniveau erlauben das Aufstellen von Rangreihenfolgen, d.h. die Untersuchungsobjekte können in eine Rangreihenfolge gebracht werden, wobei diese Reihenfolge nichts über den Abstand zwischen den Objekten aussagt. Eine Aussage, um wieviel besser ein Produkt gegenüber einem anderen eingeschätzt wird, kann nicht gemacht werden. Rechnerische Operationen (beispielsweise Addition, Subtraktion, Multiplikation, Division) sind unzulässig. Zulässige statistische Maße sind z.B. der Median sowie der Rangkorrelationskoeffizient.

**Beispiel:**
- Welches Verkehrsmittel bevorzugen Sie im Urlaub?
  - Fahrrad    • Pkw
  - Bus        • Bahn
  - Flugzeug   • Schiff

Aus der Gesamtheit der Antworten auf diese Frage kann die Aussage gemacht werden, welches Verkehrsmittel von den Befragten im Urlaub bevorzugt wird. Nicht möglich ist die Aussage, um wieviel lieber bspw. das Flugzeug als Fortbewegungsmittel gegenüber der Bahn genommen wird.

- **Intervallskalen** weisen gleich große Skalenabschnitte auf (Thermometer). Es sind die rechnerischen Operationen Addition und Subtraktion erlaubt. Erlaubte statistische Maße sind das arithmetische Mittel, die Standardabweichung sowie die Maßkorrelation, nicht jedoch die Summe.

**Beispiel:**

| Bewertung: 1=sehr gut, 2=gut, 3=befriedigend, 4=ausreichend, 5=mangelhaft, 0=kann ich nicht beurteilen | | | | | |
|---|---|---|---|---|---|
| Größe des Zimmers | 1 | 2 | 3 | 4 | 5 | 0 |
| Einrichtung des Zimmers | 1 | 2 | 3 | 4 | 5 | 0 |

- Das höchste Meßniveau stellt die **Ratio- oder Verhältnisskala** dar. Von der Intervallskala unterscheidet sie sich dadurch, daß zusätzlich ein natürlicher Nullpunkt existiert. Es sind alle mathematischen Operationen erlaubt.

**Beispiele:**
- Körpergröße, Reisedauer, Zimmerpreise etc.

| Skalenniveau | Festgelegte Eigenschaften | | | | Beispiel |
|---|---|---|---|---|---|
| | Nullpunkt | Abstände | Ränge | Identität | |
| Nominal | nein | nein | nein | ja | Familienstand |
| Ordinal | nein | nein | ja | ja | Zufriedenheit |
| Intervall | nein | ja | ja | ja | Temperatur in °C |
| Ratio | ja | ja | ja | ja | Länge |

**Abb. B-44** Eindeutigkeit von Skalentypen
(Quelle: SCHNELL/HILL/ESSER 1995:131)

#### 2.5.3.2 Interpretation der Daten

Hauptaufgabe der Informationsauswertung ist die Interpretation der erhobenen und aufbereiteten Daten im Rahmen des Marketing. Hierzu steht eine Fülle quantitativer und qualitativer Verfahren zur Verfügung, die letztlich zur Ursachenforschung und zur kausalen Interpretation verwendet werden (können). Bereits in Abschnitt B.1.2 waren einige der wichtigsten quantitativ-statischen Verfahren im Zusammenhang mit der Umfeldanalyse genauer beschrieben worden, die auch für die Marktanalyse Verwendung finden:

- Korrelationsanalyse,
- Regressionsanalyse,
- Faktorenanalyse,
- Diskriminanzanalyse,
- Clusteranalyse.

Sie werden an dieser Stelle nicht nochmals weiter ausgeführt.

Letztendlich dienen die verschiedenen Verfahren der Erklärung touristischer Prozesse und der daraus folgenden Marketing-Maßnahmen, wie sie in den Teilen C, D und E dargestellt werden.

### 2.5.4 Informationsquellen im Tourismus

Als Grundlage für die Sekundäranalyse sind im Tourismus eine Fülle von Informationsquellen vorhanden, die Daten über das allgemeine Reiseverhalten und spezielle Marktentwicklungen informieren. Die wichtigsten sind im folgenden zusammengestellt.

#### (1) Amtliche Statistiken

- Statistisches Bundesamt in Wiesbaden,
- Statistische Landesämter,
- Deutsche Bundesbank.

Die Beherbergungsstatistik bildet den Kern der amtlichen Statistik für den Inlandstourismus. Es werden sowohl die Zahl der Beherbergungsstätten, -einheiten, Fremdenbetten, aber auch die Struktur des Camping-Angebotes in Deutschland erfaßt.

Darüber hinaus veröffentlicht das Statistische Bundesamt jährlich eine Querschnittsuntersuchung Tourismus in Zahlen, wobei Daten aus verschiedenen Bereichen (amtliche Statistik, Verbandsstatistiken, aus der Tourismusforschung, von internationalen Organisationen) zusammengefaßt werden (vgl. genauer STATISTISCHES BUNDESAMT 2000, SPÖREL 1998).

Desweiteren wird der grenzüberschreitende Reiseverkehr sowohl aus Deutschland in das Ausland, als auch aus dem Ausland nach Deutschland von der Deutschen Bundesbank erfaßt (vgl. genauer FREYER 1995a: 346ff).

**(2) Verbände im Tourismus**

Eine Reihe der touristischen Verbände führen eigene empirische Erhebungen durch bzw. geben diese bei Marktforschungsinstituten in Auftrag. Ein Nachteil dieser Statistiken ist, daß nur ein Segment des Tourismus-Marktes repräsentiert wird. Aufgrund unterschiedlicher Erhebungsmethoden und -grundlagen sowie der Grundgesamtheiten ist eine direkte Vergleichbarkeit der Daten in den meisten Fällen problembehaftet.

**Beispiele** für Verbände, die eigene Statistiken herausgeben bzw. erheben lassen, sind:
- Deutscher Reisebüro Verband (DRV),
- Deutscher Hotel- und Gaststättenverband (DEHOGA),
- Deutscher Heilbäderverband (DHV),
- Deutscher Tourismusverband (DTV),
- Deutsches Fremdenverkehrspräsidium,
- Arbeitsgemeinschaft Deutscher Luftfahrt-Unternehmen (ADL),
- sowie Landesfremdenverkehrs- bzw. -tourismusverbände.

Eine wichtige Informationsquelle für Daten aus ausländischen Ziel- bzw. Quellgebieten ist das Datenmaterial **der Deutschen Zentrale für Tourismus** (DZT), wobei es sich meist um sekundärstatistisches Material aus den jeweiligen Ländern handelt. Auf internationaler Ebene verfügt die **Welt Tourismus Organisation** (WTO) über Daten, die den internationalen Reiseverkehr betreffen.

**(3) Media-Analysen**

Von Verlagen und Medienanstalten werden neutrale Marktuntersuchungen durchgeführt. Hierbei handelt es sich meist um Informationen der Anzeigenabteilungen von Verlagen, die den potentiellen (Anzeigen-)Kunden Informationen über das Kaufverhalten ihrer Zielgruppen geben.

**Beispiele:**
- Allensbacher Werbeträger-Analyse (AWA) des Institutes für Demoskopie in Allensbach,
- Marken Profile 2, MARIA (Marketing Informationen für den Absatz) sowie G+J Branchenbilder des Gruner + Jahr Verlages,
- Media-Analyse (MA) der Arbeitsgemeinschaft Media-Analyse,
- Spiegel-Dokumentationen des Spiegel-Verlages, z.B. „Geschäftsreise-Studie".

## (4) Marktforschungsinstitute im Tourismus

Auf die Erhebung des statistischen Primärmaterials haben sich im Laufe der Zeit sowohl private Einrichtungen als auch Einrichtungen im Bereich der Hochschulen etabliert.

Aus der Vielzahl der privatwirtschaftlichen Unternehmen sind nachfolgend einige der bekanntesten Institute, die sich schon seit Jahren mit der touristischen Forschung, insbesondere der touristischen Marktforschung beschäftigen, aufgeführt (vgl. auch Abb. B-45a):

- **Studienkreis für Tourismus in Starnberg und Forschungsgemeinschaft Urlaub + Reisen**
  Bis 1993 hat der Studienkreis für Tourismus durch seine jährliche Reiseanalyse wesentlich dazu beigetragen, das Reiseverhalten der deutschen Bevölkerung zu erfassen. Es wurden zwar z.T. quantitative Daten erhoben, dennoch konnten Rückschlüsse auf die Entwicklung des Reiseverhaltens gezogen werden. Ab 1994 versucht die Forschungsgemeinschaft Urlaub + Reisen (F.U.R.) mit ähnlicher Methodik, die Reiseanalyse fortzuführen.

- **BAT-Freizeitforschungs-Institut**
  Es werden regelmäßig Repräsentativbefragungen und Analysen zum Reiseverhalten und den Urlaubsmotiven der deutschen Bevölkerung (ab 14 Jahren) durchgeführt.

- **IPK International:** Deutscher Reisemonitor (u.a. in Kooperation mit dem Emnid-Institut) und European Travel Monitor.
  Es werden Studien u.a. im Bereich der Markt- und Meinungsforschung, der strategischen Marketingplanung sowie im Bereich des operativen Marketing und des Marketing-Controlling betrieben.

- **Emnid-Institut GmbH & Co:** Deutscher Reisemonitor (u.a. in Kooperation mit IPK International).
  Neben Aktivitäten für andere Wirtschaftszweige wird der Reisemarkt mittels quantitativer und qualitativer Marktforschung analysiert. Es werden bundesweite Repräsentativbefragungen, internationale Studien sowie Standarduntersuchungen durchgeführt. Darüber hinaus wird Trend-, Motiv- und Imageforschung betrieben.

- **Deutsches Wirtschaftswissenschaftliches Institut für Fremdenverkehr an der Universität München (DWIF)**
  Es werden Grundlagenuntersuchungen zur gesamtwirtschaftlichen Entwicklung im Tourismus, insbesondere regionale und überregionale Studien für Länder, Regionen und Kommunen durchgeführt. Darüber hinaus werden Machbarkeitsstudien für touristische Projekte durchgeführt. Regelmäßig werden Untersuchungen zu den Schwerpunkten Tourismusausgaben in Deutschland, zur Struktur des touristischen Arbeitsmarktes sowie Betriebsvergleiche für Hotels, gastgewerbliche Betriebe, Kurort-Betriebe sowie Campingplätze durchgeführt.

- **Hochschuleinrichtungen Tourismus**
  Neben den zahlreichen privatwirtschaftlichen Unternehmen wird touristische Marktforschung auch an einigen Hochschulen, z.T. stark wissenschaftlich geprägt, betrieben. An den nachfolgend genannten Hochschulen ist ein Studium mit einer tourismuswirtschaftlichen Schwerpunktlegung möglich, zum Teil sind

Forschungsinstitute angegliedert (vgl. zu weiteren Studienmöglichkeiten KLEMM/STEINECKE 2000, NAHRSEDT u.a. 1994):

*Universitäten:*

- Freie Universität Berlin, Institut für Tourismus (Aufbaustudium Tourismus-Management und Regionalplanung)
- Katholische Universität Eichstätt (Fremdenverkehrsgeographie)
- Universität Bielefeld, Fakultät für Pädagogik (Aufbaustudium Tourismuswissenschaft)
- Technische Universität Dresden, Fakultät Verkehrswissenschaften „Friedrich List" (Tourismuswirtschaft)
- Universität Greifswald (Fremdenverkehrsgeographie)
- Universität Lüneburg (Tourismusmanagement)
- Universität Paderborn (Fremdenverkehrsgeographie)
- Universität Trier (Fremdenverkehrsgeographie, Tourismusmanagement)

*Fachhochschulen und Berufsakademien:*

- Berufsakademie Berlin (Tourismusbetriebswirtschaft)
- Berufsakadmie Breitenbrunn (Tourismuswirtschaft)
- Fachhochschule Deggendorf (Tourismusmanagement)
- Fachhochschule Gelsenkirchen (Fremdenverkehrswirtschaft)
- Fachhochschule Harz in Wernigerode (Fremdenverkehrswirtschaft/Tourismus)
- Fachhochschule Heilbronn (Tourismusbetriebswirtschaft)
- Fachhochschule Kempten (Tourismus und Hotelmanagement)
- Fachhochschule München (Tourismus)
- Berufsakademie Ravensburg (Fremdenverkehrswirtschaft)
- Fachhochschule Rheinland-Pfalz in Worms (Fachbereich Verkehrswesen/Touristik)
- Fachhochschule Stralsund (Freizeit- und Tourismusmanagement)
- Fachhochschule Westküste in Heide (Betriebswirtschaftslehre/Tourismus)
- Fachhochschule Wilhelmshaven (Tourismuswirtschaft, Reiseverkehrswirtschaft, Kommunale Fremdenverkehrsförderung, Hotellerie/ Gastronomie)
- Fachochschule Wolfenbüttel (Tourismusbetriebswirtschaft)
- Fachhochschule Zittau/Görlitz (Tourismuswirtschaft)

**(5) Touristische Fachzeitschriften**

Als wichtige touristische Fachzeitschriften mit marketingrelevanten Informationen gelten (Auswahl):

● *deutschsprachig:*

- AHGZ – Allgemeine Hotel- und Gaststättenzeitung, Stuttgart
- FVW-International, Hamburg
- tm – touristik management, München
- touristik report, Darmstadt
- Zeitschrift für Fremdenverkehr, St. Gallen

● *englischsprachig:*

- Annals of Tourism Research
- Journal of Travel and Tourism Marketing
- Journal of Sustainable Tourism
- Tourism Analysis
- Tourism Economics
- Tourism Management

## 2. Marktanalyse im Tourismus

| Tourismus-Studien (Name, Träger) | Inhalt, Kurzcharakteristik |
|---|---|
| **1. Amtliche Untersuchungen** | *v.a. Statistiken* |
| Statistisches Bundesamt, Wiesbaden | – Tourismus in Zahlen (jährlich neu, ab 1988)<br>– Tourismusstichprobe (unregelmäßig, letztmals 1992) (10.000 telef./pers. HHbefragungen)<br>– versch. Fachserien (Reihen), u.a. Beherbergung, Verkehr<br>– Statistisches Jahrbuch |
| Statistische Landesämter | – länderbezogene Daten, nur zum Teil tourismusspezifisch<br>– fließen in die Bundesstatistiken ein (siehe oben) |
| **2. Privatwirtschaftliche Tourismusuntersuchungen** | *regelmäßige Befragungen von Reisenden* |
| Reiseanalyse (Studienkreis für Tourismus, Starnberg) bis 1993, danach als „Urlaub und Reisen" (FUR) | – ab 1970 regelmäßige jährliche Urlauberbefragung (Mehrthemenbefragung)<br>– repräsentative Stichprobe: 6.000 Bundesbürger ab 14 (ab 1990 mit NBL ca. 8.000)<br>– Auswertung v.a. nach soziol. und psychol. Faktoren des Reiseverhaltens und der -motivation<br>– zum Teil langjährige Zeitreihen<br>– zahlreiche Sonderuntersuchungen<br>– ab 1994 weitgehend analoge Fortführung durch FUR |
| Deutscher Reisemonitor (IPK-München, EMNID-Bielefeld) (ist Teil des ETM) | – seit 1988<br>– zweimonatliche Befragung zu Urlaubs- und Geschäftsreisen (ab 1993 monatlich)<br>– Stichprobe: 2.000 ABL (monatlich), 1.000 NBL (3-monatlich) |
| ETM-Europäischer Reisemonitor (ETIC-European Travel Intelligence Center, Luxemburg dt. Vertreter IPK-München (siehe oben) | – seit 1988<br>– regelmäßige Analyse aller Übernachtungsreisen in 24 Ländern (18 west-, 6 osteuropäische)<br>– meist 2-monatlich (länderabhängig)<br>– ca. 100 Befragungswellen jährlich erfassen ca. 300.000 Europäer ab 14 Jh. |
| TouristScope (Infratest, München) | – seit 1986/7 Urlaubsreisende befragt<br>– repräs. Stichprobe 4.000 Personen<br>– Ergebnisse nur für Auftraggeber |
| Mobility (Infratest, München) | – seit 1991<br>– alle Geschäfts- u. Privatreisen (auch ohne ÜN) über 100 km<br>– Stichprobe unterschiedlich je nach Fragestellung: 500 wöchentlich, 1.000 3-monatlich, insgesamt ca. 29.000 Personen jährlich |
| B.A.T-Freizeit-Forschungsinstitut, Hamburg | – Tourismusanalysen Deutschland (ab 1986/7) u. Europa (ab 1994)<br>– 5.000 Interviews (4.000 ABL, 1.000 NBL)<br>– daneben zahlreiche Sonderstudien zum Freizeitverhalten (Sport, Shopping usw.)<br>– Stichprobe dabei meist 2.000 Interviews |

**Abb. B-45a** Marktforschungsstudien im Tourismus (Auswahl)

| | |
|---|---|
| 3. Studien von Tourismus-Verbänden, u.a.<br><br>asr, DBV, DEHOGA, DFP, DFV, DRV, DZT | zum Teil regelmäßige Befragungen von Verbandsmitgliedern und Sonderstudien, z.B.<br>– Betriebsvergleiche (DRV, asr, DEHOGA)<br>– DER-Data Reisebüro-Spiegel (seit 1977, ca. 10% der Reisebüro-Agenturen, Umsätze, monatlich)<br>– Wirtschaftsfaktor Tourismus (DRV 1989)<br>– Wirtschaftsfaktor Ferntourismus (DRV 1990)<br>– Deutscher Tourismusbericht (DFP 1994)<br>– Bäderstatistik (DBV, jährlich)<br>– Marktanalysen von Auslandsmärkten (DZT) |
| 4. Media-Analysen von Verlagen (Auswahl)<br><br>Axel-Springer-Verlag, Hamburg<br>Bauer Verlag, Hamburg<br>Burda-Verlag, Offenburg<br>Gruner+Jahr, Hamburg (G+J)<br>Spiegel Verlag, Hamburg | im Rahmen der Media-Analysen werden zumeist auch Daten zum Reiseverhalten (der Leser) erfragt und zum Teil gesondert ausgewertet, z.B.<br>– Branchenbilder, MARIA (G+J)<br>– Geschäftsreisen 1988, 1994 (Stern-Verlag)<br>– Typologie der Wünsche (Burda) |
| 5. Sonstige Studien und Träger (Auswahl)<br><br>Reisebiographien (ETI, Trier) | wichtige Einzelstudien<br><br>– ab 1993, jährlich<br>– Analyse des lebenslangen Reiseverhaltens<br>– 5.000 ABL, 1.000 NBL |
| DWIF (München) | zahlreiche bundesweite Einzeluntersuchungen, u.a.<br>– Ausgabenstruktur Fremdenverkehr (mit UN)<br>– Ausflugsverkehr<br>– Touristischer Arbeitsmarkt<br>– Betriebsvergleiche |
| TUD-Technische Universität Dresden | – ab 1994: Übernahme der Bibliothek des ehem. Studienkreises für Tourismus, Starnberg; Aufbau eines touristischen Dokumentationszentrums |

**Abb. B-45a** Marktforschungsstudien im Tourismus (Fortsetzung)

### (6) Touristische Datenbanken

Trotz des raschen Anstiegs von externen Datenbanken und der zentralen Bedeutung von Elektronischen Systemen im Tourismus existieren derzeit nur wenige öffentlich zugängliche touristische Datenbanken, die für entsprechende Marktforschungsaufgaben herangezogen werden können (als Überblick vgl. SEITZ/MEYER 1995: 37ff).

### 2.5.5 Gästebefragungen

Gästebefragungen sind ein wichtiges, wenn nicht das wichtigste Anwendungsfeld der touristischen Marktforschung. Die Einzigartigkeit von touristischen Regionen macht es notwendig – will man Informationen über die anwesenden Gäste und deren individuellen Reisegewohnheiten haben – gezielte Befragungen durchzuführen. Nur auf diesem Weg ist es möglich, ein regionen-/destinationsspezifisches Gästeprofil zu erstellen bzw. ein Anforderungsprofil, welches die anwesenden Gäste an die Region/Destination stellen, zu erhalten.

Trotz zahlreicher Ansätze der amtlichen Statistik, den Tourismus in Zahlen auszudrücken, ist die Gästebefragung für touristische Anbieter das wichtigste Instrument, um Informationen über die aktuellen Kundenwünsche zu bekommen und daraus neue Trends für die Zukunft zu erkennen.

Pauschale bundesweite Befragungen zum Reiseverhalten lassen nur Trends erkennen, welche die Gesamtheit der reisenden bundesdeutschen Bevölkerung betreffen. Aussagen zu einzelnen Regionen, Städten und Gemeinden sind auf diese Weise nur schwer zu erlangen. Auch setzt sich das Gästeklientel in einzelnen Destinationen sehr unterschiedlich zusammen. Ausschlaggebend ist hier unter anderem das touristische Angebot, wodurch auch unterschiedliche Gäste mit unterschiedlichen Wünschen und Bedürfnissen in den jeweiligen Regionen zu finden sind.

Es ist ohne weiteres einsichtig, daß ein Bergdorf in den bayerischen Alpen, die Insel Rügen oder die Lüneburger Heide durch einen eigenen Charakter geprägt sind und ihr Erfolg als Urlaubsdestination von verschiedenen Faktoren abhängt. Es muß daher geprüft werden, ob es sinnvoll ist, diese allgemeinen Ergebnisse der amtlichen Statistik auf eine, durch spezielle und individuelle Merkmale geprägte Region zu übertragen. Sollen jetzt noch verwertbare Daten für einzelne Gemeinden in diesen unterschiedlichen Regionen extrahiert werden, ist dies aufgrund der Daten der amtlichen Statistik nahezu unmöglich. Die Erfolgsfaktoren für eine Gemeinde, die erfolgversprechendsten Zielgruppen für eine gezielte Marketingstrategie, aber auch Schwächen im Angebot können nur mit jeweils individuell organisierten Analysen und Erhebungen herausgefunden werden.

Bevor eine Gästebefragung durchgeführt werden kann, sind einige Schritte notwendig, um verwertbare Ergebnisse zu erhalten (vgl. zum folgenden u.a. BOSOLD 1988, LOHMANN 1993).

In einem ersten Schritt muß das **Ziel der Gästebefragung** definiert werden. Mit Hilfe der Befragung können Informationen zu verschiedenen Komplexen gewonnen werden, wie bspw. zur Nachfrage, zum Angebot, zur Konkurrenz oder auch zum Image der Destination. Je nach Ziel muß ein unterschiedliches Untersuchungsdesign gewählt werden.

Im zweiten Schritt ist eine Entscheidung bzgl. der Form der **Datenerhebung** zu treffen. In Abschnitt B.2.5.2 sind die unterschiedlichen Erhebungsmethoden kurz vorgestellt worden.

Für die Gästebefragung eignen sich grundsätzlich sowohl die schriftliche als auch die mündliche Befragung. Zu berücksichtigen ist, daß in einer Gästebefragung eine Momentaufnahme der Eindrücke am Urlaubsort erhoben wird, d.h. die besten Ergebnisse, insbesondere bei Imageanalysen, werden bei Befragungen direkt am Urlaubsort erzielt. Schriftliche oder telefonische Befragungen im Nachhinein, wenn die Urlauber wieder zu Hause in der vertrauten Umgebung sind, verfälschen meist die Befragungsergebnisse, da der Abstand zum konkreten Urlaubserlebnis zu groß ist. Auch ist bei direkten Befragungen per Interview die Erfolgsquote im Vergleich zu den übrigen Befragungsmethoden am höchsten. Durch die Anwesenheit des Interviewers wird die Auskunftbereitschaft der Befragten häufig positiv beeinflußt. Zudem liegt die Rücklaufquote bei schriftlichen Befragungen oft nur zwischen 5 und 30% (vgl. MEFFERT 1992:202f), wogegen bei der mündlichen Befragung, insbesondere bei der Vorgabe von Erfüllungsquoten an die Interviewer, 100% der vorgegebenen bzw. notwendigen Fallzahl erreicht werden kann.

Im nächsten Schritt wird der **Fragebogen gestaltet**. Für schriftliche Befragungen sollten möglichst viel standardisierte Fragen mit Antwortvorgaben (zum ankreuzen) verwendet werden (vgl. Abb. B-45b), da hier der Aufwand, den der Proband bei der Beantwortung hat, am geringsten ist. Auch ist das Ankreuzen mit dem geringsten zeitlichen Aufwand verbunden, was – gegenüber offenen Fragen – eine deutlich geringere Verweigerungsrate zur Folge hat.

In Interviews können offene Fragen besser integriert werden, da der Interviewer hier die Möglichkeit hat, auf den Befragten näher einzugehen. Allerdings besteht dann die Gefahr, daß der Befragte durch das Auftreten und die Wortwahl des Interviewers beeinflußt wird, was wiederum zu einer Verfälschung des Befragungsergebnisses führt. Freie Interviews, d.h. dem Interviewer werden nur Thema und Ziel der Befragung genannt, die konkreten Fragen, deren Reihenfolge und Inhalt werden vom Interviewer der aktuellen Befragungssituation angepaßt, sind für Gästebefragungen weniger geeignet, da die Ergebnisse schwierig zu quantifizieren und zu vergleichen sind (vgl. MEFFERT 1992:205).

Um den Interviewereinfluß möglichst gering zu halten, ist es notwendig, in einem nächsten Schritt eine **Interviewerschulung** durchzuführen. Im Idealfall werden alle Interviews von einem Interviewer durchgeführt, da so bei allen Interviews zumindest eine ähnliche Beeinflussung vorliegt und diese das Ergebnis der Gesamtbefragung am geringsten negativ beeinflußt. Da diese Vorgehensweise aber nicht in allen Fällen möglich ist, sollte in der Schulung die Befragungstaktik durchgesprochen werden. Ein standardisierter Fragebogen mit genau formulierten Fragen (vgl. Abb. B-45b), die in einem Pre-Test bzgl. ihrer Eindeutigkeit und Verständlichkeit zu überprüfen sind, ermöglicht den unproblematischen Einsatz von mehreren Interviewern. In der Interviewerschulung sollte(n) auch die zu befragende(n) Gästegruppe(n) festgelegt werden. Je nach Ziel der Befragung – z.B. nach *Aktivitäten während des Aufenthaltes* –, wird das Ergebnis unterschiedlich ausfallen, wenn Tagesgäste, Urlaubs- oder Kurgäste befragt werden. Die Einstiegsfrage in das Interview sollte daher direkt darauf ausgerichtet sein, die Zielgruppe der Befragung zu finden. Weitere Vorgaben für die Interviewer ergeben sich z.B. aus der Gästestatistik der Befragungsregion – die möglichst genau in der Befragungsgesamtheit abgebildet werden soll. Kriterien können hier sein: Altersstruktur, Herkunft u.ä., Urlaubszeitpunkt (Sommer, Winter, Ferien, keine Ferienzeit usw.).

Zur **Auswahl der Gäste** und zur Festlegung der zu befragenden Personengruppen ist das Quotenverfahren das in der Marktforschung am häufigsten angewandte Verfahren. Mit Hilfe dieses Verfahrens sowie entsprechender Vorgaben an die Interviewer, wie bei der Auswahl der Probanden vorzugehen ist, kann von der Repräsentativität der Ergebnisse her eine Zufallsauswahl angenähert werden (vgl. SCHNELL/HILL/ESSER 1995:277). Die Beliebtheit der Quotenauswahl in der Marktforschung liegt u.a. darin begründet, daß sie preiswerter und schneller als eine Zufallsauswahl durchführbar ist.

## 2. Marktanalyse im Tourismus

Darüber hinaus kann eine Zufallsauswahl bei einer Gästebefragung nicht sinnvoll durchgeführt werden, da man die Grundgesamtheit – alle Gäste, die in einem bestimmten Zeitraum in einer Destionation (= Befragungsraum) Urlaub machen – nicht kennt. Erst nach der Erhebungsperiode ist es aufgrund von Gästelisten theoretisch möglich, die Grundgesamtheit festzustellen. Eine Befragung der Grundgesamtheit wäre demnach nur im nachhinein – zu Hause – möglich. Aufgrund der Präsenz des Erlebten und des individuellen Zufriedenheitsgefühls lassen sich Teilaspekte nicht mehr erfragen, da der Gesamteindruck des Urlaubs bei der Befragung zu Hause überwiegt.

Bei der **Auswertung** der Ergebnisse lassen sich bei Bewertungsfragen (vgl. Frage 1) Zufriedenheitsprofile der Gäste erstellen. Hier ist eine Differenzierung nach der Gästestruktur, z.B. Familien, unverheiratete Paare, Rentner, usw. möglich. Lassen sich hier Unterschiede in der Bewertung und der Zufriedenheit feststellen, können Gästegruppen gezielt durch Marketingmaßnahmen angesprochen werden. Teilweise lassen sich auch neue Zielgruppen definieren. Hierbei helfen Fragen nach Aktivitäten oder nach Merkmalen, die bei der Urlaubsentscheidung, somit auch für die Auswahl der Destination, von Bedeutung sind (vgl. Frage 3). Aus der Gesamtheit der Einzelfragen (= Variablen) lassen sich mit Hilfe der Faktorenanalyse einzelne Faktoren (= Merkmal) bilden. Werden für die Reiseentscheidung in die Destination wichtige Faktoren extrahiert, kann so gezielt das Marketing gesteuert werden und ein zielgruppenspezifisches Kommunikationsmix erstellt werden.

## 1.) Wie beurteilen Sie Ihre Unterkunft?

*Camper bitte sinngemäß zu Standplätzen und Gesamtanlage ausfüllen.*

**Bewertung:**
1=sehr gut, 2=gut, 3=befriedigend, 4=ausreichend, 5=mangelhaft, 0=kann ich nicht beurteilen

| | | | | | |
|---|---|---|---|---|---|
| Größe des Zimmers | 1 | 2 | 3 | 4 | 5 | 0 |
| Einrichtung des Zimmers | 1 | 2 | 3 | 4 | 5 | 0 |
| Sanitäre Ausstattung | 1 | 2 | 3 | 4 | 5 | 0 |
| Sauberkeit des Hauses | 1 | 2 | 3 | 4 | 5 | 0 |
| Freundlichkeit des Personals | 1 | 2 | 3 | 4 | 5 | 0 |
| Erscheinungsbild, Atmosphäre | 1 | 2 | 3 | 4 | 5 | 0 |
| Preis-Leistungs-Verhältnis | 1 | 2 | 3 | 4 | 5 | 0 |

## 2.) Wo übernachten Sie?

( ) Hotel  ( ) Ferienwohnung/-haus  ( ) Pension  (.) Verwandte/Freunde
( ) Privatzimmer  ( ) Camping  ( ) sonstiges: ..................................

## 3.) Was haben Sie während Ihres Aufenthalts unternommen und was haben Sie noch vor?

| | | |
|---|---|---|
| Besuch von | - Heimatmuseum | o |
| | - Meerwasser-Wellenbad | o |
| | - Kino | o |
| | - Strandmärkte | o |
| | - Kur-Konzerten | o |
| | - Strand | o |
| | - Begrüßungs- u. Tanzabende | o |
| | - kulturellen Veranstaltungen | o |
| | - Sportveranstaltungen | o |
| | - Großveranstaltungen (Fisch-/Weindorf etc.) | o |
| | - Promenade | o |
| | - Kurcentrum (Fußgängerzone, Badewegplatz) | o |
| Baden/Schwimmen | - in der Ostsee | o |
| | - in den Binnengewässern/Badeanstalt | o |
| Wanderung | | o |
| Radfahren | | o |
| Segeln/Surfen/Wasserski/Bananenbootreiten | | o |
| Tennis | | o |
| Reiten | | o |
| Minigolf | | o |
| Golf | | o |

**Abb. B-45b** Auszug einer Gästebefragung

# 3 Betriebsanalyse im Tourismus

## 3.0 Übersicht Kapitel B.3

Der engste Bereich der Informations- oder Analysephase bezieht sich auf die Bestandsanalyse des eigenen Betriebes. Dabei werden auf der Grundlage der allgemeinen Kriterien zur Unternehmensbewertung die verschiedenen Betriebsbereiche analysiert.

Für eine **marketingbezogene Betriebsanalyse** ist allerdings keine umfassende Betriebsanalyse nach allen Funktionsbereichen notwendig, sondern es sind lediglich die marketingrelevanten Aspekte zu untersuchen. Im wesentlichen geht es darum, solche betrieblichen Stärken bzw. Schwächen zu erkennen, die für das Marketing im Rahmen der Strategieentwicklung der Phase II eingesetzt werden können.

Die entsprechenden Bewertungen sind zumeist nur relativ – v.a. im Vergleich zu anderen Betrieben – möglich. Dazu wird in einer weiteren Bewertung die betriebsinterne Unternehmensbewertung im Hinblick auf die Markt- und Umfeldchancen analysiert. Dies findet methodisch im Rahmen der strategischen Diagnose (vgl. Kapitel B.4 bzw. C.1) statt, ist aber nicht losgelöst von den „Vorarbeiten" der eigentlichen Betriebsanalyse zu sehen.

Weitere Ergebnisse der Betriebsanalyse sind Aussagen zur allgemeinen Unternehmenszielsetzung, auf deren Grundlage marketingbezogene Zielaussagen möglich sind. Meist wird dieser Teilbereich zusammen mit den Grundsatzüberlegungen zur Strategieentwicklung in Phase II untersucht, so auch hier (vgl. C.2).

**Marketingbezogene Betriebsanalyse bedeutet:**
- Erfassen und Aufzeigen der marketingrelevanten Möglichkeiten des Betriebes (i.S. von Stärken und Schwächen oder von Potentialen),
- Klärung der allgemeinen betrieblichen Zielstruktur, v.a. in bezug auf Marketingziele.

Im Tourismus bereitet der Begriff des „Betriebes" gewisse Schwierigkeiten. Dies hängt u.a. zusammen mit Fragen

- der „kollektiven Produktion und Leistungserstellung" (Frage der **Betriebsabgrenzung**),
- der unterschiedlichen Orte der Leistungserstellung (Frage der **Betriebsstätte**),
- der gemeinwirtschaftlichen Produktion (Fragen der betrieblichen **Zielsetzungen**).

Insofern werden einleitend einige allgemeine Ausführungen zu „Betrieben" und „Produktion" bzw. „Produkten" und „Leistungen" im Tourismus vorangestellt (B.3.1). Anschließend werden verschiedene Bewertungsmethoden zur Betriebsanalyse im Tourismus behandelt (B.3.2, B.3.3, B.3.4).

> **Ziele des Kapitels B.3**
> *Kapitel B.3 soll verschiedene Möglichkeiten der marketingbezogenen Betriebsanalyse im Tourismus aufzeigen, wie:*
> - *funktions- und bereichsorientierte Betriebsanalyse,*
> - *prozeß- bzw. leistungskettenorientierte Betriebsanalyse.*
>
> *Zudem sollen die Begriffe*
> - *Betriebe, Unternehmen,*
> - *Produktion, Leistungserstellung*
>
> *mit ihren touristischen Besonderheiten bekannt sein, wozu vor allem zählen:*
> - *Betriebe als Leistungsketten und als Kollektivbetriebe,*
> - *Einzelprodukte, Leistungsketten, Gesamtprodukte.*

## 3.1 Betriebe in der Tourismuswirtschaft

Touristische Betriebe unterscheiden sich hinsichtlich ihrer Abgrenzung teilweise von den in der traditionellen Betriebswirtschaftslehre (BWL) behandelten Betrieben. Insofern werden im folgenden einige Aussagen zur Struktur von Betrieben aus Sicht der Allgemeinen BWL und des Marketing vorangestellt (B.3.1.1) und danach spezifisch touristische Betriebsformen aufgezeigt (B.3.1.2 bis B.3.1.4). Vor diesem Hintergrund werden verschiedene Methoden der Betriebsbewertung im Tourismus aufgezeigt (B.3.1.5), die in den folgenden Abschnitten (B.3.2 bis B.3.4) ausgeführt werden.

### 3.1.1 Vorbemerkungen: Betriebsbestimmung und -bewertung

Die Analyse und Gestaltung von Betrieben ist Hauptgegenstand der Allgemeinen Betriebswirtschaftslehre. Dabei werden Betriebe zum einen in den gesamten Wirtschaftsprozeß eingeordnet und damit die **betriebsexternen** Prozesse untersucht. Es interessieren der Einfluß gesamtwirtschaftlicher Tendenzen auf den Einzelbetrieb, die Stellung des Betriebes in der Branche, am Markt und in der Gesamtwirtschaft sowie die Stellung der Betriebe zueinander (wie Kooperationen, Vorleistungen und Zwischenproduktion). In diesem Bereich ist der Übergang zur Mikro-und Makroökonomie fließend. Ähnliche Betrachtungen sind auch in der Tourismuswirtschaft bedeutsam. Die betriebsexternen Prozesse wurden teilweise bereits in den Kapiteln B.1 und B.2 vorgenommen.

Zum anderen werden die **betriebsinternen** Strukturen zum Gegenstand der Analyse gemacht. Hierbei überwiegt eine organisatorische oder funktionale Sichtweise der verschiedenen betrieblichen Aufgaben, wie z.B. Einkauf, Produktion, Verkauf, Personal, Finanzierung, Management usw.

Für die grundlegende Bestimmung des Gegenstandes der Allgemeinen BWL ist der Betriebsbegriff nicht einheitlich abgegrenzt. So stehen eine weite oder enge(re) Sichtweise nebeneinander. Einigkeit besteht weitgehend darin, „den Be-

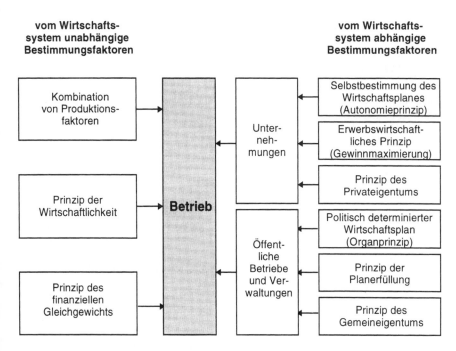

**Abb. B-46** Die Bestimmungsfaktoren des Betriebes
(Quelle: SCHIERENBECK 1995: 25)

trieb als eine planvoll organisierte Wirtschaftseinheit zu umschreiben, in der Sachgüter und Dienstleistungen erstellt und abgesetzt werden" (WÖHE 1986: 2). Unterschiede ergeben sich vor allem hinsichtlich:
- der Einbeziehung **öffentlicher** (und privater) **Haushalte** in den Betriebsbegriff,
- des **Ortes** der Leistungserstellung (Betriebsstätten),
- der **Zielsetzungen** wirtschaftlichen Handelns (profit- oder gemeinwirtschaftsorientiert),
- der Abhängigkeit von **Wirtschaftssystemen** (Plan- oder Marktwirtschaft).

In einer **weiten Sichtweise** wird der „Betrieb" im Sinne eines planvoll handelnden Sozialsystems gesehen, womit auch öffentliche Haushalte, Gebietskörperschaften, Vereine und Verbände als „Betriebe" angesehen werden. In der engeren Sichtweise werden lediglich profitorientierte Unternehmen in marktwirtschaftlichen Systemen als Betriebe bezeichnet (vgl. Abb. B-46).

Der enge und weite Betriebsbegriff spiegelt sich auch in der vielfach geführten Diskussion um die Abgrenzung von „Betrieb" und „Unternehmen" wider. Ohne darauf an dieser Stelle näher einzugehen, wird im folgenden der in der Literatur häufig vertretenen Meinung gefolgt, beide gleichzusetzen. Gerade für Marketingbetrachtungen erscheint eine diesbezügliche Unterscheidung nicht notwendig.

Eng mit der Betriebsbestimmung hängen Aussagen zu den betrieblichen Funktionen, zur betriebsinternen Prozeßplanung sowie zum – zentralen – Bereich der betrieblichen Produktion zusammen. Zur Betriebsbeurteilung werden die verschiedenen Bereiche und Funktionen des Betriebes herangezogen. Als globale Beurteilungskriterien dienen zumeist Kosten-Ertrags-Beziehungen, d.h. der Beitrag zu monetären gesamtbetrieblichen Zielsetzungen.

Als Grundlage zum besseren Verständnis der verschiedenen Formen der Betriebsanalyse und -bewertung für das Tourismus-Marketing werden im folgenden unterschiedliche Möglichkeiten oder „Grundmodelle" der Betriebsbetrachtung und der betrieblichen Leistungserstellung dargestellt. Einige weitere Hinweise finden sich bereits in den Kapiteln A.3.2 und A.3.3.

### 3.1.2 Das sachgüterorientierte Betriebsmodell[8]

Die meisten Beiträge der Allgemeinen BWL setzen sich mit Betrieben der Sachgüterproduktion auseinander. Dabei werden als betriebliche Basisfunktionen die drei leistungswirtschaftlichen Aufgaben Einkauf, Produktion und Absatz betrachtet, die sich auch als Hauptgliederung der betrieblichen Funktionenlehre widerspiegeln. Sie werden zumeist um einen finanzwirtschaftlichen und einen personalwirtschaftlichen Funktionsbereich ergänzt. Eine entsprechende funktionale Betriebsgliederung findet sich in Abb. A-4 (untere Hälfte). Nach dieser Sichtweise orientieren sich **Betriebsanalysen** an einer Untersuchung der Bereiche Einkauf, Produktion, Absatz, Finanzen und Personal.

Damit ist betriebliches **Marketing** vor allem absatzmarktorientiertes Marketing („Absatz-Marketing"), das im wesentlichen **nach** der Produktionsphase stattfindet. Als weitere Teilbetrachtung wird gelegentlich „Beschaffungs-Marketing" betrachtet, das sich auf die der Produktion vorgelagerte Phase des betrieblichen Leistungsprozesses, auf die Beschaffung der Produktionsfaktoren (Finanzen, Personal, Vorprodukte) bezieht. Ebenso setzen Überlegungen zur Produktpolitik bereits vor der Produktion von Gütern und Leistungen an.

Für ein solches sachgüterorientiertes Betriebsmodell läßt sich der betriebliche Leistungsprozeß vereinfacht als Input-Produktion-Output-Beziehung darstellen (vgl. Abb. A-24 und B-47). Marketing bzw. Absatz ist der eigentlichen Leistungs**erstellung** nachgelagert, dies wird auch als Aufgabe der Leistungs**verwertung** bezeichnet.

**In der Tourismuswirtschaft** sind nur wenige Betriebe mit der ausschließlichen Produktion und dem Marketing von Sachgütern beschäftigt. Soweit touristische Sachgüter erstellt werden, finden sie zumeist Eingang in den aus touristischer Sicht vorrangigen Dienstleistungsprozeß. Damit gehen die Sachgüter quasi als „Vorprodukte" in die touristische Dienstleistung ein und es besteht ein „Marketing-Verbund" von Sachgütern und Dienstleistungen (vgl. auch Abschnitt D.1.3 und Abb. D-9).
**Beispiel:**
- Die Produktion von Hotels, Transportmitteln, Kureinrichtungen usw. als Sachgüter dient letztlich der Erstellung der Übernachtungsdienstleistung (Hotels), Transportdienstleistung (Transportmittel), Kurdienstleistung (Kureinrichtung) usw.

---

[8] Vgl. zum folgenden auch die entsprechenden Ausführungen in A.3.2.1.

### 3.1.3 Das dienstleistungsorientierte Betriebsmodell[9]

Die meisten Beiträge zur Betriebsstruktur gehen implizit oder explizit davon aus, daß die jeweiligen funktionalen Überlegungen gleichermaßen – oder mit nur geringen Abwandlungen – für Sachleistungen und für Dienstleistungen gelten. Auch hier könnten – in einem weiteren Verständnis – die gleichen Funktionen wie im traditionellen (Sachgüter-)Produktionsmodell unterschieden werden (vgl. ähnlich CORSTEN 1990: 44ff).

- **Dienstleistungsbeschaffung** umfaßt vor allem die Beschaffung des Dienstleistungspersonals, teilweise auch der dafür benötigten Sachgüter (als Input der Produktionsfaktoren).

- **Dienstleistungsproduktion** betrachtet die Leistungserstellung als immaterielle Leistung am Kunden im Sinne der Produktionsfaktorkombination, auch „Prozeß" oder „Throughput".

- **Dienstleistungsoutput und -absatz:** Die gesonderte Betrachtung der Absatzpolitik berücksichtigt vor allem die Dienstleistung als „Output" sowie einzelne Besonderheiten des Dienstleistungs-Marketing, wie u.a. das uno-actu-Prinzip (Produktion und Absatz fallen zusammen), Immaterialität von Dienstleistungen usw.

Diese „industriell-orientierte Sicht der Dienstleistung" findet vor allem bei Dienstleistungsbereichen Verwendung, bei denen den zwischenmenschlichen Faktoren in der Dienstleistungsbeziehung eine untergeordnete Bedeutung zukommt (vgl. LEHMANN 1995: 28ff). Hier werden Dienstleistungen insbesondere als ergänzende Dienstleistungen zur Sachgüterproduktion gesehen („Service plus") oder als Dienstleistungen an materiellen Objekten (z.B. Reinigungs- oder Reparaturdienstleistungen).

Soweit personenbezogene Dienstleistungen im Vordergrund der Betrachtung stehen, bemüht sich die **Dienstleistungsliteratur** um die Entwicklung eigenständiger Betriebs- und Produktionsmodelle. Vor allem für die Herausarbeitung der speziellen Marketingaufgaben im Dienstleistungsbereich scheint die Aufspaltung der verschiedenen Dienstleistungsaufgaben und die darauf aufbauende Entwicklung eines zeit- oder phasenbezogenen Dienstleistungs-Modells eine geeignetere Sichtweise zu sein (vgl. A.3.2.2 und Abb. A-25). Dies führt aber zu einer grundsätzlich anderen Bewertung solcher Phasen- oder Kettenmodelle als bei Sachgüterbetrieben.

Im Dienstleistungs-Marketing hat sich ein phasenorientiertes Betriebsmodell weitgehend durchgesetzt, das bereits in Abb. A-25 mit den entsprechenden touristischen Veränderungen dargestellt worden ist. Ein solches phasen- oder leistungsorientiertes Betriebsmodell wird auch für das touristische Marketing im wesentlichen zugrundegelegt. Anstelle der funktionalen Betrachtung von Beschaffung, Produktion und Absatz in der sachgüterorientierten BWL tritt ein prozeßorientiertes Betriebsmodell, das Dienstleistungserstellung und -absatz als Leistungskette von drei Grundphasen versteht. Hierbei sind in Anlehnung an Abb. A-25 und B-47 drei Phasen der Dienstleistungserstellung mit ganz unterschiedlichen Marketingaufgaben zu betrachten.

---
[9] Vgl. zum folgenden auch A.3.2.2.

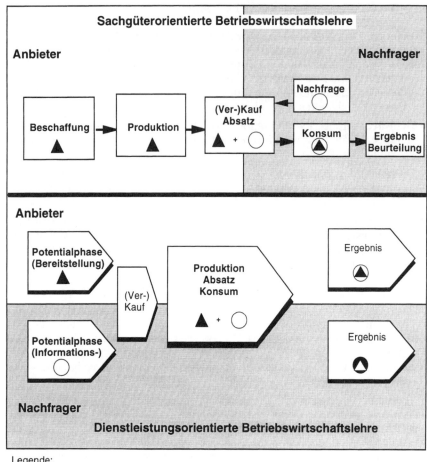

**Abb. B-47** Zeitperspektive bei Sachgüter- und Dienstleistungsbetrieben

- Dienstleistungsbetriebe haben in Phase 1 **(Potentialphase)** die Aufgabe, ihre Leistungs**fähigkeit** und -bereitschaft in den Mittelpunkt des Marketing zu stellen. Es geht darum, die Leistungsbereitschaft und Verfügbarkeit entsprechender Leistungspotentiale zu signalisieren und zu sichern. Marketing muß bereits in dieser Phase den eigentlichen Verkauf vorbereiten und – am Ende der Phase 1 – den eigentlichen Verkaufsabschluß (im Tourismus: die Buchung) herbeiführen. Die Sicherung der Leistungsfähigkeit und ihre Verfügbarkeit sind teilweise Aufgaben, die in traditioneller Betrachtung eng mit der Beschaffung der verschiedenen Komponenten zur späteren Dienstleistungserstellung zusammenhängen.

- In Phase 2 **(Prozeßphase)** wird die eigentliche Leistung **erstellt.** Dabei kommt es – im Gegensatz zur Sachgüterproduktion – nicht zu einem neuen (End-)Produkt durch ausschließliche Kombination der zuvor bereitgestellten Produktionsfaktoren, sondern Leistungserstellung ist nur im direkten Austausch mit den Konsumenten möglich. Dazu ist für die Dienstleistungserstellung das Hinzutreten des Kunden wichtige Voraussetzung. Er tritt als sog. „externer" oder „Fremdfaktor" in den Einzugsbereich des Dienstleisters und in engem Zusammenwirken von Dienstleister und Kunden wird die Dienstleistung vollbracht. Dies ist aus traditioneller Sicht sowohl ein Produktions- als auch Absatzvorgang und er beinhaltet zugleich die Konsumphase. Damit fallen quasi die drei traditionellen Phasen (Produktion, Absatz und Konsum/Nutzung) in der Prozeßphase zusammen („uno-actu-Prinzip").

Die Dienstleistungs-BWL verwendet einen **weiten Produktionsbegriff.** Hierunter werden jegliche wirtschaftliche Tätigkeiten zur Werterhöhung von Objekten verstanden. Dabei treten durch die Leistungsabgabe des Dienstleisters v.a. Veränderungen am Fremdfaktor auf. Dieser Prozeß der „Wertschöpfung" umfaßt auch das traditionelle Produktionsmodell.

Ebenso wird der **„Betrieb"** als Ort der Leistungserstellung für Dienstleistungen in einem weiteren Sinne verstanden. Es handelt sich bei Dienstleistungen häufig nicht um eine feststehende Betriebsstätte, sondern um eine räumlich flexible Betriebsstätte, z.B. erfolgt die Dienstleistung „Transport" zwischen Ausgangs- und Endpunkt des Transports, die „Reise-Dienstleistung" erfolgt sowohl am Heimat- als auch am Urlaubsort sowie unterwegs.

- Phase 3 **(Ergebnisphase)** betrachtet die Dienstleistungs**ergebnisse.** Bei der Sachgüterproduktion ist aus der Veränderung der – sachlichen/materiellen Inputfaktoren ein neues Produkt entstanden, das dem Kunden zum Kauf angeboten wird. Bei Dienstleistungen sind die Produktionsfaktoren des Dienstleisters weitgehend unverändert geblieben – es ist vorwiegend eine **Veränderung des Kunden** erfolgt. Die Veränderungen als Dienstleistungsergebnis sind im wesentlichen immaterieller Natur, z.B. Erholung, Gesundung, Bildung. Nur teilweise sind materiell erkennbare Veränderungen infolge der Dienstleistung feststellbar, wie z.B. Sonnenbräune (infolge der Reisedienstleistung), Kunstherz (infolge einer Operation), Diplome (infolge der Bildungs-Dienstleistung).

**Marketingaufgaben** sind in einem solchen Betriebsmodell in den verschiedenen Prozeßphasen enthalten – es entsteht eine **Dienstleistungs- oder Marketingkette.** Im Unterschied zum traditionellen Produktionsmodell sind Marketing und die damit verbundenen Teilfunktionen wie Kauf/Verkauf, Distribution, Absatz und Zahlung nicht dem Produktionsprozeß nachgelagert, sondern

- Kauf, Verkauf, Zahlung und Distribution der Anrechte auf die Dienstleistung finden vor der eigentlichen Leistungserstellung statt (am Ende von Phase 1 oder zwischen Phase 1 und 2),

- Absatz und Produktion fallen zusammen (in Phase 2).

Zudem kommen der Integration des externen Faktors (des Kunden oder Reisenden) sowie den persönlichen kommunikativen Kontakten während der Leistungserstellung und des -konsums große Bedeutung zu.

Ein solches Modell scheint für die Betrachtung der touristischen Leistungserstellung sowie des touristischen Marketing weitaus geeigneter als die Orientierung an traditionellen Modellen der Sachgüterproduktion.

### 3.1.4 Öffentliche Betriebe und Verwaltung im Tourismus

Ein bedeutender Teil der Tourismuswirtschaft ist den öffentlichen Betrieben und der öffentlichen Verwaltung zuzurechnen. So ist ein Großteil des touristischen Transportwesens im Besitz der öffentlichen Hand unabhängig von deren Rechtsform (vgl. genauer E.2.2), wie z.B. die Bahn, das Flugwesen usw. Im kommunalen Bereich sind Fremdenverkehrsämter und -behörden für die touristische Entwicklung zuständig und zahlreiche Einrichtungen des Kur- und Bäderwesens sowie der allgemeinen und der Freizeitinfrastruktur werden öffentlich finanziert und verwaltet.

Solche öffentlichen Einrichtungen agieren und „produzieren" nach anderen Grundprinzipien als die privatwirtschaftlichen Unternehmen. So stehen Bedarfsdeckung, Versorgungsprinzip sowie andere gemeinwirtschaftliche Ziele anstelle der vorwiegenden Gewinnorientierung. Die Kameralistik und das ressort- und

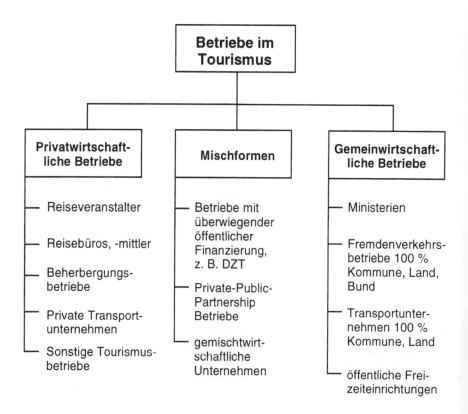

**Abb. B-48** Privat- und gemeinwirtschaftliche Betriebe im Tourismus

hierarchieorientierte Verwaltungsdenken stehen vielfach anstelle eines marktorientierten Managements. Eine solche Betriebsbewertung („Ist-Analyse") erfordert gegenüber der privatwirtschaftlichen Bewertung die Berücksichtigung einer Reihe andersartiger Faktoren.

### 3.1.5 Einzel- und Gesamtbetriebe im Tourismus: touristische Kollektiv-Unternehmen

Auf eine weitere Besonderheit bei der touristischen Leistungserstellung war bereits in Abschnitt A.3.4 hingewiesen worden. Im Tourismus interessiert vor allem „die Reise" oder das „Destinationsangebot" als Leistungsbündel, für die verschiedene Betriebe Teilleistungen herstellen. Insofern ist bei einer touristischen Betriebsanalyse die Gesamtheit der Produzenten quasi als „touristischer Kollektivbetrieb" oder „Multiprodukt-Unternehmen" und dessen Leistungsprofil zu betrachten.

**(1) Touristische „Kollektivbetriebe"**

Die bekanntesten touristischen „Kollektivbetriebe" sind **Destinationen** (Orte, Regionen), die ein gemeinschaftliches Tourismusangebot erstellen. Auch **Reiseveranstalter** können in diesem Verständnis als „Kollektivunternehmen" verstanden werden, die die Teilleistungen der verschiedenen Leistungsträger zu einem Gesamtangebot, der Pauschalreise, „bündeln".

- Der **„(Kollektiv-)Betrieb Destination":** Im Destinations-Marketing sind die Träger des touristischen Marketing entweder öffentliche Einrichtungen, wie z.B. die im vorherigen Abschnitt erläuterten Fremdenverkehrsämter, oder auch Zusammenschlüsse von Gebietskörperschaften und/oder von Einzelbetrieben, v.a. in Form von Fremdenverkehrsvereinen und -verbänden. Insofern könnte die **Betriebsbestimmung** im Tourismus auch relativ pragmatisch erfolgen – als „Träger des touristischen Marketing".

  So werden im Tourismus vor allem Destinationen als touristischer Gesamtproduzent betrachtet und mit Beispielen der „Betriebsbewertung" veranschaulicht. Dabei sind je nach Größe und Reichweite der Destination wiederum unterschiedliche Träger bzw. Betriebe gegeben – sie reichen von kleineren Kommunen und Ortschaften über Zusammenschlüsse von Destinationsteilen bis zu Nationen oder Erdteilen als „Mega-Destinations-Unternehmen" (vgl. Abb. B-49).

- Der „(Kollektiv)Betrieb" Reiseveranstalter: Reiseveranstalter übernehmen ebenfalls Aufgaben einer kollektiven Leistungserstellung, da sie das Gesamtprodukt (Pauschal-)Reise im Zusammenwirken mit den verschiedenen Leistungsträgern, z.B. Beherbergungs-, Transportbetriebe, Reiseleiter usw. erstellen (vgl. Abb. A-31, A-32).

**(2) Einzelbetriebe im „Tourismus-Kollektiv"**

Daneben ist aber auch die Betrachtung einzelner Tourismusbetriebe, wie z.B. eines Reisebüros, eines Beherbergungsbetriebes usw. Aufgabe der marketingbezogenen Betriebsanalyse. Eine solche Betrachtung kann weitgehend parallel zur traditionellen Betriebsanalyse mit Kennzahlen und Stärken-Schwächen-Analysen erfolgen (vgl. B.3.2, C.1).

**(3) Betriebsketten im Tourismus**

In Anlehnung an das touristische Phasenmodell können Betriebsbewertungen auch im Sinne von Prozeß- oder Kettenmodellen erfolgen, wobei einerseits eine getrennte Betrachtung der Grundphasen der touristischen Leistungserstellung erfolgt, speziell der

- Potentialphasenbewertung,
- Prozeßphasenbewertung,
- Ergebnisphasenbewertung,

andererseits aber auch die Leistungskette als Ganzes zu bewerten ist. Solche phasen- oder zeitorientierten Betriebsbewertungen erfolgen oftmals in Anlehnung an die Wertkettenbetrachtung von PORTER, sie sind in letzter Zeit aber immer häufiger durch eine qualitätsorientierte Betriebsbetrachtung, durch das sog. Total-Quality-Management (TQM), geprägt.

Neben einzelbetrieblichen Wertketten- oder Qualitätsbetrachtungen stehen gerade im Tourismus branchenbezogene Analysen im Mittelpunkt der Betrachtung (vgl. ausführlicher in B.3.3).

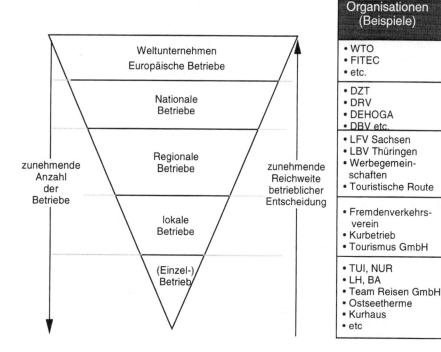

**Abb. B-49** Betriebspyramide im Tourismus

## 3.1.6 Zusammenfassung: Betriebsbewertung im Tourismus

Aufgabe der Betriebsbewertung für das Marketing ist die Ist-Analyse der vorhandenen (touristischen) Ressourcen sowie deren relative Bedeutung gegenüber vergleichbaren Betrieben (Potentialanalyse). Dabei fehlt für die marketingbezogene Betriebsanalyse – ähnlich wie für das allgemeine Marketing – ein insgesamt akzeptierter geschlossener Ansatz für die Vorgehensweise.[10]

Abhängig von den zuvor aufgezeigten unterschiedlichen Betriebsbegriffen im Tourismus sind verschiedene Möglichkeiten der Betriebsbewertung zu betrachten. Neben der traditionellen einzelbetrieblichen Bewertung der betrieblichen Funktionsbereiche ist eine Bewertung der einzelnen Prozeßphasen der touristischen Leistungskette möglich. Ferner finden Betriebsanalysen im Rahmen der touristischen Marktforschung zumeist Eingang in verschiedene methodische Darstellungen, die eine Vorstufe für spätere strategische Aussagen bilden (vgl. Kapitel C.1 und C.2).

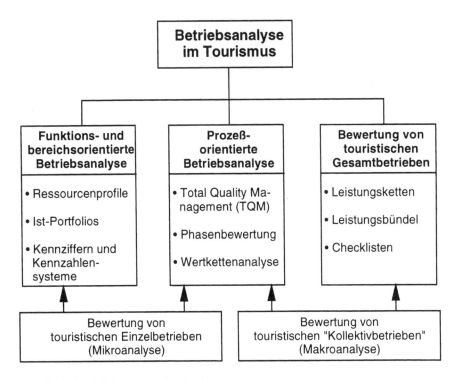

**Abb. B-50** Betriebsbewertung im Tourismus

---

[10] Vgl. eine ähnliche Einschätzung bei BECKER 1993: 78f

Zusammenfassend ergibt sich aus den vorherigen Ausführungen, daß bei der marketingbezogenen Betriebsanalyse touristischer Betriebe neben:

- touristischen Einzelbetrieben analog zur traditionellen Betriebsanalyse des Mikro-Marketing („Funktions- und bereichsorientierte Betriebsanalyse", vgl. B.3.2)

vor allem touristische Gesamtbetriebe im Vordergrund der Betriebsanalyse des Makro-Marketing stehen, entweder als:

- Betriebsanalyse für Leistungsketten in Anlehnung an das Modell der touristischen Leistungsketten (vgl. B.3.3) oder als
- Betriebsanalyse touristischer Kollektivunternehmen und deren Gesamtangebote (vgl. B.3.4).

## 3.2 Funktions- und bereichsorientierte Betriebsanalyse

### 3.2.1 Bewertung nach Funktionen und Funktionsbereichen (Potential- oder Ressourcenanalyse)[11]

Die verbreitetste Darstellungsform für die marketingorientierte Betriebsanalyse ist das sogenannte **Ressourcenprofil** oder die Stärken-Schwächen-Analyse (vgl. auch C.1.2). Hierbei geht es neben der bereits erwähnten **Erfassung** bestimmter – marketingrelevanter – Ressourcen um die entsprechende **Bewertung** hinsichtlich der vorhandenen und möglichen Potentiale. Da nur in den seltensten Fällen **absolute** Bewertungskriterien für die Ressourcen existieren, hat sich eine **relative** Bewertung eingebürgert, die in der Regel einen Vergleich mit den Hauptkonkurrenten darstellt.

Eine eher an nicht-touristischen Betrieben orientierte Übersicht der Betriebsanalyse befindet sich in Abb. B-51. Hierbei wird sehr allgemein als erster Beurteilungsbereich das **Angebot** bzw. das Produkt hinsichtlich der Qualität, der Quantität, der Vielfalt und des Images (bzw. der Positionierung) behandelt. Ein zweiter Bereich betrifft das betriebliche **Personal**, hier vor allem die Bereiche Management, Verwaltung, hauptamtliche und ehrenamtliche Mitarbeiter. Im Bereich **Finanzen** sind neben den Markterlösen Einnahmen von Mitgliedern, Zuschüsse, Sponsoring-Einnahmen sowie Vermögenserlöse zu berücksichtigen. Der hier global aufgenommene Bereich des **Marketing** umfaßt die Unterbereiche Marketingforschung, -strategien, -mix, -umsetzung und -controlling. Zudem können weitere ergänzende Aspekte mit aufgenommen werden.

Eine weitere ausführliche Betriebsanalyse hat sich auch mit der **Betriebsstruktur** bzw. -organisation zu beschäftigen. Unter Marketing-Gesichtspunkten wird hier die Stellung des Marketing innerhalb der Organisation analysiert (vgl. genauer E.2).

Ebenfalls zur Betriebsanalyse werden Aussagen zu den betrieblichen **Zielen** erwartet. Diese Zielformulierungen sind normalerweise Gegenstand des allgemeinen betrieblichen Managements und geben mit ihren normativen und strategischen Ausrichtungen den Rahmen für das betriebliche Marketing vor. Wegen

---

[11] Vgl. die ausführliche Darstellung der Ressourcen- bzw. Stärken-Schwächen-Analyse im Rahmen der strategischen Diagnose, Teil C.1.2.

ihrer grundsätzlichen Bedeutung für die Marketing-Strategie wird die Zieldiskussion zumeist nicht innerhalb der Betriebsanalyse, sondern in einem eigenständigen Teilbereich des betrieblichen Marketing-Managements behandelt (Vgl. C.2).

**Für die touristische Betriebsanalyse** könnten grundsätzlich ähnliche Bereiche zur Bewertung herangezogen werden. Doch zumeist erfordern die touristischen Spezifika einen abgewandelten Bewertungskatalog. Insbesondere wird das Leistungsangebot einer besonderen Bewertung unterzogen, z.b. bei:

- **Reisebüros** die Sparten Touristik, Flug, Bahn und Back-Office,
- **Reiseveranstaltern** die Zielgebiete (Spanien, Griechenland, Fernreisen usw.) oder nach Verkehrsmitteln (Charter-, Linienflug, Bahn),
- **Destinationen** das natürliche und abgeleitete Angebot, Imagekomponenten wie „Attraktivität" usw.

Zudem kommt für eine Ist-Analyse touristischer Betriebe den verschiedenen immateriellen Leistungsaspekten, wie z.b. **Images**, eine besondere Bedeutung zu. So kann die Erfassung des vorhandenen Images einer Destination eine wichtige Voraussetzung für spätere Marketing-Überlegungen in den unterschiedlichen Bereichen des touristischen Marketing sein. Hierbei fließt das nationale Image ganz anders in die jeweiligen Marketing-Pläne ein als das regionale oder kommunale. Insofern ist diese Form bzw. dieses Teilelement der Betriebsanalyse für alle Marketing-Ebenen unterschiedlich zu erstellen. – Methodisch erfolgen Image-Analysen im Tourismus vor allem auf der Grundlage von **Gästebefragungen**.

| Traditonelle Betriebsbewertung | Bewertung | | | | | | | Tourismusbetrieb, Destination |
|---|---|---|---|---|---|---|---|---|
| | -3 | -2 | -1 | 0 | +1 | +2 | +3 | |
| **Produkt**<br>• Qualität<br>• Quantität | | | | | | | | **Natürliches Angebot**<br>• Landschaft<br>• Flora<br>• Fauna<br>• Klima<br>• Menschen<br>... |
| **Personal**<br>• Management<br>• Mitarbeiter<br>... | | | | | | | | **Abgeleitetes Angebot**<br>• Beherbergung<br>• Gastronomie<br>• Verkehrsanbindung<br>• Allgemeine Infrastruktur<br>• Freizeitangebote<br>... |
| **Finanzen**<br>• Cash-flow<br>• Erlöse<br>... | | | | | | | | **"Attraktionen", Events**<br>• Mikro-Events<br>• Medium-Events<br>• Mega-Events |
| **Marketing**<br>• Marktforschung<br>• Strategien<br>• Marketing-Mix<br>• Umsetzung<br>• Kontrolle | | | | | | | | **Imagekomponenten**<br>• Kultur<br>• Preis<br>• Prestige |
| **Sonstige**<br>•<br>• | | | | | | | | **Marketing-Aktivitäten**<br>• CRS<br>• Messebeteiligung<br>• Gästebefragung |

Abb. B-51 Ressourcenanalyse

## 3.2.2 Ist-Portfolios[12]

Eine weitere Methode zur marketingorientierten Betriebsanalyse stellt die sog. **Portfolio-Methode** dar. Hierbei erfolgt – im Unterschied zur Ressourcenanalyse – eine vorwiegend strategisch orientierte Betriebsbewertung. Anstelle der „Ressourcen" in der Stärken-Schwächen-Analyse werden in der Portfolio-Analyse **„strategische Geschäftseinheiten"** (SGE) untersucht (vgl. Abb. B-52). Dabei sind diese SGE häufig nicht identisch mit den jeweiligen Betriebsbereichen bzw. Angebotselementen. Häufig sind es produkt- und bereichsübergreifende Geschäftseinheiten, die im Rahmen der Portfolio-Analyse im Mittelpunkt der Analyse stehen.

In der Informationsphase wird ein Ist-Portfolio erstellt, das als Grundlage für ein späteres Soll-Portfolio in der Strategischen Phase dient (vgl. genauer zur Portfolio-Analyse C.1). Beispiele für die Portfolio-Analyse im Tourismus finden sich in Abschnitt C.1.4:

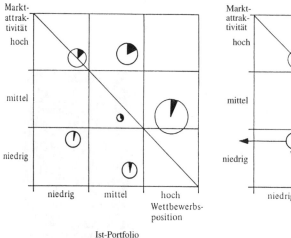
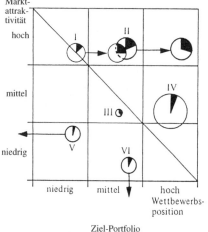

**Abb. B-52** Portfolio-Analyse
(Quelle: BECKER 1993: 367)

---

[12] Vgl. die ausführliche Darstellung der Portfolio-Methode im Rahmen der strategischen Diagnose in Teil C.1.

## 3.2.3 Kennzahlen

Zur Bewertung von Betrieben werden die unterschiedlichsten Kennziffern und Kennzahlensysteme herangezogen. Dies sind zum einen – gesamtbetriebliche – absolute Zahlen (wie Gewinn, Umsatz, Cash-Flow). Häufiger sind es Verhältniszahlen (wie Kapitalertrag, Eigenkapital- oder Umsatzrentabilität, Kapitalumschlag usw.), da sie leichter vergleichbar sind als absolute Zahlen. In beiden Fällen sind zusätzlich Vergleiche zu anderen Betrieben oder im Zeitverlauf notwendig.

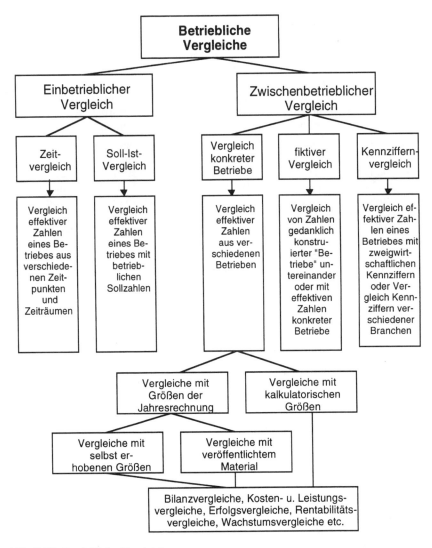

**Abb. B-53** Betriebliche Vergleiche
(Quelle: SCHNETTLER 1973: 28)

Im Tourismus findet sich ein analoges Vorgehen für die privat- und einzelwirtschaftlich orientierten Bereiche, wie Hotel-, Reisebüro- und Kurbetriebe. Hierfür gibt es ähnliche Untersuchungen und Darstellungen, die für die jeweilige betriebliche und branchenbezogene Analyse herangezogen werden können. Dabei bereitet der Vergleich zu anderen Wirtschaftsbranchen zumeist die größten Schwierigkeiten.

Einzelbetriebliche Vergleiche im Zeitvergleich und im Soll-Ist-Vergleich über Kennziffern und Kennzahlensysteme liefern der Unternehmensführung vorrangig allgemeine betriebswirtschaftliche Informationen für alle Unternehmensbereiche. Im Rahmen einer Kostenrechnung und eines darauf abgestimmten Controllingkonzeptes (vgl. E.5) wird der Unternehmensführung eine betriebswirtschaftliche Basis für Entscheidungen auf allen Ebenen zur Verfügung gestellt. Ihre einzelbetriebliche Bewertung erfolgt über einen Zeitvergleich, wodurch das Unternehmen branchenunabhängig seine eigene Entwicklung beurteilen kann. Hingegen dienen Soll-Ist-Vergleiche vor allem der Überprüfung der Planung (Soll) und des tatsächlichen Erreichens gesetzter betrieblicher Ziele (Ist). Dabei stehen hier absolute Werte im Vordergrund der Betrachtung. Entsprechende Zahlen über Soll-Ist-Vergleiche und Zeitvergleiche sind jederzeit abrufbar und stellen die wichtigsten Informationen zur Steuerung eines Unternehmens zur Verfügung.

Im Tourismus haben neben den zumeist unveröffentlichten einzelbetrieblichen Vergleichen vor allem zwischenbetriebliche Vergleiche eine zunehmende Bedeutung erhalten. Ähnlich dem Jahresabschluß betrachten sie vor allem die Vergangenheit. Damit werden zwischenbetriebliche Vergleiche nicht als kurzfristiges Steuerungsinstrument genutzt, sondern erfüllen vor allem die Funktion mit Hilfe konkreter Zahlen oder Kennziffern, die Situation der Branche insgesamt sowie die relative Wettbewerbssituation des Betriebes im Verhältnis zur Branche darzustellen. Erzielte Ergebnisse werden vor allem für die mittel- und langfristige Planung im Unternehmen eingesetzt. Betriebsvergleiche werden dabei jährlich oder regelmäßig in längeren Zeitabschnitten durchgeführt. Wichtige Aussagekraft haben sie vor allem auch im Bereich von außerhalb der Branche (im Unternehmensumfeld) liegenden ökonomischen Veränderungen und deren Wirkung auf die Branche.

Wichtigste Betriebsvergleiche werden für die Hotellerie, Kurortunternehmungen und Reisebüros in Auftrag gegeben. Daneben spielen auch Branchenvergleiche der touristischen Fachpresse und hier vor allem der FVW-International eine wichtige Rolle. Größtes Problem bei Branchenvergleichen stellt zum einen die Einteilung in Gruppen und zum anderen die Auswahl der Kennziffern dar. Weiteres Problem von Betriebsvergleichen ist, daß eine Teilnahme in der Regel freiwillig ist und damit die Aussagekraft in den meisten Fällen nicht repräsentativen Ansprüchen genügen kann. Ähnlich den Gästebefragungen versucht man dieses statistische „Handikap" bestehender Untersuchungen durch eine klare Gruppenbildung und relativ hohe Fallzahlen zu kompensieren.

**(1) Hotelbetriebsvergleich**

Im Rahmen der durchgeführten Hotelbetriebsvergleiche findet im ersten Schritt eine Unterteilung der Hotellerie in vier Obergruppen mit weiteren Unterbereichen statt. Dieses sind:

**(a) Stadthotels**
- normale Ausstattung
- gehobene Ausstattung
- First-Class-Ausstattung

**(b) Ferienhotels**
- normale Ausstattung
- gehobene Ausstattung
- First-Class-Ausstattung

**(c) Kurheime**
- mit eigener Badeabteilung
- ohne eigene Badeabteilung

**(d) Hotel-garni-Betriebe/Frühstückspensionen**
- normale Ausstattung
- gehobene Ausstattung.

Methodisch werden die von den teilnehmenden Betrieben eingesandten Unterlagen, wie Gewinn-und Verlustrechnung, Bilanz, Betriebsstatistik maschinell ausgewertet und dienen zu vier unterschiedlichen Ergebnisdarstellungen.

- **Situationsanalyse**

Mit Hilfe von Durchschnittswerten werden sowohl Aufwands- und Ertragsstrukturen, Vermögens- und Kapitalstrukturen sowie Kapitalverwendungsrechnung und Kennziffernvergleich (Produktivität und Wirtschaftlichkeit) durchgeführt. Eine Ergebnisdarstellung erfolgt mittels Tabellen, Text und Teilnehmerinformationen.

- **Sondererhebungen**

In Abhängigkeit von den eingesandten Unterlagen können neue Gruppen gebildet werden und zu einzelnen Ergebnissen führen.

- **Orientierungswerte**

Neben einer Ermittlung der Durchschnittswerte werden für wichtige Strukturangaben die Ergebnisse der Gruppenbesten dargestellt.

- **Zeitvergleich**

Um auch Zeitvergleiche zu ermöglichen werden Ergebnisse älterer Erhebungen mit den aktuellen Daten verglichen.

**(2) Betriebsvergleich für Reisebüros (Erfolgsfaktoren für Reisebüros)**

Ziel der jährlichen Untersuchungen zum Betriebsvergleich für Reisebüros ist die Informationsgewinnung über deren betriebswirtschaftliche Lage. Dabei stehen Kennziffern der Branche gleichwertig neben einzelbetrieblichen Ergebnissen als wichtigste Zielsetzung im Vordergrund. Auch an diesem Betriebsvergleich ist die Teilnahme freiwillig. Eine Gruppenbildung ist aufgrund verschiedener Kriterien möglich:

(a) Geschäftslage,
(b) Sortimentsgruppe,
(c) Umsatzgrößenklasse,
(d) Ortsgrößenklasse.

| Kennziffer Gesamtbetrieb | Berechnungsformel |
|---|---|
| Betriebsertrag je Vollbeschäftigtem | Gesamterträge ./. außerordentliche Erträge / Anzahl Vollbeschäftigter |
| Betriebsertrag je Öffnungstag | Gesamterträge ./. außerordentliche Erträge / Zahl der Öffnungstage pro Jahr |
| Personalaufwand je vollbeschäftiger Lohn- und Gehaltsempfänger | Personalaufwand / Anz. der Vollb. u. Geh.empf. |
| Cash flow (absoluter Wert in DM) | Gewinn vor Einkommenssteuer + Abschreibungen |
| Gesamtkapitalrentabilität | $\frac{\text{Gewinn} + \text{Fremdekapitalzinesen}}{\text{gesamtes Kapital}} \times 100$ |
| **Kennziffer Beherbergung** | **Berechnungsformel** |
| Auslastung Bettenkapazität in % pro Jahr | Anzahl der Übernachtungen x 100 / Betten x 365 |
| Auslastung Bettenkapazität in % pro effektive Öffnungszeit | Anzahl der Übernachtungen x 100 / Betten x Öffnungstage |
| Auslastung Zimmerkapazität in % | Anzahl der belegten Zimmer x 100 / Anzahlder verfügbaren Zimmer x 365 |
| Beherbergungsertrag pro Übernachtung | Beherbergungsertrag insgesamt / Zahl der Übernachtungen |
| Zahl der Vollbeschäftigteen pro Bett bzw. Zimmer | Anzahl der Vollbeschäftigten / Anzahl der Betten bzw. Zimmer |

**Abb. B-54** Wichtige Kennziffern beim Hotelbetriebsvergleich (Auswahl) (Quelle: DWIF 1995a)

Eine Analyse erfolgt hinsichtlich allgemeiner Branchendaten (Auswahl):
- Art des Reisebüros,
- Regionale Verteilung,
- Geschäftslage,
- Rechtsform,
- Größe der Geschäftsräume,
- Zahl der Beschäftigten,
- Dauer der Beschäftigungsverhältnisse,
- Mitgliedschaft in Kooperationen oder Franchising,
- Entlohnungssysteme.

Im Erfolgsvergleich werden die Strukturen der Bruttoumsätze, der Nettoerlöse sowie der Kosten analysiert. Die im Zwischenbetriebsvergleich betrachteten verschiedenen Kennzahlen finden sich in Abbildung B-55.

**(3) Betriebsvergleich für Kurortunternehmen**

Der Vergleich von Kurortunternehmen beinhaltet besondere Schwierigkeiten, da die dort vertretenen Unternehmen sich sehr stark unterscheiden in:
- Träger- und Betrieberschaft,
- Breite und Tiefe des Angebotes,
- Größe,

| Kennziffer | Eigenes RB | Vergleichsgruppe | Durchschnitt Sortimentsgruppe | Durchschnitt Umsatzgrößenklasse | Durchschnitt Ortsgrößenklasse |
|---|---|---|---|---|---|
| **Zum Personaleinsatz** | | | | | |
| • Umsatz je Mitarbeiter in DM<br>• Umsatz je Verkaufsmitarbeiter in DM<br>• Erlös je Mitarbeiter in DM<br>• Erlös je Verkaufsmitarbeiter in DM<br>• Personalkosten je Mitarbeiter in DM | | | | | |
| **Zum Raumeinsatz** | | | | | |
| • Umsatz je qm Gesamtfläche in DM<br>• Umsatz je qm Verkaufsfläche in DM<br>• Erlös je qm Gesamtfläche in DM<br>• Erlös je qm Verkaufsfläche in DM<br>• Miete pro qm, in DM<br>• Gesamtfläche je Mitarbeiter in qm<br>• Verkaufsfläche je Verkaufsmitarbeiter in qm | | | | | |
| **Zum EDV-Einsatz** | | | | | |
| • Umsatz je Terminal in DM<br>• Verkaufspersonal/Terminal | | | | | |

**Abb. B-55** Betriebsvergleich für Reisebüros (Erfolgsfaktoren für Reisebüros)
(Quelle: Institut für Handelforschung 1996)

- Standort,
- etc.

Da die Gesamtsumme der Unternehmen im Vergleich zu den anderen Betriebsvergleichen deutlich geringer ist und eine Vollerhebung bei Kurortunternehmen unter der Anzahl der Stichprobenumfänge bei Hotels oder Reisebüros liegt, unterbleibt eine feste Gruppeneinteilung. Vielmehr wird versucht, einen Durchschnittsbetrieb zu entwickeln und so die globalen Strukturen der Kurortunternehmen herauszuarbeiten.

Gegenstand des Betriebsvergleichs sind:

(1) Personalausstattung,
(2) Kurmittelabgabe,
(3) Ertragslage,
(4) Zimmervermittlungspraxis,
(5) Werbeaktivitäten.

Die hier kurz an Beispielen verdeutlichten Formen zwischenbetrieblicher Vergleiche (Reisebüro und Hotel mit absoluten Zahlen und Kennziffern sowie Kurortunternehmen mit fiktivem Durchschnittsunternehmen) zeigen anschaulich, daß vor allem allgemeine betriebswirtschaftliche Aussagen im Vordergrund stehen. Für das Marketing wurden beim Reisebürovergleich direkt nur die Werbekosten erfaßt bzw. die Kosten für z.B. eine Kooperation und bei den Kurortunternehmen sind spezielle Kennziffern für die Werbeaktivitäten und Zimmervermittl-

| Bereich | Kenziffer |
|---|---|
| Personal | • Übernachtungen pro Vollbeschäftigtem<br>• Erlös je Vollbeschäftigtem<br>• Personalkosten je Vollbeschäftigtem<br>• Kosten-Erlös-Relation pro Beschäftigtem |
| Kurmittel | • Ø Zahl der Anwendungen pro Behandelndem/Jahr als Maßstab für Produktivität<br>• Ø Zahl der Anwendungen pro 1000 Kurgastübernachtungen als Maßstab für Nutzungsintensität<br>• Deckungsbeitrag als Saldo zwischen<br>- den Erlösen pro Anwendung<br>- den Bereichseinzelkosten pro Anwendung |
| Ertragslage | Aufwands- und Ertragsartenrechnung<br>• Kostendeckung<br>• cash flow |
| Zimmervermittlung | • Vermittlungen pro angeschlossenem Betrieb<br>• Vermittlung pro angeschlossenem Bett<br>• Erfassungsgrad der Zimmervermittlung<br>• Ø Zahl der Vermittlungen pro Beschäftigten der ZZV<br>• Ø Personalaufwand pro Vermittlung |
| Werbeaktivitäten | • Werbeetat pro Übernachtung<br>• Ø Werbeetat pro Kurort<br>• prozentuale Werbemittelverteilung |

**Abb. B-56** Ausgewählte Kennziffern eines Betriebsvergleiches von Kurortunternehmen (Quelle: DWIF 1995b)

lung entwickelt worden. Viele betriebswirtschaftliche Kennziffern aus den zwischenbetrieblichen Vergleichen müssen daher für das Marketing interpretiert werden, bzw. einzelbetriebliche eigene Kennziffern entwickelt werden.

In Abbildung B-57 sind neben allgemeinen Kennzahlensystemen nochmals verschiedene Kennziffern zusammengestellt, die insbesondere für Marketingfragen interessieren. Letztere werden entweder allgemein oder instrumentenspezifisch betrachtet. Zudem finden sie neben der Betriebsbewertung auch im Marketing-Controlling Verwendung (vgl. E.5).

**(4) Destinationen**

Doch ähnliche betriebswirtschaftliche Kennziffern wie Kapitalverwertung, Return on Investment, Umsatzkennziffern usw. sind im Rahmen des touristischen Marketing und der Betriebsanalyse für **Destinationen** bisher so gut wie nicht entwickelt worden. Einige Ansätze befinden sich in Beiträgen zur Regionalplanung, wo Kennziffern für die landschaftliche Nutzung entwickelt worden sind. Allerdings sind diese Kennziffern nur in den seltensten Fällen in Zusammenhang mit ökonomischen Größen konkretisiert worden. Erst in der Diskussion um Formen des „sanften Tourismus" sind auch einige ökonomische Kennziffern für die Tourismus-Planung genannt worden, wie z.B. Übernachtungsintensität, Tourismusintensität, Tagesausgaben von Touristen, Kosten für Arbeitsplätze im Tourismus usw.

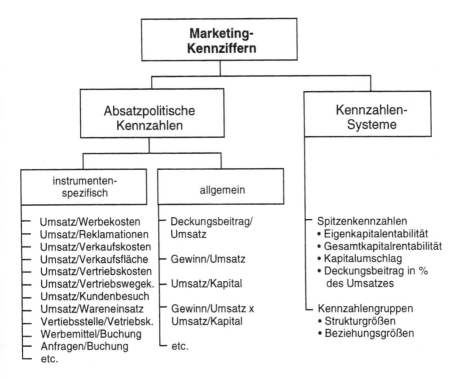

**Abb. B-57** Marketing-Kennziffern
(Quelle: MEFFERT 1994: 415)

Dabei sind für fast alle praktischen touristischen Planungskonzepte Fragen der Bewertung des touristischen Angebotes von ganz zentraler Bedeutung. Doch im Rahmen konkreter Beratungsaufgaben ist bisher kaum der Versuch unternommen worden, solche Bewertungskriterien im Zusammenhang mit einer allgemeineren theoretischen oder methodischen Fundierung zu entwickeln oder zu diskutieren. Bei diesen praxisorientierten Arbeiten überwiegt eine „Checklisten-Mentalität", mit deren Hilfe umfangreiche Auflistungen von möglichen lokalen, regionalen oder überregionalen Kriterien mit touristischer Bedeutung vorgenommen worden sind. Aber welche Bedeutung einem vorhandenen oder fehlenden Tennisplatz gegenüber einer zusätzlichen Stunde Sonnenscheindauer oder zwei Gaststätten mehr oder weniger in einer touristischen Region zukommen sollen, blieb bisher ungeklärt.

Es war einleitend bereits darauf hingewiesen worden, daß für das Marketing im Tourismus weniger die ausführliche Darstellung aller Daten und Fakten eines Ortes oder einer Region von Bedeutung ist, sondern im Mittelpunkt der marketingbezogenen Analyse vorrangig die gezielte Ableitung der Betriebsfaktoren, die **marketingrelevant** sind, steht. Dies sind insbesondere solche Faktoren, die für strategische Marketing-Überlegungen oder für den konkreten Einsatz von Marketing-Instrumenten im Rahmen des Marketing-Mix bedeutsam sein könnten.

### Ökologische Kennziffern:

- überbaute Bauzone : Bauzone insgesamt
- %-uale Veränderung der landwirtschaftlichen Nutzfläche
- Wiesen-, Weid- und Waldfläche : Betten insgesamt (Freiraumindikator)
- Betten insgesamt : Gemeindefläche (Tourismusintensität-A)
- Betten insgesamt und Ortsansässige : überbaute Bauzone (saisonale Siedlungsdichte)
- Touristen pro Hektar Strand (Strandbelastung)
- touristische Müllverursachung, Anteil am Gesamtmüll
- usw.

### Soziale Kennziffern:

- Ankünfte bzw. Übernachtungen bzw. Betten pro Einwohner (Tourismusintensität-B)
- Anteil von Ferien- und Zweitwohnungen im Besitz Ortsansässiger
- Anteil unüberbauter Bauzone im Besitz von Ortsansässigen
- Zuzug Ortsfremder bzw. Abwanderung Ortsansässiger
- Anteil lokaler bzw. fremder Kulturveranstaltungen an Gesamtkulturveranstaltungen
- lokale und fremdinduzierte Sportveranstaltungen
- Begegnungsprogramme Einheimische/Fremde
- usw.

### Ökonomische Kennziffern:

- Verteilung der touristischen Einnahmen auf Ortsansässige und Fremde
- lokale touristische Wertschöpfung
- Anteil der staatlichen Subventionen und Investitionen an den privaten Investitionen
- Preissteigerungsrate am Ort : gesamtwirtschaftlicher Preissteigerung
- Auslastungsgrad, saisonale Verteilung
- Gini-Koeffizient (Einkommens- bzw. Vermögensverteilung)
- (lokaler) Import und Export, Nettodeviseneffekt
- Beschäftigte im Tourismus : Gesamtbeschäftigte
- usw.

**Abb. B-58** Sanfte Kennziffern (Auswahl)
(Quelle: u.a. FREYER 1993a, 1995: 328-370, SEILER 1989)

Aus Sicht des Marketing handelt es sich zum einen um solche Faktoren, die touristische Betriebe gegenüber den Mitwettbewerbern besonders attraktiv erscheinen lassen, die also die Grundlage für eine **USP-Unique Selling Proposition** innerhalb des Marketing bieten könnten. Zum anderen sind es Faktoren, die über die engere Marketing-Aktivität hinaus im Rahmen der allgemeinen Fremdenverkehrspolitik zu regionalen Maßnahmen führen können.

**Beispiele:**
- Infrastrukturmaßnahmen wie Straßenbau, Verbesserung des Telefonnetzes, Bau von Badeanstalten usw.

**Kennziffern zur touristischen Entwicklung:**

- **Tourismusdichte:** Die „Tourismusdichte" ist eine der wichtigsten Kennziffern für die Entwicklung in touristischen Destinationen. Sie wird national und international mit verschiedenen Kennziffern ermittelt (vgl. FREYER 1995a:318ff), z.B. als:

- *Übernachtungsdichte:* Übernachtungszahl pro 100 Einwohner (Übernachtungsdichte-a), sie trifft Aussagen zur sozialen Verträglichkeit; oder als Übernachtung pro qkm (Übernachtungsdichte-b), sie trifft Aussagen zur Umweltverträglichkeit;
- *Ankunftsdichte:* Ankünfte pro 100 Einwohner, Ankunfts- und Übernachtungsdichte hängen durch Multiplikatoren mit der Übernachtungszahl pro Ankunft unmittelbar zusammen.

• **Beherbergungskapazität und Tourismusdichte:** Eine weitere – eng mit den vorherigen Größen zusammenhängende – Kennziffer ist die Beherbergungskapazität (Anzahl der Betten plus Campingkapazitäten (Stellplätze mal Personen pro Stellplatz), vereinfacht als „Betten" (einschließlich Campingkapazitäten) bezeichnet). Multipliziert mit der Zahl der – durchschnittlichen – Gäste oder Übernachtungen pro „Bett" ergibt sich die Gesamtgäste- oder Gesamtübernachtungszahl, die wiederum zur Berechnung der entsprechenden Kennziffern der Tourismusdichten herangezogen werden kann.

## 3.3 Prozeßorientierte Betriebsanalyse

Infolge des Dienstleistungscharakters der meisten touristischen Leistungen sind prozeßorientierte Betrachtungen eine weitere Form der Betriebsanalyse im Tourismus. Sie sehen den Betrieb als zeitraumbezogene Abfolge verschiedener Phasen, insbesondere der Potential-, Prozeß- und Ergebnisphase, und nehmen eine entsprechende zeit- und phasenorientierte Bewertung vor. Hierbei finden im Hinblick auf das touristische Marketing zwei Analysemethoden Verwendung:

• Zum einen sind es **qualitätsbezogene Bewertungen**, die im Rahmen des Total Quality Management (TQM) immer häufiger prozeßorientierte Analysen entlang der auch für den Tourismus entwickelten drei Phasen vornehmen. Sie stellen gleichzeitig einen Übergang zu einer ganzheitlichen Betriebsanalyse und Managementmethode (TQM) dar, vgl. genauer B.3.3.1.

• Zum anderen sind es **Wertkettenanalysen**, die sowohl eine einzelbetriebliche als auch eine branchenorientierte Betrachtung vornehmen, vgl. genauer B.3.3.2.

Beide Verfahren zur Betriebsbewertung unter Marketinggesichtspunkten werden im folgenden genauer dargestellt.

### 3.3.1 Prozeßorientierte Betriebsbewertung als Qualitäts-Management

Die Diskussion um qualitätsorientierte Betriebsbewertungen wird in letzter Zeit vor allem im Zusammenhang mit dem **TQM-Total-Quality-Management**, oder für Dienstleistungen als **Service-Qualität** oder **TQS-Total-Quality-Service**, geführt. Sie geht dabei über die Betrachtung der qualitativen Eigenschaften einzelner Produkte oder Leistungen hinaus und sieht die Orientierung an Qualitätsaspekten als Grundprinzip des gesamten betrieblichen Managements an (TQM). **Qualität** wird in diesem Zusammenhang verstanden als:

- **kundenbezogene oder nachfrageorientierte Qualität:** hierbei erfolgt eine Bewertung der Qualität aufgrund von – subjektiven – Bewertungen durch die Kunden. Beispiele im Tourismus sind Gästebefragungen und die dabei enthaltenen Einschätzungsfragen zu den Leistungsträgern und deren Leistungskomponenten (zu deren „Werten"),

- **produktbezogene oder anbieterorientierte Qualität:** hierbei bemüht man sich um möglichst objektive Beurteilungskriterien für die Qualität von Dienstleistungen (und deren Betrieben), die oftmals in Relation zum jeweiligen (Dienstleistungs-) „Standard" bewertet werden.

Beide Aspekte beinhalten neben einer qualitativen Bewertung der Grundleistungen auch die mit der Leistungserstellung verbundenen qualitativen Zusatzleistungen, wie Atmosphäre usw. **(„Anmutungsqualität")**. Gerade im Tourismus besteht eine hohe Wechselwirkung zwischen der – eher objektiven – Attraktivität des touristischen Umfeldes und der – subjektiv – erlebten Qualität der verschiedenen touristischen Leistungen.

„**Dienstleistungsqualität** ist die Fähigkeit eines Anbieters, die Beschaffenheit einer primär intangiblen und der Kundenbeteiligung bedürfenden Leistung aufgrund von Kundenerwartungen auf einem bestimmten Anforderungsniveau zu erstellen." (MEFFERT/BRUHN 1995: 199)

Zur Service-Qualität im Tourismus vgl. u.a. POMPL/LIEB 1997, MÜLLER 2000, ROMEISS-STRACKE 1995, LANGER 1997.

### 3.3.1.1 Von der betriebsinternen Qualitätssicherung zum „totalen" Managementprinzip (TQM)

Das **Konzept des TQM** entwickelte sich in den 50er Jahren aus dem Gedanken der Qualitätssicherung in bezug auf die maschinelle und sachgüterorientierte Produktion. Hierbei wurden Qualitätsstandards formuliert, die immer mehr von der reinen Produktorientierung zu einem unternehmerischen Führungsprinzip übergingen. Dieses „totale" Qualitäts-Management verlangte von allen Unternehmenseinheiten eine Ausrichtung auf Qualitätserhaltung und -verbesserung:

„Eine Führungsmethode einer Organisation, bei welcher Qualität in den Mittelpunkt gestellt wird, welche auf der Mitwirkung aller ihrer Mitglieder beruht und welche auf langfristigen Erfolg durch Zufriedenstellung der Abnehmer und durch Nutzen für die Mitglieder der Organisation und für die Gesellschaft zielt." (DIN ISO 8402)

Infolge der Schwierigkeit der objektiven Messung von Qualität wurden immer mehr kundenorientierte Bewertungsmethoden entwickelt. Insofern kamen zu den anfänglichen betriebsinternen Meßmethoden zunehmend markt- und außenorientierte Methoden hinzu. Heute stehen angebots- und nachfrageorientierte Meß- und Bewertungsmethoden nebeneinander (vgl. Abb. B-59).

In den letzten Jahren fand das TQM auch im Dienstleistungsbereich immer mehr Verbreitung. Gerade die schwierig zu standardisierenden Eigenschaften der – immateriellen – Dienstleistungen führten zur Weiterentwicklung der subjektiven und kundenorientierten Bewertungsmethoden. Letzlich ist diese Entwicklung auch Ausdruck der zunehmenden Markt- und Marketingorientierung des TQM, das ursprünglich als betriebsinterne Bewertungsmethode entwickelt worden war.

Qualität ermöglicht Konkurrenzvorteile aufgrund von Leistungsvorteilen und von Differenzierungsmöglichkeiten gegenüber der Konkurrenz und sichert/signalisiert dem Kunden Vertrauen und Kompetenz – gerade bei touristischen Dienstleistungen.

Als konstituierende Bausteine für ein TQM-System gelten (nach: DEUTSCHE GESELLSCHAFT FÜR QUALITÄT 1990: 37ff):

- **Unternehmensgrundsätze:** Qualität muß in den Unternehmenszielen und -grundsätzen verankert sein.
- **Kundenorientierung:** Qualität wird zunehmend aus Sicht der Kunden definiert und gemessen. Letztlich entscheidet der Kunde durch seinen Kauf über den Erfolg der Qualitätsorientierung. Hierfür müssen alle Kontaktsituationen des Kunden mit dem Unternehmen optimiert werden („Prozeß der Wahrheit").
- **Interne Kunden-Lieferanten-Beziehung:** Jeder Mitarbeiter soll sich als „firmeninterner" Kunde und Lieferant verstehen, d.h. er kontrolliert bereits im Entstehungsprozeß die jeweiligen Qualitätsdimensionen gegenüber anderen Betriebsteilen sowie gegenüber dem Endkonsumenten.
- **Denken in Prozessen:** Qualität ist als zeitraumbezogener Prozeß über alle betrieblichen Teilleistungen zu verstehen. Hierfür stellt das touristische Phasenmodell einen entsprechenden prozeßorientierten Handlungsrahmen dar.

### 3.3.1.2 Methoden der Qualitätsmessung und -bewertung

Im Zusammenhang mit der Qualitätsorientierung bei Dienstleistungen allgemein und im Tourismus wird dem Aspekt der Qualitätsmessung u. -bewertung immer größerer Raum eingeräumt. Die meisten Systematisierungen zur Qualitätsmessung im Tourismus orientieren sich an der allgemeinen Diskussion von Qualität, wie sie insbesondere für den Dienstleistungsbereich entwickelt worden ist (vgl. dazu Hentschel 1995, BRUHN/MEFFERT 1996: 203ff, POMPL 1996: 78ff). Sie werden im folgenden Abschnitt B.3.3.1.3 noch genauer für das touristische Qualitäts-Management dargestellt. Die Verfahren der Qualitätsmessung werden nach verschiedenen Kriterien unterteilt, die wiederum in unterschiedlichen Kombinationen zur Charakterisierung der einzelnen Verfahren verwendet werden. Die wichtigsten Kriterien sind:

- **Sichtweise des Verfahrens:** Qualitätsmessung kann aus Sicht der Anbieter (oder Tourismus-Unternehmen) oder der Nachfrager (oder Kunden, Touristen) erfolgen. POMPL (1996: 77) unterscheidet zudem noch die „quasi-objektive Qualitätsmessung" durch Dritte, wie Warentests, Klassifikationen oder Gütesiegel. Auch die Qualitätsnormen nach DIN wären in diese Kategorie einzubeziehen. FREYER (2000: 425) weist ferner auf die Bedeutung der Einwohner- und Gesellschaftssicht für eine Total Service Quality von Destinationen hin.
- **Differenzierungsgrad der Verfahren:** Es existieren zum einen „globale" Verfahren, die ein Gesamturteil für die verschiedenen Phasen oder Bereiche der Leistungskette bzw. des Leistungsbündels messen. Zum anderen werden differenzierte Qualitätsmessungen für die einzelnen Leistungselemente (sog. „Attribute") durchgeführt – sog. „attributive Verfahren". Beispielsweise wäre die zuvor dargestellte getrennte Beurteilung der Potential-, Prozeß- oder Ergebnisphase oder der Kern- bzw. Zusatzleistungen oder Erlebniswerte einer Pauschalreise ein multiattributives Verfahren der Qualitätsmessung, hingegen die

Beurteilung der Gesamtqualität einer Reise durch die Reisenden ein Globalverfahren. Beide Methodenarten gibt es sowohl aus Anbieter- oder aus Nachfragersicht.

- **Objektive oder subjektive Verfahren:** Meßmethoden bemühen sich üblicherweise um eine möglichst objektive Messung der Qualität. Solche Verfahren überwiegen im Sachgüterbereich, wo ein hoher Standardisierungsgrad der Produkte möglich ist. Im Tourismus – und bei Dienstleistungen allgemein – sind Bewertungen aber sehr häufig subjektiv geprägt, womit zumeist Meinungsbefragungen, Experten- oder Kundenbewertungen als sog. „subjektive" Verfahren der Qualitätsmessung zum Einsatz kommen.

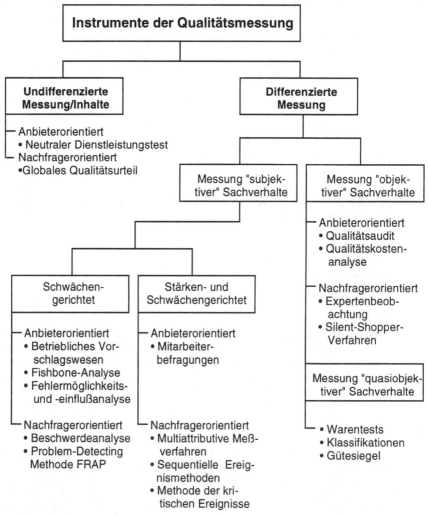

**Abb. B-59** Methoden und Instrumente der Qualitätsmessung
(Quelle: MEFFERT/BRUHN 1995: 205, nach HENTSCHEL 1995: 354, ähnlich POMPL 1996: 77)

- **Stärken- oder schwächengerichtete Messung:** Eine weitere Unterscheidung der Verfahren, die besonders für Marketingüberlegungen bedeutsam ist, betrifft die Ausrichtung der Verfahren auf die Messung von Stärken oder Schwächen. Für das touristische Marketing werden Stärken in der Regel aktiv und marktorientiert als USP für Marketingstrategien eingesetzt, Schwächen hingegen sind betriebsorientiert abzustellen und betreffen operative Maßnahmen, z.B. der Produktpolitik oder anderer Politikarten. Qualitätsbeurteilungen decken häufig Schwächen des Leistungsangebotes oder des Betriebes auf, wie z.B. die Beschwerdemessung oder das betriebliche Vorschlagswesen.

Andere Meßmethoden sind eher auf die Messung von Stärken – oder von Stärken und Schwächen – ausgerichtet, wobei wiederum subjekte Verfahren überwiegen. So ergeben Gäste- oder Mitarbeiterbefragungen sowie multiattributive Verfahren auch Hinweise auf qualitative Stärken des jeweiligen Leistungsangebotes.

### 3.3.1.3 Prozeßorientierte Qualitätsanalyse im Tourismus

Immer mehr Autoren gehen bei der Bestimmung und Messung der Qualität von Dienstleistungen entlang des zuvor auch für touristische Leistungen dargestellten phasenorientierten Leistungsmodells vor (vgl. BENKENSTEIN 1993, MEYER/MATT-MÜLLER 1987, MEYER/WESTERBARKEY 1995). Neben den einzelnen Qualitätsbewertungen innerhalb der einzelnen Leistungsphasen ergeben sich folgende **phasenübergreifende** Qualitätsprobleme:

- **Bewertung der gesamten Leistungskette:** Eine Bewertung touristischer Betriebe und Produktion in Anlehnung an das touristische Leistungskettenmodell muß vor allem die **gesamte Leistungskette** im Tourismus berücksichtigen. Hierbei wird in anderem Zusammenhang von der **Komplementarität** der touristischen Leistungen gesprochen: alle Leistungen tragen zum Gesamtergebnis bei und bedingen sich gegenseitig – im Positiven oder Negativen. Im Tourismus ist dabei auch die Abfolge der verschiedenen Reiseteilleistungen, wie Buchung, Transport, Reiseleitung, Unterkunft und Betreuung vor Ort, Rücktransport und Nachbetreuung als Gesamtangebot zu betrachten.
  **Beispiele:**
  - Die beste Beratung vor Reiseantritt kann im Endergebnis durch Flugverspätungen ebenso negativ beeinflußt werden wie eine First-Class-Unterkunft durch unfreundliches Service-Personal.

- **Null-Fehler-Problematik:** Insgesamt besteht bei Dienstleistungen die **Null-Fehler-Problematik**, d.h. im gesamten Dienstleistungsprozeß sind an vielen Stellen Fehlermöglichkeiten gegeben, die aufgrund der Zeit- und Raumabhängigkeit der Leistungserstellung nur selten rückgängig gemacht werden können.
  **Beispiele:**
  - Ein verspäteter Flug kann nicht zurückverlegt werden, eine fehlerhafte Unterkunft kann nur nachträglich korrigiert werden (was in der Regel mit Zeitverlust und Verärgerung verbunden ist), eine verregnete Reise kann nicht bei schönem Wetter wiederholt werden usw.

Weiterhin kommen in allen drei Phasen verschiedene Qualitätsdimensionen zum tragen (ZEITHAML/PARASURAMAN/BERRY 1992):

- die **Annehmlichkeit** des tangiblen Umfeldes („tangibles"), also die zuvor erwähnte Attraktivität der Reisedestination und des Reiseablaufes,

- die **Zuverlässigkeit** („reliability") der touristischen Leistungsanbieter, die versprochene Leistung auf dem entsprechenden Niveau zu erstellen,
- die **Reaktionsfähigkeit** („responsiveness"), auf bestimmte Wünsche im Verlauf des Leistungsprozesses zu reagieren,
- die **Leistungskompetenz** („assurance") umfaßt die Kenntnis und Fachqualifikation des Servicepersonals („Dienstleistungsmentalität und -qualifikation"),
- das **Einfühlungsvermögen** („empathy") betrifft einen weiteren Aspekt des Eingehens auf die Kundenwünsche.

In den einzelnen Phasen des touristischen Dienstleistungsmodells sind jeweils gesonderte Beurteilungen für die immateriellen Eigenschaften der touristischen Dienstleistungen notwendig. Dies erfolgt in enger Anlehnung an die im Service- und Qualitäts-Management üblichen Verfahren (vgl. B.3.3.1.2). Allerdings sind in diesem Zusammenhang auch für den Tourismus ähnliche Probleme wie bei der Bewertung von Dienstleistungen im **TQM-Total Quality Management** gegeben:

- **Zeit- und Raumabhängigkeit** sowie Vergänglichkeit: Touristische Dienstleistungen können nie in 100% gleicher Art und Weise wiederholt werden. Insofern sind Bewertungen stets nur zu einem bestimmten Zeitpunkt und im Nachhinein möglich.
- **Subjektive Einschätzung** und Bewertung von Dienstleistungen: Der gleiche Dienstleistungsablauf wird in der Regel von verschiedenen Personen unterschiedlich beurteilt.
- Probleme der **Standardisierung** und Vergleichbarkeit von Dienstleistungen: Vor allem die Immaterialität von Dienstleistungen läßt Qualitätsvergleiche und -bewertungen im Sinne eines „TQM-Total Quality Management" nur schwer zu.
- Hoher Anteil **fremder bzw. betriebsexterner Beiträge** zur touristischen Dienstleistung: So werden aus Sicht eines Reiseveranstalters bis zu 80% einer Pauschalreise von fremden Leistungsträgern erstellt. Zum Aufenthalt von Gästen in einer touristischen Destination trägt das lokale Fremdenverkehrsamt ebenfalls nur zu einem ganz geringen Teil direkt bei.

Im einzelnen stellen sich die Bewertungsprobleme im touristischen Leistungsmodell in den drei Phasen aus Abb. B-60 wie folgt dar:

### 3.3.1.4 Potentialqualität

In der Potentialphase werden seitens der touristischen Leistungsträger die zur Leistungserstellung benötigten Faktoren (natürliches und abgeleitetes Angebot) sowie unternehmerisches Know-how, Leistungsbereitschaft, und -fähigkeit des Unternehmens und seiner Mitarbeiter bereitgestellt. Die Darstellung der Prozeßqualität gegenüber dem Kunden ist für die Reiseentscheidung von großer Bedeutung, da er sich aufgrund der Immaterialität des touristischen Produktes i.d.R. auf Versprechen der Unternehmern bzgl. Umwelt, Klima, Beherbergungsbetrieb etc. verlassen muß.

Im Verlauf der Potentialphase werden darüberhinaus insbesondere auch Informations- und Reservierungsaufgaben von den touristischen Leistungsträgern wahrgenommen. Vielfach sind es betriebsfremde Personen oder Agenturen, die die touristische Beratung durchführen.

**Beispiele:**
- Eine Reisebüro-Agentur in Dresden informiert über das Flugprogramm eines Frankfurter Reiseveranstalters mit USA-Reisen, die Mitarbeiter der DZT in New York informieren über das touristische Angebot in Dresden oder in der Sächsischen Schweiz usw.

Für diese Agenturen (i.d.R. Reisebüros) stellt die Vermittlungstätigkeit die eigentliche Dienstleistung dar. In diesem Fall wäre die Beratungsqualität aus Sicht des Anbieters eher der Durchführungsphase zuzuordnen. Aufgrund der gewählten Systematik werden Informationen und Reservierung jedoch im Rahmen der Potentialphase behandelt.

Die Bewertung einer erfolgreichen **Beratungstätigkeit** zeigt sich zum einen – indirekt – in einem hohen Anteil von Buchungen und Reservierungen an der Zahl der Beratungsgespräche. Soweit die Informationsaufgaben durch das Verteilen oder den Versand von Informationsunterlagen erfolgt, kann der Rücklauf an Buchungen als Erfolgskriterium herangezogen werden. Reisemittler und touristische Informationsstellen registrieren in der Regel die Anzahl der Beratungen und setzen die Beratungsaktivitäten in Relation zu den Buchungserfolgen. Neben der Anzahl der Beratungen und Buchungen sind auch die monetären Größen von Beratungs- und Informationskosten zu monetärem Buchungsvolumen von Bedeutung. So werden vielfach bestimmte prozentuale Anteile des – geschätzten – Umsatzes für die Informationsphase zur Verfügung gestellt. Ein Großteil dieses Budgets bezieht sich auf Maßnahmen der Öffentlichkeitsarbeit und der Werbung im Marketing-Mix.

Die **Beratungsqualität** spiegelt sich zum anderen in der subjektiven Einschätzung der sich informierenden Gäste wider, inwieweit sie sich vollständig und qualifiziert beraten fühlen. Eine solche Bewertung erfährt man durch Gästebefragungen (vgl. Ergebnisphase) oder durch Testkäufe („Silent Shopper").

Hier stellt sich ferner die Frage, welcher Anteil der beratenen Personen durch eine qualifiziertere Beratung beim jeweiligen Reiseveranstalter gebucht hätte bzw. wieviele Personen aufgrund einer anderen Beratungspolitik in die jeweilige Destination gefahren wären.

Zudem ist in die Betrachtung der Potentialqualität auch der Nachfrager selbst einzubeziehen. Aufgrund der erforderlichen Interaktion zwischen Kunde und touristischem Anbieter zur Erstellung der Leistung ist die Fähigkeit und Einstellung des Kunden bezüglich seiner Mitwirkung im Verlauf der Reise (psychisch, intellektuell und emotional) bedeutsam (Interaktionspotential). Hierzu gehört z.B., daß der Kunde Sonderwünsche frühzeitig äußert und bereits bei der Buchung seine Vorstellungen und Bedürfnisse klar formuliert, da er nur unter dieser Voraussetzung optimal und bedarfsgerecht beraten werden kann.

### 3.3.1.5 Prozeßqualität

Die Prozeßqualität bezieht sich auf die eigentliche Leistungserstellung, im Tourismus vor allem die Reisedurchführung „in der Fremde". Hier sind es wiederum zahlreiche betriebsexterne Leistungsträger, die an der Leistungserstellung mitwirken und somit nur eine indirekte Beurteilung zulassen. Bei Pauschalreisen sind es Transportunternehmen, Reiseleiter, Incoming-Agenturen vor Ort, die Mitarbeiter der Beherbergungs- und Gastronomiebetriebe als unmittelbar mit der Leistungserstellung beauftragte Personen, die zum Erfolg der touristischen Leistungen beitragen.

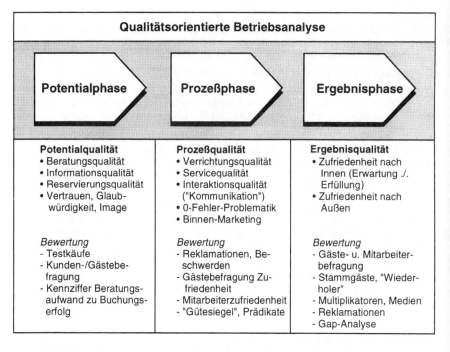

**Abb. B-60** Leistungsqualität im touristischen Phasenmodell

**Beispiele:**
- Pünktlichkeit der Transportgesellschaften, Komfort der Unterkünfte, Freundlichkeit des Service-Personals sind wichtige Erfolgsfaktoren.

Aber es sind auch die Mitreisenden und die Bewohner des Reisegebietes, die einen hohen Anteil an einer „guten" Reisedurchführung haben. Hierbei kommt dem Reisenden selbst eine wichtige **„Mitwirkungspflicht"** zu:

**Beispiele:**
- Unzufriedene oder streitsüchtige Reisende erschweren dem Dienstleistungspersonal eine entsprechende Gestaltung. Letztlich beeinflussen auch die natürlichen Faktoren, wie Wetter, Landschaft usw. das Reiseergebnis.

Insgesamt ist es Aufgabe des Service-Personals, durch eine entsprechende Dienstleistungsbereitschaft und durch **Servicequalität** die Wünsche des Reisenden zu erfüllen und zum Wohlbefinden während der Reisedurchführung beizutragen. Insofern sind Mitarbeiter eine gute Informationsquelle für Qualität und Kundenzufriedenheit während der Prozeßphase.

In Destinationen wird zunehmend versucht, durch **Prädikate und „Gütesiegel"** zur Sicherung eines gewissen Standards des Dienstleistungsangebotes während des Aufenthaltes beizutragen (vgl. u.a. FREYER 1997c). So werben immer mehr Beherbergungsbetriebe und Restaurants mit Klassifikations-Sternen oder ähnlichen Prädikaten, um den jeweiligen Standard zu signalisieren. Transportunternehmen teilen ihr Angebot in Klassen ein oder bieten Zusatzleistungen an, um den unterschiedlichen Wünschen der Reisenden entgegenzukommen. Aufgabe einer touristischen Betriebsbewertung ist die Überprüfung und Einhaltung der Klassifikationen, um einen vergleichbaren Standard zu gewährleisten.

**Beispiele:**
- Bewertung von Reisebussen durch die Gütegemeinschaft Buskomfort,
- „Grüner Koffer", „Blaue Flagge", „Silberne Distel" als mögliche Gütesiegel für Fremdenverkehrsorte und -regionen,
- „Kochlöffel", „Sterne" für Gastronomiebetriebe.

Während des Aufenthaltes der Gäste in der Destination ist auch die generelle Bereitschaft der Bewohner, Touristen in ihrem Ort aufzunehmen, ein wichtiger Bewertungsaspekt für die Qualität des touristischen Gesamtangebotes. Hierfür geben die verschiedenen Maßnahmen des **Binnen-Marketing** im Tourismus Hinweise auf die Bewertung dieses Bereiches.

### 3.3.1.6 Ergebnisqualität

Die Ergebnisqualität im touristischen Dienstleistungs-Modell weist auf die verschiedenen Möglichkeiten der Bewertung des Gesamtergebnisses einer Reise hin. Dabei ergibt sich „Zufriedenheit" als Vergleich von **(a)** Erwartungen bzw. Versprechungen und **(b)** der jeweiligen Erfüllung bzw. Realisierung. Je höher **(a)**, um so höher muß auch **(b)** sein, um letztendliche Zufriedenheit in der Ergebnisphase zu bewirken – und umgekehrt. Dies stellt einen direkten Zusammenhang mit den Versprechungen der jeweiligen Leistungsanbieter in Phase 1 her.

Hierfür sind es vor allem die verschiedenen Arten der **Gästebefragung**, die Hinweise auf die Zufriedenheit der Kunden mit dem touristischen Angebot geben. Solche Untersuchungen können in Form einer umfassenden Befragung der Besucher, durch kleinere Fragebogen, aber auch durch Führen eines Beschwerdebuches, des Anbringens eines „Meckerkastens" oder durch Anrufe, z.B. seitens des Reisebüros beim Kunden nach seiner Rückkehr an den Heimatort[13], durchgeführt werden.

Da nur ein geringer Anteil der weniger zufriedenen Gäste sich zu einer aktiven Beschwerde entschließen, lassen die vorgebrachten Beschwerden auf einen weitaus größeren Anteil von Unzufriedenen schließen. Es wird vermutet, daß auf eine vorgebrachte Beschwerde weitere fünf bis zehn unzufriedene Gäste entfallen.

Im positiven Bereich geben „Wiederholer" und „Stammgäste" Hinweise auf die Kundenzufriedenheit. Je höher dieser Anteil, um so erfolgreicher war der gesamte touristische Leistungsprozeß.

Gelegentlich führen auch unabhängige Institutionen Bewertungen des touristischen Leistungsangebotes von Destinationen oder einzelner touristischer Leistungsträger durch. Weit verbreitet sind „Hitlisten" der Fluggesellschaften (erstellt aufgrund von Leserbefragungen bestimmter Fachzeitschriften) sowie Berichte über Destinationen durch die Medien. Gelegentlich wurden auch Reisebürotests durchgeführt, z.B. von der Stiftung Warentest. Zwar genügen solche „Untersuchungen" nur selten den wissenschaftlichen Anforderungen, doch fin-

---

[13] DER – Deutsches Reisebüro GmbH führte diese Form der Gästebefragung der Ergebnisqualität im Rahmen der Zertifizierung nach DIN EN 9000-4 ein.

den sich hier vielfache Hinweise auf die Ergebnisdimension des jeweiligen touristischen Angebotes. Fundiertere Untersuchungen werden i.d.R. von den touristischen Betrieben und Organisationen selbst veranlaßt.

Die meisten Bewertungen aufgrund von Gästebefragungen geben lediglich Hinweise/Informationen über die **vorhandenen Gäste** und die Zufriedenheit mit dem vorhandenen Angebot. Seltener werden Personen nach ihrer Einschätzung befragt, die **nicht** in die jeweilige Destination gefahren sind („Destinations-Ignoranten") oder das jeweilige Angebot **nicht** wahrgenommen haben. Solche Informationen wären aber für die Weiterentwicklung des jeweiligen Angebotes von besonderer Bedeutung.

**Das GAP-Modell**

Zur Messung und Bewertung der Kundenzufriedenheit – sowie zur Bestimmung der Qualität aus Kundensicht – wird im Dienstleistungsbereich häufig das GAP-Modell von ZEITHAML/PARASURAMAN/BERRY 1992 verwendet.

> **GAPs** sind Lücken, Diskrepanzen, Unterschiede oder Abweichungen zwischen Erwartungen und Realisierungen, wobei sich solche Lücken in der umfassenden Darstellung von ZEITHAML/PARASURAMAN/BERRY in 5 Bereichen zeigen.

Die wichtigste Lücke – quasi die Ergebnislücke – verbindet die Kundensicht mit der des Leistungserstellers und weist auf den Unterschied von erwarteter und erlebter Leistung hin (Gap 5)[14]:

**(1) Der erwartete Service aus Kundensicht**

Der **erwartete Service** ergibt sich auf der Seite der Leistungskonsumenten vor allem aus:

- mündlichen Empfehlungen,
- persönlichen Bedürfnissen,
- bisherigen Erfahrungen,
- dem Dienstleistungsversprechen (kommuniziert durch den Leistungsersteller).

**Beispiele:**
- So bilden sich die Erwartungen gerade im Tourismus entweder aufgrund der eigenen Erfahrungen bei gleichen oder anderen Reisen. Waren sie selbst noch nicht in der jeweiligen Destination, so tragen die Empfehlungen und Erfahrungen anderer Reisender zur Erwartungshaltung bei. Letztlich kommt auch dem Leistungsversprechen des Reiseveranstalter oder der Leistungsträger in Bezug auf einen „schönen", „verträglichen" oder „qualitativ hoch stehenden" Urlaub hohe Bedeutung zu. Diese Faktoren sind ursächlich für die Buchung einer bestimmten Reise, mit der insgesamt das jeweilige Reisebedürfnis, wie Erholungs-, Bildungs- oder Aktivreise, erfüllt werden soll.

Der **erlebte Service** ist das Endergebnis aus dem vom Leistungsersteller geleisteten Service, zusätzlich beeinflußt durch das Leistungsversprechen.

---

[14] Im folgenden wird zur Vermeidung von Mißverständnissen an der ursprünglichen Nummerierung der Gaps/Lücken von ZEITHAML/PARASURAMAN/BERRY 1992 festgehalten, da die analoge Bezifferung vielfach in der Literatur aufgegriffen worden ist.

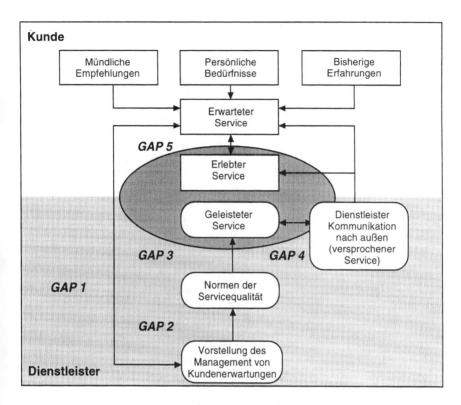

**Abb. B-61** GAP-Modell der Service-Qualität
(Quelle: nach ZEITHAML/PARASURAMAN/BERRY 1992: 62)

### (2) Die Qualitätslücken beim Leistungsersteller

Im Einflußbereich des Leistungserbringers ergeben sich vier weitere Lücken, die zur Qualitätsbeurteilung durch den Kunden beitragen.

**Gap 1** weist auf die generelle Problematik der Erfassung der Kundenerwartung durch das Management hin. Nur soweit der Hersteller auch die – qualitätsorientierten – Kundenwünsche adäquat erfaßt, z.B. mit Hilfe der Marktforschung, kann er ein entsprechendes Leistungsangebot zur Verfügung stellen.

**Mögliche Gründe:**
• Unzureichende Marktforschung und/oder fehlerhafte Auswertung

Doch auf dem Weg von der Vorstellung des Managements über die Kundenerwartungen zur Realisierung dieser kundenorientierten Leistungserstellung können weitere Lücken auftreten:

**Gap 2** bezieht sich auf eine Umsetzungslücke zwischen den – korrekt – erfaßten Kundenwünschen und der Vorgabe oder Normung der entsprechenden Qualitätsaspekte. Nur wenn es gelingt, die qualitativen Unternehmensziele auch entsprechend an die Mitarbeiter weiterzugeben, gelingt es, die Lücke 2 zu schließen.

**Beispiele:**
- Vorgabe einer Null-Fehler-Leistungserstellung oder einer möglichst geringen Reklamationsrate.
- Probleme der Standardisierung des touristischen Leistungsprozesses und seiner Qualitätsdimensionen.

**Gap 3:** Ist auch der Schritt 2 erfolgreich absolviert, so ist noch immer nicht sichergestellt, daß die Mitarbeiter die Qualitätsvorgaben auch entsprechend umsetzen. Gerade im touristischen Dienstleistungsbereich mit direktem Kontakt von Leistungspersonal und Reisenden kommt dem Umsetzungswillen und den Umsetzungsfähigkeiten des Servicepersonals große Bedeutung zur Realisierung der gewünschten Qualität zu. Die Umsetzung der Beratungs- oder Durchführungsqualität seitens des Personals führt letztlich zur Qualiät der geleisteten touristischen Dienstleistung.

**Beispiele:**
- Ungenügende Qualifikation der Mitarbeiter und/oder fehlende „Dienstleistungs-Mentalität"

**Gap 4:** Doch Gap 4 weist darauf hin, daß nicht allein die – objektiv gegebene – Qualität der Leistungsdurchführung zum Kundenerleben führt, sondern die Leistungsrealisierung muß auch mit der dem Kunden versprochenen Leistung identisch sein. Gap 4 behandelt die Unterschiede zwischen Leistungserbringung und Leistungsversprechen, was zusammen zur erlebten Leistung beiträgt.

**Beispiele:**
- Wenn dem Kunden die „kostbarsten Tage des Jahres" oder „schöne Ferien" oder – konkreter – Urlaub in einem 5-Sterne-Hotel oder in einer „ruhigen Umgebung" versprochen worden sind, führt die Unterbringung in einem qualitativ weniger anspruchsvollen oder in einer weniger ruhigen Destination zu einem – subjektiv – geringeren Qualitätserleben als es aus Sicht des Herstellers der Fall ist.
- Falsche oder irreführende Angaben in den Prospekten von Reiseveranstaltern oder Destinationen

Die GAP-Analyse von ZEITHAML/PARASURMAN/BERRY behandelt den gesamten Leistungsprozeß aus einer statischen ex-post-Sichtweise, die zudem Probleme bei der empirischen Umsetzung beinhaltet. Kritik bezieht sich zum einen auf die Messung der verschiedenen GAPs, insbesondere auf Gap 5, der Gesamt-Differenz von Kundenerwartung und Leistungswahrnehmung. Die dabei verwendete Methode des SERVQUAL-Ansatzes vermischt – nach Meinung der Kritiker – Aspekte der Einstellungs- und Zufriedenheitsmessung.

Auch ist das GAP-Modell eher statisch sowie (gesamt-)ergebnisorientiert und trägt damit dem zeitbezogenen Vorgang der Dienstleistungserstellung und des -konsums nur unzureichend Rechnung. So wird keine phasenorientierte GAP-Messung vorgenommen, beispielsweise in Form eines Potentialgaps (Phase 1) oder eines Durchführungsgaps (Phase 2) sowie eines Ergebnisgaps (vgl. hingegen MEYER/WESTERBARKEY 1995, GRÖNROOS 1983, BENKENSTEIN 1993). BENKENSTEIN spricht daher davon, daß das Lückenmodell zwar „erste, jedoch relativ unsystematische Anregungen zur Qualitätssteuerung liefert" (ders. 1993: 1108). Auch andere Teilattribute des gesamten Reisevorganges, wie beispielsweise Kern- oder Zusatzleistungen sowie Erlebniswirkungen finden bei ZEITHAML/PARASURMAN/ BERRY keine Berücksichtigung. Dabei können in allen Teilphasen oder bei allen Teilleistungen Erwartungen und Erfüllungen voneinander abweichen. Wie sich letztlich die Gesamtbewertung zusammensetzt/ergibt, bleibt in der bisherigen GAP-Forschung weitgehend ungeklärt.

Gerade bei der touristischen Gesamtleistung entlang einer Leistungskette können zwar immer wieder Qualitäts- oder Leistungslücken in Teilbereichen auftreten, die aber bei der Gesamtbewertung einer Reise wieder in den Hintergrund treten. So besteht beispielsweise die Möglichkeiten der prozeßorientierten Fehlerbeseitigung bereits während der Reise (siehe Reklamationsforschung). Auch können Beratungsmängel in der Potentialphase durch positive Reiseerlebnisse während der Durchführung kompensiert werden und es kann eine positive Gesamtbewertung durch den Kunden erfolgen.

Auf der anderen Seite führen aber auch Leistungsabweichungen in Teilbereichen zur Negativbewertung der gesamten Leistung. So wurde bereits mehrfach auf die „Null-Fehler-Problematik" hingewiesen, wobei bereits **ein** Fehler das Gesamtergebnis negativ beeinflussen kann.

**Beispiele:**
- Bei Gästebefragungen in Urlaubsgebieten werden häufig Teilbereiche sehr kritisch beurteilt, doch bei der – abschließenden – Gesamtbewertung ist zumeist ein relativ hoher Anteil der Gäste „(sehr) zufrieden", in deutschen Urlaubsgebieten zumeist über 80 oder 90 Prozent der Befragten.
- Reisereklamationen beziehen sich oftmals eher auf Nebenaspekte der gesamten Reise, wie z.B. verschmutzte Handtücher oder Verspätungen der Transportunternehmen, führen aber dazu, daß die gesamte Reise moniert wird.

### 3.3.1.7 Zertifizierung: Bewertung mit Hilfe von ISO-Normen

Zunehmend bemüht sich auch die Dienstleistungswirtschaft in Anlehnung an Industriestandards, auch für Dienstleistungen Qualitätsstandards einzuführen und anzuwenden. Dabei gelten Normensysteme als eine Möglichkeit, entsprechende Standards festzulegen. Auch Gütesiegel (vgl. 3.3.1.2) sind Versuche, mit Hilfe konkreter touristischer Normen bzw. Güteklassen Qualitätssysteme und deren Kontrollen in Unternehmen zu installieren. Allerdings hat die Vergangenheit gezeigt, daß die Aufstellung von Einzelnormen und Gütesiegeln durch die Beteiligten selbst (interne Normen und Siegel) erhebliche Probleme bei der Festlegung, Umsetzung und Kontrolle bedeuten, so daß auch heute kaum ein Gütesiegel im Tourismus national und branchenweit Akzeptanz gefunden hat. Schwieriger wird es, noch im europäischen oder weltweiten Vergleich. Die Normenreihe DIN EN 9000ff ist dagegen weder ein nationaler Alleingang noch eine tourismusspezifische Norm. Die Kompatibilität mit anderen nationalen Normen in Industrieländern ist bei der ISO 9000 sichergestellt.

Allgemein beschäftigt sich die ISO 9000 Normenreihe mit der Standardisierung von Qualitätsmanagement und -sicherungssystemen. Unterteilt ist die Reihe in die Normen 9000 bis 9004.

Insgesamt werden damit „universelle Normen" für die Herstellung eines Produktes oder einer Dienstleistung aufgestellt. Dazu werden:

- Leitfäden,
- Spezifikationen,
- und Ermittlungsmethoden

zur Auswahl und Anwendung der Normen (ISO 9000 und 9004), zu den Anforderungen und deren Erfüllungskontrollen (ISO 9001 bis 9003) vorgegeben.

Das Unternehmen bestimmt selbst, nach welchen Anforderungen (ISO 9001-9003) es sich normieren lassen will. Dabei beschreibt die ISO 9001 die maximalen

Anforderungen an Design/Entwicklung, Produktion, Montage und Kundendienst. Die ISO 9002 ist gleich der ISO 9001 ohne Forderungen an Design und Kundendienst und die ISO 9003 verzichtet auf einige Gesichtspunkte, die die ISO 9002 beinhaltet (JACKSON/ASHTON 1995).

An den hier beschriebenen Inhalten wird schon die Problematik bei einer phasenorientierten Anwendung im Tourismus und Dienstleistungsbereich deutlich. Ein Verzicht auf Anforderungen im Kundendienstbereich scheidet im Tourismus weitgehend aus, so daß allgemein eine Normierung nur nach ISO 9001 als innen- und außenwirksames Instrument des Qualitätsmanagements und der -sicherung gesehen werden kann.

**Beispiel:**
- Das Deutsche Reisebüro DER hat den Vertriebsbereich nach ISO 9001 zertifizieren lassen. Geschätzte Kosten zwischen 100.000,- und 200.000,- DM, Dauer der Zertifizierung 1 Jahr.

Zur Betriebsbewertung mit Hilfe von ISO 9000 und TQM-Systemen im Tourismus gibt wiederum das Modell der Leistungskette einige zusätzliche Hilfen. Dieses Modell erfaßt wichtige Aspekte der Leistungserstellung touristischer Betriebe:

- das Zusammenwirken verschiedener Teilleistungen zur gesamten touristischen Dienstleistung in Form des Phasenmodells oder der Dienstleistungskette,
- die überwiegend immateriellen Eigenschaften der touristischen Leistungen.

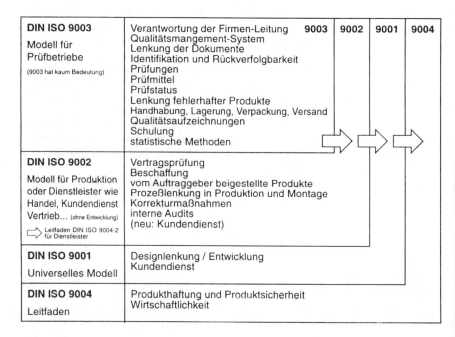

Abb. B-62 Die Elemente der Normen DIN ISO 9001-9004
(Quelle: SAATWEBER 1994: 76)

### 3.3.2 Prozeßorientierte Bewertung mit Hilfe der Wertketten- oder Geschäftssystemanalyse

Eine weitere Möglichkeit der Betriebsanalyse ergibt sich mit Hilfe der PORTERschen Wertkettenanalyse. Hierbei werden prozeßorientierte Aspekte mit einer gesamtbetrieblich orientierten Bewertung verbunden. Allerdings ist das PORTERsche Modell weniger für:

- Dienstleistungsbetriebe (vgl. dazu MEFFERT/BRUHN 1995:136ff),
- das betriebliche Marketing (vgl. dazu kritisch BECKER 1993:646ff),

und vor allem nicht spezifisch für die Tourismuswirtschaft entwickelt worden.

Im Vordergrund des Beitrages von PORTER aus dem Jahre 1985 stehen wettbewerbsorientierte Überlegungen. Es werden im Rahmen der Betriebsanalyse die Wertketten verschiedener Wettbewerber miteinander verglichen und darauf aufbauend werden Wettbewerbsvorteile abgeleitet. Doch der Grundgedanke der Wertanalyse kann – mit gewissen Abwandlungen – auch für touristische Leistungsketten übernommen werden.

Wertkettenanalysen dienen letztlich zwei verschiedenen Zielen:

- Zum einen werden Wertkettenanalysen mit Hilfe der Kostenanalysen durchgeführt.
- Über die reine Kostenanalyse hinaus sind aus Sicht der Kunden weitere Aspekte, vor allem das Preis-Leistungs-Verhältnis, wichtige Entscheidungskriterien. Wert = Zahlungsbereitschaft der Kunden. Hierzu dient die Wertkettenbetrachtung als Instrument der Nutzenanalyse aus Abnehmersicht.

PORTER 1992b betrachtet zwei Arten von Wertketten:

(1) betriebsinterne Wertketten (Mikro-Wertketten), vgl. B.3.3.2.1,

(2) branchenbezogene Wertketten (Makro-Wertketten), vgl. B.3.3.2.2.

Beide Betrachtungen ermöglichen letztlich einen konkurrenzorientierten Betriebsvergleich („Geschäftssystemanalyse"), vgl. B.3.3.2.3.

#### 3.3.2.1 Betriebsorientierte Wertkette(n)

**(1) Sachgüterorientierte Wertketten bei PORTER**

Bei der Wertkettenanalyse wird jeder Betrieb als „eine Ansammlung von Tätigkeiten gesehen, durch die sein Produkt entworfen, hergestellt, vertrieben, ausgeliefert und unterstützt wird." (PORTER 1992b: 63) Das PORTERSCHE Wertkettenmodell als Instrument der Betriebsanalyse und -bewertung unterscheidet dabei zwei Arten der betrieblichen Aktivität(en):

- Als **primäre Aktivitäten** werden Eingangslogistik, Operationen, Marketing und Vertrieb, Ausgangslogistik sowie Kundendienst angesehen.
- Als **sekundäre oder unterstützende Aktivitäten**, PORTER bezeichnet sie auch als „Versorgungsfunktionen", dienen Beschaffung, Forschung und Entwicklung, Personalwirtschaft und die Unternehmensinfrastruktur.

Das Zusammenwirken der primären und sekundären Aktivitäten führt letztlich zur einzelbetrieblichen **Wertschöpfung** oder Gewinnspanne, die – graphisch – als Spitze des Wertkettenpfeils in Abb. B-63 dargestellt wird.

Wertketten müssen unternehmensspezifisch bestimmt werden. Insbesondere sind die einzelnen Aktivitäten in solche Wertschöpfungsaktivitäten aufzuspalten, die zur Gewinnspanne (Wertschöpfung) beitragen und/oder gegenüber den Abnehmern ein hohes wettbewerbsorientiertes Differenzierungspotential aufweisen. So können solche Betrachtungen zum Benchmarking genutzt werden, indem die beste Ausführungspraxis (best practice), die der Betrieb zu den einzelnen Aktivitäten der Leistungskette findet, als zu erreichende Leistungsvorgabe (benchmark) genutzt wird.

Diese Sichtweise der betriebsinternen Wertketten von PORTER orientiert sich an der Sachgüterproduktion und ist sowohl für Dienstleistungen allgemein als auch für Tourismusleistungen im speziellen abzuwandeln. Insbesondere ist aufgrund der Besonderheiten der touristischen Dienstleistungserstellung (wie unoactu-Prinzip und Mitwirkungspflicht des Kunden) die traditionelle PORTERsche Unterteilung in die primären Aktivitäten der Eingangs- und Ausgangslogistik sowie der Operationen dienstleistungsbezogen zu verändern. Dabei ergibt sich vor allem eine veränderte Sicht der Marketingfunktionen für prozeßorientierte Aktivitäten (vgl. auch BECKER 1993: 646).

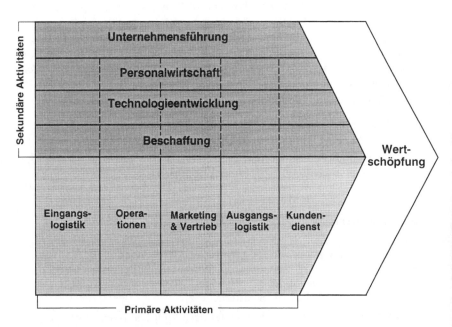

**Abb. B-63** Wertkette nach PORTER
(Quelle: PORTER 1992b: 62)

## (2) Wertketten für touristische Leistungen

In Abwandlung des traditionellen Wertkettenmodells von PORTER findet sich in Abb. B-64 ein Wertkettenmodell für touristische Betriebe. Hierbei stellen sich sowohl die primären als auch die sekundären Aktivitäten infolge der Besonderheiten der touristischen Leistungserstellung anders dar.

Als **primäre Aktivitäten** werden in Anlehnung an das touristische Phasenmodell aus Abb. A-29 die drei konstitutiven Leistungsphasen betrachtet:
- Potentialaktivitäten,
- Prozeßaktivitäten,
- Ergebnisaktivitäten.

In diesen drei Phasen werden Potential-, Prozeß- und Ergebniswerte geschaffen, die durch die sekundären Aktivitäten unterstützt werden.

Als **sekundäre oder unterstützende Aktivitäten**, die über alle drei Leistungsphasen unterstützend wirken, dienen Unternehmensführung, Marketing, Personalwirtschaft sowie der gesamte Bereich der technologischen und trendorientierten Aktivitäten. Insbesondere ist **Marketing** in dem hier vertretenen Verständnis – anders als bei PORTER – eine **unterstützende Aktivität**, die über alle drei primären Aktivitäten hinwegreicht.

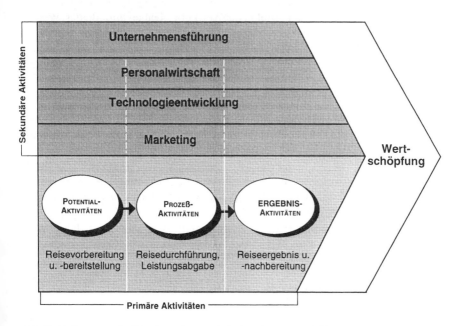

**Abb. B-64** PORTERsche Wertkette im touristischen Phasenmodell

Auch für die touristischen Unternehmen müssen die jeweiligen einzelbetrieblichen Wertketten weiter unternehmensspezifisch ausformuliert werden, so z.B. für Reiseveranstalter-, Reisemittler-, Hotel-, Transport- oder Destinationsbetriebe. Allerdings soll der PORTER'sche Gedanke an dieser Stelle nicht weiter ausgeführt werden. Sein Modell wird lediglich als **eine** Möglichkeit der (Weiter-)Entwicklung eines touristischen Betriebsmodells gesehen und ist – mit gewissen Abwandlungen – in das Grundmodell des Tourismus-Marketing eingegangen.

### 3.3.2.2 Branchenorientierte Wertketten (Makro-Wertkette)

Ein weiterer für die Tourismuswirtschaft interessanter Gedanke PORTERs ist die kollektive oder branchenorientierte Wertkette (bei PORTER als „Wertsystem" bezeichnet). Die Wertschöpfung einzelner Betriebe ergibt sich aus dem Zusammenwirken verschiedener Betriebe, quasi als „Wertverbundsystem" oder aus „Wertschöpfungsnetzen": „Die Wertkette eines Unternehmens ist in einen breiteren Strom von Tätigkeiten eingebettet, den ich *Wertsystem* nenne" (PORTER 1992b: 59).

Im einfachsten Fall sind es die vor- und nachgelagerten Betriebe der jeweiligen Branche, die als Zulieferer oder Absatzmittler die jeweilige betriebliche Wertschöpfung mit beeinflussen (horizontale). Aber auch vertikale Verflechtungen mit Betrieben anderer Branchen tragen zum Wertschöpfungsverbund bei.

Diese von PORTER als Wettbewerbsumfeld bezeichnete Betrachtung hat ebenfalls Einfluß auf die einzelbetriebliche Wertkette. Dabei umfaßt das Wettbewerbsumfeld vier Dimensionen: Segmentfeld, Integrationsgrad, geographisches Feld und Branchenfeld (vgl. ders.: 82ff).

Gerade im Tourismus ist für die „kollektive Leistungserstellung" des Gesamtproduktes Reise der Wertkettenverbund der verschiedenen Leistungsträger zu betrachten. Dabei kann analog zu der Betrachtung der einzelbetrieblichen Wertketten mit Hilfe des touristischen Phasenmodells auch eine touristische Makrowertkette entlang des Drei-Phasen-Modells entwickelt werden. Hierfür kann wiederum – analog zur Darstellung touristischer Leistungsketten aus Abschnitt A.3.3.2 – eine Bestimmung der Wertschöpfung vorgenommen werden:

- Jeder einzelne Betrieb in der touristischen Branchen- oder Makrokette erstellt jeweils seine individuellen Potential-, Prozeß- oder Ergebniswerte, die als Summe die gesamtbetriebliche Wertschöpfung des jeweiligen Einzelbetriebes ergeben (Mikro-Wertschöpfung).

- Alle Betriebe zusammen erstellen die gesamten Branchenwerte (Makro-Wertschöpfung), die wiederum in je eine Makropotential-, Makroprozeß- und Makroergebniswertschöpfung unterteilt werden können.

Dieses Grundmodell für den Tourismus ist in Abb. B-65 am Beispiel der Pauschalreise veranschaulicht.

### (1) Potential- oder Bereitstellungswerte

In der ersten Phase stellen verschiedene touristische Betriebe ihr **Potential** für die Reise bereit: Hotels das Übernachtungspotential (Zimmerkontingente), Transportunternehmen das Transportpotential (Flug-, Bahn- oder Busplätze), Reiseveranstalter die Pauschalprogramme (als mögliches Reisepotential), Reisemittler

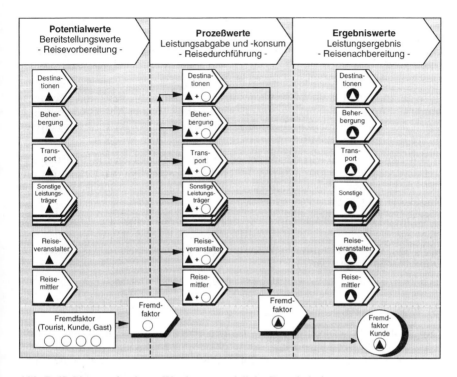

**Abb. B-65** Phasenorientiertes Wertkettenmodell der Pauschalreise

das Beratungspotential und zahlreiche weitere Tourismusbetriebe ihr Leistungspotential, wie Reiseleiter, Reiseversicherungen, Reiseausrüster usw.

Insgesamt sind für dieses Potential betriebliche Aufwendungen notwendig, womit bereits eine Wertschöpfung erfolgt (im Sinne von „Bereitstellungswerten"). Allerdings wird dieses Potential nicht immer realisiert bzw. entlohnt; nur wenn Kunden die entsprechenden Leistungen auch buchen, kommt es zur Inanspruchnahme der entsprechenden Bereitstellungen. Werden die bereitgestellten Leistungen nicht in Anspruch genommen, „verfallen" die Werte (nicht genutzte Kapazitäten). Aus betriebswirtschaftlicher Sicht müssen sie in die Preisbildung für die genutzten Kapazitäten hineingerechnet werden (Auslastungsberechnungen, Fixkostenanteile oder „Potentialkosten" nicht in Anspruch genommener Kapazitäten). Damit ergibt sich die gesamte Wertschöpfung (WS) der Potentialphase (Pot) als Summe der Wertschöpfungen für jeden einzelnen Betrieb (Bi):

$$WS^{Pot} = \Sigma\ WS^{Pot}_{Bi}$$

**(2) Durchführungs- oder Erstellungswerte**

Doch erst in der Durchführungsphase wird das bereitgestellte Potential „abgerufen". Durch Hinzutreten des externen Faktors (des Reisenden) werden die bereitgestellten Leistungen nacheinander bzw. parallel in Anspruch genommen, z.B. für eine Pauschalreise: 1. Reiseberatung und -reservierung im Reisebüro, 2. Reiseveranstalterleistung (Organisationsleistung) der Pauschalreise, 3. Transportleistung der Transportbetriebe, 4. Beherbergungsleistung durch die Beherbergungsbetriebe, 5. Leistungen des Fremdenverkehrsortes (steht synonym für die „Attraktionen" und sonstigen Leistungen verschiedener Leistungsträger in der Destination), 6. Rücktransport nach Hause.

Während der gesamten Erstellungsphase (Leistungsabgaben) sind Leistungsproduzent und -konsument miteinander in Kontakt (was in Abb. B-65 graphisch durch das Kundensymbol im Leistungspfeil dargestellt ist). Im Tourismus erfolgt dieser Kontakt zum Teil über mehrere Stunden, Tage oder Wochen.

Mit Leistungsende tritt der Gast wieder aus dem direkten Einzugs- und Erstellungsbereich der Leistungsproduzenten heraus: er verläßt den Urlaubsort, die Beherbergungsbetriebe, das Transportmittel, die Reiseorganisationstätigkeit der Reiseveranstalter usw.

Während der Durchführungsphase hat jeder der einzelnen Leistungsbetriebe (Bi) eine Wertschöpfung erstellt (betriebliche oder Mikro-Durchführungswertschöpfung $WS^{Dur}_{Bi}$). In ihrer Summe stellen sie die Wertschöpfung der gesamten Durchführungsphase dar:

$$WS^{Dur} = \Sigma\ WS^{Dur}_{Bi}$$

**(3) Ergebniswerte**

Zwar ist mit dem Verlassen der betrieblichen Leistungsorte die unmittelbare Leistungserstellung beendet, doch als weiterer Leistungsaspekt lassen sich nunmehr die „Ergebniswerte" feststellen. Im Tourismus kehrt der Reisende an seinen Heimatort zurück. Als Ergebnis des vielfältigen touristischen Leistungskonsums hat er sich verändert: er ist erholt, glücklich, zufrieden oder – im negativen Fall unzufrieden, verärgert oder gar krank. Teilweise kommt es noch zu weiteren Wertschöpfungstätigkeiten, wie Reklamationen und Nachbetreuung, aber im wesentlichen wirken in dieser Phase die verschiedenen immateriellen Leistungsattribute der Wahrnehmungs- und Vorstellungsebene (vgl. dazu genauer A.3.3.3). Nur teilweise sind materielle Veränderungen erfolgt: der Urlauber ist braun geworden, seine Finanzen haben abgenommen usw.

Die Erfassung und Bewertung dieser Ergebniswerte stellt eine weitere Aufgabe des touristischen Leistungsprozesses dar, womit sich die gesamten Ergebniswerte $WS^{Erg}$ ganz analog als Summe der Einzelergebniswerte $WS^{Erg}_{Bi}$ ergeben:

$$WS^{Erg} = \Sigma\ WS^{Erg}_{Bi}$$

**(4) Makro-Wertkette(n) einer touristischen Gesamtleistung**

Am Ende des gesamten touristischen Leistungsprozesses (z.B. einer Pauschalreise) haben sich unterschiedliche Wertketten ergeben:

**(4a) Wertketten der Leistungsersteller**

In jedem einzelnen Betrieb sind – aufgrund der verschiedenen vorherigen Leistungsphasen – Werte geschaffen worden (betriebliche oder Mikro-Wertkette), die sich aus einem einzelwirtschaftlichen Potential-, Durchführungs- und Ergebniskettenglied zusammensetzen. Dies ist in Abb. A-32 und B-65 durchgängig für jeden einzelnen Betrieb (Bi) dargestellt und am Ende des einzelwirtschaftlichen Leistungsprozesses aufzusummieren, z.B.:

(a-1) $WS_{Bi} = WS^{Pot}_{Bi} + WS^{Dur}_{Bi} + WS^{Erg}_{Bi}$.

Als Summe der einzelwirtschaftlichen Wertschöpfungen für alle am Reiseprozeß beteiligten Einzelbetriebe ergibt sich die gesamte Wertschöpfung einer Reise (als Makro-Wertkette oder Makro-Wertschöpfung, vgl. ähnlich KREILKAMP 1993a, KIRSTGES 1992a)[15]:

(a-2) $WS_{Reise} = WS_{B1} + WS_{B2} + WS_{B3} + WS_{B4} +$ usw.

Eine andere Form der Darstellung des Gesamtergebnisses wäre aufgrund der einzelnen Phase möglich, wo ebenfalls die Summe der einzelbetrieblichen Werte in den einzelnen Phasen die jeweilige Makro-Wertschöpfung der Einzelphasen bedeuten, also:

(a-3) $WS^{Pot} = WS^{Pot}_{B1} + WS^{Pot}_{B2} + WS^{Pot}_{B3} +$ usw.,

(a-4) $WS^{Dur} = WS^{Dur}_{B1} + WS^{Dur}_{B2} + WS^{Dur}_{B3} +$ usw.,

(a-5) $WS^{Erg} = WS^{Erg}_{B1} + WS^{Erg}_{B2} + WS^{Erg}_{B3} +$ usw.

und als ihre Summe ergibt sich wiederum die Makro-Wertschöpfung der Gesamtreise (siehe a-6), wobei (a-6) und (a-2) identisch sind:

(a-6) $WS_{Reise} = WS^{Pot} + WS^{Dur} + WS^{Erg} =$

(a-2) $WS_{B1} + WS_{B2} + WS_{B3} + WS_{B4} +$ usw.

**(4b) Wertketten der Nachfrager**

Doch noch eine weitere Art der Wertketten wurde geschaffen: Der Reisende hat als Summe der Leistungsinanspruchnahme seine Wertkette erzielt **(Nachfrager-Wertschöpfung)**. Er ist durch das Reisebüro beraten, durch den Reiseveranstalter pauschal betreut, durch Transportunternehmen hin- und rücktransportiert, am Ort durch Beherbergungsbetriebe untergebracht, durch Gastronomiebetriebe beköstigt und durch Attraktionen unterhalten worden. Jeder einzelne Betrieb hat – einmal oder mehrfach – Leistungen an den Kunden abgegeben und dabei auch aus Kundensicht Werte geschaffen. Dabei hat der Kunde ebenfalls Potential-, Durchführungs- und Ergebniswerte konsumiert. Die Summe der nachfragerbezogenen Werte stellt die Nachfrager-Wertschöpfung oder -kette dar.

Diese Sichtweise der Nachfrager-Wertschöpfung ermöglicht weitergehende Betrachtungen für die touristische Leistungserstellung und -bewertung, die allerdings an dieser Stelle nicht weiter ausgeführt werden sollen. So muß das kundenorientierte Wertschöpfungsempfinden nicht mit der betrieblichen Wertschöpfung übereinstimmen. Auch können die verschiedenen Leistungsphasen aus Kundensicht sehr unterschiedlich beurteilt werden, was Hinweise auf die Kunden(un)zufriedenheit geben kann. Letztlich gibt die Häufigkeit und Dauer der Kundenkontakte – und damit die Kundenwertschöpfung – Ansatzpunkte für den Vergleich unterschiedlicher Reisearten und -formen.

---

[15] Obwohl mit dieser Darstellung eine gewisse Parallelität zu Mikro- und Makro-Wertschöpfungen von PORTER gegeben ist, ist hier keine vorrangige Anwendung oder Fortführung des PORTERschen Modells beabsichtigt. Bei PORTER stehen vor allem konkurrenz- und betriebsorientierte Überlegungen, weniger die hier interessierenden Dienstleistungs- oder Marketingaspekte, im Vordergrund der Betrachtung (vgl. PORTER 1992a).

## 3.3.2.3 Betriebsbewertung mit Hilfe von Wertketten im Tourismus („Geschäftssystemanalyse")

Der branchenorientierte Ansatz der Wertkettenanalyse wird auch im Tourismus zur Konkurrenzanalyse verwendet (vgl. B.2). So hat zum Beispiel KREILKAMP dieses Analyseinstrument zum Vergleich der Wettbewerbssituation von Reiseveranstaltern herangezogen (vgl. KREILKAMP 1993, 1995). Aufgrund einer – vereinfachten Geschäftssystemanalyse analog zu Abb. B-66 werden Wertsystemketten für verschiedene Reiseveranstalter erstellt, bei denen sich unterschiedliche Kostenanteile in den Wertketten in bezug auf Unterkunft, Transport, Veranstalter- und Reisemittlerbeitrag ergeben.

Als Ergebnis der Geschäftssystemanalyse konstatiert KREILKAMP ein besseres Verständnis des Wettbewerbs aus Kostengesichtspunkten.

Allerdings reichen Kosten allein zur Bewertung nicht aus. Für den Abnehmer steht der Produktnutzen im Vordergrund. Daher ist für die Geschäftssystemanalyse die Definition von Stellgrößen und die Bewertung des Einflusses der Wertschöpfungsstufe auf die vom Abnehmer wahrgenommene Produktleistung von Bedeutung. Damit werden Wettbewerbsvergleiche mit Hilfe der Wertkette durch eine Relevanzprüfung der einzelnen Leistungen ergänzt (vgl. KREILKAMP 1995:

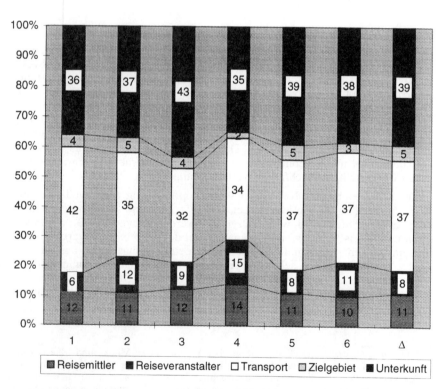

**Abb. B-66** Wertschöpfungsketten verschiedener Reiseveranstalter
(Quelle: KREILKAMP 1995: 148)

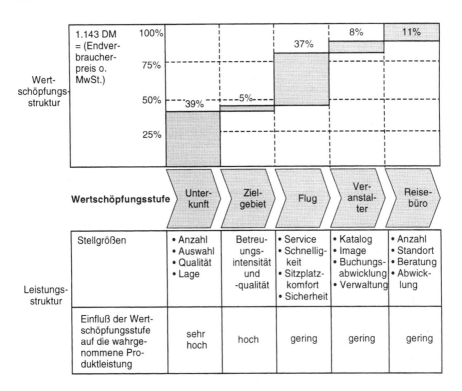

**Abb. B-67** Geschäftssystemanalyse Flugpauschalreise
(Quelle: KREILKAMP 1995: 147)

147). Abbildung B-67 verdeutlicht am Beispiel einer Flugpauschalreise den Zusammenhang zwischen Wertschöpfungsstruktur und Leistungsstruktur als Bewertung des Produktnutzens.

## 3.4 Bewertung von touristischen Gesamtbetrieben

Während in der traditionellen BWL Betriebsanalysen und -bewertungen sich zumeist auf Einzelbetriebe beziehen (Mikroanalyse), stehen im Tourismus häufig Gesamt-, Makro- oder „Kollektivbetriebe" im Mittelpunkt der marketingbezogenen Betriebsanalyse (Makroanalyse). Typische Beispiele sind die Gesamtbewertung von Destinationen oder (Pauschal-)Reiseveranstaltern, bei denen stets mehrere Einzelbetriebe an der Erstellung des Gesamtproduktes beteiligt sind.

### 3.4.1 Gesamtbetriebe als „Leistungskette"

Als Methoden für diese Form der Bewertung von touristischen Gesamtbetrieben und -leistungen waren bereits im vorherigen Abschnitt

(1) die Wertkettenanalyse, v.a. in der branchenbezogenen Variante,
(2) das Total Quality Management (TQM)

erläutert worden. Beide nehmen eine Bewertung der touristischen Gesamtleistung vor. Dabei stand die zeit- und phasenorientierte Betrachtung der touristischen Leistungserstellung im Vordergrund der Bewertung. Beide Verfahren sind aber auch geeignet, das touristische Gesamtprodukt und dessen Produzenten im Sinne eines Kollektiv- oder Gesamtbetriebes zu analysieren und zu bewerten. Diese beiden Verfahren sollen an dieser Stelle nicht nochmals dargestellt werden.

**(3) Betriebsbewertungen als Kombination von Leistungsprozessen und -ebenen**

Als quasi Kombination von prozeß- und qualitätsorientierter Betriebsbewertung finden sich in der Literatur verschiedene Beiträge, die den Betrieb letztlich als komplexes System von Leistungsketten und Leistungsebenen betrachten.

Neben der grundsätzlichen Sichtweise der betrieblichen Leistungserstellung entlang der drei zeitbezogenen Leistungsphasen werden weitere Qualitätsdimensionen mitaufgenommen, die sich v.a. auf eine Differenzierung der Kern- und Zusatzleistung beziehen, wie sie bereits in A.3.3.3 dargestellt worden waren. So spricht GRÖNROOS 1993 von:

- der **technischen Qualität** (Tech Quality) von Dienstleistungen, welche die eher objektiv feststellbaren Qualitätseigenschaften, das „was" der Dienstleistung, betrifft;

- der **funktionalen Qualität** (Touch Quality), die eher empfunden wird und die die Empfindungs- und Vorstellungsebene, das „wie" der Dienstleistung betrifft.

MEYER/MATTMÜLLER 1987 differenzieren die Potentialqualität zudem weiter nach:

- anbieterbezogenen und
- nachfragerbezogenen Qualitätsaspekten,

was wiederum Verwendung in Hinblick auf die in Abb. B-59 beschriebenen Meßverfahren findet.

BENKENSTEIN 1993 weist in diesem Zusammenhang auf die verschiedenen Möglichkeiten der Qualitätssteuerung hin:

- **technokratische Qualitätssteuerung** betrifft die wahrnehmbaren Qualitätsmerkmale, die mit Normen und Standards gesteuert werden können;

- **strukturorientierte Qualitätssteuerung** betrifft die Umsetzung in den funktionalen Bereichen des jeweiligen Betriebes, wie z.B. in Qualitätsabteilungen oder in Qualitätszirkeln (vgl. auch Anspruchsgruppen-Management, Kapitel E.4);

- **kulturorientierte Qualitätssteuerung** betrifft die Verankerung des Qualitätsgedankens in der Unternehmenskultur als ein „System von Wertvorstellungen, Verhaltensnormen sowie Denk- und Handlungsweisen" bei Mitarbeitern und Managern (ders.: 1110), die zum Teil durch Schulung und Training vermittelt werden können.

Diese Vorschläge weisen viele Gemeinsamkeiten mit den Ausführungen von ZEITHAML/PARASURAMAN/BERRY 1992 zu den verschiedenen GAP-Bereichen bei der Qualitätsmessung auf (vgl. B-61); sie werden aber darüberhinaus mit Elementen für den gesamten Leistungsprozeß verbunden.

Auch für das Tourismus-Marketing war bereits im Zusammenhang mit touristischen Kern- und Zusatzleistungen in Kapitel A.3.3.3 auf die Unterscheidung von „harten" Eigenschaften des Kernprodukts und „weichen" Faktoren der Wahrnehmungs- und Vorstellungsebene hingewiesen worden, was ganz im Sinne der Qualitätsbetrachtungen von BENKENSTEIN 1993 und GRÖNROOS 1993 zu verstehen ist. Zudem waren in Abschnitt A.3.3.2 touristische Produkte als Leistungsketten entlang des Drei-Phasen-Modells dargestellt und in Abb. A-29 eine Verbindung von Leistungskette und Leistungsebenen vorgenommen worden. Eine

| Qualitäts-<br>dimensionen | Teilquali-<br>täten | Potentialqualität<br>(erwartete Qualität) | Prozeßqualität<br>(Erfahrene Qualität) | Ergebnisqualität<br>(Erhaltene Qualität) |
|---|---|---|---|---|
| Tech-<br>Dimension<br>(Was)<br>"Hardware" | | Gebäude- und Raumausstattung, Technische Ausstattung, Gütezeichen, Ausbildung usw. | Technische Fertigkeiten, formaler Leistungsablauf, Zeitdauer usw. | Funktion, Dauerhaftigkeit/Nachhaltigkeit, Folgen/Folgeleistungen, usw. |
| Touch-<br>Dimension<br>(Wie)<br>"Software" | | Gestaltung der materiellen Produktionsfaktoren, Bekanntheit, Aussehen und Persönlichkeit des Personals, Referenzen, Preise, Auszeichnungen usw. | Atmosphäre, Klima, Einstellung und Verhalten des Personals im Umgang mit den externen Faktoren, Betriebsklima, Dienstleistungskultur, Erreichbarkeit usw. | Erklärung der Dienstleistung, Zufriedenheit, kommunikative Nachbetreuung, Beschwerdeverhalten, usw. |
| Techno-<br>kratische<br>Ansätze | | Standards bei der Mitarbeiterakquisition und Leistungsbewertung | Standardisierte Analyseprozeduren | Standardisierte Form der Ergebnisberichte |
| Struktur-<br>orientierte<br>Ansätze | | "Practice groups" | Team-orientierung | Macht- und Fachpromotoren |
| Kultur-<br>orientierte<br>Ansätze | | Qualitätsphilosophie | | |
| | | Wissensschulung | Verhaltensschulung | Verpflichtung zur Implementierung |

**Abb. B-68** Beispiele für Indikatoren der Dienstleistungsqualität
(Quelle: leicht verändert nach MEYER/WESTERBARKEY 1995 (oberer Teil) und BENKENSTEIN 1993 (unterer Teil), ähnlich auch Abb. A-29)

weitere Ausführung dieser differenzierteren und komplexeren Betrachtung von Produkteigenschaften findet sich in Teil D.1 (Produktpolitik).

Diese Sichtweise dient auch im Bereich der Qualitätsmessung zur Bestimmung von verschiedenen Teilqualitäten der Potential-, Prozeß- und Ergebnisqualität in Verbindung mit unterschiedlichen Qualitätsdimensionen, so beispielsweise bei BENKENSTEIN 1993 und bei MEYER/WESTERBARKEY 1995. Dieses Modell der differenzierten Qualitätsanalyse ist in Abb. B-68 als Kombination von prozeß- und qualitätsorientierter Betriebsbewertung dargestellt und mit Beispielen der beiden zuvor erwähnten Beiträge erläutert.

### 3.4.2 Gesamtbetriebe als „Leistungsbündel"

Eine weitere Form der Betriebsanalyse im Tourismus versucht, das touristische „Gesamtbündel" zu analysieren. Hierfür werden bei praxisbezogenen Betriebs- bzw. Gebietsanalysen vor allem mit Hilfe von Checklisten die unterschiedlichen Angebotsmöglichkeiten aufgelistet („Ist-Analyse") und – als Grundlage für die späteren Marketingaktivitäten – bewertet.

Das Angebot der verschiedensten touristischen Betriebe, egal ob in einzelwirtschaftlicher oder kooperativer Betrachtung, stellt stets eine besondere Mischung der ursprünglichen und abgeleiteten Angebotsfaktoren dar. Am deutlichsten wird dies bei den beiden touristischen Gesamtangebotsvarianten „Pauschalreise" bzw. „Destination". Hier fließen die natürlichen Angebotsfaktoren zu einem ganz bedeutenden Anteil in das Gesamtangebot ein. Natur, Landschaft und Klima sind oftmals die wichtigsten Entscheidungsgründe für eine bestimmte Reise.

Die angebotsbezogene Betriebsanalyse im Tourismus umfaßt vor allem die Betrachtung der zwei großen Bereiche **ursprüngliches** und **abgeleitetes** Angebot. Sie bilden die Basis für zahlreiche marketingpolitische Aktivitäten, v.a. Rahmen der Angebotsgestaltung oder Leistungspolitik.

**(1) Das natürliche Angebot**

Jeder Ort bzw. jede Destination hat eine gewisse ursprüngliche Ausstattung, die nicht speziell für den Tourismus entwickelt wurde. Dies wird in der Tourismuslehre als „ursprüngliches oder natürliches" Angebot bezeichnet. Aus ökonomischer Sicht sind viele dieser Faktoren sog. „freie Güter", die den touristischen Anbietern zur Verfügung stehen, ohne daß sie dafür Kosten aufwenden müssen.

„Das ursprüngliche Angebot umfaßt all jene Faktoren, die keinen direkten Bezug zum Fremdenverkehr haben, aber durch ihre Anziehungskraft dem Tourismus Richtung und Gestalt geben." (KASPAR 1991: 27) Diese naturbedingten Angebotsfaktoren sind im Rahmen des touristischen Marketing nicht oder nur indirekt zu beeinflussen.

Zum ursprünglichen Angebot aus Sicht des Tourismus gehören vor allem die natürlichen oder naturgegebenen Angebotsfaktoren wie:

- die **Landschaft** mit ihren verschiedenen touristisch interessanten Ausprägungen, z.B. Berge, Seen, Täler, Strand, Wüste,

- die **klimatischen Besonderheiten**, wie z.B. See- oder Bergklima, tropisches, gemäßigtes, heißes, kühles, trockenes oder feuchtes Klima,

Abb. B-69 Das touristische Angebot

- **Flora und Fauna**, wobei die Palette vom Artenreichtum des Dschungels bis zum Minimalangebot der Antarktis reichen kann,
- **Naturdenkmäler**, die vor allem landschaftliche Besonderheiten umfassen.

Für den Tourismus sind weitere Faktoren oftmals ebenfalls vorgegeben und damit den ursprünglichen Faktoren zuzurechnen, obwohl diese Angebotselemente grundsätzlich zu beeinflussen sind. Allerdings stellen sie in der Regel keine direkten Aktionsparameter für die touristischen Akteure dar. Hierzu zählen die verschiedenen Einrichtungen der **allgemeinen Infrastruktur**, die auch die touristische Attraktivität einer Destination mitbestimmen, wie z.B.:

- politisches und soziales System, Bildungswesen,
- Ver- und Entsorgung,
- Kommunikations- und Verkehrswesen.

**Natürliches Angebot als Marketingfaktor**

Für die verschiedenen Formen des natürlichen Angebots ist aus **Marketingsicht** strittig, ob sie als Marketing-Faktoren anzusehen sind, da sie produktpolitisch nicht beeinflußbar sind. Andererseits sind sie im Rahmen des Marketing strategisch und kommunikationspolitisch (z.B. Werbung) sehr gut einsetzbar.

So können bestimmte natürliche Produkteigenschaften von Regionen zum Mittelpunkt strategisch wichtiger Aktionen gemacht werden, wie beispielsweise:

- „365 Tage Sonnenschein",
- „Die schönsten Strände der Karibik",
- „Deutschlands größte Insel",
- „Natur pur",
- landschaftliche Vielfalt
- usw.

Für die touristische Nachfrage stellen die natürlichen Angebotsfaktoren oftmals die wichtigsten Entscheidungskriterien für die Wahl des Reisezieles dar (vgl. B.2.3.3.2 (2b)).

**(2) Das abgeleitete touristische Angebot**

Doch die zuvor erwähnten ursprünglichen Angebotsfaktoren machen einen Ort allein nur selten zu einem Fremdenverkehrsort, obwohl sicherlich dadurch erste Anstöße zur Entwicklung des Fremdenverkehrs gegeben werden. Zu einem Teil der Fremdenverkehrsindustrie werden diese Orte erst, wenn weitere – sog. abgeleitete Faktoren hinzukommen. Sie umfassen die verschiedenen Leistungen einzelner Tourismusbetriebe, die mit der Reiseorganisation, Reisedurchführung und dem Reiseaufenthalt zu tun haben.

In der Fremdenverkehrsliteratur werden zumeist drei verschiedene Bereiche des abgeleiteten Angebotes unterschieden (vgl. Abb. B-69):

- **touristische Infrastruktur** (allgemein):
  - Beherbergung, Verpflegung („Suprastruktur")
  - Reiseberatung, -organisation
  - Touristisches Transportwesen
  - überbetriebliche Tourismusorganisationen („Institutionalisierung": Kooperationen, Verwaltung, Vereinigungen)
- **Freizeitinfrastruktur**
  - Freizeitwesen: Sport, Kultur
  - „Attraktionen": Events
- **Spezielle touristische Angebote**
  - Kur- und Bäderwesen
  - Messen, Tagungen, Ausstellungen
  - Events

**(3) Die Bewertung der natürlichen und abgeleiteten Angebotsfaktoren im Tourismus**

Die „Bewertung" der verschiedenen touristischen Angebotsfaktoren erfolgt im Tourismus in einem ersten Schritt zumeist in einer bloßen Auflistung mit Hilfe von Checklisten (vgl. Abb. B-70). In solche Listen werden zudem Bewertungen der einzelnen Angebotsfaktoren sowie Aussagen zur weiteren Entwicklung („Prioritäten") aufgenommen.

**Das natürliche touristische Angebot** ist nur sehr schwer im Rahmen einer Betriebsanalyse objektiv zu bewerten. Wie sind Landschaft, Klima und natürliche Attraktionen mit Punkten oder gar mit Geld zu bewerten, damit sie untereinander vergleichbar sind? Doch bei Marketing-Überlegungen sind vergleichende Bewertungen durchaus möglich, z.b. indem die natürlichen Angebotsfaktoren einer Region mit denen anderer Regionen verglichen werden. Trotzdem bleibt die jeweilige Einschätzung subjektiv. Soweit diese subjektive Einschätzung allerdings aus Sicht der touristischen Nachfrage erfolgt, ist sie von Marketingrelevanz.

Eine Bewertung des **abgeleiteten touristischen Angebotes** ist grundsätzlich weniger problematisch als die des natürlichen Tourismus-Angebotes. So bestehen bereits einzelne Betriebsvergleiche und -einschätzungen für Beherbergungs-, Transport-, Gastronomie- und Reisebürobetriebe (z.b. Sterne, Kochlöffel, Gütesiegel oder einfach Rangordnungen). Auch für touristische Destinationen werden zunehmend Beurteilungskriterien entwickelt und entsprechende Prädikate, z.b. Gütesiegel usw., vergeben. Dabei stehen aktuell insbesondere ökologische Einschätzungen im Vordergrund der Bewertung.

**(4) Strategische Folgerungen für das touristische Marketing**

Das abgeleitete touristische Angebot ist produktpolitisch **gestaltbar**, wobei die einzelwirtschaftliche Gestaltung oftmals unterschiedlich in das touristische Gesamtangebot einfließt. Auch ist in der Regel ein gewisser Trade-off zwischen natürlichem und abgeleitetem Angebot gegeben. Je höher bzw. exklusiver das natürliche touristische Angebot, um so weniger vorrangig sind Maßnahmen in bezug auf das abgeleitete touristische Angebot – und umgekehrt. Allerdings wird auch sehr häufig die Exklusivität des natürlichen Angebotes mit einem ähnlichen qualitativen Standard des abgeleiteten Angebotes verbunden.

**Beispiel:**
- Die schönsten Strände der Karibik sind nur unzureichend zu genießen, wenn ein schlechtes gastronomisches, transportmäßiges oder Beherbergungsangebot vorhanden ist.

Touristische Destinationen, die ein weniger lukratives touristisches Angebot vorzuweisen haben, müssen sich verstärkt um die Entwicklung des abgeleiteten Tourismusangebotes bemühen.

**Beispiele:**
- Gute Hotels an schlechten Stränden, guter Service ohne Sonnenuntergang, Centerparks in Bitterfeld, Sportanlagen auf dem Lande.

Eine besondere Rolle im Bereich der abgeleiteten oder künstlichen Attraktionen spielen sog. **„Events"**, die ausgehend von der allgemeinen Freizeitgestaltung in einer bestimmten Region zu touristischen Attraktionen geworden sind.

Typische **Beispiele** sind:
- **auf nationaler Ebene:** Nationale Meisterschaften im Sport- und Kulturbereich, wie z.B. Deutsche Meisterschaften, Musik-Festivals, Deutscher Kirchentag in Dresden 1994 usw.
- **auf regionaler Ebene:** Das Schleswig-Holstein-Musikfestival, das Rossini-Festival auf Rügen, Bayerische Meisterschaften usw.
- **auf kommunaler Ebene:** Das Gaffenberg-Festival in Heilbronn, das Elbhangfest in Dresden, das Münchner Oktoberfest (mit überregionaler Ausstrahlung), usw.

| Maßnahme | Bewertung | | | | Bemerkung |
|---|---|---|---|---|---|
| | 1 | 2 | 3 | 4 | |
| **Wohnen/Unterkunft**<br>Bestandsaufnahme von Beherbergungsbetrieben, die sich besonders engagieren durch<br>• Energieeinsparung<br>• Vermeidung bzw. Sortierung Müll/Abfall<br>• Vermeidung bzw. geringe Belastung von Abwasser<br>• Naturnahe Anlage von Außenbereichen, Verzicht auf Pestizide<br>• Wassersparmaßnahmen (Wasserwiederaufbereitung, Regenwassernutzung)<br>Initiierung und Förderung von Natur- und Umweltschutzmaßnahmen im Unterkunftsbereich<br>Unterstützung von umweltbewußten bäuerlichen Betrieben mit Unterkunftsangeboten | | | | | |
| **Essen und Trinken/Gastronomie**<br>Bestandsaufnahme von gastronomischen Betrieben, die sich besonders engagieren durch<br>• Energieeinsparung<br>• Vermeidung bzw. Sortierung Müll/Abfall<br>• Recycling<br>• Vermeidung bzw. geringe Belastung von Abwasser<br>• Zusammenarbeit mit der örtlichen bzw. regionalen Landwirtschaft (speziell Biobauern)<br>• Angebot von Vollwertkost/Biokost<br>Förderung von Natur- und Umweltschutzmaßnahmen im Gastronomiebereich | | | | | |
| **Urlaubsaktivitäten/Service**<br>Angebot von Führungen, Spielaktionen oder Kursen, bei denen der Gast die Natur wahrnehmen/erleben kann<br>Angebot von Urlaubsaktivitäten, bei denen der Gast aktiv in der Landschaftspflege mitwirken kann<br>Möglichkeiten gemeinsamer Freizeitaktivitäten mit Einheimischen<br>Über-/regionale Zusammenarbeit für gemeinsame umweltschonende Angebote | | | | | |
| **Infrastuktur**<br>Natur- und umweltschonender Bau und Betrieb von Freizeitanlagen oder Kureinrichtungen<br>Vorgeschriebenen UVP bei privaten und kommunalen Planungen<br>Umrüstung bestehender Anlagen zur Verbesserung der Umweltverträglichkeit<br>Entwicklung bzw. Vergabe eines Umweltsiegels an umwelt- und sozialverträgliche Fremdenverkehrseinrichtungen<br>Kooperation/Absprache mit Natur- und Umweltschutzverbänden bei der Einrichtung von Freizeitanlagen<br>Nutzung vorhandener Infrastruktur für die einheimische Bevölkerung<br>Meidung besonders energieaufwendiger und umweltbelastender touristischer Infrastuktureinrichtungen<br>Verbindlichmachung von UVP-Ergebnissen für touristische und nicht touristische Einrichtungen<br>Angebot zum Besuch von Umweltprojekten und vorbildlichen kommunalen Einrichtungen | | | | | |
| **Orts- und Regionalcharakter**<br>Gemeindeübergreifende Planung<br>Überprüfung vorhandener Pläne, Verbesserung vorhandener Pläne<br>Festlegung von Hotelbettenzahlen, Zahl der Ferienwohnungen, Zweitwohnungen<br>Maßnahmen zur Erhöhung der Umweltqualität wie z.B.<br>Fassadengestaltung/Gärten u. Grünanlagen/Müll- u. Abfallsortierung<br>Renaturierung versiegelter Flächen/Lärmschutz/Luftreinhaltung<br>Förderung ort- und regionalangepaßter Bauweise<br>Wettbewerbe zur Verschönerung des Ortsbildes, zum innerörtlichen Natur- und Umweltschutz etc.<br>Benennung eines Umweltbeauftragten zur Beratung von Betrieben und privaten Haushalten | | | | | |

**Abb. B-70** Checkliste Orte/Regionen
(Quelle: ADAC 1991)

Für eine touristische Betriebsanalyse geht es also insgesamt darum, mögliche touristische „Attraktionen" zu erkennen und zu bewerten. Dabei können diese Attraktionen im natürlichen oder abgeleiteten Bereich des touristischen Angebotes vorhanden sein. Je mehr dieser Attraktionen eine touristische Destination bzw. eine Pauschalreise vorweisen kann, um so attraktiver erscheint sie.

Destinationen mit ähnlich vielen oder ähnlich hoch einzuschätzenden Attraktionen stehen in der Regel zueinander in direkter Konkurrenzbeziehung. Destinationen mit unterschiedlich vielen oder bedeutenden Attraktionen konkurrieren sich hingegen nur wenig. Sind diese Unterschiede den Touristen bekannt und werden sie entsprechend korrekt dargestellt, sind die jeweiligen Entscheidungspräferenzen der Touristen in bezug auf das Leistungsangebot eher eindeutig. Allerdings können Transportprobleme und entsprechende preispolitische Maßnahmen Einfluß auf die touristischen Entscheidungen nehmen. Auch kommt es infolge von Informationsunkenntnis oder auch von – bewußter oder unbewußter – verfälschender Darstellung über die touristischen Attraktionen gelegentlich zu Entscheidungen, die einer betriebspolitischen Einschätzung widersprechen.

# 4 Strategische Diagnose

Die verschiedenen zuvor ausführlich behandelten Analysen von Umfeld, Markt und Betrieb sind für sich gesehen im Marketing nicht Selbstzweck, sondern stellen die Basis und Informationsgrundlage für die nachfolgenden strategischen Überlegungen (Teil C) und die zu ergreifenden Marketing-Maßnahmen (Teil D) dar. Bereits bei der Analyse der IST-Situation ergeben sich zahlreiche Möglichkeiten für das eigene strategische Handeln. So verstanden ist bereits die Analysephase eine wichtige Vorbereitung für die nachfolgenden strategischen Überlegungen.

Strenggenommen müssen die einzelnen Analyseteile nicht in der Ausführlichkeit behandelt werden, wie in den Teilen B.l bis B.3 dargestellt. Es würde jeweils genügen, die Aspekte aus den Analysen von Trends, angebots- und nachfrageorientierten Marktbetrachtungen sowie der Betriebsanalyse herauszufiltern bzw. zu benennen, die Entwicklungsmöglichkeiten für das eigene Marketing ergeben. Eine solche strategieorientierte Analyse, die bereits eine Auswahl und Interpretation der verschiedenen Aspekte vornimmt, wird auch als **strategische Diagnose** bezeichnet. Dieser Vergleich mit der Medizin zeigt, daß neben der reinen Beschreibung des Ist-Zustandes bereits eine Ursachenanalyse für den Momentzustand gesucht wird, womit erste Ansatzpunkte für eine darauf aufbauende „Therapie" aufgezeigt werden.

Es geht im Bereich der strategischen Diagnose um das Herausfiltern der strategierelevanten Möglichkeiten der einzelnen Betriebe unter Berücksichtigung ihrer allgemeinen Zielsetzungen sowie der Markt- und Umfeldsituation. Es werden die betriebsinternen Faktoren in bezug zu den betriebsexternen Einflußfaktoren (zur „Mikro- und Makroumwelt") gesetzt. Hierbei ist das Aufzeigen des „Ist-Zustandes" nur Ausgangssituation bzw. Zwischenstation auf dem – strategischen – Weg in die gewünschte Zukunftssituation (in den „Soll-Zustand").

Das Marketing hat hierfür verschiedene Analyseinstrumente zur strategiebezogenen Bewertung des Ist-Zustandes entwickelt, die in Abschnitt C.1 genauer dargestellt werden. Als Standardinstrumente gelten die:

- Chancen-Risiken-Analyse,
- Ressourcen-Analyse (Stärken-Schwächen-Analyse),
- Lebenszyklus-Analyse,
- Portfolio-Analyse.

Häufig wird die strategische Diagnose als Abschluß der Informationsphase des Marketing-Management-Prozesses behandelt, obwohl sie bereits deutlichen strategischen Charakter hat und folglich zu Beginn der Phase 2 zu betrachten wäre. Insgesamt stellen die strategischen Analyseinstrumente das Bindeglied zwischen der Informationsphase und der Strategiephase im Marketing-Management-Prozeß dar.

Am Ende der Analysephase werden aus der Fülle der Informationen der Umfeld-, Markt- und Betriebsanalyse die strategisch relevanten herausgefiltert („verdichtet") und die einzelnen Teilanalysen miteinander verbunden („verzahnt"). Dies bildet gleichzeitig den Ausgangspunkt („die Geburt") für die darauf aufbauenden konzeptionellen und strategischen Überlegungen. BECKER (1993: 75) spricht in bezug auf den Zusammenhang von Analysephase und Konzeptionsphase vom „konzeptionellen Kristallisationspunkt" bzw. von der „Geburt des Oberzielprogramms", was in Abb. B-71 veranschaulicht ist.

Betont man hingegen die strategische Funktion der Analysemethoden, ist die strategische Diagnose eher als Beginn der Strategiephase des Marketing-Management-Prozesses anzusehen. Diese Sichtweise berücksichtigt zudem die Bedeutung der **Zieldiskussion**, die im Rahmen der strategischen Unternehmensplanung und der Betriebsanalyse zu bestimmen ist. Manche Autoren setzen die Zielbestimmung **vor** die eigentliche Situationsanalyse bzw. behandeln sie im Rahmen der Betriebsanalyse (so z.B. SCHERTLER 1993).

In der Literatur wird dies auch als „Henne-Ei-Problematik" bezeichnet: „einerseits dienen jene Handlungen der Zielerreichung, andererseits sind zu setzende Ziele in hohem Maße von strategischen und operativen Möglichkeiten (d.h. also strategischen Potentialen wie operativen Reserveinstrumenten) abhängig." (BECKER 1993: 74).

Hier werden die strategischen Methoden und die strategische Zielbestimmung als Übergang zur bzw. als Beginn der strategischen und konzeptionellen Phase im Marketing-Management gesehen und folglich in Phase 2 behandelt. Aufgrund des Kreislaufcharakters des Marketing-Managements ist diese Zuordnungsdiskussion aber letztlich rein theoretischer Natur. Ziele, Strategien und strategische Diagnose stehen miteinander in einer engen Wechselwirkung und werden mehrfach im Marketing-Kreislauf durchlaufen, wobei sich eine gegenseitige Fortentwicklung und Anpassung ergibt. In Abb. A-43 sind diese Rückkopplungen und Interdependenzen durch Pfeile auf der rechten Seite nochmals besonders hervorgehoben.

## 4. Strategische Diagnose

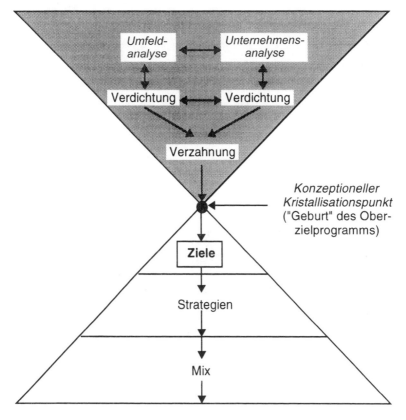

**Abb. B-71** Beziehungen zwischen Umwelt und Unternehmensanalysen (Quelle: nach BECKER 1993: 75)

# Teil C
# Konzeptionsphase:
# Strategisches Marketing

**0  Grundlagen des strategischen Marketing**

**1  Methoden der strategischen Diagnose bzw. Analyse**
1.1  Chancen-Risiken-Analyse
1.2  Ressourcen-Analyse (Stärken-Schwächen-Profil)
1.3  Lebenszyklusanalyse
1.4  Portfolio-Analyse

**2  Strategische Ziele im Tourismus**
2.1  Zielfindung im Tourismus-Marketing
2.2  Besonderheiten der Zielbestimmung im Tourismus
2.3  Der hierarchische Zielfindungsprozeß im Tourismus

**3  Strategieentwicklung**
3.1  (Allgemeine) Aufgaben der Strategiebestimmung
3.2  Entwicklungs-Strategien: Geschäftsfelder-Strategien oder Produkt- Markt-Überlegungen (allgemeine Entwicklungsrichtungen)
3.3  Konkurrenzorientierte Strategien
3.4  Kundenorientierte Strategien
3.5  Positionierungs- oder Profilierungs-Strategien
3.6  Kombinierte Gesamtstrategien

**4  Strategisches Marketing-Mix**
4.1  Marketing-Mix als strategische Aufgabe
4.2  Die Gesamtheit der Instrumente: „Marketing-Mix"
4.3  Strategische und taktische Instrumente
4.4  „Phasen-Mix" im Tourismus-Marketing

Abb. C-0   Die Konzeptionsphase im touristischen Marketing-Management

*0. Grundlagen des strategischen Marketing* 301

# Übersicht Teil C

Teil C behandelt die strategischen Aspekte des modernen Marketing. Es geht dabei um die zukünftigen Wege, um Ziele und Perspektiven, die durch Marketingaktivitäten erreichbar sind. Hierfür stellen die Informationen der vorhergegangenen Analyse einerseits die Basis der Entwicklungsmöglichkeiten dar, andererseits sind damit die Möglichkeiten der zukünftigen Entwicklung in einem gewissen Rahmen festgelegt.

Je genauer bereits die Ist-Analyse im Sinne einer „strategischen Diagnose" erfolgt ist, umso mehr strategische Aussagen liegen bereits aus Phase I vor. Doch im folgenden sollen die verschiedenen strategischen Methoden des Tourismus-Marketing dargestellt werden.

Im einzelnen umfaßt die Strategiephase eines modernen Marketing-Management die:

- **strategische Diagnose:** sie bildet die Voraussetzung für die Strategieentwicklung; aufgrund der Analysephase werden die dortigen Ergebnisse mit Hilfe strategischer Analyseinstrumente verdichtet und verzahnt (vgl. C.1, auch bei B.4 möglich),

- Bestimmung der **Marketingziele:** sie geben im Zusammenhang mit der gesamten Unternehmensplanung die (strategischen) Ziele und die erwünschte zukünftige Entwicklung an (vgl. C.2),

- Entwicklung von **strategischen Modulen:** sie bestimmen die möglichen Strategien (vgl. C.3),

- Grundsatzaussagen zur **operativen Umsetzung** der Ziele und Strategien (vgl. C.4 und D).

---

**Ziele des Teils C**

*Teil C vermittelt die verschiedenen strategisch orientierten Ansatzpunkte für ein entsprechendes Tourismus-Marketing:*

- *die strategischen Analyseinstrumente, wie Chancen-Risiken-, Ressourcen-, Lebenszyklus- oder Portfolio-Analyse,*

- *die Möglichkeiten der marketingorientierten Zielbestimmung (von Makrozielen über Zielketten bis zur touristischen Zielpyramide),*

- *die verschiedenen Module eines integrativen Strategieansatzes (von Entwicklungsstrategien über konkurrenz- und kundenorientierte Strategien bis zur Positionierungsstrategie).*

# 0 Grundlagen des strategischen Marketing

Der zweite Schritt im Marketing-Management-Prozeß umfaßt die Entwicklung von Marketingstrategien auf der Grundlage der Marketinganalyse und -diagnose unter Hinzuziehung der jeweiligen Betriebsziele. Dies wird auch als eigentliches **strategisches Marketing** bezeichnet. Es stellt die mittel- bis langfristige Konzeption des Unternehmens dar.

Dabei bestehen zur Zeit unterschiedlich weite Auffassungen über strategisches Marketing:

- Für die einen ist es der Oberbegriff des gesamten Marketing-Management-Prozesses, wobei modernes Marketing im Gegensatz zum traditionellen vor allem die **strategische Ausrichtung** betont.

- Eine andere Auffassung stellt vor allem die Ausformulierung von Strategien innerhalb des gesamten Marketing-Management-Prozesses als „Strategiephase" in den Vordergrund. Hierbei wird vor allem auf die Entwicklung von **„Strategie-Modulen"** im strategischen Marketing abgestellt.

- Eine eher traditionelle Auffassung versteht nach wie vor die instrumentellen Aussagen – zur Produkt-, Preis-, Vertriebs- und Kommunikationspolitik – als strategisches Marketing **("Instrumentalstrategien")**.

Im folgenden wird als strategisches Marketing vor allem die zweite Auffassung vertreten. Dabei ist die Ausformulierung der verschiedenen Strategiemodule oder -chips eingebettet in die ergänzenden Phasen eines gesamten Marketing-Management-Prozesses, wie er in diesem Buch ausführlich behandelt wird.

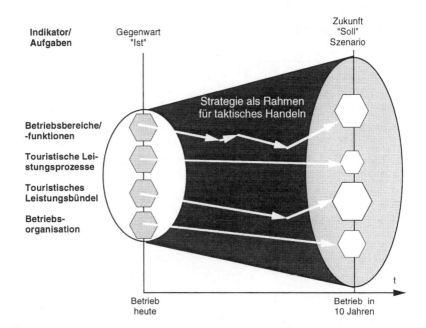

**Abb. C-1**   Strategische Wege (Quelle: FREYER 1990: 189)

## 0. Grundlagen des strategischen Marketing

Strategisches Marketing bemüht sich um die **Zukunftsentwicklung** eines Unternehmens (oder einer Tourismus-Destination). Hauptaufgabe der Strategiediskussion ist die Anpassung der momentanen Situation (des „Ist-Zustandes") an die vermutete Entwicklung und an die beabsichtigten Ziele (an den „Soll-Zustand"). Strategien werden gelegentlich mit einer zukunftsorientierten „Leitplanke" für das tägliche Handeln in Betrieben verglichen. So verstanden weisen Strategien den Weg in die Zukunft und begrenzen ihn nach rechts und links bzw. nach oben und unten (vgl. Abb. C-1). Sie lassen aber auf dem langfristig vorgegebenen Weg noch einen gewissen Spielraum – für kurzfristige taktische Maßnahmen. Diese Darstellungsform weist gewisse Parallelen zur modernen Szenariomethodik auf, die in Abschnitt B.1.4 genauer ausgeführt wurde.

BECKER 1993 veranschaulicht die Strategie-Diskussion mit einem anderen Vergleich als das „Scharnier" bzw. als „Scharnierfunktion" im Marketing-Management-Prozeß zwischen Ist-Analyse (Phase I) und Umsetzungs-Maßnahmen (in Phase III, vgl. B.4 und Abb. B-71).

Die Strategien lassen erkennen, wie ein Unternehmen seine bestehenden und seine potentiellen Stärken dazu benutzt, Umfeldbedingungen und deren Veränderungen gemäß den unternehmerischen Absichten zu begegnen.

Das Ergebnis des Strategischen Marketing wird auch als **Marketing-Konzept** bezeichnet, es umfaßt im einzelnen:

- die **Ziele** als übergeordnete „Philosophie" oder zukünftige Wunschorte („Szenarien"), im Sinne von „Zielen" der jeweiligen Marketing-Träger,
- die **Strategien** als „Struktur" oder Route bzw. Leitplanke des zukünftigen Weges,
- das **Marketing-Mix** als „Prozeß" oder „Beförderungsmittel" mit den jeweiligen konkreten Umsetzungsmaßnahmen.

Dabei bedeuten Ziele, Strategien und Marketing-Mix **unterschiedliche Konkretisierungsebenen** für ganz ähnliche, zukunftsorientierte Überlegungen.

**Abb. C-2** Aufbau und Inhalt der Marketingkonzeption (Quelle: in Anlehnung an BECKER 1993: 120)

Strategien sind **langfristige** Entscheidungen bzw. Vorgaben, die den Rahmen der Unternehmenspolitik festlegen. Langfristig heißt in der Realität meist Planung mit einem Zeithorizont von bis zu 5 oder 10 Jahren. Strategien sind großräumig und strukturbestimmend.

**Kurzfristige** Marketing-Planung umfaßt dagegen nur einen zeitlichen Rahmen bis zu einem Jahr. Dies wird als kurzfristiges oder taktisches Marketing bezeichnet. Es ist eher maßnahmenbezogen und detailbestimmend.

Weder kurz- noch langfristiges Marketing ist dabei starr oder unumstößlich, sondern Strategien müssen laufend auf Erfolg überprüft und an die jeweiligen Marktveränderungen angepaßt werden (dynamisches oder flexibles Marketing): „as rapidly as consumer tastes change, so must marketing strategies" (MULLIN 1985: 101).

Strategisches Denken und Handeln ist insgesamt eine Kombination aus:

- Anwendung von **Methodenwissen:** z.B. der Marketing-Management-Methode,
- **logischem Denken:** es zieht (logische) Folgerungen aus der Analysephase (v.a. mit Hilfe der strategischen Diagnoseverfahren),
- **kreativer, schöpferischer Kraft:** es entwickelt die (richtigen) Wege für die Zukunft und stimmt alle Aktivitäten aufeinander ab.

Strategisches Marketing-Management führt zu Handeln und Agieren statt Reagieren. Eine zukunftsorientierte Tourismusentwicklung erfordert eine aktive Tourismuspolitik und ein aktives Tourismus-Marketing.

> **Strategisches Marketing** bedeutet (langfristiges) **Agieren.**
> **Taktisches Marketing** bedeutet (kurzfristiges) **Reagieren.**

Als **grundlegende Merkmale des strategischen Denkens** werden von SCHERTLER 1993 bezeichnet (vgl. Abb. C-3):

- visionäres Denken: zukünftige Möglichkeiten („Visionen") sehen, siehe A.1 und B.2,
- Differenzierungsdenken: „anders sein", siehe C.3,
- Vorteilsdenken: Wettbewerbsvorteile suchen, siehe USP und C.3.3,
- Richtungsdenken: Positionen suchen, siehe C.3.5,
- Potentialdenken: Potentiale erkennen, siehe C.3.2.

Die verschiedenen Aspekte strategischen Denkens spiegeln sich in ähnlicher Form in den im folgenden behandelten unterschiedlichen Strategiebausteinen wider (vgl. im einzelnen die Hinweise in vorheriger Aufzählung).

**USP, SGE oder SEP**

Zentrale Begriffe im Zusammenhang mit Strategieentwicklungen sind der/die Unique Selling Proposition (USP) und/oder die Strategischen Geschäftseinheiten (SGE) bzw. die Strategische Erfolgsposition (SEP) sowie der komparative Konkurrenzvorteil (KKV) (vgl. PÜMPIN/GEILINGER 1988, KOTLER 1989: 296, 308, PORTER 1992b: 62ff). Hierbei wird es als zentrale Aufgabe der Strategiephase angesehen, entweder

# 1. Methoden der strategischen Diagnose bzw. Analyse

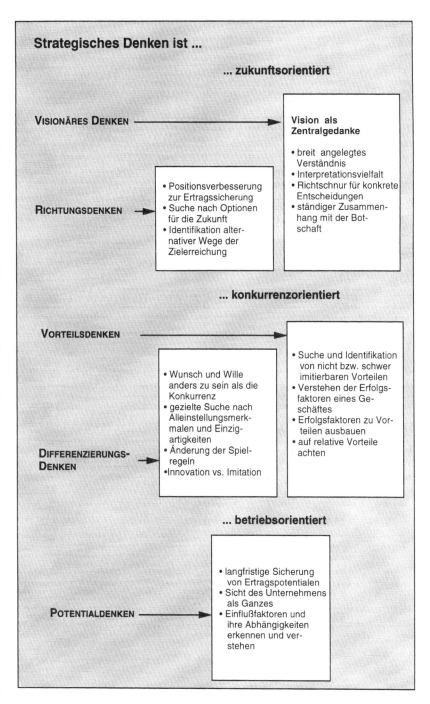

**Abb. C-3** Die konstitutiven Merkmale strategischen Denkens
(Quelle: SCHERTLER 1993: 42)

- strategische Vorteile gegenüber den Mitwettbewerbern aufzuspüren (den/die **USP**-Unique Selling Proposition − einzigartige(r) Verkaufsvorteil/-position) oder

- Geschäftsfelder und -bereiche aufzuzeigen, die geeignet sind, die gegenwärtige Position gegenüber den Konkurrenten zu verbessern (**SGE**-Strategische Geschäftseinheiten oder **SEP**-Strategische Erfolgsposition).

Beide strategische Grundaufgaben können aufgrund der zuvor benannten verschiedenen visionären, differenzierungs-, wettbewerbs-, richtungs- oder potentialorientierten Überlegungen sowie verschiedener grundsätzlicher Strategiemodule („Normstrategien") entwickelt werden, wie es an späterer Stelle (C.3.1 bis C.3.5) näher ausgeführt wird.

---

**Strategische Grundaufgabe** ist es

- USP's (Unique Selling Proposition, „Wettbewerbsvorteile") und/oder
- SGE's (Strategische Geschäftseinheiten) bzw. SEP's (Strategische Erfolgspositionen) und/oder
- KKV's (Komparative Konkurrenzvorteile)

zu erkennen, aufzubauen und/oder zu entwickeln.

---

# 1 Methoden der strategischen Diagnose bzw. Analyse

## 1.0 Übersicht Kapitel C.1

Bereits in Abschnitt B.4 war auf die strategische Orientierung der Analysephase hingewiesen worden. Letztliches Ziel der Informationsbeschaffung im Marketing war es, die strategische Ausgangssituation des jeweiligen Betriebes bzw. Marketingträgers zu analysieren und dabei die betriebsinternen und betriebsexternen Ausgangspositionen sowie die Entwicklungsmöglichkeiten aufzuzeigen. Für die Ableitung der daraus resultierenden Marketingstrategien sind die entsprechenden Informationen zu verdichten und zu verzahnen.

In der Marketingliteratur werden zur Darstellung und zur strategischen Interpretation für die verschiedenen Bereiche der Analysephase zahlreiche Denk- und Entscheidungsmodelle vorgeschlagen. Bei allen handelt es sich um Instrumente und Methoden, wie die in der Analysephase gesammelten Daten systematisch und optisch zu beschreiben sind und wie daraus Grundlagen für das strategische Handeln abzuleiten sind. Diese Methoden können

- bercits bei den einzelnen Analyseteilen verwendet werden,
- abschließend zur Phase I zur Gesamtdarstellung dienen,
- als Beginn der Phase II gesehen werden,

was in B.4 bereits ausführlich problematisiert worden ist. Im strategischen Marketing werden vor allem vier Diagnose-Methoden erläutert, die verschiedene Aspekte der Analysephase beleuchten und entsprechend auch unterschiedliche strategische Aussagen ermöglichen:

- Chancen-Risiken-Analyse,
- Ressourcen-Analyse (Stärken-Schwächen-Profil),
- Lebenszyklus-Analyse,
- Portfolio-Analyse.

Gelegentlich werden noch weitere Methoden den strategischen Analyseinstrumenten im Marketing zugerechnet, wie z.B. die Wertkettenanalyse (so MEFFERT 1994), die Erfahrungskurvenanalyse usw. Auch im Tourismus(-Marketing) finden diese Diagnosemethoden immer häufiger Anwendung.

Um ein umfassendes Bild der verschiedenen strategischen Möglichkeiten aufzuzeigen, sind zumeist mehrere bzw. alle diese Methoden anzuwenden („Verzahnung"). Je ausführlicher bereits in der Analysephase auf die einzelnen Methoden hingearbeitet worden ist, um so weniger umfangreich sind die Arbeiten zur Aufbereitung für die einzelnen Diagnose-Methoden. Die verschiedenen Methoden eignen sich unterschiedlich zur Darstellung einzelner Teilschritte der Informationsphase. Sie betrachten meist zusammenfassend zwei oder alle drei der Teilanalysen (vgl. auch Abb. C-4):

- Die **Chancen-Risiken-Analyse** versucht, die eigenen betrieblichen Möglichkeiten (Teilschritt B.3) mit den generellen Entwicklungsmöglichkeiten des Umfeldes (B.1) zu verbinden. Auch verknüpft sie die generellen Trendaussagen aus Phase B.1 mit den konkreteren Möglichkeiten einzelner Märkte von Teilphase B.2. Sie zeigt hierbei die Marktchancen und Marktrisiken auf speziellen Märkten auf.

- Die **Ressourcen-Analyse** oder **Stärken-Schwächen-Analyse** zeigt vor allem die eigenen betrieblichen Stärken bzw. Schwächen im Vergleich zum Markt, zum „Marktüblichen", auf. Sie berücksichtigt dabei allerdings teilweise auch die generellen Trends der Umfeldanalyse mit.

- Die **Lebenszyklus-Analyse** zeigt insbesondere die Stellung des eigenen betrieblichen Angebotes im Vergleich zu generellen Produkt- und Markttrends, eben dem Lebenszyklus. Sie verbindet damit insbesondere die Teilanalysen B.3 mit B.1.

- Die **Portfolio-Analyse** ist die umfassendste der drei Analysemethoden. Sie ermöglicht eine zusammenfassende Betrachtung der Markt-Chancen bzw. -Risiken mit den Stärken und Schwächen des jeweiligen Betriebes. In dieses Möglichkeitenfeld von Marktentwicklung und Marktzustand werden Teilbereiche des eigenen Betriebes, sog. strategische Geschäftseinheiten, eingeordnet. Sie behandelt also in einer engeren Sichtweise zusammenfassend die Chancen-Risiken- und die Stärken-Schwächen-Analyse, in einer weiteren Sicht Umfeld-, Markt- und Betriebsanalyse.

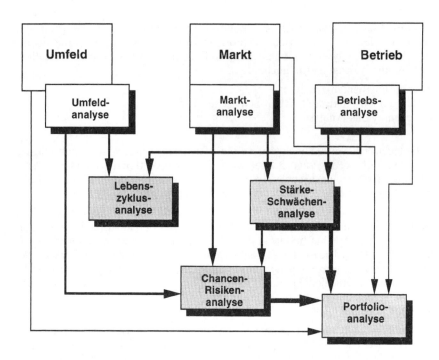

**Abb. C-4** Reichweite der Diagnosemethoden in bezug auf Teilanalysen der Informationsphase

---

**Ziele des Kapitels C.1**

*Die verschiedenen strategischen Diagnosemethoden sollten grundsätzlich alle zur Auswertung der Phase I und zur strategischen Aufbereitung für die Phase II der jeweiligen besonderen Marketing-Aufgabe herangezogen werden.*

*Sie geben jeweils unterschiedliche Ansatzpunkte für die darauf aufbauenden Strategien.*

---

## 1.1 Chancen-Risiken-Analyse

Die Chancen-Risiken-Analyse ist die allgemeinste der strategischen Diagnose-Methoden. Sie sollte wegen ihres grundsätzlichen Charakters auch meist an den Anfang der strategischen Überlegungen gestellt werden. Sie schließt einerseits unmittelbar an die Aussagen und Ergebnisse der Umfeldanalyse (vgl. B.1) an, verbindet andererseits die dort getroffenen allgemeinen Entwicklungsaussagen mit den jeweils spezifisch analysierten Märkten (vgl. B.2). Strenggenommen sind auch betriebsbezogene Aussagen zu konkreten Stärken und Schwächen hinzuzuziehen, doch vorwiegend sollen Marktchancen und -risiken in bezug auf die generellen Entwicklungstrends aufgezeigt werden. Dabei geht die Chancen-Risiken-Analyse über die reine Darstellung der Trends mit ihren unterschiedlichen Interpretationen in Richtung Optimismus-, Pessimismus- und Trend-Szenario hinaus, indem sie eine marktbezogene Auswahl – und damit Gewichtung – der unterschiedlichen Trends trifft.

### 1.1.1 Darstellungsformen

Als Darstellungsform der Chancen-Risiken-Analyse wird zumeist eine einfache Tabelle verwendet, in der die Chancen und Risiken im Sinne eines „Pro" und „Kontra" gegenübergestellt werden. Als Vorarbeit für eine strategisch orientierte Chancen-Risiken-Analyse im Tourismus können die in Phase B.1 erarbeiteten Aussagen zu den verschiedenen gesellschaftlichen oder touristischen Megatrends verwendet werden. Doch sie stellen lediglich eine Vorarbeit bzw. eine „Stoffsammlung" für die hier folgende strategische Interpretation dar. Aus der Fülle der möglichen Mega- und Mikro-Trends sowie aus den in der Umfeldanalyse zusammengestellten verschiedenen Szenario-Möglichkeiten sind nunmehr lediglich die für den spezifischen Markt strategisch relevanten Chancen und Risiken auszuwählen. Erst dadurch wird die Umfeldanalyse zu einer strategischen Chancen-Risiken-Analyse.

Aufgrund des sehr allgemeinen Charakters sowie der sehr schwierig vorzunehmenden Einschätzung von Trends für einzelne Märkte, hat die Entwicklung einer Chancen-Risiken-Tabelle einen sehr stark subjektiven bzw. fallbezogenen Charakter.

**Beispiel:**
- Aufgrund der ausführlichen Umfeldanalyse in Kap. B.1 könnten die wichtigsten Chancen/Risiken für den „Tourismus in Deutschland" zu den wenigen Aussagen in Abb. C-5 „verdichtet" werden. Das Kriterium „wichtig" meint hierbei vor allem „strategisch verwertbar" für eine Marketing-Konzeption des Reiselandes Deutschland.

| **Chancen** für Deutschland-Tourismus | **Risiken** des Deutschland-Tourismus |
|---|---|
| - Trend zu mehr Kurz- und Ausflugsreisen<br>- Stagnation und Rückgang des Sonnen- und Meerurlaubs (ins Ausland)<br>- neue Wertigkeiten ("Zu-Hause-Bleiben", Inlandsurlaub)<br>- nachhaltiger Tourismus (mit entsprechenden Angeboten in Deutschland) | - hohes Preisniveau<br>- Verkehrsinfarkt<br>- zunehmende Umweltprobleme |

**Abb. C-5** Chancen-Risiken für den Tourismus in/nach Deutschland

### 1.1.2 Einschätzung der Chancen-Risiken-Methode

Die Chancen-Risiken-Analyse ermöglicht lediglich sehr allgemein gehaltene Aussagen zur künftigen Entwicklung, die entsprechend schwierig in konkrete strategische Empfehlungen übergehen können. Insgesamt gelten als kritische

Aspekte zur Chancen-Risiken-Analyse ähnliche Bedenken wie sie bereits für die Umfeldanalyse und die dort behandelten verschiedenen Methoden der Zukunftsforschung geäußert worden sind. Oftmals geht die „Analyse" nicht über den Stand des Allgemeinwissens hinaus, in der touristischen Praxis hat fast jeder eine eigene Meinung über die Chancen und Risiken der touristischen Entwicklung, ohne daß dies bereits den Ansprüchen an eine wissenschaftlich fundierte Chancen-Risiken-Analyse genügt. Nur eine vorab erfolgte umfangreiche und systematische Aufarbeitung und Kenntnis der verschiedenen Umfeld- und Marktgegebenheiten bilden die Basis für eine einigermaßen fundierte Chancen-Risiken-Analyse, ohne daß dabei die „Treffsicherheit" der Expertenaussagen über der von touristischen Laien liegen muß.

Ein weiterer Kritikpunkt hinsichtlich der Chancen-Risiken-Analyse sind fehlende Kriterien für die Gewichtung der zumeist gegenläufigen touristischen Trends. Hierbei sind es zumeist politische Grundsatzentscheidungen, die anstelle von wissenschaftlichen Gewichtungskriterien treten.

Insgesamt ist die Chancen-Risiken-Analyse meist eine wichtige Vorüberlegung für die Strategiephase, die durch andere Diagnosemethoden zu ergänzen ist.

## 1.2 Ressourcen-Analyse (Stärken-Schwächen-Profil)

Auch für die Ressourcen-Analyse sind wichtige Vorarbeiten bereits in der eigentlichen Informationsphase erfolgt. Hier wurde insbesondere im Rahmen der marketingbezogenen Betriebsanalyse (vgl. B.3.2) auf die Entwicklung von Ressourcenprofilen hingewiesen. Im Rahmen der strategischen Diagnose können solche vorhandenen Ressourcenprofile verwendet werden, sie sind lediglich um die strategische bzw. diagnostische Dimension zu ergänzen.

Im Rahmen der strategisch orientierten Ressourcen-Analyse werden die Bereiche eines Betriebes – oder im Tourismus einer Destination – herausgearbeitet, die als Grundlage für Strategien dienen können. Zur Bestimmung der eigenen Stärken oder Schwächen wird ein Vergleich des eigenen Betriebes mit dem Markt vorgenommen. Ein solcher Marktvergleich kann entweder sehr allgemein erfolgen, indem das „Marktübliche" oder der „Marktdurchschnitt" als Vergleichsmaßstab zu Grunde gelegt wird. Es kann aber auch eine Beurteilung des eigenen Betriebes im Hinblick auf die Angebots- und Nachfrageseite des Marktes erfolgen. Im ersten Fall wird ein Vergleich mit dem oder den Hauptkonkurrenten vorgenommen (Konkurrenzvergleich). Im zweiten Fall wird die Beurteilung des eigenen Betriebes durch die Nachfrager (Nachfragesicht) vorgenommen. Je nach Methode des Betriebsvergleiches folgen daraus unterschiedliche Strategiemöglichkeiten: markt-, konkurrenz- oder nachfrageorientierte Strategien (vgl. dazu C.3).

Im Rahmen der Ressourcen-Analyse oder mit der anderen Ausdrucksweise zur Erstellung von Stärken-Schwächen-Profilen geht man üblicherweise in drei Schritten vor:

- Bestimmung der Ressourcen,
- Bewertung der Ressourcenfaktoren,
- Strategische Interpretation.

## 1.2.1 Bestimmung der Ressourcen

Das grundsätzliche Vorgehen zur Erstellung eines Ressourcen-Profils war bereits in Abschnitt B.3.2 behandelt worden. Wichtigste Aufgabe hierbei ist die Bestimmung sog. „Ressourcen" (Faktoren), die zur Charakterisierung und Bewertung des jeweiligen Unternehmens herangezogen werden. Im betrieblichen Marketing sind dies zumeist die funktionalen Betriebsbereiche, wie beispielsweise Einkauf, Produktion, Verkauf, Finanzen und Personal mit den entsprechenden weiteren Unterteilungen.

Im Tourismus werden zur Beurteilung von **touristischen Destinationen** die verschiedenen angebotsbestimmenden Faktoren herausgestellt. Dabei wird zumeist zwischen den naturgegebenen und abgeleiteten Faktoren unterschieden. In bezug auf **touristische Leistungsketten** stellen die einzelnen Glieder bzw. Phasen die „Ressourcen" im Sinne der Ressourcenanalyse dar.

Grundsätzlich kann auch im Rahmen der Ressourcen-Analyse eine ähnlich ausführliche Beurteilung der unterschiedlichen Faktoren vorgenommen werden. Doch unter strategischen Gesichtspunkten muß nicht die volle Breite der möglichen Beurteilungsfaktoren herangezogen werden, sondern es genügen die strategisch wichtigen Bereiche. Sie können an dieser Stelle nicht allgemein verbindlich formuliert werden, doch engt sich für spezifische Marketingaufgaben das Feld der zu beurteilenden Faktoren meist von vornherein stark ein. So steht bei landschaftsbezogenen Marketingaufgaben im Tourismus sicherlich eine ausführliche Beurteilung von Landschaftsfaktoren mehr im Vordergrund der Betrachtung als bei Marketingaufgaben, die die Entwicklung von Reservierungs- oder Distributionssystemen zum Gegenstand haben.

Weitere Ausführungen zur Bestimmung von strategischen Geschäftsfeldern finden sich im Abschnitt C.1.4 Portfolioanalyse.

## 1.2.2 Bewertung der Ressourcenfaktoren

In einem zweiten Schritt wird eine Bewertung der einzelnen Ressourcenfaktoren vorgenommen. Hierfür sind unterschiedliche Bewertungs- und Skalierungsmöglichkeiten gegeben. Gelegentlich werden nur dichotome Bewertungen vorgenommen, wie z.B. „gut – schlecht" oder „hoch – niedrig" oder „viel – wenig". Für eine umfassendere Bewertung von komplexeren Systemen sind solche Bewertungen oftmals nicht ausreichend. An ihrer Stelle werden differenziertere Abstufungen vorgenommen, am häufigsten nach dem Notensystem oder nach einer Skala mit Plus- und Minuswerten.

Soweit solche Beurteilungen als Grundlage für statistisch-mathematische Auswertungen genommen werden, sind bestimmte Skalierungsverfahren mehr oder weniger empfehlenswert. Für die strategische Diagnose wird aus mehreren Gründen eine Skalierung mit Plus- und Minusbereichen sowie einem Null-Wert empfohlen (vgl. C.1.2.3). Die eigentliche Beurteilung der jeweiligen Kriterien erfolgt entweder betriebsintern durch den Marketingexperten selbst oder betriebsextern durch Konkurrenz- oder Nachfragereinschätzung. Letztendlich ist die jeweilige Beurteilung nur schwer objektivierbar – sie erfolgt subjektiv.

**Beispiel:**
- Vgl. Abb. C-6

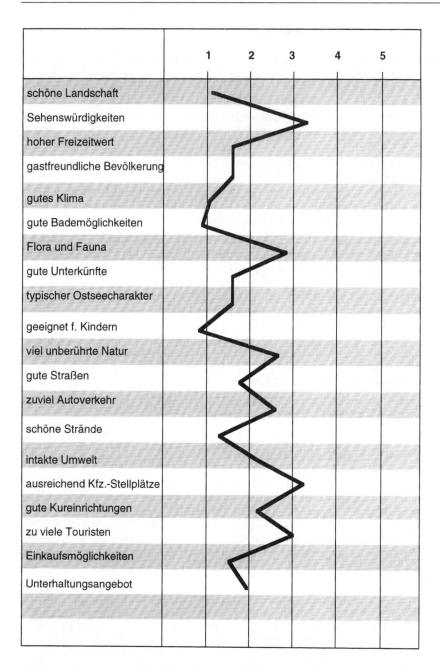

**Abb. C-6** Beispiel eines Stärken-Schwächen-Profils im Tourismus

## 1.2.3 Strategische Interpretation: Ermittlung der Stärken und Schwächen

Die Ermittlung von strategischen Stärken und Schwächen im Rahmen der Ressourcen-Analyse erfolgt in der Regel durch einen Vergleich mit dem oder den Hauptkonkurrenten am Markt. Da aber in der Marketingpraxis Informationen über die Mitwettbewerber nur sehr schwierig zu erhalten sind, wird sehr häufig anstelle des direkten Konkurrenzvergleiches ein Vergleich mit dem „Marktdurchschnitt" oder dem „Marktüblichen" vorgenommen. Aus diesen letztlich praktischen Überlegungen wurde im vorherigen Abschnitt auch eine Skalierung mit einer Null-Linie empfohlen, die in diesem Fall den Markt oder das Marktübliche charakterisiert.[1] Wird das eigene Angebot besser oder schlechter eingeschätzt, so weicht das jeweilige Ressourcenprofil entsprechend nach links oder rechts davon ab. Bei einem solchen Vorgehen sind auch die jeweiligen Stärken und Schwächen eines Unternehmens besser ersichtlich als bei den häufig anzutreffenden Vergleichen zweier oder mehrerer Ressourcen-Profile ohne Orientierung an der Null-Linie.

Eine dritte Möglichkeit der Beurteilung der Ressourcen ist die entsprechende Einschätzung durch die Nachfrager, die allerdings methodisch ganz analog zu den zuvor erwähnten Möglichkeiten vorgenommen wird.

Für den Fall, daß nicht die Null-Linie als Bezugspunkt genommen wird, ist neben dem eigenen Ressourcen-Profil auch das **Vergleichsprofil** der relevanten bzw. stärksten Konkurrenten einzutragen. Der Vergleich mit diesem sog. „Soll-" oder „Bezugsprofil" ergibt Hinweise auf strategische Möglichkeiten.

Die Analyse der jeweiligen Ressourcenprofile vom eigenen Betrieb und Vergleichsbetrieb ergeben in der Regel drei Möglichkeiten bzw. Bereiche:

- Ist die eigene Beurteilung besser als die der Vergleichsgrößen, so kann dies für aktive Marketing-Strategien genutzt werden.

- Ist die eigene Beurteilung schlechter als die der Vergleichsgrößen, so kann es Aufgabe des Marketing sein, diese Schwächen abzubauen, um die eigene relative Position zu verbessern.

- Stimmt die eigene Beurteilung mit der der Vergleichsgrößen überein, so sind diese Bereiche in der Regel strategisch nicht weiter von Relevanz. Eventuelle Ausnahme: Im Rahmen sog. Me-too-Strategien sind gerade gleiche Eigenschaften eine wichtige Voraussetzung für strategisches Handeln (vgl. C.3.3.3(1)).

---

[1] In letzter Zeit werden anstelle des klassischen direkten Konkurrenzvergleichs immer häufiger im Rahmen des sog. „Benchmarking" Vergleiche mit branchenunabhängigen Faktoren oder Unternehmen vorgenommen. Hierbei gelten die bestmöglichen Vergleichsmaßstäbe („benchmarks") als Orientierungsgrößen für die Entwicklung der eigenen Potentiale (vgl. dazu auch die Hinweise in B.2.4). An dieser Stelle wird aber die klassische Methode der Stärken-Schwächen-Analyse dargestellt.

> **Stärken** sind die Charakteristika („Ressourcen") eines touristischen Unternehmens, die es gegenüber den Konkurrenten voraus hat und aus denen Wettbewerbsvorteile erwachsen (können).
>
> **Schwächen** sind die Charakteristika („Ressourcen") eines touristischen Unternehmens, die es gegenüber den Konkurrenten weniger zu bieten hat und aus denen Wettbewerbsnachteile erwachsen (können).

Bei der Verwendung von zwei oder mehreren Ressourcenprofilen zeigt sich, daß Schwächen des eigenen Betriebes nicht immer marktrelevante Schwächen sind, wenn die relative Stellung des Vergleichsbetriebes eine noch schlechtere ist. Das gleiche gilt auch für die (relativen) Stärken. In der Literatur wird in diesem Zusammenhang auch auf die – oftmals wenig beachtete – Bedeutung der „kritischen Erfolgsfaktoren" hingewiesen:

„Die wichtige Implikation der kritischen Erfolgsfaktoren für die Strategieformulierung besteht darin, daß Stärken und Schwächen immer im Verhältnis zu den Erfolgsfaktoren gesehen werden müssen. Es kann dann für eine Unternehmung vordringlicher sein, eine relativ kleine Schwäche auszumerzen, weil sie an einen wichtigen Erfolgsfaktor geknüpft ist, als vielleicht eine wesentlich größere Schwäche, welche jedoch für die Wettbewerbfähigkeit laut den Erfolgsfaktoren eine relativ untergeordnete Rolle spielt." (BRAUCHLIN/WEHRLI 1993: 63)

Letztlich zeigt sich die Bedeutung der jeweils strategisch- oder erfolgsrelevanten Faktoren durch den Abstand von der jeweiligen Vergleichslinie (also von der Null-Linie oder vom Vergleichsprofil).

**Beispiele:**
- Konkurrieren zwei Tourismusdestinationen mit einem ähnlich attraktiven landschaftlichen Angebot, z.B. die Inseln Rügen und Usedom, so sind diese Stärken gegenüber Dritten nicht als strategische Möglichkeiten zwischen Rügen und Usedom einzusetzen.
- Konkurrieren zwei Ortschaften miteinander, bei denen das Preis-Leistungs-Verhältnis gleichermaßen als negativ eingeschätzt wird (aus Sicht der Kunden), so besteht keine vorrangige strategische Relevanz zur Verbesserung des Preis-Leistungs-Verhältnisses gegenüber dem Mitwettbewerber. Lediglich im Hinblick auf Dritte, bei denen das Preis-Leistungs-Verhältnis besser eingeschätzt wird, würde sich eine strategische Verbesserung des Preis-Leistungs-Verhältnisses anbieten.

### 1.2.4 Einschätzung der Ressourcen-Analyse-Methode

Die Ressourcen- oder Stärken-Schwächen-Analyse ist eine sehr häufig im Marketing verwendete Methode. Sie ermöglicht durch Vergleiche der eigenen betrieblichen Möglichkeiten mit denen der Konkurrenz oder den am Markt üblichen Angeboten, eigene Stärken oder Schwächen zu erkennen und entsprechend strategisch einzusetzen. Hauptschwierigkeit bei der Ressourcen-Methode ist die Informationsbeschaffung von Markt- oder Konkurrenzdaten. Ein weiteres Problem liegt in der Bewertung der eigenen und fremden Ressourcen, die jeweils nur relativ und/oder subjektiv erfolgen kann.

Gerade im touristischen Marketing wird die Stärken-Schwächen-Methode sehr häufig verwendet, da sie sehr plastisch auf Vor- und Nachteile von unterschiedlichen Angebots- und Leistungsbereichen hinweist.

### 1.2.5 SWOT-Analyse

Häufig werden die Chancen-Risiken- und Stärken-Schwächen-Analysen zusammen durchgeführt bzw. ausgewertet – als sogenannte SWOT-Analyse. Dabei stehen die Abkürzungen für **S**trength (Stärken), **W**eakness (Schwächen), **O**pportunity (Chancen) und **T**hreats (Risiken). Das Ergebnis einer solchen „Verzahnung" wird in Abb. C-7 in einer Matrix dargestellt.

Als Haupttrends der 90er Jahre werden von der DZT Konzentration, Globalisierung und Individualisierung gesehen, die alle drei sowohl Chancen als auch Risiken für Deutschland als Reiseland in sich bergen. Kombiniert wird dieses Chancen-Risiken-Potential mit verschiedenen Stärken und Schwächen der deutschen Tourismus-„Ressourcen", womit sich insgesamt die SWOT-Matrix für Deutschland als Reiseland ergibt (vgl. Abb. C-7).

| Chancen | Risiken |
|---|---|
| • Transparenz durch weltumspannende Kommunikation | • Verschärfter internationaler Konkurrenzkampf |
| • Zielgruppenorientierte Angebote (Trend zur Individualisierung) | • Schnelle Ausbreitung von Negativinformationen |
| **Stärken** | **Schwächen** |
| • gute Infrastruktur | • Preis-/Leistungsverhältnis |
| • Sauberkeit | • Service, Dienstleistungen |
| • Schlösser, Burgen, Kathedralen | • Freundlichkeit des Bedienungspersonals |
| • historische Plätze und Bauten | • Deutsche Behörden (Polizei, Zoll usw.) |
| • Natur und Landschaft | • Sprachliche Verständigung (mit Ausländern) |
| • Städte | • „Ausländerfeindlichkeit" |

**Abb. C-7** SWOT-Analyse für Deutschland als Reiseland
(Quelle: DZT: Marketingplan 1995-1997 und eigene Anmerkungen)

## 1.3 Lebenszyklusanalyse

Die Lebenszyklusanalyse ist ebenfalls eine sehr allgemein gehaltene Diagnosemethode. Sieht man sie als Verbindung der Betriebsanalyse mit der Umfeldanalyse, so verlangt die Lebenszyklusanalyse eine Einordnung bestimmter betrieblicher Angebote in längerfristige Trends. Entsprechend können auch die Chancen bzw. Risiken des eigenen Angebotes beleuchtet werden.

## 1.3.1 Phasen des Lebenszyklus

Die Lebenszyklusanalyse hat aber eine eigene Methodik bzw. Sichtweise entwickelt. Sehr verbreitet ist die Methode im Konsumgüter-Marketing, wo viele Produkte einen ähnlichen Lebenszyklus durchlaufen. Im Tourismus ist diese Methode noch wenig verbreitet, obwohl auch hier ähnliche Entwicklungen sichtbar sind (vgl. Abschnitt C.1.3.3).

Grundgedanke der Lebenszyklusanalyse ist, daß die meisten Produkte bestimmte Phasen durchlaufen – ganz ähnlich wie der Mensch im Laufe seines Lebens. Je nach Produkt beträgt die Dauer dieser Phasen mehrere Monate, mehrere Jahre oder mehrere Jahrzehnte. Doch in allen Fällen lassen sich vier bzw. fünf grundsätzliche Phasen unterscheiden, die Einführungs-, die Wachstums-, die Reife- und die Sättigungs- bzw. Schrumpfungsphase (letztere werden gelegentlich zusammen dargestellt). Ähnlich wie dies bei Konsumgütern üblicherweise der Fall ist, kann dies auch für touristische Destinationen oder Leistungen aufgezeigt werden.

Zum Teil werden in Anlehnung an die verschiedenen Phasen des Lebenszyklus sogenannte „Normstrategien" angegeben, auf die im folgenden in den einzelnen Phasen im Zusammenhang mit der allgemeinen und touristischen Darstellung eingegangen wird.

**(1) Einführungs- oder Entstehungsphase**

In der Einführungs- oder Entstehungsphase werden Ideen und Produkte entwickelt und – erstmals – am Markt „getestet". Es handelt sich um neue, oft noch unbekannte und von den Nachfragern noch nicht akzeptierte Produkte.

**Beispiele:**
- **Reiseformen:** Momentan stehen Club-Kreuzfahrten oder All-Inclusive-Angebote am deutschen Reisemarkt am Anfang des Produktlebenszyklus.
- **Event-Tourismus:** Im Bereich des Event-Tourismus sind es neue Veranstaltungen, z.B. Musikfestivals, deren Akzeptanz bei den Nachfragern noch nicht bekannt ist.
- **Destinationen:** Bezogen auf touristische Destinationen sind in der Anfangsphase des Tourismus nur wenige Besucher vorhanden und es gibt auch noch wenige touristische Leistungsangebote.

Strategisch ist in einer solchen Phase zu überlegen, ob und gegebenenfalls wie ein Marktzutritt bzw. eine Marktausweitung vorgenommen werden soll (als „Normstrategie").

**(2) Wachstumsphase**

In der Wachstumsphase sind die Produkte und Leistungen grundsätzlich bekannt, sie werden – je nach Akzeptanz durch die Nachfrager – oft noch verändert. Die Anbieter erobern sich ihre Marktanteile.

**Beispiele:**
- **Reiseformen:** Verschiedene Angebote des „Neigungstourismus", z.B. Esoterikreisen, Rad-Tourismus, Event-Reisen (z.B. zu Musikfestivals), bestimmte Angebote des Öko-Tourismus
- **Tourismusdestinationen:** Tourismus hat bereits eine gewisse Bedeutung erhalten. Bei der Entwicklung von Destinationen wird dies auch als „touristische Anpassungsphase" bezeichnet. Die angebotenen Unterkünfte sind meist relativ einfach, die Ansprüche stel-

1. Methoden der strategischen Diagnose bzw. Analyse

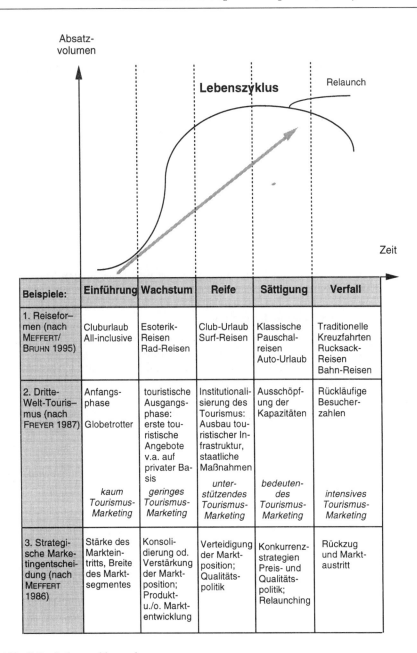

**Abb. C-8**  Lebenszyklusanalyse

len sich auf lokale Gegebenheiten ein. Die weitere Entwicklung des Tourismus im Sinne einer Diversifikationsstrategie wird oftmals in dieser Phase als Chance gesehen.

Strategisch ist in der Wachstumsphase zu entscheiden, in welchem Maß die bereits erreichte Marktposition konsolidiert oder verstärkt werden soll. Dabei sind zumeist sowohl die Möglichkeiten der Produktdifferenzierung als auch der Marktausweitung zu prüfen (Diversifikationsstrategie, vgl. C.3.2.2.1).

**(3) Reifephase**

In der Reifephase tritt eine Konsolidierung der Entwicklung ein. Das Produkt ist voll entwickelt und am Markt akzeptiert. Es sind kaum mehr Wachstumsraten gegeben und zu erwarten.

**Beispiele:**
- **Reiseformen:** Club-Urlaub, Surf-Reisen
- **Tourismusdestinationen:** In der Reifephase des Tourismus sind die meisten touristischen Angebotselemente weitgehend entwickelt. Man spricht hier auch vom „institutionalisierten Tourismus".

Die Normstrategie in der Reifephase ist es, die bereits erreichten Marktpositionen zu verteidigen.

**(4) Sättigungs- und Schrumpfungsphase**

Die Sättigungs- und Schrumpfungsphase werden zumeist zusammen behandelt und gehen auch oftmals direkt ineinander über. In der Sättigungsphase läßt das Interesse am Produkt nach und es besteht die Gefahr, Marktanteile zu verlieren und zu schrumpfen.

**Beispiele:**
- **Reiseformen:** klassische Pauschalreise, Auto-Urlaub, Bahnreisen oder Rucksackreisen, Event-Tourismus (Schleswig-Holstein-Musikfestival)
- **Tourismusdestinationen:** Das Interesse an bestimmten Destinationen läßt nach, die Touristen „wandern weiter".

Als strategische Möglichkeiten in der Sättigungs- und beginnenden Schrumpfungsphase werden am häufigsten Preismaßnahmen oder Produktänderungen genannt. Darüber hinaus sind eventuell Entscheidungen über den Rückzug bzw. über den Marktaustritt zu treffen.

In der Konsumgüterindustrie wird häufig in der Phase 4 von einem „Relaunch" gesprochen, was meint, daß bestimmte Produkte mit leichten Veränderungen „wiedereingeführt" werden. Damit durchbricht man den eigentlichen Lebenszyklus, ohne daß damit – strenggenommen – ein vollkommen neues Produkt entwickelt und eingeführt werden muß. Typische Beispiele sind die Modellvarianten in der Automobilindustrie, bei denen alle paar Jahre das Grundmodell lediglich nur leicht verändert werden muß, wie z.B. beim VW-Käfer oder Golf (vgl. MEFFERT 1986: 615ff).

Auch im Tourismus stellen leichte Angebotsveränderungen eine Relaunch-Politik im Sinne der Lebenszyklus-Theorie dar.

**Beispiele:**
- **Reiseveranstalter/Clubangebote:** Die Relaunch-Maßnahmen des Robinson-Clubs der TUI 1994/95.

- **Destinationen:** Der Versuch traditioneller Kurorte, sich als „Gesundheitsorte" neu zu positionieren, kann sowohl als Relaunch-Politik, aber auch als Entwicklung eines neuen Produktes gesehen werden.

### 1.3.2 Einschätzung der Lebenszyklus-Methode

Zwar trifft der Grundgedanke der Lebenszyklus-Theorie für viele Sachgüter und Dienstleistungen mehr oder weniger zu. Doch sind Aussagen über die Länge der jeweiligen Phasen nur sehr vage möglich. Insofern ist sie sehr eng mit der Szenario-Technik verbunden, die ebenfalls Grundaussagen über die Entwicklungschancen gewisser touristischer Bereiche gibt.

### 1.3.3 Anwendung der Lebenszyklus-Analyse im Tourismus

Für den Tourismusbereich wurde die Lebenszyklus-Analyse bisher weitgehend vernachlässigt. Lediglich im Bereich der Diskussion um den Dritte-Welt-Tourismus wurden verschiedene Entwicklungstheorien im Zusammenhang mit dem Tourismus diskutiert, die strenggenommen auch „Lebenszyklus-Theorien" darstellen. Ein solches Beispiel findet sich in Abb. C-9.

Ansonsten gelten die Grundlagen des produktorientierten Lebenszyklus auch für die verschiedenen touristischen Produkte. Hierbei ist es vom jeweiligen Produktverständnis abhängig, für welche touristischen Produkte Lebenszyklen zu untersuchen wären. Beispiele sind denkbar für die unterschiedlichsten Reiseformen und -arten, wie z.B. Fern-, Sport-, Gesundheits-, Sonnen- oder Ausflugstourismus. All diese touristischen Angebote unterliegen ebenfalls einem Lebenszyklus im Sinne von Einführungs-, Wachstums-, Reife- und Sättigungsphase, wie in Abb. C-8 dargestellt. Im Tourismus sind es aber häufig kombinierte Angebote verschiedener Marketing-Träger, die ebenfalls einem Lebenszyklus unterliegen können.

**Beispiele:**
- Lebenszyklen für verschiedene Reiseveranstalter, wie z.B. TUI, NUR oder auch bestimmte Fluggesellschaften, wie z.B. Lufthansa, LTU usw. oder Reisebüros oder Hotels. In all diesen Fällen fehlen aber bisher Untersuchungen zur Lebenszyklus-Analyse.

- Weitere Beispiele für die Positionen bestimmter Reiseformen im Lebenszyklus finden sich in Abb. C-8 (vgl. ähnlich MEFFERT/BRUHN 1995: 130).

Ein dritter Bereich der Lebenszyklus-Analyse wäre für bestimmte touristische Destinationen denkbar (vgl. COOPER 1992, 1994). Gerade sie unterliegen den verschiedenen Einflüssen von Trends und Mode. Dabei überlagern sich produktspezifische „Mikrolebenszyklen" und „Makrolebenszyklen" der gesamten Destination:

„Eine Destination, beispielsweise ein Skiort, der zu einem bestimmten Zeitpunkt mit einem neuerschlossenen Skigebiet auf den Markt tritt, wird nach einer Einführungsphase in eine Wachstumsphase kommen. Werden die Qualitäten nie angepaßt, d.h. wird das Skigebiet nie verbessert oder erweitert, werden nie neue Attraktionen oder verbesserte Übernachtungsmöglichkeiten geschaffen, so wird die Destination mit der Zeit in eine Stagnations- und dann in eine Degenerationsphase kommen, weil attraktivere, der aktuellen Nachfrage angepaßtere neue Angebote auf den Markt kommen. Destinationen bieten zwar oft verschiedene Produkte an (z.B. nebst Skiferien noch Kurzferien). Sie sind aber, gesteuert durch die „Mikrolebenszyklen" ihrer einzelnen Produkte, einem Makrolebenszyklus unterworfen. Ein Destinationslebenszyklus hat so den Charakter eines Organisations- oder Branchenzyklus." (BIEGER 1996: 115)

---

**Stadien des Tourismus**

*Die Anfangsphase*

In der Anfangsphase des Tourismus, der nicht immer weitere folgen, gibt es nur wenige ausländische Besucher im Land. Früher waren es vor allem Forscher und Gelehrte, die als "Vorhut des Tourismus" aufgetreten sind. Heute sind es zumeist Geschäftsreisende oder passionierte Globetrotter und häufig Billig-Traveller, die als erste in touristisch nicht erschlossene Gebiete reisen. Ökonomisch und sozial hat Tourismus in dieser Phase kaum Auswirkungen auf das Gastland. Sowohl die Besucher als auch die Besuchten zeigen noch viel Ursprünglichkeit, Herzlichkeit und Offenheit in den Kontakten, oft passen sich die Besucher besser an die Gewohnheiten des Landes an als später. Aber es entstehen auch Feindseligkeiten, Neugier und Ablehnung bei den Besuchten.

*Die touristische Anpassungsphase*

Im zweiten Stadium hat Tourismus quantitativ und im Bewußtsein der Bevölkerung schon eine gewisse Bedeutung erlangt. Es kommt zu häufigeren Kontakten der Bevölkerung mit Besuchern. Touristenunterkünfte werden zur Verfügung gestellt, Restaurants werden eröffnet, erste Dienstleistungen werden den Touristen angeboten (Führungen, Boots-, Autoverleih). Die angebotenen Unterkünfte sind meist relativ einfach, und die Ansprüche der Touristen stellen sich auf diese lokalen Gegebenheiten ein. Die meisten Initiativen erfolgen in diesem Stadium ausschließlich auf privater Basis. Im gesamtgesellschaftlichen Leben nehmen diese Aktivitäten nach wie vor eine geringe Bedeutung ein. Dieses Stadium ist bei Weiterentwicklung des Tourismus nach wie vor in den Landesteilen anzutreffen, die nur wenig vom Tourismus berührt werden. Die wirtschaftlichen Auswirkungen für den Großteil der Bevölkerung sind gering. In dieser Phase ergeben sich aber bereits die ersten bedeutenden sozialen Auswirkungen.

*Die Entwicklungsphase - Institutionalisierung des Tourismus*

Ein drittes Stadium des Tourismus ist erreicht, wenn systematische Maßnahmen zur Entwicklung des Tourismus erfolgen, die in dieser Phase vorwiegend durch staatliche Stellen durchgeführt bzw. initiiert und unterstützt werden. Der Anteil der Tourismuseinnahmen am Sozialprodukt steigt, aber auch die Importe für Tourismus. Es bildet sich ein touristischer Arbeitsmarkt heraus. Die lokale Infrastruktur wird ausgebaut, Straßen, Flughäfen, größere und luxuriösere Hotelanlagen werden gebaut, eigene Touristenzentren entstehen. Systematische Werbung im Ausland unterstützt die lokalen Aktivitäten.

In dieser Phase ist Tourismus sowohl bei staatlichen Stellen als auch im ökonomischen und sozialen Leben zu einem festen Bestandteil geworden. Kontaktmöglichkeiten zwischen Touristen und Einheimischen sind relativ häufig. Die ökonomischen und sozio-kulturellen Auswirkungen auf die gesamte Gesellschaft sind bedeutend. - Tourismus hat sich institutionalisiert.

*Stagnationsphase*

In der Phase des institutionalisierten Tourismus sind die Entwicklungsländer meist um die Ausweitung sowie Stabilisierung der touristischen Nachfrage bemüht. Doch zeigt sich, daß stetige Wachstumsraten auch im Tourismussektor langfristig kaum möglich sind. Vor allem die Abhängigkeit von der internationalen Wirtschaftslage und von Modeerscheinungen bei den Reisezielen führen häufig zu Schwankungen und zum Rückgang der touristischen Nachfrage. Es kommt zu touristischen Stagnationstendenzen.

---

**Abb. C-9** Lebenszyklus im Tourismus – Beispiel Destinationen in Entwicklungsländern (Quelle: FREYER 1987: 18)

Ferner wirken die internen ökonomischen, ökologischen und gesellschaftlichen Faktoren einer Destination verstärkend oder abschwächend auf die einzelnen Phasen: Je mehr Gäste kommen, um so attraktiver kann die touristische Entwicklung gestaltet werden, da zunehmend finanzielle Mittel vorhanden sind und die gesellschaftliche Akzeptanz und die ökologischen Gestaltungsmöglichkeiten des Tourismus parallel dazu steigen.

Einen vierten Bereich im Sinne der Lebenszyklusbetrachtung im Tourismus stellen Untersuchungen zum **lebenslangen Reiseverhalten** dar. Hier wird zum einen der menschliche Lebenszyklus insgesamt in Relation zu seinem touristischen Verhalten gesetzt, andererseits ist dies ein ganz ähnlicher Ansatz wie er der produktorientierten Lebenszyklus-Theorie unterliegt. Ähnlich wie sich das Verhalten eines oder mehrerer Konsumenten gegenüber dem „Produkt Auto" verändert, auch hier kaufen Menschen im Laufe ihres Lebens unterschiedliche Marken oder Modelle, ändert sich das Verhalten der Menschen gegenüber dem „Produkt Reise".

**Beispiele:**
- In der Studentenzeit genügt ein kleines billiges Auto und es werden in dieser Zeit eher billigere und einfachere Reisen unternommen („Rucksack-Tourismus").
- Bei Familiengründung und Kindern benötigt man ein größeres Auto. Ähnlich sind Reiseentscheidungen eher auf familienfreundliche Urlaubsdestinationen und Cluburlaub mit Kinderbetreuung gerichtet.
- Nach Angaben der Firma Daimler Benz erfüllen sich überproportional viele Menschen im höheren Lebensalter den Wunsch, sich ein Auto der Marke Mercedes zu kaufen. Ähnlich ist der Anteil älterer Menschen an Kreuzfahrten oder Studienreisen ein höherer als der jüngerer Reisender.

## 1.4 Portfolio-Analyse

Während die bisher dargestellten Methoden vor allem in der touristischen Praxis vielfach Verwendung finden, bildet die Portfolio-Analyse insbesondere bei mehr wissenschaftlich orientierten Untersuchungen Verwendung. Sie verbindet dabei die verschiedenen vorherigen Teilüberlegungen und bietet somit einen Ansatzpunkt für eine Gesamtbetrachtung der Informationsphase. Dieses „Ist-Portfolio" ist ganz analog durch ein „Soll-Portfolio" zu ergänzen, das Hinweise auf die ziel- und strategieorientierte Entwicklung gibt.

Die Bezeichnung „Portfolio-Analyse" kommt aus der Finanzwirtschaft, wo ein Portfolio die Mischung verschiedener Investitions- und Geldanlagemöglichkeiten bezeichnet. Die einzelnen Teile eines Portfolios bieten Unterschiede im Hinblick auf Sicherheit und Risiko und den entsprechenden höheren oder niedrigeren Ertragsaussichten. Ein optimales Portfolio setzt sich zu unterschiedlichen Anteilen aus Anlageformen, die mehr Sicherheit und weniger Ertrag (z.B. Gold) und solchen, die mehr Ertrag bei höherem Risiko (Aktien oder Termingeschäfte) versprechen, zusammen.

Eine ähnliche Sichtweise findet in der Portfolio-Analyse für Betriebe oder touristische Organisationen und Regionen Verwendung. Auch hier sind die verschiedenen Teilbereiche eines Betriebes oder einer touristischen Region sowohl durch unterschiedliche Chancen und Risiken als auch unterschiedliche Stärken und Schwächen zu charakterisieren. Entsprechend ist auch hier eine optimale Kombination von eher riskanten und eher sicheren Teilbereichen – ganz im Sinne eines Geldanlage-Portfolios – zu gestalten.

Die Portfolio-Methode besteht aus zwei wesentlichen Überlegungen:

- zum einen sind die Teilbereiche ( sog. „strategische Geschäftseinheiten") zu bestimmen, die als Bestandteil in das Portfolio einzugehen haben,
- zum anderen wird innerhalb einer Portfolio-Matrix die jeweilige Ist-Position und die gewünschte Soll-Position diskutiert.

### 1.4.1 Strategische Geschäftseinheiten

Die Teilbereiche, die in die Portfolio-Analyse Eingang finden, werden als „strategische Geschäftseinheiten" bezeichnet. Hierbei handelt es sich um unterschiedlich strukturierte Teile von Betrieben oder – im Tourismus – von Regionen oder von einzelnen Gliedern der Leistungskette. Die Festlegung der **strategischen Geschäftseinheiten** (kurz: SGE) erfolgt grundsätzlich ganz analog zur Bestimmung der Ressourcen in der Ressourcen-Analyse. Doch ähnlich wie dort auf die unterschiedliche strategische Bedeutung einzelner Ressourcen hingewiesen worden war, sind sie auch unterschiedlich als SGE's bedeutsam. Als SGE's sind möglich und finden häufig Verwendung:

- **einzelne Produkte** oder Produktgruppen, im Dienstleistungsbereich analog Teile oder gesamte Bereiche der Dienstleistungskette,

- **Geschäftsbereiche** von Betrieben, wie z.B. abteilungsorientierte Untergliederungen, Einkaufs-, Produktions-, Marketing-, Finanz- oder Personalabteilung, oder im Tourismus natürliches und abgeleitetes Angebot, Binnen-Marketing usw.

- aber auch bereichsübergreifende und **abstrakte Einheiten** können als SGE's benannt werden, wie Image (eines Unternehmens oder einer Destination), Qualität (z.B. Service-Qualität), Attraktivität usw.

**Beispiele:**
- Die typische Geschäftsfelderaufteilung eines **Reisebüros** orientiert sich entweder nach den Abteilungen Touristik, Flug, Bahn, Back-Office oder nach Veranstalter-Agenturen, wie z.B. TUI, NUR usw.
- **Reiseveranstalter** sehen als ihre SGE's oftmals die Zielgebiete an, wie z.B. Spanien, Tunesien, Fernreisen usw.
- Für touristische **Destinationen** können analog als SGE's beispielsweise die Herkunftsländer der Gäste (z.B. nach Bundesländern), die Teilangebote einer Region (wie Kur-, Sport-, Veranstaltungsangebote) oder die Organisationseinheiten (wie Beratung, Marketing, Personal usw.) oder ebenfalls immaterielle Aspekte (wie Image, Attraktivität) angesehen werden.
- In der touristischen **Servicekette** können Beratung, Dienstleistungsmentalität oder Reklamationsbearbeitung als SGE definiert werden.

Die jeweils unter strategischen Aspekten interessanten Geschäftsbereiche sind nicht langfristig feststehend, sondern sie hängen sehr eng mit der jeweiligen betrieblichen Situation im Hinblick auf Markt und Umfeld zusammen. Insofern haben bereits die anderen Methoden der strategischen Diagnose Hinweise für die Bestimmung der SGE's gegeben. Bei der Behandlung der verschiedenen Darstellungsmethoden der Portfolio-Analyse werden im folgenden Abschnitt noch weitere Hinweise zum Auffinden strategischer Geschäftseinheiten gegeben. Insbesondere sind es die beiden Teilüberlegungen, SGEn aufgrund ihrer Entwicklungsmöglichkeiten (als Ergebnis der Chancen-Risiken-Analyse) und aufgrund der bereits erreichten Marktstellung (aufgrund der Stärken-Schwächen-Analyse) zu positionieren.

### 1.4.2 Darstellungsformen zur Portfolio-Analyse

Die Überlegungen zur Portfolio-Analyse werden zumeist in einer zwei-dimensionalen Matrix dargestellt. Zwei Darstellungsformen sind besonders verbreitet, sie werden daher auch im folgenden etwas näher beleuchtet. Die meisten anderen Portfolio-Modelle gehen vom gleichen Grundgedanken aus, sie nehmen lediglich weitere bzw. unterschiedliche Differenzierungen vor.

In einer Portfolio-Matrix werden zwei Grundüberlegungen zueinander in Relation gestellt und graphisch dargestellt.

- Zum einen werden (auf der y-Achse) die allgemeinen Entwicklungschancen bezeichnet und dargestellt, die in der Regel vom jeweiligen Unternehmen **nicht** beeinflußt werden können. Dies sind ganz im Sinne der Chancen-Risiken-Analyse üblicherweise das Marktwachstum oder die Marktattraktivität. Es sind unternehmensexterne Faktoren.

- Zum anderen sind es die Entwicklungsmöglichkeiten, auf die die jeweilige Organisation **direkten** Einfluß nehmen kann, wie z.B. relativer Marktanteil oder relative Wettbewerbsvorteile. Es handelt sich um unternehmensinterne Faktoren. Dies erfolgt analog zur Stärken-Schwächen-Analyse.

Aufgrund der Kombinationen von Marktwachstum und Marktanteil bzw. Marktattraktivität und relativem Wettbewerbsvorteil ergeben sich unterschiedliche strategische Felder, in die der Ist- und Soll-Zustand der einzelnen SGE's einzutragen ist. Zugleich gibt die jeweilige Positionierung der SGE's Hinweise auf die strategischen Grundüberlegungen und Möglichkeiten.

### (1) Die Portfolio-Matrix der Boston-Consulting-Gruppe

Bei der klassischen Portfolio-Matrix der Boston-Consulting-Gruppe (BCG-Matrix) werden zur strategischen Bewertung das Marktwachstum und der Marktanteil herangezogen und vier Kernbereiche der Portfolio-Methode unterschieden:

- **Fragwürdige Geschäftseinheiten** (auch „question marks" oder „Fragezeichen"): Solche Geschäftseinheiten haben noch einen relativ geringen Marktanteil, sie sind aber in Märkten mit hohen Wachstumsraten (oder hoher Attraktivität) angesiedelt. Entsprechend weisen sie ein relativ hohes Risiko, aber gute Marktaussichten auf. Hierbei handelt es sich meist um Investitionen in die Zukunft, an die sich hohe Erwartungen knüpfen, die aber momentan noch mit wenig Erträgen aufwarten können. Hier muß der Betrieb entweder viel investieren oder ganz aussteigen.
  **Beispiele:**
  - Im **Tourismus** handelt es sich dabei häufig um neue Geschäftsfelder, die im Trend liegen, wie z.B. Gesundheits-Tourismus, Öko-Tourismus usw.
  - Bei **Reiseveranstaltern** sind es entweder neue Zielgebiete oder neue Produktvarianten, wie z.B. Sport-Tourismus, eine neue Charterflug-Destination usw.

- **Erfolgversprechende Geschäftseinheiten** (auch „Stars" oder „Sterne"): Solche Geschäftseinheiten bewegen sich ebenfalls auf stark expandierenden Märkten, die eigene Organisation hat aber bereits einen relativ hohen Marktanteil erreicht. Die jeweilige Geschäftseinheit ist nach wie vor in einer Wachstumsphase begriffen, so daß noch immer relativ hohe Investitionen und relativ geringe Rückläufe der Fall sind. In einer solch dynamischen Marktsituation bleibt es nach wie vor fragwürdig, welche Marktposition letztendlich erreicht wird.

  **Beispiele:**
  - Als Fortführung der vorgenannten Beispiele hat man im Star-Bereich bereits eine gewisse Marktposition erreicht, die es zu bewahren bzw. auszubauen gilt. Der Gesundheits- und Öko-Bereich für Destinationen ist hierfür ebenso beispielhaft wie die neu eingeführte Charterflug-Destination der Andamanen für die Condor.

- **Erfolgreiche Geschäftseinheiten** (auch „Cash-Cows", „Melkkühe"): Im Bereich des Erfolges hat sich der jeweilige Marktanteil schon gefestigt und es ist auch keine größere Marktdynamik mehr gegeben. In einer solchen Situation sind nur noch wenige neue Investitionen notwendig, auf der anderen Seite

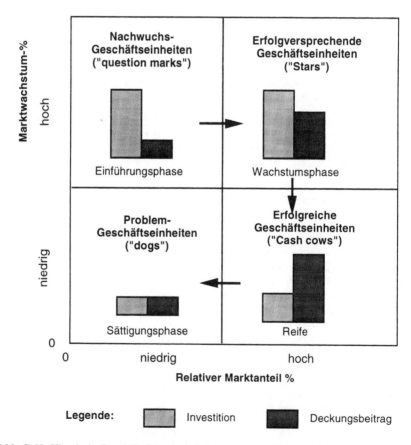

**Abb. C-10** Klassische Portfolio-Matrix (mit Aussagen zum Lebenszyklus von SGE's)

kommt es zu weitaus höheren Rückläufen an Erträgen. Der hohe Marktanteil signalisiert, daß man im jeweiligen Bereich zu den Marktführern zählt.

**Beispiele:**
- Situation der LTU im Charterflugbereich.
- Situation von Mallorca im Marktsegment der Insel-Reisen.
- Positionierung von Sankt Moritz als Wintersportort.

- **Problem-Geschäftseinheiten** (auch „dogs", „arme Hunde"): Für Geschäftseinheiten, die sich im Problembereich befinden, sind sowohl der Marktanteil als auch die Wachstumsaussichten niedrig. Die Erträge solcher Problembereiche sind meist niedrig, es werden auch kaum (mehr) Investitionen getätigt. Aus strategischer Sicht ist hierbei meist zu überlegen, ob man sich nicht mit diesem Geschäftsbereich ganz aus dem Markt zurückzieht, im Sinne eines Gesamt-Portfolios sind solche Bereiche aber oftmals zur Abrundung der gesamten „Leistungspalette" beizubehalten.

**Beispiele:**
- **Reiseveranstalter** müssen gewisse „Standarddestinationen" im Programm haben, ohne daß sie damit nennenswerte Gewinne oder Verluste machen, die aber aus Imagegründen nicht aufgegeben werden.
- Für einen **Fremdenverkehrsort** gelten viele öffentliche Einrichtungen, wie z.B. Badeanstalten, Parkanlagen usw. als „Problembereiche".

**(2) Die Vorteils-Matrix von McKinsey**

Die BCG-Matrix wurde zwischenzeitlich weiterentwickelt bzw. abgewandelt zu einer „Vorteils-Matrix", in der anstelle der eher statischen Betrachtung von Marktwachstum und Marktanteil die dynamischen und wettbewerbsorientierten Kriterien Marktattraktivität und relativer Wettbewerbsvorteil betrachtet werden.

Im Vordergrund dieser Betrachtung steht die Entwicklung von Investitionen und Erträgen (kurz: der Return on Investment (ROI)), die allerdings auch innerhalb der BCG-Matrix diskutiert werden könnte (vgl. HINTERHUBER 1992).

Verbunden mit einer weiteren Differenzierung der einzelnen Achsen in groß-mittel-gering ergeben sich neun strategische Felder bzw. Basisstrategien, die die Zusammenhänge von Investitionen und Erträgen aufzeigen.

Grundsätzlich sind in den Feldern rechts-oberhalb einer Diagonalen zwischen den Eckpunkten Investitionsstrategien und entsprechend links-unterhalb eher Desinvestitions-Strategien zu verfolgen.

Letztlich sind es aber die ganz analogen Überlegungen zu Aufbau, Erhalt, Festigung und Eliminierung in den jeweiligen Portfolio-Bereichen. Gedanklich dient ein solches differenzierteres Vorteils-Portfolio möglicherweise noch klarer zur Ableitung der jeweiligen Strategien. Insbesondere sind durch die differenziertere Betrachtung mit Zwischenstufen („mittel") neun Basisstrategien zu überlegen. Die wesentlichen Überlegungen waren aber bereits im vorherigen Beispiel zum BCG-Portfolio mit eingearbeitet worden, so daß sie an dieser Stelle nicht nochmals wiederholt werden sollen.

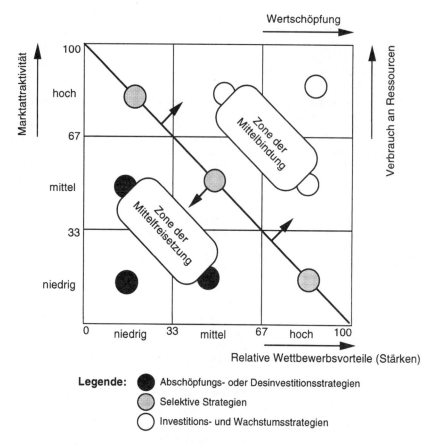

**Abb. C-11** Portfolio-Matrix als Vorteilsmatrix
(Quelle: HINTERHUBER 1992: 109)

### 1.4.3 Grundsatz der Portfolio-Analyse

Ziel der Portfolio-Analyse ist es, in allen Portfolio-Feldern eigene Geschäftsfelder positioniert zu haben, um alle strategischen Grundmöglichkeiten nutzen zu können. In bezug auf die BCG-4-Felder-Matrix bedeutet dies:

- genügend viele Geschäftsfelder im Cash-Cow-Quadranten, wo Gewinne erzielt werden,
- mehrere Geschäftsfelder im Bereich Starpositionen, damit auch zukünftig Erträge erwirtschaftet werden können,
- eher wenige Geschäftsfelder im Dog-Bereich, da sie hier entwicklungshemmend sind.

Als grundsätzliche strategische Folgerungen aus der BCG-Matrix ergeben sich folgende Norm- oder Standardstrategien:

| SGE-Position in Quadrant | Strategiefolgerung |
|---|---|
| Fragezeichen-Bereich | wachsen, aufbauen, investieren<br>Warte-Strategie, Nischenstrategie<br>Desinvestitions-Strategie, Rückzug |
| Star-Bereich | wachsen, (re)investieren<br>erhalten |
| Cash-Cow-Bereich | Defensiv-Strategie (Liquiditätsmaximierung)<br>"melken" |
| Problembereich | Rückzug, eliminieren, Desinvestition<br>Nischen-Strategie |

**Abb. C-12** Normstrategien in der Portfolio-Matrix

### 1.4.4 Beurteilung der Portfolio-Methode

Die Portfolio-Methode wird in der Marketingliteratur überwiegend sehr positiv beurteilt: „Insgesamt beurteilt liegen die Vorzüge dieser Portfolio-Methode in ihrer Anschaulichkeit, in ihrer leichten Rationalisierung und Handhabung, ihrem hohen Kommunikationswert und der empirischen Relevanz der Schlüsselfaktoren und dem daraus resultierenden praktischen Erfolg." (MEFFERT 1986:71)

„Neben ihrer Verwendung als Denkraster zur Generierung von Strategien (...) ist sie besonders geeignet, die Ergebnisse der spezifischen Einzelanalysen zusammenzuführen, die Informationsflut auf das Wesentliche zu reduzieren und die Ergebnisse **zu visualisieren.**" (NIESCHLAG/DICHTL/HÖRSCHGEN 1991: 863)

**Im Tourismusbereich** hat die Portfolio-Methode bisher nur wenig Anwendung gefunden. Dies mag mit der formal doch etwas anspruchsvolleren Methodik und dem etwas höheren Abstraktionsgrad der Denk- und Darstellungsform in einer zweidimensionalen Matrix zusammenhängen.

Andererseits erscheint die Portfolio-Methode für die Darstellung komplexerer Zusammenhänge wie sie gerade im Tourismus gegeben sind, besonders geeignet. So ermöglicht die Portfolio-Matrix den Einbezug verschiedener touristisch relevanter Teilbereiche, wie z.B. der verschiedenen Angebotsformen, aber auch solcher Faktoren wie Image, Attraktivität usw. Zudem läßt sich unter Verwendung der Portfolio-Methode ein einmal entwickeltes Ist-Portfolio graphisch sehr anschaulich mit einem darauf aufbauenden Soll-Portfolio verbinden. Durch zeitliche Fortschreibung von Soll- und Ist-Portfolio sind zeitliche Zwischenbeurteilungen gut möglich.

Als weiterer Vorteil der Portfolio-Methode im Tourismus ist auf den Aufbau von „hierarchischen" Portfolios hinzuweisen. So können Portfolios für die unterschiedlichen Ebenen, wie z.B. Bund, Land, Region, Kommune entwickelt werden (vgl. ähnlich WÖBER 1993:74ff). Es sind daneben auch bereichsorientierte Portfolios möglich, wie z.B. ein Gesamtportfolio für einen Kurort, aufgegliedert nach Teilportfolios für die Bereiche Kur-, Urlaubs-, Besuchs-, Eventtourismus usw. Solche Betrachtungen stehen im Tourismus erst am Anfang.

Ein weiteres Beispiel für die Anwendungsmöglichkeit der Portfolio-Methode im kommunalen Fremdenverkehr ist in Abb. C-13 übernommen worden. Hier werden die Chancen-Risiken sowie die Stärken-Schwächen verschiedener touristischer Aktivitäten am Beispiel Tirols veranschaulicht. Neben der generellen Einschätzung der unterschiedlichen Aktivitäten innerhalb der Portfolio-Matrix geben die verschieden großen Kreise auch gleichzeitig den momentanen Anteil der jeweiligen Aktivität am gesamten touristischen Aufkommen an. Auch hier wurde zusätzlich eine „Verzahnung" mit der SWOT-Analyse gewählt.

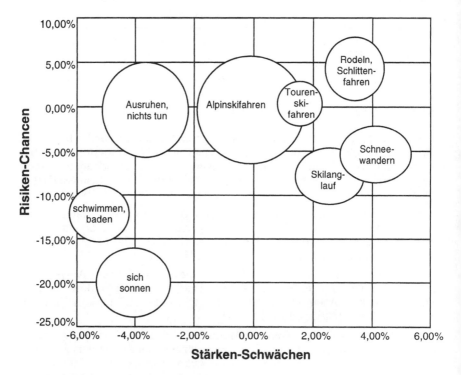

**Abb. C-13** Aktivitäten-Portfolio deutscher Touristen in Tirol im Winter 1991 (Quelle: WÖBER 1993: 89)

# 2 Strategische Ziele im Tourismus

## 2.0 Übersicht Kapitel C.2

Strategisches Handeln versucht, Wege und Mittel zur Erreichung der unternehmerischen Ziele aufzuzeigen. Die **Zielplanung und -festlegung** selbst wird in der Literatur nur teilweise als eigentliche strategische Aufgabe angesehen. Eher wird die Sichtweise vertreten, daß die unternehmerischen Ziele im Rahmen des allgemeinen unternehmerischen Managements bei der Betriebsanalyse oder im allgemeinen Rahmen des gesamten Marketing-Management-Planungsprozesses entwickelt worden sind. Damit werden Ziele für die eigentliche Strategie-Phase als gegeben vorausgesetzt. Lediglich die konkrete Ausformulierung der Marketingziele und die Berücksichtigung von Zielbeziehungen zu benachbarten Zielbereichen ist nach dieser Auffassung Aufgabe des Marketing-Managements.

Da mit der Zielfestlegung allerdings wesentliche zukünftige Orientierungsdaten vorgegeben werden, ist die Zielbestimmung nur teilweise von der eigentlichen Strategiediskussion zu trennen. Nur wenn man die allgemeinen unternehmerischen Ziele kennt, können die entsprechenden Marketingziele und Strategien entwickelt und deren Erfolg (oder Mißerfolg) überprüft werden.

Die Zieldiskussion im Marketing bzw. in der allgemeinen BWL wird zumeist als betriebsinterne und – weitgehend autonome – Aufgabe der Unternehmen angesehen. Hierbei stehen betriebsorientierte ökonomische Größen im Vordergrund der Betrachtung. Aber betriebliche Entscheidungen sind eingebettet in ein gesellschaftliches Umfeld. Dies hat zur zunehmenden Aufnahme gesellschaftlicher und/oder psychographischer Ziele in die betriebliche Zielstruktur geführt.

Zudem bestimmen sich im Tourismus die betrieblichen Ziele vielfach in engem Zusammenhang mit übergeordneten touristischen Zielvorgaben, wie lokale oder (über)regionale Zielvorstellungen zur touristischen Entwicklung.

Die Behandlung der touristischen Marketingziele erfolgt daher

- im Zusammenhang mit den überbetrieblichen Zielsetzungen des Tourismus, mit dem touristischen Umfeld (C.2.2) sowie
- im Rahmen einer gesamtbetrieblichen Zielsystematik (Zielpyramide) (C.2.3).

Zuvor erfolgen einige allgemeine Aussagen
- zur Zielfindung und Zielsystematik (C.2.1).

> **Ziele des Kapitels C.2**
>
> Nach der Lektüre dieses Kapitels sollten bekannt sein:
> - Grundlagen der allgemeinen Zielbestimmung (Zielstrukturen, -systeme, -ketten, -konflikte),
> - Besonderheiten der Zielbestimmung im Tourismus
>
> sowie im einzelnen:
> - normative, strategische und operative Ziele,
> - übergeordnete, nachgeordnete Ziele,
> - Ziel-Mittel-Beziehungen
>
> und es sollte die Ableitung eines marktorientierten Zielsystems für das touristische Marketing möglich sein.

## 2.1 Zielfindung im Tourismus-Marketing

### 2.1.1 Stellung der Zieldiskussion im Marketing-Management (-Prozeß)

Ziele geben die langfristigen „Wunschorte" der gesamten betrieblichen Entwicklung an und sind damit Orientierungs- bzw. Ausgangspunkt für die marketingbezogene Strategieentwicklung. Hierfür stellen Marketingziele nur einen Teilbereich der gesamtbetrieblichen Zieldiskussion dar. In der deutschsprachigen Marketingliteratur wird zumeist auf eine getrennte Behandlung der allgemeinen Unternehmensziele und der Marketingziele verwiesen, wobei auch hier die Marketingziele in eine allgemeine Zielstruktur eingeordnet werden (vgl. BECKER 1993, MEFFERT 1986, 1994, NIESCHLAG/DICHTL/HÖRSCHGEN 1991). Zieldiskussionen spielen darüber hinaus in der entscheidungsorientierten BWL eine bedeutende Rolle (vgl. SCHIERENBECK 1995, WÖHE 1986, HEINEN 1976).

Im Rahmen des Marketing-Management-Prozesses wäre es damit Aufgabe der Betriebsanalyse, die entsprechenden Informationen über die Betriebsziele zu ermitteln (siehe B.3). Doch spätestens in der Konzeptionsphase müssen diese Zielinformationen hinsichtlich des Marketing genauer konkretisiert und ausgeführt werden. In der Realität – bei „Marktstudien" – stehen die Ziele oftmals am Anfang der Marktstudie. Sie werden von den Auftraggebern bzw. vom Betrieb vorgegeben. Im allgemeinen Modell des Marketing-Managements wird die Zielfestlegung jedoch zumeist als eigenständiger und wichtiger Teil der Konzeptionsphase angesehen.

Infolge der Kreislaufvorstellung des Marketing-Managements ist die Frage der Zuordnung der Zielbestimmung zu Beginn des Marketing-Managements oder zu Phase B.3 oder C eine eher theoretisch-formale. Ziele müssen in umfassender Form an irgendeiner dieser Stellen im Marketing-Prozeß behandelt werden. Logisch-inhaltliche Gründe sprechen eher für eine Behandlung in Phase II, ablauforganisatorische Gründe eher für eine Behandlung ganz zu Beginn des Marketing-Prozesses.

Dabei sind die marketingbezogenen Zielaussagen zumeist nur vor dem Hintergrund der **allgemeinen betrieblichen Zielsetzungen** (im Sinne einer Managementphilosophie) zu verstehen. So wird im Marketing-Management aufgrund der marktorientierten Unternehmensführung der Bezug der Zielsetzungen zum Markt betont. Dies hat zusammen mit der verstärkten gesellschaftlichen Ausrichtung des modernen Marketing zu einer vermehrten Aufnahme gesellschaftlicher Ziele in das betriebliche Zielsystem geführt.

In Abstimmung mit den übergeordneten allgemeinen Betriebszielen sind in dieser Phase die Marketingziele in ein **marktorientiertes Zielsystem** einzubinden, sie sind zu **konkretisieren** und zu **operationalisieren**.

| **Ziele** geben den angestrebten zukünftigen Zustand der Realität an. |
|---|

Bei allen Marketingkonzepten (wie auch bei allen Planungs- und Entscheidungsaufgaben) kommt der Zielfestlegung eine bedeutende Rolle zu. Nur wenn Klarheit darüber besteht, was die betrieblichen Ziele sind, können

- die richtigen Maßnahmen, Mittel, Strategien ausgewählt und
- letztendlich die Erfolge/Mißerfolge einer Marktstrategie beurteilt werden.

**Im Tourismus** kommt noch eine weitere Besonderheit hinzu. Aufgrund der Komplementarität der touristischen Leistungserstellung („Leistungsverbund") sowie der gesellschaftspolitischen Bedeutung des Tourismus, ist die Entwicklung betrieblicher Zielvorstellungen nur durch eine verstärkte Berücksichtigung der überbetrieblichen und tourismuspolitischen Zielsetzungen möglich (C.2.2).

### 2.1.2 Zielstrukturen (und Zielfindung)

Ziele sind zahlreich und vielfältig. Dies führt zu ähnlich vielen Versuchen der Ordnung und Entwicklung von Zielsystemen: „Im Prinzip gibt es (...) tendenziell so viele Zielsysteme wie es Unternehmen gibt." (BECKER 1993:24)

Die Strukturierung von Zielen erfolgt nach den unterschiedlichsten Kriterien. So umfaßt die allgemeine Diskussion um Ziele die eher definitorische Bestimmung von Zielarten und Zielbereichen ebenso wie die Zuordnung verschiedener Ziele zueinander, z.B. in Zielketten oder -hierarchien oder die Entwicklung von Zielfindungsprozessen, von Zielsystemen und Zielpyramiden. Ferner werden die Geltungsbereiche sowie die unterschiedlichsten Anforderungen an ein – stimmiges – Zielsystem entwickelt. Dabei unterscheidet sich die grundsätzliche Vorgehensweise bei der Entwicklung von Betriebszielen nur unwesentlich von der Zieldiskussion in anderen gesellschaftlichen Bereichen. **Beispiele** für mögliche Zielsystematisierungen finden sich in Abb. C-14.

Diese verschiedenen Möglichkeiten sollen im folgenden nicht alle detailliert dargestellt werden. Doch einige wichtige Grundgedanken der Zielstrukturierung werden überblickhaft in bezug auf ihre Bedeutung für das touristische Marketing aufgezeigt. Für das Tourismus-Marketing sind vor allem hierarchisch strukturierte Zielmodelle bedeutsam, wobei das Pyramidenmodell am häufigsten Verwendung findet.

> **Zielsysteme**
>
> - nach dem Geltungsbereich: Gesamt- und Teilziele,
> - nach der Gewichtung: Haupt- und Nebenziele,
> - in bezug auf Zeit: kurz-, mittel- und langfristige Ziele,
> - in bezug auf Geld: monetäre und nicht-monetäre Ziele,
> - nach der Stellung in der Zielhierarchie: Ober-, Zwischen- und Unterziele,
> - nach der Beziehung zu anderen Zielen: konkurrierende, indifferente, komplementäre Ziele,
> - nach Art und Wirkungsbereich: gesellschaftliche, soziale, materielle, strategische Ziele,
> - nach Ebenen (der Marketingträger): nationale, regionale, lokale, betriebliche Ziele,
> - usw.

**Abb. C-14** Übersicht Zielsysteme

Bei der Entwicklung von hierarchischen Zielstrukturen besteht ein ausgeprägter **Ziel-Mittel-Charakter** der verschiedenen Ebenen zueinander. Infolge der Über- und Unterordnung von Zielen und Mitteln sind Ziele der nachgelagerten Ebene zugleich Mittel für die übergeordneten Ziele. Andererseits sind Mittel einer nachgelagerten Ebene zugleich wiederum Ziele für noch weiter untergeordnete Ebenen (vgl. die Beispiele in C.2.2.1 und C.2.2.2).

In die zuvor aufgezeigten unterschiedlichen allgemeinen Versuche der Zielsystematisierung ordnet sich auch die **Ableitung von touristischen Marketingzielen** ein. Sie hat vor allem zwei Funktionen:

- **Orientierungsfunktion:** Marketingziele geben die gewünschte Entwicklungsrichtung an und sind damit Teil der allgemeinen unternehmerischen Zielsetzungen („Unternehmensziele"). In bezug auf die Marketingziele steht hierbei vor allem die Ableitung eines **marktorientierten Zielsystems** im Vordergrund.

  Aus den allgemeinen unternehmerischen Zielsetzungen sind konkrete Zielsetzungen für das Marketing aufzuzeigen. Dabei beinhaltet eine umfassende Marketingzielsetzung oder Marketingzielstruktur sowohl normative, strategische und operative Zielelemente. Entsprechend ist ein solches Marketing-Zielsystem **hierarchisch** orientiert, indem es sich an den „oberen Unternehmenszielen" orientiert. Zum anderen müssen die Marketingziele **zukunftsweisend** sein: sie bestimmen die zukünftige Entwicklungsrichtung („visionäres Denken"), was bereits im Rahmen der Umfeldanalyse behandelt worden ist (vgl. B.1).

- **Handlungsfunktion:** Marketingziele sind aber weitaus konkreter als die allgemeinen Trendaussagen aus Teil B.1. Sie sind auch „gegenwartsbezogen" und in ihrer Stellung in der Zielhierarchie „nach unten" gerichtet, d.h. sie müssen Möglichkeiten aufzeigen, wie die jeweiligen Orientierungsvorgaben zu konkretisieren sind. Dies wird im Marketing zumeist als Operationalisierung der Marketingziele bezeichnet: **Operationalisierung** verlangt eindeutige Festlegungen, welche Ziele in welchem Umfang zu erreichen sind. Dies beinhaltet Meßvorschriften, anhand derer die Zielerreichung zu kontrollieren ist. Bei der ökonomischen Betrachtung orientiert man sich vor allem an quantifizierbaren und monetären Größen. Entsprechend stehen meist Ziele der „Handlungsebene" (wie Umsatz, Gewinn, Rentabilität und Marktanteil) gegenüber den übergeordneten – vorwiegend qualitativen – Zielen im Vordergrund (vgl. C.2.3.4 und C.2.3.5).

Letztlich ist die Zielbestimmung eine **(unternehmens)politische Entscheidung**. Soweit Tourismus-Marketing als überbetriebliche Aufgabe angesehen wird, werden zur Zielbestimmung die verschiedensten betroffenen Gruppen hinzugezogen („Partizipation"). Diese **Beteiligung** der unterschiedlichen Interessengruppen an der komplexen Zielbestimmung für Ortschaften oder Regionen bereitet im Tourismus-Marketing einige Schwierigkeiten und wird an späterer Stelle gesondert behandelt (vgl. Teil E.4).

**Dynamische Zielsysteme**

Ziele werden ferner unter **Unsicherheit** festgesetzt. Sie sind nicht für alle Zeiten feststehend, sondern dynamisch und flexibel. Sie unterliegen Umfeldeinflüssen und Anpassungen an Marktveränderungen. Insofern ist ein marktorientiertes Zielsystem auch ein **dynamisches Zielsystem**.

Insgesamt gibt die Zielbestimmung an, wo ein Ort in ca. 10 Jahren stehen will – und differenziert dies für die verschiedenen Teilbereiche. Dazu wird gelegentlich bereits bei der Zieldiskussion die generelle Festlegung der Entwicklungsrichtung mitbehandelt. Im modernen Marketing sind diese Überlegungen weitgehend in die eigentliche Strategiephase (C.3) verlagert worden, wo vor allem die Entwicklungsstrategie die Teilüberlegung der Entwicklungsrichtung behandelt. Zum anderen werden diese Aspekte bei verschiedenen Methoden der strategischen Diagnose (mit)behandelt. Im einzelnen sind es die Methoden der GAP-Analyse und der Portfolio-Analyse, die die Zielrichtungen behandeln.

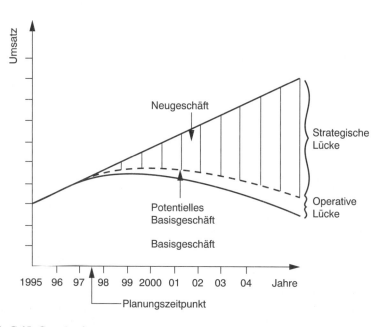

**Abb. C-15** Gap-Analyse

Durch den Vergleich der Ziele (Soll-Zustand) mit dem Ist-Zustand (den man aufgrund der strategischen Analyse in Teil C.1 erhalten hat) ergeben sich erste Hinweise auf die jeweilige Strategie. Methodisch verwendet die BWL hierzu:

- **die „Lückenplanung" (GAP-Analyse):** Hierbei wird die gewünschte Ziellinie mit der erwarteten Entwicklung, die ohne Marketing-Maßnahmen vermutet wird, verglichen. Dies ergibt möglicherweise eine Ziellücke, die durch geeignete strategische Maßnahmen zu schließen ist (vgl. Abb. C-15).

- **die Portfolio-Analyse:** Hierbei werden neben den in Abschnitt C.1.4 dargestellten Ist-Portfolios die angestrebten Zielwerte für die verschiedenen Geschäftseinheiten in einem Ziel-Portfolio entwickelt (vgl. Abb. B-52).

## 2.2 Besonderheiten der Zielbestimmung im Tourismus

Die touristische Zielbestimmung weist gegenüber der Zielfindung in anderen Bereichen einige Besonderheiten auf. Dies sind unter anderem die Entwicklung von Mikro- und Makrozielen (C.2.2.1, C.2.2.2), die Abstimmung der touristischen Ziele innerhalb der verschiedenen Ebenen der Tourismusbranche (C.2.2.3) sowie mit anderen gesellschaftlichen Bereichen (C.2.2.4), was zu verschiedenartigen Zielbeziehungen führt (C.2.2.5).

Für die Entwicklung touristischer **Marketingziele** ist letztlich die hierarchische Zielbestimmung die verbreitetste Methode (vgl. C.2.3), bei der die meisten der in diesem Abschnitt aufgeführten Besonderheiten Eingang finden (können).

### 2.2.1 Mikro-Ziele im Tourismus (für touristische Einzelbetriebe)

Die Ableitung der Marketingziele wird zumeist als betriebliche Aufgabe angesehen, die innerhalb des allgemeinen Managements und der Unternehmensbestimmung erfolgt. Zwar sind auch hierbei die allgemeinen Umfeldbedingungen und die marktbezogenen Möglichkeiten bei einer – realistischen – Zielbestimmung zu berücksichtigen, doch erfolgt die betriebs- und marktbezogene Zielbestimmung weitgehend autonom.

Auch im Tourismus erfolgt ein Teil der Marketingaktivitäten durch touristische Einzelbetriebe („Mikro-Marketing"), bei denen die Entwicklung sogenannter Mikro-Ziele im Vordergrund der Betrachtung steht. Bei dieser einzelbetrieblich orientierten Zieldiskussion werden Marketingziele vor allem im Zusammenhang mit der allgemeinen Unternehmenszielstellung gesehen. Hierbei hat sich mit der zunehmenden gesellschaftlichen Ausrichtung des Marketing auch die Zieldiskussion weiterentwickelt. So wurden traditionell vor allem ökonomische Ziele und deren Operationalisierung im Marketing diskutiert. Später wurden immer mehr gesellschaftliche Zielstellungen aufgenommen. Heute wird insbesondere zwischen normativen, strategischen und operativen Zielen unterschieden. Sie werden im Marketing üblicherweise in einer Zielhierarchie oder -pyramide – wie in Abb. C-16 dargestellt und entwickelt:

- **Normative Ziele** sind vor allem qualitativer Art. Sie bestimmen die Unternehmensphilosophie oder – im Tourismus – die „Leitbilder" eines Unternehmens oder einer Destination. Sie bilden die Grundlage für Stil und Verhaltensweisen

**Abb. C-16** Zielbestimmung als Managementaufgabe

des Unternehmens oder einer Destination (vgl. die späteren Ausführungen bei C.2.3.1 bis C.2.3.3).

- **Strategische Ziele** stellen das „Bindeglied" zwischen normativen und operativen Zielen dar. Sie konkretisieren die normativen Ziele; sie geben die grundsätzliche Richtung und die Bereiche der Unternehmensentwicklung an, die mit spezifischen Maßnahmen des Marketing-Mix zu realisieren sind. Andererseits verbinden sie die eher kurzfristigen operativen Ziele mit langfristigen normativen Aspekten. Als „strategische Leitbilder" umfassen sie meist Elemente der normativen und operativen Zielebene.
- **Operative Ziele** sind meist quantitativer Art, sie bestimmen Umfang und Ausmaß der Zielkonkretisierung. Sie sind meist auf konkrete Bereiche und Maßnahmen gerichtet (vgl. die späteren Teilüberlegungen C.2.3.4 bis C.2.3.6).

Soweit im Tourismus ein weiter Betriebsbegriff verwendet wird (vgl. dazu B.3), können diese einzelbetrieblichen Grundsätze der Zielbestimmung auch hierfür verwendet werden. Dieser weite – touristische – Betriebsbegriff betrachtet auch touristische Gebietsgemeinschaften, sog. Destinationen, und überbetriebliche Vereinigungen als „Betrieb" im Sinne der Trägerschaft von touristischem Marketing. Dazu sind aber weitere touristische Besonderheiten zu berücksichtigen, die im folgenden Abschnitt als Makro-Zielfindung genauer erläutert werden.

## 2.2.2 Makro-Ziele im Tourismus

Gegenüber der einzelbetrieblichen Zielfindung bestehen im Tourismus einige Besonderheiten. So sind aufgrund des „Verbundcharakters" der touristischen Leistungserstellung die Ziele der verschiedenen touristischen Einzelbetriebe in überbetriebliche Zielsetzungen „eingebettet". Es sind lokale und (über)regionale tourismuspolitische Zielsetzungen zu berücksichtigen, die die betriebliche Entscheidungsautonomie teilweise einschränken.

Am deutlichsten zeigen sich diese Besonderheiten bei der Zielbestimmung von Destinationen oder von überbetrieblichen Vereinigungen, wie Fremdenverkehrsvereinen und -verbänden.

**Beispiele:**
- Ein einzelnes Hotel in einem Kurort kann seine betrieblichen Ziele nicht oder nur begrenzt losgelöst von der Zielsetzung der allgemeinen Kurortentwicklungsplanung festlegen.
- Hat sich eine Region den „sanften Tourismus" zum Ziel gesetzt, so müssen auch die verschiedenen touristischen Einzelbetriebe ihre Betriebs- und Marketingziele in dieses Zielumfeld einordnen, z.b. ökologisches Hotelmanagement, ökologische Verkehrsträger usw.
- Mitglieder eines Fremdenverkehrsvereins oder -verbandes müssen sich in die übergeordneten Ziele der Vereinigung einfügen, z.b. ihre einzelbetrieblichen Ziele der Gewinnmaximierung mit einer Zielsetzung wie „Kultur-Tourismus" oder „Qualitäts-Tourismus" verbinden.

In Abb. C-17 sind als Makroziele die tourismuspolitischen Ziele der Bundesrepublik Deutschland aufgeführt, in die sich die jeweiligen Mikroziele der Einzelbetriebe oder von Destinationen einordnen müssen. Anstelle der nationalen Ziele wären auch Länder- oder Regionalziele im Bereich der Makroziele und als Mikroziele die der jeweils nachgelagerten Ebene zu benennen (vgl. dazu auch B.2.2.3).

**Leitbilder im Tourismus**

Im Tourismus wird die Bestimmung der generellen Zielstruktur oft auch als **Leitbildfunktion** im Marketing bezeichnet. Das Erstellen von Leitbildern ist im Tou-

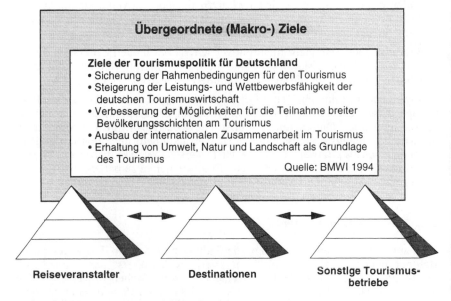

Abb. C-17 Makro- und Mikroziele im Tourismus

rismus „ein Trend der neunziger Jahre" (SOVIS 1993:32). Dabei gibt es eine ziemliche Sprachverwirrung, insbesondere hinsichtlich Leitbild, Slogan, Visionen, Image, Szenarien, (Entwicklungs-)Konzept usw.

Schon sehr früh hat sich innerhalb der Raumplanung die Formulierung von „Leitbildern" als Ausdruck zentraler Zielvorstellungen oder des Oberzieles ergeben (vgl. als Überblick STORBECK 1982:211ff). Erst mit zunehmender Bedeutung des modernen Marketingdenkens in der Tourismusplanung hat sich auch hier eine „Renaissance" der Leitbilder ergeben. Ähnlich der im modernen Marketing-Management üblichen Corporate-Identity-Zielsetzung werden Leitbilder für Tourismusorte und -regionen als wichtiges Elemente des jeweiligen Planungs- oder Marketingprozesses formuliert: „Im modernen Tourismus kommt deshalb der Leitbildplanung eine wichtige Bedeutung zu. Kein Tourismusort kann heute ohne ein touristisches Leitbild eine wirkungsvolle Gestaltung der Zukunft sicherstellen." (BIEGER 1996:63)

**Leitbilder** sind zukunftsgerichtete Zielsetzungen für die Tourismuspolitik und das Tourismus-Marketing, die die generelle Entwicklungsrichtung angeben und das Verhalten auf dem Weg zur Zielerreichung prägen. Es besteht eine enge Verzahnung mit Begriffen (und deren Inhalten) wie Corporate Identity, Visionen, Szenarien, (Unternehmens- bzw. Orts-)Philosophie und -Kultur.

Ein Leitbild „bildet den ‚roten Faden' und ‚Rahmen' für Handlungen der im System des Betriebes, Ortes, der Region oder Organisation beteiligten Personen und deren Beziehungsgeflecht.

Ein Leitbild besteht aus mehreren Leitsätzen, jeder für sich eine klare, in sich abgeschlossene Aussage, die Summe der Sätze gibt eine vollständige Beschreibung des Status quo und/oder der Zukunft wieder.

Ein Leitbild ist mehr als ein Slogan – ist in seiner Aussage detaillierter und bietet mehr Raum für Informationen. Ein Slogan kann mehr Werbetext sein, ein Leitbild sollte mehr den Charakter eines informativen PR-Textes aufweisen." (SOVIS 1993:33).

Heute steht die Leitbildplanung vielfach als Synonym für die gesamte Marketing-Management-Methode oder die touristische Planung für Destinationen. In der hier vorgestellten allgemeinen Marketing-Management-Methode ordnet sich die Leitbildentwicklung ebenfalls in den gesamten Planungsprozeß ein, stellt dabei aber lediglich eine Teilüberlegung dar, für die die anderen Schritte, wie Analyse, Strategien und Maßnahmen usw., notwendig sind.

Auch im Marketing für Einzelbetriebe findet die Leitbilddiskussion mehr und mehr Eingang, wobei **Marketing-Leitbilder** zumeist mehrere Zielbereiche beinhalten. Sie verbinden insbesondere normative oder qualitative Ziele mit operativen oder quantitativen Zielen. So betrachtet beispielsweise BECKER 1993 Leitbilder als die Gesamtheit der Zielbestimmungen, wie sie sich als Ergebnis des gesamten Zielfindungsprozesses ergeben: „Die Leitbild-Komponenten (...) haben (...) für den gesamten Marketingprozeß des Unternehmens gleichsam **Grundsatzcharakter** (...). Die Fixierung dieses Rasters erfolgt dabei auf einem Art ‚Mittelweg' zwischen perspektivischer und inkrementaler Zielplanung" (BECKER 1993: 67).

## UNSER LEITBILD

### WIR UND UNSER GAST
Wir sind ein kleines Dorf, wo jeder willkommen ist und in das Dorfleben aufgenommen wird.
Unsere Landschaft ist vielfältig, sanft hügelig und von Bächen durchzogen. Sie lädt mit ihren Wäldern, Wiesen und Auen zum Entspannen und Erholen ein.
Das Ursprüngliche spielt eine große Rolle. Unsere Bauern bieten naturbelassene Lebensmittel und traditionelle Handarbeiten an.
Mit bodenständiger Küche verwöhnen wir unsere Gäste.
Familienbetriebe, gemütliche Ferienwohnungen in renovierten Arkadenhäusern und persönliche Betreuung sorgen für ihren angenehmen Aufenthalt.
Unser Dorf liegt uns am Herzen. Wir wollen es lebenswert erhalten.

### WIR UND DIE BEVÖLKERUNG
Wir bieten Tourismus im Einklang mit Mensch und Natur, damit entsteht eine zusätzliche Einnahmequelle für uns.
Gäste sind für uns eine menschliche Bereicherung.
Dabei sollen unsere Kultur und Identität erhalten bleiben.

### WIR UND DIE ORGANISATIONEN UND STRUKTUREN
Unser Ziel ist, daß Bevölkerung, Vereine und Gemeinde gemeinsam Maßnahmen planen, abstimmen und durchführen. Wir wollen aktiv und bewußt Mitmenschen zur Zusammenarbeit gewinnen.
Die gesamte Bevölkerung nimmt ihre Verantwortung im Umgang mit Gästen und im dörflichen Entwicklungsprozeß wahr.
Weiterbildung und geistige Auseinandersetzung mit der Dorferneuerung bilden die Basis für überlegte und überschaubare Aufbauarbeit.

**Abb. C-18** Leitbild eines Dorfes
(Quelle: SOVIS 1993:63)

Der Leitbilddiskussion kommen insgesamt zwei Funktionen zu:

- **perspektivische Funktion** (dynamische Leitbilder): Leitbilder geben die zukunftsorientierte Enwicklungsrichtung an. Hierbei bewegen sich Leitbilder zwischen – nicht zu realisierender – Utopie und Realisierbarkeit und geben den wünschenswerten Weg sowie die erwünschten Ziele an (Visionen/visionäre Leitbilder),
- **instrumentelle Funktion** (operationale Leitbilder): Die Umsetzung der Leitbilder verlangt ferner eine Konkretisierung innerhalb der verschiedenen Ebenen und Bereiche der touristischen Zielbestimmung. Die Leitbilder geben damit quasi den Weg von übergeordneten Zielsetzungen zu deren unteren Ebenen an.

### 2.2.3 Zielebenen im Tourismus

Ziele werden vielfach in eine hierarchische Ordnung gestellt. Die Ebenen entsprechen entweder dem föderalistisch aufgebauten Wirtschafts- und Verwaltungssystem – wie im Tourismus häufig von Bedeutung – oder dem hierarchisch gegliederten Unternehmensaufbau. Die Einteilung in Ober- und Unterziele bzw. in Haupt- und Nebenziele ist von der traditionellen wirtschafts- und unternehmenspolitischen Sicht einer Ziel-Mittel-Beziehung geprägt. Dabei haben nachgelagerte Ziele in bezug auf die Realisierung der übergeordneten Ziele Mittelcharakter. Bei mehreren Ebenen stellen die Zwischenebenen stets sowohl Ziel- als auch Mittelebenen dar.

Im Tourismus sind zumeist unterschiedliche Ebenen mit der touristischen Entwicklung und dem touristischen Marketing beschäftigt: u.a. Bundes-, Landes-, Regional-, Kommunal- und Betriebsebene. Die Ziele auf den verschiedenen Ebenen sind von unterschiedlicher Reichweite. Meist sind die Ziele auf der oberen Ebene allgemeiner gehalten und weniger zahlreich als die auf den unteren Ebenen. Die Ziele können auf allen Ebenen gleich lauten, lediglich ihre Reichweite ist unterschiedlich weit gefaßt (siehe Abb. C-19: Ziel A). Sie können aber auch von Ebene zu Ebene unterschiedlich formuliert werden (siehe Abb. C.-19: Ziel B).

**Beispiele:**
- Beispiele für touristische Ziele auf verschiedenen Ebenen finden sich in Abb. C-19
- Beispiele für touristische Zielsetzungen in Deutschland auf **Bundesebene** finden sich im tourismuspolitischen Grundsatzprogramm der Bundesregierung von 1994: (1) Sicherung der Rahmenbedingungen für den Tourismus, (2) Steigerung der Leistungs- und Wettbewerbsfähigkeit der deutschen Tourismuswirtschaft, (3) Verbesserung der Möglichkeiten für die Teilnahme breiter Bevölkerungsschichten am Tourismus, (4) Ausbau der internationalen Zusammenarbeit im Tourismus, (5) Erhaltung von Umwelt, Natur und Landschaft als Grundlage des Tourismus. Alle fünf Oberziele stehen grundsätzlich gleichberechtigt nebeneinander. Sie sind hinsichtlich ihrer Realisierung weiter differenziert, wobei die erwähnten Maßnahmen wiederum Zielcharakter für die nachgelagerten Bereiche haben (vgl. genauer BMWi 1994 und FREYER 1995: 294ff, siehe auch Abb. C-17).

Betriebsbezogen ordnen sich die touristischen Marketing-Ziele in die jeweilige Management- bzw. Betriebshierarchie ein, was am Beispiel einer Zielpyramide in Abschnitt C.2.3 genauer dargestellt wird.

| Ebene | Ziel A | Ziel B |
|---|---|---|
| Bund | Mehr Tourismus (bundesweit) | Mehr Incoming-Tourismus |
| Land | Mehr Tourismus (landesweit) | Mehr Städtetourismus |
| Region | Mehr Tourismus (regional) | Mehr Seniorentourismus |
| Kommune | Mehr Tourismus (kommunal) | Mehr Wintertourismus |
| Betrieb | Mehr Tourismus (betrieblich) | Mehr Tagungstourismus |

**Abb. C-19** Zielebenen im Tourismus

### 2.2.4 Bereichsziele im Tourismus

Ziele werden ferner nach ihren Wirkungsbereichen in Bereiche auf gleicher Ebene unterschieden. Häufige Untergliederungen im Tourismus sind die Bereiche ökonomische, sozio-kulturelle, ökologische Ziele. In Anlehnung an das ganzheitliche Marketing-Modell im Tourismus (vgl. Abb. A-14) kann auch eine noch weitere Zielaufgliederung vorgenommen werden.

**Beispiele:**
- wirtschaftliche Ziele: mehr Einkommen durch Tourismus,
- gesellschaftliche Ziele: Beteiligung aller Bevölkerungsgruppen am Reisen,
- ökologische Ziele: Umweltschutz durch Tourismus,
- Freizeit-Ziele: Entspannung, Erholung, Regeneration durch Tourismus,
- individuelle (Werte): Erholung, Freude, Glück durch Reisen,

**Abb. C-20** Touristische Bereichsziele

- politische/internationale Ziele: Freizügigkeit, Völkerverständigung, Frieden durch Reisen.

Ferner gibt es im Tourismus juristische Ziele (Reiserecht), medizinische Ziele (Gesundheit auf Reisen), geographische Ziele (Raumnutzung), architektonische Ziele (Ortsgestaltung) usw.

Aus **betrieblicher Sicht** stehen touristische Marketingziele zumeist auf einer Ebene mit anderen Betriebsbereichen, wie z.B. Beschaffungsziele, Produktionsziele, Absatzziele, Finanzziele, Personalziele usw. Oder es werden ökonomische und nicht-ökonomische Bereichsziele – nebeneinander – formuliert (vgl. C.2.3).

**Kombinationen von Zielebenen und Bereichszielen im Tourismus**

Zudem sind Ziele von Ebenen und Bereichen oftmals miteinander kombiniert. So stehen im Tourismus die föderalistische Ebenengliederung und die ressortbezogene Bereichsgliederung meist parallel nebeneinander. Je nach Sichtweise oder Prioritätensetzung wird die föderalistische Struktur nach Bereichen weiter untergliedert oder die Bereichsgliederung wird föderalistisch untersetzt (vgl. als Beispiel Abb. C-21).

Betriebsbezogen ordnen sich die touristischen Marketing-Ziele in die jeweiligen Abteilungen ein, was in Abschnitt C.2.3 genauer dargestellt wird.

**Beispiele:**
- vgl. Abb. C-21

## 2.2.5 Allgemeine Zielbeziehungen

Zwischen den einzelnen Zielbereichen – oder auch Ebenen – können unterschiedliche Beziehungen bestehen. So kann das touristische Ziel „mehr Tourismus in einer Region" helfen, auch andere gesellschaftspolitische Ziele zu errei-

| Ziel-Priorität | nachgelagert |
|---|---|
| A. Tourismusziele auf den Ebenen ... (föderalistisches Prinzip) | in den Bereichen ... |
| - Bund | Bereiche Wirtschaft, Ökologie, Soziales (Bund) |
| - Land | Bereiche Wirtschaft, Ökologie, Soziales (Land) |
| - Kommune | Bereiche Wirtschaft, Ökologie, Soziales (Kommune) |
| B. Tourismusziele in den Bereichen ... (Ressortprinzip) | auf den Ebenen ... |
| - Wirtschaft | Bund, Land, Kommune (Bereich Wirtschaft) |
| - Ökologie | Bund, Land, Kommune (Bereich Ökologie) |
| - Soziales | Bund, Land, Kommune (Bereich Soziales) |

**Abb. C-21** Kombinationen von Zielebenen und -bereichen im Tourismus

chen; es kann aber auch zu Problemen in anderen Bereichen führen. Dabei sind grundsätzlich drei Möglichkeiten gegeben:

(1) **Zielkongruenz oder -harmonie:** Die Verfolgung eines Zieles führt gleichzeitig zur Erreichung eines anderen Zieles – die Ziele verhalten sich kongruent zueinander.

**Beispiel:**
- Mehr Tourismus in einer Region (touristisches Ziel) führt zu mehr Einkommen der Bewohner (ökonomisches Ziel).

(2) **Zielkonflikte:** Ziele widersprechen sich; je mehr man ein Ziel realisiert, um so mehr wird ein anderes Ziel verletzt.

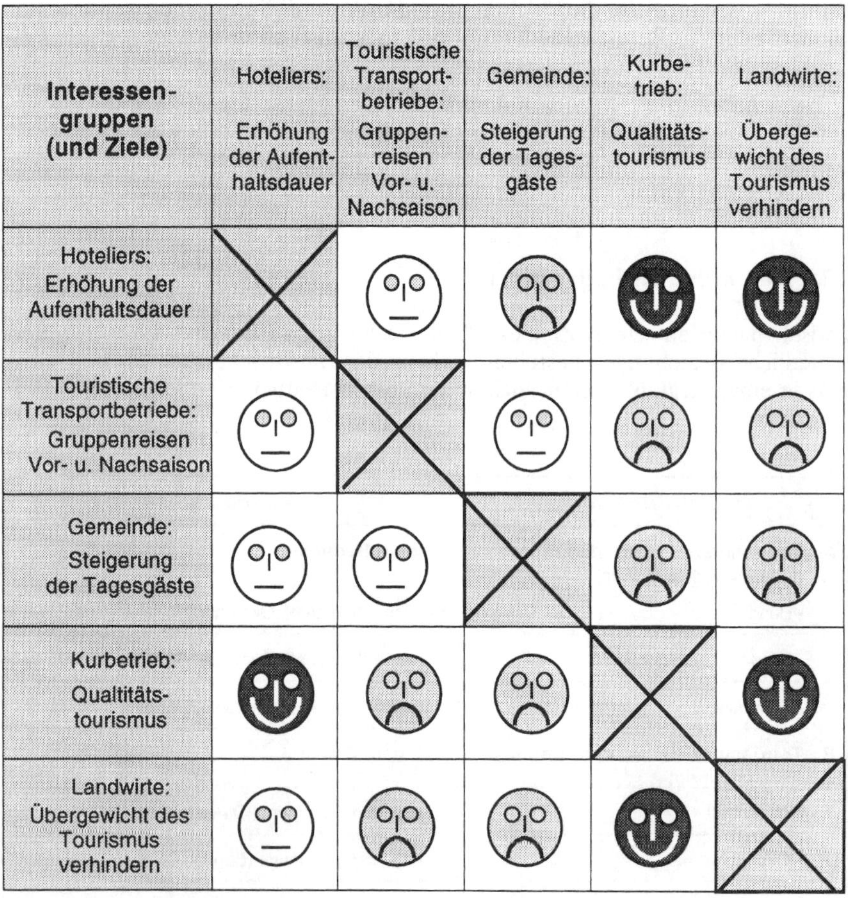

| Interessengruppen (und Ziele) | Hoteliers: Erhöhung der Aufenthaltsdauer | Touristische Transportbetriebe: Gruppenreisen Vor- u. Nachsaison | Gemeinde: Steigerung der Tagesgäste | Kurbetrieb: Qualtitätstourismus | Landwirte: Übergewicht des Tourismus verhindern |
|---|---|---|---|---|---|
| Hoteliers: Erhöhung der Aufenthaltsdauer | ✕ | 😐 | 🙁 | 😀 | 😀 |
| Touristische Transportbetriebe: Gruppenreisen Vor- u. Nachsaison | 😐 | ✕ | 😐 | 🙁 | 🙁 |
| Gemeinde: Steigerung der Tagesgäste | 😐 | 😐 | ✕ | 🙁 | 🙁 |
| Kurbetrieb: Qualtitätstourismus | 😀 | 🙁 | 🙁 | ✕ | 😀 |
| Landwirte: Übergewicht des Tourismus verhindern | 😐 | 🙁 | 🙁 | 😀 | ✕ |

**Abb. C-22** Zielbeziehungen am Beispiel einer Destination
(Quelle: nach KASPAR 1995:115)

**Beispiel:**
- Mehr Tourismus in einer Region (touristisches Ziel) führt zu vermehrter Umweltbelastung (ökologisches Ziel) und zu sozial ungleicher Verteilung der Tourismuserträge und -lasten (soziales Ziel).

(3) **Zielneutralität oder -indifferenz:** Im Fall der Zielneutralität wirkt sich das Erreichen oder Verletzen eines Zieles nicht auf andere aus.

**Beispiel:**
- Mehr Tourismus in einer Region (touristisches Ziel) hat keinerlei Auswirkungen auf das Wahlergebnis zum Gemeinderat (politisches Ziel).

In bezug auf die verschiedenen Interessengruppen eines Fremdenverkehrsortes zeigt Abb. C-22 die einzelnen Zielbeziehungen hinsichtlich unterschiedlicher Zielsetzungen der einzelnen Marketingträger.

## 2.3 Der hierarchische Zielfindungsprozeß im Tourismus

Die Ableitung von Marketingzielen erfolgt am häufigsten entlang einer Zielhierarchie bzw. -pyramide, wobei sechs Ebenen bzw. Teilschritte durchzuführen sind. Auch für die touristische Zielbestimmung ist ein analoges Vorgehen hilfreich, wobei die genaue Zuordnung von Ober- und Unterzielen im Einzelfall leicht verändert gesehen werden kann. Ferner sind die vorherigen Aussagen zu den Besonderheiten der touristischen Zielfindung zu berücksichtigen.

Die hier dargestellte hierarchische Zielfindungsmethode kann sowohl zur Bestimmung von Mikro-Zielen als auch für Makro-Ziele verwendet werden.

Im folgenden wird in allgemeiner Form zumeist vom „Betrieb" bzw. „Unternehmen" gesprochen, wobei im Tourismus ein weiter bzw. differenzierter Betriebsbegriff verwendet wurde (vgl. B.3). Demnach können neben touristischen Einzelbetrieben auch touristische Orte, Regionen oder Länder als Betriebe im Sinne eines touristischen Marketingträgers verstanden werden. Dies wird jeweils durch entsprechende Beispiele veranschaulicht.

Innerhalb der Zielpyramide werden zumeist zwei Gruppen von Zielen unterschieden:

- **Übergeordnete Ziele oder Orientierungsziele** legen die allgemeinen betrieblichen Grundsätze fest. Sie sind vor allem qualitativer Art. Hierbei werden zumeist allgemeine Wertvorstellungen, Unternehmenszweck und Corporate Identity (CI) behandelt. Dabei ist ihre Stellung zueinander nicht letztlich festgelegt. So hat beispielsweise MEFFERT 1986 die CI vor den Grundsätzen behandelt, 1994 aber umgestellt. BECKER 1993 behandelt hingegen erst die allgemeinen Wertvorstellungen und erwähnt CI gar nicht im Bereich der übergeordneten Zielvorstellungen. In den letzten Jahren wird immer häufiger von „**Unternehmenskultur**" gesprochen als Gesamtheit von Normen, Wertvorstellungen und Denkhaltungen, die das Verhalten der Mitarbeiter aller Stufen ausdrückt und somit das Erscheinungsbild eines Unternchmens prägen. Im Tourismus werden oftmals **„Leitbilder"** als Zusammenfassung der übergeordneten Zielvorstellungen behandelt.

- **Operative Ziele oder Handlungsziele** konkretisieren die Ziele hinsichtlich Umfang und Ausmaß und sind zumeist quantitativer Art. Die Handlungsziele werden nochmals in Oberziele, Funktionsbereichs- und Geschäftsfelderziele un-

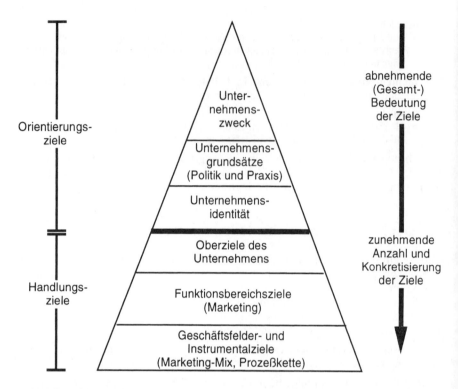

**Abb. C-23** Zielpyramide

terteilt. In der Zieldiskussion werden vielfach noch weitere Zwischenebenen – wie Oberziele („Goals"), Funktionsbereichsziele („Marketing"), Zwischenziele („Geschäftsfelder") und Unterziele (Marketing-Mix-Bereich) unterschieden (so z.B. MEFFERT 1986: 76), doch für die Bestimmung der grundsätzlichen Marketingziele erscheinen die drei hier erwähnten Ebenen ausreichend. Auf Möglichkeiten der weiteren Differenzierung von Zielen war bereits in Abschnitt C.2.1 hingewiesen worden.

Insgesamt enthalten solche Zielhierarchien auch wichtige Aussagen für die nachfolgenden strategischen Bausteine (vgl. C.3). So legen sie die allgemeinen Zielaussagen zur Corporate Identity, zur Unternehmenspolitik und -philosophie, zum „strategischen Stil" sowie zu den Präferenzpotentialen ebenso fest, wie die quantitativen Zielvorgaben für die Entwicklungsrichtung und das strategisch ausgerichtete Marketing-Mix.

Wie in jeder Zielhierarchie stehen auch hier verschiedene Ziele in einem Ziel-Mittel-Verhältnis, bei dem nachgelagerte Ziele in bezug auf die übergeordneten Ziele Mittelcharakter haben.

Für die Ableitung der spezifischen marketingbezogenen Zielstruktur werden die nachfolgenden sechs Teilüberlegungen empfohlen. Sie werden mit Beispielen des Mikro- und Makrobereiches des Tourismus-Marketing veranschaulicht, wobei häufig in allgemeiner Form von „(Tourismus-)Unternehmen" bzw. „-betrieb" gesprochen wird.

### 2.3.1 Unternehmenszweck

*Warum gibt es überhaupt Tourismus bei uns?*

Die Bestimmung des übergeordneten „Unternehmenszwecks" bedeutet die Klärung der Fragen, was überhaupt Sinn und Gegenstand eines Unternehmens ist und mit welchen Angeboten man an welchen Märkten aktiv werden will. Dies wird in der Unternehmenspolitik auch als (Unternehmens-)Philosophie oder „Mission" bezeichnet, was auf die eigentliche Grundaufgabe im Sinne eines „Sendungsbewußtseins" hinweist. Bei älteren Betrieben gerät die eigentliche Mission oftmals in Vergessenheit – so auch bei touristischen Destinationen, die schon jahrelang im Tourismus aktiv sind. „Wir hatten schon immer Tourismus" ist eine häufig zu hörende Antwort auf die Frage nach der eigentlichen – touristischen – Mission. Doch im Hinblick auf eine fundierte Zielbestimmung fehlt solchen Orten vielfach eine aktive und positive Grundentscheidung und ein gemeinsames Selbstverständnis für eine touristische Entwicklung.

Ähnlich wie sich touristische Einzelbetriebe, wie z.B. **Reisebüros** überlegen müssen, ob sie

- die Produktion von Pauschalreisen oder
- die Reisevermittlung (ohne eigene Reiseveranstaltung), eventuell auch gleich ergänzt um spezielle Zielgruppen („... für alle", „... für junge Leute")

zum eigentlichen Unternehmensgegenstand machen wollen, zählt es zur „Unternehmensmission" von touristischen Destinationen, warum und wie sie sich dem Tourismus öffnen wollen. Analog zum Unternehmenszweck ist bei **touristischen Orten** und Destinationen eine „Ortsphilosophie" oder ein „Tourismuszweck" zu bestimmen. Soll Tourismus dem Wohle der einheimischen Bevölkerung oder dem Wohle der „Fremden" dienen? Sollen materielle Ausrichtungen – wie „Wirtschaftsfaktor Tourismus" – oder Veränderungen der Lebensqualität im Vordergrund der touristischen Aktivitäten stehen?

Die Bestimmung der eigenen „Mission" kann auch Klarheit darüber verschaffen, daß Tourismus nicht als menschenfreundlicher Selbstzweck gesehen wird, sondern lediglich – als notwendiges Übel – zur Erzielung von wirtschaftlichen Effekten in der Destination. Die Folgerung aus letzterer Sichtweise wäre eine möglichst begrenzte touristische Entwicklung, da sie nur von wenigen Menschen am Ort getragen wird.

**Beispiele:**
- „Wir wollen unsere (schöne) Landschaft auch anderen Menschen zur Verfügung stellen."
- „Wir sehen Tourismus als notwendiges Übel an, das lediglich der Erzielung von mehr Einkommen für die einheimische Bevölkerung dienen soll."

---

Der **Unternehmenszweck** legt die grundsätzliche Zielsetzung in bezug auf den Tourismus fest, wie z.B. wirtschaftliche, soziale und/oder ökologische Nachhaltigkeit der touristischen Aktivitäten von Orten oder Unternehmen.

## 2.3.2 Unternehmensgrundsätze

*"To do and not to do."*

Aufgrund von Unternehmenszweck und Unternehmensidentität ergeben sich einige wichtige Unternehmensgrundsätze, die die jeweilige Unternehmenspolitik bestimmen. Die Grundsätze drücken meist das Verhalten gegenüber Kunden/Gästen oder Mitwettbewerbern aus und stellen damit eine Grundlage der – späteren – konkurrenzorientierten Strategie dar. Aber auch das Verhalten gegenüber den eigenen Mitarbeitern ist im Bereich der Unternehmensgrundsätze festzulegen.

Im Tourismus wird vielfach von „does and don'ts" gesprochen, von dem was man „(nicht) tut", was „erlaubt und verboten" ist. Dies betrifft im einzelnen den Umgang bzw. das Verhalten gegenüber

- der Natur: ökologisch verträgliche Tourismusentwicklung,
- den Gästen: „Last oder Lust",
- anderen Tourismusorten: Zusammenarbeit (Kooperation) oder Konkurrenzverhalten,
- der ortsansässigen Bevölkerung: Partizipation oder nicht.

**Beispiele:**
- keine Tourismusbauten in ökologisch sensiblen Gebieten,
- „mehr Tourismus" nur mit Zustimmung der Bevölkerung,
- Zusammenarbeit mit anderen Orten der Region,

---

**Unternehmensgrundsätze der Lufthansa**

Die Wünsche unserer Kunden stehen an erster Stelle. Sie sind der Maßstab unseres Handelns. Wir bieten unseren Kunden pünktliche, zuverlässige und sichere Luftverkehrsverbindungen in der Bundesrepublik Deutschland und zu den wichtigsten Punkten der Welt.

Die beste Qualität ist unser Ziel. Eine moderne Flotte und eine engagierte Mannschaft sind die Kennzeichen unserer Leistungskraft. Qualität und Leistungsfähigkeit und nichts anderes sichern unsere Zukunft.

Sichere Arbeitsplätze und gute Arbeitsbedingungen für unsere Belegschaft. Dividende für unsere Aktionäre sind Maßstab für den wirtschaftlichen Erfolg unseres Unternehmens.

Wir alle - Mitarbeiter der Lufthansa und Vorstand - bleiben uns der Verpflichtung, die nationale Luftverkehrsgesellschaft Deutschlands zu sein, jederzeit bewußt.

---

**Abb. C-24** Unternehmensgrundsätze (Quelle: LUFTHANSA 1992)

- ein traditionsreiches Reisebüro verkauft keine Billigflüge, ein „junger, progressiver" Reiseveranstalter keine 08-15-Pauschalreisen nach Mallorca usw.

KASPAR (1995: 66f) spricht in diesem Zusammenhang von der „Unternehmensverfassung" als der „formalen Dimension" der Unternehmenspolitik. Sie regelt sowohl den formalen Rahmen, z.B. öffentliche oder privatwirtschaftliche Tourismusorganisation, als auch die internen Mitbestimmungsrechte der am „Unternehmen Tourismus" Beteiligten (der Stakeholder).

> Die **Unternehmensgrundsätze** im Tourismus legen die Verhaltensweisen gegenüber Mitwettbewerbern, Gästen, Mitarbeitern und ortsansässiger Bevölkerung fest.

### 2.3.3 Unternehmensidentität („Corporate Identity")

*Was ist das Besondere an uns*
*(an unserem Unternehmen, Ort oder Tourismus-Marketing)?*

Die Vielfalt des touristischen Angebotes führt dazu, daß die eigenen Besonderheiten erkannt und benannt werden müssen.

Hierbei wird die Entwicklung einer Corporate Identity (kurz: CI) aus dem unternehmerischen Marketing auch im Tourismus zu einer wichtigen Teilüberlegung innerhalb der Zielbestimmung. Die Corporate Identity wird heute als zentrales Element des Marketing verstanden. Betriebe sollen nach außen (und innen) ein einheitliches und klares Bild („Image") darstellen, was einen Betrieb von anderen unterscheidet, z.B. „jung, progressiv" oder „zuverlässig, konservativ", „billig, einfach" oder „marktorientiert" usw. Analog ist auch die Entwicklung einer Orts- oder Destinations-Identität zu sehen.

„Corporate" (engl.) bedeutet Unternehmen, Unternehmensgruppe oder Institution. „Identity" steht für Individualität, Stil oder Persönlichkeit. Entsprechend wird bei Betrieben und Unternehmen von Unternehmensstil oder -persönlichkeit gesprochen, in letzter Zeit auch vermehrt von Unternehmensphilosophie, -ethik oder -kultur. Entsprechend kann dies auch im Tourismus für Orte, Regionen oder Verbände erfolgen. Analog zu den betriebswirtschaftlichen Begriffen spricht man im Tourismus von Ortsidentität oder regionalem Bewußtsein.

> Unter **Corporate Identity** versteht man das Erscheinen oder Auftreten (die „Persönlichkeit") einer Institution. Es soll möglichst einheitlich und in sich selbst stimmig und glaubhaft nach außen und innen (!) gestaltet werden. Durch die abgestimmten Verhaltensweisen, die in der Corporate Identity zum Ausdruck kommen, werden Glaubwürdigkeit und das Vertrauen in eine Organisation geschaffen und erhalten.

**Die Corporate-Identity-Forschung**

Zur **Corporate-Identity-Forschung** haben verschiedene Wissenschaftszweige beigetragen, u.a. die Imageforschung, die Unternehmens- und Managementwissenschaft, die Organisations- und Industriesoziologie und die Kommunikationswissenschaft.

Der Inhalt der Corporate Identity-Diskussion hat einen Bedeutungswandel im Laufe der Zeit erfahren: in der traditionellen Periode (bis ca. 1920) prägte die unternehmerische Führungspersönlichkeit die Corporate Identity, in der markentechnischen Periode (1920 bis 1940) waren enge Zusammenhänge zwischen Markenname und Corporate Identity gegeben, die Design-Periode (50er Jahre) stellte das äußere Erscheinungsbild in den Vordergrund der Überlegungen, die strategische Periode (seit Anfang der 70er Jahre) verbindet Corporate Identity mit Überlegungen zum strategischen Marketing (vgl. u.a. WIEDMANN 1988, BIRKIGT/ STADLER/FUNCK 1994). Heute umfaßt Corporate Identity:

- **in einem weiten Verständnis** sowohl Ziel- als auch Strategie- und Maßnahmenaspekte. Im einzelnen bezeichnet Corporate Identity
  - „den Zustand der Harmonie von Fremd- und Eigenbild (Ziel),
  - die Konsistenz von Verhalten, Kommunikation und Erscheinungsbild (Subziel),
  - das gesamte Planungsprogramm, das zu dieser Zielerreichung führt (Strategie),
  - die Ausrichtung einzelner Maßnahmen, deren Gefüge sich zur Strategie verdichtet (Aktion)." (ACHTERHOLT 1991: 33)
- **in einem engen Verständnis** nur Teile davon. Das am weitesten verbreitete Mißverständnis zur Corporate Identity ist nach wie vor die zu starke **Design-Orientierung**, wobei das Design den eigentlichen Identitätsgedanken (im Sinne einer ganzheitlichen Unternehmensstrategie) zu stark in den Hintergrund drängt und das optische Element im Rahmen der Corporate Identity-Politik als Hauptkriterium einstuft.

Während im Zusammenhang mit dem Tourismus-Marketing Corporate Identity als Teil der Zielbestimmung behandelt wird, sei auf die strategische und kommunikationspolitische Bedeutung der Corporate Identity-Diskussion hingewiesen:

- **strategische Bedeutung:** Gerade im Tourismus wird vielfach – zurecht – die zentrale Stellung der Corporate Identity-Bestimmung im Marketing herausgestellt. Die Entwicklung von Leitbildern und einer Corporate Identity wird als zentrale strategische Aufgabe im Tourismus-Marketing gesehen. Die damit zusammenhängende Imagebestimmung und -beeinflussung zeigt ein weiteres Element der gesamten unternehmerischen und strategischen Ausrichtung der Corporate Identity auf.
- **kommunikationspolitische Bedeutung:** Corporate Identity steht in engem Zusammenhang mit kommunikationspolitischen Aufgaben. Sie stellt die zu kommunizierende „Unternehmensbotschaft" oder „message" dar. In Abschnitt D.4.1 wird die Corporate Identity als „Dach der Kommunikation" ausführlicher behandelt.

Im einzelnen sind bei der Corporate Identity vor allem drei Komponenten von Bedeutung, bei denen sich jeweils das Besondere oder die Persönlichkeit einer Organisation (eines Tourismus-Unternehmens oder einer Destination) ausdrückt:

- **Corporate Design:** Unternehmens- bzw. Ortserscheinungsbild,
- **Corporate Behaviour:** Unternehmens- bzw. Ortsverhalten,
- **Corporate Communication:** Unternehmens- bzw. Ortskommunikation.

Alle drei Komponenten zusammen ergeben die **Corporate Identity** (vgl. Abb. C-25).

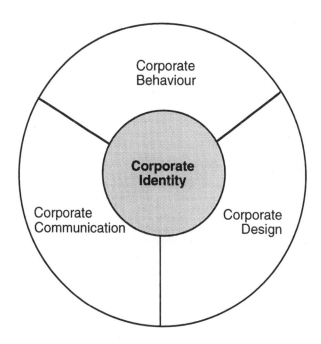

**Abb. C-25** Die drei Elemente der Corporate Identity

### (1) Erscheinungsbild (Corporate Design)

Am bekanntesten ist das äußere, optische oder visuelle Erscheinungsbild einer Organisation. Es umfaßt immer wiederkehrende, möglichst gleiche, optische oder akustische Elemente, die sich entsprechend im Bewußtsein des Konsumenten festsetzen. Dies beginnt bei einem einheitlichen Schriftzug, beim Signet (oder Logo), die auf Briefpapier, in Werbeanzeigen, auf Plakaten, auf Souvenirs usw. immer wiederkehren. Diese Elemente dienen dazu, daß dieses Design automatisch mit dem Unternehmen identifiziert wird. Das Corporate Design ist in engem Zusammenhang mit einem darauf abgestimmten Werbekonzept zu sehen. So sind auch in der Werbung stets die gleichen Farben, Signets und Schriftzüge zu verwenden. Bei exklusiven Organisationen sind ferner bevorzugt teure, exklusive Farben und Materialien zu verwenden.

**Beispiele** für Corporate Design-Maßnahmen:
- Verpackung, Farbgebung, Kleidung der Mitarbeiter, Räumlichkeiten, Gebäude, Kfz-Beschriftung, PR-Aktivitäten, Pressekonferenzen, Haus- und Kundenzeitschriften usw.

**Beispiele** für Corporate Design:
- Der Mercedes-Stern als Logo dient seit Jahrzehnten als Markenzeichen auf Prospekten, Briefpapier, an den Gebäuden und an den Autos der Wiedererkennung.
- Das Brandenburger Tor steht für Berlin, schwarz-rot-gold für Deutschland usw.

### (2) Corporate Behaviour

Während Coporate Design vor allem äußere Merkmale in den Vordergrund stellt, bezieht sich Corporate Behaviour auf die – abgestimmten und einheitlichen – Verhaltensweisen einer Organisation. Es drückt die Umsetzung der Unternehmensgrundsätze in Handlungen aus. Es beinhaltet gewisse Grundsätze und Werte, nach denen gehandelt wird, z.B. „der Gast ist König".

Im Idealfall sollte sich das Handeln und das entsprechende Image in den verschiedenen Bereichen, mit denen eine Organisation zu tun hat, einheitlich herausbilden, z.B.

- intern, extern,
- als Anbieter oder Arbeitgeber,
- Sozialverhalten,
- Umfeldverhalten,
- Informationsverhalten (v.a. bezüglich der Medien).

### (3) Corporate Communication

Eng mit dem einheitlichen Verhalten hängt die einheitliche Kommunikation zusammen. Sie drückt die Umsetzung der Corporate Identity nach innen und außen aus. CI ist das „strategische Dach jeder Kommunikation". Meist genügt es nicht, ein bestimmtes Erscheinungsbild und bestimmte Grundsätze entwickelt zu haben, sondern beide sind auch nach innen und außen zu übermitteln. Dies ist Aufgabe der Corporate Communication. Sie richtet sich auf die Kommunikation mit den Mitarbeitern, den Marktteilnehmern, aber auch besonders mit den Medien. Hierbei steht sie eng neben der PR. Zur Erreichung einer Corporate Communication muß darauf geachtet werden, daß die als Corporate Identity formulierten und beabsichtigten Elemente auch in entsprechender Form nach außen umgesetzt werden.

Funktioniert die Corporate Communication nicht, so fallen Corporate Identity und Corporate Image auseinander.

### (4) Identität und Image

Die Corporate Identity stellt das „Selbstbild" einer Organisation dar. Davon zu unterscheiden ist die Sicht außenstehender Betrachter, das sog. (Corporate) **Image**. Image ist „Fremdbild". Zwischen Eigen- und Fremdbild (oder Identität und Image) besteht selten eine hundertprozentige Deckungsgleichheit, was ein Vor- oder Nachteil sein kann. Gelegentlich ist das Image besser als die Realität der Identität, gelegentlich umgekehrt (vgl. genauer D.4.1).

> „Die Persönlichkeit ist Original und Ursache, das Image Abbild und Wirkung."

**Beispiele:**
- Die Insel Rügen hatte nach der Wende ein sehr positives Image, vor allem bei Personen, die noch nicht auf Rügen waren. Bei erstmaligen Besuchen auf der Insel waren viele Gäste enttäuscht, da Image und Identität zu weit auseinander gelegen haben.
- Mallorca als „massentouristisch orientiertes Urlaubsgebiet" stimmt nicht mit der Identität der Fremdenverkehrsrepräsentanten Mallorcas überein.

### 2.3.4 Strategische Unternehmensziele im Tourismus

Oberziele betreffen die Zielsetzung des gesamten Unternehmens. Die Diskussion der betrieblichen Oberziele (oder „Unternehmensziele") erfolgt zumeist mit Hilfe der Gegenüberstellung von ökonomischen und nicht-ökonomischen Zielen. Sie ist eng mit dem Wandel des modernen Marketing im Sinne eines „broadening" vom traditionellen zum gesellschaftlichen Marketing verbunden. Gerade im Tourismus, mit seinen zahlreichen nicht-ökonomischen Aufgabenstellungen, ist die Erweiterung der traditionellen ökonomischen Zielvorstellungen um nicht-ökonomische Aspekte eine notwendige Aufgabe.

Häufig wird dabei von „Basiskategorien" der Unternehmensziele gesprochen, die trotz weitgehender Übereinstimmung unterschiedlich systematisiert werden. Andere Bezeichnungen bzw. Unterteilungen sind:

- **für ökonomische Ziele:** wirtschaftliche, monetäre, quantitative Ziele. Diese Ziele haben vorwiegend unternehmens**internen** Bezug.
- **für nicht-ökonomische Ziele:** soziale, gesellschaftliche, psychographische qualitative, nicht-monetäre Ziele. Diese Ziele beziehen sich vor allem auf die unternehmens**externen** Zielsetzungen und versuchen, sie in die unternehmerische Zielstruktur zu integrieren (zu internalisieren).

Dabei sind die Bezeichnungen nicht deckungsgleich, da sie unterschiedliche Zieleigenschaften betonen (wie Geldbezug, Wirtschaftsbezug, Menge, Qualität). Doch liegen der grundsätzlichen Unterteilung der Unternehmensziele in zwei große Gruppen zumeist mehrere dieser Eigenschaften zugrunde (vgl. MEFFERT 1994, BECKER 1993, SCHIERENBECK 1995, KOTLER 1989). Ferner haben auch ökonomische Ziele eine qualitative Dimension und umgekehrt sind qualitative Ziele mit wirtschaftlichen Aspekten verbunden.

In Abb. C-26 findet sich eine der möglichen Auflistungen von unternehmerischen Basiskategorien. Sie können als Ausgangspunkt helfen, die entsprechenden Basiskategorien im Marketing für touristische Unternehmensziele zu bestimmen.

**(1) Ökonomische Ziele**

Im ökonomisch-quantitativen Bereich gelten als unternehmerische Basiskategorien vor allem **Marktstellungsziele** (Marktanteil, Umsatz, Marktbedeutung), **Rentabilitätsziele** (Gewinn, Umsatzrentabilität, ROI-Return on Investment) und **Finanzziele** (Liquidität, Kreditwürdigkeit, Kapitalstruktur).

Aber auch qualitative Ziele haben teilweise eine ökonomische Komponente bzw. helfen beim Erreichen der wirtschaftlichen Unternehmensziele. Sie sind daher nicht vollkommen getrennt von den ökonomischen Grundüberlegungen zu behandeln. Sehr bedeutsam sind in diesem Zusammenhang die psychographischen Ziele, die sich auf das Käuferverhalten beziehen und damit die wirtschaftlichen Größen Umsatz usw. direkt oder indirekt beeinflussen.

Häufig wird Gewinn(maximierung) als oberstes (quantitatives) Unternehmensziel genannt, doch zeigen die Unternehmenspraxis sowie entsprechende empirische Befragungen, daß daneben auch andere Ziele meist von ähnlicher Bedeutung sind, wie z.B. Marktstellung sichern (vgl. Abb. C-27).

In der betrieblichen Praxis des Sachgüter-Marketing ist oftmals die Zielgröße **Deckungsbeitrag** von großer Bedeutung, da sie der Marketing-Abteilung oder dem Projektmanager ermöglichen, den **Erfolgsbeitrag** des jeweiligen Produktes oder der Abteilung zum Gesamtbetriebsergebnis zu veranschaulichen. Bei der komplexen Betrachtung von Leistungsbündeln und Leistungsketten im touristischen Marketing wird der Deckungsbeitragsrechnung eher weniger Bedeutung beigemessen. An ihrer Stelle erfreut sich die Betrachtung von **Wertschöpfungsketten** immer größerer Beliebtheit. Auch hier wird der Beitrag einzelner Lei-

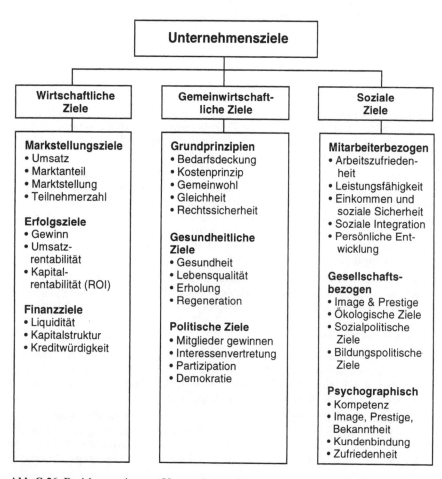

**Abb. C-26** Basiskategorien von Unternehmenszielen

stungsketten zur gesamtbetrieblichen Wertschöpfung erfaßt (vgl. PORTER 1992a und den Abschnitt B.3.3.2 sowie Abb. B-63f).

**Im Tourismus** werden zum Teil andere Maßzahlen zur Messung der „Absatzmengen" herangezogen. So betreffen Oberziele bezogen auf Destinationen zumeist Aussagen zur Anzahl der Touristen, wie z.b. Übernachtungszahlen, Gästeanzahl, meist differenziert nach Tourismusarten und -formen, wie Tagesgäste, Übernachtungsgäste, Haupt-/Nebensaisongäste, Hotel-/Pensions-/Campinggäste, Auto-/Flug-/Bahn-/Busgäste, Tagungs-/Urlaubs-/Kurgäste usw. Die unterschiedliche Quantifizierung der Ziele im Tourismus umfaßt vor allem die Größen:

- Tages-, Übernachtungsgäste (Fremdenverkehrsorte),
- Besucher (Museen, Theater, Events),
- Bettenauslastung (Beherbergungswesen), Bettenbelegung (Sanatorien, Kliniken),
- Passagierzahlen („Paxe") (Fluggesellschaften),
- Tourenzahlen (Verkehrsbetriebe),
- Beratungsanzahl (Fremdenverkehrsstellen),
- Buchungszahlen (Reisebüros, Reiseveranstalter),
- Sitzladefaktor (Personentransportunternehmen),
- Kurtaxe (Kurorte),
- Fremdenverkehrsabgabe (Fremdenverkehrsorte).

Dabei dienen die meisten der vorherigen Zielgrößen als Indikatoren für die wirtschaftlichen Basisgrößen Umsatz, Wertschöpfung, Beschäftigung usw.

**Beispiel:**
- In Abbildung C-27 ist die Bedeutung unterschiedlicher ökonomischer (und einiger nicht-ökonomischer) Zielgrößen wiedergegeben, wie sie bei einer Reiseveranstalterbefragung genannt worden sind. Hier zeigt sich die vorrangige Bedeutung des Gewinn- und Marktanteildenkens in der touristischen Privatwirtschaft. Auffallend ist bei der Reiseveranstalterbefragung, daß Fremd- und Selbsteinschätzung der betrieblichen Ziele vor

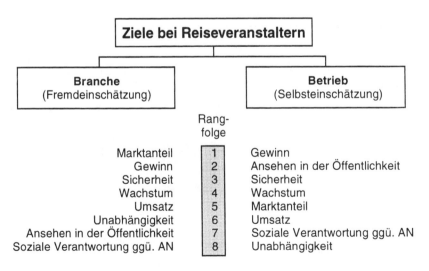

**Abb. C-27** Ziele bei Reiseveranstaltern
(Quelle: HEBESTREIT 1973)

allem im Bereich Marktanteil und Ansehen in der Öffentlichkeit deutlich auseinanderfallen.

Frage: „Welches ist das Oberziel:
(a) der Reiseveranstalterbranche insgesamt? (Fremdeinschätzung)
(b) Ihres Betriebes? (Selbsteinschätzung)".

### (2) Nicht-ökonomische oder soziale Ziele im Tourismus

**Nichtökonomische Zielgrößen** umfassen vor allem soziale, moralische, pädagogische, politische und gesellschaftliche Ziele, im Tourismus häufig auch gesundheitliche Ziele. Sie sind häufig – im Gegensatz zu den meisten ökonomischen Zielen – nicht quantitativ und monetär meßbar. Bei den Basiskategorien der Unternehmensziele werden unter anderem die Gruppen:

- **gesellschaftsbezogene Ziele:** Image und Prestige, Unabhängigkeit, politischer und gesellschaftlicher Einfluß, Umweltverträglichkeit,
- **mitarbeiterbezogene Ziele:** Arbeitszufriedenheit, Einkommenssicherung, soziale Integration und Sicherheit,
- **psychographische Ziele:** Bekanntheit, Zufriedenheit, Kundenbindung

benannt. Auch bei diesen Gruppen sind Überschneidungen untereinander sowie eine enge Beziehung zu den ökonomischen Zielen gegeben.

### Psychographische Ziele

Im Bereich der nicht-ökonomischen oder gesellschaftlichen Ziele findet die Gruppe der **psychographischen Ziele** im Marketing häufig besondere Beachtung.

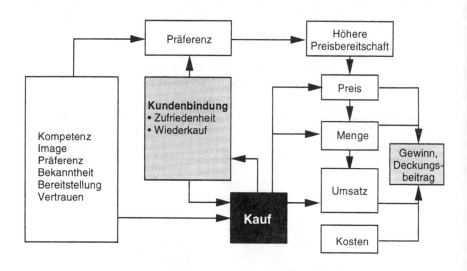

**Abb. C-28** Kundenbindung im Zielsystem der Unternehmung
(Quelle: nach MEFFERT/BRUHN 1995: 146)

Diese Ziele betonen in Anlehnung an die Kaufverhaltensforschung die mentalen oder affektiven Aspekte des Kaufprozesses, die vor allem nachfrage- bzw. kundenbezogene betriebsexterne Faktoren sind und sich von den eher betriebsbezogenen wirtschaftlichen Zielsetzungen unterscheiden, wobei allerdings zahlreiche Wechselwirkungen gegeben sind (vgl. Abb. C-28). Diese Sichtweise vernachlässigt aber die weitere gesellschaftliche Dimension mit Einfluß auf das Kaufverhalten, wie sie in B.2.3.3.1 als „Stimulusbereich" berücksichtigt worden ist. Sie zielt damit aus einer ganzheitlichen Sicht der Zielbildung zu sehr auf die käufer**internen** Faktoren – des „Organismus" – ab.

Andererseits werden diese Überlegungen in einem direkten Zusammenhang mit den ökonomischen Zielfaktoren gesehen, so daß eine solche Zielbestimmung für eine marktbezogene Zielbildung durchaus hilfreich ist. Vor allem in bezug auf Tourismus sind Aspekte des Reiseverhaltens und der Reiseentscheidung von besonderer Bedeutung.

**Beispiele** für nicht-ökonomische (bzw. nicht-monetäre) Ziele im Tourismus:
- Image einer Destination: exklusiv, überlaufen, attraktiv,
- Bekanntheit einer Destination,
- Ruhe, unberührte Natur, großes Sport- oder Kulturangebot einer Destination,
- Ökologisch verträglicher Tourismus,
- Kundenbindung: „Stammgäste", „Wiederholer"; Zufriedenheit,
- Servicequalität

### (3) Gemeinwirtschaftliche Ziele

Im Tourismus sind einige Organisationen nicht primär an der Gewinnerzielung interessiert, z.B. öffentliche bzw. kommunale Fremdenverkehrsstellen. Sie werden oftmals als Non-Profit-Organisationen bezeichnet und die entsprechenden Ziele als Non-Profit-Ziele, die zum Teil eng mit den vorgenannten außerökonomischen Zielen zusammenhängen. Als Grundprinzipien gemeinwirtschaftlich handelnder Organisationen gelten:

- Bedarfsdeckung, z.B. Versorgung der Bevölkerung mit Transportleistungen,
- Kostenprinzip, Kostendeckung (dieses Ziel ist z.T. ökonomischer Natur),
- Gemeinwohl, Gemeinnützigkeit, öffentliches Interesse bzw. öffentliche Bedürfnisse befriedigen, z.B. Bau von Hallenbädern oder von Verkehrswegen,
- Rechtssicherheit.

Weiterhin beziehen sich gemeinwirtschaftliche Ziele auf verschiedene gesellschaftliche Teilbereiche, wobei zum Teil Überschneidungen mit den sozialen Zielen gegeben sind, wie z.B. in den Bereichen

- Gesundheit,
- Lebensqualität,
- Erholung,
- Regeneration,
- Ökologie (Nachhaltigkeit).

Als Handlungsziele im gemeinwirtschaftlichen Bereich gelten:

- Demokratie,
- Partizipation (der verschiedenen gesellschaftlichen Gruppen),
- Mitglieder gewinnen, z.B. für Vereine,
- Interessenvertretung, z.B. bei Vereinen, Verbänden oder bei Parteien.

**(4) Operationalisierung der Unternehmensziele**

Die generelle Anforderung der **Operationalisierung** von Zielen betrifft auch den Bereich der Oberziele. Auch hier sind die Zielaussagen mit konkreten Angaben über das jeweilige Ausmaß zu ergänzen (in den folgenden Beispielen erfolgt dies in Klammern).

**Beispiele:**
- Erhöhung des touristischen Umsatzes (um 5%)
- mehr Gäste (Steigerung um 10%)
- Schaffung von zusätzlichen Arbeitsplätzen im Tourismus (z.B. 1.000)
- Vergrößerung des Marktanteils bei Auslandsgästen (um 5%)
- Steigerung der Ganzjahresauslastung (von 23% auf 28%)
- Anstieg der touristischen Wertschöpfung (von 38% auf 45%)
- weniger Umweltbelastung durch Tourismus (ökologische Kennziffern)
- Veränderung des Images: keine „Billig-Destination" (in einem Jahr)
- Veränderung der Gästestruktur (Messung: Gästestatistik)

**(5) Integration in die touristischen Makroziele**

Im Tourismus ist spätestens auf der Ebene der Oberziele zu berücksichtigen, daß sich diese Ziele in die allgemeinen touristischen Rahmenbedingungen einordnen müssen. So begrenzen die fremdenverkehrspolitischen Aussagen der Landes(entwicklungs)planung, Regional-, Gemeinde-, Stadt- und Kurortentwicklungsplanung die Festlegung der eigenen touristischen Oberziele. Auf gleicher Ebene sind die Zielaussagen zu den Bereichen Wirtschafts-, Umwelt-, Sozial-, Kultur-, Struktur-, Freizeit-, Verkehrspolitik zu berücksichtigen, damit es zu keinen Zielkonflikten oder zur Zielkongruenz kommt. Auf die Bedeutung von Ressort- und föderalistischen Zielen war allerdings bereits in Abschnitt C.2.2 hingewiesen worden.

## 2.3.5 Bereichsziele Marketing

Vor dem Hintergrund der betriebsweiten Oberziele werden für die verschiedenen Abteilungen eines Betriebes entsprechende Bereichs- oder Abteilungsziele formuliert. So auch für die Marketingabteilung bzw. den Marketingbereich im Tourismus. Die Festlegung der **Marketingziele** umfaßt vor allem zwei Problembereiche:

- **Entwicklung eines (allgemeinen) marketingorientierten Zielsystems:** aus den allgemeinen unternehmerischen Zielen sind konkrete Zielsetzungen für das Marketing abzuleiten. Dabei beinhaltet eine umfassende Marketingzielsetzung oder -zielstruktur sowohl normative, strategische und operative Zielelemente. Die Entwicklung von Leitbildern oder einer Corporate Identity steht in engem Zusammenhang mit der Zielbestimmung im Marketing und wird gelegentlich mit ihr gleichgesetzt. An der Entwicklung von Zielsetzungen im Tourismus sollten bzw. können die verschiedenen betroffenen Gruppen mitwirken (siehe **Partizipation, Abschnitt E.4**).

- **Operationalisierung** der Marketing-Ziele: Operationalisierung verlangt eindeutige Festlegungen, welche Ziele in welchem Umfang zu erreichen sind. Das beinhaltet Meßvorschriften, anhand derer die Zielerreichung zu kontrollieren ist. Bei der ökonomischen Betrachtung orientiert man sich vor allem an quantifizierbaren und monetären Größen. Entsprechend stehen meist Ziele der

"Handlungsebene" (wie Umsatz, Gewinn, Rentabilität und Marktanteil) gegenüber den qualitativen Zielen im Vordergrund.

Trotzdem ist für die weitere Marketingbetrachtung eine möglichst genaue Festlegung der (Ziel-)Anforderungen an das Marketing wünschenswert. Hier können auch qualitative Aspekte mitaufgenommen werden, die aber nur begrenzt quantifizierbar und operationalisierbar sind. Deshalb sind es meist quantitative Zielgrößen, die bei der Operationalisierung der Marketingziele benannt werden. Für die Operationalisierung von Marketingzielen werden vor allem fünf Kriterien spezifiziert:

- **Richtungsbezug:** mehr, weniger, gleich (Steigerung, Reduzierung, Beibehaltung)?
- **Angebots- oder Objektbezug:** mit welchen Leistungs(teil)angeboten?
- **Nachfragebezug:** für welche Zielgruppen?
- **Ausmaß:** in welchem Umfang, mit welcher Quantität bzw. Qualität?
- **Zeitbezug:** in welchem Zeitraum?

**Im Tourismus-Marketing** gehen die meisten der zuvor genannten übergreifenden tourismusbezogenen Ziele in direkte Aussagen für den Marketingbereich über. Dafür sind sie lediglich noch weiter marketingbezogen zu konkretisieren. Es ist herauszustellen, welche Ziele in welchem Umfang durch das touristische Marketing erreicht werden sollen. Typische Marketingziele im Tourismus sind:

**Beispiele:**
- Übernachtungszahlen beeinflussen: Steigerung der Gästezahl, Steigerung der durchschnittlichen Aufenthaltsdauer, Verlängerung der Saisonzeit – oder Kombination aller Maßnahmen,
- Bekanntheitsgrad der Destination erhöhen,
- Image erhalten, ändern (siehe Strategie der Image-Profilierung – Kontrolle über Meinungsbefragung, – Ausländerquote oder Anteil von Urlaubern aus bestimmten Quellgebieten beeinflussen (z.B. 10% weniger Berliner),
- zeitliche Verteilung beeinflussen: mehrere saisonale Höhepunkte, saisonaler Ausgleich, saisonale Verlängerung,
- Erhöhung der touristischen Tagesausgaben der Übernachtungs- und/oder Tagesgäste,
- weniger Tagesgäste, mehr übernachtende Gäste oder umgekehrt.

Doch eine solche allgemeine Formulierung von Marketingzielen genügt nicht den Anforderungen an die Operationalität. „Mehr/weniger" oder „besser/schlechter" sind keine ausreichend konkretisierten Zielvorgaben, aufgrund derer Marketingaktivitäten adäquat zu überprüfen wären. Hierzu sind weitere Spezifizierungen erforderlich, v.a. bezogen auf die vorgenannten fünf Kriterien Richtungs-, Angebots-, Nachfrage-, Zeitbezug und Ausmaß.

**Beispiele** (als Konkretisierung der vorherigen Beispiele):
- Übernachtungszahlen: Steigerung (Richtung) der Übernachtungen in Hotels (Angebot) durch Geschäftsreisende (Nachfragebezug) um 10% (Ausmaß) in einem Jahr (Zeit).
- Auslastung: Verringerung (Richtung) der Übernachtungen auf Campingplätzen (Angebot) von Familien (Nachfragebezug) um 10% (Ausmaß) im Monat Juli (Zeit).
- Tagesausgaben: Steigerung (Richtung) der durchschnittlichen Tagesausgaben (Art) von Ausflüglern (Nachfragebezug) um 5% (Ausmaß) in der Nebensaison (Zeit).
- Image: Verbesserung (Richtung) der Bekanntheit der Destination Rügen (Angebotskomponente) bei Münchnern (Nachfragebezug) um 10% (Ausmaß) in drei Jahren (Zeit) – gemessen durch eine entsprechende Imageanalyse.

- Gästestruktur: Veränderung (Richtung) des Anteils der Kurgäste (Angebots-, Nachfragebezug) auf 35% (Ausmaß) in einem Jahr (Zeit).

Eine weitere Differenzierung bzw. Konkretisierung der Marketingziele erfolgt nach „Abteilungen" bzw. „Geschäftsbereichen" sowie nach den touristischen Leistungsphasen im folgenden Abschnitt.

### 2.3.6 Ziele der Prozeßphasen im touristischen Marketing („Abteilungen"/Geschäftsfelder des Marketing)

Die – übergeordneten – Marketingziele werden in einer nächsten Stufe weiter differenziert bzw. konkretisiert. In der betrieblichen Betrachtung sind dafür Bereiche, Funktionen, Geschäftsfelder oder Abteilungen die übliche nächste hierarchische Stufe in der Zielpyramide. Für das touristische Marketing können anstelle dieser Unterteilung die verschiedenen Phasen der touristischen Leistungskette betrachtet werden (vgl. (1)). Daneben wird kurz auf eine geschäftsfelderbezogene Ausformulierung der Marketingziele im Tourismus hingewiesen. Eine weitere Unterteilung wäre hinsichtlich der Instrumentalbereiche möglich, was auch als eine weitere Unterebene zu den Abteilungen bzw. zu den Phasen betrachtet werden kann.

**(1) Prozeßkettenziele**

Bei der Behandlung des Modells der touristischen Leistungsketten war mehrfach auf die Bedeutung des Marketing in den einzelnen Leistungsphasen hingewiesen worden. Entsprechend können phasenbezogene Ziele als weitere Ausdifferenzierung der Marketingziele entwickelt werden. Diese Ziele sind in Abb. C-29 aufgeführt und wurden bereits an anderer Stelle genauer behandelt (vgl. A.3.2.2, B.3.).

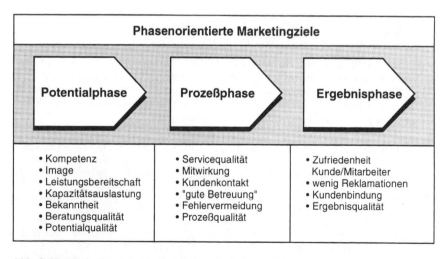

**Abb. C-29** Marketingziele für die touristische Leistungskette

- In der **Potentialphase** sind es vor allem Marketing-Zielsetzungen, die mit den Bereitstellungsaufgaben und der Vertrauensbildung der touristischen Leistungsanbieter zu tun haben.
- In der **Erstellungsphase** sind die Ziele vorwiegend auf den Prozeß der Leistungserstellung bezogen und betonen die qualitativen und prozessualen Aufgaben.
- In der **Ergebnisphase** werden Marketing-Ziele vor allem in bezug auf die Reisezufriedenheit formuliert.

**(2) Geschäftsfelderbezogene Ziele im Tourismus**

Auch in der Tourismuswirtschaft sind zahlreiche Unternehmen nach den üblichen Geschäftsfeldern bzw. Funktionen aufgeteilt, so daß neben bzw. anstelle der prozeßorientierten Ausdifferenzierung der Marketingziele auch eine solche geschäftsfelderbezogene Darstellung möglich ist. Dies könnte nach den Bereichen

- Beschaffungs-Marketing, Absatz-Marketing, Personal-Marketing, Finanz-Marketing

erfolgen. Je nach Betriebstyp im Tourismus sind gegenüber der sonstigen Aufteilung die Bereiche

- Touristik, Flug, Bahn *oder* Privat-, Geschäftskunden, Gruppenabteilung, Veranstaltungsbereich (bei Reisebüros),
- Zielgebiete bzw. Verkehrsmittel (bei Reiseveranstaltern),
- Transport, Beratung, Catering (bei Fluggesellschaften),
- Front-Office, Back-Office, Restauration (bei Hotels)

übliche geschäftsfelderbezogene Unterteilungen. Für die einzelnen Geschäftsfelder sind entsprechende Zielaussagen möglich.

**(3) Instrumentalziele**

Im allgemeinen Marketing ist es üblich, als weitere Ausformulierung der abteilungsbezogenen Ziele des Marketing die Instrumentalebene zu betrachten und instrumentbezogene Ziele („Instrumentalziele") zu benennen. Ein solches Vorgehen wäre auch für die verschiedenen Marketinginstrumente im Tourismus möglich. Allerdings wird hier die Auffassung vertreten, daß die Vorgabe von Instrumentalzielen für das Marketing-Mix erst im Zusammenhang mit den strategischen Aussagen aus Teil B.3 sinnvoll ist. Solche instrumentalbezogenen Ziele und Strategien werden in Teil D näher behandelt.

Abb. C-30 zeigt eine instrumentbezogene Ausdifferenzierung der allgemeinen Marketingziele am Beispiel eines Reiseveranstalters, wobei jeweils zwischen ökonomischen und psychographischen Marketingzielen unterschieden wurde.

| Allgemeine Marketingziele ||
|---|---|
| • ökonomisch<br>- Umsatz<br>- Marktanteil<br>- Deckungsbeitrag<br>- etc. | • psychographisch<br>- Bekanntheit<br>- Image<br>- Kundenbindung<br>- etc. |

**Marketinginstrumente-Ziele** (Marketing-Unterziele)

| Produkt- und Sortimentspolitik | Kontrahierungspolitik | Distributionspolitik | Kommunikationspolitik |
|---|---|---|---|
| • ökonomisch<br>- Produktinanspruchnahme<br>- Buchungshäufigkeit<br>- Bereitstellung eines attraktiven Produktprogrammes<br>- Produktinnovation<br>- etc.<br><br>• psychographisch<br>- Qualität der Leistungserstellung<br>- Produktqualität<br>- Abwicklungsqualität<br>- kulantes Reklamationsverhalten<br>- etc. | • ökonomisch<br>- Wettbewerbsfähiges Preisniveau<br>- Gegensteuerung im Hinblick auf Preisverfall<br>- etc.<br><br>• psychographisch<br>- gutes Preis-Leistungs-Verhältnis<br>- etc. | • ökonomisch<br>- Besuchshäufigkeit des Reisebüros<br>- Dauer der Verbindung zu Reisebüros<br>- zeitliche Leistungsbereitschaft (Buchungsmöglichkeit)<br>- Grad der Marktabdeckung (Anzahl der Reisebüros)<br>- Regionalisierung von Servicecentern<br>- Einsatz neuer Medien<br>- etc.<br><br>• psychographisch<br>- Einsatz neuer Technologien/Medien<br>- zeitliche Leistungsbereitschaft<br>- etc. | • ökonomisch<br>- Erhöhung der Frequenzen von Direct-Mailings (an Reisebüros und Kunden)<br>- Präsenz in den Medien<br>- Akquisition von Neukunden<br>- etc.<br><br>• psychographisch<br>- Bekanntheit<br>- Kundenzufriedenheit<br>- Standing<br>- Erhöhung der Präferenzen<br>- Beratungsqualität<br>- Personalqualität<br>- etc. |

Abb. C-30  Instrumentalziele im Tourismus-Marketing
(Quelle: THIESING/DEGOTT 1993: 524)

# 3 Strategieentwicklung

## 3.0 Übersicht Kapitel C.3

Nachdem die generellen und speziellen Marketingziele bekannt sind, werden in einem zweiten Teilschritt der Strategiephase die strategischen Wege zur Zielerreichung untersucht. Hierbei zeigt sich in der Literatur, daß noch keine einheitliche Sichtweise der eigentlichen Strategiediskussion besteht. Vielfach werden nur einzelne Elemente als Basisstrategie behandelt, am häufigsten die Produkt-Markt-Bestimmung in Anlehnung an ANSOFF 1966 und der Wettbewerbsansatz von PORTER 1992b.

In der deutschsprachigen Marketingliteratur hat BECKER 1993 einen der weitestgehenden Systematisierungsversuche zum strategischen Marketing versucht. Weitere Beiträge im Sinne eines integrativen Strategieansatzes finden sich bei MEFFERT 1994 und HAEDRICH/TOMCZAK 1990. In Anlehnung an die dort aufgezeigten Grundsatzstrategien werden im folgenden einige Erweiterungen der Strategiediskussion vorgenommen und die Besonderheiten aufgezeigt, die strategisches Marketing im Tourismus bieten kann. Ein erster Ansatz in diese Richtung war bereits in FREYER 1990 für den Sportbereich versucht worden, der im folgenden Teil noch weiter differenziert und mit neueren Beiträgen aus der Literatur verbunden wird. Zur Strategiediskussion im Tourismus vgl. ferner HAEDRICH 1991, ROTH 1992, KREILKAMP 1993b, FREYER 1995c.

Mit dem Ziel, einen **integrativen Strategieansatz** für das Tourismus-Marketing zu entwickeln, lassen sich vor allem vier Grundmodule der strategischen Möglichkeiten unterscheiden, die zusammen die Gesamtstrategie bestimmen. Die Entwicklung einer Gesamt-Strategie ist zumeist eine Kombination aus den einzelnen Strategiemodulen (ein „Strategie-Mix"), die mit unterschiedlicher Gewichtung in die Gesamtstrategie eingehen (vgl. C.3.6). Auch für den Tourismusbereich können entsprechende Strategien abgeleitet und entwickelt werden (vgl. Abb. C-31):

- Entwicklungs-Strategien (vgl. C.3.2),
- Konkurrenz-Strategien (vgl. C.3.3),
- Kunden-Strategien (vgl. C.3.4),
- Positionierungs-Strategien (vgl. C.3.5).

Als Ergebnis der verschiedenen strategischen Möglichkeiten ergibt sich ein „strategischer Baukasten" oder eine „Strategie-Box", in der die verschiedenen Basis- oder Normstrategien aufgezeigt sind (vgl. Abschnitt C.3.6, Abb. C-52). Aufgrund der sehr unterschiedlichen historischen Diskussion zu den einzelnen Strategiebausteinen sind die jeweiligen Elemente verschieden weit entwickelt. Auch ergeben sich einige Überschneidungen, auf die im folgenden hingewiesen wird.

Zur Festlegung und Darstellung einer umfassenden Marketingstrategie zählen ferner (vgl. Abb. C-2):

- strategische Marketingziele, die sich aus den Überlegungen des vorangegangenen Teiles C.2 ergeben (haben),

- die Entwicklung der Strategie selbst (vgl. die folgenden Abschnitte C.3.1 bis C.3.6),

**Abb. C-31** Das Strategie-Mix (als integrativer Strategieansatz, Übersicht)

- die Ausgestaltung des Marketing-Mix, wobei die wesentlichen Aussagen, die „Leitlinien" für das Marketing-Mix, auch in die Strategiedarstellung übernommen werden (vgl. C.4 und D).

> **Ziele des Kapitels C.3**
> 
> *Als Ergebnis des Kapitels C.3 sollte für die jeweilige besondere Marketing-Aufgabe die strategische Box aus Abb. C-52 ausgefüllt werden.*
> 
> *Dabei wird sich zeigen, daß die einzelnen Strategie-Module von unterschiedlicher Bedeutung für konkrete Aufgabenstellungen sind.*

## 3.1 (Allgemeine) Aufgaben der Strategiebestimmung

### 3.1.1 Aufbau einer strategischen Erfolgsposition

Ziel der strategischen Überlegungen ist das Erkennen und die Bestimmung von strategischen Vorteilen gegenüber anderen Marktteilnehmern („Vorteilsdenken", vgl. Abb. C.0 und Abb. C-3). Im strategischen Marketing wird hierbei häufig von:

- strategischer Erfolgsposition (SEP) (vgl. PÜMPIN 1993),
- Wettbewerbsvorsprung oder komparativem Konkurrenzvorteil (KKV) (vgl. BACKHAUS 1995),
- im Englischen auch von Unique Selling Proposition (USP), deutsch: einzigartige Verkaufsidee oder Wettbewerbsvorteil,

gesprochen. Dies bedeutet den Aufbau, Ausbau oder die Erhaltung bestimmter überlegener Fähigkeiten der eigenen Institution gegenüber der Konkurrenz. Möglichkeiten zur Entwicklung solcher strategischer Vorteile werden u.a.

- **in den Organisationen** selbst: überlegene Ressourcen oder überlegene Fähigkeiten,
- **in Positionsvorteilen:** überlegene Wertigkeit für den Kunden oder niedrigere relative Kosten,
- **im Ergebnis:** Kundenzufriedenheit, Kundenbindung, Marktanteil, Profitabilität

gesehen (vgl. HAEDRICH/TOMCZAK 1990: 14). Auch die Umsetzung des strategischen Denkens in die verschiedenen in Abb. C-3 erwähnten Richtungen (Visionäres, Differenzierungs-, Vorteils-, Richtungs- und Potentialdenken) können ursächlich für Wettbewerbsvorteile sein. Ferner können Wettbewerbsvorteile objektiv gegeben sein oder subjektiv entwickelt werden:

- Im Tourismus sind Wettbewerbsvorteile oftmals in der natürlichen Ausstattung von Destinationen zu sehen, wie z.B. Landschaft, Bauwerke, Mentaliät der Bewohner usw.
- Die Einschätzung des Images von Destinationen stellt eine subjektiv begründete Wettbewerbsposition dar.

### 3.1.2 Undifferenziertes oder differenziertes strategisches Marketing: vom „Schrotflinten-" zum „Scharfschützenkonzept"

Allen Überlegungen zu modernen Strategie-Konzepten und Basisstrategien ist gemeinsam, daß sie vom früheren „massenmarktorientierten" Marketing abgehen und sich auf Teilbereiche konzentrieren („Marktdifferenzierung"). Die verschiedenen Strategiebausteine dienen im wesentlichen dazu, die spezielle Form der Marktdifferenzierung ausfindig zu machen.

Diesem gewandelten Vorgehen im Marketing liegt die Erkenntnis zugrunde, daß kaum ein Unternehmen die gesamte Vielfalt und das gesamte Volumen eines Marktes allein abdecken kann. Aber anstelle der im älteren Marketing vorherrschenden „undifferenzierten Bearbeitung" des betreffenden Marktes geht modernes Marketing davon aus, daß sich die an diesem Markt aktiven Unternehmen möglichst konkret auf ein spezielles Marktsegment oder auf mehrere Marktsegmente konzentrieren sollen. Das Auffinden und die Ausdifferenzierung des jeweiligen Marktsegmentes und die entsprechenden strategischen Basiskonzepte sind Aufgaben der Strategieentwicklung oder Strategiefindung.

Diese allgemeinen Marketingaussagen treffen ganz analog für touristische Betriebe und touristische Destinationen zu.

Im Marketing werden zwei grundsätzliche strategische Ansätze unterschieden, die sich in den folgenden Basisstrategien immer wiederfinden.

**(1) Undifferenzierte Marketingstrategie – „Massen-Marketing"**

In der Vergangenheit haben viele Unternehmen (und touristische Destinationen) eine eher vage und globale Marktbearbeitung mit undifferenzierten Marketing-Strategien betrieben. Sie richteten sich in ihrer Vorgehensweise auf den gesamten – heterogenen – Markt aus, ohne daß man genau wußte, **wen** man mit dieser Strategie **wie** am Markt erreicht. Hintergrund war das Vorhaben, mit einem (oder möglichst wenig) Produkt(en) möglichst viele Verbraucher anzusprechen. Diese als „Massenmarkt"-Strategie bezeichnete Vorgehensweise ging davon aus, daß höhere Absatz- und Produktionszahlen Kostenvorteile und damit Marktvorteile bringen. Bezogen auf die Nachfrager war (und ist) eine solche strategische Grundposition eher auf der Suche nach „Gemeinsamkeiten" der Kunden, um auf möglichst großen Märkten anbieten zu können.[2]

> „Viele Unternehmen meinen, sie müßten möglichst ‚alles für jeden' anbieten – und erreichen damit oftmals ‚keinen'" (FREYER 1990a: 24).

**Beispiele:**
- Im Tourismus sind alle Marketing-Konzeptionen nach dem Motto „der Urlaubsort/die Airline/der Reiseveranstalter/das Reisebüro/das Hotel"
  - „für Jung und Alt",
  - „für alle",
  - „für jeden etwas (anderes)",
  - „zu jeder Jahreszeit gleichermaßen"
eng mit dem alten, undifferenzierten strategischen Vorgehen verknüpft.

Andererseits ist man sich darüber im Klaren, daß man mit dem eigenen Angebot hinsichtlich Vielfalt und Volumen nicht den gesamten Markt abdecken kann. Doch es genügte vielen Unternehmen, mit einer relativ vagen Markt- und Zielgruppenvorstellung den Markt „flächig" zu bedienen, dabei aber relativ „dünn" abzudecken. Hierbei standen das Vorgehen **totaler und partialer** Marktabdeckung nebeneinander. Im ersten Fall geht man davon aus, daß das unternehmerische Angebot für den gesamten Markt geeignet ist; im zweiten Fall ist man sich bewußt, daß man mit seinem Angebot nur einen Teil des Marktes anspricht, trägt dieser Erkenntnis aber strategisch nicht Rechnung. In der Literatur bezeichnet man dieses undifferenzierte Marketing auch als **„Schrotflinten-Strategie"** (BECKER 1993: 221): Ein relativ vages, aber breit ausgelegtes Strategiekonzept wird schon ausreichend viele Kunden „treffen" bzw. ansprechen.

Eine solche strategische Vorgehensweise hat

- den **Vorteil**, daß ohne aufwendige Marktanalyse oder Marktforschung ein durchaus wünschenswerter Erfolg erreicht werden kann. Strategisch liegt einem solchen Vorgehen die Vermutung zugrunde, daß die Ansprache möglichst vieler Kunden mit einem Produkt zu ausreichend vielen Käufen beim eigenen Unternehmen führen wird.

- den **Nachteil** der Mittelverschwendung („Ineffizienz"), indem man sich mit seinen Marketingaktivitäten an ein zu großes Nachfragepublikum wendet. Weiterhin steht man mit dieser sehr weiten Strategieausrichtung in Konkurrenz zu sehr vielen anderen Anbietern, die ähnlich operieren.

Diese Strategieausrichtung des „Schrotflinten-Konzeptes" kann auch heute noch auf monopolistischen oder nicht-gewandelten Märkten durchaus „erfolg-

---

[2] Diese Tendenz zu „Gemeinsamkeiten" und großen Märkten liegt auch verschiedenen – „neuen" Strategien im Internationalen Marketing zugrunde („Globalisierung" und „Standardisierung", vgl. auch C.3.2.3). Insofern ist die hier vorgenommene Zuordnung zu „alten" Strategien zu relativieren.

reich" sein. Doch der gleiche Erfolg könnte – nach Auffassung „moderner" Strategien – auch „gezielter" und mit weniger Mitteleinsatz erreicht werden.

**Beispiele:**
- Viele Tourismusdestinationen in Ostdeutschland standen nach der wirtschaftlichen und politischen Öffnung der Grenzen 1989 vor der strategischen Grundfrage, ob man sich (weiterhin) mit einem undifferenzierten Marketing an alle 80 Mio. Deutsche wenden sollte und damit nach dem „Zufallsprinzip" genügend Touristen für seine eigene Destination erreichen würde. Da die meisten Kommunen aber nur eine Übernachtungskapazität von wenigen Tausend Betten hatten, empfahlen Marketingexperten, daß eine Marktspezialisierung und eine entsprechende konzentrierte Zielgebietsansprache, z.B. der 3 Mio. Berliner (für die Inseln Rügen oder Usedom) oder vor allem der Geschäftsreisenden (für die Städte Dresden oder Leipzig) oder der naturorientierten Urlauber (für den Nationalpark Sächsische Schweiz) ausreichend und effektiver sei.

Gelegentlich wird behauptet, daß diese Strategie „im Grunde nicht als Marketing-Strategie bezeichnet werden" könne, „da sie den Prinzipien des modernen Marketing widerspricht" (MEFFERT 1986: 254). MEFFERT unterstellt bei seinem Vorwurf offensichtlich eine verstärkte Produktionsorientierung einer solchen Denk- und Handlungsweise im Sinne des traditionellen Marketing. Hingegen fordert modernes Marketing eine marktorientierte Vorgehensweise, die den vorhandenen Marktgegebenheiten durch entsprechendes strategisches Vorgehen Rechnung trägt.

**Massenmarketing im Tourismus?**

Im Tourismus ist dieses undifferenzierte, massenmarktorientierte strategische Vorgehen noch sehr verbreitet. Die meisten Reisebüros, Reiseveranstalter und Destinationen wenden sich an die „große Masse" und wollen alle Kunden von „0 bis 100 Jahren" ansprechen. Sie haben meist Bedenken, sich zu sehr zu spezialisieren. Entsprechend werben sie in „Massen-Medien", „flächig" und „undifferenziert" mit „großer Reichweite" und „vielen Kundenkontakten".

So versuchten in den Anfangsjahren des touristischen Marketing viele Destinationen nach dem „Schrotflintenprinzip" mit undifferenzierten Aussagen, möglichst von jeder Zielgruppe einige Prozent auch für das jeweilige Zielgebiet zu erreichen. Doch da immer mehr Destinationen diese Strategie verfolgten, wurden Urlaubsziele aus Sicht der Reisenden immer austauschbarer; vielen Touristen war es grundsätzlich egal, ob sie eine Reise nach Griechenland oder nach Spanien buchen konnten – die Hauptsache „in den Süden", „ans Meer", „zum Baden", „nach Österreich", „in die Ferne". Der Trend zum Pauschalurlaub von der Stange sowie Tendenzen des Massenurlaubs ließen Globalstrategien zunehmend als problematisch erscheinen. Auf der anderen Seite verpflichtet eine solche Strategie auch, **alle** Angebote für **alle** Zielgruppen möglichst gleichermaßen gut zu entwickeln.

Solche „Globalstrategien" („alles für alle") hängen noch eng mit dem traditionellen Massenmarketing zusammen. Dabei können sie durchaus im Sinne einer bewußten Strategie verfolgt werden. Doch eine solche strategische Ausrichtung birgt die Gefahr des fehlenden Profils in sich und führt damit zur Schwierigkeit, sich von anderen Anbietern abzugrenzen und zu profilieren. Daher ist auch bei einer Globalstrategie im Fremdenverkehr empfehlenswert, einige der Angebotsvarianten besonders hervorzuheben, um dadurch ein bestimmtes Image zu erhalten.

**a: Massenmarktstrategie für den Gesamtmarkt**

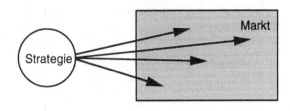

**b: Massenmarktstrategie für einen Teilmarkt**

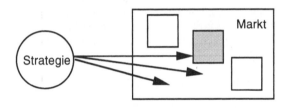

**Abb. C-32** Massenmarktstrategien

**Beispiele:**
- So wird ein solches strategisches Verhalten vor allem von größeren touristischen Destinationen betrieben. Je größer eine Destination und Angebotspalette, z.B. Bundesländer, Nationen, und um so höher das Touristenaufkommen, um so mehr wird die Produkt-Markt-Strategie auf volle Marktabdeckung ausgerichtet sein. Dies heißt im einzelnen, solche Destinationen versuchen, **alle** touristischen Angebotsvarianten für **alle** touristischen Zielgruppen anzubieten.

Ein weiteres Problem der undifferenzierten Marktbearbeitung im Sinne der Massenmarktstrategie hängt mit den **Standardisierungsmöglichkeiten** der Leistungen zusammen, wobei MEFFERT/BRUHN (1995: 188) auf spezifische Standardisierungsprobleme bei Dienstleistungen hinweisen, die ähnlich auch im Tourismus anzutreffen sind:

- **Potentialstandardisierung**

  Die **Beratungsleistung** der verschiedenen Leistungsanbieter im Tourismus ist nur schwierig zu standardisieren. Sie hängt u.a. ab von:

  - Personalschwankungen: die Beratung im gleichen Reisebüro variiert je nachdem, welcher Expedient die Beratung durchführt,
  - unterschiedlichen Produkt- und Zielgebietskenntnissen: auch beim selben Expedienten schwankt die Beratungsleistung infolge unterschiedlicher Produkt- und Zielgebietskenntnisse. Dabei soll der Einsatz von CRS und Multimedia der unterschiedlichen Beratungsqualität entgegenwirken.

- **Prozeßstandardisierung**

  In der Prozeßphase sind im Tourismus zwar die unterschiedlichen Leistungselemente, wie Zimmer (für Beherbergungsleistungen), Transportplätze (für Transportleistungen) relativ einfach zu standardisieren. Hingegen unterliegen die immateriellen Elemente der persönlichen Dienstleistungen sowie die kommunikativen Leistungen zwischen Leistungsersteller (Personal) und dem hinzutretenden externen Faktor (Reisender) starken Leistungsschwankungen, die nur unzureichend standardisiert werden können.

  Ferner sind im Tourismus eine Reihe von reisespezifischen Einflußfaktoren nicht zu standardisieren, wie z.B. das Wetter, die Mitreisenden sowie die Leistungskonstanz des Dienstleistungspersonals.

- **Ergebnisstandardisierung**

  Letztlich ergibt sich die Aufgabe der Ergebnisstandardisierung. Wie kann erreicht werden, daß bei gleichem Leistungspotential und gleichem Leistungsprozeß auch das Ergebnis von allen Reisenden gleich beurteilt wird? Diese Kundenzufriedenheit im touristischen Leistungsprozeß wird über Befragungen (durch standardisierte Fragebögen) und die entsprechende Auswertung zu messen versucht.

  Doch bei (touristischen) Dienstleitungen besteht ein hohes Maß an Subjektivität. Die gleiche Reise zum gleichen Zeitpunkt wird durch unterschiedliche Reisende unterschiedlich empfunden.

  In der Regel bauen alle drei Ebenen in der vorgenannten Reihenfolge aufeinander auf, wobei es u.a. schwierig ist, „eine Ergebnisstandardisierung ohne vorherige Prozeß- und Potentialstandardisierung zu erreichen" (MEFFERT/BRUHN 1995: 189).

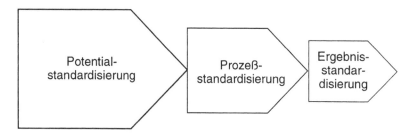

**Abb. C-33** Standardisierungsebenen im Dienstleistungsbereich
(Quelle: nach MEFFERT/BRUHN 1995: 188)

### (2) Gezieltes und differenziertes strategisches Marketing

In der Marketing-Praxis und der Wissenschaft des modernen Marketing ist man in den letzten Jahren verstärkt dazu übergegangen, anstelle des undifferenzierten Marketing ein gezieltes und/oder differenziertes strategisches Marketing zu betreiben („neue" Marketing-Strategien). Diese Sichtweise ist eng mit dem grundsätzlichen Wandel auf vielen Märkten und der generellen Entwicklung zum modernen Marketing verbunden (Wandel von Verkäufer- zu Käufermärkten).

**Beispiel Tourismus:**
- Die Anbieterseite: Immer mehr Destinationen konkurrieren mit ähnlichen Leistungsangeboten um die Reisenden.
- Die Nachfragerseite: Die Touristen sind reiseerfahrener geworden.

Entsprechend der veränderten Marktgegebenheiten verändern die Anbieter ihre Ausrichtung auf den gesamten heterogenen Markt und wenden sich kleineren, möglichst homogenen Marktsegmenten zu. Dabei können sich diese neuen strategischen Varianten sowohl auf den Gesamtmarkt als auch auf Teilmärkte beziehen. Im ersten Fall spricht man von **konzentrierter oder selektiver** Marketingstrategie, im zweiten Fall handelt es sich um eine **differenzierte** Marketingstrategie.

Voraussetzung für beide Strategien ist die Aufspaltung des gesamten Marktes in kleinere Einheiten (Marktsegmente), die klar voneinander abgegrenzt sind. Die verschiedenen Möglichkeiten der Marktsegmentierung wurden bereits in Abschnitt B.2 ausführlich behandelt (Marktsegmentierung).

Eine solche konzentrierte Marketingstrategie verbindet Möglichkeiten der Kostenersparnis mit höheren Umsätzen am Teil-, aber auch am Gesamtmarkt. Die Literatur spricht auch vom „Scharfschützenkonzept" (BECKER 1993:225), da hier die entsprechenden Marketingaktivitäten gezielt für die jeweiligen Marktsegmente eingesetzt werden (können).

**(2a) Konzentrierte oder selektive Marketingstrategie**

Im Fall der konzentrierten Marketingstrategie versuchen Anbieter, mit **einer** Strategie ein Marktsegment gezielt (und damit möglichst effektiv) zu bearbeiten. Unternehmen konzentrieren sich mit ihren strategischen Marketingaktivitäten auf ausgewählte Marktsegmente und bemühen sich dort meist um eine (relativ) starke Marktstellung. Oft ist ein solches Vorgehen für kleine oder mittlere Unternehmen ratsam, die aufgrund ihrer (nicht vorhandenen) Größe nicht den gesamten Markt „bedienen" können. Es werden gezielt einige konkret abgrenzbare Teilmärkte, oft auch als strategische Geschäftsfelder (SGF) bezeichnet, differenziert bearbeitet. In diesen SGF sind verschiedene Anbieter mit ähnlichen Produkten präsent und sprechen dieselbe Zielgruppe an.

**Beispiele für eine Marktkonzentration:**
- Eine Destination, die für eine bestimmte Auslastung ca. 10.000 Gäste jährlich benötigt, muß ihre Gäste nicht aus ganz Deutschland oder aus allen Schichten rekrutieren, sondern kann sich auf ein Bundesland (z.B. Berlin) oder eine Gästeschicht (z.B. Senioren) konzentrieren.

**Beispiele für Probleme der Marktkonzentration:**
- YUGO-Tours hatte hohe Marktkompetenz für Jugoslawienreisen, aber durch die Entwicklung in Jugoslawien kam es zu großen Problemen.
- Spezialisten für Ägypten- oder Israel-Reisen wurden vorrangig durch den Golf-Krieg betroffen.
- Der zu Beginn der 80er Jahre expandierende Markt der „Alternativ-Reisen" ist Ende 1980 fast vollkommen verschwunden (oder hat sich zum Teil in den Bereich des „Sanften Reisens" gewandelt).
- Reiseveranstalter, die sich auf Reisen ab Berlin spezialisiert hatten (wie BFR und UNGER-Reisen) wären fast vom Markt verschwunden als ein neuer Anbieter, LAKER-Holidays, 1983 in den Berliner Markt trat.

## Konzentrierte Marketing-Strategie

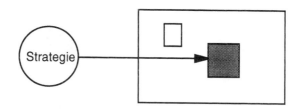

**Abb. C-34** Konzentrierte Marketing-Strategie: **eine** Strategie für **ein** Segment

**Vorteile**
- Aufbau eines USP's: Kenntnis, Kompetenz an diesem (Teil-)Markt,
- erschwerter Marktzugang für die Konkurrenz.

**Risiken**
- der Markt kann zu „eng" abgegrenzt sein,
- der Markt kann „verschwinden",
- neue Konkurrenten können die ursprüngliche strategische Planung hinfällig machen.

**(2b) Differenzierte Marketingstrategien**

Im Fall der differenzierten Marktbearbeitung versuchen Unternehmen, mit verschiedenen Strategien verschiedene Segmente des Marktes zu bearbeiten. Dabei kann eine vollkommene oder partielle Marktabdeckung erzielt werden (vgl. Abb. C-35).

Wichtige Voraussetzung für die differenzierte Marktbearbeitung von Teil- oder Gesamtmärkten ist eine entsprechende Marktabgrenzung bzw. -segmentierung. Meist wird diese Marktsegmentierung mit Beispielen der nachfragerbezogenen Segmentierung („Zielgruppenbestimmung") dargestellt. Diese Produkt/Markt-Kombinationen, in der Literatur auch häufig als Strategische Geschäftseinheit (SGE) bezeichnet (Hinterhuber 1992: 123), treffen auf unterschiedliche Chancen und Bedrohungen am Markt, lassen aber auch eigene Entwicklungstendenzen erkennen.

Allerdings war bereits in Teil B.2 im Rahmen der Analysephase auf die zahlreichen anderen Möglichkeiten der Marktsegmentierung hingewiesen worden. Folglich wird diese strategiebezogene Grundüberlegung auch vor der detaillierten Behandlung der einzelnen Strategiemöglichkeiten behandelt, da sie sowohl für eine produktbezogene (C.3.2), konkurrenzbezogene (C.3.3), nachfragerbezogene (C.3.4) und positionierungsbezogene (C.3.5) Marktdifferenzierung verwendet werden kann.

**Beispiele:**
- Die TUI mit ihrem ab 1990 neuen Konzept der Dachmarke und verschiedenen Länderkatalogen versucht, die entsprechenden Teilmärkte jeweils gezielter zu bearbeiten als dies im vorherigen Vorgehen des undifferenzierten Marketing mit verschiedenen Teilmärkten der Fall war.

**a: Differenzierte Strategien für den Gesamtmarkt**
(volle Marktabdeckung)

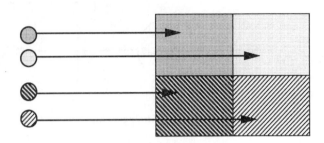

**b: Differenzierte Strategien für verschiedene Marktsegmente**
(**partielle** Marktabdeckung)

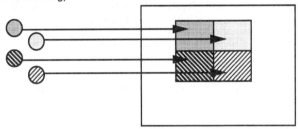

**Abb. C-35** Differenzierte Marketing-Strategien
  a: für den Gesamtmarkt
  b: für verschiedene Marktsegmente

- Weitere Beispiele finden sich in den Abschnitten C.3.2 bis C.3.5.

**(3) Zusammenfassung**

Obwohl in der Literatur von einem deutlichen Wandel („tiefgreifendes Umdenken", BECKER 1993:224) gesprochen wird, existieren nach wie vor beide strategischen Grundpositionen nebeneinander. Während im nationalen Marketing eher ein Trend zur Hinwendung zu differenzierten Marketing-Konzeptionen besteht, ist im internationalen Marketing eher der umgekehrte Trend einer (Wieder-)Hinwendung zur Globalisierung und Standardisierung – und damit zum „Massenmarketing" – festzustellen.

Allerdings sind beide Vorgehensweisen mehr nachfragerbezogen als in der Vergangenheit und damit mehr dem modernen Marketing als dem traditionellen verbunden. Dabei betont die erstgenannte Richtung (des nationalen Marketing) vorrangig die Unterschiede der Konsumenten, hingegen die internationale Ausrichtung die Gemeinsamkeiten der Konsumenten („multiple-target-groups").

Beide Grundstrategietypen der massenmarktorientierten oder differenzierten Strategie finden sich in allen der im folgenden näher ausgeführten vier Strategiebausteinen wieder:

## 3. Strategieentwicklung

- **Produkt-Markt-Strategie:** hier werden Beispiele der Marktspezialisierung oder vollen Marktabdeckung (und entsprechende Zwischenformen) als mögliche Basisstrategien erläutert.
- **Konkurrenz-Strategie:** enge und weite Konkurrenzorientierung bedeutet engere oder weitere Marktabgrenzung.
- **Nachfrager-Strategie:** hier wird die zielgruppenbezogene Marktsegmentierung als Basis für die beiden Grundstrategien genauer erläutert.
- **Positionierungs-Strategie:** hier wird die Marketing-Strategie nach weiteren Kriterien, v.a. Image- und Profilierungskriterien ebenfalls enger oder weiter ausgerichtet.

Die jeweilige strategische Ausrichtung ist abhängig vom bisherigen strategischen Vorgehen. BECKER (1993: 253ff) unterscheidet dazu zwei Strategie-Typen hinsichtlich der Kombination von massenmarktorientierter und differenzierter Grundstrategie:

- *Typ I:* wenn ein Unternehmen bisher vor allem massenmarktorientiert ausgerichtet war, so wird es dieses – erfolgreiche – Konzept nur teilweise aufgeben, aber durch marktspezifische Vorgehensweisen („satellitenartig") ergänzen,
- *Typ II* legt seinen strategischen Überlegungen das segmentspezifische Vorgehen auch für Massenmärkte zugrunde.

| Grundsätzliche Vor- und Nachteile | der **Massenmarktstrategie** („Schrotflinten-Konzept") | der **Segmentierungsstrategie** („Scharfschützen-Konzept") |
|---|---|---|
| Vorteile | • Kostenvorteile durch Massenproduktion<br>• Abdeckung des gesamten Grundmarktes (Potentialausschöpfung)<br>• vereinfachter, weniger aufwendiger Marketing-Mix<br>• geringer marketing-organisatorischer Aufwand | • hohe Bedarfsentsprechung (Erfüllung differenzierter Käuferwünsche)<br>• Erarbeitung überdurchschnittlicher Preisspielräume<br>• „gute Lenkungsmöglichkeiten" des Marktes<br>• Möglichkeit, Preiswettbewerb durch Qualitätswettbewerb weitgehend zu ersetzen (zu überlagern) |
| Nachteile | • je nach Marktstruktur nicht volle Entsprechung von Käuferwünschen<br>• begrenzte Preisspielräume („monopolistischer Bereich relativ klein")<br>• eingeschränkte Möglichkeiten der Marktsteuerung<br>• eher die Gefahr eines Preiswettbewerbes | • Komplizierungen (Verteuerungen) im Einsatz des Marketing-Instrumentariums<br>• vielfach Verzicht auf Massenproduktion (und entsprechende Kostenvorteile)<br>• teilweise eingeschränkte Stabilität von Marktsegmenten<br>• hoher Marketing-Know-how-Bedarf (bzw. entsprechende Marketingorganisation) |

Abb. C-36 Vor- und Nachteile von Massenmarkt- und Segmentierungsstrategie (Quelle: BECKER 1993: 251)

**Übersicht**

Als Übersicht für die Vor- und Nachteile von Massenmarkt- und Segmentierungsstrategie vgl. Abb. C-36.

## 3.2 Entwicklungs-Strategien: Geschäftsfelder-Strategien oder Produkt-Markt-Überlegungen (allgemeine Entwicklungsrichtungen)

Die sogenannte Produkt-Markt- oder Geschäftsfelder-Strategie (hier: Entwicklungsrichtungs-Strategie) wird zumeist als die wichtigste, da allgemeinste, strategische Entscheidung bezeichnet. Sie sollte wegen ihrer grundlegenden Bedeutung am Anfang der strategischen Überlegungen stehen. Hier werden strategische Grundsatzentscheidungen über die zukünftige Unternehmenspolitik getroffen.

Unter dem Oberpunkt der Entwicklungsrichtungs-Strategie werden in der Literatur nicht immer einheitliche Aspekte behandelt. Lediglich die Behandlung der Produkt-Markt-Matrix von ANSOFF ist den meisten Beiträgen gemeinsam (vgl. C.3.2.2). Darüber hinaus werden auch Aussagen

- zur allgemeinen Entwicklungsrichtung (vgl. C.3.2.1) und
- zur Marktarealentwicklung (vgl. C.3.2.3)

diesem Strategie-Modul zugeordnet. Ursache hierfür ist die unterschiedliche Abgrenzung der Geschäftsfelder bzw. der Märkte; manche Autoren grenzen die Märkte nur nach Produkten oder nur nach Zielgruppen ab, die meisten betrachten – mindestens – beide. Die wenigsten Autoren ziehen weitere Abgrenzungskriterien für Märkte heran, wie beispielsweise Raum (vgl. C.3.2.3) oder Zeit usw.

Insgesamt besteht aber Einigkeit über die zentrale Bedeutung der Geschäftsfelderbestimmung im strategischen Marketing.

### 3.2.1 Generelle Entwicklungsrichtung („Geschäftsvolumen")

Die grundlegende Entscheidung über die gewünschte Größe eines Betriebes oder das Volumen des Tourismus in einer Destination ist anscheinend so selbstverständlich, daß sich viele Autoren nicht gesondert mit dieser strategischen Grundsatzentscheidung befassen.

Die meisten Ausführungen zu strategischen Überlegungen erwecken zudem den Eindruck, daß strategisches Handeln bedeuten würde, alles „neu und anders" zu machen. Sicher erwartet man bei der Gestaltung von strategischem Marketing neue Gedanken und Anstöße für die Zukunft. Doch in der Praxis betreffen die meisten Strategieüberlegungen keine Neuentwicklungen, sondern gehen von **vorhandenen** Leistungsangeboten aus. Hierbei ist eine wichtige (Vor-)Überlegung, was von der bisherigen Marketingkonzeption bewahrt wird, denn der Aufbau einer Marktposition und eines Unternehmensimages hatte in der Regel Jahre gedauert und ist auch nur ähnlich langfristig zu ändern.

Insofern soll strategisches Marketing nicht „alles anders" machen, sondern eine vorhandene Marktposition sichern („bewahren"), gegebenenfalls effektiver gestalten („schrumpfen") und/oder in eine veränderte Richtung steuern („verändern", „entwickeln"). Hinzu kommt bei mehreren Geschäftsfeldern ein häufiges Nebeneinander von unterschiedlichen Teilstrategien.

**(1) Wachstums-Strategie:** Wachstums-Strategien können global oder in Teilbereichen erfolgen. Auch ist neben einem quantitativen ein qualitatives Wachstum möglich. Eine Wachstums-Strategie ist abhängig von den allgemeinen Markttrends (Wachstumsmärkte) und von den eigenen Ressourcen (z.b. personell, lokal finanziell usw.). So sind im Tourismus Wachstums-Strategien im Bereich der Beherbergungs- und Bettenkapazitäten möglich, es treten aber schnell ökologische, verkehrstechnische und soziale (Belastungs-) Grenzen auf. Auch sind bestimmte Angebote infolge von Qualifikationsgrenzen der Anbieter nicht immer möglich (Arbeitsmarktgrenzen).

**(2) Stabilisierungs-Strategie** („Bewahrungs-Strategie"): Gerade im Tourismus spielen Kapazitätsbegrenzungen und damit Stagnations-Strategien eine große Rolle. Sie sind oftmals mit qualitativen Verbesserungen („Wachstum") verbunden.

**(3) Schrumpfungs-Strategie:** Häufig werden Schrumpfungs-Strategien als Defensiv-, Negativ- oder Krisen-Strategien angesehen. Doch aufgrund von Betriebs- und Trendanalysen können Schrumpfungs-Strategien am Gesamtmarkt oder in Teilbereichen zu einem insgesamt verbesserten Betriebsergebnis führen. Durch eine Angebotsverknappung am Markt können höhere Preise und – damit verbunden – ein besseres betriebliches Ergebnis realisiert werden.

**Beispiel:**
Rügen hat die Vorwendezeit-Kapazität von ca. 110.000 Betten in seiner Tourismus-Konzeption 1993 auf 80.000 reduziert.

Insgesamt hängen solche entwicklungsstrategischen Entscheidungen auch mit den Umfeldtrends, der eigenen Stellung am Markt und den Marktchancen sowie dem Konkurrenzverhalten zusammen, wie sie in der Analysephase untersucht worden sind.

Die vorgenannten drei Strategiearten spielen auf **dynamischen Märkten** eine besondere Rolle. Denn nur bei adäquater Einschätzung der allgemeinen Marktdynamik wird das eigentliche betriebliche Ziel (z.B. Wachstum oder größerer Marktanteil) auch hinsichtlich des Gesamtmarktes erreicht. Entsprechend sind sie sowohl im Hinblick auf den eigenen Betrieb als auch auf den Gesamtmarkt zu formulieren.

Absolutes betriebliches Wachstum (oder Rückgang) ist nicht immer mit einer ähnlichen relativen Entwicklung des Gesamtmarktes verbunden („Marktanteil"):

- wächst der Gesamtmarkt überproportional, so kann eine betriebliche Wachstums-Strategie zu einem relativen Schrumpfen am Markt führen,
- schrumpft der Gesamtmarkt überproportional, so kann eine betriebliche Schrumpfungs-Strategie zu einem relativen Wachstum führen.

In Abb. C-37 sind die Zusammenhänge von dynamischer Marktentwicklung und betrieblicher Entwicklungsstrategien am Beispiel der drei Entwicklungsmöglichkeiten des Gesamtmarktes dargestellt:

Im ersten Fall verändert sich der Gesamtmarkt nicht und betriebliche(s) (a) Stagnation, (b) Wachstum, (c) Schrumpfung bedeutet auch in bezug auf den Ge-

**1. Gesamtmarktvolumen unverändert**

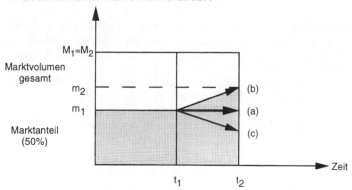

**2. Gesamtmarktvolumen steigt**

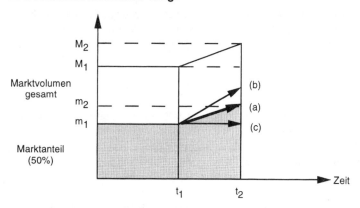

**3. Gesamtmarktvolumen geht zurück**

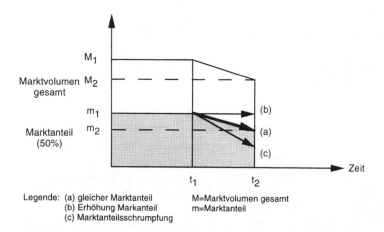

Legende: (a) gleicher Marktanteil  M=Marktvolumen gesamt
(b) Erhöhung Marktanteil  m=Marktanteil
(c) Marktanteilsschrumpfung

**Abb. C-37** Dynamische Marktentwicklung und betriebliche Marktentwicklungs-Strategie

samtmarkt eine entsprechende Stagnations-, Wachstums- oder Schrumpfungsstrategie.

Im zweiten Fall wächst das Volumen des Gesamtmarktes und eine betriebliche (a) Stagnations-, (b) Wachstums-, (c) Schrumpfungs-Strategie bedeutet in bezug auf den Gesamtmarkt

(A) Stagnation, wenn $m_2/M_2 = m_1/M_1$
(B) Wachstum, wenn $m_2/M_2 > m_1/M_1$
(C) Schrumpfung, wenn $m_2/M_2 < m_1/M_1$.

Im dritten Fall geht das Volumen des Gesamtmarktes zurück und eine betriebliche (a) Stagnations-, (b) Wachstums-, (c) Schrumpfungsphase bedeutet in bezug auf den Gesamtmarkt

(A) Stagnation, wenn $m_2/M_2 = m_1/M_1$
(B) Wachstum, wenn $m_2/M_2 > m_1/M_1$
(C) Schrumpfung, wenn $m_2/M_2 < m_1/M_1$.

**(4) Timing-Strategien:** Eine weitere Bedeutung im Zusammenhang mit dynamischen Marktüberlegungen kommt sogenannten „Timingstrategien" zu. Sie behandeln den Markteintrittszeitpunkt eines Unternehmens, wobei insbesondere die Pionierstrategie sowie die frühe bzw. späte Folgerstrategie unterschieden werden.

- **Pionierstrategie:**

    Beim Aufbau von neuen Märkten haben Pioniere die Aufgabe des Markttests. Sie müssen das Käuferverhalten in bezug auf Preis und Menge untersuchen und durch den Aufbau von Markteintrittsbarrieren sowie von Kundenpräferenzen den Eintritt neuer Wettbewerber verhindern.

- **Folgerstrategien:**

    Frühe bzw. späte Folger treten erst nach dem Erkennen einer ausreichenden Produkt- und Marktakzeptanz durch die Käufer in den jeweiligen Markt ein. Sie sparen dabei Kosten und Risiken der Markterkundung und der Marktinnovation und können sofort mit entsprechenden Angeboten im Sinne einer „Me-Too-Strategie" die vorhandene Kaufbereitschaft auf ihr Unternehmen fixieren.

    Hat allerdings der Marktpionier erfolgreich seine Leistungen im Sinne einer neuen Marke aufgebaut und entsprechende Kundenpräferenzen an sich gebunden, wird den Folgern die Umsetzung einer entsprechenden Strategie erschwert. Folgerstrategien sind i.d.R. nur dann erfolgreich, wenn die angebotenen Produkt-Marktkombinationen preisliche Vorteile für den Kunden beinhalten.

    Zeitaspekte und -strategien im Marketing werden bei den Implementierungsüberlegungen im Teil E.3 genauer behandelt. Sie spielen auch im strategischen Bereich eine immer größere Rolle (vgl. MEFFERT/BRUHN 1995: 182ff, STALK/HOUT 1992, WILDEMANN 1992).

    So sind auch Überlegungen zur Lebenszyklusplanung von Produkten eng mit Zeitstrategien verbunden (vgl. C.1.3). Auch hierbei hängen die strategischen Entscheidungen des Markteintritts mit den generellen Überlegungen zum Entwicklungsstand und zur zukünftigen Entwicklungsrichtung des jeweiligen Marktes zusammen. So sind bei neuen touristischen Märkten Pionierstrategien und zu einem späteren Zeitpunkt u.a. Folgerstrategien, wie Imitationsstrategien („Me-Too-Strategie", vgl. C.3.3.3) häufig der Fall.

Oftmals wird in jungen Märkten der Markttest kleineren Unternehmen überlassen. Bei erfolgreicher Anfangsphase treten später auch größere Unternehmen am Markt auf.

**Beispiel:**
- Die touristischen Märkte für Events, Familien- bzw. Seniorenreisen oder für sanftes Reisen wurden anfangs durch – kleinere – Spezialveranstalter bedient, bevor auch die Großveranstalter TUI, NUR usw. solche Angebotsvarianten in ihr Gesamtprogramm aufgenommen haben.

### 3.2.2 Markt- oder Geschäftsfelder-Strategie

Die Bestimmung der „Geschäftsfelder" (oder Märkte oder Marktsegmente) legt den Rahmen fest, in dem die Zukunftsentwicklung erfolgen soll. Sie ist daher als eine der grundlegenden Strategieentscheidungen anzusehen. Hinzu kommen weitere Grundsatzentscheidungen, insbesondere hinsichtlich der Entwicklung des Leistungsangebotes. Es sind vor allem Überlegungen, ob und gegebenenfalls wie die bisherige Leistungspalette verändert und gestaltet werden soll.

Als Teil der Geschäftsfelder-Strategie ist zu entscheiden, ob für den jeweiligen Anbieter der Gesamtmarkt oder nur Teile davon interessant sind und/oder ob er mit einem, mehreren oder allen am Markt angebotenen Produkten aktiv sein will. Bei dynamischer Marktentwicklung spielen ferner die unter C.3.2.1 erläuterten Möglichkeiten des relativen oder absoluten Marktwachstums, der Marktstabilisierung oder der Marktschrumpfung eine Rolle. Somit sind bei der Bestimmung der Geschäftsfelder die vielfältigsten strategischen Kombinationen möglich.

| Produkte \ Märkte | gegenwärtig "gleich" | neu "anders" |
|---|---|---|
| gegenwärtig "gleich" | (1) Marktdurchdringung | (2) Marktentwicklung |
| neu "anders" | (3) Produktentwicklung | (4) Diversifikation |

**Abb. C-38** Produkt-Markt-Mix
(Quelle: nach ANSOFF 1966: 13)

### 3.2.2.1 Grundstrategien

In der Marketingliteratur wird zur Systematisierung der verschiedenen strategischen Möglichkeiten zumeist eine 4-Felder-Matrix in Anlehnung an ANSOFF verwendet (vgl. Abb. C-38). Sie stellt die vier Grundstrategien für die Geschäftsfelderbestimmung und -entwicklung dar.

Unter Berücksichtigung der zuvor benannten Entwicklungsstrategien ist die erweiterte Produkt-Markt-Matrix aus Abb. C-39 eine weiterführende Abbildung, um die dynamischen Möglichkeiten der Markt- und Produktentwicklung zu veranschaulichen.

Anstelle der hier behandelten zweidimensionalen Strategiemöglichkeiten von Produktionslinien und Märkten werden in der Literatur auch mehrdimensionale Marktfelderbestimmungen vorgenommen. Grundsätzlich lehnt sich die Markt-Geschäftsfelder-Bestimmung an die verschiedenen Möglichkeiten der Marktsegmentierung aus Kapitel B.2 an. Dabei ist vor allem die Berücksichtigung von Nachfragergruppen in der Marktsegmentierung weit verbreitet. In Abwandlung des hier erläuterten Produktlinien-Markt-Schemas tauchen in der Literatur vielfach entsprechende Beispiele auf, die anstelle der allgemeinen Marktkategorien spezielle Zielgruppen benennen und damit Produkt-Zielgruppen-Geschäftsfelderbestimmungen vornehmen (vgl. KOTLER 1989: 86f, MEFFERT 1986: 102, FREYER 1990: 218).

Die vier grundsätzlichen Strategiealternativen im Produktlinien-Markt-Schema bedeuten:

**Zu (1) Marktdurchdringung** („Gleiches für Gleiche"): Mit einer Strategie der Marktdurchdringung wird als Grundstrategie festgelegt, daß mit den gleichen Angeboten der gleiche Markt besser ausgeschöpft und folglich intensiver bearbeitet („penetriert") werden soll. Hierzu sind die verschiedenen Marketinginstrumente einzusetzen.

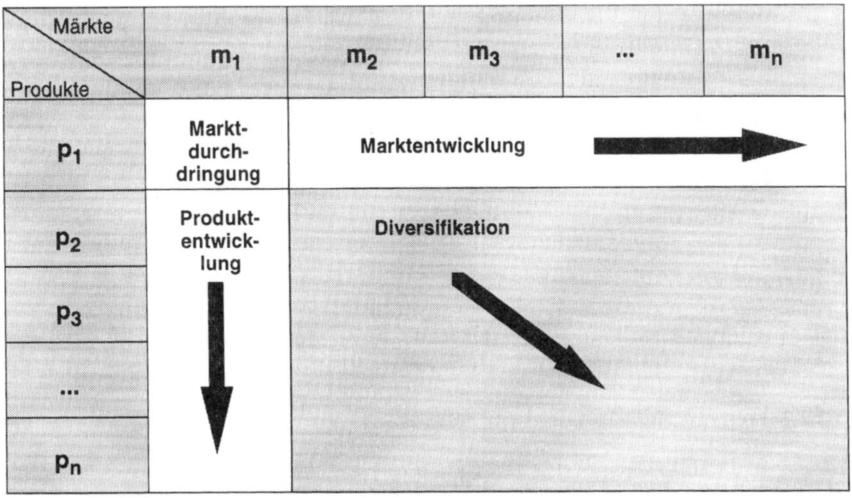

| Märkte / Produkte | $m_1$ | $m_2$ | $m_3$ | ... | $m_n$ |
|---|---|---|---|---|---|
| $p_1$ | Marktdurchdringung | Marktentwicklung | | | |
| $p_2$ | Produktentwicklung | Diversifikation | | | |
| $p_3$ | | | | | |
| ... | | | | | |
| $p_n$ | | | | | |

**Abb. C-39** Das Produktlinien-Markt-Schema der Wachstumsalternativen nach ANSOFF

**Beispiele:**
- Der Fremdenverkehrsverband der Insel Rügen versucht bei unverändertem Angebot, den Quellmarkt Berlin intensiver zu bearbeiten (z.b. über verstärkte Werbemaßnahmen im Raum Berlin), damit mehr Berliner nach Rügen fahren.
- Eine Direktmarketing-Aktion der Kurverwaltung Scharbeutz soll die Gäste des Jahres 2000 zu einem Urlaub im Jahr 2001 am gleichen Ort anregen („Frohe Weihnachten und .... kommen Sie wieder, wir freuen uns auf Ihren Besuch.")

**Zu (2) Marktentwicklung** („Gleiches für andere"): Hierbei wird versucht, mit dem gleichen Angebot zusätzliche Märkte zu erschließen, z.B. neue Zielgruppen und Marktsegmente zu erreichen.

**Beispiele:**
- Marketingaktivitäten zur Gewinnung von Senioren (als Zielgruppe) oder Auslandsmärkte (als Marktbereiche),
- Rügen-Werbung in Japan,
- „Ibiza ist auch für Senioren attraktiv".

**Zu (3) Produktentwicklung** („Anderes für Gleiche"): Hierbei wird versucht, die bisherigen Nachfrager durch neue Produktangebote verstärkt zu gewinnen. Die Abgrenzung zur Marktentwicklung ist dabei fließend: durch neue Produkte werden meist auch neue Märkte angesprochen. Letztlich ist dies damit bereits ein Schritt zur Diversifikations-Strategie.

**Beispiele:**
- „Zum Weihnachtsmarkt nach Sylt",
- „Nun auch Golf auf Rügen",
- Sport-, Kultur-Festival in Osnabrück.

**Zu (4) Diversifikationsstrategie** („Anderes für Andere"): Mit Hilfe der Diversifikations-Strategie wird versucht, die beiden vorgenannten Entwicklungsrichtungen zu verbinden: mit neuen Angeboten (z.B. Sportangebote) werden neue Märkte (z.B. Senioren) erschlossen.

**Beispiele:**
- Sportreiseangebote für Senioren, die sich bisher für die betreffende Destination nicht interessiert hatten.
- Ein weiteres Beispiel für Diversifikationsmöglichkeiten des örtlichen Angebotes für Fremdenverkehrsorte findet sich in Abb. C-41.

Hinsichtlich der Diversifikation wird ferner unterschieden zwischen

- **horizontaler Diversifikation:** es werden ähnliche Produkte neu in die Angebotspalette übernommen, z.B. neue Sport-, Kulturangebote für Reisende,

- **vertikaler Diversifikation:** durch neuartige Produkte werden vor- oder nachgelagerte Märkte angesprochen, die bisher von anderen Anbietern wahrgenommen worden waren, z.B. Pauschalangebote, eigene Busgesellschaften,

- **lateraler Diversifikation:** Vorstoß in vollkommen neue Gebiete, z.B. Einstieg eines Musik-Verlegers in das Reiseveranstaltergeschäft (z.B. Medico). Für Destinationen ist dieser Fall in der Regel weniger relevant (vgl. MEFFERT 1986: 92, NIESCHLAG/DICHTL/HÖRSCHGEN 1991: 840ff).

### 3.2.2.2 Dynamische Marktfeldstrategien

Die vorangegangenen Beispiele waren vorwiegend statische Betrachtungen von Märkten. Unter dynamischen Gesichtspunkten werden die vier Grundstrategien zusammen bzw. nacheinander verfolgt. Dabei ist Marktdurchdringung die natürlichste Strategie, da ein Unternehmen zunächst alle Wachstumsmöglichkeiten im gegenwärtigen Markt mit der gegenwärtigen Produktlinie ausschöpfen wird. Sind die Expansionsmöglichkeiten im angestammten Geschäftsbereich erschöpft oder bedroht, ist es zunächst naheliegend, neue Märkte für bestehende Produkte zu erschließen (Marktentwicklung).

Die Strategie der Produktentwicklung resultiert dagegen eher aus einer hohen Wettbewerbsintensität im angestammten Markt, der man durch Innovationen innerhalb der Marktgrenzen gezielt begegnen muß. Der logisch letzte Schritt ist das gleichzeitige Verlassen von angestammtem Markt und Produkt – die Diversifikation. Der „strategische Idealweg" beginnt also bei der Marktdurchdringung und führt über Marktentwicklung und Produktentwicklung schließlich zur Diversifikation. Wenn man diesen Weg in ein vereinfachtes Ansoff-Schema einträgt, erkennt man, warum dieser Strategiepfad auch als **Z-Strategie** bezeichnet wird (Abb. C-40). Von dem logisch idealen Pfad der Z-Strategie, auf dem ein Unternehmen jeweils im Sinne naheliegender Strategierichtungen voranschreitet, gibt es in der wirtschaftlichen Realität allerdings mehr oder weniger starke Abweichungen.[3]

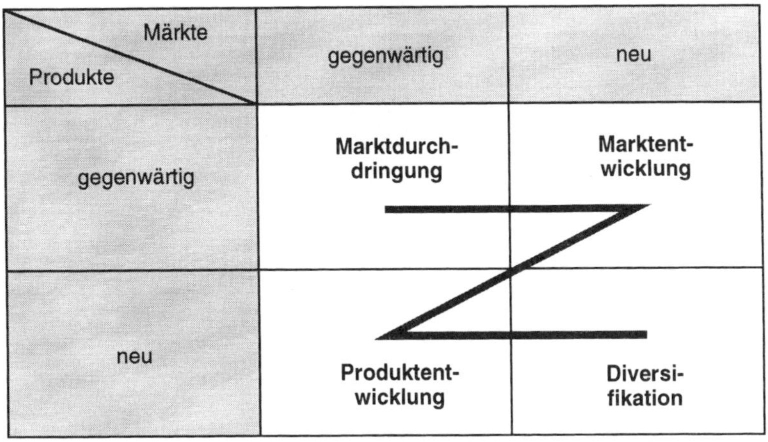

| Produkte \ Märkte | gegenwärtig | neu |
|---|---|---|
| gegenwärtig | Marktdurchdringung | Marktentwicklung |
| neu | Produktentwicklung | Diversifikation |

**Abb. C-40** Die Z-Strategie
(Quelle: BECKER 1993: 151)

---

[3] Vgl. z.B. BECKERS Hinweise auf alphabetische und analphabetische Strategiemuster in: BECKER 1993: 151-153

**Beispiel Geschäftsfelder-Strategie:**
Ein Beispiel für die Anwendung der Geschäftsfelderstrategie für eine Destination findet sich in Abb. C-41. Hier wird das ursprüngliche Geschäftsfeld „Ferientourismus zur Erholung" immer weiter entwickelt und differenziert.

| Produktlinie \ Markt | "Ausruhen, Erholung, Entspannung" | "Aktiv sein, Sport treiben" | Prävention, Rehab. von Krankheiten | Fitness, Bewegung, Wellness | Fortbildung, fachlicher Austausch | "Horizont erweitern" Bildung | Motivation, Belohnung |
|---|---|---|---|---|---|---|---|
| Ferientourismus | z.B. Bade-Urlaub | z.B. Wander-Urlaub | → Marktentwicklung | | | | |
| Naherholungstourismus | ↓ | Diversifikation ↘ | | | | | |
| Kur | | Produktentwicklung | z.B. Klima-, physikal. Therapie | | | | |
| Gesundheitsurlaub | | | z.B. med. Check up, Anti Stress Urlaub | | | | |
| Kongress-, Seminar-, Tagungstourismus | | | | | z.B. Manager training | | |
| Kulturtourismus | | | | | | z.B. Festspiele, Ausstellung | |
| Incentive-Reisen | | | | | | | z.B. Special Events |

**Abb. C-41** Diversifikationsmöglichkeiten des örtlichen Angebots für Fremdenverkehrsorte (Quelle: DIEDRICHSEN 1993: 41)

### 3.2.2.3 Strategie(n) der Marktabdeckung

Eng mit der Geschäftsfelder-Strategie in Anlehnung an ANSOFF ist die Frage der generellen Marktabdeckung verbunden. Dies ist ebenfalls eine Basisstrategie, die mit der grundsätzlichen Sichtweise der Massen- oder Teilmarktorientierung zusammenhängt, wie sie bereits in Abschnitt C.3.1.2 erläutert worden ist. In der 2-dimensionalen Sichtweise der Produkt-Markt- oder Produkt-Zielgruppen-Strategien geht es darum, ob:

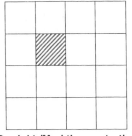
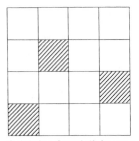

Produkt-/Marktkonzentration        Selektive Spezialisierung

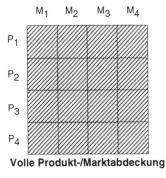

Legende:
M = Märkte für
$M_1$ = Urlaubstourismus
$M_2$ = Geschäftstourismus
$M_3$ = Kurtourismus
$M_4$ = Ausflugstourismus

P = Produkt-/ Leistungsangebote
$P_1$ = Erholung
$P_2$ = Aktivitäten
$P_3$ = Gesundheit
$P_4$ = Events

Volle Produkt-/Marktabdeckung

Marktspezialisierung        Produktspezialisierung

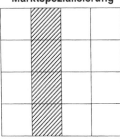

**Abb. C-42** Basisstrategien der Marktabdeckung

- alle Geschäftsfelder,
- einige Geschäftsfelder oder
- ein Geschäftsfeld

strategisch besetzt werden soll(en). Ein Beispiel für die touristische Marktabdeckung findet sich in Abb. C-42.[4]

In Abb. C-42 werden verschiedene touristische Leistungsangebote („Produkte") für unterschiedliche Märkte angeboten. Die Märkte können entweder regional (Region, Inland, Ausland), zeitlich (Sommer, Winter, Vorsaison, Nachsaison),

---

[4] Vgl. dazu genauer KOTLER 1991: 86-88, MEFFERT 1986: 102, FREYER 1990: 218

nach Reiseanlässen (Urlaubs- oder Geschäftsreise, Kur) oder auch nach Zielgruppen (Kinder, Jugendliche, Erwachsene, Senioren oder Singles, Partner, Familien mit Kindern, Gruppen) unterteilt werden. In allen Fällen sind die Beispiele nur beschränkt geeignet, die gesamte touristische Produktpalette sowie die Marktbreite vollständig zu charakterisieren, da meist mehr als die vier benannten Untergruppen vorhanden sind. Doch aus Gründen der Übersichtlichkeit werden stets nur vier Untergruppen benannt.

Die grundlegende strategische Überlegung ist, mit welchen Produkten man an welchen Märkten aktiv sein will. Dabei ergeben sich folgende Basis- oder Normstrategien:

**(1) Globalstrategie**

Im ersten Fall der vollständigen Marktabdeckung wird versucht, mit allen touristischen Leistungsangeboten alle touristischen Marktbereiche anzusprechen. Ein solches strategisches Verhalten ist vor allem für größere touristische Destinationen oder für große Reiseveranstalter sinnvoll.

**Beispiel:**
- Das (Reise-) Land Baden-Württemberg ist mit allen touristischen Produktvarianten auf allen touristischen Teilmärkten aktiv.

Anstelle der globalen Marktabdeckung bestehen verschiedene Möglichkeiten der Produkt- und Marktspezialisierung.

**(2)** Im Fall der **Produkt-Markt-Konzentration** wird nur **ein** touristisches Leistungsangebot für **einen** Teilmarkt angeboten. Eine solche Strategie ist meist nur für kleine(re) Destinationen und für kleine Märkte (z.B. lokal oder zeitlich eingegrenzt) sinnvoll.

**Beispiel:**
- Stadt Bayreuth, die sich mit dem Produkt der Wagner-Festspiele auf die Zielgruppe der Opernliebhaber konzentriert (und dies nur für einige Tage im Jahr).

In den beiden anderen Fällen wird ebenfalls eine Eingrenzung der touristischen Aktivitäten vorgenommen: einmal eine Spezialisierung des Leistungsangebotes auf ein Produkt für alle Marktsegmente (Produktspezialisierung), zum anderen eine Spezialisierung auf ein Marktsegment mit allen Produktvarianten (Marktspezialisierung).

**(3) Selektive Spezialisierung**

Außer dem Extremfall der Produkt-Markt-Konzentration können auch zwei oder mehrere Angebote gezielt für zwei oder mehrere Märkte entwickelt werden.

**(4) Produktspezialisierung**

Die Strategie der **Produktspezialisierung** bietet sich an, wenn Leistungsvorteile bestehen (z.B. Qualitäts- oder Preisvorteile): Gerade im Tourismus schränkt das vorhandene – natürliche und abgeleitete – Angebot die touristische Palette ein. Dafür existieren meist einige besondere Attraktionen, die Voraussetzung für eine Produktspezialisierung sein können.

**Beispiel:**
- Destinationen mit attraktiven Stränden (oder Skipisten) können sich als Badedestination (oder Wintersportgebiet) spezialisieren.

**(5) Marktspezialisierung**

Die Strategie der Markt- (oder Zielgruppen)**Spezialisierung** bietet sich an, wenn Präferenzen auf Seiten der Nachfrager in bezug auf eine Destination gebildet werden können. Die Präferenzbildung kann im einfachsten Fall zeitlich oder örtlich bedingt sein.

**Beispiel:**
- Usedom als „Badewanne Berlins" – Spezialisierung aufgrund der Nähe zu Berlin auf den „Markt Berlin" (mit unspezifiziertem Angebot)
- Ibiza für junge Leute – Mallorca als Rentnerinsel: Spezialisierung auf Zielgruppen unterschiedlichen Alters
- Orte für Sommer- oder Winterurlaub

### 3.2.3 Marktareal-Strategie

Die Marktareal-Strategie betont die räumliche Dimension bei der Markt- bzw. Geschäftsfelderabgrenzung und wird zum Teil als eigenes Strategie-Modul angesehen. Andererseits wird die strategische Bedeutung des Marktareals in der Marketingliteratur weitgehend vernachlässigt. Lediglich im Zusammenhang mit Standortfragen, mit der geographischen Marktsegmentierung oder im Internationalen Marketing tauchen ansatzweise auch strategische Überlegungen auf.

Vor allem Fragen des möglichen Internationalen Marketing mit seinen vielfältigen Sonderaspekten erfahren in der Marketingliteratur eine gesonderte Behandlung. Doch gerade für den Tourismus sind Marktarealfragen von grundsätzlicher Bedeutung. Zwar wird die eigentliche Leistungserstellung und -durchführung im Tourismus **am Ort** bzw. in der Destination vorgenommen, womit eine Ausweitung der Leistungserstellung nicht oder nur sehr begrenzt (z.B. Öffnung neuer Gebiete in der Destination für den Tourismus) möglich ist: Die Kunden (hier: Touristen) kommen zum Ort der Leistungserstellung. Allerdings erfolgt die eigentliche Kaufentscheidung (hier: die Reiseentscheidung) am Heimatort der Besucher. Damit ist es eine wichtige Entscheidung für touristische Destinationen, ob und in welchem Umfang sie mit ihren Marketingaktivitäten am Wohnort der potentiellen Touristen vertreten sein wollen.

Im Tourismus sind Marktarealüberlegungen in zwei unterschiedlichen Varianten vorhanden:

- für den **Incoming-Tourismus** (also z.B. inländische Feriendestinationen) ist es die Frage, aus welchen Quellgebieten die Besucher kommen (sollen) und welche entsprechenden Marketingaktivitäten zur Gewinnung von Gästen aus unterschiedlichen Gebieten unternommen werden müssen („Quellgebiets-" oder „Pull-Marketing", vgl. Abschnitt A.1.2.3). Üblicherweise sind folgende Quellgebiete mit entsprechenden Gästegruppen von Interesse:
  - **lokale und regionale Gäste** sind vor allem für den Tagesausflugsverkehr, für Events und zur Auslastung von Freizeitinfrastruktureinrichtungen, wie Sport- und Kulturstätten bedeutsam.
  - **nationale Gäste** sind vor allem für den übernachtenden Fremdenverkehr und den Kur-Tourismus usw. von Bedeutung. Je nach Entfernung von der jeweiligen Destination sind noch weitere Differenzierungen vorzunehmen.

– **internationale Gäste** stellen meist zusätzliche Anforderungen an das Leistungsangebot sowie das entsprechende Auslands-Marketing. Die Kenntnis multi-kultureller Zielgruppen, Auslands-Marketing zusammen mit der DZT, Vertretungen und Promotion-Veranstaltungen im Ausland sowie entsprechende an das Ausland gerichtete Aktivitäten sind einige der besonderen Aufgabenstellungen der internationalen Areal-Strategie.

● für den **Outgoing-Tourismus** (also z.B. Reiseveranstalter) sind neben der Frage des Einzugsgebietes der (Buchungs-)Kunden vor allem Überlegungen hinsichtlich der Zielgebiete von Interesse. Entsprechend der eher lokalen, regionalen, nationalen oder internationalen Ausrichtung eines Reiseveranstalters sind die verschiedenen Varianten des nationalen oder internationalen Marketing von Bedeutung.

In engem Zusammenhang mit strategischen Fragen des Marktareals stehen Überlegungen zum **Internationalen Marketing**. Hierbei werden grundsätzlich vier unterschiedliche strategische Grundorientierungen des internationalen Marketing betrachtet (vgl. u.a. QUACK 1995, STAHR 1993, MEFFERT/BOLZ 1994, WITT/BROOKE/BUCKLEY 1992, BACKHAUS u.a. 1996, FREYER 1998b).

Ausgangspunkt der verschiedenen Betrachtungen zur Internationalisierung und Globalisierung ist – zumindest gedanklich – das **nationale Agieren** und eine **ethnozentrische Wertehaltung** („Inlandsorientierung").

Hierbei fokussieren Unternehmen ihr Handeln auf nationale Märkte (Inlandsmärkte). Es besteht kein oder nur geringes Interesse an Aktivitäten im Ausland. Der Heimatmarkt erfüllt die unternehmerischen Absatzwünsche. Ausländische Aktivitäten über die eigenen Grenzen hinaus werden zudem als risikoreich und kompliziert angesehen.

**(1) Grenzüberschreitendes Marketing oder undifferenzierte Internationalisierung:** In einer ersten Stufe des internationalen Marketing kommt es zu grenzüberschreitenden Aktivitäten. Es wird allerdings noch recht undifferenziert und v.a. vom Heimatmarkt aus mit einer nach wie vor nationalen, ethnozentrischen Grundhaltung agiert (**sog. undifferenzierte Internationalisierung**).

● Im **Tourismus** betrifft Internationalisierung den grenzüberschreitenden Reiseverkehr zwischen verschiedenen Ländern (Incoming und Outgoing). Hierbei führen die unterschiedlichen Kulturen und natürlichen sowie abgeleiteten touristischen Angebotsfaktoren zu Reisen zwischen verschiedenen Ländern (im Sinne von – touristischen – Dienstleistungsimporten bzw. -exporten). Typische Reiseformen und -arten wären klassische Studienreisen (Kulturaustausch), Geschäftsreisen (Handels-, Güteraustausch) sowie pauschal organisierte Erholungsreisen (in Länder mit komparativen touristischen Vorteilen bei Sonne, Sand und Service).

**(2) Multinationales Marketing („Polyzentrismus"):** Gegenüber der ersten Stufe der Internationalisierung orientieren sich bei der Multinationalisierung die unternehmerischen Aktivitäten verstärkt an den ausländischen Gegebenheiten. Dabei werden zunehmend **länderspezifische Unterschiede** berücksichtigt und die Auslandsgeschäfte werden differenzierter und heterogener betrieben. Es wird wird mit eigenständigen Niederlassungen operiert, die sich an den Besonderheiten bzw. Erfordernissen des jeweiligen Auslandsmarktes ausrichten. Ferner kommt es verstärkt zum Einsatz lokaler Kräfte im Managementbereich, zur Dezentralisierung der Entscheidungen, zu Marktforschung und Marketingaktivitäten im Gastland (auf einer „conntry-by-country-basis"). Die zugrundeliegende unternehmerische Werthaltung wird als **Polyzentrismus** (Gastlandorientierung) bezeichnet.

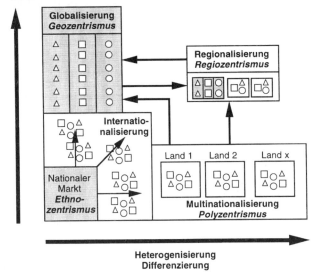

**Abb. C-43** Formen des internationalen Marketing
(Quelle: FREYER 1998b: 15)

- Typische touristische **Beispiele** finden sich v.a. im Beherbergungsbereich, wo Hotels im landestypischen Stil gebaut und mit lokalem Management betrieben werden (vgl. GO/PINE 1995: 6ff). Ferner sind die Aktivitäten der europäischen **Reiseveranstalter** im Ausland, soweit sie sich vor allem an den nationalen Gegebenheiten orientieren, Beispiele für Multinationalisierung und Polyzentrismus.

**(3) Globales Marketing:** Bei der Entwicklung von der undifferenzierten Internationalisierung zur Globalisierung werden anstelle von Unterschieden auf ausländischen Märkten (wie bei der Multinationalisierung) deren **Gemeinsamkeiten** in den Mittelpunkt der Aktivitäten in den verschiedenen Ländern gestellt. Im Ergebnis bilden sich stark homogenisierte und integrierte Strukturen mit einem hohen Standardisierungsgrad in den verschiedenen Globalisierungsbereichen heraus – so auch im Tourismus. Typisch für die Globalisierung ist auch eine entsprechende Werteorientierung, der sog. **Geozentrismus**, wo interkulturelle Ähnlichkeiten mit dem Ziel der Vereinheitlichung der Unternehmensstrukturen und -prozesse gesucht werden.

Im **Tourismus** sind solche transnational und global agierenden Unternehmen und ebenfalls in einigen Bereichen zu finden, so z.B. bei der weltweit gleich agierende Airlines, CRS, Hotel- und Ferienclubketten usw. (vgl. genauer Freyer 1998b, AIEST 1996). Doch „echte" Globalisierung steht im Tourismus erst am Anfang. Sie würde bedeuten, daß die gesamte Welt als ein homogener Reisemarkt betrachtet wird („World-Travelling" im Sinne von „Made in the World") gegenüber den differenzierten authentischen nationalen Tourismusangeboten („Reisen nach Hongkong", „Kulturreisen nach Deutschland"). Es entsteht ein „Global Holiday Village", in dem standardisierte Angebote von wenigen transnational agierenden Reisekonzernen angeboten und vom „homo touristicus globalis" mit globalem Einheitsgeschmack konsumiert werden.

**(4) Transnationales Marketing (Regionenorientierung und Regiozentrismus):**
Als Mischform von Globalisierung und Multinationalisierung entwickeln sich regionale Zentren, in denen die beiden anderen Formen der Internationalisierung nebeneinander stehen. Diese Regio-Zentren verbinden zum einen Standardisierungstendenzen der Globalisierung („Gemeinsamkeiten"), die zu regional identischen touristischen Angeboten, z. B. im Hotel-, Transport-, Destinations- oder Freizeitbereich, führen. Zum anderen werden in diesen Räumen die Unterschiede zwischen den Weltregionen betont und erhalten. Es werden inter-regional unterschiedliche Angebote entwickelt, z.b. europäische, asiatische, polynesische, afrikanische, südamerikanische Hotels (oder Airlines, Freizeitangebote usw.). Dabei ist der Übergang zur Globalisierung bzw. – in die andere Richtung – zur Multinationalisierung ein permanentes Wechselspiel mit Formen des Regiozentrismus.

Im **Tourismus** bestehen vor allem im Hinblick auf Destinationsbereiche regiozentrische Tendenzen: Es werden mehr und mehr anstelle der differenzierten Angebote von einzelnen Ländern länderübergreifende Tourismusangebote entwickelt, z.b. „Europa als Reiseland", „die Asean-Staaten", „Südamerika" usw. Auch andere touristische Anbieter haben sich auf solche regionale Zentren konzentriert, wie beispielsweise Airlines, Hotels, europäische Reiseveranstalter usw.

## 3.3 Konkurrenzorientierte Strategien

### 3.3.1 Strategien und Konkurrenz

Konkurrenzorientierte Strategieüberlegungen richten den Blick auf die Bestimmung der eigenen (Markt-)Position gegenüber der Konkurrenz.

Die wichtigsten Voraussetzungen hierfür wurden bereits in der Konkurrenzanalyse der Informationsphase B.2.4 gewonnen. Die Entscheidung für die jeweilige konkurrenzorientierte Grundposition ist abhängig von der eigenen momentanen oder gewünschten Marktposition gegenüber den anderen Marktanbietern sowie von der allgemeinen Marktreife sowie Marktstruktur. Je nachdem, welche Stellung am Markt bereits erreicht worden ist und wie sich die anderen Mitwettbewerber verhalten bzw. voraussichtlich verhalten werden, sind verschiedene eigene strategische Möglichkeiten gegeben. Dabei wird in der Literatur vielfach auf den „Stil" des Verhaltens hingewiesen, der eng mit dem allgemeinen menschlichen Verhalten zusammenhängt. Demzufolge sind Strategien eher (vgl. BECKER 1993: 340ff, KOTLER 1991: 283ff, PORTER 1992b: 126ff):

- friedlich oder kooperativ,
- konfliktär oder aggressiv.

Konkurrenzstrategien werden zumeist als aktive oder „Angriffsstrategien" gesehen.[5] Im Vordergrund stehen Marktausweitung und -wachstum. Hingegen kommt der defensive oder „Verteidigungscharakter" von Marketing-Strategien oft zu kurz. Hierbei geht es vorrangig um die Festigung oder um die „Verteidigung" des bereits erreichten Marktanteils.

---

[5] Die Nähe konkurrenzorientierten Denkens und Verhaltens zu militärischen Kategorien veranschaulichen u.a. die Strategie des Direktangriffs, der Umzingelung, des Flankenangriffs oder die Guerillastrategie (vgl. BECKER 1993: 341 und die dort erwähnte Literatur).

Im Zusammenhang mit der hier vorgenommenen umfassenden Behandlung von unterschiedlichen strategischen Modulen betreffen wettbewerbsorientierte Strategien auch die anderen Strategiemodule:[6]

- Bei der **Produkt-Markt-Strategie** wird mit der Entscheidung über Produkt- und/oder Marktveränderungen auch gleichzeitig die eigene Position gegenüber der Konkurrenz verändert.
- Bei der **Kunden-Strategie** wird die eigene Wettbewerbssituation in Hinblick auf die jeweiligen Zielgruppen gegenüber der Konkurrenz verändert.
- Bei der **Positionierungs-Strategie** steht die Einordnung der eigenen Position gegenüber der Konkurrenz im Vordergrund.

Am häufigsten werden konkurrenz- oder wettbewerbsorientierte Strategien mit Hilfe der Wettbewerbspositionen von PORTER diskutiert (vgl. B.2.4.3). Allerdings vernachlässigt diese Sichtweise die andere Grundstrategie des friedlichen oder kooperativen Verhaltens. Sie wird daher im folgenden als eigener Punkt behandelt.

### 3.3.2 Wettbewerbsorientierte oder konfliktäre Strategien

Hauptüberlegungen der konfliktären Wettbewerbsstrategien sind die Abgrenzung bzw. Positionierung des eigenen Angebotes gegenüber den Mitwettbewerbern. Dies beinhaltet die Entwicklung der eigenen „spezifischen Kompetenz", also der Herausstellung der eigenen Besonderheiten. Hat der eigene Betrieb gegenüber der Konkurrenz Vorteile (z.b. hinsichtlich der Qualität des Leistungsangebotes oder Kostenvorteile), so bieten sich „aggressive", gegen die Konkurrenten gerichtete Strategien an.

Konkurrenzorientierte Strategien setzen meist eigene (relative) Stärken am Markt voraus, v.a. in Hinblick auf Leistung und Kosten – also mögliche USP's. Diese Vorteile können am Gesamtmarkt oder in Teilmärkten eingesetzt werden. Entsprechend wurden von PORTER vier wettbewerbsbezogene Grundstrategien formuliert, die in der Marketingliteratur ausführlich behandelt worden sind (vgl. PORTER 1992b):

- **Qualitätsführerschaft:** Der eigene qualitative Leistungsvorteil (strategische Erfolgsposition oder USP) wird gegenüber den Mitkonkurrenten am Gesamtmarkt eingesetzt und „ausgespielt".
- **Kostenführerschaft:** Bei eigenen Kostenvorteilen gegenüber der Konkurrenz (gelegentlich auch, wenn man Zugang zu neuen Märkten erhalten will), sind aggressive Preisstrategien zu empfehlen.

Die beiden anderen Strategien setzen die gleichen Grundüberlegungen voraus, werden allerdings nur für Teilmärkte (Marktsegmente) eingesetzt:

- **Niedrigpreisstrategie:** Durch Spezialisierung versucht man, Kostenvorteile auf Teilmärkten zu realisieren.

---

[6] Vgl. ähnlich HAEDRICH 1991 28ff. Im Gegensatz zu der auch hier vertretenen Auffassung behandelt BECKER konkurrenzorientierte Strategien nicht als eigenständige Strategie-Bausteine, sondern geht offensichtlich davon aus, daß sich der „Strategiestil" als Unterpunkt bei den anderen Modulen widerspiegelt.

- **Nischenstrategie:** Sie ist meist der Produkt-Markt-Konzentrations-Strategie sehr verwandt (vgl. C.3.2.2.3); durch Spezialisierung versucht man, Leistungsvorteile auf Teilmärkten zu erhalten.

Diese Form der Konkurrenzstrategien findet meist auf Märkten Anwendung, deren Gesamtvolumen stagniert, also in Reife- oder Sättigungsphasen. Auf der anderen Seite wird sie auch oft bei Neuzugang auf Märkten eingesetzt.

**Beispiele Tourismus:**
- **Qualitätsführerschaft:** Feriengebiete mit besonders attraktiven natürlichen Angeboten (Strände, Berge) oder qualitativ hochwertigen abgeleiteten Angeboten (wie 5-Sterne-Hotels usw.), z.B. St. Moritz, Sylt, Mauritius usw.
- **Kostenführerschaft:** Charterfluggebiete oder Reiseveranstalter mit „Sonderangeboten", z.B. Türkei, Mallorca, Tunesien, soweit sie eventuelle Preisvorteile strategisch einsetzen.
- **Niedrigpreisstrategie:** Spezialisierung mit Weitergabe von Preisvorteilen, z.B. besonders günstige Angebote einer Destination für Angler, Golfer, Öko-Urlauber usw.
- **Nischenstrategie:** Spezialisierung und Profilierung bestimmter Destinationen auf bestimmte Angebote, z.B. auf Öko-Urlaub, Gesundheits-, Fitneß-Angebote, aber auch als „Urlaubs-Destination für Reiche/Junge/Bildungsorientierte" usw.

### 3.3.3 Friedliche Konkurrenzstrategien

Gegenüber den zuvor erläuterten konfliktären Konkurrenzstrategien stellen die „Me-Too-" und Kooperationsstrategie eher „friedliche" Strategien des Verhaltens gegenüber der Konkurrenz dar. Doch auch hierbei steht die Festigung oder Ausweitung der eigenen Marktposition im Vordergrund der strategischen Zielrichtung.

**(1) Me-Too-Strategie**

Die Strategie der **Mitläuferschaft** („Me-too-Strategie") bietet sich bei entwickelten Märkten, bei wenig differenzierten Angeboten oder/und bei einem bereits

| Märkte \ Vorteile | Leistungsvorteile | Kostenvorteile |
|---|---|---|
| Gesamtmarkt | Qualitätsführerschaft | Kostenführerschaft |
| Teilmarkt | Nischenstrategie (Produkt-Markt-Kombination) | Niedrigpreisstrategie |

Abb. C-44 Wettbewerbsbezogene Grundstrategien
(Quelle: nach PORTER 1992b)

vorhandenen, starken Marktführer an. Hierbei ist der jeweilige Anbieter nicht in der Lage (oder nicht gewillt), bestimmte Marktvorteile aufzubauen bzw. am Markt erfolgreich einzusetzen. Allerdings bietet das gleiche Angebot wie das anderer Marktteilnehmer eine relativ hohe Wahrscheinlichkeit, daß man einen Teil der Marktnachfrage auf sich vereinigen kann. Meist sind es entweder lang eingeführte Angebote oder auch Mode-Trends, die für neue Anbieter der gleichen Leistung ähnliche Erfolge am Markt erwarten lassen („Austauschbarkeit der Leistung bzw. des Leistungsträgers"). Häufig sind Me-Too-Strategien mit Niedrigpreis-Strategien (vgl. oben) verbunden, um doch einige Vorteile gegenüber der Konkurrenz zu erhalten.

Insgesamt kann der Me-Too-Strategie auch eine gewisse Konkurrenzgegnerschaft nicht abgesprochen werden. Zumeist sind Me-Too-Strategien mit einer weiteren Aufteilung der Marktanteile verbunden. Neu hinzutretende Anbieter spekulieren darauf, daß sich aufgrund fehlender Kundenpräferenzen das Gesamtvolumen zu etwa gleichen Teilen auf die verschiedenen Anbieter verteilen kann. Die Neuanbieter profitieren also von den bereits erfolgten Vorleistungen der Mitwettbewerber, ohne sich an diesen Kosten beteiligt zu haben.

**Beispiel:**
- Neue Anbieter für Gesundheits- oder Fitneß-Tourismus profitieren von der bereits geleisteten Marktentwicklung des – relativ neuen – „Gesundheits- und Fitneß-Tourismus".

**Beispiele für Me-Too-Strategien allgemein:**
- Viele Sonnen-Destinationen bieten „Sonne, Strand und Erholung" – wie andere Destinationen auch: Mallorca, Italienische Küste, deutsche Ostsee; gleiches gilt für die verschiedenen Orte in den zuvor genannten Urlaubsgebieten, die vielfach identische Angebotstrategien verfolgen.
- Auch Mode-Angebote, wie Fitneß-, Beauty- und Öko-Urlaub ermöglichen immer wieder neuen Destinationen, sich mit den gleichen Angeboten an den jeweiligen Märkten zu etablieren.

### (2) Kooperations-Strategie

Eine weitere Sonderform der „friedlichen" Konkurrenzstrategien ist die **Kooperations-Strategie** verschiedener Anbieter. Hier versuchen die vorhandenen, meist relativ gleichstarken Anbieter, ihre eigene Marktposition zu festigen und teilweise gemeinsam auszubauen. Kooperationen ermöglichen Kostenvorteile sowie Aufgabenteilung im Einkaufs- und Verkaufsbereich.

Kooperationsstrategien führen häufig dazu, die gemeinschaftlich gefestigte Marktposition im Sinne der bei C.3.3.2 erläuterten Wettbewerbsstrategien einzusetzen (vgl. genauer E.2).

### 3.3.4 Kombinierte Wettbewerbsstrategien

Als Kombination der konkurrenzbezogenen Preis- oder Qualitätsvorteile wurden verschiedene Teilstrategien formuliert, die in Abb. C-45 zusammengestellt sind. Sie beinhalten Strategieoptionen, die entweder auf dem Wettbewerbsvorteil Qualitätsvorsprung oder Preisvorteil basieren.

Letztendlich bieten nur die Strategieoptionen 1, 2, 3 und 9 einen realen Vorteil, da nur diese Strategien den jeweiligen Vorteil Preis oder Qualität konsequent verfolgen und somit in der Lage sind, die jeweilige Strategie auch in einen nutzbaren Vorteil umzusetzen. Die Strategien 1 und 2 verfolgen Qualitätsstrategien, die sich i.d.R. zu einem großen Teil auf ein Markenimage stützen (vgl. zu Markenstrategien auch FREYER 1997a). Die Strategieoptionen 4, 7 und 8 dagegen bergen keinen strategischen Vorteil; hierbei handelt es sich oft um die sog. Metoo-Strategien. Die Pattstrategie (Option 5) hat weder auf der Qualitäts- noch auf der Preisseite einen Vorteil. Der Marketingerfolg ist hier vom Zufall abhängig (vgl. SCHERHAG 1996, ähnlich auch PERLITZ 1988, KOTLER 1989: 90).

Hierbei gibt es einen engen Zusammenhang mit den verschiedenen Positionierungsstrategien aus Abschnitt C.3.5, wo ebenfalls Preis-Qualitäts-Überlegungen im Mittelpunkt der strategischen Ausrichtung stehen.

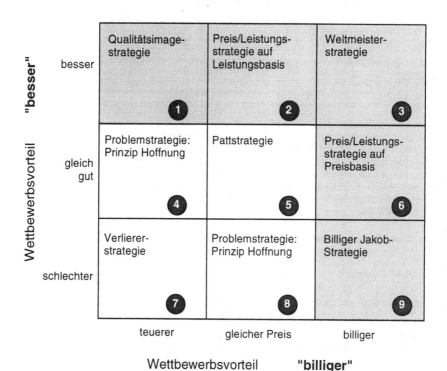

Abb. C-45 Wettbewerbsvorteile aufgrund von Qualitäts- und Leistungsvorteilen (Quelle: SCHERHAG 1996: 103)

## 3.4 Kundenorientierte Strategien

### 3.4.1 Grundgedanke der kundenorientierten Strategien

Im Marketing ist die Strategie der Zielgruppenorientierung oder der Marktsegmentierung (nach Zielgruppen) der am weitesten ausdifferenzierte Strategie-Baustein. Die Behandlung von Marktsegmentierungsmöglichkeiten ist sowohl Gegenstand der allgemeinen Entwicklung vom traditionellen zum modernen Marketing, wo der Wandel von der Produzenten- zur Konsumentenorientierung immer mehr in den Vordergrund getreten ist, als auch der der Marktanalyse, speziell der Marktforschung, wo spezielle Zielgruppen differenziert und analysiert werden. Als Fortführung der analytischen Dimension der Marktforschung haben Aussagen zu möglichen und zukünftigen Zielgruppen zunehmend an Bedeutung als ein wichtiger Strategie-Baustein gewonnen.

Strenggenommen sind kundenorientierte Strategien Unterfälle der Markteingrenzungsstrategien, wie sie bereits im Abschnitt B.2.2 behandelt worden sind. Die Kunden- bzw. Zielgrupppenorientierung tritt lediglich an die Stelle anderer Kriterien der Markteingrenzung, wie z.B. produkt-, zeit-, ortsorientierte Markteingrenzungskriterien. Insofern sind die zuvor behandelten Marktstrategien auch in bezug auf die kundenorientierten Zielgruppenstrategien zu übertragen.

Bei der Zielgruppenbestimmung hat anfänglich die sogenannte sozio-demographische Marktsegmentierung die Diskussion und Methodik der Marktforschung bestimmt. Zwischenzeitlich sind in der – touristischen ebenso wie in der allgemeinen – Marktforschung vermehrt Motive des Kauf- und Reiseverhaltens aufgrund von demoskopischen Meinungsbefragungen in den Mittelpunkt der Untersuchungen gerückt. Im Tourismus waren es vor allem die jährlichen Urlauberbefragungen hinsichtlich des Reiseverhaltens des Studienkreises für Tourismus, die als Grundlage der touristischen Marktbestimmung dienten (vgl. REISE-ANALYSE). Erst in den letzten Jahren wurden sog. psychographische Aspekte (u.a. „Life-Style-Analysen") der Konsumentenforschung im Tourismus vereinzelt aufgegriffen (vgl. erstmals in der Reiseanalyse 1990, ferner BARG 1989, STERN 1993).

Auf die verschiedenen Möglichkeiten der Marktsegmentierung war bereits in Abschnitt B.2.3 ausführlich hingewiesen worden. Als die wesentlichen Segmentierungskriterien waren benannt worden:

- Sozio-demographische Segmentierung,
- Segmentierung nach Kauf- bzw. Reiseverhalten,
- Psychographische Segmentierung.

In der Strategiephase geht es um den strategischen Einsatz bzw. die strategische Interpretation der verschiedenen Segmentierungsmöglichkeiten.

### 3.4.2 Kundenorientierte Basisstrategien

Eine erste zielgruppenorientierte Strategiemöglichkeit ergibt sich aus den grundsätzlichen Möglichkeiten der Massenmarkt- oder Segmentierungsstrategie, wie sie bereits in Abschnitt C.3.1.2 erläutert worden sind. Da das letztliche Ziel jeder Marktstrategie das Gewinnen von Kunden ist, stehen käuferorientierte Aussagen im Vordergrund der strategischen Überlegungen. Dabei ist auch bei der

Zielgruppensegmentierung die Grundentscheidung zu treffen, ob ein Markt hinsichtlich der verschiedenen Kundensegmente

- vollständig oder
- teilweise

zu segmentieren ist und welchen Umfang die jeweiligen Marktsegmente haben sollen. Eine zu geringe Segmentierung führt zu einem relativ unspezifischen Einsatz der Marketinginstrumente und kann damit die Zielgruppe nicht ausreichend ansprechen. Eine zu detaillierte Segmentierung birgt entweder die Gefahr, die Zielgruppe mit den Marketingmaßnahmen zu verfehlen oder daß die Zielgruppe sich im Laufe der Zeit verändert und vom Markt „verschwindet".

Im touristischen Marketing ist häufig eine zu geringe Segmentierung anzutreffen. Die meisten touristischen Marketingaktivitäten richten sich im Sinne des „Schrotflinten-Konzepts" ganz undifferenziert an eine zu große Kundengruppe. Die Möglichkeiten einer zielgruppenspezifischen Kundenansprache werden noch zuwenig wahrgenommen. Dabei wären die Potentiale der Zielgruppen-Strategie gerade im Tourismus besonders gut gegeben. Für die meisten touristischen Destinationen oder touristischen Leistungsträger genügen wenige Tausend Gäste, um eine Auslastung der vorhandenen Kapazitäten zu gewährleisten.

**Beispiele:**
- Ein Ort mit 1.000 (oder 10.000) Betten benötigt bei einer durchschnittlichen Aufenthaltsdauer der Gäste von 10 Tagen lediglich 36.000 (oder 360.000) Gäste, um eine ganzjährige Auslastung von 100% zu erhalten. Bei einer – realistischen – Bettenauslastung von 120 Tagen (oder 33%) im Jahr genügen lediglich 12.000 (oder 120.000) Besucher im Jahr. Dafür müssen aber nicht alle 80 Mio. Deutsche (oder 500 Mio. Europäer) angesprochen werden.
- Ein mittelständisches Reisebüro in Berlin benötigt ca. 1.000 Buchungen pro Jahr (mit durchschnittlich 1.500 DM Reisepreis), um einen Umsatz von 1,5 Mio. DM zu tätigen und damit gut existieren zu können. Dazu muß es aber nicht alle 3 Mio. Berliner gleichermaßen ansprechen.

Infolge der verschiedenen Möglichkeiten der Marktsegmentierung könnten sich touristische Anbieter auf ein viel kleineres Marktsegment konzentrieren. Unterstellt man einen Marketingerfolg von 1% (oder 10%), so genügt es in den vorgenannten Beispielen, wenn:

- der Tourismusort mit 1.000 Betten 3,6 Mio. Kunden (oder 360.000 bei einem 10%igen Erfolg) anspricht, z.B. nur alle 3,6 Mio. Berliner oder alle 3,6 Mio. deutschen Golf-PKW-Fahrer (oder alle 360.000 Bewohner von (x, y)),
- das Berliner Reisebüro sich auf 100.000 Berliner spezialisiert, z.B. alle 100.000 (x,y)s.

### 3.4.3 Ausgewählte kundenorientierte Segmentierungs-Strategien

Aufgabe des strategischen Marketing ist es, die entsprechende(n) Zielgruppe(n) auszuwählen und die späteren Marketingaktivitäten entsprechend zu initiieren. Die verschiedenen Möglichkeiten der Marktsegmentierung geben aber noch keine Hinweise darauf, nach welchen Kriterien und ggf. in welcher Reihenfolge und welcher Kombination touristische Märkte zu segmentieren sind. Strategisch können beispielsweise die grundsätzlichen Möglichkeiten der Produkt-Markt-Überlegungen auch in bezug auf eine zielgruppenorientierte Marktbestimmung angewandt werden. Damit ergeben sich an Anlehnung an Abb. C-38 die kundenorientierten Grundstrategien der

- Markt- bzw. Zielgruppendurchdringung: es wird ein höherer Anteil an den bisherigen Zielgruppen angestrebt,
- Markt- bzw. Zielgruppenentwicklung: es werden neue Zielgruppen angestrebt.

Bei diesen Strategievarianten wird am vorhandenen Angebot festgehalten und es wird versucht, dafür vorhandene und neue Zielgruppen zu gewinnen. Kommen noch Produktentwicklungen für die Zielgruppen hinzu, handelt es sich um die bereits bekannte

- Diversifikations-Strategie: neue Kundengruppen werden mit neuen Angebotsvarianten angesprochen (vgl. C.3.2.2.1).

In der Terminologie von BECKER 1993 handelt es sich bei dieser Strategie um eine „analphabetische" Strategie, da sich in der Produkt-Markt/Zielgruppen-Matrix von ANSOFF keine Buchstaben ergeben (vgl. Abb. C-46).

**Beispiel:**
- Viele Destinationen der Neuen Bundesländer hatten nach der Grenzöffnung zuerst eine Strategie der zielgruppenorientierten Marktentwicklung verfolgt: neue Zielgruppen aus Westdeutschland. Dabei mußte erkannt werden, daß diesen neuen Zielgruppen zusätzliche Angebote vor allem im Freizeitbereich, erwarten. Dementsprechend wurde eine Angebotserweiterung (im Sinne der Produktentwicklung) vorgenommen: neue Sport-, Kultur- und Freizeitangebote wurden entwickelt. Im Ergebnis ist damit eine Strategie der Diversifikation verfolgt worden.

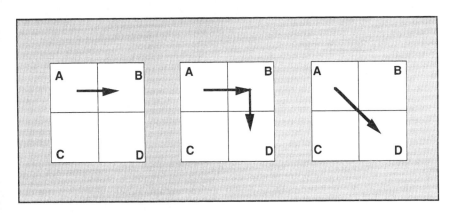

**Abb. C-46** Kundenorientierte Strategiemuster in der Ansoff-Matrix
(Quelle: vgl. BECKER 1993: 152)

Eine weitere, für den Tourismus sehr bedeutende Zielgruppensegmentierung ist eine lebensphasenorientierte Betrachtung der Reisenden. Hier werden Zielgruppen entsprechend des unterschiedlichen Reiseverhaltens entlang des Lebensalters und Familienstandes gebildet: von Jugendlichen und Singles über Familien mit und ohne Kinder bis zu Seniorenreisenden.

Gelingt es Reiseveranstaltern oder touristischen Destinationen, die verschiedenen Reisebedürfnisse in unterschiedlichen Lebensphasen mit entsprechenden

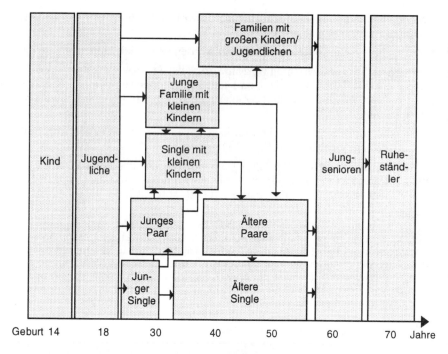

**Abb. C-47** Lebensphasenorientierte Zielgruppenbildung im Tourismus
(Quelle: nach KIRSTGES 1992: 204)

touristischen Angeboten abzudecken, können sie eine lebenslange „Stammkundschaft" aufbauen (vgl. auch KIRSTGES 1992, BECKER 1992b).

### 3.4.4 Geographische Marktsegmentierung im Tourismus

Für den Tourismus ist die Segmentierung nach **geographischen Aspekten** von besonderer Bedeutung (vgl. Marktareal-Strategie, C.3.2.3). Je nach Fragestellung des Tourismus-Marketing interessiert aus geographischer Sicht

- **die Herkunft der Gäste** (Segmentierung nach **Quellgebieten**): Eine solche Marktsegmentierung ist für das Incoming-Marketing, also z.B. für Destinationen von Bedeutung,

- **das Reiseziel der Touristen** (Segmentierung nach **Zielgebieten**): diese Form der geographischen Segmentierung ist für das Outgoing-Marketing, also z.B. für Reiseveranstalter von Bedeutung. Strenggenommen liegen der Outgoing-Segmentierung Kriterien des Reiseverhaltens – und damit psychographische Kriterien – zugrunde.

Aufgrund der vielfältigen empirischen Erhebungen zum Reiseverhalten sind die unterschiedlichsten Aussagen im Zusammenhang von Reisen und demographischen Faktoren vorhanden: Touristen mit unterschiedlichem Alter, Bildungsgrad, Einkommen, Beruf, Geschlecht kommen und reisen in ganz unterschiedliche Regionen. Damit ist es eine erste strategische Entscheidung der Zielgruppenbestimmung, ob man mit seinem Marketing eher alte oder junge, gebildete oder ungebildete, reiche oder arme, männliche oder weibliche Touristen ansprechen möchte.

Eine häufige geographische Segmentierung im Marketing erfolgt nach den sog. Nielsen-Gebieten (vgl. Abb. C-48).

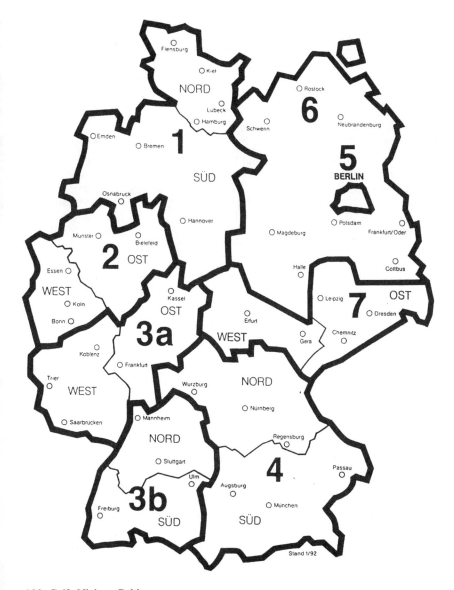

**Abb. C-48** Nielsen-Gebiete

## 3.5 Positionierungs- oder Profilierungs-Strategien

Die verschiedenen Methoden der Analysephase hatten letztlich das Ziel, das eigene Angebot im Vergleich zu anderen Angeboten einzuordnen. Dabei wurde die eigene Sichtweise immer wieder in Relation

- zur Konkurrenz,
- zur Sichtweise des Nachfragers

gesetzt. Die darauf aufbauenden konkurrenz- und nachfragerorientierten Strategien wurden in den vorherigen Abschnitten behandelt. Zudem war die Geschäftsfelder-Strategie als weitere grundsätzliche Strategie benannt worden. Als eine vierte strategische Grundüberlegung werden in der Literatur Positionierungsüberlegungen behandelt. Strenggenommen ist dies aber kein eigenständiger strategischer Ansatz, sondern ergreift lediglich die Positionierungen des eigenen Angebotes

- im Produkt-Markt-Raum,
- gegenüber Konkurrenzprodukten,
- aus Kundensicht

mit einer weiteren Methodik auf und formuliert daraus entsprechende strategische Folgerungen. Methodisch werden hierzu im Marketing meist Positionierungs-Modelle mit Hilfe einer 2-dimensionalen Darstellung verwendet, in denen die beiden Kriterien Leistung (Qualität) und Preis (Quantität) oder Varianten davon zur Beurteilung des jeweiligen Angebotes bzw. der Anbieter dienen. Grundsätzlich wären auch eindimensionale Skalen oder mehrdimensionale Modelle für die ähnlichen Grundüberlegungen geeignet.

**Beispiele:**
- Beispiele für 2-dimensionale Positionierungen finden sich in Abb. C-51a,b und D-19.
- 1-dimensionale Positionierung für Fluggesellschaften: Auflistung aller Flugpreise Dresden – Athen (Nur-Flug).

### 3.5.1 Grundgedanke der Positionierungsstrategie

In der Literatur wird diese strategische Überlegung meist unter der Alternative **Präferenz- oder Preis-Mengen-Strategie** diskutiert. In Abb. C-49 sind die grundsätzlichen strategischen Überlegungen der Positionierungsstrategien dargestellt, wobei BECKER davon spricht, daß „Unternehmen im Prinzip nur über zwei klare positions-strategische Optionen im Markt verfügen" (BECKER 1993: 156):

- Die **„Rechts-oben-"** oder „Premium-", Luxus- bzw. „klassische Markenstrategie" setzt auf Leistungs-, Qualitäts-, Präferenz- und/oder Imagevorteile gegenüber der Konkurrenz. Dieses „Leistungsvorteile-Marketing" ist leistungsdominant oder präferenzorientiert, d.h. es legt Wert auf Qualität, Service, oft auch auf Exklusivität und hohe Preise. Häufig werden Zusatzleistungen in den Vordergrund des Marketing gestellt. Reisen oder entsprechende Teilleistungen gelten als „Markenartikel".

- Die **„Links-unten-"** oder „Low-Budget-", Discount-, Billig- bzw. „No-name-Marken-"Strategie stellt Preisvorteile in den Vordergrund des entsprechenden Marketing. Es ist preisdominant („günstig", „billig") und mengenorientiert (sog. „Preis-Mengen-Strategie"). Reisen gelten als Sonderangebot und Massenartikel, Marketing konzentriert sich auf die Kernleistung, qualitative Aspekte treten in den Hintergrund. In letzter Zeit ist dies oft die Grundstrategie sog. „Last-Minute-Angebote". Ursprünglich wurde keine Markenpolitik verfolgt, allerdings haben sich inzwischen „Billig-" oder sog. „No-name-" Marken ebenfalls für dieses Strategiefeld entwickelt.

Dazwischen zeigen die meisten Märkte, daß Positionen nahe dem Schnittpunkt der Positionierungsachsen mit eher unklaren Positionierungseigenschaften verbunden sind. Diese „weder-noch"-Position bindet nur wenige Kunden. Zudem geht der Trend weg von Positionen, die sich eher mit „durchschnittlichen Angeboten" an den „Durchschnittskunden" wenden, also Positionen, die eher auf den früheren Massenmärkten gegeben waren. Mit dem modernen Trend von immer mehr Leistungsanbietern zu einer klaren Positionierung – entweder „rechts-oben" oder „links-unten" – tendieren viele Märkte zu einer Marktspaltung – und die Anbieter im Durchschnittsbereich können am Markt nicht bestehen. Sie gehen „verloren", wie Schiffe und Flugzeuge im „Bermuda-Dreieck".

**Hintergrund: Gespaltene Märkte**

Hintergrund ist die zunehmende Spaltung oder Profilierung der Märkte, wobei sich die klassischen „Zwiebelmärkte", bei denen der größte Marktbereich im mittleren Preissegment liegt, zu Glockenmärkten oder gespaltenen Märkten entwickelt hat, bei denen die Marktmitte immer schlanker wird und sich so-

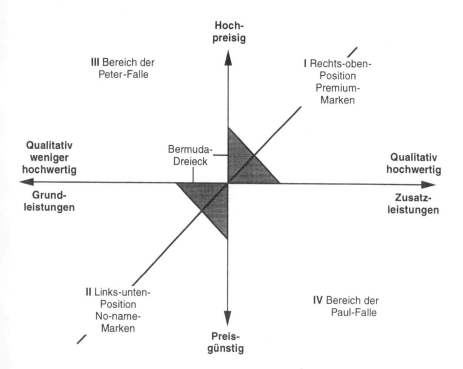

**Abb. C-49** Positionierung im Preis-Qualitäts-Modell

wohl im oberen als auch im unteren Preissegment neue und größere Marktsegmente entwickeln (vgl. Abb. D-30).

Folglich richten sich Marketingstrategien weniger auf den „durchschnittlichen Mittelmarkt" aus, sondern auf die oberen und unteren Marktsegmente. Anbieter versuchen, sich zu profilieren („Profilierungs-Strategie").

**Das Preis-Leistungs-Verhältnis**

Ferner werden die Marktteilnehmer entsprechend einem solchen Positionierungsmodell mittelfristig versuchen, sich der **Preis-Leistungs-Diagonale** zu nähern. Auf dieser Verbindungslinie von „links-unten" nach „rechts-oben" stimmt das Preis-Leistungs-Verhältnis aus Kundensicht überein.

Rechts unterhalb der Preis-Leistungs-Diagonale wird eine relativ zur marktüblichen Preis-Mengen-Relation zu hohe Qualität (oder ein relativ zu niedriger Preis), links oberhalb davon eine zu niedrige Qualität (oder ein relativ zu hoher Preis) geboten.

- **„Links-oben" oder „Spezialisierungs"-Bereich:** Hier werden Angebote mit relativ hohen Preisen und unterdurchschnittlichen Leistungen angeboten. Eine solche Position läßt sich nur aufgrund hoher Präferenzbildung der Nachfrager mittelfristig halten. Im Tourismus können Destinationen mit einem besonders attraktiven landschaftlichen Angebot (z.B. Natur) oder mit politisch motivierten Präferenzen (Beispiel Kuba) eine solche Position besetzen.

- **„Rechts-unten" oder „Wettbewerbs"-Bereich:** Hier werden im Verhältnis zum (niedrigen) Preis überdurchschnittliche Leistungen geboten. Eine solche Position wird oftmals von „Marktneulingen" eingenommen oder von Anbietern, die mit Kosten- oder Leistungsvorteilen gegenüber der Konkurrenz operieren können oder von Anbietern, die durch „Zusatzleistungen" gegenüber anderen Anbietern Marktvorteile erlangen wollen. Bei dieser Position ist eine besondere Wettbewerbsorientierung gegeben.

Alle Positionen links-oberhalb werden zu unzufriedenen Kunden bzw. zur Unglaubwürdigkeit der Anbieter führen, da das Preis-Leistungs-Verhältnis zu gering ist. Anbieter, die sich in diesem Segment bewegen, sind meist marktstrategisch überfordert: „ihnen wird über den höheren Preis ein ‚Leistungsdruck' auferlegt, dem sie objektiv (= technisch-funktionale Grundleistung) und/oder subjektiv (= subjektiv-psychologische Zusatzleistung) häufig nicht gewachsen sind." (BECKER 1993: 428).

Alle Positionen rechts-unterhalb bieten „zu viel" für den gezahlten Preis und führen somit zu einem schlechteren Betriebsergebnis als marktüblich. Zudem kommt es zu Kompetenzverlust aufgrund einer „(Preis-)Unterforderung" der entsprechenden Leistungsangebote: „Was nicht viel kostet, kann auch nicht viel wert sein." BECKER spricht in bezug auf eine entsprechende markenpolitische Positionierung auch vom Peter- bzw. Paul-Phänomen (vgl. ebd.):

> **Peter-Phänomen:** Marken bzw. Leistungsangebote geraten bei Fluchtbewegungen nach oben („trading up") in einen Bereich der Überforderung (Inkompetenz).
>
> **Paul-Phänomen:** Marken bzw. Leistungsangebote geraten bei Positionierungsbewegungen nach unten („trading down") in einen Bereich der (preislichen) Unterforderung (Kompetenzverlust), bei dem keine akzeptable Qualität vermutet wird.

Neben den zuvor beschriebenen Positionierungsüberlegungen im Preis-Qualitäts-Raum finden auch andere Leistungseigenschaften Verwendung, wie Imagekomponenten, Markenpolitik usw. (vgl. Abb. D-19).

### 3.5.2 Präferenz-Strategien

Bei präferenzstrategischen Überlegungen geht es darum, bestimmte Produkt- und Leistungseigenschaften im touristischen Marketing so einzusetzen, daß Kunden diese Vorlieben („Präferenzen") zum Hauptgrund ihrer Entscheidung für das jeweilige Produkt (gegenüber einem anderen) machen. Die Präferenz-Strategie wird vor allem im Gegensatz zur Preis-Mengen-Strategie gesehen und stellt insbesondere darauf ab, daß nicht der Preis, sondern andere Produkteigenschaften den Hauptgrund für die jeweilige Produktwahl darstellen. Präferenz-Strategien erlauben in der Regel höhere Preise (und geringere Menge) als eine Preis-Mengen-Strategie – mit gleichem Gesamtumsatz.

Gerade touristisch ist eine Strategie der kleineren Menge als Abgrenzung zu massentouristischen Tendenzen eine empfehlenswerte bzw. immer häufiger verbreitete bzw. verfolgte Strategie. Hierbei kommen wiederum Überlegungen des Entwicklungs-Strategie-Moduls hinsichtlich begrenzter Kapazitäten zum Tragen. Den Nachfragern wird hier auch ein exklusiveres Angebot unterbreitet, welches sich von der Marktmasse unterscheidet.

**Der monopolistische Spielraum**

Präferenzunterschiede stellen eine Art „monopolistischen Spielraum" oder ein „Präferenzkapital" für die Anbieter dar, d.h. sie können Leistungsveränderungen vornehmen, ohne daß die Besucher darauf entsprechend reagieren. Die bekanntesten Beispiele aus touristischer Sicht betreffen das sog. Preis-Leistungs-Verhältnis, wo entweder Preiserhöhungen oder Qualitätsreduzierungen die Erlöse steigern, ohne daß die touristische Nachfrage im gleichen Ausmaß zurückgeht. Man spricht von einer relativen Starrheit der Nachfrage (die Nachfrageelastizität – hinsichtlich des Preises – ist kleiner 1).

Eine solche Strategie hat viel gemeinsam mit konkurrenzorientierten Strategien, wo eigene Leistungsvorteile am Markt eingesetzt werden. Der Hauptunterschied ist, daß Präferenz-Strategien weniger „gegen die Konkurrenz" (also: konkurrenzorientiert), sondern eher „für die Nachfrager" (also: nachfragerorientiert) ausgerichtet sind.

Empirisch zeigt sich im Tourismus die hohe Bedeutung von Präferenzbildungen bezüglich der Reiseentscheidung bei der Frage des Studienkreises für Tourismus nach den Gründen der Reiseentscheidung. Hier sind präferenzorientierte Gründe – wie „Empfehlungen von Bekannten" usw. – die meistgenannten.

**Echte und künstliche Präferenzen**

Präferenzbildende Eigenschaften und Möglichkeiten im Tourismus sind vor allem: natürliches Potential, Klima, Bewohner, (andere) Besucher und natürliche Attraktionen.

Hinzu kommen mögliche „künstliche" präferenzbildende Eigenschaften von Destinationen, hierbei vor allem aus dem Bereich des abgeleiteten touristischen Angebotes, wie z.B. 5-Sterne-Restaurants, First-class-Hotels, Spaßbäder, Golfplätze usw. Als eine weitere Möglichkeit sind hierbei „Attraktionen" und Events zu sehen, wie Festivals, Ausstellungen usw.

| Merkmale | Präferenz-Strategie | Preis-Mengen-Strategie |
|---|---|---|
| Prinzip | Qualitätswettbewerb | Preiswettbewerb |
| Charakteristik | Hochpreiskonzept durch<br>• Aufbau von Präferenzen<br>• Entwicklung eines Marken-Image<br>• Eigenständige Positionierung | Niedrigpreiskonzept durch<br>• Verzicht auf Aufbau von Präferenzen<br>• Verzicht auf Marken<br>• Verzicht auf eigenständige Positionierung |
| Zielgruppe | Qualitätskäufer, Markenkäufer | Preiskäufer |
| Wirkungsweise | Langfristiger Aufbau von Präferenzen, Marken-Image | Schnelle Wirkung, jedoch kein Aufbau von Präferenzen/Image |
| Dominanter Bereich im Unternehmen | Marketing-Bereich | Einkauf, Beschaffung |
| Typischer Marketing-Mix | Dominanz von Leistungspolitik (insbesondere Servicepolitik) und Kommunikationspolitik (eigenständige Positionierung, Marken-Image) | durchschnittliches Leistungsangebot schwach ausgeprägte Werbung, Aktivitäten in Verkaufsförderung, agressive Preispolitik |
| Vorteile | Aufbau einer eigenständigen Marktposition, gute Ertragschancen | Geringe Investitionen in Leistungs- und Kommunikationspolitik; Ertragschancen bei kostengünstigem Einkauf und günstiger Gesamtkostenstruktur |
| Nachteile | • Investitionen in Leistungs- und Kommunikationspolitik<br>• Langfristige Wirkung<br>• Marktrisiko bei fehlenden Marketingvoraussetzungen | durch Preiswettbewerb<br>• kein Aufbau von Präferenzen<br>• austauschbar<br>• Existenzgefährdung durch hohen Konkurrenzdruck |

Abb. C-50 Merkmale der Präferenz- und Preis-Mengen-Strategie
(Quelle: nach BECKER 1993: 206f)

### 3.5.3 Preis-Mengen-Strategien

Noch immer wird der Preis in der Wirtschaftswissenschaft als das bedeutendste (Ver-)Kaufsargument angesehen. So sind im Rahmen der Mikroökonomie das Grundmodell des Marktes als Trade-Off-Modell von Preis und Menge ausformuliert und die Haushalts- und Unternehmenstheorie auf der Grundlage von preisabhängigen Verhaltensfunktionen entwickelt worden. Die meisten wirtschaftlichen Entscheidungen werden daher als Preis-Mengen-Alternativen angesehen. Diese Sichtweise stellt die Gegenposition zu den zuvor erläuterten Qualitäts-Präferenzen-Überlegungen dar. Soweit die Preiskomponente bei Entscheidungen die Präferenzbildung überwiegt, werden entsprechend preisorientierte Entscheidungen getroffen. Die Überlegung gilt analog für die Komponenten Menge und Qualität.

Auch im Tourismus werden zahlreiche Angebote „über den Preis" verkauft. Soweit niedrigere Preise mit entsprechend höheren Absatzmengen verbunden sind, kann das Gesamtergebnis verbessert oder gleich gehalten werden. Der genaue Zusammenhang ergibt sich über die Preiselastizität der Nachfrage und/oder über die Grenzrate der Substitution (vgl. dazu D.2). Aufgrund der jeweiligen

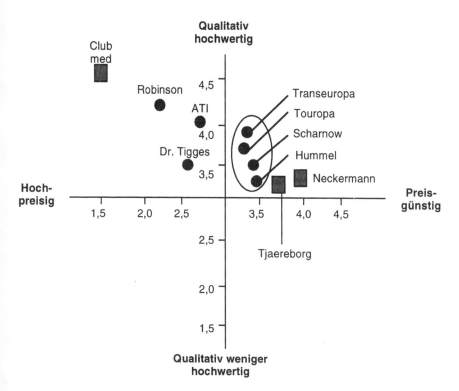

**Abb. C-51a** Positionierung von TUI-Marken
(Quelle: SCHMIEDER 1991: 511)

Preis-Mengen-Politik eines Anbieters ergibt sich eine entsprechende Positionierung im Preis/Präferenz-Mengen/Qualität-Diagramm.

Im Tourismus ist nicht in allen Bereichen eine ausreichende Preis-Mengen-Flexibilität gegeben, so daß dieses strategische Instrument nur begrenzt eingesetzt werden kann.

**Beispiele:**
- Bei Destinationen mit schlechtem Wetter können nur begrenzt durch niedrigere Preise mehr Touristen zu Reisen in diese Region bewogen werden.
- Transport- oder Beherbergungskapazitäten lassen bei sinkenden Preisen nur begrenzt Mengenausweitungen der Gästezahlen zu.

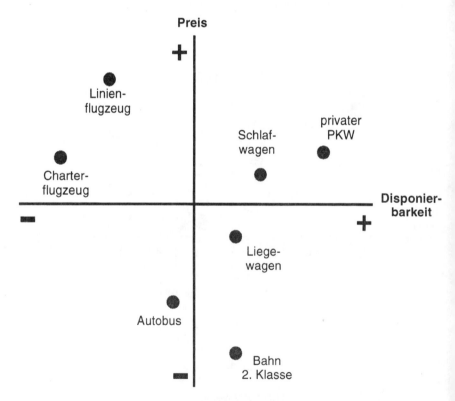

**Abb. C-51b** Positionierung von Verkehrsmitteln
(Quelle: SCHWEIGER/SCHRATTENECKER 1988: 110)

## 3.6 Kombinierte Gesamtstrategien

Die zuvor behandelten Strategiemöglichkeiten stellen Elemente oder Module für die Gesamtstrategie dar. Zur Ableitung oder Überprüfung der eigenen Strategien sind in Abb. C-52 nochmals die verschiedenen Strategie-Module und die entsprechenden strategischen Möglichkeiten dargestellt.

Alle strategischen Möglichkeiten sind in Phase II des Marketing-Management-Prozesses zu prüfen. Als Ergebnis setzt sich die konkrete Strategie für die jeweilige Marketing-Aufgabe zu unterschiedlichen Anteilen aus den einzelnen Modulen zusammen, z.B.

(30% Modul 1) + (20% Modul 2) + (15% Modul 3) + (35% Modul 4) = 100%.

Auch kann es sein, daß einzelne Module für den speziellen Marketingbereich strategisch ganz unbedeutend sind (z.B. Anteil von Modul 3 = 0%).

Anhand der Strategie-Box können die verschiedenen strategischen Alternativen für **einen** Marketingbereich ebenso dargestellt und diskutiert werden wie die Gesamtheit der strategischen Möglichkeiten für **verschiedene** Marktbereiche. Beispiele für die Strategiediskussion unter Verwendung der Strategie-Box finden sich allgemein bei BECKER 1993: 311ff und mit Beispielen aus dem Tourismus bei ROTH (1995: 84, Reiseveranstalter) sowie bei SCHRAND (1995: 327, Reisebüros) und KREILKAMP (1995: 193ff, Reisemittler).

| STRATEGIE-MODUL | Strategie-Möglichkeiten (-Chips) | | | |
|---|---|---|---|---|
| **1. Entwicklungs-Strategien** | | | | |
| Entwicklungsrichtung | Wachsen | Stabilisieren | | Schrumpfen |
| Marktfelder | Marktdurchdringung | Marktentwicklung | Produktentwicklung | Diversifikation |
| Marktareal | lokal | regional | national | international |
| **2. Konkurrenz-Strategien** | | | | |
| Strategiestil | Kontra/Wettbewerbsorientiert | Mitläufer (Me-Too) | | Kooperation |
| Wettbewerbsverhalten | Qualitätsführerschaft | Agressive Preisführerschaft | Nischen-Strategie | Niedrig-Preis-Strategie |
| **3. Kunden-Strategien** | Massenmarkt-Strategie | | Segmentierungs-Strategie | |
| | undifferenziert | differenziert | eine Zielgruppe | mehrere Zielgruppen |
| **4. Positionierungs-Strategien** | Präferenz-Strategie | | Preis-Mengen-Strategie | |

**Abb. C-52** Strategie-Box

Neben der Gesamtstrategie sind gegebenenfalls noch weitere **Teilstrategien** für die verschiedenen strategischen Geschäftseinheiten eines Betriebes oder einer Destination zu entwickeln, also z.B.:

- für die verschiedenen Geschäftsfelder der Destination München eine Zielgruppenstrategie für Geschäftsreisende, eine Kooperationsstrategie in bezug auf andere Großstädte der Magic Ten usw.,
- für die verschiedenen Geschäftsfelder eines Reiseveranstalters eine eher zielgruppenorientierte (exklusive) Strategie für die Kreuzfahrtabteilung, eine Preis-Mengenstrategie für die Flugabteilung („Last-Minute") usw.

# 4 Strategisches Marketing-Mix

## 4.1 Marketing-Mix als strategische Aufgabe

Die strategischen Grundüberlegungen gehen in konkrete strategische Aussagen für die instrumentelle Ebene des Marketing-Mix über. So sind zur Umsetzung der Gesamtstrategie ebenso wie für die verschiedenen Strategiemodule eine entsprechend orientierte

- strategische Produktpolitik,
- strategische Preispolitik,
- strategische Vertriebswegepolitik,
- strategische Kommunikationspolitik

notwendig. Nur der aufeinander abgestimmte und strategisch ausgerichtete Einsatz dieser Instrumente erfüllt die Vorstellung der strategischen Pyramide aus Abb. C-2. Die entsprechenden Ausführungen finden sich in Teil D, wobei neben den Hinweisen auf die strategische Bedeutung auch Erläuterungen zur grundsätzlichen Bedeutung der einzelnen Instrumente erfolgen. Der genaue strategische Einsatz hängt von der letztlichen Strategieentscheidung der Phase II des Marketing-Management-Prozesses ab.

Lange Zeit gab es eine Überbetonung des instrumentellen Marketing. Bereits die Diskussion und Abstimmung der Marketing-Instrumente wurde als Marketing-Konzept oder gar als strategisches Marketing verstanden. Heute wird der instrumentelle oder operative Charakter des Marketing-Mix meist deutlich von den zugrundeliegenden strategischen Überlegungen getrennt.

Zentrale Aufgabe der instrumentellen Strategien ist die Festlegung eines **optimalen Marketing-Mix**. Aus der Palette der Marketinginstrumente ist die beste Kombination auszuwählen, um die Ziele möglichst optimal zu erreichen.

Hier zeigt sich, daß Marketing als allumfassende Betriebsstrategie weitaus mehr ist als nur Werbung und auch mehr als der isolierte Einsatz der verschiedenen Marketinginstrumente. Marketing-Management umfaßt eine optimale Kombination der Gestaltung der gesamten Maßnahmen in bezug auf betriebliche Ziele und Möglichkeiten, abhängig von den (Umwelt-) Trends und der Marktsituation (Nachfrager und Konkurrenten). Dafür stehen verschiedene Instrumente zur

Verfügung, die je nach spezifischem Fremdenverkehrsbetrieb unterschiedliche Bedeutung haben (vgl. nächster Abschnitt).

**Das Marketing-Mix** ist die optimale Kombination der verschiedenen Marketing-Instrumente.

Die Zusammenfassung der normativen, strategischen und instrumentellen Zielsetzungen und Festlegungen wird auch vielfach als „**Marketing-Konzept**" bezeichnet. Es ist in der Praxis des Tourismus-Marketing auch eng mit der – bereits erwähnten – Bestimmung von Leitbildern oder einer strategischen Corporate-Identity-Politik verbunden.

Für praktische Marketingaufgaben wird vielfach formuliert, daß die gesamten strategischen Aussagen in bezug auf Ziele, Wege und Instrumente auf einem Blatt zusammengefaßt werden sollen. Dieses „Strategieblatt" weist nochmals auf den grundsätzlichen Charakter der (Strategie-)Phase II im Marketing-Mix hin.

## 4.2 Die Gesamtheit der Instrumente: „Marketing-Mix"

Als Grundsatz für die Betrachtung der vielfältigen Instrumente des Marketing gilt, daß sie alle nur in ihrer Gesamtheit und aufeinander abgestimmt wirken. Letztlich kann jedes einzelne der Marketinginstrumente einen „Engpaß" darstellen, d.h. wenn es nicht in Übereinstimmung mit den anderen Instrumenten eingesetzt wird, kann die gesamte Marketinggestaltung negativ beeinflußt werden.

Historisch wird den Amerikanern BORDEN und CULLITON 1948 die erstmalige Verwendung des Begriffes Marketing-Mix zugeschrieben (vgl. BORDEN 1964). Mit dieser Wortschöpfung sollte dargestellt werden, daß es nicht Aufgabe des Marketing ist, isolierte Maßnahmen aus der Fülle der Marketinginstrumente festzulegen, sondern eine **harmonische Kombination** zu entwickeln. Zur Veranschaulichung dieser Vorstellung wurden Marketing-Manager als „mixer of ingredients" bezeichnet, bei denen nur durch das abgestimmte Zusammenwirken aller Zutaten ein „wohlschmeckendes" Ergebnis erzielt werden kann.

- Der Marketing-Manager als „mixer of ingredients":
  - „one who is constantly engaged in fashioning creatively a mix of marketing procedures and policies in his effort to produce a profitable enterprise",
  - „who sometimes follows a recipe prepared by others, sometimes prepares his own recipe as he goes along, sometimes adapts a recipe to the ingredients immediately available, and sometimes experiments with or invents ingredients no one else has tried." (BORDEN 1964:2)

Häufig wird auch der Vergleich mit einem Orchester angeführt, wo eine falsch gestimmte Geige oder ein einzelner Paukenschlag zum falschen Zeitpunkt den Gesamteindruck eines Konzerts vollkommen zerstören kann.

Zudem können sich die einzelnen Instrumente gegenseitig positiv beeinflussen; man spricht im Marketing von „positiven Synergien". Auf der anderen Seite führen Widersprüche im Marketing-Mix zu Unsicherheit und Mißtrauen bei den Konsumenten (zu sog. „negativen Synergien").

**Beispiele:**
- Hoher Preis und geringe Qualität ebenso wie – umgekehrt – niedrige Preise trotz hoher Qualität, z.b. 2 Wochen Pauschalreise nach Mauritius für DM 999.–
- Marktschreierische Werbung für exklusive Qualitätsprodukte, z.B. für Kreuzfahrten oder Golfreisen in die Karibik

Da Marketing-Maßnahmen häufig auf mehrere Zielgruppen ausgerichtet sind, ist die „Harmonische Ganzheit" der Instrumente seitens der Kunden nicht immer klar zu sehen, was letztlich auch zur Unglaubwürdigkeit der jeweiligen touristischen Anbieter führen kann. So entstehen vor allem durch Maßnahmen der kurzfristigen Kapazitätsauslastung oftmals negative Synergien bei den Reisenden.

**Beispiel:**
- Last-Minute-Angebote für Pauschalreisen oder Reiseteilnehmer mit unterschiedlichen Flugtarifen auf demselben Flug verärgern Reisende, die zum Volltarif gebucht haben.

Für die Entwicklung eines optimalen Marketing-Mix stehen zahlreiche Einzelinstrumente zur Verfügung. Aus allen ist eine harmonische Kombination zu bilden, die im Sinne der vorgegebenen Strategien wirkt. Für die Betrachtung dieser Optimierungsaufgaben hat sich im Laufe der Jahre eine gewisse Gruppenbildung der verschiedenen Instrumente durchgesetzt, die überwiegend als 4-er Systematik oder als die traditionellen 4 P's in der Literatur diskutiert werden.

Dabei stellen diese vier Bereiche lediglich Oberbegriffe für zahlreiche weitere Instrumente dar. Andererseits werden immer wieder einzelne Instrumente oder

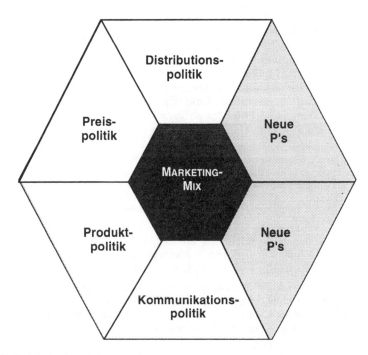

**Abb. C-53** Marketing-„Mix"

Instrumentenkombinationen besonders herausgestellt und eine Erweiterung der traditionellen 4-er Systematik gefordert („neue P's"), wie z.b. um

- Participation und People, Physical Evidence sowie Process, die im Dienstleistungs-Marketing oftmals diskutiert werden (7-er-Systematik, vgl. MEFFERT/BRUHN 1995: 251f) und auch für das Tourismus-Management empfohlen werden (vgl. POMPL 1996: 48ff)
- oder um zahlreiche weitere P's, wie Packages, Programming, Positioning, Power, Partnership und Public (vgl. dazu genauer Abschnitt D.0).

Letztlich ändert sich damit nichts am Grundgedanken des Marketing-Mix, lediglich die Optimierungsaufgabe wird vielfältiger, wenn sie von vier auf weitere Instrumentenbereiche auszudehnen ist (vgl. Abb. C-53).

## 4.3 Strategische und taktische Instrumente

Ein weiterer Betrachtungspunkt in bezug auf die Marketing-Instrumente ist die strategische bzw. taktische Wirkungsweise der Instrumente (vgl. MEFFERT 1986, BECKER 1993, ROTH 1995). Grundsätzlich wirken alle Instrumente unterschiedlich in zeitlicher, hierarchischer und funktionaler Hinsicht.

Vor allem die Frage der eher kurzfristig-taktischen bzw. langfristig-strategischen Wirkungsweise der Marketinginstrumente wird immer wieder aufgegriffen, ohne daß sie letztlich allgemeinverbindlich beantwortet werden kann. Die konkrete Wirkungsweise der Instrumente hängt von der jeweiligen spezifischen Marketing-Situation des Betriebes und des Umfeldes ab. Es lassen sich lediglich sehr allgemeine Aussagen zu den taktischen und strategischen Anteilen bei den einzelnen Instrumenten formulieren, die bildlich in Abb. D-54 dargestellt sind.

**Beispiel:**
- So ist eine Gestaltung der Vertriebswege eher eine langfristige Aufgabe, während Maßnahmen der Verkaufsförderung und der Werbung eher kurzfristig wirken (können). Imagebildende Maßnahmen der Öffentlichkeitsarbeit und der Produktpositionierung sind ebenfalls eher langfristig orientierte Maßnahmen. Die Preispolitik bietet hingegen wiederum einige kurzfristige Instrumente.

## 4.4 „Phasen-Mix" im Tourismus-Marketing

Als weitere Besonderheit im touristischen Leistungsmodell kommt der – sehr unterschiedliche – Instrumenteneinsatz in den verschiedenen Phasen der touristischen Leistungskette hinzu. Auch hier ist zu überlegen, ob für das touristische Marketing nicht eine Darstellung der einzelnen Instrumente entlang der touristischen Leistungsphase („Phasen-Mix") erfolgen müßte, also ein

- Potential- oder Bereitstellungs-Mix,
- Prozeß- oder Durchführungs-Mix,
- Ergebnis-Mix

der Marketing-Instrumente. Ein kurzer Hinweis auf eine solche Zuordnung der Marketing-Instrumente wird im folgenden gegeben (vgl. Abb. D-4). Eine genauere Darstellung der phasenbezogenen Wirkungsweise der einzelnen Instrumente findet sich in den Abschnitten D.1 bis D.4.

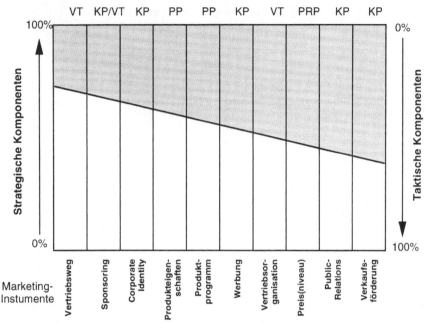

KP=Kommunikationspolitik, PP= Produktpolitik, PRP=Preispolitik, VT=Vertriebspolitik

**Abb. C-54** Strategischer und taktischer Anteil der Marketing-Instrumente
(Quelle: FREYER 1990:237)

**(1) Potential-Mix**

In der **Bereitstellungsphase** des touristischen Leistungsprozesses sind in der Regel alle vier Instrumentbereiche einzusetzen. Aufgrund der hohen Unsicherheit seitens der Kunden über die zu erwartenden immateriellen Leistungen in der Prozeßphase kommt in der Bereitstellungsphase vor allem den kommunikativen Instrumenten große Bedeutung zu. Es muß vorwiegend die Leistungsfähigkeit nach außen kommuniziert werden und – v.a. durch Werbemaßnahmen – der Kunde zur Buchung der jeweiligen Reisen veranlaßt werden.

Andererseits sind die – eher nach innen gerichteten – Instrumente zur Produkt- und Preisgestaltung von ähnlicher Bedeutung. Die verschiedenen Leistungselemente sind bereitzustellen und entsprechend zu gestalten. Die Preispolitik legt den Rahmen der Preisgestaltung fest.

Da im Tourismus der Vertrieb der Leistungen vielfach über Reisemittler geschieht, sind Maßnahmen der Vertriebswegepolitik ebenfalls in dieser Phase des touristischen Leistungsprozesses zu gestalten. Die grundsätzliche Vertriebswegegestaltung ist allerdings eine eher langfristige Aufgabe, so daß in der Potentialphase vor allem den kommunikativen Maßnahmen der Verkaufs- bzw. Vertriebswegeförderung größere Bedeutung zukommt (vgl. D.3.4).

## (2) Prozeß-Mix

In der Phase der Leistungserstellung steht die Produktpolitik im Vordergrund des Marketing-Mix, wobei hier vor allem die qualitativen Leistungskomponenten im Sinne einer adäquaten Leistungserstellung zu gestalten sind. In dieser Phase realisiert sich ebenfalls das Preis-Leistung-Verhältnis.

Große Bedeutung kommt wiederum der Kommunikationspolitik zu, die in Phase 2 allerdings ganz andere Aufgaben als in der Potentialphase hat. Während der Leistungserstellung steht vor allem die Kommunikation mit dem „Fremdfaktor" im Mittelpunkt, also mit dem Reisenden, der in das Einzugsgebiet des Leistungsträgers kommt. Der Gast soll zur Mitwirkung angeregt werden und im permanenten Kundenkontakt während der Reisedurchführung können die Kundenwünsche erkannt und adäquat erfüllt werden.

Weniger Bedeutung hat die Vertriebswegepolitik, die im wesentlichen in Phase 1 beendet worden ist. Nur vereinzelt wirken die Distributionsorgane in der Durchführungsphase an der Leistungserstellung im Sinne der Sicherung bzw. Realisierung der Verfügbarkeit mit.

## (3) Ergebnis-Mix

In der Ergebnisphase sind die Aufgaben der Produktpolitik, der Preispolitik und der Vertriebswegepolitik im wesentlichen beendet. Im Rahmen der Reklamationspolitik sind eventuell Leistungsnachbesserungen notwendig (als Aufgabe der Produktpolitik oder – bei Preisrückerstattungen – auch der Preispolitik). Zusammen mit der Nachbetreuung der Kunden können auch die Vertriebswege eingeschaltet werden.

Es kommt wiederum der Kommunikationspolitik größere Bedeutung zu, hier v.a. der Öffentlichkeitsarbeit. Die Ergebnisse der Reise sind darzustellen und zu kommunizieren, was wiederum die Grundlage für entsprechende Kommunikationsaufgaben der Potentialphase für die nächste Reise sein kann.

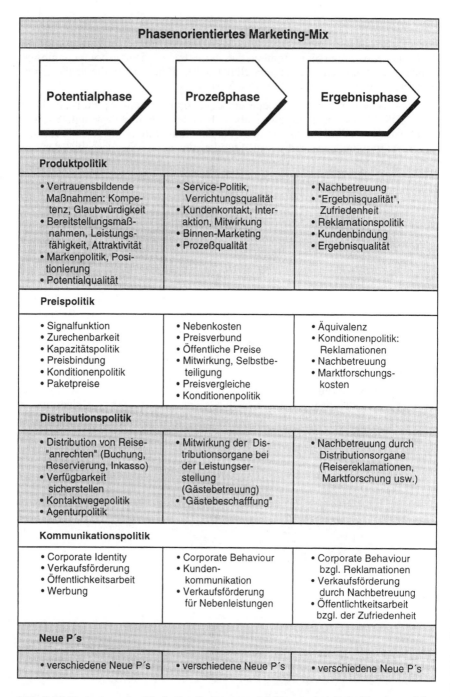

**Abb. C-55** Bedeutung der Marketing-Instrumente im Phasenmodell des Tourismus-Marketing

# Teil D
# Gestaltungsphase: Marketing-Mix im Tourismus

**0 Grundlagen des Marketing-Mix**

**1 Produktpolitik im Tourismus**
1.1 Grundlagen der Produktpolitik im Tourismus-Marketing
1.2 Produktpolitik in bezug auf die touristische Leistungskette (Phasenbezogene Produktpolitik)
1.3 Beeinflussung der Leistungsebenen (Kern- und Zusatzprodukt)
1.4 Gestaltungsmöglichkeiten der Produktpolitik
1.5 Grenzen der Produktpolitik im Tourismus

**2 Preis- oder Kontrahierungspolitik**
2.1 Grundsätzliche Aufgaben der Preispolitik
2.2 Besonderheiten der Preispolitik im Tourismus
2.3 Formen der Preisfestsetzung
2.4 Preispolitische Strategien

**3 Vertriebswege- oder Distributionspolitik**
3.1 Grundaufgaben der Distributionspolitik
3.2 Strategische Aufgaben der Distributionspolitik im Tourismus
3.3 Struktur des Vertriebs (Distributionswege und -formen)
3.4 Vertriebswege im Tourismus

**4 Kommunikationspolitik im Tourismus**
4.1 Grundlagen der Kommunikationspolitik
4.2 Besonderheiten der Kommunikationspolitik im Tourismus
4.3 Corporate Identity
4.4 Verkaufsförderung und persönlicher Verkauf
4.5 Öffentlichkeitsarbeit (Public Relations)
4.6 Werbepolitik
4.7 Weitere Kommunikationsinstrumente

**Abb. D-0** Die Gestaltungsphase im touristischen Marketing-Management

# Übersicht Teil D

Aufgabe der Marketinginstrumente ist die Umsetzung der verschiedenen strategischen Festlegungen der Konzeptionsphase (Phase II im Marketing-Management). Dabei werden im Rahmen des instrumentellen Marketing die grundsätzlichen Möglichkeiten der Marketinggestaltung diskutiert, was in engem Zusammenhang mit der jeweiligen Ausgestaltung und Konkretisierung – der Phase IV – steht. Immer häufiger werden auch die Phasen III und IV zusammen betrachtet, als sog. „Implementierung" des Marketing (so MEFFERT 1994). Auf der anderen Seite wird das Marketing-Mix als Übergang von der strategischen und konzeptionellen Entwicklung des Marketing zur operativen und taktischen Gestaltung gesehen.

Im folgenden werden die Möglichkeiten des Marketing-Mix mit ihren instrumentellen und strategischen Aufgaben für das Tourismus-Marketing näher beleuchtet. Einleitend wird eine Übersicht über die Marketinginstrumente gegeben und die grundsätzliche Problematik des Marketing-Mix und der verschiedenen Instrumentbereiche dargestellt.

In den Abschnitten D.1. bis D.4. werden verschiedene Marketing-Instrumente mit ihren grundsätzlichen Wirkungsweisen für das touristische Marketing betrachtet, wobei die einzelnen Instrumente stets im engen Verbund mit anderen Instrumenten zu sehen sind.

Weitere grundlegende Aussagen zum Marketing-Mix im Rahmen des Marketing-Management-Prozesses finden sich in Capitel C.4.

---

**Ziele des Teils D**

*Die Lektüre des Teils D soll die Erstellung eines touristischen Marketing-Mix ermöglichen, insbesondere sollen aus den Bereichen*

- *Produktpolitik,*
- *Preispolitik,*
- *Vertriebspolitik,*
- *Kommunikationspolitik,*
- *Sonstige Politikarten*

*die verschiedenen Instrumente im Sinne eines abgestimmten Marketing-Mix ausgewählt werden, um die in Teil C formulierten Strategien adäquat umsetzen zu können.*

# 0 Grundlagen des Marketing-Mix

Lange Jahre war die Diskussion des Marketing-Instrumentariums Hauptinhalt des Marketing (sog. „instrumentelles Marketing"). Erst mit der zunehmenden Entwicklung des Marketingdenkens in Richtung des strategischen Marketing und der Marketing-Management-Methode ist das Instrumentarium zu einer Teilüberlegung innerhalb des gesamten Marketing-Management-Prozesses geworden.

Zahlreiche Überlegungen für die verschiedenen Instrumente im Marketing sind bereits an anderer Stelle behandelt worden. Dies trifft insbesondere für die strategische Ausrichtung des Marketing-Instrumentariums zu (vgl. dazu auch C.4). Somit hat die Phase der Marketing-Gestaltung vor allem zwei Blickrichtungen:

- **vorgelagert:** im Marketing-Mix sind die – vorgelagerten – strategischen Festlegungen taktisch und instrumentell umzusetzen,
- **nachgelagert:** die eigentliche Realisierung und Ausgestaltung des grundsätzlich möglichen Marketing-Instrumentariums erfolgt – nachgelagert – in der Realisierungs- oder Implementierungsphase (vgl. Teil E).

Beide Aufgabenstellungen sind letztlich nicht klar von der grundsätzlichen Diskussion der Instrumenten-Möglichkeiten innerhalb der Phase des Marketing-Mix zu trennen. Es gibt zahlreiche Überschneidungen. Auch in der Bezeichnung der Marketing-Instrumente spiegelt sich teilweise diese Entwicklung wider:

- absatzpolitisches Instrumentarium (GUTENBERG 1968),
- Instrumente der Marktgestaltung und Leistungskomponenten (NIESCHLAG/DICHTL/HÖRSCHGEN 1991),
- Marketing-Mix (BECKER 1993),
- Operatives Marketing (MEFFERT/BRUHN 1995).

Heute hat sich anstelle des traditionellen Begriffs von GUTENBERG vor allem die angelsächsische Bezeichnung des Marketing-Mix auch im deutschen Sprachgebrauch durchgesetzt. Im einzelnen sind für die Phase des Marketing-Mix folgende allgemeine Besonderheiten zu beachten:

**(1) Die traditionellen 4 P's**

In der Literatur gibt es eine Vielzahl von Systematisierungsversuchen für die verschiedenen Marketing-Instrumente. Dabei ist im allgemeinen Marketing eine Dreier- bzw. eine Vierer-Systematik der Marketinginstrumente am verbreitetsten. Die vier Bereiche werden in Anlehnung an die angelsächsischen Bezeichnungen (im folgenden in Klammern) oft auch als die 4 P's im Marketing bezeichnet:

- Produktpolitik oder -Mix („product"),
- Preispolitik oder -Mix („price"),
- Vertriebswegepolitik oder -Mix („place"),
- Kommunikationspolitik oder -Mix („promotion").

Doch diese traditionellen vier Bereiche werden – insbesondere für das Dienstleistungs- und Tourismus-Marketing – immer häufiger in Frage gestellt, wobei sowohl eine kleinere als auch eine größere Zahl von Instrumenten empfohlen wird:

## (2) Reduzierung der P's

Vertreter eines praxisorientierten Marketing fassen häufig die ersten beiden Instrumentenbereiche Produkt- und Preispolitik zur **Angebots- oder Leistungspolitik** bzw. dem -Mix zusammen, wobei die Preis- und Mengengestaltung als eine nur schwer trennbare Aufgabe gesehen wird. Gerade im Tourismus wird das Preis-Leistungs-Verhältnis oder die Gestaltung des „Wertes" als gemeinsame Aufgabe gesehen, womit hier vielfach von drei Instrumentbereichen gesprochen wird (so DREYER 1995: 85, KREILKAMP 1993: 287, ROTH 1995: 93):

- **Produkt- und Preispolitik**, auch als **Leistungspolitik** oder Produktleistung bezeichnet, bestimmen den **Wert** des Leistungsangebotes (die Nutzenerwartung der Abnehmer). Sie schafft ein marktfähiges Produkt und bietet die eigentliche „Problemlösung" (vgl. BECKER 1993: 464f, KREILKAMP 1993: 287).
- Die **Vertriebspolitik oder Distributionspolitik** sorgt für die Verfügbarkeit der Produkte und Leistungen am Markt.
- Die **Kommunikationspolitik** oder „Profilleistung" sorgt für die Bekanntheit und das Image (das „Profil").

## (3) Erweiterung der 4 P's

In bezug auf das touristische Marketing, v.a. in Anlehnung an das Dienstleistungsmarketing, wird hingegen das traditionelle, eher sachgüterorientierte Marketing-Instrumentarium als nicht ausreichend erachtet. So gibt es zahlreiche Vorschläge für eine Abwandlung der Systematik, insbesondere für die Ergänzung des traditionellen 4er-Instrumentariums für den touristischen Bereich.

Am deutlichsten wird dies unter Verwendung der angelsächsischen Alliterationen bei der Erweiterung der 4 P's auf 7 bzw. noch mehr P's (vgl. u.a. COWELL 1989: 69, MORRISON 1989: 175).

## (3a) Die 7er-Systematik

Die ersten Ansätze einer Erweiterung der traditionellen 4 P's für den Tourismus erfolgten durch den Einbezug von drei weiteren P's. Diese in der angelsächsischen Tourismusliteratur häufig diskutierte 7-er-Systematik umfaßt neben den traditionellen 4 P's Product, Price, Place und Promotion als weiteres

5. Participation und/oder People,
6. Physical evidence,
7. Process.

Auch im deutschsprachigen Bereich haben diese drei weiteren Instrumente zunehmend Beachtung gefunden, vgl. z.B. POMPL 1996 (für das Tourismus-Management), MEFFERT/BRUHN 1995 (für das Dienstleistungs-Marketing). Im einzelnen kommt diesen Instrumenten folgende besondere Bedeutung zu:

**Participation und People (Menschen und Mitwirkung):**

Die Bedeutung von Participation und People wird im Tourismus vor allem in drei Teilbereichen gesehen:

Die Teilnehmer an touristischen Dienstleistungen (die Touristen) werden durch andere Menschen (people), die an diesen Dienstleistungen teilnehmen (participation), beeinflußt, also durch Mitreisende oder andere Konsumenten:

„you are affected by the people who go on the same holidays as you". Dieses zeigt sich besonders in der Wahl bestimmter Urlaubsarten (wie Club-Urlaub).

Zweitens ist bei den im Tourismus vorherrschenden persönlichen Dienstleistungen der persönliche Kontakt zwischen Leistungsproduzent und -konsument von Bedeutung. Hierbei sind das Service-Personal des Produzenten, dessen Freundlichkeit und Qualifikation, sowie die Mitwirkung der Konsumenten weitere wichtige Leistungselemente. „People" wird in diesem Zusammenhang auch als Personalpolitik betrachtet: „I think the 4 P's of services are People, People, People, People" (GRÖNROOS 1990: 134).

Letztlich treffen Reisende mit den Bewohnern in den Zielgebieten zusammen, die primär nicht an der Leistungserstellung beteiligt sind. Auch deren Gastfreundschaft beeinflußt ebenfalls das Leistungsergebnis.

**Physical evidence (Ausstattungspolitik)**

Hier wird darauf hingewiesen, daß gerade im Tourismus die „physische Erscheinung" (physical evidence) des Leistungsangebotes eine bedeutende Rolle spielt. Touristen legen einerseits großen Wert auf die landschaftlichen Gegebenheiten der Region, in der sie Urlaub machen, also auf die geographischen Gegebenheiten, wie Klima, Landschaft usw. Andererseits ist gerade für den Bereich der touristischen Dienstleistungen das physische Umfeld der Leistungserstellung ein wichtiger Faktor für die Qualitätsbeurteilung, z.B.

- „die Architektur eines Gebäudes, Größe, Farbe und Dekoration der Räume, Anordnung der Einrichtung, Design der Möblierung;
- das Ambiente, zu dem Geräusche (Lärm, Hintergrundmusik, Gespräche anderer Kunden), Licht, Luft, Raumdekoration und Atmosphäre zählen;
- die Arbeitsmittel, wie Datenverarbeitungs- und Kommunikationsgeräte, Präsentationshilfen für Kataloge;
- das Aussehen der Mitarbeiter (Kleidung, Alter, körperliche Gepflegtheit);
- Symbole, wie Lizenzurkunden (IATA), Mitgliedschaften (DRV, ASR, PATA) und Auszeichnungen, aber auch Ordnung im Geschäftslokal und auf dem Schreibtisch sowie die Gestaltung der Schaufenster" (POMPL 1996: 53f).

**Process (Prozeßpolitik)**

Prozeßpolitik weist darauf hin, daß touristisches Marketing als zeitorientierter dynamischer Prozeß zu verstehen ist, wie es ausführlich in den Teilen A.3 und B.3 dargestellt worden ist.

Die Phasenorientierung steht ebenfalls im Gegensatz zur Sachgüterproduktion, wo Marketing eher zeitpunktbezogen gesehen wird (vgl. Abb. A-27, B-47).

Dies erfordert aber nicht nur ein neues Instrument „Prozeßpolitik", sondern eine weitgehende Ausrichtung des **gesamten** Marketing als phasenorientierter und dynamischer Prozeß und eine entsprechende Integration der verschiedenen Instrumente in ein spezifisches Modell des Tourismus-Marketing, wie es den hier vorliegenden Ausführungen zugrundeliegt.

0. Grundlagen des Marketing-Mix      417

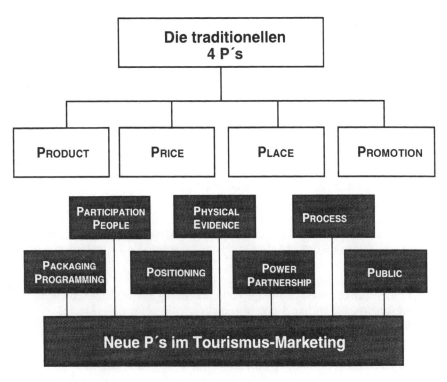

**Abb. D-1**   Die traditionellen und neuen P's im Tourismus-Marketing

**(3b) Weitere P's**

Andere Autoren erweitern die traditionellen 4 P's auf ähnliche Weise, wodurch das empfohlene Marketing-Instrumentarium bis zu zehn oder mehr P's umfaßt. Hier kommen zu den traditionellen 4 P's Product, Price, Place und Promotion sowie den drei weiteren P's aus Abschnitt (3a) People/Participation, Physical evidence und Process unter anderem noch hinzu (vgl. u.a. COWELL 1989:69, MORRISON 1989:175):

- **Packages:** Hierbei wird auf die hohe Bedeutung eines gemeinsamen Tourismusproduktes hingewiesen, das sich aus Teilangeboten verschiedener Hersteller zusammensetzt. Insofern ist es Aufgabe von Fremdenverkehrsorten oder Reiseveranstaltern, ein aufeinander abgestimmtes Reise„paket" zusammenzustellen. Dies fällt vorrangig in den Aufgabenbereich der Produktpolitik, doch als Paketreise sind Preis-, Vertriebs- und Kommunikationspolitik ebenso aufeinander abzustimmen, womit die Konstruktion von Reisepackages als eigenständiges Marketinginstrument anzusehen wäre.

- **Programming** (Programmgestaltung): Das Instrument „programming" kann in engem Zusammenhang mit packages gesehen werden. Auch hierbei geht es um die Entwicklung von Angebotsprogrammen, die über das eigentliche „Paket" hinaus auch zeitliche Aspekte zu berücksichtigen haben. Insofern ist das Erstellen von Angebots- und Veranstaltungsprogrammen ein weiteres wichtiges

Marketing-Instrument, das unter Punkt D 4.7.3 als eigenständiges Event-Marketing etwas näher erläutert wird.

- **Positioning** (Positionierung): Die Positionierung ist ein wichtiges Strategiemodul, es ist aber auch als mögliches eigenständiges Marketing-Instrument anzusehen. Positionierung verlangt ebenfalls instrumentübergreifende Maßnahmen, bei denen eine besondere Kombination der Leistungsqualität, der Preis-, Kommunikations- und Vertriebskomponente zu gestalten ist.

- **Power** („Macht"): Die steigende Bedeutung von Marktmacht, vor allem bei sich vergrößernden internationalen Märkten, verlangt die besondere Gestaltung der touristischen Leistung im Hinblick auf die Positionierung gegenüber der Konkurrenz, um bestimmte Marktpositionen zu erreichen bzw. zu festigen oder auszubauen (siehe auch „partnership").

- **Partnership** (Partnerschaften, Kooperationen): Eng mit dem vorherigen Punkt hängt die Zusammenarbeit mit anderen „Produzenten" zusammen: Kooperationen und strategische Allianzen führen einerseits zu Marktmacht, andererseits erleichtern sie das Erstellen von Paketen sowie den kooperativen Absatz (vgl. E.2.2).

- **Public** („Öffentlichkeit"): „Public" als Marketinginstrument meint Mitwirkung der Öffentlichkeit und die öffentliche Verankerung des touristischen Dienstleistungsgedankens. Es hängt eng mit „people" als „Innen-Marketing" zusammen; als Sonderbereich wären auch „Messen" und „Events" hierbei zu berücksichtigen.

### (4) Fazit: Neue Theoriebildung statt „instrumentelle" Änderungen

Aus den genannten Beispielen wurde deutlich, daß eine Ausweitung der traditionellen 4 P's des Marketing-Instrumentariums hilfreiche Hinweise auf die Besonderheiten des jeweiligen speziellen Marketing, z.B. des Tourismus-Marketing, geben kann. Auf der anderen Seite stellen die in der Literatur diskutierten weiteren P's zumeist Unterfälle der traditionellen 4-er-Systematik dar. So betreffen viele der „neuen Instrumente" Teilbereiche der Produktpolitik, z.B. Programmpolitik (packaging, programming), Produktpositionierung, Produktgestaltung (physical evidence), Produktqualität (Service, Dienstleistungen, people). Weitere Instrumente sind im Bereich der Kommunikationspolitik angesiedelt (wie public, people) oder betreffen Formen der Zusammenarbeit mit anderen Unternehmen (partnership, power).

In Abwägung der ergänzenden bzw. vertiefenden Möglichkeiten einer Veränderung des Marketing-Instrumentariums und einer „methodischen Stringenz" tendiert der überwiegende Teil der Marketingautoren zu einer Beibehaltung der traditionellen 4-er-Systematik. MIDDLETON formuliert dies ähnlich für das touristische Marketing:

> „This author remains convinced that it helps the understanding of a central marketing concept to focus on an unambiguous, easy to understand, four P's" (MIDDLETON 1994: 66). In früheren Jahren hatte er dies noch weitaus deutlicher formuliert: „This author is not convinced that the understanding of marketing is advanced by the proposed revisions (andere als die traditionellen vier P's zu unterscheiden, Anm. W.F.)" (MIDDLETON 1988: 59).

Diese Meinung wird auch hier vertreten. Die traditionellen Marketingbereiche werden so breit dargestellt, daß sie auch alle neuen Varianten umfassen. Allerdings ergibt die spezifische Auswahl eine jeweils sehr unterschiedliche Betonung und Bedeutung einzelner Instrumente und -bereiche. Wichtiger als die Systematisierung der Instrumente nach drei, vier oder bis zu zehn Oberpunkten ist für das praktische Marketing, daß all die genannten Punkte entweder als Ober- oder Unterpunkte im Rahmen der instrumentellen Überlegungen behandelt werden. Je nach Aufgabenstellung kann es durchaus hilfreich sein, den einen oder anderen Bereich besonders herauszustellen:

- So sind die „neuen" Instrumente des Sponsoring und/oder des Product Placements – als Unterfälle der Kommunikationspolitik – in den letzten Jahren besonders hervorgetreten, nachdem sie jahrelang nur eine untergeordnete Bedeutung gespielt haben. Gerade für den Tourismus bieten sich hierbei einige neue Ansatzpunkte des Marketing-Mix, ohne daß damit der Marketing-Mix-Gedanke grundsätzlich neu gestaltet werden müßte.

- Auch andere – traditionelle – Instrumente haben für das touristische Marketing eine weitaus höhere Bedeutung als für das Marketing anderer Produkte. Beispielsweise sind **Messen** ein im Tourismus weit verbreitetes Marketing-Instrument, was bei vielen Tourismusbetrieben zu einer eigenen Messeabteilung bzw. einem Messeausschuß geführt hat. Doch auch diese Maßnahme ist im traditionellen Marketinginstrumentarium enthalten.

- Für das touristische Marketing sowie für das Dienstleistungs-Marketing ist die Bedeutung der **Qualitäts- oder Servicepolitik** ein bedeutender Teilbereich, der entweder instrumentell oder theoretisch-strukturell Eingang in das traditionelle Marketing-Mix sowie Marketing-Management finden muß. So haben neuere Beiträge zumeist ein eigenständiges Kapitel zur Qualitätspolitik innerhalb des Marketing- oder Management-Instrumentariums (vgl. POMPL 1996) oder gar des gesamten Marketing-Managements (vgl. MEFFERT/BRUHN 1995) aufgenommen, ohne allerdings eine entsprechende Integration in die weitere Theoriebildung vorzunehmen.

Solche Ergänzungen sollten allerdings nicht auf der instrumentellen Ebene stehenbleiben, sondern im Zusammenhang mit einer **generellen Neuorientierung der Theoriebildung** für das Tourismus-Marketing (oder das Dienstleistungs-Marketing) gesehen werden. Hierfür können die Ansatzpunkte für ein eigenständiges Tourismus-Marketing aus Abschnitt A.3.3 als Anregungen dienen, wo im einzelnen herausgestellt worden sind:

- **Prozeßorientierung** unter Berücksichtigung von Zeit und Leistungsketten im Tourismus-Marketing, was also bereits das „Instrument" Processing beinhaltet,

- Integration eines **externen Faktors** in die touristische Leistungserstellung und in das touristische Marketing, was u.a. Kommunikation und Mitwirkung erfordert, also die „Instrumente" Participation, People, Public abdeckt,

- Berücksichtigung von **Kern- und Zusatzleistungen**, Gesamtprodukten sowie Problemlösungen, was auf die Bedeutung von Physical evidence, Programming, Packaging hinweist,

- unterschiedliche **Träger** im Mikro- und Makrobereich des Tourismus, was besondere Formen der Kooperation (Partnership) und Machtverteilung (Power) bedeuten.

Vor diesem Hintergrund einer Neuformulierung der Theorie des Tourismus-Marketing sind auch die Marketing-Instrumente in einem neuen Licht zu sehen. Entsprechend wird im folgenden der Einsatz der Marketinginstrumente vorwiegend entlang des prozeßorientierten Marketing-Modells betrachtet, also auf die Bedeutung unterschiedlicher Maßnahmen in der Potential-, Prozeß- und Ergebnisphase hingewiesen. Infolge der nach wie vor weit verbreiteten Einteilung der Marketinginstrumente in die vier Bereiche Produkt-, Preis-, Vertriebswege- und Kommunikationspolitik wird diese – traditionelle – Einteilung der Instrumentbereiche als Hauptgliederung beibehalten und die phasenorientierte Betrachtung jeweils als Unterfall behandelt. Bei weiterer Verbreitung der Phasenorientierung im Tourismus-Marketing würde sich eine umgekehrte Darstellung empfehlen, wie sie bereits in Abb. C-55 angedeutet worden ist.

# 1 Produktpolitik im Tourismus

## 1.0 Übersicht Kapitel D.1

Das erste wichtige Instrument im touristischen Marketing-Mix ist die Produkt- oder Leistungspolitik. Produktpolitik hat die Aufgabe, das vorhandene Leistungsangebot ziel- und strategieorientiert zu gestalten.

Konkrete Aussagen zur touristischen Produktpolitik sind in einem hohen Maße abhängig von den allgemeinen Ausführungen zu touristischen Produkten und Leistungen (vgl. dazu A.3.3, B.3) sowie den verschiedenen produktbezogenen Zielen und strategischen Empfehlungen (vgl. dazu C.2, C.3). Dabei ist Produktpolitik selbst in der Regel wiederum ein Mix aus verschiedenen produktpolitischen Möglichkeiten – ein **Produkt-Mix**.

Im allgemeinen Marketing werden unter **Produktqualität** vor allem die Beeinflussung der Produktqualität und -quantität, des Produktsortimentes sowie der damit meist zusammenhängenden Beeinflussung der Marken- und Positionierungseigenschaften der jeweiligen Produkte verstanden (vgl. MEFFERT 1986, NIESCHLAG/DICHTL/HÖRSCHGEN 1991, KOTLER 1992, BECKER 1993). Auch für das Tourismus-Marketing wären ganz ähnliche Überlegungen für eine touristische Produktpolitik möglich. Doch aufgrund der Besonderheiten touristischer Produkte und Leistungen bietet sich zur Behandlung der Produktpolitik im Tourismus-Marketing eine veränderte Sichtweise analog zu den touristischen Leistungsphasen des Grundmodells in Abb. A-29 sowie zu den verschiedenen produktpolitischen Marketingebenen (siehe auch bereits A.3.3) an:

- touristische Produktpolitik hat die Gestaltung der verschiedenen Glieder der touristischen **Leistungskette** zum Gegenstand (Potential-, Prozeß-, Ergebnisphase). Aus Sicht des touristischen Marketing sind hierbei ferner

- unterschiedliche **Leistungsebenen** (Kern- und Zusatzebenen) mit verschiedenen produktpolitischen Mitteln zu gestalten.

Diese Besonderheiten werden nach einigen weiteren grundlegenden Aussagen/Vorbemerkungen zur Produktpolitik (D.1.1) in Abschnitt D.1.2 in bezug auf touristische Leistungsketten herausgestellt und in D.1.3 hinsichtlich der verschiedenen produktpolitischen Leistungsebenen weiter ausformuliert. In D.1.4 erfolgen einige weitere grundsätzliche Aussagen zur Leistungsgestaltung analog zur Produktpolitik im allgemeinen Marketing. Abschnitt D.1.5 weist auf Grenzen der Produktpolitik im touristischen Marketing hin.

---

**Ziele des Kapitels D.1**

*Kapitel D.1 soll die Gestaltung der besonderen Leistungen im Hinblick auf die in Teil C entwickelten Strategien ermöglichen. Dabei sind die verschiedenen Möglichkeiten der Produktpolitik für die angebotenen Touristikprodukte entsprechend anzuwenden:*

- *Gestaltung der touristischen Leistungskette (phasenbezogene Produktpolitik),*
- *Gestaltung der Leistungsebenen (von Kern- und Zusatzprodukten),*
- *Gestaltung des Produktprogrammes,*
- *Gestaltung der Produkteigenschaften.*

*Die Produktpolitik ist mit den anderen Bereichen des Marketing-Mix abzustimmen.*

---

## 1.1 Grundlagen der Produktpolitik im Tourismus-Marketing

Im folgenden werden einige Aussagen zur Produktpolitik allgemein sowie zu einigen touristischen Besonderheiten vorangestellt, um die nachfolgenden Ausführungen besser einordnen zu können.

**(1) Produkt- oder Leistungspolitik?**

Oftmals wird Produktpolitik zusammen mit Preispolitik gesehen und als **Leistungspolitik** bezeichnet. Soweit es sich – wie im Tourismus – vorwiegend um Dienstleistungen handelt, wird anstelle von Produktpolitik auch häufig von „(Dienst-)Leistungspolitik" gesprochen, ohne daß damit Preis- und Produktpolitik zusammen betrachtet werden. Soweit hier Produkt- und Preispolitik getrennt behandelt werden, betont Leistungspolitik vor allem den Dienstleistungscharakter touristischer Angebote („Leistungen") in Abgrenzung zu **Sach**güterangeboten. Zur Vermeidung von Mißverständnissen wird im folgenden daher vorwiegend von „Produktpolitik" anstelle von Leistungspolitik im Tourismus gesprochen.

**(2) Marketing-Mix-Verbund**

Im Sinne eines abgestimmten Marketing-Mix ist die Produktpolitik nicht losgelöst von den anderen Instrumenten, wie Preis-, Vertriebswege- und Kommunikationspolitik zu sehen. Letztlich ist es Aufgabe der Produktpolitik, die in der Strategiephase getroffenen strategischen Entscheidungen umzusetzen. Für die Produktpolitik sind hierfür vor allem die Aussagen zur Produkt-Markt-Strategie sowie zur Positionierungs-Strategie von Bedeutung.

Neben dieser vertikalen Abstimmung der Produktpolitik im Rahmen des Marketing-Managements ist ferner eine horizontale Abstimmung mit den anderen Marketing-Instrumenten notwendig (vgl. Abb. D-2).

**(3) Abgestimmte Produktpolitik**

Produktpolitik betrifft grundsätzlich die marktgerechte Gestaltung des gesamten eigenen Leistungsprogrammes. Das kann die Gestaltung **eines** speziellen Angebotes sein, ist aber häufig die Kombination **mehrerer** Angebote (der sog. „Produktpalette"). Diese Aufgabe nehmen vor allem Einzelbetriebe wahr, im Tourismus-Marketing führt dies z.B. zur Produktpolitik eines Reiseveranstalters, eines Beherbergungsbetriebes, eines Reisemittlers oder eines Transportbetriebes.

Im Tourismus umfaßt Produktpolitik aber auch häufig die Berücksichtigung bzw. Mitgestaltung der Produkte anderer, **fremder** Anbieter im Sinne einer Gestaltung des touristischen Gesamtproduktes „Reise". Hierfür ist eine abgestimmte Produktpolitik mehrerer Anbieter notwendig. Am auffälligsten stellt sich diese Aufgabe bei der Gestaltung von Pauschalreisen durch Reiseveranstalter oder von lokalen oder regionalen Angeboten („Destinationen") durch die zuständigen Marketingträger in den Destinationen dar.

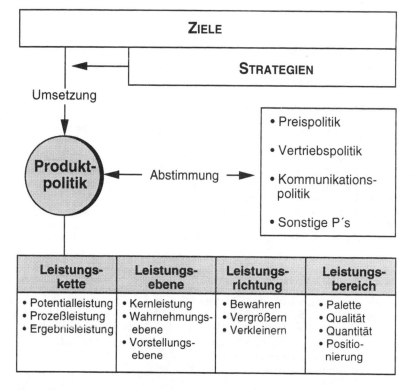

**Abb. D-2** Übersicht zur touristischen Produktpolitik

## 1. Produktpolitik im Tourismus 423

**Beispiele:**
- Wollen **Destinationen** ihr Leistungsangebot verbessern, so sind sie auf eine entsprechende Umsetzung im Rahmen der einzelwirtschaftlichen Produktpolitik einzelner Tourismusbetriebe angewiesen, z.b. Zimmerrenovierung durch die einheimischen Hoteliers, Ausdehnung des Freizeitangebotes durch Freizeitunternehmen usw.
- Will ein **Reiseveranstalter** seine Produktpalette verändern, z.B. verstärkt ökologische Reisen anbieten, so müssen auch die Transportgesellschaften, die Beherbergungsunternehmen usw. ihre Teilleistungen entsprechend ökologisch gestalten.

### (4) Sicht des Konsumenten

Für die Produktgestaltung sind im Marketing weniger – objektive – Produkteigenschaften aus Sicht des Produzenten, sondern die – subjektive – **Sichtweise der Nachfrager** entscheidend. Die Produzentensicht ist vorrangig auf die Gestaltung der funktionalen Ebene der Leistung gerichtet (auf die Kernleistung). Aus Kundensicht stehen hingegen gewisse „Problemlösungen" oder Nutzen bzw. Bedürfnisbefriedigungen im Vordergrund der Nachfrage. Entsprechend diesen Erwartungen der Kunden sind die Produkte zu gestalten.

Zudem stehen als Differenzierungs- oder Auswahlkriterien aus Sicht der Nachfrager immer häufiger „Nebenleistungen" im Vordergrund der Entscheidung. Dabei wird unterstellt, daß sich die Kernleistungen der verschiedenen Anbieter immer mehr aneinander annähern und Zusatzleistungen zur Differenzierung immer bedeutender werden. Auch hierauf hat sich die Produktgestaltung auszurichten.

**Beispiele:**
- Kunden erwarten „Reiseerlebnis" statt „technisch perfekten" Transport von A nach B.
- Für die Buchung in einem Reisebüro ist für den Kunden häufig „gute Beratung" oder „Vermittlung eines Erlebnisurlaubes" in „ansprechendem Reisebüroambiente" kaufentscheidend, weniger die „technisch und kaufmännisch korrekte" Abwicklung des Reservierungs- und Inkassovorganges (was der Reisebüroinhaber vorrangig erwartet).
- Von Besuchern eines Kurortes wird neben der medizinischen Betreuung auch ein unterhaltsames Rahmenangebot (wie Kurkonzerte usw.) sowie ein ganz spezieller Ortscharakter erwartet.

### (5) Produktpolitik als Qualitätspolitik?

Traditionell wurde innerhalb der zahlreichen Gestaltungsmöglichkeiten der Produktpolitik als **eine** Möglichkeit auch die Beeinflussung der Qualität betrachtet (vgl. D.1.4). In den letzten Jahren haben sich qualitative Überlegungen immer mehr zu einem bereichsübergreifenden Ansatz im Rahmen des Total Quality Managements (TQM) entwickelt. So verstanden ist Qualitätspolitik mehr als lediglich eine Teilüberlegung innerhalb der Produktpolitik oder innerhalb des instrumentellen Marketing-Mix. Sie wird zu einem Managementprinzip, nach dem sich die gesamte Unternehmenspolitik an qualitativen Kriterien zu orientieren hat. Erst durch die konsequente Ausrichtung des gesamten touristischen Leistungsprozesses auf ein bestimmtes Qualitätsniveau kann die gewünschte Gesamtqualität einer Reise bzw. einer Teilleistung realisiert werden.

Aus Sicht des Marketing ergibt sich damit die Schwierigkeit der Einordnung von Qualitätsüberlegungen in den traditionellen Marketingprozeß und in die klassische Systematik des Marketinginstrumentariums. Immer häufiger werden in der Literatur aufgrund der gestiegenen Bedeutung des Qualitäts-Managements eigenständige Kapitel aufgenommen, ohne daß diese mit der sonstigen Systematik abgestimmt sind:

- BRUHN/MEFFERT 1995 behandeln das Qualitäts-Management quasi gleichberechtigt zwischen der Strategiephase und dem Operativen Marketing (vgl. dies.: 197ff), ohne daß dies im zugrundeliegenden Modell der Marketingplanung vorgesehen bzw. erwähnt ist (vgl. dies.: 118).

- POMPL 1996 bezeichnet das Qualitäts-Management als eine „Querschnittsaufgabe", die er gleichberechtigt neben dem Produkt- und Preismanagement behandelt.

In Abschnitt B.3.3 waren entsprechende qualitative Aussagen im Zusammenhang mit Möglichkeiten der Betriebsbewertung dargestellt worden, die als Hintergrund für eine entsprechende Qualitätspolitik gelten können. Auch hier könnte eine produktpolitische Gestaltung entlang der Unterscheidung in Potential-, Prozeß- und Ergebnisqualität erfolgen. In D.1.2 werden diese qualitativen Aufgaben der Produktpolitik jeweils als spezielle Aufgabe jeder Phase des touristischen Leistungsprozesses betrachtet.

**(6) Modell der touristischen Leistungserstellung: Ketten und Ebenen**

Die Ausgestaltung der Produktpolitik im Marketing-Mix hängt eng mit den grundsätzlichen modellhaften Vorstellungen über den touristischen Leistungsprozeß zusammen. Dazu sei an dieser Stelle nochmals kurz auf die wesentlichen Aussagen zur touristischen Leistungserstellung hingewiesen, die im folgenden als Grundlage der Aussagen zur touristischen Produktpolitik gemacht werden.

Im Kapitel A.2 war als Grundmodell der touristischen Leistungserstellung ein Phasenmodell oder Modell der touristischen Leistungskette entwickelt worden, mit den drei Phasen

- Potentialphase,
- Prozeßphase,
- Ergebnisphase.

Aus produktpolitischer Sicht war das Leistungskettenmodell in Abschnitt A.3 um verschiedene Leistungsebenen erweitert worden, wie Kernprodukt, Wahrnehmungsebene und Vorstellungsebene. Zudem war auf die touristische Besonderheit des Gesamtproduktes „Reise" als Leistungsbündel hingewiesen worden (A.3) und im Hinblick auf ein übergreifendes TQM – Total Quality Management waren in B.3 („Betriebsbewertung") bereits weitere Ausformulierungen hinsichtlich der Qualitätsgestaltung vorgenommen worden.

Diese verschiedenen Ansatzpunkte werden im folgenden für die touristische Produktpolitik näher erläutert, ohne daß dazu die allgemeinen modelltheoretischen Ausführungen in diesem Abschnitt nochmals wiederholt werden. Die **Leistungspolitik im Tourismus** richtet sich aufgrund dieser Modellvorstellungen auf die Gestaltung

- der Leistungskette (vgl. D.1.2, auch A.3.3.2),
- der Leistungsebene (vgl. D.1.3, auch A.3.3.3),
- der Gesamtleistung (vgl. D.1.2 **und** D.1.4, auch D.1.5 und A.3.3.1).

Hinzu kommen die grundsätzlichen Überlegungen der traditionellen Produktpolitik,

# 1. Produktpolitik im Tourismus

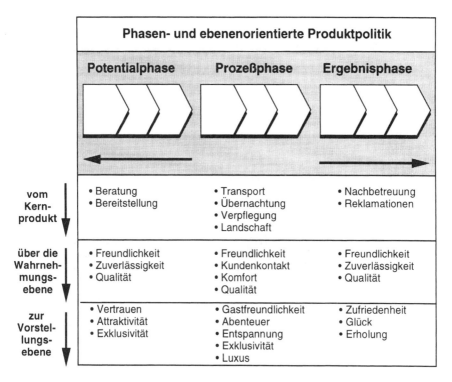

**Abb. D-3** Produktpolitik im Tourismus: Leistungsphasen, Leistungsebenen und Gesamtleistung

- in welche Richtung (vgl. D.1.4.1),
- in bezug auf welche Bereiche (vgl. D.1.4.2)

die jeweiligen Leistungen zu gestalten sind. Damit ergibt sich ein Grundmodell der Produktpolitik, wie es in Abb. D-3 dargestellt ist.

## 1.2 Produktpolitik in bezug auf die touristische Leistungskette (Phasenbezogene Produktpolitik)

Infolge der Vielfalt der touristischen Leistungen der unterschiedlichen Tourismusbetriebe, wie z.B. Reiseveranstalter (Produkt: Pauschalreise), Reisemittler (Produkt: Reiseberatung), Transportunternehmen (Produkt: Transportleistung), Beherbergungsbetriebe (Produkt: Übernachtungsleistung) ist die Ausgestaltung der Produktpolitik im Rahmen des Marketing-Mix ebenfalls sehr vielfältig – und in einem hohen Maß produktspezifisch.

Versucht man, allgemeine Aussagen zur Produktpolitik im Tourismus zu formulieren, die übergreifend zu den verschiedenen Anbietern und deren Leistungen sind, so bietet sich eine Behandlung entlang des touristischen Kettenmodells an. Hier ergeben sich ganz unterschiedliche Ansatzpunkte für die Gestaltung der verschiedenen touristischen Leistungen, die zum einen verstärkt auf die Potentialleistungen, zum anderen auf die Durchführungsleistungen sowie die Ergebnisleistungen gerichtet sind. Dies wird in den nachfolgenden Abschnitten genauer ausgeführt.

### 1.2.1 Übergreifende produktpolitische Aufgaben

In allen Phasen der touristischen Leistungskette(n) gibt es einige **übergreifende** produktpolitische Aufgaben. Dies sind vor allem:

**(1) Länge der touristischen Leistungskette**

Bei einer Sichtweise im Rahmen eines touristischen Leistungskettenmodells läßt sich für die meisten touristischen Leistungen nicht letztlich klar der Beginn der touristischen Leistung, speziell der Bereitstellungsbeginn, oder das Leistungs- bzw. Ergebnisende bestimmen: Die Dienstleistungskette beginnt nicht erst mit dem Eintritt des Kunden in ein Reisebüro oder mit der Ankunft am Urlaubsort. Bereits vorher waren zahlreiche Beschaffungs- und Bereitstellungsaufgaben zu erfüllen:

**Beispiele:**
- Ein Reisebüro hatte durch eine attraktive Schaufenstergestaltung auf seine Angebote aufmerksam gemacht und den Kunden zum Besuch des Reisebüros angeregt.
- Ein Fremdenverkehrsort hatte durch Medienwerbung das Interesse des Kunden geweckt, auf schriftliche und/oder telefonische Anfrage hin Ortsprospekte und ein Zimmerverzeichnis zugesandt, woraufhin sich der Gast zum Besuch des Ortes entschieden hat.

Doch die Leistungskette kann noch weiter nach vorne verstanden werden, indem die weiteren vorbereitenden Maßnahmen bis hin zu den anfänglichen Investitionen als Teil der Leistungskette betrachtet werden:

**Beispiele:**
- Reisebüros müssen ein Büro einrichten, Personal einstellen und schulen, Agenturen der Reiseveranstalter besorgen, CRS-Möglichkeiten erwerben, um überhaupt als Reisemittler aktiv werden zu können.
- Fremdenverkehrsorte investieren in die allgemeine Infrastruktur, bauen Flugplätze und Freizeiteinrichtungen oder beantragen touristische Prädikate, um sich als Tourismusdestination zu entwickeln und zu profilieren.

Auf der anderen Seite endet die touristische Leistung nicht mit dem Verlassen des Reisebüros oder der Rückkehr aus dem Urlaubsort. Hier sind vor allem die zahlreichen Nachkauf- oder Nachkonsumaktivitäten zu betrachten, z.B.

- Reiseveranstalter haben Kundenbeschwerden zu behandeln,
- Entsorgungsaufgaben sind zu lösen,
- mit den verschiedenen Nachbetreuungsmaßnahmen zur Stammkundengewinnung beginnt bereits wieder eine neue Vorkaufphase.

Je weiter nach vorn und hinten die Leistungskette ausgedehnt wird, um so mehr kann der gesamte Leistungsprozeß beeinflußt werden. Allerdings erfordert eine solche Sichtweise auch immer weitergehende betriebliche Aktivitäten.

## (2) Anzahl der Kettenglieder

Ferner läßt sich die Leistungskette neben den drei Grundphasen in noch zahlreiche weitere Glieder zerlegen. Dies hängt einerseits mit der vorher erläuterten Länge der Dienstleistungskette zusammen, betrifft aber auch die weitere Differenzierung der einzelnen Grundphasen. Jedes einzelne Glied bietet Ansatzpunkte für produktpolitische Maßnahmen. Im Dienstleistungs-Marketing spricht man in diesem Zusammenhang von den sog. „kritischen Ereignissen" oder den „Momenten der Wahrheit", d.h. hier treffen Kunde und Leistungsträger zusammen und es werden touristische Teilleistungen aus Sicht der Kunden erwartet. Andererseits können an diesen Stellen durch eine negative Beurteilung „Kettenreaktionen" in die entsprechende Richtung entstehen („Null-Fehler-Problematik").

Je differenzierter (und zahlreicher) die Kettenglieder, um so zahlreicher die Ansatzpunkte für den Einfluß der Produktpolitik.

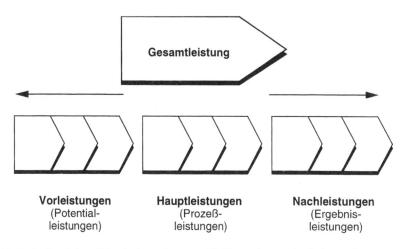

**Abb. D-4** Produktpolitik als Ausweitung und Differenzierung der Leistungskette

## (3) Schnittstellen-Management

Die verschiedenen Kettenglieder müssen aufeinander abgestimmt werden, wobei einerseits die unterschiedlichen Produzenten im Leistungsverbund miteinander zu verbinden sind, z.B. Reisebüro (Beratung), Reiseveranstalter (Reservierung), Hin-Transport, Reiseleitung, Hotel (Übernachtung), Gastronomie (Verpflegung), Rück-Transport usw.

Andererseits sind die verschiedenen betriebsinternen bzw. betriebsbezogenen Aufgaben aufeinander abzustimmen, wie z.B. Beratung/Leistungsversprechen – Buchung/Reservierung – Leistungserfüllung – usw. Auch diese Schnittstellen sind häufig „kritische Ereignisse" im Sinne der produktpolitischen Gestaltung der Kettenglieder.

### (4) Qualitäts-Management

Die Leistungsqualität wird häufig im Rahmen eines TQM-Total-Quality-Managements als übergreifende Aufgabe für alle touristischen Leistungsphasen angesehen, wobei Qualität im Rahmen der Produktpolitik sowohl in der Bereitstellungsphase (Bereitstellungsqualität), als auch in der Durchführungsphase (Durchführungs- oder Erstellungsqualität) und der Ergebnisphase (Ergebnisqualität) zu verwirklichen ist. Die grundsätzlichen Aufgaben des Qualitäts-Managements sind bereits in Teil B.3. im Zusammenhang mit der Betriebsbewertung ausführlich behandelt worden, sie sind aber in ähnlicher Form ebenfalls – übergreifende – Aufgabe der Produktpolitik im touristischen Leistungsketten-Modell.

### (5) Zusammenfassung

Jede Phase des touristischen Leistungsprozesses erfordert bzw. bietet ganz unterschiedliche Möglichkeiten der Produktpolitik. Allgemein sind die Hauptaufgaben der Produktpolitik im touristischen Leistungsmodell in Abb. D-5 dargestellt. Sie werden in den folgenden Abschnitten genauer ausgeführt.

### 1.2.2 Produktpolitik in der Potentialphase

#### (1) Vertrauensbildende Maßnahmen

Die Phase der Potential-Orientierung ist ganz besonders durch die Eigenschaft der Immaterialität von touristischen Leistungen geprägt. Da das eigentliche Ergebnis einer Tourismusleistung („die Reise") erst während oder nach ihrer Verrichtung vom Reisenden erkannt und beurteilt werden kann, sind produktpolitische Maßnahmen in der Potential- oder Bereitstellungsphase vor allem darauf gerichtet, bereits vor dem eigenen Leistungsprozeß (Phase 2) dem potentiellen

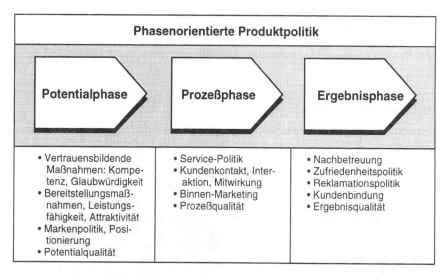

Abb. D-5  Produktpolitik in der touristischen Leistungskette (Übersicht)

Kunden die möglichen Wirkungen zu veranschaulichen. Aufgrund der Immaterialität der touristischen Leistungen stehen diese Maßnahmen in engem Zusammenhang mit Aufgaben der Kommunikationspolitik. Es sind die Leistungsfähigkeit des Tourismusanbieters ebenso herauszustellen wie die möglichen Ergebnisse und die entsprechende – möglichst positive – Wirkung auf den Reise-Interessenten.

Da die meisten touristischen Leistungen immateriell sind und ein hohes Maß an Subjektivität bei der Beurteilung durch den Nachfrager ermöglichen, ist es Aufgabe der Produktpolitik, eine möglichst positive subjektive Einschätzung hinsichtlich der Leistungsbereitschaft und der Leistungsergebnisse in bezug auf die jeweiligen Reiseangebote zu erreichen. Diese Aufgabe hat sehr viel mit vertrauensschaffenden Maßnahmen zu tun. Entsprechend ist das **Beratungspersonal** für diese Aufgaben zu qualifizieren.

Hinzu kommt die Seriosität und Glaubwürdigkeit des Dienstleistungsanbieters sowie die grundsätzliche Attraktivität seines Angebotes. Entsprechend sind vertrauenerweckende Personen im touristischen Marketing meist von besonderer Bedeutung. Ihre Beratung, aber auch ihr „Versprechen", muß den potentiellen Kunden von der zu erbringenden Reiseleistung und dem jeweiligen Leistungsträger so überzeugen, daß er sie einem anderen Mitwettbewerber vorzieht.

**Beispiel:**
- Reiseberater sollten das Angebot aus eigener Erfahrung kennen und erläutern können. Hierfür sind Info-Reisen bzw. Länderabende (im Sinne von Produktinformationen über Destinationsangebote) für das Beratungspersonal eine entsprechende produktpolitische Maßnahme.

Dieses Vertrauensverhältnis muß sich dann über die vollbrachte Reiseleistung möglichst so fortsetzen, daß er auch wiederholt bereit ist, diese Leistungen in Anspruch zu nehmen oder – im Idealfall – auch als Referenzperson für neue Kunden aktiv wird. Diese Form der „Mund-zu-Mund"-Empfehlungen ist für das Dienstleistungs-Marketing ebenso charakteristisch wie der Aufbau einer „Stammkundschaft". Teilweise ist dies auch Aufgabe der Produktpolitik in der Ereignisphase (vgl. D.1.2.3).

**(2) Produktpolitik als Bereitstellungsaufgabe**

Eine wesentliche Aufgabe der Produktpolitik im Tourismus ist die Bereitstellung von Plätzen bzw. Kapazitäten in der Potentialphase durch touristische Leistungsträger sowie ihre vorherige Reservierung zu ermöglichen („Buchung") und ihre – spätere – Nutzung sicherzustellen. Je nach betrieblicher Stellung in der touristischen Leistungskette ist diese Aufgabe Haupt- oder Nebenfunktion der jweiligen Tourismusbetriebe, z.B. Reisemittler (Hauptfunktion), Hotels, Transportunternehmen, Reiseveranstalter (Nebenfunktion). Zwischen den verschiedenen Leistungsträgern kommt den CRS-Computer-Reservierungssystemen in letzter Zeit eine immer größere Bedeutung zu. Teilweise wird dies als eigenständige Tätigkeit, teilweise lediglich als technischer Vorgang innerhalb der Bereitstellungspolitik gesehen (vgl. D.3).

Im Rahmen der Produktpolitik sind Sicherheit und Zuverlässigkeit der Bereitstellung von Reiseplätzen eine zentrale Aufgabe.

## (3) Potentialorientierte Qualitätspolitik (Potentialqualität)

Im Hinblick auf qualitätsorientierte Produktpolitik bezieht sich die touristische Potentialqualität insbesondere auf die Ausrichtung vertrauensbildender Maßnahmen, Maßnahmen der Bereitstellung von Leistungskapazitäten sowie der Markenpolitik. Eine Ermittlung von Qualitätsausprägungen erfolgt oftmals über Nebenaspekte der eigentlichen Leistungserstellung, wie Sauberkeit und Ambiente der Geschäfts- und Empfangsräume, Pünktlichkeit und Schnelligkeit des Personals, die Art der Büroeinrichtung, die technische Ausstattung und vor allem über die Freundlichkeit und signalisierte Kompetenz des Beratungspersonals.

Weitere qualitative und vertrauensbildende Maßnahmen sind auch unternehmensbezogene Hinweise, wie Urkunden, Zertifikate über die Aus- und Weiterbildung des Personals oder über das Qualitätsmanagement des Unternehmens, Fotos oder Ansichtskarten von zufriedenen Gästen und andere Referenzen.

Hieraus leiten sich Gestaltungsaufgaben im Rahmen der Produktpolitik ab, wie z.B. die Durchführung von Qualitätsaudits, Personalschulungen sowie die Entwicklung und Bereitstellung von Informations- und Reservierungsmöglichkeiten. Diese Maßnahmen müssen mit dem Image und der Corporate Identity des jeweiligen Anbieters übereinstimmen und durch kommunikationspolitische Maßnahmen dem potentiellen Kunden vermittelt werden.

## (4) Markenpolitik und Positionierungspolitik

### (4a) Grundlagen der Markenpolitik

Als weitere produktpolitische Maßnahmen für die Potentialphase sind Markenpolitik und/oder Positionierungspolitik zu nennen. Beide hängen in bezug auf die produktpolitischen Maßnahmen eng zusammen:

- **für die Kunden** bedeutet Markenpolitik das Kenntlichmachen bzw. die Kennzeichnung von bestimmten Leistungen, damit sie unternehmensspezifisch (wieder)erkannt werden können;

- gegenüber den **Mitwettbewerbern** erfordert Markenpolitik eine Abgrenzung und Positionierung der Marke im Angebotsraum, die zugleich dem Kunden als Entscheidungsorientierung dienen kann.

Im weitesten Sinn sind alle Maßnahmen zur Kennzeichnung von Leistungsangeboten (wie Namensgebung, Markenzeichen und -design) als „Marken- bzw. Markierungspolitik" zu verstehen. Doch als spezifische produktpolitische Aufgabe wird Markenpolitik zumeist in einem engeren Sinn verstanden als Aufbau und Pflege von Leistungsangeboten als **Markenartikel**:

> „Markenartikel sind Produkte bzw. Dienstleistungen, die auf Kundennutzen ausgerichtete unverwechselbare Leistungen standardisiert in gleichbleibender Qualität offerieren" (BRUHN 1994b: 640).

### (4b) Markenpolitik im Tourismus

Gerade für das komplexe und auf nicht-sichtbare Leistungen bezogene Entscheidungsproblem im Tourismus können markenpolitische Maßnahmen das Entscheidungsrisiko reduzieren und dem Kunden Vertrauen und Sicherheit in der Potentialphase signalisieren. Durch eine entsprechende Markenpolitik sollen beim Kunden Präferenzen für eine bestimmte Marke gebildet werden, was zum Aufbau einer Stammkundschaft und zur Kaufwiederholung führt (vgl. genauer BRUHN/KAPFERER 1992, DICHTL/EGGERS 1992).

„Aus Konsumentensicht erleichtert der Markenartikel die Identifikation unter konkurrierenden Angeboten; er gibt dem Käufer die Sicherheit, eine erwartete Qualität auch tatsächlich zu erhalten. Er minimiert auf einer Vertrauensbasis das Risiko, Fehlkäufe zu tätigen (Minimierung des perzipierten Beschaffungsrisikos) und stellt ein Komplexitätsreduktionsangebot im Problemlösungsprozeß der Kaufentscheidung dar (Markenwahlentscheidung). Die Markierung zum Markenartikel läßt sich aus Konsumentensicht als Qualitätsgarantie oder auch als Versicherung gegen Produktenttäuschungen auffassen" (BRUHN 1994b: 640).

Im Tourismusbereich tritt Markenpolitik in den letzten Jahren immer mehr in den Vordergrund leistungspolitischer Überlegungen (vgl. u.a. BIEGER 1996: 200ff, DEHMER 1996, ENDER 1992, FERNER 1996, FERNER/PÖTSCH 1998, FREYER 1997, ROTH 1995: 101f). Die **touristische Markenpolitik** konzentriert sich vor allem auf die markenpolitische Entwicklung und Positionierung von Firmen- oder Herstellermarken. Am bekanntesten sind die markenpolitischen Aktivitäten der großen Reiseveranstalter, der Fluggesellschaften und der Hotelbetriebe.

**Beispiele:**
- Die TUI hat 1991 die Firmenmarken Scharnow, Dr. Tigges, Hummel, TransEuropa und Touropa zu einer übergreifenden Marke TUI zusammengefaßt; NUR hat 1995 ebenfalls anstelle der verschiedenen Teilmarken den Markennamen „Neckermann" reaktiviert. 1996 folgte die LTU und hat ihre Einzelmarktpolitik (Jahn Reisen, Transair, Meier's Weltreisen, THR Tours, Tjaereborg) zugunsten einer Dachmarkenpolitik aufgegeben.
- Lufthansa betreibt eine Globalmarkenpolitik: Die verschiedenen Leistungsangebote (Flug, Pauschalreisen usw.) werden unter einem einheitlichen Namen vermarktet. Daneben gibt es mit „Condor" („der Ferienflieger") eine weitere Markenbildung („Untermarke").

Im **Destinations-Marketing** hat sich Markenpolitik noch wenig durchgesetzt, obwohl auch hier zahlreiche Ansatzpunkte gegeben wären.

**Beispiele:**
- So gibt es im Kur- und Bäderwesen aufgrund der Prädikatisierungsvorschriften die Möglichkeit, entsprechende Marken aufzubauen, wie „Kneipp-Kurort", „Gesundheitsort", „Seebad" (vgl. genauer DEHMER 1996, ENDER 1992).
- Es könnten im Tourismus die Marken „Umweltbewußter Urlaubsort", „Urlaub in Deutschland" ähnlich der Produktmarken „aus deutschen Landen", „made in Germany" usw. entwickelt werden.
- Eine Branchenbefragung in Österreich, welche Urlaubsorte und -regionen im Ausland als „starke Tourismusmarke" eingeschätzt werden, ergab folgende Reihenfolge: 1. St. Moritz, 2. Toskana, 3. Südtirol, 4. Cote d'Azure, 5. Griechenland, 6. Karibik, 7. Italien, 8. Spanien, 9. Paris, 10. Bayern (vgl. FERNER 1996: 34).

Die Entwicklung von touristischen Marken ist mit ähnlichen Problemen verbunden wie die generelle Entwicklung von Dienstleistungsmarken:

- **Mangelnde Standardisierung:** Es besteht die Schwierigkeit, eine immer gleiche Leistung anzubieten („Jede Dienstleistung ist einmalig").

- **Mangelnder Wiedererkennungswert:** Da die immaterielle touristische Leistung nicht sichtbar ist, muß Markenpolitik auf die wahrnehmbaren Produktelemente, wie Firmenname, Markenzeichen und -design, abstellen.

Auf der anderen Seite bieten sich in Anlehnung an das touristische Phasenmodell eine Reihe spezifischer Möglichkeiten der Markenbildung im Tourismus an, wie z.B. die Entwicklung von „Potentialmarken", „Prozeßmarken" oder „Ergebnismarken" (vgl. dazu FREYER 1997).

### (4c) Markenpolitik als Produktpolitik

Die **produktpolitischen Maßnahmen** für eine Markenpolitik beziehen sich vor allem auf wahrnehmbare Produktelemente: Markenname, Markenzeichen und Markendesign. Sie dienen der Visualisierung bzw. Markierung der immateriellen Elemente touristischer Leistungen. Bei der Werbung kommen gelegentlich noch akustische Elemente (z.B. Jingle in Werbespots) hinzu. Geruchs-, Tast- und Geschmackszeichen haben gegenwärtig praktisch keine Bedeutung.

- **Namensgebung („branding"):** Die Namensgebung dient der Wiedererkennung, der Kunde soll sich den Namen „merken" (vgl. „brand", hervorgegangen aus „brandon", Brandzeichen) und von der Konkurrenz unterscheiden. Der Markenname setzt sich in der Regel sowohl aus der eigentlichen Namensgebung als auch aus den Schriftzügen und Markenzeichen (siehe Markendesign) zusammen. Der Name kann gleichzeitig eine gewisse Produkt- bzw. Leistungsphilosophie ausdrücken, indem er bereits gewisse Leistungsversprechen bzw. -assoziationen hervorrufen kann, z.B. „Sonnenschein-Reisen", „Weltweit-Reisen", „Hotel zum Strand", „Haus Seeblick", „Last-Minute-Tours" usw.

Im Dienstleistungs- und Tourismusbereich sind die Leistungen oftmals mit dem Firmennamen verbunden („Firmen-Marken"), wie z.B. Jahn-Reisen, Öger-Tours, Thomas Cook Reisebüros, Hilton Hotels. Daneben bestehen **Phantasiemarken** wie Club Aldiana, Accor-Hotels usw.

Ferner werden immer häufiger Namenszusätze zum Markenaufbau gewählt, die ebenfalls Problemlösungskompetenz signalisieren und bereits werbliche Aussagen beinhalten („Geistiger Anker", Aufhänger, Slogan, vgl. BIEGER 1996: 202), wie:

- „autofreier Urlaubsort",
- „Nachtexpress", „Schnellzug",
- Seebad, Luftkurort, Kulturstadt,
- Condor – der deutsche Ferienflieger,
- Rügen – Deutschlands größte Insel, Sylt – in Deutschland ganz oben, Sachsen – einfach stark.

- **Markenzeichen** und **Markendesign:** Für die Kennzeichnung von Marken im Sachgüterbereich sind Markenzeichen (Logos) und ein bestimmtes Markendesign (Farbe usw.) oftmals sehr bedeutend (vgl. auch die Ausführungen zur Corporate Identity, v.a. Corporate Design, in C.2.3.3). Ähnlich werden diese Maßnahmen auch für die Produkt- und Markenpolitik im Tourismus verwendet.

**Beispiele:**
- gleiche Kleidung des Service-Personals, vor allem bei Fluggesellschaften,
- der Kranich der Lufthansa, eine symbolisierte Sonne bei der TUI usw.

Ferner dienen **Gütesiegel** und **Zertifikate** gleichzeitig der allgemeinen Kennzeichnung sowie der Qualitätsbestimmung. Gütesiegel und kennzeichnende

Zertifikate drücken mit graphischen und schriftlichen Elementen aus, welche Produkteigenschaften – Qualität, Umweltverträglichkeit, Gastfreundschaft usw. – vom Anbieter garantiert werden. Dieses Versprechen kann vom Unternehmen selbst (intern) oder von unabhängigen Institutionen (extern) bestätigt und kontrolliert werden.

Darüber hinaus richtet sich Markenpolitik auf immaterielle Leistungselemente, insbesondere auf den (psychologischen) **Zusatznutzen**. In bezug auf Markenprodukte wird in diesem Zusammenhang oftmals vom „Markenwert" (brand equity) gesprochen. Kunden sind bereit, für Markenartikel einen höheren Preis zu zahlen als für die eigentliche „Grundleistung", die auch andere Produkte erfüllen. Die Preisdifferenz erklärt sich weitgehend aus den zusätzlichen – immateriellen – Leistungen, die Kunden aus dem Erwerb von Markenprodukten erhalten bzw. erwarten, wie z.B.

- Prestige (bei „Premium-Marken"),
- Spaß, Freude, Life-Style, Erlebniselemente,
- Qualität, insbesondere Qualitätsgarantien,
- Unterstützung ökologischer Maßnahmen („Nachhaltiger Tourismus", „umweltbewußtes Hotel"),
- Sicherheit.

**(4d) Grundstrategien der Markenpolitik**[1]

Generell wird im Zusammenhang mit der Markenpolitik von **drei Grundstrategien** der Markenpolitik gesprochen. Infolge der besonderen Herausstellung von Spezial- und Unterfällen werden in der Literatur gelegentlich bis zu sechs Grundstrategien sowie weitere Strategiekombinationen benannt (vgl. u.a. BECKER 1994: 470ff, BRUHN/MEFFERT 1995, DEHMER 1996, DREYER 1996: 182ff, FREYER 1997, ROTH 1995: 106f).

**Strategie 1: Einzelmarkenstrategie**

Die Einzelmarkenstrategie (auch: Mono- oder Solitärmarkenstrategie) gilt als die klassische Markenartikelstrategie. Einzelnen Leistungen oder Produkten wird ein Markenname zugeordnet (vgl. KAPFERER 1992: 121):

„1 Marke = 1 Produkt = 1 Produktaussage oder -versprechen".

Jedes weitere Produkt erhält ebenfalls einen eigenen neuen Markennamen mit ganz präzise abgestecktem Leistungsversprechen oder entsprechender Positionierung. Für jede Marke werden relativ eigenständige Marketingmaßnahmen ergriffen.

Traditionell werden Einzelmarken losgelöst vom Herstellernamen entwickelt, die Marke steht für das Produkt bzw. die Dienstleistung, nicht für das Unternehmen, das letztlich im Hintergrund bleibt („Anonymität durch Marken"). Im Falle mehrerer Marken des gleichen Herstellers oder Mutterunternehmens dient die Bildung verschiedener Marken zugleich der Marktsegmentierung bzw. der differenzierten Marktbearbeitung.

---

[1] Der folgende Abschnitt ist entnommen aus FREYER 1997.

**Beispiele:**
- So pflegt die Lufthansa neben der Firmenmarke „Lufthansa", die insbesondere für den Linien- und Geschäftsreiseverkehr ausgerichtet ist, die Marke „Condor", um die entsprechenden Aktivitäten für den Charter bzw. „Ferienflugverkehr" zu markieren („Condor – ihr Ferienflieger").
- Auch die **Reiseveranstalter** haben – trotz einer Tendenz zur Dachmarkenpolitik – verschiedene Teilmarken für unterschiedliche Zielgruppen beibehalten, z.B. TUI (airtours („Urlaub mit Linie"), Club Robinson, twen tours), NUR bzw. Neckermann (terramar (als Exklusiv-Veranstalter), Club Aldiana).
- Am **Hotelmarkt** versucht beispielsweise die Firma Accor mit den Marken Ibis (preiswert), Mercure (mittelpreisig), Sofitel (First Class) verschiedene Marktsegmente anzusprechen, ähnlich Steigenberger: Steigenberger-Hotels (5-Sterne), Avance (4-Sterne), Maxx (3-Sterne), Esprit (2-Sterne) (vgl. KAPFERER 1992: 205ff).

Damit ist bereits der Übergang zur **Mehrmarkenstrategie** oder zum Markenportfolio gegeben, die beide auf dem Grundgedanken der Einzelmarktpolitik beruhen. Doch je mehr einzelne Marken innerhalb eines Unternehmens gebildet werden, um so aufwendiger wird die jeweilige Markenabgrenzung und -profilierung. Es besteht zunehmend die Gefahr, daß aus Kundensicht die Marken des selben Unternehmens ersetzt werden („Kannibalisierungseffekt"). In solchen Fällen besteht die Tendenz zur Bildung von Markenfamilien oder Dachmarken.

Im Tourismus sind privatwirtschaftliche Unternehmen mit nur einem Produkt am Markt wenig verbreitet. Nur bei sehr kleinen Anbietern und einer geringen touristischen Angebotsbreite kann man von Einzelmarken sprechen, in der Regel sind Markenfamilien (oder Mehrmarkenstrategien) gegeben. Andererseits geht es im öffentlichen oder Destinations-Tourismus vor allem um den Aufbau **einer** Marke, die zumeist mit dem Destinationsnamen identisch ist.

**Beispiele** einzelner Marken im Tourismus:
- Spezialveranstalter: Gastager-Weltreisen, Rotel-Tours
- Einzelne Hotels: „Hotel-Vier-Jahreszeiten", „Hotel Dresdner Hof"
- Destinationen: St. Moritz, Sachsen – als Markenartikel

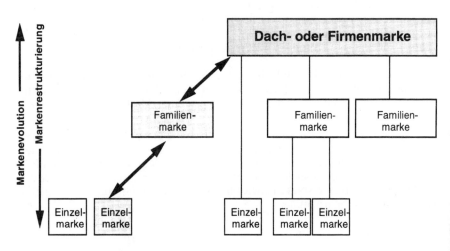

**Abb. D-6** Markenstrategien
(Quelle: FREYER 1997)

## Strategie 2: Markenfamilienstrategie

Bei der Markenfamilienstrategie (auch: „Produktgruppenmarken", „Markenfamilien" oder „Sortimentsmarken") werden mehrere Produkte zu einer Produktgruppe zusammengefaßt und mit einer Marke versehen. Auch der umgekehrte Vorgang ist möglich: erfolgreiche Marken werden weiter differenziert, es kommen sog. Produktlinien hinzu und/oder es entstehen Markensortimente. Die einzelnen Leistungen innerhalb der Markenfamilie werden mit produktbezogenen Zusätzen unterschieden.

**Beispiele:**
- Sachgüter: Nivea (vom Rasierwasser bis zum Duschgel), Milka (für Riegel, Pralinen, Blockschokolade).
- Tourismus: Reiseveranstalter differenzieren ihre Angebotspalette mit Gebiets- oder Zielgruppenzusätzen, wie z.B. X, Y-Fernreisen, -Kurreisen, -Seniorenreisen, -Sportreisen usw.

Aus strategischer Sicht können für Markenfamilien gemeinsame Marketingaktivitäten ergriffen werden, wobei die Möglichkeiten der zielgruppenspezifischen Differenzierung erhalten bleiben. Markenfamilienstrategien sind zwischen den beiden Extremen der Einzel- oder Dachmarkenstrategie angesiedelt, wobei sie strategisch als „Markenevolution" oder „Markenrestrukturierung" entstehen können. Im Fall der Evolution werden bereits erfolgreiche Einzelmarken weiter aufgespalten und es entstehen weitere Familienmitglieder, wie an den vorherigen Beispielen bereits erläutert. Bei Markenrestrukturierung werden unter einer Dachmarke weitere Produktmarken oder Produktfamilien entwickelt (vgl. Abb. D-6).

## Strategie 3: Dachmarkenstrategie

Die Dachmarkenstrategie kann als Fortführung sowohl der Mehrmarken- als auch der Markenfamilienstrategie gesehen werden. Sie verbindet Einzel- oder Untermarken mit einer übergreifenden Markenbezeichnung (oder umgekehrt) und faßt alle Leistungsangebote eines Unternehmens unter einem Namen zusammen. Gelegentlich wird die Dachmarkenstrategie im Tourismus auch als „Global-Marken-Strategie" bezeichnet (so ROTH 1995, DEHMER 1996), aber dieser Begriff kennzeichnet strenggenommen eher die geographisch differenzierte Markenpolitik, bei der Marken für internationale, „globale" Märkte entwickelt werden (vgl. KAPFERER 1992: 233ff). Bei international operierenden Unternehmen sind beide Begriffe weitgehend deckungsgleich.

Dachmarkenstrategien finden vor allem bei großen Unternehmen mit einer breiten Leistungspalette Verwendung. Unterhalb der globalen Märkte können sich sowohl Einzelmarken als auch Familienmarken entwickeln. Typisch hierfür sind die großen Reiseveranstalter in Deutschland, bei denen unter der Dachmarke sowohl Einzelmarken als auch Familienmarken gebildet werden.

**Beispiele:**
- TUI (Dachmarke), Club Robinson (Einzelmarke), TUI-Fernreisen, -Sprachreisen, -Spanienreisen (Markenfamilien),
- Neckermann (Dachmarke), Club Aldiana, Terramar (Einzelmarken), Neckermann-Griechenland-, -Spanien-Reisen (Markenfamilien).

Für touristische **Destinationen** sind Dachmarkenstrategien bisher meist nur unbewußt eingesetzt worden, obwohl sich hier ein typisches Anwendungsfeld der Markenpolitik finden würde. Länder oder Regionen sind typische Dachmarkenkonstrukte, unter denen sich die weiteren regionalen oder lokalen Angebote (Regions- oder Ortsmarken) präsentieren können: „Ebenso erlaubt die Dachmarke die Präsentation der Untermarken auf einer höheren regionalen Ebene, eine Situation, die im Tourismusmarketing sozusagen zum Tagesgeschäft zählt" (FERNER 1996: 23).

**Beispiele:**
- Das „Urlaubsland Bayern" bildet die Marke für alle Tourismusangebote Bayerns, das „Bäderland Baden-Württemberg" steht für alle Kur- und Bäderangebote des Landes, die „Destinationsmarke Deutschland" steht für die Qualität aller Angebote „made in Germany".
- „Bei Destinationen ist dies (die Dachmarkenstrategie, Anm. W. F.) die häufigste Kooperationsform, indem kleinere Destinationen, z.B. Orte mit wenig Finanzmitteln und wenig qualifiziertem Personal, sich an die Marke der Region oder übergelagerter Destinationen ‚hängen' (BIEGER 1996: 203).
- „Kur" oder „Kurort" als Dachmarke neben Produktmarken, wie „Kneipp-Kur", „Mettnau-Kur" usw. (vgl. DEHMER 1996).

### 1.2.3 Produktpolitik in der Prozeßphase

**(1) Prozeß der Leistungsabgabe**

In der Prozeßphase findet die eigentliche Leistungserstellung statt. Die Leistungsproduzenten haben dabei die touristischen Leistungen zum richtigen Zeitpunkt, im vereinbarten Umfang und in der zugesicherten Qualität zur Verfügung zu stellen (Leistungsabgabe und Erstellung). Im Tourismus erfolgt die Leistungserstellung häufig über einen längeren Zeitraum (z.B. 8 Std. Flug, 14 Tage Aufenthalt vor Ort, 2 Stunden Events). Zusätzlich gehören Zugang und Abgang (zum Transport, Reisebüro oder zur Destination) zum Leistungsumfang der Prozeßphase. Hierfür muß im Rahmen der Produktpolitik die entsprechende Service-Qualität und das Know-how des Dienstleistungspersonals, die Qualität der Speisen, Funktionalität der Hoteleinrichtungen und der Transportmittel sichergestellt werden.

Häufig wird davon gesprochen, daß Sachgüter produziert und Dienstleistungen dargeboten („performed") werden. Gerade im Tourismus ist die „Darbietung" der Reise, das Ambiente und die Freundlichkeit des Personals und/oder der besuchten Personen („Gastfreundschaft") wesentliches Leistungselement. Neben der Kernleistung werden noch gewisse Zusatzleistungen erwartet: Freundlichkeit des Personals und der Bewohner der Destination, Pünktlichkeit der Leistungserbringung, frische Blumen im Hotel usw.

Aufgrund der Vergänglichkeit der meisten touristischen Leistungen erfordert die Leistungserstellung ein hohes Maß an Fehlervermeidung („do it right the first time"). Andererseits ermöglicht die zeitliche Komponente der Leistungserstellung eine unmittelbare Mängelbeseitigung.

**(2) Interaktion**

Da der letztliche Erfolg einer Dienstleistung in einem sehr hohen Maß von der Mitwirkung des Konsumenten (des „Fremdfaktors") abhängt, muß das **Mitwirkungspotential** des Nachfragers aus Marketingsicht aktiviert werden. Dies führt bei vielen Fällen von Dienstleistungen zu einer relativ engen Beziehung zwischen Produzent und Konsument.

Seitens des Dienstleisters erfordert dies sowohl die Kenntnis als auch das Eingehen auf Wünsche des Nachfragers. Zudem muß beim Dienstleister ein hohes Maß an Bereitschaft vorhanden sein, die Kundenwünsche zu erkennen und möglichst zu befolgen, eben zu „dienen". Diese häufig als „Dienstleistungs-Mentalität" bezeichnete Fähigkeit von Personen, die im Dienstleistungsbereich tätig sind, stellt eine weitere Besonderheit des Dienstleistungs-Marketing dar. Wenn diese Eigenschaften seitens des Anbieters nicht gegeben bzw. seitens des Nachfragers nicht zu erkennen sind, werden die entsprechenden Marketing-Aktivitäten nicht vom erwünschten Erfolg begleitet sein.

**(3) Binnen-Marketing**

Das Zusammenwirken der verschiedenen Leistungsträger für die Erstellung des touristischen Gesamtproduktes erfordert (auch) in der Prozeßphase eine entsprechende Interaktion und Kooperation der einzelnen Produzenten im Hinblick auf das Gesamtergebnis der Leistungserstellung. Diese gemeinsame Leistungserstellung sowie das Mitwirken der Gastgeber im Tourismus wird vielfach gesondert als Binnen- oder Innen-Marketing bezeichnet (vgl. D.4.5.2, E.4.3.5).

**(4) Prozeßorientierte Qualitätspolitik (Prozeßqualität)**

Auch in der Prozeßphase sind spezifische Maßnahmen der Qualitätspolitik möglich. Im Zuge der Leistungserstellung (Durchführung) treffen Kunde und Leistungsanbieter (Kontaktpersonal) zusammen. Qualitätspolitische Maßnahmen beziehen sich hier vor allem auf die Gestaltung des Prozeßverhaltens, vorwiegend der Leistungsersteller (Verrichtungs- und Servicequalität), obwohl die Prozeßqualität auch durch die Form der Interaktion von Kunde und Anbieter beeinflußt wird (Interaktionsqualität).

Die Umsetzung qualitätspolitischer Vorgaben der Unternehmensleitung ist insbesondere von den Fähigkeiten des Kontaktpersonals abhängig sowie von der Organisation aller für das Gesamtergebnis relevanten Teilabläufe. **Umsetzungsmaßnahmen** beziehen sich daher vor allem auf die Qualifizierung des Personals im Rahmen der Aus- und Weiterbildung sowie auf das interne Marketing (vgl. dazu auch Teil E.4.4). Ziel der Qualitätspolitik ist i.d.R. eine Null-Fehler-Produktion, welche jedoch im Tourismus kaum zu realisieren ist.

### 1.2.4 Produktpolitik in der Ergebnisphase

Die Ausdehnung der Leistungskette über die eigentliche Phase der Leistungserstellung hinaus bietet weitere produktpolitische Möglichkeiten. Dabei sind bereits in den vorherigen Phasen Ansatzpunkte für die Aufgaben in der Ergebnisphase zu sehen. Insbesondere hängt die Zufriedenheit bzw. Unzufriedenheit, die sich in der Ergebnisphase zeigt, vorwiegend mit den in Phase 1 versprochenen bzw. erwarteten und den in Phase 2 erlebten Ereignissen zusammen.

## (1) Nachbetreuung

Produktpolitische Maßnahmen der **Nachbetreuung** erfolgen im Tourismus **nach** der Phase der eigentlichen Leistungserstellung. Hier wird die touristische Leistungskette auf Aktivitäten nach dem Verlassen des Ortes der Leistungserstellung ausgeweitet, z.b. nach der Abreise aus dem Urlaubsort, nach dem Verlassen der Betriebsstätte des jeweiligen Leistungsträgers, z.B. Flugzeug, Reisebüro, Fremdenverkehrsort. In der Regel sind es Aktivitäten, bei denen der Tourist wieder an seinem Heimatort („zu Hause") ist und die ihn „aus der Fremde" erreichen.

**Beispiele:**
- Anruf nach der Reise, Kundenkartei, Betreuung der „Stammgäste".

In der Marketingliteratur wird in diesem Zusammenhang oftmals vom „After-Sale-Service" gesprochen, was für touristische Leistungen im strengen Sinn des Wortes unzutreffend ist. Denn der eigentliche Kaufakt ist im Tourismus die „Buchung", also der Erwerb von Reiseanrechten. Nach diesem Kauf findet die Leistungserstellung und zugleich deren Konsum statt. Erst danach beginnt die Phase der Nachbetreuung, also strenggenommen ein „After-Consume-Service". Für den Tourismus erscheint die Bezeichnung „Nach-Reise-Betreuung" oder -Aktivitäten am geeignetsten.

## (2) Kundenbindung

Als Ergebnis der meisten produktpolitischen Maßnahmen ist die Kundenbindung und der Aufbau einer Stammkundschaft eine wichtige Aufgabe. Voraussetzung ist ein zufriedener Kunde, was vor allem Aufgabe der Produktpolitik in Phase 1 und 2 war. Darüber hinaus können zusätzliche Maßnahmen im Rahmen der Produktpolitik ergriffen werden, wie:

**Beispiele:**
- Bonussysteme für „Wiederholer", Frequent Flyer bei der Lufthansa,
- Urkunden für Stammgäste, z.B. für Österreich-Urlauber.

Letztlich sprechen in den meisten Bereichen auch ökonomische Gründe für die Kundenbindung. So ist der Aufbau und Erhalt von Stammkunden zumeist kostengünstiger als die permanente Kundenneugewinnung. Zudem bietet ein hoher Anteil an Stammkunden auch weitaus mehr Planungssicherheit.

Auch Maßnahmen der zuvor beschriebenen Nachbetreuung stehen in engem Zusammenhang mit Aktivitäten der Kundenbindung.

## (3) Reklamationspolitik oder Mängelbeseitigung

Besondere Behandlung im Rahmen der Produktpolitik kommt der Reklamationspolitik zu. Sie ist wesentlicher Bestandteil der Leistungspolitik, auch wenn sie häufig als „unangenehmer" Bereich der Produzenten-Kunden-Beziehung gesehen wird. Doch eine gute Reklamationsbehandlung kann Kunden erhalten und sichern und zum – positiven – Image eines Unternehmens beitragen.

Maßnahmen der Reklamationspolitik zählen auch zur Konditionenpolitik (Gewährleistungs- und Ersatzansprüche) und dienen der Kommunikation mit dem Kunden (im Sinne der Corporate Communication, vgl. D.4).

Im Zusammenhang mit dem Sachgüter-Marketing werden Maßnahmen der Beschwerdepolitik als zusätzlicher Dienstleistungs-„Service" gesehen. Bei der

# 1. Produktpolitik im Tourismus

Betrachtung von touristischen Dienstleistungsketten geht die Reklamationsbearbeitung als – weitere – Dienstleistung in den Reise-Nachbetreuungsbereich über.

Die Beschwerde- oder Reklamationspolitik als Instrument der Produktpolitik ergibt sich aus dem kundenorientierten Marketingverständnis. Hierbei ist die Erfüllung der Kundenwünsche eine der zentralen Unternehmensaufgaben. Fallen Kundenerwartung und faktische Leistungsrealisierung auseinander, kommt es zu Unzufriedenheiten mit der Leistungspolitik. Die Folgen davon sind:

- **aktiv geäußerte Beschwerden**, entweder gegenüber dem Dienstleister, gegenüber anderen Kunden („negative Mund-Propaganda") oder gegenüber Beschwerdeinstitutionen (wie Gewerbeaufsichtsamt, Verbraucherorganisationen, Medien usw.);
- **passiv geäußerte Beschwerden**, z.B. in Form der Abwanderung zu anderen Leistungsanbietern oder auch das generelle Nicht-Buchen.

Bereits in Abschnitt B.2.1.3 waren im Zusammenhang mit der Marktforschung verschiedene Methoden zur Zufriedenheitsanalyse bzw. Reklamationsforschung erwähnt worden. So erreichen nicht alle Beschwerden den eigentlichen Verursacher. Häufig werden Unzufriedenheiten gegenüber den Mitreisenden, dem Reiseleiter oder dem Service-Personal geäußert, ohne daß sie den letztlich verantwortlichen Leistungsträger erreichen. Bei Reisereklamationen ist auch oftmals der Reisemittler Anlaufstelle von Beschwerden, die nur im Fall einer aktiven – schriftlichen – Beschwerde an die Veranstalter weitergereicht werden. Doch erst wenn die Unzufriedenheit bei den Leistungsträgern bekannt wird, können entsprechende Maßnahmen dagegen ergriffen werden.

Die schwierigsten „Beschwerden" sind die passiven Beschwerden, da man zwar Abwanderungen zu anderen Anbietern feststellen kann, doch deren Gründe nicht exakt kennt. So müssen beispielsweise Reisebuchungen bei anderen Anbietern nicht zwangsläufig mit Unzufriedenheiten mit dem eigenen Angebot zusammenhängen, sondern es können auch die Suche nach Abwechslung, veränderte Familiensituationen usw. ursächlich sein. Folglich ist es Aufgabe der Beschwerdestimulierung, daß unzufriedene Reisende dieses Problem auch gegenüber dem Leistungsträger vorbringen.

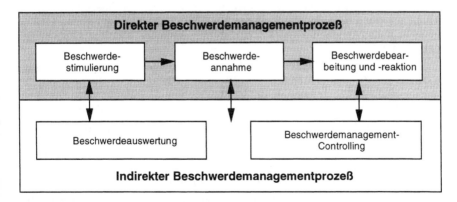

Abb. D-7 Der Beschwerdemanagementprozeß im Überblick
(Quelle: STAUSS/SEIDEL 1996: 62)

Erst bei Bekanntwerden von Unzufriedenheiten, können entsprechende (Gegen-) Maßnahmen ergriffen werden. Ziel der Beschwerdepolitik ist die Wiederherstellung der Kundenzufriedenheit: Soweit eine aktive Kundenreklamation vorliegt, kann versucht werden, durch entsprechende **Maßnahmen** den Kunden nachträglich zufriedenzustellen. Die häufigsten Maßnahmen im Nachreisebereich betreffen Entschuldigungsschreiben oder/und finanzielle Entschädigungen oder die Aufklärung des Kunden über unberechtigte Ansprüche. Auch während der Reise kann bereits bei Reklamationen Abhilfe geschaffen werden, z.B. durch Ersatzangebote. Solche Maßnahmen dienen vor allem der langfristigen Kundenbindung. So ist bei zufriedenstellender Regulierung der Kundenreklamation ein großer Teil der Kunden bereit, wieder beim entsprechenden Anbieter zu buchen (vgl. zur Beschwerdepolitik allgemein STAUSS/SEIDEL 1996, im Tourismus POMPL 1996:117ff u. 209ff sowie TENZER 1993).

Ferner ist die Beschwerdepolitik ein wichtiger Beitrag zur Imagepolitik. So kann zum einen die negative Mund-zu-Mund-Propaganda vermieden, zum anderen auch eine positive Mund-zu-Mund-Kommunikation ermöglicht werden.

**(4) Ergebnisorientierte Qualitätspolitik (Ergebnisqualität)**

Ergebnisorientierte Qualitätspolitik bezieht sich vor allem auf die Zufriedenheit mit dem Ergebnis der Reise, sowohl der Anbieter als auch der Nachfrager.

Ausschlaggebend seitens der **Nachfrager** ist die Übereinstimmung von Erwartungen und erlebter Leistung. Die Zufriedenheit richtet sich nach innen und nach außen (Lob, Stammkunden, Reklamationen). Eine Maximierung der Übereinstimmung von erwarteter und erlebter Leistung, also der Qualität, kann durch eine entsprechende Ausrichtung produktpolitischer Maßnahmen realisiert werden. Voraussetzung hierzu ist eine Ermittlung der Kundenerwartung durch externe Marktforschung und die Auswertung betriebsinterner Kenntnisse.

Probleme der Realisierung einer vorgegebenen Leistungsqualität liegen in der Komplementarität der einzelnen Teilleistungen der touristischen Leistungskette sowie in der allgemeinen Null-Fehler-Problematik.

Die Ergebnisqualität kann z.B. durch Einzelmaßnahmen im Rahmen des Reklamationsmanagements beeinflußt werden (vgl. auch B.2.3.2). Weitere nachträgliche Maßnahmen des Anbieters fallen in den Bereich der Imagebildung und Kundenbindung oder der persönlichen Nachbetreuung nach der Reise. Hierzu sind ebenfalls Marktforschungsaktivitäten zur „Erlebnis- und Imageforschung" zu ergreifen.

Im Rahmen der Produktpolitik sind in der Ergebnisphase insbesondere Aspekte der Zusatzeigenschaften, vor allem der Wirkung touristischer Leistungen, festzulegen (Vorstellungsebene). Zur Bedeutung der immateriellen Faktoren der Produktpolitik vgl. genauer Abschnitt D.1.3: vom Kern- zum Zusatzprodukt.

Ergebnisqualität aus **Sicht des Anbieters** liegt vor, wenn die Erwartungen bzgl. des Betriebsergebnisses insgesamt, aber auch in bezug auf einzelne Aspekte, wie z.B. die Reklamationsrate, erfüllt wurden. Bei Betrachtung anbieterseitiger Ergebnisqualität ist im weiteren Sinne auch die Zufriedenheit der betroffenen einheimischen Bevölkerung mit dem Tourismus zu ermitteln.

Möglichkeiten der **Messung der Ergebnisqualität** wurden in B.3.3.2 dargestellt (v.a. das GAP-Modell). Abb. D-8 zeigt am Beispiel der Servicekette einer Tourist-

# 1. Produktpolitik im Tourismus

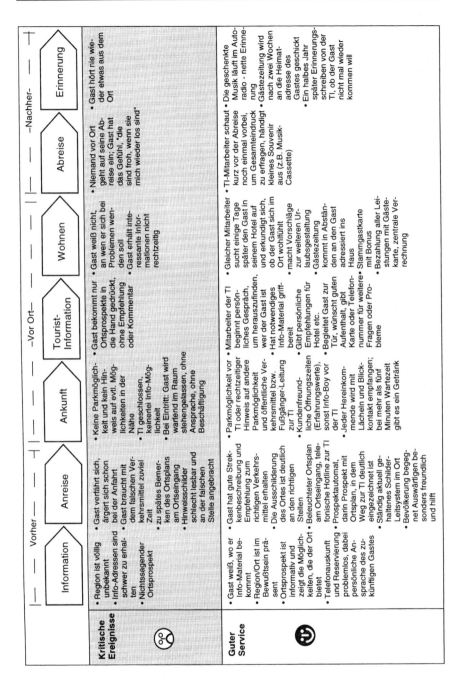

**Abb. D-8** Produktpolitik in der touristischen Servicekette einer Tourist-Information (TI) (Quelle: nach ROMEISS-STRACKE 1995: 56f)

Information die verschiedenen „Momente der Wahrheit" auf, die bei entsprechender positiver oder negativer Erfüllung zur Ergebnisqualität beitragen. Zugleich sind verschiedene Möglichkeiten der Produktpolitik im Verlauf einer Leistungskette exemplarisch dargestellt (vgl. weitere Beispiele bei ROMEISS-STRACKE 1995).

## 1.3 Beeinflussung der Leistungsebenen (Kern- und Zusatzprodukt)

Mit der Entwicklung des modernen Marketing hat sich in bezug auf die Angebotsdarstellung aus Nachfragersicht die Unterscheidung von Kernprodukt und Zusatzprodukt oder -leistung (aus Anbietersicht) bzw. -nutzen (aus Nachfragersicht) eingebürgert. Sie wird im folgenden in ihren wesentlichen Zügen auch für das Marketing touristischer Leistungen dargestellt, obwohl gerade der spezifische Dienstleistungscharakter des Tourismus mit seinem hohen Anteil immaterieller Leistungen eine direkte Übertragung erschwert.

Die sachgüterorientierte Diskussion um Kern- und Zusatzleistungen betont den vorwiegend materiellen Charakter der Kernleistung („Hardware"), der um immaterielle Elemente, vor allem auch um zusätzliche Dienstleistungen zu ergänzen ist (um die „Software"). In diesem Zusammenhang ist die Unterscheidung von Hard- und Software ein häufig verwendeter Vergleich. Eine Variante der modernen Dienstleistungsdiskussion betont vor allem den zusätzlichen Bedarf an Serviceleistungen zur Verbesserung der Marketingchancen von Sachgütern („Sachgüter plus (Dienstleistung)"). Der überwiegende Bereich der spezifischen Dienstleistungsliteratur sieht dies aber nur als Nebenaspekt und macht die Untersuchung der eigentlichen Dienstleistungen zum Gegenstand ihrer Betrachtungen. Sie focussiert auf Dienstleistungen als Kernleistung, sieht aber auch hier die Notwendigkeit von – zusätzlichen – ergänzenden Leistungen im Rahmen der Produktpolitik im Marketing („Dienstleistung plus (Dienstleistung)"). In diesem letzteren Verständnis werden auch die touristischen (Dienst-) Leistungen betrachtet.

Bei touristischen Leistungen sind aus Kundensicht Sachgüter von untergeordneter Bedeutung, es stehen die – immateriellen – Dienstleistungen im Vordergrund der Betrachtung. Entsprechend sind Kernleistungen nur im übertragenen Sinne als „Hardware" zu bezeichnen, eher wird hierbei von „üblichen" oder „notwendigen" Kernleistungen und von „ergänzenden", „differenzierenden" oder „nicht-üblichen" Leistungen gesprochen. Allerdings können die meisten touristischen Dienstleistungen nicht ohne das Vorhandensein entsprechender Sachgüter erstellt werden.

**Beispiele:**
- Für die Beherbergungs(dienst)leistung sind zwar auch die Sachgüter Hotelgebäude, Bett usw. notwendig, doch wird als Hauptleistung die Dienstleistung „Übernachtungsleistung" angesehen.
- Für den Transport sind die – sehr kapitalintensiven – Transportmittel (Flugzeug, Bahn, Bus) und die Transportwege (Straßen, Schiene, Flugplätze) notwendig, doch steht die Dienstleistung Transport von A nach B als Hauptleistung im Vordergrund.
- Für Reisebüroberatung werden die Sachmittel Computer, Telefon und Telefax als Reservierungs- und Kommunikationsmittel benötigt, doch steht auch hier die immaterielle Beratungsleistung im Mittelpunkt der (Dienst-) Leistungsorientierung.

HILKE (1989) spricht in bezug auf das (Dienstleistungs-) Marketing von einem „Marketing-Verbund", da aus Kundensicht das gesamte Leistungspaket von Sachgütern und Dienstleistungen im Mittelpunkt der Kaufentscheidung steht. POMPL (1996: 33) weist gar darauf hin, daß im Hinblick auf die Produktion und das Marketing von Dienstleistungen die traditionelle Sichtweise der Einteilung von Produkten in Sachgüter, umzukehren sei „und statt der Aufteilung von Produkten in Sachgüter, Dienstleistungen und Rechte davon ausgegangen (wird, Ergzg. W. F.), daß jedes Produkt aus Anteilen von Sachgütern, Dienstleistungen und Rechten besteht".

In Anlehnung an HILKE 1989 ist in Abb. D-9 ein „Marketing-Verbund-Kasten" für touristische Dienstleistungen entwickelt worden, in dem der unterschiedliche Anteil von Sachgütern und Dienstleistungen für den jeweiligen Marketingbereich dargestellt ist. Tourismusspezifisch wären auch noch Nominalgüter – quasi als dritte Ebene – mitaufzunehmen, zumal die Marketingaufgabe von Anrechten der Reservierungsleistungen hier von größerer Bedeutung ist (vgl. auch D.2). Touristen erwerben bei der Buchung das Anrecht, zu einem späteren Zeitpunkt Transport- und Beherbergungsleistungen oder die Nutzung von Sportgeräten oder Leihwagen während der Reise in Anspruch zu nehmen.

Im modernen Marketing wird dem zuvor erwähnten „Marketing-Verbund" durch die Betonung von „Kern- und Zusatzebenen" sowie des „Gesamtproduktes" entsprochen.

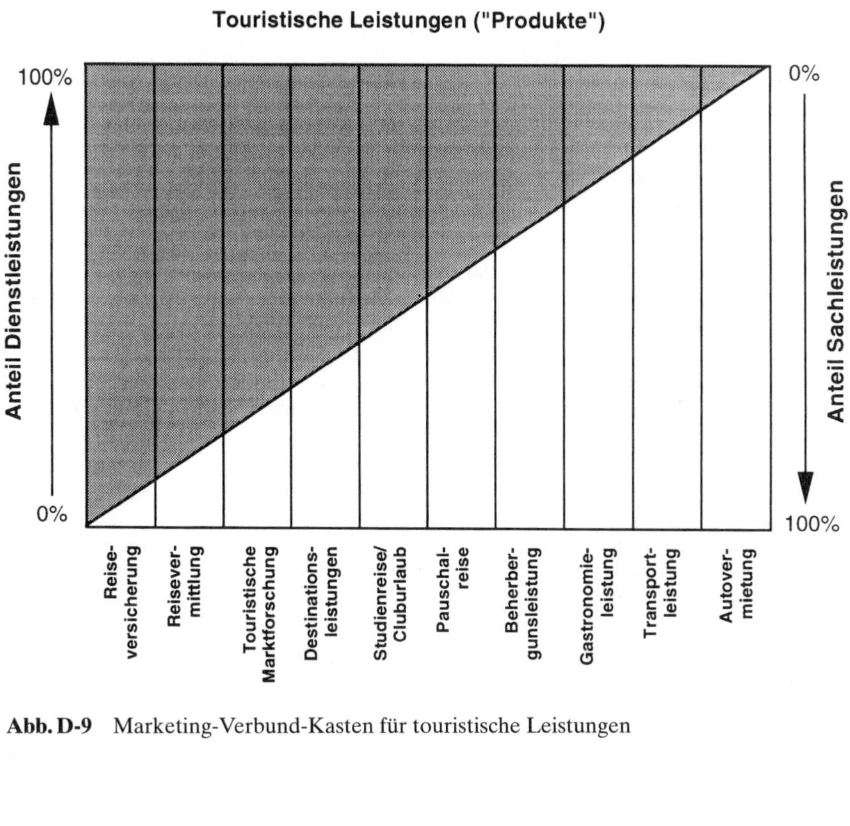

**Abb. D-9** Marketing-Verbund-Kasten für touristische Leistungen

Der Hintergrund für die Diskussion um Kern- und Zusatzleistungen ist der bereits mehrfach erwähnte Wandel der touristischen Märkte, auf denen immer mehr Anbieter mit immer ähnlicheren Produkten am Markt vertreten sind und folglich Produktpolitik verstärkt die Aufgabe hat, ergänzende Leistungselemente zu entwickeln, um einerseits Differenzierungen gegenüber Mitbewerbern zu ermöglichen und dadurch Wettbewerbsvorteile zu erzielen.

Auf verschiedene weiterführende Aspekte der Kern- und Zusatzleistungen bei der touristischen Produkt- bzw. Leistungsgestaltung wird im folgenden näher eingegangen.

### 1.3.1 Das Kernprodukt

**(1) Das Kernprodukt im Sachgüter-Marketing**

Im allgemeinen Marketing werden als „Kernprodukt", „Grundnutzen" oder „-charakteristik" die eher „technisch-funktionalen" Eigenschaften verstanden. Sie dienen der Befriedigung funktionaler Bedürfnisse und stellen quasi den „Gebrauchswert" eines Produktes dar. Soweit es sich im Marketing um Sachgüter handelt, wird auch gelegentlich von

- „greifbaren", „harten", „physikalischen", „sachlichen" oder „objektiven" Produkteigenschaften, von „stofflich-technischem" Nutzen oder vom „Produktinneren" oder der „Hardware"

gesprochen. Die meisten dieser Charakteristika für das Kernprodukt beziehen sich vor allem auf materielle Konsum- und Investitionsgüter.

**(2) Das Kernprodukt im touristischen Dienstleistungs-Marketing**

Für touristische Dienstleistungen sind die wenigsten der zuvor erwähnten Eigenschaften direkt zutreffend, allerdings ist auch hierbei die Grundvorstellung eine ganz ähnliche und im weitesten Sinne kann auch die vorherige Charakteristik für das „Kernprodukt" der touristischen Dienstleistung übertragen werden.

Als „Kernprodukt" oder – besser – „Kernleistung" im Tourismus sind die verschiedenen touristischen Grundleistungen der einzelnen Tourismusbetriebe, wie Beherbergungs-, Verpflegungs-, Beförderungs-, Vermittlungsleistungen, Reiseleitung oder weitere Angebote der engeren oder weiteren Tourismusindustrie anzusehen. Sie stellen die „sachliche", „formale", „funktionale", „übliche" oder „objektive" Grundleistung des Tourismus dar, doch die kundenorientierte Sicht der touristischen Leistung erwartet noch weitere Leistungselemente, die sog. **Zusatzleistungen.**

**Beispiele:**
- Am einfachsten läßt sich diese Sicht der touristischen Kernleistung an Abb. A-2 veranschaulichen: Hier sind die verschiedenen touristischen Grundleistungen in ihrer eher technisch-funktionalen Bedeutung dargestellt. Es sind die – bereits erwähnten – Grundleistungen Reiseorganisation, Reisevermittlung, Transport, Reisebegleitung, Beherbergung, Verpflegung, Reiseleitung, Animation, Freizeitangebote, Attraktionen, eventuell Souvenirs usw.

Jede einzelne der vorher genannten touristischen Teilleistungen stellt für sich gesehen eine touristische „Kern-Dienstleistung" dar. Daß für das touristische Gesamtprodukt „Reise" mehrere dieser Teilleistungen zusammenwirken müssen, ist eine der Besonderheiten der touristischen Leistungserstellung. Sie hat aber strenggenommen nichts mit der grundsätzlichen Unterscheidung von Kern- und Zusatzleistungen zu tun. Für eine solche marketingbezogene Betrachtung ist lediglich darauf hinzuweisen, daß in der Regel das touristische Kernprodukt aus einem Produkt- bzw. Leistungsbündel besteht. Die verschiedenen Teileelemente dieses Leistungsbündels sind grundsätzlich alle als Kernleistungen anzusehen, nicht jedoch als darüber hinausgehende „Zusatzleistungen".

- Eine weitere geeignete Darstellung für die touristische Kernleistung findet sich in Abb. A-28. Hier sind die verschiedenen Kernelemente für das Produkt „Urlaub in Deutschland" bildlich dargestellt. Es sind im einzelnen die Leistungen Wohnen, Essen + Trinken, Service, Infrastruktur, Ortscharakter, Landschaft sowie Verkehr.

Auch weitere Besonderheiten bzw. Eigenschaften der touristischen Leistungen zählen vorrangig zu den technisch-funktionalen Eigenschaften, also zum Kernprodukt. Damit hat das touristische Kernprodukt u.a. folgende Eigenschaften (vgl. genauer A.3.3.3):

- Es ist ein Leistungsbündel von Sach- und Dienstleistungen, wobei Dienstleistungen überwiegen.
- Es ist nicht lagerfähig sowie zeit- und raumabhängig.
- Es besteht eine hohe Komplementarität zwischen verschiedenen Teilkomponenten der touristischen Gesamtleistung, wobei es sich zumeist um immaterielle Leistungen handelt.

Mit der fortschreitenden Differenzierung von Kern- und Zusatzleistungen im modernen Marketing lassen sich inzwischen drei Auffassungen zur Bestimmung des Kernproduktes unterscheiden, die die Kernleistung aus unterschiedlichen Blickwinkeln (Produzenten-, Konsumenten- oder Wettbewerbssicht) betrachten und entsprechend zu unterschiedlich weiten Abgrenzungen führen. Demnach kann als **touristische Kernleistung** angesehen werden:

- die **Grundleistung oder Basisleistung**, die als Mindestleistung zur Leistungserfüllung notwendig ist (Produkt- oder Produzentensicht, auch generisches Produkt, vgl. KOTLER/BLIEMEL 1995: 660).

- das **„Leistungsübliche"** (aus Wettbewerbssicht) als alle Leistungen, die üblicherweise von den Mitwettbewerbern angeboten werden und – bei entwickelten Märkten – zu einer immer weiteren Ausdehnung des Kernproduktes führen, das mehr und mehr ehemalige Zusatzleistungen umfaßt.

- die **„Problemlösung"** (Kundensicht), die sich weniger auf die zu beobachtenden Leistungselemente als auf die dahinter stehenden Konsumentenwünsche bezieht. Diese Auffassung betrifft aber eher die Gesamtleistung und beinhaltet bereits zahlreiche Zusatzelemente (vgl. genauer D.1.3.2 (3), allerdings auch KOTLER/BLIEMEL 1995: 660).

Die erste Auffassung wird immer, die zweite immer häufiger, die dritte nur selten als Kernleistung im modernen Marketing verwendet.

---

Touristische **Kernleistungen** stellen – je nach Sichtweise – das im Tourismus „Leistungsübliche" (Wettbewerbsorientierung) oder die „Grundversion" (Produzentensicht) oder die „Problemlösung" (Kundensicht) dar.

**Zusatzleistungen** im Rahmen der Produktpolitik dienen der Differenzierung und sind Ansatzpunkte für Wettbewerbsvorteile.

## (3) Produktpolitik in bezug auf das Kernprodukt

Produktpolitische Maßnahmen in bezug auf das Kernprodukt haben die „technisch-funktionalen" Aspekte sicherzustellen. Im Tourismus müssen Beratung, Transport, Übernachtung, Verpflegung usw. notwendigerweise „funktionieren", doch sind dies Voraussetzungen, die die meisten touristischen Leistungsträger erfüllen. Entsprechend ist touristische Produktpolitik nur zum geringeren Teil auf die Gestaltung der Kernleistungen gerichtet.

Kernleistungsbezogene Produktpolitik ist notwendig, aber – für das moderne touristische Marketing – nur selten hinreichend. Nur in Fällen bzw. auf Märkten, wo das touristische Grundangebot noch nicht ausreichend entwickelt ist, kommt der Gestaltung der touristischen Kernleistung größere Bedeutung zu, z.B. beim Aufbau neuer Leistungsangebote oder bei der Entwicklung von touristischen Destinationen (vgl. auch D.1.3.2).

Mit der zunehmenden Entwicklung des Tourismus wird das Leistungsübliche – und damit das Kernprodukt – immer größer, womit sich die Produktpolitik immer mehr auf Leistungselemente orientiert, die zu früheren Zeitpunkten oder bei weniger entwickelten touristischen Märkten zu den Zusatzleistungen zählten.

**Beispiele:**
- **Hotels:** Umweltmaßnahmen eines Hotels zählen immer mehr zum „Standard".
- **Destinationen:** Soweit Schlechtwetterangebote, Kinderservice, Kurkonzerte oder Events von immer mehr Orten angeboten werden, dienen sie nicht mehr zur Differenzierung und werden Teil der – erwarteten – Kernleistung.
- **Fluggesellschaften:** Beförderung von Sportgeräten, Kinderservice und – gutes – Essen während des Fluges gehören immer häufiger zur „Grundleistung".

### 1.3.2 Die Zusatzleistungen im Tourismus: Vom „harten Kern" zur „weichen Schale"

Die Entwicklung in weiten Bereichen der Tourismusindustrie – ähnlich wie in anderen Wirtschaftsbereichen – hat dazu geführt, daß aus Sicht der Kunden die touristischen Kernleistungen immer ähnlicher werden. Gab es noch in den Anfangsjahren des Tourismus deutliche Unterschiede hinsichtlich der touristischen Kernleistungen wie Beherbergung, Transport, Verpflegung usw., so haben sich im Laufe der Zeit vergleichbare Angebote qualitativ immer mehr aneinander angenähert.

**Beispiel:**
- So erreichen alle Flüge nach Mallorca in etwa gleicher Zeit ihr Ziel, zwischen reinen Beherbergungsleistungen der gleichen Kategorie gibt es kaum noch Unterschiede, für einen Strandurlaub oder eine Bildungsreise zum gleichen Preis bieten alle Reiseveranstalter die gleichen Gegenleistungen usw.

Doch je mehr sich die Grundleistungen der Tourismus-Anbieter aneinander angleichen, um so wichtiger werden gewisse Zusatzleistungen aus Sicht der Nachfrager zum **Differenzierungskriterium** für die jeweilige Kaufentscheidung. Während in der Vergangenheit auf sog. Verkäufermärkten die Grundleistung gegenüber der Zusatzleistung deutlich überwog, so wird auf gewandelten Märkten oft von einer deutlichen Verschiebung dieser beiden Leistungselemente gesprochen. Aufgrund der qualitativen Weiterentwicklung der meisten Leistungsangebote werden immer mehr frühere Zusatzleistungen nunmehr zu – erwarteten – Kernleistungen, wie z.B.

• Pünktlichkeit, Sicherheit, Verpflegung unterwegs, Freigepäck- oder Sportgerätebeförderung, Give-Aways usw.

In Abb. D-10 wurde versucht, diesen Wandel grafisch zu veranschaulichen. Während in der Vergangenheit bzw. auf sog. Verkäufermärkten aus Sicht der Nachfrager vor allem die Kernleistung von Bedeutung ist, so hat sich die Bedeutung von Kern- und Zusatzleistung im Marketing auf gewandelten Märkten deutlich zugunsten der Zusatzleistung verschoben. Dies kann sowohl absolut der Fall sein, zumindest hat sich aber eine relative Verschiebung der Anteile von Kern- und Zusatzleistung zueinander ergeben. Dies bedeutet nicht, daß die Kernleistung an Bedeutung für den Produzenten verloren hat, sondern soll die **Marketing-Sicht** veranschaulichen: Für das moderne Marketing haben sich die Anteile von Kern- und Zusatzleistung für die jeweiligen Marketing-Planungen und -aktivitäten, wie in der Abbildung veranschaulicht, verschoben.

Die Leistungsdichte im Kernbereich sowie die damit verbundene Austauschbarkeit der Grundleistungen aus Sicht der Nachfrager – hier der Touristen – haben das Augenmerk modernen Marketing immer mehr auf Zusatzeigenschaften gerichtet. Marketing-Experten interessieren sich mehr für die „Schale" als für den Kern – mehr für die „Software" als für die „Hardware".

• Die Marketingwissenschaft spricht in diesem Zusammenhang u.a. von „Zusatzprodukt" oder „-leistung" bzw. „-nutzen", vom „Produktäußeren", den „sonstigen produktnutzenbeeinflussenden Faktoren", von „Benefits", „Imagenery", „Designwerten", „Erlebniswerten", von der „Befriedigung seelisch-geistiger Bedürfnisse", von den „affektiven",

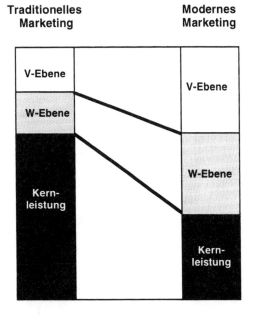

**Abb. D-10** Marketingwandel: vom Kern- zum Zusatzprodukt

„symbolischen" und „motivationalen" Aspekten oder den „subjektiven" Produkteigenschaften bzw. der Produkt-„Software" (vgl. u. a. MEFFERT 1986: 365ff, KOTLER 1989: 363ff, BECKER 1993: 133). Viele der zuvor aufgeführten Eigenschaften und Zusatzleistungen haben immateriellen Charakter und sind daher problemlos auch auf touristische Dienstleistungen zu übertragen.

- KOTLER hat im Laufe der Zeit die Produktebenen immer weiter ausgeführt und differenziert. Während er noch 1989 lediglich von drei Ebenen des Produktbegriffs sprach (Kernvorteile, formales Produkt und erweitertes Produkt, vgl. KOTLER 1989: 363ff), unterscheidet er 1995 bereits fünf Konzeptionsebenen des Produktes: Kernprodukt bzw. -nutzen, ferner generisches, erwartetes, augmentiertes und potentielles Produkt. Seine vor allem am Sachgütermarketing orientierten Ausführungen geben auch für das touristische Marketing hilfreiche Hinweise. So orientieren sich auch die touristischen Beispiele von ROMEISS-STRACKE 1995 an dieser weitergehenden Unterteilung (vgl. Abb. D-15). Doch erscheint die Unterscheidung von zwei Zusatzebenen, wie sie im folgenden näher erläutert werden, für touristische Leistungen ausreichend.

Auch im heutigen Tourismus-Marketing hat diese Sichtweise immer mehr Eingang gefunden, da gerade das Reiseverhalten durch vielfältige Wünsche und Erwartungen geprägt ist, die über die reine Kernleistung hinausgehen. Bereits bei der Erläuterung des touristischen Kernproduktes im vorangegangenen Abschnitt war auf einige dieser Zusatzeigenschaften im Tourismus hingewiesen worden.

In einer Weiterentwicklung der in der Literatur zum modernen Marketing verbreiteten Diskussion um Kern- und Zusatzleistungen wird im folgenden eine weitere Unterscheidung der Zusatzleistungen vorgenommen. Diese Unterscheidung ist nicht auf touristische Leistungen beschränkt, sondern ist geeignet, einen differenzierten Beitrag zur Diskussion um Marketingeigenschaften verschiedener Sachgüter und Dienstleistungen zu leisten. Die folgende Unterscheidung kann ferner hilfreich sein als Ergänzung für das in Abschnitt D.1.2 dargestellte kettenbezogene Produktmodell.

Der große Bereich der Zusatzleistungen im Tourismus wird im folgenden in zwei Bereiche aus Sicht der Nachfrager unterteilt:

- **Designwerte oder Wahrnehmungsebene,**
- **Erlebniswerte oder Vorstellungsebene.**

Beides sind subjektive und immaterielle Produkteigenschaften. Sie sind ferner nicht immer genau voneinander zu trennen, Überschneidungen sind häufig gegeben.

---

**Zusatzleistungen** gehen über die Kernleistung hinaus und sind weiter zu unterscheiden in eine:

- **Wahrnehmungsebene** (Designwerte): kognitiv, „erkennbar", sinnlich wahrnehmbar, Verstandesebene.

- **Vorstellungsebene** (Erlebniswerte): affektiv, emotional, Empfindungen, Seele, Gefühl.

## (1) Wahrnehmbare Zusatzleistungen: Das touristische Zusatzprodukt A: Produkt mit Profil (Design-Wert)

Eine erste Gruppe von Zusatzeigenschaften ist in der Regel mit den Sinnen wahrnehmbar, also zu hören, fühlen, sehen, riechen oder schmecken. Es handelt sich von daher um Wahrnehmungseigenschaften oder die Wahrnehmungsebene touristischer Leistungen. Im einfachsten Fall zählen hierzu materielle oder immaterielle Nebenleistungen, die nicht unmittelbar bei der touristischen Kernleistung erwartet werden, aber durchaus eng mit dieser verbunden sind.

**Beispiele:**
- zusätzliches Freigepäck, Beförderung von Sportgeräten, Verpflegung bei Transportleistungen, täglich frische Wäsche oder Süßigkeiten bzw. Früchte im Zimmer von Beherbergungsbetrieben, Nähsets oder Taschen als Beigabe von Reiseveranstaltern oder -mittlern usw.

Desweiteren zählen hierzu die verschiedensten Aspekte der sog. Service-Qualität. Hierbei geht es in der Regel um das „Wie" der Leistungserstellung. Dies kann im einzelnen durch eine bestimmte Farbgebung (Sehen), durch freundlichen Umgangston (Hören), besondere Ausstattung (Wohl-Fühlen), besondere Dürfte (Riechen) oder durch verschiedene Gaumenfreuden (Schmecken) erreicht werden.

In bezug auf das Phasen-Modell der touristischen Dienstleistungen tauchen ganz ähnliche Zusatzleistungen in allen Phasen der touristischen Leistungserstellung auf.

Hier sind es im wesentlichen Zusatzleistungen und -eigenschaften des Dienstleistungspersonals und der Atmosphäre als Umfeld des Leistungsprozesses.

**Beispiele:**
- freundliches, zuvorkommendes Personal,
- ansprechendes Ambiente,
- kleine Aufmerksamkeiten: Give-Aways usw.

## (2) Vorstellbare Zusatzleistungen: Das touristische Zusatzprodukt B: Träume verkaufen (Erlebniswert, Vorstellungsebene)

Eine zweite Gruppe von Zusatzleistungen ist nicht mit den Sinnen wahrnehmbar, sondern bewegt sich im seelisch-geistigen Bereich, auf der sog. „Vorstellungsebene". Diese für das Marketing bedeutsamen Eigenschaften können zusammengefaßt als Erlebniswerte bezeichnet werden (vgl. Abb. D-11). Sie tauchen ebenfalls in allen drei Phasen der touristischen Leistungskette auf.

**Beispiele:**
- Hierzu zählen u.a. die vielfältigen touristischen Erwartungen an Reisen und Tourismus wie z.B. „Glück", „Erlebnis", „Erholung", „Attraktivität", „Gastfreundschaft", „Abenteuer", „Luxus", „Ruhe", „Entspannung", usw.

- Touristen wollen „mit Reisen beispielsweise latente Bedürfnisse nach exotischen und unbeschwerten Traumwelten, nach anderen Kulturen, nach Heiterkeit und Weite, nach Lebensqualität und Ursprünglichkeit, nach prestigeträchtigem oder modischem Urlaubsambiente erfüllen. Und auch in der Tourismuswerbung stellte man sich auf diese gewandelte Situation ein. Sie argumentiert mit bildhaften und symbolischen Imagequalitäten und Lifestyle-Symbolen und weniger mit „harten Fakten" (STUDIENKREIS 1992: 15).

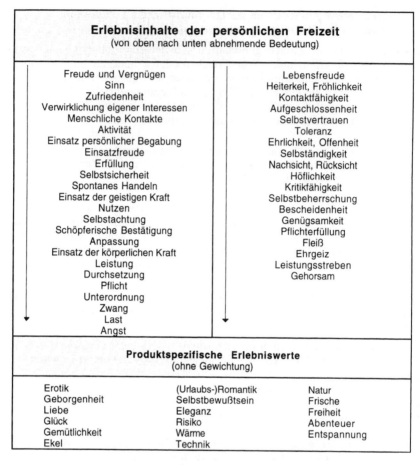

**Abb. D-11** Erlebnisinhalte der persönlichen Freizeit
(Quelle: WACHENFELD 1987: 204)

In den Bereich der Vorstellungsebene gehören ferner die für den Tourismus sehr bedeutsamen **Image-Faktoren**. Sie sind vor allem für die Phase 1 der Dienstleistungs-Erstellung – die Potential-Phase – sehr bedeutsam. Das Image einer Destination oder eines Reiseveranstalters beeinflußt im Marketing vor allem den Aspekt der vertrauensbildenden Maßnahmen. In die gleiche Richtung wirken auch Maßnahmen der **Markenpolitik**.

Um die Erlebniswerte zu realisieren, kauft der Tourist das Grundprodukt. Ob seine Erwartungen eintreffen, hängt nicht nur von den objektiven Leistungseigenschaften des Kernproduktes ab, sondern ist zu einem hohen Maß durch die subjektive Beurteilung der Zusatzleistungen aus Sicht des Reisenden beeinflußt.

## (3) Das Problem der Problemlösung

*„People do not buy products,
they buy the expactations of benefits.
It is the benefits that are the product."*
(MIDDLETON 1994: 86)

Neben der zuvor erläuterten Bestimmung von Kernleistungen und Zusatzleistungen aus Sicht der Kunden und des modernen Marketing ist auch der Aspekt der „Problemlösung" oder der „Nutzenstiftung" von zentraler Bedeutung:

- Im Tourismus werden von einer Reise „schöne Ferien" (TUI) oder das „reizvolle Unbekannte" (BERNECKER 1974: 4) erwartet, damit es die „kostbarsten Tages des Jahres" (NUR) werden.

Während für den **Hersteller** die funktionelle Leistungserstellung im Vordergrund steht, kauft der Kunde das Leistungsangebot in Erwartung einer **Problemlösung**. Den Touristen interessieren weniger die konkreten Vermittlungs-, Beherbergungs- oder Transportleistungen als die Erfüllung seiner Reisewünsche, wie Erholung, Studienreise, Aktivität, Glück usw. in fremder Umgebung. Hierzu ist die Gesamtheit von Kern- und Zusatzleistung für den Nachfrager bedeutsam.

Die Sicht der Problemlösung hat das gesamte Produkt, also Grund- und Zusatzleistung, im Auge. Beide Leistungsaspekte tragen zur Nutzenstiftung und/oder zur Erfüllung der Erwartungen, Wünsche und Bedürfnisse bei. Hingegen wird gelegentlich auch das Kernprodukt als „Problemlösung" gesehen, was allerdings der differenzierten Betrachtung von verschiedenen Produktebenen teilweise widerspricht: „Kernnutzen ..., d.h. mit der fundamentalen Produktleistung und dem Produktnutzen, den der Verbraucher in Wirklichkeit kauft. Im Falle eines Hotels kauft der übernachtende Gast in Wirklichkeit „Ruhe und Schlaf."
... Im Falle von Bohrern kauft der Anwender in Wirklichkeit ,Löcher'" (KOTLER/BLIEMEL 1995: 660). Unstritig ist, daß bereits bei der Konstruktion von Kernleistungen die letztlich vom Kunden erwartete Nutzenstiftung ins Auge gefaßt werden muß, sie betrifft aber mehr als lediglich das Kernprodukt.

Im Tourismus hängt die „Problemlösung" eng mit der Motivationsanalyse des Reisens zusammen: warum wird gereist (vgl. B.2.3.3). Auch juristisch werden zur ordnungsgemäßen Leistungserfüllung eines Pauschalreiseveranstalters meist „Ruhe, Sauberkeit, Erholung, Pünktlichkeit" usw. als Kernelemente einer Reise angesehen. In der folgenden Übersicht sind – vereinfacht – einige Hinweise auf

| "Problem" (Reisemotiv) | Problemlösung (Reiseart) |
|---|---|
| Erholung, Regeneration | Erholungsreise |
| Geschäft | Geschäftsreise |
| Sportausübung | Sportreise |
| Studien, Bildung | Studienreise |
| Kommunikation mit Bekannten und Verwandten | Besuchsreisen |

**Abb. D-12** Probleme und Problemlösungen im Tourismus

den Zusammenhang von erwünschter Problemlösung des Touristen sowie des entsprechenden Gesamtangebotes zusammengestellt.

### 1.3.3 Produktpolitik in bezug auf Kern- und Zusatznutzen – Beispiele

Unter Bezug auf die in den vorherigen Anschnitten getroffenen Unterscheidungen von Kern- und Zusatzprodukt im Marketing ist **Produktpolitik** darauf gerichtet, diese beiden Komponenten zusammen oder getrennt voneinander zu beeinflussen.

Bei der Beeinflussung der verschiedenen Elemente der touristischen **Kernleistung** geht es in aller Regel um fundamentale Eigenschaften des touristischen Leistungsprozesses. Hier ist es vor allem das Kernangebot an Transport-, Beherbergungs-, Verpflegungs- und Betreuungsleistungen, die im Rahmen der touristischen Produktpolitik zu beeinflussen sind. Die meisten dieser Leistungen sind von Menschen erbrachte Dienstleistungen, die durch entsprechende **Schulungsmaßnahmen** des jeweiligen Personals verbessert werden können. Bei einem ausreichenden Standard der Schulung des touristischen Personals sind in diesem Kernbereich nur noch wenig qualitative Verbesserungen zu erreichen.

Anders hingegen in der Anfangsphase der touristischen Entwicklung in bestimmten Destinationen, wie dies vor allem bei der Neuentwicklung von Tourismus-Destinationen der Fall ist. Auch in der Umbruchsphase des Tourismus in den neuen Bundesländern sind im Rahmen der Produktpolitik entsprechende Maßnahmen im Hinblick auf die Kernleistung möglich und notwendig.

Ab einer bestimmten Entwicklungsstufe des Tourismus sind allerdings nur noch geringe qualitative Fortschritte im Bereich der touristischen Kernleistung zu erreichen. Marketing-Maßnahmen im Rahmen der Produktpolitik richten sich hier vor allem auf die touristischen **Zusatzleistungen**. Hierbei sind es vorwiegend die wahrnehmbaren Leistungseigenschaften, die durch die Touristen gefühlt, gesehen, gehört, geschmeckt oder gerochen werden können. Die meisten der zuvor genannten Eigenschaften sind für die touristische Leistungspolitik im übertragenen Sinne zu gestalten.

Schwieriger sind die nicht wahrnehmbaren Zusatzeigenschaften der touristischen Leistung, die sich in der Vorstellungsebene der Leistungseigenschaften sowie der touristischen Nachfrage bewegen. Es handelt sich hierbei im wesentlichen um die verschiedenen Möglichkeiten der imagebildenden Maßnahmen. Dieser Bereich und die damit verbundenen möglichen Maßnahmen der touristischen Leistungspolitik sind bisher nur wenig entwickelt worden.

---

Unter Bezug auf das Leistungsphasenmodell des Tourismus entspricht:

- Die Beeinflussung des **Kernproduktes** vor allem Maßnahmen zur Prozeßleistungspolitik. Hier sind aber auch weitere zusatzproduktorientierte Maßnahmen möglich.

- Die Beeinflussung des **Zusatznutzens** vor allem Maßnahmen, die auf die Potential- und Ergebnisstufe der Dienstleistungs-Produktion im Tourismus gerichtet sind. Hierzu zählen vor allem imagebildende und -fördernde Maßnahmen usw.

# 1. Produktpolitik im Tourismus

Im folgenden werden zur Veranschaulichung der verschiedenen Gestaltungsmöglichkeiten von Kern- und Zusatzleistungen im Tourismus einige Beispiele aufgenommen, in denen mit unterschiedlicher Form (und Inhalt) versucht worden ist, den Gedanken der Kern- und Zusatzleistungen zu veranschaulichen. Dabei zeigt sich, daß es bei der Abgrenzung der verschiedenen Leistungsebenen vielfache Überschneidungen gibt und daß es keine eindeutige Zuordnung zu den hier vorgeschlagenen Ebenen der Grundleistung sowie Wahrnehmungs- und Vorstellungsebenen gibt. Doch allen Beispielen gemeinsam ist aber der Gedanke des – mehrfach – erweiterten Leistungskonzeptes im Tourismus.

**Beispiele:**
**(1) Rad-Tourismus**
Beispiel 1 bezieht sich auf die Produktpolitik im Rad-Tourismus (vgl. FREYER 1995c und Abb. D-13):

„Während in früheren Jahren meist der eher „technische" Wert eines Produktes im Vordergrund der Nachfrage (und der Produktion) gestanden hat, hat sich das im modernen Marketing weitgehend gewandelt. Das **„Kernprodukt"** ist bei immer mehr Angeboten im-

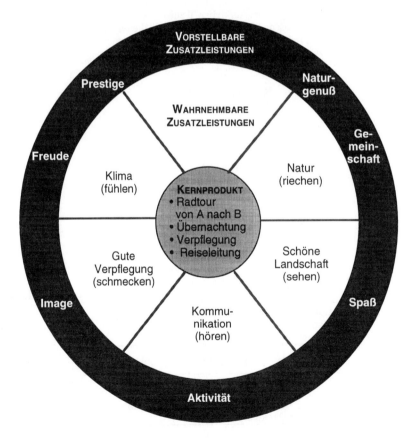

**Abb. D-13** Produktpolitik im Rad-Tourismus
(Quelle: FREYER 1995c: 74f)

mer ähnlicher geworden: „alle Räder fahren (gleich gut)", die meisten Rad-Reiseveranstalter bieten ein ähnliches Grundprogramm an.

Dafür stehen **„Zusatzeigenschaften"** oder „-produkte" oder „-nutzen" im Vordergrund der Kaufentscheidung – und des modernen Marketing. Entsprechend sind heute produktpolitische Maßnahmen vor allem auf die Erfassung und Gestaltung der Zusatzleistungen und -nutzen gerichtet.

- Das Kernprodukt im Rad-Tourismus ist nach wie vor die Radtour, der „Transport per Rad von A nach B", evtl. ergänzt um Übernachtungs- und Verpflegungsleistungen sowie Reiseleitung usw.

Doch die eigentliche Erwartung bzw. die im Rad-Tourismus gesuchte „Problemlösung" der Rad-Touristen ist eine andere. Sie spiegeln sich in den Zusatzprodukten wider, die sich wie konzentrische Kreise um das eigentliche Kernprodukt herum gruppieren (lassen):

- Zum einen sind es Leistungseigenschaften, die sich mit den fünf Sinnen wahrnehmen lassen. Im Radtourismus sind es z.B. schöne Landschaft (sehen), Klima (fühlen), gute Verpflegung (schmecken), Kommunikation (hören) oder Natur (riechen). Zu den möglichen wahrnehmbaren Zusatzleistungen im Rad-Tourismus zählen weiterhin: Fahrradtransport bei Anreise, Leihräder, Gepäcktransport, Führung/Reiseleitung, Informationsmaterial (Karten, Prospekte), Eintrittskarten, Rahmenprogramm, Rad-Service, Souvenirs (Radwandernadel, Urkunde, Aufkleber, T-Shirt), Versicherung. Hinzu kommen im Sport-Tourismus verschiedene Leistungseigenschaften, die mit der Durchführungsphase des Dienstleistungsprozesses zusammenhängen, wie Service-Qualität, Betreuung, Freundlichkeit usw.

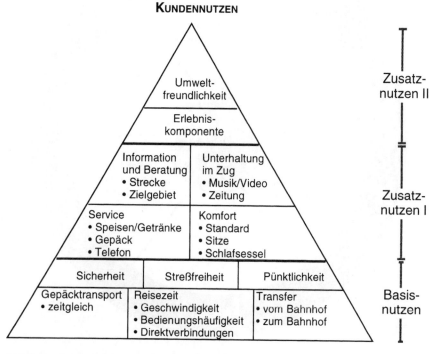

**Abb. D-14** Leistungshierarchie und Kundennutzen im Bahntourismus
(Quelle: SCHNELL 1993: 573)

- Darüber hinaus sollen mit den radtouristischen Leistungen **Seele und Geist** angesprochen werden, z.b. durch die verschiedenen Erlebniswerte wie Spaß, Freude, Aktivität, Abenteuer, Erholung Naturgenuß, Fitneß, Gesellichkeit, Gemeinschaft, Prestige oder Image usw. Diese Eigenschaften hängen insbesondere mit der Ergebnisphase von Dienstleistungen zusammen, spielen aber auch für die Potentialphase eine bedeutende Rolle (vgl. D.2.3).

Nicht alle Leistungseigenschaften lassen sich immer eindeutig dem Kernprodukt oder den Zusatzeigenschaften 1 und 2 zuordnen. Es gibt vielfache Überschneidungen." (FREYER 1995c: 74f)

**(2) Bahn-Reisen**

Für Bahnreisen wurde eine Nutzenpyramide entwickelt, in der der Basisnutzen bereits mit Wahrnehmungs- und Vorstellungsaspekten verbunden (Sicherheit, Streßfreiheit, Pünktlichkeit) und neben den wahrnehmbaren Faktoren (Service, Unterhaltung) auch um eine Erlebnis- und Ökologiekomponente erweitert wurde, ohne diese zusätzlich abzugrenzen (vgl. Abb. D-14).

**(3) Leistungsebenen bei Flugreisen**

Bereits in Abb. A-35 waren am Beispiel der Leistungskette einer Fluggesellschaft die beiden Ebenen Kern- und Zusatzleistung unterschieden und ein Verbund der beiden produktpolitischen Gestaltungsmöglichkeiten Leistungskette und Leistungsebenen vorgenommen worden.

| Beispiel | Grundnutzen | "Erwartetes" | "Erwünschtes" | "Unerwartetes" |
|---|---|---|---|---|
| Restaurant | Essen und Trinken | eine gewisse Auswahl an Speisen | Der Kellner empfiehlt zusätzlich auch Tagesgerichte außerhalb der Speisekarte | Nach dem Essen hausgemachtes Konfekt, Geschäftsführer erkundigt sich persönlich nach Zufriedenheit |
| Hotel | Bett und Waschgelegenheit | ausreichend großes Zimmer | Der Mitarbeiter erklärt dem Gast die Beleuchtungs- und Sanitärtechnik im Zimmer | Willkommensdrink, individuell an der Bar oder auf dem Zimmer |
| Fremdenverkehrsort | einige Freizeitangebote | beschildertes Wanderwegenetz | Führer über örtliche Freizeitangebote auf dem Hotelzimmer | Besuch der Tourist-Information im Quartier (Zufriedenheit und Anregungen) |
| Reisebüro | Prospekte und Buchungsmöglichkeiten | ein bestimmtes Veranstalter-Sortiment | Palette von Spezialveranstaltern für besondere Kundeninteressen | Anruf nach Rückkehr, ob die gebuchte Reise gefallen hat |
| Busunternehmen | Transport von A nach B | Getränke an Bord | Eingehen auf Sonderwünsche bei Besichtigungstour | Sekt bei längerem Stau |

**Abb. D-15** Zusatzeigenschaften von Tourismusleistungen
(Quelle: ROMEISS-STRACKE 1995: 88ff)

**(4) Verschiedene Tourismusleistungen**

In enger Anlehnung an die verschiedenen Produktebenen bei KOTLER/BLIEMEL (1995:660) wurden für verschiedene touristische Leistungen mehrere Zusatzebenen unterschieden, wobei neben der Kernleistung die drei Bereiche Erwartetes, Erwünschtes und Unerwartetes als Zusatzleistungen erwähnt werden (vgl. zum folgenden ROMEISS-STACKE 1995: 88ff):

- **Grundnutzen** ist der primäre Zweck, die Funktion eines Angebotes,
- **Erwartetes** sieht der Kunde aus seiner bisherigen Erfahrung heraus als selbstverständlich an. Fehlen die erwarteten Dinge, reagiert der Kunde verärgert. Und: Je reiseerfahrener die Kunden werden, desto mehr wird als „selbstverständlich" erwartet.
- **Erwünschtes** sind Dinge bzw. Dienstleistungen, die der Kunde nicht als selbstverständlich voraussetzt, die er aber kennt und als angenehm empfindet. Die Grenze zwischen Erwartetem und Erwünschtem wird fließender, je anspruchsvoller die Kunden werden. KOTLER/BLIEMEL sprechen vom „augmentierten Produkt", also von leistungssteigernden und wettbewerbsorientierten Komponenten (dies.: 661).
- **Unerwartetes** sind Überraschungsmomente, die den Kunden wirklich begeistern können. In diesen „Plus-Leistungen" liegen viele Möglichkeiten der Qualitätssteigerungen. Doch werden solche unerwarteten Leistungen schnell von der Konkurrenz kopiert. KOTLER/BLIEMEL sprechen von „potentiellen" Produktelementen als „das Produkt mit jedem Zusatznutzen und allen Umgestaltungsmöglichkeiten, die es in der Zukunft erfahren könnte", aber – in Abgrenzung zum augmentierten Produkt – heute noch nicht üblich ist (vgl. ebd.).

## 1.4 Gestaltungsmöglichkeiten der Produktpolitik

Für die verschiedenen zuvor erläuterten Phasen und Ebenen der Produktpolitik gibt es jeweils unterschiedliche Möglichkeiten der Ausgestaltung, die im allgemeinen Marketing zumeist entlang von vier Grundüberlegungen behandelt werden. Sie können auch im Tourismus-Marketing zur weiteren Differenzierung der Leistungskette und -ebenen verwendet werden. Im einzelnen geht es um die Gestaltung folgender vier Eigenschaften oder Bereiche **(Bereiche der Produktpolitik)**:

(1) Produktpalette,
(2) Produktquantität,

| Bereiche der Produktpolitik \ Richtung der Produktpolitik | Bewahren (a) | Vergrößern/ verbessern (b) | Verringern/ verschlechtern (c) |
|---|---|---|---|
| **(1) Produktpalette** | 1-a | 1-b | 1-c |
| **(2) Produktquantität** | 2-a | 2-b | 2-c |
| **(3) Produktqualität** | 3-a | 3-b | 3-c |
| **(4) Produktpositionierung** | 4-a | 4-b | 4-c |

**Abb. D-16** Möglichkeiten der Produktpolitik

(3) Produktqualität,
(4) Produktpositionierung.

Dabei sind aus strategischer Sicht grundsätzlich drei **Richtungen der Produktpolitik** gegeben:

(a) **Bewahren** des vorhandenen Angebotes (oder von Teilen davon),

(b) **Veränderung** im Sinne von Vergrößern (quantitativ) oder Verbessern (qualitativ) des vorhandenen Angebotes (oder von Teilen davon) („trading up"),

(c) **Veränderung** im Sinne von Verringern (quantitativ) oder Verschlechtern (qualitativ) des vorhandenen Angebotes (oder von Teilen davon) („trading down").

Alle drei produktpolitischen Richtungen können sich auf die vorgenannten vier Produktbereiche auswirken, womit sich 12 grundsätzliche Möglichkeiten der Produktpolitik ergeben. Sie werden hier nicht – wie im allgemeinen Marketing üblich – im einzelnen ausgeführt, lediglich die drei grundsätzlichen produktpolitischen Richtungen (siehe D.1.4.1) sowie die vier Bereiche (siehe D.1.4.2) werden etwas genauer mit ihrer Bedeutung für den Tourismus dargestellt.

### 1.4.1 Richtungen der Produktpolitik

**(1) Beibehaltung der Produktpolitik („Bewahren")**

Beibehalten („Stabilisierungspolitik") aller vier Bereiche oder von Teilen davon als produktpolitische Maßnahme wird in der Regel verfolgt, wenn das Marktpotential und die eigenen Kapazitäten weitgehend ausgeschöpft sind und/oder wenn bereits ein markt- und zielgruppengerechtes Angebot vorhanden ist. Zumeist hat man in diesen Fällen bereits eine ausreichende Zahl von „Stammkunden", so daß keine Produktvariation notwendig ist.

Oder man vertraut im Fall noch nicht ausgelasteter Kapazitäten auf die anderen Marketinginstrumente, wie Preis-, Vertriebswege- oder Kommunikationspolitik. Hierbei ist man ebenfalls überzeugt, das „richtige" Produkt für die jeweilige(n) Zielgruppe(n) anzubieten. In einem strategischen Portfolio befindet man sich in diesen Fällen häufig in der Cash-Cow-Position.

**Beispiele:**
- Vor allem Marktführer verändern in der Regel ihr Leistungsangebot im Vergleich zum Gesamtangebot nur unwesentlich, wie TUI, LTU usw.

**(2) und (3) Veränderung der Produktpolitik**

Bei allen **Veränderungen** der Produktpolitik hat man in der Regel in der Ausgangssituation noch kein ausreichend zielgruppenadäquates Angebot.

Im Fall der **Verringerung** des Leistungsangebotes (Fälle c in Abb. D-16) trägt man dieser Situation dadurch Rechnung, daß man sich mit seinen Produkten aus dem jeweiligen Markt zurückzieht. Lediglich im Sonderfall der **Qualitätsverringerung** bleibt man im jeweiligen Markt, versucht aber durch Reduzierung der Qualität, dem jeweiligen Zielpublikum gerecht(er) zu werden. In beiden Fällen handelt es sich um die produktpolitische Umsetzung von Schrumpfungsstrategien.

Im Fall der **Vergrößerung bzw. Verbesserung** des eigenen Leistungsangebotes (Fälle b in Abb. D-16) versucht man, durch Maßnahmen der Produktpolitik ein zielgruppenadäquates Angebot zu erreichen, entweder indem man die Produktpalette quantitativ oder qualitativ verändert oder indem man einzelne Leistungen entsprechend verändert („Wachstums- oder Expansionsstrategie").

Alle Maßnahmen zur Veränderungen der Produktpolitik sind letztlich darauf gerichtet, eine **andere Positionierung** im Angebotsraum zu erreichen (vgl. D.1.4.2 (4)).

**Beispiele:**
- Reiseveranstalter, vgl. Abb. C-51a
- Touristikzug der DB

### 1.4.2 Bereiche der Produktpolitik

Zur Umsetzung der zuvor erwähnten produktpolitischen Gestaltungsrichtungen werden im Rahmen der Produktpolitik vor allem vier Bereiche beeinflußt bzw. gestaltet:

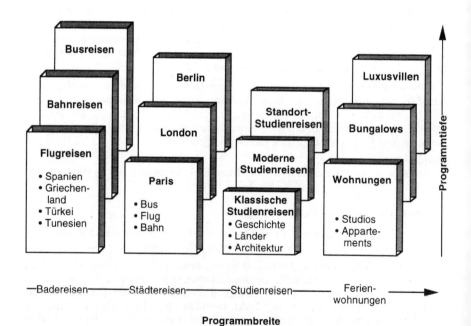

**Abb. D-17** Programmstruktur von Reiseveranstaltern
(Quelle: POMPL 1996:135)

## (1) Gestaltung der Produktpalette

### (1a) Vielfalt der Leistungen („Palette")

Vor allem die verschiedenen Möglichkeiten der Produktpalette bzw. Sortimentspolitik sind für den Tourismus von besonderem Interesse. Dabei geht es um die Vielfalt des Leistungsangebotes, um die sog. „Angebotspalette". Je nach touristischem Anbieter stellt sich die Frage der Gestaltung der Produktpalette anders:

- Aufgabe der Produktpolitik für eine Tourismus-**Destination** ist es, die entsprechende Breite und Tiefe der touristischen Angebotspalette zu bestimmen. Dies umfaßt im einzelnen die Auflistung des vorhandenen Angebotes und die entsprechende leistungsmäßige Präsentation gegenüber den touristischen Nachfragern, z.B. in Form von Informationsbroschüren.

Zu einer ausgewogenen touristischen Angebotspalette von Destinationen gehört es aber auch, neue Angebote hinzuzunehmen bzw. bestimmte Angebote aus der Gesamtpalette zu entfernen. So wird sich jede touristische Destination überlegen müssen, ob sie in den Teilbereichen Rad-, Kultur-, Veranstaltungs-, Sport-, Bade- und Vergnügungstourismus mit eigenen Angeboten vertreten sein sollte. Oft kann die Konzentration auf wenige Angebotsfaktoren in bestimmten Regionen sinnvoller sein, als die gesamte Breite des touristischen Angebotes zu entwickeln. Die in der jeweiligen Region vorhandenen eigenen Ressourcen, die vorhandene oder zu erwartende Nachfrage nach diesen Angebotsvarianten sowie Überlegungen für eine ausgewogene Gesamt-Angebotspalette werden die jeweilige Sortimentspolitik der Destinationen bestimmen.

Insgesamt kann die Produktpalette vergrößert, verkleinert, qualitativ verändert oder auch zielgruppenspezifisch durch die Träger eines Makro-Marketing gestaltet werden.

Ähnlich stellt sich die Gestaltung der Produktpalette für andere touristische Leistungsanbieter dar:

- **Reiseveranstalter** gestalten ihre Palette beispielsweise entweder in bezug auf die Zielgebiete (gesamte Pauschalreisepalette, wie Nah- und Fernreisen, oder nur spezielle Destinationen) oder in bezug auf verschiedene Reiseformen (wie Studien-, Badeaufenthalt usw.).
- **Reisemittler:** Auswahl der Agenturen, Voll-Reisebüro oder spezialisiertes Reisebüro.
- **Hotels:** Leistungsangebote für Geschäfts- und Urlaubsreisende, Hotel garni oder volle Restauration, Veranstaltungen usw.
- **Gaststätten:** volle oder begrenzte Speisekarte – ähnlich auch die Grundüberlegungen für die anderen touristischen Anbieter.

### (1b) Abstimmung der Angebotselemente: Teil- oder Gesamtprodukt

In einem etwas abgewandelten Verständnis des Produktsortiments bedeutet im Tourismus Sortimentspolitik auch die Aufnahme von Leistungen anderer Anbieter im Sinne eines touristischen Gesamtangebotes. Dabei müssen nicht immer sofort Gesamt-Pauschalen angeboten werden, es können auch lediglich ergänzende Angebote anderer Leistungsträger miterwähnt werden, wie z.B.

- die Möglichkeit des Transports zum Hotel, Gaststättengutscheine oder Gala-Dinners, Sauna-Nutzung, Sport- oder Kulturangebote usw.

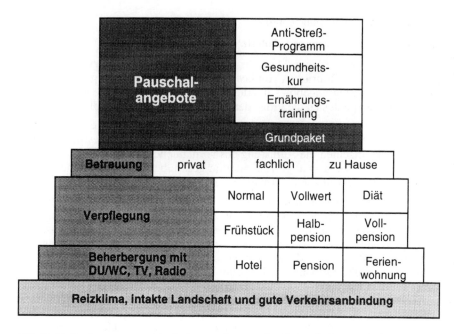

**Abb. D-18** Baukastensystem der Leistungselemente für Gesundheitspauschalen (Quelle: MERZ 1995: 238)

- Verbundangebote von lediglich zwei Leistungsträgern oder ergänzende Angebote, wie Transport zum Hotel.

**(1c) Sonderform: Packages**

Eng mit der zuvor erläuterten Überlegung zum touristischen Gesamtprodukt hängen spezifische Möglichkeiten der kombinierten Angebotsgestaltung im Tourismus (Angebots-„Pakete", -„Packages", -„Pauschalen") zusammen. Hier wird in der Regel ein vollständiges Paket-Angebot zu einem einheitlichen Preis angeboten, wie z.B.

- Ausflüge nach X,Y, Wochenend- oder Schnupperpauschalen usw.

**(2) Gestaltung der Quantität**

Quantitative Überlegungen beziehen sich vor allem auf die strategische Ausrichtung (Wachstum – Schrumpfen – Bewahren) und sind in der Regel keine Maßnahmen zur Beeinflussung von Produkteigenschaften. Die bisherigen Angebote werden in gleicher Art beibehalten, lediglich der Leistungsumfang wird verändert. Allerdings stehen solche Überlegungen meist in engem Zusammenhang mit Kapazitätsüberlegungen und beeinflussen das mögliche Gesamtangebot und die Leistungspalette.

Im Hinblick auf Kapazitätsüberlegungen als produktpolitische Maßnahmen sind im Tourismus häufig keine kontinuierlichen Kapazitätsveränderungen möglich, sondern nur „Sprünge", die deutlichen Einfluß auf das mögliche Gesamtangebot haben.

**Beispiele:**
- 1 *oder* 2 (bzw. 10 *oder* 11) Hotels, Chartermaschinen, Reiseleiter usw.

**(3) Gestaltung der Qualität**

Schwieriger sind hingegen Versuche, die Produktqualität des Leistungsangebotes im Tourismus zu verändern. Doch für die verschiedenen Möglichkeiten des hier angesprochenen Qualitäts-Managements im Tourismus sind die an anderer Stelle erfolgten allgemeinen Ausführungen zum Tourismusprodukt sicherlich hilfreich (vgl. D.1).

Eine Methode zur Strukturierung des Vorgehens bei der Implementierung von Qualitätsaspekten in die Produktpolitik ist die Anwendung des GAP-Modells von ZEITHAML/PARASURAMAN/BERRY (vgl. Abschnitt B.3.3.1.6). Da Qualität des Angebotes eine betriebliche Querschnittsaufgabe ist, muß dazu das gesamte Unternehmen in den Prozeß eingebunden werden. Hierzu empfiehlt sich ein Vorgehen z.B. nach den Vorgaben der DIN ISO 14000er Normenreihe bzw. des TQM-Systems (vgl. B.3.3.1).

Qualitätsmaßnahmen können sich auf einzelne Phasen der Dienstleistung oder auf die gesamte Leistungskette bzw. den Gesamtprozeß der Angebotserstellung beziehen. Sie waren bereits an anderer Stelle ausführlich behandelt worden (vgl. B.3.3, D.1.2).

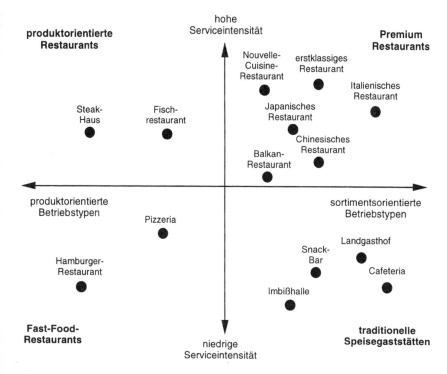

**Abb. D-19** Positionierung von Gaststätten
(Quelle: in Anlehnung an ASBACH 1987: 38f)

**(4) Positionierung und -profilierung**

Unter dem Oberpunkt der Produktpositionierung und -profilierung sind mittlerweile ganz verschiedenartige Möglichkeiten der Produktpolitik zu behandeln. Einmal geht es um die **Positionierung** im Angebotsraum, vor allem gegenüber Konkurrenzprodukten. Bei dieser Positionierung sind neben Produkteigenschaften vielfach auch Preisaspekte zu berücksichtigen. Im einfachsten Fall ergibt sich damit eine Positionierung im Preis-Leistungs-Raum, wie bereits in Abschnitt C.3.5 dargestellt worden ist (vgl. auch Abb. C-49 und C-51a, b).

Zur Positionierung im Rahmen der Produktpolitik dienen aber auch zahlreiche weitere Produkteigenschaften, wie z.B.

- Imagefaktoren (vgl. D.4.3.2),
- Produktpalette (vgl. Abb. D-17)
- Zusatzeigenschaften, also von Leistungselementen, die über das „Marktübliche" hinausgehen (vgl. ausführlich D.1.3).

Weiterhin wird Positionierung häufig im Zusammenhang mit Markenpolitik behandelt. Aufgabe der Produktpolitik ist es, die entsprechenden Leistungseigenschaften so zu gestalten, daß die strategisch erwünschte Position erreicht wird.

All diese Aspekte waren bereits an anderer Stelle ausführlich behandelt worden, so daß sie hier nicht wiederholt werden sollen (vgl. u.a. C.3.5, D.1.2.2.(3) und FREYER 1997).

## 1.5 Grenzen der Produktpolitik im Tourismus

Die Umsetzung der vorherigen allgemeinen Aussagen zur Produktpolitik im Tourismus-Marketing sind für einige touristische Leistungsangebote nur begrenzt möglich. Einschränkungen zeigen sich vor allem hinsichtlich der verschiedenen touristischen Gesamtprodukte:

- Destination oder Fremdenverkehrsort,
- Pauschalreise.

In beiden Fällen wirken bei der Erstellung der Gesamtleistung verschiedene einzelne Leistungsträger mit, die vom jeweiligen Marketingträger – Destination oder Reiseveranstalter – nur eingeschränkt zu beeinflussen sind. Es wäre jeweils eine **Makro-Produktpolitik** oder ein produktpolitischer Verbund notwendig, was nicht immer gegeben ist.

Aber auch bei der Gestaltung der einzelnen touristischen Leistungen anderer Leistungsträger werden die eigenen Aktionsparameter durch die Wechselwirkung mit den anderen Unternehmen beeinflußt (vgl. (3)).

Im folgenden wird entsprechend nochmals auf die Gestaltungsmöglichkeiten bzw. deren Grenzen bei verschiedenen touristischen Betrieben hingewiesen.

**(1) Destinationen, Fremdenverkehrsorte**

Die Leistungspolitik von Destinationen bezieht sich vor allem auf die Gestaltungsmöglichkeiten der natürlichen und abgeleiteten Angebotsfaktoren:

- Die **natürlichen Angebotsfaktoren** können nur sehr begrenzt durch produktpolitische Maßnahmen gestaltet werden. So sind Klima, Landschaftsbild usw. in der Regel nicht zu beeinflussen. Allerdings ist in einem erweiterten Verständnis der naturgegebenen Faktoren auch darauf Einfluß zu nehmen. Insbesondere die vielfältigen Möglichkeiten der Landschaftsgestaltung und des Naturschutzes werden in den letzten Jahren verstärkt als touristische Gestaltungsmöglichkeiten diskutiert.

Ein weiterer meist den natürlichen Faktoren zugerechneter Leistungsbestandteil von Destinationen ist der Mensch (der „anthropogene Faktor", Mentalität usw.). Auch seine „Gestaltung" ist nur begrenzt möglich, doch wird im Rahmen des Binnen-Marketing versucht, die „Gastfreundschaft" und das Tourismusverständnis ebenfalls zu beeinflussen.

- Andererseits sind die **abgeleiteten Angebotsfaktoren** zwar grundsätzlich gestaltbar, doch sind sie in der Regel nicht oder nur sehr begrenzt direkt durch die Marketingträger der Destinationen zu gestalten. Die meisten touristischen Einrichtungen des abgeleiteten Fremdenverkehrsangebotes sind privatwirtschaftlich organisiert, so daß öffentliche Fremdenverkehrsstellen, Fremdenverkehrsvereine und -verbände nur in geringem Maße darauf Einfluß nehmen können.

### (2) Pauschalreise

Ein weiteres typisches touristisches Gesamtprodukt stellt die Pauschalreise dar, die von Reiseveranstaltern angeboten wird. In einem erweiterten Verständnis zählen auch „Paket-Angebote" von Destinationen dazu, die in diesem Fall ebenfalls als Reiseveranstalter aktiv sind.

Hier sind der Produktgestaltung des Reiseveranstalters ebenfalls Grenzen gesetzt, da die jeweiligen Teilangebote im Einflußbereich der Leistungsträger (wie Hotel, Transportunternehmen usw.) liegen (vgl. ausführlich Abb. D-20).

Die **Leistungspolitik** konzentriert sich auf die Auswahl der Leistungsträger, auf die Produktpräsentation (in Katalogen), sowie auf die – oft vernachlässigte – Behandlung von Reklamationen (aufgrund der Haftung der Reiseveranstalter nach den Pauschalreiserichtlinien).

### (3) Produktpolitik einzelner Leistungsträger im Tourismus

Neben den tourismustypischen Gesamtprodukten besteht eine Vielfalt von touristischen Teil- oder Einzelleistungen, die vorwiegend Gegenstand der Produktpolitik der touristischen Leistungsträger sind. Neben der vorrangig betriebsorientierten Produktpolitik besteht auch für die Leistungsträger die Aufgabe, im Rahmen der Produktpolitik auch überbetriebliche Produktaspekte zu berücksichtigen.

**Beispiele** der Produktpolitik für einzelne Fremdenverkehrsbetriebe:
- **Reisemittler:** Agenturauswahl, Präsentation des Büros, Personalauswahl, Beratungsqualität, Nebenleistungen (Bücher, Informationsabende usw.).
- **Beherbergungswesen:** Qualität, Service, Zimmerausstattung, Empfang, Auskunft, Events, Gastronomie, Gepäckservice, Transport (Hotel-Flughafen usw.).
- **Transportunternehmen:** Buchungsabwicklung, Telefonberatung, Flug- bzw. Fahrplanauskunft, Gepäckbeförderung, Freigepäck, Verpflegung während des Transports, Zu- und Abgang zu Flughafen bzw. Bahnhof, Service am Flughafen,

Bahnhof, Verkehrsverbund, Service für besondere Reisende (Behinderte, Kinder).

Touristische Leistungen wirken nur in ihrer Gesamtheit (als „Reise" oder „Erlebnis"), so daß einzelne Produktbestandteile nur begrenzt durch die jeweiligen Leistungsträger beeinflußt werden können.

| Pauschalreisebestandteil bzw. Instrumentalvariable | vom Veranstalter | | |
|---|---|---|---|
| | bestimmbar | mit Einschränkungen beeinflußbar | nicht beeinflußbar |
| Zielgebiet, Zielort | Art (Lage, Charakter, Attraktionen, Möglichkeiten) | langfristige, strukurelle Maßnahmen | umgeplante Entwicklungen (Wetter, Politik, Seuchen etc.) |
| Verkehrsträger | Art, Fahrt- und Flugroute, Zwischenaufenthalte | Zeit und Ort des Reiseantritts, Reisedauer, Komfort, Eigenschaften Mitreisender | Pünktlichkeit der Beförderung, technische Zuverlässigkeit |
| Transfer | Art, Strecke, Dauer | Qualität, Pünktlichkeit | kurzfristige Qualitätsschwankungen |
| Unterkunft | Art, Lage, Ausstattung, Service, Qualitätsstandards | Größe des eigenen Kontingents, Kontingente Anderer, Aufenthaltsdauer, Gästestruktur | kurzfristige Qualitätsschwankungen, individuelle Servicefaktoren |
| Verpflegung | Art, Umfang | Qualitätsstandards | kurzfristige Qualitätsschwankungen, Befriedigung individueller Bedürfnisse |
| Zusatzleistungen | Art, Umfang, Preise (wenn katalogmäßig erfaßt) | Qualitätsstandards, Preise (wenn katalogmäßig nicht erfaßt) | kurzfristige Qualitätsschwankungen |
| Betreuung | Umfang während der Reise, Aufenthalt, Transfer, Qualitätsstandard | kurzfristige Qualitätsschwankungen | |
| Atmosphäre und Geselligkeit | Anregungen | äußerer Rahmen, Charakteristik der eigenen Gäste | Charakteristik anderer Gäste, individuelle Einflußfaktoren |
| Buchungsabwicklung | Komfort, Schnelligkeit, Verläßlichkeit, Umbuchungswahrscheinlichkeit | Qualität des externen Buchungspersonals (Reisebüro etc.) | |
| Preise | bei fix kontrahierten Produkten | bei mit Gleitklauseln kontrahierten Leistungen | bei nicht kontrahierten Leistungen während Reise und Aufenthalt |

**Abb. D-20** Beeinflußbarkeit von Pauschalreisebestandteilen (Quelle: HEBESTREIT 1992: 221f)

# 2 Preis- oder Kontrahierungspolitik

> „Der Preis hat viele Namen:
> Tarife, Studiengebühren, Mieten und Honorare
> sind ebenso Preise wie die Summe auf dem einfachen Preiszettel."
> (KOTLER 1989: 395)

## 2.0 Übersicht Kapitel D.2

Gegenstand der Preispolitik ist die Festlegung des Verkaufspreises in Abstimmung mit den Marketing-Zielen und -Strategien. Hierzu bieten sich unterschiedliche Möglichkeiten der Preisgestaltung an, die im folgenden genauer dargestellt werden.

**(1) Preispolitik oder Kontrahierungs-, Konditionen- bzw. Entgeltpolitik?**

In einem engen Verständnis wird als Preispolitik lediglich „die unmittelbar feststellbare, in monetären Einheiten ausgedrückte Geldforderung" verstanden (so NIESCHLAG/DICHTL/HÖRSCHGEN 1991: 238). Häufig finden an deren Stelle „Konditionen-, Entgelt- oder Kontrahierungspolitik" als Oberbegriffe in der Literatur Verwendung. Hierbei werden u.a. Rabatte und Boni sowie Lieferungs- und Zahlungsbedingungen als weitere Möglichkeiten angesehen, die über die Preispolitik im engeren Sinne hinausgehen (vgl. genauer D.2.3).

Unbestritten ist, daß die letztgenannten Möglichkeiten ebenfalls wichtige Instrumente im Zusammenhang mit der Preisgestaltung darstellen. Entgegen dieser Auffassung wird hier der Begriff Preispolitik in einem weiten Verständnis verwendet, der gerade als Preis**politik** die Möglichkeiten der weiteren Preisgestaltung oder „Preispräsentation" umfaßt. Als Hauptgründe für diese Wortwahl werden die weite Verbreitung des Begriffes „Preispolitik" in der alltäglichen Diskussion um Maßnahmen des Marketing-Mix sowie die Anlehnung an die angelsächsische Bezeichnung „price" gesehen.

**(2) Das Preis-Leistungs-Verhältnis**

Ferner ist die Preisgestaltung nicht losgelöst von der damit verbundenen Leistung zu sehen. Ein Preis für sich hat keinen Nutzen oder Wert, er drückt lediglich die ihm zugrundeliegende Produkt- oder Dienstleistung in einer Geldgröße aus. Es gibt „keinen ‚Preis an sich', sondern stets nur einen ‚Preis für etwas'" (so NIESCHLAG/DICHTL/HÖRSCHGEN 1991: 237). Insofern ist „das Konstrukt des Preis/Leistungsverhältnisses in den Mittelpunkt preis- bzw. entgeltpolitischer Überlegungen getreten" (ebd.). Manche Autoren betrachten daher unter „Leistungspolitik" die Produkt- und Preispolitik im Rahmen des Marketing-Mix nur gemeinsam. Da diese Sichtweise aber dem eingangs vertretenen Grundansatz, alle Marketing-Instrumente nur im Verbund zu sehen, entspricht, werden hier – entgegen der vorgenannten Auffassung – produkt- und preispolitische Möglichkeiten des Marketing-Mix getrennt behandelt.

> **Preispolitik i.e.S.** ist die Bestimmung und Gestaltung der monetären Preisaspekte.
>
> **Preispolitik i.w.S.** umfaßt darüber hinaus auch die Berücksichtigung des Preis/Leistungs-Verhältnisses sowie die Preispräsentation (auch Entgelt-, Konditionen- oder Kontrahierungspolitik).

Im einzelnen behandelt die Preispolitik die verschiedenen Formen der Preisbildung (siehe D.2.3) sowie die besonderen Möglichkeiten unterschiedlicher Preisstrategien (siehe D.2.4). Einleitend wird auf allgemeine Besonderheiten der Preispolitik (siehe D.2.1) sowie auf Besonderheiten der Preispolitik im Tourismus (siehe D.2.2) hingewiesen.

> **Ziele des Kapitels D.2**
>
> *Im Rahmen der „Preispolitik" sind die verschiedenen Möglichkeiten der Preispolitik zu prüfen:*
> - *kostenorientierte Preisbestimmung,*
> - *nachfrageorientierte Preisbestimmung,*
> - *konkurrenzorientierte Preisbestimmung,*
> - *Sonderelemente der Preisbestimmung*
>
> *und für die angebotenen Touristikleistungen eine der Strategien aus Teil C entsprechende Preispolitik auszuwählen:*
> - *Preisdifferenzierung,*
> - *Hochpreispolitik,*
> - *Niedrigpreispolitik,*
> - *Preispolitischer Ausgleich,*
> - *Konditionenpolitik.*
>
> *Die Preispolitik ist mit den anderen Elementen des Gesamt-Marketing-Mix abzustimmen. Insbesondere sind im Tourismus Aspekte des Preis-Leistungs-Verhältnisses zu berücksichtigen.*

## 2.1 Grundsätzliche Aufgaben der Preispolitik

### (1) Stellung der Preispolitik im Marketing-Mix

Für die Preispolitik gelten ähnliche Grundaussagen wie für die anderen Instrumente des Marketing-Mix: Nur im Verbund ist eine adäquate Umsetzung und Ausgestaltung der strategischen Ziele und der Marketing-Strategien möglich. Hierbei kommt der Preispolitik immer dann die „wichtigste Aufgabe" zu, wenn sie (noch) nicht ausreichend mit den anderen Maßnahmen des Marketing-Mix abgestimmt worden ist, also den „Engpaßfaktor" im strategischen Marketing-Mix darstellt.

Eine isolierte Preispolitik ist daher nicht Gegenstand des strategischen Marketing-Mix. Gerade für die Preispolitik ist in der Vergangenheit – und zum Teil noch in der Gegenwart auf einigen Märkten – eine Überbetonung im Marketing(-Mix) festzustellen. Eine der Ursachen ist die große wissenschaftstheoretische Bedeutung der mikroökonomischen Preistheorie. Hier werden Preis-Mengen-Beziehungen zum Hauptgegenstand der Untersuchung von Verhaltensreaktionen der Marktteilnehmer gemacht. Die Grundfrage ist, wie reagieren Anbieter und Nachfrager mit ihren Mengen auf Preisänderungen? Doch während hierbei das Walras'sche tâtonnement auf idealistischen („vollkommenen") Märkten durchaus wirksam ist, steht im Mittelpunkt der betrieblichen und marketingbezogenen Betrachtung die eigentliche Preisfestsetzung auf unvollkommenen Märkten (siehe D.2.2).

In der Vergangenheit hat eine allzu weitreichende Ausrichtung des Marketing an Preisinstrumenten vielfach zu einem ruinösen (Preis-)Wettbewerb geführt. Auf einige Möglichkeiten der aktiven Preispolitik wird im folgenden hingewiesen. Doch an entwickelten Märkten ist eher eine gewisse Preisstarrheit und ein preispolitisches Gleichverhalten festzustellen. Der Trend im strategischen Marketing verlagert sich eher zu den anderen Instrumenten der Produktpolitik, Vertriebswegepolitik und Kommunikationspolitik bzw. zu dem eingangs erwähnten Gesamt-Mix der verschiedenen Marketing-Instrumente.

**(2) Stellung der Preispolitik im gesamten Marketing-Management**

Bereits in der Ziel- und Strategiephase wurden Aussagen zur Preispolitik formuliert („vorgelagerte Preispolitik"). Aufgabe der eigentlichen Preispolitik ist es, die in Phase II abgeleiteten Ziele und Strategien umzusetzen und sie mit den anderen Marketing-Instrumenten abzustimmen („nebengelagerte Preispolitik"). Dazu bieten sich verschiedene Möglichkeiten, die im Rahmen der Preisfestsetzung und Preisgestaltung eher technisch-operativ auszuformulieren sind („nachgelagerte Preispolitik"). So verstanden beinhaltet die Preispolitik sowohl eine zielorientierte, eine strategische sowie eine operative Komponente:

- **Zielorientierte Preispolitik:**

  Mit der Preispolitik werden die in der Zielphase aufgezeigten unternehmerischen Ziele verwirklicht. Im wesentlichen sind es die monetär-quantitativen Ziele, die mit Hilfe der Preispolitik verfolgt werden können, wie z.B. Gewinn, Umsatz, Renditen usw. Qualitative oder nicht-monetäre Ziele können mit der Preispolitik nur indirekt erreicht werden, wie z.B. Macht, Image usw.

- **Strategische Preispolitik:**

  Eine weitere Aufgabe der Preispolitik ist es, die Grundsatzstrategien entsprechend umzusetzen und auszugestalten. Hier sind es vor allem preisorientierte Strategien, die mit Hilfe der Preispolitik realisiert werden können, wie z.B.

  – Positionierung im Preis-Qualitätsraum (vgl. B.2.4) oder an entsprechenden Märkten,

  – konkurrenzorientierte Strategien, wie vor allem aggressive Preisstrategie oder Kostenführerschaft usw. (vgl. B.2.2),

  – zielgruppenorientierte Preispolitik, wie z.B. Ansprache von „Sparkonsumenten" oder „Qualitätskonsumenten".

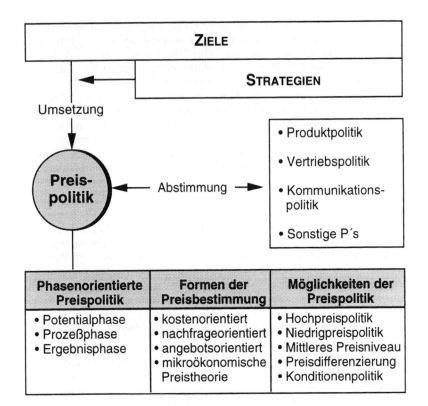

**Abb. D-21** Aufgaben der Preispolitik

Hierbei ist die Preispolitik nicht losgelöst von den anderen Instrumenten des Marketing-Mix zu sehen – es ist eine (nebengelagerte) Abstimmung mit der Produkt-, Vertriebswege- und Kommunikationspolitik notwendig.

- **Operative Preispolitik:**

Im Rahmen der Preispolitik bilden die verschiedenen Preisfestsetzungsverfahren die Grundlage zur eigenen Preisbildung. Dabei wird die Preisbildung von internen (siehe Kostenbestimmung) und externen Faktoren, vgl. kostenorientierte (interne) und marktorientierte (externe) Preisbildung, beeinflußt. Darüber hinaus ergeben sich verschiedene Möglichkeiten für die Preisgestaltung als Umsetzung der strategischen Preispolitik.

**(3) Strategische und taktische Preispolitik im Tourismus**

Der Preispolitik kommt im Tourismus vor allem hinsichtlich der zeitlichen Wirkungsweise eine unterschiedliche langfristig strategische bzw. kurzfristig taktische Bedeutung zu. Preise werden im Tourismus häufig Monate vor der eigentlichen Leistungserbringung festgelegt und öffentlich bekanntgegeben. Sie erfüllen damit die strategischen Aufgaben der Positionierung auf dem relevanten Markt.

| Strategische Preispolitik | Taktische Preispolitik |
|---|---|
| - Verwirklichung übergeordneter Marketingziele<br>- Positionierung im Wettbewerbs- und Imageraum<br>- Einordnung im Lebenszyklus<br>- beeinflußt langfristiges Buchungsverhalten („First-Minute")<br>- langfristiger cash-flow | - beeinflußt kurzfristige Auslastung („Krisen-Management", Yield-Management)<br>- beeinflußt kurzfristiges Buchungsverhalten („Last-Minute")<br>- kurzfristiger cash-flow |

**Abb. D-22** Aufgaben der strategischen und taktischen Preispolitik

**Beispiele:**
- Preise für Pauschalreisen der Reiseveranstalter werden in Reisekatalogen vor Beginn der Reisesaison veröffentlicht und behalten bis Saisonende Gültigkeit.
- Das Tarifsystem im Flug- und Bahnbereich wird über einen längeren Zeitraum kalkuliert und veröffentlicht.
- Hotelpreise werden ebenfalls langfristig festgelegt.

Zwischen Buchung und Reiseantritt liegen im Tourismus häufig drei bis sechs Monate und mehr, wobei der Anbieter über diesen Zeitraum an seine Preise gebunden ist. Nun können aber zahlreiche Änderungen der Kalkulationsbasis entstehen, die zu einer Anpassung der Preise an die neuen Gegebenheiten führen sollten. Gerade im Tourismus erfordert die Vergänglichkeit und Nicht-Lagerfähigkeit touristischer Leistungsangebote häufig kurzfristige Preisanpassungen. Dies ist Aufgabe der kurzfristigen oder taktischen Preispolitik, die sich mit Sonderangeboten oder Preisaufschlägen den neuen Gegebenheiten anpaßt.

**Beispiele:**
- Ölpreiserhöhungen führen zu einem Treibstoffzuschlag im Flugbereich.
- Mangelnde Flugauslastung führt zu „Last-Minute-Angeboten".
- Vor allem im Hotelbereich hat das „Yield-Management" zu einem Umdenken der Hotelpreispolitik geführt.

**(4) Gesetzliche Rahmenbedingungen der Preispolitik**

Letztlich geben einige **gesetzliche Bestimmungen** den Rahmen für die Preispolitik vor, die für die konkrete Ausgestaltung zu berücksichtigen sind. In allgemeinster Form sind es die Vorschriften des Wettbewerbsgesetzes, die für alle Bereiche der Preisbildung gelten. Im Tourismus sind darüber hinaus einige weitere Vorschriften zu beachten, die mit der Vertriebsbindung und Agenturpolitik zusammenhängen.

**Beispiele:**
- Flugbereich: IATA-Vorschriften, Sondertarife wie APEX, IT usw.
- Reiseveranstalter: Preisbindung bei Pauschalreisen (bis 1994)
- Destinations-Tourismus: Kurabgaben, Zweitwohnungssteuer, Fremdenverkehrsabgabe usw.

**(5) Grundelemente der Preisbestimmung**

Zur Preisbestimmung aus Marketingsicht sind sowohl betriebsinterne Faktoren als auch betriebsexterne Faktoren heranzuziehen. Dabei bestimmt sich der Grundpreis stets über die Kostenelemente, unter die langfristig ein Preis nicht fallen kann – sog. „break-even-point". Im Marketing interessieren aber insbesondere die marktbedingten Preiselemente, die zusammen mit den strategischen Preiselementen den Gesamtpreis aus Marketingsicht bestimmen. Bei den marktorientierten Preiselementen und den Preisstrategien gibt es gewisse Überschneidungen, wie in Abb. D-23 dargestellt.

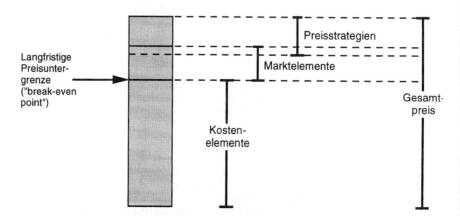

**Abb. D-23** Elemente der Preisbestimmung

## 2.2 Besonderheiten der Preispolitik im Tourismus

Die verschiedenen preispolitischen Möglichkeiten werden im folgenden mit ihrer Anwendbarkeit für den Tourismus dargestellt. Dazu ist erst auf einige allgemeine Besonderheiten, die der touristischen Preispolitik zukommen (D.2.2.1), hinzuweisen. Danach wird die Bedeutung der Preispolitik für die verschiedenen Phasen des touristischen Leistungsmodells aufgezeigt (D.2.2.2 bis D.2.2.4). Die weiteren Ausführungen und Erläuterungen zu den einzelnen preispolitischen Maßnahmen finden sich teilweise in den nachfolgenden Abschnitten D.2.3 bis D.2.4.

### 2.2.1 Bedeutung der Preispolitik im Tourismus-Marketing – allgemein

In bezug auf die Bedeutung der Preispolitik im Tourismus werden verschiedene Meinungen vertreten: die einen billigen der Preispolitik im Tourismus eine ganz besondere Rolle zu, andere Autoren verweisen auf die rückläufige Bedeutung der Preispolitik und den Instrumentenverbund im Rahmen des Marketing-Mix sowie, vor allem auf den engen Zusammenhang von Preis- und Produktpolitik (als „Leistungs- oder Angebotspolitik").

In diesem Spannungsfeld zwischen langfristiger Positionierung und kurzfristiger Preistaktik wird sich eine touristische Preispolitik bewegen: Je nach spezifischer Gegebenheit der Marketingaufgabe und des jeweiligen Teilmarktes sind über preispolitische Maßnahmen zum einen

- langfristig-strategische Signale zu setzen, zum anderen
- kurzfristig-taktische Ziele zu verwirklichen.

Dabei sollte vor allem der Verbund der Preispolitik mit anderen Instrumenten des Marketing-Mix stets beachtet werden.

Für eine aktive Preispolitik im Tourismus sprechen – vor allem im Vergleich zur Produktpolitik – (ähnlich KRIPPENDORF 1971: 121ff, HEBESTREIT 1992: 259ff, FERNER u.a. 1989: 203ff, MIDDLETON 1994: 94ff, KREILKAMP 1993: 294ff):

- eine relativ hohe Preiselastizität der Nachfrage im Tourismus,
- die hohe aquisitorische Wirkung der Preispolitik,
- die schnellere und flexiblere Möglichkeit der Preisvariationen gegenüber Produktvariationen (v.a. als taktisches Instrument),
- einfachere Kommunikation von Preis- gegenüber Produktänderungen,
- allgemein schnellere Reaktionen der Käufer auf Preis- als auf Produktvariationen,
- die gestiegene Markttransparenz im Tourismus,
- Vergänglichkeit und nicht vorhandene Lagerfähigkeit touristischer Leistungen führt gerade im taktischen Bereich immer wieder zu verstärkten Möglichkeiten der Preispolitik (z.B. im Rahmen des Yield-Management).

Demgegenüber wird hier allerdings eine zurückhaltendere Einschätzung der Bedeutung der Preispolitik für den Tourismus („Price ... is often an obsession in many travel markets", MIDDLETON 1994: 103) gewählt:

- viele touristische Entscheidungen sind eher **nur begrenzt preiselastisch:** das Wetter, die Reisezeit, Präferenzen für bestimmte Landschaften, mitreisende Kinder usw. lassen bei vielen Reisenden nur einen engen Preisspielraum bei der Reiseentscheidung zu. So haben Untersuchungen zur Reiseverhaltensforschung gezeigt, daß der Preis nur an vierter Stelle der Einflußfaktoren für die Reiseentscheidung genannt wird.

- Eine nur **geringe Markttransparenz** im Tourismus: Preisvergleiche sind nur sehr schwierig möglich. Verschiedene Abflughäfen, unterschiedliche Saisonzeiten, andersartige Nebenleistungen, unterschiedliche Kinderermäßigungen machen den Preisvergleich im Tourismus zu einer Wissenschaft für sich. Transparenz für den Reisenden ist hierbei kaum gegeben. Erste Ansätze zur Verbesserung sind durch Computer-Preisvergleiche zu sehen. Hier sind in Zukunft noch Entwicklungen der Preispolitik zu erwarten.

- Enger Zusammenhang von **Preis und Leistung:** Nur selten wird exakt die gleiche Leistung für den gleichen Preis geboten. Zudem ist ein Vergleich unterschiedlicher Leistungsangebote über den Preis im Tourismus kaum möglich: Ist ein Urlaub für DM 1.000 auf Rügen preiswerter als für DM 2.000 auf Teneriffa oder für DM 3.000 auf Bali?

- **Immaterielle Komponenten:** Die Bewertung der vielfachen immateriellen Komponenten im Tourismus durch den Preis ist nur begrenzt möglich. Auch

MIDDLETON 1994:103) betont die „importance of non-price marketing options in tourism markets, the use of which enables marketing managers to reduce the sometimes dominating effects of price-elasticity and product substitution."
- **Qualitätswettbewerb und Leistungswettbewerb** treten zunehmend anstelle des Preiswettbewerbs.

### 2.2.2 Preispolitik in der Potentialphase des touristischen Leistungsmodells

Der Preispolitik kommt in den verschiedenen Phasen des touristischen Dienstleistungs-Modells unterschiedliche Bedeutung zu, wobei die wesentlichen preispolitischen Maßnahmen bereits in der Potentialphase erfolgen.

So werden im Tourismus die meisten Preise lange vor der eigentlichen Reisedurchführung festgelegt, um sie dem Kunden in der Potentialphase mitzuteilen und zur Grundlage seiner Entscheidung zu machen. Dies trifft insbesondere für die Preisgestaltung der Leistungsträger (Transportunternehmen, Beherbergungsbetriebe) und der Reiseveranstalter zu. Daraus folgen verschiedene spezifische Probleme bzw. Aufgaben für die touristische Preispolitik in der Potentialphase:

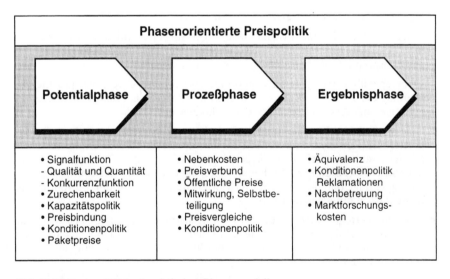

Abb. D-24 Preispolitik im touristischen Phasenmodell

## (1) Signalfunktion

### (1a) Signalfunktion für Qualität und Leistungsumfang

Der Preisgestaltung kommt in der Phase der Bereitstellung hohe Signalfunktion für Qualität und Umfang der Leistung zu. Der Kunde muß aufgrund der festgelegten Preisstruktur beurteilen, inwieweit die von ihm erwünschte „Problemlösung" durch die Reise ausreichend und adäquat gewährleistet ist. Die effektive Beurteilung, welchen Gegenwert er wirklich erhält, kann erst in bzw. nach der Phase des Leistungskonsums (Phase 2 bzw. 3) erfolgen.

**Hohe Preise** signalisieren zum einen hohe Qualität bzw. hohes Leistungsangebot, **niedrige Preise** zum anderen „preiswerte" Leistungen bzw. niedrige(re) Qualität. Zum anderen wird aber von den Kunden ein angemessenes Verhältnis von Preis und Leistung erwartet („Preis-Leistungs-Verhältnis"), was in der Regel ebenfalls erst nach Leistungskonsum beurteilt werden kann.

Zur Reduzierung dieser Unsicherheit der Preisbewertung durch den Kunden versuchen weitere Marketinginstrumente beizutragen, vor allem kommunikationspolitische Mittel oder Maßnahmen der Markenbildung.

### (1b) Konkurrenzfunktion

Preise und die damit zusammenhängenden Konditionen dienen ferner als Mittel des Wettbewerbs gegenüber den anderen Anbietern (konkurrenzorientierte Preise), den Vertriebswegen (Provisions-, Agenturpolitik) und den Kunden (kundenorientierte Preise) (vgl. D.2.3.2). Entsprechend positionieren sich verschiedene touristische Anbieter mit Hilfe der Preispolitik als „billige", „günstige" oder „teure" Leistungsanbieter gegenüber den verschiedenen anderen Marktteilnehmern oder versuchen, mittels „Dumping-Reisen" andere Konkurrenten vom Markt zu verdrängen.

## (2) Zurechenbarkeit der Bereitstellungskosten („Verursacherprinzip")

Die Bereitstellungsaufgaben im Tourismus sind zumeist mit hohen Fixkosten verbunden, die erst über die nachfolgende Nutzung („Buchungen") realisiert werden können.

Da der Zusammenhang von – unentgeltlichen – Informationen und Beratungen zur späteren Buchung und Nutzung der jeweiligen Leistungsträger nicht direkt bekannt ist, erschwert dies eine verursachergerechte Zuordnung der Bereitstellungskosten.

In diesem Zusammenhang werden als Möglichkeiten der Preispolitik im Tourismus diskutiert:

- Gebühren für Beratung, Prospektgebühren, Portoübernahme für Prospektversand.
- Zur Gebührenpolitik in Reisebüros vgl. SCHRAND 1995: 357.

## (3) Preispolitik als Kapazitätspolitik

Die Preisfestsetzung geschieht zu einem Zeitpunkt, wo die Auslastung noch nicht bekannt ist. Entsprechend müssen die jeweiligen Leistungsträger mit vermuteten Auslastungen kalkulieren, die sie entweder aus der Vergangenheit oder aufgrund der Marktforschung aus Phase B.2 annäherungsweise zu bestimmen versuchen.

Inwieweit sich die vermuteten Auslastungen wirklich realisieren, ist erst zum Zeitpunkt der Leistungsabgabe, in der Regel der Abreisetermin, bekannt.
Zur Absicherung dieses Planungs- bzw. Kapazitätsrisikos wird versucht, die Kunden zu einer möglichst frühzeitigen Buchung und Reservierung der jeweiligen Reise zu veranlassen. Hierfür bilden „Frühbucherrabatte" oder Sondertarife für vorzeitige Buchung der Hin- und Rückreise eine mögliche preispolitische Maßnahme.

**Beispiele:**
- APEX-Advanced Purchased Excursion Tarif für Flüge, z.B. 14 Tage Vorausbuchungsfrist und 6 Nächte Mindestaufenthalt.
- Sondertarife für Nebensaisontermine, Hochpreispolitik in der Hauptsaison.

Auf der anderen Seite werden kurz vor dem Reisetermin im Rahmen kurzfristiger Preisanpassungen Maßnahmen zur Steuerung der Kapazitätsauslastung für „Spätbucher" ergriffen:
- Preisdifferenzierung (siehe D.2.4.4),
- Yield-Management (vgl. D.2.4.4),
- „Last-Minute-Angebote".

### (4) Preisbindung im Tourismus

Zahlreiche touristische Leistungen sind preispolitisch nur wenig beeinflußbar. Hierfür sind unter anderem die verschiedenen Formen der Preisvorschriften oder Preisbindung der Anbieter gegenüber den Kunden und/oder gegenüber den Vertriebswegen verantwortlich.

So legen die meisten Leistungsträger bzw. die Reiseveranstalter die Preise fest, die für die nachfolgenden Vertriebsorgane, wie z.B. Reisemittler, verbindlich sind. So haben **Reisemittler** nur einen geringen preispolitischen Spielraum. Sie müssen Pauschalreisen oder Transportleistungen zu den von den Veranstaltern bzw. den Transportgesellschaften festgelegten Preisen vermitteln. Ihre Preispolitik gegenüber den Kunden beschränkt sich vor allem auf die Auswahl der Preispalette der jeweiligen Leistungsträger oder Reiseveranstalter sowie auf die eigenen Zusatzleistungen im Rahmen der Beratungstätigkeit oder der Buchungsabwicklung.

**Beispiele:**
- IATA-Tarife im Flugbereich
- Preisbindung bei Reiseveranstaltern (bis 1994)

### (5) Konditionenpolitik

Die meisten touristischen Leistungen sind vergänglich, d.h. sie sind zeit- und raumabhängig und können nicht gelagert werden. Insofern kommt der Konditionenpolitik eine große Bedeutung zu, insbesondere hinsichtlich der (Nicht-) Nutzung der gebuchten Leistungen.

Hierfür sind Reiserücktrittsbedingungen (Stornobedingungen) ein wesentliches preispolitisches Mittel. Je nach Zeitpunkt des Nichtantritts einer Reise werden unterschiedliche Beträge als Stornokosten einbehalten.

**Beispiele:**
- Vertragsgestaltung, Zahlungstermine, Stornobedingungen, Gewährleistungen, Vielfliegerrabatte, Bonus-Meilen, Kreditkartennutzung, Ratenzahlung für Reisen.

## (6) Paketpreise

Der Verbundcharakter touristischer Leistungen führt auch hinsichtlich der Preisgestaltung zur Möglichkeit der Paketpreisbildung. Typisches Beispiel sind Pauschalreiseangebote, die einen Gesamtpreis bilden, bei dem die Preisanteile der einzelnen Teilleistungen nicht ersichtlich sind. Eine solche Preisgestaltung im Vorfeld des Reiseantritts ermöglicht eine gute Abschätzung der Gesamtkosten für den Reisenden. In der weitestgehenden Form werden in letzter Zeit immer mehr „All-Inclusive-Angebote" entwickelt, die dem Kunden für einen vorher bekannten Gesamtpreis eine bestimmte Leistungspalette anbieten, ohne daß sich der vermutete Gesamtreisepreis im nachhinein wesentlich verändert.

**Beispiele:**
- Paketpreise, Kurkarte, Bon-Hefte, All-Inclusive-Preise.

### 2.2.3 Preispolitik in der Prozeßphase

In der Prozeßphase realisiert sich vor allem das in der Bereitstellungsphase erwartete bzw. versprochene Leistungsangebot. Es werden die Leistungsäquivalente für die bezahlten (Reise-)Preise abgegeben, also der Transport, die Übernachtungsleistung usw. im zugesicherten Umfang und der zugesicherten Qualität. Dem Kunden kommt insbesondere die Überprüfung des Preis-Leistungs-Äquivalentes zu.

In der Prozeßphase sind der **Preisgestaltung** im Tourismus enge Grenzen gesetzt. Der Kunde hat vor Reiseantritt den Reisepreis gezahlt und konsumiert während der Durchführungsphase die zuvor vereinbarte Leistung. In den wenigsten Fällen sind diese Preise nach Reiseantritt noch variabel.

## (1) Nebenkosten

Andererseits werden im Tourismus häufig nur Teile der touristischen Gesamtleistung einer Reise im Voraus gebucht. Je nach Reiseorganisationsform ist der Teil der vorab festgelegten Preis-Leistungsanteile unterschiedlich hoch:

- Am weitestgehenden sind bei All-Inclusive-Angeboten oder annäherungsweise bei Vollpauschalreisen die Leistungen „vor Ort" bereits festgelegt. Hier erstrecken sich die zusätzlichen preispolitischen Möglichkeiten vor allem auf Nebenleistungen und Zusatzleistungen am Urlaubsort, wie z.B. Ausflüge, Souvenirkauf usw.

- Bei Teilpauschalreisen oder bei „Nur-Transport"-Angeboten hat die Preis- und Leistungsgestaltung „vor Ort" noch einen relativ weiten Spielraum.

In diesem Sinne ist die Gestaltung der „Nebenkosten" Aufgabe der jeweiligen Leistungsträger oder aber der überbetrieblichen Marketingträger (vgl. D.2.3).

**Beispiel:**
- Häufig haben Kunden eine gewisse „**Preisillusion**" über das jeweilige Angebot: Sie vermuten, daß der billigste Flug oder ein günstiges „Last-Minute-Angebot" auch einen insgesamt preisgünstigen Aufenthalt garantiert. Doch die weiteren Kosten für Anreise (zum entfernten Last-Minute-Abflughafen), für die Übernachtung sowie die Nebenkosten für Verpflegung usw. sind zuweilen höher als ein entsprechendes Pauschalarrangement.

### (2) Preispolitik unterschiedlicher Leistungsträger

Auf der anderen Seite ist die Preisgestaltung „unterwegs" bzw. in der Durchführungsphase einer Reise Aufgabe einer Vielzahl von Leistungsanbietern („Preisverbund"). So beeinflussen Restaurants, Sportanbieter, kulturelle Anbieter usw. das Preisniveau am Urlaubsort. Reiseveranstalter oder auch lokale Fremdenverkehrsämter haben auf diese privatwirtschaftliche Preisgestaltung nur begrenzt Einfluß.

### (3) Preispolitik öffentlicher Träger

Andererseits haben **öffentliche Einrichtungen des Fremdenverkehrs** bzw. der allgemeinen Infrastruktur zahlreiche Möglichkeiten der Preisgestaltung für die Besucher: Eintrittspreise in Museen, Galerien oder für Veranstaltungen, der Preis des ÖPNV bzw. die Kurabgaben sind einige der preispolitischen Ansatzpunkte während des Aufenthaltes im Sinne des Makro-Marketing. Zudem sind Hinweise solcher überbetrieblicher Einrichtungen für die Vermieter, die Gaststätten oder auch für den Einzelhandel hinsichtlich des lokalen Preisniveaus ebenfalls Möglichkeiten im Sinne einer Gestaltung der Preispolitik während der Durchführungsphase einer Reise.

**Beispiele:**
- Unentgeltliche Leistungen: Führungen, Beratungen, Veranstaltungen
- Geringe Entgelte: Museen, Theater, Konzerte
- Verbund-Preise/-Leistungen: Kurkarte, Bon-Hefte
- „Preise" für Anbieter: Jahreskurabgabe, Fremdenverkehrsabgabe, Steuern, Subventionen

### (4) Mitwirkung, Selbstbeteiligung

Die verschiedenen Möglichkeiten der Mitwirkung des Reisenden bei der Reisedurchführung bieten ebenfalls Ansatzmöglichkeiten der Preispolitik.

Dies führt einerseits zur Reduzierung der Kosten für die Leistungsanbieter, zum anderen werden dadurch entsprechende kommunikative Leistungen für die Gäste angeboten. Hierfür sind wiederum unentgeltliche Leistungen bzw. eine entsprechende Preispolitik Möglichkeiten der zunehmenden Integration des externen Faktors im Sinne der Intensivierung des Kunden-Leistungsträger-Kontaktes.

**Beispiele:**
- Folklore-Abende, Tanzveranstaltungen (mit/ohne Eintritt)
- Animationsprogramm (ohne/gegen Gebühren)
- Aktivitäten der Reisenden (Gästetheater)
- Self-Service, Frühstücks-Buffet

### (5) Preisvergleich durch Gäste

Während der Durchführungsphase tritt im Tourismus eine weitere Besonderheit in Erscheinung: der Preisvergleich durch die Gäste. Da die Gäste in der Potentialphase oftmals die gleiche Reise bei unterschiedlichen Reiseveranstaltern zu unterschiedlichen Preisen gebucht haben, erhalten sie erst während der Reise die entsprechende Markt- und Preistransparenz. Dies kann zu Unzufriedenheit derjenigen Gäste führen, die für das gleiche Angebot mehr bezahlt haben. Dabei handelt es sich nicht immer um das identische Reisepaket, zumal neben den objektiv feststellbaren Leistungen auch der Buchungszeitpunkt („Last-Minute") und die verschiedenen Nebenleistungen in den Vergleich einbezogen werden müssen.

**(6) Konditionenpolitik**

Auch in der Umsetzungsphase zeigen sich die verschiedenen Formen der Konditionenpolitik, die bereits in der Potentialphase in die Preiskalkulation Eingang gefunden haben bzw. erst in der Ergebnisphase – in Form der Reklamationsbehandlung – zum Tragen kommen. Allerdings können gerade bei Reklamationen einigen der Beanstandungen bereits während der Durchführungsphase abgeholfen werden.

### 2.2.4 Preispolitik in der Ergebnisphase

Auch in der Ergebnisphase bieten sich Möglichkeiten der preispolitischen Gestaltung, wobei diese Maßnahmen insbesondere in der allgemeinen Einschätzung des Preis-Leistungs-Verhältnisses („Preisklima") sowie im Rahmen der Konditionenpolitik (Gewährleistung, Reklamationen) angesiedelt sind.

Insgesamt gibt die Ergebnisphase für die Preispolitik vor allem Hinweise auf eine adäquate Preispolitik und/oder auf Notwendigkeiten für eine Veränderung.

**(1) Erfüllung des Äquivalenzprinzips? („Preisklima")**

Im Hinblick auf die Preispolitik im Tourismus kommt der Ergebnisphase zum einen die Überprüfung des Äquivalenzprinzips zu, d. h. die Reisenden bewerten das Ergebnis der jeweiligen Preispolitik: Sind die Erwartungen an das allgemeine Preisniveau sowie die erwarteten Gegenleistungen für den Reisepreis erfüllt worden (oder nicht)?

**(2) Konditionenpolitik: Reklamationen**

Im Tourismus zeigen zahlreiche Reklamationen während oder nach der Reise, daß die Relation von Preisen und Leistungen nicht von allen Touristen im erwarteten oder erhofften Umfang erfüllt worden sind.

Dies bietet aus preispolitischer Sicht vor allem Ansatzpunkte im Rahmen der **Konditionenpolitik**: Wie gehen die touristischen Leistungsträger mit der Abwicklung von Reklamationen um? Welche Ausgleichsansprüche (Rückerstattungen) werden vorgenommen?

**(3) Nachbetreuung**

Ein weiterer Bereich der Konditionenpolitik nach Beendigung der eigentlichen Reise umfaßt die Nachbetreuung, z. B. in Form von Erkundigungen nach der Reisezufriedenheit oder von Sonderkonditionen für „Stammgäste" oder „Vielbucher", z. B. Kundenkarten.

**(4) Marktforschungskosten**

In diesem Zusammenhang sind Kosten der **Marktforschung** zur Erfassung der Kundenzufriedenheit ebenfalls im Rahmen der Preisgestaltung einzukalkulieren.

## 2.3 Formen der Preisfestsetzung

Bei den Möglichkeiten der Preisfestsetzung wird in der Marketing-Literatur die mikroökonomische Preistheorie mehr oder weniger ausführlich behandelt. Doch einheitliches Fazit ist, daß diese theoretischen Möglichkeiten der Preisbildung für das Marketing eher weniger hilfreich sind. Kritisiert wird v.a. die Realitätsferne vieler Annahmen zur Preisbildung an „vollkommenen" Märkten, wie z.B. homogene Güter, vollkommene Information (Markttransparenz), Fehlen von Präferenzen, Reaktionsgeschwindigkeit der Anpassung usw. Einige weitere Aussagen zur mikroökonomischen Preistheorie finden sich im nachfolgenden Abschnitt D.2.3.3.

Anstelle der mikroökonomischen Preisbildung werden im Marketing vorwiegend sog. praxisorientierte oder marketingorientierte Möglichkeiten der Preisfestsetzung behandelt. Dabei sind es zwei Grundüberlegungen, die die marketingorientierte Preisfestsetzung prägen. Zum einen wird sie durch interne oder Kostenelemente, zum anderen durch externe oder Marktelemente beeinflußt. Die marktorientierten Einflußgrößen werden zumeist nochmals unterteilt – in konkurrenz- und nachfrageorientierte Elemente:

- kostenorientierte Preisbildung (intern),
- nachfrageorientierte Preisbildung (extern),
- konkurrenzorientierte Preisbildung (extern).

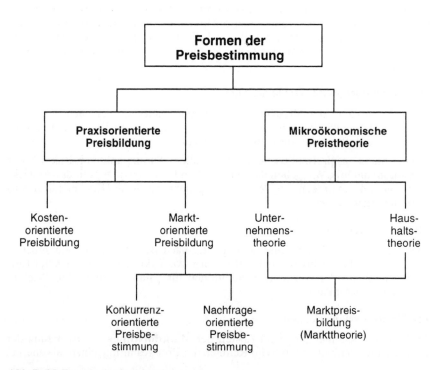

**Abb. D-25** Formen der Preisbestimmung

Im folgenden werden die einzelnen Elemente der allgemeinen Preisbildung dargestellt und mit Beispielen aus dem Tourismusbereich erläutert. Hinzu kommen einige generelle Besonderheiten im Tourismus, auf die in Abschnitt D.2.3.1(3) hingewiesen wird.

### 2.3.1 Kostenorientierte Preisbildung

Basis einer eigenen Preiskalkulation bilden die im Betrieb anfallenden Kosten der Leistungserstellung. Diese sogenannte kostenorientierte Preisbestimmung gilt als „klassische Form" der Preisbestimmung und ist in Industrie- und Handelsbetrieben nach wie vor die am meisten verbreitete. Sie legt die grundsätzliche Höhe des Mindestpreises fest. Langfristig sollte der Preis nicht unter die (Gesamt-)Kosten fallen („break-even-point"). Als Berechnungsmethoden unterscheidet man in der betrieblichen Praxis die Voll- und Teilkostenkalkulation.

#### (1) Vollkostenkalkulation

Bei der Vollkostenkalkulation werden die gesamten (die „vollen") Kosten eines Betriebes ermittelt und auf die verschiedenen Leistungen umgelegt. Dazu werden zumeist erst die durch die Produkte (oder Abteilungen) klar ermittelbaren und zurechenbaren Kosten errechnet („Einzelkosten"). Danach werden die restlichen Kosten („Gemeinkosten") als sog. Gemeinkostenaufschlag hinzugerechnet. Dies erfolgt meist nach dem Proportionalprinzip: den teureren Leistungen werden auch höhere Gemeinkosten zugeordnet. Abschließend wird der Gewinnaufschlag hinzugerechnet, was zusammen den Gesamtpreis ergibt.

Als **Kritik** an dieser Form der Kostenermittlung wird genannt:
- dieses Verfahren beinhaltet oft eine „ungerechte" Zurechnung der Gemeinkosten: es werden Stellen mit Kosten belastet, die für die Entstehung nicht verantwortlich sind;
- die Gewinnaufschlagskalkulation ist meist vergangenheitsorientiert (und läßt damit die aktuellen oder zukünftigen Markttrends außer acht);
- verschiedene Marktgegebenheiten werden nicht berücksichtigt (wie Absatzmenge, Preiselastizität der Nachfrage).

**Kostenarten**

- **Einzelkosten** können einem (einzelnen) Produkt oder einer Leistung direkt zugerechnet werden („Verursacherprinzip").
- **Gemeinkosten** fallen für „Gemeinschaftsaufgaben" an. Sie können nicht direkt einer einzelnen Leistungserstellung zugerechnet werden.
- **Variable Kosten** verändern sich mit der Produktionsmenge.
- **Fixkosten** entstehen unabhängig von der Produktionsmenge.

### (2) Teilkostenkalkulation

Bei der Teilkostenkalkulation löst man sich von der Umlage der Gemeinkosten auf die verschiedenen Leistungsbereiche. Es werden zwar auch die anfallenden Kosten der jeweiligen Kostenstelle (als variable Kosten) errechnet, aber hinsichtlich des Gewinnes und der Gemeinkosten orientiert man sich am Markt. Die Differenz zwischen dem dort zu erzielenden Erlös und den Selbstkosten wird als **Deckungsbeitrag** bezeichnet, der für die Deckung der Gemeinkosten (oder Fixkosten) und für den Gewinn zur Verfügung steht. Diese Deckungsbeitragsrechnung ermöglicht in jedem Fall die Deckung der in dieser Kostenstelle entstandenen (variablen) Kosten. Um das gesamte Betriebsergebnis zu ermitteln, ist die Summe der durch die jeweiligen Abteilungen erzielten Deckungsbeiträge den gesamten Gemeinkosten gegenüberzustellen.

### (3) Besonderheiten der Kostenermittlung im Tourismus

Im Tourismus beinhaltet die Kostenermittlung einige Besonderheiten, die mit den Spezifika des touristischen Produktes zusammenhängen. Zum einen ist es die Bestimmung der Gesamtkosten für eine Leistung, die durch verschiedene Leistungsträger zu erstellen sind. Zum anderen sind es die verschiedenen immateriellen und freien Elemente, die in das touristische Produkt eingehen, aber nicht oder nur sehr schwierig kostenmäßig zu bewerten bzw. zuzurechnen sind.

Letztlich sind auch einige allgemeine Aspekte des Dienstleistungscharakters der touristischen Leistung für die Kostenbestimmung von Interesse, die bereits bei den vorgenannten Punkten mit einflossen.

### (3a) Gesamtkosten

Das Kernprodukt des Tourismus ist die Reise, die sich aus verschiedenen Angebotsteilen zusammensetzt. Hieraus ergibt sich für die Kostenrechnung eines über-

Abb. D-26 Kostenarten

betrieblichen Marketingträgers das Problem, die Gesamtkosten eines touristischen Angebotes, wie z.B. der Pauschalreise oder einer Region, zu ermitteln. Hierzu werden Informationen der einzelnen Leistungsträger benötigt. Abb. D-27 zeigt am Beispiel der Preisbildung bei deutschen Reiseveranstaltern die Anteile der einzelnen Preiselemente der verschiedenen Leistungsträger.

Ferner fließen verschiedene freie oder öffentliche Güter in das Gesamtangebot ein, deren Anteil kostenmäßig nicht oder nur schwierig zu erfassen ist (vgl. dazu auch den nächsten Punkt).

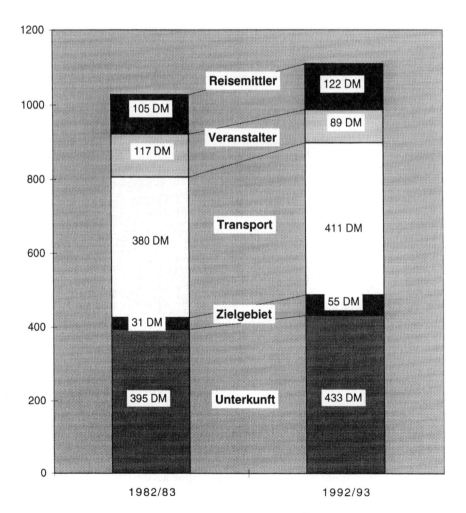

**Abb. D-27** Durchschnittliche Preisbildung einer Pauschalreise
(Quelle: KREILKAMP 1995: 149)

### (3b) Freie und öffentliche Kostenelemente

Als Besonderheit der Kostenermittlung im Tourismus ist die Bewertung der „freien" und öffentlichen Angebotsteile anzusehen. Als quasi freie Angebotselemente gehen Natur, Infrastruktur, Ökologie, Flora und Fauna in das Tourismusangebot ein. Für sie müssen touristische Anbieter keine eigenen Kosten aufwenden, kommen aber in den Genuß ihrer Nutzung (Problem der Internalisierung externer Kosten).

Ganz ähnliche Probleme bestehen bei der Bewertung öffentlicher Güter, die ebenfalls in das touristische Gesamtangebot einfließen, ohne daß dafür den touristischen Leistungsträgern direkte Kosten entstehen. Dieses generelle Problem öffentlicher Güter wird zumeist im Zusammenhang mit öffentlichen Leistungen behandelt. Ihre Finanzierung erfolgt indirekt über Steuern, Subventionen usw. Formen dieser überbetrieblichen und sozialen Kostenrechnung bestehen derzeit im Tourismus nicht.

**Beispiele:**
- Kirchen, Naturdenkmäler, Natur, Flora und Fauna, öffentliche Badeanstalten, Kulturangebote usw. sind öffentlich zugänglich, belasten einen Reiseveranstalter aber nicht mit direkten Kosten.
- Nutzung des ÖPNV durch Touristen
- „Umweltgroschen" und Kurabgaben sind Versuche, einige dieser allgemeinen Kosten zu internalisieren.
- Bei der Umwandlung von Fremdenverkehrsämtern in GmbHs ist ebenfalls das Problem der Finanzierung öffentlicher und privater Leistungen zu sehen (vgl. FREYER 1992b).

### (3c) Immaterielle und qualitative Elemente

Im Tourismus sind viele der Leistungselemente immaterieller Natur. Letztlich bereitet die monetäre Bewertung qualitativer und psychologischer Faktoren im Tourismus Schwierigkeiten. Soweit es sich um Aspekte der Dienstleistungserstellung handelt, wird zumeist die dafür erforderliche Arbeitszeit zur Bewertung herangezogen.

Doch der Anteil, den die verschiedenen qualitativen Faktoren, wie z.B. „Attraktivität" oder „Image" eines Ortes für die Preiskalkulation spielen, ist im Tourismus bisher nicht monetär bewertet worden. Zumeist werden diese Faktoren nicht in der Kostenkalkulation mitberücksichtigt. Indirekt bieten sie aber Möglichkeiten für die marktorientierte Preisbildung („Zahlungsbereitschaft", vgl. D.2.3.2).

**Beispiele:**
- Image, Attraktivität, Exklusivität
- Intakte Natur
- Qualität der Beratung

### (4) Kritik zur kostenorientierten Preisbildung aus Sicht des Marketing

Bei der kostenorientierten Preisbildung ist eher eine betriebsinterne Sicht vorherrschend, die Aspekte der Leistungserstellung stehen im Vordergrund. Die Marketingabteilung hat in diesem Fall wenig Einfluß auf die Preisgestaltung. Dies führt in der Marketingliteratur zu einer generellen Kritik der – zu stark – kostenorientierten Preisbildung:

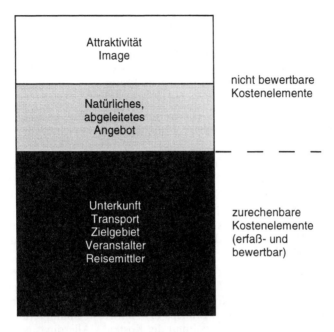

**Abb. D-28** Kostenelemente einer Reise

Es „... wird die Preisbildung in den meisten Unternehmen nicht richtig vollzogen. Zu den häufigsten Fehlern zählen die folgenden: Die Preisbildung ist zu stark kostenorientiert, das Unternehmen berücksichtigt die Nachfrageintensität und psychologischen Aspekte zu wenig; der Preis wird nicht häufig genug verändert, um veränderte Marktverhältnisse optimal auszunutzen; der Preis wird unabhängig von dem übrigen Marketing-Mix festgelegt, statt als intrinsische Komponente der Marktplazierungsstrategie behandelt; die Variabilität der Preise entspricht nicht in ausreichendem Maße jener der Produktvariationen und Marktsegmente." (KOTLER 1989: 395).

Zudem waren im vorherigen Abschnitt (3) bereits einige weitere Schwierigkeiten der Kostenfestsetzung für touristische Leistungen erwähnt worden. Insofern sind für eine marketingorientierte Preisbildung die weiteren Elemente unter D.2.3.2 zur Preisfestsetzung zu berücksichtigen.

### 2.3.2 Marktorientierte Preisbildung

Bei der marktorientierten Preisbestimmung verzichtet man oftmals ganz auf eine eigene Preiskalkulation aufgrund der Kostenbestimmung und orientiert sich an den am Markt gegebenen bzw. zu erzielenden Preisen. Die Marktorientierung kann entweder aufgrund einer
- Konkurrenzorientierung (Konkurrenzorientierte Preisbildung, vgl. (1)) oder
- Nachfragerorientierung (Nachfrageorientierte Preisbildung, vgl. (2)) erfolgen.

## (1) Konkurrenzorientierte Preisbildung

Die Konkurrenzorientierte Preisbildung erfolgt ganz im Sinne der konkurrenzorientierten Marketing-Strategien. Aufgrund der aus der Marktforschung gewonnenen Informationen über die Mitwettbewerber werden die hierbei ermittelten Preise als Orientierungsgröße für die eigene Preispolitik genommen („Leitpreise").

Dabei richtet man sich üblicherweise am Hauptkonkurrenten oder am „Marktüblichen" aus. Eine solche Preisbildung bietet verschiedene strategische Möglichkeiten:

- Nimmt man den gleichen Preis, sind ähnliche Kosten-Ertrags-Strukturen wie bei der Konkurrenz zu erwarten. Dies entspricht im wesentlichen der Markt- oder Mittelpreisstrategie (vgl. D.2.4.3), es sei denn der Hauptkonkurrent verfolgt selbst eine andere Preispositionsstrategie.

- Setzt man den eigenen Preis höher oder niedriger an, so verfolgt man entsprechend eine Hoch- oder Niedrigpreisstrategie gegenüber der Konkurrenz (vgl. D.2.4.1 und D.2.4.2).

Bei einer konkurrenzorientierten Preisbildung wird der eigene Preis relativ unabhängig von den Kosten festgesetzt. Er bildet somit den Rahmen bzw. die obere Grenze der eigenen Kostenkalkulation. Es handelt sich hierbei um die zweite Seite des ökonomischen Prinzips bzw. um Kostenminimierung aufgrund bekannter Erlöse („Der Preis bestimmt die Kosten"). Allerdings ist für die Berechnung des Gesamterlöses noch die Absatzmenge notwendig, die vor allem aufgrund der Nachfrageanalyse bestimmt werden kann.

Es besteht aber bei dieser Form der Preiskalkulation keine unmittelbare Verbindung zur Nachfragesituation. Die Nachfrageanalyse bzw. nachfrageorientierte Preisbestimmung ist insofern noch ergänzend hinzuzuziehen.

**Beispiele:**
- Das Preisspektrum der Konkurrenz gibt den Rahmen für die eigene Preisfestsetzung, z.B. im Flugbereich oder bei Übernachtungsangeboten, an:
  - Kostet eine Flugpauschalreise für 2 Wochen nach Mallorca z.B. DM 999.–, so kann dies der eigenen Preiskalkulation zugrundegelegt werden.
  - Beträgt der Übernachtungspreis des Hotelkonkurrenten DM 99.– pro Nacht, so kann auch der eigene Preis entsprechend festgesetzt werden.

Die Kritik an dieser Form der Preisbestimmung, sie wäre keine eigenständige Preispolitik, kann mit dem Hinweis auf die verschiedenen Möglichkeiten der eigenen Preisabweichungen entkräftet werden (vgl. dazu D.2.4).

## (2) Nachfrageorientierte Preisbildung

Eine andere Möglichkeit der marktorientierten Preisbildung bietet die Nachfrageorientierung. Hierbei stehen vor allem wertbezogene Überlegungen der Nachfrager im Vordergrund der Betrachtung. Da der Preis als Äquivalent für eine Gegenleistung angesehen wird, sind die Nachfrager bereit, einen bestimmten Preis zu zahlen, der sich unabhängig von der Kostensituation des Unternehmens ergibt.

Nutzwertüberlegungen der Nachfrager orientieren sich an einer subjektiven Einschätzung über den Wert und das Ausmaß der Bedürfnisbefriedigung einer bestimmten Leistung. Hier fließen insbesondere auch die verschiedenen immateriellen und nicht-monetären Eigenschaften von Produkten und Leistungen in die Wertvorstellung ein.

Die wesentlichen Grundlagen hierfür sind bei den Aussagen zum Käuferverhalten in Abschnitt B.2.3 bereits dargestellt worden.

Im Tourismus ergibt sich für die Käufer zumeist das Problem, daß sie touristische Leistungen nicht vor dem Kauf kennen und daß sie auch verschiedene Leistungsangebote nur schwierig miteinander vergleichen können: Was ist der monetäre Gegenwert für 14 Tage Urlaub auf Rügen, Mallorca oder Bali? Wie sind die unterschiedlichen Reiseleistungen aus Sicht des Nachfragers miteinander zu vergleichen?

Preispolitisch ist ferner eine Einschätzung über die Menge der potentiellen Nachfrager notwendig: Wie viele Personen werden zu dem jeweiligen Preis eine Reise nachfragen? Hierzu sind die Grundüberlegungen zur Preiselastizität der Nachfrage hilfreich. Sie trifft Aussagen zur (prozentualen) Nachfrageänderung bei einer Änderung der Preise (vgl. Abb. D-29).

Zusätzlich ist bei der nachfrageorientierten Preisbestimmung die **Kreuzpreiselastizität** von Bedeutung. Sie gibt Hinweise auf die preisbedingten Substitutionsmöglichkeiten eines Angebotes durch ein anderes. Die Kreuzpreiselastizität bezeichnet die – über Kreuz gerichtete – prozentuale Nachfrageänderung für eine Leistung bei einer (prozentualen) Preisänderung einer anderen Leistung und damit einer Änderung der **Preisrelation** der beiden Leistungen. Sie sind vor allem bei komplementären oder substitutiven Leistungen von Bedeutung.

**Beispiel Kreuzpreiselastizität:**
- Fallen die Übernachtungspreise für Hotels in Griechenland, so werden evtl. mehr Griechenlandflüge nachgefragt und die Flugpreise fallen ebenfalls: Komplementäre Leistungen – die Kreuzpreiselastizität ist in diesem Fall positiv.
- Verzichten dadurch einige Touristen auf eine Spanienreise, so ist die Kreuzpreiselastizität für Spanien- und Griechenlandreisen negativ; zudem handelt es sich in diesem Fall um Substitute.

---

**Elastizitäten** geben Auskunft über die (prozentuale) Veränderung einer - abhängigen - Größe im Verhältnis zur (prozentualen) Veränderung einer anderen. In bezug auf Reisen und Preise (oder Einkommen) zeigt beispielsweise die **Preiselastizität** (oder **Einkommenselastizität**) **der Nachfrage**, in welchem Ausmaß sich die Reisenachfrage bei einer Änderung des Preises (oder des Einkommens) ändert.

Bei Elastizitäten sind stets drei Fälle möglich:

1: Beide Größen ändern sich im **gleichen Verhältnis**, die Elastizität ist 1, d. h. eine 10-prozentige Veränderung des Einkommens führt zu einer 10prozentigen Veränderung der Reisenachfrage - die Veränderung erfolgt **proportional**. Geht die Veränderung in die gleiche Richtung, d. h. die betrachteten Größen steigen bzw. fallen beide, hat die Elastizität ein positives Vorzeichen, im anderen Fall, wenn der Anstieg einer Größe mit einem Rückgang der anderen verbunden ist (oder umgekehrt), ein negatives.

2: Die Veränderung der anhängigen Variablen, hier der Reisenachfrage, ist **größer** als die der unabhängigen Größe: in diesem Fall ist die Elastizität größer 1 oder die Veränderung **überproportional**.

3: Die Veränderung der abhängigen Variablen ist **kleiner** als die der unabhängigen Variablen, die Elastizität ist kleiner 1 oder die Veränderung erfolgt **unterproportional**.

**Abb. D-29** Elastizitäten

Zusammen mit der Konkurrenzanalyse ergibt die **Preisbereitschaft der Nachfrager** dem jeweiligen Anbieter einen Orientierungsrahmen für die eigene Preisbildung.

### 2.3.3 Mikroökonomische Preistheorie

Preisbildung am Markt ist in der Wirtschaftswissenschaft wesentlicher Inhalt der mikroökonomischen Preistheorie. Hier wird modellhaft die Preisbildung auf idealisierten, sog. „vollkommenen", Märkten entwickelt und mit Hilfe eines Preis-Mengen-Diagramms veranschaulicht.

Hierbei sind das Nachfrage- und Angebotsverhalten der Marktteilnehmer mengenbezogene Funktionen des Preises: Je höher der Preis, um so geringer die nachgefragte Menge eines bestimmten Produktes und – umgekehrt – je niedriger der Preis, desto höher die seitens der Produzenten angebotene Menge. Die Marktpreisbildung erfolgt durch das Zusammenwirken der Anbieter und Nachfrager des Marktes: Stimmen die zu bestimmten Preisen geplanten Angebots- und Nachfragemengen der Marktteilnehmer überein, kommt es zu keinen Preisänderungen („Gleichgewichtssituation"). In allen anderen Fällen ändern sich die Preise und als Folge davon die geplanten Angebots- und Nachfragemengen. Ist zu einem bestimmten Marktpreis die geplante Nachfragemenge größer als die Angebotsmenge (Übernachfrage) steigen die Preise solange, bis der Gleichgewichtspreis (und die Gleichgewichtsmengen) erreicht sind. Im umgekehrten Fall (Überangebot) fallen die Preise und die Angebots- und Nachfragemengen werden entsprechend verändert. Letztlich finden auf diesen idealisierten Märkten nur in der Gleichgewichtssituation, also wenn zu einem bestimmten Preis die geplanten Angebots- und Nachfragemengen übereinstimmen, Transaktionen (Austausch) statt. Voraussetzung hierfür ist die – unterstellte – unendlich schnelle Preis- und Mengenanpassung in Ungleichgewichtssituationen. Demzufolge kommt es zu keinen zwischenzeitlich auftretenden Ungleichgewichten, beispielsweise zu nicht realisierten Nachfragewünschen (infolge zu geringer Angebotskapazitäten) oder zu nicht abgesetzten Anbietermengen (infolge zu geringer Nachfrage). (Vgl. genauer FREYER 1995a: 212ff)

Aber im Marketing helfen die Grundsätze der mikroökonomischen Preisbildung nur begrenzt zur strategischen Preisfindung. Insbesondere sind viele der Grundannahmen für reale Märkte nicht zutreffend, so daß man im Marketing zu anderen Formen der Preisbestimmung übergegangen ist. Einige der in der Mikroökonomie und aus Sicht des Marketing kritisierten Grundannahmen sind:

- der Markt reagiert auf Datenänderung unendlich schnell, d.h. ohne zeitliche Verzögerung,
- vollkommene Markttransparenz, d.h. vollkommene Information,
- Tausch nur in der Gleichgewichtssituation,
- freie Preisbildung, d.h. keine staatlichen Eingriffe,
- Marktteilnehmer handeln nach dem Maximum- bzw. Rationalprinzip,
- keine Präferenzen in sachlicher, räumlicher, zeitlicher oder personeller Hinsicht,
- Homogenität des Leistungsangebotes,
- viele kleine Anbieter und Nachfrager (vollkommene Konkurrenz), die selbst keinen Einfluß auf die Marktpreise haben.

**Preisbildung bei vollkommenen Märkten**

Das traditionelle Preisbildungsmodell wurde für den Fall der vollkommenen Konkurrenz entwickelt. Hierbei wird für den einzelnen Unternehmer der Marktpreis als gegeben, als Datum, und die Menge als einziger (Handlungs-)Parameter angesehen – sog. **Mengenanpasserverhalten.** Doch modernes Marketing gibt gerade diese Sichtweise auf und geht davon aus, daß jedes Unternehmen den Markt in einem gewissen Umfang beeinflussen kann, sei es über Preispolitik oder andere Marketingaktivitäten und -instrumente.

Gerade im Tourismus bestehen hinsichtlich der zuvor genannten Grundannahmen des idealistischen Marktmodells deutliche Abweichungen, u.a.:

- **Präferenzen** hinsichtlich der Reisezeit, der Reiseart, der Reisebegleitung, des Reisezielgebietes, womit „die Reise" kein homogenes Gut ist,

- **nur langsame Reaktionsmöglichkeit**, da Reiseangebote langfristig angeboten werden (z.B. Reisebuchung und Reiseantritt oder Katalogdruck und Reisedurchführung),

- **unvollkommene Information** über die Fülle des Angebotes sowie über das Angebot selbst: Reise als Dienstleistung kann nicht vorab „besichtigt" werden,

- **nur wenige, relativ große Anbieter** in wichtigen Teilmärkten, z.B. Charterflüge usw.

## 2.4 Preispolitische Strategien

Während die verschiedenen Möglichkeiten der Preisbestimmung quasi den Rahmen oder die Bandbreite vorgeben, innerhalb derer der eigene Preis anzusiedeln ist, besteht die Aufgabe der Preis**politik** oder der preispolitischen Strategien darin, das eigene Angebot entsprechend zu positionieren. Letztlich laufen alle preispolitischen Maßnahmen darauf hinaus, das eigene Angebot mittels des Preises im oberen, mittleren oder unteren Preissegment anzusiedeln. Damit ergeben sich drei Grundformen der Preisstrategie:

(1) **Hochpreispolitik,**
(2) **Niedrigpreispolitik,**
(3) **Marktpreispolitik** oder Strategie des mittleren Preisniveaus.

Hinzu kommen als vierte und fünfte preisstrategische Form die Möglichkeiten der

(4) **Preisdifferenzierung** und der
(5) **Konditionenpolitik:** Strenggenommen behandelt die Konditionenpolitik keine eigenständige weitere Strategiemöglichkeit, sondern ist mit den vorherigen drei bzw. vier preispolitischen Grundstrategien zu verbinden.

Im Rahmen der Preispolitik sind diese Grundstrategien allerdings weitaus komplexer zu handhaben als es diese einfache Einordnung vermuten läßt. Die preispolitische Einordnung in die vorgenannten drei (strategischen Preis-) Bereiche hängt ab von

- **der eigenen Kostenstruktur:** sie bildet die Basis und den unteren Rahmen für die Preispolitik,

- **den Preisen der Konkurrenz:** sie geben die Bandbreite an, innerhalb der der eigene Preis als hoch-mittel-niedrig im Vergleich zur Konkurrenz anzusehen ist,
- **der Nachfragersicht:** sie bestimmt ebenfalls den preispolitischen Spielraum, der sich aus Nachfragersicht anders darstellen läßt als im Konkurrenzvergleich und aufgrund der internen Kosten- und Leistungsstruktur,
- **dem Preis-Leistungsverhältnis:** hier ist die Gegenleistung für den Preis mitzuberücksichtigen.

Die Einordnung im preispolitischen Raum erfolgt im einfachsten Fall eindimensional entlang einer Preisskala, häufig erfordert sie aber eine mehrdimensionale Betrachtung, die weitere Marktaspekte einbezieht, wie z.b. Marktvolumen, Qualität, Produkteigenschaften usw. Auch findet das Preis-Qualitäts-Modell oftmals Verwendung (vgl. C.3.5).

Unter preispolitischen Gesichtspunkten ist die Marktdarstellung aus Abb. D-30 besonders hilfreich. Hier wird das Marktvolumen im Hinblick auf Preis und Menge graphisch dargestellt. Abb. D-30 bildet dabei modellhaft den traditionellen „Zwiebelmarkt" ab, bei dem das größte Marktvolumen im mittleren Bereich liegt, ein kleineres Volumen sich im unteren Markt-Preis-Bereich befindet und nur eine kleine Spitze vorhanden ist. Der an vielen Märkten behauptete „gespaltene" Markt wird durch Abb. D-30 veranschaulicht: hier gibt es einen „Verlust der Mitte" und relativ große Marktvolumina im oberen und unteren Marktsegment. Diese idealtypische Darstellung ist für den jeweiligen Markt im Rahmen der Marktanalyse zu bestimmen und dient als Grundlage für entsprechende Preisstrategien.

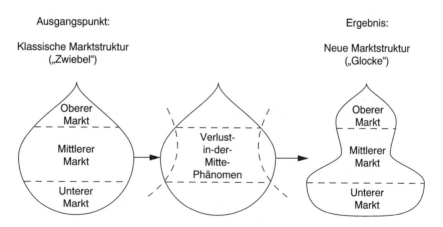

**Abb. D-30** Änderung der Marktschichtenstruktur
(Quelle: BECKER 1993: 318)

## 2.4.1 Hochpreispolitik

Die Strategie der **Hochpreispolitik** stellt auf Produktqualität und Exklusivität ab. Dabei werden relativ hohe Preise entweder im Vergleich zur Konkurrenz oder bzgl. der eigenen Kosten oder aus Sicht der Konsumenten festgesetzt.

Eine solche Preisstrategie setzt in der Regel Preis-Leistungs-Vorteile beim Anbieter oder Präferenzbildungen beim Konsumenten voraus. Die daraus resultierenden Wettbewerbsvorteile oder Monopolsituationen werden preispolitisch genutzt; es geht um die Abschöpfung der „Monopolrente". Dabei können preispolitische Spielräume langfristig oder auch nur kurzfristig bestehen. Typisch für zeitlich begrenzte Monopolsituationen im Fremdenverkehr sind die Hochsaisonzeiten.

Hochpreispolitik wird einerseits auf Dauer betrieben, man spricht dabei von **Prämienpreisstrategie**. Sie versucht, eine gewisse Alleinstellung aufzubauen bzw. zu erhalten. Voraussetzung ist eine geringe Preiselastizität der Nachfrage und ein hohes Serviceniveau der Leistungsträger.

**Beispiele:**
- Club-Angebote mancher Reiseveranstalter, insbesondere Club Méditerrannée
- Preisstrategie der Insel Mauritius

Andererseits können hohe Preise nur vorübergehend als preispolitisches Mittel eingesetzt werden. Dies bietet sich vor allem bei neuen Angeboten und Erschließung neuer Märkte an, solange man einen Wettbewerbsvorteil hat. Hierbei soll sich eine Investition möglichst schnell amortisieren, bevor die Konkurrenz nachzieht und dieser Wettbewerbsvorsprung verlorengeht. Dies ist vor allem empfehlenswert, wenn der Vorsprung gegenüber der Konkurrenz nur von begrenzter Dauer ist, um Forschungs- und Entwicklungskosten schnell zu amortisieren.

Diese **Abschöpfungspreispolitik** wird auch als **Skimming**-Preisstrategie bezeichnet: Es wird die – vorübergehende – Konsumentenrente „abgeschöpft", solange es möglich ist. Nach und nach paßt sich der Preis dann an das durchschnittliche Marktniveau an.

**Beispiele:**
- Neue Flugdestinationen ermöglichen vorübergehend höhere Preise der Carrier bis auch andere Anbieter, insbesondere Chartergesellschaften, die Destination anbieten.
- Handeln vieler Fremdenverkehrsträger in den Neuen Bundesländern nach der Grenzöffnung, die mit hohen Preisen die anfänglich möglichen Extragewinne abgeschöpft haben.

## 2.4.2 Niedrigpreispolitik

Niedrigpreispolitik setzt bewußt niedrigere Preise als am Markt üblich als preispolitische Strategie ein. Sie ist sicherlich die bekannteste Preisstrategie: Niedrige Preise sollen höhere Absatzmengen und damit höhere Umsätze und Erträge als bei höheren Preisen ermöglichen. Sie zielt grundsätzlich auf „Massen"absatz und Billigangebote ab.

Doch aus strategischer Sicht ist eine Niedrigpreispolitik nicht ganz unproblematisch zu beurteilen. Zum einen ist der Erfolg einer solchen Strategie eng mit der Preiselastizität der Nachfrage verbunden. Nur wenn eine Preiselastizität über

1 (absolut) gegeben ist, wird eine Preissenkung langfristig zum höheren Erfolg führen. Hinzu kommen Kapazitätsüberlegungen: Die Mehrnachfrage muß auch durch vorhandene – oder schnell zu schaffende Kapazitäten – befriedigt werden können.

**Beispiel:**
- Senkung der Reisepreise für Flüge nach Griechenland um 10% führt nur dann zu Mehreinnahmen, wenn mehr als 10% Zusatzbuchungen erfolgen (Preiselastizität größer 1) und noch mehr als 10% freier Kapazität zur Verfügung steht.

Zum anderen ist eine Positionierung im Billig-Segment des Marktes nur sehr schwierig wieder umzukehren. Die Positionierung als „Billig-Marke" oder „Billig-Reiseland" ist relativ schnell durch entsprechende preispolitische Maßnahmen – verbunden mit entsprechender Kommunikationspolitik – möglich. Doch eine Umpositionierung aus diesem Billigsegment in höherpreisige Marktsegmente ist nicht unproblematisch und bestenfalls eher langfristig möglich.

**Beispiele:**
- Die Insel Mallorca bemüht sich seit Jahren vom Image der „Billigdestination" wegzukommen und sich in höherpreisigen Marktsegmenten zu positionieren – allerdings mit nur geringem Erfolg.
- Der Reiseveranstalter NUR hat sich in den 60er und 70er Jahren sehr erfolgreich als preiswerter Veranstalter positioniert. Verschiedene Versuche, höherwertige Produkte unter dem Namen NUR am Markt zu positionieren waren von nur geringem Erfolg, z.B. die Marke Terramar.

Eine dritte strategische Möglichkeit für Niedrigpreise ist oftmals bei Neuzutritt auf Märkten gegeben. In diesem Fall sollen mit relativ niedrigen Preisen vor allem Massenmärkte über große Absatzmengen bei niedrigen Preisen schnell erschlossen werden. Auch haben Niedrigpreise bei neuen Märkten einen gewissen Abschreckungseffekt gegenüber anderen potentiellen Marktteilnehmern.

Im Fall des Neuzutritts werden niedrige Preise meist nur vorübergehend beibehalten. Nach erfolgreichem Marktzutritt werden die Preise dann nach und nach auf das marktübliche Niveau angehoben. Man spricht in diesem Fall von **Penetrationspreispolitik** – es ist das Pendant zur Skimming-Politik der Hochpreisstrategie.

Werden Niedrigpreise als langfristige Strategie beibehalten, handelt es sich um die sog. **Promotionspreis-Strategie**. Sie setzt Kosten- und Produktionsvorteile des jeweiligen Unternehmens voraus. Dabei können niedrige Preise objektiv gegeben sein oder auch nur aufgrund subjektiver Einschätzung der Nachfrager niedriger erscheinen. Letzteres ist eines der intendierten Ergebnisse einer vorübergehenden Penetrationspolitik: Zwar besteht nach wie vor ein Billig-Image, doch sind die Preise zwischenzeitlich auf das marktübliche Niveau angehoben worden.

**Beispiel:**
- NUR ist ein typisches Beispiel für einen Reiseveranstalter mit Billig-Image, aber einem Preisniveau, das sich inzwischen kaum von dem der Mitwettbewerber unterscheidet.

Oftmals wird eine Niedrigpreisstrategie nur für bestimmte Angebote verwendet, hingegen bei anderen Leistungen eine höhere bzw. gar überhöhte Preispolitik betrieben. Diese **Strategie des preispolitischen Ausgleichs** wird auch als eigene Preis-Strategie angesehen, allerdings wird sie hier nicht gesondert unterschieden. Teilweise ist sie auch mit der Strategie der Preisdifferenzierung verbunden, soweit es sich um einen zeitbezogenen Ausgleich handelt (v.a. in Hinblick auf Saisonzeiten).

Letztlich kann Niedrigpreispolitik auch zeitlich oder örtlich begrenzt betrieben werden. Dies ist vor allem im Tourismus häufig der Fall: Hier wird in der Hochsaison eher eine Hochpreispolitik, in der Nebensaison für die gleichen Angebote eine Niedrigpreispolitik verfolgt. Dieses Phänomen der unterschiedlichen Preisstrategien des gleichen Marketingträgers wird auch als **Strategie des preispolitischen Ausgleichs** bezeichnet. Sie ist eng verbunden mit Strategien der Preisdifferenzierung und mit produktpolitischen Maßnahmen bzw. Maßnahmen hinsichtlich des Preis/Leistungs-Verhältnisses.

**Beispiele:**
- Reiseveranstalter und Fremdenverkehrsorte betreiben preispolitischen Ausgleich im Hinblick auf die verschiedenen Saisonzeiten.
- Hochpreis- und Niedrigpreisangebote stehen in Fremdenverkehrsorten meist nebeneinander: von der Jugendherberge bis zum First-Class-Angebot.

### 2.4.3 Mittelpreis- oder Marktpreis-Strategie (Strategie des mittleren Preisniveaus)

Während die beiden vorherigen preispolitischen Maßnahmen geeignet sind, das eigene Angebot im oberen oder unteren Marktsegment zu positionieren und damit eine profilierte Preispolitik zu betreiben, wird in vielen Fällen das mittlere Preisniveau oder eine Strategie der Marktpreise zur Umsetzung der strategischen Grundüberlegungen verfolgt.

Hierbei ist fraglich, inwieweit eine solche Preispolitik eine eigenständige oder aktive Preisstrategie darstellt, denn der Preis wird hier eher **nicht als aktives** Marketinginstrument eingesetzt. Andererseits ist die adäquate Preisgestaltung – hier in Anpassung an die marktüblichen Preise – ebenfalls eine wichtige strategische und operative Maßnahme. Ihr liegt die Strategie des Mitläufers (oder Me-Too, vgl. C.3.2) zugrunde.

Eine solche Strategie bietet sich bei allen Märkten mit einer „breiten" Mitte und nur einem geringen preispolitischen Spielraum nach oben und unten an (vgl. Abb. D-30).

### 2.4.4 Preisdifferenzierung

Ein gerade im Tourismus weit verbreitetes Mittel der Preispolitik ist die Preisdifferenzierung. Hierbei werden für die gleiche Leistung verschiedene Preise verlangt. Wichtigste Voraussetzung dafür ist die klare Abgrenzung von Teilmärkten, von denen die Nachfrager nicht ohne weiteres auf andere Teilmärkte ausweichen können. Ferner muß eine gewisse Marktmacht des Anbieters gegeben sein, diese Markt- und Preisdifferenzierung auch durchsetzen zu können.

Ziel der Preisdifferenzierung ist es, durch die Summe der Umsätze auf Teilmärkten höhere Gesamterlöse zu erzielen. Den möglicherweise höheren Erträgen stehen aber auch höhere Kosten für die Durchführung und Überwachung der Preisdifferenzierung gegenüber.

Touristische Leistungen werden nach unterschiedlichen Kriterien „differenziert", z.B. nach

- **Zeitpunkt der Reise:** Haupt- und Nebensaison, Wochenende oder Midweek,

- **Zeitpunkt der Buchung** (und/oder Zahlung): Last-Minute-, First-Minute-, „stand-by"-Tarif, APEX-Advanced Purchased Excursion,
- **Dauer** der Reise: Jahresticket, Excursion-, Holiday-Tarif, Business-Tarif, Tagesrückfahrkarte, Kurzreise,
- **Käufergruppe:** Familien-, Kinder-, Studentenpreis,
- **Umsatz/Volumen:** Rabatte für Reisegruppen, Kontingentpreise,
- **Stufe des Absatzweges:** Gewährung von Mitarbeiter- oder Reisebüroprovision,
- **räumlichen Kriterien:** unterschiedliche Preise bei räumlich voneinander abgegrenzten Märkten, z.b. verschiedene Abflughäfen,
- **Lage** („abgelegen", „direkt am Strand"), **Aussicht** („Meerblick") usw.

Bei Preisdifferenzierung ist nicht immer klar zu bestimmen, ob nicht bereits ein anderes Produkt vorliegt, z.b. Hotel mit/ohne Meerblick oder Ticket mit/ohne Zeitbegrenzung usw.

Auch sind Maßnahmen der Preisdifferenzierung oftmals eng mit der **Strategie des preispolitischen Ausgleichs** verbunden: Niedrigere Preise für bestimmte Produkte oder auf bestimmten Teilmärkten werden mit höheren Preisen in anderen Leistungsbereichen oder Marktsegmenten verbunden, um so insgesamt ein möglichst optimales Betriebsergebnis zu erzielen.

**Beispiele:**
- In der Nebensaison werden Reisen oftmals mit Verlust abgegeben, um über das daraus resultierende Billig-Image in anderen Saisonzeiten höhere Umsätze zu tätigen.
- Die gleiche Grundüberlegung steht oftmals bei Sonderangeboten eines Reiseveranstalters für bestimmte Destinationen, die sich weniger gut verkaufen, im Vordergrund. Er erhofft sich dafür höhere Umsätze bei anderen Reisezielen.
- Auch Fremdenverkehrsorte verbinden – günstige – „Schnupperangebote" mit hochpreisigen Standardangeboten.
- In Stadthotels gibt es Wochenendtarife und Business-Tarife in der Wochenmitte.

Hauptaufgabe der Preisdifferenzierung ist es, eine ertragsorientierte Preis-Mengen-Steuerung vorzunehmen, was in den letzten Jahren immer häufiger als **Yield-Management** (yield: *engl.* Ertrag) diskutiert wurde. Bei einem Yield-Management-System handelt es sich um ein EDV-gestütztes Expertensystem zur Optimierung eines preisgesteuerten Kapazitätsmanagements.

> Mit Hilfe eines Yield-Management-Systems ist es möglich, für eine vorgegebene Kapazität – unter Berücksichtigung der Nachfragestruktur, von Preis-Nachfrage-Funktionen sowie darüber hinausgehenden externen Rahmenbedingungen (z.B. politische Entwicklungen, Katastrophen, Verhalten der Konkurrenten) einen maximalen Ertrag zu realisieren. (KIRSTGES 1994: 176)

Um ein Yield-Management-System sinnvoll einsetzen zu können, sollten die touristischen Betriebe einige charakteristische Merkmale aufweisen (vgl. ENZWEILER 1990: 248):

- einem hohen Fixkostenblock stehen variable Kosten gegenüber, die kurzfristig nicht entscheidungsrelevant sind,
- die angebotenen Leistungen verfallen bei Nichtabnahme, eine Nachlieferung ist nicht möglich,
- die Nachfrage nach den angebotenen Leistungen ist wechselhaft und ungewiß,
- die Leistungen werden von unterschiedlichen Zielgruppen nachgefragt,

## 2. Preis- oder Kontrahierungspolitik

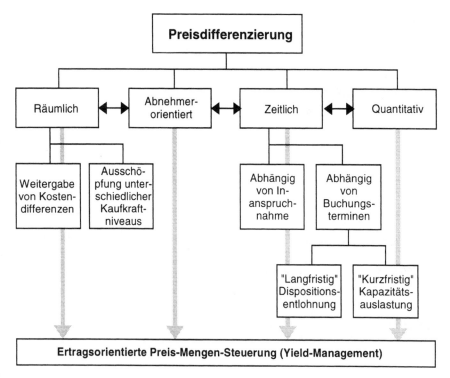

**Abb. D-31** Formen der Preisdifferenzierung
(Quelle: nach BRUHN/MEFFERT 1995)

- die Leistung wird vor der Nutzung zur Buchung angeboten,
- für dieselbe Leistung können unterschiedliche Preise verlangt werden,
- es können für Leistungsklassen unterschiedliche Preise realisiert werden.

Diese Anforderungen werden von einer Vielzahl touristischer Unternehmen, wie z.B. Transportunternehmen und Beherbergungsbetriebe, erfüllt. Diese Betriebe zeichnen sich traditionell durch eine hohe Fixkostenbelastung aus, die angebotene Leistung (Transport-, Beherbergungsleistung) kann nicht gelagert werden. Nicht verkaufte Sitzplatz- oder Bettenkontingente verfallen, wenn sie nicht verkauft werden. Frühbucherrabatte, Last-Minute-Angebote oder Wochenendpreise sind Mittel der Preispolitik, welche die Auslastung steuern können.

**Beispiele:**
- Fluggesellschaften haben einen hohen Fixkostenblock (z.B. Wartungskosten, Personalkosten). Die mit der aktuellen Auslastung verbundenen variablen Kosten (Passagiergebühren am Flughafen) sind kurzfristig nicht entscheidungsrelevant. Nicht verkaufte Sitzplätze verfallen und können nicht gelagert werden.
- Airlines bieten mit Business-, First- oder Economy-Class ihren Sitzplatz mit unterschiedlichen Leistungsmerkmalen an und können so auch unterschiedliche Preise realisieren.

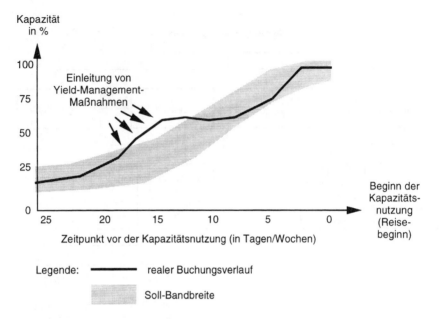

**Abb. D-32** Yield-Management/Überbuchung
(Quelle: KIRSTGES 1994: 183)

Da es sich bei einem Yield-Management-System um ein Expertensystem handelt, welches nicht nur Vergangenheitsdaten verwaltet, sondern auch in der Lage ist, Informationen zu interpretieren und zu verstehen, kann es einen wesentlichen Beitrag zur Entscheidungsunterstützung in der Strategiephase des Marketing leisten. Beispielsweise ist es möglich, aufgrund zu erwartender Buchungsverläufe eine optimale Unterstützung der Werbemaßnahmen durch kommunikations- und preispolitische Maßnahmen zu gewährleisten.

### 2.4.5 Konditionenpolitik

Zu Beginn des Abschnittes D.2 Preispolitik war auf die unterschiedlich weite Sichtweise preis- oder kontraktpolitischer Maßnahmen hingewiesen worden. Letztlich ist die Preisauszeichnung nur ein Element des gesamten Kaufvorganges. Der Transaktionsprozeß ist umfangreicher, er umfaßt die Vertragsvorbereitung, den Abschluß und die Umsetzung. Hinzu kommen verschiedene Möglichkeiten der „Preispräsentation". Ein solches weiteres Verständnis des gesamten Transaktionsprozesses beinhaltet noch andere Aspekte der Preispolitik, die in allgemeiner Form meist unter der Bezeichnung Kontrakt-, Kontrahierungs- oder Entgeltpolitik behandelt werden. Dabei ist in der Literatur umstritten, welche der Bezeichnungen den allgemeineren Bedeutungsinhalt umfaßt. Hier wurde **„Preispolitik" als Oberbegriff** für Preisbildung, Preisstrategien und Kontraktgestaltung bzw. Preispräsentation gewählt.

Im folgenden soll das weitere Feld der Konditionenpolitik erläutert werden. Im Bereich des Sachgüter-Marketing werden vor allem genannt:

- Zahlungsbedingungen: Voraus-, Sofort-, Raten-, Kreditzahlung, Rabatte und Skonti, Zahlung mit Kreditkarte usw.,
- Lieferbedingungen: Lieferfrist und -umfang („frei Haus"), Garantien,
- Rabatte und Prämien: Mengen-, Bar-, Natural-, Treue-, Saisonrabatt,
- Vertragsgestaltung: Laufzeit, Nebenleistungen, Kündigungstermine usw.

**Im Tourismus** sind ähnliche Überlegungen für die Preispräsentation oder für die Konditionenpolitik durchaus bedeutend:

- Bei Reisebuchungen: Höhe der Anzahlung, Zeitpunkt der Restzahlung sowie Stornogebühren,
- Rabatte, z.B. Vielfliegerrabatte, Mitgliederkarten, Kurkartenrabatte, Gäste-Bonhefte usw.,
- Nutzungsumfang von Leistungen und Nebenleistungen: Tag-und-Nacht-Service, freie Getränke nur zur Hauptmahlzeit (dann aber unbegrenzt), freier Eintritt mit Kurkarte, freies Sportangebot, ermäßigte Fahrkarten des ÖPNV,
- freie oder ermäßigte Beförderung von Gepäck, Sportgeräten usw.,
- „3-Wochen-Reisen zu 2-Wochen-Preisen", Familientarife, Schnupperangebote,
- Nebenleistungen, wie Beköstigung vor und während des Transports,
- Staffelprovisionen für Reisemittler bei den einzelnen Reiseveranstaltern.

Insbesondere spielen im Tourismus die **Zahlungsfristen** (Anzahlung, Restzahlung) sowie die Stornierungskonditionen eine wichtige Rolle. In der Regel werden touristische Leistungen **vor** der eigentlichen Reisedurchführung bezahlt, also in der Phase des Leistungsversprechens (Potentialphase), z.B. Pauschalreisen oder Transportleistungen. Nur wenige Zahlungen erfolgen **während** des Leistungsvollzuges („Zug-um-Zug"), z.B. Aushändigung der Reiseunterlagen gegen Bezahlung, oder **nach** der Leistungserstellung, in der Ergebnisphase, z.B. Bezahlung in Gaststätten. Dies hängt sehr eng mit den Besonderheiten touristischer Leistungen zusammen: In der Erwartungsphase – vor der Reise – besteht eine weitaus höhere Zahlungsbereitschaft als nach Beendigung der Reise. Die relativ hohe Zahl von Reisereklamationen nach erfolgter Reise scheint dies zu bestätigen (vgl. Reklamationsforschung und Beschwerde-Management, Abschnitt D.1.2.4 (3).

# 3 Vertriebswege- oder Distributionspolitik

## 3.0 Übersicht Kapitel D.3

Die Vertriebspolitik hat die Aufgabe, eine möglichst optimale Verbindung zwischen den Herstellern und den Konsumenten zu gewährleisten. Die präziseste Bezeichnung wäre Vertriebswegepolitik, da es um die Gestaltung der Wege zwischen Produzent und Konsument geht. Verkürzt wird aber auch häufig von Vertriebs- oder Absatzpolitik (i.e.S.) gesprochen. Zudem ist die Verwendung des englischsprachigen Begriffs der Distributionspolitik (engl. distribution: Verteilung) immer verbreiteter.

Im Tourismus ist aufgrund der Besonderheit des touristischen Produktes eine spezifizierte Vertriebswegepolitik einzusetzen, denn anstelle der physischen Distribution der Endprodukte vom Produzenten zum Konsumenten als Logistikproblem der Distribution tritt der Weg des Konsumenten zum Produzenten (im Tourismus die Hinreise) in den Vordergrund.

Auch die Distributionspolitik ist nur im Verbund mit anderen Instrumenten des Marketing-Mix zu sehen. Dies soll an dieser Stelle nicht nochmals näher erläutert werden. Lediglich auf den engen Zusammenhang von Distributions- und Kommunikationspolitik wird in Abschnitt D.3.1.2 hingewiesen.

Im einzelnen werden die Grundaufgaben der Distribution sowie die touristischen Besonderheiten in D.3.1, strategische Grundüberlegungen zur Auswahl der Distributionwege in D.3.2, verschiedene Möglichkeiten für Distributionssysteme in D.3.3 sowie die spezifischen Vertriebswege in D.3.4 behandelt.

---

**Ziele des Kapitels D.3**

*Die Lektüre des Punktes „Vertriebspolitik" soll dazu beitragen, für die eigene Organisation im Hinblick auf die in Phase II entwickelten Strategien eine adäquate Vertriebspolitik zu finden. Im einzelnen ist zu prüfen, ob der Vertrieb*

- *direkt oder indirekt,*
- *über eigene oder fremde Institutionen,*
- *durch Kooperation,*
- *über Marketingagenturen,*
- *durch neue Medien und Elektronischen Markt*

*erfolgen soll und inwieweit die Standortwahl den Vertrieb beeinflußt. Sie ist mit den anderen Elementen des Gesamt-Marketing-Mix abzustimmen.*

---

## 3.1 Grundaufgaben der Distributionspolitik

### 3.1.1 Die traditionelle Distributionsaufgabe bei Sachgütern

Distributionspolitische Maßnahmen beschäftigen sich grundsätzlich mit der Frage, wie Produkte oder Leistungen vom Produzenten zum Konsumenten kommen. Im einfachsten Fall besteht dabei die Alternative eines direkten oder indirekten Vertriebsweges, die zusätzlich mit Überlegungen zur Eigentumsform (eigen oder fremd) verbunden werden. Die Entwicklung und Ausgestaltung der Vertriebswege und -formen ist Aufgabe der Distributions- oder Vertriebspolitik.

Bei Sachgütern wird als weiterer Problemkomplex die Frage der „physischen Distribution" oder der „Marketing-Logistik" im Rahmen der Distributionspolitik ausführlich behandelt. Da Produktionsort und Ort des Konsums in der Regel auseinanderfallen, ist die Distributionspolitik darauf gerichtet, „eine Leistung vom Ort ihrer Entstehung unter Überbrückung von Raum und Zeit an jene Stelle(n), wo sie nach dem Wunsch von Anbieter und Nachfrager in den Verfügungsbereich des letzteren übergehen soll, heranzubringen" (NIESCHLAG/DICHTL/HÖRSCHGEN 1991:367).

### 3.1.2 Distribution im Tourismus

Für den Tourismus bestehen bei Fragen der Distribution und Vertriebswege einige Besonderheiten, die teilweise mit den Besonderheiten der touristischen Leistungen, insbesondere der Immaterialität, zusammenhängen.

**(1) Der Handel von Anrechten auf Tourismusleistungen**

Aufgrund der Immaterialität und des uno-acto-Prinzips[2] ist im Tourismus keine physische Distribution der eigentlichen touristischen Leistungserstellung möglich. Die Leistung wird im unmittelbaren Kontakt zwischen Dienstleister und Konsument erbracht; Produktion und Distribution fallen dabei – zeitlich und räumlich – zusammen.

Allerdings sind „Rechte" bzw. „Pflichten" in bezug auf (touristische) Dienstleistungen handelbar. In der Regel bieten Tourismusproduzenten in der Potentialphase ihre Leistungsbereitschaft an und Touristen erwerben („buchen") ein Anrecht auf eine bestimmte Reiseleistung, die zu einem späteren Zeitpunkt und an einem anderen Ort zu erbringen ist. Damit wird nicht die Leistung selbst, sondern lediglich ein **Anrecht** (aus Sicht des Käufers) bzw. eine Verpflichtung (aus Sicht des Anbieters) zur Erbringung einer Leistung gehandelt (Voucher-Prinzip).[3] Es handelt sich quasi um eine „doppelte Immaterialität", analog zur Problematik der allgemeinen Diensteistungsdiskussion:

„Zu der Immaterialität der Dienstleistung, die erst später vom Dienstleistungsproduzenten erstellt wird, tritt für diese Dienstleistungshandelsbetriebe (wie z.B. Reisemittler, Anm. W.F.) noch die Immaterialität des von ihnen vertriebenen Dienstleistungsversprechens hinzu. Diese „doppelte" Immaterialität *erhöht* die ohnehin schon vorhandene *Erklärungsbedürftigkeit* des Gutes „Dienstleistung" gegenüber dem Dienstleistungsnachfrager". (HILKE 1989:25)

Während dieser immaterielle Vorgang im wesentlichen unsichtbar ist, werden die eigentlichen Vereinbarungen – z.B. in Form der Buchungs- oder Reiseunterlagen im Tourismus („Voucher") – häufig schriftlich dokumentiert – man bedient sich eines „materiellen Trägermediums" (MALERI 1991:38, MEYER 1990:21).

Die Distribution dieser Anrechte bzw. Buchungsvereinbarungen ist ganz im klassischen Sinn über direkte oder indirekte Vertriebswege möglich.

---

[2] Uno-acto-Prinzip: Produktion, Absatz und Konsum fallen im Dienstleistungsprozeß zusammen.

[3] In der Literatur zum Dienstleistungs-Marketing werden in diesem Zusammenhang auch die Bezeichnungen „Dienstleistungs-Versprechen" (HILKE 1989:25) oder „Leistungsversprechen" (CORSTEN 1990:190) oder „Verfügbarkeit (touristischer Angebotsprogramme)" (GESSNER 1993:333f) verwendet.

## (2) Verändertes „Residenzprinzip"

Eine weitere Besonderheit ergibt sich in Hinblick auf das „Residenzprinzip" des Produzenten bzw. des Konsumenten. Die eigentliche touristische Leistung wird nicht am (Heimat-)Ort des Nachfragers konsumiert, sondern am Ort des Produzenten – „in der Fremde". Damit kehrt sich das bei Sachgütern übliche – logistische – Transportproblem um: nicht das Produkt muß zum Konsumenten transportiert werden, sondern die Konsumenten müssen zum Ort des Dienstleisters gebracht werden. Dies ist für die Tourismus-Konsumenten zumeist eine sehr angenehme Aufgabe: sie reisen in die Fremdenverkehrsorte, um dort ihr Anrecht auf Leistungserbringung wahrzunehmen. Diese Form der „Gästebeschaffung" (so KRIPPENDORF 1971: 128) wird allerdings im Tourismus-Marketing (bisher) nicht als Aufgabe der Distributionspolitik behandelt, obwohl die damit zusammenhängenden logistischen Probleme des Personentransports teilweise ganz analog zur physischen Distribution von Sachgütern zu sehen wären.

## (3) Kommunikation und Distribution im Tourismus: Kontaktwegepolitik

Aufgrund dieser Besonderheiten wird im Rahmen der Distributionspolitik im Tourismus vor allem auf die Distribution von „Reise-Anrechten" abgestellt. Dies umfaßt im wesentlichen die Betrachtung der Buchungsmöglichkeiten und -abläufe für Reisen. Dabei läßt sich Distribution nicht immer von Aufgaben der Kommunikationspolitik (v.a. von Werbung und Verkaufsförderung) trennen. Über die Distributionswege und -einrichtungen werden Informationen über die Verfügbarkeit – von Reiseplätzen – mitgeteilt, es werden Verkaufsverhandlungen geführt und Vertragsabschlüsse getätigt. Dies alles sind teilweise distributive, teils kommunikative Aufgaben. Hauptunterschied ist, daß die Distributionspolitik mehr den Kontakt in **eine** Richtung (vom Hersteller zum Konsumenten) betrachtet, hingegen die Kommunikationspolitik die Kontakte in **beide** Richtungen untersucht: vom Produzenten zum Konsumenten **und umgekehrt**.

> **Distributionspolitik** ist vor allem eine Einwegbeziehung der Produzentenleistung („Anrechte") zu den Konsumenten.
>
> **Kommunikationspolitik** ist die bilaterale Beziehung zwischen Leistungsersteller und Leistungskonsument.
>
> **Kontaktwegepolitik** untersucht sowohl vertriebs- als auch kommunikationspolitische Beziehungen von Produzenten und Konsumenten.

## (4) Distribution im touristischen Marketing-Mix-Verbund

Auch distributionspolitische Entscheidungen sind in engem Verbund mit dem gesamten Marketing-Management-Prozeß sowie mit den anderen Instrumentbereichen des Marketing-Mix zu sehen (vgl. Abb. D-33). Hierbei ist vor allem der – zuvor erwähnte – Zusammenhang distributionspolitischer Entscheidungen mit der Kommunikationspolitik zu sehen. In beiden Bereichen treten die Hersteller (Tourismusproduzenten) in Kontakt mit dem Konsumenten (Reisenden). Daher wird in allgemeinerer Form auch gelegentlich von **Kontaktwegen** gesprochen. So sind im Rahmen des Marketing grundsätzlich Kontaktwege für beide Politikarten, der Distribution und Kommunikation, zu entwickeln und zu nutzen.

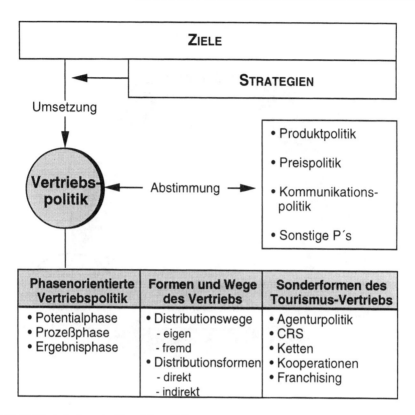

**Abb. D-33** Aufgaben der Vertriebspolitik

Neben den verschiedenen traditionellen Formen und Wegen der Vertriebspolitik (vgl. D.3.3) werden im Tourismus-Marketing eine phasenorientierte Vertriebspolitik (D.3.4.1) sowie weitere Sonderformen des Tourismus-Vertriebs betrachtet (D.3.4.2 bis D.3.4.5).

## 3.2 Strategische Aufgaben der Distributionspolitik im Tourismus

Distributionspolitik ist vorwiegend eine strategische Aufgabe, da der Aufbau oder die Änderung der Distributionswege nur langfristig möglich ist. Im kurzfristig-taktischen Bereich sind lediglich verschiedene Maßnahmen der Distributions-Promotion zu sehen, wie z.B. Händlerschulungen, Incentive-Reisen für Händler usw., die in der Literatur überwiegend im Rahmen der Kommunikationspolitik als Verkaufswegeförderung behandelt werden (vgl. D.4).

**(1) Grundstrategie: direkte oder indirekte Kontaktwege?**

Die Grundsatzentscheidung im Tourismus betrifft die Frage des direkten oder indirekten Distributionsweges von Reisen. Im wesentlichen geht es dabei um die

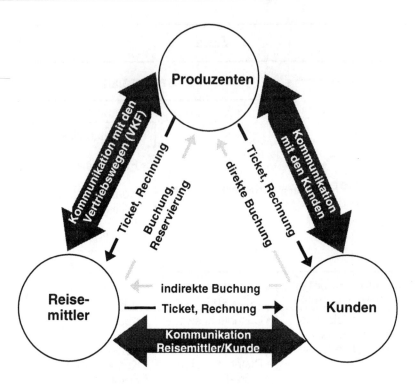

**Abb. D-34** Das strategische Dreieck der Distribution
(Quelle: in Anlehnung an MIDDLETON 1994: 217)

(in)direkte Buchungs- und Reservierungsmöglichkeit durch die Touristen beim Leistungsanbieter oder bei – zwischengeschalteten – Reisemittlern.

Vereinfacht ist die strategische Grundentscheidung in Abb. D-34 dargestellt. Im Fall des **direkten** Kontaktes bewegen sich die entsprechenden Distributions- und Kommunikationselemente **unmittelbar** zwischen Produzent und Konsument. Es sind zum einen die verschiedenen Produkt- und Leistungsinformationen, die vor allem im Rahmen der Kommunikationspolitik übermittelt werden, wie z.B. Werbung, Öffentlichkeitsarbeit, persönlicher Verkauf usw. Zum anderen sind es die spezifisch distributionsbezogenen Elemente, wie vor allem Buchungen, Reservierungen, Bestätigungen und die mit dem Kauf verbundenen Zahlungen und Reiseunterlagen – eben die oben erwähnten „Anrechte" und „Verpflichtungen".

Bei indirekten Kontaktwegen sind ein oder mehrere Vertriebsorgane (Distributoren oder Mittler) dazwischen geschaltet. Damit splittet sich die Kontaktströme in die Kontaktwege zwischen Produzent und Mittler sowie Mittler und Konsument auf:

- **Kontakte Mittler-Konsument:** Reisemittler übernehmen – in einem gewissen Umfang – die Kundenansprache und sind insbesondere für die Beratung und den Verkauf zuständig. Als distributive Aufgabe haben die Mittler die Buchungszusage und die Buchungsunterlagen an die Kunden weiterzuleiten – und erhalten dafür die entsprechenden Zahlungen.

- **Kontakte Mittler-Produzent:** Der Mittler leitet die jeweiligen Kundenwünsche an den Hersteller weiter und erhält hierfür die Buchungsbestätigungen. Zwischen beiden erfolgt in dieser Stufe vor allem die technische Abwicklung der Buchung und Reservierung. Zu einem späteren Zeitpunkt kommt ein monetärer Fluß hinzu: Weiterleitung der Kundengelder an den Produzenten und Provisionszahlung an den Mittler.

Je nach Vertriebsform versuchen die Produzenten mit unterschiedlichen kommunikativen und distributiven Mitteln, die Reisemittler für den Verkauf ihrer Produkte zu gewinnen und zu motivieren.

Aus strategischer Sicht ist die Entscheidung für oder gegen direkten/indirekten Kontakt eng mit den jeweiligen Vor- und Nachteilen verbunden, die für das jeweilige Tourismusangebot gesondert beurteilt werden müssen (vgl. genauer D.3.3):

- **Pro (indirekte Kontaktwege)**

Grundsätzlich werden Reisen aufgrund ihres komplexen und immateriellen Charakters als erklärungsbedürftige Leistungen angesehen, die einen hohen Beratungsaufwand erfordern. Hierfür ist zumeist eine gewisse räumliche Nähe zwischen Hersteller und Konsument erforderlich, die vor allem durch ein – mehr oder weniger – flächendeckendes Netz von Distributoren gewährleistet werden kann. Insofern sind die verschiedenen Formen zwischengeschalteter – indirekter Distributoren bei überregional tätigen Tourismusunternehmen ratsam.

- **Kontra (indirekte Kontaktwege)**

Der Aufbau und Unterhalt eines umfangreichen Händler- oder Beraternetzes ist oftmals mit höheren Kosten verbunden als im Fall des Direktvertriebs. Zudem haben Mittler – je nach Distributionsform – mehr oder weniger ausgeprägte eigene Zielvorstellungen, die sich nicht immer mit denen des Produzenten decken. Viele Reisemittler vertreten mehrere und unterschiedliche Leistungsträger bzw. Reiseveranstalter und sind in ihrer Auswahl weitgehend frei. Zudem ist der Einfluß auf Verkaufsumfang und -qualität der Reisemittler seitens der Produzenten nur begrenzt möglich. Je mehr Eigenständigkeit der Reisemittler gegeben ist, um so höher ist der Aufwand für den Produzenten, das indirekte Distributionsnetz zu betreuen.

Als Sonderform der direkten Kontaktwegepolitik ist das **Direkt-Marketing** zu betrachten. Hier werden neben den direkten Vertriebsformen weitere Marketing-Instrumente zur direkten Kundenansprache eingesetzt, v.a. Direkt-Werbung, direkte Verkaufsförderung oder direkte Öffentlichkeitsarbeit. Wegen der besonderen Bedeutung der Kontakt-Medien werden weitere Ausführungen zum Direkt-Marketing bei den Kommunikationsinstrumenten behandelt (vgl. D.4.6.3.5).

**(2) Weitere strategische Aufgaben der Distributionspolitik**

Neben den eigentlichen Distributionsaufgaben erfüllen die Distributionsorgane, wie z.B. Reisemittler, auch weitere Aufgaben im Rahmen des gesamten Marketing:

- Sie sind **Informationsquellen** für die Marktforschung: Im direkten Kundenkontakt erfahren die Reisemittler die Wünsche und Bedürfnisse der Reisenden, die im Rahmen der **Marktforschung** zu erfassen und zu analysieren sind.
- **Verkauf und Beratung:** Den Distributionsorganen kommen Aufgaben der Information und des Verkaufens zu. Letztlich erfolgt der Verkaufsabschluß durch die Distributionsorgane.
- Distributionsorgane vertreten den Leistungsanbieter gegenüber dem Kunden. Sie sind somit **Repräsentant und Imageträger** für den Produzenten. Demzufolge haben im Tourismus viele Leistungsanbieter eine Agenturpolitik, die entsprechende Anforderungen an die jeweiligen Agenturen stellt, wie z.B. Lage, Größe und Ausstattung der Räume der Reisemittler, vorhandenes Fachpersonal usw.

**Beispiel:**
- TUI-Reisebüros sind zwar selbständige Reisemittlerbetriebe, sie werden aber als „Teil" bzw. Vertreter des Reiseveranstalters gesehen.

### Qualität durch Distributionswege

Die Wahl der Distributionswege ist gelegentlich auch mit Überlegungen zur Produktpositionierung verbunden. So werden Premium-Produkte eher im direkten Kundenkontakt verkauft, wobei anstelle eines anonymen Zentralverkaufs der direkte Kontakt über ein eigenes Händlernetz und über Fachagenturen gewählt wird. Entsprechend signalisieren diese Distributionswege auch „Qualität" und „Exklusivität".

**Beispiele:**
- Agenturpolitik im Tourismus, z.B. TUI-Agenturen, X,Y-Reise-Center, LH-City-Büros
- Firmendienst von Reisebüros, aber auch der touristischen Leistungsträger selbst
- Reise-Clubs mit Kundenkarten

### Anzahl der Distributionsorgane

Die Anzahl der Distributionsorgane ermöglicht den Kunden einen unterschiedlich leichten Zugang zu den Herstellern. Gerade im Tourismus wird vielfach die Meinung vertreten, daß ein möglichst großes bzw. flächendeckendes Netz von Agenturen den Buchungserfolg erhöht. Auf der anderen Seite sehen einige Veranstalter die Bedeutung als weniger wichtig an und tendieren zum Direktbuchungsvertrieb in einer Zentrale oder in wenigen Buchungsstellen (vgl. Abb. D-35).

### (3) Übersicht: Distributionspolitischer Entscheidungsprozeß

Im einzelnen ist die Bestimmung der Absatzwege von einer Vielzahl unternehmerischer Überlegungen abhängig: „Die Wahl der Absatzwege wird von Markt, Leistungsangebot und den Unternehmenszielen bestimmt, wobei der Markt den Schwerpunkt bilden sollte. Aber auch andere Faktoren wie Marktstellung der Reisemittler, Absatzkosten, Absatzreichweite, Kundenstruktur und gewachsene Verbindungen können dafür mitbestimmend oder sogar ausschlaggebend sein." (PAUL 1983: 82)

Die verschiedenen Schritte im Rahmen der Distributionspolitik sind in Abb. D-36 nochmals zusammengestellt. Eine umfassende Distributionspolitik beinhaltet demnach folgende Aufgaben und Entscheidungen:

| Veranstalter 1999/2000 | Vertriebs-stellen gesamt | Umsatz pro Vertriebs-stellle in DM | Eigen-vertrieb Anzahl | Anteil Fremd-Umsatz in % |
|---|---|---|---|---|
| TUI Deutschland | 9.600 | 867.708 | 1.200 | k.A. |
| C&N Touristic | 14.407 | 454.217 | 1.438 | 74 |
| LTU Touristik | 12.2000 | 231.307 | - | k.A. |
| ITS | 8.700 | 187.739 | - | 100 |
| Dertour | 8.237 | 150.135 | 1.250 | 82 |
| Alltours | 9.780 | 145.194 | 118 | k.A. |
| Nazar | 2.000 | 140.000 | - | 100 |
| FTI | 12.332 | 130.000 | 1.155 | 76,9 |
| ADAC Reise | 2.300 | 91.980 | 195 | 28 |
| Öger-Gruppe | 10.511 | 78.489 | 1.600 | 98 |
| Lernidee | 180 | 74.722 | 1 | 19 |
| Schumann | 850 | 65.885 | 3 | 72 |
| Hapag-Lloyd-Kreuzfahrten | 5,900 | 58.475 | - | 100 |
| Studiosus | 6,901 | 56.164 | 1 | 96 |
| Graf | 850 | 54.380 | 6 | 70 |
| Gebeco | 5.200 | 44.714 | - | 96 |
| Eberhardt | 1210 | 36.000 | 34 | 79,5 |
| Kiwi Tours | 350 | 33.350 | - | 56 |
| NSA Norw. Schiff.-Agt. | 2.500 | 32.000 | - | 90 |
| Ameropa | 7.200 | 28.931 | - | 100 |
| Inter Chalet | 6.273 | 26.983 | - | 96 |
| Transocean Tours | 3.112 | 26.906 | - | 97 |
| GTI Travel | 4.682 | 25.787 | 0 | 100 |
| Phoenix | 9.519 | 25.139 | - | 95 |
| Schauinsland | 3.001 | 24.733 | 1 | 98,6 |
| Ikarus | 3.412 | 23.153 | - | 93,6 |
| Olimar | 10.140 | 23.057 | 1 | 94,9 |
| Seetours | 14.700 | 19.578 | - | 100 |
| Fox-Tours | 1.600 | 16.750 | - | 85 |
| Hauser | 605 | 16.570 | 5 | 12 |
| Canusa | 3.459 | 14.220 | 7 | k.A. |
| Wikinger | 2.229 | 13.350 | 4 | 50,6 |
| Rainbow Tours | 3.503 | 12.932 | 3 | k.A. |
| Windrose | 1.400 | 12.645 | - | 63 |
| Hafermann | 2.931 | 12.137 | 4 | 84 |
| Teambus AG | 830 | 12.000 | - | 82 |
| Novasol | 8.000 | 11.640 | - | 97 |
| OFT Reisen | 5.486 | 11.429 | 2 | 95 |
| Island tours | 701 | 11.000 | 1 | 71 |
| Dansommer | 9.600 | 10.552 | - | 100 |
| Kipferl's Reisen | 1.300 | 9.090 | 3 | 60 |
| Plantours & Partner | 1.600 | 8.718 | - | 30 |
| Attika | 7.500 | 7.208 | - | 96 |
| RUF Jugendreisen | 3.783 | 6.661 | 1 | 81,5 |
| BG Tours | 1.500 | 6.500 | - | 90 |
| Cherdo Armoric | 1.954 | 6.000 | 4 | 70 |
| Olympia Reisen | 6.000 | 5.115 | - | 99 |
| Frantour | 3.160 | 4.683 | - | 100 |
| Frosch Sportreisen | 1.033 | 3.408 | - | 27 |
| Stella Musical Reise | 3.900 | 1.800 | - | 11,5 |

**Abb. D-35** Distributionsorgane Tourismus – Anzahl der Vertriebsstellen bei Großveranstaltern
(Quelle: FVW 22.12.2000)

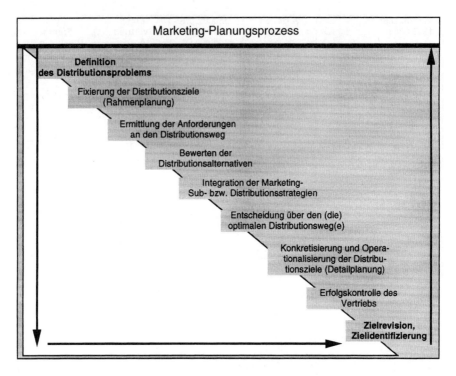

**Abb. D-36** Distributionspolitischer Entscheidungsprozeß
(Quelle: GESSNER 1993: 352)

- die Bestimmung distributionspolitischer Ziele und Strategien (v.a. in Phase II des Marketing),
- die Entwicklung und Bewertung der distributionspolitischen Alternativen (vgl. dazu D.3.3),
- die Integration in das gesamte Marketing-Mix,
- die Erfolgskontrolle der Distributionspolitik (vgl. E.5).

## 3.3 Struktur des Vertriebs (Distributionswege und -formen)

Während zuvor die strategischen (und taktischen) Grundaufgaben der Distributionspolitik bereits näher geschildert worden sind, werden im folgenden die verschiedenen Grundformen der Distribution im Tourismus etwas genauer beleuchtet. Dabei sind ähnlich der generellen Problematik einer Systematisierung der Distributionspolitik im Marketing auch im Tourismus nicht immer alle Unterfälle klar voneinander zu trennen.

„Die Gestaltung der Distributionssysteme zählt zu den schwierigsten Fragestellungen im Marketing. Es wurden zahlreiche wissenschaftliche und praktische Versuche zur Systematisierung der auftretenden Entscheidungsproble-

| Distributionsform<br>Distributionsweg | eigen | fremd |
|---|---|---|
| direkt | Eigenvertrieb (direkt)<br>Direktvertrieb (eigen)<br>(1) | direkter Fremdvertrieb<br><br>(2) |
| indirekt | indirekter Eigenvertrieb<br><br>(3) | Fremdvertrieb (indirekt)<br>indirekte Distribution (fremd)<br>(4) |

**Abb. D-37** Mischformen von direkt-eigenen und indirekt-fremden Distributionssystemen

me unternommen, ohne daß bisher eine definitive und befriedigende Lösung gefunden wurde." (MEFFERT 1986: 422)

Gedanklich sollte die bereits zuvor getroffene generelle Unterscheidung in die beiden „Reinformen"

- „eigener" Direktvertrieb und
- indirekter Fremdvertrieb (indirekt)

helfen (vgl. Abb. D-37, Quadrant (1) und (4)). Diese Reinformen sind mit weiteren Überlegungen zu eigenen oder fremden bzw. direkten oder indirekten Distributionsorganen verbunden, wobei hier zahlreiche Überschneidungen der Tätigkeiten und Unterfälle auftauchen (werden). Die verschiedenen Grundformen der Vertriebswegepolitik werden im folgenden sowohl allgemein dargestellt als auch mit Beispielen für die Tourismuswirtschaft näher erläutert (vgl. dazu auch Abb. D-38).

### 3.3.1 Direkte Distributionswege

**(1) Direkter Eigenvertrieb**

Direkter Eigenvertrieb oder eigener Direktvertrieb (vgl. Quadrant (1) in Abb. D-37) liegt – wie bereits erwähnt – dann vor, wenn die Kontaktwege „direkt" zwischen Hersteller und Nachfrager verlaufen. Hilfreich ist in diesem Fall evtl. die weitere Unterscheidung zwischen zentralisierten und dezentralen Buchungsmöglichkeiten.

Im Extremfall wäre damit Direktvertrieb nur dann gegeben, wenn Kunden direkten Zugriff auf die Buchungscomputer der Leistungsanbieter haben. Aber auch die Möglichkeit, daß Mitarbeiter in der Zentrale des Anbieters den Zugriff auf die zentrale Reservierung im direkten Kundenkontakt vermitteln, wird ziemlich unumstritten als Direktvertrieb bezeichnet.

Schwierigkeiten bereiten die Fälle, bei denen der Kontakt mit „eigenen" Mitarbeitern „dezentral" erfolgt, z.B. in herstellereigenen Außenstellen, z.B. Filialen oder auf Messen. Aus Kundensicht ist nach wie vor ein „direkter" Kontakt mit

| I. Direktabsatz | II. Indirekter Absatz |
|---|---|
| 1. Betriebsformen dominierte Erscheinungsformen<br>1.1 Eigene Buchungsstellen<br>1.2 Filialen<br>1.3 Reisezentrum<br>1.4 Reiseboutique<br><br>2. Erscheinungsformen personeller Dominanz<br>2.1 Organe der innerbetrieblichen Absatzorganisationen<br>2.2 Reisende<br>2.3 Reiseleiter<br>2.4 Straßenverkäufer<br>2.5 Nebenberufliche Vertreter, Sammelbesteller<br>2.6 Gelegentliche Absatzhelfer<br><br>3. Erscheinungsformen spezifischer verkaufsmethodischer Dominanz<br>3.1 Versandabsatz<br>3.2 Direktbuchung<br>3.3 Bildschirmtext<br>3.4 Home-Booking per Computer<br>3.5 Ticketautomaten<br>3.6 CRS (der Leistungsträger) | 4. Absatz für Touristikbranche<br>4.1 Reisemittler<br>4.2 Reiseveranstalter<br>4.3 Sonstige Fremdenverkehrsbetriebe<br>4.4 CRS (als eigene Betriebsform)<br><br>5. Absatz über Betriebe anderer Branchen<br>5.1 Handelsbetriebe<br>5.2 Banken<br>5.3 Sonstige: Post, Tankstellen, Zeitungsverlage etc.<br><br>6. Absatz über Organisationen mit beschränktem Zugang<br>6.1 Vereine<br>6.2 Belegschaften<br>6.3 Kirchen<br>6.4 Leserschaften<br>6.5 Volkshochschulen<br><br>7. Absatz (Anbahnung) über Marktveranstaltungen<br>7.1 Messen<br>7.2 Ausstellungen<br>7.3 Butterfahrten<br><br>8. Absatz über aktivierte Konsumenten<br>8.1 Reiseclubs<br>8.2 Mitreisende |

**Abb. D-38** Direkte und indirekte Vertriebsmethoden von Reiseveranstaltern
(Quelle: in Anlehnung an HEBESTREIT 1992: 305 und eigene Ergänzungen)

dem Hersteller gegeben, aus distributionstheoretischer Sicht ist damit bereits eine Zwischenstufe eingeschaltet.

**Beispiele:**
- Buchungsstellen der Airlines am Flughafen
- Viel beachtete Beispiele für den Direktvertrieb von Sachgütern über eigene Vertreter sind die Firmen Avon-Kosmetik („Avon bringt Schönheit direkt ins Haus"), Vorwerk (Handstaubsauger „Kobold", später auch Vorwerk-Einbauküchen), AMC-Küchentöpfe der Firma Fissler (mit eigenen Verkaufs-Partys).

**(2) Direkter Fremdvertrieb**

Der Fall fremder Direktdistribution (vgl. (2) in Abb. D-37) ist in den meisten Wirtschaftsbereichen eher unbedeutend und auch theoretisch schwierig abgrenzbar. Hierbei ginge es um den – direkten – Vertrieb der eigenen Produktion über ein betriebsfremdes Vertriebssystem. Da damit aber kein direkter Kontakt zwischen Hersteller und Kunden vorhanden ist, handelt es sich bereits um einen Fall der indirekten Distribution.

Trennt man hingegen – gedanklich – die eigentliche Produktionsaufgabe von der Distribution, so können durchaus betriebsfremde Firmen die Distribution mit dem Kunden übernehmen. Nach dieser Sichtweise wäre auch im Tourismus der Direktvertrieb von „Reiseanrechten" über fremde Distributionsorgane, z.B. über Reservierungssysteme, eine Form des fremden Direktvertriebs. Üblicherweise werden aber solche Buchungsmöglichkeiten als Sonderformen des direkten oder indirekten Vertriebs über bestimmte Distributionsmedien angesehen.

**Beispiele:**
- Zentrale Last-Minute- oder Restplatzbörsen mit Angeboten verschiedener Veranstalter Dritter, bei denen über EDV vom Kunden direkt gebucht werden kann.
- Ticket-Reservierung per TV (über Dialog-Kommunikation)

### 3.3.2 Indirekte Distribution

Bei indirekter Distribution wird der Kontakt zwischen Produzent und Kunden durch eine oder mehrere Zwischenstufen „vermittelt". Branchenspezifisch wird diese Aufgabe im Tourismus von sog. Reisebüros wahrgenommen (vgl. D.3.4.3 aber auch branchenfremde Einrichtungen sind als Reisemittler tätig, wie z.B. Warenhäuser, Banken, Versicherungen, Ticketautomaten usw. (vgl. Abb. D-38).

Dabei werden – wie bereits erwähnt – lediglich die touristischen Leistungsversprechen bzw. -anrechte gehandelt, die eigentliche Reisedienstleistung wird von den jeweiligen Leistungsträgern erbracht. Im Diensteistungs-Marketing spricht man in diesem Zusammenhang auch von „Diensteanrechtshandelsbetrieben" (SCHEUCH 1982: 166).

**Eigen- oder Fremdvertrieb?**

Indirekte Distributionswege bedürfen der zusätzlichen Klärung der Problematik **Eigen- oder Fremdvertrieb**. Soweit die Distributionswege als Eigenorgane lediglich unselbständig im Namen des Herstellers arbeiten, wird von **eigenen** Distributionsformen oder **Filialen** gesprochen (vgl. (3) in Abb. D-37). Soweit rechtlich selbständige Organisationsformen mit der Distribution beauftragt sind, handelt es sich um **Fremdvertrieb** (vgl. (4) in Abb. D-37).

Doch diese theoretisch relativ klare Unterteilung ist letztlich nicht eindeutig auf den Tourismus zu übertragen. Viele Reisemittler sind zwar rechtlich selbständige Unternehmen, doch sie vermitteln Reisen und Transport lediglich im Auftrag und Namen der von ihnen vertretenen „Produzenten" – als Agenturen. Sie unterliegen damit mehr oder weniger wirtschaftlich, organisatorisch und/oder personell dem Einfluß des eigentlichen Leistungsherstellers. Nach wie vor ist der Status der Reisemittler nicht eindeutig geklärt, ihnen kommt die Funktion von Händlern, Vertretern, Maklern, Agenturen usw. zu.

**Beispiele:**
- Veranstaltereigene Buchungsbüros, z.B. Filialen von NUR, ITS usw.
- Buchungsstellen der Leistungsträger, z.B. Lufthansa-Filialen, Buchungsbüros der Bahn (am Bahnhof)
- Zimmerreservierung bei Fremdenverkehrsämtern
- DB-Agenturen, TUI-Agenturen, Franchise-Unternehmen

Entsprechend werden die zuvor eher allgemein aufgezeigten Distributionsmöglichkeiten im folgenden noch etwas genauer mit ihren spezifischen Ausprägungen für den Tourismus dargestellt.

## 3.4 Vertriebswege im Tourismus

### 3.4.1 Distributionsaufgaben im touristischen Leistungsmodell

Neben der allgemeinen Systematik von direkt-indirektem oder eigen-fremdem Vertrieb können vertriebspolitische Entscheidungen im Tourismus entlang des touristischen 3-Phasenmodells betrachtet werden. Eine solche Darstellung findet sich in Abb. D-39:

(1) In der **Bereitstellungsphase** sind die grundsätzlichen Kontaktwege zwischen Hersteller und Konsument zu entwickeln und die Verfügbarkeit von Reisen sicherzustellen (im Sinne der Buchbarkeit für Touristen). Für die Leistungsanbieter sind dies die Fragen, inwieweit direkt mit dem Kunden Kontakt aufgenommen wird, oder inwieweit Reisen über eigene oder fremde Dienstleistungsorgane vertrieben werden.

Im einzelnen sind die Kapazitäten zur Verfügung zu stellen und Möglichkeiten der Reservierung von Plätzen aufzubauen (z.B. über CRS). Ebenfalls in der Bereitstellungsphase sind die Buchungsunterlagen an die Reisenden vor Reiseantritt zu übermitteln.

(2) Nach Buchung, Reservierung und Bestätigung der Reise besteht in der eigentlichen **Prozeßphase** lediglich eine geringe Mitwirkung der Distributionsorgane bei der Leistungserstellung. In einem abgewandelten Verständnis der physischen Distribution (Produkt kommt zum Kunden) sind mit Beginn der Reise die Konsumenten zu den Produzenten zu transportieren (Kunde kommt zum Produkt), was als Distributionsaufgabe der Prozeßphase angesehen werden könnte, doch nur selten unter distributionspolitischen Aspekten im Tourismus behandelt wird.

(3) Auch in der **Ergebnisphase** beschränken sich die Aufgaben der Distributionsorgane auf die Abwicklung von Nachbetreuungsaufgaben, insbesondere auf

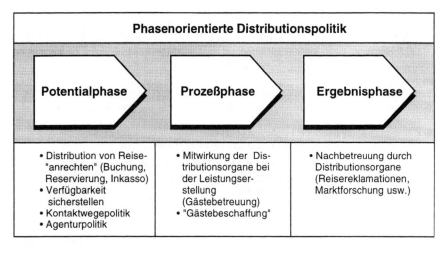

Abb. D-39 Vertriebsaufgaben im touristischen Phasenmodell

die Weiterleitung von Reisereklamationen. Soweit Distributionsorgane auch Aufgaben der Marktforschung wahrnehmen (können), sind auch diese Funktionen in Phase 3 anzusiedeln.

Es ist zu sehen, daß die meisten Distributionsaufgaben in der Bereitstellungsphase anfallen, wofür sie im folgenden noch etwas differenzierter betrachtet werden.

### 3.4.2 Distributionsorgane im Tourismus – Übersicht

In Abb. D-40 sind die verschiedenen Vertriebswege im Tourismus zusammengestellt. Dabei wurde versucht,

- alle Formen der Distributionspolitik im Tourismus zu integrieren, also sowohl für Reiseveranstalter, Fremdenverkehrsorte, Beherbergungs- und Transportbetriebe usw. Demgegenüber konzentriert sich die Diskussion um Vertriebswege in der Literatur vor allem auf die Vertriebswege der Reiseveranstalter (so KREILKAMP 1995, DREYER 1995, ROTH 1992, HEBESTREIT 1992, GESSNER 1993).

- die Hauptdiskussion bzw. -alternative des Direkt-Vertriebs und des Vertriebs über Reisebüros herauszustellen (gerasterte Flächen).

- die verschiedenen Hauptformen der Reisemittler aus vertriebspolitischer Sicht herauszuarbeiten (von Filialen über Franchise- und Kooperations- bis zu selbständigen Reisebüros, zuzüglich der branchenfremden Vertriebsformen).

- die gesonderten Aspekte der Vertriebsmedien gegenüber dem Endkunden herauszustellen: alle Vertriebsorganisationen können grundsätzlich elektronisch, schriftlich, telefonisch oder persönlich mit dem Endkunden kommunizieren. Auch die Kommunikation der verschiedenen Stufen untereinander kann grundsätzlich mit diesen verschiedenen Medien erfolgen, ohne daß dadurch eine bestimmte Vertriebsform präjudiziert wäre.

**Anmerkungen:**

Aus Gründen der Vollständigkeit wurden **Reiseveranstalter** einmal als Leistungsanbieter und einmal als Vertriebsweg („Großhandel") aufgeführt. Letzteres bedingt einen mehrstufigen oder „zweistufig indirekten Vertriebsweg" (so DREYER 1995: 94, ähnlich KRIPPENDORF 1971; 130). Reiseveranstalter werden in der Literatur unterschiedlich als „Produzenten" oder „(Groß-)Händler" gesehen, was zu dieser Sonderbetrachtung führt. Eine Auffassung geht davon aus, daß Reiseveranstalter nur die Angebote der Leistungsträger vermitteln, quasi als „Großhändler" oder als weiterer Zwischenhändler. Damit wäre ein mehrstufiger Vertrieb gegeben (so KRIPPENDORF 1971: 130, DREYER 1995: 93ff). Eine andere Position sieht Reiseveranstalter als „Produzenten", die die Angebote der Leistungsträger zu einem neuen Produkt, der „Pauschalreise" zusammenstellen und diese unter eigenem Namen und auf eigene Rechnung anbieten. Nach dieser Auffassung könnte diese zusätzliche Vertriebsstufe in Abb. D-40 entfallen und Reiseveranstalter wären lediglich auf der Stufe der Leistungsanbieter zu behandeln.

Ähnliches gilt für die **CRS**, die strenggenommen keine eigenständigen Leistungsanbieter sind, sondern lediglich eine bestimmte technische Form der Buchungsabwicklung darstellen. Auf der anderen Seite werden diese technischen Aufgaben inzwischen immer häufiger von ausgelagerten und eigenständigen Unternehmen übernommen, so daß CRS-Unternehmen immer mehr zu eigenständigen Anbietern in der Vertriebslandschaft geworden sind. Entsprechend sind CRS ebenfalls nochmals bei den indirekten Vertriebswegen aufgenommen worden. Sie könnten – mit entsprechenden Erläuterungen – ebenfalls auf der er-

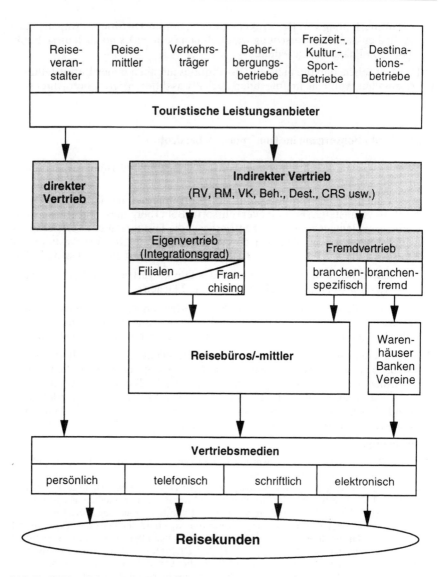

Abb. D-40  Vertriebswege im Tourismus

sten Stufe der Leistungsanbieter behandelt werden oder – wie bereits erwähnt – aus dieser Systematik ganz entfallen und ausschließlich bei den Vertriebsmedien behandelt werden. In der aktuellen Diskussion werden CRS vor allem unter der Bezeichnung der „alternativen Vertriebswege" behandelt (vgl. dazu KREILKAMP 1995: 215ff). Solche Überlegungen stellen darauf ab, daß der Vertrieb „am traditionellen Vertriebswege der Reisebüros vorbei" vorgenommen wird.

### 3.4.3 Distributionsweg Reisebüros

Die bekannteste Form des „Zwischenhandels" im Tourismus sind „Reisebüros", die auch als „branchenspezifischer Vertrieb" bezeichnet werden. Sie vermitteln im Auftrag der touristischen Leistungsträger (als „Hersteller") die jeweilige Tourismusleistungen an Touristen (als „Endverbraucher"). Die (Betriebs-)Bezeichnung „Reisebüro" trennt nicht genau zwischen der eigentlichen Vermittlungsleistung und der Möglichkeit, ebenfalls als Reiseveranstalter tätig zu sein. Präziser ist die Funktionsbezeichnung „Reisemittler", die auch für andere Organisationen zutreffen kann, wie z.B. Reiseclubs und Vereine, Fremdenverkehrsämter, Reisestellen von Unternehmen, Banken, Versicherungen, Ticketautomaten usw. Auch jeder Reiseveranstalter oder Leistungsträger, der seine Leistung direkt an den Reisenden vertreibt, wird in dieser Funktion als Reisevermittler tätig.

Die Abgrenzung zwischen Reisemittler, Reiseveranstalter und Leistungsträger ist für den Kunden oftmals nicht klar ersichtlich: Einerseits unterhalten viele Reiseveranstalter und Leistungsträger Verkaufsbüros mit gleichem Namen, andererseits treten einige Reisebüros neben ihrer üblichen Vermittlertätigkeit auch als Reiseveranstalter auf.[4]

„Wir verstehen unter einem **Reiseveranstalter** einen Fremdenverkehrsbetrieb, der im Rahmen eines eigens hierzu gegründeten Unternehmens überwiegend Leistungen Dritter zur Befriedigung des zeitweiligen Ortsveränderungsbedürfnisses und damit zusammenhängender anderweitiger Bedürfnisse zu einer neuen, eigenständigen Leistung verbindet und dies im Namen und auf Rechnung des Reiseveranstalter-Unternehmens anbietet." (HEBESTREIT 1992:13)

„In Abgrenzung zum Reiseveranstalter ist ein **Reisemittler** ein Betrieb (oder ein Betriebsteil), der Leistungen Dritter zur Befriedigung des zeitweiligen Ortsveränderungsbedürfnisses und damit zusammenhängender anderweitiger Bedürfnisse vermittelt." (HEBESTREIT 1992: 15, Hervorhebungen W.F.)

Nun können diese Mittler einerseits in Form fremder, eigenständiger Unternehmen geführt werden, in diesem Fall spricht man von „Fremdvertrieb". Es besteht aber auch die Möglichkeit, daß der Leistungsträger eigene Vertriebswege, wie z.B. Reisebürofilialen, Verkaufsbüros usw., unterhält (indirekter Eigenvertrieb).

Im Kernbereich von Abb. D-40 sind die branchenüblichen „Reisebüros" (besser: Reisemittler) als Hauptvertriebsweg besonders herausgestellt und entsprechend des **Integrationsgrades** von Einzelreisebüros in Kooperationen, Franchisesysteme bis hin zu Filialen sowie die unterschiedliche Abstufung der Reisemittler in die eigenen bzw. fremden Vertriebswege aufgezeigt. Neben den branchenübli-

---

[4] Vgl. genauer zur Abgrenzung von Reiseveranstalter und Reisemittler FREYER 1995:167ff.

chen Reisebüros übernehmen auch einige weitere – branchenfremde – indirekte Distributionswege, wie z.B. Banken, Versicherungen usw., den Vertrieb von Reisen.

Aus vertriebspolitischer Sicht sind folgende Formen der Reisemittler von Bedeutung (vgl. ähnlich auch KREILKAMP 1995: 156ff):

**(1) Selbständige Einzelbüros**

Selbständige Einzelbüros sind rechtlich und wirtschaftlich unabhängige Reisemittler, am häufigsten im Besitz von selbständigen Einzelunternehmern. Sie decken die Palette der Vollreisebüros bis zu Nebenerwerbreisebüros ab. Entsprechend sind sie in unterschiedlichem Ausmaß veranstalterabhängig, je nachdem, welche Agenturen sie besitzen („Markenbindung", z.B. über TUI-, NUR-, ITS-Agenturen usw.).

Dabei ist nach Aufhebung der Vertriebsbindung zum 1.11.1994 kein Veranstalterausschluß aufgrund von Agenturverträgen möglich, doch die wirtschaftliche Bindung mit der Zielsetzung der Erfüllung von Mindestumsätzen zur Erreichung von Superprovisionen besteht nach wie vor. Selbständige Reisebüros können durchaus einer Kooperation oder einem Franchise-System angehören.

**(2) Kooperationen**

Eine **Kooperation** ist eine „freiwillige, überbetriebliche und/oder zwischenbetriebliche Zusammenarbeit selbständiger Unternehmen" (LÜCKE 1992: 60). Je nach Intensität der Kooperation und Integrationsgrad des Einzelbüros in die Kooperation sind die gemeinschaftlichen Aufgaben sehr unterschiedlich: Sie reichen

---

**Arten von Reisebüros:**

(1) **Voll-Reisebüros** oder **"klassische Reisebüros"**: Sie haben IATA- und DB-Agentur und zumeist auch Touristik-Agenturen der großen Reiseveranstalter, v.a. TUI und DER-Agentur.

(2) **Spezial- oder Mehrbereichsreisebüros**, die eine der beiden Agenturen, IATA oder DB, besitzen. Sie haben sich oftmals auf Teilbereiche, vor allem den Firmenservice, spezialisiert und erreichen so ebenfalls hohe Umsätze, um die Agenturauflagen zu erfüllen.

(3) **Veranstaltereigene Reisebüros**. Diese vermitteln in der Regel nur den "eigenen" Veranstalter, beispielsweise die Kaufhausreisebüros, ITS und NUR. Bei diesen Büros ist für den Kunden oftmals schwer zwischen Veranstalter- und Mittlerbereich zu unterscheiden

(4) **Markengebundene Reisebüros**, vor allem bei den großen "Marken". Hier sind eigenständige Reisemittler durch Agenturverträge zur Erfüllung bestimmter Auflagen (hinsichtlich Umsatz, Werbung und Produktpalette) verpflichtet, so daß sie nur begrenzt weitere Anbieter verkaufen. Gängiges Beispiel sind TUI-Agenturen. Ebenfalls zu dieser Gruppe sind die Filialkettenbüros, z. B. DER, Wagon-Lits usw., zu rechnen.

(5) **Eigenständige Reisemittler**, die nicht an einen Großveranstalter gebunden sind. Sie haben mehr oder weniger Agenturen, oftmals haben sie sich auf Spezialbereiche (Griechenland, Sport-, Sprachreisen) spezialisiert, vielfach haben sie aber auch die gesamte Veranstalterpalette im Angebot (vor allem in kleineren Orten).

(6) **Nebenerwerbsreisebüros**, die nicht ausschließlich von der Reisevermittlung existieren, gängige Beispiele sind Lottoannahmestellen usw.

---

Abb. D-41 Arten von Reisebüros
(Quelle: FREYER 2001a: 170f, auch FREYER/POMPL 1999)

von einem losen Werbeverbund über gemeinschaftliche Einkaufsbeziehungen bis zu einem intensiven Back-Office- und Marketingverbund.

Die Gründung oder der Anschluß an eine bestehende Kooperation spielen im Tourismus eine zunehmend größere Rolle für die Umsetzung von Marketingkonzepten bzw. Fragen der distributionspolitischen Umsetzung von Strategien. Die betrieblichen „Kooperationsgebilde", die hier entstehen, sind zum Teil so kompliziert aufgebaut, daß eine konkrete Zuordnung nicht mehr möglich ist. Jede dieser Kooperation wird mit unterschiedlichen Zielsetzungen gegründet.

Die beteiligten Unternehmen von Kooperationen gehen davon aus, daß die Alternative des Kaufs/Verkaufs von Leistungen über den Markt bzw. die alleinige Leistungserbringung im eigenen Unternehmen sowie die Verhandlungsmacht gegenüber Dritten schlechter zu realisieren sind. Aus diesem Grund erfolgt i.d.R.

- eine zwischenbetriebliche Zusammenarbeit,
- zwischen mindestens zwei Unternehmen,
- zur gemeinsamen Durchführung von Aufgaben,
- mit mittel- bzw. langfristigem Zeithorizont (vgl. SELL 1994: 3).

Dabei kann man grundsätzlich zwischen **betrieblichen Kooperationen** (ohne Gründung einer eigenen Rechtspersönlichkeit und damit keiner wirtschaftlichen Selbständigkeit der Vertriebsstellen) oder einer **überbetrieblichen Kooperation** (Gründung eines gemeinsam getragenen Unternehmens) unterscheiden.

Als weiteres Merkmal lassen sich Kooperationen nach der Handlungsfreiheit der einzelnen Unternehmen abgrenzen, je nachdem, ob diese ihre wirtschaftliche Handlungsfreiheit beibehalten oder diese in bestimmten Bereichen eingeschränkt wird. Grundsätzlich erfolgt eine Einteilung in

- vertikale,
- horizontale,
- und diagonale (konglomerate)

Kooperationen, sofern das Augenmerk auf die Beziehung zwischen den Kooperationspartnern gelegt wird.

**(2a) Vertikale Kooperationsformen** finden zwischen Unternehmen statt, die in der touristischen Leistungskette miteinander verbunden sind.

**Beispiele:**
- Kooperation zwischen Reiseveranstalter und -mittler, zwischen Reiseveranstalter und Hotel, zwischen Fremdenverkehrsort und Hotel, zwischen Reiseveranstalter und Transportunternehmen, zwischen Reisemittler und Fremdenverkehrsort etc.

In der touristischen Leistungskette gibt es daher zwischen allen Phasen Unternehmen, die vertikalen Charakter haben. Unterschieden wird zwischen Vorwärts-Integration (Reiseveranstalter bemüht sich um den Aufbau z.B. Franchising) und Rückwärts-Integration (eine Gruppe von Reisebüros gewinnt einen Veranstalter) voneinander abgrenzen.

**(2b) Horizontale Kooperationen** finden dagegen zwischen Unternehmen statt, die ansonsten miteinander konkurrieren. Diese Konkurrenz bezieht sich allerdings im Tourismus häufig lediglich darauf, daß die beteiligten Unternehmen die gleichen oder ähnlichen Produkte anbieten, geographisch allerdings getrennte Märkte bearbeiten.

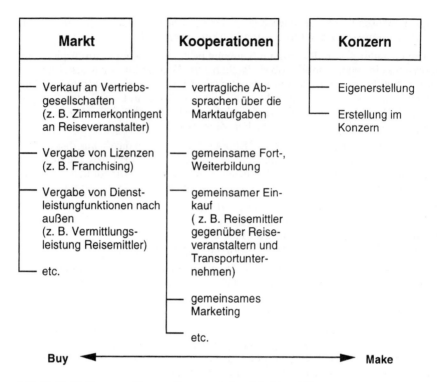

**Abb. D-42** Stellung von Kooperationen zwischen Markt und Konzern
(Quelle: in Anlehnung an SELL 1994: 7)

**Beispiele:**
- Produktkooperation von Reiseveranstaltern zur Abrundung der Produktpalette, Flugkooperationen zwischen Airlines, Werbekooperationen von Fremdenverkehrsgemeinden, Vertriebskooperationen von Hotels, Einkaufskooperationen bei Reisemittlern etc.

Betätigen sich Unternehmen auf unterschiedlichen Geschäftsfeldern und arbeiten in einem Teilbereich zusammen, so spricht man von **diagonalen Kooperationen**.

**Beispiele:**
- Gemeinsame Werbe- oder Vetriebsmaßnahmen branchenfremder Unternehmen (made in Germany, Innovation in Sachsen), Grundlagenforschungskooperation FUR (Gruner & Jahr und Reiseveranstalter etc.)

**(3) Strategische Allianzen**

Während die Zielsetzungen bei Kooperationen z. T. noch recht weit und unklar gefaßt werden können (z.B. Erfahrungsaustauschkooperation), haben **strategische Partnerschaften und Allianzen** engere Merkmale. In der Regel sind sie

- wachstumsorientiert,
- kundenorientiert,
- alleinstellungsorientiert,

- langfristig orientiert,
- integrationsorientiert.

Damit erhalten gerade ausgeprägte strategische Allianzen ihre Bedeutung im Tourismus-Marketing. Zur Kundenorientierung zählt, daß strategische Partnerschaften sich gegenüber den Kunden sowohl im Namen, durch gleiches CI oder den Aufbau einer Marke bzw. Markenbildung bekannt machen. Die Verfolgung der Alleinstellungsorientierung der Kooperation auf eine alleinstellende Bekanntheit und ein entsprechendes Markenprofil sind weiteres Kennzeichen von Strategischen Partnerschaften. Sofern sich Kooperationen lediglich auf Funktionen konzentrieren liegt damit zunächst keine strategische Allianz vor (DRV 1990).

**Beispiel:**
- Kooperationen, die als Kernfunktion den Einkauf haben sind z.B. AER, B.E.S.T., Complan, Pro Tours, RMG, RTK und TSS. Die genannten Kooperationen erfüllen zwar noch weitere Funktionen, von strategischer Partnerschaft als primäre Ausrichtung ist hier allerdings nicht auszugehen. Im Gegensatz dazu sind Ansätze des Total Quality Managements und einer Zertifizierung nach DIN ISO Qualitätsnorm 9001-9004 wie sie FIRST, FAO Travel oder DERPART bzw. Lufthansa City Center betreiben, Ansätze von Strategischen Allianzen (vgl. KREILKAMP 1995).

Dabei sind die Übergänge von Kooperationen und Ketten zu Franchisesystemen fließend. Gerade strategische Allianzen, die durch Kooperationen und Ketten entstanden sind, bieten durch die Markenbildung die Möglichkeit einer Umwandlung von einer Kooperation oder Kette zu einem Franchisesystem, als eine besondere Form meist vertikaler Kooperationen. Gemeinsam ist Ketten und Kooperationen, die ein Franchisesystem aufbauen, daß Ziele der Kooperation wie gemeinsame CI und Markenbildung bereits erreicht werden und Wachstums- und/oder Alleinstellungsorientierung neue Ziele einer strategischen Ausrichtung darstellen.

Der oben aufgeführten Klassifikation liegen vor allem die unterschiedlichen Kooperationsformen ohne bzw. mit Kapitalbeteiligung zugrunde. Als typische Kooperationen im Tourismus ohne Kapitalbeteiligung gelten:

- Technische Service-Verträge,
- Lizenzverträge (z.B. Franchising),
- Koproduktionen,
- Einkaufkooperationen,
- Erfahrungsaustauschkooperationen etc.

Solchen Kooperationen ist gemeinsam, daß sie i.d.R. wirtschaftlich selbständige Unternehmen sind, die zum Zwecke einer Kooperation auf der Grundlage eines Vertrages ein gemeinsames Unternehmen gründen oder lediglich ohne Gründung einer eigenen Rechtspersönlichkeit zusammenarbeiten. Dagegen sind Joint ventures oder wechselseitige Beteiligungen durch Kapitalbeteiligungen abgesichert. Als Formen sind in erster Linie

- Tochtergesellschaften sowie
- Zweigniederlassungen

anzutreffen. Allerdings kann von einer Kooperation nur solange gesprochen werden, wie keine vollständige Tochtergesellschaft vorliegt bzw. weitere Partner, die an der Tochter beteiligt sind, in dem nicht von dem Betriebszweck betroffenen Bereich selbständig bleiben (vgl. SELL 1994: 13).

Kooperationen können daher in aller Regel als Zwischenlösung zwischen Eigenerstellung im Unternehmen oder Konzern oder dem Einkauf bzw. Verkauf am anonymen Markt (z.B. selbständiger Reisemittler) angesehen werden (vgl. Abb. D-43).

**(4) Franchising**

**Franchisebüros** sind eine Sonderform der Kooperation, wobei Franchising zumeist eine höhere Form der Integration des Einzelunternehmens in den Franchiseverbund darstellt. Franchising kann als **vertikales** Franchising von vorgelagerten Franchisegebern betrieben werden, z.b. von Veranstaltern (TUI Urlaub Center) oder Leistungsträgern (Lufthansa City Center). Häufiger sind **horizontale** Franchiseunternehmen, bei denen sich Unternehmen der gleichen Vertriebsstufe zusammenschließen, z.B. Reisebüros oder Hotels. Einige Franchise-Systeme im Bereich der Reisemittler sind aus der Umwandlung von bestehenden Kooperationen oder Ketten entstanden (z.b. FIRST-Reisebüros oder die Flugbörse).

„Franchising ist ein sehr vielseitiges Vertriebssystem, das von nahezu völliger Abhängigkeit bis hin zu weitgehender Selbständigkeit sehr variabel ist." (PREISSNER/ENGEL 1994: 171).

Franchising kam Ende der 60er Jahre aus den USA als Absatzsystem nach Deutschland. Im Tourismus war die Flugbörse 1989 eines der ersten Unternehmen, daß sich mit diesem System auf den Markt wagte. In den 90er Jahren reizen die Vorteile vor allem Kooperationen und Ketten des Reisemittlerbereichs (vgl. KREILKAMP 1995). Im Tourismus bekannter und weitaus älter sind Franchisesysteme in der Hotellerie und Gastronomie wie Holiday Inn, Ramada-Hotels, Wienerwald etc.

Die häufigste Form des Franchising ist das **Vertriebsfranchising**, bei dem der Franchisegeber dem Franchisenehmer den Vertrieb seiner Produkte oder Dienstleistungen überläßt. Dazu verwenden die damit für den Außenstehenden wie Filialen aussehenden Betriebe der Franchisenehmer ein:

- gemeinsames Warenzeichen,
- gemeinsames Symbol,
- gemeinsamen Namen,
- gemeinsame Marken,
- gleichartige Verkaufsräume.

Der Franchisegeber stellt in der Regel dem Franchisenehmer für alle Phasen der Leistungserstellung Waren und Know-how zur Verfügung. Eine wichtige Bedeutung kommt dabei auch den überregionalen Marketingmaßnahmen des Franchisegebers zu. Für die Leistungen verlangt der Franchisegeber vom Franchisenehmer eine Abschlußgebühr sowie in den meisten Fällen eine umsatzabhängige Vergütung. Starken Einfluß nehmen viele Franchisegeber auf die Preise der Franchisenehmer. Als typische Leistungen im Rahmen eines Franchisesystems gelten nach PREISSNER/ENGEL die in Tabelle D-43 dargestellten Punkte.

Dabei kommt aus Sicht des Franchisenehmers vor allem zum Tragen, daß der Franchisegeber auch tatsächlich das an ihn gestellte Konzept erfolgreich verkörpert. Als Anforderungen an seriöse Franchisegeber gelten folgende Kriterien (vgl. PREISSNER/ENGEL):

## 3. Vertriebswege- oder Distributionspolitik

|  | Franchisegeber | Franchisenehmer |
|---|---|---|
| Am Anfang der Partnerschaft | • Betriebswirtschaftliche Konzeption<br>• Nutzungsrechte an Marken/Patenten<br>• Unterstützung beim Betriebsaufbau, Mitarbeiterschulung<br>• Unternehmenskonzept und individuelle Anpassung an Situation | • Kapital<br>• Arbeitskraft, Einsatzwille<br>• Bereitschaft zur Eingliederung in die Struktur des Konzeptes<br>• teilw. Vorbildung |
| Während der Vertragsdauer | • Kommunikationspaket<br>• Unterstützung in der Betriebsführung (Buchhaltung etc.)<br>• ständiger Erfahrungstransfer<br>• Weiterentwicklung der Geschäftsidee und Anpassung an Marktveränderungen | • Entrichtung der laufenden Franchisegebühren<br>• Arbeitskraft und Einsatzwille<br>• Einhaltung der Vertragsbedingungen (CI, Preise, Sortiment)<br>• Führung des eigenen Betriebes |

**Abb. D-43** Leistungen im Franchising
(Quelle: PREISSNER/ENGEL 1994: 173)

- „Der Franchisegeber ist der IHK und dem Deutschen Franchiseverband bekannt,
- eine Auskunft über die Kreditwürdigkeit ist positiv,
- der Gebietsschutz wird nicht in den Vordergrund gestellt, er schützt nur vor weiteren Franchisenehmern des gleichen Systems, nicht vor Konkurrenz,
- es gibt mindestens 2-3 Pilotbetriebe, die der Franchisegeber in eigener Regie führt und deren Bilanzen er vorlegt,
- das Konzept ist sorgfältig zusammengestellt und sauber und systematisch aufgebaut (....),
- der Franchisegeber hat auf seine Marken oder Produkte Schutzrechte wie Patente oder Warenzeichen – und nicht nur Anmeldungen,
- es existiert eine Zentrale, die jederzeit ansprechbar ist und klar definierte Aufgaben übernimmt,
- die Selbständigkeit des Franchisenehmers wird nicht zu stark eingeschränkt, insbesondere verkauft er in eigenem Namen auf eigene Rechnung,
- die Preise für die vom Franchisegeber zu beziehenden Waren sind marktgerecht und nicht überzogen. Gleiches gilt für Endverkaufspreise, sofern sie dem Franchisenehmer vorgeschrieben werden,
- das System wird individuell präsentiert und nicht in einer Show einer Masse von Interessenten angeboten."

Die jeweiligen Vorteile für Franchisegeber und -nehmer sind in Abb. D-44 zusammenfassend dargestellt, wobei als gemeinsame Nachteile/Gefahren für Franchisegeber und -nehmer gelten (vgl. Deutscher Franchiseverband):

- die teilweise Aufgabe von Eigenständigkeit,

| Franchise-Geber | Franchise-Nehmer |
|---|---|
| • Personalproblemlösung<br>• Engagierte, motivierte Unternehmer<br>• Schnellere Markterschließung<br>• Verdichtung des Standortes und Organisationsnetz<br>• Ausbau der Wettbewerbsposition<br>• Einkünfte für Know how und Franchiseleistung<br>• Vertriebssicherung<br>• Nutzung bestehender Unternehmen und Standorte<br>• Angliederung an bestehende Betriebe<br>• Einkaufvorteile<br>• Kostendegression<br>• Erhöhung der Marketingpotentiale<br>• Verbesserung des Image<br>etc. | • Schneller Marktzugang<br>• Risikoärmere Selbständigkeit<br>• Erprobtes und bewährtes Sortiment<br>• Umfassendes aktuelles Know how durch Schulung und Training<br>• Erleichterte Diversifikation<br>• Standortanalyse vor Beginn<br>• Erleichterung der Betriebsführung<br>• Image eines Großunternehmens<br>• Erhöhte Kreditfähigkeit<br>• Verminderter Konkurrenzdruck<br>• Größere Umsatz-, Einkaufs- und Kostenvorteile<br>• Gezielte Beratung und ständige Kommunikation<br>• Schneller Einstieg in schlüsselfertigen Betrieb<br>etc. |

**Abb. D-44** Vorteile des Franchising

- der Zeitaufwand für gemeinschaftliche Aktivitäten,
- daß Trittbrettfahrer die Partnerschaft ausnutzen,
- daß Partnerunternehmen in ihrer Unternehmenskultur nicht zusammenpassen,
- daß Partner menschlich nicht zusammenpassen.

### 3.4.4 Elektronische Vertriebsmedien: Von CRS zum Elektronischen Markt[5]

**(1) CRS im Tourismus heute**

Eine wichtige distributionsstrategische Sonderfrage im Tourismus ist zur Zeit mit der Einführung bzw. Nutzung vorhandener Elektronischer Reservierungssysteme verbunden. Die damit zusammenhängenden Fragen betreffen vor allem die zukünftige Rolle von

- Reisemittlern und Reiseveranstaltern/Leistungsträgern sowie die
- Nutzung von Reservierungssystemen im öffentlichen Fremdenverkehr, v.a. bei der Zimmerreservierung.

Strenggenommen sind CRS lediglich technische Einrichtungen zur Verwaltung vorhandener Plätze der Leistungsträger und Reiseveranstalter und keine eigenen Vertriebssysteme. Mit der zunehmenden technischen Entwicklung, v.a. der Dialogkommunikation, nähern sich die Aufgaben der CRS aber immer mehr der Distributionsaufgabe der traditionellen Reisemittler, so daß sie bereits heute als Sonderform der touristischen Distributionswege, speziell der Reisemittler, anzusehen wären (so z.B. HEBESTREIT 1992: 337f.).

---

[5] Vgl. zum folgenden auch FREYER 1995a: 194ff und TÖDTER 1996.

### 3. Vertriebswege- oder Distributionspolitik 519

Die nationalen und internationalen CRS nahmen ihren Ausgangspunkt Mitte der 60er Jahre bei Fluggesellschaften, die ihre angebotenen Flugplätze – zunächst intern – zunehmend über EDV-Systeme verwaltet haben. Mit der Verbesserung der externen Kommunikation bekamen mehr und mehr externe Nutzer Zugang zu den Reservierungscomputern der Airlines, zudem kam es zu Kooperationen der Airlines untereinander. – Die Systeme wurden grundsätzlich für alle Reisemittler geöffnet, die die entsprechenden technischen und finanziellen Voraussetzungen erfüllten.

Als weiterer Schritt wurden ergänzende Leistungen, v.a. Hotelplatz- und Mietwagenreservierungen in die Reservierungssysteme aufgenommen. Es folgten Platzbuchungen von Reiseveranstaltern und letztendlich Leistungen von Versicherungen und Event-Veranstaltern (wie Theaterkarten usw.).

**(1a) Das Produkt CRS**

CRS sind elektronische Medien zum Vertrieb von Reiseleistungen, die den Benutzer über Leistungen, Preise und Vakanzen informieren und ihm den Kauf (Buchung, Reservierung) über ein Terminal ermöglichen.

CRS-Gesellschaften bieten v.a. Kommunikationsdienstleistungen, die Kernleistung umfaßt dabei die Nutzung des Kommunikationsnetzes. Hinzu kommen die damit zusammenhängenden ergänzenden Leistungen, wie Terminals (Hardware), Schulungen usw.

Reservierungssysteme sind – leicht vereinfacht – Verbundcomputer, die den Nutzern den Zugang zu den verschiedenen Reservierungscomputern der Leistungsträger ermöglichen. Sie „bündeln" das Angebot der touristischen Leistungsträger, v.a. der Fluggesellschaften, Bahngesellschaften, von Beherbergungsbetrieben, Fremdenverkehrsdestinationen, Versicherungen, Autovermietern, Event-Veranstaltern usw.

Damit ermöglichen sie den Nutzern, in der Regel Reisemittlern, einen bequemeren, schnelleren, umfassenderen und sichereren Zugriff auf die Angebote der Leistungsträger. Die Hauptfunktion der CRS besteht im Absatz der touristischen Leistungen ihrer Betreiber und Partner.

Das wichtigste touristische Produkt, das über die CRS angeboten wird, sind Anrechte auf (bzw. die Verfügbarkeit von) Platze(n) bei Airlines, in Bahnen, Bussen, bei Pauschalreisen, in Hotels oder bei Veranstaltungen

- zu bestimmten Zeiten,
- an bzw. nach bestimmten Orten,
- zu bestimmter Qualität (Klassen),
- in bestimmtem Umfang.

Bei den Transportunternehmen gehören auch Informationen über Streckenverbindungen sowie die Tarifberechnung zum Leistungsangebot der CRS. Ferner werden allgemeine Informationen über Reisen übermittelt, wie z.B. Einreisebestimmungen, Wetter im Zielgebiet, Devisenkurse, Impfbestimmungen usw. Die verbesserten Reservierungssysteme sind im Laufe der Jahre zudem dazu übergegangen, neben der eigentlichen Reservierung auch die Ticketausstellung („ticketing") und verschiedene Verwaltungsaufgaben, wie z.B. Abrechnungen („back-office-Funktionen"), vorzunehmen.

520   Teil D: Gestaltungsphase: Marketing-Mix im Tourismus

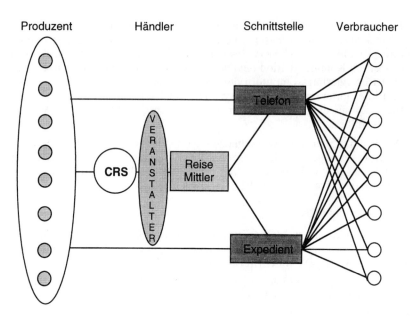

**Abb. D-45** Die heutige Stellung der CRS im Distributionssystem der Tourismuswirtschaft (Quelle: BOSTON CONSULTING 1995)

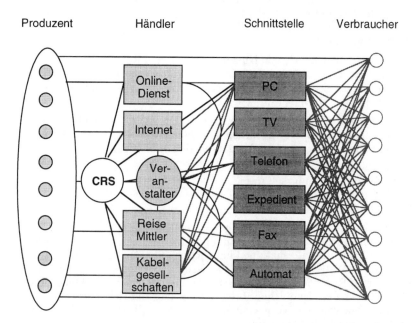

**Abb. D-46** Die künftige Stellung der CRS im Distributionssystem der Tourismuswirtschaft

## (1b) CRS in der Tourismuswirtschaft

Die touristischen Reservierungssysteme in Deutschland sind vor allem durch das START-System geprägt, das auch im internationalen Vergleich eine führende Rolle spielt. START steht für Studiengesellschaft zur Automatisierung für Reise und Touristik, wurde 1971 gegründet und nahm 1979 ihren Betrieb auf. Das START-System besteht aus vernetzten Rechnern mit zugehöriger Software, Betrieb, Kommunikationsdiensten, Schulung und Beratung. Über START besteht Zugriff auf die verschiedensten nationalen und internationalen Informations- und Reservierungssysteme bei den Leistungsträgern (Flug, Bahn, Beherbergung, Mietwagen, Eintrittskarten), Reiseveranstaltern und für den Back-Office-Bereich (z.B. DERDATA). Damit ist START ein wichtiges Glied im „Global Ring" der weltweiten CRS (vgl. Abb. D-47).

## (2) Entwicklungsperspektiven elektronischer Reservierungssysteme

Die Einführung der CRS brachte für Anbieter und Nutzer zahlreiche Vorteile, doch ist die Bedeutung und Entwicklung der CRS nicht unumstritten:

- Zwischen Anbietern und Nutzern bleibt strittig, wer die größeren Vorteile hat – und sich entsprechend stärker finanziell beteiligen müßte.

- Aus Sicht der traditionellen Reisebüros besteht in Zukunft die Gefahr, daß über die CRS der Reisevertrieb an den Reisemittlern vorbei gelenkt werden könnte. Momentan steht der Zugang von Endverbrauchern zu den CRS noch am Anfang, doch bereits heute können Geschäftsreisestellen direkt buchen und mit der Entwicklung interaktiver Medien, mit home-banking und electronic-cashing ist die Zukunft der privaten Nutzung der CRS vorhersehbar.

- Auch dem Trend zum „Global Ring" wird eine andere Vision (zum „Local Ring") entgegengesetzt: „Kaum zeichnet sich die Entwicklung zu drei, vier oder fünf Universalreservierungssystemen ab, die weltweit das Geschäft der Reisedienstleistungen unter sich aufteilen könnten, sind auch schon Perspektiven erkennbar, unter denen den CRS ein Dinosaurierschicksal beschieden sein könnte. Einerseits ist es fraglich, ob sie sich wirklich zu Universalsystemen entwickeln, die alle Bedürfnisse zu angemessenen Preisen bedienen können. (...) Zum anderen könnten regional operierende Low-cost-Systeme sich besser auf die Bedürfnisse kleinerer Nutzer einstellen." (HEBESTREIT 1992: 360f)

Für die Zukunft des traditionellen touristischen Vertriebsweges Reisebüro werden unterschiedliche Szenarien aufgezeigt. Die Diskussion wird üblicherweise unter dem Stichwort der „alternativen Vertriebswege" geführt (vgl. KREILKAMP 1995: 215ff).

- In einem Extrem wird vermutet, daß Reisebüros weitgehend vom Markt verdrängt werden: Während heute die Leistungskette vom Leistungsträger zum Konsumenten über Reiseveranstalter und Reisemittler verläuft, können in Zukunft diese Prozesse direkt über die neuen Medien, wie CRS, Multimedia und Online-Dienste, abgewickelt werden (vgl. SCHULZ/FRANK/SEITZ 1996: 169f, GESSNER 1993: 346 KROPP 1995: 157f, ECHTER/MEYER 2000 und Abb. D-46b).

Sicherlich ist es realistisch, daß in Zukunft verstärkt Buchungsmöglichkeiten neben den traditionellen Vertriebswegen möglich sein werden. Inwieweit dies aber zu einer Verdrängung der Reisebüros führt, erscheint äußerst ungesichert.

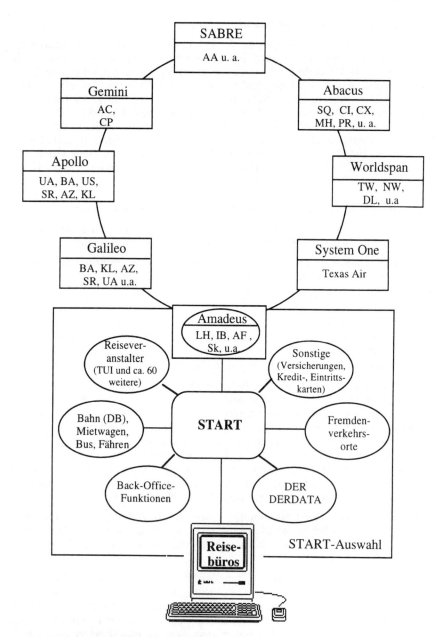

**Abb. D-47** Der Global Ring aus Sicht der deutschen Tourismuswirtschaft (Quelle: FREYER 1995a: 198)

- Andererseits bieten sich durch CRS neue Möglichkeiten des Vertriebs und der Kooperation innerhalb der Tourismuswirtschaft.

**(3) Online-Dienste/Neue Netze**

Zentrale Frage für die Anbieter bestehender touristischer Netze ist, ob die neuen **Online-Dienste und Netze** Auswirkungen auf die Qualität bereits bestehender und etablierter Technik mit ihren weitgehend einheitlichen und zentral koordinierten Systemen sowie klaren Organisationsstrukturen im Wettbewerb um den Kunden haben. Der Einsatz von Online-Transaktionen ist im Tourismus (z.B. durch START) seit Jahren selbstverständlich. Als Folge dieses vermehrten Einsatzes sind auf Anbieterseite zunehmende Konzentrationsprozesse entstanden, während die Nachfrage vor allem den schnelleren Service schätzen lernte. Für den Tourismus ist deshalb die technische und soziale Organisation der neuen Netze von erheblicher Bedeutung. Daraus folgen nach KUBICEK insbesondere drei Tendenzen durch die neuen Netzwerke (vgl. Abb. D-48):

- Systeme, die die Leistungsträger den Verbrauchern bisher nur zum Informationsabruf angeboten haben, werden zunehmend auch für Online-Reservierung und -Buchung geöffnet (z.B. Standardtransportleistungen).

- Andere Anbieter (Fremdenverkehrsbetriebe, Hersteller von Geldausgabeautomaten etc.) denken daran, bestehende Infosäulen in einem zweiten Schritt für Transaktionsleistungen (z.B. Kartenverkauf) zu öffnen.

- Steigende Zahlen touristischer Anbieter im Internet, die zur Zeit in erster Linie Informationsangebote machen, können in einem nächsten Schritt als Makler zur Vermittlung von Buchungen auftreten (vgl. KUBICEK 1995: 136).

Allerdings bleibt offen, welchen Einfluß und welche Marktdynamik (Sogwirkung) in offenen Netzen entsteht. In Zukunft werden vor allem Informations- und Transaktionsqualität der Nutzung entscheidende Kriterien als Abgrenzung zu den geschlossenen Netzen sein (vgl. KUBICEK 1995: 142 ff).

Diese Mitte der 90er Jahre noch recht skeptische Einschätzung im Hinblick auf Online-Dienst und vor allem neue, offene Netze änderte sich binnen weniger Jahre mit der rasanten Verbreitung und Akzeptanz des Internet. Obwohl nach wie vor einige der Probleme nicht gelöst sind (v.a. technische und rechtliche Fragen), haben das Internet und die damit verbundenen neuen Vertriebs- und Marketingmöglichkeiten die touristische Vertriebslandschaft zu Beginn des 3. Jahrtausends entscheidend verändert.

**(4) Elektronischer Tourismus-Markt: Verkauf über das Internet („E-Commerce")**

Ab Mitte der 90er Jahre gewannen die elektronischen Medien rasant an Bedeutung für das touristische Marketing. Jahr für Jahr kamen neue Facetten und neue Begriffe hinzu: anfänglich waren es die verschiedenen Computer-Reservierungssysteme (CRS), dann die Internet-Präsenz, Web-Sites, Home-Pages, das Online-Shopping, Call Center, Electronic-Ticketing, Electronic Marketing, und schließlich „E-Commerce". Die TUI faßte 2000 die verschiedenen elektronischen Möglichkeiten zum Bereich „E-Motion" zusammen.

Ermöglicht wurde dieser Aufstieg vor allem durch die zunehmende kommerzielle Nutzung des Internet. Nach anfänglich eher schleppender Akzeptanz, v.a. in-

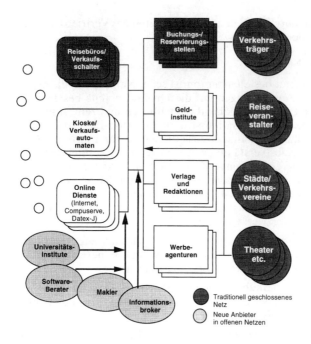

Abb. D-48
Akteure in Tourismusnetzen
(Quelle: KUBICEK 1995:137)

folge langsamer Datenübertragung, geringer Verbreitung und nur weniger kommerziell erfolgreicher Internetanbieter, wandelte sich dies gegen Ende des 2. Jahrtausends fast schlagartig.

Das Internet ist inzwischen das größte globale Computer-Netzwerk, das für alle Nutzer offen ist. Es dient der privaten Kommunikation ebenso wie den verschiedenen geschäftlichen Aktivitäten. Insbesondere die leichte Bedienbarkeit sowie die nutzerfreundliche Oberfläche des World Wide Web (www) haben dem Internet den Weg in die privaten Haushalte geebnet. Sie können sich weltweit über die verschiedensten Bereiche informieren, mit anderen Personen kommunizieren (e-mails, chat-rooms) und zunehmend auch auf diesem Wege einkaufen (electronic shopping).

Auf der anderen Seite wollen Unternehmen zunehmend durch eigene Web-sites im Internet präsent sein und ihre Güter und Dienstleistungen über das Internet anbieten. Die Internet Community wird von Firmen weltweit verstärkt umworben. Verkaufen über das Internet ist zu einer neuen, bedeutenden Aufgabe im Marketing geworden.

Das Internet und der moderne Internethandel („E-Commerce") zeichnen sich aus durch

- Multimedialität: neben Sprache können auch bewegte Bilder übertragen werden.
- Interaktivität: es kommt zum Dialog zwischen Anbieter und Nachfrager.
- Permanenz: Der Zugang ist rund um die Uhr möglich.
- Globalisierung: Das Internet ist rund um die Welt verbreitet.
- „Buchbarkeit" (im Tourismus): E-Commerce ermöglicht den Erwerb von Fahr- oder Flugscheinen, Hotelzimmern bis hin zu vollständigen Pauschalreisen.

Zu Beginn des 3. Jahrtausends charakterisiert der Begriff des **E-Commerce** (Electronic Commerce) die verschiedenen neuen Formen des elektronischen Marketing. Doch ähnlich vielfältig wie die elektronischen Wege und Medien ist auch der Bedeutungsinhalt des E-Commerce-Begriffes. In einem weiten Verständnis zählt dazu jeglicher elektronischer Datenaustausch", vom interaktiven TV, über CD-Rom, das Intranet bis hin zum Telefonverkauf und -vertrieb (z.B. über Call Center), also die gesamten „neuen Medien" und das gesamte „E-Business" auf dem elektronischen Marktplatz.

In einem engeren Verständnis werden unter E-Commerce vor allem Transaktionen über das Internet verstanden. Dabei ist das Internet aus Marketingsicht mehr als nur ein Vertriebsweg oder -medium – es vereint Informations-, Kommunikations- und Distributionsfunktionen. Auf der anderen Seite erfordert die operative Ausgestaltung von E-Commerce-Aktivitäten wiederum den Einsatz weiterer Instrumente des klassischen Marketing, von der Produkt- über die Preis- bis zur Kommunikationspolitik.

Der E-Commerce führt zu **Veränderungen innerhalb der touristischen Wertschöpfungskette** durch Um- und Neugestaltung der Aufgaben der Vertriebsorgane und -medien. Ursprünglich galt die elektronische Form des Vertriebs als eine Sonderform der Vertriebs**medien**, also der eher „technischen-medialen" Umsetzung („Schnittstelle" in Abb. D-46), neben dem persönlichen, schriftlichen oder telefonischen Kontakt mit den Kunden oder den anderen Geschäftspartnern (vgl. Abb. D-40). Inzwischen wird E-Commerce aber immer mehr als eigenständiger Vertriebsweg gesehen, der durch eigene elektronische Firmen bzw. Firmenabteilungen in Konkurrenz zum klassischen Vertriebsweg im Tourismus, den Reisebüros/-mittlern, tritt. E-Commerce hat damit verstärkt institutionelle Bedeutung im touristischen Vertrieb und Handel erlangt.

Im E-Commerce können Tourismusunternehmen und Touristen unterschiedlich als Anbieter oder Nachfrager auftreten, wobei aus Marketingsicht vor allem die Transaktionsbeziehungen von touristischen Produzenten zu den Endkunden bzw. zu anderen Unternehmen interessieren:

- Im **"Business-to-Business"**-Bereich werden diverse Geschäftsabläufe zwischen den Tourismusunternehmen über das Netz abgewickelt, wie z.B. Reservierungen, Ticketing, Zahlungen usw. Beipiel: Fluggesellschaft-Reisebüros.

- Im **"Business-to-Customer"**-Bereich wenden sich die verschiedenen touristischen Unternehmen über das Internet direkt an den (End-)Kunden, also den Reiseinteressenten. Beispiele: Fluggesellschaften, Reiseveranstalter, Destinationen usw., aber auch Reisebüros/-mittler.

Im Tourismus sind aber auch die umgekehrten Beziehungen – aus Kundensicht – sehr bedeutsam:

- Im **"Customer-to-Business"**-Bereich suchen potentielle Reisende im Internet Informationen und letztlich Buchungsmöglichkeiten über Destinationen, Leistungsträger sowie Veranstalter. Hierzu helfen ihnen Suchmaschinen ebenso wie touristische „Informationsbroker", nicht nur Reisemittler, und die Zugangsportale der Anbieter.

Letztlich sollten aus touristischer Sicht auch die Möglichkeiten der **"Costumer-to-Costumer"**-Beziehungen nicht vernachlässigt. werden. Sie sind zwar auf den ersten Blick weniger kommerziell ausgerichtet, aber als Serviceleistung können sie durch die verschiedenen Internetanbieter zur Kundengewinnung ebenso wie zur Kundenbindung genutzt werden. Beispiele: Chat-Rooms zum touristischen Erfahrungsaustausch.

Nicht alle touristischen Leistungen eignen sich gleichermaßen für den Internethandel. So sind Flug- und Fahrscheine leichter über das Internet zu verkaufen als beispielsweise komplexe Pauschalreisen. Doch gerade im Bereich der Reiseveranstalter wird E-Commerce als eine große zukünftige Chance gesehen. So war es auf der ITB 2000 das dominierende Thema, daß sich die touristischen Anbieter einhellig zur elektronischen Reisewelt bekannt haben. So präsentierten die großen Reisekonzerne C&N-Touristik und die TUI Group ihre neuen Internetauftritte und Direktbuchungsmöglichkeiten. Die touristischen Unternehmen wenden sich verstärkt direkt an den Endverbraucher, also an den Reisenden, und verkaufen damit ihre Reisen zunehmend am klassischen Vertriebsweg der Reisebüros „vorbei".

Der Kunde wird mehr und mehr elektronisch umworben – doch er ist noch sehr zögerlich bei der wirklichen Nutzung dieser neuartigen Angebote. Daran ändern auch die vielfachen euphorischen Zukunftsvorhersagen nichts. „Viel looking – wenig booking" lautet nach wie vor das Fazit für die virtuellen Reiseplattformen im Internet. Nur die wenigsten Touristikunternehmen können zu Beginn des 3. Jahrtausends nennenswerte Buchungszahlen für den elektronischen Handel vorweisen.

**Ausblick:** Erst mit zunehmender Verbreitung der Internet-Nutzung im Alltag werden auch die elektronischen Reisemärkte an Bedeutung gewinnen. Am Ende sehen die einen die vollständige Mediatisierung auf elektronischen Marktplätzen im Internet, die den vollständigen Austausch von Informationen, Buchungen und deren Abrechnung ermöglichen. Auf der anderen Seite läßt eine realistische Markteinschätzung der vielfältig kursierenden Zahlen einen Marktanteil von derzeit von weit unter 5% auf evtl. 15-20% im Jahr 2010 vermuten. Das sind zwar hohe Zuwächse, die elektronischen Buchungsformen werden aber auch zukünftig voraussichtlich nur einen Teil und nicht die Breite des Marktes abdecken.

### 3.4.5 Vertriebswege im öffentlichen Fremdenverkehr/für Destinationen

Neben der vorrangig für das Zusammenwirken von Reiseveranstaltern bzw. Leistungsträgern und Reisebüro diskutierten Vertriebsproblematik werden in den letzten Jahren auch die Vertriebsmöglichkeiten der Fremdenverkehrsorte und -Regionen immer bedeutender.

Hierbei ist es Aufgabe der lokalen und nationalen Reservierungssysteme, als Voraussetzung eines ortsübergreifenden Reservierungssystems, die entsprechende Vereinheitlichung der Angebote zu entwickeln.

Eine besondere Entwicklung der CRS ist bei touristischen Destinationen und im kommunalen Fremdenverkehr erfolgt. Hier umfaßt die Leistungspalette der CRS neben der Zimmerreservierung auch zu einem bedeutenden Teil Informationsaufgaben über das lokale und regionale Fremdenverkehrsangebot (vgl. Abb. D-49).

Entsprechend haben sich hier eigene Systeme entwickelt, bei denen vor allem die Kompatibilität zwischen den verschiedenen Ebenen der Fremdenverkehrswirtschaft nicht gegeben war. Der Versuch der Einführung eines (bundes)länderweiten oder gar national einheitlichen Reservierungssystems ist im deutschen

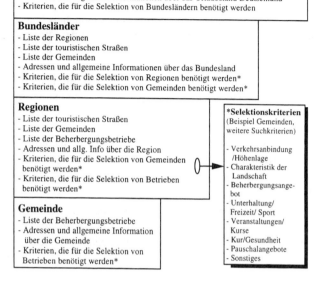

Abb. D-49
Aufbau einer nationalen und touristischen Datenbank für Destinationen
(Quelle: in Anlehnung an TIN, vgl. FRIED 1992)

Fremdenverkehr mit zahlreichen Schwierigkeiten verbunden. Zur Zeit bestehen noch zahlreiche lokale und regionale Systeme nebeneinander („Insellösungen"). Bundesweit wird – mit Unterstützung des DFV – vor allem die Einführung des Systems TIN-Touristische Informationsnorm präferiert.

Ab 1996 begannen mehr und mehr Destinationen, das Internet als wichtiges Marketinginstrument zu entdecken. Neben der anfänglichen „Präsenzpflicht" im Netz mit eigener Web-site („Homopage") ging die Entwicklung hin zu buchbaren Destinationsangeboten über das Netz.

Die steigende Bedeutung des Internet sowie des elektronischen Marktplatzes für Destinationen im neuen Jahrtausend wird durch eine umfangreiche Studie der WTO (1999) veranschaulicht. Hier wird das Internet als das neue „Schlachtfeld" um die Touristen und ihre Dollars bezeichnet:

„The new truth for destination marketing organisations is that if you are not online you are not on-sale within your key markets. If your destination is not on the Web then it may well be ignored by the millions of people who now have access to the Internet and who expect that every destination will have a comprehensive presence on the Web. The Web is the new destination marketing battleground and if you are not in there fighting then you cannot expect to win the battle for tourist dollars." (WTO 1999: 4)

Entsprechend sind zukünftig die Internet-Aktivitäten der Destinationen zu intensivieren und auszugestalten. Diese Aufgaben werden zunehmend durch Destinations-Marketing-Organisationen (DMO) übernommen. Ferner bietet das Web neue Möglichkeiten für das öffentliche und private Zusammenwirken, z.B. im Rahmen der Public-Private-Partnerships (vgl. WTO 1999: 144ff).

# 4 Kommunikationspolitik im Tourismus

## 4.0 Übersicht Kapitel D.4

Die Kommunikationspolitik umfaßt eine Vielzahl von unterschiedlichen Instrumenten, die alle zusammen die Aufgabe haben, Informationen über die Leistungsbereitschaft zu vermitteln, eine Beziehung zur Öffentlichkeit herzustellen und zu konkreten Käufen und Reisen anzuregen.

Dabei wenden sich Kommunikationsmittel in unterschiedlicher Intensität an den jeweiligen Kommunikationspartner („Empfänger"): von der allgemeinen Information im Rahmen der Öffentlichkeitsarbeit bis zur konkreten Zielgruppenansprache der Werbung oder über die Instrumente der Verkaufsförderung.

Im folgenden wird eine Übersicht über die Gesamtheit und Unterschiede sowie Ansatzmöglichkeiten der Kommunikationspolitik im Tourismus gegeben.

> **Ziele des Kapitels D.4**
>
> *Die Lektüre des Punktes „Kommunikationspolitik" soll dazu beitragen, für die eigene Organisation im Hinblick auf die in Phase II entwickelten Strategien eine adäquate Kommunikationspolitik zu entwickeln. Der Kommunikationsmix besteht dabei aus*
>
> *– Corporate Identity,*
>
> *– Verkaufsförderung,*
>
> *– Öffentlichkeitsarbeit,*
>
> *– Werbung.*

## 4.1 Grundlagen der Kommunikationspolitik

Als vierter Instrumentenbereich im Marketing-Mix wird die Kommunikationspolitik genauer behandelt. Häufig wird der Kommunikationspolitik die wichtigste Aufgabe im Marketing-Mix zugeschrieben, doch ihre Bedeutung ist ebenso im gesamten Marketing-Mix-Verbund zu sehen, wie die der anderen Instrumentenbereiche. Lediglich die Ausrichtung und Wirkungsweise der Kommunikation unterscheidet sich von den anderen Marketing-Instrumenten. Während Produkt- und Preispolitik eher die **betriebsinterne** Umsetzung der Marketing-Strategien zur Aufgabe hat, kommt den Kommunikations-Instrumenten vorrangig eine **nach außen** gerichtete Aufgabenstellung zu. Ihre Wirkung ist von daher eher zu sehen oder zu hören. Die Kommunikationspolitik wird daher auch als „Vergrößerungsglas" oder als „Sprachrohr" des Marketing bezeichnet.

### 4.1.1 Grundaufgaben der Kommunikation

Die Kommunikationspolitik umfaßt mehrere verschiedene Instrumente, denen allen der Kommunikationsaspekt gemeinsam ist. Der Begriff ist der Kommunika-

### a: Grundstruktur der Kommunikation

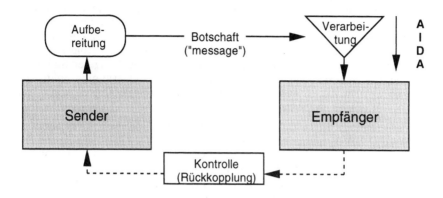

### b: Grundstruktur der Kommunikation im Tourismus

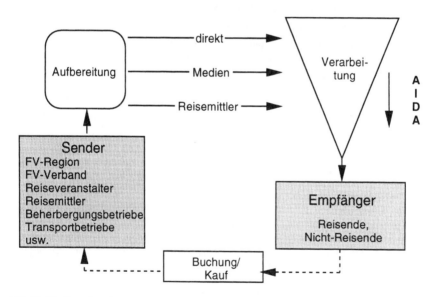

**Abb. D-50** Grundstruktur der Kommunikation und Kommunikation im Tourismus

tionswissenschaft entlehnt. Die Grundvorstellung der Kommunikation ist in allgemeiner Betrachtungsweise in einem Kommunikationsmodell (vgl. D-50) recht einfach: Ein „Sender" schickt eine „Nachricht" an einen „Empfänger" und erhält dafür mehr oder weniger schnell – eine „Rückkopplung". Kommunikation ist dabei immer ein zweipoliges Geschehen, bei dem Hin- und Rücksendung zu unterschiedlichen Zeitpunkten und mit unterschiedlicher Intensität erfolgen können. Beziehungen in lediglich eine Richtung werden nicht – im strengeren Sinne – als Kommunikation bezeichnet. Hierauf war bereits bei der Distributionspolitik hingewiesen worden, die im wesentlichen eine **einseitige** Beziehung zwischen Hersteller und Konsument darstellt.

Im allgemeinen Wirtschaftsbereich und Marketing interessiert vor allem die sogenannte **Marktkommunikation**. Hierbei geht es um die Übermittlung von Produkt- und Leistungsinformationen seitens des Herstellers („Senders") an die potentiellen Käufer („Empfänger"). Aufgrund dieser Informationen sollen die Nachfrager letztlich zum Kauf der jeweiligen Leistungen angeregt werden („Rückkopplung"). Der eigentliche Kauf muß dabei nicht sofort erfolgen, sondern Kommunikationspolitik kann zuerst allgemeines Interesse wecken, imagebildend sein oder die Kunden über das Vorhandensein bestimmter Leistungen informieren. Doch der letztliche Markterfolg zeigt sich erst dadurch, daß die Kunden das jeweilige Leistungsangebot auch käuflich erwerben. Lediglich in Sonderfällen hat die Kommunikationspolitik andere Ziele, die mehr auf allgemeine Verhaltensaspekte der Kommunikationsempfänger gerichtet sind, wie z.B.:

- Nicht-Reisen, „Sanftes" Reisen, Gesundheitsaufklärung usw.

Im **Tourismusbereich** stellt sich die kommunikationspolitische Aufgabe ganz analog zur allgemeinen Sichtweise der Kommunikationswissenschaft dar. „Sender" sind im wesentlichen die verschiedenen touristischen Betriebe, wie z.B. Fremdenverkehrsdestinationen, Reiseveranstalter, Hotel- und Transportbetriebe oder Verbände. Sie wenden sich mit ihren Nachrichten („Messages") entweder direkt an die potentiellen Touristen oder sie bedienen sich verschiedener **indirekter** Kommunikationswege, wie z.B. (vgl. Abb. D-50):

- **Reisemittler**, vgl. dazu die Ausführungen im Abschnitt D.3 Vertriebswege,
- **Kommunikationsmedien**, wie z.B. die traditionellen Formen von Rundfunk, Fernsehen, Printmedien (Zeitungen, Zeitschriften usw.), oder neuer Kommunikationsmedien, wie z.B. CD-ROM, Internet usw.

Die „Empfänger" sind grundsätzlich alle Bewohner eines Absatzgebietes, die sich aufgrund der erhaltenen Kommunikationsinformationen zu einer Reise oder zu einer speziellen Reiseart oder -form entschließen. Zwischen dem Erhalt der Message und dem jeweiligen Reiseentschluß kann grundsätzlich ein beliebig langer Zeitraum liegen. Auch sind zumeist mehrere Informationen verschiedener „Sender" für den Reiseentschluß bedeutsam. Zu einer Reisebuchung bei Veranstalter A können auch Informationen über ein bestimmtes Zielgebiet durch Veranstalter B führen. Nur selten ist eine eindeutige Zurechnung von Reiseinformation und Reiseentschluß möglich. Die letztgenannten Gründe erschweren auch Aussagen zur Rückkopplung. Dies spiegelt sich in den verschiedenen Methoden zur **Kommunikationserfolgskontrolle** wider.

**Beispiele:**
- Fremdenverkehrsdestinationen verwenden die Botschaft: „Besuchen Sie unsere Region."

- Reiseveranstalter kommunizieren: „Buchen Sie unsere Reisen (in ein bestimmtes Gebiet, zu einem bestimmten Zeitpunkt)".
- Reisemittler senden: „Buchen Sie in unserem Büro (egal welches Ziel, welche Veranstalter)".

Hinzu kommen bei touristischen Dienstleistungen verschiedene Formen der internen Kommunikation, sowohl auf Seiten des Sender, was als

- **Innen- oder Binnenkommunikation** bzw. -Marketing im Tourismus eine besondere Bedeutung besitzt,

als auch auf der Seite der Empfänger. Hier ist es insbesondere die

- **Mund-zu-Mund-Kommunikation**, die kein kommunikationspolitisches Instrument im eigentlichen Sinne darstellt, da sie nicht vom Sender zu steuern ist, aber gerade für touristische Entscheidungen eine große Rolle spielt.

Die Untersuchung der verschiedenen Vorgänge in den einzelnen Phasen des Kommunikationsprozesses ist Aufgabe der **Kommunikationswissenschaft**. Die Auswahl und Festlegung der verschiedenen kommunikationspolitischen Mittel ist Aufgabe der **Kommunikationspolitik**. Dabei ist die marketingbezogene Kommunikationspolitik in den allgemeinen Marketing-Management-Prozeß eingebettet, wobei aufgrund der Situationsanalyse und konzeptionellen Strategieentwicklung im Rahmen der Gestaltungsphase des Marketing-Mix die verschiedenen Kommunikationsinstrumente festgelegt und in den weiteren Phasen realisiert und kontrolliert werden (vgl. auch 4.1.3).

Während die zuvor geschilderten Abläufe allen Kommunikationsinstrumenten gemeinsam sind, unterscheiden sich die verschiedenen kommunikationspolitischen Möglichkeiten hinsichtlich ihrer Ausgestaltung und Wirkung. Als Grundsatz der Kommunikationspolitik geht es um die Festlegung der Kommunikationsinhalte und -wege, **womit** und **wie** die Kommunizierenden nach außen treten oder genauer (in Anlehnung an LASSWELL):

**Sechs Grundfragen der Kommunikation:**
- **Wer** (Kommunikator, Sender, Quelle)
- **sagt was** (Botschaft, „Message")
- **in welcher Situation** („Umfeldbedingungen")
- **zu wem** (Kommunikant, Empfänger, Rezipient)
- **über welche Kanäle** (Kommunikationswege, Medien)
- **mit welchen Wirkungen** (Kommunikationserfolg, Effekt)?

Entsprechend werden üblicherweise verschiedene Teilbereiche der Kommunikationspolitik unterschieden. Die wichtigsten sind Werbung, Öffentlichkeitsarbeit, persönlicher Verkauf und Verkaufsförderung. Sie werden fast immer in der Literatur unter dem Oberpunkt Kommunikationspolitik behandelt und zu einem Kommunikations-Mix zusammengestellt. Hinzu kommen einige weitere Kommunikationsinstrumente, deren Zuordnung in der Literatur nicht eindeutig ist. Dies gilt für die Corporate Identity, das Sponsoring, das Product-Placement, Messen, Ausstellungen usw. In der hier gewählten Darstellung der Kommunikationspolitik werden vor allem vier Bereiche unterschieden; auf weitere Möglichkeiten wird in einem abschließenden Abschnitt gesondert hingewiesen.

**4.1.2 Übersicht über die Kommunikationsinstrumente**

Für das strategische Marketing werden vier Möglichkeiten der Kommunikationspolitik unterschieden, die mehr oder weniger intensiv für das eigene Kommunikations-Mix eingesetzt werden können (vgl. Abb. D-51 bis D-53). Zur Unterscheidung der verschiedenen Kommunikationsinstrumente kann ihre Zielgruppe bzw. Reichweite dienen, d.h. an welche Empfängergruppe das jeweilige Instrument vorrangig gerichtet ist.

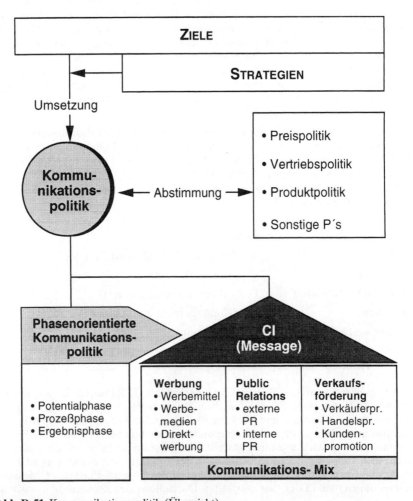

**Abb. D-51** Kommunikationspolitik (Übersicht)

- **Corporate Identity** (CI) ist das „strategische Dach" jeder Kommunikation. Sie stellt die grundsätzliche Voraussetzung für die erfolgversprechende Kommunikation einer Organisation nach innen und außen dar. Soweit es um die Festlegung der zu übermittelnden Botschaft (Message) geht, ist dies weitgehend Aufgabe der strategischen Zielbestimmung; hierbei wurde die „Philosophie" oder die „Persönlichkeit" eines Betriebes abgeleitet (Corporate Design und Corporate Behavior) (vgl. C.2.3.3). Die Vermittlung der eigenen Identität ist Aufgabe der Kommunikationspolitik.

- Unter **Verkaufsförderung** werden die kommunikationspolitischen Maßnahmen behandelt, die insbesondere auf die Aktivierung der Vertriebswege ausgerichtet sind. Sie wenden sich an die eigenen oder fremden Verkaufsstellen und an die Verkäufer. In diesem Zusammenhang sind die Kommunikation der Leistungsträger mit den Reisemittlern sowie die direkten, persönlichen Kontakte mit den Kunden im Tourismus besonders bedeutsam (persönlicher Verkauf).

- **Öffentlichkeitsarbeit** (oder Public Relations) stellt die Kommunikation mit der gesamten (betriebsrelevanten) Öffentlichkeit in den Mittelpunkt der Aktivitäten. Sie hat eine relativ unspezifische Zielrichtung und wirkt eher allgemein imagebildend („Werben um öffentliches Vertrauen") und informativ als direkt kaufstimulierend. Die Öffentlichkeitsarbeit umfaßt neben einer externen PR auch die interne PR (Human Relations), letzteres wird im Tourismus auch als „Binnen- oder Innen-Marketing" bezeichnet (vgl. auch E.4.3.4).

- **Werbung** wendet sich an spezielle Zielgruppen und versucht, diese zum Kauf des eigenen Leistungsangebotes zu bewegen. Die Abgrenzung der Werbung zur PR und Verkaufsförderung ist fließend. Zielgruppenspezifische Werbung setzt voraus, daß die Zielgruppen bezüglich ihrer Leistungserwartungen oder ihrer Bedürfnisse analysiert und charakterisiert worden sind, um gezielt angesprochen werden zu können.

Bei der hier gewählten Systematik wird in Abweichung zu anderen Einteilungen der Bereich der Corporate Identity gesondert innerhalb der Kommunikationspolitik behandelt. Auf die strategische Bedeutung der Corporate Identity war bereits in B.2 hingewiesen worden. Verkaufsförderung und persönlicher Verkauf werden im folgenden zu einer Gruppe der Kommunikationspolitik zusammengefaßt, es geht bei beiden grundsätzlich um die Kommunikation mit den Distributionsorganen einer Organisation.

Weitere Kommunikationsbereiche, die gelegentlich der Kommunikationspolitik zugerechnet werden, wie z.B. Messen und Ausstellungen, Sponsoring usw., werden im Abschnitt D.4.7 gesondert behandelt.

### Ziele und Zielrichtungen der Kommunikationspolitik

Die verschiedenen Kommunikationsinstrumente haben einerseits gemeinsame Zielstellungen (Kommunikation zwischen Sender und Empfänger), andererseits ist ihre Zielrichtung von unterschiedlicher Weite und Konkretisierung. Als allgemeine Ziele der Kommunikationspolitik werden üblicherweise genannt (vgl. MEFFERT/BRUHN 1995: 284):

- Berührungs- und Kontakterfolg,
- Aufmerksamkeitswirkung,
- Gefühlswirkung,
- Erinnerungswirkung,

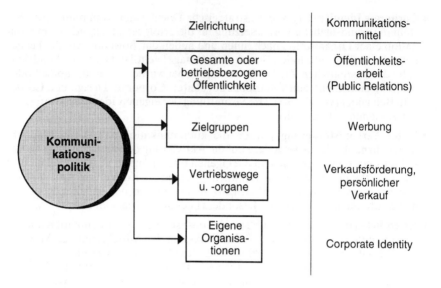

**Abb. D-52** Zielrichtung von Kommunikationsmitteln

- Positive Hinstimmung,
- Interessenweckung,
- Informationsfunktion,
- Auslösen der Kaufhandlung.

### 4.1.3 Entwicklung des Kommunikations-Mix

Die Entwicklung eines Kommunikations-Mix im Marketing erfolgt auf der Grundlage der allgemeinen Marketing-Management-Methode, wobei die „Grundfragen der Kommunikation" entsprechend dem Marketing-Ablaufprozeß aus Abb. A-43 umgesetzt werden. Unter Verwendung dieser Methodik könnte jeweils ein eigener Ablaufplan für die Werbe-, Öffentlichkeits- sowie Verkaufspolitik entwickelt werden (vgl. ein ähnliches Vorgehen bei DREYER 1995: 99 in bezug auf Kommunikationspolitik allgemein, bei HAEDRICH (1993b: 326) in bezug auf Öffentlichkeitsarbeit im Tourismus sowie in Abschnitt D.4.6.3, Abb. D-67 in bezug auf Werbepolitik).

Da aber im Rahmen der allgemeinen Marketing-Management-Methode, die hier ausführlich dargestellt wird, die Phasen I, II, IV und V an anderer Stelle genauer behandelt werden, beschränken sich die folgenden Ausführungen auf die Phase III der Gestaltung und die Entwicklung eines Kommunikations-Mix.

## 4.2 Besonderheiten der Kommunikationspolitik im Tourismus

Die grundsätzlichen Aussagen und Aufgaben zur Kommunikationspolitik sind auch für das touristische Marketing zutreffend. Insofern werden in den Abschnitten D.4.3 bis D.4.6 die einzelnen kommunikationspolitischen Instrumente weitgehend analog zum allgemeinen Marketing dargestellt und mit Beispielen und Anwendungsmöglichkeiten für die touristische Kommunikationspolitik veranschaulicht.

Doch im Hinblick auf die verschiedenen Leistungsphasen des Tourismus kommen den verschiedenen Kommunikationsinstrumenten ganz unterschiedliche Bedeutungen zu.

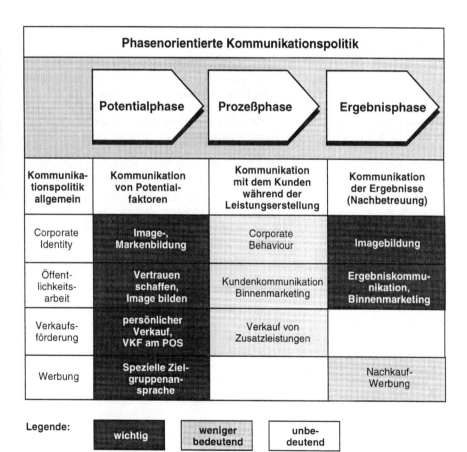

Abb. D-53 Kommunikationsmix im Phasenmodell

### 4.2.1 Kommunikationspolitik in der Potentialphase des touristischen Leistungsprozesses: Bereitstellungskommunikation

In Phase 1 sind alle kommunikationspolitischen Instrumente einzusetzen, die die verschiedenen Aufgaben und **Ziele der Kommunikationspolitik** in unterschiedlichem Umfang wahrnehmen:

- Aufmerksamkeit erregen (Öffentlichkeitsarbeit, Werbung), Berührungs- und Kontakterfolge sichern (Werbung, Verkaufsförderung), Gefühlswirkungen und positive Hinstimmung erzielen (Öffentlichkeitsarbeit, Werbung, Corporate Identity), Interesse wecken und informieren (Öffentlichkeitsarbeit, Werbung), Verkaufsabschlüsse tätigen (Werbung, Verkaufsförderung), Erinnerungswirkung erzielen (Werbung, Corporate Identity, Öffentlichkeitsarbeit).

Im einzelnen sind folgende spezifische Aufgabenstellungen der Kommunikationspolitik in der Bereitstellungsphase gegeben:

**(1) Kommunikationspolitik und Leistungspolitik**

Kommunikationspolitische Aufgaben in der Potentialphase sind ein wichtiges Leistungselement im Tourismus-Marketing: Die Bereitstellung und die Vermittlung von Kompetenz, Vertrauen und Leistungsbereitschaft sind zugleich Teil der Leistungserstellung bzw. -vorbereitung. Insofern ist eine Trennung beider Aufgaben nur begrenzt möglich. Dies hängt eng mit dem **immateriellen Charakter** der meisten touristischen Leistungen zusammen. Dem Kunden müssen in der Potentialphase die möglichen immateriellen Leistungen erklärt und „veranschaulicht" werden. Hierzu helfen die verschiedenen kommunikationspolitischen Instrumente: Öffentlichkeitsarbeit, Verkaufsförderung, Werbung und Corporate Identity.

Die Erklärungsbedürftigkeit und die Schwierigkeiten der konkreten Abbildung von Reise- und Erlebnissituationen führen unter anderem zu erhöhter Ansprache von Seele, Geist und Emotionen durch Werbung, Corporate Identity und Öffentlichkeitsarbeit (siehe genauer „Involvement").

**(2) Aufgaben der Kommunikationsinstrumente in der Potentialphase**

Die einzelnen Kommunikationsinstrumente wirken in der Bereitstellungsphase wie folgt:

- **Corporate Identity-Kommunikation**

  Maßnahmen der Corporate Identity helfen dem potentiellen Kunden vor allem zur Reduzierung der Unsicherheit bei der Entscheidungsfindung und wirken in Zusammenhang mit Marken- und Imagebildung. Der Reisesuchende soll mit Hilfe der CI-Kommunikation Präferenzen für eine bestimmte Reisedestinationen oder einen Reiseveranstalter bzw. Leistungsträger entwickeln.

- **Werbe-Kommunikation**

  Werbung soll letztlich zum Kaufabschluß führen („Kommunikations- und Kontakterfolg"), sie ist also vorwiegend in Phase 1 einzusetzen. Hierzu sind üblicherweise verschiedene Zwischenstufen der Kommunikation gegeben, z.B. entlang des Grundmodells A-I-D-A (vgl. auch Abbildung D-50): Aufmerksamkeit erregen (A-Attention), Interesse wecken und Informieren (I-Interest, Information), einen positiven emotionalen und kognitiven Wunsch erzeugen (D-Desire) und letztlich den Kaufabschluß auslösen (A-Action). In den Phasen A bis

□ tragen auch die anderen Kommunikationsinstrumente Öffentlichkeitsarbeit und Corporate Identity, in der Phase A-Action auch die Verkaufsförderung zur Unterstützung der Werbeaktivitäten bei.

- **Öffentlichkeitsarbeit:** Aufgabe der Öffentlichkeitsarbeit ist es, neben den allgemeinen Informationen über die jeweiligen Leistungsangebote, vor allem vertrauensschaffende und imagebildende Maßnahmen zu ergreifen.
- **Verkaufsförderung:** Aktionen zum Verkauf vor Ort, Messen, persönlicher Verkauf, Verkaufsgespräch usw.

**(3) Zielgruppen der Kommunikationspolitik in der Potentialphase**

Entsprechend der weit gefaßten Aufgaben in der Potentialphase richtet sich die Kommunikationspolitik in der Potentialphase an die unterschiedlichen kommunikationspolitischen (Ziel-)Gruppen:

- **Kunden:** Verkaufskommunikation, v. a. Werbung, um den Kunden zur Reisebuchung zu veranlassen.
- **Vertriebswege:** Verkaufsförderung, um seitens der Vertriebswege die Aktivitäten der Anbieter zu unterstützen.
- **Leistungsträger:** Beschaffungskommunikation, um die Bereitstellungsaufgaben (Buchung, Reservierung von Plätzen) ausreichend sicherzustellen.
- **Öffentlichkeit:** Vertrauen bilden.
- **Betrieb:** Verhalten im Sinne der Corporate Identity (speziell Corporate Behavior), Motivation des Verkaufspersonals (z. T. Verkaufsförderung).

### 4.2.2 Kommunikationspolitik in der Durchführungsphase des touristischen Leistungsprozesses

In der Durchführungsphase sind keine werbepolitischen Aktivitäten für den Verkauf des touristischen Grundproduktes (mehr) notwendig. Die Reise ist angetreten, die verschiedenen Leistungen werden erstellt und konsumiert. Allerdings müssen für verschiedene Nebenleistungen, z.B. Ausflüge usw., ebenfalls kaufanimierende Maßnahmen im Sinne der Werbeaktivitäten ergriffen werden. Aus Sicht des touristischen Leistungsmodells beginnen hierbei wieder neue Leistungsketten für die entsprechenden touristischen (Neben-)Leistungsträger (mit Potential-, Durchführungs- und Ergebnisphase).

**Kommunikation mit dem externen Faktor**

In der Durchführungsphase findet Kommunikation vor allem zwischen Leistungsersteller und Kunden als Integration des externen Faktors statt. Die direkte Beziehung von Reisenden und touristischen Leistungsträgern während der Phase der Leistungserstellung stellt besondere Anforderungen an die zwischenmenschliche Kommunikation von Produzent und Konsument. Vor allem ist es Aufgabe der touristischen Anbieter, den Gast in den Leistungsprozeß einzubeziehen.

Bekannteste Beispiele sind die Animation als Aktivierungsversuche gegenüber dem Gast, aber auch das Erkundigen nach dem Wohlbefinden des Gastes sind wichtige kommunikative Aufgaben. Der Gast muß die Bemühungen des Anbieters als Bereicherung für seinen Urlaub ansehen. Diese dürfen nicht als lästig oder aufdringlich empfunden werden. Die Mitarbeiter des Anbieters müssen demnach auch in der Lage sein, non-verbale Botschaften aus dem Verhalten der Gäste heraus zu verstehen.

Auf der anderen Seite müssen auch dem Gast Möglichkeiten zur Kommunikation mit dem Produzenten während der Reise gegeben werden, d.h. im engeren Bereich des Leistungskonsums muß sich der Gast mit seinen Wünschen während der Reise an die Leistungsträger wenden können, z.B. in der Form von

- Sprechstunden der Reiseveranstalter in den Urlaubsgebieten,
- Beschwerdebüchern in Hotels und Gaststätten und bei Fremdenverkehrsämtern.

Dies bietet zugleich die Möglichkeit, bereits während des Leistungsprozesses mögliche Mängel zu beseitigen.

Die Kommunikationswünsche der Reisenden gehen aber über den direkten Leistungsprozeß hinaus und beziehen auch das Leistungsumfeld in den Kommunikationsprozeß ein. Dies sind die Kommunikationswünsche mit anderen Reisenden aber auch mit den Bewohnern in den Reisegebieten. Manche dieser Angebote müssen nicht zwangsläufig durch die Tourismusproduzenten aktiv zur Verfügung gestellt werden, sie ergeben sich während der Reise für die meisten Reiseteilnehmer von alleine.

Aber im Grundsatz sind Kommunikationsmöglichkeiten mit den Gastgebern, mit der einheimischen Bevölkerung und mit anderen Mitreisenden auch von den Tourismusorganisatoren zur Verfügung zu stellen bzw. zu aktivieren.

- **Beispiele:** Folkloreabende, Besuch von Produktionsstätten, Ausflüge, Tanzabende usw.

Den traditionellen Kommunikationsinstrumenten kommt in der Phase der Leistungserstellung nur geringe Bedeutung zu:

- **Corporate Identity als Corporate Behaviour während der Leistungserstellung:** Im Kundenkontakt wird durch das Verhalten die **Corporate Identity** im Sinne des **Corporate Behaviours** vermittelt. Sie ist Grundlage der Glaubwürdigkeit in der Ergebnisphase und für spätere Potentialphasen.
- **Öffentlichkeitsarbeit:** Meldung aus den Zielgebieten während der Saison: „wieder x% Zuwachs an Gästen", „alles ausgebucht", „noch freie Plätze..." („Parallel-PR"). Binnen-Marketing als Kontakt Gast und Gastgeber zeigt sich vor allem während der Aufenthaltsphase der Gäste.
- **Verkaufsförderung** ist vergleichsweise unbedeutend, da der (Ver-)Kauf bereits stattgefunden hat. Lediglich in Vorbereitung weiterer Kaufaktivitäten sind einige Maßnahmen während der Prozeßphase zu überlegen.
- **Werbung** ist ebenfalls relativ unbedeutend, wie bereits eingangs erwähnt.

### 4.2.3 Kommunikationspolitik in der Ergebnisphase des touristischen Leistungsprozesses

In der Ergebnisphase hat die Kommunikationspolitik über die Ergebnisse der Leistungserstellung zu berichten und sie zu kommunizieren. Dies geschieht vor allem gegenüber der allgemeinen Öffentlichkeit, den Kunden (Kundenkommunikation, Nachbetreuung) und gegenüber den Mitarbeitern (Binnen-Marketing).

- **Öffentlichkeitsarbeit in der Ergebnisphase**

Nach außen wird über die Reisezufriedenheit, das Reiseaufkommen und – im Sinne der Öffentlichkeitsarbeit – die allgemein vertrauensbildenden Ereignisse berichtet.

Nach innen ist die Mitwirkung der Mitarbeiter im Sinne der Öffentlichkeitsarbeit bzw. des Binnen-Marketing zu kommunizieren (Saisonschlußball, Vermieterstammtisch usw.). Positives und Negatives ist aufzugreifen und entsprechend auszubauen bzw. zu verändern.

- **Reklamationsbehandlung als Kommunikationsaufgabe**

In der Ergebnisphase ist eine wichtige Kommunikationsaufgabe, aufgetretene Reisemängel im Rahmen der Reklamationspolitik entsprechend zu behandeln. Eine positive Kommunikation mit dem sich beschwerenden Gast kann ihn eventuell im Nachhinein noch zufriedenstellen bzw. die Unzufriedenheit reduzieren. Die Kommunikation dient hier der Gewinnung von Stammkunden bzw. der positiven „Mund-zu-Mund-Werbung".

Insgesamt drückt sich hierbei der Unternehmensstil im Sinne des Corporate Behavior und der Corporate Communication aus.

- **Erinnerungswirkung**

Kommunikation in der Ergebnisphase hat vor allem die Erinnerungswirkung der Reisenden zu unterstützen. Dies kann in Form der persönlichen Nachbetreuung (Briefe, Anrufe) oder der allgemeinen Nachbetreuung (allgemeine Medienberichte) erfolgen. Hierfür sind die verschiedenen Maßnahmen der Öffentlichkeitsarbeit sowie der Corporate Identity-Politik als Möglichkeiten gegeben.

- **Nachbetreuung**

In der Ergebnisphase bieten sich für die touristischen Leistungsträger die verschiedenen Möglichkeiten der Nachbetreuung als kommunikative Aufgabe an:

- Weihnachtsgrüße der Vermieter an ihre Sommergäste,
- Berichte aus den Zielgebieten an die Besucher,
- Reisebüros rufen ihre Kunden nach Rückkehr an und erkundigen sich nach der Zufriedenheit,
- Mitteilung des Erscheinens der neuen Reisekataloge durch die Reiseveranstalter.

## 4.3 Corporate Identity

*Ist Corporate Identity*
*wenn alle Mitarbeiter blau angemalt werden?*

Die Corporate Identity (CI) wird in der Marketing-Literatur nur selten der Kommunikationspolitik im Rahmen des Marketing-Mix zugerechnet. Fragen der Corporate Identity werden eher bei der Bestimmung der Marketing-Ziele und Marketing-Strategien, gelegentlich auch bei der Produktpolitik oder der Öffentlichkeitsarbeit behandelt.

Auf der anderen Seite wird Corporate Identity als „Dach der Kommunikation" oder als „Klammer der Kommunikation" (HAEDRICH 1993:327) bezeichnet, was ihre zentrale Rolle für die Kommunikationspolitik aufzeigt. Eine solche Sichtweise stellt auf das zentrale Anliegen jeglicher Kommunikation ab, die Bestimmung der Botschaft oder der **„Message": Was** soll überhaupt kommuniziert werden?

Anstelle der CI als „Dach der Kommunikation" können auch andere Oberziele der Unternehmenspolitik kommuniziert werden, wie z.b. die Mission, Grundsätze, Leitbilder usw. (vgl. C.2.3).

---

**Ziele des Abschnitts D.4.3**

*Die Lektüre des Punktes „Corporate Identity" soll dazu beitragen, für die jeweilige touristische Organisation eine stimmige Corporate Identity zu erarbeiten, die im einzelnen umfaßt:*

– *Corporate Design,*

– *Corporate Behavior,*

– *Corporate Communications.*

---

**4.3.1 CI als kommunikationspolitische Aufgabe**

In diesem Verständnis ist die Entwicklung und Kommunikation der Corporate Identity eine der wichtigsten kommunikationspolitischen Aufgaben. Auf die grundsätzlichen Elemente bei der Entwicklung einer Corporate Identity war bereits in C.2.3 ausführlich hingewiesen worden. Insofern können die entsprechenden Erläuterungen an dieser Stelle kurz gefaßt werden.

Eine Corporate Identity besteht grundsätzlich aus drei Komponenten:

– Corporate Design: Das äußere Erscheinungsbild,

– Corporate Behaviour: Das Verhalten der jeweiligen Organisation bzw. ihrer Mitglieder,

– Corporate Communication: Die Kommunikationspolitik in bezug auf die Corporate Identity.

Eine erfolgreiche Corporate-Identity-Politik erfordert die Abstimmung aller drei Teilelemente. Während Corporate Design und Behavior im Rahmen der strategischen Zielbestimmung bereits festgelegt worden sind, ist es Aufgabe der **Kommunikationspolitik**, die entsprechenden CI-Aussagen umzusetzen. Hierfür sind die verschiedenen Identitäts- und Imagekomponenten gegenüber den jeweiligen Marktpartnern zu kommunizieren.

Letztlich geht es um die Vermittlung der eigenen Identität gegenüber den Endverbrauchern, den Leistungsträgern, den Vertriebswegen und den eigenen Mitarbeitern. Nur wenn sie die gleiche Sicht („Image") vom jeweiligen Tourismusanbieter haben, wie er sie wünscht, ist die Kommunikationspolitik erfolgreich. Zur Abstimmung und Überprüfung ist in der Regel eine sog. Image-Analyse der Kundensichtweise notwendig. Dies erfolgt im Tourismus am häufigsten aufgrund von Gästebefragungen.

Möglichkeiten zur Beeinflussung der Corporate Identity nach außen bieten:
- (Image-)Prospekte,
- (Image-)Veranstaltungen („Events").

Eine weitere Aufgabe der Kommunikation im Rahmen der Corporate Identity-Politik ist die Ermittlung der verschiedenen Image-Komponenten **nach innen**. Dieser Bereich wird im Tourismus vor allem als „Binnen- oder Innen-Marketing" bezeichnet.

### 4.3.2 CI und Image (Exkurs)

Corporate Identity steht in einem engen Verhältnis zur Imageforschung. Von daher sollen an dieser Stelle diese Zusammenhänge etwas näher beleuchtet werden. Dabei wird vor allem – neben einigen allgemeinen Aussagen – die kommunikative Aufgabe zwischen Identität und Image herausgestellt.

#### 4.3.2.1 Grundlagen der Imageforschung

Image bezeichnet die Vorstellung, Meinung und Erwartung bestimmter Personen oder Personengruppen („Subjekt") in bezug auf bestimmte Produkte oder Leistungen („Objekte"). Im Tourismus interessiert sich die Imageforschung vor allem für das Image bzw. die Images

- von Reisezielen (STUDIENKREIS 1981,1992, JASPER 1992, MEYER 1993),
- von Reiseveranstaltern (vgl. SCHMIEDER 1991, WOHLMANN 1993: 198f),
- von touristischen Verkehrsmitteln, die allerdings nur gelegentlich im Rahmen von Imageanalysen herangezogen werden (vgl. STUDIENKREIS 1969, FREYER 1995a: 127).

Images stehen im Marketing quasi als Synonym für die vielfältigen immateriellen Leistungseigenschaften. Sie dienen der Orientierung am Markt und prägen das Verhalten des Verbrauchers. Für die Kaufverhaltensforschung ist vor allem der Einfluß des Images auf die Kaufentscheidung von besonderer Bedeutung. Dabei wird ein enger Zusammenhang zwischen positivem (negativem) Image und entsprechenden positiven (negativen) Kaufentscheidungen gesehen.

Gerade im Tourismus sind Reiseentscheidungen das Ergebnis sehr komplexer Entscheidungsprozesse, wobei aufgrund der nur schwer objektivierbaren Einflußgrößen den subjektiven Faktoren großes Gewicht zukommt: „Das Bild, das ein potentieller Gast von einem Urlaubsziel hat, zählt zu den wesentlichen Beweggründen für die Wahl des Zieles. (...) Subjektiv geprägte Images haben eine verhaltenssteuernde Wirkung, wie in anderen Konsumbereichen auch." (JASPER 1992: 142).

Dabei bezieht sich die Imageanalyse auf die verschiedenen Komponenten der Reiseentscheidung, wie z.B. die Zielgebietswahl, die Wahl des Reiseveranstalters, der Verkehrsmittel usw. Die Images der Einzelkomponenten sind für die Gesamtreiseleistung von wesentlicher Bedeutung: ein schlechtes Image lediglich **einer**

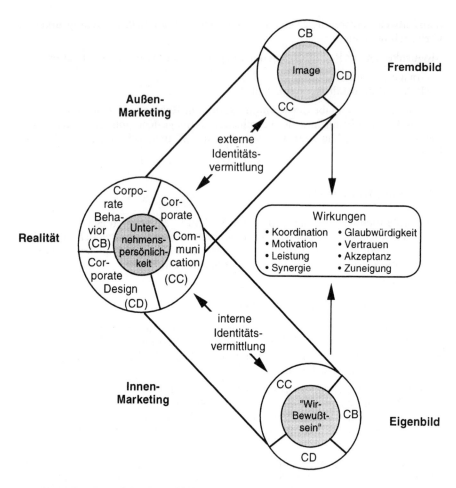

**Abb. D-54** Der Prozeß der Imagebildung

Teilleistung kann einen Kunden letztlich von einer Buchung der gesamten Reiseleistung abhalten.

> **Image** bezeichnet die Einstellung von Personen („Image-Subjekt") zu einem Meinungsgegenstand („Image-Objekt").

**Eigen- und Fremdbild** in der Imageforschung

Grundlagen der Imageforschung sind die Betrachtung eines Eigen- und eines Fremdbildes. Das Eigenbild ergibt sich aufgrund der Selbsteinschätzung und ist eng mit der „Corporate Identity" verbunden. Man könnte in diesem Zusammenhang auch von Selbst-Image (des Produzenten) sprechen, was allerdings unüblich ist. Image meint in der Regel die Einschätzung von außen – durch die Konsumenten. Es stellt ein subjektives Abbild des Originals dar. Diese Einschätzung ergibt sich aufgrund bewußter oder unbewußter Kommunikation zwischen dem „Sender" und dem „Empfänger". Nur in den seltensten Fällen stimmen Original, Selbsteinschätzung und Fremdeinschätzung überein.

**Images sind** psychische Konstrukte, die in der Sozialpsychologie den Einstellungen oder Grundhaltungen („attitudes") zugeordnet werden. Images und Einstellungen werden dabei weitgehend als identisch angesehen. Dabei vereinen Images als ganzheitliche Betrachtung die Summe aller als relevant erachteten Einstellungsdimensionen („ganzheitliche Betrachtung"). Auf der anderen Seite bereitet gerade die Spezifizierung der zahlreichen einfließenden Dimensionen und Faktoren eine der Hauptschwierigkeiten der Imageanalyse (→ *semantisches Differential*).

Das Image eines Ortes „ist das komprimierte Bild aller Assoziationen und Informationen, die mit diesem Ort verknüpft sind. Es ist ein Produkt des Gehirns, das versucht, eine riesige Datenmenge zu verarbeiten und zu ‚essentialisieren'". (KOTLER/HEIDER/REIN 1994: 179)

In der Einstellungsforschung besteht ein Image meist aus drei Faktoren bzw. Komponenten:

– **Kognitive** oder verstandesmäßige Komponente: Kenntnis und Wissen über das jeweilige Produkt bzw. die Leistung. Bei touristischen Destinationen meint dies die Kenntnis der Reisenden über die jeweilige Region, beispielsweise aufgrund eigener Reiseerfahrungen.

– **Affektive** oder emotionale Komponente: Hierbei werden Gefühle, Wertvorstellungen oder Bedürfnisse für das subjektive Vorstellungsbild in den Vordergrund der Betrachtung gestellt: „diffuse Sympathien, Antipathien oder Vorurteile gegenüber Land und Leuten, ausgehend von Imagespuren, die durch eigene Reiseerfahrungen, durch traditionelle Denkmuster, durch die Ansichten anderer Menschen oder durch die Medien vermittelt sind" (STUDIENKREIS 1992: 13).

– **Konative** oder verhaltenssteuernde Komponente: Sie kennzeichnet die mit der Einstellung verbundene Handlungstendenz (Verhaltensabsicht und Kaufbereitschaft).[6]

Insgesamt verbinden Images bei dieser Sichtweise eine Fülle von Einflußfaktoren zu einem Gesamtbild, das insbesondere im Tourismus für umfangreichere Objekte, wie z.B. Länder, gebildet wird: „Die Einzelaspekte verschmelzen über einen längeren Zeitraum zu einem komplexen Imageprofil eines Landes, welches meist relativ homogen ist, aber auch Widersprüche beinhalten kann" (JASPER 1992: 143).

Images im Tourismus sind ähnlich verhaltensbeeinflussend wie im Konsumgüterbereich. Dort werden Images in engem Zusammenhang mit der Markenpolitik gesehen, wobei die Image- oder Markenbildung zum Teil als Erleichterung bzw. Hilfe für die Meinungsbildung der potentiellen Käufer gesehen wird. Markenbe-

---

[6] Gelegentlich wird die konative Komponente in der Kaufverhaltensforschung gesondert behandelt als Verhaltenskomponente gegenüber den motivationalen Komponenten, womit als Imagekomponenten nur die kognitiven und affektiven Bereiche betrachtet werden.

wertungen aufgrund von Imagebildung erfolgen aufgrund von Anmutungsinformationen und Wissensersatz und entbinden „von der unbequemen, komplizierten oder subjektiv unwichtigen, vernunftgesteuerten Urteilsbildung" (MAZANEC 1978: 60)

Inwieweit letztlich Imagedimensionen zu mehr (oder weniger) Käufen führen, ist in der Literatur umstritten. Zum einen wird aus theoretischer Sicht zumeist die hohe Bedeutung von Einstellungen und Image für den Kaufentscheidungsprozeß betont. Auf der anderen Seite konnte in nur wenigen empirischen Untersuchungen der konkrete Einfluß von Imagedimensionen nachgewiesen werden. Zum Teil wird dies „auf methodische Testmängel, insbesondere in Form zu geringer Spezifizierung der gemessenen Einstellungen" zurückgeführt (vgl. BÄNSCH 1991: 33).

Positive Einstellungen gegenüber einem Kaufobjekt führen nicht zwangsläufig zu einer entsprechenden Kaufabsicht bzw. Kaufaktion, z.B. aufgrund von Einkommensrestriktionen oder Kosten-Nutzen-Abwägungen.

**Beispiele:**
- Positive Einschätzung von Automarken, wie z.B. Jaguar, Rolls Royce, Ferrari oder Porsche, führen nicht zwangsläufig zu höheren Kaufabschlüssen.
- Positive Images von Urlaubsdestinationen, wie z.B. Südsee, Mauritius, St. Moritz führen nicht zu verstärkter Reiseintensität in diese Zielgebiete.
- Ein positives Image von Airlines, wie z.B. der Swissair, Singapore Airline usw., führt nicht zwangsläufig zu verstärkter Nutzung dieser Fluggesellschaften (im Urlaubsreiseverkehr).

Auf der anderen Seite kann ein bestimmtes positives Image durchaus kaufverstärkend bei den betreffenden Zielgruppen wirken, wie z.B.

- das Image eines Reiseveranstalters oder einer Fluggesellschaft als „kinderfreundlich", z.B. Jahn Reisen oder LTU;
- Siehe Beispiel Abb. B-35. Image und Buchungsbereitschaft bei Reiseveranstaltern.

Als weitere Einflußgrößen werden in der Kaufverhaltensforschung das Selbstimage des Kunden in bezug auf das Kaufobjekt sowie das Ideal-Image betrachtet. Das „Selbstimage" muß in weitgehender Übereinstimmung mit dem Kaufobjekt sein, ansonsten kommt es nicht zu einer entsprechenden Kaufbereitschaft.

**Beispiele:**
- „Beispielsweise ist die Ehefrau eines Bankdirektors jahrelang zufriedene Kundin einer Boutique, bis sie eines Tages bemerkt, daß sich dort auch ihre Haushaltshilfe einkleidet." (nach NIESCHLAG/DICHTL/HÖRSCHGEN 1991: 412)
- Ein ähnliches Verhalten war im Tourismus auch beim Image von Mallorca in den 80er Jahren als „Putzfrauen-Insel" festzustellen, was verschiedene Touristenzielgruppen von einem Besuch der Insel abgehalten hat. Erst intensive Image-Kampagnen haben zu einer Imageänderung geführt und Mallorca für neue Zielgruppen geöffnet.

Während bei traditionellen kognitiven Strukturmodellen vor allem die Bewertung der verschiedenen Objektmerkmale im Vordergrund der Betrachtung stehen („Fishbein-Modell"), betrachten neuere Theorien vor allem die Abweichung des beobachteten Wertes („Realeindruck") von einem „Idealimage". Die Differenz gibt den „Eindruckswert" an, der umso positiver ist, je kleiner die Abweichung von Real- zu Idealbild ist („Trommsdorff-Modell").

Auch in der **touristischen Imageforschung** wird der Vergleich von Idealimages und Realimages bzw. von entsprechenden „Profilen" betont. Das Image eines Urlaubslandes ist wesentlich durch die Bedürfnisse, Wünsche, Erwartungen und An-

| "Fishbein-Modell" | "Trommsdorff-Modell" |
|---|---|
| $$A_{ij} = \sum_{k-1}^{n} B_{ijk} a_{ijk}$$ | $$E_{ij} = \sum_{k-1}^{n} \mid B_{ijk} - I_{ik} \mid$$ |
| *Legende:* <br> $A_{ij}$ = Einstellung der Person **i** zu Objekt **j** (attitude) <br> $B_{ijk}$ = Wahrscheinlichkeit, daß nach Auffassung der Person **i** Objekt **j** ein Merkmal **k** besitzt (belief) <br> $a_{ijk}$ = Bewertung des Merkmal **k** beim Objekt **j** durch Person **i** <br> n = Zahl der relevanten Merkmale | *Legende:* <br> $E_{ij}$ = Einstellung der Person **i** gegenüber Marke **j** <br> $B_{ijk}$ = Realobjekt des **k**-ten Merkmals bei der Marke **j** <br> $I_{ik}$ = Idealbild des **k**-ten Merkmals für Marken der gleichen Produktklasse <br> $B_{ijk} - I_{ik}$ = Eindruckswert |

**Abb. D-55** Vom Fishbein- zum Trommsdorf-Modell
(Quellen: FISHBEIN 1967, TROMMSDORFF 1975)

forderungen bestimmt, die bei Individuen und Gruppen im Hinblick auf Urlaubszwecke und -funktionen bestehen. Faßt man diese Erwartungen und Anforderungen zusammen, so bilden sie das ‚*Idealprofil eines Urlaubslandes'*. Dieses Idealprofil stellt den an der Stichprobe für die Image-Analyse selbst gewonnenen – ‚Maßstab' für die Bewertung der Merkmale und Eigenschaften dar, die einem Urlaubsland zugeschrieben werden (‚Realprofil des Urlaubslandes X')" (MEYER 1993: 323).

### 4.3.2.2 Methoden der Imageforschung

Imageforschung ordnet sich in den Gesamtprozeß des touristischen Marketing-Managements ein, wobei Imageüberlegungen allerdings an verschiedenen Stellen von Bedeutung sind. Zum einen ist im Zusammenhang mit der Ist-Analyse auch ein Ist-Image zu bestimmen (z.B. im Rahmen der „Betriebsanalyse"). In der Ziel- und Strategiephase ist auch in bezug auf das Image ein „Wunsch- oder Soll-Image" zu entwickeln, das mit verschiedenen Mitteln des Marketinginstrumentariums zu realisieren und im Rahmen des Marketing-Controlling zu überprüfen ist.

KOTLER/HAIDER/REIN sprechen in bezug auf das Image im Standortmarketing von einem **strategischen Imagemanagement (SIM)**, das sich aber nur unwesentlich von der allgemeinen Marketing-Management-Methode unterscheidet:

„Strategisches Imagemanagement (SIM) ist die fortlaufende Erforschung des Standortimages, die Segmentierung dieses Images nach demographischen Zielgruppen, die Positionierung der Standortvorteile, um das bestehende Image zu verstärken oder ein neues Image zu schaffen, sowie die Verbreitung dieser Vorteile an die verschiedenen Zielgruppen" (KOTLER/HAIDER/REIN 1994:181).

Ganz analog hat auch ein strategisches Imagemanagement für Destinationen die verschiedenen Teilschritte der Marketing-Management-Methode zu berücksichtigen.

Für empirische Imageanalysen werden verschiedene **Methoden der empirischen Sozialforschung** verwendet. Gängigerweise werden mehrstufige Verfahren empfohlen, die

- in einer **Vorstufe** aufgrund von Tiefeninterviews und/oder Pilotstudien vor allem die Imagekomponenten erforschen;
- in der **Hauptstufe** repräsentative Befragungen bei den verschiedenen Zielgruppen der Imageanalyse durchführen, welche vor allem die subjektiven Einschätzungen des Images erfassen; dabei ist insbesondere auf die Berücksichtigung von „Kontrastgruppen" zu achten, die auf verschiedene Images hinweisen;
- **Kontrolluntersuchungen** mit gleicher Methodik in längerfristigen Abständen durchführen, um Veränderungen des Images zu erfassen.

**(1) Ist-Analyse des Images**

Zur Bestimmung des Ist-Images sind (1) die Zielgruppen („Subjekte") auszuwählen, deren Wahrnehmungen von Interesse sind, sowie (2) die Objekte zu bestimmen, in bezug auf die Images zu erstellen sind. In einem dritten Teilschritt sind die Imagekomponenten zu benennen und zu bewerten.

**(1a) Image-Subjekte (Zielgruppen)**

In einem ersten Schritt der Imageanalyse sind die **Bewertungssubjekte** zu bestimmen („Zielgruppen"). So fallen Imageeinschätzungen sehr unterschiedlich aus, je nachdem ob die einschätzenden Personen

- bereits Kenntnis des jeweiligen Bewertungsobjektes haben oder
- Einschätzungen ohne sachliche Kenntnisse vorgenommen werden.

Im Tourismus ist dies zumeist die Frage, ob Personen die jeweiligen Reisegebiete bereits aus eigener Reiseerfahrung kennen oder noch nicht im jeweiligen Zielgebiet waren. Aber auch zwei weitere Bewertungszielgruppen sind für Imageanalysen im Tourismus besonders wichtig:

- die **Bereisten**: auch die Bewohner der Zielgebiete sind hinsichtlich ihrer Einschätzung zu befragen. Dies ergibt das Eigenimage oder die Corporate Identity. Soweit Eigen- und Fremdimage auseinanderfallen sind besondere Maßnahmen erforderlich. Dabei können weitere Untergruppen unterschieden werden, je nachdem inwieweit die Einheimischen an der touristischen Leistungserstellung beteiligt sind.
- die **Leistungsträger** oder Reiseveranstalter: Im Tourismus sind ferner die Imageeinschätzungen der verschiedenen Tourismusproduzenten, v.a. soweit sie nicht in der jeweiligen Destination angesiedelt sind, von Bedeutung. So prägen die Transportunternehmen (wie Fluggesellschaften), die Reiseveranstalter usw. aus den Heimatländern in einem bedeutenden Maß das Image der Zielgebiete mit.

Die **Medien** werden zumeist als „neutrale" Übermittlungsfaktoren angesehen, obwohl auch sie häufig subjektiv imageprägend sind. Folglich sind gegebenenfalls Medien und Multiplikatoren als weitere Bewertungszielgruppe hinzuzuziehen.

**(1b) Bestimmung der Image-Objekte**

Objekte touristischer Imageanalysen sind üblicherweise Destinationen, Reiseveranstalter und/oder Verkehrsmittel. In jedem Fall ergeben sich vielfache Images, je nachdem, welche spezielle Funktion die jeweiligen Imageobjekte erfüllen (sollen), z.B. ob

- **Destinationen** für Urlaubs- oder Geschäftsreisen, für Öko-Tourismus, Tagungen oder für Events beurteilt werden sollen,
- **Reiseveranstalter** Familienurlaub, Kultur- oder Sport-Tourismus usw. anbieten,
- **Verkehrsmittel** für die Haupturlaubsreise, für Kurzreisen, für Geschäftsreisen usw. zu nutzen sind.

Zudem ist bei der Objektbestimmung im Tourismus der Prozeßcharakter sowie die Komplementarität der touristischen Leistungserstellung zu berücksichtigen.

**(1c) Bewertung der Imagekomponenten**

Weitere Aufgabe der Imageforschung ist es, die verschiedenen Imagekomponenten zu bestimmen und zu bewerten. Dies geschieht methodisch weitgehend parallel zur Betriebsbewertung mit Hilfe der Ressourcenanalyse bzw. der Stärken-Schwächen-Analyse, wobei allerdings die qualitative Kriterienbestimmung wissenschaftlich noch wenig erforscht ist. Die Imagebewertung hat im einzelnen einen Set relevanter Kriterien zu entwickeln, nach denen die Destination zu bewerten ist (z.B. mit Hilfe der Methode des „semantischen Differentials").

**Beispiele:**
In der Imageanalyse des STUDIENKREISES 1992 für Urlaubsregionen sind fünf Gruppen von Imagedimensionen formuliert worden (vgl. STUDIENKREIS 1992: 17f):
(a) Vorstellungen von Land und Leuten, d.h. eher allgemeine soziokulturelle, ökonomische oder mentalitätsmäßige Merkmale eines Landes und seiner Bewohner,
(b) Vorstellungen über die typischen Urlaubsinhalte, die ein Land bietet,
(c) Vorteile eines Urlaubslandes,
(d) Nachteile eines Urlaubslandes,
(e) Vorstellungen über die spezifisch touristischen Qualitäten/Angebotsaspekte eines Urlaubslandes.

Im einzelnen finden sich die verschiedenen Imagekomponenten in Abb. D-56. Zur Bewertung wurden zweipolige Antwortkategorien („trifft zu" – „trifft nicht zu") verwendet und in bezug auf die prozentuale Zustimmung ausgewertet. Dies ergab für jedes Urlaubsland fünf Imageprofile (vgl. STUDIENKREIS 1992). Als Beispiel ist in Abb. D-57a das Imageprofil in bezug auf allgemeine Eigenschaften für Bayern aufgenommen worden. Ferner wurde für die 21 untersuchten Urlaubsländer noch eine Gesamtbewertung nach „Sympathiewerten" vorgenommen (vgl. Abb. D-57b).

| Allgemeine Eigenschaften eines Landes bzw. seiner Bewohner | Vorstellungen über typische Urlaubsinhalte in einem Reiseland | Angebotsaspekte und spezifische touristische Qualitäten eines Urlaubslandes |
|---|---|---|
| aufregend<br>weltoffen<br>traditionsbewußt<br>sympathisch<br>verschlossen<br>nationalistisch<br>modern/fortgeschritten<br>arm/unterentwickelt<br>natürlich<br>individuell<br>wohlhabend<br>langweilig<br>deprimierend<br>geschichtsträchtig | Landschaft/Natur<br>Sport<br>Komfort<br>Abenteuer<br>Romantik<br>Sicherheit<br>Entspannung<br>Gesundheit<br>Ruhe<br>Prestige<br>Spaß/Vergnügen<br>Genuß<br>Exotik<br>Fitneß<br>Kultur<br>Gemütlichkeit<br>Ungezwungenheit/Freiheit | breites Angebot<br>komfortable Unterkünfte<br>einfache Unterkünfte<br>gute Sportmöglichkeiten<br>gute Ausflugsmöglichkeiten<br>gutes Freizeitangebot<br>interessante Rundreisen<br>gute Einkaufsmöglichkeiten<br>gute kulturelle Veranstaltungen<br>gute Küche/Essen<br>nette Lokale<br>schöne Naturparks |

| Vorteile eines Urlaubslandes | Nachteile eines Urlaubslandes |
|---|---|
| schöne Landschaft<br>viel Sonne/Wärme<br>inter. Pflanzen/Tiere<br>gutes Klima<br>schöne Strände<br>hübsche Urlaubsorte<br>vielfältige Landschaften<br>unberührte Natur<br>gutes Wetter<br>gute Straßenverbindungen<br>inter. Sehenswürdigkeiten<br>lebhafte Urlaubsorte<br>sehenswerte Städte<br>intakte Umwelt<br>gastfreundl. Bevölkerung<br>nicht viele Touristen<br>geeignet für Urlaub mit Schulkindern<br>geeignet für Urlaub mit Kleinkindern | starke Umweltbelastung<br>starke Umweltverschmutzung<br>starke Wasserverschmutzung<br>Fremdenfeindlichkeit<br>Lärmbelästigung<br>Kriminalität/Unsicherheit<br>verbaute Landschaft/Betonburgen<br>zu viele Touristen<br>mangelnde Sauberkeit<br>Sprachprobleme<br>zuviel Straßenverkehr in den Orten |

**Abb. D-56** Imagefaktoren für Reiseziele
(Quelle: STUDIENKREIS 1992b)

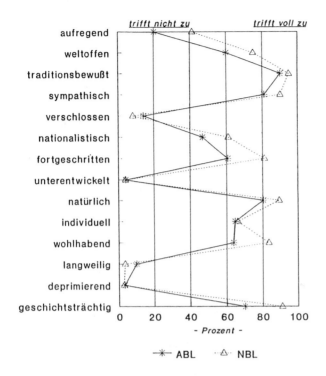

**Abb. D-57a**
Allgemeine Eigenschaften des Landes Bayern
(Quelle: STUDIENKREIS 1992b: 23)

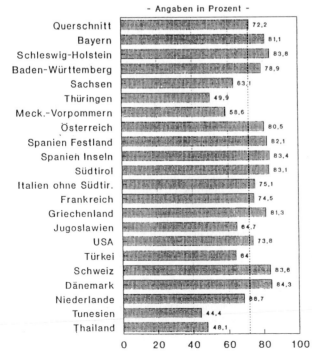

**Abb. D-57b**
Sympathiewerte verschiedener Länder
(Quelle: STUDIENKREIS 1992b: 203)

## (2) Soll-Image

Auf der Grundlage des vorhandenen Images von Destinationen (oder von anderen Objekten) kann ein Soll- oder Wunsch-Image formuliert werden, das als Grundlage der verschiedenen Maßnahmen zur Imageveränderung dient. Als wichtige Anforderungen an ein Soll-Image werden u.a. formuliert (vgl. u.a. KOTLER/HAIDER/REIN 1994: 188ff):

- **Gültigkeit** des Images: es darf keine zu große Abweichung des gewünschten Images von der Realität geben.
- **Glaubwürdigkeit** des Images: eng mit der Gültigkeit des Images hängt dessen Glaubwürdigkeit zusammen.
- **Einfachheit** des Images: die Imageaussagen sollten sich auf wenige Attribute beziehen. Zu viele Images bzw. Imagekomponenten führen zu Verwirrung. Die Entscheidung für wenige Imagekomponenten ist eine wichtige Aufgabe der Imagegestaltung.

  **Beispiel:**
  Sachsen hat Anfang der 90er Jahre bei Touristen ein ausgeprägtes Kultur-Image. Zwar wäre es aus Sicht des Landesfremdenverkehrsverbandes als Marketingträger auch wünschenswert, weitere Komponenten des Reiselandes Sachsen herauszustellen, wie: naturbezogen, familienfreundlich, für Jugendliche usw., womit weitere Zielgruppen anzusprechen wären. Doch aus Sicht der Imageforschung sind einige wenige, klare Imagekomponenten empfehlenswerter als ein „Image-Sammelsurium".

- **Reizvolles Image:** das Image muß ansprechend sein.

  **Beispiele:**
  „I love Bonn" oder „Das Sonnenparadies"

- **Differenzierendes Image:** zwar sind die zuvor benannten Image-Slogans sicherlich reizvoll, doch da mittlerweile immer mehr Orte sich dieser Slogans bedienen, sind sie wenig differenzierend.

„Nur wenn die Imagequalität einer Region empirisch geprüft ist, können Feriengebiete oder Anbieter touristischer Leistungen gezielt an einer marktpsychologisch vorteilhaften Imagekonturierung ‚feilen' oder bestimmte Zielgebiete den passenden Urlauberzielgruppen anbieten. Mit nebulösen Vorstellungen über public Images läßt sich heute jedenfalls keine Imageprofilierung erreichen, die speziell auf bestimmte Regionen zugeschnitten ist" (STUDIENKREIS 1992: 16).

## (3) Image-Strategien: Verhältnis von Realität und Image

Image-Strategien hängen vom Verhältnis des Ist- und Soll-Images bzw. von Image und Realität ab. Dabei sind vier Konstellationen möglich (mit entsprechenden Strategien), vgl. Abb. D-58:

1. Die Realität und das Image sind gleich und werden positiv beurteilt. Maßnahmen: „Pflege" des Images, um diesen Zustand zu erhalten und an evtl. neue Entwicklungen anzupassen.
2. „Schlechtes" Image und objektiv negative Realität. Maßnahmen: Verbesserung der Realität und entsprechende Kommunikation nach außen.
3. Das Image ist „schlechter" als die Realität.
   Maßnahmen: Verbesserung der Kommunikation.
4. Die Realität ist schlechter als das Image. Maßnahmen: Verbesserung der Realität, damit sich die zu erwartenden negativen „Eindruckswerte" nicht in einer anhaltenden Verschlechterung des Images niederschlagen.

| Realität | Image | Image-Strategie |
|---|---|---|
| positiv | positiv | "Pflege" des Images |
| negativ | negativ | Verbesserung der Realität und entsprechende Kommunikation nach außen |
| positiv | negativ | Verbesserung der Kommunikation |
| negativ | positiv | Verbesserung der Realität |

**Abb. D-58** Image-Strategien

**(4) Maßnahmen**

Imagegestaltung ist vor allem eine Aufgabe der Produkt- sowie der Kommunikationspolitik. Sie sind mit den anderen Instrumenten des Marketing-Mix, wie Preis- und Vertriebswegepolitik entsprechend abzustimmen. Dabei werden die Möglichkeiten von Imagekorrekturen (nicht nur im Tourismus) in der Regel sehr skeptisch eingeschätzt:

„Nichts ist schwieriger, als ein schlechtes Image abzulegen. Dies gilt nicht nur für jeden einzelnen in seinem Bekanntenkreis, sondern eben auch für Ferienziele. Auf der anderen Seite lassen sich gute Images aber auch gar nicht so leicht erschüttern. (Z.B. hat das Robbensterben an der Nordsee dem Image Schleswig-Holstein so gut wie gar nicht geschadet. Allerdings haben die Schleswig-Holsteiner auch einiges gegen den möglichen Imageverlust getan.)" (JASPER 1992: 142)

**(4a) Produktpolitik zur Imagekorrektur**

Soweit eine mangelhafte Leistungspolitik ursächlich für ein unerwünschtes Image ist, können durch entsprechende produktpolitische Maßnahmen die Voraussetzungen für eine Imagekorrektur geschaffen werden. Allerdings ist es in einem weiteren Schritt notwendig, die Produktveränderungen den Image-Zielgruppen auch entsprechend zu vermitteln. In bezug auf die Produktgestaltung zeigt sich in der Imageforschung das interessante Phänomen des „Heiligenscheineffektes":

„Gelingt es, ein Produkt in einer für den Käufer sehr bedeutsamen Eigenschaft positiv zu profilieren, so hat man oft den Effekt, daß andere, weniger günstig beurteilte Produkt-Dimensionen nicht betrachtet oder beurteilt werden. Der Käufer neigt dazu, das für ihn in einer zentralen Eigenschaft positiv gesehene Produkt auch in anderen Eigenschaften günstig zu beurteilen." (JASPER 1992: 140)

**(4b) Kommunikationspolitik und Imagekorrekturen**

Häufigste Mittel für die Imagepolitik sind kommunikative Maßnahmen. Zum einen kann eine unzureichende Kommunikationspolitik ursächlich für ein unerwünschtes Image gewesen sein, zum anderen müssen auch Leistungsänderungen vermittelt werden. Entsprechend bieten sich für den Aufbau und die Ausgestaltung von Images im Marketing aus der Palette des Marketing-Instrumentariums vor allem kommunikative Maßnahmen an.

Das Image ist kein statisches Phänomen, sondern einer ständigen Dynamik ausgesetzt. Es ist das Ergebnis eines ständigen Kommunikationsprozesses zwischen Sender und Empfänger. Als Kommunikationsmedien dienen TV, Rundfunk, Presse usw., aber auch der direkte Kontakt von Imageobjekt und Kunde. Nur in den wenigsten Fällen stimmen auch über die CI-Kommunikation Selbstbild und Fremdbild („Image") überein.

Da in Kommunikationsprozessen immer nur Teile der ausgesandten Informationen („Botschaften") beim Empfänger ankommen und dieser wiederum nur Teile davon wahrnimmt bzw. auswählt, ist jeder Kommunikationsprozeß unvollständig. Der Kommunikationserfolg hängt von zwei Faktoren ab: Einerseits von der Fähigkeit des Senders, eine Botschaft so zu verschlüsseln, daß der Empfänger (die Zielgruppe) diese verstehen kann. Der Sender muß dazu die Kommunikationsgewohnheiten des Empfängers kennen. Andererseits sind es die Gewohnheiten des Empfängers, eine Botschaft aufzunehmen, sie zu entschlüsseln und zu deuten. Images entstehen aber aufgrund dieser – zwangsläufig – unvollständigen Kommunikation und können durch entsprechende ergänzende kommunikative Maßnahmen beeinflußt werden.

„Auf der Basis empirischer Imageanalysen kann dann versucht werden, die positiven Imagefacetten einer Urlaubsregion im Rahmen der Öffentlichkeitsarbeit zu betonen, zu kultivieren und konkret in entsprechende optisch-verbale Werbestrategien umzusetzen. Es kann aber auch versucht werden, die negativen Vorstellungen von einem Land (die vielleicht noch nicht einmal den Realitäten voll entsprechen) gezielt zu entkräften." (STUDIENKREIS 1992:16)

Wichtige kommunikative Maßnahmen für die Imagepolitik sind:

- **Image-Kampagnen** versuchen zumeist, mit kurzen Aussagen („Slogans") die wesentlichen Komponenten (die „Image-Message") zu kommunizieren. So ist vor allem ein Slogan in Verbindung mit einer spezifischen Kampagne zu entwickeln.

  **Beispiele** für Slogans von Imagekampagnen:
  - Spanien: Alles unter der Sonne
  - Aruba: Unser einziges Geschäft sind Sie
  - TUI: Schöne Ferien – Sie haben es sich verdient
  - NUR: Neckermann machts möglich
  - Scharbeutz: Wir bieten mehr als Meer
  - Sachsen: Einfach stark
  - Flughafen Dresden: Der Zeitgeist fliegt

- **Events:** Häufig werden Events usw. als geeignete Image-Maßnahmen gesehen. So sind insbesondere internationale Events geeignet, ein internationales Image aufzubauen.

  **Beispiele:**
  - Leichtathletikweltmeisterschaften Stuttgart 1994
  - Expo 2000 in Hannover

  Allerdings können Events bei Mißerfolgen auch negative Wirkungen auf das Destinations-Image haben:

  **Beispiele:**
  - Flugschau Ramstein

- WM-Boxkampf Schulz-Bota 1995 in Stuttgart, wonach seitens der Stadt entschieden worden ist, keine Boxkampfveranstaltungen mehr in Stuttgart austragen zu lassen.

**(5) Umsetzung**

Für die Umsetzung von Image-Maßnahmen sind die entsprechenden personellen, zeitlichen, finanziellen und organisatorischen Maßnahmen zu ergreifen, auf die hier nicht gesondert eingegangen wird.

Im organisatorischen Bereich ist insbesondere die **Trägerschaft** von Imagemaßnahmen im Tourismus problematisch. Da das touristische Gesamtprodukt durch eine Vielzahl von Leistungsträgern erstellt wird, tragen auch zahlreiche Träger zur Imagebildung bei. Auf der anderen Seite kann das Image von touristischen Destinationen quasi als gemeinschaftliches oder als öffentliches Gut angesehen werden, für das keine direkte Zurechenbarkeit der einzelnen Leistungs- oder Imageanteile möglich ist. Entsprechend sind Imagemaßnahmen Aufgaben öffentlicher Träger oder eines Makro-Marketing.

Aus zeitlicher Sicht ist insbesondere auf die **Langfristigkeit von Imageveränderungen** hinzuweisen.

„Dabei muß man allerdings berücksichtigen, daß Versuche einer Imageveränderung nur als langfristige und mehrgleisige Prozesse erfolgreich sein können. Denn Images entstehen generell sehr langsam in vielschichtigen und komplexen Beziehungsmustern. Sie können dann auch nicht kurzfristig, sozusagen mit einer einzigen zündenden Werbekampagne, verändert werden. Images besitzen erfahrungsgemäß ein relativ ausgeprägtes Trägheitsmoment." (STUDIENKREIS 1992:16)

**(6) Image-Kontrolle**

In bezug auf das Image sind in größeren Abständen Image-Kontrollen durchzuführen. Nur so kann ermittelt werden, inwieweit zwischenzeitliche Maßnahmen das Image in die gewünschte Richtung verändert haben: „Eine Region kann beispielsweise anhand ihrer aktuellen Imagekonturen erkennen, ob langjährige tourismuspolitische Strategien (oder auch Versäumnisse) sich bereits in den Vorstellungen der potentiellen Besucher niedergeschlagen, oder ob vermeintliche Defizite einer Region von den Deutschen vielleicht gar nicht als solche eingestuft werden." (STUDIENKREIS 1992:16f)

### 4.3.2.3 Fazit

Images gehören zu den wichtigsten Entscheidungskriterien in bezug auf touristische Zielgebiete oder Leistungsträger. Methodisch können die einzelnen Schritte für Imageanalysen analog zur Marketing-Management-Methode durchgeführt werden.

Allerdings werden die Möglichkeiten für Imagekorrekturen – sowohl in die positive als auch in die negative Richtung – im Marketing sehr skeptisch eingeschätzt. Dies hängt nicht zuletzt mit den sehr komplexen Entscheidungsprozessen im Tourismus zusammen.

In bezug auf die touristische Imageforschung wird vielfach eine „Diskrepanz" zwischen der Bedeutung von Images für die Reiseentscheidung und der wissenschaftlichen Imageforschung beklagt:

„Selbst wenn man davon ausgeht, daß die größere Zahl von Image-Analysen, die Touristikunternehmen in Auftrag gegeben haben, nicht veröffentlicht worden sind, so wird doch eine Diskrepanz zwischen verbal herausgestellter Wichtigkeit des Images für die Orientierung des Touristen einerseits und der tatsächlich dokumentierten Relevanz dieses Forschungsbereichs – gemessen an veröffentlichten Ergebnissen – sichtbar." (MEYER 1993:322)

## 4.4 Verkaufsförderung und persönlicher Verkauf

Die beiden Kommunikationsinstrumente Verkaufsförderung und Persönlicher Verkauf werden hier – im Unterschied zu vielen anderen Systematiken der Kommunikationsinstrumente – zusammen unter einem Oberpunkt dargestellt. Bei beiden geht es um die kommunikationspolitischen Aufgaben, die im Zusammenhang mit der Beeinflussung der Vertriebswege und -formen zu sehen sind. Im Kapitel D.3 waren die verschiedenen grundsätzlichen Möglichkeiten der Distribution aufgezeigt worden. Dabei wurde bereits auf den engen Zusammenhang mit Aufgaben der Kommunikationspolitik hingewiesen.

> **Ziele des Abschnitts D.4.4**
>
> *Die Lektüre des Punktes „Verkaufsförderung und persönlicher Verkauf" soll dazu beitragen, die Möglichkeiten der Verkaufsförderung und des persönlichen Verkaufs für die jeweilige Organisation zu prüfen. Die verschiedenen Maßnahmen sollen helfen, die in Phase II entwickelten Strategien zu verwirklichen; sie mit anderen Elementen der Kommunikationspolitik abzustimmen und in das Gesamt-Marketing-Mix einzufügen.*

### 4.4.1 Grundlagen der Verkaufsförderung im Tourismus

Während die Distributionspolitik vor allem den Vertrieb der fertigen Produkte oder bei touristischen Dienstleistungen – der Anrechte auf touristische Leistungen in den Vordergrund der Betrachtung stellt, sind verkaufsfördernde Maßnahmen im Rahmen der Kommunikationspolitik in der Regel **vor** den eigentlichen Kaufabschluß gestellt. Es geht im wesentlichen darum, über die jeweiligen Vertriebswege möglichst gut mit dem Kunden zu kommunizieren, um ihn zu den jeweiligen Verkaufsabschlüssen zu bewegen. Hierbei stellt Verkaufsförderung weniger auf die direkten Kontakte zwischen Hersteller und Kunden ab als vielmehr auf die **indirekten** Kontakte des Herstellers über die Vertriebswege.

Im einfachsten Fall des **persönlichen Verkaufs** fallen die distributions- und kommunikationspolitischen Überlegungen weitgehend zusammen. Über persönliche Verkäufer wird grundsätzlich der **direkte** Kontakt von Hersteller und Verbraucher gesucht.

Hingegen sind Maßnahmen der **Verkaufs- oder Vertriebswegeförderung** vorrangig auf die kommunikativen Beziehungen zwischen Hersteller und Vertriebsorgan, also auf den **indirekten** Kontakt mit den Reisenden ausgerichtet.

**Zum Begriff:** Die Bezeichnungen Verkaufsförderung oder persönlicher Verkauf sind strenggenommen irreführend, da bei den im Rahmen der Kommunikationspolitik be-

# 4. Kommunikationspolitik im Tourismus

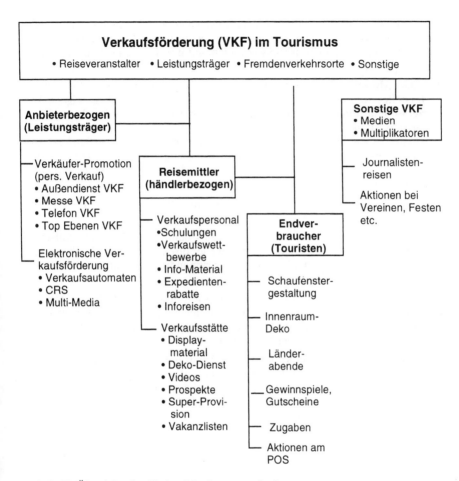

Abb. D-59 Übersicht über Verkaufsförderungsmaßnahmen

handelten Maßnahmen nicht die Förderung des gesamten Verkaufs gemeint ist, wie dies durch alle Marketingmaßnahmen versucht wird, sondern es geht lediglich um die Kommunikation mit den Vertriebswegen. Folglich wären die Bezeichnungen „Förderung des persönlichen Vertriebsweges" und „Vertriebswegeförderung" zutreffender. Doch in der deutschen Marketingsprache haben sich letztere Bezeichnungen (noch) nicht durchgesetzt.

Häufig werden anstelle der deutschen Bezeichnungen die englischen Begriffe „sales promotion" (wörtlich: Verkaufsförderung), „dealer promotion" (Handels- oder Händlerförderung) sowie „consumer promotion" und „merchandising" (Kauf- oder Käuferförderung) verwendet. Hierdurch entstehen weitere Abgrenzungsprobleme, insbesondere ist in der deutschen und angelsächsischen Literatur umstritten, inwieweit sales promotion als Oberbegriff oder lediglich als Abgrenzung gegenüber dem merchandising anzusehen ist.

Verkaufsförderung umfaßt letztlich die verschiedenen Maßnahmen zur Unterstützung der Vertriebswege. Je nach Vertriebsform und -weg sind verkaufsfördernde Maßnahmen im Tourismus vor allem auf drei Ebenen bzw. in drei Bereichen angesiedelt (vgl. Abb. D-59):

- **Anbieterbezogen:** Hier sind es Maßnahmen, die im **eigenen** Einflußbereich des Herstellers erfolgen können, also in der Regel in bezug auf die **eigene Vertriebsorganisation und die eigenen Mitarbeiter** (wie Außendienst, Innendienst, Vertrieb, Kundendienst,, engl. „staff promotion"). Neben der Verkäuferpromotion sind es vor allem Maßnahmen der Förderung des elektronischen Vertriebs, wie CRS usw. Im Tourismus werden diese Maßnahmen der Vertriebsförderung von Reiseveranstaltern und den Leistungsträgern sowie von Fremdenverkehrsorten eingesetzt.

- **Handelsbezogen:** Groß- und Einzelhandel, im Tourismus vor allem Reisemittler, Buchungsstellen, engl. „dealer promotion".

- Beim **Endverbraucher** (am Ort des Verkaufs, beim Touristen, engl. „consumer promotion" oder „merchandising"): entweder direkter Kontakt durch den Leistungsträger mit dem Kunden oder durch den indirekten Kontakt über Reisemittler.

Als vierter Bereich lassen sich verkaufsfördernde Maßnahmen über **Medienvertreter**, z.B. Journalisten, unterscheiden. Strenggenommen sind dies aber keine Maßnahmen im Hinblick auf die traditionellen Vertriebswege, sondern stellen bereits Maßnahmen der Öffentlichkeitsarbeit dar.

Dabei ist der **persönliche Verkauf**, der oftmals getrennt von der Verkaufsförderung bzw. Vertriebswegeförderung behandelt wird, strenggenommen stets ein Unterfall der jeweiligen Kontaktebene: erstens zwischen eigener Verkaufsorganisation und Kunden, zweitens zwischen Herstellerorganisation und Reisemittlern und drittens zwischen Reisemittlern und Kunden. Als weiterer Fall der persönlichen Kommunikation im Tourismus ist der persönliche **Einkauf** der verschiedenen Tourismusbetriebe untereinander (z.B. der Reiseveranstalter bei den Leistungsträgern oder der Reisemittler bei den Reiseveranstaltern) zu nennen.

### 4.4.2 Maßnahmen der Vertriebswegeförderung („Verkaufsförderung")

Verkaufsförderung hat sich mehr und mehr zu einem wichtigen Element der Kommunikationspolitik entwickelt. Dabei ist dieser Teilbereich des Marketing nur sehr schwierig abzugrenzen, da er verschiedene Maßnahmen umfaßt, die auch in anderen Teilbereichen des Marketing (-Mix) enthalten sind, so z.B.

- Preispolitik: Preisbezogene Sonderaktionen,
- Vertriebswegepolitik: Entwicklung der Vertriebssysteme (Filialen, CRS usw.), Verkaufsschulungen,
- Werbung: Displays, Prospekte usw.

Die verschiedenen **Maßnahmen** der Vertriebswegeförderung lassen sich hinsichtlich ihrer Wirkung auf die Verkäufer (eigene oder fremde), den Handel und die Verbraucher näher erläutern:

## (1) Verkäufer-Promotion im Tourismus

Verkäufer-Promotion umfaßt Maßnahmen für die eigenen Mitarbeiter („Staff-Promotion") und den Handel („Dealer-Promotion"). In beiden Fällen sind es vor allem Maßnahmen zur Verbesserung der Verkaufsqualifikation (Verkäuferschulung) und zur Einführung von Anreizsystemen. Soweit Verkaufshilfen hinzukommen, bewegt man sich meist im Bereich der Handelspromotion.

Für Schulungen des Verkaufspersonals und Hilfen mittels detaillierter Verkaufsunterlagen werden die Möglichkeiten eines qualifizierten Verkaufs verbessert. Ferner stellen verschiedene Anreizsysteme, wie z.B. Wettbewerbe, Zusatzvergütungen (Prämien und Bonus) Möglichkeiten zur Verkaufsintensivierung dar. In letzter Zeit ist hier der Bereich der „Incentives" bedeutsam geworden, der als Anreizsystem zur Motivation von Verkäufern gilt.

**Beispiele:**
- Schulungsprogramme für Verkäufer: Gruppentraining, Rollenspiel, Video-Training, Einzeltraining,
- Verkäufertreffs, Tagungen, Konferenzen, Messen, Info-Reisen, Länderabende,
- Verkaufsunterlagen, Präsentationsmappen, Sales Guides, Medienhilfe,
- Fallbeispiele, Argumentationshilfen,
- Rundbriefe, Vakanzlisten,
- Wettbewerbs- und Bonussysteme, „Incentives",
- Reisebüro-Wettbewerbe

## (2) Handels-Promotion

Maßnahmen der Handels-Promotion wirken auf das Verkaufspersonal sowie auf die Verkaufsstätte. Verkaufsfördernde Maßnahmen für Mitarbeiter des Handels, im Tourismus v.a. der Reisemittler, sind ganz ähnlich wie die zuvor genannten Verkäufermaßnahmen vorwiegend auf finanzielle Anreizsysteme zum Verkauf der eigenen touristischen Leistungen (wie Provisionen, Freiflüge, Werbezuschüsse) gerichtet. Als weiteres Mittel der Verkaufsförderung gelten Marktinformationen (wie Rundbriefe, Sales Guide usw.).

In bezug auf die Verkaufsstätte ist hier die Fülle der materiellen Hilfsmittel zur Verkaufsförderung bedeutsam (wie Display-Material, Deko-Dienste, Gemeinschaftswerbung usw.).

**Beispiele:**
- Verkaufswettbewerbe, Provisionen, Sonderpreise, Geschenke (z.B. Weihnachten),
- Display-Material (Aufsteller, Regalschilder, Regale),
- Deko-Dienst (für Schaufenster und Verkaufsstätten),
- Handzettel, Prospekte,
- Video-Präsentation, Neue Medien,
- Verteilen von Warenproben, Hostessendienst usw.,
- Veranstaltungen (Einkaufstagungen, Fachseminare, Messen),
- Marketing-Analysen,
- Gemeinschaftswerbung, Plakat- oder Medienaktion (Werbespots, Anzeigen)

## (3) Verbraucher-Promotion

Bei der Verbraucher-Promotion sind die Grenzen zur – direkten – Kundenwerbung fließend. Im wesentlichen sind es ganz ähnliche händlerunterstützende Maßnahmen, wie bei der Verkäufer- und Handels-Promotion bereits erwähnt.

Die Verbraucher-Promotion wendet sich darüber hinaus aber mit weiteren Maßnahmen direkt an den Endverbraucher.

Zur Abgrenzung der Verbraucher-Promotion wird im Marketing oft der Ort der kommunikationspolitischen Aktivität als Kriterium mit herangezogen: Meist findet sie am „Point of Sale" (POS) oder „Point of Purchase" (POP), also am Ort des (Ver)Kaufs statt. Hingegen werden mit den Kommunikationsmitteln Werbung und Öffentlichkeitsarbeit die Kunden auch an anderen Orten (v.a. zu Hause und/oder bei der Mediennutzung) erreicht.

Verkaufsförderung am Buchungsort (in Reisebüros und auf Messen) ist oftmals erlebnisorientiert und spricht die emotionale Ebene der Käufer an („Aktionswerbung").

**Beispiele:**
- Messeangebote, Musik, Folklore,
- Verlosungen, Sonderpreise, Aktionspreise, Preisausschreiben,
- Kostproben (regionale Küche, Getränke),
- Gutscheine, Sammelmarken, Bon-Hefte,
- Zugaben, „Give-aways": Reiseführer, Prospekte,
- Länderabende für Kunden der Reiseveranstalter oder Destinationen

Am Verkaufsort werden immer häufiger Nebenleistungen und -produkte angeboten, sog. **„Merchandising"** oder **„Licensing"**. Unter dem Begriff des Merchandising werden profitneutrale Maßnahmen zur „Kauf- oder Käuferförderung" verstanden, insbesondere Werbe- oder Streumittel. Hingegen stellt Licensing eine profitable Einnahmequelle dar. Im deutschsprachigen Bereich werden beide Begriffe aufgrund langjähriger Gewohnheit weitgehend synonym verwendet (vgl. genauer BÖLL 1999). Inzwischen hat der Verkauf dieser Leistungen in verschiedenen Branchen so an Bedeutung gewonnen, daß er über die bloße Unterstützung des eigentlichen Hauptproduktes hinausgeht und zu einem relativ eigenständigen Verkaufsbereich geworden ist.

**Beispiele:**
- Kaffeefilialen erzielen ca. 50% ihres Umsatzes durch den Verkauf anderer Produkte.
- Sportvereine der Fußballbundesliga verkaufen Fan-Artikel in Millionenhöhe.

Im Tourismus steht diese Entwicklung erst am Anfang.

### (4) Sonstige Verkaufsförderung

Als weitere verkaufsfördernde Maßnahmen können kommunikationspolitische Maßnahmen in bezug auf die sonstigen Vertriebswege angesehen werden. Hierbei sind vor allem Medienkontakte oder Multiplikatoren, ferner Club- oder Vereinsvorsitzende Ziel entsprechender Maßnahmen, wobei der Übergang zur Öffentlichkeitsarbeit fließend ist (vgl. D.4.5).

### 4.4.3 Persönlicher Verkauf (und Einkauf)

Bei touristischen Leistungen ist der persönliche Kontakt des Verkäufers mit dem Käufer eine wichtige Marketingaufgabe. Insbesondere bei stark erklärungsbedürftigen Leistungen, wie dies im Tourismusbereich oftmals der Fall ist, ermöglicht die persönliche Kommunikation einen größeren Erfolg. Der Verkäufer kann die verschiedenen Aspekte der jeweiligen Leistung unmittelbar erläutern und so auch auf mögliche Einwände und Rückfragen sofort reagieren.

Als Möglichkeiten des persönlichen Verkaufs sind folgende Bereiche und Formen zu unterscheiden, wobei zum Teil Überschneidungen mit dem Verkauf über Reisemittler gegeben sind:

- **Außendienstverkauf:** Hier besuchen die Verkäufer die Konsumenten bzw. Händler.
- **Messeverkauf:** Hier erfolgt der Kontakt über organisierte Veranstaltungen und Einladungen.
- **Telefonverkauf:** Als Sonderform des „persönlichen" Kontaktes sind Telefonaktionen zu sehen, bei denen sich Reiseanbieter direkt über das Telefon an die Kunden wenden.
- **Top-Ebenen-Verkauf:** Hier verhandeln (und verkaufen) die Personen der Geschäftsleitung; meist geht es um Grundsatzentscheidungen bzw. Geschäfte von großer Tragweite für die Institution.
- **Filialverkauf** (Counter-Verkauf): Soweit der persönliche Verkauf über eigene Verkaufsstätten (Filialen usw.) erfolgt, handelt es sich im Tourismus um Vertrieb über Reisemittler (s. 4.4.2(2) Handelspromotion).

**Beispiele:**
- Top-Ebene: Aufnahme neuer Destinationen oder Transportrouten in das Programm,
- Außendienst: Persönlicher Besuch von Reiseveranstaltern in den Reisebüros (Agenturbetreuung), Anbahnung von Gruppen- und Firmenkundengeschäften,
- Messen: ITB.

Diese Formen des persönlichen Kontaktes sind im Verkaufsbereich sowohl gegenüber dem Endverbraucher (Touristen), als auch zwischen verschiedenen touristischen Leistungsträgern von Bedeutung. In allen Fällen kann ein unmittelbarer Kommunikationsaustausch erfolgen, der sowohl die Informations- als auch die vertragliche Ebene betrifft.

Die wichtigste Aufgabe des persönlichen Verkaufs im Tourismus ist der „Counter-Verkauf", insbesondere durch Reisemittler. Die Bezeichnung Reisemittler nimmt eine Trennung der Veranstaltertätigkeit und der Leistungsträgeraufgaben von den Verkaufs- und Vermittlungstätigkeiten usw. wahr. Insofern sind mit Reisemittlern nicht nur „Reisebüros", sondern auch die Vertriebsstellen der Transportunternehmen oder von Beherbergungsbetrieben gemeint.

Bei diesen im Tourismus weit verbreiteten Formen des persönlichen Verkaufs wird das Kaufverhalten der Kunden maßgeblich durch die Beratungs- und Überzeugungsleistung des Personals beeinflußt, das mit den Kunden in direkten Kontakt tritt. Durch das Verkaufsgespräch soll der Kunde zum Vertragsabschluß (zur „Buchung") einer bestimmten touristischen Leistung bewegt werden.

Anforderungen für die im persönlichen Verkauf tätigen Mitarbeiter sind:
- Selbstsicherheit, Kommunikationsfähigkeit,
- sehr gute Produkt- und Zielgebietskenntnisse,
- Offenheit und Leistungsbereitschaft dem Kunden gegenüber,
- Dienstleistungsmentalität,
- partnerschaftlicher Umgang mit dem Kunden,
- Kenntnisse und Anwendung der Verkaufs- und Verhandlungstechniken.

Im Tourismus ist „Verkaufen" vor allem Aufgabe des „Counter-Personals" in Reisebüros, Hotels und bei Verkehrsgesellschaften. Doch existieren auch einige weitere spezifische Vertriebsformen des persönlichen Verkaufs – und Einkaufs. So ist die Anbahnung von Gruppen- oder Firmenkundengeschäften in einem hohen Maß Aufgabe des persönlichen Verkaufs eigenständiger Abteilungen (Gruppen-, Firmenkundenabteilung).

Während im Marketing vor allem Aspekte des Absatz-Marketing im Vordergrund der Betrachtung stehen, so ist im Fall des persönlichen Verkaufs auch auf die Bedeutung des **persönlichen Einkaufs** im Tourismus hinzuweisen. Insbesondere für Reiseveranstalter ist der Einkauf von Zimmer- und Transportkontingenten eine wesentliche Aufgabe der persönlichen Beziehungen zu den Leistungsträgern. Im öffentlichen Fremdenverkehr geht es um den „Einkauf", um die Beschaffung, von Zuschüssen und Tourismusfördermitteln. Hier sind es in der Regel die Geschäftsführer oder – im öffentlichen Bereich – Fremdenverkehrsdirektoren oder Bürgermeister, die die Einkaufs- oder Beschaffungsaufgaben persönlich übernehmen.

Beim persönlichen Verkauf sind ferner die **Konstanz des Personals** und die damit verbundenen persönlichen Beziehungen zwischen Käufer und Verkäufer ein wichtiges langfristiges Element, das zu einem zentralen Erfolgsfaktor werden kann. Der im Verkauf von immateriellen touristischen Leistungen bedeutsame Aufbau eines Vertrauensverhältnisses kann so erhalten und ausgebaut werden. Im Tourismus wird die Konstanz der persönlichen Beratung oftmals zu wenig erkannt. Teilzeitkräfte in Reisebüros, Aushilfskräfte in Restaurants, wechselndes Counterpersonal an der Hotelrezeption erschweren den Aufbau einer Stammkundschaft.

Auf der anderen Seite bestehen im Tourismus zunehmend Tendenzen zur **Abkehr vom persönlichen Verkauf**. Vor allem in bezug auf die traditionelle Rolle der Reisebüros wird in Zukunft durch elektronische Vertriebswege eine gewisse Substitution erfolgen. Auch bei den Leistungsträgern ersetzen immer häufiger Ticketautomaten den persönlichen Verkauf von Fahrscheinen und Flugtickets.

Der persönliche Verkäufer übernimmt gleichzeitig verschiedene **weitere Funktionen** aus anderen Bereichen des Marketing:

– **Distribution:** er übernimmt den Vertrieb der Leistungen,
– **Marktforschung:** er erhält Informationen über die Wünsche der Kunden,
– **Controlling:** er kontrolliert den Marketing- und Kommunikations-Erfolg,
– **Produktpolitik:** er übernimmt zum Teil den Service-Kundendienst,
– **Public Relations:** er trägt zur Imagebildung in der Öffentlichkeit bei.

„Der moderne Verkäufer ist nicht mehr der Boxer, der nach der Hochdruckmethode Produkte in den Markt preßt, sondern vielmehr ein polyvalenter Marketing-Kontaktmann." (JÄGGI 1987: 22)

### 4.4.4 Exkurs: Verkaufspsychologie im Tourismus

Entsprechend der großen Bedeutung des persönlichen Kundenkontaktes in der Potentialphase nimmt die Behandlung der Verkaufspsychologie und -technik für den persönlichen Verkauf im Tourismus größeren Raum ein.

| AIDA | BEDAZA | DIBABA | VERKAUFSPLAN |
|---|---|---|---|
| A-Attention<br>I-Interest<br>D-Desire<br>A-Action | B-Begrüßung<br>E-Eröffnung<br>D-Demonstration<br>A-Abschluß<br>Z-Zusatzverkauf<br>A-Abschied | D-Definition der<br>Kundenwünsche<br>I-Identifizierung des<br>Angebots mit den<br>Kundenwünschen<br>B-Beweisführung für<br>den Kunden<br>A-Annahme der<br>Beweisführung durch<br>den Kunden<br>B-Begehren des<br>Kunden auslösen<br>A-Abschluß<br>durchführen | V-Vorplanung des<br>Arbeitseinsatzes<br>E-Erfassung der<br>Grunddaten<br>R-Referenz-Inventur<br>K-Kontaktnahme<br>A-Appell an die<br>Motivation<br>U-Untersuchung und<br>F-Fassung der<br>Bedarfslage<br>S-Spezifizierung des<br>Angebots<br>P-Prüfung der<br>Argumente<br>L-Liquidierung von<br>Einwänden<br>A-Abschlußvorschlag<br>N-Nachfaßarbeit |

**Abb. D-60** Verkaufsformeln
(Quelle: BÄNSCH 1990: 45 und die dort erwähnte Literatur)

Der Verkaufsvorgang wird üblicherweise in drei Grundphasen unterteilt, die meist noch weiter differenziert werden (vgl. BÄNSCH 1990: 45, MEYER 1991):

- **Kontaktphase:** Anbahnung des Geschäftes,
- **Verhandlungsphase:** Aufbau- und Hinstimmung,
- **Abschluß- und Weiterführungsphase:** Geschäftsabschluß mit Anbahnung weiterer Geschäfte.

Diese Sichtweise ist eng mit verschiedenen Kaufverhaltensmodellen verbunden, beispielsweise bietet die „AIDA-Formel" eine weitere Möglichkeit, die Vorgänge des Verkaufens abzubilden: AIDA – „Aufmerksamkeit erreichen, Interesse aufbauen, Wunsch zum Kauf wecken, Abschluß durchführen".

**Beispiel: Beratung im Reisebüro**

Am Beispiel der Beratung im Reisebüro unterscheidet MEYER 1991 zwei Kontaktphasen, vier Phasen des Verkaufsgesprächs und zwei Abschlußphasen:

- **Die Kontaktphase(n):**

**Kontaktphase I:** Zuwendung, d.h. Zuwendung und Registrieren des Kunden: „Auch wenn man durch ein Kundengespräch oder eine andere Beschäftigung beansprucht ist, kann man „körpersprachlich", durch Zunicken und ein begrüßendes Lächeln, durch ein „Zuwinken" ... oder durch einen kurzen Zuruf ... zu erkennen geben, daß man den Besucher wahrgenommen hat" (MEYER 1991: 373, im Orig. z.T. mit Hervorhebungen).

**Kontaktphase II:** Kundenbegrüßung und Ansprache, evtl. mit Namensnennung („Personalisierung") und Beratung „in angenehmer Atmosphäre", vorzugsweise im Sitzen.

- **Verhandlungsphase(n)**

**Kundenbedarfsanalyse:** einerseits durch „Spontanschilderung des Kunden" (Kunden sprechen lassen und „aktiv zuhören"), andererseits durch gezielte Bedarfsermittlung (W-Fragen: wer will wann, wie lange, wohin, womit verreisen, wie wohnen, wie essen, was

562  Teil D: Gestaltungsphase: Marketing-Mix im Tourismus

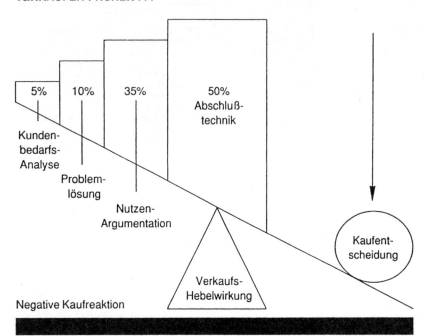

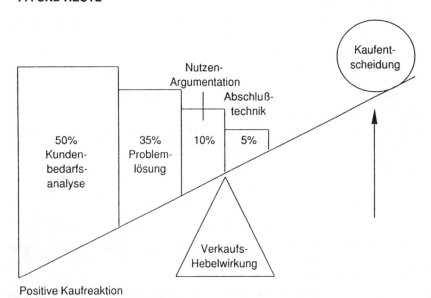

**Abb. D-61** Verkaufen früher und heute
(Quelle: MEYER 1991: 398)

tun, was wird erwartet, wieviel will/kann man ausgeben). Prioritäten soll der Kunde setzen, der Verkäufer sollte diese Phase mit einer Zusammenfassung der Anforderungen des Kunden beschließen.

**Angebotsphase:** In der Angebotsphase sollten nur wenige Alternativen angeboten werden und mit gezielten Nutzenargumentationen belegt werden.

- **Abschlußphase(n)**

**Verkaufsabschluß:** Nunmehr sollte das Gespräch zur Buchung führen. Dabei ist die Abschlußbereitschaft des Kunden zu erkennen und oftmals durch emotionale Ansprache zu unterstützen („... genau das Richtige für Sie").

Danach sollte mit einer freundlichen **Verabschiedung** des Kunden einerseits der „Kaufreue" entgegengewirkt und andererseits die Basis für eine Stammkundschaft („Kauftreue") gelegt werden.

Zeitlich sollten – nach Aussage MEYERS – beim heutigen Verkauf 50% des Zeitaufwandes auf die Analyse des Kundenbedarfs entfallen, 35% auf eine optimale Problemlösung, 10% auf die Nutzenargumentation und nur 5% auf die eigentliche Abschlußtechnik. In Abb. D-61 sind die ganz unterschiedlichen Zeitanteile der früheren Verkaufsaufgaben genannt.

## 4.5 Öffentlichkeitsarbeit (Public Relations)

Die Öffentlichkeitsarbeit wendet sich innerhalb der Kommunikationspolitik an den größten Adressatenkreis. Es geht um die „Beziehungen zur Öffentlichkeit" (engl. Public Relations), wobei öffentliches Vertrauen gegenüber dem jeweiligen touristischen Unternehmen oder einer Destination und den damit verbundenen Leistungsangeboten geschaffen oder erhalten werden soll. Diese Aufgabe ist eng verbunden mit der Entwicklung eines (positiven) Images in der Öffentlichkeit.

Der Begriff „Öffentlichkeit" wird im Zusammenhang mit PR unterschiedlich weit gefaßt. Im weitesten Verständnis zählen hierzu alle Personen und Institutionen der Gesellschaft. Doch unter ökonomischen Gesichtspunkten ist Öffentlichkeitsarbeit vor allem auf die sog. „betriebsbezogene Öffentlichkeit" gerichtet. Damit ist der Teil der gesamten Öffentlichkeit gemeint, der grundsätzlich von einer gewissen Relevanz für die jeweiligen betrieblichen Aktivitäten sein könnte. Ein solch eingegrenztes Verständnis wird in der Kommunikationswissenschaft als „Teilöffentlichkeit" oder im Marketing als „Zielgruppe" der PR bezeichnet.

Neben einer nach außen gerichteten PR (externe PR) wird auch eine nach innen gerichtete PR (interne PR) unterschieden, die im Fremdenverkehr zumeist als „Binnen-Marketing" bezeichnet wird.

> **Grundsätze der Public Relations:**
> „PR is doing right and talking about it" (Gutes Tun und darüber reden).
> „PR begins at home" (PR beginnt zu Hause/innerhalb des Betriebes).

> **Ziele des Abschnitts D.4.5**
>
> *Die Lektüre des Punktes „Öffentlichkeitsarbeit" soll dazu beitragen, für die jeweilige touristische Organisation eine effektive Öffentlichkeitsarbeit zu entwickeln, die sich im einzelnen an folgende Adressaten wendet:*
> - *externe Öffentlichkeit: Medien, Behörden, Geldgeber, Konkurrenten, Vertriebswege, Multiplikatoren, Kunden/Gäste,*
> - *interne Öffentlichkeit: Mitarbeiter touristischer Betriebe, Bewohner von Tourismusdestinationen.*
>
> *Die Öffentlichkeitsarbeit soll helfen, die in Phase II entwickelten Strategien zu verwirklichen, sie mit anderen Elementen der Kommunikationspolitik abzustimmen und in das Gesamt-Marketing-Mix einzufügen.*

### 4.5.1 Grundlagen der PR (im Tourismus)

**(1) Öffentlichkeitsarbeit oder Public Relations (PR)?**

In den letzten Jahren hat sich der angelsächsische Begriff der Public Relations (PR) auch in Deutschland als eine Bezeichnung für jede Art von Öffentlichkeitsarbeit durchgesetzt. Public Relations, übersetzt „eine Beziehung zu der Öffentlichkeit/öffentliche Beziehungen", beschreibt eine wechselseitige Beziehung zu der Öffentlichkeit in Form eines Informationsaustausches. Hier geht es vor allem um die Beschreibung eines zweiseitigen Kommunikationsprozesses. Nicht nur die PR-Aktivitäten eines Betriebes informieren die Öffentlichkeit, sondern die Public-Relations-Abteilung einer touristischen Organisation hat eine Verantwortung gegenüber der Öffentlichkeit – sie muß sich mit Ihr auseinandersetzten und Fragen der Öffentlichkeit an das Unternehmen beantworten. Für einen touristischen Betrieb bedeutet dies, daß er dazu bereit und fähig sein muß, sich je nach öffentlicher Meinung zu strukturieren bzw. umzugestalten.

Einige deutschsprachige Autoren (z.B. GANSER 1991) halten jedoch an Unterschieden zwischen Öffentlichkeitsarbeit und Public Relations fest. Public Relations wird hierbei als Instrument für kommerzielle Unternehmen gesehen, während Öffentlichkeitsarbeit allumfassender sei und vor allem auch von nicht-kommerziellen Unternehmen eingesetzt wird.

Abb. D-62 verdeutlicht die Gemeinsamkeiten und Unterschiede zwischen Öffentlichkeitsarbeit und PR, wie sie im deutschsprachigen Raum verstanden werden und stellt dem die englischsprachige Bedeutung gegenüber.

Der Hauptunterschied zwischen Öffentlichkeitsarbeit und Public Relations liegt in der Begriffsformulierung. Während Öffentlichkeitsarbeit mit dem strengen Begriff des Arbeitens „Arbeiten an der Öffentlichkeit" behaftet ist, deutet der Begriff Public Relations eine spielerische Beziehung an. Da Public Relations in der Literatur des modernen Management sehr weit verbreitet ist, wird auch hier der Begriff der Public Relations (PR) im weiteren Sinn verwendet.

|  | Öffentlichkeitsarbeit im deutschsprachigen Raum | Public Relations im deutschsprachigen Raum (PR i.e.S.) | Public Relations im englischsprachigen Raum (PR i.w.S.) |
|---|---|---|---|
| Als Marketinginstrument genutzt von: | - kommerziellen Unternehmen<br>- nicht kommerziellen Unternehmen | - kommerziellen Unternehmen | - kommerziellen Unternehmen<br>- nicht kommerziellen Unternehmen |
| Ziel | - Image-Förderung<br>- Vertrauensschaffung<br>- etc | - Image-Förderung mit Ziel des Verkaufs | - Image-Förderung<br>- Vertrauensschaffung<br>- Kommunikation |
| Kommunikationsprozess | - zweiseitiger Kommunikationsprozeß<br>- Arbeit mit, für und in der Öffentlichkeit | - einseitiger Kommunikationsprozeß (Informationen eines kommerziellen Unternehmens an die Öffentlichkeit) | - zweiseitiger Kommunikationsprozeß (Beziehung mit und zu der Öffentlichkeit) |

**Abb. D-62** Bedeutung von Öffentlichkeitsarbeit und Public Relations im deutsch- und englischsprachigen Raum

**(2) Aufgaben der Public Relations (PR)**

Public Relations bezeichnet die planmäßige, systematische und wirtschaftlich sinnvolle Gestaltung der Beziehung zwischen einem Betrieb oder einer Organisation und einer nach Gruppen gegliederten Öffentlichkeit (z.B. Kunden, Aktionäre, Lieferanten, Arbeitnehmer, Institutionen), um dadurch bei diesen Teilöffentlichkeiten Vertrauen und Verständnis zu gewinnen bzw. auszubauen. Diese Aufgabe ist eng verbunden mit der Entwicklung eines (positiven) Images in der Öffentlichkeit.

Public Relations besteht in der Regel aus gegenseitig wirkenden Vorgängen (Feedback). **Interaktion** entsteht durch die Stimulierung zu sozialer Aktivität, wobei die Akteure wechselseitig aufeinander wirken.

Obwohl Public Relations durch eine soziale, gesellschaftspolitische Komponente geprägt und von der Grunddefinition her nicht für den direkten Verkauf eines Produktes eingesetzt wird, können die image- und vertrauensbildenden Maßnahmen der Public-Relations-Aktivitäten werbliche und verkaufsfördernde Wirkungen nach sich ziehen. Public Relations sollte daher nicht isoliert von den Marketing- bzw. Kommunikationszielen gesehen werden, da vom Bekanntheitsgrad eines Unternehmens eine absatzfördernde Wirkung ausgeht. Häufig wird deshalb PR mit „Werbung um öffentliches Vertrauen" gleichgesetzt oder es wird der Begriff „Imagewerbung" synonym verwendet, der sich jedoch zu sehr auf die Corporate Identity bezieht.

Aus der Vielzahl der Public-Relations-**Definitionen** ergeben sich folgende Charakteristika (vgl. ORTNER 1989:11f):

- bewußtes, geplantes, dauerndes und systematisches Bemühen von privaten und öffentlichen Organisationen und Institutionen,
- Programm für eine geistige Einstellung,
- PR als Leitungsfunktion innerhalb der Organisation,
- systematische Erforschung der öffentlichen Meinung,
- breitgestreutes Informieren der Öffentlichkeit,
- Interpretation des Standpunktes der Öffentlichkeit für das Management und Interpretation des Standpunktes des Unternehmens für die Öffentlichkeit,
- produktive Zusammenarbeit,
- Anpassung des Verhaltens der Organisation an die öffentliche Meinung.

**(3) Ziele und Grundsätze der PR**

Als generelle **Ziele** für Public-Relations-Aktivitäten gelten (nach ORTNER 1989: 18):

- vorhandene Einstellungen **verstärken**, um z.B. potentielle Touristen zum Besuch der jeweiligen Destination oder zur Buchung bei einem bestimmten Reiseveranstalter zu bewegen,
- vorhandene Einstellungen **abzuschwächen**, um z.B. Vorurteile gegen Gäste („Gästefeindlichkeit") oder bestimmte Reisedestinationen („unsicher, gefährlich") abzubauen,
- vorhandene Einstellungen **umzuwandeln**, dies betrifft v.a. die Veränderung von Images,
- **neue** Einstellungen zu **begründen**, um z.B. einem neu gegründeten Tourismusunternehmen oder einer neuen Destination von Anfang an ein positives Image zu sichern.

Zur Umsetzung dieser Oberziele läßt sich die Gesamtfunktion Public Relations eines Unternehmens in fünf Teilfunktionen unterteilen:

1) **Informationsfunktion:** die Übermittlung von Informationen über das Unternehmen an relevante Zielgruppen mit dem Ziel, eine verständnisvolle Einstellung im Hinblick auf das Unternehmen und seine Situation zu erzielen,

2) **Imagefunktion:** Aufbau und Änderung eines bestimmten Vorstellungsbildes von dem Unternehmen im Urteil der Öffentlichkeit zustandezubringen,

3) **Führungsfunktion:** Beeinflussung der relevanten Öffentlichkeit im Hinblick auf die Positionierung eines Unternehmens auf dem Markt,

4) **Kommunikationsfunktion:** Zustandebringen von Kontakten zwischen dem Unternehmen und relevanten Zielgruppen (z.B. Verbände, Parteien, Länder, Kunden, Partner),

5) **Existenzerhaltungsfunktion:** die glaubwürdige Darstellung der Notwendigkeit des Unternehmens für die Öffentlichkeit.

Hierfür sind die verschiedenen Aktivitäten der Öffentlichkeitsarbeit nach folgenden **Grundsätzen** zu entwickeln (nach ORTNER 1989:12ff):

- **Offenheit:** Eine grundsätzliche Offenheit ist für die Kommunikation mit der Öffentlichkeit unerläßlich, da nur sie Vertrauen schafft.

- **Sachlichkeit:** Hier grenzt sich Public Relations von der Werbung ab, da Public Relations durch sachliche Argumente zu überzeugen versucht, während Werbung zumeist durch unsachliche Argumente zu überzeugen versucht.

- **Ehrlichkeit:** Nur ehrliche Kommunikation ermöglicht den Aufbau eines langfristig angelegten Images und einer konstanten Vertrauensbeziehung zur Öffentlichkeit.

- **Ernsthaftigkeit:** Public Relations kann nicht nebenbei betrieben werden, das Unternehmen oder die Organisation muß sich ernsthaft mit ihr auseinandersetzen, denn nur so kann sie konstant bleiben.

- **Kontinuität:** Da Public Relations langfristig ausgerichtet ist, muß eine Kontinuität beibehalten werden.

- **Kongruenz von Information und Handeln:** Ein wichtiger Aspekt der Kommunikation mit der Öffentlichkeit ist die gegenseitige Wechselwirkung, bei der die Erwartungen der Öffentlichkeit berücksichtigt werden müssen.

- **Professionalismus:** Da die Public-Relations-Mitarbeiter wichtige Repräsentanten des Unternehmens sind, müssen sie über Professionalismus verfügen.

- **Systematik:** Public Relations muß systematisch betrieben werden und nicht nur wenn etwas „schief gegangen" ist.

#### (4) Instrumente der Public Relations

Grundsätzlich ist nicht nur die Zielsetzung der PR eine andere als die der übrigen kommunikationspolitischen Instrumente, auch die Mittel differenzieren. Die Ziele, die durch die PR-Maßnahmen erreicht werden sollen, bestimmen die Methoden und Mittel der Public Relations. Als wichtige Instrumente sind zu nennen (vgl. genauer GANSER 1991: 98ff):

- Informationen für Journalisten („Pressemitteilungen"),
- Pressekonferenzen, Pressegespräche,
- Public-Relations-Anzeigen,
- Public-Relations-Veranstaltungen (z.B. Vortragsveranstaltungen, Tag der offenen Tür, Messen, Gäste-Stammtische, Seminare, Jubiläumsfeiern, Ausstellungen, betriebliche Veranstaltungen),
- Public-Relations-Zeitschriften (Unternehmenszeitschriften, Gästezeitschriften, Aktionszeitschriften etc.),
- Stiftungen (z.B. für Forschung, Wissenschaft, Kunst, Kultur, Sport),
- Redaktionelle Beiträge (z.B. Reiseberichte, touristische Fachzeitschriften, Supplements und Counter-Infos),
- Bild- und Tonmaterial (Reisevideos, -filme, -dias, Tonbänder, MC's, CD's etc.),
- Printmaterialien (Broschüren, Prospekte, Plakate, Veranstaltungskalender, Hotelguides etc.),
- Wettbewerbe und Aktionen (touristische Gütesiegel, kommunale Aktivitäten etc.), Preise und Sponsorship,

- Veranstaltungen („Events") mit Öffentlichkeitswirkung, z.T. zusammen mit Sponsoring (vgl. D.4.7.2, 4.7.3),
- Messen, Seminare, Empfänge, Informationsgespräche.

Obwohl viele der Instrumente speziell von der Public Relations eingesetzt werden, sind einige auch für andere kommunikationspolitische Maßnahmen, insbesondere für die Werbung und Verkaufsförderung von Bedeutung. Sie werden im folgenden im Zusammenhang mit ihrem Einsatz für die verschiedenen Teilöffentlichkeiten teilweise näher erläutert.

### Der/die PR Manager/in

Je nach Bedeutung, die den Public-Relations-Aktivitäten zugemessen werden, sollte ein eigenes Ressort oder ein speziell für Public-Relations-Aufgaben beauftragter Mitarbeiter diese Funktion wahrnehmen. Da diese Person ein wichtiger Außenrepräsentant des jeweiligen Unternehmens ist, sollte sie der Corporate Identity des Unternehmens entsprechen. Zudem sind neben Kenntnissen der verschiedenen Instrumente der Öffentlichkeitsarbeit vor allem organisatorisches Geschick und Kommunikationsfähigkeiten gefordert. Hierfür hat ORTNER (1989: 62ff) das „Idealbild des PR-Managers" entworfen:

- „Kontaktfreudigkeit,
- angenehmes, sympathisches Äußeres,
- gutes Auftreten,
- Vertrauenswürdigkeit,
- Einfühlungsvermögen,
- Fingerspitzengefühl,
- Diskretion,
- Sprachkenntnisse (englisch perfekt),
- gutes Allgemeinwissen/humanistische Bildung,
- Feeling für Zusammenhänge,
- journalistische Fähigkeiten,
- Wissen über Grafik-, Drucktechniken,
- gute Kontakte zu Journalisten/Medien,
- gute Kontakte zur Wirtschaft/Politik,
- Kenntnisse der in- und ausländischen Medienlandschaft,
- Organisationstalent,
- Ideenreichtum,
- gesund und sportlich,
- Nichtraucher".

### 4.5.2 Stellung der PR im Tourismus-Marketing

**(1) PR und Marketing-Management**

Eine umfassende Public Relations erfordert Kenntnisse der verschiedenen Phasen des Marketing-Management-Prozesses. Sie beginnt bei den grundsätzlichen Arbeiten der Analysephase (Kenntnis der Umfeld-Markt-Bedingungen), erfordert konzeptionelle Überlegungen (analog zur Strategiephase), muß die gewünschte Corporate Identity der jeweiligen Institutionen mitentwickeln und nach innen und außen mit eigenen Instrumenten, sowie in Abstimmung mit den anderen Instrumenten des Marketing-Mix bekanntgeben und anschließend den Erfolg kontrollieren.

Da die grundsätzlichen Ausführungen zur konzeptionellen Entwicklung von Teilkonzepten, hier z.B. eines PR-Konzeptes, bereits an anderer Stelle ausführlich dargestellt worden sind, beschränken sich die folgenden Ausführungen vorwiegend auf zusätzliche, PR-spezifische Aspekte.

## (2) PR und andere Kommunikationsinstrumente

PR ist im engen Zusammenhang mit anderen Instrumenten der Kommunikationspolitik zu sehen. Es gibt zahlreiche Überschneidungen mit Verkaufsförderung, Corporate Identity und der Werbung. Insbesondere die Abgrenzung von PR und Werbung wird immer wieder in der Literatur diskutiert, ohne daß es bisher eine endgültige Klärung gegeben hat.

Ein Ziel der Public Relations ist es, durch die Pflege einer Beziehung zur Öffentlichkeit Meinungen zu schaffen und Vertrauen zu gewinnen bzw. zu erhöhen. Public Relations ist daher nicht mit der Werbung gleichzusetzen.

Das Hauptziel der Werbung ist die Förderung des Absatzes eines bestimmten Produktes und daraus resultierender Gewinn von Marktanteilen. Werbung versucht Aufmerksamkeit für bestimmte Produkte und Leistungen zu erzielen und konkret zum Kauf oder zur Nutzung spezieller Produkte anzuregen. Public Relations dagegen ist auf den Ausbau von Vertrauen und Verständnis, auf den Gewinn von Sympathien und auf die Information der Öffentlichkeit ausgerichtet. Beide trachten zwar bewußt danach, die Öffentlichkeit zu beeinflussen, jedoch auf unterschiedlichen Ebenen. Public Relations versucht, die Einstellung und Meinung der Öffentlichkeit einem bestimmten Produkt gegenüber zu ändern, während Werbung versucht, das Kaufverhalten zu beeinflussen. Public Relations ist daher eher langfristig und Werbung eher kurzfristig angelegt. Public Relations ist im Gegensatz zur Werbung kein einseitiger Vorgang, sondern gewissermaßen ein Prozeß an dem die Öffentlichkeit teilnimmt: das angestrebte Ziel heißt Kommunikation.

**Beispiel:**
- Die Aktion „Urlaub in Deutschland" ist sowohl eine PR-Aktivität in bezug auf das Image von Inlands-Urlaub, kann aber auch als – konkretere – Werbemaßnahme zur Buchung von Deutschlandurlaub aufgefaßt werden.

Public Relations unterscheidet sich ferner von Werbung und Verkaufsförderung, da es sich hier um „ein auf die touristische Organisation als Ganzes bezogenes Kommunikationsinstrument handelt (Kommunikationsobjekte können z.B. ein Reiseveranstalter oder ein touristisches Zielgebiet sein)" (HAEDRICH 1993: 308). Public Relations ist auf einen größeren und wesentlich heterogeneren Adressatenkreis zugeschnitten und spricht interne und externe Teilöffentlichkeiten, die Interesse an der touristischen Organisation haben oder entwickeln können und die Ansprüche unterschiedlichster Art stellen und stellen könnten, an.

Als Bindeglied zwischen Werbung und Public Relations wird oft die sogenannte „Product Publicity" gesehen. Werbung und Public Relations bedienen sich hier ähnlicher Multiplikatoren und Instrumente, verfolgen häufig ähnliche Ziele „Förderung des Bekanntheitsgrades eines neuen Produkts, Verkaufsförderung", jedoch entstehen bei Werbemaßnahmen oft sehr viel höhere Kosten und die Objektivität der Informationen geht weitgehend verloren.

Public Relations und Werbung sind daher unterschiedlicher Natur, jedoch keine Gegensätze und müssen sich im Rahmen der Kommunikationspolitik ergänzen. Public Relations kann Werbung nicht ersetzen, es ist weder eine Alternative zur Werbung, noch die Konkurrenz von Werbung, sondern eine sinnvolle wichtige Ergänzung und in vielen Fällen die Vorbereitung und der wirkungsvolle Hintergrund für eine erfolgreiche Produktwerbung.

| Instrumente<br>Kriterien | Werbung<br>(inkl. Katalogwerbung) | Verkaufsförderung<br>(inkl. Produkt-PR) | Public Relations<br>(PR) |
|---|---|---|---|
| Rolle im<br>Kommunikations-<br>instrumentarium | Basisinstrument,<br>produktbezogen | oft Zusatzinstrumente | Basisinstrument,<br>bezogen auf die<br>gesamte<br>Organisation |
| Kommunikations-<br>objekt | Produkte/Programme | Produkte/Programme | Touristische<br>Organisation |
| Zielgruppe(n) | potentielle Kunden<br>(Reisende) | potentielle Kunden/<br>Absatzmittler/Ver-<br>kaufsorganisation | relevante externe<br>bzw. interne<br>Teilöffentlichkeiten<br>("Anspruchs-<br>gruppen") |
| Planungshorizont | langfristig | eher kurzfristig | langfristig |
| Transportkanal/Ort<br>der Wirkung | überwiegend Medien | überwiegend Ort des<br>Verkaufs | Medien,<br>Multiplikatoren |
| Hauptziel | Produkt-Image/<br>Produkt-Aktualität | Produkt-Aktualität | Image der<br>Organisationen |

Abb. D-63 Abgrenzungsmöglichkeiten der Kommunikationsinstrumente Werbung, Verkaufsförderung, Public Relations
(Quelle: HAEDRICH 1993: 307)

### (3) Public Relations im Tourismus

Gerade im Tourismus rückt Public Relations zunehmend in den Mittelpunkt kommunikationspolitischer Aktivitäten. Da Reiseangebote nicht vor dem Reiseantritt geprüft werden können, kommen neben den werblichen Aussagen der Leistungsanbieter vor allem den – quasi objektiven – Informationen von Dritten große Bedeutung zu.

Hier sind vielfältige Ansatzpunkte für die Öffentlichkeitsarbeit mit ihren image- und vertrauensbildenden Aktivitäten gegeben. Öffentlichkeitsarbeit wirkt hierbei unterstützend für die gezielten Werbemaßnahmen der Leistungsanbieter. Touristische PR richtet sich nur indirekt an die konkreten Reiseinteressenten, es stehen vielmehr indirekte Maßnahmen an Meinungsmultiplikatoren und v.a. an die Medien im Vordergrund. Ferner zählen die Mund-zu-Mund-Kommunikation von Freunden und Bekannten, Informationen der Fremdenverkehrsämter, Tourismusmessen sowie Reiselektüre zu wichtigen Bereichen der touristischen Öffentlichkeitsarbeit.

Eine große Bedeutung haben hier die als weitgehend objektiv angesehenen Informationen durch die Reiseberichterstattung der Medien. Hier werden im redaktionellen Teil der Printmedien oder in speziellen TV- oder Rundfunksendungen touristische Informationen und „Tips" gegeben, die seitens der Mediennutzer (Hörer, Leser, Zuschauer) nur selten mit „Werbung" in Verbindung gebracht werden. Hier spielt PR-Arbeit eine wesentliche Rolle. Da vor allem Destinationen auf sehr großes Interesse in den Medien stoßen, fällt es ihnen leichter als anderen Branchen, Redaktionsraum zu bekommen, was auf vielfältigste Weise genutzt werden kann.

Gerade für kleinere Destinationen mit geringen finanziellen Mitteln, kann Public Relations oft von größerer Bedeutung als direkte Werbung sein. Jedoch ist dieses nicht unproblematisch, da die Destinationen nur geringen Einfluß auf den redaktionellen Teil ausüben können. Daher gilt, je höher die Qualität des Produktes, je mehr Novitäten sie aufweisen kann und je mehr Veranstaltungen sie organisiert, desto mehr wird sie in den Medien erwähnt werden und um so weniger muß sie auf bezahlte Werbung zurückgreifen.

**Binnen-Marketing für Destinationen**

Eine gesonderte Berücksichtigung verdienen die nach innen gerichteten PR-Maßnahmen von Destinationen. Solche PR-Aktivitäten, die die Teilöffentlichkeit innerhalb der Destinationen ansprechen, werden auch als **Binnen-Marketing** bezeichnet (vgl. genauer E.4.3.4). Sie beziehen sich sowohl auf touristische Leistungsträger als auch auf weitere, nicht primär touristische Institutionen und Personen.

Ursächlich für die Besonderheit des Binnen-Marketing im Destinations-Marketing ist die Erstellung des gesamten örtlichen Leistungsangebotes durch verschiedene Leistungsträger und durch nur indirekt vom Tourismus betroffene Institutionen und Personen. Dieses entspricht den besonderen Destinations-Marketingstrukturen, bei denen sowohl einzelwirtschaftliche als auch gemeinsame und übergreifende Faktoren berücksichtigt werden müssen.

Als Ziele und Aufgaben des Binnen-Marketing gelten die Entwicklung von Fremdenverkehrsbewußtsein, fremdenverkehrsspezifischem „Marketing-Denken" und „Know-How" sowie einer verbesserten Kooperationsbereitschaft der verschiedenen Leistungsträger und der gesamten Bevölkerung einer Destination.

Als wichtigste Maßnahmen des Binnen-Marketing werden vor allem kommunikationspolitische Maßnahmen (nach innen) angesehen. Hierzu zählen unter anderem:

- eine verbesserte Informationspolitik für die touristischen Leistungsträger und die gesamte Bevölkerung am Ort (z.B. durch Expertengespräche, Touristische Stammtische, Informationsveranstaltungen, Bürgerversammlungen, einen Informationsdienst usw.),

- gemeinsame Aktionen, wie Prospekterstellung, Messeteilnahme, Gäste-Willkommenspaß usw.,

- öffentlichkeitswirksame Maßnahmen, wie Presseberichte, Tag der offenen Tür, Wettbewerbe, regionale Tourismus-Messen usw.

### 4.5.3 Öffentlichkeiten der Public Relations und ihre Instrumente

Public Relations hat die Kommunikation mit der Öffentlichkeit zum Ziel. Um gezielte PR-Arbeit zu leisten ist es daher notwendig, die Öffentlichkeit in verschiedene Teilöffentlichkeiten zu unterscheiden. Die Identifikation der Teilöffentlichkeiten und die Erhebung ihrer Einstellungen durch Marketingforschung, insbesondere Meinungen und Motivforschung, sind notwendige Voraussetzungen jeder PR-Arbeit.

Je nach „Teilöffentlichkeit" oder Zielgruppe, an die sich PR-Maßnahmen wenden, werden als Teilbereiche der Public Relations unterschieden (vgl. Abb. D-64):

- **Externe PR**
  - Medienkontakte (Journalisten der Presse, Radio und Fernsehen),
  - Kontakte zu öffentlichen Behörden und Ämtern (Regierungen, Behörden und Ämter),
  - Kontakte zu Lieferanten, Kooperationspartnern, Konkurrenz,
  - Finanziell wichtige Kontakte (Kapitalmarkt, Geldgeber, Aktionäre),
  - Kontakte mit von touristischen Betrieben indirekt betroffenen Parteien (Standortgemeinden, Nachbarschaften),
  - Kontakt zu Multiplikatoren und Trendsettern.
- **Interne PR**
  - Mitarbeiter,
  - Mitwirkende an der touristischen Produkterstellung (Bewohner einer touristischen Region),
  - einzelne Träger in touristischen Destinationen.

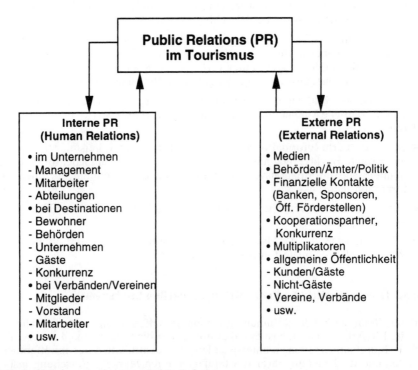

**Abb. D-64** Interne und externe Public Relations

### 4.5.3.1 Externe PR

Die nach außen gerichteten Aktivitäten der Öffentlichkeitsarbeit werden als **externe** Öffentlichkeitsarbeit bzw. Public Relations bezeichnet. Dabei wird die externe Öffentlichkeit noch weiter differenziert, wobei je nach externer Empfängergruppe der Kommunikationssendungen unterschiedliche Ziele verfolgt werden und verschiedene Instrumente zum Einsatz kommen.

**(1) Kontakte zu Medien**

Die Medienarbeit ist die wohl bekannteste Aufgabe der Public Relations. Ihre Aufgabe ist es, mit Mitgliedern der Medien eine Kommunikationsbeziehung einzugehen, durch die die verschiedenen Medien in die Lage versetzt werden, über das touristische Unternehmen zu berichten. Dies kann in persönlichem Kontakt mit Journalisten oder durch entsprechende unpersönliche Mitteilungen erfolgen. Die bekanntesten Maßnahmen der Medienarbeit sind:

- **Presse- oder Informationsdienste:** Medienmitteilungen (einzelne oder mehrere, sog. „Dienste") werden an Journalisten und Redaktionen der zuvor ausgewählten Medienträger verschickt. Sie sind in der Regel so formuliert und mit Bildmaterialien versehen, daß sie direkt zur Veröffentlichung „freigegeben" werden. Sehr wichtig, um überhaupt aufgenommen zu werden, sind die Formulierung und die Qualität des Bildmaterials. Beides sollte möglichst objektiv und ohne eindeutige Werbeabsichten sein, da der Informationsgehalt im Vordergrund stehen muß.

- **Pressekonferenzen:** Ausgewählte Journalisten werden zu einem bestimmten Zeitpunkt von dem touristischen Betrieb zu einem bestimmten Ort gebeten, um hier von betrieblichen und/oder produktspezifischen Neuerungen und/oder Veränderungen zu erfahren. Sie sind ein wichtiger Bestandteil der Public Relations, da sie ein Forum für Information und Meinungsaustausch bieten. Bei Pressekonferenzen besteht unmittelbare Gelegenheit zu Rückfragen („Pressegespräch"). Der Veranstaltungsort von Pressekonferenzen variiert und kann sowohl in den Räumen des touristischen Unternehmens stattfinden als auch außerhalb.
  *Beispiele:*
    - Fluggesellschaften bieten Pressekonferenzen im Rahmen von Testflügen neuer Verbindungen an,
    - Destinationen informieren vor Ort, indem verschiedene internationale Journalisten eingeflogen werden.

- **Pressefahrten** (Fam-Trips, Info-Reisen): Hier wird Journalisten die Gelegenheit gegeben, während einer ein- oder mehrtägigen Reise, das Produkt zu testen und so über die Angebote aus erster Hand von verschiedensten Anbietern informiert zu werden. Dieses ist ein besonders beliebtes Instrument von touristischen Destinationen, da sie die Möglichkeit haben, die entsprechenden Ausflüge so zu gestalten, daß ein positives Image der Destination vermittelt wird. Häufig werden diese Fam-Trips auch bewußt nicht-touristisch gestaltet, um so den Journalisten möglichst breite Informationen zu einer Destination zu vermitteln.
  *Beispiele:*
    - Ein Architekturjournalist einer nationalen Tageszeitung wird mit dem Ziel eingeladen, über die Architektur einer Destination zu schreiben. Durch interessante Bericht-

erstattung und erstklassige Bilder wird das Interesse der bildungsorientierten Reisenden geweckt.
- Ein Gourmet-Journalist wird in eine Destination eingeladen, um die einheimische Küche zu testen und liefert einen Artikel, der kulinarisch interessierte Reisende anspricht, ohne das Wort Tourismus erwähnt zu haben.
- **Online-Informationsdienste** (elektronische Medien): Die elektronischen Medien bieten zunehmend neue Möglichkeiten der Medieninformation, die ohne persönlichen Kontakt erfolgen.

**(2) Kontakte zu öffentlichen Behörden und Ämtern („Governmental Relations", Lobbyismus)**

Im öffentlichen Fremdenverkehr sind die Beziehungen zu den verschiedenen öffentlichen Einrichtungen und Personen von besonderer Bedeutung. Hierzu zählen die Kontakte der Fremdenverkehrsstellen zum Bürgermeister und zum Gemeinderat, zu Landes- und Bundesministerien und den entsprechenden touristischen Sachbearbeitern.

Im wesentlichen sind es Entscheidungsträger bzw. ausführende Organe, die Einfluß auf die jeweilige touristische Entwicklung nehmen können. Die meisten dieser Überlegungen hängen eng mit den sog. „Financial Relations" zusammen, wobei es hier vorrangig um touristische Fördermittel und Investitionen geht.

Eine intensive Ausgestaltung dieser Form von Public Relations wird auch als „Lobbyismus" bezeichnet. Als Maßnahmen sind der persönliche Kontakt zu den jeweiligen öffentlichen Stellen sowie die Einladung der entsprechenden Repräsentanten zu von touristischen Betrieben organisierten Veranstaltungen wie Messen, Tagungen, Eröffnungen usw. üblich.

**(3) Finanziell wichtige Kontakte („Financial Relations")**

Außer dem oben erwähnten Lobbyismus gibt es eine weitere wichtige Teilöffentlichkeit, bei der es hauptsächlich um die finanziellen Beziehungen geht. Das Vertrauen der Geldgeber (Investoren, Banken, Sponsoren etc.) und der finanziell Beteiligten an einem Unternehmen (Aktionäre, Shareholder) ist von großer Bedeutung, da dieses über die finanzielle Zukunft eines jeden Betriebes entscheidet. Daher muß diese Gruppe gesondert berücksichtigt werden. Instrumente der Public Relations Aktivitäten sind hier

- Mitgliederversammlungen, Vorstellen von Unternehmensbilanzen, Pressemitteilungen, Jahresversammlungen, Publikationen des Unternehmens und vor allem auch sog. „Goodwill"-Aktionen wie Tage der offenen Tür, Stammtische und feierliche Veranstaltungen, Sponsorentreffs usw.

**(4) Kontakte zu Lieferanten, Kooperationspartnern, Konkurrenz**

*„Sage mir, mit wem du umgehst und ich sage dir, wer du bist".*

Kontakte und Kooperationen mit verschiedensten Organisationen und Betrieben (Lieferanten, Kooperationen mit Instituten und Forschungseinrichtungen, Kooperationen mit der Konkurrenz) sind ebenfalls wichtige Aufgaben der PR. Die Auswahl der Lieferanten und Verteiler eines Unternehmens sagt viel über das Unternehmen selbst, sein Image und seine Vertrauenswürdigkeit aus. Eine Zusammenarbeit mit renommierten Instituten und Forschungseinrichtungen kann das Image eines Unternehmens erhöhen, indem das Vertrauen der Öffentlichkeit, das in diese Institute gesetzt wird, auf das Unternehmen übertragen wird („Imagetransfer").

Ein weiterer wichtiger Aspekt ist vor allem auch die Beziehung im Wettbewerb. Durch Kontakte mit der Konkurrenz kann ein Unternehmen viel über seine eigene Stellung erfahren und vor allem auch die sozialen Aspekte der Public Relations unterstreichen. Ein Unternehmen kann mit anderen Unternehmen in gesellschaftlichen Fragen kooperieren (z.B. Umwelt) und so das Vertrauen der Bevölkerung in die Branche zurückerobern. Instrumente hierfür sind:

- Messen, Publikationen, gemeinsame Veranstaltungen, Publikationen in wissenschaftlichen Zeitungen, Organisation von und Teilnahme an wissenschaftlichen Kongressen sowie brancheninterne Veranstaltungen und Diskussionen.

**(5) Kontakte mit von touristischen Betrieben indirekt Betroffenen**

Das Verhältnis des Unternehmens zu der von ihm direkt betroffenen Öffentlichkeit (An- bzw. Bewohner) hat in der Tourismuswirtschaft eine ähnliche Gewichtung wie z.B. bei der produzierenden Industrie, in der die anwohnende Bevölkerung durch Lärm, Verschmutzung, Verkehrsstaus etc. direkt von dem Unternehmen betroffen ist; doch auch hier ist es wichtig, ein gutes Verhältnis zu haben. Nur wenn sich ein Unternehmen für die nächste Öffentlichkeit einsetzt, kann es das Vertrauen der Allgemeinheit gewinnen. Instrumente hier sind vor allem:

- Tag der offenen Tür, Teilnahme an Gemeindeveranstaltungen, Sponsoring, Stellen von Arbeits- und Ausbildungsplätzen für Anwohner, Aktivitäten innerhalb der Gemeinde, Ecke in der lokalen Presse etc.

**(6) Kontakt zu Multiplikatoren und Trendsettern**

Kontakte zu Multiplikatoren und touristischen Trendsettern spielen in der Ausgestaltung der Public Relations eine wichtige Rolle, da diese Personen von besonderer Bedeutung für vertrauensschaffende Maßnahmen sind. Unter Multiplikatoren versteht man vor allem Mitglieder der Medien, Persönlichkeiten des öffentlichen Lebens und touristische Trendsetter, die für Public-Relations-Maßnahmen eingesetzt werden können, indem sie öffentlich ihr Vertrauen zu einem bestimmten touristischen Produkt bekunden oder indem z.B. ihr Aufenthalt in bestimmten Destinationen der Presse mitgeteilt wird.

**Beispiele:**
- Destinationen erhalten ein positives Image, indem Personen des öffentlichen Lebens ihren Urlaub dort verbringen: Bundeskanzler Kohl in Österreich, Prince Charles in St. Moritz.
- Maßnahmen des personenbezogenen Sponsorings, v.a. Testimonial-Werbung.

**(7) Kundenkontakte**

Letztlich richtet sich PR an die potentiellen und vorhandenen Kunden/Gäste, wobei auf die generellen Unterschiede von PR und Werbung bereits hingewiesen worden ist. Im Tourismus bietet sich mit „Gäste-Zeitungen" und „Gästestammtischen" die Gelegenheit, Besucher über die eigentlichen touristischen Angebote hinaus auch mit den generellen Zielen in einer bestimmten Region und der Mentalität der einheimischen Bevölkerung vertraut zu machen.

### 4.5.3.2 Interne PR

Als interne PR wird die Pflege der Beziehungen zu den verschiedenen Mitarbeitern der eigenen touristischen Organisation verstanden – Public Relations nach innen. Im Tourismus sind neben den unmittelbar im Betrieb tätigen Personen zumeist auch Bewohner der touristischen Regionen in die „interne Öffentlichkeit" einzubeziehen. Letzteres wird im Tourismus unter der Bezeichnung „Innen- oder Binnen-Marketing" vielfach diskutiert (vgl. E.4.3.4).

**(1) Mitarbeiter touristischer Betriebe**

Jede Public-Relations-Aktivität beginnt „Zuhause", denn erst wenn die Mitarbeiter in touristischen Betrieben von der Gestaltung, Verwaltung und dem Management der Produkterstellung überzeugt sind, kann das Vertrauen der breiten Masse gewonnen werden. Betriebsangehörige müssen als Multiplikatoren und Meinungsbildner erster Ordnung angesehen werden, da vielfach eine Public-Relations-Aktivität daran zerbrechen kann, wie sich Mitarbeiter über einen Betrieb äußern und sich ihm gegenüber verhalten.

Instrumente zur Pflege der Mitarbeiterbeziehungen sind vielfältig, beziehen sich aber häufig auf das Bereitstellen von Informationen und der Schaffung und Verstärkung eines „Wir-Gefühls". Informationen an Mitarbeiter sollten u.a. betreffen: Sicherheit des Arbeitsplatzes, wirtschaftliche Lage des Unternehmens, allgemeine wirtschaftliche Probleme, Ansatzpunkte für Initiativen, Möglichkeiten der Selbstentfaltung und der beruflichen Weiterbildung, Hintergründe für Anordnungen und Maßnahmen etc. Ein „Wir-Gefühl" ist von sehr großer Bedeutung, da es aussagt, daß sich der Mitarbeiter mit dem Unternehmen identifiziert, z.B. „Wir von Neckermann.". Spezielle Maßnahmen sind hier:

- betriebliche Veranstaltungen, Mitarbeiterzeitungen, Schulungen, Incentives etc.

**(2) Indirekt Mitwirkende an der touristischen Produkterstellung**

Unter indirekt Mitwirkenden an der touristischen Produkterstellung versteht man im Tourismus vor allem Bewohner von touristischen Destinationen, die vielfach nicht direkt am Tourismus beteiligt sind, doch aus der Sicht des Besuchers sehr zum Gelingen der Reise oder des Urlaubs beitragen. Dieses ist stark verbunden mit dem Wunsch nach Kontakt mit den Einheimischen und „freundlichen" Gastgebern, selbst wenn sich die Betroffenen vielfach nicht als „Gastgeber" sehen.

Umgekehrt sind Informationen über die Besucher, über ihre Wünsche und Verhaltensweisen wichtige PR-Themen. Letztlich sind im Zusammenhang mit der innengerichteten PR auch Verhaltensregeln gegenüber den Gästen Inhalt einer entsprechenden Öffentlichkeitsarbeit.

Gerade für diese Gruppe wurde der Begriff des Binnen-Marketing oder intramurales Marketing als Erweiterung des „Innen-Marketing" geprägt. Auch hier spielt die Information und die Stärkung des „Wir-Gefühls" eine bedeutende Rolle. Instrumente sind:

- Informationsveranstaltungen zu Zielen und Auswirkungen der touristischen Entwicklung, öffentliche Veranstaltungen für Gäste und Gastgeber, „Tourismus-Ecke" in der lokalen Presse etc.

**(3) Einzelne Träger in Destinationen**

Diese Teilöffentlichkeit kann als eine Mischung zwischen interner und externer PR angesehen werden, da die einzelnen Träger in Destinationen vielfach unter einem Destinations-Leitbild als eine Einheit zusammengefaßt werden, jedoch in der Realität auch vielfach als Konkurrenz gesehen werden. Hier ist der Begriff der Corporate Identity von großer Bedeutung. Wichtige Instrumente sind hier:

- Informationsveranstaltungen, gesellschaftliche Veranstaltungen, gemeinsame Messen und Konferenzen, Wettbewerbe etc.

### 4.5.4 Inhalte von PR-Mitteilungen

Inhalte der Public-Relations-Mitteilungen sind zumeist Informationen über die eigene Leistungserstellung sowie unternehmens- und imagebezogene Aussagen. In den häufigsten Fällen beinhalten Public-Relations-Mitteilungen die folgenden Themenbereiche:

- **neue Angebote**, wie z.B. neue Zielgebiete, neue Produkte der Reiseveranstalter, neue Routen touristischer Transportunternehmen,

- **eine Veränderung des Angebots:** Veränderungen des touristischen Angebots in Destinationen („Discover the real Spain"), Veränderungen von Produkten („...jetzt noch preiswerter"),

- **allgemeine Unternehmens- oder Zielgebietsinformationen:** Destinationsberichte, Jahresberichte von touristischen Unternehmen,

- **spezielle Angebots- und Zielgebietsinformationen:** Veranstaltungskalender, Wander- und Radrouten,

- **Stellungnahmen zu gesellschaftlich-wichtigen Themen:** Umweltverschmutzung durch Tourismus, Schutz der Schildkröten in der Türkei, Algenverschmutzung im Mittelmeer, Terroristenangriffe in Urlaubsgegenden, Sicherheit des Flugverkehrs.

Allgemeinere Informationen über das Unternehmen oder die touristische Destination sind vorwiegend darauf gerichtet, ein bestimmtes Image zu entwickeln, zu pflegen oder zu verändern. Entsprechende PR-Mitteilungen beziehen sich vorwiegend auf qualitative Unternehmensziele, wie z.B. Corporate Identity, Leitbilder, Unternehmenskultur, Unternehmensphilosophie etc.

Neben den Inhalten ist der Kommunikationsstil ein weiterer bedeutender Gesichtspunkt, der den gesamten Public-Relations-Charakter und die Botschaft prägt. Die Merkmale dieses Individualstils, z.B. weltanschauliche Orientierung, regionale Orientierung, Managementphilosophie, Organisationsstil, Führungsstil etc. sollten auch die Gestaltung der Public-Relations-Aktivitäten bestimmen. Ziel sollte es sein, daß die Öffentlichkeit alle Public-Relations-Aktivitäten allein aufgrund ihres spezifischen Stils mit der Organisation oder Institution assoziiert. Eine Public-Relations-Mitteilung sollte folgende Faktoren erfüllen:

- **Originalität, Stimmigkeit, Funktionalität.**

Außer dem Inhalt ist auch der Aufbau von besonderer Bedeutung, da der Redakteur nicht über die Zeit verfügt, erst einmal das Wichtigste in einer Pressemeldung zu suchen. Am Anfang jeder professionell aufgemachten Pressemitteilung stehen die „W-Fragen" der PR:

- **Wer?:** Name und Vorname, Titel, Funktion, Name der Firma, Standort/Destination
- **Was?:** Ereignis, Geschehen, Event, Verbesserung, Neuerung
- **Wo?:** Ort der Handlung
- **Wann?:** Zeitpunkt, Zeitspanne, Tag, Monat, Jahr
- **Warum?:** Gründe
- **Wie?:** Abläufe, nähere Umstände

| Aktionsebene | Beispiele |
|---|---|
| • Imagebroschüre | Hochwertige Broschüre, Vermittlung von „Corporate Identity", Unternehmenssolidarität, Leistungsangebot, Mitarbeiterkompetenz |
| • Informationsbroschüren | Kostenlose touristische Informationsbroschüren für ein breites Interessenpotential, z.B. über Touristik-Medizin, Auto-Touristik, Familienurlaub |
| • „Tag der offenen Tür" | Aktionstag mit Kooperationspartnern, „Blick hinter die Kulissen eines Reisebüros" |
| • Sponsoring | Sport-, Kultur-, Sozio-, Öko-Sponsoring |
| • Pressebarbeit | Pressemeldungen, Pressekonferenzen, Pressegespräche, Pressereisen |
| • Tourismus-Ausstellung | „Achtung Touristen", „Freizeit fatal", „Intelligenter Tourismus" |
| • Tourismus-Diskussion | Gruppen- und Podiumsdiskussionen, z.B. über „Tourismus und Umwelt" |
| • Annual Reporting | Geschäftsbericht, Sozial- und Öko-Bilanzen |
| • Special Event | Neueröffnung, Wiedereröffnung, Firmenjubiläen, Preisverleihungen |

**Abb. D-65** Öffentlichkeitsarbeit im Reisebüro
(Quelle: SCHRAND 1995: 387)

## 4.6 Werbepolitik

Die Werbung ist sicherlich das bekannteste Instrument der Kommunikationspolitik und des gesamten Marketing-Managements. Darüber hinaus hat sich eine relativ eigenständige Werbe-Wissenschaft entwickelt, die sich vor allem mit der Umsetzung und Ausgestaltung in bestimmten Medien beschäftigt, wie z.B. Rundfunk- und Fernsehwerbung sowie Printmedien (auch: „Media-Werbung"). Der Werbung kommt hierbei auch ein gewisser Unterhaltungswert sowie eine künstlerische Komponente zu.

- So werden jährlich auf der ITB-Berlin die besten Werbeplakate im Tourismus ausgezeichnet und in Cannes die besten Werbefilme prämiert.

Doch im folgenden sollen vorwiegend die Aufgaben der Werbepolitik im Rahmen des Marketing-Managements beleuchtet werden. Werbung verkörpert alle bewußten Versuche, Menschen durch den Einsatz spezifischer Werbemittel im Sinne der Marketing-Ziele zu beeinflussen.

**Ziele des Abschnitts D.4.6**

*Die Lektüre des Punktes „Werbung" soll dazu beitragen, für die eigene touristische Organisation ein Werbekonzept zu erarbeiten oder ein in Auftrag gegebenes Werbekonzept zu überprüfen, das im einzelnen umfaßt:*

- *Werbebotschaft,*
- *Zielgruppenbestimmung,*
- *Werbemittel (und -form),*
- *Werbeträger,*
- *Werbedurchführung und -kontrolle.*

*Es soll helfen, die in Phase II entwickelten Strategien zu verwirklichen, sie mit anderen Elementen der Kommunikationspolitik abzustimmen und in das Gesamt-Marketing-Mix einzufügen. Ferner sollten verschiedene Formen der Tourismuswerbung bewußt werden.*

### 4.6.1 Grundlagen der Werbepolitik

**(1) Werbung als Teil des Marketing-Managements**

Innerhalb des Marketing-Managements wird die Werbepolitik als ein weiteres Instrument zur Umsetzung der Marketingstrategien innerhalb des Marketing-Mix angesehen. Insofern ordnet sie sich in die bereits in Phase I und II entwickelten Ziele und Strategien einer Marketing-Konzeption ein und die Erstellung eines Werbekonzeptes oder Werbe-Sub-Mixes hat vor allem instrumentellen Charakter.

Aufgabe der Werbepolitik ist es, die entwickelten Marketing-Strategien bestimmten Ziel- und Käufergruppen bekannt zu machen und sie letztlich zum Kauf der entsprechenden Leistungen zu veranlassen. **Im Tourismus** ist es Aufgabe der Werbepolitik, bestimmte Zielgruppen über vorhandene Reiseangebote zu informieren und sie zur Buchung der entsprechenden Reisen zu bewegen.

Oftmals wird die Bedeutung der Werbung überschätzt. Zwar ist es eine notwendige Voraussetzung für Kauf- und Reiseentscheidungen, daß Kenntnis über bestimmte Leistungsangebote sowie deren Vorzüge besteht, doch die letztliche Entscheidung erfolgt weniger aufgrund der Werbung, sondern wegen des zugrundeliegenden Leistungsangebotes sowie der Wünsche und Bedürfnisse der Nachfrager. Sicherlich kann Werbung in diesem Zusammenhang zusätzlich stimulierend wirken, doch ohne entsprechende Abstimmung über die Leistungs-, Vertriebs-, Preis- und anderen Instrumente der Kommunikationspolitik kann auch die „beste" Werbung nur wenig bewirken.

Bereits zu Beginn des Abschnittes zur Kommunikationspolitik war der Vergleich mit einem Sprachrohr oder einem Vergrößerungsglas für die Funktion der Kommunikationspolitik gewählt worden, der auch ganz speziell für die Werbung zutrifft. Werbung hat die Marketingstrategien nach außen zu vermitteln, sie „sichtbar" und „hörbar" zu machen. Für Dienstleistungen besteht dabei ein generelles Problem: Da Dienstleistungen immateriell und nicht-sichtbar sind, kann nicht die eigentliche Dienstleistung sichtbar gemacht werden („Visualisierungsproblem"), sondern es werden die Träger bzw. der Ort der Dienstleistung oder auch die Dienstleistungs-Konsumenten in den Mittelpunkt der werblichen Darstellung gestellt. Gegenüber sonstigen Dienstleistungen hat Tourismus-Werbung weniger Probleme bei der Darstellung der immateriellen Leistungen, da im Tourismus häufig Stimmungen, die mit einer Urlaubsregionen verbunden werden, durch bestimmte Abbildungen zum Ausdruck kommen.

**Beispiele:**
- Sonne, Sand, Meer stehen für Erholung, Entspannung, Sorglosigkeit.
- Verkehrsmittel, Sehenswürdigkeiten, Landschaftsbilder oder der Sonnenuntergang veranschaulichen relativ eindeutig die mit dem Reisen verbundenen Dienstleistungen, ohne sie allerdings letztlich konkret darstellen zu können.

**(2) Werbung als Teil-Marketing**

Soweit man Werbung als relativ eigenständigen Bereich des Marketing-Management ansieht, läßt sich auch dafür ein Phasenschema – ganz analog zum allgemeinen Marketing-Management-Prozeß – entwickeln (vgl. Abb. D-67). Allerdings ist die Entwicklung einer eigenen Werbe-Konzeption lediglich eine Teilaufgabe des umfassenden Marketing-Management-Prozesses, insofern ist die Entwicklung von Werbe-Konzepten lediglich als **„Teilmarketing"** anzusehen.

Alle Teilüberlegungen für die Entwicklung eines Werbeplanes sind bereits in den anderen Phasen des Marketing-Management-Prozesses erläutert worden. Insofern müssen sie bei der ausführlichen Entwicklung bzw. Beschreibung der Werbepolitik im Rahmen des Marketing-Mix nicht nochmals gesondert durchgeführt werden.

Soweit Werbung als eigene Methode oder als Teilmarketing betrieben wird, empfiehlt sich eine Vorgehensweise analog zum 5-Phasen-Schema des allgemeinen Marketing-Managements. Dieses Grundschema kann auch insgesamt für die Kommunikationspolitik bzw. gesondert für alle weiteren Instrumente der Kommunikationspolitik verwendet werden. Ausgehend von Informationen der Umfeld-, Markt-, und Betriebsanalyse (Phase I) werden in Phase II spezielle Werbeziele und -strategien festgelegt. In Phase III werden diese grundsätzlichen Ziele und Strategien in bezug auf die verschiedenen Instrumente des Marketing-Mix konkretisiert und die Werbepolitik ist mit den anderen Marketing-Instrumenten

(Produkt-, Preis- und Vertriebspolitik) und Kommunikationsmaßnahmen (Corporate Identity, Verkaufsförderung, Public Relations) abzustimmen. Die eigentliche **Werbedurchführung** beschäftigt sich mit der zeitlichen, finanziellen, personellen und organisatorischen Festlegung und Umsetzung der entsprechenden Werbemaßnahmen. Zur Kontrolle des Werbeerfolges gibt es verschiedene Überprüfungsmöglichkeiten, die als Parallel- oder Ex-Post-Kontrolle in der Werbeplanung anzuwenden sind.

Dieses Vorgehen unterscheidet sich nur partiell von der konzeptionellen Entwicklung der anderen Kommunikationsinstrumente. Im folgenden Abschnitt wird daher weniger auf die Methode der Entwicklung einer Werbekonzeption als auf die dabei auftauchenden Besonderheiten der Werbung eingegangen.

### 4.6.2 Wirkung der Werbung

Werbung hat die direkte Kundenansprache zum Gegenstand und will letztlich zum Kauf von Reiseleistungen führen. Insofern sind Werbemaßnahmen auf die Beeinflussung der Wesenselemente des Kaufverhaltens gerichtet. In Abschnitt B.2.3.3 waren die Ergebnisse der Kaufverhaltensforschung allgemein und mit ihrer Bedeutung für den Tourismus dargestellt worden. Unter bezug auf die dort getroffenen Unterscheidungen und Ausführungen spricht Werbung nach Auffassung der Werbetheorie vor allem die interpersonellen Komponenten Gefühl und Verstand sowie das Persönlichkeitsmerkmal „Involvement" an. Involvement bezeichnet dabei das Ausmaß des persönlichen Engagements bei den jeweiligen Kaufentscheidungen.

Je nach Zuordnung zur verstandes- und gefühlsmäßigen Ansprache durch die Werbung sowie zum Grad des Involvements ergeben sich unterschiedliche Aussagen zur Werbewirkung. Neben der Kaufverhaltensforschung haben in bezug auf die Werbewirksamkeits auch Lerntheorien, Rezeptionsforschung und Involvementtheorien beigetragen (vgl. allgemein KROEBER-RIEL 1990, MEFFERT 1992: 66ff). Am Beispiel der Werbewirkung im Tourismus läßt sich dies wie folgt darstellen (vgl. dazu KLEINERT 1983, HAEDRICH 1993, HAEDRICH/TOMCZAK 1990: 41ff):

Das klassische Lernmodell geht davon aus, daß sich aufgrund von Lernprozessen die Einstellungen ändern, was folglich zu einem veränderten Handeln führt. Werbung aufgrund eines solchen Grundzusammenhanges versucht, vorwiegend mit logischen Argumenten zu überzeugen (vgl. Abb. D-66, Quadrant 1).

- Im Tourismus sind es vor allem hochpreisige Reisen sowie neue Leistungsangebote (Reisen oder Gebiete). Aufgrund des hohen Informationsbedarfs eignen sich als Werbemedien vorrangig Printprodukte („informative Werbung"). „Auch Feriengebiete mit Imageproblemen aufgrund schlechter Leistungen in der Vergangenheit, die aber inzwischen ihr Angebot verbessern konnten, gehören in diesen Quadrant." (ebd.)

Weitere Modelle der Werbewirkung finden sich in Abb. D-66, zu denen KLEINERT 1983 entsprechende Beispiele für den Tourismus formuliert hat:

*Quadrant 2* behandelt Werbung, die auf ein hohes Engagement und das Gefühl aufbaut. Hierbei sollen primär die gefühlsmäßigen Einstellungen verändert werden, was über Lernprozesse zu einem veränderten Reiseverhalten führt:

- Hochpreisige Reiseangebote, die mit hohen Gefühlsmomenten verbunden sind, wie z.B. prestigehafte Reisegebiete (St. Moritz, Bali) oder Luxusreisen (Kreuzfahrten, Cluburlaub). Werbung ist hier vor allem Imagewerbung mit großformatigen Zeitschriftenanzeigen.

*Quadrant 3* bewirbt Leistungen mit geringem Involvement und geringen Gefühlswerten. Werbung will Gewohnheiten mit kognitiven Argumenten verändern. Dies ist vor allem bei Produkten mit einer „hohen Kauffrequenz" und stereotypem Kaufverhalten der Fall:

- Reisen, die „nur aus Gewohnheit" immer beim selben Veranstalter, Leistungsträger oder Reisebüro gebucht werden und/oder die immer wieder in das gleiche Zielgebiet führen. Zur Festigung des bereits gewonnenen Kundenpotentials sind nur geringe Werbemaßnahmen notwendig, KLEINERT empfiehlt „kleinere Anzeigen, Direct Mailings oder Funkspots" (ebd.). Andererseits sind zur Gewinnung solcher Kunden durch andere Anbieter sehr hohe Werbeaktivitäten notwendig, die zur grundsätzlichen Verhaltensänderung führen können.

*Quadrant 4* behandelt Reisen und Leistungen, die mit hohen emotionalen Anteilen, aber nur geringem Involvement verbunden sind:

- Während KLEINERT im Jahr 1983 davon spricht, daß „im Tourismusbereich derartige Angebotskategorien so gut wie nicht anzutreffen sind" (ebd.), hat sich inzwischen der Bereich der Last-Minute-Reisen zu einem typischen Gebiet des Quadranten 4 entwickelt. Hierfür bieten sich vor allem kurzfristig wirkende Werbemittel wie Radiospots, Zeitungsanzeigen usw. an, die vor allem an das Schnellbucher-Verhalten und an das Preisbewußtsein appellieren: „schnell, gut, günstig". Aufgrund der vielfachen Kritik an Last-

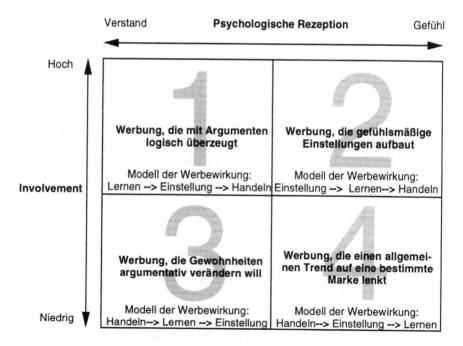

**Abb. D-66** Vier-Felder-Matrix zur Rolle und Wirkung von Werbung
(Quelle: KLEINERT 1983: 289)

Minute-Reisen läßt sich die angeführte Lerntheorie mit einem gewissen Zynismus veranschaulichen: Erst handeln („schnell buchen"), dann Einstellung ändern („Unzufriedenheit mit dem Angebot") und daraus lernen, daß Last-Minute nicht immer das günstigste Angebot war.

Hinsichtlich der Bedeutung dieser Werbemodelle wird darauf verwiesen, daß sich Werbung zwar nicht immer eindeutig den vier Quadranten zuordnen läßt, doch sind sie sicherlich hilfreich, über grundsätzliche Zusammenhänge von Lei-

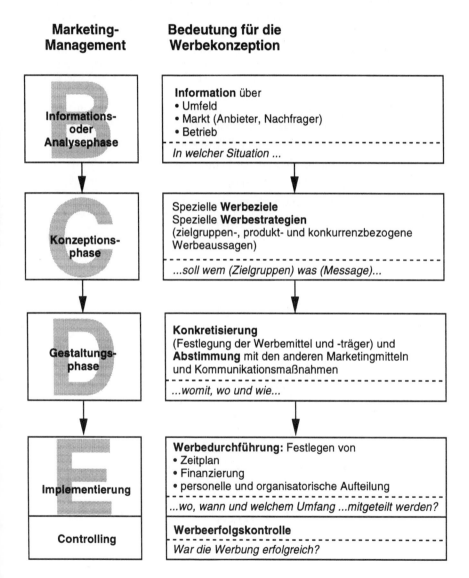

**Abb. D-67** Erstellen einer Werbekonzeption
(Quelle: FREYER 1990: 312)

stungseigenschaften und Kundenverhalten und entsprechende Werbemöglichkeiten nachzudenken (vgl. KLEINERT 1983: 290, MEFFERT 1995: 290).

### 4.6.3 Werbemix als Teil der Kommunikationspolitik

Werbepolitik im Rahmen der Kommunikationspolitik hat die Aufgabe, eine zielgruppenspezifische Kommunikation zu entwickeln. Hierfür kann ein eigenständiges Werbe-Mix oder eine „Werbeplattform" entwickelt werden. In Abb. D-67 sind die verschiedenen Schritte der Werbeplanung dargestellt.

Die **Werbeplattform** gilt als „elementare Gedankenstütze für das konzeptionelle Denken und Kommunizieren im Werbebereich" (JÄGGI 1987: 8) und zeigt die verschiedenen Grundfragen der Kommunkation: „Wem wird was wie, womit, wann und wo kommuniziert?" (vgl. Abb. D-68).

Im folgenden werden fünf der wichtigsten Teilüberlegungen für das Werbe-Mix gesondert herausgestellt. Sie beziehen sich auf Abb. D-67 und Abb. D-68:

1. Werbeziele und -botschaft: *Was* und *wie* wird kommuniziert?

2. Zielgruppenbestimmung: *Mit wem* wird kommuniziert?

3. Werbemittel: *Womit* wird kommuniziert?

4. Werbeträger: *Wo und wann* wird kommuniziert?

5. Werbekontrolle: War die Werbung *erfolgreich*?

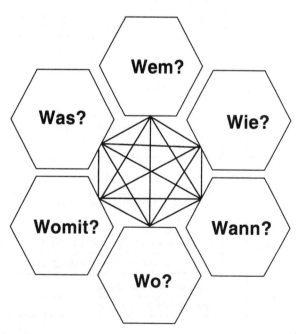

**Abb. D-68** Werbeplattform
(Quelle: JÄGGI 1987: 8)

### 4.6.3.1 Werbeziele und -botschaft

Die Werbeziele ergeben sich aus der allgemeinen Zielbestimmung und den grundsätzlichen strategischen Aussagen der Phase II. Diese grundlegenden Ziel- und Strategieaussagen sind werbepolitisch zu konkretisieren und zu operationalisieren. Die wichtigsten Zielsetzungen der Werbung im Tourismus sind:

- **Bekanntmachen** der touristischen Leistungen, der Tourismusbetriebe und Tourismusdestinationen; hierzu ist die allgemeine Aufmerksamkeit zu erwecken,
- **Informationen** über das touristische Leistungsangebot und den Leistungsträger zu vermitteln, um Interesse dafür zu wecken,
- **Kaufimpulse** geben, damit das konkrete Reiseangebot auch gekauft/gebucht wird,
- zur **Imagebildung** beitragen (was zu Überschneidungen mit PR-Aufgaben führt).

In der **Werbe-Botschaft** („Message") werden die entsprechenden Werbeaussagen konkretisiert. Dabei sind Inhalt und Form der Mitteilung eng miteinander verbunden. Der Werbestil ist insbesondere Ausdruck der Corporate Identity. Die Werbewirtschaft spricht in diesem Zusammenhang auch von „Copy-Strategie" oder „Kreativ-Strategie", die den Zusammenhang zwischen Zielgruppenansprache und Stil der Werbebotschaft darstellt (vgl. ROTH/SCHRAND 1995: 118).

> „Eine Werbekampagne muß in der Gesamtheit als geschlossenes Ganzes wirken."
>
> „Die Werbeabsicht muß wie ein roter Faden nicht nur im Marketing-Mix, sondern auch in allen Werbemaßnahmen erkennbar sein."

**Beispiel:**
- „Es galt lange Zeit als modern und zweckmäßig Produkte, die der gehobenen Preisklasse angehörten und ein entsprechendes Image hatten, mit englischen Texten vorzustellen. Eines Tages merkte man, daß sich die entsprechende Zielgruppe zwar geschmeichelt und aufgewertet fühlte, aber trotzdem nicht sehr viel von dem verstand, was da in epischer Breite erzählt wurde." (JÄGGI 1987: 39)

### 4.6.3.2 Zielgruppenbestimmung

Während sich Öffentlichkeitsarbeit vorwiegend unspezifisch nach außen wendet, ist ein wichtiger Unterschied der Werbe-Kommunikation die zielgruppenspezifische Kundenansprache. Hierzu wurden im Abschnitt B.2 sowie C.2.2 die verschiedenen Möglichkeiten der Zielgruppenbestimmung im Marketing ausführlich dargestellt. Allerdings ist es eine zentrale Aufgabe der Werbepolitik, die Verbindung von strategischer Zielgruppenbestimmung und Werbeausgestaltung vorzunehmen. Die bereits erwähnte „Copy-Strategie" stellt diese Verbindung her. Werbeform und -mittel müssen der Zielgruppe angemessen sein – eine theoretisch plausible, aber praktisch schwierige Aufgabe.

**Beispiele:**
- Die Werbebotschaft eines Zielgebietes für die Zielgruppe „Jugendliche" wird eher auf die Attribute „Bewegung, Action, Abwechslung, günstig" usw. abstellen, während die Zielgruppe „Senioren" eher mit „ruhig, erholsam" usw. anzusprechen ist.

- Für exklusive Angebote ist eher das Herausstellen der Besonderheiten sowie ein „gehobenes" Sprachniveau empfehlenswert.

### 4.6.3.3 Werbemittel und -formen

Mit Hilfe der Werbemittel werden die Botschaften verschlüsselt und als Kombination von Ton, Text und Sprache über verschiedene Medien an die jeweiligen Zielgruppen übermittelt. Aus der vorgelagerten Betrachtung von Werbebotschaft und Zielgruppe folgen spezielle Anforderungen an die Werbemittel. Auch sie sind in Stil und Form mit den anderen Faktoren der Werbeplattform und des gesamten Marketing abzustimmen.

**Beispiele:**
- Für exklusive Golf-Reisen sollte eher mit Vier-Farb-Hochglanz-Broschüren geworben werden.
- Für Billig-Angebote, z.B. Last-Minute-Reisen, sind Schwarz-Weiß-Blätter oder handschriftliche Ankündigungen die geeignete Form der Werbemittel.

Als Werbemittel stehen unter anderem akustische, visuelle, grafische, dekorative Mittel sowie Werbeveranstaltungen zur Verfügung (vgl. Abb. D-69), wobei eine solche Einteilung zu gewissen Überschneidungen mit der späteren Darstellung der Werbemedien führt.

Aus den hier aufgeführten Bereichen werden im Tourismus als sog. „traditionelle" Werbemittel vor allem Prospekte, Anzeigen, Plakate, Rundfunk- und Fernsehwerbung verwendet („Werbung above the line"). Als moderne Werbeinstrumente kommen in letzter Zeit immer häufiger Sponsoring, Product Placement und Events zum Einsatz („Werbung below the line", vgl. AUER/DIEDERICHS 1993). Je nach Ausrichtung der Werbung sind von diesen Möglichkeiten, die entsprechenden Werbemittel im Rahmen eines Werbe-Mix auszuwählen und zu gestalten. Einige der touristisch besonders relevanten Werbemittel werden im folgenden etwas genauer erläutert.

### (1) Gedruckte Werbemittel

### (1a) Prospekte und Kataloge

Im Tourismus sind Prospekte und Kataloge die am meisten verbreiteten Werbemittel, wobei – je nach Tourismusbetrieb – einmal die Kataloge, einmal die Prospekte die wichtigere Kategorie sind. Der Übergang ist zum Teil fließend. Ebenso ist eine klare Zuordnung zu Werbemitteln oder Mitteln der Verkaufsförderung nicht eindeutig möglich. In strengerer Abgrenzung sind Kataloge und Prospekte wie folgt zu charakterisieren:

**Kataloge** stellen die Gesamtheit des Angebotes zusammen. Ihre Hauptaufgabe ist es, umfassend zu informieren und zu konkreten Kaufentscheidungen anzuregen. Sie finden vor allem als (Pauschal-)Reisekataloge bei Reiseveranstaltern und Zimmerkatalogen oder -verzeichnissen für Destinationen Verwendung. Dabei kombinieren Kataloge zumeist allgemeine Informationen (Animations- oder Image-Teil: Landschaft, Gebiet, Klima, Einreisebestimmungen usw.) mit einem Service-Teil (Informationsteil: An- und Abreise, A-Z) und einem Verkaufs-Teil (Angebots-Teil: Zusammenstellung der Leistungen, zum Teil mit Abbildungen, meist in Tabellenform).

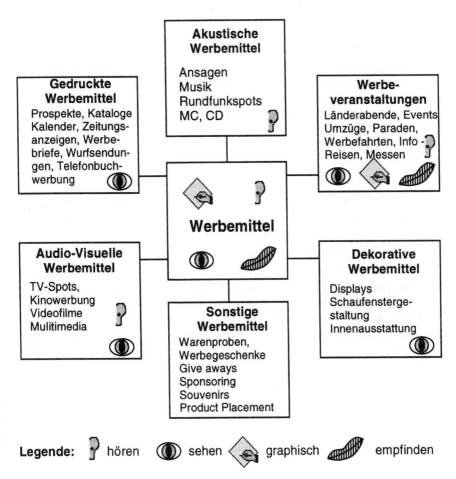

Abb. D-69 Werbemittel

**Beispiele:**
- Pauschalreisekataloge für Fernreisen, Radreisen, Kur- und Fitneßreisen usw.
- Zimmerverzeichnisse und -kataloge

**Prospekte** sind hingegen allgemeiner ausgerichtet und geben Grundinformationen wieder. Oftmals sind es lediglich Auszüge aus den – umfassenderen – Katalogen, im Sinne von Spezialprospekten einer „Prospekt-Familie" (siehe nachfolgendes Beispiel). Prospekte sollen vorrangig Aufmerksamkeit erzielen und die emotionale Ebene ansprechen. Für touristische Destinationen sind oftmals **Image-Prospekte** am wichtigsten. Sie werden zumeist in anspruchsvollem Design erstellt (farbig, Abbildungen).

**Beispiele:**
- Ortsprospekte, Image-Prospekte, Prospekt-Familien (Wanderwege, Radwege, Museen, Sportangebote, Veranstaltungen usw.)

Einen Sonderbereich der touristischen Medien stellen Reiseführer und Reiseliteratur dar. Sie zählen ebenfalls zur Gruppe der Printmedien (so KAGELMANN 1993b), dienen aber nicht vorrangig der gezielten Werbeansprache.

Für die Gestaltung von Prospekten und Katalogen sind im Tourismusbereich an verschiedener Stelle ausführliche Empfehlungen entwickelt worden, die von der generellen Gestaltung (FERNER 1989: 263ff) über das beste Prospektformat (vgl. SCHMIDER 1985), den technischen Ablauf der Prospekterstellung (SCHMIDT 1989) bis hin zur Entsorgung von Prospekten (so DRV 1995) reichen.

Insgesamt muß der Katalog – wie auch der Prospekt – folgenden Anforderungen gerecht werden:

- **Anregungsfunktion** (Prospektäußeres): Wichtige Funktion kommt bei Prospekten und Katalogen der Gestaltung der Titelseite (Aufmachung, Format usw.) zu: Sie erregt die Aufmerksamkeit („Attention, Interest), die zu weiterer Lektüre des Inhaltes anregt (Desire, Action) – ganz im Sinne der AIDA-Formel der Kaufverhaltensforschung.
- **Informationsfunktion:** Es müssen klare Informationen über das Leistungsangebot enthalten sein wie Umfang, Qualität und Preis der Leistung.
- **Profilierungsfunktion:** Durch Prospekte und Kataloge profilieren sich die Anbieter und grenzen sich von den Mitwettbewerbern ab. Es muß das Besondere und Einzigartige zum Ausdruck kommen.
- **Emotionale Funktion:** „Durch den Katalog muß etwas vom Flair, von der Atmosphäre der Reise, des Ortes, des Hotels und der Urlaubsaktivität spürbar werden." (BARG 1987: 68)
- **Verkaufsfunktion:** der Katalog soll letztlich zur Reisebuchung führen.

| Katalogteile | Primäre Aufgaben | Weitere Aufgaben |
|---|---|---|
| Titelseite | Interesse wecken; Aufforderung zum Zugreifen und Mitnehmen | Wiedererkennen, Erinnern |
| Inhaltsvorstellung | Transparenz schaffen, Info geben | Sympathie schaffen |
| Einleitungsseiten | Präferenz und Sympathie | Informationen |
| Programmteil | Information, Überzeugung, Präferenz | Aufforderung zur Buchung |
| Preisteil | Information | Preiswürdigkeit |
| Geschäftsbedingungen | Information | Vertrauen schaffen |
| Buchungsformular | Information, zur Buchung auffordern | |

**Abb. D-70** Aufbau eines Reisekatalogs
(Quelle: nach BARG 1987: 69)

In Abb. D-70 finden sich die üblichen Katalogbereiche mit den entsprechenden Aufgabenstellungen.

**(1b) Weitere grafische Werbemittel**

Ebenfalls zur Gruppe der Printmittel zählen:

- **Anzeigen** (in Zeitungen, Zeitschriften, (Telefon-)Büchern usw.): Sie ermöglichen in der Regel eine präzise Zielgruppenansprache und werben zumeist mit konkreten Reiseangeboten oder für spezielle Firmen.

- **Plakate** (und Poster): Plakate haben vor allem die Funktion, Aufmerksamkeit zu erregen. Sie wurden als „Paukenschlag im Konzert der Werbemittel" bezeichnet (Savignac, frz. Graphiker) und erfordern das enge Zusammenspiel mit anderen Werbemitteln. Als „Erinnerungs-Plakat" sind **Poster** ein beliebtes Souvenir mit entsprechender Werbewirkung. Die Herstellung von Plakaten ist oftmals relativ teuer, doch in Form der – kostengünstigeren – Poster kommt ihnen aber eine hohe Werbewirkung zu (vgl. u.a. NEUES 1985, SCHICKER 1988).

- **Handzettel und Flugblätter** werden zumeist als kurzfristige Hinweise auf Angebote oder Veranstaltungen verwendet. Sie weisen oftmals auf Sonderangebote hin und stehen in Verbindung mit ausführlicheren (Prospekt-)Informationen. Ihre Herstellung ist kostengünstig und sie sind flexibel einzusetzen.

- **Werbebriefe** werden für Direktwerbemaßnahmen verwendet (Direct Mails).

- Werbeflächen innerhalb von **Ortsplänen, Land- und Straßenkarten** dienen zumeist der Information vor Ort und weisen auf weitere Angebote hin.

- **Veranstaltungskalender** (Event-Kalender): Sie informieren über Veranstaltungen am Reiseort. Immer häufiger werden Veranstaltungshinweise mit umfangreicheren Veranstaltungszeitschriften („Gästezeitschriften") verbunden.

- **Gästezeitschriften:** Recht verbreitet ist die Erstellung von Gästezeitschriften, in denen sich neben den Hinweisen auf Veranstaltungen weitere Hinweise auf touristische Betriebe und deren Angebote (wie Gaststätten, Souvenirläden usw.) finden. Zumeist ist diese Form der Werbung mit zusätzlicher Anzeigenwerbung verbunden.

**(2) Dekorative Werbemittel**

Je nach Art des touristischen Betriebes spielt die dekorative Werbung, vor allem in Form der Schaufensterwerbung, eine wichtige Rolle. Hier sind es vor allem Reisebüros und örtliche Fremdenverkehrsbüros, die mit der Gestaltung ihrer Schaufenster ein wichtiges Werbemittel zur Verfügung haben. Für die Schaufenster- und Innengestaltung sind zudem verkaufsfördernde Maßnahmen der Veranstalter und Destinationen (wie Displays, Plakate, Poster) einzusetzen (vgl. EISENHUT 1985).

**(3) Akustische Werbemittel**

Zu den akustischen Werbemitteln zählen Rundfunkspots, Ansagen, Musikkassetten, Platten und CDs. Sie finden in der touristischen Werbung unterschiedliche Verwendung. Während Musikkassetten und CDs mit einheimischer Musik weit verbreitet sind, werden sie nur begrenzt als aktive Werbemittel eingesetzt. Sie dienen eher der sehr allgemeinen Stimmungsbildung für bestimmte Regionen.

**Rundfunkspots** sind in der touristischen Werbung nicht allzusehr verbreitet. Ihnen kommt das Image der Billigproduktwerbung zu. Sie können andererseits regional und zeitlich gezielt eingesetzt werden und sind daher vor allem für kurzfristige Angebote geeignet. Allerdings stellen sie hohe Anforderungen an das Vorstellungsvermögen in bezug auf die touristischen Leistungen, wofür bildliche Darstellungen geeigneter erscheinen.

**(4) Visuelle Werbemittel**

Für das komplexe und dreidimensionale Angebot des Tourismus ist die Gruppe der visuellen Werbemittel besonders geeignet. Hierzu zählen TV-Spots, Film- und Kinowerbung, Videos, Dias und – in letzter Zeit zunehmend – elektronische Medien, wie Internet usw.:

- **Filme, Dias, Videos** werden in der touristischen Werbung häufig eingesetzt, da sie sehr geeignet sind, die komplexen Leistungsangebote, v.a. von Destinationen, darzustellen.

- Erst in den letzten Jahren wird die **TV-Werbung** für den Tourismus genutzt (z.B. TV-Spots der TUI). TV-Werbung gilt einerseits als teuer, andererseits ist sie aber sehr geeignet zur Darstellung der touristischen Leistungen. Eine andere Form der indirekten TV- oder Film-Werbung stellt das Product Placement dar, wo Destinationen als filmische Kulisse dienen (vgl. D.4.7.4).

- **Kinowerbung** ist eine Sonderform der visuellen Werbung, z.B. mit Dias oder kurzen Filmen. Sie ist im Tourismus (noch) wenig verbreitet, scheint aber ein sehr geeignetes Medium zu sein, das relativ kostengünstig ist und eine gezielte Ansprache bestimmter Zielgruppen ermöglicht, z.B. Stadtbevölkerung allgemein, Besucher von Heimatfilmen usw.

- **Elektronische Medien** als Mittel der touristischen Werbung stehen erst am Anfang: Onlinedienste, Internet, CD-ROM, TV-Kommunikation usw.

**(5) Werbeveranstaltungen**

Veranstaltungen als Marketing- oder Werbeinstrument zählen im weitesten Sinne zu den Events, die in Abschnitt D.4.7.3 genauer behandelt werden. Mit der zunehmenden Erlebnisorientierung der Werbung werden sie immer beliebter (vgl. BÖHME-KÖST 1992, AUER/DIEDERICHS 1993: 201ff, MUES 1990, BONARIUS 1993).

**Beispiele:**
- Zu den Werbeveranstaltungen zählen so verschiedene Events wie Länderabende, Feste, Paraden, Info-Reisen, Incentive-Reisen, Messen usw.

**(6) Sonstige Werbemittel**

Die Palette der Werbemittel ist über die bereits erwähnten hinaus sehr groß. Vor allem ist der Übergang zu den Verkaufshilfen und zur Verkaufsförderung (siehe 4.4, S. 554ff) sowie zu Sonderformen der Werbung fließend. Als weitere Instrumente der Werbung sind zu nennen:

- **Werbeartikel:** Sie werden in der Regel unentgeltlich an Geschäftspartner oder Kunden abgegeben (daher auch vielfach als „Werbegeschenke" bezeichnet), womit aber die Hoffnung auf weitere (Gegen-)Leistungen verbunden wird. Als Artikel von geringem Wert (als Streuartikel oder Give-Aways) werden sie bevorzugt auf Messen oder als Beigabe im Kundengespräch eingesetzt. Als –

wertvollere – Präsente dienen sie als Incentives für Geschäftspartner oder für Ehrengäste. Spätestens wenn Werbeartikel verkauft werden („self-liquidators", „merchandising", „Licensing") ist im Tourismus der Übergang zu den Souvenirs gegeben (vgl. genauer WAV 1992, SCHNEIDER 1989, BÖLL 1999).

- **Souvenirs:** Sie werden in der Regel von den Reisenden selbst gekauft und werben am Heimatort oder unterwegs für die jeweilige Urlaubsregion oder für den Leistungsträger (wie Fluggesellschaft, Hotel, Freizeitpark usw.). Die Betrach-

**Abb. D-71** Werbeartikel
(Quelle: nach SCHÖNEMANN 1989: 65ff (oberer Teil) und FREYER 2000: 547 (unterer Teil))

tung der touristischen Souvenirs als Werbemittel und ihr aktiver Einsatz im Marketing-Mix ist im Tourismus-Marketing bisher nur am Rande behandelt (vgl. dazu FREYER 1994b, 1996f).

- **Product Placement, Sponsoring** als neue Werbemittel oder „Werbung below the line" werden in späteren Abschnitten näher behandelt (vgl. D.4.7).

Eine ausführliche Auflistung weiterer Werbemittel für die Fremdenverkehrswerbung findet sich in SCHÖNEMANN 1989 (vgl. Abb. D-71), vom „Adventskalender" bis zur „Zündholzschachtel", wobei der Übergang zur Verkaufsförderung („Verkaufshilfen") fließend ist. Es gibt eine umfangreiche Werbeartikelindustrie, die nicht ausschließlich auf den Tourismus spezialisiert ist. Sie liefert für Geschäftsfreunde ebenso wie für Besucher touristischer Destinationen oder die Nutzer touristischer Leistungsträger.

Die bekanntesten touristischen Werbeartikel sind **Souvenirs**, deren Funktionen als Werbemittel für das touristische Marketing bisher fast unberücksichtigt geblieben sind. Souvenirs werden von Reisenden vorrangig zur eigenen Erinnerung gekauft, aus Sicht der Fremdenverkehrsorte – oder auch anderer Leistungsträger, wie Hotels oder Transportgesellschaften – haben sie einen hohen Werbeeffekt. Erst 1995 fand eine erste Fachtagung in Deutschland statt, auf der die Wechselwirkung von touristischen Souvenirs und Fremdenverkehrswerbung näher beleuchtet worden ist (vgl. FREYER 1996f).

### 4.6.3.4 Werbeträger

Die meisten der zuvor beschriebenen Werbemittel sind eng mit bestimmten Werbeträgern („Werbemedien") verbunden. Bei ihrer Darstellung in der Literatur kommt es daher zu weitgehenden Überschneidungen. Während Werbemittel die „sachliche Ausdrucksform" oder die „konkretisierte Botschaft" (ROGGE 1993: 265) sind, stellen die Werbeträger den Weg zur jeweiligen Zielgruppe dar. Insofern kommt ihnen eine zentrale Rolle in der Werbepolitik zu.

Die wichtigsten Mediengruppen, die die Botschaften zwischen den touristischen Betrieben und den Reisenden übermitteln sind (vgl. Abb. D-73):

- **Printmedien:** Zeitungen (regionale, überregionale), Zeitschriften (Wochen-, Monats-, Fachzeitschriften), Prospekte, Kataloge, Adreßbücher,
- **Elektronische oder audiovisuelle Medien:** Film, Funk, Fernsehen („FFF-Medien") und Onlinedienste,
- **Medien der Außenwerbung:** Litfaßsäulen, Plakate, Lichtwerbung, Werbung auf Verkehrsträgern, Banden- und Trikotwerbung (im Sponsoring).

Als Sondergruppe werden gelegentlich bei den Medien die

- **Medien der Direktwerbung:** Prospekte, Kataloge, Mailings

behandelt, die als Unterfall des Direkt-Marketing gelten.

Die Vielzahl der Medien verlangt eine bewußte Auswahl der jeweiligen Werbeträger, die zum einen nach Kosten-, zum anderen nach Wirksamkeitsaspekten erfolgt. Die Werbewissenschaft hat hierzu zahlreiche Untersuchungen (sog. „Media-Analysen") über Reichweite und Kosten der Werbung mit verschiedenen Medien durchgeführt. Es werden Kontakthäufigkeiten und Kontaktkosten, Reichweiten und Medienvergleiche untersucht. Allerdings sind hierbei vorwiegend Aussagen über die Kontakte, nicht jedoch auf die wirkliche Wahrnehmung und letztliche Kaufentscheidung gegeben.

Während die Medienvertreter eher auf die intensive Nutzung ihrer Werbeträger durch die jeweiligen Käuferzielgruppen verweisen, sprechen touristische Untersuchungen eher von einem geringen Einfluß der Medien auf die Reiseentscheidung. So wird bei den jährlichen Urlauberbefragungen „Werbung in Zeitungen, Zeitschriften, Rundfunk, Fernsehen, auf Plakaten und Messen/Ausstellungen" von lediglich ca. 5% der Befragten als reiseentscheidend bezeichnet (so z.B. REISEANALYSE versch. Jg., vgl. auch Abb. B-20).

Die Medien sind aber auch unterschiedlich zur Übertragung gewisser Botschaften geeignet. Abb. D-73 zeigt die Kombinationsmöglichkeiten der verschiedenen Basismedien Bild, Text und Ton mit den unterschiedlichen Medienträgern auf. Im Hinblick auf die Gestaltung der Kommunikationsarten wird vermutet:

„Gemäß neuerer Forschungsergebnisse eignet sich die textdominante Gestaltung in erster Linie für eine informative Positionierung des Werbeobjekts bei Zielpersonen mit hohem Involvement. Demgegenüber wird der bilddominanten Gestaltung bei der emotionalen Positionierung eines Werbeobjekts bei schwach involvierten Zielpersonen bzw. hoher Informationsüberlastung eine größere Werbewirkung zugesprochen." (TOLLE 1994: 1301)

Dies gibt grundlegende Hinweise auf den Medieneinsatz im Tourismus. In der Phase der Anmutung sollten eher emotionale Werbemedien eingesetzt werden, also vorwiegend Bilder, Image-Prospekte, Plakate, Dias, Videos und TV-Spots.

---

**Kontakthäufigkeit**
Wie häufig wird eine Person durchschnitttlich erreicht?
= Durchschnittskontakt
Gibt an, wie oft eine Person durchschnittlich erreicht wird.

**Kontaktkosten**
Kosten pro 100 Kontakte

$$\frac{\text{Kosten} \times 1000}{\text{Kontaktsumme}}$$

**Reichweite**
1000'er Zahl der Kontakte = Projektion
Anzahl der Personen der Zielgruppe, die von einem Medium erreicht werden oder Zahl der Kontakte

**Intermediavergleich**
Bewertung von Mediagruppen (z. B. vierfarbige Zeitschrifteninserate verglichen mit einem Fernsehspot (30 Sekunden)

**Intramediavergleich**
Bewertung verschiedener Titel der gleichen Mediagruppe

---

**Abb. D-72** Fachbegriffe der Mediaplanung

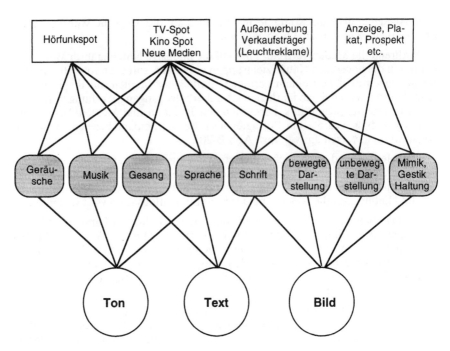

**Abb. D-73** Kommunikationsmittel und Formen der Verschlüsselung von Werbebotschaften
(Quelle: nach TOLLE 1994: 1301)

Für die Phase der Kaufentscheidung sollten Kataloge, Anzeigen und Informationsbroschüren hinzugezogen werden.

#### 4.6.3.5 Sonderform: Direkt-Werbung

Direkt-Werbung stellt eine Sonderform der medialen Ansprache im Kommunikations-Mix dar. Dabei wird weniger auf die Kommunikationsmittel und -medien abgestellt als auf den – direkten – Weg zwischen Sender und Empfänger – analog zur Betrachtung der Vertriebs- bzw. Kontaktwege in Abschnitt D.3. Entsprechend ist die werbebezogene Direktansprache der Konsumenten in enger Kombination mit anderen Kommunikations- und Marketinginstrumenten zu sehen (vgl. DILLER 1994: 205ff, TÖPFER 1990, GOTTSCHLING/RECHENAUER 1994).

Ziel der Direktwerbung ist es, den potentiellen Kunden durch direkte Ansprache zu einer sofortigen Reaktion zu bewegen. Charakteristikum dieses Kommunikationsinstrumentes ist ein vorgesehener Antwortmechanismus, oft in Form der Telefonnummer bzw. der Adresse des Anbieters als Bestandteil der Werbeanzeige u.ä. Bei diesem Instrument hängt der Erfolg der Maßnahme wesentlich von der Gestaltung der Werbemittel ab. Für die Direktwerbung können sowohl spezielle Medien der Direktwerbung als auch die klassischen Medien genutzt werden.

**Beispiele:**
- TV-Werbung: Reisen zur „Star-Trek-Convention" oder zur „The X-Files-Convention" mit eingeblendeter Telefonnummer (Plazierung während der Ausstrahlung der entsprechenden TV-Sendungen)

- Anzeigenwerbung von Fremdenverkehrsämtern mit aufgeklebter Antwortkarte (plaziert z.B. in Zeitschriften)

Im Rahmen der Werbung werden das **direkte Kunden-Mailing** und die damit zusammenhängenden Aufgaben der Kundenkartei bzw. des Adressbezugs, das Verfassen eines Mailings sowie der Versand und die Rücklaufkontrolle behandelt.

Das Direct Mailing, als Sonderform der Direktwerbung, wird im allgemeinen verwendet in Form von Katalogen, Prospekten, Werbebriefen, Wurfsendungen oder sogenannten Mail-order-packages (Versandkuvert, Prospekt, Werbebrief und Antwortkarte), die in der Praxis die weiteste Verbreitung besitzen. Die Streuung der Werbemittel erfolgt i.d.R. durch die Post oder andere Verteilerorganisationen.

Werbesendungen können sowohl adressiert als auch unadressiert sein. Zum Direktmarketing sind die unadressierten Sendungen jedoch nur dann zuzuordnen, wenn die Maßnahme mit dem Ziel der Herstellung eines direkten Kontakts zum potentiellen Kunden verbunden ist. Werbebriefe sind häufig mit einem sogenannten Teaser versehen, der die Zielperson zum Öffnen des Briefes bewegen soll (z.B. Hinweis auf Gewinnmöglichkeiten).

Eine weitere Sonderform der Direkt-Werbung bzw. des Direkt-Marketing stellt der **Telefonverkauf** (Telefonmarketing) dar. Hierbei wird der direkte Kontakt zum Kunden über das Medium Telefon hergestellt.

Telefonmarketing kann aktiv oder passiv erfolgen. Bei einem aktiven Telefonmarketing ruft das Unternehmen bzw. eine beauftragte Agentur die Zielpersonen an, um Produkte bzw. Leistungen zu verkaufen oder für diese zu werben. Bei Privatpersonen muß aus rechtlichen Gründen bereits ein erster Kontakt hergestellt sein, z.B. durch einen Brief, der mit einer Antwortkarte ausgestattet war, mit welcher die Zielperson ihr Interesse an weiteren Kontakten mit dem Unternehmen

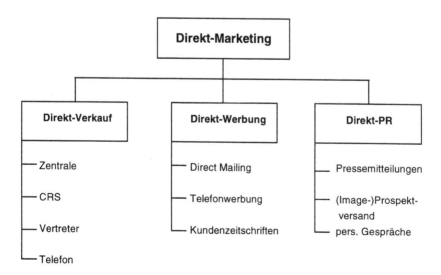

**Abb. D-74** Direkt-Marketing

bekunden konnte. Passives Telefonmarketing beruht auf einem Anruf der Zielperson beim Unternehmen als Reaktion auf eine vorangegangene Werbemaßnahme, z.B. auf einen Fernsehspot mit eingeblendeter Telefonnummer (s.o.). Verstärkt werden auch neue Medien wie Bildschirmtext, Mailboxen, Telefax oder Videos für Maßnahmen der Direktwerbung eingesetzt.

Ein großer Vorteil des Direktmarketing beruht auf der relativ einfachen Meßbarkeit des Erfolges der Maßnahmen, der z.B. aus der Rücklaufqote von Werbebriefen ersichtlich wird.

### 4.6.3.6 Werbedurchführung und -kontrolle

**(1) Werbedurchführung**

Soweit Werbung durch das jeweilige Unternehmen selbst durchgeführt wird, sollte stets eine enge Zusammenarbeit zwischen der Werbeabteilung bzw. dem Werbebeauftragten und dem Marketing-Bereich erfolgen. Nur dies ermöglicht die adäquate Umsetzung der generellen Marketing- und Kommunikationsziele im Bereich Werbung.

Die Umsetzung und Durchführung des Werbekonzeptes erfolgt vielfach durch eigens darauf spezialisierte Werbe-Agenturen. Hierbei ergeben sich Abstimmungsprobleme zwischen dem Werbetreibenden und der Agentur. Viele Agenturen haben eine weitreichende Autonomie gegenüber ihrem Auftraggeber, die oftmals über Fragen der technischen Ausgestaltung hinausgeht.

**(2) Werbebudget**

Die Vielfalt und die Unterschiedlichkeit der verschiedenen Werbemaßnahmen ist mit ganz unterschiedlichen Kosten verbunden. Demzufolge verlangt eine ausformulierte Werbeplattform auch die Festlegung eines bestimmten Werbebudgets. Hierfür werden in Theorie und Praxis vor allem drei unterschiedliche Methoden verwendet:

- **Prozentverfahren:** Die Werbekosten werden als fester Prozentsatz des Umsatzes, Gewinns oder der Gesamtkosten festgelegt.
- **Wettbewerbsmethode:** Die Werbekosten werden im Vergleich zu den Mitwettbewerbern bestimmt.
- **Ziel-Mittel-Methode:** Hierbei wird eine Zurechnung von Werbeaufwand und Werbeerfolg versucht, was allerdings aufgrund der Schwierigkeiten der Erfolgsmessung oft nur sehr aufwendig durchzuführen ist.

Als weitere Methoden werden genannt (vgl. ROGGE 1993: 132ff):

- **Die Restwertmethode:** Der Werbeetat ist die „Restsumme", die nach Abzug aller anderen Kosten dem jeweiligen Betrieb verbleiben.
- **Werbeanteils-Marktanteils-Methode:** Ist das Gesamtwerbeaufkommen einer Branche bekannt, so kann sich der eigene Werbeanteil als Marktanteilsprozentsatz bestimmen lassen.
- **Fortschreibungsmethode** (Vorjahresmethode): In der Regel erfolgt Werbung über einen längeren Zeitraum, so daß der jeweilige Jahresetat vom Vorjahr übernommen oder – je nach Werbeerfolg entsprechend verändert werden kann.

## (3) Werbekontrolle

Wie für alle anderen Bereiche des Marketing so ist auch für den Bereich der Werbepolitik eine Kontrolle der Zielsetzungen und Ergebnisse notwendig. Da bei Werbemaßnahmen zumeist eine recht enge Beziehung zwischen Werbeaufwand und Kauferfolg besteht, zählt die Werbekontrolle zu einem der aussagekräftigsten Instrumente des Controlling. Werbekontrolle umfaßt vor allem zwei Kontrollbereiche, die

- **Werbekostenkontrolle:** Hierbei wird lediglich überprüft, inwieweit der geplante Werbeetat mit dem tatsächlichen Werbeaufwand in Übereinstimmung ist oder ob Abweichungen bestehen. Es werden die „Soll"- mit den „Ist"-Werbekosten verglichen.

- **Werbeerfolgskontrolle:** Sie versucht letztlich, den Verkaufserfolg zu messen, wobei die verschiedenen Methoden der Werbeerfolgskontrolle an den unterschiedlichen Stufen des Kaufentscheidungsprozesses ansetzen.

### Methoden der Wirkungskontrolle

Für die Werbekontrolle stehen verschiedene Methoden und Instrumente zur Verfügung, die an unterschiedlichen Stufen der Entscheidungsfindung ansetzen. Wichtige Ansatzpunkte und Instrumente sind (vgl. dazu genauer Esser 1995, Schweiger/Schrattenecker 1989: 190ff, Töpfer/Mann 1995: 49ff, Diller 1994: 1315ff und Abb. D-75):

- **Messung der Aktivierung:** Hierbei werden körperliche Veränderungen und Reaktionen gemessen (physiobiologische Methoden), z.B. mit Hilfe von Psychogalvanometern (Messung des Hautwiderstandes als Reaktionen auf Erregungszustände) oder Elektroanzphalogramm (Hirnstrommessungen).

- Für die **Informationsaufnahme und -verarbeitung** werden mit technischen Geräten die Sehgewohnheiten in bezug auf Anzeigen- oder TVwerbung gemessen, z.B. mit dem Tachistoskop (verändert die Darbietungsdauer), Kamera-Lese-Beobachtung (untersucht den „Blickverlauf" beim Lesen von Zeitschriften und in bezug auf Anzeigen) oder – ähnlich – mit Hilfe von Spzialbrillen bei den Probanden (Augenkamera und Pupillometer).

- Wieder andere Methoden messen die **Glaubwürdigkeit und Akzeptanz** der Werbung ebenso wie **Einstellungen und Images**, wobei insbesondere Instrumente der Meinungsbefragung eingesetzt werden (Befragung mit Rating- und/oder Magnitudskalen, wobei die Befragten das Ausmaß der Zustimmung/Ablehnung angeben).

- Der **Erinnerungs- oder Wiedererkennungswert** von Werbemaßnahmen wird mit Hilfe der Recognition- oder Recall-Tests untersucht. Bei diesen Verfahren werden die Versuchspersonen – gestützt oder ungestützt – nach ihrer Erinnerung an bestimmte Werbemaßnahmen gefragt. Recognition-Tests beziehen sich vor allem auf die Werbeinhalte und -mittel, Recall-Tests vorrangig auf die Werbebotschaften. Hierbei zeigen sich äußerst interessante Ergebnisse, beispielsweise in bezug auf die Bandenwerbung in Sportstadien (vgl. Freyer 1990: 338):
  - „Knapp 20% der befragten Personen konnte keinen einzigen Namen der werbenden Firmen nennen (Recallwert = 0),
  - nur 29 der insgesamt 70 verschiedenen vorhandenen Namen von beworbenen Firmen bzw. Produkten wurden überhaupt genannt,

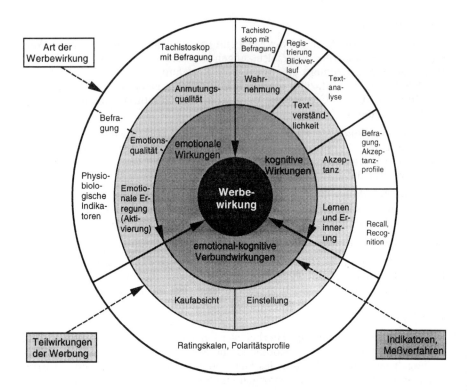

**Abb. D-75** Methoden der Werbewirksamkeitskontrolle
(Quelle: nach TÖPFER/MANN 1995: 50, vgl. auch SCHWEIGER 1994: 1318)

- von den richtigen Nennungen entfielen über 70% auf nur 5 Namen (Coca Cola, Canon, Metaxa, Iveco, Fuji). Bereits ab Position 5 wurden zwei nicht vorhandene Marken (Cincano, Jägermeister) genau so oft genannt wie der Name Metaxa."
- **Messung des Kaufverhaltens**, z.B. stichprobenhafte Direktbefragung der Käufer („Warum sind Sie nach X,Y gefahren?"), Verkaufstests (Testmarkt – mit Werbung, Kontrollmarkt – ohne Werbung), Panel-Befragungen

Allerdings sind Werbemaßnahmen nicht ausschließlich auf kurzfristige Verkaufserfolge ausgelegt, sondern haben auch weitere kommunikationspolitische Ziele im Bereich der Imagebildung, der Öffentlichkeitsarbeit sowie der langfristigen Erfolgssicherung der Unternehmen. Diese Aspekte müssen bei der jeweiligen Bewertung mit hinzugezogen werden.

Die verschiedenen Verfahren sind unterschiedlich geeignet, die verstandesmäßigen (kognitiven) und gefühlsmäßigen (emotionalen) Einflußfaktoren auf die Kaufentscheidung sowie die jeweilige Handlungsbereitschaft (konative Faktoren) zu messen (vgl. TÖPFER/MANN 1995; POSCHARSKY 1994, SCHWEIGER 1994).

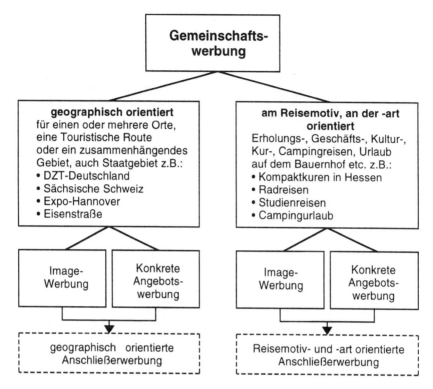

**Abb. D-76** Gemeinschaftswerbung im Tourismus
(Quelle: WÖLM 1979: 233)

### 4.6.4 Gemeinschaftswerbung im Tourismus

Neben der traditionellen Einzelwerbung hat im Tourismus vor allem die Gemeinschaftswerbung besondere Bedeutung. Sie kann entweder institutionell oder regional organisiert sein. In beiden Fällen sind die Möglichkeiten der Imagewerbung und/oder der Angebotswerbung möglich.

Bekannte **Beispiele** im Tourismus sind:
- Touristische Routen (als Werbegemeinschaften, vgl. MÜLLER 1994),
- Werbegemeinschaften von Städten (Magic Ten, Historic Highlights of Germany) und Regionen (Deutsches Küstenland),
- Werbeaufgaben der Fremdenverkehrsverbände und Fremdenverkehrsvereine (lokal, regional, landesweit).

### 4.6.5 Vergleich der Werbemedien

In Abb. D-77 werden die verschiedenen Werbemedien hinsichtlich unterschiedlicher Merkmale dieser allgemeinen Aussagen je nach spezifischem Tourismusbetrieb und Marketing-Konzept zu einem Gesamt-Werbe-Mix ausgestaltet. (vgl. ähnlich WTO 1983, FERNER u.a. 1989: 249f, MOSER 1994: 494f).

| Medium / Merkmal | Zeitungen | Publikumszeitschriften | Fachzeitschriften | Fernsehen | Rundfunk | Kinowerbung | Plakate |
|---|---|---|---|---|---|---|---|
| Streuung, Reichweite | täglich, wöchentlich oder sonntags, regionale oder nationale Reichweite bis zu 80% | wöchentlich bis monatlich nationale Reichweite bei hoher Mehrfachnutzung | wöchentlich bis monatlich nationale Reichweite bei geringer Mehrfachnutzung | hohe Reichweite und Streuung, national und regional | weit verbreitet, lokale oder regionale Reichweite | vor allem in städtischen Gebieten, Reichweite ca. 15% | an verkehrsreichen Plätzen und Straßen, Reichweite bis zu 50% |
| Nutzerschaft Segmentierung | begrenzte Segmentierungsmöglichkeiten | gute Segmentierungsmöglichkeiten n. Alter, Geschlecht, Einkommen usw. | spezielle Interessengruppen gute Segmentierungsmöglichkeiten | gute Segmentierungsmöglichkeiten nach Programm und Tageszeit | gute Segmentierungsmöglichkeiten nach Programm und Tageszeit | gute Segmentierungsmöglichkeiten je nach Film und Kino | große Zahl von Kontakten keine Segmentierung |
| Allgemeine Kommunikationsfunktion | Nachrichten und Informationen | Unterhaltung und Information | spezielle Information, hohe Leseintensität | Unterhaltung Nachrichten, Gruppenfernsehen | Unterhaltung Nachrichten, individuelles Zuhören Auto, Arbeit, zu Hause | Unterhaltung Gruppenkino | |
| Werbemöglichkeiten | S/W oder Farbdruck | S/W oder Farbdruck hohe Qualität | S/W oder Farbdruck verschiedene Qualität | Spots in Farbe selten S/W (20-60 Sek.) mit Wdhlg.) | Spots Jingle (10-60 Sek.) | Filme, Dias (1-3 min) | Poster, Leuchtschriften |
| Planungskriterien | kurze lokale oder regionale Aktionen | langfristig angelegte Aktionen, Imagewerbung | Ansprache spezieller Interessengruppen | Hauptmedium für eine langfristig angelegte Werbung | unterstützende Funktion, geeignet für häufige Wdhlg. | geeignet für Erinnerungswerb. Image | geringe Wirksamkeit, Erinnerungswerb. |
| Kosten | geringe Kosten pro Exemplar und Kontakt mittlere technische Kosten | hohe Kosten pro Exemplar geringe Kosten pro Kontakt, hohe technische Kosten | geringe Kosten pro Exemplar, mittlere Kosten pro Kontakt, mittlere technische Kosten | hohe Kosten pro Einheit, geringe Kosten pro Kontakt, hohe techn. Kosten | mittlere Kosten pro Einheit, geringe Kosten pro Kontakt, geringe techn. Kosten | geringe Kosten pro Einheit und Kontakt, geringe techn. Kosten | geringe Kosten pro Einheit, hohe Kontakt und techn. Kosten |

**Abb. D-77** Vergleich von Werbemedien im Tourismus

## 4.7 Weitere Kommunikationsinstrumente

### 4.7.1 Von Kommunikation „below the line" zu neuen Marketing-Management-Bereichen

Zahlreiche Instrumente der Erweiterung des traditionellen Marketing-Instrumentariums beziehen sich auf die Kommunikationspolitik. So sind es insbesondere Sponsoring, Events, Product Placement, die in diesem Zusammenhang behandelt werden. Teilweise wird dies auch als Werbung (bzw. Kommunikation) „below the line" bezeichnet (vgl. AUER/DIEDERICHSEN 1992). Für den Tourismus kommt der Bereich der Messe, der ebenfalls den Kommunikationsinstrumenten zuzurechnen ist, hinzu.

Allerdings tendieren die Autoren, die sich intensiver mit diesen Instrumenten auseinandersetzen, letztlich dazu, eine Erweiterung der Sichtweise vorzunehmen. Dies beginnt in der Regel mit der Einordnung in das Kommunikations-Mix und führt zu einer Ausformulierung eines entsprechenden Sub-Mix. In einer nächsten Stufe wird die Rolle im gesamten Marketing-Mix diskutiert, um letztlich auf die strategischen und analytischen Überlegungen hinzuweisen. Damit wird von einer eigenständigen Management-Methode gesprochen, also z.B. von einem Event-Management, einem Sponsoring-Management, Messe-Management usw. (vgl. FREYER 1996a, FREYER 1990: 362ff, KUNZ 1990). Letztere Auffassung stimmt allerdings mit der hier vertretenen Sichtweise einer Marketing-Management-Methode überein, die auch die Bestimmung nur vor dem Hintergrund einer

- Situationsanalyse (Umfeld, Markt und Betrieb) (Phase I),
- Ziel- und Strategiebestimmung (Phase II),
- Abstimmung der verschiedenen Instrumente in einem Gesamt-Mix (Marketing-Mix, Phase III) sowie Ausformulierung der Einzelinstrumente in einem Sub-Mix,
- Implementierung in Bezug auf Organisation, Allokation und Anspruchsgruppen (Phase IV),
- Controlling (Phase V)

sieht. Integriert man diese modernen Marketing-Instrumente in ein gesamtes Marketing-Mix, sind die entsprechenden Vorüberlegungen bereits erfolgt, so daß eine Behandlung auf der instrumentellen Ebene durchaus ausreichend ist. Bisherige Versuche im touristischen Marketing, neue Instrumentbereiche herauszustellen, heben vor allem folgende Bereiche besonders hervor, die ebenfalls eng mit anderen Marketing-Instrumenten verbunden sind (vgl. ROTH 1995, DREYER l995a):

- **Sponsoring** (auch: public, positioning),
- **Events** und **Product-Placement**, beide ordnen sich am ehesten in die Bereiche des öffentlichen Marketing (auch: public, partnership, people) sowie der Paketangebote (packaging, programming) ein.
- **Messen** und Ausstellungen (auch: public, people).

Im folgenden werden einige allgemeine Aussagen zu diesen „neuen Instrumenten" mit ihrer Bedeutung für das touristische Marketing behandelt.

### 4.7.2 Sponsoring im Tourismus

**(1) Grundlagen des Sponsoring**

Sponsoring oder Sponsorship betrachtet die Zuwendung von Wirtschaftsunternehmen für Einrichtungen, Organisationen oder Maßnahmen im Sport-, Kultur- oder Sozialbereich. Dabei sind **zwei Sichtweisen** zu unterscheiden (vgl. zum folgenden FREYER 1993b, 1990: 352ff, sowie Abb. D-78):

- **die Sicht des Sponsors:** Unternehmen betrachten Sponsoring als Teil ihrer gesamten Unternehmensaktivitäten. Hierbei dient Sponsoring entweder zur Verwirklichung allgemeiner Unternehmensziele (wie z.B. Image, Unternehmenskultur usw.) oder konkreter Unternehmensstrategien (wie z.B. Imageprofilie-

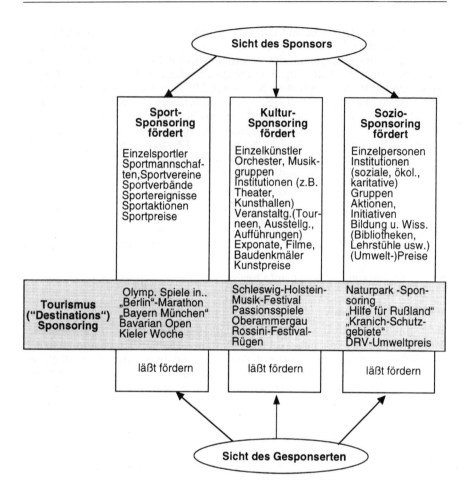

**Abb. D-78** Formen des Sponsorings
(Quelle: aus: FREYER 1993b: 458)

rung, Zielgruppenansprache usw.). Spezielle Sponsoring-Maßnahmen sind dabei vor allem im Marketing- oder Kommunikationsbereich angesiedelt. Für ein umfassendes Sponsoring ist ein Sponsoring-Konzept zu entwickeln, das alle unternehmerischen Sponsoring-Aktivitäten in die gesamte Unternehmenspolitik einordnet.

- **die Sicht des Gesponserten:** Empfänger von Sponsorenleistungen sind meist nichtkommerzielle Einrichtungen. Für sie stellt Sponsoring meist ein wichtiges Finanzierungsinstrument für ihre verschiedenen Aktivitäten dar. Hierfür helfen sie als Gegenleistung den sponsernden Unternehmen bei der Verwirklichung von deren Unternehmens- und Marketingzielen.

Auch hierfür ist ein Gesamtkonzept zu entwickeln, das ebenfalls Leistungen und Gegenleistungen in die gesamte Politik und Strategie der gesponserten Organisation einordnet (Erstellen eines „Gesponserten- oder Empfänger-Konzeptes").

Sponsoring ist ein relativ junges Instrument der Unternehmenspolitik, das erst in den 80er Jahren eine gewisse Bedeutung für kommerzielle Unternehmen (als Sponsoren) und für verschiedene – meist nichtkommerzielle – Organisationen (als Gesponserte) erlangt hat und dessen Entwicklung noch nicht abgeschlossen ist. Sponsoring beruht dabei auf dem Prinzip von **Leistung und Gegenleistung** („give to get").

- **Sponsoren** fördern soziale, künstlerische und sportliche Aktivitäten in der Regel durch Geld-, Sach- oder Dienstleistungen. Der Sponsor erwartet hierfür als Gegenleistung die Unterstützung seiner unternehmerischen Ziele. Letztliches Interesse eines Sponsors ist es, seine Verkäufe oder Marktstellung zu sichern oder zu erhöhen. Hierzu können die gesponserten Organisationen vor allem mit Kommunikationsleistungen oder mit einem Imagetransfer beitragen.

- Die **gesponserten** Organisationen unterstützen den Sponsor bei seinen Marketingaktivitäten und erhalten als Gegenleistung hierfür materielle Zuwendungen des Sponsors.

Die bekanntesten Sponsoringbereiche sind das **Sport-, Kultur- und Sozio-Sponsoring** (vgl. u.a. ROTH 1989, 1990, HERMANNS 1989, ZILESSEN/RAHMEL 1991). Doch auch im **Tourismus** tauchen verschiedene Maßnahmen des Sponsoring auf, wobei allerdings bisher nicht von einem gesonderten „Tourismus-Sponsoring" gesprochen wird. Tourismus-Sponsoring stellt eine Schnittmenge dar, in der alle drei Maßnahmen vertreten sind, wenn auch zum Teil mit anderer Bedeutung und Gewichtung (vgl. Abb. D-78).

**(2) Tourismusunternehmen als Sponsoren**

Dabei sind Tourismusunternehmen (wie z.B. Lufthansa, ADAC, TUI) einerseits auf der Seite der Sponsoren zu finden. Dies entspricht ganz der üblichen Form des unternehmerischen Sponsoring und stellt kein spezifisches Tourismussponsoring dar.

**Beispiele:**
- Die Lufthansa sponsert u.a. Landeplätze ihres Wappenvogels Kranich oder die „Ladies German Open" (im Golfsport), vgl. LOOK 1990.

Andererseits stehen touristische Einrichtungen auf der Seite der gesponserten Organisationen, v.a. Destinationen und gemeinwirtschaftliche touristische Einrichtungen (Museen, Theater, Events). Gelegentlich sind touristische Organisationen auf beiden Seiten des Sponsorships vertreten.

**Beispiele:**
- Der ADAC sponsert seit 1992 die „Deutsche Alleenstraße".
- Der DRV verleiht jährlich einen „Umweltpreis".

**(3) Tourismus(-Destinationen) als Gesponserte(r)**

Will man von einem eigenständigen Tourismus-Sponsoring sprechen, so sind vor allem Unterstützungen für touristische Destinationen oder Teile davon als Tourismus-Sponsoring zu verstehen („touristisches Destinationssponsoring").

Der Bereich Tourismus ist in der Gesellschaft mit sehr positiven Werten besetzt (Entspannung, Gesundheit, Natur, Erholung, Freizeit usw.). Zudem bietet er mit seiner Öffentlichkeitsarbeit und Werbung eine breite Plattform für potentielle Sponsoren. Ferner leiden touristische Kommunen unter einem permanenten Finanzmangel, so daß sie ein vorrangiges Interesse an Sponsoringleistungen aufweisen. Sie können durch Sponsoringzuwendungen vielfache Aktivitäten entfalten (z.B. im Sport-, Kultur-, Sozial- und Umweltbereich), die sonst nicht finanzierbar wären. Auch ergibt die Partnerschaft von privatwirtschaftlichen Unternehmen und Tourismusdestinationen neue Möglichkeiten der Zielgruppenansprache – sowohl aus Sicht des Sponsors als auch der gesponserten Destination.

**Beispiel:**
- Sponsoringaktionen der Kreditkartengesellschaft American Express zusammen mit der Insel Sylt 1992.

Die meisten touristischen Sponsoring-Maßnahmen werden den drei großen Bereichen des Sport-, Kultur und Sozial-Sponsoring zugerechnet (vgl. Abb. D-78). Interessant ist in diesem Zusammenhang die Wechselwirkung von (gesponserten) Veranstaltungen sowie von bekannten Künstlern aus der Region und touristischen Effekten.

**Beispiele:**
- Austragung Olympischer Spiele (z.B. Barcelona 1992) oder anderer Sportereignisse (wie „Berlin-Marathon", „Kieler Woche")
- „Berliner Philharmoniker"
- „Bayern München", „Dynamo Dresden"
- Die Stadt Duisburg hatte dem Fußballverein Meidericher SV zur Auflage für weitere öffentliche Förderung gemacht, sich in MSV Duisburg umzubenennen.

„Allerdings dürften verstärkte Sponsoring-Aktivitäten im Tourismusbereich auf ähnliche anfängliche Widerstände stoßen wie in der Vergangenheit in den anderen Sponsoringbereichen: Freizeit und Urlaub werden gerne als werbefreie Bereiche angesehen, in denen die permanente Konfrontation mit Werbebotschaften von Sponsoren aus dem Alltag der Konsumwelt nicht auf allgemeine Zustimmung treffen wird. Gesponserte Hotels mit Sponsorenspruchbändern, Urlauber mit Sponsoren-T-Shirts und die tägliche Sponsorenbegrüßung am Frühstückstisch sind momentan sicher (noch) Negativ-Visionen für den Tourismus." (FREYER 1993b: 458)

### 4.7.3 Tourismus-Events: Veranstaltungs-Marketing und -Management

Veranstaltungen im Tourismus stellen einen weiteren Bereich dar, der innerhalb oder außerhalb des Marketing-Mix angesiedelt sein kann. Hierzu entwickelt sich zunehmend ein eigenständiger Marketingbereich, der als „Event-Marketing" bezeichnet wird.

Unter touristischen Events werden üblicherweise speziell inszenierte oder herausgestellte Ereignisse oder Veranstaltungen von begrenzter Dauer mit touristischer Ausstrahlung verstanden. Entsprechend haftet Events etwas

- Einmaliges, Besonderes oder Seltenes,
- Kurzfristiges (Vergängliches),
- Künstliches

an, im Gegensatz zu permanenten, dauerhaften, langfristigen und natürlichen Faktoren des touristischen Angebots. In letzter Zeit werden immer häufiger Events speziell kreiert bzw. für touristische Zwecke genutzt, zum einen als Folge eines steigenden Event-Wettbewerbs der Orte untereinander („Erlebnisdruck"), zum anderen für Orte mit nur geringen natürlichen Attraktionen.

### 4.7.3.1 Marketing von Events im Tourismus

**(1) Touristische Events und Event-Tourismus**

Aus touristischer Sicht meinen Events speziell arrangierte Veranstaltungen für Einheimische und Ortsfremde, die – auch – von touristischer Attraktivität sind, bis hin zum Event-Tourismus, wo Events zum Hauptmotiv einer Reise werden.

**Event-Tourismus** ist „the systematic planning, development, and marketing of festivals and special events as tourist attractions, development catalysts, and image builders for attractions and destination areas." (GETZ 1991, S. xi)

Letztlich sind Events auch für die Bewohner der Event-Region von großer Bedeutung, was jedoch lediglich zu Tagesausflügen ohne zusätzliche Übernachtung führt.

Im Tourismus sind Events und das Event-Marketing eines der am schnellsten wachsenden Teilsegmente der touristischen Leistungspalette. Immer mehr Fremdenverkehrsorte sehen die Möglichkeit und Notwendigkeit, ihr touristisches Angebot um neu geschaffene Events zu ergänzen oder vorhandene Veranstaltungen und Ereignisse verstärkt im touristischen Marketing einzusetzen. Event-Tourismus ist andererseits Ausdruck des gestiegenen Erlebniskonsums und der zunehmenden kulturbezogenen Reisegestaltung der Besucher in den Zielgebieten.

**(2) Events als Marketing-Instrument („Marketing-Events")**

Zu den Events aus Marketing-Sicht zählen auch die zahlreichen betrieblichen Veranstaltungen, im Marketing auch als **„Marktveranstaltungen"** bezeichnet, wie Verkaufsveranstaltungen, Modenschauen usw. Sie werden als Kommunikationsinstrumente oder Mittel der Verkaufsförderung der jeweiligen Marketingträger angesehen (vgl. u.a. BÖHME-KÖST 1992: 127ff, AUER/DIEDERICHS 1993: 201ff, MUES 1990, BONARIUS 1993, KINNEBROCK 1993, NICKEL 1998) und dienen

- der Eröffnung von Geschäftsstätten,
- Präsentation von (neuen) Produkten,
- Profilierung einer Marke,
- der Händler- und/oder Mitarbeitermotivation („Incentives"),
- dem Erlebnismarketing (vgl. WEINBERG 1992, OPASCHOWSKI 1993).

**Zielgruppen** solcher Marketing-Events sind neben den Besuchern und Medien – wie bei den anderen Events – sehr häufig Verkäufer und Geschäftspartner oder Mitarbeiter. Auch im Tourismus werden solche verkaufsfördernde Events immer häufiger eingesetzt, z.B.

- DER-Akademie, LTU-University, TUI-Holly-Verleihung,
- Road-Shows oder Länderabende der Fremdenverkehrsdestinationen.

Eine spezielle Variante von Events sind sog. „Incentive-Reisen", die insbesondere zur Belohnung von Mitarbeitern veranstaltet werden.

### 4.7.3.2 Vielfalt der Tourismus-Events

Die Palette von Events allgemein und im Tourismus im speziellen ist sehr vielfältig. Für touristische Destinationen bietet sich grundsätzlich die ganze Palette der

Events an, wie kulturelle, sportliche, wirtschaftliche, gesellschaftspolitische und natürliche Events (vgl. Abb. D-79). Events im Tourismus lassen sich nach den verschiedensten Kriterien eingrenzen (vgl. genauer FREYER 1996a):

- **Anlaß:** die häufigsten Anlässe für speziell kreierte Events sind sportliche und kulturelle Ereignisse, doch auch wirtschaftliche und gesellschaftliche Anlässe werden aus touristischer Sicht immer bedeutender.

- **Entstehung** (natürlich, künstlich): neben den zuvor genannten speziell inszenierten Events (sog. künstliche, auch „Pseudo-Events") sind im Tourismus häufig natürliche Ereignisse von Bedeutung, wie z.B.

  - Sonnenwende in Skandinavien (Mitsommernachtsfest),
  - Zug der Kraniche (Rügen), Paarung der Wale (Baja California), Almabtrieb (in den Alpen), Tulpenblüte (in Holland).

- **Dauer:** Events sind in der Regel von begrenzter Dauer, oft nur wenige Stunden (Konzerte, Sportwettbewerbe), selten länger als einige Tage (Festivals). Im Ex-

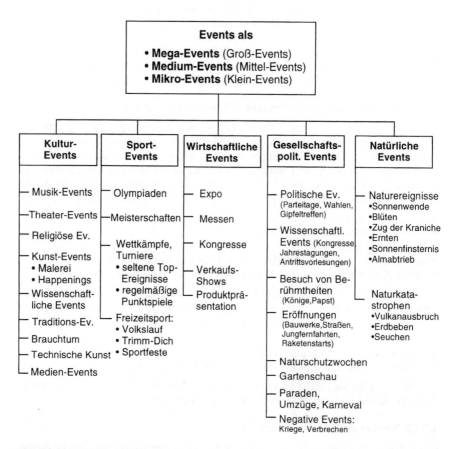

**Abb. D-79** Vielfalt von Events
(Quelle: FREYER 1996a: 213)

tremfall finden Events nur einmal statt („Einmaligkeit"), allerdings können sie in längerem Abstand (oftmals jährlich) oder an anderen Orten wiederholt werden (Tourneen, Olympische Spiele). Permanente Aufführungen (wie Musicals, Theater usw.) werden in engerer Abgrenzung oftmals nicht den Events zugerechnet.

- **Größe:** Bei den Events treten „Mega-Events" (auch Special- oder Hallmark Events, vgl. HALL 1992) von internationaler Ausstrahlung besonders in den Vordergrund (wie z.B. Olympische Spiele, einmalige Konzerte, die Reichstagsverhüllung 1995), doch sind die meisten Events eher von regionaler oder lokaler Bedeutung (Medium- oder Mini-Events).

Dabei gibt es zum Teil Überschneidungen der verschiedenen zuvor genannten Gruppen von Events.

Auch die **Veranstaltungsorte und Aufführungsstätten** selbst stellen darüber hinaus Attraktionen dar, wie die Olympiastadien in Berlin oder München, die Semperoper in Dresden usw. Zudem wurden für Weltausstellungen gewisse Bauwerke errichtet (wie der Eiffelturm in Paris), die auch in der Folgezeit als (dauerhafte) Touristenattraktion dienen.

Eine weitere Sondergruppe der Events sind die in den letzten Jahren zahlreich entstandenen **Freizeit- und Themenparks**, die ebenfalls als dauerhafte Einrichtungen anzusehen sind, andererseits aber immer wieder Special Events arrangieren.

### 4.7.3.3 Event-Marketing im Tourismus

**(1) Ziele von touristischen Events**

**Events** im Tourismus dienen unterschiedlichen Zielsetzungen, wobei im Hinblick auf die Außenwirkung von Events unterschieden werden (vgl. genauer FREYER 1996a, GETZ 1991):

- Erhöhung der Bekanntheit und der Attraktivität der Destination für Besucher und damit zusammenhängend Steigerung der Besucherzahlen, oftmals auch saisonausgleichend (vgl. u.a. DREYER 1996b, FINK 1989).
- Imagebildung über das jeweilige Event („Sportstadt", „Kulturregion" usw.): „Hallmark events are the image builders of modern tourism" (HALL 1992: 1).

Events haben aber auch eine wichtige Innenwirkung, ganz im Sinne des touristischen Binnen-Marketing:

- Attraktivität des Standortes und der Lebensqualität für die Bewohner,
- Förderung und Erhaltung von Standortfaktoren, wie Kultur-, Sportangebote, Stadtentwicklung und Wirtschaftsfaktor (Einkommensquelle) (vgl. HÄUSERMANN/SIEBEL 1993, SCHNEIDER 1993).

**(2) Besonderheiten des touristischen Event-Management**

Da Events nur von begrenzter Dauer sind, ist hierfür keine permanente bzw. fest implementierte Management-Methode erforderlich, sondern es besteht in der Regel ein zeitlich begrenztes Projektmanagement. Hierfür kann – mit leichten Variationen – das prozeßorientierte Leistungskettenmodell verwendet werden (vgl. genauer FREYER 1996a):

- **Event-Voraussetzungen:** Als **Voraussetzung** für die erfolgreiche Inszenierung von Events sollte eine spezifische Event-Infrastruktur (wie z.B. Aufführungsstätten, Organisatoren) sowie die notwendige touristische Infrastruktur vorhanden sein; zudem ist eine entsprechende natürliche Attraktivität oftmals hilfreich. Allerdings werden – künstliche – Events immer häufiger als Ersatz für fehlende natürliche Voraussetzungen angesehen.

- Die **Potentialphase** umfaßt alle Aufgaben, die mit der grundsätzlichen Bereitschaft zur Durchführung eines konkreten Events zusammenhängen. Dabei sind innerhalb der Potentialphase nochmals zwei unterschiedliche Konkretisierungsstufen von Events zu unterscheiden, die teilweise ineinander übergehen:

  Vorab ist zu überlegen, welche Events durchgeführt werden könnten bzw. sollten und – bei manchen Events – ob eine bestimmte Destination überhaupt die Möglichkeit erhält, ein bestimmtes Event zu veranstalten („Event-Beschaffung").

**Beispiele:**
- Bewerbung um die Olympischen Spiele oder andere Meisterschaften im Sport,
- Vergabe der Bundes- oder Landesgartenschau oder der EXPO,
- Durchführung eines Parteitages oder eines wissenschaftlichen Kongresses in einer bestimmten Stadt,
- Aufnahme bestimmter Orte in künstlerische Tourneen.

Ist die grundsätzliche Entscheidung für ein Event gefallen, beginnt die eigentliche **„Bereitstellung"** des Events. Hierzu sind die entsprechenden organisatorischen, finanziellen und personellen Entscheidungen zu treffen, Event-Pakete zusammenzustellen und der Verkauf und Vertrieb der Event-Anrechte (Karten, Plätze) durchzuführen – ganz im Sinne des potentialphasenorientierten Marketing.

- Die **Durchführungs- oder Prozeßphase** im Event-Management umfaßt die eigentliche Event-Aufführung, verbunden mit den entsprechenden touristischen Nebenleistungen. Es erfolgt seitens der Event-Organisatoren eine mehrstufige Leistungsabgabe:

  – zwischen den Organisatoren und den Eventkünstlern („Künstlerbetreuung"),

  – zwischen den Künstlern und den Zuschauern („Besucherleistung"),

  – über die Medien, die für die Übermittlung der Aufführungen an die Zuschauer und Zuhörer sorgen („Medienleistung").

- Die **Ergebnisphase** umfaßt das Event-Ergebnis im Sinne von „Wirkung" oder „Erlebnis" eines Events. Dieses stellt sich als **Gesamtheit** oder Leistungsbündel der künstlerischen, technisch-organisatorischen, touristisch-operationalen sowie natürlichen Einflußelemente dar. Ferner hängt das Event-Ergebnis eng mit der kundenorientierten Sichtweise der verschiedenen **Leistungsebenen** für touristische Produkte zusammen: Kernleistung („Aufführung", „Darbietung"), Wahrnehmungsebene („Stimmung", „Unterhaltung") und Vorstellungsebene („Erlebnis", „Einzigartigkeit").

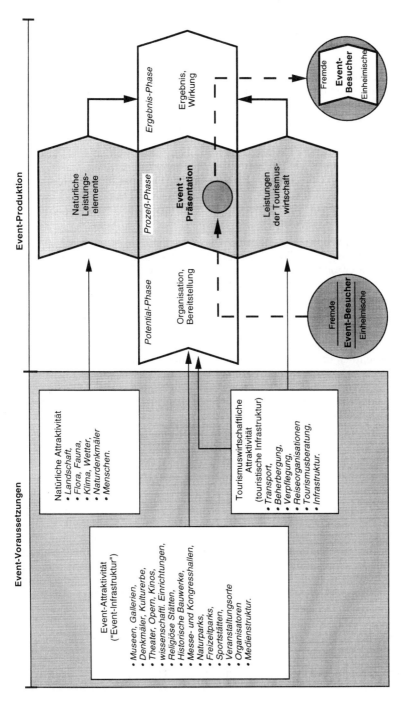

**Abb. D-80** Der Event-Management-Prozeß
(Quelle: FREYER 1996a: 232)

### 4.7.4 Product-Placement

Im Product Placement werden bestimmte Produkte oder Produktnamen als „reale Requisite" in Fernseh- oder Kinofilmen „plaziert" und somit bekannt gemacht. Ursprünglich waren es vor allem Markenprodukte aus dem Konsumgüterbereich, die in Fernsehsendungen und Filmen plaziert worden sind: Die Darsteller trinken gewisse Alkohol-Marken („Johnny Walker", „Kir Royal"), rauchen bestimmte Zigaretten („Marlboro") oder fahren bestimmte Automarken (BMW Z3 – James Bond), die jeweils prägnant in filmischen Einstellungen zu sehen sind.

Doch auch touristische Destinationen und bestimmte touristische Leistungsträger sind immer mehr als Drehort in den Vordergrund getreten. Waren es anfangs mehr Zufälligkeiten, die den Erfolg mancher Destinationen begründet haben („passives Product Placement"), haben sich im Gefolge der Entwicklung des Privatfernsehens immer mehr Spiel-Shows mit touristischen Gebieten oder mit Reiseveranstaltern verbunden.

Von einem **aktiven** Product-Placement wird erst dann gesprochen, wenn – ganz ähnlich dem Sponsoring – die entsprechenden Tourismusgebiete oder -veranstalter geldliche oder sachliche Vergünstigungen (Leistungen) für die werblichen Effekte in den jeweiligen Sendungen (Gegenleistungen) zur Verfügung stellen. Product-Placement stellt insgesamt eine Mischung aus Werbung (Anregung zum Kauf), Sponsoring (Finanzierung) und Öffentlichkeitsarbeit (Imagebildung) dar.

Gegenüber der traditionellen Werbung bietet das Product Placement insbesondere den Vorteil, daß die Werbeabsicht gegenüber dem potentiellen Kunden nicht offensichtlich ist und somit eine größere Glaubwürdigkeit der Kommunikationsinhalte erzielt werden kann (geringer Werbedruck). Ein weiterer Vorteil ist, daß das Image von Schauspielern oder Moderatoren mit hoher Glaubwürdigkeit auf das Produkt übertragen werden kann, da der Zuschauer die Werbeabsicht i.d.R. nicht gleich erkennen kann.

Mit dem Instrument des Product Placements hat ein Anbieter die Möglichkeit, seine Zielgruppe emotional anzusprechen. Hierzu sind die ensprechenden Filmhandlungen als Emotionsauslöser auszuwählen. Im Rahmen dieses Kommunikationsinstrumentes ist es möglich, die Konkurrenz weitgehend auszuschließen – im Gegensatz zur klassischen Werbung.

Problematisch ist die Realisierung einer optimalen Zielgruppenansprache. Wichtigste Einflußmöglichkeit ist hierbei die Auswahl des Films (z.B. Jugend-, Unterhaltungs-, Actionfilm, sozial- und gesellschaftspolitischer Film, Satire oder Komödie). Für die Kommunikationswirkung ist nicht nur die Einpassung der Botschaft in die Filmhandlung, sondern auch in die emotionale Ausrichtung des Films bedeutsam, um zu verhindern, daß sich evtl. durch den Film hervorgerufene negative Gefühle auf die Produktbeurteilung durch den Zuschauer übertragen können.

Placements werden üblicherweise in drei Kategorien eingeteilt, die ähnlich auch aktiv für das touristische Marketing angewandt werden können (vgl. AUER/KALWEIT/NÜSSLER 1991, HORMUTH 1993).

- **Generic Placement:** Plazierung bestimmter Warengruppen einer Branche in die Filmhandlung (wie z.B. Tragen von Jeans, Rauchen von Zigaretten, Trinken von Whiskey oder Champagner), wobei als weitere Werbeform die sog. „Testimonialwerbung" eine Rolle spielt: Schauspieler dienen als Vorbild für die Nutzung der entsprechenden Produkte.

Übertragen auf den Tourismus wären dies Formen des „Country Placement" (vgl. HORMUTH 1993: 72f, RÖHRIG 1987) wobei bestimmte Örtlichkeiten oder Urlaubsdestinationen in der Handlung auftauchen. Der Zuschauer wird dadurch zu einem Besuch der entsprechenden touristischen Attraktionen und Destinationen angeregt.

**Beispiele:**
- Traumschiff (als Werbung für Kreuzfahrten),
- Empire State Building in New York („King-Kong"),
- Besuch von Luxus-Hotels,
- Besuch des Louvre oder Eiffelturms in Paris.

- **Image Placement:** Bei dieser Variante werden das gesamte Thema und der Inhalt des Film auf ein Produkt oder eine Marke zugeschnitten und dienen – im Tourismus – generell dem Image einer bestimmten Destination oder eines Leistungsträgers.

  **Beispiele:**
  - Hotel Paradies (ZDF-Serie), die das Leben einer Hotelfamilie auf Mallorca erzählt.
  - Schöne Ferien (ZDF-Serie), die den Alltag von Animateuren in Clubs behandelt und zum Cluburlaub anregt.
  - Die RTL-Fernsehserie „Ein Schloß am Wörthersee" wurde von der KTG-Kärntner Tourismusgesellschaft mitfinanziert.
  - Ein Bayer auf Rügen (SAT-1), Schwarzwald-Klinik, Dallas, Der Bulle aus Tölz, Miami Vice, Beverly Hill Cops, Casablanca, Liebesgrüße aus Moskau, Sylter Geschichten, Frühstück bei Tiffany's usw.

- **Marken-Placement:** Kommunikation für eine bestimmte Marke, z.B. die Verwendung bestimmter Automarken durch die Fernsehkommissare. In TV-Gameshows werden immer häufiger Preise bestimmter Firmen ausgelobt oder ganze Programmbeiträge gesponsert (vgl. BRANDT 1996), die die Zuschauer zu entsprechenden Buchungen anregen sollen.

  **Beispiele:**
  - LH-Flüge oder LTU-Reisen,
  - TUI-Reisen (v.a. bei SAT und RTL), z.B. bei „(Gottschalks-Hausparty"),
  - „Ein Tag wie kein anderer", „Rudis Urlaubsshow", „Vox-Tours", „Pack die Zahnbürste ein" (Fischer Reisen) usw.

### 4.7.5 (Tourismus-)Messen als Marketinginstrument

Messen werden ganz allgemein als (wichtigstes) Instrument im Marketing angesehen, wobei sie vielfach Funktionen erfüllen (können): Eine Teilnahme dient der Informationsbeschaffung über momentane und zukünftige Trends (Umfeldanalyse), über den momentanen Markt (Marktforschung) und die Konkurrenz (Konkurrenzanalyse). Für das eigene Marketing sind sie insbesondere im kommunikativen Bereich einzuordnen; sie erfüllen Aufgaben der Image- und Produktwerbung ebenso wie der Verkaufsförderung, des Direktvertriebes oder der Öffentlichkeitsarbeit. Ferner sind sie aber auch Maßnahmen der Produktgestaltung und -präsentation.

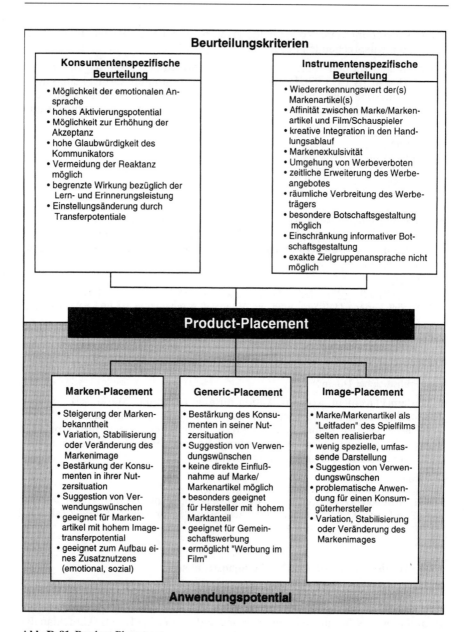

**Abb. D-81** Product Placement
(Quelle: nach AUER/KALWEIT/NÜSSLER 1991: 264f)

Letztlich kommt Messen eine wichtige Funktion im Bereich des Binnen-Marketing zu: Mitarbeiter repräsentieren auf Messen mit Stolz ihre eigenen Regionen und touristischen Leistungen („Wir-Gefühl") und erhalten entsprechende Anerkennung und Aufmerksamkeit seitens der Besucher.

Im Tourismus existieren eine Reihe von spezifischen Tourismus-Messen, die für die verschiedenen Fremdenverkehrsbetriebe eine sehr unterschiedliche Rolle spielen. Sie sind für

- die **Messeorte** ein Baustein in der touristischen Angebotspalette, der die Bekanntheit und Attraktivität des Ortes und der Region steigern hilft (ganz im Sinne des Event-Marketing, vgl. D.4.7.3),
- die **Messegesellschaften** ein relativ eigenständiger Betriebsbereich, der einen eigenen Teilbereich der Fremdenverkehrsindustrie i.e.S. darstellt (Messen, Ausstellungen, Tagungen, vgl. MONTGOMERY/STRICK 1994),
- **Besucher** eine Informationsquelle für ihre Reiseentscheidung (für Reisende) bzw. Geschäftsaktivitäten (Fachbesucher),
- **Aussteller** ein Instrument im Marketing-Mix.

Das Interesse der verschiedenen Tourismusorganisationen an den vorhandenen Tourismusmessen aus Sicht des Marketing ist recht unterschiedlich. Eine – allerdings nicht repräsentative – Befragung zur ITB 1988 gibt einige Eindrücke davon (vgl. DONAUBAUER/SCHAFBERG 1988, ferner DSF 1997, KUNZ 1990, SCHLIEBEN 1993, SEITZ/JOHN 1999):

- **Fremdenverkehrsämter:** Sie sehen eine Messeteilnahme als wichtigstes Marketinginstrument an: direkte Zielkundenansprache steht vor genereller Imagewerbung, v.a. bei lokalen Tourismusmessen.
- **Reiseveranstalter:** Bei den Reiseveranstaltern stehen Imagewerbung und Öffentlichkeitsarbeit als wichtigstes Argument für eine Messeteilnahme vor Verkauf. Vor allem Kontaktpflege mit Reisemittlern und Leistungsträgern steht oftmals im Vordergrund.
- **Reisebüros:** Für Reisemittler sind Tourismusmessen als Aussteller nur aus lokalem Interesse von Bedeutung, um potentielle Kunden anzusprechen. Hingegen ist die Messeteilnahme als Besucher oftmals wichtig, um sich über neue Angebote zu informieren und Kontakte zu Reiseveranstaltern und Leistungsträgern zu suchen.
- **Verkehrsträger:** Hier fällt das Urteil sehr unterschiedlich aus: Die Deutsche Bundesbahn sieht die direkte Kundenansprache als vorrangig und erfolgsversprechend an. Hingegen schätzt die Lufthansa eher Imagewerbung und Öffentlichkeitsarbeit als die zentralen Argumente ein.
- **Hotels:** Sie stehen der Teilnahme an Tourismusmessen eher skeptisch gegenüber; Imagewerbung steht vor Verkauf, allerdings wird die Medien-Werbung zumeist als effektiver angesehen.

Hinsichtlich der **Besucher** gibt es vor allem zwei Hauptkategorien von touristischen Messen:

- **Fachbesuchermessen,** wie z.B. die ITB-Berlin als weltweit größte Fachbesuchermesse, auf der sich die verschiedenen Tourismusunternehmen austauschen können,

• **Publikumsmessen,** die vor allem die Endverbraucher über touristische Leistungsangebote informieren und gelegentlich mit anderen Freizeitangeboten verbunden sind, z.B. CMT-Stuttgart als Deutschlands größte Publikumsmesse oder die „Camping+Touristik"-Messe in Essen.

Ein weiteres Kriterium für die Unterteilung von Messen als Mittel des Kommunikationsinstrumentariums ist von Bedeutung, ob die Messen als **Verkaufsmessen** bzw. als reine **Ausstellungsmessen** anzusehen sind. Entsprechend der oben genannten Aufteilung in Fachbesucher- bzw. Publikumsmessen ist die jeweilige Zielgruppe der Aktivitäten auf Messen und direkt damit verbunden auch die jeweilige Präsentation auf einer Messe eine andere. Auf Verkaufsmessen für Pu-

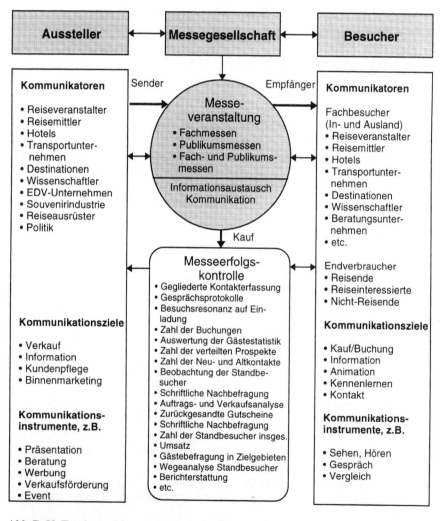

**Abb. D-82** Tourismus-Messen als Marketing-Instrument

blikum gibt es daher Überschneidungsbereiche zur Vertriebspolitik, während bei Verkaufsmessen für Fachbesucher sowohl eine Abstimmung mit der Vertiebspolitik, aber auch der Beschaffungspolitik erfolgen muß. Häufig werden allerdings aus Kommunikationsgründen sowohl Publikum als auch Fachbesucher (z.B. ITB, CeBIT etc.) angesprochen werden. Hierbei erfolgt allerdings zunehmend eine Trennung in z.B. Fachbesucher- und Publikumstage sowie Messeteilungen verbunden mit zeitlichen Kürzungen (CeBIT und CeBIT home). Auch die Gestaltung der Messestände versucht hier eine Abgrenzung zu erreichen. Sofern z.B. bei Fachbesuchermessen der Ausschluß von Publikum zu einem Negativ-Image der Branche führen könnte, wird versucht der unterschiedlichen Zielgruppen entsprechend entgegen zu kommen (ITB-Fachbesucherloungen etc.).

Zudem sind touristische Messen von sehr unterschiedlicher regionaler Ausstrahlung. Die Palette reicht von eher lokalen Veranstaltungen (wie die Freizeit-Saarbrücken, der Reisemarkt-Köln, Dresdner Reisemarkt) über Messen von vor allem deutschlandweiter Bedeutung (wie CMT-Leipzig) bis zu international bedeutsamen Tourismus-Messen (wie ITB-Berlin, WTM-World Travel Market London).

# 5 Zusammenfassung: Marketing-Mix im Tourismus

Für die verschiedenen Betriebe des Fremdenverkehrs ergibt sich ein ganz unterschiedliches Marketing-Mix. Abbildung D-83 zeigt grundsätzliche Möglichkeiten der Marketing-Instrumente und des Marketing-Mix für verschiedene Fremdenverkehrsbetriebe auf.

| Marketing-Mix in der Tourismuswirtschaft | | | | |
|---|---|---|---|---|
| Beispiel | Produktpolitik | Preispolitik | Distributionspolitik | Kommunikationspolitik[1] |
| Hotel | Hotel- und Zimmergestaltung, Servicepersonal, z.T. Nebenleistungen (Konferenzservice, Fitneßcenter, Restaurant) | differenziert | direkt oder über Reisebüros, Fremdenverkehrsstellen, Reiseveranstalter, Fluggesellschaften | Medien-Anzeigen, Kleinanzeigen, Direktwerbung, Presse-Kontakte, Neue Medien |
| Reiseveranstalter | Produktpalette, Qualität der (Pauschal-) Reise, | differenziert | direkt oder über Reisemittler | Prospekte, Plakate Presse-Kontakte Info-Fahrten Anzeigen in Medien Neue Medien |
| Reisebüro | Service, Beratung, Gestaltung des Büros, z.T. Agenturpolitik | sehr begrenzt, z.T. über Agenturauswahl (teuer, billig, exklusiv) | überwiegend direkt, z.T. Filialen z.T. Firmendienst | Schaufensterwerbung Anzeigenwerbung Flugblattaktionen Direkt-Werbung Neue Medien |
| Fluggesellschaft | Pünktlichkeit, Komfort, verschiedene Klassen, Servicepersonal | differenziertes Tarifwerk | über Reisemittler, z.T. eigene Verkaufsbüros | alle Medien Anzeigen, Plakate Presse-Kontakte |
| Fremdenverkehrsgemeinde | Gesamtgestaltung des Ortes, Freizeiteinrichtungen, Kultur- und sonstiges Angebot, Gastfreundschaft der Bewohner | begrenzt | über Reisemittler, Fremdenverkehrsämter, auf Messen, direkt | Medien-Anzeigen Messen Presse-Kontakte |

[1] Hier ist zumeist die ganze Palette der Kommunikationspolitik anzutreffen, im folgenden sind häufige Schwerpunkte aufgezeigt

**Abb. D-83** Marketing-Mix in der Tourismuswirtschaft

# Teil E
# Marketing-Implementierung: Operatives Marketing (Realisierungsphase)

**1 Allgemeine Aufgaben der Marketing-Implementierung (Realisierungs-/ Umsetzungsphase)**
1.1 Stellung der Implementierung im Marketing-Management-Prozeß
1.2 Wissenschaftliche Ansätze zur Marketing-Implementierung

**2 Marketing-Organisation als Implementierungsaufgabe (Managementstrukturen und Marketing-Implementierung)**
2.1 Marketing-Implementierung bei privatwirtschaftlichen Tourismusunternehmen
2.2 Marketing-Implementierung bei öffentlich-rechtlichen Tourismusbetrieben

**3 Allokationsaufgaben der Marketing-Implementierung**
3.0 Allgemeine Allokationsfunktionen („Allokationsfähigkeit")
3.1 Allokation der zeitlichen Ressourcen (Zeitplanung)
3.2 Allokation der personellen Ressourcen (Personalplanung)
3.3 Allokation der finanziellen Ressourcen (Finanzplanung)

**4 Marketing-Implementierung in bezug auf Anspruchsgruppen**
4.1 Grundlagen des Anspruchsgruppen-Managements für die Marketing-Implementierung
4.2 Anspruchsgruppen im Tourismus
4.3 Übergreifende Maßnahmen in bezug auf Anspruchsgruppen

**5 Marketing-Controlling**
5.1 Grundlagen des Marketing-Controlling
5.2 Funktionale Aufgaben des Controlling
5.3 Marketing-Controlling im Tourismus

**Abb. E-0** Übersicht über den Implementierungsprozeß

# Übersicht Teil E

Die wesentlichen strategischen Aufgaben im Marketing-Management sind mit den Phasen I bis III beendet. An ihrem Ende steht die Marketing-Konzeption. Bereits in Phase III der Marketing-Gestaltung war auf zahlreiche Aspekte der Umsetzung hingewiesen worden, bei denen allerdings ebenfalls vorwiegend strategische und taktische Aspekte im Vordergrund der Betrachtung standen. Die weitere Umsetzung der vorgeschlagenen Maßnahmen betrifft vorwiegend operative Aufgabenstellungen, die im Marketing-Management-Prozeß in eigenständigen Phasen IV (Realisierungsphase) und V (Kontrollphase) behandelt werden. Dabei ist die Abgrenzung zwischen strategischen, taktischen und operativen Maßnahmen nicht immer eindeutig möglich; meist sind zahlreiche Überschneidungen gegeben (vgl. Abb. E-1). Soweit bereits in Phase III taktisch-operative Aspekte behandelt worden sind, werden sie im folgenden nicht nochmals wiederholt.

Als eigentliche operative Aufgaben werden in Phase IV die Implementierung des Marketing in die Unternehmensinfrastruktur (auch Marketingstruktur, vgl. Kapitel E.2) und die Allokationsaufgaben im Hinblick auf die Ressourcen Zeit,

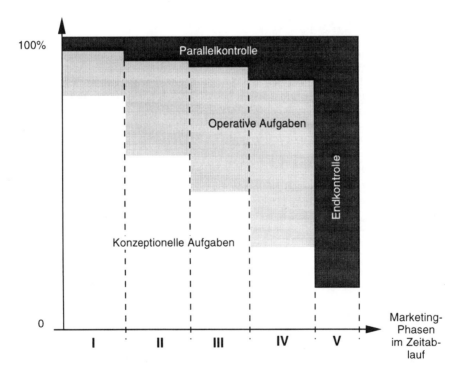

**Abb. E-1** Übergang vom konzeptionellen Marketing zur Marketing-Implementierung (Quelle: FREYER 1990: 393)

Personal und Finanzen dargestellt („Ressourcenplanung", Kapitel E.3). Ein zunehmend wichtiger Bereich, v.a. im Tourismus, sind Fragen der Abstimmung des Marketing mit verschiedenen Anspruchsgruppen (Kapitel E.4).

Ebenfalls im Teil E werden die Aufgaben des Marketing-Controlling, v.a. Parallel- und Endkontrolle, behandelt, die einerseits eng mit der Marketing-Implementierung zusammenhängen, andererseits auch als eigenständiger Abschnitt zu sehen wären (vgl. Kapitel E.5).

> **Ziele des Teils E**
>
> *In Teil E werden die verschiedenen Aufgaben der Marketing-Implementierung dargestellt. Sie sollen helfen, konkrete Organisationsformen für das Marketing zu bestimmen sowie Zeit-, Personal- und Finanzpläne für die Marketingumsetzung zu entwickeln. Ferner werden verschiedene Möglichkeiten der Marketing-Kontrolle zur Überprüfung des Erfolges der Marketing-Realisierung vorgestellt.*

# 1 Allgemeine Aufgaben der Marketing-Implementierung

Trotz der Bedeutung der Implementierungsaufgaben für die Umsetzung der Marketing-Konzeption innerhalb des gesamten Marketing-Management-Prozesses (vgl. E.1.1) wird dieser Teilbereich des Marketing nur selten in umfassender Form in der Literatur behandelt. Die meisten Darstellungen beschränken sich auf Teilaspekte der Implementierung, sog. „Partialansätze" (vgl. E.1.2.(2)). Hingegen versuchen sog. „Totalansätze" alle Aspekte, die mit der Marketing-Implementierung zusammenhängen, darzustellen (vgl. E.1.2.(1)).

> **Ziele des Kapitels E.1**
>
> *Es wird eine Einordnung der Implementierungsphase in den gesamten Marketing-Management-Prozeß gegeben und es werden die verschiedenen – wissenschaftlichen – Ansätze genauer beleuchtet.*

## 1.1 Stellung der Implementierung im Marketing-Management-Prozeß

**(1) Das „Implementierungs-Dilemma"**

In der Literatur konzentriert sich die Darstellung des Marketing-Management-Prozesses vorwiegend auf das konzeptionelle Marketing, weniger auf die Umsetzung, die sog. Implementierung, im Rahmen des operationalen Marketing. Dies hängt sicherlich eng mit der überwiegend theoretischen Ausrichtung der strategisch-konzeptionellen Phasen gegenüber den praktisch-operativen Phasen des

Marketing-Management zusammen. Zudem sind Umsetzungsfragen sehr stark fallspezifisch, so daß sich die Umsetzung zwar an Fallbeispielen erläutern und veranschaulichen läßt. Hingegen sind allgemeine Aussagen zur Marketing-Umsetzung nur ansatzweise möglich.

Während die konzeptionelle Methodik des Marketing-Managements weit und detailliert entwickelt worden ist, besteht hinsichtlich der Umsetzung ein gewisses „Implementierungs-Dilemma" (so MEFFERT 1994:361), da derzeit nur wenige geschlossene Darstellungen zur Marketing-Implementierung existieren: „Zum Gesamtkomplex der Problematik liegt bisher kein allgemein akzeptiertes Paradigma der Marketing-Implementierung vor." (HILKER 1993:336)

Dies führt dazu, daß viele Marketing-Konzepte als „Schubladenkonzepte" entwickelt werden und – gerade im Tourismus – eine gewisse „Konzeptions- und Beratungsmüdigkeit" der Tourismuspraxis festzustellen ist. Auch wird vielfach Marketing-Experten eine „Flucht aus der Verantwortung" vorgeworfen, da ihre Arbeit oftmals mit der konzeptionellen Phase beendet wird und die Umsetzungsarbeiten an die Auftraggeber und touristischen Praktiker weitergereicht werden. Im folgenden werden die vorhandenen Möglichkeiten der Fortführung konzeptioneller Marketingarbeiten in konkrete Marketingumsetzungen aufgezeigt.

**(2) Aufgabe der Implementierung**

Aufgabe der Implementierung ist die Realisation der in den Phasen I bis III entwickelten Marketing-Konzeptionen. Die Strategien sowie die grundsätzlichen Möglichkeiten des instrumentellen Marketing-Mix bzw. der Marketing-Politik sind weiter zu konkretisieren. Damit ist Marketing-Implementierung der konzeptionellen Arbeit nachgelagert, sie ist aber nicht davon zu lösen.

> „Implementierung meint die Verwirklichung von Lösungen, die in konzeptioneller Form vorhanden sind und durch Umsetzen zu konkretem Handeln führen." (HILKER 1993:4)
> Die Begriffe Einführung, Durchsetzung, Umsetzung, Erfüllung, Ausführung, Realisation und Durchführung werden alternativ dazu verwendet. (vgl. ebd.)

Dabei besteht neben den Unterschieden ein enger Zusammenhang von Strategie- und Umsetzungsaufgaben:

„Die Marketingstrategie konzentriert sich auf das *was* und das *warum* des Marketingprogramms. Die Umsetzung beschäftigt sich mit dem *wer, wo, wann* und *wie*. Strategie und Umsetzung stehen in engem Zusammenhang, denn die abstraktere Strategie überlagert ganz konkrete taktische Durchführungsaufgaben." (KOTLER/BLIEMEL 1995:1143)

Doch trotz der Bedeutung und der Betonung in fast allen Grundlagenwerken zum Marketing-Management besteht weder Einigkeit noch ein allgemein akzeptierter Ansatz zur Darstellung und Behandlung der Implementierungsaufgaben im Marketing. In der deutschsprachigen Marketingliteratur finden sich vor allem Hinweise auf die Organisation des Marketing im Rahmen der allgemeinen Managementstruktur(en), auf das Marketing-Controlling (als Teilaufgabe im Rahmen der Marketingumsetzung oder als eigenständige – fünfte – Phase im Marke-

| HINTERHUBER 1990 | NIESCHLAG/DICHTL/ HÖRSCHGEN 1991 | MEFFERT 1994 MEFFERT/BRUHN 1995 | BECKER 1993 |
|---|---|---|---|
| • Aktionskatalog<br>• Terminplan<br>• Leitung bzw. Projektteam<br>• Zeit für Teiloperationen<br>• Finanzielle Mittel | • Marketing-Organisation<br>• Maßnahmenplanung<br>- Bestimmung des Aktivitätsniveaus<br>- Optimierung des Marketing-Mix<br>- Festlegung des Budgets<br>• Marketing-Controlling | • Marketing-Strukturen<br>• Anpassung der Unternehmenskultur und -systeme<br>• Schaffung von Akzeptanz<br>• Spezifizierung der Strategievorhaben<br>• Marketing-Controlling (•Implementierung) | • Organisationsstruktur und Schnittstellen-Management<br>• Personal und Führungsstil<br>• Aktivitätsplanung<br>- Zeitpläne<br>- Maßnahmenpläne<br>- Zuständigkeitspläne<br>- Etatpläne<br>- Sonstige Realisierungspläne |

**Abb. E-2** Implementierungsdimensionen im Marketing-Management-Prozeß bei verschiedenen Marketing-Autoren

ting-Management) und verschiedene (einzel-)ressourcenbezogene Aufgaben, die insbesondere Allokationsaufgaben betonen.

Hinzu kommt in neuerer Zeit, vor allem auch im Bereich Tourismus, die Akzeptanzdiskussion in bezug auf unternehmensinterne und -externe Gruppen (sog. „Anspruchsgruppen") bei der Umsetzung.

**(3) Implementierung als nachgelagerte, vorgelagerte oder parallelgelagerte Aufgabe?**

Bei der Realisierung oder Implementierung sind die in Phasen I bis III entwickelten Marketing-Konzeptionen, -Strategien und -Politik weiter zu konkretisieren, vor allem im Hinblick auf organisatorische, zeitliche, personelle und finanzielle Aspekte. Dabei sind viele der folgenden Implementierungsüberlegungen bereits in den vorherigen Phasen anzudenken, bei konkreten Marketing-Aufgaben auch vor dem eigentlichen Beginn der konzeptionellen Marketing-Planung zu klären:

● Zuständigkeiten für das Marketing (personelle und organisatorische Zuordnung), sowie Umsetzung auf Management- und Mitarbeiterebene,

● vorhandene bzw. zu erreichende Ressourcen, wie z.B. Zeitbudget für das Marketing-Management (zeitliche Vorabplanung), Finanzbudget für die Marketing-Aufgaben (finanzielle Vorabplanung), Personalausstattung für das Marketing (personelle Vorabplanung),

● Abstimmung mit den verschiedenen Anspruchsgruppen.

Nur aufgrund der Kenntnis der operativen Ressourcen und der Akzeptanz sind realistische Marketing-Konzeptionen zu erarbeiten. Doch in logischer Abfolge kann erst nach Kenntnis der beabsichtigten Marketing-Strategien und -Maßnahmen eine konkrete operative Planung erfolgen.

Insgesamt zeigt sich hierbei wiederum der Kreislauf-Gedanke des Marketing-Management-Prozesses, wobei bei einem ersten „Schnelldurchlauf" auch bereits operative Überlegungen miteinfließen. Die meisten der folgenden Ausführungen zum operativen Marketing sind ebenfalls Aufgaben für andere Bereiche des gesamten Managements von Unternehmen oder touristischen Regionen. Insofern soll lediglich auf die marketingrelevanten Aspekte hingewiesen werden.

## 1.2 Wissenschaftliche Ansätze zur Marketing-Implementierung

Betrachtet man die derzeitigen – wissenschaftlichen – Darstellungen der Marketing-Implementierung, so ist festzustellen, daß „der **Implementierung von Marketing** im Gegensatz zur konzeptionellen Gestaltung des Marketings in der wissenschaftlichen Auseinandersetzung bisher eine **untergeordnete Bedeutung** zukommt." (HILKER 1993: 336, ähnlich KOLK 1990: 2, MEFFERT 1994: 361, MEFFERT/BRUHN 1995: 329)

Vorliegende Arbeiten zur Operationalisierung oder Implementierung des Marketing sind überwiegend Partialansätze, die einzelne Aspekte der Umsetzung betonen. Zum anderen bewegen sich Aussagen zur Implementierung im Rahmen von sog. Totalansätzen – zwangsläufig – auf einem sehr hohen Grad der Verallgemeinerung. Im Bereich der Totalansätze liegen zudem nur wenige geschlossene Implementierungs-Konzeptionen vor: „Als größtes Praxisproblem hat sich das Fehlen eines geschlossenen Konzeptes zur Implementierung der entwickelten Marketingstrategien in den realen Unternehmenskontext erwiesen" (KOLK 1990: 2).

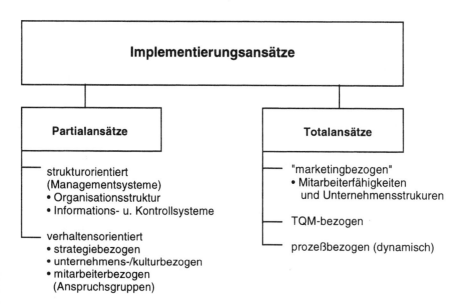

**Abb. E-3** Wissenschaftliche Implementierungsansätze im Marketing

## (1) Totalansätze der Marketing-Implementierung

Im Bereich der Totalansätze zur Marketing-Implementierung wird versucht, ein geschlossenes System der verschiedenen Implementierungsaufgaben zu entwickeln. Diese Beiträge werden entweder als „marketingbezogene" Ansätze, als TQM-Ansätze oder als prozeßorientierte Ansätze unterteilt (vgl. Abb. E-3). Die ersten beiden Ansätze sind im wesentlichen statischer Natur, der letztgenannte versucht, ein dynamisches Gesamtmodell der Implementierung zu entwickeln.

### (1a) „Marketingbezogene Totalansätze"

Soweit Marketing-Implementierung als integrativer Totalansatz gesehen wird, sei vor allem auf den Ansatz von BONAMA 1986 verwiesen (vgl. HILKER 1993:158ff). Die Charakterisierung als „marketingbezogener" Ansatz weist darauf hin, daß BONAMA einer der wenigen Autoren ist, der die Implementierungsdiskussion vorrangig innerhalb der Marketing-Management-Modellbildung behandelt – im Unterschied zu den anderen Totalmodellen, bei denen andere Zielstellungen im Vordergrund stehen, z.B. der (Total) Qualitäts-Gedanke bei den TQM-Modellen.

BONAMA behandelt zwei zentrale Implementierungsdimensionen, die zu einem Gesamtmodell verbunden werden. Auf der einen Seite sind es mitarbeiterbezogene Fähigkeitsdimensionen, auf der anderen Seite unternehmensbezogene Struktur- und Systemelemente.

Im Bereich der mitarbeiterbezogenen Kernfähigkeiten (skills oder Schlüsselqualifikationen) spricht BONAMA von vier unterschiedlichen Voraussetzungen bzw. Fähigkeiten für die Marketing-Implementierung (vgl. BONAMA 1986: 59ff):

- **Interaktion** (Verhaltenssteuerung, Interacting): Fähigkeit, das eigene Verhalten und das Verhalten anderer zu steuern, wie z.B. Überzeugungskraft, Kontakt- und Kommunikationsfähigkeit, Einfühlungsvermögen, Cleverness, Engagement/Initiative, Selbstvertrauen, Beobachtungsgabe;

- **Allokationsfähigkeit:** Fähigkeit, zeitliche, personelle und finanzielle Ressourcen auf anfallende Aufgaben zu verteilen,

- **Überwachung/Kontrolle:** Fähigkeit, formale Systeme adäquat zu nutzen, wie Erkennen des Wesentlichen (Abstraktions-, Verallgemeinerungs- und Theoriebildungsfähigkeit), eindeutige und verständliche Informationsanalyse (Informationsverdichtung, Detailarbeit, Experimentierfreude), Nutzen von Informationsquellen (Interesse am Umgang mit Menschen, Präsenz im Unternehmen und bei den Kunden, Aufmerksamkeit und Fähigkeit zuzuhören).

- **Organisatorisches Talent:** Fähigkeit, leistungsfähige aufbau- und ablauforganisatorische Regelungen zu treffen, wie Bildung informeller Gruppen, Kreativität bei der Bildung temporärer organisatorischer Lösungen, Kommunikationsfähigkeit, Flexibilität, Initiative und Kooperationsfähigkeit.

Diese Fähigkeiten der Mitarbeiter im Hinblick auf Implementierungsaufgaben werden für verschiedene struktur- bzw. unternehmensbezogene Bereiche weiter differenziert, wobei wiederum vier Implementierungsbereiche unterschieden werden: Aktionen (actions), Programme bzw. Integration des Marketing mit anderen betrieblichen Funktionsbereichen (programs), Systeme (systems) sowie Richtlinien (policies).

Das daraus abgeleitete Totalmodell, das als Kombination der zweimal vier Implementierungsbereiche zu einer 16-Felder-Matrix führt, wird an dieser Stelle nicht genauer dargestellt (vgl. BONAMA 1986, auch HILKER 1993: 169), da es im folgenden in dieser Form keine Verwendung findet.

**(1b) TQM-bezogene Totalansätze**

In neuerer Zeit ist auch das TQM-Total Quality Management als Totalansatz zur Implementierung zu betrachten (so auch MEFFERT 1994: 373, BECKER 1993: 642, HILKER 1993: 182ff), obwohl TQM-Modelle nicht primär implementierungsbezogen entwickelt worden sind.

TQM bietet sich vor allem aufgrund seiner praxisnahen und umsetzungsorientierten Konzeption auch für die Implementierungdiskussion an, wobei das TQM allerdings mit einer anderen Intention entwickelt worden ist. So ist Qualitäts-Management vorwiegend als Instrument der **betriebsinternen** Qualitätssteuerung oder – im Laufe der Zeit – als gesamtes qualitätsorientiertes Managementsystem (TQM) entstanden. Auf der anderen Seite richtet sich das Marketing-Management auf **betriebsexterne** Faktoren, v.a. auf den Markt, aus. Doch die zwischenzeitliche Annäherung von TQM als allumfassende betriebliche Managementmöglichkeit und die auch immer mehr qualitätsorientierte Ausrichtung des Marketing führen dazu, daß der TQM-Ansatz auch – und gerade – für die Implementierungsdiskussion im Marketing Möglichkeiten eines ganzheitlichen Implementierungsansatzes bietet.

HILKER verweist in diesem Zusammenhang auf verschiedene Teilaspekte des TQM, wie QFD-Quality Function Deployment, Haus of Quality, Policy Deployment und Benchmarking (vgl. HILKER 1993), die hier nicht näher ausgeführt werden sollen. Auch die in den Abschnitten D.4.3.2.1 dargestellten Methoden der Qualitätsmessung, wie Gap-Analyse, Critical-Incident- und Fishbone-Methode, sind im Hinblick auf die Marketing-Implementierung zu sehen und könnten ganz im Sinne einer Total-Quality-Implementierung verwendet werden.

**(1c) Prozeßorientierte Totalansätze (dynamische Implementierung)**

Während die vorherigen (totalen) Implementierungsansätze im wesentlichen statisch ausgerichtet sind, bieten sich im Zusammenhang mit der phasen- und zeitbezogenen Betrachtung des Marketing-Management-Prozesses ferner auch dynamische Ansätze der ganzheitlichen Betrachtung an. Hier kann vor allem das Grundmodell der Leistungsphasen (vgl. Abb. A-29) als modellhafte Struktur für die Implementierungsaufgaben gesehen werden und eine entsprechende Zuordnung der einzelnen Implementierungsaufgaben, wie sie in den Abschnitten E.2 bis E.4 dargestellt werden, erfolgen. Dies wird in Abb. E-4 angedeutet, ohne daß es primäre Absicht der Ausführungen in Teil E ist, ein neues ganzheitliches Modell der Marketing-Implementierung zu entwickeln. Auch Abb. B-60, die im Zusammenhang mit der Bewertung von Qualitätsdimensionen von touristischen Leistungen entwickelt worden ist, gibt weitere Hinweise auf eine solche Modellbildung. Da hier insbesondere Qualitätsaspekte im Vordergrund der Betrachtung stehen, ist eine enge Verbindung mit den im vorherigen Abschnitt (b) erwähnten TQM-Ansätzen zur Implementierung gegeben.

Solche dynamischen Methoden der Implementierung stehen auch in engem Zusammenhang mit dem „Kreislaufgedanken" des Marketing (vgl. A.3.6.2) sowie

Überlegungen des Marketing-Controlling, wo v.a. das Verlaufscontrolling ebenfalls einen dynamischen Prozeß darstellt (vgl. E.5).

Insgesamt gilt auch für die dynamischen oder „prozessualen" Ansätze der Marketing-Implementierung, daß sich bisherige Forschungsarbeiten „wenn überhaupt, lediglich nur sehr oberflächlich und knapp mit dem Problem der prozessualen Marketing-Implementierung" beschäftigen (so HILKER 1993:220f).

Doch gerade für Implementierungsaufgaben im touristischen Dienstleistungsbereich, der im wesentlichen als sehr stark prozeß- und ablauforientiert zu sehen ist, wäre auch im Bereich der Marketing-Implementierung eine verstärkte dynamische Betrachtung wünschenswert (vgl. Abb. E-4):

- Implementierung in der Potentialphase **(Potentialimplementierung)** hat vor allem die verschiedenen Bereitstellungsaufgaben zum Gegenstand: finanzielle, personelle und zeitliche Ressourcen müssen entsprechend geplant werden (= Allokationsaufgabe in der Potentialphase). Zudem sind die in der Potentialphase anfallenden Aufgaben umzusetzen, im Tourismus v.a. Beratung und Information. Ferner sind es im Tourismus vertrauensbildende Maßnahmen, die auch in enger Wechselwirkung mit Image- und Markenbildung stehen. Für alle Bereiche sind neben der mengenmäßigen Bereitstellung insbesondere die entsprechenden qualitativen Maßnahmen umzusetzen.

- Bei der **Prozeßimplementierung** erfolgt die Leistungserstellung im notwendigen Umfang und mit entsprechender Qualität als Allokationsaufgabe im Erstellungsprozeß. Dazu sind die just-in-time- und Null-Fehler-Erstellung wichtige Implementierungsaspekte. Ferner ist die Realisierung der Kundenkommunikation und -interaktion ein wesentliches Element der Leistungsdurchführung.

- Eine adäquate Leistungserstellung ist wichtige Voraussetzung für eine erfolgreiche **Ergebnisimplementierung**, d.h. daß Erwartung und Erfüllung möglichst

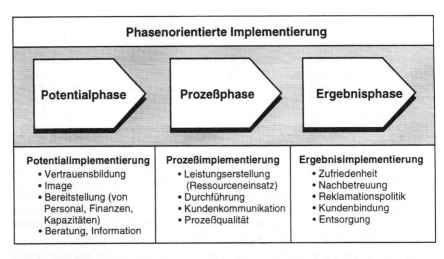

**Abb. E-4** Implementierung als dynamische Aufgabe im Phasenmodell des Tourismus-Marketing

übereinstimmen. Zur Überprüfung der Ergebnisse ist die Erhebung entsprechender Daten über die Zufriedenheitsforschung notwendig. Ferner sind die verschiedenen Nachbetreuungsaufgaben (Entsorgung, Kundennachbetreuung, Reklamationspolitik) umzusetzen.

**(2) Partialansätze**

Die meisten Beiträge zur Implementierung stellen den einen oder anderen Teilbereich der Implementierung besonders heraus. Sie werden daher als **Partialansätze** bezeichnet. Dabei sind wiederum die einzelnen Implementierungsteile sehr unterschiedlich weit und ausführlich innerhalb der Marketingwissenschaft behandelt worden. Am häufigsten werden hier genannt (vgl. ähnlich HILKER 1993, MEFFERT 1994, BRUHN/MEFFERT 1995 und die dort angegebene Literatur sowie Abb. E-2):

- **Strategiebezogene** Implementierungsaufgaben oder inhaltlich-konzeptionelle Aufgaben, die vor allem die Übereinstimmung von Strategie und Maßnahmen behandeln.

- **Organisatorisch-strukturelle oder funktionseinheitenbezogene** Partialansätze: Fast alle Autoren geben Hinweise auf die Marketing- und Managementorganisation: Sie stellen Marketing in bezug zum gesamten Management, zur Unternehmenskultur oder zu Funktionsbereichen und deren Verhältnis zueinander dar. Ferner werden die Ebenen des Inter- und Intragruppenverhaltens betrachtet, insbesondere die Beziehungen von Individuen, von Gruppen, von Unternehmensteilen, des Unternehmensganzen und/oder der Unternehmensumwelt zueinander.

- **Persönlich-kulturelle Ansätze**, wobei sowohl das Individualverhalten, v.a. im Zusammenhang mit dem Personaleinsatz und der Personalentwicklung, als auch die Übernahme und Akzeptanz von unternehmenskulturellen Werten bei den verschiedenen Mitarbeitern gesehen werden.

HILKER 1993 führt die meisten Implementierungsansätze – in einer gewissen Anlehnung an lern- und verhaltenswissenschaftliche Erkenntnisse aus dem Bereich der Motivationspsychologie, die Erklärungen für menschliches Handeln geben (wollen), vgl. dazu auch B.2.3 – auf drei Grundprobleme zurück, die auch im folgenden immer wieder auftauchen (sog. verhaltensorientierte Partialansätze):

- Fähigkeiten und Fertigkeiten: *Können,*
- Ziele und Inhalt des Implementierungsgegenstandes bzw. des Handelns müssen bekannt sein: *Kennen/Verstehen,*
- Motivation zum Handeln: *Wollen.*

Diese verhaltens- oder persönlichkeitsorientierten Aufgaben und Voraussetzungen für die Implementierung sind in engem Zusammenhang mit den mitarbeiterbezogenen Schlüsselqualifikationen von BONAMA (vgl. E.1.2(1a)) oder den zuvor benannten persönlich-kulturellen Partialansätzen zu sehen.

**(3) Fazit: Ansatzpunkte eines ganzheitlichen Implementierungsmodells für das Tourismus-Marketing**

Für die Darstellung und Behandlung der Implementierung im Tourismus-Marketing wird im folgenden eine Strukturierung entlang der drei Hauptbereiche der partiellen Implementierung gewählt:

- **Organisation des Marketing** als Implementierungsaufgabe (strukturorientierte Implementierungsaufgaben, Marketing- und Implementierungssysteme, vgl. E.2),
- **Allokationsaufgaben** der Marketing-Implementierung in bezug auf Personal-, Zeit- und Finanzressourcen (Ressourcen-Implementierung, vgl. E.3). Dies beinhaltet die meisten verhaltensorientierten Implementierungsansätze, v.a. hinsichtlich ihrer allokationsbezogenen Aufgabe(n), Strategien und Ressourcen miteinander in Einklang zu bringen.
- Implementierung des Marketing in bezug auf **Anspruchsgruppen** („Marketing-Akzeptanz", vgl. E.4). Hier werden die verschiedenen gruppenbezogenen Implementierungsaufgaben unter dem – modernen touristischen und besonders tourismusrelevanten – Aspekt der Anspruchsgruppen im Marketing behandelt.

Als vierter Bereich wird im Zusammenhang mit der Marketing-Implementierung das **Marketing-Controlling** behandelt (vgl. E.5), wobei Aufgaben der Marketing-Kontrolle über die eigentliche Implementierungsphase innerhalb des Marketing-Management-Prozesses hinausgehen und daher eine gewisse Eigenständigkeit aufweisen.

Dabei sind gewisse Überschneidungen der drei Implementierungsaufgaben mit den zuvor erwähnten Gruppen- und Kriterienbildungen gegeben (vgl. v.a. Abb. E-3). Zusammen mit Elementen der dynamischen Implementierung sind diese Teilelemente geeignet, auch einen **ganzheitlichen Implementierungsansatz** zu entwickeln.

Abschließend sei nochmals auf die Grundproblematik der fehlenden strukturellen und vor allem ganzheitlichen Ansätze für die Marketing-Implementierung hingewiesen, wobei es nicht Aufgabe der Ausführungen zum Tourismus-Marketing in diesem Teil sein kann (und soll), dieses generelle „Implementierungs-Dilemma" zu lösen. Allerdings erscheinen die folgenden Aussagen zum Tourismus-Marketing durchaus geeignet, auch Anstöße für die allgemeine Implementierungsproblematik im Marketing-Management zu geben.

# 2 Marketing-Organisation als Implementierungsaufgabe (Managementstrukturen und Marketing-Implementierung)

Der erste Bereich der Marketing-Implementierung, der auch in der Literatur am häufigsten und zumeist am ausführlichsten behandelt wird, ist die Integration des Marketing in die gesamte Unternehmensstruktur. Es wird dabei von **Marketing-Organisation**, Organisation der Marketingabteilung oder – allgemeiner – von Management- bzw. Organisationsstruktur und -system gesprochen. Als Implementierungsaufgabe wird dabei lediglich der Zusammenhang von organisatorischen Gegebenheiten – sowie deren Gestaltung – und Implementierung betrachtet, nicht hingegen die Entwicklung eines gesamtbetrieblichen Managementsystems, wozu neben Aufgaben der Marketingplanung und des -controlling auch die allgemeinen Führungsaufgaben gehören. Allerdings sind dabei enge Wechselwirkungen

## 2. Marketing-Organisation als Implementierungsaufgabe 629

gegeben, insbesondere wenn organisatorische Veränderungsvorschläge entwickelt werden.

In der Praxis sind zumeist bestehende Organisationsstrukturen gegeben, so daß es Aufgabe der Marketingimplementierung ist, Marketing in vorhandene Strukturen zu integrieren oder vorhandene Strukturen an die Marketingerfordernisse anzupassen. Seltener ist eine vollkommene organisatorische Neugestaltung des touristischen Marketing möglich – so z.b. bei der Implementierung des Marketing in Tourismusbetrieben und in der Tourismusverwaltung in den Neuen Bundesländern nach 1989.

Bei der Betrachtung der Marketing-Organisation handelt es sich um Partialansätze der Implementierung im Hinblick auf organisatorisch-strukturelle und/oder funktionsbezogene Implementierungsaufgaben. Dabei ist die Diskussion um die Stellung des Marketing nicht Selbstzweck, sondern es drücken sich damit sowohl die Bedeutung der Marketingstruktur sowie der allgemeinen Marketingkultur innerhalb des Unternehmens aus. Es besteht ferner eine enge Wechselwirkung zwischen Funktion bzw. Organisation und inhaltlich-strategischen Aufgaben bzw. Fragen. Dieses „klassische Strategie-Struktur-Dilemma" findet sich auch bei der Implementierung:

- Zum einen sind für die Entwicklung und Durchsetzung strategischer Konzeptionen bestimmte Strukturen erforderlich. Marketingmaßnahmen lassen sich nur durchsetzen, wenn auch die entsprechende Marketing-Organisation-Struktur vorhanden ist („strategy follows structure");

- Zum anderen beinhalten Marketing-Konzepte auch Anforderungen an eine entsprechende Implementierungsstruktur, z.B. einen kommunalen Marketingausschuß oder einen „Marketingbeauftragten". Entsprechend führen Aussagen der Marketing-Konzeptionen auch zur Veränderung und Anpassung von vorhandenen Strukturen („structure follows strategy").

Diese Wechselwirkungen sind in der Implementierungphase zu sehen – und zu gestalten. Insbesondere ergab sich im Laufe der Zeit – v.a. infolge des Wandels der Märkte von Produzenten zu Konsumentenmärkten – auch eine Hinwendung zur zentralen Stellung des Marketing in der betrieblichen Organisation. Nur so spiegeln sich die entsprechende Marketingphilosophie und Unternehmenskultur auch äußerlich, strukturell und organisatorisch wider.

Als Aufgabe der Implementierung wird ein marktorientierter Unternehmensorganismus aufgebaut, der zum einen in der Lage ist, die strategischen Marketingziele konsequent umzusetzen, zum anderen aber permanent auf Veränderungen am Markt reagieren kann (dynamische Implementierung).

Diese grundsätzliche Auseinandersetzung mit Fragen einer organisationsbezogenen Marketing-Implementierung offenbart allerdings nicht nur innerhalb des phasenorientierten Modells erhebliche Unterschiede zwischen den einzelnen Phasen, sondern – direkt damit verbunden – auch mit den jeweils darin tätigen Institutionen und Personen des Tourismus. Dabei hat sich in der Vergangenheit immer wieder gezeigt, daß es gerade in der Umsetzung von Marketingkonzeptionen zu Problemen oder zum Scheitern gekommen ist.

Zudem sind Organisationsfragen eng mit der jeweiligen Branchenstruktur, hier z.B. der Tourismuswirtschaft, verbunden. Die Vielzahl touristischer Unternehmen sowie deren – geringe – Größe kann das Implementierungsproblem weniger durch betriebsinterne Organisationsänderungen beseitigen. Dafür sind Änderungen weiterer, überbetrieblicher Organisationsstrukturen im Zusammenhang mit der Implementierungsproblematik zu behandeln. Hierbei sind es vor allem Überlegungen der Kooperationen sowie der Kettenbildung im Tourismus, aber auch der generellen öffentlich-föderalistischen Branchenstruktur im Tourismus, die zum Teil in E.2.2, aber auch in Abschnitt D.3 (Vertriebswege, Kooperationen) behandelt wurden.

**Implementierung der Marketing-Organisation im Tourismus**

Für den Tourismus werden Fragen der organisatorischen Marketing-Implementierung nach zwei großen Bereichen unterteilt:

- Bei privatwirtschaftlichen Unternehmen wie z.b. Reiseveranstaltern, Reisebüros, Hotelbetrieben werden Organisationsprobleme ganz im Sinne des modernen privatwirtschaftlichen Marketing diskutiert.

  Diese Diskussion wird zunehmend von Aussagen und Ansätzen des Dienstleistungs-Marketing geprägt, wobei eine Hinwendung von der traditionellen Organisationspyramide und der Unterteilung nach funktionalen Gesichtspunkten zu prozeßorientierten und kundenorientierten Organisationsformen sowie der Berücksichtigung des TQM-Total-Quality-Managements festzustellen ist.

- Im Bereich des öffentlichen Fremdenverkehrs stehen überbetriebliche Organisationsgesichtspunkte im Vordergrund bzw. Mittelpunkt der Betrachtung. Diese touristischen „Makrobetriebe" sind vor allem Destinationen und die damit zusammenhängenden Organisationen, die Implementierungsaufgaben des Tourismus-Marketing wahrnehmen. Hier ist in bezug auf die Marketing-Implementierung zum einen die föderalistische Organisationsstruktur der verschiedenen Marketingebenen, zum anderen aber auch die öffentlich-rechtliche „Binnen-Struktur" zu betrachten.

---

**Ziele des Kapitels E.2**

*Kenntnis der verschiedenen Organisationsformen sowie deren Vor- und Nachteile für die Marketing-Implementierung, insbesondere in:*

- *privatwirtschaftlichen,*
- *öffentlich rechtlichen*

*Tourismusunternehmen und -organisationen.*

---

## 2.1 Marketing-Implementierung bei privatwirtschaftlichen Tourismus-Unternehmen

Der privatwirtschaftliche Bereich der Tourismuswirtschaft umfaßt v.a. Betriebe, die im Privateigentum sind und sich überwiegend durch Transaktionsprozesse am Markt finanzieren. Er weist aber auch gewisse Schnittstellen mit dem öffentlichen Bereich der Tourismuswirtschaft auf, sog. „Mischformen", wie z.B. öffentlich geförderte Marketingträger, Public-Private-Partnerships oder öffentliche Betriebe und Organisationen, die sich über den Markt finanzieren (vgl. Abb. B-48).

## 2. Marketing-Organisation als Implementierungsaufgabe

Im Hinblick auf das Management von Unternehmen oder Organisationen erfordert ein umfangreicheres Marketing zumeist auch eine zentrale Stellung in der Unternehmensorganisation. Diese Grundentscheidung steht im engen Zusammenhang mit der Entwicklung vom traditionellen zum modernen Marketing (vgl. Abb. A-16). Damit treten Implementierungsprobleme im Hinblick auf die – zentrale – Stellung des Marketing immer wieder in folgenden Bereichen auf:

- mangelnde Verankerung des Marketing in der Unternehmensleitung,
- Kompetenzprobleme zwischen den Funktionen eines Unternehmens,
- Bildung verschiedener Fachabteilungen für einzelne Bereiche des Marketing,
- zu viele Hierarchiestufen,
- Koordinierungs- und Kommunikationsprobleme.

Im folgenden werden die damit zusammenhängenden Implementierungsaufgaben und -möglichkeiten – nach einer kurzen Behandlung der organisatorischen Grundformen – genauer dargestellt.

Privatwirtschaftliche Betriebe lassen sich grundsätzlich nach vier verschiedenen Strukturen organisieren, die auch bei den meisten Tourismusbetrieben in ähnlicher Form vorherrschend sind. Allerdings treten die im folgenden beschriebenen Idealformen in der Realität meist nur als Mischformen auf. In diese Grundformen ist auch das marketingorientierte Management zu integrieren, wobei sich im Laufe der Jahre eine Veränderung der Marketingstellung ergeben hat. Allgemein kann man sagen, daß eine erhöhte Anzahl von Mitarbeitern auch andere Erfordernisse an die Betriebsorganisation stellt. Dabei wird allgemein zwischen den folgenden Organisationsformen des Marketing von Tourismusunternehmen unterschieden:

(1) funktionale Organisation,
(2) divisionale Organisation,
(3) Matrix-Organisation,
(4) prozeßorientierte Organisation.

### (1) Funktionale Organisationsstruktur

Die funktionale Organisation gilt als die klassische Organisationsform. Sie untergliedert Unternehmen unterhalb der Ebene der Unternehmensleitung nach den verschiedenen Funktionen, vor allem in Hinblick auf Tätigkeiten im traditionellen Produktionsprozeß, wie z.B. Einkauf/Beschaffung, Produktion, Verkauf/Absatz, Personalwesen, Finanzierung. Die einzelnen Funktionsbereiche haben im Wesentlichen Ausführungsaufgaben. Sie sind also für die Implementierung der vorgegebenen Aufgaben zuständig. Auf der anderen Seite haben sie relativ wenig Entscheidungsautonomie in bezug auf gesamtbetriebliche Aufgaben. Diese liegt letztlich bei der Unternehmensführung mit direkter Anordnungsbefugnis („Einlinien-System").

Diese Organisationsform bietet sich hauptsächlich bei Unternehmen mit einer geringen Leistungsbreite sowie einer geringen Hierarchiestufe an, wobei sich allerdings die Bedeutung der verschiedenen Funktionsbereiche, insbesondere der Verkaufs-/Marketingabteilung im Laufe der Zeit verändert hat. Als Zwischenstufe der Entwicklung hin zu komplexeren Organisationsstrukturen sind Stab-Linien-Organisationen anzusehen (vgl. Abb. E-5), bei denen den Stäben eine bereichsübergreifende Beratungsfunktion zukommt, die aber keine Anordnungskompetenz haben. Letztlich ist aber gerade für das Marketing eine – zentrale – Verankerung innerhalb der gesamten Unternehmensorganisation notwendig:

„Alle Lösungsversuche, Marketing der Verkaufsabteilung unterzuordnen oder der Stabstelle der Unternehmensleitung zuzuordnen, bedeuten keine echte organisatorische Institutionalisierung des Marketing-Gedankens." (MEFFERT 1986: 543)

Während in der Vergangenheit Marketing/Absatz bestenfalls gleichberechtigt oder untergeordnet neben anderen funktionalen Betriebsbereichen gestanden hat (vgl. Abb. E-5a), ist mit zunehmender Marketing-Orientierung auch die Marketing-Abteilung immer mehr in den Mittelpunkt unternehmerischer Organisationsabläufe getreten (vgl. Abb. E-5b).

In touristischen Dienstleistungsbetrieben ist die funktionale Organisation zudem infolge der unterschiedlichen Aufgaben weniger sinnvoll, da beispielsweise Produktion und Absatz zusammenfallen. Zudem kommt dem persönlichen Faktor eine hohe Bedeutung zu, was eine parallele Betrachtung des Personalwesens für die verschiedenen Dienstleistungsfunktionen erfordert. Diese Art der betrieblichen Organisation entspricht den alten Ansätzen des Marketing und konzentriert sich auf die Tätigkeiten im Rahmen eines Marketing-Mixes. Sie bietet allerdings häufig für kleine und mittlere Unternehmen mit nicht stark diversifizierten Produkten eine adäquate Organisationsmöglichkeit.

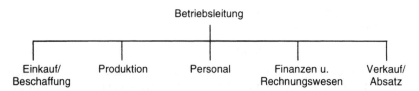

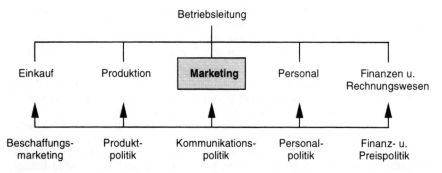

**Abb. E-5** Die Stellung des Marketing im Betrieb

## (2) Divisionale Organisationsstruktur oder Spartenorganisation

Neben der zuvor erwähnten funktionalen Organisationsstruktur sind im Tourismus-Bereich häufig divisionale Organisationsstrukturen oder Spartenorganisationen gegeben. Hierbei sind die Aufgaben unterhalb der Ebene der Unternehmensführung unmittelbar in Divisionen/Sparten gegliedert. Jede Sparte nimmt sämtliche Funktionen (Beschaffung, Leistungserstellung, Absatz-, Finanz- und Personalplanung) weitgehend selbständig wahr. So sind hierbei auch Marketing-Aufgaben als Unterbereiche der jeweiligen Divisionen oder Sparten angesiedelt. Dabei kann eine Ausrichtung der Sparten nach Gebieten, nach Produkten oder nach Zielgruppen erfolgen. Grundelemente der divisionalen Organisationsform sind in Abbildung E-7 dargestellt. Im Tourismus betreffen Spartenorganisationen oftmals die Einteilung nach:

- Zielgebieten oder Verkehrsmitteln der Reise (bei Reiseveranstaltern), z.B. Mittelmeergebiete, Flugreisen, Fernreisen, Ferienwohnungen usw.,
- Angebotenen Leistungen, z.B. Flug, DB, Touristik (bei Reisemittlern),
- nach Herkunft der Gäste (bei Fremdenverkehrs-Destinationen), z.B. Inland, Ausland, Ausflugsverkehr, Incoming-, Outgoing-Tourismus usw.

Da die einzelnen Sparten die verschiedenen Managementaufgaben weitgehend eigenständig wahrzunehmen haben, können aufgrund solcher Zuordnungen auch die Betriebsteilergebnisse genauer zugerechnet werden. Diese Entwicklung führt zur Herausbildung von sog. **„Profit-Centern"**, die zumeist als Teile größerer Betriebseinheiten betrachtet werden, z.B. bei der TUI die dem Geschäftsbereich „Produkte" unterstellten Profitcenter „Gruppen und Incentives", „Städtereisen" usw.

Als weitere Sonderform wird die Hierarchie der Unternehmensorganisation durch Stäbe ergänzt, denen ebenfalls eine relative Autonomie innerhalb des Betriebes zukommt.

Im einzelnen sind diese divisionalen Organisationsstrukturen im Tourismus wie folgt zu beurteilen:

- Die **kundenorientierte** Organisation kommt aufgrund ihrer Ausrichtung dem Verständnis von Marketing am nächsten, ist im Tourismus allerdings in ihrer strengen Form kaum anzutreffen. Wichtigster Grundsatz der kundenorientierten Marketingorganisation ist die Bildung von Kundengruppen, für die jeweils eine eigenständige Marktforschung, eigene Werbung, eigene Verkaufsförderung etc. betrieben werden (vgl. Abb. E-7). Dies erhöht für einen effektiven Einsatz den Koordinierungsbedarf.

- Bei der **gebietsorientierten** Organisation wird eine geographische Unterteilung gebildet. Bei international tätigen Unternehmen mit jeweils hohem Umsatzvolumen scheint eine geographische Unterteilung aus Marketinggesichtspunkten Vorteile zu bieten. Bei einer zunehmenden Europäisierung im Veranstalterbereich oder bei Verkehrsunternehmen wäre eine organisatorische Untergliederung auf übergeordneten Marketingebenen denkbar. Im Bereich des Vertriebes ist eine geographische Untergliederung schon heute von Bedeutung.

  Gebietsorientierte Organisationsformen liegen vor allem den öffentlichen Fremdenverkehrseinrichtungen zugrunde, z.B. der DZT.

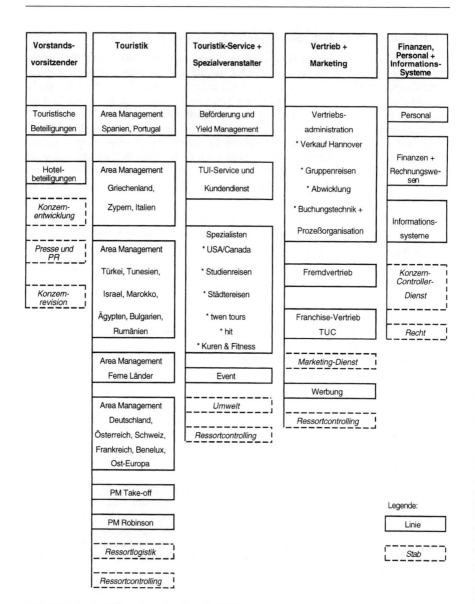

**Abb. E-6**  Stab-Linien-Organisation der TUI

## 2. Marketing-Organisation als Implementierungsaufgabe

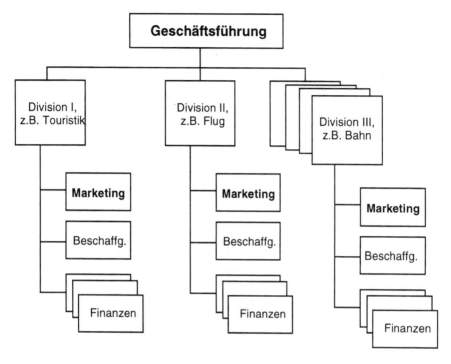

**Abb. E-7** Divisionale Organisationsstruktur im Tourismus (Beispiel Reisebüro)

- Im Gegensatz hierzu war in der Vergangenheit gerade eine **produktorientierte** Organisationsform auch bei Großunternehmen des Tourismus anzutreffen. Hierbei wurden im Veranstalterbereich Produktgruppen (z.B. nach Zielgebieten oder Reisearten und -formen) gebildet. Im Vordergrund steht die Möglichkeit der Spezialisierung der Mitarbeiter und die Nähe von Produktion und Verkauf.

  So hat sich beispielsweise die Deutsche Bahn AG 1995 nach den Geschäftsbereichen Personennahverkehr, Personenfernverkehr, Güterverkehr und Fahrwege strukturiert (vgl. BRETTHAUER 1995).

### (3) Matrix-Organisation

Als Weiterentwicklung von funktionalen und divisionalen Organisationsformen hat sich die Matrix-Organisationsform herausgebildet. Sie verbindet in Form des „Produkt-Managements" die unterschiedlichen funktionalen Aufgaben (horizontal) in unterschiedlichen Produktlinien (vertikal). Im Tourismus sind dies oftmals Zielgebiete (z.B. Griechenland, Spanien usw.), für die einzelne Produkt-Manager die verschiedenen Funktionen (wie Beschaffung, Verkauf, Absatz usw.) wahrzunehmen haben (vgl. Abb. E-8).

Unter strategischer Ausrichtung werden anstelle der traditionellen Produktionsbereiche auf den horizontalen Ebenen auch immer häufiger Strategische Geschäftseinheiten (SGE's) gebildet. Bei der Matrix-Organisation ist eine enge Verbindung mit der Entwicklung eigenständiger „Profit-Center" zu sehen (vgl. (2)).

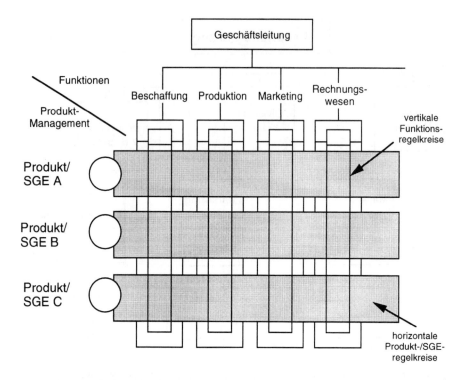

**Abb. E-8** Matrix-Organisation

In vielen Tourismusunternehmen, v.a. im Reisemittlerbereich, ist aufgrund der personellen Ausstattung eine Integration des Marketing in die Betriebsorganisation in der vorgenannten Weise nicht möglich. Vielmehr werden hier alle strategischen Entscheidungen in der Mehrheit vom Unternehmer selbst getroffen. Lediglich die Umsetzung wird dann an Mitarbeiter delegiert bzw. an dritte Unternehmen abgegeben. Die bei Reisemittlern häufig anzutreffende Grundstruktur mit durchschnittlich zwischen drei und zehn Mitarbeitern macht dieses deutlich. Diese Problematik mangelnder personeller und finanzieller Möglichkeiten einer Marktorientierung des Unternehmens sind als ein Motor der zunehmenden Konzentration im Mittlerbereich anzusehen. Eine Lösung dieses Konflikts erfolgt deshalb zunehmend über die Bildung von Kooperationen und strategischen Allianzen (vgl. D.3.4.3).

**(4) Prozeßorientierte Organisation für touristische Leistungsketten**

Weniger verbreitet ist bisher das Modell einer phasenbezogenen oder prozeßorientierten Organisation. Eine solche Organisation/Betriebsstruktur würde sich für touristische Leistungsprozesse anbieten, beispielsweise entlang der drei Grundphasen der touristischen Leistungserstellung:

- **Bereitstellungsabteilung:** Sie erfüllt Bereitstellungsaufgaben, wie Kapazitätsplanung, Reservierungssysteme, aber auch andere Aufgaben des „Vorkauf-Marketing", wie Werbung usw.

- **Durchführungsabteilung:** Sie ist für die Durchführung der touristischen Leistungserstellung zuständig, bei touristischen Dienstleistungen v.a. im direkten Kundenkontakt als Kommunikation mit dem externen Faktor, dem Reisenden.

- **Ergebnisabteilung:** Ihr kommen als Aufgaben die Analyse und Betreuung der Leistungsergebnisse zu; im einzelnen sind dies Aufgaben der Markt- und Zufriedenheitsforschung sowie des Reklamations-Managements im Rahmen des allgemeinen Nachkauf- bzw. Nachkonsum-Marketing.

Diese Grobgliederung ist für die meisten touristischen Leistungsprozesse noch weiter zu unterteilen, beispielsweise entlang der „kritischen Ereignisse" der touristischen Leistungserstellung.

So wurde ebenfalls bereits an anderer Stelle auf die phasenbezogene Sichtweise der „Momente der Wahrheit" bei touristischen Leistungen hingewiesen. In Fortentwicklung dieser Sichtweise/Ansätze werden das von SHOSTACK vorgeschlagene und entwickelte „Blue-printing" (Blaupausen, Muster) des gesamten Leistungsprozesses entwickelt, wobei die Organisationsstruktur in einen sichtbaren Bereich („line of visibility") und in den – unsichtbaren – Teil der entsprechenden organisatorischen Vorbereitungs- und Bereitstellungsleistungen sowie der Nachkontaktleistungen unterteilt werden (vgl. Abb. E-9, ferner VANDERMERWE 1992: 303ff, WYCKOFF 1992: 245).

**Neue Wege zur Betrachtung der Dienstleistung: Umdrehen der Organisations-Pyramide**

In den letzten Jahren wurden die grundsätzlich organisatorischen Aufgaben im Sinne eines umfassenden Marketing-Management mit der Verankerung des marktbezogenen Denkens und/oder des TQM in der Unternehmensstruktur gesehen. Hierbei besteht ein enger Zusammenhang mit der Unternehmensphilosophie, -kultur und weiteren übergeordneten normativen Aufgaben und Aspekten.

In diesem Zusammenhang wird auch von einem Umdrehen der traditionellen Organisations-Pyramide gesprochen („turning the pyramid upside down", GRÖNROOS 1990: 183f) und eine veränderte Sichtweise der Organisation für dienstleistungsorientierte Unternehmen vorgeschlagen:

„Auf der obersten Ebene (die früher einmal das Fundament der Pyramide war) finden wir die Kunden; direkt unter ihnen kommen die Mitarbeiter an der Kundenschnittstelle, unter diesen die zuarbeitenden Gruppen. Am unteren Ende, an der Spitze der auf den Kopf gestellten Pyramide, finden wir das Managementteam; dessen Funktion besteht nicht darin, Kommandos zu bellen, sondern darin, die Dienstleistungserbringer zu unterstützen." (MURPHEY 1994: 71)

Eine solche Organisationsform des Betriebes und des Marketing orientiert sich weniger an der betriebsinternen, v.a. hierarchischen, Managementstruktur, sondern stellt eine „betriebsexterne", d.h. markt- und v.a. kundenorientierte, Ausrichtung in den Vordergrund. Hierbei werden v.a. Kundenkontaktpunkte als Ansatzpunkt des Marketing gesehen.

„Es steht weniger die optimale Organisation der innerbetrieblichen Abläufe im Vordergrund, als vielmehr die Orientierung am ‚Moment of Truth'. Die ganze Organisation stellt auf die Kommunikation zwischen dem Kunden und den Servicemitarbeitern ab, sämtliche Unternehmensfunktionen und insbesondere

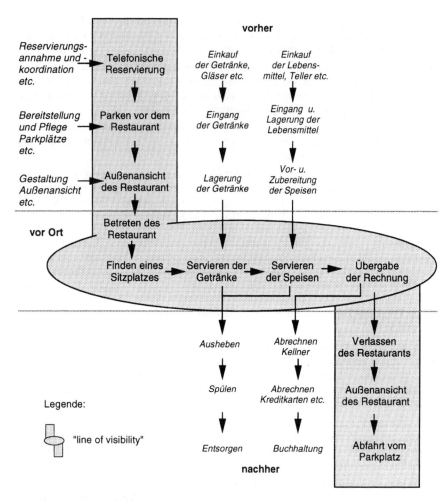

**Abb. E-9** Blueprint eines Restaurants
(in Anlehnung an WYCKOFF 1992: 245, ähnlich STAUSS 1995: 387)

die Führungskräfte üben eine Unterstützungsfunktion für die Mitarbeiter an der Basis aus." (LEHMANN 1993: 46)

Diese phasenorientierte Organisationsstruktur gilt auch für den Tourismus als besonders hilfreich und aussagekräftig. In traditionellen Sachgüterbetrieben ist ein Großteil der Beschäftigten und Funktionsbereiche mit der Produktionsvorbereitung und -durchführung **ohne Kundenkontakt** beschäftigt, der eigentliche Kundenkontakt erfolgt nur durch einen kleineren Teil des Personals im Verkaufs- und Absatzbereich, wobei dieser noch häufig auf betriebsexterne Vertriebswege (wie Groß- und Einzelhandel) ausgelagert ist.

Ganz anders in den meisten touristischen Dienstleistungsbetrieben: Hier hat ein Großteil der Beschäftigten direkten Kundenkontakt und die eigentlichen or-

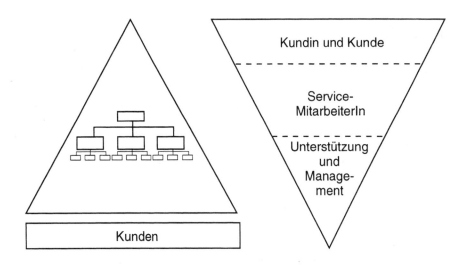

**"Traditionelles" Modell**  **"Serviceorientiertes" Modell**

**Abb. E-10** Von der „traditionellen" zur „serviceorientierten" Organisationspyramide (Quelle: nach GRÖNROOS 1990: 184, ähnlich LEHMANN 1995: 48)

ganisatorischen Aufgaben – des Managements – werden nur durch einen kleineren Personenkreis wahrgenommen, der zudem noch die (Haupt-)Aufgabe hat, die Leistungserstellung, die im direkten Kundenkontakt erfolgt, vor- und nachzubereiten sowie zu unterstützen.

Entsprechend ändert sich bei einer solchen Umkehr der traditionellen Organisationspyramide vor allem die Aufgabe bzw. das Selbstverständnis des Managements: „Hier wird der Manager nicht mehr als jemand betrachtet, dessen Aufgabe es ist, Arbeitskräfte zu kommandieren, zu kontrollieren und zu führen, sondern als jemand, der Strukturen und Material zur Verfügung stellt und damit die Arbeitskräfte in die Lage versetzt, den ausschlaggebenden Job zu erledigen. Der Manager betrachtet sich nicht länger als jemanden, der die Mitarbeiter wie unberechenbare und halsstarrige Ochsen antreibt. Er wird zu einem Trainer, Betreuer und Planer für ein Team von Spielern." (MURPHEY 1994: 71)

**(5) Überbetriebliche Organisationsstruktur**

Neben den zuvor in (1) bis (4) im Hinblick auf die Marketing-Implementierung beschriebenen **betriebsinternen** Organisationssystemen bestehen eine Reihe **überbetrieblicher** Organisationsformen, die für die Marketing-Implementierung von besonderer Bedeutung sind. Hierbei erfolgen v.a. in bezug auf das Marketing kooperative Aktivitäten, die auf der organisatorischen Ebene entsprechende Marketingaufgaben beinhalten.

Die wichtigsten überbetrieblichen Organisationsformen im privatwirtschaftlichen Bereich sind:

- Kooperationen,

- Konzernbildungen,
- Franchising,
- Net-Working.

Sie wurden bereits in Abschnitt D.3.4 mit ihrer allgemeinen Bedeutung für das touristische Marketing dargestellt.

Im Tourismus bestehen darüber hinaus spezifisch branchenbezogene Formen der Marketing-Organisation, die mit dem gesamten touristischen Leistungsprozeß zusammenhängen. Dies sind Organisationsformen, die die verschiedenen vor- und nachgelagerten Aufgaben im Verlauf der Reise abstimmen und die an anderer Stelle als Makro-Marketing bezeichnet worden sind (vgl. Abschnitt A.3.4.1).

Als weitere überbetriebliche Organisationsformen gelten verschiedene gemeinwirtschaftliche oder gemischtwirtschaftliche Organisationsformen, die gerade im Tourismus sehr verbreitet sind:

- Fremdenverkehrsvereine und -verbände.

Diese Formen der Marketing-Organisation und die entsprechenden Implementierungsüberlegungen werden in Abschnitt E.2.2 dargestellt.

Als Aufgabe der Marketing-Implementierung muß versucht werden, die verschiedenen Marketingmaßnahmen innerhalb der gesamten Leistungskette umzusetzen, wobei v.a. die Integration – betriebsextern – der „Zulieferbetriebe" und der Fremdbetriebe des Vertriebs in das jeweilige eigenbetriebliche touristische Marketing wesentliche Implementierungsaufgabe ist.

**Beispiele:**
- Reiseveranstalter müssen ihre Marketingmaßnahmen bei den – fremden – Leistungsträgern (als „Zuliefererbetriebe") und bei den – fremden – Reisemittlern (z.B. über die Agenturpolitik) entsprechend ihrer eigenen Marketing-Konzeption implementieren.
- Fluggesellschaften dehnen ihre Aktivitäten – auch – unter Gesichtspunkten der Marketing-Implementierung auf Cateringbetriebe, Reiseveranstalter, Hotelbetriebe (als „Zulieferer") und Reisemittler aus, wobei dies – verhaltensorientiert – in Form der besonderen Betreuung dieser Betriebe oder – organisatorisch – der Konzernbildung geschehen kann (horizontale Interpretation).

## 2.2 Marketing-Implementierung bei öffentlich-rechtlichen Tourismusbetrieben

Anders als bei den privatwirtschaftlichen Tourismusunternehmen stellen sich die Implementierungsaufgaben für Organisationen im öffentlichen Fremdenverkehr dar.

Gerade im Tourismus ist ein großer Teil der Marketingträger dem nicht-privatwirtschaftlichen oder öffentlichen bzw. gemeinwirtschaftlichen Bereich zuzurechnen (vgl. dazu genauer A.3.4.2, B.3.1.4, auch A.1.3.2(4) u. (5)).

Als „öffentlicher Bereich des Tourismus" werden – analog zu B.3.1.4 vor allem Destinationen sowie die damit zusammenhängenden (Marketing-) Organisationen verstanden. Dabei sind Destinationen sowohl als Ortschaften, Gebiete oder Gebietsgemeinschaften anzusehen. Im Hinblick auf das Marketing sind die entsprechenden Träger entweder Gebietskörperschaften und damit öffentlich-rechtliche Struktureinheiten, wie Gemeinden, Städte, Regierungsbezirke, (Bundes-)

Länder und Nationen oder Vereinigungen von privatwirtschaftlichen und/oder öffentlichen Einrichtungen, wie v.a. Vereine, Verbände oder Gebiets- bzw. Werbegemeinschaften oder sonstige Private-Public-Partnerschaften (vgl. Abb. B-48).

Ferner sind hinsichtlich der Marketing-Implementierung weitere „öffentliche" Institutionen, wie Fremdenverkehrsverwaltung (Ministerien, Stadtverwaltung usw.), Regierungen, Parlamente, Parteien, Politiker sowie deren Mitarbeiter, soweit sie Marketingaufgaben wahrnehmen bzw. zur Implementierung des Marketing beitragen (können), zu berücksichtigen.

Letztlich ist im Zusammenhang mit der Organisation und Implementierung des Tourismus-Marketing im öffentlichen Bereich auch eine Reihe von nicht-primär touristischen Organisationen für die Implementierung bedeutsam, wie Interessengruppen, z.B. Parteien, Bürgerinitiativen, Naturschutzverbände, aber auch die Einwohner und/oder die ortsansässigen nicht-touristischen Unternehmen der Destinationen zu betrachten (vgl. ebenfalls Anspruchsgruppen-Marketing, Kapitel E.4).

### 2.2.1 Organisationsfragen als Implementierungsaufgaben im Makrobereich des öffentlichen Tourismus

Im **Makrobereich** des Tourismus bestehen Implementierungsprobleme bzw. -aufgaben vor allem hinsichtlich der organisatorischen Struktur des Fremdenverkehrs innerhalb und zwischen verschiedenen Ebenen, wobei es zumeist um die Abstim-

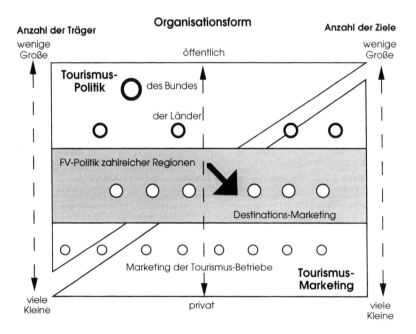

**Abb. E-11** Träger der Marketing-Implementierung im öffentlich-rechtlichen Bereich des Tourismus

mung der verschiedenen Kompetenzen hinsichtlich der Marketing-Implementierung und -entwicklung geht.

Die öffentlichen Einrichtungen des Tourismus sind in den meisten Ländern nach dem föderalistischen Prinzip organisiert. Dabei haben alle vier Ebenen unterschiedliche Aufgaben für die Marketingentwicklung und Marketing-Implementierung:

### (1) Marketing und Implementierung auf Bundesebene

Die **Bundesebene** legt die generellen Richtlinien für die touristische Entwicklung fest, die den Rahmen für entsprechende Marketingaufgaben vorgeben (vgl. z.B. für die Bundesrepublik Deutschland BMWi 2000, auch FREYER 2001a: 294ff). Teilweise sind diese nationalen Rahmenbedingungen wiederum in weitere übernationale Regelungen eingebunden, z.b. der EU oder der WTO, die allerdings in der Regel weniger marketingbezogen sind.

Als Marketing-Aufgabe der Bundesebene wird insbesondere das Auslands-Marketing angesehen. Hier haben die meisten Länder eine NTO-National Tourist Office, die diese Aufgaben wahrnimmt. In Deutschland ist es die DZT, die die Auslandsvermarktung von Deutschland als Reiseland betreibt, finanziell bis zu 80% mit Mitteln des Bundes gefördert.

Aber auch das Reiseverhalten der eigenen Bevölkerung kann Gegenstand eines nationalen Marketing sein, für das die entsprechenden Rahmenbedingungen bzw. Marketingmaßnahmen seitens der nationalen Tourismusorganisationen ergriffen werden müssen. Ab 1999 hat die DZT auch Aufgaben des Inlands-Marketing übernommen (vgl. SCHÖRCHER 2000).

**Beispiel:**
- In Deutschland werden seit Jahren Aktivitäten der Bundesinstitutionen hinsichtlich eines „Urlaubs in Deutschland" gefordert, wofür wiederum die Einführung eines bundesweiten Reservierungssystems eine mögliche bzw. notwendige Implementierungsaufgabe sein könnte.

Neben den entsprechenden staatlichen Organisationen wie DZT, DSF (zur Fortbildung des touristischen Personals) versuchen die Interessenvertretungen der verschiedenen, zumeist privatwirtschaftlichen Tourismusunternehmen, Einfluß auf die Tourismuspolitik auf Bundesebene zu nehmen, wie z.B. DRV, asr, DTV, DEHOGA, DHV usw.

**Implementierungsaufgaben** in bezug auf die Struktur des Marketing innerhalb und zwischen diesen organisatorischen Ebenen des Tourismus-Marketing beziehen sich auf die Zuständigkeiten, Kompetenzen sowie formal-strukturelle Formen der Zusammenarbeit.

### (2) Marketing und Implementierung auf Landesebene

Auf Landesebene werden Marketingaufgaben insbesondere von den **Landesfremdenverkehrsverbänden** bzw. von den Landes-Marketinggesellschaften wahrgenommen. Sie entwerfen Marketing-Konzeptionen und sind für deren Umsetzung zuständig, wie Angebotsentwicklung, Prospektherstellung, Werbung, Öffentlichkeitsarbeit, Messeteilnahme, Reservierungssysteme als Vertriebswege usw.

**Implementierungsaufgaben** bestehen vor allem hinsichtlich der übergeordneten Ziele/Aufgaben/Maßnahmen des Bundes („von oben"), der nebengelagerten

Ziele anderer Bereiche/Ressorts (siehe Fremdenverkehrspolitik) sowie nachgelagerter Ebenen („nach unten"), v.a. Kommunen und Einzelbetriebe sowie ortsansäßige Bevölkerung.

**(3) Marketing und Implementierung auf regionaler Ebene**

Ähnliche Einrichtungen und Aufgaben sind zudem auf regionaler Ebene vorhanden, die zum einen mit Bezirks- und Regionalgrenzen zusammenfallen bzw. als übergreifende Werbegemeinschaften agieren, z.b. Touristische Routen, Magic Ten usw. Auch sie entwickeln Marketing-Konzeptionen und sind für deren Implementierung zuständig.

Die verschiedenen **Implementierungsaufgaben** stellen sich analog zu (2) dar.

**(4) Marketing und Implementierung auf lokaler Ebene**

Auf der untersten Ebene sind es im **kommunalen Bereich** Zusammenschlüsse als Fremdenverkehrsvereine oder in Zusammenarbeit mit – öffentlichen – Fremdenverkehrsämtern, die für die Marketingentwicklung und -implementierung zuständig sind.

Die lokale Ebene ist als Grenzebene/Schnittstelle zwischen den Bereichen des kommunalen und einzelwirtschaftlichen Marketing anzusehen. Sie übernimmt vielfach eine Art betriebliches Makro-Marketing gegenüber den einzelwirtschaftlichen Unternehmen und deren „Mikro-Marketing".

**Implementierungsaufgaben:** Dieser lokalen Ebene kommt vor allem die Aufgabe der Umsetzung verschiedener Marketing-Maßnahmen der vorgelagerten Ebenen zu, wobei sie die Maßnahmen einerseits in direktem Kontakt mit dem Gast, andererseits im Kontakt mit den ortsansäßigen Anspruchsgruppen umzusetzen haben.

Zudem erfolgt hier die Umsetzung/Implementierung gegenüber bzw. mit den verschiedenen, nicht primär touristischen, Organisationen, wie Bevölkerung („Gastfreundschaft"), Einzelhandel (Versorgung der Besucher) usw.

### 2.2.2 Implementierung im Mikrobereich bzw. in der „Binnenstruktur" des öffentlichen Tourismus

Im **Mikrobereich** des Tourismus ist es zumeist die überwiegend nichtprivatwirtschaftliche Organisationsstruktur, die spezifische Anforderungen an die Marketing-Implementierung stellt. Vor allem handelt es sich um die Marketingimplementierung in öffentlichen Tourismus-Unternehmen bzw. -Ämtern und/oder in Vereinen und Verbänden des Tourismus.

**(1) Organisation des Tourismus-Marketing innerhalb der öffentlichen Verwaltung**

Als organisatorische Fragen der Marketing-Implementierung im Zusammenhang mit der verwaltungsmäßigen Strukturierung des Fremdenverkehrs ist vor allem die Einbindung von Marketingstellen und -aufgaben innerhalb der öffentlichen Verwaltung zu sehen. Historisch sind Verwaltungsbetriebe nicht mit markt-orientierten Aufgabenbereichen, z.B. einer Marketingabteilung, ausgestattet. So stellt

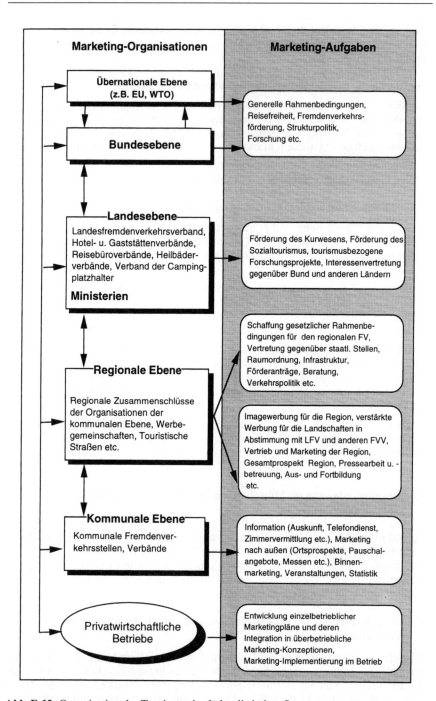

Abb. E-12 Organisation des Tourismus im föderalistischen System

## 2. Marketing-Organisation als Implementierungsaufgabe

sich in bezug auf den Fremdenverkehr die Frage, wer solche Konzepte entwickelt und/oder wer sie umsetzt.

Vielfach wird die Entwicklung von Fremdenverkehrskonzeptionen bzw. Marketing-Konzeptionen für touristische Destinationen von Verwaltungsträgern extern vergeben, z.B. an Privatpersonen (Experten), private Beratungsbüros oder Forschungseinrichtungen. Regelmäßig stellen sich nach Beendigung dieser Aufgaben Fragen der Umsetzung, die in der Regel nicht von den Entwicklern/Bearbeitern der Konzeptionen übernommen werden, sondern wofür die entsprechenden öffentlichen Stellen – in Zusammenarbeit mit privaten Marketing- und Tourismusträgern – zuständig sind.

In Kenntnis und Vorbeugung dieser Problematik werden zumeist projektbegleitende Ausschüsse während der konzeptionellen Phase gebildet, die letztlich für die Implementierung zuständig sind bzw. sein sollen.

Hier gibt es in der Praxis zahlreiche Probleme, da sich in der Regel die „Projektbegleiter" und später mit der Implementierung betrauten Personen und Institutionen nicht ausreichend in der konzeptionellen Phase beteiligt sehen, andererseits sich die Konzeptentwickler selten – über einen geringen Umfang hinaus – in die Umsetzungsaufgaben einbeziehen lassen. Teile dieser Problematik werden bei Kapitel E.4 – Anspruchsgruppen-Management – näher behandelt.

**Beispiel:**
- In solchen projektbegleitenden Ausschüssen sind vertreten: Verwaltungspersonal, IHK, Hotel- und Gaststättenvertreter, Bürgerinitiativen usw.

Ansatzweise werden Implementierungsaufgaben mit der Diskussion um Rechtsformen im öffentlichen Fremdenverkehr verbunden (vgl. dazu genauer E.2.2.3), wobei damit als wichtige Implementierungsaufgaben gesehen werden:

- Flexibilität der Entscheidungen,
- Mitarbeitermotivation, Kunden- und Serviceorientierung,
- Marketing und marktorientiertes Marketing: „gestalten" anstelle „verwalten" (vgl. Freyer 1992)

**(2) Organisation des Tourismus-Marketing bei Tourismusvereinen und -verbänden**

Grundsätzlich sind Vereine und Verbände privatwirtschaftliche Organisationsformen, in denen im Tourismus aber neben Privatpersonen und -betrieben vielfach Vertreter öffentlicher Belange als Mitglieder mitarbeiten. Ferner sind Fremdenverkehrsvereine/-verbände zumeist in einem größeren Umfang mit öffentlichen Mitteln finanziert, da sie in bezug auf den Tourismus öffentliche Aufgaben und Interessen wahrnehmen bzw. erfüllen. Somit können sie als Formen der Privat-Public-Partnerships angesehen werden. Solche Vereine und Verbände nehmen im Tourismus oftmals die lokalen und regionalen Marketingaufgaben wahr, wobei viele der Mitarbeiter ehrenamtlich tätig sind.

Doch gerade bei der Umsetzung zeigen sich zahlreiche Probleme, die mit der vereinsmäßigen Organisationsstruktur zusammenhängen. So sind die Entscheidungsstrukturen nach dem Mehrheitsprinzip organisiert, die Zielsetzungen gemeinwirtschaftlich und finanzielle Entscheidungen müssen häufig nach den Grundsätzen der Gemeinnützigkeit getroffen werden.

Folglich sind flexible und schnelle Entscheidungen, wie sie bei marktbezogener Handlungsweise oftmals notwendig sind, von Fremdenverkehrsvereinen und verbänden häufig nur schwierig möglich. Sie werden „vielfach als zu bürokratisch und praxisfremd empfunden", zudem „fehle qualifiziertes Personal an der Basis" (Koch 1994).

### (3) Organisation des Tourismus-Marketing bei Destinationen

Je nach Größe der touristischen Organisationseinheit, hier v.a. „Destination", sind auch einige der zuvor benannten Fragen der Makrostruktur als Organisation der „Binnenstruktur" zu verstehen, z.B. die Organisation des nationalen Fremdenverkehrs bei einem touristischen Gesamtbetrieb „Destination Deutschland".

So ist bei der Binnenstruktur der Organisation von Destinationen vor allem das Zusammenwirken der verschiedenen Tourismusbetriebe und -bereiche zu sehen. Ferner ist auch die Destination als „Betrieb" und „Wettbewerbseinheit" nach funktions- und aufgabenbezogenen Bereichen zu strukturieren. Hierbei hat wiederum die Marketing-Organisation entscheidenden Einfluß auf die Möglichkeiten – und Grenzen – der Umsetzung des konzeptionellen Marketing von Destinationen.

Hauptprobleme bei der Binnenstruktur von touristischen Destinationen werden zum einen in der „Überorganisation" des Fremdenverkehrs gesehen (vgl. BLEILE 1991). Zum anderen fehlt bei den destinationsinternen Organisationsbereichen vor allem eine konsequente Marketingorientierung: traditionelle föderalistische Prinzipien stehen mit der modernen Marketing-Management-Strukturierung im Widerstreit (vgl. FREYER 1994a, 1991).

Vorschläge für eine moderne, marktorientierte Organisation von Destinationen wären (vgl. FREYER 1994a):

- (veränderte) **funktionale Organisation**, v.a. Integration/Abgrenzung/Verankerung des Marketing im öffentlichen Fremdenverkehr – ganz analog zu den privatwirtschaftlichen Betrieben, wobei allerdings die „Betriebseinheit" Destination größer und komplexer ist. Beispiel: Einrichtung einer Marketingstelle in der öffentlichen Verwaltung.

- **Prozeßorientierung** auch des öffentlichen Fremdenverkehrs: organisatorische Gestaltung nach den „moments of truth" (vgl. als Beispiele FREYER 1994a, ROMEISS-STRACKE 1995), ganz analog zu Struktureinheiten des Dienstleistungs-Marketing.

- Integration/Vernetzung/Kooperation unterer und oberer Ebenen – v.a. hinsichtlich des Marketing: **„Vernetzung der Akteure"**, v.a. Abstimmung der Marketingaktivitäten der verschiedenen Ebenen, z.B. Kommune, Land, DZT.

### 2.2.3 Die Wahl der Rechtsform bei Fremdenverkehrsbetrieben

Implementierung im öffentlichen Bereich des Fremdenverkehrs wird in engem Zusammenhang mit Fragen der Rechtsform gesehen, wobei die Diskussion um die rein rechtliche Organisationsform in der Regel mit weiteren Aspekten verbunden wird, die zudem wichtige Implementierungsaufgaben darstellen, wie z.B.:

## 2. Marketing-Organisation als Implementierungsaufgabe 647

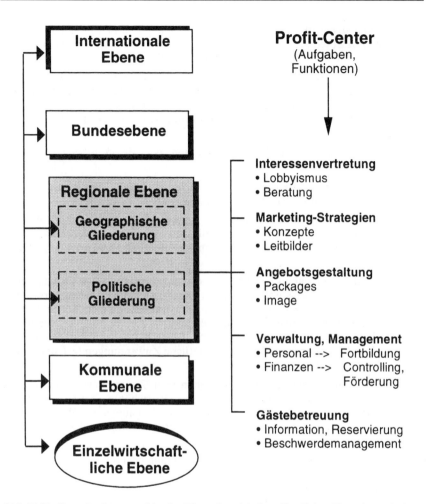

**Abb. E-13** Organisationsvorschlag im Binnenbereich des öffentlichen Fremdenverkehrs (Quelle: FREYER 1994)

- **Marktorientierung, Kunden- und Gästefreundlichkeit:** Es geht um eine „Änderung der Unternehmensphilosophie", auch im öffentlichen Fremdenverkehr (so HÄNSSLER 1990: 5), um das „gestalten" anstelle „verwalten" (vgl. FREYER 1992). „Kommunale Fremdenverkehrsstellen sind die prädestinierten Marketingträger, sie übernehmen die Aufgaben eines Reisemittlers oder Reiseveranstalters, der das lokale Incominggeschäft kostenbewußt, kreativ und risikobereit (typisch unternehmerische Eigenschaften) betreibt. Zur Erfüllung der neuen Aufgaben sind mehr Autonomie, Marktnähe und größere Flexibilität der Fremdenverkehrsbetriebe notwendig. Unternehmerisches Denken und Handeln müssen sich stärker entfalten können." (BLEILE 1992: 98)

- **Flexibilität der Entscheidungen:** „Eine unabhängigere und flexiblere Organisationsform ist jedoch die Voraussetzung für ein erfolgreiches, marktorientiertes Management im Tourismus." (BLEILE 1992: 98)
- **Mitarbeitermotivation, Kunden- und Serviceorientierung:** „Letztlich wird es immer auf die Qualifikation und das Engagement der Führungskräfte und ein Mindestmaß an gegenseitigem Vertrauen zwischen den politischen Entscheidungsträgern und den touristischen Führungskräften ankommen." (BLEILE 1992: 98)
- erhöhte **Einnahmen aus Markttransaktionen**, weniger öffentliche Zuschüsse: „Kommerzialisierung",
- **flexiblere Öffnungszeiten:** Touristen erwarten Auskünfte häufig in der „Freizeit", also außerhalb amtlicher Dienstzeiten.

Wichtig für die Grundsatzentscheidung sind die Bedeutung und das Ausmaß von öffentlichen und privaten Aufgaben, die durch die Fremdenverkehrsstelle zu erfüllen sind und für die sie mehr oder weniger öffentliche bzw. private Mittel erhalten:

- als **öffentliche Aufgaben** werden angesehen: Informationsvermittlung (ohne Entgelt), Beratung, Gästebetreuung am Ort, Wirtschaftsförderung (vor allem für Tourismus- und Freizeitwirtschaft), Infrastrukturaufgaben, kulturelle und sportliche Veranstaltungen, Aus- und Fortbildung der Fremdenverkehrsmitarbeiter. Für sie sind in der Regel keine privatwirtschaftlichen Einnahmen zu erzielen. Ihre Finanzierung erfolgt über staatliche Zuwendungen (z.T. über Steuern oder Abgaben).
- vorwiegend **privatwirtschaftliche Aufgaben** sind: Zimmervermittlung (gegen Entgelt), Verkauf von Souvenirs, Reiseführer, Broschüren, Pauschalangebote, Kur- und Bäderwesen, Gästegewinnung, Marketingaufgaben (Werbung, Öffentlichkeitsarbeit, Messebeteiligung). Sie werden weitgehend privat („über den Markt") finanziert.

Die möglichen Rechtsformen für den kommunalen Fremdenverkehr lassen sich auf vier Grundformen zurückführen (vgl. Abb. E-14), wobei es noch weitere Mischformen zwischen diesen „Idealtypen" gibt. – Die möglichen idealtypischen Organisationsformen für kommunale Fremdenverkehrsstellen unterscheiden sich vor allem hinsichtlich:

- der Eigentumsverhältnisse (privat-öffentlich),
- der Einnahmen bzw. Finanzierung (öffentlich oder über den Markt („privat")), gelegentlich auch als „Kommerzialisierung" diskutiert: Fremdenverkehrsstellen sollen nicht länger als reine „Non-Profitorganisationen" geführt werden, d.h. daß sie kollektive oder öffentliche Güter produzieren und kostenfrei oder gegen geringe Gebühr abgeben, sondern daß sie ihre Leistungen vermehrt zu marktgerechten Preisen abgeben (sollen). Als Vorteil der Kommerzialisierung werden mehr Kundennähe und die Erschließung neuer Kundengruppen angesehen.

Doch nur bei den beiden „Extremen" Öffentliche Verwaltung und Private Unternehmen fallen jeweils öffentliche bzw. private Eigentumsverhältnisse und Finanzierung zusammen.

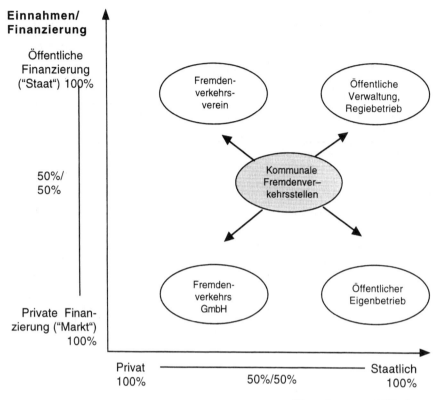

**Abb. E-14** Rechtsformen für Fremdenverkehrsstellen
(Quelle: FREYER 1992b: 53)

Die wichtigsten Rechtsformen im kommunalen Fremdenverkehr werden im folgenden kurz mit ihren wesentlichen Vor- und Nachteilen charakterisiert (vgl. auch die Übersicht in Abb. E-15).

**(1) Fremdenverkehrsstelle als Teil der öffentlichen Verwaltung**

Die Integration einer Fremdenverkehrsstelle in die kommunale Verwaltung erfolgt meist in Form des „reinen" Regiebetriebes oder in abgestufter Form durch eine Fremdenverkehrsstelle mit Sonderrechnung bis hin zum kommunalen Eigenbetrieb.

Äußerlich wird die Fremdenverkehrstelle meist als „Amt", „Verwaltung" oder „Dezernat" bezeichnet: Fremdenverkehrsamt, Kurverwaltung, Verkehrsamt usw. Oftmals wird hierbei der Fremdenverkehr mit anderen kommunalen Aufgaben verbunden, z.B. „Kultur- und Fremdenverkehrsamt", „Amt für Wirtschafts- und Fremdenverkehrsförderung", „Dezernat für Handel, Tourismus und Freizeit" usw.

|  | FV-Amt Regiebetrieb | FV-Amt Eigenbetrieb | Fremdenverkehrs GmbH | Fremdenverkehrsverein (e.V.) |
|---|---|---|---|---|
| **Rechtsform** | öff.-rechtlicher Teil einer KdöR (Körperschaft des öffentlichen Rechts) | öffentlich-rechtlicher Teil einer KdöR | privatrechtlich, Juristische Person | privatrechtlich, Juristische Person |
| **Rechtsgrundlage** | Gemeindeordnung | Gemeindeordnung Eigenbetriebsgesetz | GmbH-Gesetz | BGB Vereinsgesetze |
| **Gründungsvoraussetzung** | Beschluß des Gemeinderates | Beschluß des Gemeinderates | Stammeinlage mind. DM 50.000, Handelsregistereintrag (notariell) | mind. 7 Gründer, Satzung erstellen Vereinsregistereintrag (notariell) |
| **Organe** | Gemeinderat Bürgermeister | Gemeinderat Bürgermeister Werkleitung Werkausschuß | Geschäftsführung Gesellschafterversammlung evtl. Aufsichtsrat | Mitgliederversammlung Vorstand evtl. Beirat |
| **Ziele** | Versorgungsprinzip, Kostendeckung | Versorgungsprinzip, Kostendeckung | i.d.R. Profitorientierung | siehe Vereinssatzung, i.d.R. kein Wirtschaftshandeln |
| **Finanzierung** | im Rahmen des Haushaltplanes, Einnahmen aus dem Unternehmen, Einnahmen durch öff.-rechtl. Abgaben | Wirtschaftsplan, Einnahmen aus dem Unternehmen Verlustzuweisung an die Kommune | Stammeinlage, Einnahmen aus dem Unternehmen, Nachschußpflicht zur Kostendeckung | Mitgliedsbeiträge, z.T. Einnahmen aus "wirtschaftlichem Geschäftsbetrieb", Öffentliche Zuschüsse |
| **Rechnungswesen** | kameralistische Rechnungsführung | Sonderrechnung mit Wirtschaftsplan, kaufmännischer Rechnungsabschluß | eigenständiges Rechnungswesen, GmbH-vorschriften | eigenständiges Rechnungswesen, i.d.R. einfache Überschußrechnung |
| **Haftung** | Gemeinde (unbegrenzt) | Gemeinde (unbegrenzt) | Gesellschaftsvermögen | Vereinsvermögen |
| **Vorteile** | für Geschäftspartner kein Risiko | für Geschäftspartner kein Risiko | flexible Entscheidungen | Einbindung ehrenamtlicher Tätigkeit |
| **Nachteile** | unflexibel, an Haushalt gebunden | unflexibel, an Haushalt gebunden | kein Mitspracherecht im komm. Bereich | Finanzschwäche |

**Abb. E-15** Rechtsformen im Überblick (Charakteristik)
(Quelle: FREYER 1992b: 64)

Die Fremdenverkehrskompetenzen sind darüber hinaus zumeist auf unterschiedliche Ämter verteilt, wie z.B. Kultur-, Bau-, Ordnungs-, Wirtschaftsamt.

### (1a) Der „reine" Regiebetrieb

Die Fremdenverkehrsstelle als „reiner Regiebetrieb" stellt eine Verwaltungseinheit ohne jegliche institutionalisierte Selbständigkeit dar. Hierbei ist der Fremdenverkehrshaushalt Teil des Gemeindehaushaltes, die Stellenanforderung verlangt nur selten eine spezielle Fremdenverkehrsqualifikation. Die Rechnungsführung ist kameralistisch. Der reine Regiebetrieb ist meist auf Kleinbetriebe in Gemeinden mit bis zu 5.000 Einwohnern beschränkt.

**(1b) Kommunaler Eigenbetrieb**

Grundsätzlich sind Eigenbetriebe wirtschaftliche Unternehmen der Gemeinde ohne eigene Rechtspersönlichkeit, für die der Gemeinderat eine Werkleitung (z.b. Fremdenverkehrs- oder Kurdirektor) und einen Werkausschuß (z.b. Fremdenverkehrsausschuß der Gemeinde) bestellt. Eigenbetriebe werden als Sondervermögen verwaltet. Im kommunalen Fremdenverkehrs- oder Kurbetrieb sind beispielsweise alle Einrichtungen, wie z.b. Kurpark, Kurmittelhaus, Mineral- oder Thermalbad, Kurhaus, Kurhotel, Verkehrsamt usw. als Sondervermögen zusammengefaßt.

Die Gründung und Verwaltung von kommunalen Eigenbetrieben richtet sich nach dem Eigenbetriebsgesetz der Kommunen, wofür wiederum die Landesverordnungen den rechtlichen Rahmen vorgeben. Meist sind in Gemeinden mit mehr als 10.000 Einwohnern wirtschaftliche Unternehmen als Eigenbetriebe zu führen.

**(2) Eigengesellschaft: Fremdenverkehrs-GmbH**

Eine weitere Stufe der Verselbständigung des kommunalen Fremdenverkehrs bietet die Gründung einer „Fremdenverkehrs-GmbH". Hierbei handelt es sich einerseits um eine selbständige juristische Person des Privatrechts in Form einer Kapitalgesellschaft. Andererseits werden im Fremdenverkehr die Möglichkeiten der privatwirtschaftlichen GmbH nur selten voll ausgeschöpft.

Mit einer Kapitalgesellschaft werden meist 100%-ige private Eigentumsverhältnisse sowie 100%-ige Finanzierung über den Markt verbunden („volle Profitorientierung" bzw. „materielle Privatisierung"). Bei der Fremdenverkehrs GmbH handelt es sich aber meist nur um eine „formale Privatisierung", d.h. Gesellschafter ist meist mit über 50% Anteil die Kommune. Eine solche Konstruktion ist keine echte privatwirtschaftliche GmbH, sondern ein öffentlicher Betrieb mit privatwirtschaftlicher Hülle. Man bedient sich zwar des privatwirtschaftlichen Korsetts, handelt aber selten losgelöst von kommunalen Interessen.

**(3) Fremdenverkehrsverein (e.V.)**

Ein Großteil des deutschen Fremdenverkehrs ist durch Vereine und Verbände geprägt. Die Fremdenverkehrsarbeit in Deutschland hatte mit Vereinen begonnen. Privatleute haben sich zusammengeschlossen und für die „Verschönerung" ihres Ortes eingesetzt und sich um die verstärkte Gewinnung von Gästen bemüht (so bereits enthalten im Gründungsprotokoll des Verkehrsvereins Bonn von 1845 oder 1846 in Bad Reichenhall).

Sinn eines Vereins ist unter anderem die Interessenvertretung der Mitglieder und aufgrund der Vereinsgesetzgebung – keine nachhaltig wirtschaftlichen Aktivitäten. Die Finanzierung erfolgt grundsätzlich über Mitgliederbeiträge. Dies führt dazu, daß – im Ideal – die Nutznießer der Vereinsaktivitäten auch zur Kasse gebeten werden. Ein Großteil der Arbeit von Vereinen erfolgt ehrenamtlich und ohne Bezahlung.

|  | Regiebetrieb | Eigenbetrieb | GmbH | Verein |
|---|---|---|---|---|
| Entscheidungs–flexibilität, Marktanpassung | - - | + | + + | o |
| Finanzielle Gestaltungsmöglichkeiten | - - | - | + + | + |
| Erfolgsorientierung | - - | + | + + | o |
| Einbindung in kommunale Planung | + + | + + | - | - - |
| Einfluß der Gemeinde | + + | + + | - - /o * | - |
| Personal<br>- soziale Belange<br>- Leistungsmotivation | + +<br>- | + +<br>- | -<br>+ + | o<br>o |
| Finanzbedarf<br>- öffentl. Mittel<br>- private Einnahmen | hoch<br>gering/keine | hoch<br>gering | gering<br>hoch | hoch<br>mittel |
| Aufwand Gründung/ Umwandlung | sehr gering | gering | hoch | gering/mittel |
| Steuerlicher Aufwand | gering | gering | hoch | gering |

-- sehr gering, - gering, o mittel, + hoch, ++ sehr hoch
* abhängig von der Beteiligung der Gemeinde an der GmbH

**Abb. E-16** Bewertung der Rechtsformen für eine Marketing-Implementierung (Quelle: FREYER 1992b: 66)

Doch da Vereine oftmals öffentliche und gemeinnützige Aufgaben wahrnehmen, ist anstelle der Mitgliederfinanzierung immer mehr eine öffentliche Finanzierung getreten.

## 3 Allokationsaufgaben der Marketing-Implementierung

Der zweite große Bereich der Marketing-Implementierung umfaßt – ergänzend zu den organisatorischen Implementierungsaufgaben – mehrere Aufgaben der sogenannten Partialansätze. Die meisten dieser Betrachtungen beziehen sich auf den Einsatz der – knappen – Ressourcen. Als solche relevanten Ressourcen für die Marketing-Implementierung werden insbesondere behandelt:
- Zeit: Marketingaufgaben sind in begrenzter Zeit zu lösen, wobei auch der Zeit selbst eine Marketing- und Managementfunktion zukommt (vgl. z.B. HAX/ KERN/SCHRÖDER 1989, STALK/HOUT 1992, WILDEMANN 1992). Ferner sind auch

die verschiedenen anderen Ressourcen zeitkorrekt und zeitabhängig zu planen;

- Personal: Es müssen eine ausreichende Menge und ein ausreichend qualifiziertes Personal für die Marketing-Implementierung zur Verfügung gestellt werden;
- Finanzen: Nur bei ausreichenden Finanzmitteln können Marketingempfehlungen auch umgesetzt werden;

wobei auch zwischen den einzelnen Ressourcen Wechselwirkungen bestehen: Für den Personaleinsatz werden Finanzmittel benötigt, beide erfordern eine zeitliche Implementierung usw.

**Ziele des Kapitels E.3**
*Kenntnis der wesentlichen Allokationsaufgaben bei der Marketing-Implementierung, v.a. in bezug auf:*
- *Zeitressourcen,*
- *Personalressourcen,*
- *Finanzressourcen.*

## 3.0 Allgemeine Allokationsfunktionen („Allokationsfähigkeit")

Als Implementierungsaufgabe wird die „Allokationsfähigkeit" des jeweiligen Marketingträgers betrachtet (vgl. BONAMA 1986, HILKER 1993: 168, KOTLER/BLIEMEL 1995: 1143ff sowie Abb. E-2): „Die Beherrschung des Mitteleinsatzes zeigt sich darin, wie der Marketing-Manager das, was ihm zur Verfügung steht – nämlich Arbeitszeit, Geld und Personal – den auszuführenden Funktionen und Programmkomponenten zuteilt." (KOTLER/BLIEMEL 1995: 1144). In diesem Zusammenhang sind entweder Optimierungsaufgaben zu lösen oder – einfacher – Prioritäten für die einzelnen Maßnahmen(planung) anzugeben (vgl. Abb. E-18a).

„Die Aufgabe eines Marketingmanagers besteht darin, die eigene Zeit, die Zeit der Mitarbeiter und die verfügbaren finanziellen Mittel sinnvoll einzuteilen und zu verteilen. Es geht dabei nicht darum, die vorhandenen Ressourcen gleichmäßig auf alle Subfunktionen und Programme zu verteilen. Ziel ist es, durch den sinnvollen Einsatz der Ressourcen den Aufgabenstellungen trotz eventuell auftretender Widerstände gerecht zu werden." (HILKER 1993: 168)

**Das Prinzip der Machbarkeit**

Die verschiedenen Strategiemöglichkeiten sind – spätestens in der Implementierungsphase, aber zum Teil schon vorher – hinsichtlich ihrer Realisierungschancen zu überprüfen. Es nutzen keine „Wunsch-" oder „Traum-"Strategien, wenn die finanziellen, personellen oder organisatorischen Möglichkeiten (die „Ressourcen") der Tourismusorganisation eine reale Umsetzung nicht ermöglichen. Allerdings beinhaltet die Entwicklung eines umfassenden Marketing-Konzeptes auch die Lösung von Ressourcenfragen: Insofern sollten nicht von vornherein alle strategischen Überlegungen mit dem Hinweis auf momentane Engpässe der Res-

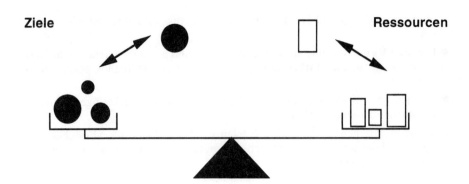

**Abb. E-17** Ausbalancieren von Zielen und Ressourcen als Implementierungsaufgabe
(Quelle: HINTERHUBER 1992: 13, nach FREYER 1990)

sourcen im Keime erstickt werden – wie dies in der Tourismuspraxis oftmals der Fall ist.

Das „Ausbalancieren" im Sinne von gegenseitigem Anpassen von Zielen und Ressourcen ist eine der wesentlichen Aufgaben der Implementierung im Marketing-Management-Prozeß.

Dafür sind abgestimmte Implementierungsplanungen durchzuführen, die in der Regel Einzelpläne, aber auch deren Vernetzung, für die verschiedenen Teilfunktionen erfordern:

- Zeitplanung und deren Implementierung,
- Personalplanung und deren Implementierung,
- Finanzplanung und deren Implementierung.

Ein Beispiel einer praktischen einfachen Ressourcen- und Prioritätenplanung auf der Grundlage eines umfassenden Tourismus-Konzeptes findet sich in Abb. E-18a. Hier wurden die verschiedenen Einzelmaßnahmen, die an dieser Stelle nicht näher erläutert werden (müssen), hinsichtlich der vier Kriterien:

- Zeit,
- Personalbedarf bzw. Personalzuständigkeiten (öffentlich, privat),
- Finanzbedarf,
- generelle Priorität

genauer bewertet und entsprechend zur Umsetzung empfohlen.

**Bewertungsschema (Muster)**

**Erläuterung des Bewertungsschemas** (siehe Abb. E-18b):

- **Priorität:** Die Hinweise zur Priorität sind weitgehend eindeutig:
  - *sehr hohe und hohe Priorität* meinen, diese Maßnahmen müßten vorrangig, d.h. möglichst sofort und unter Einsatz aller finanziellen und personellen Möglichkeiten, angegangen werden. Zumeist ist die Umsetzung dieser Vorschläge notwendige Voraussetzung für weitere Maßnahmen. Soweit sie bereits in Bearbeitung sind, ist eine vorrangige Unterstützung dieser Maßnahmen notwendig. In der Regel sind solche Maßnahmen voll mit den vorgeschlagenen tourismuspolitischen Zielen Rügens abgestimmt (bzw. bei der Umsetzung abzustimmen).

## 3. Allokationsaufgaben der Marketing-Implementierung

| Maßnahme | Priorität 1 2 3 4 | Zeitrahmen 1 2 3 4 | Finanzrahmen 1 2 3 4 | Träger 1 2 3 |
|---|---|---|---|---|
| V-1 Maßnahmen zur Gebiets- und Ortsverschönerung | ☐☐☐☐ | ☐☐☐☐ | ☐☐☐☐ | ☐☐☐ |
| V-2 Rügen-Damm-"Verkehrs-Abgabe" | ☐☐☐☐ | ☐☐☐☐ | ☐☐☐☐ | ☐☐☐ |
| V-3 Camperinitiative | ☐☐☐☐ | ☐☐☐☐ | ☐☐☐☐ | ☐☐☐ |
| V-4 "Knöllchen-Konzept" und "grüne Engel" | ☐☐☐☐ | ☐☐☐☐ | ☐☐☐☐ | ☐☐☐ |
| V-5 Besucherlenkung | ☐☐☐☐ | ☐☐☐☐ | ☐☐☐☐ | ☐☐☐ |
| V-6 ÖPNV-"Grüne Bus Linie" | ☐☐☐☐ | ☐☐☐☐ | ☐☐☐☐ | ☐☐☐ |
| V-7 Kurkarte oder Umweltpaß | ☐☐☐☐ | ☐☐☐☐ | ☐☐☐☐ | ☐☐☐ |
| V-8 Vorzeigbares Fahrradwegenetz | ☐☐☐☐ | ☐☐☐☐ | ☐☐☐☐ | ☐☐☐ |
| V-9 Wanderwege-Konzept | ☐☐☐☐ | ☐☐☐☐ | ☐☐☐☐ | ☐☐☐ |
| V-10 Campingplatzüberprüfung | ☐☐☐☐ | ☐☐☐☐ | ☐☐☐☐ | ☐☐☐ |
| V-11 Tourismusstatistik | ☐☐☐☐ | ☐☐☐☐ | ☐☐☐☐ | ☐☐☐ |
| V-12 Kapazitätseffekte | ☐☐☐☐ | ☐☐☐☐ | ☐☐☐☐ | ☐☐☐ |
| V-13 Verbesserte Informationspolitik | ☐☐☐☐ | ☐☐☐☐ | ☐☐☐☐ | ☐☐☐ |
| V-14 "Ehrlicher Tourismus" | ☐☐☐☐ | ☐☐☐☐ | ☐☐☐☐ | ☐☐☐ |
| V-15 CRS-Computer Reservierungssystem | ☐☐☐☐ | ☐☐☐☐ | ☐☐☐☐ | ☐☐☐ |
| V-16 Ökologisches Rügen | ☐☐☐☐ | ☐☐☐☐ | ☐☐☐☐ | ☐☐☐ |
| V-17 Spezialprospekte | ☐☐☐☐ | ☐☐☐☐ | ☐☐☐☐ | ☐☐☐ |

**Abb. E-18a** Implementierung als Allokationsaufgaben (Quelle: RÜGEN 1993: 250)

- *mittlere und niedrige Priorität* meinen, daß solche Maßnahmen bei zusätzlich vorhandenen Ressourcen umzusetzen sind; sie sind ebenfalls in die Gesamt-Konzeption integriert, sind aber weniger als Voraussetzung für weitere Maßnahmen zu verstehen, d.h. sie können relativ unabhängig von anderen Maßnahmen angegangen werden und sollten bei Rivalität mit Maßnahmen der sehr hohen oder hohen Priorität zurückgestellt werden.
- **Zeitrahmen:** diese Einschätzung gibt Hinweise auf den erforderlichen Zeitbedarf der Maßnahme, zum Teil ist sie verbunden mit der Priorität und gibt Hinweise auf den **Zeitpunkt,** wann diese Maßnahme zu ergreifen ist.
  - *kurzfristig* meint, diese Maßnahme ist binnen weniger Wochen oder Monate zu realisieren,

| | Priorität | Zeitrahmen | Finanzrahmen | Träger |
|---|---|---|---|---|
| 1 | ☐ sehr hoch | ☐ kurzfristig | ☐ sehr hoch | ☐ privat |
| 2 | ☐ hoch | ☐ mittelfristig | ☐ hoch | ☐ öffentlich |
| 3 | ☐ mittel | ☐ langfristig | ☐ mittel | ☐ privat/ öffentlich |
| 4 | ☐ niedrig | ☐ in Bearbeitung | ☐ niedrig | |

**Abb. E-18b** Bewertungsschema für die Ressourcen-Allokation (Quelle: RÜGEN 1993:227)

- *mittelfristig* meint einen Zeitrahmen von mindestens sechs Monaten (bis maximal einem oder zwei Jahren),
- *langfristig* sind Maßnahmen, die über ein Jahr hinausgehen und in der Regel zwei bis drei Jahre bis zu ihrer Realisation benötigen.
- *in Bearbeitung*: Soweit Maßnahmen bereits in Bearbeitung sind, wird diese Rubrik meist **zusätzlich** zu der Fristigkeit angemerkt.
- **Finanzrahmen:** Hier sind die Beurteilungskriterien nicht so einfach zu formulieren. Meist meint „mittel" oder „niedrig" einen Finanzbedarf, der im üblichen Finanzrahmen der jeweiligen Träger liegt, häufig beansprucht er nicht mehr als 10 bis 20% des Jahres-Budgets, ohne jedoch die absolute Höhe angeben zu können. „(Sehr) hoher" Finanzbedarf benötigt in der Regel neue oder externe Finanzierungshilfen; oftmals sind sie aufgrund öffentlicher Fördermöglichkeiten für den Tourismus einfacher zu beschaffen als „niedrige" interne Finanzierungsmodelle. Dabei sind allerdings auch die langfristigen Folgen zu berücksichtigen.
- **die Träger:** Hier ist es vor allem die unterschiedliche private oder öffentliche Zuständigkeit, die die Trägerschaft einer Maßnahme ausmacht. Hinzu kommen „gemischte" Trägerschaften, d.h. private Maßnahmen sind zusätzlich öffentlich zu unterstützen oder umgekehrt.

## 3.1 Allokation der zeitlichen Ressourcen (Zeitplanung)

Dem Zeitfaktor kommt im Rahmen der Implementierungsaufgaben im touristischen Marketing eine zentrale Bedeutung zu. So ist zum einen der Tourismus selbst ein sehr zeitorientiertes Phänomen (siehe E.3.1.1), zum anderen sind zeitorientierte Betrachtungen auch im allgemeinen Marketing-Management-Prozeß von wesentlicher Bedeutung (siehe E.3.1.2). Letztlich hängen auch die weiteren Allokationsaufgaben der Personal- und Finanzressourcen eng mit einer zeitlichen Betrachtung zusammen.

Hierbei erfordert die Zeitplanung im Marketing-Management sowohl die **zeitliche Koordination** sämtlicher Teilaufgaben und -überlegungen während des gesamten Planungsprozesses, als auch die zeitliche Realisierung im Hinblick auf unterschiedliche **Fristigkeiten** bei Marketingüberlegungen im Tourismus.

Hinzu kommt als touristische Besonderheiten die Bedeutung der Zeit als konstitutives Element der Reise, verbunden mit verschiedenen zeitorientierten Implementierungsaufgaben, wie z.B. unterschiedliche Saisonzeiten, Reisen in der „Frei-" und Arbeitszeit usw.

### 3.1.1 Zeit als konstitutives Element des Reisens

Touristische Reisen sind eine zeitlich begrenzte Tätigkeit, die sich zudem aus der Unterscheidung von Arbeits- und Freizeit erklärt. Ferner sind auch die meisten touristischen Produkte stark zeitabhängig, was sich in vielfachen zeitbezogenen Implementierungsaufgaben innerhalb des Marketing zeigt.

**(1) Zeitliche Implementierung des Marketing in bezug auf Saisonzeiten im Tourismus**

Wichtiger Grundsatz für viele touristische Anbieter ist der saisonale Ausgleich von Haupt- und Nebensaison, was zu unterschiedlicher Angebotsgestaltung für die entsprechenden Saisonzeiten führt.

**Beispiele:**
- Badeorte an der Küste konzentrieren ihr Hauptangebot auf die Sommermonate und müssen ein ganz unterschiedliches Angebot für Zeiten entwickeln, in denen kein Badebetrieb möglich ist. Ähnliche zeitabhängige Überlegungen gelten – mit umgekehrten Vorzeichen – für Wintersportorte.

Auch innerhalb der Saisonzeiten ist die Zeit ein wichtiger Managementbereich für den Tourismus: Tourismus findet in unterschiedlichem Ausmaß in der Freizeit und Arbeitszeit der Nachfrager statt, was bei der Umsetzung der grundsätzlichen Marketingstrategien und -maßnahmen besonders berücksichtigt werden muß.

**(2) Arbeitszeit- und Freizeitreisen**

Freizeitreisen konzentrieren sich insbesondere auf die Tages-, Wochen- und Jahresfreizeit. Zum Teil sind auch weitere „Frei-Zeiten" für spezifische Tourismusangebote von Bedeutung, wie z.B. Seniorenreisen (in der Lebens-Freizeit) oder Kurreisen (in der – unfreiwilligen – krankheitsbedingten Freizeit, z.B. Rehabilitation nach Unfall, verstanden als „Nicht-Arbeitszeit").

Die meisten dieser Angebote sind an die entsprechenden Freizeiten anzupassen, d.h. Angebote:

- für die Wochenendfreizeit umfassen einige Tage am Wochenende (Kurzreisen),
- für die Jahresfreizeit umfassen einige Wochen (Urlaubsreisen),
- für Senioren-Freizeiten umfassen einige Monate („Überwintern auf Mallorca"),
- für Kuraufenthalte umfassen 21 Tage (Stationäre und ambulante Kur).

Auf der anderen Seite werden diese Reisen zumeist relativ langfristig vor dem Reiseantritt gebucht, was zu einer höheren Planungssicherheit seitens der Anbieter führt. Die Entscheidung für Urlaubsreisen erfolgt zumeist einige Monate vor dem eigentlichen Reiseantritt, auch Kurz- oder Wochenendreisen werden einige Wochen im voraus gebucht.

Arbeitszeitreisen oder Geschäftsreisen finden vor allem während der Arbeitstage und außerhalb der Urlaubszeiten statt. Auch hierfür ist eine unterschiedliche Zeitplanung erforderlich.

Entsprechende Angebote für Geschäftsreisende beziehen sich meist auf die Werktage mit erhöhter Anreise am Wochenanfang und Abreise gegen Ende der

Arbeitswoche. Entsprechend sind solche Leistungsanbieter am Wochenende nicht durch Geschäftsreisende ausgelastet.

**Beispiele:**
- Geschäftsreisehotels
- Business-Class der Verkehrsträger

Zudem werden Geschäftsreisen zumeist relativ kurzfristig entschieden und häufig umgebucht. Dies erhöht das Auslastungsrisiko der entsprechenden Anbieter, was mit einer eigenen – höheren – Preiskalkulation verbunden ist („Business-Tarife", „Yield-Management").

**(3) Zeithorizonte im Tourismus**

Touristische Aktivitäten haben zumeist sehr unterschiedliche Zeithorizonte, die entsprechend unterschiedliche zeitliche Implementierungsanforderungen stellen:

**Tageszeiten:** Buchungen erfolgen zumeist während der Freizeit, also in den Abendstunden, während der Mittagspausen und/oder an Samstagen.

Auch die Inanspruchnahme verschiedener touristischer Leistungen ist sehr unterschiedlich über die Tageszeit verteilt (Besuch von Gaststätten am Abend, Tages- oder Nachtflüge). Entsprechend müssen v.a. die personellen Ressourcen über die Tageszeit(en) verteilt werden.

**Wochenzeiten:** Geschäftsreiseaktivitäten erfolgen während der Arbeitstage, Freizeit-Tourismus an den Wochenenden, was sowohl Auswirkungen für die Tourismusunternehmen als auch für die Beherbergungsunternehmen hat.

**Beispiele:**
- Häufung der touristischen Hin- und Rückflüge am Wochenende
- in Hotels Geschäftsreisende während der Woche und Freizeitreisende am Wochenende

Hierfür sind sowohl personelle als auch finanzielle Ressourcen sowie die entsprechenden Platzkapazitäten als wichtige Implementierungsaufgabe zur Verfügung zu stellen.

**Jahreszeiten:** Saisonabhängige Implementierung erfolgt je nach Art des touristischen Angebots. So gibt es stark ausgelastete Beförderungsmittel und Beherbergungsbetriebe sowie Destinationen zur Hochsaison.

Gerade der jahreszeitbezogenen Implementierung kommt im Tourismus bei fast allen touristischen Leistungsträgern große Bedeutung zu.

Auch aus Sicht der Nachfrager sind Reisen im Jahresablauf ein wichtiger Einflußfaktor für die Reiseentscheidung: Reisen zu Ferien- und Urlaubszeiten, Häufigkeit der Reisen (Mehrfachreisen), Dauer der Reisen (Kurzreisen).

**Lebenszeiten und -zyklen**

Ein weiterer Zeitaspekt für den Tourismus sind Reisen in bezug auf den gesamten Lebenszyklus, einerseits der Produkte selbst (vgl. C.1.3), andererseits der Kunden.

Ursprünglich entstand die Lebenszyklusanalyse in Anlehnung an die menschlichen Lebensphasen. Sie wurden innerhalb der Produktionstheorien modifiziert und fanden auch Eingang in das Marketing.

Aber auch in bezug auf den menschlichen Lebenszyklus der touristischen Nachfrager stellt sich aus Sicht der Marketing-Implementierung die Aufgabe, Reisen für verschiedene Zielgruppen innerhalb des Lebenszyklus anzubieten und entsprechend zu konzipieren. Hierbei kommt neben der nachfrageorientierten Produktgestaltung auch der Gewinnung und Erhaltung von Stammkunden – über den gesamten Lebensprozeß – eine wichtige Bedeutung zu.

**Beispiele:**
- So reisen Erwachsene – und v.a. Senioren – gerne wieder in Destinationen, die sie bereits als Kinder besucht hatten.
- Auch „Erinnerungsreisen" an Stätten verschiedener Events oder Lebensphasen zählen hierzu, wie z.B. Besuch von Kriegsstätten, Geburtsorten, Veranstaltungsorten (Kunst, Kultur) usw.

### 3.1.2 Allgemeine Aufgaben des Zeit-Managements im Tourismus-Marketing

**(1) Bedeutung der Zeit im allgemeinen Marketing-Management**

Auch im Marketing allgemein kommt dem Zeitfaktor große Bedeutung zu, wobei Zeit aber eher in einzelnen Teilbereichen des Marketing behandelt wird und nur ansatzweise ein geschlossenes Zeit*konzept* für das Marketing-Management existiert. Auf die spezifische Bedeutung der Zeitallokation im Rahmen der Marketingimplementierung wird in Abschnitt E.3.1.3 genauer eingegangen. Im allgemeinen Marketing-Management finden sich zeitbezogene Betrachtungen vor allem in folgenden Bereichen (vgl. auch HIRZEL/LEDER 1992, STALK/THOMAS 1990, WILDEMANN 1992, HAX 1988):

- Bei den Marketing-Zielen wird Zeit in bezug auf die Zielerreichung sowie -anpassung diskutiert (Gap-Analyse als zeitlicher Prozeß, dynamische Zielentwicklung im Rahmen von Zeitpfaden, sog. Trajektionsanalyse, vgl. BECKER 1993: 101ff). Diese Überlegungen beinhalten bereits zeitorientierte Implementierungsansätze.

- Im Zusammenhang mit den verschiedenen Strategie-Möglichkeiten des Marketing sind ebenfalls Zeit-Strategien (Timing-Strategien) entwickelt worden (vgl. C.3.2.1 (4)), bei denen vor allem Fragen des Zeitpunktes des Markteintritts im Vordergrund der Betrachtung stehen.

- Zunehmend wird die Zeit als Wettbewerbsfaktor – und damit ebenfalls als strategische Möglichkeit – für das Marketing gesehen (vgl. STALK/THOMAS 1990, WILDEMANN 1992), wobei dies allerdings sehr allgemein für das Marketing betrachtet wird und nur wenige bzw. keine tourismusspezifischen Ansätze vorhanden sind.

- Auch bei der Behandlung der Kaufentscheidung wird der Entscheidungsvorgang teilweise als Prozeß betrachtet (vgl. B.2.3).

- Bei der Anwendung bzw. Umsetzung einzelner Marketinginstrumente finden sich zeitbezogene bzw. -orientierte Betrachtungen vor allem in Hinblick auf Werbemaßnahmen, wobei die Verzögerung der Werbewirkung in bezug auf die ergriffenen Maßnahmen betrachtet werden (vgl. D.4.6.3.5, Abb. D-75).

## (2) Zeit als Bestimmungselement des prozeßorientierten Marketing-Managements

Konstitutives Element des prozeßorientierten Marketing war die Berücksichtigung der Zeit im touristischen Marketing, was den gesamten Leistungs- bzw. Marketingprozeß in unterschiedliche Phasen unterteilt hat, die zudem noch weiter differenziert wurden. Entsprechend sind auch unterschiedliche Allokationsaufgaben in den verschiedenen Phasen gegeben/vorhanden/zu erfüllen.

- **Vorphase oder Potential- und Bereitstellungsphase:** Hier sind vor dem eigentlichen Produktionsprozeß die entsprechenden Ressourcen adäquat zu planen und mit den Wünschen der potentiellen Kunden in Abstimmung zu bringen. Diese Bereitstellung erfordert ausreichende personelle und finanzielle Ressourcen in der Vorphase der Leistungserstellung, die zudem zeitlich auf den späteren Leistungserstellung- und Konsumprozeß abgestimmt werden muß.

- **Haupt- bzw. Erstellungs- und Konsumphase:** Hier werden die bereitgestellten /-gehaltenen Ressourcen „abgerufen", es zeigt sich in der Realisierung des vorangegangenen Leistungsversprechens, inwieweit die zugesagten Leistungen auch nach Umfang und Qualität adäquat vorhanden sind und rechtzeitig („Pünktlichkeit") zur Verfügung gestellt werden können.

- **Nachphase oder Ergebnisphase:** Hier zeigen sich vor allem die Implementierungsergebnisse der Haupt- oder Leistungserstellungsphase. Im positiven Fall sind erfolgreiche Umsetzungen der touristischen Leistung in weitere/neue Kaufprozesse überzuleiten: Aufbau einer Stammkundschaft, Wiederholungsbuchung. Die Nachprozeßphase geht in die Vorphase des nächsten Leistungsprozesses über.

Zudem müssen Aufgaben der Entsorgung wahrgenommen werden, v.a. bei Fluggesellschaften und Fremdenverkehrsorten. Auch das Prospekt-Recycling ist eine wichtige Entsorgungsaufgabe im Tourismus, wofür beispielsweise der DRV entsprechende Empfehlungen entwickelt hat.

Im Falle unzufriedener Kunden ist es eine weitere Implementierungsaufgabe der Nachprozeßphase, Kundenreklamationen im Rahmen des Beschwerde-Managements zu bearbeiten.

Auch hierfür müssen entsprechende Implementierungsplanungen und -maßnahmen vorhanden sein, es müssen finanzielle und personelle Ressourcen bereitgehalten und zeitbezogen umgesetzt werden: rechtzeitige Reklamationen seitens der Kunden und zeitorientierte Reklamationsbearbeitung durch die verantwortlichen Leistungsträger.

### 3.1.3 Implementierungsaufgaben des Zeit-Managements im Tourismus

Trotz der zuvor dargestellten großen Bedeutung des Zeit-Managements für das Marketing-Management allgemein und für das touristische Marketing im speziellen, wird der Betrachtung der zeitlichen Implementierung, oder der sog. „prozeßorientierten Implementierung" nur wenig Beachtung geschenkt. Vorhandene Ansätze zur Marketing-Implementierung „beschäftigen sich, wenn überhaupt, lediglich sehr oberflächlich und knapp mit dem Problem der prozessualen Marketingimplementierung" (HILKER 1993: 220f).

Es überwiegt die statische Ausrichtung des Marketing und der Marketing-Implementierung. Dabei sind zeitabhängige Prozesse und zeitbezogene Leistungen gerade im Tourismus eine der wichtigsten Aufgaben. Vor allem aufgrund der Vergänglichkeit touristischer „Dienst"-Leistungen als eine der konstitutiven Eigenschaften kommt gerade der zeitlichen Implementierung große Bedeutung zu.

**Beispiel:**
- Wenn Flug- oder Hotelplätze nicht zu einem bestimmten Zeitpunkt adäquat zur Verfügung gestellt werden können, „verfallen" sie und die zugesagte Leistung kann nicht realisiert werden.

Tourismus-Marketing und seine Implementierung ist zu einem wesentlichen Teil „Just-in-Time-Management" und eine zeitbezogene Implementierungsaufgabe. Dabei kann die Implementierung als kontinuierlicher oder diskontinuierlicher Prozeß erfolgen (vgl. Abb. E-19), wobei die Implementierungsaufgaben über die Zeitpfade der Zielbestimmung und/oder Bestimmung der Fristigkeiten der einzelnen Aufgaben hinausgehen. Es handelt sich um ein prozeßorientiertes und dynamisches Management der Zeitressourcen selbst sowie der zeitorientierten Allokation der verschiedenen anderen Ressourcen (wie z.B. Personal und Finanzen).

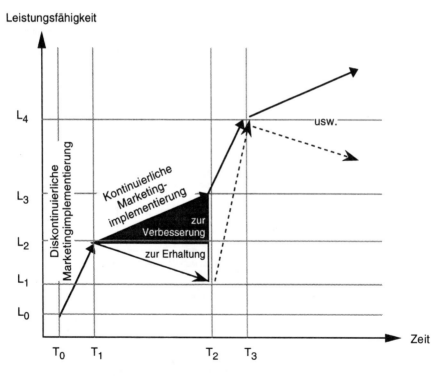

**Abb. E-19** Kontinuierliche und diskontinuierliche zeitliche Implementierung (Quelle: HILKER 1993: 227)

**(1) Fristigkeiten im Tourismus-Marketing**

Grundsätzliche Bedeutung des Zeitphänomens hinsichtlich der Marketingimplementierung kommt der Fristigkeit von Maßnahmen zu, wobei sie eng mit der allgemeinen Einteilung in strategische und operative Planungen und Maßnahmen im Marketing zusammenhängen. Hierbei werden v.a. drei Zeithorizonte der Marketing-Implementierung unterschieden:

- kurzfristig oder operativ: bis 1 Jahr,
- mittelfristig oder taktisch: meist 1 bis 3 Jahre,
- langfristig oder strategisch: über 3 Jahre bis ca. 10 Jahre.

| Fristigkeiten der Aufgaben im Marketing-Management | Beispiele | umzusetzen in konkrete konkurrenzbezogene Größen | umzusetzen in konkrete unternehmensbezogene Größen |
|---|---|---|---|
| **langfristige Aufgaben** | - Strategieumsetzung,<br>- Strategieüberwachung und -anpassung,<br>- Imageaufbau und -änderung,<br>- Positionierung,<br>- neue Produkte bzw. Leistungsangebote,<br>- Aufbau von Distributionswegen | - umweltfreundlichster Reiseveranstalter<br>- Kneippheilbad mit den meisten Gästen<br>- Reisemittler mit den meisten Vertriebsstellen<br>- Marktführer Flugreisen USA | - Steigerung des Umsatzes um 10% in 5 Jahren<br>- in allen Städten über 500.000 Einwohner ein Reisebüro<br>- Erhöhung der durchschnittlichen Aufenthaltsdauer auf 14 Tage<br>- Steigerung der Reservierung über EDV um 20% |
| **mittelfristige Aufgaben** | - Umsetzung der Teilkonzepte (wie Produkt-Mix, Preis-Mix, Distributions-Mix oder Kommunikations-Mix)<br>- Organisatorische Neugestaltungen, personelle Veränderungen,<br>- neue Finanzierungskonzepte,<br>- mittelfristige Terminplanung und -überwachung | - günstigster Reiseveranstalter bei Spanienreisen 1996<br>- höchster Umsatz pro Mitarbeiter<br>- Katalogerscheinen als Erster | - Steigerung des Umsatzes um 5%/Jahr<br>- Umwandlung des Unternehmens in eine GmbH<br>- Ausstattung aller Betriebe mit neuer EDV<br>- Einführung eines Franchisesystems mit 20 Partnern |
| **kurzfristige Aufgaben** | - Wochen- und Monatspläne,<br>- kleinere Produktänderungen<br>- kurzfristige Preisänderungen,<br>- kurzfristige Werbemaßnahmen | - erstes Unternehmen mit Fernsehwerbung<br>- günstigste Last-Minute-Angebote<br>- höchste Buchungsrate ITB<br>- bestes Krisenmanagement/ geringster Buchungsrückgang | - Steigerung Last-Minute-Reisen Juni um 10%<br>- Steigerung der Übernachtungen nach Preisnachlaß um 25%<br>- Senkung der Reklamationen um 5% |

Abb. E-20 Fristigkeiten der Aufgaben im Marketing-Management

Im Hinblick auf diese unterschiedlichen Zeithorizonte sind innerhalb der Zeitplanung des operativen Marketing die jeweils vorgeschlagenen und beabsichtigten Maßnahmen einzuordnen und zu disponieren (zeitorientierte Allokationsaufgabe). Dabei sind sie nicht losgelöst von den verschiedenen Ressourcen zu sehen, insbesondere in bezug auf Personal- und Finanzressourcen sowie – vor allem im Tourismus – Kapazitäten der verschiedenen Leistungsträger (z.B. Betten-, Transportplätze usw.).

Ausgangspunkt der konkreten Zeitplanung sind zumeist Strategien der Phase II, die grundsätzlich den längsten Zeitraum umfassen. Zur Realisierung dieser langfristigen Strategien dient der Einsatz der strategischen und taktischen Instrumente des Marketing-Mix (Phase III) sowie die kurzfristig-operativen Maßnahmen aus Phase III und IV.

Die zeitliche Abfolge der Marketing-Planung und -Realisierung ist in Abb. E-21 nochmals hinsichtlich ihrer operativen und konzeptionellen Gewichtung dargestellt.

Während in den vorbereitenden Phasen der Analyse und Strategiebestimmung der konzeptionelle Anteil überwiegt, nimmt im Verlauf des Marketing der Anteil operativer Aufgaben immer mehr zu.

**(2) Beispiele für Zeitallokation im Tourismus bei verschiedenen Tourismusbetrieben**

Im Tourismus müssen fast alle touristischen Unternehmen ihre Ressourcen in bezug auf Saisonzeiten ausrichten. In diesem Zusammenhang ist in der Regel das Zeit-Management eng mit dem Kapazitäts-Management verbunden. Je nach Stellung im gesamten touristischen Leistungsprozeß kommen den verschiedenen touristischen Leistungsträgern unterschiedliche Implementierungsaufgaben im Hinblick auf die Ressource Zeit sowie der zeitabhängigen anderen Ressourcen zu.

Die Allokation des Faktors Zeit sowie die zeitabhängige Implementierung weiterer Ressourcen stellt sich bei verschiedenen touristischen Unternehmen wie folgt dar:

- **Reiseveranstalter**

  Problematik der zeitabhängigen Prospektgestaltung (vgl. Abb. E-21), ausreichende Kapazitäten zu verschiedenen Saisonzeiten usw.

- **Reisemittler**

  Von Reisemittlern wird erwartet, daß sie schnellstmöglich Informationen über freie Kapazitäten zur Verfügung stellen können. Hierfür ist der Zugang zu CRS-Computer-Reservierungs-Systemen von (reise)entscheidender Bedeutung. Wer freie Reiseplätze kurzfristig und/oder zu Hochsaisonzeiten zur Verfügung stellen kann, hat damit einen wichtigen Wettbewerbsvorteil gegenüber anderen Reisemittlern.

  Vor allem für Geschäftsreisende hat der Zeitfaktor hinsichtlich der Reisebuchung und der Übermittlung der Reiseunterlagen große Bedeutung. Auch die Konditionenpolitik ist im Hinblick auf die Zeit zu gestalten: Zeitpunkt und Art der Zahlung (bar, Kreditkarte usw.).

Als weiteres zeitliches Implementierungsproblem haben Reisemittler in der Regel die zeitliche Allokation der finanziellen und personellen Ressourcen zu bewältigen (vgl. z.B. Abb. E-31).

Aus Sicht der Kunden muß zudem die Zeit von Buchung bis Abreise überbrückt werden: Zwischenbescheide, (Teil-)Zahlungen, Zusendung der Buchungsunterlagen etc.; aber auch die Zeit bis zur nächsten Reisebuchung ist eine wichtige Implementierungsaufgabe („Nachkaufaktivitäten").

- **Beherbergungsbereich**

Beherbergungsbetriebe müssen ausreichend freie Kapazitäten zum jeweils gewünschten Zeitpunkt zur Verfügung stellen. Ferner müssen sie die Zeitdauer der „Leistungsgemeinschaft" Konsument und Produzent gestalten, z.B. einen 14-Tage-Aufenthalt.

Zeitplanung hängt wiederum eng mit der Kapazitätsplanung und der lang- und kurzfristigen Auslastungsgestaltung zusammen (vgl. Yield-Management, D.2.2.4).

- **Transportbereich**

Pünktlichkeit bei Transportleistungen ist ein wesentliches Leistungs- und Qualitätselement. Verspätungen gelten als „Schlechterfüllung" und führen zu Kundenreklamationen. Ferner kann die Dauer der Reise („Schnelligkeit") als mög-

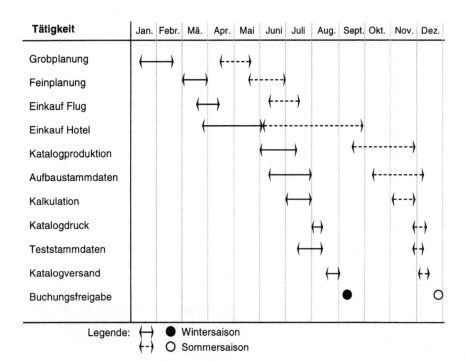

**Abb. E-21** Zeitplanung der Prospektgestaltung bei Reiseveranstaltern
(Quelle: in Anlehnung an HOFFMANN 2000: 150)

licher Wettbewerbsvorteil eingesetzt werden. Ebenfalls sind während der Transportleistung die zeitraumbezogenen, zumeist mehrstündigen Kundenkontakte zu gestalten.

● **Fremdenverkehrsorte/Destinationen**

Zeitbezogene Implementierung für Fremdenverkehrsorte betrifft vor allem die Gestaltung der Saisonzeiten: Bewältigung der tendenziellen Übernachfrage zu Hochsaisonzeiten, Ausgleich der Nebensaisonzeiten usw.

Als weiteres Gestaltungselement gilt außerdem die Aufenthaltszeit: Performance, Veranstaltungen, Abendprogramm etc.

Auch für Fremdenverkehrsorte ist rechtzeitige Werbung eine wichtige Aufgabe der zeitbezogenen Implementierung, z.b. während Messen, Prospekterstellung, -versand usw.

Ferner sind im Hinblick auf die verschiedenen Marketing-Maßnahmen im infrastrukturellen Bereich weitere wichtige zeitabhängige Aufgaben in der Implementierungsphase zu lösen. Generell gilt für die Umsetzung von Fremdenverkehrsgutachten im lokalen Bereich eine depressive Implementierungszeit von ca. 5-7 Jahren (vgl. Abb. E-22).

● **Sonstige Zeitplanungen für die Tourismuswirtschaft**

**Events** werden zumeist als einmalige bzw. wiederkehrende Ereignisse gesehen (Messen, Veranstaltungen). Dieser Zeitaspekt der „Einmaligkeit oder Seltenheit" gilt als Gestaltungs- und Umsetzungsaufgabe des Event-Marketing und der damit zusammenhängenden zeitlichen Implementierung (Vgl. FREYER 1996a).

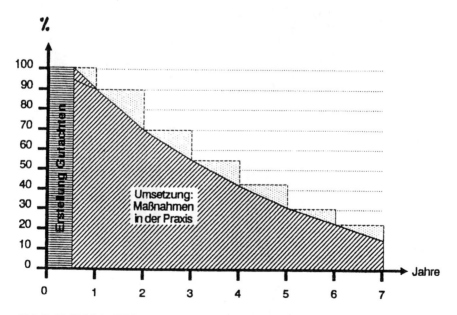

**Abb. E-22** Zeitliche Wirkung von Fremdenverkehrsgutachten (Quelle: FIEDLER 1992)

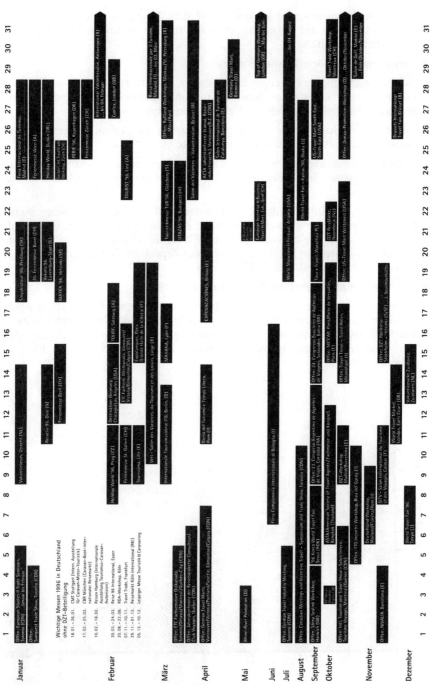

**Abb. E-23** Zeitliche Messeplanung bei der DZT (Quelle: DZT 1995).

**Messen und Ausstellungen** gelten für die meisten Tourismus-Unternehmen als wichtige zeitliche Planungs- und Implementierungsaufgaben. Entsprechend hat die aktive oder passive Messeteilnahme (Messeplanung) im Tourismus-Marketing einen hohen Stellenwert (vgl. Abb. E-23), wobei sowohl die Häufigkeit als auch die Art der Messe von Bedeutung sind.

## 3.2 Allokation der personellen Ressourcen (Personalplanung)

Der zweite (größere) Bereich der Allokationsaufgaben sind Fragen der Implementierung in bezug auf personelle Ressourcen, auch als **Human-Ressource-Management** bezeichnet:

„Eine Dienstleistungsbranche wie der Tourismus lebt in besonderer Weise von und in der Notwendigkeit, hinreichend qualifiziertes Personal in entsprechender Menge zum richtigen Zeitpunkt am richtigen Ort zu haben." (RUMPF 1991: 279)

Fragen der Personalpolitik werden innerhalb des Marketing relativ häufig behandelt, wenn auch zumeist nicht primär als Implementierungsaufgaben. So ist Personal(politik) – gerade im Tourismus – ein wichtiger Teil der Produktpolitik; weiterhin hängen Personalfragen auch mit allgemeinen Aufgaben des Managements zusammen und betreffen die grundsätzliche Ausgestaltung der Führungs- und Leitungsfunktionen auf den verschiedenen betrieblichen Managementebenen (vgl. u.a. WEIERMAIR/WÖHLER 1998).

Entsprechend sind als Aufgaben der Marketing-Implementierung in bezug auf das Human-Ressource-Management zwei – zum Teil recht unterschiedliche – Implementierungsaufgaben gegeben:

- **Quantitative Implementierungsaufgaben** der Personalressourcen, hier vor allem die – traditionelle – Personalplanung als Allokationsaufgabe, mit den verschiedenen Teilbereichen der Personalbeschaffung, der Personalführung und Personalentwicklung.

- **Qualitative Implementierung** innerhalb der Personalressourcen, was insbesondere die Implementierung der unternehmenskulturellen Werte bei den verschiedenen Mitarbeitern und Mitarbeiterebenen sowie -bereichen umfaßt. Gerade im Tourismus kommt dieser Aufgabe im Zusammenhang mit Servicebereitschaft, Dienstleistungsmentalität und zahlreichen sowie intensiven Kundenkontaktphasen große Bedeutung zu.

### 3.2.1 Qualitative Implementierungsaufgaben der Personalpolitik

**(1) Implementierung der Unternehmenskultur im Personalbereich**

Modernes Marketing war eingangs als marktbezogene Unternehmensführung – unter Berücksichtigung verschiedener gesellschaftspolitischer Ziele – charakterisiert worden. Hierbei ist die Verankerung einer konsequenten Markt- und Kundenorientierung eine der wesentlichen Aufgaben des Marketing. Dies zeigte sich bereits bei der Bestimmung der verschiedenen Unternehmensziele, insbesondere bei den übergeordneten, normativen Zielen der Unternehmensphilosphie und unternehmerischen Leitbilder. Diese „Unternehmenskultur", verstanden als die gemeinsame Geisteshaltung und Denkweise, die Werte und Normen der Unternehmensmitglieder, muß im gesamten Unternehmen sowohl auf der übergeordneten Ebene des Top-Managements als auch bei den Mitarbeitern, die mit operationalen Aufgaben betraut sind, konsequent umgesetzt werden.

> **Unternehmenskultur:**
> „Mit dem Begriff der Unternehmenskultur soll zum Ausdruck gebracht werden, daß Betriebswirtschaften in ihrem Agieren eine gewisse wert- und normbezogene Eigenständigkeit entwickeln können, durch welche sie sich voneinander und u.U. auch bis zu einem gewissen Grade vom Wert- und Normgefüge der Gesamtgesellschaft abheben können." (HEINEN 1987: 2)

**(2) Mit Implementierungsaufgaben betrautes Personal**

Folglich umfaßt die Implementierungsaufgabe im Hinblick auf die Personalressourcen vor allem die Ausgestaltung des Marketingdenkens als Unternehmensphilosophie bei allen Mitarbeitern. Damit sind verschiedene Personenkreise innerhalb – und zum Teil auch außerhalb – der jeweiligen Unternehmen mit Aufgaben der Marketing-Implementierung beschäftigt (vgl. ähnlich HILKER 1993: 118):

- **Top-Management oder Führungsebene**

    Das Top-Management entwickelt zum einen die Unternehmensphilosophie, hat aber zum anderen die wichtige Aufgabe, die Unternehmensgrundsätze „vorzuleben" und innerhalb des Betriebes umzusetzen. „Verschiedene Studien haben in diesem Zusammenhang gezeigt, daß es nahezu unmöglich ist, ein bestimmtes Klima in der Beziehung zwischen den Frontleuten (dem Kundenkontaktpersonal, Anm. W.F.) und den Kunden aufzubauen, wenn nicht dieselbe Atmosphäre zwischen den Mitarbeitern und ihren Vorgesetzten herrscht." (BENÖLKEN/GREIPEL 1994: 226)

    Auch der Gedanke des Umdrehens der traditionellen Management-Pyramide betont den Gedanken der Implementierung eines kundenorientierten Handelns aller Mitarbeiter eines Unternehmens. Hierbei kommen im modernen Dienstleistungs-Marketing der Führungsebene vor allem Moderationsaufgaben zu (vgl. „Prozeßorientierung" und „Umdrehen der Organisationspyramide" in Abschnitt E.2.1(4), Abb. E-10).

- **Mitarbeiter der Funktionseinheit Marketing**

    Im engeren Bereich der Marketingumsetzung sind es die im Unternehmen in der Marketingabteilung bzw. mit Marketingaufgaben beschäftigten Personen, also marketingspezifisches Personal. Ihnen kommt – als Aufgabe – eine der wichtigsten Implementierungsfunktionen zu.

- **Kundenkontaktpersonal**

    Eine besondere Rolle kommt bei der Marketing-Implementierung dem „Kundenkontaktpersonal" zu, also den Personen, die im direkten Kundenkontakt die Leistung zu „vermarkten" haben. Traditionell sind es die Verkaufsabteilungen, bei (touristischen) Dienstleistungen treffen darüber hinaus Produzent und Konsument während der gesamten Leistungserstellungsphase zusammen.

"Die Qualität eines Dienstleistungsunternehmens hängt weitgehend von dem Kontakt zwischen Mitarbeiter und Kunden ab. (...) Im Dienstleistungsbereich, wo die Stunde der Wahrheit (nämlich der Kontakt mit dem Kunden) große Unsicherheiten mit sich bringt, wo Situationen im voraus nie geplant werden können, ist die Anpassungsfähigkeit der Mitarbeiter von großer Bedeutung. Viele Fluggesellschaften, die ihr Personal als echte SEP (strategische Erfolgsposition, Anm. W.F.) aufgebaut haben, trainieren deshalb ihr Flugpersonal in der Situationsanalyse, so daß sie schwierigen Fluggästen und unerwarteten Ereignissen besser gegenübertreten können. Zahlreiche Unternehmen verwenden in der Ausbildung Rollenspiele, Kreativitätstraining und Konfliksituationen. (...) Hohe Personalqualifikation hat daher auch eine echte Image-Komponente." (BENÖLKEN/GREIPEL 1994: 224f)

- **Mitarbeiter aus anderen betrieblichen Bereichen,** die für die Marketing-Implementierung zusätzlich von Bedeutung sind.

Über die spezifisch mit Marketingaufgaben betrauten Personen sind weitere Mitarbeiter in nicht primär marketingrelevanten Betriebsbereichen von großer Bedeutung für die Marketing-Implementierung. Je nach organisatorischer Gliederung des Betriebes können dies Mitarbeiter in der Finanz-, Beschaffungs-, Personalabteilung usw. sein.

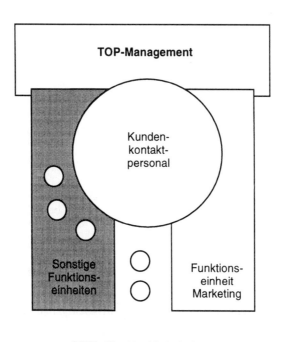

**Abb. E-24** Mit Implementierungsaufgaben betrautes Personal
(Quelle: HILKER 1993: 118)

● **Betriebsexterne „Mitarbeiter"**

Im Tourismus kommen zahlreiche betriebsexterne Personen hinzu, die ebenfalls als „Produzenten" bzw. Mitwirkende bei der touristischen Leistungserstellung eine Rolle spielen.

Insbesondere die Bewohner von Destinationen zählen zu den Mitwirkenden der touristischen Leistungserstellung.

Diese Mitarbeiter benötigen unterschiedliche Implementierungsfähigkeiten, die beispielsweise entlang der Schlüsselqualifikationen von BOANAMA als Verhaltenssteuerung (interacting), Allokationsfähigkeit, Beobachtung/Kontrolle und organisatorisches Talent benannt werden können (vgl. BOANAMA 1986 und E.1.2(1a)).

**(3) Personell-unternehmenskulturelle Widerstände bei der Marketing-Implementierung**

Auf der anderen Seite gelingt es nicht immer ausreichend, die unternehmenskulturellen Werte und Normen auch entsprechend im Unternehmen zu verankern. In diesem Zusammenhang wird auf verschiedene „personell-unternehmenskulturelle Widerstände" bei der Umsetzung der Marketingkonzeption hingewiesen, die sich zum Teil auf verschiedene Ebenen des Personaleinsatzes (Managementebenen), zum Teil auf die Fähigkeiten der Mitarbeiter beziehen. Im einzelnen sind dies (vgl. BRUHN/MEFFERT 1995: 331):

● mangelndes Verständnis für Service- bzw. Kundenorientierung auf der Managementebene,

● Angst der Führungskräfte vor Kompetenzverlust bei „Empowerment" des Kontaktpersonals,

● mangelndes Bewußtsein der Mitarbeiter für eine externe und interne Kundenorientierung,

● Über- oder Unterforderung der Mitarbeiter in bezug auf ihre Erfassungs- und Lernfähigkeit (nicht-adäquate Qualifikation),

● fehlender Informationsaustausch zwischen den Abteilungen.

Bereits im Zusammenhang mit der Behandlung der GAP-Analyse von ZEITHAML/PARASURAMA/BERRY 1992 wurde auf ähnliche Implementierungsprobleme hingewiesen, wobei insbesondere GAP 2 und 3 für die betriebsinternen Umsetzungslücken verantwortlich waren:

● Lücke 2 bezog sich auf die adäquate Weitergabe der qualitativen Unternehmensziele an die Mitarbeiter.

● Lücke 3 benannte den „Umsetzungswillen und die Umsetzungsfähigkeit, v.a. die Beratungs- und Durchführungsqualität seitens des Personals.

**(4) Personalstrategien/Strategische und operative Aufgaben der Personalpolitik**

Als grundsätzliche Handlungsstrategien im Personalmanagement können:

● Beschäftigungsstrategien,
● Strukturstrategien,
● Prozeßstrategien und
● Instrumentalstrategien

| Personalhandlungs-strategien | Handlungsformen | | Einzel-maßnahmen |
|---|---|---|---|
| Beschäftigungsstrategien | Arbeitsaufgaben | Weniger | |
| | | Mehr | |
| Strukturstrategien | Technologie | Weniger | |
| | | Mehr Rationalisierungs-technologie | |
| | | Mehr Humanisierungs-technologie | |
| | Organisationsstruktur | Mehr starr | |
| | | Mehr flexibel | |
| | Personalführung | Mehr autoritär | |
| | | Mehr kooperativ | |
| Prozeßstrategien | Personalbeschaffung | Weniger | |
| | | Mehr interne | |
| | | Mehr externe | |
| | | Mehr flexibel | |
| | | Mehr dauerhaft | |
| | Personaleinsatz | Mehr standardisiert | |
| | | Mehr individualisiert | |
| | Bildungsentwicklung | Weniger | |
| | | Mehr | |
| | Personalfreisetzung | Weniger | |
| | | Mehr aktiv | |
| | | Mehr passiv | |
| Instrumentalstrategien | Ergonomie | Weniger | |
| | | Mehr | |
| | Arbeitszeiten | Mehr standardisiert | |
| | | Mehr individualisiert | |
| | Berufsentwicklung | Weniger | |
| | | Mehr | |
| | Entgeltniveau | Niedriger | |
| | | Höher | |
| | Zusatzanreize | Weniger | |
| | | Mehr | |

**Abb. E-25** Personalstrategien

voneinander abgegrenzt werden, die sich dann durch verschiedene Handlungsformen mit entsprechenden Einzelmaßnahmen darstellen (vgl. Abb. E-25).

### 3.2.2 Quantitative Implementierungsaufgaben im Rahmen der – traditionellen – Personalplanung

**(1) Bereiche des Personal-Managements**

Die eher quantitativen Aufgaben der Implementierung im Bereich der Personalressourcen lassen sich weitgehend analog zur traditionellen Personalplanung bzw. zum Personal-Management darstellen.

Personalplanung hat als Hauptaufgabe, entsprechend der Marketingziele die richtigen Mitarbeiter zum richtigen Zeitpunkt am richtigen Ort einsatzbereit zu haben, um eine optimale Leistungserstellung für die Kunden und einen möglichst

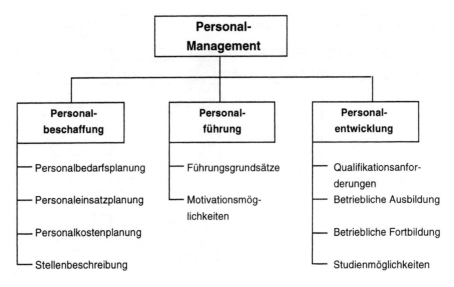

**Abb. E-26** Aufgaben der Personalplanung

hohen Umsatz und Erlös pro Mitarbeiter für das touristische Unternehmen zu erreichen. Aus Implementierungssicht umfaßt das Personalwesen im einzelnen vor allem folgende drei Aufgabenbereiche (vgl. auch Abb. E-26):

- Personalbeschaffung,
- Personalführung,
- Personalqualifizierung.

Diese Aufgaben sind nicht marketingspezifisch, sondern solche personalpolitischen Überlegungen tauchen auch in allen anderen Bereichen des betrieblichen und touristischen Managements auf, wie z.B. Einkauf, Leistungserstellung, Finanzwesen usw.

### (2) Tätigkeitsfelder im Tourismus

Das Personalwesen im Tourismus ist im wesentlichen durch die Dienstleistungsfunktion der meisten touristischen Betriebe gekennzeichnet, was vor allem hinsichtlich der Beratungs- und Verkaufsfunktion (der sog. „Dienstleistungsmentalität") des touristischen Personals hohe Anforderungen stellt. Hinzu kommt, daß Tourismus durch vielfache saisonale Schwankungen geprägt ist, was ebenfalls für die Personaleinsatzplanung besondere Bedeutung hat.

Die spezifischen Aufgaben der Personalpolitik und -implementierung im Tourismus lassen sich ferner in bezug auf die unterschiedlichen touristischen Betriebe und Tätigkeitsfelder unterscheiden (vgl. RUMPF 1991:284, FREYER/POMPL 1996 und Abb. E-27):

- Tätigkeiten bzw. Betriebe mit stationärer Aufgabenerfüllung,
- Tätigkeiten bzw. Betriebe mit begleitender Aufgabenerfüllung,

# 3. Allokationsaufgaben der Marketing-Implementierung 673

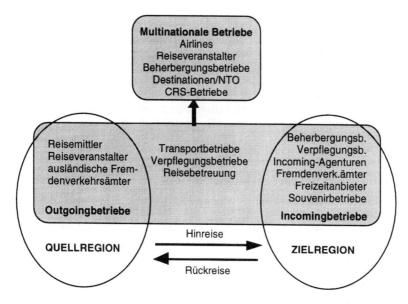

**Abb. E-27** Beschäftigungsfelder im Tourismus
(Quelle: FREYER/POMPL 1996: 306)

- Tätigkeiten bzw. Betriebe mit externer Aufgabenerfüllung,
- Übernationale bzw. globale Tätigkeiten.

**(a) Stationär zu erfüllende Aufgaben**

Entsprechend des Phasenmodells sind Betriebe mit stationärer Aufgabenerfüllung Unternehmen, deren Mitarbeiter ihre Dienstleistung konzentriert an einem Standort (Reisemittler, Beherbergungsbetriebe, Freizeitanlagen) erbringen. Solche stationären Aufgaben gibt es entweder im Quellgebiet, z.B. bei Reisemittlern, bzw. im Zielgebiet in Hotels, bei Verpflegungsbetrieben, in Attraktivitätsbetrieben oder Freizeiteinrichtungen. In beiden Fällen wird das Personal am Standort des Betriebes bzw. am Heimatort der Beschäftigten eingesetzt, es ist weitgehend immobil.

**(b) Tätigkeiten mit begleitender Aufgabenerfüllung**

Dagegen sind Betriebe mit begleitender Aufgabenerfüllung dadurch gekennzeichnet, daß die Mitarbeiter ihre Leistung an wechselnden Orten durch Betreuung oder Begleitung (Reisebegleiter, Busfahrer, Fremdenführer) erbringen. Hierbei wechseln die Tourismusbeschäftigten die Orte aufgrund der Art der Leistung, wie z.B. Reiseleiter, Fremdenführer, Stewards. Diese Tätigkeiten erfordern zwar eine örtliche Mobilität, jedoch ist der Auslandsaufenthalt zumeist nur von relativ kurzer Dauer, selten länger als die eigentliche Reise – oder eine Saisonzeit. Während Betriebe mit stationärer Aufgabenerfüllung überwiegend „zu Hause" bzw. „in der Fremde" tätig werden, erfüllen Mitarbeiter mit begleitender Aufgabenerfüllung ihre Aufgaben vor allem „unterwegs" oder „in der Fremde".

### (c) Tätigkeiten mit externer Aufgabenerfüllung

Betriebe mit externer Aufgabenerfüllung sind vor allem dadurch gekennzeichnet, daß die Mitarbeiter ihre Aufgaben an einem anderen bestimmten Ort erfüllen und diese in gewisser Weise losgelöst von dem Unternehmen erbringen ( z.B. Reiseleiter, Außendienstmitarbeiter etc.). Solche touristischen Tätigkeiten betreffen längerfristige Auslandsaufenthalte und -tätigkeiten mit hoher beruflicher Mobilität. Hier arbeiten Tourismusbeschäftigte über einen längeren Zeitraum in Außenstellen eines Unternehmens, z.B. ausländische Fremdenverkehrsämter, Mitarbeiter in ausländischen Niederlassungen von Airlines oder Hotelbetrieben etc.

### (d) Übernationale bzw. globale Tätigkeiten

Als neue Form der internationalen oder globalen Tätigkeit kommen Aufgaben in multinational agierenden Unternehmen hinzu. Hierbei verlassen Tourismus-Manager ihre Heimat- oder Mutterfirma nicht („räumliche Immobilität"). Doch sie agieren für globale Märkte, für den „Weltmarkt", was ein hohes Maß an beruflicher Mobilität erfordert.

### 3.2.2.1 Personalbeschaffung/-einsatzplanung

Aufgabe der Personalbeschaffung ist es, die adäquate Anzahl von Mitarbeitern mit den erforderlichen Qualifikationen für die anfallenden betrieblichen Aufgaben zu erhalten. Hierzu ist der betriebliche Bedarf ebenso zu ermitteln (Personalbedarfsplanung) wie die entsprechende Anzahl von Arbeitskräften mit den erforderlichen Qualifikationen zu gewinnen (Personaleinkauf) und entsprechend einzusetzen (Personaleinsatzplanung). „Die Realisierbarkeit, aber auch die Auswahl einer Unternehmensstrategie, ist im wesentlichen abhängig vom vorhandenen und akquirierbaren oder integrierbaren Human Capital in einem Unternehmen. Gerade im Dienstleistungsbereich wird also der Erfolg durch den richtigen ‚Fit' von Personalqualität einerseits und Dienstleistungsstrategie andererseits sichergestellt." (BENÖLKEN/GREIPEL 1994: 222)

> Unter **Personalbeschaffung** versteht man die Bereitstellung von Personal in erforderlicher Anzahl, mit entsprechender Qualifikation, zur richtigen Zeit (Zeitpunkt und Zeitdauer) und nach Einsatzort, um eine personelle Über- und Unterdeckung des Unternehmens zu vermeiden.

**Personalbedarfs- und Personaleinsatzplanung**

Voraussetzungen für die Ermittlung des betrieblichen Bedarfs sind sowohl die Kenntnis über den quantitativen Umfang der anfallenden Arbeiten als auch eine adäquate – qualitative – Stellenbeschreibung. Im Tourismus kommt als besondere Aufgabe der Personalbedarfsplanung die Berücksichtigung der (tages-)zeitlichen als auch der saisonalen Schwankungen hinzu.

Die meisten Tourismusbetriebe werden als Teil der Freizeitwirtschaft meist dann in Anspruch genommen, wenn andere Betriebe und deren Beschäftigte nicht arbeiten. Dies sind insbesondere die Urlaubs- und Ferienzeiten (im Sommer und zu den bekannten Feiertagen), aber auch die Wochenendfreizeit, zum Teil auch die Tagesfreizeit (vor allem in den Mittagspausen und nach Dienstschluß am Abend). In der üblichen Tages- und Jahresarbeitszeit sind zahlreiche touristische Betriebe entsprechend weniger ausgelastet.

Besonders betroffen von diesen deutlichen Belastungsschwankungen sind Beherbergungsbetriebe, Gaststättenbetriebe, aber auch Reiseveranstalter, Transportbetriebe und Reisemittler.

Dies führt zu speziellen Implementierungsanforderungen an die Mitarbeiter und an die Personalbeschaffungs- und Personaleinsatzplanung im Tourismusbereich. Einerseits muß ausreichend Personal für Beratung und Betreuung im Tourismus zu den Spitzenzeiten zur Verfügung stehen, andererseits kann sich kein Betrieb mit seiner längerfristigen Personalplanung ausschließlich an den Spitzenzeiten orientieren, da die geringeren Auslastungen der Arbeitskräfte zu den anderen Zeiten zu überhöhten Personalkosten führen würden.

Je nach Tourismusbetrieb sind folglich Aushilfskräfte, Saisonarbeitskräfte und Teilarbeitskräfte neben dem festangestellten ganztägigen und ganzjährigen Personal einzuplanen. Hinzu kommen Überstunden und Urlaubssperre für die Tourismusmitarbeiter in der touristischen Hochsaison. Hierbei die optimale Mischung zwischen Fach- und Aushilfskräften zu finden, ist gerade – aber nicht nur – im Tourismus keine einfache Aufgabe:

„Qualifizierte Mitarbeiter können nicht kurzfristig disponiert werden – weder, wenn man sie benötigt, noch dann, wenn man sie nicht mehr benötigt. Personalentscheidungen haben in der Regel längere Vorlauf- und Entscheidungszeiten sowie – bedingt durch Kündigungsfristen und andere Arbeitnehmerschutzvorschriften – zusätzlich längere Reaktionszeiten" (RUMPF 1991: 279f).

Eine erfolgreiche Personalbeschaffung ist von mehreren Einflußgrößen abhängig und wird zumeist als selbständiger Funktionsbereich der Personalplanung betrachtet. Notwendige Aufgaben der Personalbeschaffung sind:

- Ermittlung des Personalbedarfs,
- Erforschung des Arbeitsmarktes,
- Kenntnis der Stellung des Unternehmens am Markt,
- Kenntnis der Interessen der Bewerber.

Die exakte Ermittlung des Personalbedarfs ist Voraussetzung für die Beschaffung, um Bedarf und Deckung in Einklang zu bringen. Arbeitsmarktuntersuchungen, ob innerbetrieblich oder am externen Markt, sind notwendig, um sichtbar zu machen, welches Beschaffungspotential existiert und welche Beschaffungsmöglichkeiten angewendet werden können. Die Stellung des Unternehmens am Beschaffungsmarkt wird durch Faktoren, wie Standort, mögliche Konkurrenzbetriebe, Branchenzugehörigkeit, Unternehmensgröße und Arbeitgeberimage beeinflußt. Individuelle Vorstellungen und Bedürfnisse der Bewerber sollten beachtet werden, um Arbeitsunzufriedenheit, vorzeitigen Kündigungen und einem negativen Image des Unternehmens vorzubeugen.

Einer der Hauptgründe für schlechte Servicequalität ist die falsche Auswahl von Personen für den direkten Kundenkontakt. „Es sollte daher bereits bei der Einstellung von Mitarbeitern auf deren ‚**Dienstleistungsmentalität**' geachtet werden (...). Gerade in diesem Bereich wird häufig an der falschen Stelle gespart und bevorzugt weniger qualifiziertes, aber kostengünstiges Personal eingestellt (...). Die Hoffnung, kostengünstiges Personal durch Schulung zu motivieren und stärker auf Kundenorientierung auszurichten, gelingt jedoch in den seltensten Fällen. Ein Mindestmaß an Dienstleistungsmentalität sollten Mitarbeiter bereits bei der Einstellung besitzen, da diese sich nur in gewissen Grenzen erlernen läßt" (MEYER/WESTERBARKEY 1995: 91f).

Eng mit der Kapazitätsplanung hängt die **Personalkostenplanung** zusammen. In den meisten touristischen Betrieben haben die Personalkosten aufgrund der hohen Dienstleistungsausrichtung des Tourismus einen Anteil von ca. 60% an den betrieblichen Gesamtkosten. Folglich kommt der optimalen Personalplanung auch unter Kostenaspekten eine wichtige Bedeutung zu. Ferner ist die Personalentlohnung ein wichtiger Faktor für die Mitarbeiterqualifikation und -motivation (siehe dazu auch genauer die nächsten Abschnitte).

### 3.2.2.2 Personalführung

Eine weitere Aufgabe des Personal-Managements ist die Personalführung. Hierbei spielen neben der grundsätzlichen Organisation der betrieblichen Führung auch Überlegungen hinsichtlich der Mitarbeitermotivation eine wichtige Rolle, was in engerem Zusammenhang mit Abschnitt E.3.2.1 (1) (Unternehmenskultur) zu sehen ist. Moderne Führungsstile sind meist eine Mischung aus Aufgaben- und Personenorientierung:

- **aufgabenorientierte Sichtweise:** Mitarbeiter haben Aufgaben zu erfüllen, sie sind lediglich „Mittel zum Zweck";

- **personenorientierte Sichtweise:** Die Wünsche und die soziale Rolle der Mitarbeiter müssen berücksichtigt werden – „alle Aufgaben werden von Menschen wahrgenommen".

Vor diesem Hintergrund haben sich unterschiedliche Führungsstile entwickelt, die vor allem nach dem Ausmaß der Beteiligung des Geführten an den Entscheidungen unterschieden werden. Die Grundprinzipien der Personalführung sind gleichzeitig Grundprinzipien der gesamten Unternehmensführung. Die bekanntesten Führungsstile unterscheiden:

- **autoritäre Führungsstile:** Hierbei haben die Mitarbeiter kaum Mitwirkungsmöglichkeiten bei betrieblichen Entscheidungen; die Aufgaben im Betrieb sind entweder bürokratisch geregelt (durch festgelegte Vorschriften) oder patriarchalisch geprägt (der Eigentümer oder Geschäftsführer als „Patriarch" nimmt auf fast alle Entscheidungen letztlich Einfluß). Der Führungsstil ist insgesamt eher aufgabenorientiert.

- **kooperative Führungsstile:** Hierbei wird grundsätzlich dem Einzelnen im Betrieb ein größeres Ausmaß an Mitwirkungsmöglichkeiten an den betrieblichen Entscheidungen zugebilligt, entweder durch beratende oder demokratische Funktionen („Mehrheitsentscheidungen", „Team-Gedanke", Betrieb als „big happy family").

Eine weitere bekannte Variante der betrieblichen Führung ist das sog. **„Harzburger Modell"** – ein bedingt kooperativer Führungsstil. Hier werden Entscheidungen nach Gebieten delegiert („Ressortdenken"), was die Leistungsmotivation und Verantwortungsbereitschaft der Untergebenen erhöhen soll. Die obere Entscheidungsebene beschränkt sich vor allem auf allgemeine Entscheidungsregeln („Führungsprinzipien für alle") und greift nur teilweise in die Entscheidungsbereiche der einzelnen Ressorts ein.

Grundsätzlich gibt es kein Patentrezept, ob der eine oder andere Führungsstil zu besseren Ergebnissen führt. Die Grundentscheidung für den jeweiligen Führungsstil ist sowohl stark aufgaben- als auch personenabhängig:

- nicht alle Aufgaben lassen sich demokratisch am besten lösen, z.b. sind Entscheidungen über Investitionen aus Sicht des Kapitalgebers anders zu beurteilen als aus Sicht des Mitarbeites,
- manche Personen haben ausgeprägte autoritäre Führungsqualitäten und können ihre Mitarbeiter durch diesen Stil für das Gesamtunternehmen am besten motivieren, andere Betriebe erhalten hingegen durch eine teamorientierte Führungsstruktur die beste Identifikation aller Mitarbeiter für den Gesamtbetrieb.

**Motivationsmöglichkeiten im Tourismus:**

Die Frage der Motivation und damit auch der Personalbindung ist im Tourismus eng mit den Bereichen Entlohnung, Arbeitszeit- und Arbeitsplatzgestaltung sowie organisatorischen Maßnahmen verbunden. In Abbildung E-28 werden nochmals die grundsätzlichen Möglichkeiten der Personalbindung dargestellt.

Im Tourismus existieren vielfache **Motivationsmöglichkeiten** seitens der Tourismusbetriebe selbst, aber auch seitens der verschiedenen Leistungsträger, die

**Abb. E-28** Maßnahmen zur Personalbindung

über die eigentliche Entlohnungspolitik hinausgehen, wie z.B. Info-Reisen, Freiflüge, Vergünstigungen bei Pauschalreiseangeboten, Buchungsprämien, Extra-Provisionen, Sonderschulungen bei den Leistungsträgern vor Ort usw. So sind die gerade im folgenden genannten Möglichkeiten der Fort- und Weiterbildung im Tourismus besonders gut ausgeprägt. Um diese und weitere Probleme einer Implementierung des Marketing nach innen zu verhindern, wird deutlich, daß vielfach herkömmliche Motivationsinstrumente nicht ausreichen, sondern entsprechend der in Abbildung E-28 dargestellten Elemente eine Umsetzung nach innen erfolgen muß. In touristischen Unternehmen kommt ferner der Aus-, Weiter- und Fortbildung der Mitarbeiter eine zentrale Bedeutung zu.

### 3.2.2.3 Personalentwicklung: Aus-, Weiter- und Fortbildung im Tourismus

Als weitere Möglichkeit der personalpolitischen Ressourcenplanung gelten die verschiedenen Maßnahmen der Personalentwicklung. Hier wird versucht, die betrieblichen Anforderungen an die Qualifizierung des Personals mit den vorhandenen Ressourcen und Qualifikationen in Einklang zu bringen.

Ganz allgemein versteht man unter **Personalentwicklung** die Qualifikation der Mitarbeiter für die jetzigen und zukünftigen Arbeitsanforderungen. Dabei steht hier das geplante und systematische Vorgehen mit dem Ziel, das Leistungspotential der Unternehmensmitglieder zu erhöhen, im Vordergrund. Als Instrumente der Personalentwicklung gelten:

- Ausbildung,
- Fortbildung,
- Weiterbildung,
- Laufbahn- und Karriereplanung.

Als **Ausbildung** sind hier zum einen die betriebliche Ausbildung zur/zum Reiseverkehrskauffrau/-mann sowie zu anderen Berufsbildern des dualen Systems, zum anderen die verschiedenen Studienmöglichkeiten, v.a. mit touristischen Schwerpunkten, zu sehen (vgl. dazu FREYER/TÖDTER 1996, KLEMM/STEINECKE 1994).

Die **Fortbildung** soll vorhandenes Wissen und fachliche Qualifikation in einem Beruf oder Arbeitsplatz erweitern und kann ggf. einen beruflichen Aufstieg ermöglichen. Dabei unterscheidet man zwischen **Anpassungsfortbildung**, die auf Anpassung, Aktualisierung und den Erwerb zusätzlicher Kenntnisse, Fertigkeiten und Verhaltensweisen zielt oder der **Aufstiegsfortbildung**, die Bildungsmaßnahmen zur Erreichung einer höheren Qualifikation und einem beruflichen Aufstieg dienen.

Im Unterschied hierzu versteht man allgemein unter **Weiterbildung** Maßnahmen, die bereits erworbenes Wissen aktualisieren und erhöhen, deren Ausrichtung jedoch darüber hinaus geht und sich nicht auf das Berufsfeld beschränkt, indem der Mitarbeiter tätig ist. Hier sind vor allem auch Maßnahmen der IHK, der Volkshochschulen und privater Bildungsträger zu subsummieren.

Während die genannten Instrumente eher personenunbezogene Angebote darstellen, versteht man unter einer **Karriere- und Laufbahnplanung** eine gezielte personenbezogene Förderung durch Aufzeigen beruflicher Perspektiven im Unternehmen.

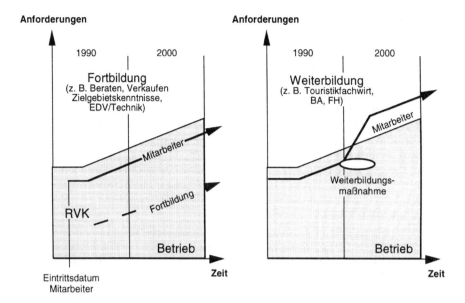

**Abb. E-29** Betriebliche Entwicklung und Fort- bzw. Weiterbildung am Beispiel Reisemittler
(Quelle: FREYER/TÖDTER 1996)

Als **Methoden der Personalentwicklung** können grundsätzlich sechs verschiedene Modelle abgegrenzt werden:

- Training „into the job": Hinführung zu einer neuen Tätigkeit, Berufsbildung, BA-Ausbildung, Trainee,
- Training „on the job": Bildung am Arbeitsplatz etc.,
- Training „near the job": Arbeitsplatznahes Lernen, z.B. Qualitätszirkel,
- Training „off the job": Methoden außerhalb des Betriebes,
- Training „along the job": laufbahnbezogene Entwicklung,
- Training „out of the job": Ruhestandsvorbereitung.

Allerdings bringen die Fort- und Weiterbildungen nicht immer die gewünschte Motivation, sondern können auch wie in der folgenden Abbildung dargestellt durch Überqualifizierung zur Demotivation führen, sofern im Unternehmen nicht adäquate Positionen vorhanden sind.

Für den Tourismusbereich bestehen eine Reihe von traditionellen Ausbildungsberufen, wie z.B. „Reiseverkehrs-", „Hotel-" und „Luftverkehrskaufmann/-frau" sowie fachbezogene Studiengänge, v.a. an Fachhochschulen für „Tourismusbetriebswirtschaft", die die grundsätzlichen Qualifikationsvoraussetzungen für touristische Berufe gewährleisten. Trotzdem wird die derzeitige Personalsituation im – deutschen – Fremdenverkehr oftmals deutlich kritisiert:

**„Professionalität" als Ausnahme:**

In kaum einem anderen Wirtschaftszweig gibt es so viele „Quereinsteiger" und „Selfmademen" wie im Fremdenverkehr. Der „Praktiker" gilt grundsätzlich mehr als derjenige, der eine touristische Fachausbildung vorweisen kann. Die Absolventen der Fachhochschulen finden keine Stelle, weil die Angst vor der „Akademisierung" groß ist. Folglich fehlt das Denken in (auch theoretischen) Zusammenhängen, die gezielte Information über die Strukturen von Angebot und Nachfrage, die fundierte Planung und Umsetzung neuer Ideen.

Die für den Urlaub in Deutschland geltenden Qualitätsmerkmale „Romantik" und „Gemütlichkeit" werden leicht mit mangelnder Professionalität verwechselt. Die in anderen Wirtschaftszweigen anzutreffende Orientierung an hohen professionellen Standards ist im deutschen Tourismus nicht selbstverständlich. Vor allem fehlt ein professionelles Dienstleistungsbewußtsein." (ROMEISS-STRACKE 1989: 8)

Eine der Ursachen für die mangelhafte/problematische/unzureichende/spezifische Personalpolitik im Tourismus ist sicherlich die klein- und mittelständische Struktur der Branche, in der nur wenige Großbetriebe existieren, die eine moderne Personalpolitik ermöglichen würden:

- **Reisemittlerbetriebe:** 25% der Reisemittlerbetriebe haben nur einen einzigen Beschäftigten (meist identisch mit dem Firmeninhaber bzw. Filialleiter), über die Hälfte beschäftigen zwischen zwei und vier Personen.

- **Beherbergungsbetriebe:** 95% des deutschen Beherbergungsgewerbes sind mittelständisch, nur ca. 700 der insgesamt 40.000 Betriebe haben über 100 Zimmer, ca. 14.000 Betriebe 16 bis 99 Zimmer, der Rest liegt darunter.

## 3.3 Allokation der finanziellen Ressourcen (Finanzplanung)

### 3.3.1 Allgemeine Aufgaben des Finanzmanagements im Tourismus-Marketing

Als dritter Bereich der Allokationsaufgaben in bezug auf die Marketing-Implementierung wird die Planung der finanziellen Ressourcen betrachtet. Im Hinblick auf ihre Implementierung werden vor allem zwei Problembereiche gesehen:

- Grundsätzliche Fragen der Finanzierung: Kosten-Ertrags-Rechnungen bzw. Kosten-Nutzen-Überlegungen, v.a. der langfristigen Finanzierung. Sie hängen in bezug auf das Marketing auch eng mit dem (Finanz-)Controlling zusammen.

- Zeitlicher Anfall, Verteilung und Art der Finanzmittel und -ressourcen: Auch hier stehen die Allokationsaufgaben im Hinblick auf die Finanzressourcen wiederum in engem Zusammenhang mit der zeitlichen Allokation. Vor allem wird dabei im Rahmen der traditionellen Finanzplanung zwischen einer kurz- und langfristigen Betrachtung unterschieden.

Der Finanzplanung kommt zwar entscheidende Bedeutung für die Marketing-Implementierung zu, denn ohne Finanzmittel – zum richtigen Zeitpunkt, im erforderlichen Umfang – können Marketingvorschläge letztlich nicht umgesetzt werden. Doch im Marketing wird die Finanzplanung nur selten speziell im direkten Zusammenhang mit der Marketing-Implementierung betrachtet.

Zum einen gelten Finanzfragen als instrumentell zum Marketing-Management gehörend und werden daher nicht besonders im Zusammenhang mit dem Marketing-Management behandelt:

„Im allgemeinen sind im gegenwärtigen Entwicklungsstand des Reiseveranstalter-Marketing Finanzierungsfragen eher Mittel-Entscheidungen zur Erreichung von Marketing-Zielen." (HEBESTREIT 1992: 75)

Zum anderen wird gelegentlich ein genereller Interessengegensatz zwischen Marketingaufgaben und der Finanzplanung gesehen, ohne daß sich die Autoren intensiver mit der Marketing-Implementierung in bezug auf die finanziellen Ressourcen auseinandersetzen.

Dabei wird häufig ein gewisser Interessengegensatz zwischen Finanzabteilung und Marketingvorschlägen hervorgehoben:

„Marketingaufgaben hingegen sind für sie (die Finanzabteilung, Anm. W.F.) in der Regel eine Quelle der Frustration. Die Marketing-Manager fordern erhebliche Ausgabenbudgets für Werbung, Verkaufsförderung und Verkauf, ohne den Nachweis zu führen, wieviel Mehrumsatz diese Aufwendungen bringen werden. Die Finanzexperten hegen häufig den Verdacht, daß die Prognosen der Marketer darauf hinauslaufen, ein bestimmtes Ausgabenbudget zu erhalten. Sie sind der Meinung, daß die Marketer zu wenig Zeit damit verbringen, die Zusammenhänge zwischen den verschiedenen Ausgaben und den Verkaufsergebnissen herzustellen und dann ihre Ausgabenbudgets auf die profitableren Einsatzgebiete umzuverlagern." ...

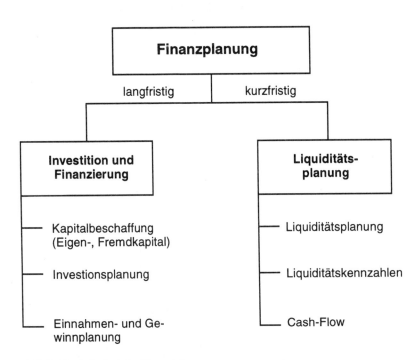

**Abb. E-30** Aufgaben der Finanzplanung

„Der Marketer seinerseits hält die Finanzexperten häufig für übervorsichtig beim Einsatz von Geld und betrachtet sie als Bremser bei Investitionen in langfristige Marktentwicklungen, da sie die Marketingaufwendungen als Ausgaben und nicht als Investitionen betrachten. In seinen Augen sind sie konservativ und risikoscheu, so daß viele Chancen nicht wahrgenommen werden können. Konfliktlösungen können sich hier finden, indem den Marketern mehr Einblick in finanzielle Probleme und den Finanzleuten mehr Einblick in Marketingprobleme gewährt wird." (KOTLER/BLIEMEL 1995:1138)

Doch letztlich ist es eine der zentralen Aufgaben des modernen Marketing-Management, die kurz- und langfristige Finanzplanung durch entsprechende Maßnahmen zu gestalten und dies auch in der Implementierungsphase entsprechend umzusetzen. Dabei sind die Implementierungsaufgaben und -möglichkeiten sowohl unterschiedlich hinsichtlich der kurz- und langfristigen Finanzplanung als auch in bezug auf die Finanzquellen – privat oder öffentlich – zu betrachten.

Auf einige der grundsätzlichen Finanzierungsüberlegungen in der Implementierungsphase des touristischen Marketing wird im folgenden hingewiesen, ohne daß an dieser Stelle die damit eng zusammenhängenden allgemeinen Fragen der Finanzpolitik und -planung ausführlich dargestellt werden sollen.

### 3.3.2 Langfristige Finanzplanung im Tourismus

Der langfristige Finanzplan gibt eine Übersicht über die langfristige Einnahmen-Ausgaben-Situation eines Betriebes und damit letztlich über das Betriebsergebnis und den Betriebserfolg. Hierzu dienen die Gewinnermittlung und die verschiedenen Erfolgsrelationen (vgl. Marketing-Controlling).

Nur wenn langfristig die Einnahmen höher als die Ausgaben sind, wird ein Unternehmen sich erfolgreich am Markt behaupten können.

Langfristige Finanzierungsüberlegungen betrachten die generelle finanzielle Entwicklung eines Unternehmens. Sie bilden die Grundlage für Expansion oder Schrumpfung von Unternehmen und bestimmen die langfristige Investitionspolitik.

Für Unternehmer ist weiterhin die Relation von Kapitalaufwand und -ertrag (Kapitalrendite) bedeutsam. Wenn sich in bestimmten Bereichen eine höhere Kapitalrentabilität ergibt, wird sich ein Unternehmer langfristig in diesen Bereichen engagieren. Oder er wird versuchen, über veränderte Einnahmen-Ausgaben-Überlegungen die weniger rentablen Bereiche zu verbessern.

**Beispiele:**
- Ergibt die Kapitalanalyse eines Reiseveranstalters, daß z.B. eine Charterkette nach Griechenland zu 20% Kapitalverzinsung führt und eine Charterkette nach Tunesien nur zu 5%, so wird sich im einfachsten Fall das Griechenland-Engagement dieses Reiseveranstalters erhöhen, das Tunesien-Engagement reduzieren, z.B. über zusätzliche (weniger) Griechenlandangebote (Tunesienangebote).
- Geringere Rentabilität von Tunesien-Reisen könnte dazu führen, daß die Reisepreise erhöht werden (Verbesserung der Einnahmensituation) oder die Mitarbeiterzahl in der Abteilung Tunesien-Reisen reduziert wird (Verbesserung der Ausgabensituation).
- Stagnieren die Renditen in einer Reisebürofiliale in den alten Bundesländern und werden höhere Renditen in den neuen Bundesländern erwartet, wird ein Reisebürounternehmer überlegen, ob er nicht eine Filiale in den neuen Bundesländern gründen sollte.

Aufgabe des Marketing in bezug auf die langfristige Finanzplanung ist/sind
- Umsatzsteigerung und/oder
- Umsatzverlagerung (neue Zielgruppen, saisonale Verteilung, usw.)

wobei es auch Aufgabe des Marketing, hier insbesondere des Marketing-Controlling, ist, diese Entwicklungen entsprechend nachzuweisen.

### 3.3.3 Kurzfristige Finanzplanung: Liquidität

Neben der langfristigen Finanzplanung ist die kurzfristige Finanzierung bedeutsam. Sie wird meist als **Liquiditätsplanung** bezeichnet. Ihr Ziel ist es, die laufenden Einnahmen und Zahlungen in Übereinstimmung zu bringen. Gerade im Tourismus fallen Buchungsabschlüsse, Ausgaben und Einnahmen zumeist weit auseinander. Während beispielsweise in einem Reisebüro die meisten Buchungen für die Saison in den ersten Monaten des Jahres erfolgen, liegen die Abflüge und damit die Realisierung der Buchungen zumeist in den Sommermonaten. Allerdings hat das Reisebüro auch in den ersten Monaten des Jahres Ausgaben, die laufend bestritten werden müssen. Das kann zu deutlichen Liquiditätsproblemen in dieser Zeit führen.

> **Interne Cash-Flow-Analyse**
> Zur Abschätzung der internen Liquiditätssituation verwendet man die Cash-Flow-Methode, deren Ermittlungsgrundlage der „reine Kassenfluß" ist, d.h. es werden die „zufließenden" und „abfließenden" Geldbewegungen erfaßt.

**Beispiel Reisemittler:**
- Ein Reisebüro vermittelt im Jahr insgesamt 1.200 Reisen à DM 1.000 mit 10% Provision. Das ergibt Gesamteinnahmen im Jahr von DM 120.000 (10% von 1,2 Mio Umsatz). Der Umsatz verteilt sich unterschiedlich auf die verschiedenen Monate, z.B. analog zu der in Abb. E-31 veranschaulichten Kurve.
Die monatlichen laufenden Kosten werden mit DM 10.000 (oder weniger) angenommen.
Damit ist zwar die langfristige Finanzierung sichergestellt, kurzfristig werden aber Liquiditätsprobleme auftauchen, insbesondere in den ersten 6 Monaten des Jahres, da monatliche Ausgaben von DM 10.000 anfallen, aber jeweils geringere Einnahmen.
Diese kurzfristige Liquiditätslücke muß beispielsweise über Fremdkapital geschlossen werden (z.B. durch kurzfristige Überziehungskredite der Bank) oder durch Rücklagen für die Anfangsmonate des Jahres aus den Erlösen des Vorjahres.

Wiederum kann Marketing darauf gerichtet sein, die cash-flow-Relationen zu beeinflussen, also v.a. eine zeitliche und artmäßige Veränderung der Liquidität zu erreichen.

### 3.3.4 Öffentliche Finanzplanung im Tourismus

Die öffentliche Finanzierung von Fremdenverkehrskonzepten, Kurortentwicklungsplänen, Tourismuswerbung, Messeteilnahmen, Tagungen, sportlichen und kulturellen Veranstaltungen sind einige Beispiele für Möglichkeiten der öffentlichen Förderung im Tourismus.

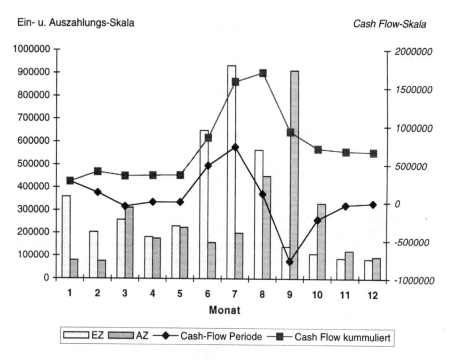

**Abb. E-31** Entwicklung des Cash-flows am Beispiel eines mittelständischen Reiseveranstalters (Quelle: KIRSTGES 1996:245)

Privatwirtschaftliche Tourismusunternehmen werden zumeist im Rahmen der allgemeinen Wirtschaftsförderung unterstützt, wobei es nur wenig spezielle touristische Fördermöglichkeiten gibt. Für private touristische Einrichtungen existieren grundsätzlich vier Arten der Förderung: Darlehen, Zuschüsse, steuerliche Hilfen und Schulung/Beratung. Ferner sind arbeitsmarktpolitische Hilfen möglich. (vgl. dazu genauer FREYER 1991d, auch FREYER 1995a:301ff).

Für den öffentlichen Fremdenverkehr sind Fördermöglichkeiten über die jeweiligen Ämter und Ministerien zu erhalten. Zudem sind Fördermöglichkeiten bzw. kooperative Maßnahmen über Fremdenverkehrsvereine und -verbände gegeben.

Die öffentliche Finanzierung von Tourismusaktivitäten stellt durch einen Zusammenhang zwischen Wirtschaftsförderung und marktwirtschaftlicher Betätigung eine Besonderheit dar. Hierbei führen die unter E.2.2.3 genannten Aspekte der Kommerzialisierung öffentlicher Unternehmen zunehmend zu Fragen der Finanzierung. Dabei kann man grundsätzlich folgende verschiedenen Möglichkeiten der Finanzierung kommunaler Tourismusunternehmen unterscheiden, die in Abb. E-32 nochmals genauer dargestellt sind:

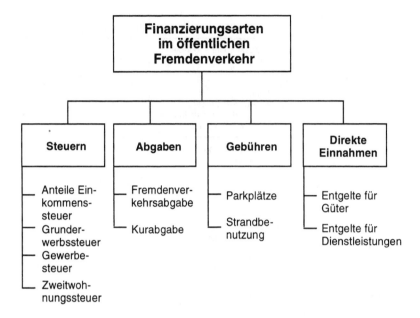

**Abb. E-32** Arten der Finanzierung im öffentlichen Fremdenverkehr

- Steuern,
- Abgaben,
- Gebühren,
- direkte Einnahmen.

An der Vielfalt von Finanzierungsmöglichkeiten wird deutlich, daß es öffentlichen Unternehmen zum Teil schwer möglich ist, zu entscheiden, welche Aufgabe (welches Produkt) wie zu finanzieren ist. Fehlende Kontrollsysteme (vgl. Kapitel E.5) haben dazu geführt, daß die meisten öffentlichen Unternehmen daher eine Mischfinanzierung betreiben. Hierbei spielen Aspekte mangelnder Abgrenzung zwischen öffentlichen und privatwirtschaftlichen Aufgaben bei steigender Kommerzialisierung eine zunehmende Rolle.

Auf der anderen Seite sind – gerade bei öffentlicher Finanzierung – die Erträge (oder „Profiteure", so BIEGER 1996: 329) aus öffentlichen Tourismusmaßnahmen zu betrachten. Hierbei ziehen vielfach auch private Unternehmen Nutzen aus den öffentlichen Tourismusunternehmen, z.B. aus Infrastrukturmaßnahmen, aus Fremdenverkehrsämtern und deren allgemeiner Beratung oder der destinationsbezogenen Werbung und Öffentlichkeitsarbeit, ohne daß sie direkt an ihrer Finanzierung beteiligt waren (Problem der öffentlichen Güter, „free-rider-Problematik").

Betrachtet man die verschiedenen privaten und öffentlichen Aufgaben des Tourismus, können als Finanzierungsgrundsätze gelten:
- öffentliche Aufgaben = öffentliche Finanzierung,
- privatwirtschaftliche Aufgaben = privatwirtschaftliche Finanzierung,

| Leistung | Profiteure | Finanzierungsmechanismen |
|---|---|---|
| Angebotsfunktion | Große, unzusammenhängende Profiteurengruppe<br>• Betriebe,<br>• Touristen,<br>• Einwohner,<br>oft keine individualisierbaren Leistungen (z. B. Veranstaltungen, Infrastruktur, wie Wege usw.) | • Gesetzlicher Zwang<br>- Fremdenverkehrsabgaben (für Betriebe)<br>- Kurtaxen (für Touristen)<br>• Allgemeine Steuereinnahmen |
| Leitbildfunktion | Große, unzusammenhängende Profiteurengruppe<br>• Betriebe,<br>• Einwohner,<br>keine individualisierbaren Leistungen | • Gesetzlicher Zwang<br>- Fremdenverkehrsabgaben<br>-Allgemeine Steuereinnahmen<br>• Subventionen an Tourismusorganisationen |
| Marketingfunktion | primäre, unmittelbare Vorteile für alle Leistungen des Touristischen Warenkorbes<br>sekundäre, mittelbare Vorteile für alle Wirtschaftsbetriebe | • Gesetzlicher Zwang (Fremdenverkehrsabgaben),<br>• Wirtschaftsförderungsabgaben<br>• Privatwirtschaftliche Kostenbeteiligung der Profiteure |
| Interessenvertretungsfunktion | kleiner Kreis der Profiteure mit inividualisierbar zurechenbaren Leistungen | • Mitgliederbeiträge (privatrechtlich) |

**Abb. E-33** Profiteure und Finanzierungsmechanismen im Destinations-Management (Quelle: BIEGER 1996: 329, leicht verändert)

ohne daß dabei eine letztlich klare Abgrenzung der verschiedenen Finanzierungsaufgaben im Tourismus erfolgen kann.

Zur Bestimmung der Finanzierungsmöglichkeiten im öffentlichen Fremdenverkehr unter stärkerer Berücksichtigung der Nutznießer oder „Profiteure" hat beispielsweise BIEGER die verschiedenen Aufgaben des touristischen Destinations-Managements hinsichtlich der verschiedenen grundsätzlichen Finanzierungsaufgaben und -möglichkeiten untersucht/dargestellt. Er unterteilt dabei die Leistungen in eine Angebotsfunktion, eine Leitbildfunktion, eine Marketingfunktion und eine Interessenvertretungsfunktion. Alle vier Leistungen haben unterschiedliche Profiteure und Finanzierungsmechanismen, die in Abbildung E-33 – leicht abgewandelt – dargestellt werden (vgl. BIEGER 1996: 329ff).

Von entscheidender Bedeutung für das Finanzierungsmix der kooperativen Aufgaben wird daher das Funktionsmix der Aufgaben und ihrer jeweiligen Profiteure sein. Dabei gilt es zunehmend genauer zu untersuchen, welches die tatsächlichen Profiteure in einer Gemeinde sind. Gesamtwirtschaftliche Aussagen über z.B. primäre oder sekundäre bzw. unmittelbare und mittelbare Profiteure bei den Betrieben können in einer Tourismusgemeinde nur bedingt Anwendung finden. Insgesamt kann allerdings entsprechend der in Abbildung E-33 dargestellten Änderung der Aufgabenstellung öffentlicher Tourismusunternehmen festgestellt werden, daß auch die Finanzplanung in Zukunft verstärkt Änderungen vornehmen muß. Während in der Vergangenheit bei der Schaffung touristischer Infrastruktur eindeutig Aspekte allgemeiner Wirtschaftsförderung und Angebotsfunktionen überwogen, wird bei zunehmender Betätigung in Bereichen einer Vermarktung entsprechender Produkte und damit der Marketingfunktion, die private Finanzierung im Vordergrund stehen müssen.

Dabei kann dies verstärkt über marktgerechte Preise bei abgrenzbaren Einzelleistungen (z.B. direkte Einnahmen bei der Nutzung von Infrastruktur wie Schwimmbäder etc.) und kleinen Gruppen von Profiteuren sein bzw. bei Leistungen, bei denen zwar ein Bedarf besteht, eine Finanzierung über Marktpreise jedoch ausgeschlossen ist, über Modelle gemischter Finanzierung durch kommunale Förderung und Beteiligung der Vorteilshabenden (z.B. Fremdenverkehrsabgabe).

Ursache dieser Änderungen in der Aufgabenstellung liegen in der Erwartung an die verschiedenen Träger, ihre Maßnahmen am Markt zu orientieren. Die Finanzierung „modernen Marketing" statt klassischer Wirtschaftsförderung und fremdenverkehrspolitischer Maßnahmen (vgl. FREYER 1995a) verstärkt den Konflikt zwischen Interessen der Bürger und denen der privaten Tourismuswirtschaft einer Kommune. Bei stetig sinkenden kommunalen Einnahmen und defizitären Kommunalhaushalten und gleichzeitig steigendem Bedarf zur Finanzierung touristischer Marketingaufgaben öffentlicher Unternehmen können nur neue Ansätze in der Finanzierung Problemlösungen bieten. Dabei bleibt offen, ob es bei mangelnder Finanzierungsmöglichkeit entsprechender Aktivitäten nicht letztlich zu einem vermehrten Rückzug kommunaler Träger aus einem aktiven Marketing kommt bzw. eine zunehmende Kommerzialisierung öffentlicher Unternehmen neue Konkurrenz entstehen läßt.

# 4 Marketing-Implementierung in bezug auf Anspruchsgruppen

Der dritte große Implementierungsbereich umfaßt Aufgaben der Abstimmung des Marketing mit verschiedenen Interessengruppen, sog. Anspruchsgruppen. Dabei war bereits an mehreren Stellen auf die besondere Stellung des touristischen Marketing innerhalb verschiedener Interessenkonstellationen hingewiesen worden.

So wurden bei der Zielfindung im Marketing die Zielkonflikte zwischen betrieblichen und überbetrieblichen sowie zwischen den verschiedenen gesellschaftlichen Interessenbereichen behandelt. Bei der marketing-orientierten Umfeldanalyse waren die Stellung des Betriebes im marktbezogenen Mikroumfeld und im marktexternen Makroumfeld und die damit verbundenen unterschiedlichen Interessen beleuchtet worden (vgl. B. 1). Ferner gab es im Marketing-Mix Aufgaben der betriebsinternen Öffentlichkeitsarbeit und der Verkaufswegeförderung, die sich an die Interessen der Mitarbeiter und Vertriebswege wenden.

> **Ziele des Kapitels E.4**
>
> Im folgenden werden die Grundlagen des Anspruchsgruppen-Managements und dessen Bedeutung für die Marketing-Implementierung aufgezeigt (Abschnitt E.4.1), wobei verschiedene touristische Anspruchsgruppen genauer beleuchtet (Abschnitt E.4.2) und vorhandene Vorschläge zur Berücksichtigung von Anspruchsgruppen im touristischen Marketing-Management-Planungsprozeß vorgestellt (Abschnitt E.4.3) werden.

## 4.1 Grundlagen des Anspruchsgruppen-Managements für die Marketing-Implementierung

**Anspruchsgruppen-Management** ist nicht nur ein touristisches Phänomen, auch im allgemeinen Marketing wird zunehmend auf die Bedeutung von unternehmensexternen Faktoren für die Durchsetzung des betrieblichen Marketing hingewiesen. So sehen moderne „**Stakeholderansätze**" den Betrieb als „Stellvertreter" oder „Zweckkoalition" der verschiedenen externen Interessen an (gegenüber den internen Eigeninteressen der „Shareholder"). Entsprechend muß der Betrieb bei der Entwicklung sowie der Implementierung seiner Marketingmaßnahmen diese Anspruchsgruppen berücksichtigen:

- Umweltschutzverbände erwarten einen nachhaltigen Tourismus,

- Mitarbeiter wollen langfristige Einkommenssicherung, aber auch in einem Unternehmen mit positivem gesellschaftlichen Image arbeiten,

- der Staat erwartet neben Steuereinnahmen auch die Sicherung von Arbeitsplätzen und – gerade durch den Tourismus – die Steigerung der Attraktivität des Standortes für Investoren und der Lebensqualität für die Bewohner.

Oder es werden die **normativen Aspekte** des betrieblichen Managements betont, wobei insbesondere nicht-ökonomische und gesellschaftsorientierte Zielsetzungen für die Unternehmensethik und die Unternehmensgrundsätze immer bedeutender werden (vgl. B.2). Insgesamt wird von einer verstärkten Aufmerksamkeit der Bevölkerung gegenüber unternehmerischen Aktivitäten gesprochen, die sich insbesondere im Umwelt- und Gesundheitsbereich zeigen. Hierbei kommt ein größerer Erwartungsdruck „von außen" auf die Unternehmungen und ihre Aktivitäten zu, der – ganz im Sinne einer Kunden- oder Gesellschaftsorientierung des modernen Marketing – entsprechend im Marketing-Management zu berücksichtigen ist.

**Beispiele:**
- Umweltschutzorganisationen werden national und international tätig, wie z.B. Greenpeace.
- Aktionen gegen Kernkraftwerke nehmen zu.
- Das Gesundheitswesen verlangt ein Ideenmarketing im Hinblick auf „Nicht-Rauchen" oder „AIDS-Aufklärung".

Dieses Spannungsfeld der verschiedenen Interessen bestimmt zugleich den Handlungs- und Erfolgsrahmen für die Implementierung des Marketing. Teilweise ist Anspruchsgruppen-Marketing als Erweiterung der traditionellen Öffentlichkeitsarbeit nach außen und innen zu sehen. So war die „Werbung um öffentliches Vertrauen" bereits in D.4.3 behandelt und die weiterführenden Formen des „Public Marketing" bei der Erweiterung des traditionellen Marketing-Mix-Instrumentariums behandelt worden.

Die genannten Entwicklungen finden gerade im Tourismus-Marketing ein hohes Maß an Entsprechungen:

- Betroffenheit verschiedener gesellschaftlicher Gruppen: private Tourismusinvestoren, öffentliche Tourismusaufgaben, durch den Tourismus betroffene Bewohner („Bereiste"), Touristen als Gäste usw.,
- ressortübergreifende Aufgaben des Tourismus: Verkehr, Finanzen, Freizeit, Soziales, Wirtschaft,
- Zielkonflikte im Tourismus: Ökonomie, Ökologie, Gesellschaft,
- „High-Involvement" im Tourismus: Hohes Engagement (und hohe Betroffenheit) der verschiedenen Gruppen, z.b. „Aufstand der Bereisten", Autobahnblockaden usw.

Auch wurde in Abschnitt A.3.5 der Ansatz eines **ganzheitlichen Marketing** als eine touristische Besonderheit herausgestellt, bei dem die Berücksichtigung der nichtökonomischen Bereiche Gesellschaft, Ökologie, Freizeit sowie eine verstärkte Werteorientierung bei den Nachfragern betont worden waren.

Hinzu kommt als weitere Besonderheit im Rahmen des touristischen **Makro-Marketing** das Zusammenwirken verschiedener Tourismusbetriebe im Rahmen eines überbetrieblichen Marketing, beispielsweise von Fremdenverkehrsvereinen oder -verbänden, bei denen gewinnorientierte und gemeinwirtschaftliche Interessengruppen gleichermaßen vertreten sind.

Auf der anderen Seite hat auch die **betriebsinterne Implementierung** der Marketingmaßnahmen in touristischen Destinationen sowie bei touristischen Leistungsketten eine Reihe von Besonderheiten zu berücksichtigen. So sind nicht nur die Interessen der unmittelbar in den touristischen Unternehmen mit Marketingaufgaben beschäftigten Personen und Abteilungen zu betrachten, sondern auch andere Funktionsbereiche und Personen müssen für die Implementierung der Marketingmaßnahmen – direkt oder indirekt – hinzugezogen werden. So umfaßt beispielsweise der touristische „Betrieb Destination" nicht nur die unmittelbar im touristischen Leistungsprozeß involvierten Personen und Abteilungen, sondern auch die nur mittelbar mit dem Tourismus konfrontierten Personen und Betriebe – quasi die anderen Betriebsabteilungen oder die Angehörigen der Tourismusbeschäftigten.

Insofern muß gerade Tourismus als Querschnittsdisziplin und Tourismus-Marketing als ganzheitliche Aufgabe den unterschiedlichen Anspruchsgruppen im Bereich der Marketing-Implementierung besondere Aufmerksamkeit widmen. Touristische Unternehmen können ihre Marketingmaßnahmen nur unter Berücksichtigung der Interessen der unterschiedlichen – touristischen und nichttouristischen – Anspruchsgruppen durchsetzen.

## 4.2 Anspruchsgruppen im Tourismus

Die Implementierung von touristischen (Marketing-)Maßnahmen stellt sich im Hinblick auf die verschiedenen Anspruchsgruppen sehr unterschiedlich dar. Dabei werden Anspruchsgruppen nach unterschiedlichen Kriterien unterteilt, wie z.B.:

- betriebsinterne und betriebsexterne Anspruchsgruppen,
- innere und äußere Anspruchsgruppen in bezug auf den Tourismus,
- markt- und nichtmarktorientierte Anspruchsgruppen,
- organisierte und nicht-organisierte Anspruchsgruppen.

Hinsichtlich der verschiedenen Kriterien werden im folgenden die für den Tourismus sowie die Marketing-Implementierung besonders relevanten Anspruchsgruppen herausgestellt. Die daraus abgeleiteten Maßnahmen im Rahmen des Anspruchsgruppen-Managements sind zum Teil im traditionellen Marketing-Instrumentarium enthalten, erhalten aber aufgrund der zunehmenden Relevanz von Anspruchsgruppen für das Marketing eine weitergehende Bedeutung und müssen im Sinne eines übergreifenden Anspruchsgruppen-Managements eingesetzt werden.

**Abb. E-34** Anspruchsgruppen im Tourismus

## 4.2.1 Betriebsinterne Anspruchsgruppen

Die Umsetzung des Marketing ist zuerst innerhalb des eigenen Betriebes notwendig, wo die seitens der Marketingträger vorgeschlagenen Maßnahmen durch die betriebsinternen Anspruchsgruppen getragen und realisiert werden müssen.

Diese Implementierungsaufgabe stellt sich in jedem Betrieb, wo als Anspruchsgruppen vor allem die einzelnen Mitarbeiter oder die durch sie getragenen Funktionen bzw. Betriebsbereiche gelten. Neben diesen im folgenden als einzelbetriebliche Anspruchsgruppen bezeichneten Interessenträgern kommen für den Tourismus noch weitere Besonderheiten in bezug auf die touristischen „Gesamtbetriebe", wie v.a. Destinationen und Reiseveranstalter, hinzu.

**(1) Einzelbetriebliche Anspruchsgruppen**

Die Anspruchsgruppen in Einzelbetrieben werden entweder nach betrieblichen Funktionsbereichen oder in bezug auf einzelne Mitarbeiter unterschieden. Die Implementierungsaufgaben stellen sich für touristische und nicht-touristische Betriebe ganz ähnlich dar. Soweit es sich um Dienstleistungsbetriebe handelt, erfordern die hohen kommunikativen Aufgaben der Mitarbeiter im direkten Kundenkontakt eine besondere Identifikation des Servicepesonals mit den Marketingzielen und -aufgaben.

**(1a) Die Mitarbeiter**

Mitarbeiter erwarten neben angenehmen und sicheren Arbeitsplätzen, gegebenenfalls mit entsprechenden Sozialleistungen, auch die Identifikation mit den unternehmerischen Zielen. Dies hängt eng mit der Diskussion um Corporate Identity und Corporate Image zusammen. Je mehr sich die Mitarbeiter mit den Unternehmenszielen identifizieren, um so größer wird der Implementierungserfolg verschiedener Maßnahmen sein. Zudem sind Arbeitsplätze in Beschäftigungsbereichen mit einem positiven (Außen-)Image ein weiterer Erfolgsfaktor für die Implementierung. Gerade touristische Arbeitsplätze haben ein hohes Attraktivitätspotential nach außen: „Der Duft der großen weiten Welt", Kontakte zu internationalem Publikum, eigene (Dienst-)Reisen in andere Regionen usw. tragen zur Zufriedenheit der Anspruchsgruppe Mitarbeiter im Tourismus bei.

Spezifische **Maßnahmen** des betrieblichen Binnen-Marketing sind (vgl. genauer D.4.5):
- Betriebsversammlungen,
- Info-Abende,
- Mitarbeiterzeitschriften (bei großen Unternehmen) usw.

**(1b) Die Funktionsbereiche**

Die Ausführungen zur Organisation des Marketing haben gezeigt, daß damit gleichzeitig die Implementierung innerhalb des jeweiligen Betriebes erleichtert oder erschwert werden kann.

Die Organisationseinheiten stellen ebenfalls Anspruchsgruppen dar, indem die verschiedenen Abteilungen zueinander in Konkurrenz- oder Synergiefunktionen stehen. So erwartet die Finanzabteilung eine kostenorientierte Marketingimplementierung, die Personalabteilung eine mitarbeiterfreundliche Implementierung usw. Andererseits können Vorbehalte der Finanz- oder Personalabteilung gegenüber der Marketingabteilung die Implementierung entsprechender Maßnahmen erschweren. KOLCKS (1990: 199ff) spricht von „Ressortegoismen" als wichtigen Implementierungsproblemen.

**(2) Anspruchsgruppen in touristischen Gesamt- oder Makrobetrieben**

Im Tourismus sind verschiedene Makro-Betriebe tätig, insbesondere gelten Destinationen und Reiseveranstalter als „Kollektiv-Betrieb" für das entsprechende Marketing. Hierbei sind neben den zuvor erwähnten einzelbetrieblichen Anspruchsgruppen weitere Interessengruppen vertreten, die die Marketingimplementierung beeinflussen.

Bei **Destinationen** hat Innen- oder Binnen-Marketing über die eigentlichen Beschäftigten in touristischen Betrieben hinaus auch die Bewohner und ortsansässige Unternehmen, die nicht direkt am Tourismusgeschäft teilnehmen, als „Mitarbeiter i.w.S" bzw. als „betriebsinterne Anspruchsgruppen" der Destination einzubeziehen. Dies sichert die „Gastfreundschaft" des jeweiligen Ortes gegenüber den Besuchern und ist damit ein wesentlicher Beitrag zur Marketing-Implementierung im lokalen und regionalen Tourismusbereich.

**Maßnahmen:**
- Saisonauftakt oder -abschlußball,
- Berichte in der lokalen Presse.

**Reiseveranstalter** haben im Bereich des Innen-Marketing, die Beschäftigten der gesamten Leistungskette der Pauschalreise in ihre Implementierungsüberlegungen einzubeziehen. Viele dieser Beschäftigten sind nicht direkt bei dem jeweiligen Reiseveranstalter angestellt, sondern rechtlich Mitarbeiter der Leistungsträger, z.B. der Transport- oder Hotelbetriebe, oder als – selbständige – Reiseleiter oder Freizeitanbieter tätig. Zudem gelten die verschiedenen – öffentlich oder privat angebotenen Attraktionen in den Destinationen als weiteres Leistungselement der gesamten Reise.

**4.2.2 Marktbezogene Anspruchsgruppen**

Implementierungsaufgaben in bezug auf marktbezogene Anspruchsgruppen waren im wesentlichen bereits bei den jeweiligen Marketingmaßnahmen behandelt worden. So bestehen marktorientierte Implementierungsprobleme gegenüber den verschiedenen Marktteilnehmern, wie z.B.:

- Lieferanten, z.B. für Hotels und Fluggesellschaften,
- Absatzmittler, wie z.B. Reisemittler,
- Konkurrenten und Kooperationspartner, z.B. Reisebürokooperationen, Werbe- oder Einkaufsgemeinschaften,
- Kapitalgeber, Banken,
- Konsumenten als Endverbraucher der Tourismusprodukte,
- Berater, z.B. für Fremdenverkehrsgemeinden,

ohne daß an dieser Stelle darauf nochmals im einzelnen genauer eingegangen werden muß.

Für die gesamte touristische Leistungskette sind als marktbezogene Anspruchsgruppen im wesentlichen die verschiedenen der touristischen Leistungskette vor-, nach- oder parallelgelagerten Unternehmen anzusehen. Im Verlauf dieser zeitbezogenen und ganzheitlich ausgerichteten Marketingpolitik sind die horizontal oder vertikal mit dem jeweiligen Marketingträger verbundenen Anspruchsgruppen in das Marketing einzubeziehen bzw. deren Interessenlagen im Hinblick auf die Marketingimplementierung zu berücksichtigen:

- **vorgelagerte Anspruchsgruppen** sind im wesentlichen Zulieferer oder – in bezug auf Dienstleistungsmodelle – die Einsatz- und Potentialfaktoren, die einen gesicherten Absatzmarkt für die jeweiligen Inputfaktoren erwarten;
- **parallelgelagerte Anspruchsgruppen** sind andere Unternehmen, die ebenfalls zur Erstellung der touristischen Leistung beitragen und mit denen kooperative oder konkurrierende Beziehungen aufgenommen werden können;
- **nachgelagerte Anspruchsgruppen** beziehen sich vor allem auf die Vertriebswege und auf ergänzende touristische Dienstleistungsträger.

Hinzu kommen die **Kunden** als weitere – zentrale – marktbezogene Anspruchsgruppe, deren Interessen in Form von Nachfragewünschen und -motiven im Mittelpunkt des gesamten Marketing stehen.

Wiederum können Reiseveranstalter und Destinationen als typische touristische Implementierungsaufgaben in bezug auf die gesamte Leistungskette sowie das gesamte touristische Leistungsbündel angesehen werden. Die eigene Marketingphilosophie oder entsprechende Maßnahmen, z.B. in bezug auf das Qualitäts-Management, müssen von allen anderen Unternehmen, die Bestandteil der unternehmens- oder branchenbezogenen Leistungskette sind, in gleicher Form realisiert werden.

Die bekanntesten **Maßnahmen** sind:
- Verkaufsförderung für die Vertriebswege, wie Social Events (Freikarten, Info-Abende, Agentenflüge),
- gegenüber anderen Unternehmen: Kooperationen, Geschäftsessen usw.

### 4.2.3 Anspruchsgruppen im Bereich Politik und Verwaltung

Zahlreiche touristische Entscheidungen sind von öffentlichem Interesse und durch öffentliche Institutionen zu genehmigen oder von der Exekutive auszuführen, wie Genehmigungen von touristischen Bauvorhaben, von Flugberechtigungen, aber auch Paß-, Devisenvorschriften. Entsprechend sind die Marketingaktivitäten mit den Anspruchsgruppen von Politik und/oder Verwaltung abzustimmen. In bezug auf Aktivitäten des Anspruchsgruppen-Managements gegenüber der Politik und anderen öffentlichen Interessengruppen wird zumeist vom „Lobbyismus" gesprochen.

Damit ergibt sich eine gewisse Überschneidung der unternehmerischen Marketingpolitik mit der – öffentlichen – Tourismuspolitik. Sieht man aus dem Blickwinkel des Betriebes „nach oben", so sind es Tourismuspolitiker, die den entsprechenden Rahmen zur Implementierung des betrieblichen Marketing zur Verfügung zu stellen haben.

Betrachtet man umgekehrt die Tourismuspolitik öffentlicher Träger im Sinne modernen – öffentlichen – Marketing, so bedeutet Anspruchsgruppen-Management die „nach unten" gerichtete Umsetzung der öffentlichen Marketing-Maßnahmen im regionalen, lokalen und betrieblichen Aktionsfeld oder die Umsetzung eines Verbands-Marketing durch die jeweiligen Mitglieder.

**Maßnahmen:**
- Einladungen von Gemeinderatsmitgliedern oder von Sachbearbeitern aus den Ministerien zu Veranstaltungen des Tourismus,
- Parlamentarischer Abend des LFV oder der Verbände von touristischen Privatunternehmen.

Bei der Vertretung touristischer Interessen gegenüber der Politik kommt es häufig zu Zusammenschlüssen der touristischen Einzelbetriebe zu Tourismusverbänden, die wiederum relativ eigenständige Anspruchsgruppen in bezug auf die Implementierung des Tourismus-Marketing darstellen (vgl. im folgenden E.4.2.4(1)).

**Beispiel:**
- Zusammenschluß von Tourismusbetrieben zu Verbänden oder von Tourismusverbänden zu einem Bundesverband der Deutschen Tourismuswirtschaft (BDT).

Im Tourismus sind die politischen Anspruchsgruppen in Form von Parlamenten und Verwaltungen zumeist föderalistisch strukturiert. So gibt es im nationalen Bereich politische Anspruchsgruppen auf Bundes-, Länder- und Gemeindeebene.

**Beispiele:**
- Abgeordnete der Parteien, der Fremdenverkehrsausschuß des Deutschen Bundestages, Vorsitzende der Parteien bzw. der Fremdenverkehrsausschüsse (im Bund oder im Land), Stadt- und Gemeinderat in Kommunen, Abteilungsleiter und Sachbearbeiter für Tourismus in den Ministerien oder der lokalen Verwaltung.

### 4.2.4 Sozio-kulturelle Anspruchsgruppen

Die Betrachtung betriebsexterner Anspruchsgruppen bezieht sich aber am häufigsten auf die verschiedenen nicht-marktbezogenen und nicht-parteipolitischen Anspruchsgruppen. Sie können weiterhin in organisierte oder nicht-organisierte Anspruchsgruppen bzw. in Bezug auf Tourismus als tourismusinterne oder -externe Gruppen unterschieden werden.

**(1) Organisierte touristische Anspruchsgruppen**

Als **organisierte Anspruchsgruppen mit Bezug zum Tourismus** gelten die verschiedenen Vereine und Verbände, die die Interessen ihrer Mitglieder vertreten, wie DEHOGA, DRV, ADAC, ADFC oder FVV. Die Marketingimplementierung hat sowohl die Interessen innerhalb der eigenen Verbände als auch gegenüber anderen touristischen Verbänden und tourismusexternen Vereinigungen zu berücksichtigen. All diese Formen der internen oder externen Verbandsarbeit sind weitere Aufgaben des Lobbyismus, die oben bereits in bezug auf politische Entscheidungsträger erwähnt worden sind (vgl. auch Abb. E-35).

**(2) Organisierte nicht-touristische Anspruchsgruppen**

Ferner sind für die touristische Implementierung verschiedene Anspruchsgruppen zu berücksichtigen, die sich zwar nicht primär in bezug auf den Tourismus organisiert haben, die aber indirekt zum Tourismus beitragen, wie vor allem Kultur-, Sport- und weitere Freizeitorganisationen.

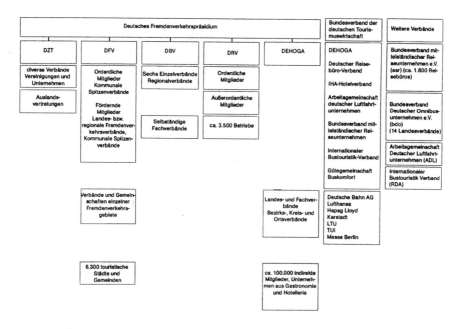

**Abb. E-35** Touristische Verbände in Deutschland
(Quelle: BRENDLE/MÜLLER 1996: 32)

Im tourismuskritischen Bereich sind es insbesondere Umweltorganisationen, die in bezug auf die ökologischen Auswirkungen der touristischen Implementierung einzubeziehen sind.

**Beispiel:**
- Die Beteiligung von Greenpeace bei der Beantragung der Olympischen Spiele 2000 in Australien war ein positives Beispiel der Integration dieser Anspruchsgruppe.

### (3) Unorganisierte Anspruchsgruppen mit touristischem Bezug

Weitgehend **unorganisierte Anspruchsgruppen mit touristischem** Bezug sind Bürgerinitiativen, die eher fallweise in bezug auf touristische Implementierungsprobleme in Erscheinung treten.

**Beispiele:**
- Autobahnblockaden bei zu viel Verkehrsaufkommen,
- Opposition gegen touristische Veranstaltungen.

Bürgerinitiativen entstehen zumeist bei hohem gesellschaftlichem Involvement und unzureichender institutionalisierter Entscheidungsfindung, wie dies im Tourismus oftmals der Fall ist. Sie richten sich zum einen gegen touristische Projekte mit negativen gesellschaftlichen Auswirkungen oder stehen für den Erhalt touristischer Attraktivitäten ein und richten sich gegen negative Planungsvorhaben.

**Beispiel:**
- Bau der Meyer-Werft in der Prorer Wiek auf Rügen mit den negativen Auswirkungen für den Badeort Binz 1993.

Gerade hier ist es eine wichtige Aufgabe der touristischen Anspruchsgruppen-Implementierung, die Bewohner touristischer Gebiete für den Tourismus zu aktivieren und sie an Entscheidungen partizipieren zu lassen (vgl. E.4.3).

**(4) Verbraucherorganisationen**

Im Tourismus sind zudem eine Reihe von Verbraucherorganisationen auch immer wieder mit touristischen Fragen befaßt.

**Beispiele:**
- Stiftung Warentest untersucht die Beratungsqualität in Reisebüros, die Zuverlässigkeit von Verkehrsträgern oder von Reiseveranstaltern.
- Gaststätten werden von unabhängigen Testern hinsichtlich der Qualität des Angebotes untersucht.

Fragen des Reiserechts oder der Beratungsqualität werden von Verbraucherorganisationen aufgegriffen – und zumeist von der Öffentlichkeit sowie den Medien entsprechend unterstützt.

**Beispiele:**
- So entstand die Insolvenzabsicherung der deutschen Reiseveranstalter 1994 nicht zuletzt aufgrund des öffentlichen Druckes und der Forderungen der Verbraucherorganisationen.
- Die Stiftung Warentest klärt über Preisvergleiche bei Reiseveranstaltern auf und die Sendung WiSo hat mit der entsprechenden Berichterstattung über die Auskunftspflicht von Reisebüros hinsichtlich des billigsten Reiseangebotes 1995 zur Ablösung des DRV-Geschäftsführers beigetragen.

### 4.2.5 Zukunftsorientierte Anspruchsgruppen

Als weitere Anspruchsgruppen gelten „zukünftige Generationen". Die meisten Marketingmaßnahmen sind zukunftsgerichtet und wollen eine Veränderung der heutigen Situation bewirken. So gibt es vor allem Interessengegensätze in bezug auf die Art und Richtung der touristischen Entwicklung von Destinationen hinsichtlich Umfang, Qualität, Zielgruppen und benötigter Infrastruktur. Aber auch der Bau von Fernstraßen, von Flughäfen oder des Transrapid sind Entscheidungen mit sehr langfristigen Konsequenzen.

All diese Marketingüberlegungen betreffen mit ihren Auswirkungen die künftigen Generationen, womit sie als weitere touristische Anspruchsgruppen in die Implementierungsüberlegungen einzubeziehen sind. Gerade die Diskussion um eine „nachhaltige" touristische Entwicklung betont die Berücksichtigung der Folgen und der Auswirkungen in bezug auf die zukünftigen Generationen. Dabei sind es weniger spezielle Forderungen dieser Generationen, die diese ja noch nicht konkret äußern können, als vielmehr Ansprüche, die die Gesellschaft allgemein im Namen der kommenden Generationen an die heutigen touristischen Unternehmen stellt. Bei der Implementierung von Marketingmaßnahmen sind diese antizipierten Interessen, ganz im Sinne ethischer Entscheidungen, zu berücksichtigen.

Problematisch ist hierbei jedoch die mangelnde Kenntnis und Sicherheit bezüglich der Dimensionen zukünftiger Forderungen dieser Anspruchsgruppen. Konsens besteht allgemein darüber, daß im Rahmen des Marketing-Managements die Ziele „Vermeidung irreversibler Schäden" und „Erhaltung eines konstanten Naturpotentials" sowie die entsprechenden Maßnahmen zu ihrer Umsetzung implementiert werden sollten.

**Dynamik des touristischen Planungsprozesses**

Zudem sind gesellschaftliche Ansprüche keine feststehenden Gegebenheiten, sondern unterliegen selbst wieder zeitlichen Veränderungen. Insofern sind die zukunftsgerichteten und dynamischen Aspekte bei Anspruchsgruppen-Implementierung zu berücksichtigen.

Im Tourismus sind die künftigen Generationen vor allem bei der Entwicklung von „Konzepten" oder „Leitbildern" zu beachten, ohne daß diese bereits bei deren Implementierung aktiv anwesend sein können. So hat BIEGER (1996) am Beispiel der Erarbeitung von Leitbildern für Destinationen vier Typen der Anspruchsgruppen-Beteiligung entwickelt, die über die reinen Leitbildinhalte hinaus auch deren Integration mit der ortsansässigen Bevölkerung sowie der „künftigen Generationen" aufzeigen:

- Typ 1: Die ersten touristischen Leitbilder waren überwiegend reine Expertenarbeiten, die streng sequentiell, analytisch und deduktiv erarbeitet wurden.
- Typ 2: Neuere Leitbilder wurden als Mischung zwischen analytischen Elementen in Expertenarbeit (z.B. Aufgangsanalyse, Vorschläge für Positionierung/Zielsetzung etc.) und Arbeit in Gruppen entwickelt,
- Typ 3: Vereinzelt werden heute Leitbilder in öffentlichen Sitzungen mit der ganzen Bevölkerung in einem offenen Prozeß im Diskurs als Zukunftswerkstatt erarbeitet.

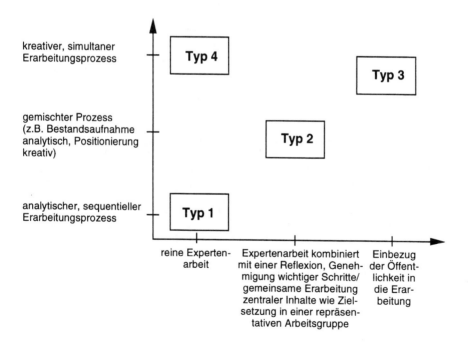

**Abb. E-36** Typisierung von Erarbeitungsprozessen von Leitbildern im Tourismus (Quelle: BIEGER 1996: 320)

Ferner sind die unterschiedlichsten Mischformen denkbar, die aber – nach BIEGER „in der Praxis keine große Bedeutung haben" (ders. 1996: 320), so z.B.:

- Typ 4: Hier wird ein neues Leitbild auch als reine Expertenarbeit entworfen (ähnlich dem traditionellen Typ 1), es findet aber innerhalb der Expertenarbeit, z.B. einer Werbeagentur, ein kreativer, simultaner Erarbeitungsprozeß statt.

### 4.2.6 Medien

Über Medien werden touristische Problembereiche und die Meinungen der verschiedenen Anspruchsgruppen einer breiten Öffentlichkeit zugänglich gemacht oder – bei Nichtberichterstattung – vorenthalten. Vom Grundsatz her nehmen Medien vorrangig eine Informationsaufgabe wahr. Medien haben keine primäre Problemlösungskompetenz, beeinflussen aber durch die Art und Intensität der Berichterstattung vielfach die öffentliche Meinungsbildung und damit letztlich die Richtung der jeweiligen Entscheidung. Damit sind die Medienvertreter selbst, v.a. Journalisten, als wichtige touristische Anspruchsgruppen zu sehen.

Wichtige Bereiche und Aufgaben der Medien in bezug auf das touristische Marketing wurden bereits in Abschnitt D.4.5 (Öffentlichkeitsarbeit) behandelt. So sind neben der Tagespresse im lokalen Bereich Fernsehen und Rundfunk für überregionale Problembereiche von Bedeutung. In Zukunft werden die sog. „Neuen Medien" im Bereich der Implementierung des touristischen Marketing an Bedeutung gewinnen, sei es als Informationsmedium, aber auch als Mittel der Dialogkommunikation mit den Marketingträgern.

**Beispiele:**
- Lokale Berichterstattung über die Eröffnung von Hotels oder über Beschwerden von Touristen bzw. umgekehrt von Einheimischen über den Tourismus. Dies sind wesentliche Funktionen bzw. Unterstützungen des Binnen-Marketing.
- Nationale Berichterstattung über neue Verkehrswege, z.B. Flughafenbau, Transrapid usw.
- Internationale Berichterstattung über Flugzeugabstürze.

Die verschiedenen Medien und ihre Vertreter stellen eher eine indirekte Anspruchsgruppe dar, da sie als Multiplikator und „Sprachrohr" der verschiedenen zuvor benannten Anspruchsgruppen gesehen werden können. In diesem Zusammenhang kommt ihnen daher eine besondere Rolle zu. Mittels der Medien kann ein Unternehmen seine verschiedenen Anspruchsgruppen sehr effizient erreichen (Multiplikatoreffekt). Die Medien an sich stellen in – gelegentlich selbsternannter – Vertretung der gesellschaftlichen Interessen Forderungen hinsichtlich des Unternehmensverhaltens auf. Es ist daher für ein Unternehmen nicht nur wichtig, seine direkten Anspruchsgruppen zu kennen und mit entsprechenden Maßnahmen auf diese einzugehen, sondern ebenfalls die jeweils relevanten Medien und deren Vertreter.

Andererseits können auch die Anspruchsgruppen selbst über die Medien ihre Interessen entsprechend artikulieren.

## 4.3 Übergreifende Maßnahmen in bezug auf Anspruchsgruppen

Die zuvor aufgezeigten Probleme in bezug auf die verschiedenen Anspruchsgruppen haben gerade im Tourismus dazu geführt, daß Formen der Beteiligung der Anspruchsgruppen am touristische Marketingprozeß entwickelt worden sind. Während die vorherigen Maßnahmen v.a. auf einzelne Anspruchsgruppen gerichtet waren, handelt es sich bei den im folgenden erwähnten Implementierungsvorschlägen um **übergreifende Maßnahmen**.

### 4.3.1 Problemlösungsmodelle für den Tourismus – Übersicht

Bei den übergreifenden Maßnahmen geht es um fallweise oder langfristige Einrichtungen, bei denen die verschiedenen Anspruchsgruppen teilnehmen und Einfluß auf die touristischen Entscheidungen nehmen können. Solche Verfahren haben verschiedene Namen und eine unterschiedliche Bedeutung für den Tourismus, speziell für das touristische Marketing und dessen Implementierung:

- Partizipation, Beteiligung, Coaching,
- Intelligenter oder Neuer Tourismus (HAIMAYER 1993, ROMEISS-STRACKE 1991),
- Ganzheitlicher Tourismus (TAURER 1992, LASSBERG 1995),
- Internes Marketing, Binnen-Marketing, intramurales Marketing (BLEILE 1987, REPPEL 1991),
- Mediation (FREYER/LÜBBERT 1995),
- Bürgerinitiativen, Lobbyismus,
- Runder Tisch, Gäste- oder Wirtestammtisch,
- Tourismus-, Verkehrs- oder Bürger-Forum, offenes Forum,
- Anspruchsgruppen-Management (vgl. BRUHN/MEFFERT 1995),
- Projekt- oder Planungsbeirat, Qualitätszirkel (DEPPE 1986, SCHUBERT 1994, GEIGER 1994),
- Zukunftswerkstatt (BIEGER 1996), Workshops (KOLCK 1990: 242ff.),
- Volks-, Bürgerbefragungen bis hin zu -abstimmungen, auch Wahlen,
- Public Choice, Neue Politische Ökonomie (NPÖ),
- UVP-Umweltverträglichkeitsprüfung, auch gelegentlich allgemeine Prüfung der „Nachhaltigkeit" (gesellschaftlich, wirtschaftlich, naturbezogen),
- strategische Allianzen, Kooperationen

usw.

Allen **gemeinsam** ist der Versuch, die verschiedenen Anspruchsgruppen am touristischen Marketingprozeß zu beteiligen, um damit eine möglichst große Akzeptanz der touristischen Maßnahmen zu erreichen und im Falle von auftretenden Problemen zugleich zur Konfliktbewältigung beizutragen. Bei den umfassenden Implementierungsmodellen im Rahmen des Anspruchsgruppen-Managements ist eine weitgehende strukturelle Ähnlichkeit mit dem gesamten Marketing-Management-Prozeß zu sehen, wobei der Hauptunterschied in bezug auf die Einbindung der Anspruchsgruppen in den verschiedenen Marketingphasen und -stufen besteht (vgl. z.B. Abb. E-4). Vielfach werden die Formen des Anspruchsgruppen-Managements mit dem gesamten touristischen Planungs- oder Marketingprozeß gleichgesetzt, z.B. beim „ganzheitlichen Tourismus" oder der – umfassenden – „Leitbildentwicklung". Insofern ergeben sich nur unwesentliche Unterschiede gegenüber dem hier vorgestellten umfassenden und ganzheitlichen Modell des Tourismus-Marketing.

**Unterschiede** der verschiedenen Beteiligungsmodelle bestehen im wesentlichen hinsichtlich:

- **Verbindlichkeit:** von gesetzlichen Verfahren (wie Anhörungspflicht bei Planungsvorhaben, UVP) bis freiwilligen Lösungsansätzen; zumeist handelt es sich um nicht-gesetzliche Verfahren, die eine mehr oder weniger freiwillige Beteiligung voraussetzen, aber mit einer gewissen Verbindlichkeit für die am Prozeß Beteiligten gelten (sollen),

- **Umfang der Beteiligung** der gesellschaftlichen Gruppen: von Kleingruppenlösungen bis zu gesellschaftlichen Foren mit mehreren hundert Teilnehmern oder gar bis zum Bürgerentscheid oder Volksabstimmung,

- **Zeitbedarf:** fallweise, wenige Stunden oder über mehrere Monate, gelegentlich auch Jahre. Je größer die Partizipationsmöglichkeiten, um so länger ist in der Regel der Zeitbedarf für die jeweilige Konsensfindung,

- **Öffentlichkeit:** entweder als offenes Forum für alle Beteiligten oder hinter „verschlossenen Türen", wobei die Beteiligung bzw. Berichterstattung über die Medien als weitere Form der Öffentlichkeit eine gewichtige Rolle spielt,

- **Organisationsgrad:** loser Zusammenschluß oder institutionalisiert, mit oder ohne Mediator,

- **Entscheidungsbefugnis:** nur Beratung, Anhörung, oder mit weitreichender Entscheidungsbefugnis, sei es aufgrund kollektiver Entscheidungsfindung oder als Vorschläge für die entsprechenden Entscheidungsgremien,

- **Durchsetzungsmöglichkeiten:** entsprechend der Entscheidungsbefugnis und Verbindlichkeit sind auch die Umsetzungsmöglichkeiten solcher Verfahren unterschiedlich gegeben,

- **Ziele:** die Zielsetzung der Problemlösungsvereinigung bestimmt gleichzeitig die zeitliche Dauer sowie den Beteiligungsumfang. Sollen lediglich fallweise kleinere lokale Probleme unter Beteiligung von Anspruchsgruppen gelöst werden oder liegt die Zielsetzung im überregionalen und langfristigen Bereich?,

- **Konsens- oder konfliktorientiert:** Manche Beteiligungsverfahren ermöglichen zwar die Anhörung der verschiedenen Interessen, intendieren aber keine gemeinsame Lösung. Sie sind letztlich nicht konsens-, sondern konfliktorientiert.

### 4.3.2 Die Wirkungsweise von Anspruchsgruppen im touristischen Phasenmodell

Stellvertretend für die verschiedenen Möglichkeiten der Beteiligung und Berücksichtigung der Anspruchsgruppen wird im folgenden der Begriff „**Tourismus-Forum**" verwendet und es werden einige Vorschläge im Hinblick auf die phasenorientierte Betrachtung des touristischen Marketing-Management-Prozesses und der entsprechenden Implementierungsanforderungen formuliert.

Der Grundgedanke der anspruchsgruppenorientierten Beteiligung am Tourismus, speziell am touristischen Marketing findet immer mehr Akzeptanz. Allerdings besteht ein Nebeneinander der verschiedensten Methoden; eine systematische Aufarbeitung der unterschiedlichen Möglichkeiten fehlt zur Zeit. Bei der Entwicklung von touristischen (Marketing-)Konzepten wirken solche Formen der Beteiligung vor allem auf drei Stufen:

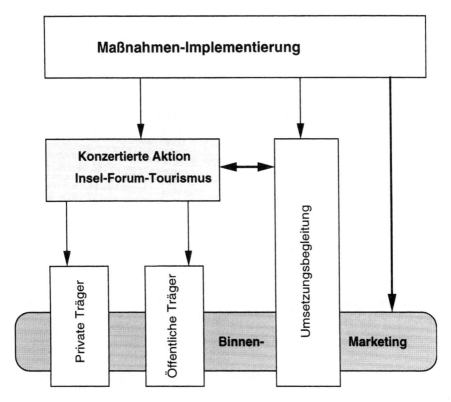

**Abb. E-37** Konzertierte Aktion oder Tourismus-Forum
(Quelle: RÜGEN 1993:227)

**(1) Beteiligung in der Vorstufe**

In der Vorstufe der Entwicklung touristischer Konzepte ist die ausreichende Einbindung von Anspruchsgruppen bei der Planung und Erarbeitung besonders bedeutsam. Dies bietet die Möglichkeit der frühzeitigen Konfliktvermeidung, verlängert aber in der Regel die Phase der konzeptionellen Arbeit, da bereits hier die unterschiedlichen Interessengruppen einzubeziehen sind.

„Um eine partizipative Einbindung der einheimischen Bevölkerung zu erreichen, ist die Arbeit in sach- oder themenbezogenen Arbeitsgruppen mit Fachmoderation von externen Beratern methodisch erfolgreich. Durch die Arbeit in und mit der Gruppe wird eine größtmögliche Identifikation mit erarbeiteten Leitbildern und Maßnahmen geschaffen." (TAURER 1992:610)

Hierzu bieten sich verschiedene Methoden der partizipativen Planung (z.B. die Konzeption des intelligenten Tourismus, vgl. Abb. E-38) sowie des Binnen-Marketing an (vgl. E.4.3.4).

## (2) Beteiligung bei Konfliktfällen (Konfliktbewältigung)

Die rechtzeitige Implementierung entsprechender interessenübergreifender Tourismus-Foren vermeidet Konflikte bzw. trägt zur rechtzeitigen Lösung bei und gibt allen Interessengruppen die Möglichkeit der Beteiligung. Als Verfahren bei auftretenden – oder sich abzeichnenden – Konfliktfällen bietet sich zum Beispiel das Mediationsverfahren an.

In einer etwas weiterführenden Sicht vertritt Meffert im Zusammenhang mit dem Anspruchsgruppen-Management die Meinung, daß es nicht mehr ausreichend sei, Anspruchsgruppen-Management als instrumentelles Problem anzusehen, sondern spricht von einer „strategischen Aufgabe". Hierfür bieten sich auf allen drei Stufen der Beteilung von Anspruchsgruppen seitens der Marketingträger folgende Strategien zur Konfliktbewältigung bzw. -vermeidung an (vgl. MEFFERT 1994):

- Innovation,
- Anpassung,
- Widerstand,
- Ausweichen,
- Überzeugung,
- Passivität.

Diese mehr strategisch orientierte Auffassung kann aber auch im Zusammenhang mit den Aufgaben der Marketing-Implementierung gesehen und hierbei insbesondere für die zuvor beschriebene Phase 2 der Konfliktfälle bei der Marketingimplementierung, aber auch für die beiden anderen Umsetzungsphasen herangezogen werden.

Als weiteres Verfahren zur Konfliktbewältigung im Hinblick auf – touristische – Anspruchsgruppen bietet sich das Mediationsverfahren an, das gerade in den letzten Jahren in Deutschland zunehmend Beachtung findet (vgl. E.4.3.3).

## (3) Beteiligung in der Nachstufe (Umsetzungsbegleitung)

Im Tourismus werden die grundsätzlichen konzeptionellen Arbeiten oftmals von Expertengruppen vorgenommen unter teilweiser Beteiligung von Interessengruppen, v.a. eines „Projektbeirates". Letztere sind – aus arbeitsökonomischen Gründen – zumeist relativ klein gehalten. Bei einem solchen Vorgehen stellt sich erst nach Abschluß der konzeptionellen Arbeiten die Frage der Umsetzung und v.a. der Umsetzungsbegleitung. Spätestens zu diesem Zeitpunkt sind weitere Anspruchsgruppen hinzuzuziehen. Ihnen werden die grundsätzlichen konzeptionellen Vorarbeiten vermittelt, aber im wesentlichen kommen ihnen Umsetzungsaufgaben zu.

Dies führt vielfach zu Widerständen der verschiedenen Anspruchsgruppen, da sie sich nicht ausreichend in den Entstehungsprozeß eingebunden fühlen und kann teilweise im Boykott der Umsetzung enden. Im positiven Fall gelingt allerdings die Integration der Anspruchsgruppen in dieser – späten – Stufe der touristischen Projektentwicklung. Ein Beispiel für diese Form der Umsetzungsbegleitung, kombiniert mit touristischem Firmen-Marketing, findet sich in Abb. E-37.

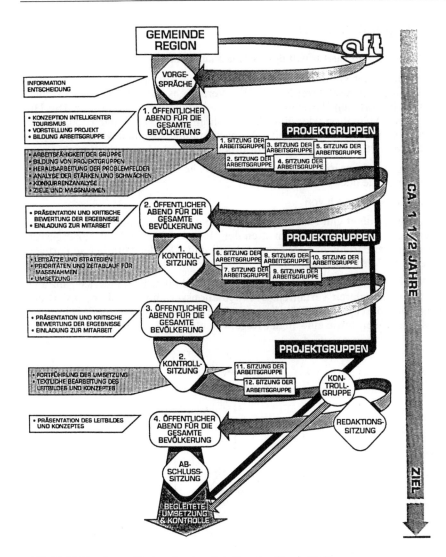

**Abb. E-38** Tourismus-Moderation im „Intelligenten Tourismus"
(Quelle: HAIMAYER 1993)

### 4.3.3 Beispiel Mediation im Tourismus

**(1) Mediation als Instrument des Konfliktmanagements**

Als Methode der kooperativen Konfliktlösung im Tourismus kann das Mediationsverfahren eingesetzt werden. Ziel des Verfahrens ist eine, von allen an einem Konflikt betroffenen Parteien gemeinsam erarbeitete Problemlösung. Die Diskussion um Mediation oder ähnliche Verfahren (wie z.B. Runder Tisch, Bürgerinitiativen, Partizipationsmodelle, Mitbestimmung, „Binnen-Marketing") zur Konfliktbewältigung ist einerseits Ausdruck

- **gestiegenen Bürgerinteresses** in bestimmten gesellschaftlichen Bereichen, wie z.B. Ökologie oder auch Tourismus

andererseits aber auch von

- **Unzufriedenheit und Hilflosigkeit** der Bürger gegenüber den nicht funktionierenden traditionellen Instrumenten der Demokratie, wie Wahlen, Bürgervertretung (im Parlament oder Gemeinderat) und/oder der Mitarbeit in Parteien, Vereinen, Verbänden usw.

Dabei ist der Grundgedanke der Mediation nicht neu. Er findet sich ganz ähnlich auch bei anderen Verfahren. Das Mediationsverfahren wird organisiert und strukturiert durchgeführt. Teilnehmer sind die Interessensvertreter der einzelnen Konfliktparteien sowie ein – in der Regel – neutraler Mediator. Ein erfolgreicher

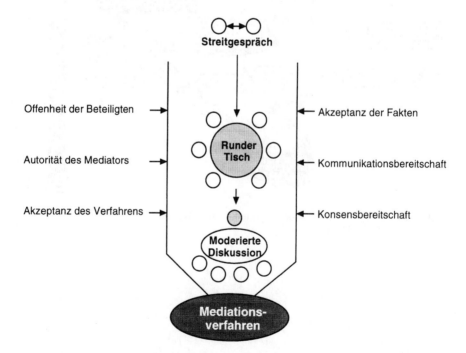

**Abb. E-39** Umweltmediation als Weiterentwicklung bekannter Konfliktlösungsverfahren (Quelle: FREYER/LÜBBERT 1995)

Mediationsprozeß führt im Endergebnis zu einer sog. „Win-Win-Lösung". Voraussetzungen hierfür sind neben der Kompetenz des Mediators vor allem die Kommunikations- und Konsensbereitschaft aller Teilnehmer.

**(2) Mediation als betriebliches bzw. kommunales Kommunikationsinstrument**

Aus Sicht eines touristischen Betriebes stellt das Mediationsverfahren eine Möglichkeit dar, mit den verschiedenen, von einem Konfliktfall betroffenen Parteien bzw. ihren Interessensvertretern zu kommunizieren und eine gemeinsame Lösung zu finden. Diese Kommunikation finden organisiert und strukturiert unter Anleitung eines unabhängigen Mediators statt.

Übliche Konfliktparteien, die sich durch Interessensvertreter in einem touristischen Umweltmediationsverfahren vertreten lassen, sind z.B.:

- Staat (Kommunen, Ministerien etc.),
- Bevölkerung (Bürgerinitiativen, Interessengemeinschaften etc.),
- Touristische Betriebe (Hotel- und Gaststättenbetriebe, Reiseveranstalter etc.),
- Umweltschutzorganisationen.

Die Rolle des Mediators sollte von einem Experten im jeweiligen Sachgebiet eingenommen werden (z.B. Wissenschaftler oder ausgebildeter Umweltmediator).

Entschließt sich eine Tourismusorganisation zu dieser Kommunikationsform, ist sie von vornherein zum Dialog bereit und an einer kooperativen Problemlösung interessiert. Dies kann auch bedeuten, daß eine Lösung nicht die für sie optimale darstellt. Im Vordergrund steht die Satisfaktion aller Beteiligten („Win-Win-Lösung") und die Beseitigung bzw. Vermeidung von Konflikten, auch wenn damit eigene Ziele nicht vollständig erreicht werden. Das Charakteristikum des Verfahrens ist vielmehr, daß die Beteiligten im Verlauf der Mediation die tatsächlich hinter den verschiedenen Zielen stehenden Interessen erkennen, um hierdurch „bessere" oder „intelligentere" Konsenslösungen zu finden.

Besonders in dem potentiellen touristischen Spannungs- und Konfliktfeld Ökonomie und Ökologie ist die Kommunikation zwischen den verschiedenen Interessensvertretern besonders wichtig. Das Mediationsverfahren kann hier – unter kompetenter Leitung – das Kommunikations-Instrumentarium des Betriebes erweitern.

**(3) Mediation als Bewertungsinstrument**

Das Mediationsverfahren setzt eine Beurteilung und Bewertung der konfliktären Situation durch die beteiligten Konfliktparteien voraus. Motivatoren zur Durchführung eines Bewertungsverfahrens sind insbesondere die jeweiligen Interessen der Beteiligten. Übliche Bewertungsverfahren, die im Bereich Tourismus und Umwelt angewendet werden, sind u.a.:

- Expertengutachten,
- Nutzwertanalysen,
- Kennzahlenanalysen,
- Gästebefragungen,
- Belastungsgrenzenanalysen.

Aus den Ergebnissen dieser Bewertungsverfahren leiten die verschiedenen Konfliktparteien ihre jeweiligen Ziele ab, welche dann kommuniziert werden. Im

Verlauf des Mediationsverfahrens werden nicht primär diese Ziele diskutiert, sondern die jeweils dahinterstehenden Interessen. Im Rahmen der Diskussion kann sich die Notwendigkeit für einzelne Parteien ergeben, die erfolgte Situationsbewertung zu korrigieren oder zu wiederholen. Ein charakteristisches Problem im Umweltschutzbereich ist, daß objektiv nachvollziehbare Bewertungsverfahren bisher höchstens in Ansätzen bekannt sind. Dies stellt auch den Mediator vor entsprechende Problemstellungen im Zuge seiner vermittelnden Tätigkeit.

In einem weiteren Verständnis kann die **konsensuale Konfliktlösung**, welche das Ergebnis des Mediationsverfahrens darstellen soll, als eine subjektive Einschätzung (im Sinne von Bewertung) der Konfliktsituation durch die betroffenen Parteien verstanden werden, wobei diese Bewertung jedoch nur auf den jeweiligen Einzelfall anzuwenden ist und nicht verallgemeinert werden kann, da sie untrennbar mit den bewertenden Parteien, also den Konfliktparteien, im Zusammenhang zu sehen ist. In diesem Sinne kann das Mediationsverfahren dem Betrieb als ein subjektives Bewertungsinstrument für die jeweiligen Konflikte dienen.

**(4) Mediation als Partizipationsinstrument im Tourismus**

Im Verlauf von Mediationsverfahren werden Problemlösungen erarbeitet und Entscheidungen auf **freiwilliger Basis** getroffen. An diesem Entscheidungsfindungsprozeß partizipieren im Idealfall alle von einem speziellen Konflikt betroffenen Parteien. Die Entscheidung, welche Interessenvertreter an dem Verfahren teilnehmen, liegt beim Organisator des Verfahrens. Es gibt zwar Empfehlungen für die Organisation des Mediationsverfahrens (z.B. in Kanada), jedoch liegen zur Zeit noch keine allgemein gültigen Normen für den Mediationsprozeß vor.

Das Mediationsverfahren stellt eine Möglichkeit dar, betroffene außerbetriebliche Parteien freiwillig an Unternehmensentscheidungen partizipieren zu lassen.

Gerade im Tourismus kann das Mediationsverfahren wirkungsvoll im Zusammenhang mit ökologischen Fragen eingesetzt werden, wenn die Voraussetzungen (Kommunikationsbereitschaft der Beteiligten, frühzeitiger Verfahrensbeginn, kompetenter Mediator etc.) gegeben sind, um so sich abzeichnende Konflikte schon bei ihrer Entstehung bzw. – wenn möglich – schon im Vorfeld zu lösen. Wird beispielsweise ein Umweltkonflikt auf traditionelle (harte) Weise ausgefochten und über die verschiedenen Medien publik gemacht, müssen die betroffenen Gemeinden und Betriebe mit Einnahmerückgängen rechnen, da die stark elastische touristische Nachfrage hiervon beeinflußt werden kann. Rufschädigungen, als Folge eines Umweltprozesses, können oft nicht kurzfristig (innerhalb einer Saison) behoben werden.

Das Mediationsverfahren stellt daher einen aussichtsreichen Ansatz für ein modernes Konfliktmanagement im Tourismus dar. Es kann als eine wirkungsvolle Erweiterung des traditionellen Binnenmarketing-Instrumentariums betrachtet werden. Die Verfahrensschritte und -ergebnisse können zusätzlich für die betriebliche Öffentlichkeitsarbeit verwendet werden.

### 4.3.4 Beispiel Binnen-Marketing im Tourismus

Eine weitere anspruchsgruppenorientierte Aufgabe im Zusammenhang mit der Implementierung des Marketing ist das Binnen-Marketing. Unter diesem Oberbegriff werden verschiedene Maßnahmen verstanden, die z.T. bereits im Rahmen anderer Marketingbereiche erwähnt worden sind, wie z.B bei der Öffentlichkeitsarbeit (als interne PR), der Corporate Identity (als interne CI),bei der Verkaufsförderung (als Verkäufer- und Handelspromotion) sowie zum Teil bei der Bestimmung der Anspruchsgruppen (interne Anspruchsgruppen). In einem noch umfassenderen Verständnis wird Binnen-Marketing auch als eigenständige Methode der Entwicklung eines touristischen Binnen-Marketing verstanden.

Im allgemeinen Marketing wird vor allem von Innen-Marketing gesprochen, wobei der Begriff die Parallele zum externen oder Außen-Marketing betont und auf die betriebsinternen Aufgaben im Rahmen der Marketingimplementierung hinweist (vgl. Bruhn 1995, STAUSS/SCHULZE 1990). Im Tourismus wird vorwiegend die Bezeichnung **Binnen-Marketing** verwendet, die gegenüber dem traditionellen Innen-Marketing einige Besonderheiten aufweist.

Innen- oder Binnen-Marketing führt über die eigentliche Implementierungsfunktion hinaus zu einem grundsätzlichen Umdenken hinsichtlich der Rolle von Mitarbeitern und Beteiligten im Marketing. Hierbei wird deutlich, „daß durch das Interne Marketing in bestimmten Bereichen eine Neuorientierung in der Marketingwissenschaft und -praxis notwendig ist. Es werden neuartige und originäre Problemstellungen aufgeworfen, die durch die bisherige, klassische Sichtweise des Marketing weitgehend vernachlässigt wurden." (BRUHN 1995: 22)

**(1) Zum Begriff: Innen- oder/und Binnen-Marketing?**

**(1a) Parallelen des Innen- zum Außen-Marketing**

Während die meisten Marketingmaßnahmen vor allem auf die betriebsexternen Beziehungen am Markt gerichtet sind, betont Internes Marketing ganz analoge Aufgaben nach innen, also betriebsintern. Hier sind die verschiedenen Maßnahmen sowie die generelle Marketingorientierung auch gegenüber den eigenen Mitarbeitern und Funktionsbereichen zu implementieren: „Internal marketing is a management strategy. The focus ist on how to develop customer-conscious employees. Goods and services as well as specific external marketing campaigns have to be marketed to employees before they are marketed externally. Every firm, or any organisation, has an internal market of employees, which must first be taken care of." (GRÖNROOS 1990: 222, im Original z.T. mit Hervorhebungen, Anm. W.F.)

Dabei sehen Vertreter eines Binnen-Marketing vielfache Parallelen des externen Tausches und des Verkaufens, wodurch der Begriff des Binnen-Marketing geprägt ist. Die Ideen und Maßnahmen des Marketing müssen nach dieser Auffassung nicht nur nach außen, sondern auch nach innen „verkauft" werden. Personalpolitik, Mitarbeiterentlohnung und andere Motivationsmaßnahmen sind verschiedene interne Marketingmaßnahmen gegenüber den Mitarbeitern, die als Gegenleistung ihre Mitwirkung an den entsprechenden Aktivitäten bereitstellen. In Fortführung dieses Gedankens sind die verschiedenen Aufgaben der Personalimplementierung aus Abschnitt E.3.2 zu sehen. Gerade in der Dienstleistungsliteratur wird internes Marketing als eine wichtige Aufgabe für eine personal- und serviceorientierte Umsetzung des Marketing gesehen.

Kritiker sehen hingegen einen gewissen Widerspruch zur modernen Kunden- und Marktorientierung. Eine zu starke Ausrichtung der Unternehmen an den Interessen der Mitarbeiter vernachlässigt den Grundgedanken der primären Marktorientierung:

Es „sind nicht die Mitarbeiterbedürfnisse die primären Orientierungsschwerpunkte für Arbeitsplatzgestaltung und für notwendig erachtetes Arbeitsverhalten, sondern die der Konsumenten. (...) Das Personal soll Dienstleistungsmentalität entwickeln und kundengerechtes Verhalten zeigen, d.h. es ist in vom Kunden gewünschter Form bereitzustellen." (STAUSS/SCHULZE 1990:152). Zudem fehlt in bezug auf die adäquate Verwendung des Marketingbegriffes der betriebsinterne monetäre und **bilaterale** Tausch im eigentlichen Sinne.

> Unter **Innen-Marketing** (i.e.S.) oder internal Marketing werden alle „nach innen" gerichteten Aktivitäten von Unternehmen verstanden. Sie betreffen insbesondere die betriebsinternen Mitarbeiter. In einem erweiterten Verständnis werden auch weitere Mitwirkende in der Leistungskette berücksichtigt. Im Tourismus wird hierbei häufig von Binnen-Marketing gesprochen.

Dies führt dazu, daß Innen-Marketing immer mehr von einer service- und qualitätsorientierten Implementierung unter Berücksichtigung weiterer betriebsinterner und gesellschaftlicher Anspruchsgruppen abgelöst wird. Bereits STAUSS/SCHULZE erweitern den traditionellen personalorientierten Ansatz des Innen-Marketing auf weitere betriebliche Subsysteme wie Filialen, Franchiseunternehmen usw. (vgl. dies. 1990:154ff).

Zudem sind weniger die Mitarbeiterinteressen als die generelle Marktorientierung in den Vordergrund des Innen-Marketing zu stellen. Für den Tourismus formuliert KÖLTZSCH entsprechend:

„Fremdenverkehrsinnenmarketing ist die planvolle und systematische Durchführung all derjenigen Aktivitäten einer Fremdenverkehrsstelle, **die nach innen auf die Entscheidungs- und Leistungsträger eines Fremdenverkehrsortes oder einer -region gerichtet sind** und deren Ziel es ist, diesen Entscheidungs- und Leistungsträgern

– Fremdenverkehrsbewußtsein
– Fremdenverkehrsspezifisches „Marketing-Denken"
– Fremdenverkehrsspezifisches Know-How
– Kooperationsbereitschaft

**als „Produkte" des Fremdenverkehrsinnenmarktes „zu verkaufen"** (KÖLTSCH 1990: 41).

**(1b) Binnen- statt Innen-Marketing im Tourismus**

Im Tourismus wird anstelle des im allgemeinen Marketing verbreiteten Begriffes Innen-Marketing die Bezeichnung **Binnen-Marketing** verwendet. Hier wird vor allem auf die Besonderheiten der touristischen Leistungserstellung als komplexe und vielfältige Aufgabe hingewiesen. Insbesondere bei den „Verbundprodukten" Pauschalreise oder Destinationsangebot tragen zahlreiche Beteiligte zum touristischen Gesamtprodukt bei. Dabei sind nicht nur die Mitarbeiter der Tourismusbetriebe, sondern auch nicht-touristischer Betriebe sowie die Einwohner einer Fremdenverkehrsdestination zu berücksichtigen.

Insgesamt richtet sich Binnen-Marketing an einen weitaus größeren Adressatenkreis als das Innen-Marketing, wozu u.a. zählen:

- Mitarbeiter in touristischen Betrieben, v.a. im Incomingbereich wie bei Hotels, Fremdenverkehrsämtern, Zimmervermittlungen,
- Mitarbeiter von nicht-touristischen Betrieben, die Kontakt zu Touristen haben wie z.B. der Bäcker, Einzelhandel usw.,
- Bewohner, die einerseits Kontakt zu den Touristen haben, z.B. Auskunftserteilung oder durch Lärm- und Verkehrsbelästigungen betroffen sind, andererseits aber auch ohne direkten Touristenkontakt die verschiedenen Maßnahmen für den Tourismus mittragen müssen, z.B. Bau von Verkehrswegen, Tourismuswerbung usw.,
- Organisationen und Vereine, die zum kulturellen und sportlichen Leben beitragen und ihr Angebot für Touristen zur Verfügung stellen,
- Verschiedene Betriebe der touristischen Leistungskette, die nur zum Teil Touristenkontakt „vor Ort" haben, wie z.B. Zulieferer oder Absatzwege,
- ferner: Berater, Geldgeber, Medien usw.

Hier ist es Aufgabe des Binnen-Marketing, diese verschiedenen Gruppen im Sinne eines gemeinsamen Marketinghandelns zu veranlassen. Dabei stehen im Tourismus v.a. Makro-Marketingaufgaben im Mittelpunkt des sog. Binnen-Marketing. Daneben nimmt jeder einzelne Betrieb auch „Mikro-Marketingmaßnahmen" des Innen-Marketing wahr.

Das Binnen-Marketing hat einerseits ganz ähnliche Möglichkeiten wie das Innen-Marketing, wenn auch in einem erweiterten Verständnis. Andererseits kommen im Binnen-Marketing einige Besonderheiten hinzu. So können beispielsweise betriebliche Mitarbeiter direkt von der Unternehmensleitung zu einem entsprechenden Verhalten veranlaßt werden, z.B. durch Lohnerhöhungen oder – im negativen Fall – durch Entlassung. Hingegen besteht bei der Mitwirkung der Bewohner von Tourismusorten ein hohes Maß an Freiwilligkeit. Sie können nicht „bestraft" und nur begrenzt durch die Träger des touristischen Marketing „belohnt" werden.

Träger des Binnen-Marketing im Tourismus sind zumeist die verschiedenen Organisationen des Makro-Marketing wie Kommunen, Fremdenverkehrsstellen, Fremdenverkehrsvereine und -verbände usw.

> Unter **Binnen-Marketing** (auch Innen-Marketing, internes, intramurales Marketing, Gemeinschaftsmarketing, interne Werbung oder Public Relations nach innen) werden alle „nach innen" gerichteten Aktivitäten im touristischen Makrobereich, v.a. in Tourismusdestinationen, verstanden. Sie betreffen sowohl touristische Betriebe und deren Mitarbeiter, als auch weitere, nicht primär touristische Institutionen und Personen.

**(2) Implementierungsaufgaben des Binnen-Marketing im Tourismus**

Die Implementierungsaufgaben des Binnen-Marketing beziehen sich auf verschiedene Bereiche, die sich zum Teil überschneiden, zum Teil ergänzen. Für ein umfassendes Binnen-Marketing im Tourismus sind alle Teilüberlegungen zusammen wahrzunehmen.

**(2a) Personalorientierung**

Im Mittelpunkt des Binnen-Marketing steht die Implementierung der Marketinggrundsätze gegenüber den Mitarbeitern. Diese Aufgaben umfassen zum einen Maßnahmen der Umsetzung der Unternehmensphilosophie gegenüber den Mitarbeitern sowie der Personalqualifikation:

- normative und kulturelle Werte: Vermittlung und Akzeptanz der Werte der Unternehmensführung,

- Vermittlung von Fertigkeiten: Marketing-Know-How, Dienstleistungsmentalität usw.

Auch im Tourismus sind dies zentrale Aufgaben des Binnen-Marketing. Sie wurden im wesentlichen in Abschnitt E. 3.2 im Zusammenhang mit der personalbezogenen Implementierung erläutert.

Doch als Besonderheit gerade im Tourismus ist hierbei ein erweiterter Personalbegriff zu betrachten, der letztlich eng mit der Bestimmung der verschiedenen Anspruchsgruppen zusammenhängt. Für die Erstellung des touristischen Produktes wirken neben den direkt im Tourismus beschäftigten Personen auch die Bewohner der Destinationen sowie weitere, in nicht-touristischen Betrieben Beschäftigte mit.

Soweit Binnen-Marketing die Vermittlung von Unternehmenswerten behandelt, ist ein enger Zusammenhang mit der Bestimmung von CI und von Leitbildern gegeben (vgl. Abschnitt 2c). Mögliche Maßnahmen sind:

- Personalschulung,
- Fort- und Weiterbildung.

**(2b) Qualitätsorientierung, v.a. Service- und Qualitäts-Management**

Modernes Dienstleistungs-Marketing sieht Aufgaben des Innen-Marketing vielfach in engem Zusammenhang mit der Qualitätsorientierung. Hier sind die verschiedenen Maßnahmen des Total Quality Managements im Rahmen des Innen- oder Binnen-Marketing umzusetzen, wie z.B.:

- Bestimmung der kritischen Ereignisse innerhalb der touristischen Leistungskette,
- GAP-Analyse,
- Organisatorisch: Umdenken der Management-Pyramide, vgl. E.2 und Abb. E-10,
- Fachkommissionen gründen, die die Qualität prüfen (Qualitätszirkel, Zertifikate).

Hierbei ist wiederum ein enger Zusammenhang mit der zuvor erläuterten Personalorientierung gegeben.

**(2c) Identitäts- und Imageorientierung: Binnen-Marketing und Corporate Identity (CI)**

Ein weiterer Bereich, in welchem Binnen-Marketing im Tourismus eine große Rolle spielt, ist die Bestimmung von Leitbildern, Image und CI von Tourismusdestinationen und -unternehmen (vgl. D.4.3). Es geht dabei um die Entwicklung eines „Wir-Gefühls", mit dem sich alle Bewohner identifizieren.

In diesem Verständnis ist Binnen-Marketing analog zur **Image- und Corporate-Identity**-Diskussion zu sehen: touristische Leitbilder einer Destination („Corporate Identity") sind zu entwickeln und entsprechend nach innen („Identität") und außen („Image") zu verwirklichen. Eine Identifikation mit den Destinationszielen muß hier im Vorwege transportiert und kommuniziert werden und von allen Beteiligten mitgetragen werden. Während die Bevölkerung einer Destination bei einer Pauschalreise eines Reiseveranstalters nicht mit diesem in Zusammenhang gebracht wird, wird die CI einer Region auch mit der Bevölkerung verbunden und diese muß um erfolgreich zu sein, sich auch entsprechend fühlen und sehen. Hierbei übernimmt das öffentliche Tourismusunternehmen von der Gestaltung des Logos bis zur Auswahl und Qualität der Souvenirs eine wichtige Initiierungs- und Gestaltungsfunktion. Als mögliche Beispiele für Maßnahmen des Binnenmarketing können gelten:

- Entwicklung von touristischen Leitbildern bzw. Unternehmensgrundsätzen,
- Kommunikation der touristischen Leitbilder an die Mitarbeiter und die Bevölkerung,
- Beteiligung der Bevölkerung an der Leitbildentwicklung.

**(2d) Partizipation**

Eine weitere Teilüberlegung für das Binnen-Marketing hängt mit Fragen der Mitwirkung („Partizipation") zusammen. Es geht dabei um die Möglichkeiten, wie die verschiedenen Interessengruppen sich an der touristischen Entwicklung der jeweiligen Destination beteiligen können. Hierdurch entsteht eine wechselseitige Beziehung. Einerseits werden Interessen der „Betroffenen" in den touristischen Planungs- und Implementierungsprozeß einbezogen, andererseits werden die touristischen Werte der Marketingträger über die Beteiligungsformen an die verschiedenen Mitwirkenden im Tourismus transformiert.

Solche Überlegungen des Binnen-Marketing stehen in engem Zusammenhang mit organisatorischen Fragen, die mehr oder weniger institutionalisiert erfolgen können. Als Beispiele gelten:

- Bürger- oder Tourismusstammtisch, Tourismus-Forum,
- Bildung von Bürgerinitiativen, Fremdenverkehrsvereinen oder -verbänden,
- Kontakte zu den Medien (die Meinungen „transportieren"),
- Meinungsbefragungen bei den Bewohnern, lokaler „Kummerkasten",
- „Tag der offenen Tür".

**(3) Ziele des Binnen-Marketing**

Als Ziele des Binnen-Marketing für touristische Destinationen kann man grundsätzlich vier Bereiche abgrenzen:

- die zielbewußte Ausrichtung des Fremdenverkehrsortes auf seine Gäste und deren Bedürfnisse,
- die planvolle Nutzung des örtlichen Kräftepotentials zur Befriedigung von Gästewünschen und zur Findung kreativer Problemlösungen,
- die Erfassung, Steuerung und Koordination der örtlichen Leistungsangebote und der Leistungsträger mit dem Ziel, eine integrierte Marketingkonzeption zu entwickeln und entsprechende Leistungen zu vertreiben,

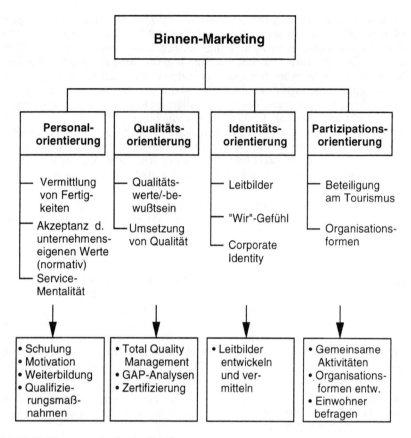

**Abb. E-40** Binnenmarketing im Tourismus

- Die Einbeziehung und Aktivierung aller Verantwortlichen, der Anbieter und der Bevölkerung am Ort sowie deren Beteiligung an systematischen Entscheidungsprozessen und gemeinsamen Aktionsprogrammen.

Als **Beispiele** für ortstypische Ziele im Binnen-Marketing gelten (vgl. REPPEL 1991: 33):
- Markierung aller wichtigen kommunalen und touristischen Ziele in einer Ortsphilosophie („Wo wollen wir hin?"),
- Abbau von Rivalitäten zwischen den Leistungsträgern (Hotels, Gastronomen),
- Motivation der Anbieter touristischer Leistungen für Investitionen,
- Verbesserung der innerörtlichen Zusammenarbeit,
- Vermittlung einer positiven Einstellung zum Tourismus in der Bevölkerung („Fremdenverkehrsbewußtsein schaffen"),
- Nahtlose Integration des Gastes in das Ortsgeschehen,
- Optimierung der Qualität von Einrichtungen und Service.

**(4) Instrumente und Gestaltung des Binnen-Marketing**

Sieht man die zuvor aufgezeigten vielfältigen Aufgaben des Binnen-Marketing im Tourismus, so ist eine Vielzahl von Maßnahmen von Bedeutung. Im Hinblick auf die traditionelle Einteilung der Marketinginstrumente sind es v.a. Aufgaben der Kommunikationspolitik und Produktpolitik. Hinzu kommen Maßnahmen der Marktforschung sowie organisatorische Überlegungen.

### (4a) Kommunikationspolitik und Binnen-Marketing

Information der Beteiligten ist Voraussetzung für eine entsprechende Mitarbeit. Folglich kommen den kommunikationspolitischen Mitteln wichtige Aufgaben im Bereich des Binnen-Marketing zu:

- Öffentlichkeitsarbeit nach innen mit Informationsfunktion,
- Verkaufsförderung nach innen mit Motivationsfunktion,
- innere Werbung mit Apellfunktion.

Wichtig sind vor allem Informationsveranstaltungen und Arbeitskreise für die unterschiedlichen Gruppen und Beteiligten. Dabei stehen häufig zukünftige Ziele und Maßnahmen des öffentlichen Tourismusbetriebes im Vordergrund des Interesses. Die exklusive Information im Vorwege wichtiger fremdenverkehrspolitischer Entscheidungen gibt den jeweiligen Interessenvertretungen (z.B. Fremdenverkehrsvereine, örtliche DEHOGA oder Vereine des Handels und Gewerbes) die Möglichkeit, sich vor einer öffentlichen Diskussion eine Meinung zu bilden. Die Exklusivität und Wichtigkeit der Informationen schafft dabei Vertrauen. Weitere Beispiele sind:

- Informationsveranstaltungen (Tag der offenen Tür),
- aktive und breit angelegte Informationspolitik über geplante Marketingaktivitäten,
- Herausgabe einer Gastgeberzeitschrift, interne Rundschreiben,
- aktive Einbeziehung der örtlichen und regionalen Medien („Pressearbeit").

Verkaufsfördernde Maßnahmen richten sich vor allem auf die Integration der Vertriebswege, wie z.B. Reisemittler, oder auf die Medien:

- Pressefahrten,
- Infofahrten oder Länderabende für Reisebüroexpedienten.

Weitere Maßnahmen im Rahmen des Binnen-Marketing bestehen vor allem durch Messebeteiligungen (vgl. D.4.5) und Verkaufsaktionen. Auch hier steht häufig die Initiierung und Organisation im Vordergrund der Aktivitäten. Die Möglichkeiten, sich an ein Messekonzept anzuschließen und sich so als einzelner Leistungsträger zu beteiligen, ist gerade bei überwiegend mittelständischen Strukturen eine Möglichkeit der Kooperation auf Zeit.

Gleiches gilt auch für die Entwicklung elektronischer Verkaufsförderungsmedien wie Internet, Multimedia und Kiosksysteme, aber auch die externe **Public Relations** und die **Werbepolitik** (vgl. D.4.5 und 4.6).

### (4b) Personalschulung und Weiterbildung

Die verschiedenen Bereiche der personalorientierten Maßnahmen können als **produktpolitische** Maßnahmen angesehen werden. Hierzu zählen u.a. Personalschulung, Expertenhearings, Fort- und Weiterbildung.

So werden beispielsweise Fachleute aus den fremdenverkehrsrelevanten Sparten (Hoteliers, Gastronomen, Geographen, Ökologen, Einzelhandel, Gewerbe, Wissenschaft etc.) und politische Entscheidungsträger zu einem Gesprächskreis eingeladen.

Gerade für die Umsetzung von Ideen, Planungen und die Genehmigung von privatwirtschaftlich mitfinanzierten Projekten ist der Einbezug von externen Fachleuten häufig eine wichtige Binnen-Marketingmaßnahme. **Fachexperten** transportieren durch ihre unabhängige Position dabei wichtige Inhalte und können zu Entscheidungen ohne „persönliche Animositäten" beitragen.

Als Formen kommen in Frage:
- Hearings und Podiumsdiskussionen in den Gemeinderäten mit Fachleuten,
- Schulungen für bestimmte Gruppen,
- Gesprächskreise, Kurortseminare, Touristischer Stammtisch,
- Brainstormig
- etc.

**(4c) Marktforschung und Binnen-Marketing**

Im Rahmen der Marktforschung sind insbesondere die Bedürfnisse der Mitarbeiter und Bewohner zu erkennen. Neben der Gästebefragung kommen hierbei Einwohnerbefragungen oder Auswertungen der lokalen Medien große Bedeutung zu:
- Erforschung der Wünsche der Mitarbeiter und Bewohner,
- Einwohnerbefragungen,
- Mitarbeiterbefragungen,
- Kummerkasten.

**(4d) Finanzielle Hilfen und Wettbewerbe**

Finanzielle Hilfen und Wettbewerbe erfüllen wichtige Motivationsfunktionen. Dabei dienen finanzielle Hilfen überwiegend zur Unterstützung kreativer und neuer unternehmerischer Ideen sowie Aktivitäten der örtlichen Vereine und Verbände, während Wettbewerbe auch die Bevölkerung eines Fremdenverkehrsortes aktiv mit einbeziehen können. Als Beispiele seien angeführt:
- Ausschreibung von Wettbewerben zur Ortsverschönerung,
- Gewährung finanzieller Hilfen für Ausbau und Modernisierung,
- Übernahme von Bürgschaften,
- Zuschüsse für Eigentümer historisch wertvoller Gebäude,
- Gewährung zinsverbilligter Kredite,
- Abgabe von Grundstücken aus Gemeindeeigentum zu Vorzugspreisen,
- kostenlose Bepflanzung privater Grünflächen an exponierten Stellen,
- Ausschreibung von Ideenwettbewerben,
- Urkunden und Auszeichnungen.

**(4e) Organisatorische Maßnahmen**

Organisatorische Fragen des Binnen-Marketing befassen sich mit den verschiedenen Möglichkeiten der losen oder institutionellen Zusammenarbeit. Ein wesentliches Element **organisatorischer Verbesserungen** wird zukünftig mit der Buchbarkeit im Rahmen der Vertriebswege- und Distributionspolitik gesehen. Um entsprechende Ziele zu erreichen sind die verschiedensten Maßnahmen und Kooperationen im Rahmen eines Binnen-Marketing notwendig.

In der Vergangenheit wurde unter diesem Aspekt vor allem auch die Organisationsform kommunaler Tourismusunternehmen diskutiert (vgl. E.2.2):
- Öffentlichkeit der Fremdenverkehrsausschüsse,

- Einrichtung einer zentralen Zimmervermittlung,
- Änderung und Ausdehnung der Öffnungszeiten,
- Fachkommissionen zur Qualitätsbewertung (Qualitätszirkel),
- Fremdenverkehrsämter, -vereine oder -GmbH's.

**(5) Probleme des Binnen-Marketing**

Die Problemfelder liegen vor allem in den Bereichen:

- **Leistungsanbieter:** kein Handlungszwang, „free-rider"-Problematik, keine Einsicht der Notwendigkeit für Binnen-Marketing, mangelnde Kooperationsbereitschaft, Einzelegoismen,

- **Fremdenverkehrsstellen:** mangelnde Kontinuität, negative Kommunikation, Konzeptionslosigkeit, Finanzierungsprobleme, Zuständigkeitsprobleme.

# 5 Marketing-Controlling

Als letzte Phase im Marketing-Management-Prozeß wird zumeist das Marketing-Controlling gesehen. Oft stellt es eine eigene Phase dar, hier wird es als Teil der Implementierung angesehen.

Dabei ergeben sich Kontrollaufgaben nicht erst am Ende des Marketing-Planungs-Prozesses, sondern sind bereits in allen anderen Phasen als Zwischen- oder Teilkontrollen durchzuführen.

---

**Ziele des Kapitels E.5**

*Es wird die Stellung und Funktion des Marketing-Controlling im gesamten Marketing-Management-Prozeß aufgezeigt, wobei neben der Darstellung der beiden Grundformen der*

*– Parallel- und*

*– Endkontrolle*

*auch Querverbindungen zu vorherigen Kapiteln und Abschnitten hergestellt werden.*

---

## 5.1 Grundlagen des Marketing-Controlling

Konzepte des Controlling in Tourismusunternehmen können sich sowohl auf die betriebswirtschaftliche Ebene als auch die volkswirtschaftliche und politische Dimension (vgl. POSTLEP, 1994, S. 20ff) beziehen. Controlling selbst wird im betriebswirtschaftlichen Bereich z.B. definiert als:

„Controlling ist als Führungskonzept innerhalb eines vernetzten Systems für eine erfolgreiche Unternehmenssteuerung und nachhaltige Existenzsicherung zu verstehen, d. h. ein System, in dem Entscheidungen im Schnittfeld aller integrierten betrieblichen Funktionen getroffen werden. Der Controller gibt dem dispositiven Fak-

| Unterscheidungs-merkmal | Operatives Controlling | Strategisches Controlling |
|---|---|---|
| Betrachtungs-zeitraum | Gegenwartsorientierung<br>gegenwarts- und vergangenheits-orientierte Zahlen und Ergebnisse | Zukunftsorientierung<br>Interpretation der Ist-Werte für zukünftige Perioden |
| Planungshorizont | auf kurz- und mittelfristige Zahlen und Wertungen begrenzt | versucht langfristige Ergebnisse zu planen und zu ermitteln |
| wichtigste Begriffe | Kosten und Leistung | Ersetzt Kosten und Leistung durch Chancen und Risiken |

**Abb. E-41** Unterscheidungsmerkmale zwischen operativem und strategischem Controlling

*tor über ein empfänger- und zukunftsorientiertes Berichtswesen informative Entscheidungshilfen."*(CORINTH 1994:1)

Allgemein geht damit Controlling weit über den Begriff der Kontrolle hinaus und läßt sich daher als Gesamtheit aller Funktionen zur Verbesserung der Informationsversorgung von Führungsinstanzen verstehen. Hierunter fallen die Aufgaben:

- des Erkennens eines Informationsdefizits und -bedarfs,
- die Beschaffung externer und interner Informationen,
- die Entwicklung, Bereitstellung von Analyse- und Bewertungsmethoden,
- die Informationsaufbereitung für die Planung und Ergebniskontrolle.

Dabei ist als weiterer Hauptunterschied zwischen Kontrolle und Controlling, dessen Zeithorizont zu beachten. Um als wichtiges Instrument einer Entscheidungsunterstützung im Marketing zu dienen, ist Controlling gegenwarts- und zukunftsorientiert, während Kontrolle vergangenheitsorientiert ist.

Je nach Betrachtung hat Controlling eine operative und strategische Ausrichtung. Marketing-Controlling soll als eine Art „Radarsystem" am Markt dienen, das Veränderungen frühzeitig signalisiert und Störfaktoren aus dem Unternehmensumfeld aufzeigt. Häufig wird deshalb von einem Baum des Marketing-Controlling gesprochen. Das aufzubauende Informationssystem im Marketing-Controlling wird dabei als Wurzel dargestellt, die die Elemente Planung, Führung, Marketing als Äste darstellt, welche die Blätter und Früchte tragen. Durch eine ständige Zunahme der Marketingaktivitäten von Tourismusunternehmen wachsen entsprechende Budgets kontinuierlich an. Ob Aktionen ohne Wirkung verpuffen oder ein allgemein gestiegenes Kostenbewußtsein im Marketing existiert – ein Controllingsystem liefert Aussagen über die Effizienz von Marketing-Aktionen.

Dabei ist zum effizienten Einsatz des Marketing-Controlling die

- organisatorische Eingliederung,
- Eindeutigkeit von Verantwortung, Kompetenz und Entscheidung

im Unternehmen von Bedeutung für dessen Schlagkräftigkeit. Dieses ist um so schwieriger, wenn strategische Aufgaben geleistet werden sollen. Hierbei müßte eigentlich eine Unabhängigkeit von der Geschäftsleitung gewährleistet sein, die in der Praxis nur schwer zu realisieren ist.

Ein erfolgreiches Controlling erfordert ferner:

- überprüfbare Unternehmensziele und Zielgrößen,
- die Verfügbarkeit der jeweiligen Informationen in geeigneter Form, z.B. als Kennziffern, Statistiken, Kostenrechnungssysteme, Befragungen usw.

Controlling wird im modernen Management zunehmend aus dem instrumentellen Bereich der reinen Datenbeschaffung und -aufbereitung zu einem strategischen Bereich der Unternehmensführung gemacht. Vor allem im Bereich des Verfahrens-Controlling sind auch die normativen und strategischen Managementaufgaben Gegenstand des Controlling.

## 5.2 Funktionale Aufgaben des Controlling

Weitere Voraussetzung für ein effektives Controlling ist die organisatorische und personelle Einordnung in den gesamten Managementprozeß. Der Controlling-Beauftragte oder die -Abteilung müssen zum einen Zugang zu allen betriebsrelevanten Daten erhalten, zum anderen muß ihre Einschätzung weitgehend unabhängig und objektiv erfolgen können. Zu starke Abhängigkeiten des Controllers von der Unternehmensführung führen vielfach zu „beschönigenden" Aussagen. Deshalb wird der Controller zumeist als Stabsstelle der Geschäftsleitung in die Unternehmensorganisation integriert.

Eine stärkere Dezentralisierung der Entscheidungen erfordert dabei häufig zunächst die Lösung des zunehmenden vertikalen Informationsbedarfs durch fachliche und wirtschaftliche Erfolgskontrollen auf der Basis von zu entwickelnden Leistungskennziffern. Da touristische Leistungen nicht standardisiert sind, fehlt es zum heutigen Zeitpunkt häufig an rechtzeitig verfügbaren Daten, die einen zwischenbetrieblichen Vergleich touristischer Unternehmen erlauben.

Im Bereich der **Strategischen Zielsetzung** geht es um die Entwicklung langfristiger betrieblicher Zielsysteme (z.B. in Abstimmung mit touristischen Marketingkonzepten und entsprechendem Marketing-Controlling). Dagegen verfolgt die **Operative Zielsetzung** die Maßgabe, die jährlich knappen Ressourcen entsprechend den strategischen Zielen durch geeignete Kostenvorgaben und Leistungszielvorgaben bestmöglich zu erreichen. Versäumnisse in der Zielfestsetzung führen letztlich dazu, ein ineffektives Controlling installiert zu haben. So sind Globalaussagen wie „mehr Rentabilität, höherer Marktanteil" etc. ungeeignet, Ziele zu beschreiben. Vielmehr ist es Aufgabe des Marketing-Controlling, konkrete Zielsetzungen zu formulieren, wie z.B. 8% cash flow; 10% ROI; 3% mehr Marktanteil, Pro-Gast-Umsatz + 6%, pro Mitarbeiter + 4% etc.

Funktional unterscheidet die Literatur vier Grundaufgaben, die dem Controlling zukommen:

- Ermittlungs- und Dokumentationsfunktion,
- Planungs-, Prognose- und Beratungsfunktion,
- Vorgabe- und Steuerungsfunktion,
- Kontrollfunktion.

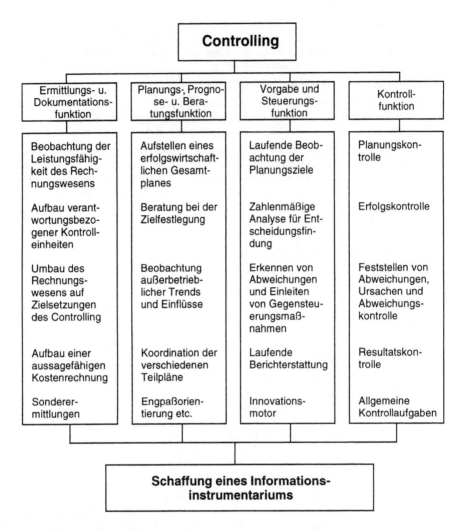

**Abb. E-42** Funktionen des Controlling

Hauptaufgaben der Ermittlungs- und Dokumentationsfunktion sind zunächst die Implementierung eines entsprechenden Rechnungswesens und dessen Beobachtung sowie der Installierung einer aussagefähigen Kostenrechnung.

Die Planungs-, Prognose- und Beratungsfunktion sind vor allem für das strategische Marketing bei der Aufstellung von Zielen sowie für die Interpretation der entsprechenden Trends von Bedeutung.

Als Instrument der Parallelkontrolle dient die Vorgabe- und Steuerungsfunktion des Controlling. Nur durch eine laufende Beobachtung der Planungsziele und eine permanente Berichterstattung kann Controlling seine Informationspflicht erfüllen und mit Hilfe von Gegensteuerungsmaßnahmen (wie z.B. auch im Krisenmanagement) eingreifen.

## 5.3 Marketing-Controlling im Tourismus

Neben den o.g. Funktionen des Controlling, das in vielen touristischen Unternehmen in seiner Gesamtheit aufgrund eines unverhältnismäßigen Aufwandes nicht zu installieren ist, können zumindest Teilfunktionen in Unternehmen implementiert werden. Unabdingbar sind allerdings die Anforderungen an die Betriebsorganisation und das Rechnungswesen, das jeweilige betriebliche Controlling anzupassen.

Häufig weichen die Zielsetzungen und Fragestellungen an ein Marketing-Controlling vom allgemeinen Controlling ab. So steht der Umfang und Aufwand für Marketing-Controlling in einem direkten Zusammenhang mit den Ausgaben für Marketing in einem Unternehmen. Da allerdings in vielen touristischen Unternehmen die Marketingausgaben ein erhebliches Volumen des Gesamtbudget einnehmen bzw. z.T. bei Tourismusverbänden und -vereinen deren gesamtes Budget betreffen, erhält die Funktion des Marketing-Controlling eine zunehmende Bedeutung.

Im Rahmen des Marketing-Controlling werden traditionell zwei Arten der Kontrolle unterschieden:

- **End- bzw. Ergebniskontrolle:** Hierbei werden Soll-Ist-Vergleiche hinsichtlich verschiedener Ziele und Kennziffern durchgeführt. Dabei stehen Werte, Zeiten, Mengen sowie Qualität der Vergleiche im Vordergrund der Bewertung. Die Ergebniskontrolle mit Hilfe von Soll-Ist-Vergleichen hängt eng mit der Entwicklung von Kennziffern des Controlling zusammen.

- **Parallel- oder Verfahrenskontrolle** (auch „Marketing-Audit" oder Marketing-Revision): Hierbei geht es im wesentlichen um die Kontrolle und Bewertung der verschiedenen Schritte im gesamten Marketing-Management. Auch hierbei werden Ergebnisse und Effektivität der Marketingplanung überprüft. Dabei steht allerdings mehr die adäquate Anwendung der Marketing-**Methode** im Vordergrund der Betrachtung.

Voraussetzung für jegliche Art des Controlling ist das Vorhandensein von Zielen oder Orientierungsgrößen, auf die sich Kontrollaussagen beziehen können. Dies sind im einzelnen die verschiedenen Ziel- und Strategievorgaben, die in Phase II entwickelt worden sind. Für die End- oder Ergebniskontrolle werden vorwiegend quantitative oder ökonomische Ziele herangezogen, lediglich ansatzweise sind auch qualitative Kontrollen möglich. Für die Ablaufkontrollen werden eher qualitative und funktionale Ziele als Bezugspunkt des Marketing-Controlling genommen.

### (1) End- oder Ergebniskontrolle

Endkontrolle oder „Ex-Post-Kontrolle" bedeutet die Überprüfung des erreichten Ist-Zustandes im Hinblick auf die vorgegebenen quantitativen und qualitativen Zielsetzungen (aus C.2) und Strategien (aus C.3). Dies kann als **Gesamt-Kontrolle** am Ende des gesamten Marketing-Management-Prozesses erfolgen, aber auch **Zwischen-Kontrollen** sind durchaus üblich.

Aus methodischer Sicht sind die Kontrollen im **quantitativen Bereich** am einfachsten durchzuführen. Lediglich die Auswahl der jeweiligen zu analysierenden Kennziffern für Ist-Soll-Zustände ist hierbei grundsätzlich zu klären.

**Abb. E-43** Kontrolle im Marketing-Management
(Quelle: FREYER 1990: 405)

Die häufigsten quantitativen Kontroll-Kennziffern sind Umsatz, Marktanteil, Gewinn- und Renditekennziffern. Im Tourismus werden im quantitativen Bereich vor allem Besucher- und Übernachtungszahlen bewertet. Hinzu kommen weitere Aussagen zu wirtschaftlichen Effekten, wie z.B. Wertschöpfung, Beschäftigungseffekte usw.

Im qualitativen Bereich werden vor allem „Einstellungen" als Kontrollinstrument verwendet. Hierzu bieten sich neben den bekannten Untersuchungen der Konsumentenforschung im Tourismus vor allem Gästebefragungen an. Eine wichtige Aufgabe für den Controller ist dabei der Vergleich der festgestellten Einstellungen, häufig des „Images", zu den erwünschten Beurteilungen, also zur eigenen „Identität".

Im Bereich der Kommunikations- bzw. Werbeerfolgskontrolle bestehen hierzu zahlreiche Untersuchungs- und Meßmethoden, die bereits im Abschnitt D.4.6.3.5 teilweise erläutert worden sind. Ferner sind die verschiedenen Verfahren der Qualitätsmessung des TQM ebenfalls als Controllinginstrumente heranzuziehen (vgl. ausführlich B.3.3.1.2).

**(2) Parallel- oder Verfahrenskontrolle**

Der zweite Bereich des Controlling wird häufig als Parallelkontrolle bezeichnet. Hierbei wird insbesondere auf eine permanente Überwachung während des Marketing-Management-Prozesses abgestellt. Soweit es sich lediglich um die Bestimmung von Zwischenterminen und -ergebnissen handelt, hängt dies eng mit dem zuvor behandelten Zwischen-Controlling zusammen.

Die Bezeichnung Verfahrens- oder Ablauf-Controlling verweist hingegen auf die eher methodisch-inhaltliche Kontrolle des gesamten Planungsprozesses. Hierbei ist die adäquate Anwendung der Marketing-Management-Methode in den verschiedenen Phasen zu überprüfen:

- In Phase I geht es um die methodisch korrekte Analyse von Umfeld, Markt und Betrieb. Dies ist eng mit der entsprechenden Einschätzung („Diagnose") für die nachfolgenden Strategien zu sehen.

- In Phase II werden die unternehmerischen Ziele und Strategien entwickelt. Der Controller hat im Rahmen des Verfahrens-Controlling vor allem eine Einschätzung hinsichtlich der Realisierungsmöglichkeiten der Ziele zu geben. Unrealistische oder „utopische" Ziele und Strategien sind häufig eine Ursache für Zielverfehlungen. Zum anderen sind Wandlungen des betrieblichen Umfeldes, aber auch der betriebsinternen Gegebenheiten ebenfalls im Rahmen des Ziel- und Strategie-Controlling zu berücksichtigen.

- In Phase III ist der abgestimmte Einsatz der verschiedenen Politikarten im Rahmen des Marketing-Mix zu kontrollieren. Nur der abgestimmte Mitteleinsatz von Produkt-, Preis-, Vertriebs- und Kommunikationspolitik entspricht einer adäquaten strategisch-taktischen Umsetzung im Marketing-Management. Zu geringer bzw. zu starker Einsatz einzelner Instrumente müssen folglich entsprechend korrigiert werden.

- In Phase IV sind vorwiegend operative Aspekte des Marketing-Managements durch das Controlling zu beurteilen. Die organisatorische Eingliederung, die personelle Bearbeitung, Zeitperspektiven sowie Finanzrahmen sind die wichtigsten operativen Aufgaben, die im Rahmen controlling-operativer Aspekte zu bewerten sind.

Controlling führt stets zu zwei bzw. drei Ergebnissen: Entweder sind die jeweiligen Kontrollgrößen erreicht worden oder es gibt Abweichungen nach oben bzw. unten. Ein dritter Fall des Controlling sollte sich nicht einstellen, und zwar daß aufgrund des durchgeführten Controlling keine eindeutige Aussage zur Erreichung oder Nichterreichung erfolgen kann. Im letzteren Fall müßte das Controlling selbst nochmals kontrolliert werden.

Bestätigt das Controlling das Erreichen der vorgegebenen Zielgrößen, so sind keine Änderungen der jeweiligen Marketing-Maßnahmen und -Bereiche not-

| Prämissen-Audit | Ziel- und Strategien-Audit | Maßnahmen-Audit | Prozeß- und Implementierungs-Audit |
|---|---|---|---|
| Überprüfung sämtlicher der Planung zugrundeliegenden Prämissen | Aufzeigen von Unzulänglichkeiten und Schwachstellen der Ziele und Strategien | Überprüfung des Marketing-Mix | Überprüfung der Zweckmäßigkeit der Planungs- und Kontrollprozesse und der organisatorischen Regelungen |
| Sind alle entscheidungsrelevanten Prämissen erkannt, durchdacht und aufgelistet worden? | Sind die Marketingziele auf die Unternehmensziele abgestimmt? | Sind die geplanten oder realisierten Maßnahmen der Unternehmenssituation angemessen gewesen? | Sind die Planungs- und Kontrollprozesse systematisch gestaltet? |
| Wurden die für die Entscheidung verfügbaren Informationen alle berücksichtigt? | Erscheinen die Marketingziele u. -strategien der derzeitigen und zukünftigen Unternehmenssituation angemessen? | Entspricht die Höhe des Budgets den Erfordernissen? | Ist eine ausreichende Informationsversorgung gewährleistet? |
| Wie aktuell, zuverlässig und präzise waren die Informationen über die Umfeld-, Markt, Betriebssituation? | Sind Ziele und Strategien realistisch, operational und konsistent? | Wurde das Budget zielkonform auf die einzelnen Elemente des Mix verteilt? | Stimmen formale und informale Autoritäts- und Machtstrukturen überein? |
| | Welche Alternativen wurden warum verworfen? | Sind die taktischen Maßnahmen aufeinander abgestimmt worden? | Entsprechen sich formale und informale Kommunikationsstrukturen? |

**Abb. E-44** Der Objektbereich des Marketing-Audit

wendig. Allerdings beziehen sich diese Aussagen auf die jeweilige Kontollperiode bzw. den Kontrollzeitpunkt. Ein im Hinblick auf Zielerreichung positives Kontrollergebnis bedeutet nicht, daß für den nächsten Planungszeitraum keine Veränderungen und Zielabweichungen zu erwarten sind.

### (3) Marketing-Audit

Ergeben sich aufgrund des Controlling Abweichungen des vorhandenen gewünschten Zustandes, so müssen als erstes die Ursachen für die Abweichungen analysiert werden, um dann entsprechende Gegenmaßnahmen zu ergreifen.

> **Marketing-Audit** bezeichnet die umfassende, systematische und regelmäßige Revision während des gesamten Marketing-Management-Prozesses.

Die Ursachenanalyse erfolgt dabei zumeist analog zur Parallel- oder Verfahrenskontrolle (vgl. Abb. E-44):

- Waren die **Prämissen** aus Phase I ursächlich für die Abweichungen?
- Sind die aktuellen Umfeldtrends, die Marktgegebenheiten oder die eigenen betrieblichen Möglichkeiten falsch eingeschätzt worden?
- Waren die **Ziele** zu hoch oder zu niedrig gesteckt worden? (Überprüfung mit Phase II)
- Lagen die Ursachen bei den **Strategien**? (Überprüfung mit Phase II)
- Sind Ursachen in der Phase III des Marketing-Mix zu sehen? Im einzelnen können hier die Produkt-, Preis-, Vertriebs- oder Kommunikationspolitik ursächlich für Zielabweichungen gewesen sein.
- Gab es Fehler bei der **operativen Umsetzung**? War die Zeit-, Organisations-, Personal- oder Finanzplanung des Marketing-Managements nicht optimal gestaltet?

**Konsequenzen**

Aufgrund der Ursachenanalyse sind die notwendigen Konsequenzen für das Marketing-Management zu ziehen. Je nach Fehler- bzw. Ursachenquelle sind eher kurzfristige oder langfristige Maßnahmen zu ergreifen. Kurzfristige Konsequenzen und Maßnahmen stehen zumeist immer dann an, wenn die grundsätzlichen strategischen Überlegungen der Phase I und II keinen Anlaß zu Korrekturen geben. Dann sind mögliche Zielabweichungen vor allem durch kurzfristig-taktische sowie operative Maßnahmen zu beheben. In diesem Fall sind insbesondere die Instrumente des Marketing-Mix und die operativen Maßnahmen zu ergreifen. Eventuell sind hierbei aber auch Zielanpassungen der kurzfristig-taktischen Ziele vorzunehmen, was teilweise die Phase II betrifft.

Lagen die Ursachen eher im strategischen Bereich, so helfen taktisch-operative Änderungen meist nur wenig. Es sind die grundlegenden Prämissen zu ändern bzw. insgesamt eine neue **Marketing-Konzeption** zu erstellen.

# Literaturverzeichnis

ACHTERHOLT, G. 1991: Corporate Identity – In zehn Arbeitsschritten die eigene Identität finden und umsetzen, 2. Aufl., Wiesbaden
ADAC 1989: Neues Denken im Tourismus, München
- 1991: Mehr Wissen – mehr handeln: Bausteine für eine umweltverträgliche Tourismusentwicklung, München
- 1995: Service-Qualität im Tourismus: Grundsätze und Gebrauchsanweisungen für die touristische Praxis, München (von ROMEISS-STRACKE)
ADERHOLD, P. 1992: Von der Marktforschung zum Marketingkonzept, in: STUDIENKREIS 1992: 37-54
- 1995: Typologien von Dritte-Welt-Reisenden, in: FVW-International, H. 19 (1995): 28-30.
AIEST-INTERNATIONAL ASSOCIATION OF SCIENTIFIC EXPERTS IN TOURISM 1973 (Hg.): Tourisme et Marketing, Bern
- 1987 (Hg.): Der Einfluß von Großveranstaltungen auf die nationale und regionale Fremdenverkehrsentwicklung, St. Gallen
- 1993 (Hg.): Qualitätstourismus, St. Gallen
- 1994 (Hg.): Tourismus-Forschung: Erfolge, Fehlschläge und ungelöste Probleme, St. Gallen
- 1996 (Hg.): Globalisierung und Tourismus, St. Gallen
- 1997: Qualitätsmanagement im Tourismus, St. Gallen
- 1998: Destinations Marketing, St. Gallen
- 2000: Tourismus und Kultur, St. Gallen
ALTHOF, W. 1996: Incoming-Tourismus, München/Wien
ANSOFF, H. I. 1966: Management-Strategie, München
ANSOFF, H. I./MCDONNELL, E. 1990: Implanting Strategic Management, 2. Aufl., New York usw.
ASBACH 1987 (Hg.): Gastlichkeit im Jahr 2000, Rüdesheim
ASHWORTH, G./GOODALL, B. 1994 (Hg.): Marketing Tourism Places, London: Routledge
ASW 1989: asw-Fachinformation (o.V.): Marktforschungsinstrumente für das Euromarketing, in: Absatzwirtschaft, H. 5 (1989): 84-87
AUER, M./DIEDERICHS, F. A. 1993: Werbung below the line, Landsberg a. Lech
AUER, M./KALWEIT, U./NÜSSLER, P. 1991: Product Placement, Düsseldorf

BACKHAUS, K. 1995: Investitionsgütermarketing, 4. Aufl., München
BACKHAUS, K./BÜSCHKEN, J./VOETH, M. 1996: Internationales Marketing, Stuttgart
BACKHAUS, K., u.a. 1996: Multivariate Analysemethoden, 8. Aufl., Berlin usw.
BÄNSCH, A. 1989: Käuferverhalten, 4. Aufl., München/Wien
- 1990: Verkaufpsychologie und Verkaufstechnik, 4. Aufl., München/Wien
BAMBERG, G./BAUR, F. 1993: Statistik, 8. Aufl., München/Wien
BARG, C.-D. 1988: Aufstand der Bereisten, in: touristik management, H. 6: 69-74
- 1989: Life-Style zur Seele des Verbrauchers? in: touristik management, H. 1: 11-20
BAR-ON, R. R. 1993: Seasonality, in: KHAN/OLSON/VAR 1993: 705-734
BARTH, K./THEIS, H.-J. 1998: Hotel-Marketing, 2. Aufl., Wiesbaden
BASTIAN, H./BORN, K./DREYER, A. 2000 (Hg.): Kundenorientierung im Touristikmanagement, München/Wien
BAT-Freizeit-Forschungsinstitut (Hg.): Urlaub, versch. Jg. (ab 1986), Hamburg,
BAUMANN, E. J. 1990: Produkte für Senioren – aber keine Seniorenprodukte, in: Absatzwirtschaft H. 1 (1990): 36-42
BECKER, C. 1992a (Hg.): Erhebungsmethoden und ihre Umsetzung in Tourismus und Freizeit, Trier
- 1992b: Lebenslanges Urlaubsreiseverhalten, in: BECKER 1992a: 70-82
BECKER, C./SCHERTLER, W./STEINECKE, A. 1992 (Hg.): Perspektiven des Tourismus im Zentrum Europas, Trier

BECKER, J. 1993: Marketing-Konzeption, 5. Aufl., München
- 1994: Typen von Markenstrategien, in: BRUHN 1994: 463-498
BECKER, U. u.a. 1995: TopTrends: die wichtigsten Trends für die nächsten Jahre, Düsseldorf/ München
BEDNARCZUK, P. 1990: Strategische Kommunikationspolitik für Markenartikel in der Konsumgüterindustrie: Gestaltung und organisatorische Umsetzung, Offenbach
BEGER, R./GÄRTNER, H.-D./MATHES, R. 1989: Unternehmenskommunikation, Wiesbaden
BEHRENS, G. 1991: Konsumentenverhalten, Frankfurt a.M.
BENKENSTEIN, M. 1993: Dienstleistungsqualität: Ansätze zur Messung und Implikationen für die Steuerung, in: ZfB, 63. Jg., H. 11: 1095-1116
BENÖLKEN, H./GREIPEL, P. 1994: Dienstleistungs-Management, 2. Aufl., Wiesbaden
BERNECKER, P. 1952: Die Wandlungen des Fremdenverkehrsbegriffes, in: Jahrbuch für Fremdenverkehr, 1. Jg.: 31-38
- 1953: Marktforschung im Fremdenverkehr, in: Jahrbuch für Fremdenverkehr, 1. Jg.: 10-18
- 1956: Die Stellung des Fremdenverkehrs im Leistungssystem der Wirtschaft, Wien
- 1957: Der Fremdenverkehr und seine Betriebe, in: JfF, 6. Jg.: 17-25
- 1973: Tourismus und Marketing – Einführung in das Problem, in: AIEST 1973: 17-24
BERNKOPF, G. 1983: Marktrisiken mit Markenstrategien begegnen, in: Absatzwirtschaft, Sonderheft 10: 58-64
BERRY, L./PARASURAMAN, A. 1992: Service-Marketing, Frankfurt/New York
BERRY, L. C./SHOSTACK, G. D. L./UPAH, G. D. 1993 (Hg.): Emerging Perspectives on Service Marketing, Chicago
BERRY, L./ZEITHAML, V. A./PARASURAMAN, A. 1992: Five Imperatives for Improving Service Quality, in: LOVELOCK 1992: 224-235
BEUTELMEYER, W./KAPUZA, G. 1993: Sekundäranalyse, in: ROTH, E. Sozialwissenschaftliche Methoden, 3. Aufl., München/Wien 1993: 293-308
BIDLINGMEIER, J. 1983: Marketing 1 und 2, 10. Aufl., Reinbek
BIEBERSTEIN, I. 1995: Dienstleistungsmarketing, Ludwigshafen
BIEGER, T. 1996: Management von Destinationen und Tourismusorganisationen, München/Wien (2. Aufl. 1997)
BIRKIGT, K./STADLER, M. M./FUNCK, H. J. 1994: Corporate Identity – Grundlagen, Funktionen, Fallbeispiele, 7. Aufl., Landsberg
BLEILE, G. 1987: Binnenmarketing: Damit Fremdenverkehrswerbung das Anliegen aller wird, in: touristik management, H. 4 (1987): 92-98
- 1978: Marketing-Strategien im Fremdenverkehr, in: Der Fremdenverkehr + Das Reisebüro, 30 Jg. (1978), H. 11: 18-28
- 1988: Nicht mehr marktgerecht, in: Der Gemeinderat, H. 9 (1988): 46-47
- 1991: Zunehmender Wettbewerbsdruck erfordert neue Management-Konzepte und Marketing-Strategien, in: Heilbad und Kurort, 43. Jg., H. 2-3 (1991):
- 1995: Tourismusmärkte, München/Wien
BMWI 1994: Bundesministerium für Wirtschaft (Hg.): Bericht der Bundesregierung über die Entwicklung des Tourismus, Bonn
- 2000: Tourismuspolitischer Bericht der Bundesregierung, Bonn/Berlin
BOBER, S. 1992: Marketing-Praxis in der Gemeinschafts-Gastronomie, 2. Aufl., Frankfurt
BÖHME-KÖST, P. 1992: Tagungen-Incentives-Events gekonnt inszenieren – mehr erreichen, Hamburg
BÖLL, K. 1999: Merchandising und Licensing, München
BÖVENTER, E. v. 1989: Ökonomische Theorie des Tourismus, Frankfurt/New York
BOLZ, N./BOSSHART, D. 1995: Kult-Marketing: Die neuen Götter des Marktes, 2. Aufl., Düsseldorf
BONAMA, T. V. 1986: Der Marketing-Vorsprung, Landsberg
BONARIUS, S. 1993: Event-Marketing: Schwerpunkt-Thema, in: management & seminar, H. 3 (1993): 45-53
BORDEN, N. H. 1964: The Concept of the Marketing Mix, in: Journal of Advertising Research, H. 1 (1964): 2-7

BORNSTAEDT, F. v. 1992: Telematik in der Tourismuswirtschaft, München (zugl. Diss. Köln 1991)
BORRMANN, C./WEINHOLF, M. 1994: Perspektiven der deutschen Tourismuswirtschaft im EWR unter besonderer Berücksichtigung ihrer mittelständischen Struktur, Baden-Baden
BOSOLD, J. 1988: Gästebefragungen – Ein Leitfaden für Praktiker, Starnberg
BRANDT, U. 1996: Programmsponsoring: Sekunden, die die Welt bedeuten, in: touristik management, H.3 (1996): 155-158
BRAUNSCHWEIG, E. 1981: Werbewirkungskontrolle – planungsgerecht?, in: Vierteljahreshefte für Mediaplanung, H. 1(1981): 2-5
BRAUCHLIN, E./WEHRLI, H. P. 1991: Strategisches Management, München/Wien
BRAUER, K. M. 1991: Betriebswirtschaftliche Touristik, 2. Aufl., Berlin
BRAUN, O. L.1993a: Vom Alltagsstreß zur Urlaubszufriedenheit: Untersuchungen zur Psychologie des Touristen, München
- 1993b: Reiseentscheidung, in: HAHN/KAGELMANN 1993: 302-307
BRAUN, O. L./LOHMANN, M. 1989: Die Reiseentscheidung, Starnberg
BRAUER, K. M. 1985: Betriebswirtschaftliche Touristik, Berlin
BRENDLE, U./MÜLLER, V. 1996: Für eine Wende in der Tourismuspolitik, Bonn
BRETTHAUER, I.: Deutsche Bahn AG: Von der Behörde zum marktorientierten Touristikanbieter, in: ROTH/SCHRAND 1995: 243-253
BRETZKE, W.-R. 1995: Zertifizierung von Qualitätsmanagementsystemen in Dienstleistungsunternehmen, in: BRUHN/STAUSS 1995: 429-454
BRUHN, M. 1994a (Hg.): Handbuch Markenartikel, Stuttgart
- 1994b: Markenpolitik, in: DILLER 1994: 643-645
- 1995 (Hg.): Internes Marketing, Wiesbaden
BRUHN, M./STAUSS, B. 1995 (Hg.): Dienstleistungsqualität, 2. Aufl., Wiesbaden
BRUHN, B./TILMES, J. 1989: Social Marketing, Stuttgart usw.
BRUNDT, P. 1997: Market Research in Travel and Tourism, Oxford: Butterworth Heinemann
BULL, A. 1995: The Economics of Travel and Tourism, 2. Aufl., Melbourne: Longman
BULLINGER, H.-J. 1994: Multimedia im betrieblichen Einsatz, in: GLOWALLA u.a. 1994: 26-32
BUNDE, J./POSTLEB, R.-D. 1994 (Hg.): Controlling in Kommunalverwaltungen, Marburg
BURKART, A. J./MEDLIK, S. 1974: Tourism: Past, Present, and Future, London
- 1975 (Hg.): The Management of Tourism, London

CALANTONE, R. J./MAZANEC, J. A. 1991: Marketing Management and Tourism, in: Annals of Tourism Research, Bd. 18 (1991): 101-119
CANTAUW, C. 1995 (Hg.): Arbeit, Freizeit, Reisen, Münster/New York
CASSEBAUM, H.-U. 1966: Marketing im Fremdenverkehr, in: Wirtschaftsdienst (1966): 110-114
CLUB OF ROME 1973: Die Grenzen des Wachstums, Reinbek (erschienen als MEADOWS u.a.)
- 1991: Die globale Revolution: Bericht 1991, Hamburg (erschienen als: Spiegel Spezial)
COLTMAN, M. M. 1989: Tourism Marketing, New York
COOPER, C. P. 1989 (Hg.): Progress in Tourism, Recreation and Hospitality Management, London/New York: Belhaven Press
- 1992: The Life Cycle Concept and Tourism, in: JOHNSON/THOMAS 1992: 145-160
- 1994: The destinction life cycle: an update, in: Seaton 1994: 340-346
CORINTH, T. 1995: Handbuch für operatives und strategisches Controlling in F&B-Abteilungen der Steigenberger Hotel AG, Heilbronn
CORSTEN, H. 1990: Betriebswirtschaftslehre der Dienstleistungsunternehmen, 2. Aufl., München/Wien (3. Aufl. als „Dienstleistungsmanagement", München/Wien 1997)
COWELL, D. 1991: The Marketing of Services, Oxford: Butterworth-Heinemann
- 1993: The Marketing of Services, 2. Aufl., London: Heinemann
CRONAUGE, U. 1992: Kommunale Unternehmen: Eigenbetriebe – Kapitalgesellschaften – Zweckverbände, Berlin
CURRY, B./MOUTINHO, L. 1994: Analytic Hierarchy Process, in: WITT/MOUTINHO 1994: 550-553

DANN, G. M. S./NASH, D./PEARCE, P.: 1988: Methodology in Tourism Research, in: Annals of Tourisms Research, Bd. 15 (1988): 1-28
DANNSER, H. P. 1991: Marketingkonzept für einen Kurort: Beispiel St. Moritz, in: SEITZ/WOLF 1991: 573-597
DATH, A. 1980: Reisebüro-Marketing: Marketing im veranstaltenden Reisebüro, Heilbronn
DATZER, R. 1983: Informationsverhalten von Urlaubsreisenden: Ein Ansatz des verhaltenswissenschaftlichen Marketing, Starnberg
DAWSON, L. M. 1969: The Human Concept: New Philosophy for Business, in: Business Horizons, Bd. 12 (1969): 29ff
DBV-DEUTSCHER BÄDERVERBAND (bis 1999), siehe danach DHV-Deutscher Heilbäderverband
DEHMER, S. 1996: Die Kur als Markenartikel: Angebotsprofilierung und Markenbildung im Kurwesen, Dresden: FIT-Verlag
DEHOGA 1992 (Hg.): Marketing der Gastfreundschaft, Bonn (Neuauflage 1999)
- 1994 (Hg.): Deutscher Tourismusbericht, Bonn
DEML, G. 1990: Besserer Markterfolg durch gemeinsame Verkaufswerbung, in: Jahrbuch für Fremdenverkehr, Bd. 36 (1990): 27-40
DEPPE, J. 1986: Qualitätszirkel – Ideenmanagement durch Gruppenarbeit, Bern usw.
DETTMER, H. u.a. 1999: Tourismus-Marketing-Management, München/Wien
DEUTSCHE GESELLSCHAFT FÜR QUALITÄT 1990 (Hg.): TQM – eine unternehmensweite Verpflichtung, Frankfurt
DFV-DEUTSCHER FREMDENVERKEHRSVERBAND, ab 1999 DTV-Deutscher Tourismusverband
- 1983: Überlegungen zum Marketing im deutschen Fremdenverkehr, Bonn
- 1983: Deutscher Fremdenverkehrsverband (Hg.): Überlegungen zum Marketing im deutschen Fremdenverkehr, Bonn
- 1984: Dokumentation über das Marketing – Seminar des Deutschen Fremdenverkehrsverbandes am 16. und 17.5.1984 in Hamburg, Bonn
- 1992: Verkehrspolitisches Positionspapier, Bonn
- 1993a: Fremdenverkehrspolitisches Positionspapier, Bonn
- 1993b: Die Organisationsformen im Deutschen Fremdenverkehr, Bonn
- 1994: Verraten und verkauft – der kommunale Fremdenverkehr zwischen der Wahrnehmung hoheitlicher Aufgaben, kommerziellen Eiertänzen und Privatisierungssucht, Bonn (Neue Fachreihe Nr.3)
DGF 1991 Deutsche Gesellschaft für Freizeit (Hg.): Verbände im Freizeitbereich, Erkrath
DHV/DTV 1999: Deutscher Heilbäderverband/Deutscher Tourismusverband (Hg.): Begriffsbestimmungen – Qualitätsstandards für die Prädikatisierung von Kurorten, Erholungsorten und Heilbrunnen, 11. Aufl., Bonn
DICHTL, E./EGGERS, W. 1992 (Hg.): Marke und Markenartikel als Instrumente des Wettbewerbs, München
DILLER, H. 1994 (Hg.): Vahlens Großes Marketing Lexikon, München
DIVO 1961: Die Reise im Vorstellungsbild und in den Erwartungen des Touristen, unveröff., München: Studienkreis für Tourismus
- 1962: Urlaub und Reise: Eine sozialpsychologische und motivationspsychologische Voruntersuchung, unveröff., München: Studienkreis für Tourismus
DIW 1999: Deutsches Institut für Wirtschaftsforschung: Wirtschaftsfaktor Tourismus, Berlin
DÖRR, G. 1994: Wie gründe und führe ich ein Reisebüro: Das Reisegeschäft, 5. Aufl., Bonn
DOMIZLAFF, H. 1982: Die Gewinnung des öffentlichen Vertrauens – Ein Lehrbuch der Markentechnik, 3. Aufl., Hamburg
DONAUBAUER, I./SCHAFBERG, B. 1988: Reisemessen im In- und Ausland: Rentables Marketinginstrument oder nur ein teures Übel? in: FVW, H. 5 (1988): 38-46
DORNACH, F./MEYER, A. 1995: Das aktuelle Kundenbarometer. Aktuelle Benchmarks für Qualität und Zufriedenheit, in: Qualität und Zuverlässigkeit, H. 12 (1995): 1385-1390
DOZ, Y. 1986: Strategic Management in Multinational Companies, Oxford
DREIER, V. 1994: Datenanalyse für Sozialwissenschaftler, München/Wien

DREYER, A.1995a: Der Markt für Sporttourismus, in: DREYER/KRÜGER 1995: 9-51
- 1995b: Die Marketinginstrumente im Sporttourismus, in: DREYER/KRÜGER 1995: 83-104
- 1996a (Hg.): Kulturtourismus, München/Wien (2. Aufl. 2000)
- 1996b: Events als Aufhänger der Kommunikation von Destinationen, in: BIEGER 1996: 246-262
DREYER, A./KRÜGER, A. 1995 (Hg.): Sporttourismus: Management- und Marketing-Handbuch, München/Wien
DROEGE, W. 1979: Sommerfrische wird Ferienzentrum, in: Absatzwirtschaft, H. 4: 100-107
DRV 1982: Deutscher Reisebüroverband (Hg.): Grundlagenuntersuchung über das Reisemittlergewerbe, Frankfurt
- 1989: Wirtschaftsfaktor Tourismus, Frankfurt
- 1990a: Der deutsche Reisemarkt, 2. Aufl., Frankfurt
- 1990b: Wirtschaftsfaktor Ferntourismus, Frankfurt
- 1992 (Hg.): DRV-Binnenmarktstudie: Auswirkungen des EG-Binnenmarktes auf mittelständische Reiseveranstalter und Reisemittler, Frankfurt
DSF 1990: Deutsches Seminar für Fremdenverkehr (Hg.): Tourismus 2000. Praktiker inszenieren die Zukunft, Berlin
- 1993a: Pressearbeit im Tourismus, Berlin
- 1993b: Werbung unter Druck – Printmedien im Tourismus, Berlin
- 1996: Erlebnis-Marketing, Berlin
- 1997: Messen im Tourismus, Berlin
DTV-DEUTSCHER TOURISMUSVERBAND (ab 1999), siehe DFV-Deutscher Fremdenverkehrsverband
DWIF 1982: Deutsches Wirtschaftswissenschaftliches Institut für Fremdenverkehr (Hg.): Strukturanalyse des touristischen Arbeitsmarktes, München
- 1988: Die ökonomische Bedeutung des Geschäftsreiseverkehrs, München
- 1992: Die Ausgabenstruktur im übernachtenden Fremdenverkehr in der Bundesrepublik Deutschland (ohne Beitrittsgebiet), München
- 1993: Die Ausgabenstruktur im übernachtenden Fremdenverkehr in den neuen Bundesländern, München
- 1995a: Hotelbetriebsvergleich 1995, München
- 1995b: Kurortbetriebsvergleich 1995, München
DYLLICK, T. 1990: Ökologisch bewußtes Management, in: Die Orientierung Nr. 96, Bern

EADINGTON, W. R./REDMAN, M. 1991: Economics and Tourism, in: Annals of Tourism Research, H. 1 (1991): 41-56
ECHTERMEYER, M. 1997: Globale Computer-Reservierungssysteme und neue Informations-, Kommunikations- und Reservierungs-Technologien im internationalen Luftverkehr und Tourismus, Trier
- 2000: Elektronisches Tourismusmarketing – Gefahr oder Chance für Reisebüros, in: LANDGREBE 2000: 101-113
ECKERLE, S.: Typologien im Tourismus-Marketing: Eine Methodik der Datenanalyse und der Zielgruppendefinition, unveröff. Diplomarbeit, Heilbronn
EISENHUT, C. 1985: Vom Staubfänger zum Eye-Catcher: Wie das Reisebüro-Schaufenster zur touristischen Visitenkarte wird, in: touristik management H. 5 (1985): 14-25
EISENSTEIN, M. 1995: Wirtschaftliche Effekte des Fremdenverkehrs, 2. Aufl., Trier
ELKINGTON, H./BURKE, T. 1989: Umweltkrise als Chance: Ökologische Herausforderung für die Industrie, Zürich/Wiesbaden
ENDER, W. 1992 (Hg.): Die Kur – ein Markenartikel, Wien
ENDER, W. u.a. 1983: Von der Hotelbetriebslehre zur Management Science im Tourismus? – Zeitgemäße Aufgaben einer Betriebswirtschaftslehre des Fremdenverkehrs, in: Der Markt, Bd. 85: 36-49
ENZENSBERGER, H. M. 1958: Eine Theorie des Tourismus, in: Merkur, 12. Jg., H. 8: 701-720
ESSER, M. 1995: Werbeerfolgskontrolle auf Basis eines Modells der Werbewirkung, Frankfurt a.M.

EU-EUROPÄISCHE UNION 1998: The Europeans on Holiday, Brüssel (Hg.: Europäische Kommission)

FAEHSELER, B./MEFFERT, H. 1986: Markterfolge durch Emotionen? in: Absatzwirtschaft, Sonderheft 10 (1986): 210-218

FÄSSLER, E. 1989: Gesellschaftsorientiertes Marketing, Bern usw.

FALK, B. 1980 (Hg.): Dienstleistungsmarketing, Landsberg am Lech

FERNER, F.-K. 1995: Urlaub wie Persil verkaufen, Wien
- 1996: Markenpolitik im Tourismus, in: Bundesministerium für wirtschaftliche Angelegenheiten (Hg.): Tourismus mit Zukunft, Nachtrag 1996, Wien

FERNER, F.-K./PÖTSCH, W. 1998: MarketingLust und MarketingFrust im Tourismus, Wien

FINK, K. 1989: Mit Kultur neuen Gästen auf der Spur: Musik und Kunst als Fremdenverkehrsmagneten, in: touristik management, H. 6 (1989): 90-94
- 1990: Exotische Feste in strategischer Verpackung: Kultur und Lebensart bestimmen die Marketingkonzepte der fernöstlichen Fremdenverkehrsämter, in: touristik management, H. 5 (1990): 36-40

FINGER, C./GAYLER, B. 1990: Animation im Urlaub, 2. Aufl., Starnberg

FISCHER, D. 1992: Revitalisierung des Tourismus-Marketing, in: Jahrbuch der Schweizerischen Tourismuswirtschaft 1992/93: 41-54

FLAIG, B. B./MEYER, T./UELTZENHÖFFER, J.: Alltagsästhetik und politische Kultur, 2. Aufl., Bonn

FOSTER, D. 1985: Travel and Tourism Management, London usw.

FREEMANTLE, D. 1998: What Customers like about You – Adding Emotional Value for Service Excellence and Competitive Advantage, London: Nicholas Brealey

FREYER, W.
- 1986a: Reisen und Konjunktur, in: Jahrbuch für Fremdenverkehr, 33. Jg. (1986): 57-108
- 1986b: Management im Reisebüro: Vier Wege zum Ziel, in: touristik report, Nr. 22: 30f
- 1986c: Beratung: der goldene Mittelweg: Anmerkungen zu den steigenden Anforderungen an Reisebüromitarbeiter, in: touristik aktuell, Nr. 8: 22f.
- 1987b: Papierlose Zukunft: Bedeutung der Elektronik im Tourismus, in: touristik report Nr. 14: 13f.
- 1990: Handbuch des Sport-Marketing, Wiesbaden (3. Aufl. 2001, in Vorbereitung)
- 1991a: Ganzheitliches Marketing im Tourismus: Ein integrativer Ansatz zur „Vertiefung" und „Erweiterung" des betriebswirtschaftlichen Marketing, in: STUDIENKREIS 1991: 137-162 (wiederabgedruckt in FREYER 2000 (Ganzheitlicher Tourismus): 279-299)
- 1991b: Tourismus 2000. Von Boomfaktoren zu Megatrends und Zukunftsszenarien, Bonn
- 1991c: „Tourismus", „Touristik" oder „Fremdenverkehr"?, in: FVW-International, Nr. 16 (1991): 6-9
- 1991d: Finanzspritzen für Tourismus-Unternehmen, in: touristik managements, H. 11(1991): 78-85
- 1992a: Umfeldanalyse als Teil der Marketingforschung, in: STUDIENKREIS 1992a: 9-25
- 1992b: Rechtsformen im Fremdenverkehr, in: touristik management, H. 11: 46-53 (Teil 1) und H. 12: 62-66 (Teil 2)
- 1993a: Die wirtschaftliche Bedeutung des Fremdenverkehrs für eine Gemeinde, in: Heilbad und Kurort, H. 3 (1993): S. 8-85
- 1993b: Sponsoring im Tourismus, in: HAHN/KAGELMANN 1993: 455-462
- 1993c: Was ist „sanft" am „sanften Tourismus"? in: PILLMANN/WOLZT 1993: 1-19
- 1994a: Neue Strukturen und Kooperationen: Chancen für den deutschen Fremdenverkehr in: DFV 1994
- 1994b: Touristische Souvenirs, in: Souvenir Festival, Nr. 1 (1994): 60-62
- 1995a: Tourismus: Einführung in die Fremdenverkehrsökonomie, München/Wien: Oldenbourg (7. Auflage 2001)
- 1995b: Beitrag der Wirtschaftswissenschaften zur Tourismuswissenschaft, in: IFKA (Hg.): 1. Bielefelder Tourismuskolloquium 1994, Bielefeld: 99-132
- 1995c: Marketing im Sporttourismus, in: DREYER/KRÜGER 1995: 53-82

- 1996a: Event-Management im Tourismus: Kulturveranstaltungen und Festivals als touristische Leistungsangebote, in: DREYER 1996a: 211-242
- 1996b: Grundlagen der Zukunftsforschung und -vorhersagen im Tourismus, in: FREYER/ SCHERHAG 1996: 17-42
- 1996c: Tourismus-Ökonomie oder Ökonomie des Tourismus?, in: FISCHER, G./LAESSER, C. (Hg.): Theorie und Praxis der Tourismus- und Verkehrswirtschaft im Wertewandel, Festschrift zur Emeritierung von Prof. Dr. Claude Kaspar, Bern usw. 1996: 49-68
- 1996d: Dynamische Tourismusmärkte: Zukunftsforschung und Reise-Szenarien, in: STEINECKE 1996: 57-72
- 1997a: Qualität durch Markenpolitik, in: LIEB/POMPL 1997: 155-183
- 1997b: Marketing in Non-Profit-Organisationen – zwischen Ethik und Kommerz?, in: FREERICKS, R./FROMME, J. (Hg.): Freizeit zwischen Ethik und Ästhetik, Neuwied: 249-260 (auch: FREYER 2000: 381-393)
- 1997c: Qualitätsbestimmung für Destinationen: Zur Prädikatisierung von „Qualitäts-Erholungsorten" in Deutschland, in: AIEST/KELLER, P. (Hg.): Qualitätsmanagement im Tourismus, St. Gallen/Cha-Am, Thailand 1997, S. 251-269 (auch: FREYER 2000: 421-436)
- 1997d: Tourismus und Wissenschaft – Chance für den Wissenschaftsstandort Deutschland, in: FELDMANN, O. (Hg.): Tourismus – Chance für den Standort Deutschland, Baden-Baden: 219-237
- 1998a: Grundlagen der Tourismuswirtschaft für den Kultur-Tourismus, Hagen
- 1998b: Globalisierung und Tourismus, Dresden: FIT (aktualisierte Kurzfassung in: LANDGREBE 2000: 13 -50)
- 1998c: Fremdenverkehrsabgabe und Kurtaxe – eine tourismuswirtschaftliche Betrachtung, in: Sachsenlandkurier, H. 9 (1998): 349-353
- 1998d: Erlebnis-Tourismus: Marketingstrategien gegen den Erlebnistrend? in: Messe München (Hg.): Erlebnisurlaub ja oder nein? Freizeitwelten pro und contra! München 1998: 35-42 (auch: FREYER 2000: 537-544)
- 1998e: Stadt-Tourismus: Tourismus-Marketing und Stadtentwicklung, in: NAHRSTEDT, W./KOMBOL, T. P. (Hg.): Leisure, Culture and Tourism in Europe, Bielefeld 1998, S. 87-100 (auch: FREYER 2000: 437-453)
- 1999: Reisebüro-Management – allgemeine Grundlagen, in: FREYER, W./POMPL, W. (Hg.): Reisebüro-Management, München/Wien 1999: 99-140
- 2000: Ganzheitlicher Tourismus, Dresden: FIT
- 2001a: Tourismus: Einführung in die Fremdenverkehrsökonomie, 7. Aufl., München/Wien
- 2001b: Qualitätsmanagement im Marketing, in: ZOLLONDZ, H.-D. (Hg.): Lexikon Qualitätsmanagement, München/Wien 2001: 952-960
- 2001c: Sport und Tourismus – Mega-Märkte in der wissenschaftlichen Diskussion, in: TROSIEN, G./DINKEL, M. (Hg.): Sport-Tourismus: Markt mit Zukunft? Heidelberg/Butzbach-Griedel 2001 (im Druck), (auch in: FREYER 2000: 489-523)

FREYER, W./LÜBBERT, C. 1995: Tourismus-Mediation: ein neuer Weg zur Konfliktbewältigung für Umwelt, Ökonomie und Gesellschaft, (auch: FREYER 2000: 231-237) Dresden

FREYER, W./MEYER, D./SCHERHAG, K. 1998 (Hg.): Events – Wachstumsmarkt im Tourismus? Dresden: FIT

FREYER, W./POMPL, W. 1996: Schlüsselkompetenzen im internationalen Tourismusmanagement, in: AIEST 1996: 303-322

- 1999 (Hg.): Reisebüro-Management, München/Wien

FREYER, W./SCHERHAG, K. 1996 (Hg.): Zukunft des Tourismus, Dresden

FREYER, W./TÖDTER, N. 1993: Kurortgesetzgebung in den Neuen Bundesländern, 2. Aufl., Bonn/ Rügen: FIT-Verlag

FREYER/TÖDTER 1996: Berufsverläufe von Fachkräften in der Reisebranche, Forschungsbericht BiBB, Berlin/Dresden

FRIED, H. 1989: Informations- und Reservierungssysteme für den deutschen Fremdenverkehr, München

- 1992: Die Touristische-Informations-Norm (TIN) für den deutschen Fremdenverkehr, München

FRÖMBLING, S. 1993: Zielgruppenmarketing im Fremdenverkehr von Regionen, Frankfurt a.M. usw.
FROMMER, S. 1999: Kundenerwartungen an Reisebüros, in: FREYER/POMPL 1999: 81-95
FRY, J. N./KILLING, J. P. 1986.: Strategic Analysis and Action, Scarborough
FOURADOULAS, C. 1979: Finanzierung von Hotelinvestitionen, Bern usw.
FÜTH, G. 1999: Spezielle Betriebswirtschaftslehre für Reiseverkehrs- und Tourismusunternehmen, Frankfurt
FVV-NORDSEE 1990: Fremdenverkehrsverband Nordsee (Hrsg.): Sind die touristischen Organisationen den Marketinganforderungen der 90er Jahre noch gewachsen? in: Schriftenreihe, H. 79 (1990)
FVW: Fremdenverkehrswirtschaft International, Hamburg, versch. Jg.

GÄRTNER, K. 1993: Internationale Computer-Reservierungssysteme, in: HAEDRICH u.a. 1993: 619-627
GALBRAITH, J. K. 1968: Die moderne Industriegesellschaft. München/Zürich
GANSER, A. 1991a: Öffentlichkeitsarbeit in der Touristik, München
- 1991b: PR-Management im Tourismus, in: SEITZ/WOLF 1991: 337-355
GASSER, R. V./WEIERMAIR, K. (Hg.) 1994: Spoilt for Choice: Decision Making Processes and Preference Changes of Tourists, Thaur usw.
GAUF, D. 1982: Touristik-Marketing für Bus-Unternehmer, München
GAUL W., BOTH, M. 1990: Computergestütztes Marketing, Berlin/Heidelberg
GDI 1985: Gottlieb Duttweiler Institut (Hg.): Ferien und Reisen im Jahr 2035, Rüschlikon/Zürich
GEE, C. Y./CHOY, D. J. L./MAKENS, J. C. 1984: The Travel Industry, Westport, Connecticut
GEIGER, W. 1994: Qualitätslehre, 2. Aufl., Braunschweig/Wiesbaden
GERKEN, G. 1989: Die Trends für das Jahr 2000, Düsseldorf usw.
- 1993: Trendzeit: Die Zukunft überrascht sich selbst, Düsseldorf usw.
GESSNER, H. J. 1993: Vertriebspolitik, in: HAEDRICH u.a. 1993: 329-365
GETZ, D. 1991: Festivals, Special Events, and Tourism, New York: Van Nostrand Reinhold
GEWALD, S. 1999: Hotel-Controlling, München/Wien
GLOWALLA, U. u.a. 1994 (Hg.): Multimedia '94, Berlin usw.
- 1995 (Hg.): Deutscher Multimedia Kongreß '95: Auffahrt zum Information Highway, Berlin usw.
GO. F. M./PINE, R. 1995: Globalization Strategy in the Hotel Industry, London/New York: Routledge
GOEBEL, M. 1991: Reisemarkt im Strukturwandel – Strategische Neuausrichtung eines Touristikkonzerns, in: MEFFERT/WAGNER/BACKHAUS 1991: 66-76
GÖBEL, M. 1994: Grundlagen und Anwendungen der virtuellen Realität, in: GLOWALLA u.a. 1994: 17-25
GRABURN, N. H. H./JAFARI, J. 1991 (Hg.): Tourism Social Science, Sonderheft, Annals of Tourism Research, H. 1 (1991)
GOTTSCHLING, S./RECHENAUER, H. O. 1994: Direktmarketing, München
GREEN, P. E./TULL, D. S. 1982: Methoden und Techniken der Marketingforschung, Stuttgart
GRÖNROOS, C. 1990: Service Management and Marketing:Managing the Moments of Truth in Service Competition, Lexington, Massachusetts: Lexington Books
- 1993: Innovative Marketing Strategies and Organisation Structures for Service Firms, in: BERRY/SHOSTACK/UPAH 1993: 9-21
GROTHUES, U. 1991: Marketing im Hotel- und Gaststättengewerbe, Bd. 1 u. 2, Dortmund
GÜNTHER, W. 1991 (Hg.): Handbuch für Studienreiseleiter, Starnberg
GUTENBERG, E. 1968: Grundlagen der Betriebswirtschaftslehre, 2. Bd.: Der Absatz, 11. Aufl., Berlin

HAEDRICH, G. 1991: Modernes Marketing im Tourismus, in: STUDIENKREIS 1991: 21-38
- 1993a: Tourismus-Management und Tourismus-Marketing, in: HAEDRICH u.a. 1993: 31-42
- 1993b: Kommunikationspolitik, in: HAEDRICH u.a. 1993: 307- 328

HAEDRICH, G. u.a. 1993 (Hg.): Tourismus-Management: Tourismus-Marketing und Fremdenverkehrsplanung, Berlin/New York
HAEDRICH, G./KREILKAMP, E. 1984: Einsatz des Portfolio-Managements in der Tourismus- und Fremdenverkehrsplanung, in: Zeitschrift für Fremdenverkehr H.1 (1984)
HAEDRICH, G./TOMCZAK, T. 1990: Strategische Markenführung, Bern/Stuttgart
HÄNSSLER, K.-H. 2000: Management in der Hotellerie und Gastronomie, 4. Aufl., München/Wien
HÄNSSLER, K. H./FROMMER, K. 1991: Die Umwandlung der Tourist Information Konstanz von einem städtischen Amt über einen kommunalen Eigenbetrieb zur GmbH, Ravensburg
HÄUSSERMANN, H./SIEBEL, W. 1993 (Hg.): Festivalisierung der Stadtpolitik: Stadtentwicklung durch große Projekte, Leviathan, Sonderheft 13, Opladen
HAFNER, H. 1998: Profitabilität durch Kundenzufriedenheit: Tourismusmarketing, Wien
HAHN, H. 1970: Marketing – Stiefkind im Tourismus, in: STUDIENKREIS 1970 5-8
- 1974: Urlaub 74: Wissen Sie eigentlich, was für ein Urlaubstyp Sie sind?, in: Für Sie, 25.1.1974: 2-4
HAHN, H./HARTMANN, K. D. 1971: Urlaubsreisen 1971: Psychologische Leitstudie, unveröff., Starnberg: Studienkreis für Tourismus
- 1973: Reiseinformation, Reiseentscheidung, Reisevorbereitung, Starnberg
HAHN, H./KAGELMANN, H. J. 1993 (Hg): Handbuch der Tourismuspsychologie und -soziologie, München
HAHN, H./SCHADE, B. 1969: Psychologie und Fremdenverkehr, in: Wissenschaftliche Aspekte des Fremdenverkehrs. Veröffentlichungen der Akademie für Raumforschung und Landesplanung, Forschungs- und Sitzungsbericht, Bd. 53, Hannover: 35-53
HAIMAYER, P. 1993: „Intelligenter Tourismus", in: HAEDRICH u.a. 1993: 743-752
HALL, C. M. 1992: Hallmark tourist Events: Impacts, Management and Planning, London: Belhaven Press
HAMER, E./RIEDEL, B. 1990: Gastronomie-Marketing-Handbuch: Situation und Zukunftschancen für Hotels und Restaurants, Landsberg a.L.
HANRIEDER, M. 1992: Marketing-Forschung und Informations-Analyse als Grundlage der Marketing-Planung, in: ROTH/SCHRAND (Hg.): Touristik-Marketing, 1. Aufl., München 1992: 81-109 (in 2. Aufl. nicht übernommen)
HARTMANN, K. D. 1972: Urlaub in Schleswig-Holstein: Eine motiv- und verhaltenspsychologische Untersuchung, unveröff., Starnberg: Studienkreis für Tourismus
- 1973: Die Bedeutung verschiedener Informationsquellen für Orientierung und den Kaufentscheid am Beispiel von Urlaubsreisen, in: ZV+ZV, 70. Jg.: 1776-1784
- 1981a: Zur Psychologie des Landschaftserlebens im Tourismus, Starnberg
- 1981b: Wirkungen von Auslandsreisen junger Leute, Starnberg
HASPESLAGH, P. 1982: Portfolio Planning: Users and Limits, in: Harward-Business-Review, Band 60 (1982): 58-73
HAX, H./KERN, W./SCHRÖDER, H.-J. 1989 (Hg.): Zeitaspekte in betriebswirtschaftlicher Theorie und Praxis, Stuttgart
HEATH, E./WALL, G. 1992: Marketing Tourism Destinations: A Strategic Planning Approach, New York usw.: Wiley & Sons
HEBESTREIT, D. 1973: Marketing der Reiseveranstalter, in: werben und verkaufen, Nr. 18 (1973)
- 1992: Touristik Marketing, 3. Aufl., Berlin
HEINEMANN, C.: Multimedia in der internen Marketing-Kommunikation, in: SILBERER 1994: 33-60
HEINEN, E. 1966: Das Zielsystem der Unternehmung, Wiesbaden
- 1987 Unternehmenskultur, München/Wien
HELLER, M. 1996: Dienstleistungsqualität in der touristischen Reisevermittlung, Bern usw.
- 1999: Prozeßmanagement im Reisebüro: die Qualitäts- und produktivitätsorientierte Gestaltung der Leistungserstellung, in: FREYER/POMPL 1999: 161-174
HENSELEK, H. 1999: Hotelmanagement, München/Wien
HENTZLER, H. A. (Hg.)1988: Handbuch Strategische Führung, Wiesbaden

HENDERSON, J. M./QUANDT, R. E. 1970: Mikroökonomische Theorie, 2. Aufl., München/ Frankfurt
HENTSCHEL, B. 1995: Multiattributive Messung von Dienstleistungsqualität, in: BRUHN/ STAUSS 1995: 347-378
HERING, R. 1989: Marketing für Urlaubsorte: Imageprofilierung durch Kommunikation, Hamburg
HERMANNS, A. 1989: Sport- und Kultursponsoring, München.
HESKETT, J. L. 1988: Management von Dienstleistungsunternehmen, Wiesbaden
HILKE, W. 1989: Dienstleistungs-Marketing, Wiesbaden
HILKER, J. 1993: Marketingimplementierung, Wiesbaden
HINTERHUBER, H. H. 1990: Wettbewerbsstrategie, 2. Aufl., Berlin
- 1992: Strategische Unternehmensführung, 5. Aufl., Berlin
HOFFMANN, H. 1974: Visionen und Prognosen zum Tourismus im Jahre 2000 – Thesen zur qualitativen und quantitativen Entwicklung, in: KRIPPENDORF, J. (Hg.), Fremdenverkehr im Wandel, Bern/Frankfurt/M.: 22-28
- 1980: Touristik-Marketing, in: FALK 1980: 143-166
HOFFMANN, W. 2000: Die Flugpauschalreise, in: LANDGREBE 2000: 147-194
HOLLEIS, W. 1993: Controlling in der Hotellerie, Bern usw.
HOLLOWAY, J. C. 1994: The Business of Tourism, 4. Aufl., London
HOLLOWAY, J. C./PLANT, R. V. 1992: Marketing for Tourism, 2. Aufl., London: Pitman
HOPFENBECK, W./ZIMMER, P. 1993: Umweltorientiertes Tourismusmanagement, Landsberg
HORMUTH, S. 1993: Placement, München
HORNUNG, C. 1994: PC-basierte Multimedia Systeme, in: GLOWALLA u.a. 1994: 2-9
HOROVITZ, J. 1992: Service entscheidet: Im Wettbewerb um den Kunden, Frankfurt/New York
HORX, M. 1993: Trendbuch, Düsseldorf
HOXTER, A. L./LESTER, D. 1988: Tourist Behavior and Personality, in: Personality and Individual Differences, Bd. 9 (1988): 177-178
HUNZIKER, W. 1943: System und Hauptprobleme einer wissenschaftlichen Fremdenverkehrslehre, St. Gallen
- 1952: Zur Problematik und Systematik der Betriebswirtschaftslehre des Fremdenverkehrs, in: JfF, 1. Jg.: 49-63
- 1959: Betriebswirtschaftslehre des Fremdenverkehrs, Bern
HUNZIKER, G./KRAPF, K. 1942: Grundriß der Allgemeinen Fremdenverkehrslehre, Zürich

IFV 1991: Institut für Fremdenverkehr und Verkehrswirtschaft (Hg.): „Die Bedeutung der Unternehmenskultur im Verkehr und Tourismus" (S. 2-5) und „Bedeutung der Corporate Identity für Verkehrs- und Tourismusunternehmungen" (S. 57-92), in: Institutsmitteilungen Nr. 40, St. Gallen 1991
IHEI 1994: International Hotels Environment Initiative (Hg.): Environmental Management for Hotels: The industry guide to best practice, 2. Aufl., Oxford: Butterwort-Heinemann
INKPEN, G. 1994: Information Technology for Travel and Tourism, London
INSTITUT FÜR HANDELSFORSCHUNG 1995: Betriebsvergleich für Reisebüros, Köln

JACKSON, P./ASHTON, D. 1995: ISO 9000 – Der Weg zur Zertifizierung, Landsberg a. Lech
JAMES, B. G. 1984: Business Wargames, Turnbridge Wells
JASPER, M. 1992: Images von ausgewählten inländischen Ferienorten, in: FVV Rheinland-Pfalz (Hg.): Dokumentation 34. Pirmasenser Fachkursus für die Fremdenverkehrspraxis, Koblenz: 138-174
JEFFERSON, A./LICKORISH, L. 1991: Marketing Tourism, 2. Aufl., Harlow: Longman
JEFFRIES, D. T. 1973: The Role of Marketing in Official Tourism Organizations, in: AIEST 1973: 99-102
JESCHKE, K. 1995: Nachkaufmarketing: Kundenzufriedenheit und Kundenbindung auf Konsumgütermärkten, Berlin usw.
JfF: Jahrbuch für Fremdenverkehr, München

JOHNSON, P./THOMAS, B. 1992 (Hg.): Choice and Demand in Tourism, London: Mansell
JUNGK, R./MÜLLERT, N. R. 1995: Zukunftswerkstätten: Mit Phantasie gegen Routine und Resignation, 5. Aufl. München

KAGELMANN, J. 1993a (Hg.): Tourismuswissenschaft: Soziologische, sozialpsychologische und sozialanthropologische Untersuchungen, München
- 1993b: Touristische Medien, in: HAHN/KAGELMANN 1993, 469-478
KAGERBAUER, A. 1992: Innenmarketing im Fremdenverkehr: Die Rechnung mit dem Wirt machen, in: touristik management, H. 6 (1992): 52-54
KAHN, H. 1979: World Economic Development. Boulder 1979 (deutsch: Die Zukunft der Welt 1980-2000, Wien usw. 1980)
KAPFERER, J.-N. 1992: Die Marke – Kapital des Unternehmens, Landsberg
KASPAR, C. 1986: Frühwarnsysteme in der Touristik, in: touristik management, H. 6 (1986): 75ff.
- 1995: Management im Tourismus, 2. Aufl., Bern/Stuttgart
- 1996: Die Fremdenverkehrslehre im Grundriß, 5. Aufl., Bern/Stuttgart
- 1998: Management von Verkehrsunternehmen, München/Wien
KASPAR, C. u.a. 1991: Tourismus im Jahre 2010: Eine Delphi-Umfrage über die zukünftige Entwicklung des Tourismus in der Schweiz, Bern 1991
KASPAR, C./FEHRLIN, P. 1984: Marketing-Konzeption für Heilbäderkurorte, Bern/Stuttgart
KASPAR, C./KUNZ, B. R. 1982: Unternehmensführung im Fremdenverkehr, Bern/Stuttgart (Neuauflage als KASPAR 1995)
KATONA, G. 1968: Das Verhalten der Verbraucher und Unternehmer, Tübingen
KELLER, P. 1996: Globalisierung und Tourismus: ein faszinierendes Forschungsthema, in: AIEST 1996: 9-43
KERIN, R. A./MAHAJAN, V./VARADARAJAN, P. R. 1990: Contemporary Perspectives on Strategic Market Planning, Boston
KHAN, M. A./OLSON, M. D./VAR, T. 1993 (Hg.): Encyclopedia of Hospitality and Tourism, New York: Van Nostrand Reinhold
KINNEBROCK, W. 1993: Integriertes Eventmarketing, Wiesbaden
KIRSTGES, T. 1992: Expansionsstrategien im Tourismus, Wiesbaden (zugl. Diss. Mannheim)
- 1994: Management von Tourismusunternehmen, München/Wien (2. Aufl. 2000)
- 1996: Urlauber, bleibt in Eurem Ghetto! in: FREYER/SCHERHAG 1996: 173-180
KIRSTGES, T./MAYER, R. 1991: Tourismus 2005: Ein anwendungsbezogener Leitfaden für einen branchenspezifischen Einsatz der Szenariotechnik – dargestellt am Beispiel des Tourismusmarktes, Arbeitspapier Nr. 86, Mannheim
KIRSTGES, T./SEIDL, D. 1989: Basisstrategien im Internationalen Marketing von Reiseveranstaltern, Arbeitspapier Nr. 69, Mannheim
KLEIN, N. 1994: Erfolgskontrolle für Tourismuskonzepte: Erfolgsfaktoren als Richtlinien für Auftraggeber und Gutachter, Trier
KLEIN, T. 1989: Das Marktsegment der Nichtreisenden, Trier
KLEINERT, H. 1983: Kommunikationspolitik, in: HAEDRICH u.a. 1983: 287-300 (nur in 1. Aufl.)
KLEMM, K./STEINECKE, A. 2000: Berufe im Tourismus, Bielefeld
KLIEN, I. 1991: Wettbewerbsvorteile von Groß- und Kettenhotels und deren Kompensierbarkeit durch Hotelkooperationen, Wien
KLOPP, H./TÖDTER, N. 1993: Die Wahl der Rechtsform als unternehmerischer Entscheidungsprozeß im Fremdenverkehrsort, in: STADTFELD, 1993: 29-46
KLUTMANN, M. M. F. 1993: Beraten und Verkaufen im Reisebüro, Hamburg
KNEISSL, K. 1995: Urlaub wie Coca Cola, in: tm, H. 9 (1995): 86-90
KNETSCH, W. 1996: Die treibenden Kräfte: der Weg zum vernetzten Unternehmen, in: LITTLE 1996: 15-70
KOCH, H. M. 1994: Strukturreform im Fremdenverkehr ist überflüssig, in: FVW 26.4.1994
KÖLTZSCH, J. 1990: Innenmarketing, Schriftenreihe des Informationszentrums Naturpark Altmühltal, H. 1, Eichstätt
KÖPPEL, H. J. 1985: Streicheleinheiten für das Trommelfell: Zehn Profi-Tips für touristische Hörfunk-Spots, die ins Ohr gehen, in: touristik management, H. 4 (1985): 88-98

KOESTER, W. 1988: Direktwerbung im Tourismus: Wenn der Rücklauf stottert ..., in: touristik management. H. 2 (1988): 45-51
KOLKS, U. 1990: Strategieimplementierung, Wiesbaden
KOREIMANN, D. S. 1994: Management, 6. Aufl., München/Wien
KOTLER, P. 1978: Marketing für Nonprofit-Organisationen, Stuttgart
- 1984: Marketing for Nonprofit Organisations, Englewood Cliffs, N.J.
- 1989: Marketing-Management. Analyse, Planung und Kontrolle, 4. Aufl., Sonderausgabe, Stuttgart
KOTLER, P./BLIEMEL, F. 1995: Marketing-Management. Analyse, Planung, Umsetzung und Steuerung, 8.Aufl., Stuttgart
KOTLER, P./BOWEN, J./MAKENS, J. 1996: Marketing for Hospitality and Tourism, London usw.: Prentice Hall
KOTLER, P./HAIDER, D./REIN, I. 1994: Standort-Marketing: Wie Städte, Regionen und Länder gezielt Investitionen und Tourismus anziehen, Düsseldorf usw.
KOTLER, P./LEVY, S. J. 1969: Broadening the Concept of Marketing, in: Journal of Marketing, Bd. 33 (1969): 10-15
KREIKEBAUM, H. 1989: Strategische Unternehmensplanung, 3. Aufl., Stuttgart
KREILKAMP, E. 1987: Strategisches Management und Marketing, Berlin/New York
- 1993a: Strategische Planung im Tourismus, in: HAEDRICH u.a. 1993: 251-281
- 1993b: Produkt- und Preispolitik, in: HAEDRICH u.a. 1993: 283-305
- 1995: Tourismusmarkt der Zukunft – Die Entwicklung des Reiseveranstalter- und Reisemittlermarktes in der Bundesrepublik Deutschland, Frankfurt
KRIPPENDORF, J. 1971: Marketing im Fremdenverkehr, Bern/Frankfurt (2. Aufl. 1980)
- 1979: Tourismus im Jahre 2010: Eine Delphiumfrage des Tourismus in der Schweiz, Bern
KRIPPENDORF, J./KRAMER, B./MÖLLER, H. 1986: Freizeit und Tourismus, Bern
KROEBER-RIEL, W. 1990: Konsumentenverhalten, 4. Aufl., München
KROPP, W. 1995: Elektronische Reisevertriebssysteme, in: ROTH/SCHRAND 1995: 145-158
KRUPKA, B./TILEMANN, B.: Touristik: Surfing on the Tourism-Net, in: LITTLE 1996: 202-228
KUBICEK, H. 1995: Neue Netze – neue Verantwortungen, in: SCHERTLER u.a. 1995: 135-147
KUNZ, A. 1990: Erfolgskontrollen für Touristik-Messen in Theorie und Praxis, Trier
KUNZ, B. R. 1976: Hotel-Rechnungswesen, 4. Aufl., Bern usw.
- 1986: Die Kosten des Hotels, 3. Aufl., Bern usw.
KUSS, A. 1991: Käuferverhalten, Stuttgart


LAMBIN, J. 1987: Grundlagen und Methoden strategischen Marketings, Hamburg usw.
LANDGREBE S. 2000: Internationaler Tourismus, München/Wien
LANG, H.-R./EBERLE, G./BARTL, H. 1989 (Hg.): TourLex., Darmstadt (3. Aufl. München/Wien 1997)
LANGE, B. 1984: Die Erfahrungskurve: Eine kritische Beurteilung, in: Zeitschrift für betriebswirtschaftliche Forschung, Bd. 36 (1984)
LANGER, G. 1993: Strategieentscheidungen in Tourismusorganisationen, in: ZINS 1993: 1-30
LANGER, M. 1997: Service Quality in Tourism, Frankfurt a.M. usw.
LANZ, I. 1994: Reisebürokooperationen und Franchise-Betriebe im Überblick, in: FVW-International, H. 25 (1994): 28-126
LASSBERG, D. v. 1995: Ganzheitlich orientierte Tourismusentwicklung, Ammerland
LEHMANN, A. 1993: Qualitätsstrategien für Dienstleistungen – Bausteine zum Management von Dienstleistungsqualität, in: SEGHEZZI/HANSEN 1993: 109-128
- 1995: Dienstleistungsmanagement: Strategien und Ansatzpunkte zur Schaffung von Servicequalität, 2. Aufl., Stuttgart/Zürich
LENGWILER, C. 1989 (Hrsg.): Ökologie und Umweltschutz: Unternehmen vor neuen Marktchancen, Grüsch
LETTL, M. 1985: Nicht jeder Nichtreisende ist ein Reisemuffel, in: FVW, H. 20
LICKORISH, L. J. 1989: European tourism 1992: The Internal Market, in: Tourism Management, H.6 (1989): 100-110
LIEB, M./POMPL, W. 1997 (Hg.): Qualitätsmanagement im Tourismus, München/Wien

LIEVENBRÜCK, B. 1993: Marketing im Tourismus, Trierer Tourismus Bibliographien, Bd. 2, Trier
LIPPMANN, H. 1986: Strategisches Marketing in der Freizeit-Industrie, in: WIESELHUBER, N./ TÖPFER, A. (Hg.) 1991: Strategisches Marketing, 2. Aufl., Landsberg
LITTLE, A. D. 1996: Management im vernetzten Unternehmen, Wiesbaden
LOHMANN, M. 1993: Methoden der Gästebefragung, in: HAEDRICH u.a. 1993: 177-187
LOHMANN, M./KLUMPP, F.: Tourismus in den Medien, Kiel 1993 (Tagungs-Dokumentation der AMK und des N.I.T. zur ITB 1993)
LOOK, F. 1990: Lufthansa und Sponsoring, in: Lufthansa Jahrbuch '90, Köln: 66-79
LOVELOCK, C. H. 1992: Managing Services, 2. Aufl., Englewood Cliffs: Prentice-Hall
- 1992a: A Basic Toolkit for Service Managers, in: LOVELOCK 1992: 17-30
LÜCHINGER, U. 1991: Unternehmenskultur in der Reisebürobranche, in: IFV 1991: 34-43
LÜCKE, M. 1992: Strategieansätze mittelständischer Unternehmen der deutschen Reisebranche vor dem Hintergrund des EG-Binnenmarktes, unveröff. Magisterarbeit, Saarbrücken
LUDWIG, K./HAS, M./NEUER, M. 1990 (Hg.): Der neue Tourismus, München
LUECHINGER, U. 1975: Die Planung des Reiseprodukts, Diss., St. Gallen
LUFT, M. 1994: Grundlagen der kommunalen Fremdenverkehrsförderung, Limburgerhof

MACHENS, D. 1990 (Hg.): Strategische Entscheidungen im Tourismus, Worms
MASING, W. 1994 (Hg.): Handbuch des Qualitätsmanagements, 3. Aufl., München/Wien
MASLOW, A. M. 1943: A Theory of Human Motivation, in: Psychological Review 1943: 370-396
MAURER, H. 1995: Die Datenautobahnen der Zukunft, in: SCHERTLER u.a. 1995: 148-165
MAY, M. 1986: Städtetourismus als Teil der kommunalen Imageplanung, Trier
MAZANEC, J. A. 1978: Strukturmodelle des Konsumverhaltens, Wien
- 1994a: Consumer Behaviour, in: WITT/MOUTINHO 1994: 293-299
- 1994b: Segmenting Travel Markets, in: TEARE u.a. 1994: 99-164
- 1997 (Hg.): International City Tourism: Analysis and Strategy, London: Cassell/Pinter
MCCLEARY, K. W. 1993: Marketing Management, in: KHAN/OLSON/VAR 1993: 324-331
MCDOUGALL, G. H. G./MUNRO, H. 1994: Scaling and Attitude Measurement in Travel and Tourism Research, in: RITCHIE/GOELDNER 1994: 115-129
MCINTOSH, R./GOELDNER, C. R. 1986: Tourism. Principles, Practices, Philosophies, 5. Aufl., New York usw.
MEFFERT, H. 1986: Marketing. Grundlagen der Absatzpolitik, 7. Aufl., Wiesbaden (10. Aufl. 2000)
- 1992: Marketingforschung und Käuferverhalten, 2. Aufl., Wiesbaden
- 1994: Marketing-Management, Wiesbaden
MEFFERT, H./BOLZ, J. 1994: Internationales Marketing-Management, 2. Aufl., Stuttgart usw.
MEFFERT, H./BRUHN, M. 1995: Dienstleistungsmarketing, Wiesbaden (3. Aufl. 2000)
MEFFERT, H./FAEHSLER, B. 1986: Markterfolge durch Emotionen?, in: Absatzwirtschaft, Sonderausgabe 10 (1986): 210-218
MEFFERT, H./WAGNER, H./BACKHAUS, K. 1991 (Hg.): Marketing in der Freizeit- und Dienstleistungsgesellschaft, Münster
MEISSNER, H.-G. 1987: Strategisches internationales Marketing, Berlin usw.
MERZ, A. 1995: Wyk auf Föhr: Oase für gesundheitsorientierte Aktivurlauber, in: ROTH/SCHRAND 1995: 221-241
MEYER, A. 1994: Dienstleistungs-Marketing, 6. Aufl., Augsburg
MEYER, A./DORNACH, F. 1995: Nationale Barometer zur Messung von Qualität und Kundenzufriedenheit bei Dienstleistungen, in: BRUHN/STAUSS 1995: 429-454
MEYER, A./MATTMÜLLER, R. 1987: Qualität von Dienstleistungen, in: ZFP, 9. Jg., Nr. 3, S. 187-195
MEYER, A./WESTERBARKEY, P. 1995: Bedeutung der Kundenbeteiligung für die Qualitätspolitik von Dienstleistungsunternehmen, in: BRUHN/STAUSS 1995: 81-103
MEYER, S. 1995: Kommunikation im Tourismus, Trierer Tourismus Bibliographien, Bd. 8, Trier

MEYER, W. 1991: Grundlagen der Verkaufspsychologie für den Counter, in: SEITZ/WOLF 1991: 367-405
- 1993: Touristische Images (Reiseländerimages), in: HAHN/KAGELMANN 1993: 321-325
MEYER-SCHWICKERATH, M. 1990: Perspektiven des Tourismus in der Bundesrepublik Deutschland: Zur Notwendigkeit eines wirtschaftspolitischen Konzeptes, Göttingen
MIDDLETON, V. T.C. 1994: Marketing in Travel and Tourism, 2. Aufl. Oxford: Butterworth-Heinemann
MIECZKOWSKI, Z. 1990: World Trend in Tourism and Recreation, New York
MILL, R. C./MORRISON 1992: The Tourism System, 2.Aufl., Englewood Cliffs
MKRO 1979: Ministerkonferenz für Raumordnung: Grundlagen der Ausweisung und Gestaltung von Gebieten für Freizeit und Erholung, Entschließung vom 12.11.1979
- 1992: Großflächige Freizeiteinrichtungen in der Raumordnung und Landesplanung, Bonn
MODIS, T. 1994: Die Berechenbarkeit der Zukunft: Warum wir Vorhersagen machen können, Basel usw.
MOELLER, G. H./SHAFER, E. L. 1994: The Delphi Technique: A Tool for Long-Range Travel and Tourism Planning, in: RITCHIE/GOELDNER 1994: 473-480
MOHAMMAD, G. 1993: Elasticity of Tourism Demand, in: KHAN/OLSON/VAR 1993: 671-678
MORRISON, A. M. 1989: Hospitality and Travel Marketing, New York: Delmar Publisher
MOSER, K. 1993a: Tourismuswerbung, in: HAHN/KAGELMANN 1993: 463-468
- 1993b: Werbemittel im Tourismus (Reisemedien), in: HAHN/KAGELMANN 1993: 490-495
MOUTINHO, L. 1994a: Marketing Research, in: WITT/MOUTINHO 1994: 300-304
- 1994b: Positioning Strategies, in: WITT/MOUTINHO 1994: 332-336
MUCH, S. 1995: Markenforschung: Magisches Viereck, in: touristik management H. 9 (1995): 82-85
MÜLLER, G. 1994: Touristische Routen als Marketing-Instrument, Heilbronn
MÜLLER, H. 1999: Freizeit und Tourismus, 8. Aufl., Bern
MÜLLER, H./BOESS, M. 1995: Tourismusbewußtsein: Empirische Belege und Hintergründe, Bern
MÜLLER, H./KASPAR, C./SCHMIDHAUSER, H. 1991: Tourismus 2010: Delphi-Umfrage 1991 zur Zukunft des Schweizer Tourismus, Bern/St. Gallen
MÜLLER, H./SEILER, B.: Kennziffern einer harmonisierten touristischen Entwicklung, in: HAEDRICH u.a. 1993: 243-249
MÜLLER, W. 1986: Planung von Marketing-Strategien, Frankfurt
MÜNZER, U.: Internationale Computer-Reservierungssysteme, In: HAEDRICH u.a. 1998: 699-711
MUES, F.-J. 1990: Information by Event, in: Absatzwirtschaft, H. 12 (1990): 84-89
MUNDT, J. W. 1994 (Hg.): Reiseveranstaltung, 2. Aufl., München/Wien (5. Aufl. 2000)
MUNDT, J. W./LOHMANN, M. 1988: Erholung und Urlaub, Starnberg
MURPHY, J. A. 1994: Dienstleistungsqualität in der Praxis, München/Wien

NAGEL, C. G. 1993: Strategische Unternehmensbewertung am Beispiel von Hotelunternehmen, Bern usw.
NAHRSTEDT u.a. 1994: Tourismusberufe für Hochschulabsolventen, Bielefeld
NAHRSTEDT, W./STEHR, I./BECKMANN, K. 1992: Freizeit-Barometer: Daten-Analysen-Trends für die 90-er Jahre, Bielefeld
NAISBITT, J. 1990: Megatrends 2000, Bayreuth
NEUES, J. 1985: Kontakte im Vorübergehen: Warum die Außenwerbung in der Gunst der touristischen Medienplaner steigt, in: touristik management, H. 4 (1985): 117-121
NICKEL, O. 1998: Eventmarketing – Grundlagen und Erfolgsbeispiele, München
NIESCHLAG, R./DICHTL, E./HÖRSCHGEN, H. 1991: Marketing, 16. Aufl., Berlin 1991

ÖSTERREICH 2000: Österreichwerbung (Hg.): Marketing 2000, Wien, o J.
OLSEN, M. D./TEARE, R./GUMMESSON, E. 1996 (Hg.): Service Quality in Hospitality Organisations, London/New York: Cassel
OLSON, M. 1993: Strategic Management, in: KHAN/OLSON/VAR 1993: 281-287

OPASCHOWSKI, H. W. 1983: Arbeit. Freizeit. Lebenssinn? Opladen
- 1987: Wie leben wir nach dem Jahr 2000?, Hamburg: B.A.T
- 1987: Konsum in der Freizeit, Hamburg
- 1988: Psychologie und Soziologie der Freizeit, Opladen
- 1989: Tourismusforschung, Opladen (2. Aufl. 1996)
- 1989: Wie leben wir nach dem Jahr 2000?, Hamburg: BAT 1987-1989
- 1990: Herausforderung Freizeit: Perspektiven für die 90-er Jahre, Hamburg
- 1991: Mythos Urlaub: Die unerfüllbare Sehnsucht nach dem Paradies?, Hamburg
- 1992: Freizeit 2001: Ein Blick in die Zukunft unserer Freizeitwelt, Hamburg
- 1993a: Freizeitökonomie: Marketing von Erlebniswelten, Opladen (2. Aufl. 1995)
- 1993b: Lebensstile, in: HAHN/KAGELMANN 1993: 175-179
- 1994: Schöne neue Freizeitwelt?, Hamburg
- 1995: Das Erlebniszeitalter, in: BECKER u.a. 1995: 9-43
- 1997: Deutschland 2010: Wie wir morgen leben – Voraussagen der Wissenschaft zur Zukunft unserer Gesellschaft, Hamburg
ORTNER, W. 1989: PR im Fremdenverkehr, Wien
o.V.: Deregulierung im Reisevertrieb: Was kommt nach dem Urknall?, in: Absatzwirtschaft, H. 1 (1990): 46-51

PARASURAMAN, A. 1986: Marketing Research, Reading, Mass. u.a.
PAUL, H. 1983: Marketing für Fremdenverkehr, 2. Aufl., Eschborn
PEARCE, P. L. 1982: The social psychology of tourist behavior, Oxford: Pergamon Press
PECHLANER, H./WEIERMAIR, K. 1999 (Hg.): Destinaitons-Management – Führung und Vermarktung von tourstischen Zielgebieten, Wien
PFARR, A. 1992: Die Vertriebsliberalisierung im Flugpauschalreisemarkt, Diss., Köln
PETZAM, A. 1978: Dimension of Tourist Satisfaction with a Destination Area, in: Annals of Tourism Research, H. 5 (1978): 314-322
PILLMANN, W./PREDL, S. 1992 (Hg.): ENVIROTOUR VIENNA 1992: Strategies for Reducing the Environmental Impact of Tourism, Wien
PILLMANN, W./WOLZT, A. 1993 (Hg.): ENVIROTOUR VIENNA 1993: Umweltschutz im Tourismus, Wien
PIVONAS, G. 1973: Urlaubsreisen 1973: Psychologische Leitstudie, Berichtsband, unveröff., Starnberg: Studienkreis für Tourismus
POMPL, W. E. 1996: Touristik-Management 2: Qualitäts-, Produkt-, Preismanagement, Berlin usw.
- 1997: Touristik-Management 1: Beschaffungsmanagement, 2. Aufl., Berlin usw.
- 1998: Luftverkehr, 3. Aufl., Berlin usw.
POMPL, W./FREYER, W. 1999 (Hg.): Reisebüro-Management, München/Wien
POON, A. 1993: Tourism, Technology and Competetive Strategies, Wallingford
POPCORN, F. 1992: Der Popcorn-Report: Trends für die Zukunft, München
PORTER, M. E. 1985: Competitive Advantage, New York
- 1992a: Wettbewerbstrategie: Methoden zur Analyse von Branchen und Konkurrenten, 7. Aufl., Frankfurt
- 1992b: Wettbewerbsvorteile, 3. Aufl., Frankfurt
POSCHARSKY, N. 1994: Werbewirkungsmodelle, in: DILLING 1994: 1317-1319
POSTLEB, R.-D. 1990: Controlling zur Rationalisierung der Kommunalpolitik, in: BUNDE/POSTLEB 1990: 9-42
POTH, L. G. 1996 (Hg.): Marketing, 2. Aufl., Loseblattwerk, Neuwied, Grundwerk 1986, lfd. Ergänzungen, Stand 61/96 (zitiert als: POTH 1996)
POWERS, T. 1990: Marketing Hospitality, New York usw.: Wiley & Sons
PREISSLER, P. 1994: Controlling, 5. Aufl., Wien/München
PREISSNER, A./ENGH, S. 1994: Marketing, München/Wien
PRESS, L. 1995: Internet und die Reisebranchen, in: SCHERTLER u.a. 1995: 166-183
PUPPE, F. 1991: Einführung in Expertensysteme, Berlin

QUACK, H. 1995: Internationales Marketing, München

QUANDT, R. E. 1970 (Hg.): The Demand for Travel: Theory and Measurement, Lexington

RAFFEE, H. 1976: Perspektiven des nicht-kommerziellen Marketing, in: ZfbF, Bd. 28 (1976): 6-61
RALL, W./KUZ, B. 1987: Globalisierung von Märkten – Neue Herausforderung für das Marketing, in: Marketing Jahrbuch 1987: 62-72
RAPP, R.: Service Marketing, in: POTH 1996, Kap. 64
RAPPAPORT, A. 1986: Creating Shareholder Value, New York
REGENTHAL, G. 1992: Identität und Image: Corporate Identity, Köln
REICHHELD, F. F./SASSER, W. E. 1992: Zero Defection: Quality Comes to Services, in: LOVELOCK 1992: 250-258
REISEANALYSE, versch. Jg.: bis 1993 Studienkreis für Tourismus (Hg.), Reiseanalyse, Starnberg; ab 1994 Forschungsgemeinschaft Urlaub und Reisen (F.U.R) (Hg.): Reiseanalyse, Hamburg
REMMERS, J. 1994: Yield Management im Tourismus, in: SCHERTLER 1994: 171-205
REPPEL, K. 1991: Innenmarketing – eine Strategie für Fremdenverkehrsorte, in: SEITZ/ WOLF 1991: 29-39
RHEINLAND 1990: Ministerium für Wirtschaft und Verkehr Rheinland-Pfalz (Hg.): Touristisches Handbuch Rheinland-Pfalz, Koblenz
RICHARDS, B. 1994: How to Market Tourist Attractions, Festivals and Special Events, 2. Aufl., Essex: Longman
RISCH, P. 1965: Entwicklungen in der touristischen Marktforschung, in: JfF, 4. Jg.: 42-50
RITCHIE, J. R. B. 1994: Research on Leisure Behavior and Tourism – State of the Art, in: GASSER/WEIERMAIR 1994: 2-27
RITCHIE, J. R. B. 1994: Roles of Research in Tourism Management, in: RITCHIE/GOELDNER 1994: 13-21
RITCHIE, J. R. B./GOELDNER, C. R. 1994 (Hg.): Travel, Tourism, and Hospitality Research, New York usw. 1994: John Wiley & Sons
RÖHRIG, E. 1987: Urlaubsstimmung als Filmkulisse, in: touristik management, H. 4 (1987): 9-18
ROGERS, H. A./SLINN, J. A. 1993: Tourism: Management of Facilities, London: Pitman
ROMEISS-STRACKE, F. 1995: Service-Qualität im Tourismus, München
ROTH, P. 1989: Kultur-Sponsoring, Landsberg
- 1990: Sportsponsoring. 2. Aufl., Landsberg
- 1995: Grundlagen des Touristikmarketing, in: ROTH/SCHRAND 1995: 27-144
ROTH, P./SCHRAND, A. 1995 (Hg.): Touristik-Marketing, 2. Aufl., München
ROTHE, S. 1994: Neue Distributionsstrategien im Tourismus – am Beispiel der Reiseveranstalter und Reisebüros, in: SCHERTLER 1994: 89-121
RUBENSTEIN, C. 1980: Vacations – Expectations, Satisfactions, Frustrations, Fantasies, in: Psychology Today, Bd. 14 (1980): 62-76
RÜGEN 1993: Landratsamt Rügen (Hg.): Tourismus-Konzeption für die Insel Rügen, Bergen/Rügen 1993 (Verf. W. Freyer)
RUMPF, H. 1991: Personalplanung im Tourismus, in: SEITZ/WOLF 1991: 277-291

SAATWEBER, J. 1994: Inhalt und Zielsetzungen von Qualitätsmanagementsystemen gemäß den Normen DIN ISO 9000 bis 9004, in: STAUSS 1994: 63-91
SALLWEY, D. 1994: Mehr Erfolg durch Qualität, 2. Aufl., Offenbach
SANDER, K. 2000: Produkt-, Preis- und Distributionspolitik, Trier
SCHAETZING, E. E. 1992: Management in Hotellerie und Gastronomie, 4. Aufl., Frankfurt
- 1995: Lean Management in Hotellerie und Gastronomie, Frankfurt
SCHALKOWSKI, E. 1989: Homo oeconomicus auf Reisen: Ein neuer Beitrag zur Theorie des Tourismus, in: DIE ZEIT, 23.12.1989
SCHERHAG, K. 1996: Der komparative Konkurrenzvorteil in zukünftigen touristischen Wettbewerb, in: FREYER/SCHERHAG 1996: 101-117
SCHERTLER, W. 1992: Grundzüge zu einem strategischen Tourismusmanagement, in: BECKER u.a. 1992: 80-91

- 1994 (Hg.): Tourismus als Informationsgeschäft, Wien
- 1994a: Dienstleistungseigenschaften begründen Informationsgeschäfte – dargestellt an Tourismusdienstleistungen, in: SCHERTLER 1994: 17-42
SCHERTLER, W. u.a. 1994 (Hg.): Information and Communications Technologies in Tourism, Wien/New York
SCHERTLER, W. u.a. 1995 (Hg.): Elektronisches Marketing im Tourismus, ENTER '95, Wien/ München
SCHIAVA, M. D./HAFNER, H. 1995: Service-Marketing im Tourismus, Wien
SCHILLING, P. 1994: Stellenwert der Corporate Identity beim Stadtmarketing, Diplomarbeit, Heilbronn
SCHLESINGER, L. A./HESKETT, J. L. 1992: Breaking the Cycle of Failure in Services, in: LOVELOCK 1992: 310-323
SCHLIEBEN, C. v. 1993: Touristische Messen und Ausstellungen – ihre Nutzung als Marketinginstrumente durch Fremdenverkehrsorganisationen, Göttingen
SCHMID, A.: Die Nicht- und Wenig-Reisenden in der Bundesrepublik Deutschland, in: JfF, Nr. 20 (1972): 3-50,
SCHMIDER, K. 1985: Prospektformate in der Fremdenverkehrswerbung, München
SCHMIDHAUSER, H.-P. 1962: Marktforschung im Fremdenverkehr, Bern
- 1996: Marktforschung im Fremdenverkehr, in: wirtschaftsdienst, Bd. II: 114ff
SCHMIDT, K.-W. 1990: Persönlichkeitsmerkmale und Urlaubsreiseverhalten: Eine empirische Untersuchung, unveröff., Würzburg/Hof
SCHMIEDER, F. 1991: Vom Einzelmarken- zum Dachmarkenkonzept: Markenpolitik am Beispiel der TUI, in: SEITZ/WOLF 1991: 507-516
SCHMITZ-MAIBAUER, H. H.: Cluburlaub: Phantasie und Marketing, in: Absatzwirtschaft, Sonderausgabe 10 (1979): 0-4
SCHNEIDER, C. 1989 (Hg.): Geschäftlich schenken: Werbeartikel im Marketing-Mix, Königstein/Ts.
SCHNEIDER, F. 1991: Corporate Identity-orientierte Unternehmenspolitik, Heidelberg
SCHNEIDER, U. 1993: Stadtmarketing und Großveranstaltungen, Berlin
SCHNELL, P. 1993: Bahntourismus, in: HAEDRICH u.a. 1993: 569-581
SCHNETTLER, A. 1973: Betriebsanalyse, 4. Aufl., Stuttgart
SCHOBER, R. 1972: Von der Motivforschung zur Attraktionsforschung, in: STUDIENKREIS 1972: 25-32
- 1981: Motive des Reisens: Zum Attraktionswert der Urlaubsreise, in: STUDIENKREIS 1981: 45-54
- 1995: Kreative Wege zum besseren Angebot, München
SCHÖNEMANN, K. 1989: Werbung im Tourismus-Marketing, München
SCHÖRCHER, U. 2000: Deutsche Zentrale für Tourismus – Innovatives Marketing für das Urlaubs- und Reiseland Deutschland, in: LANDGREBE 2000: 297-312
SCHRAND, A. 1993: Urlaubertypologien, in: HAHN/KAGELMANN 1993: 547-553
- 1995: Das Marketing der Reisebüro-Organisationen, in: ROTH/SCHRAND 1995: 309-397
SCHRATTENECKER, G. 1984: Die Beurteilung von Urlaubsländern durch Reisekonsumenten, Wien
SCHREIBER, M.-T. 1999 (Hg.): Kongress- und Tagungsmanagement, München/Wien
SCHREIER, G. 1995: Qualitäts-Management nach Norm: Preußen läßt grüßen, in: touristik management H. 9 (1995): 12-17
SCHREYÖGG, G. 1984: Unternehmungsstrategie, Berlin
SCHUBERT, M. 1994: Qualitätszirkel, in: MANSING 1994: 1075-1099
SCHULTZE, J.-G. 1993: Diagnose des strategischen Handlungsbedarfs für Hotelketten, Bern usw.
SCHULZ, A. 1996: Sind CRS überflüssig? in: TMS: Tagungsunterlagen zum Seminar Elektronische Marktplätze als Marketing- und Vertriebskanal für Touristikunternehmen, ITB-Berlin
- 1999: Potentialmanagement: Informations- und Reservierungssysteme, In: FREYER/POMPL 1999: 141-159
SCHULZ, A./FRANK, K./SEITZ, E. 1996: Tourismus und EDV, München

SCHWANINGER, M. 1985: Organisatorische Gestaltung in der Hotellerie, Bern usw.
SCHWARZ, P. 1992: Management in Nonprofit Organisationen, Bern usw.
SCHWARTZ, H./NEUMANN, S. 1993: Pressearbeit im Tourismus, in: HAEDRICH u.a. 1993: 729-741
SCHWEIGER, G. 1994: Werbewirkungskontrolle, in: DILLING 1994: 1315-1317
SCHWEIGER, G./SCHRATTENECKER, G. 1988: Werbung, 2. Aufl., Stuttgart/New York
SEATON, A. V. 1994 (Hg.): Tourism: The State of the Art, Chichester usw.: John Wiley & Sons
SEATON, A.V./BENNET, M. M. 1996: Marketing Tourism Products, London usw.: Thomson
SEGHEZZI, H. D./HANSEN, J. R. 1993 (Hg.): Qualitätsstrategien: Anforderungen an das Management der Zukunft, München/Wien
SEIDL, D./KIRSTGES, T. 1989: Basisstrategien im Internationalen Marketing von Reiseveranstaltern, Mannheim
SEILER, B. 1989: Kennziffern einer harmonischen touristischen Entwicklung, Bern
SEITZ, E./JOHN, F. 1999: Messetraining für Touristiker und Dienstleister, München
SEITZ, E./MEYER, W. 1995: Tourismusmarktforschung, München
SEITZ, E./WOLF, J. 1991 (Hg.): Tourismusmanagement und -marketing, Landsberg
SELL, A. 1994: Internationale Unternehmenskooperationen, Wien/München
SILBERER, G. 1985: Wertewandel und Marketing, in: WiSt. H. 3 (1985): 119-124
- 1994: Marketing mit Multimedia, Stuttgart
SINUS, siehe FLAIG/MEYER/UELTZHÖFFER 1994
SMERAL, E. 1985: Ökonomische Erklärungsfaktoren der langfristigen Entwicklung der touristischen Nachfrage. In: Revue de tourisme, Nr. 4 (1985), 20-26
- 1990: Tourismus 2000: Analysen, Konzepte und Prognosen, Wien
- 1994: Tourismus 2005: Entwicklungsaspekte und Szenarien für die Tourismus- und Freizeitwirtschaft, Wien
SMITH, S. L. J. 1991: Tourism Analysis, 2. Aufl., Essex
SONTHEIMER, B. 1989: Die Marktanalyse als Basis der externen Diversifikationsentscheidung, München
SOUIS, W. 1993: Die Entwicklung von Leitbildern als strategische Analyse- und Planungsmethode des touristischen Managements, in: ZINS 1993: 31-66
SPÖREL, H. 1998: Die deutsche Touristenstatistik, in: HAEDRICH u.a. 1993: 127-144
STADTFELD, F. 1993 (Hg.): Europäische Kurorte – Fakten und Perspektiven, Limburgerhof
STAHR, G. 1993: Internationales Marketing, 2. Aufl., Ludwigshafen
STALK, G./HOUT, T. M. 1992: Zeitwettbewerb, 3. Aufl., Frankfurt/New York
STATISTISCHES BUNDESAMT 2000 (Hg.): Tourismus in Zahlen, Wiesbaden 2000 (und lfd. Jg.)
STAUSS, B. 1990: Qualität von Dienstleistungen, München
- 1993: TQM – Was heißt Qualitätsmanagement im Dienstleistungssektor? in: Landesfremdenverkehrsverband Bayern (Hg.): 1. Bayerischer Fachkongreß für Freizeit und Tourismus Nürnberg 1993, München
- 1994 (Hg.): Qualitätsmanagement und Zertifizierung, Wiesbaden
- 1995: „Augenblicke der Wahrheit" in der Dienstleistungserstellung – Ihre Relevanz und ihre Messung mit Hilfe der Kontaktpunkt-Analyse, in: BRUHN/STAUSS 1995: 379-400
- 1998: Total Quality Management im Tourismus, in: HAEDRICH u.a. 1998: 357-378
STAUSS, B./SCHULZE, H. S. 1990: Internes Marketing, in: Marketing ZFP, H. 3 (1990): 149-158
STAUSS, B./SEIDEL, W. 1996: Beschwerdemanagement, München/Wien
STEINECKE, A. 1996 (Hg.): Der Tourismusmarkt von morgen – zwischen Preispolitik und Kultkonsum, Trier
STERN 1993: Gruner + Jahr (Hg.): Der unbekannte Konsument: Konsumstile in den Neuen Bundesländern, Hamburg
STERZENBACH, R. 1991: Omnibusverkehr – Eine Dienstleistungslehre, München
- 1999: Luftverkehr, 2. Aufl., München/Wien
STORBECK, D. 1982: Ziele und Konzeptionen für die Raumordnung und Landesplanung, in: AKADEMIE FÜR RAUMFORSCHUNG UND LANDESPLANUNG (Hg.): Grundriß der Raumordnung, Hannover 1982
- 1988 (Hg.): Moderner Tourismus – Tendenzen und Aussichten, Trier
STUDIENKREIS 1969 (Hg.): Motive – Meinungen – Verhaltensweisen, Starnberg

- 1970: Marketing im Tourismus, Starnberg
- 1972: Marktforschung im Tourismus, Starnberg
- 1973: Werbung im Tourismus, Starnberg
- 1974: Ferntourismus, Starnberg
- 1974: Angebotsplanung und -gestaltung im Tourismus, Starnberg
- 1975: Verkaufsförderung im Tourismus, Starnberg
- 1977: Konsumentenaufklärung und Konsumentenschutz im Tourismus, Starnberg
- 1978: Tourismus – Entwicklung und Gefährdung?, Starnberg
- 1979: Tourismus in Entwicklungsländern, Starnberg
- 1981: Reisemotive – Länderimages – Urlaubsverhalten, Starnberg
- 1983: So reisten die Europäer 1982, Starnberg
- 1987: Tourismus und Umwelt, Starnberg
- 1989b: Tourismus in Europa, Starnberg
- 1991: Marketing im Tourismus, Starnberg
- 1992a: Marketing und Forschung im Tourismus, Starnberg
- 1992b: Das Image von Reisezielen, Starnberg
- 1992c: Urlaubsreisen 1954-1991, Starnberg
- versch. Jg.: Reiseanalyse, Starnberg

SÜLBERG, W. 1998: Reisevermittler, in: HAEDRICH u.a. 1998: 571-613
- 1999: Entwicklungsgeschichte der Reisebüros in Deutschland: von den Pionieren der Reisevermittlung und -organisation zu horizontal und vertikal integrierten Reisekonzernen, in: FREYER/POMPL 1999: 31-59

SWARBROKE, J. 1998: Sustainable Tourism Management, Oxon: Cabi Publishing

TANSKI, J. S. 1993: Kalkulation und Kostenkontrolle, in: HAEDRICH u.a. 1993: 201-212
TAURER, W. 1992: Ganzheitliche Entwicklung von Tourismuskonzepten, in: PILLMANN/ PREDL 1992: 599-610
TAYLOR, R. E./JUDD, L. L. 1994: Delphi Forecasting, in: WITT/MOUTINHO 1994: 535-539
TEARE, R. 1994: Comsumer Decision Making, in: TEARE u.a. 1994: 1-96
TEARE, R. u.a. 1994: Marketing in Hospitality and Tourism: A Consumer Focus, London/ New York: Cassel
TENZER, M. 1993: Die Beschwerdepolitik in ausgewählten Bereichen des Reiseverkehrs, Forschungsbeitrag Bd. 10, Universität Mainz, Mainz
THEILE, P. 1971: Fremdenverkehr und Hotellerie in Westdeutschland, Göppingen
THIESING, E.-O./DEGOTT, P. 1993: Reiseveranstalter – Ziele, Aufgaben und rechtliche Stellung, in: HAEDRICH u.a. 1993: 517-537
THIESS 1986: Marktsegmentierung und Basisstrategien des Marketing, in: WiSt, H. 12 (1986) 635-638
TIETZ, B. 1980: Handbuch der Tourismuswirtschaft, München
TINARD, Y. 1994: Le Tourisme, 2. Aufl., Paris
TÖDTER, N. 1994: Controlling in kommunalen Tourismusunternehmen, in: DFV 1994
- 1996: Multimedia und Online-Systeme im Tourismus – Einsatz neuer Technologien als Wettbewerbsvorteil in vernetzten Unternehmen, im: FREYER/SCHERHAG 1996: 281-304
TÖPFER, A. 1984 (Hg.): Strategisches Marketing, Landsberg a.L.
- 1990: Direktmarketing, in: POTH 1996, Kap. 57
TÖPFER, A./MANN, A. 1995: Kommunikation als Erfolgsfaktor im Marketing für Städte und Regionen, Hamburg
TOLLE, E. 1994: Werbegestaltung, in: DILLER 1994: 1300-1301
TOMCZAK, T. 1989: Situative Marketing-Strategien, Berlin/New York
TOMCZAK, T./GUSSEK, F. 1993: Zur Planung von Marketingstrategien für touristische Angebote – Ergebnisse einer empirischen Studie im Reiseveranstaltermarkt der Bundesrepublik Deutschland, in: HAEDRICH u.a. 1993: 367-385
TROMMSDORFF, V. 1989: Konsumentenverhalten, Stuttgart

U+R, versch. Jg.: Forschungsgemeinschaft Urlaub und Reisen (F.U.R.) (Hg.): Reiseanalyse, Hamburg, versch. Jg. (ab 1994, Nachfolgeuntersuchung zur Reiseanalyse des Studienkreises für Tourismus, Starnberg)
UBA 1996: Umweltbundesamt (Hg.): Das Buch der Sieben Siegel: Umweltauszeichnungen im Tourismus, 2. Aufl., Berlin

VANDERMERWE, S. 1992: The Market Power is in the Services: Because the Value Is in the Results, in: LOVELOCK 1992: 298-309
VANDERMERWE, S./LOVELOCK, C. H. 1992: Singapore Airlines, in: LOVELOCK 1992: 422-435
VANHOVE, N. 1994: Market Segementation, in: WITT/MOUTINHO 1994: 305-310
VAR, T./CHOONG-KI, L. 1993: Tourism Forecasting: State-of-the-Art Techniques, in: KHAN/OLSON/VAR 1993: 679-696
VEAL, A. J. 1994: Research Methods for Leisure and Tourism: A Practival Guide, Harlow: Longman
VELLA, F./BÉCHEREL,L. 1999: The International Marketing of Travel and Tourism ^A Strategic Approach, London usw.: MacMillan Press
VENSION, P. 1984: Managing Hotels, 2. Aufl., London
VIEGAS, A. 1998: Ökomanagement im Tourismus, München/Wien
VOIGT, P. 1991: Ökologische Ansätze in der strategischen Marketingplanung, in: STUDIENKREIS 1991: 137-162
VOSS, H. 1989: Internationale Wettbewerbsstrategien, Bayreuth

WACHENFELD, H. 1987: Freizeitverhalten und Marketing, Heidelberg
WAHAB, S. u.a.1976: Tourism Marketing, London
WALTERSPIEL, G. 1956: Grundlagen der Betriebswirtschaftslehre des Fremdenverkehrs, Teil I, in: Jahrbuch für Fremdenverkehr, 4. Jg.: 3-13, Teil II: JfF, 5. Jg., H. l: 3-17, Teil III, 5. Jg., H. 2: 39-46
WAV 1992 (Hg.): Werbeartikel Verlag: Die „persönliche" Werbung: Was man über Werbeartikel wissen sollte, Nettetal
WEARNE, N./MORRISON, A. 1994: Hospitality Marketing, Oxford usw.: Butterworth-Heinemann
WEIERMAIR, K./WÖHLER, K. 1998: Personalmanagement im Tourismus, Limburgerhof
WEINBERG, P. 1992: Erlebnismarketing, München
WEISS, H. C. 1995: Marketing, 9. Aufl., Ludwigshafen
WESTERBARKEY, P. 1996: Methoden zur Messung und Beeinflussung der Dienstleistungsqualität – Feedback- und Anreizsysteme in Beherbegungsunternehmen, Wiesbaden
WILDE, K. D. 1989: Bewertung von Produkt-Markt-Strategien, Berlin
WILDEMANN, H. 1992 (Hg.): Zeitmanagement, Frankfurt
WIND, J., MAHAJAN, V. 1981: Designing Product and Business Portfolios, in: Harward-Business-Review, Bd. 59 (1981): 155-165
WITT, C. A. 1994: Total Quality Management, in: WITT/MOUTINHO 1994: 258-265
WITT, S. F./BROOKE, M. Z./BUCKLEY, R. J. 1992: The Management of International Tourism, 2. Aufl., London
WITT, S. F./MARTIN, C. A. 1985: Forecasting Future Trends in European Tourist Demand, in: Revue de tourisme, Nr. 4 (1985): 12-20
WITT, S. F./MOUTINHO, L. 1994 (Hg.): Tourism Marketing and Management Handbook, 2. Aufl., Hertfordshire: Prentice Hall
WITT, S. F./WITT, C. A. 1992: Modeling and Forecasting Demand in Tourism, London usw.: Academic Press
WÖBER, K. 1993: Entwicklung von Wettbewerbsstrategien mittels verschiedener Portfolioansätze im Verbund, in: ZINS 1993: 67-93
- 1994: Expertenschätzungen in touristischen Entscheidungsunterstützungssystemen, Wien
WÖHE, G. 1986: Einführung in die allgemeine Betriebswirtschaftslehre, München
WÖHLER, K. 1997: Marktorientiertes Tourismusmanagement, Berlin usw.
WÖLM, D. 1979: Marketing im Tourismus, in: Marketing, H. 4: 229-236
- 1981: Marktsegmentierung im Tourismus, in: Marketing, H. 2: 99-107

WOHLMANN, R. 1993: Image-Analysen, in: HAEDRICH u.a. 1993: 189-199
WOODSIDE, A. G./MACDONALD, R. 1994: General System Framework of Costumer Choice Processes of Tourism Services, in: GASSER/WEIERMAIR 1994: 30-59
WTTC 1995: World Travel & Tourism Council (Hg.): Die Entwicklung der Reise- und Tourismusbranche weltweit bis zum Jahr 2005, Brüssel
WTO 1991: Welttourismusorganisation (Hg.): Tourism to the Year 2000: Qualitative Aspects Affecting Global Growth, Madrid
- 1993: Empfehlungen zur Tourismusstatistik, Madrid
- 1999: Marketing Tourism Destinations Online – Strategies for the Information Age, Madrid
WYCKOFF, D. D. 1992: New Tools for Achieving Service Quality, in: LOVELOCK 1992: 236-249

ZEHLE, K.-O. 1991: Yield-Management: Eine Methode zur Umsatzsteigerung für Unternehmen der Tourismusindustrie, in: SEITZ/WOLF 1991: 483-504
ZEITHAML, V. A./PARASURAMAN, A./BERRY, L. L. 1992: Qualitätsservice, Frankfurt/New York
ZIEGENBALG, M. 1996: Chancenpotentiale der ambulanten Kur, Dresden: FIT
ZILESSEN, R./RAHMEL, D. 1991 (Hg.): Umweltsponsoring, Wiesbaden
ZIMMERMANN, F. M. 1992: Prognosen in der Tourismusforschung, in: BECKER 1992a: 9-69
ZINK, K. J. 1992 (Hg.): Qualität als Managementaufgabe, Landsberg am Lech
ZINS, A. 1993 (Hg.): Strategisches Management im Tourismus, Wien/New York
ZOLLES, H. u.a. 1989: Marketingpraxis für den Fremdenverkehr, 3.Aufl., Wien

# Abbildungsverzeichnis

| | | |
|---|---|---|
| Abb. A-0 | Phasenorientiertes Tourismusmarketing | 1 |
| Abb. A-1 | Die Reise als Erklärungsgegenstand der Tourismuswissenschaft | 5 |
| Abb. A-2 | Betriebswirtschaftliche Aspekte des Reisevorganges | 8 |
| Abb. A-3 | Makro-Ökonomie des Tourismus | 10 |
| Abb. A-4 | Der Markt als Bindeglied von Volks- und Betriebswirtschaftslehre des Tourismus | 12 |
| Abb. A-5 | Inbound- und Outbound-Marketing (Push- und Pull-Marketing) | 15 |
| Abb. A-6 | Die Tourismuswirtschaft | 18 |
| Abb. A-7 | Touristische Transportbetriebe (Auswahl) | 19 |
| Abb. A-8 | Gliederung des Beherbergungswesens | 20 |
| Abb. A-9 | Arten von Reiseveranstaltern | 21 |
| Abb. A-10 | Arten von touristischen Destinationen | 23 |
| Abb. A-11 | Die Tourismuswirtschaft (im engeren und weiteren Sinn) | 25 |
| Abb. A-12 | Die Tourismus-Nachfrage – aus ökonomischer Sicht | 27 |
| Abb. A-13 | Ganzheitliches oder modulares Tourismusmodell | 31 |
| Abb. A-14 | Ein ganzheitliches Modell der Tourismuswirtschaft | 32 |
| Abb. A-15 | Marketing als Managementfunktion | 37 |
| Abb. A-16 | Altes und modernes Marketingkonzept | 40 |
| Abb. A-17a | Marketing als „Verteilen" (Hintergrund: „Produzentenmärkte") | 44 |
| Abb. A-17b | Marketing als „Verkaufen und Vermarkten" (Hintergrund: „Marktveränderungen") | 46 |
| Abb. A-17c | Marketing als „modernes strategisches Marketing" (Hintergrund: Konsumentenmärkte") | 47 |
| Abb. A-18 | Entwicklungsstufen des Marketing | 50 |
| Abb. A-19 | „Ausweitung" und „Vertiefung" des Tourismus-Marketing | 54 |
| Abb. A-20 | Bereiche des modernen Marketing | 55 |
| Abb. A-21 | Sektorales kommerzielles Marketing | 56 |
| Abb. A-22 | Besonderheiten des nicht-kommerziellen Marketing | 57 |
| Abb. A-23 | Hintergründe und Ausprägungen des Tourismus-Marketing | 63 |
| Abb. A-24 | Traditionelles Produktionsmodell | 65 |
| Abb. A-25 | Dienstleistungsorientiertes Marketingmodell im Tourismus | 67 |
| Abb. A-26 | Die Bedeutung des Kundenkontaktes im touristischen Leistungsprozeß | 74 |
| Abb. A-27 | Nachkauf- und Ergebnis-Marketing im Sachgüter- und Tourismus-Marketing | 78 |
| Abb. A-28 | Produktbündel „Urlaub in Deutschland" | 81 |
| Abb. A-29 | Grundmodell touristischer Leistungsketten | 83 |
| Abb. A-30 | Differenzierte Leistungsketten für Tourismusbetriebe | 85 |
| Abb. A-31 | Vereinfachte Makrokette einer Reise | 87 |
| Abb. A-32 | Differenzierte Makrokette einer Pauschalreise | 88 |
| Abb. A-33 | Kern- und Zusatzleistungen im modernen Marketing | 91 |
| Abb. A-34 | Wandel des Marketing: von der Kern- zur Zusatzleistung | 92 |
| Abb. A-35 | Servicekette einer Flugreise | 93 |

| | | |
|---|---|---|
| Abb. A-36 | Besonderheiten von touristischen Leistungen | 94 |
| Abb. A-37 | Mikro-Marketing in Fremdenverkehrsgemeinden | 97 |
| Abb. A-38 | Makro-Marketing in Fremdenverkehrsgemeinden | 98 |
| Abb. A-39 | Ebenen des Tourismus-Marketing | 99 |
| Abb. A-40 | Marketingfunktionen und ihre Träger | 101 |
| Abb. A-41 | Ganzheitliches Marketing im Tourismus | 104 |
| Abb. A-42 | Ansatzpunkte der Gestaltung eines ökologieorientierten Tourismus-Marketing-Mix | 106 |
| Abb. A-43 | Planungsmethode eines modernen Marketing | 111 |
| Abb. A-44 | Das Kreislaufmodell des Tourismus-Marketing | 112 |
| Abb. B-0 | Die Analysephase im touristischen Marketing-Management | 115 |
| Abb. B-1 | Drei Bereiche der Marketinganalyse<br>1a: Marketinganalyse aus Sicht des Betriebes (Erweiterung der Sichtweise)<br>1b: Marketinganalyse von Umfeld zum Betrieb (Einengung der Sichtweise) | 117 |
| Abb. B-2 | Mikro- und Makroumfeld für Tourismusbetriebe | 120 |
| Abb. B-3 | Eintrittswahrscheinlichkeiten von Prognosen und Szenarien | 121 |
| Abb. B-4 | Touristische Umfeldanalyse: Von „Boomfaktoren" und „Megatrends" zu „Reiseszenarien" | 124 |
| Abb. B-5 | Methoden der Umfeldanalyse (Übersicht) | 126 |
| Abb. B-6 | Reisebuchung und Abreisetermin bei Pauschalreisen | 132 |
| Abb. B-7 | Trendexpolation für die Reiseintensität | 133 |
| Abb. B-8 | Kreativitätstechniken | 136 |
| Abb. B-9 | Delphi-Methode | 137 |
| Abb. B-10 | Tourismustrends der 90er Jahre | 139 |
| Abb. B-11 | Von der traditionellen Prognose zu ganzheitlichen Szenarien im Tourismus | 141 |
| Abb. B-12 | Die Szenario-Erstellung | 143 |
| Abb. B-13 | Modell der multiplen Zukunft | 145 |
| Abb. B-14 | Wirtschaft und Reisen: Der Reiseboom | 147 |
| Abb. B-15 | Alte und neue gesellschaftliche Werte | 149 |
| Abb. B-16 | Reisetrends bei den Urlaubsverkehrsmitteln | 150 |
| Abb. B-17 | Bevölkerungsentwicklung Bundesrepublik Deutschland | 153 |
| Abb. B-18 | Szenario-Tableau für die touristischen Megatrends | 156 |
| Abb. B-19 | Marktforschung im Tourismus | 163 |
| Abb. B-20 | Informationsverhalten von Touristen | 166 |
| Abb. B-21 | Ausgewählte Ergebnisse der touristischen Marktforschung zum Reiseverhalten | 171 |
| Abb. B-22 | Beschwerdezufriedenheit und Wiederkaufabsicht bei Reiseveranstaltern in % | 173 |
| Abb. B-23 | Homogenisierungs- und Heterogenisierungstendenzen in der Marktforschung | 176 |
| Abb. B-24 | Von der Markteingrenzung zur Marktsegmentierung (Makro- und Mikroabgrenzung) | 177 |
| Abb. B-25 | Tourismusmärkte | 179 |
| Abb. B-26 | Zusammenhang zwischen Marktpotential, Marktvolumen und Absatzvolumen | 181 |
| Abb. B-27 | Marktsegmentierung nach demographischen Kriterien | 185 |

| | | |
|---|---|---|
| Abb. B-28 | Typenbildungen im Tourismus (Auswahl) | 187 |
| Abb. B-29a | Euro-Life-Styles | 190 |
| Abb. B-29b | Urlaubertypologien | 190 |
| Abb. B-30 | Paradigmata des Kauf- bzw. Reiseverhaltens | 192 |
| Abb. B-31 | Forschungsansätze des Käuferverhaltens | 194 |
| Abb. B-32 | Modell des Käuferverhaltens im Tourismus | 195 |
| Abb. B-33 | Einflußfaktoren auf die Tourismusnachfrage | 197 |
| Abb. B-34 | Bedürfnishierarchie | 199 |
| Abb. B-35 | Image und Reisebuchungen | 200 |
| Abb. B-36 | Reiseentscheidung nach AHP | 205 |
| Abb. B-37a | Funktionale Nachfragemodelle im Tourismus | 209 |
| Abb. B-37b | Einflußgrößen auf das Reiseverhalten | 209 |
| Abb. B-38 | Entstehung neuer Konkurrenten | 212 |
| Abb. B-39 | Elemente der Branchenstruktur | 214 |
| Abb. B-40a | Konzepte der Konkurrenzanalyse | 216 |
| Abb. B-40b | Fähigkeiten-Analyse der Wettbewerber | 221 |
| Abb. B-41 | „Kleine" und „große" Marktforschungslösungen für den Tourismus | 224 |
| Abb. B-42 | Methoden der Marktforschung | 227 |
| Abb. B-43 | Methoden der Informationsauswertung | 231 |
| Abb. B-44 | Eindeutigkeit von Skalentypen | 233 |
| Abb. B-45a | Marktforschungsstudien im Tourismus (Auswahl) | 237 |
| Abb. B-45b | Auszug einer Gästebefragung | 242 |
| Abb. B-46 | Die Bestimmungsfaktoren des Betriebes | 245 |
| Abb. B-47 | Zeitperspektive bei Sachgüter- und Dienstleistungsbetrieben | 248 |
| Abb. B-48 | Privat- und gemeinwirtschaftliche Betriebe im Tourismus | 250 |
| Abb. B-49 | Betriebspyramide im Tourismus | 252 |
| Abb. B-50 | Betriebsbewertung im Tourismus | 253 |
| Abb. B-51 | Ressourcenanalyse | 255 |
| Abb. B-52 | Portfolio-Analyse | 256 |
| Abb. B-53 | Betriebliche Vergleiche | 257 |
| Abb. B-54 | Wichtige Kennziffern beim Hotelbetriebsvergleich (Auswahl) | 260 |
| Abb. B-55 | Betriebsvergleich für Reisebüros (Erfolgsfaktoren für Reisebüros) | 261 |
| Abb. B-56 | Ausgewählte Kennziffern eines Betriebsvergleiches von Kurortunternehmen | 262 |
| Abb. B-57 | Marketing-Kennziffern | 263 |
| Abb. B-58 | Sanfte Kennziffern (Auswahl) | 264 |
| Abb. B-59 | Methoden und Instrumente der Qualitätsmessung | 268 |
| Abb. B-60 | Leistungsqualität im touristischen Phasenmodell | 272 |
| Abb. B-61 | GAP-Modell der Service-Qualität | 275 |
| Abb. B-63 | Wertkette nach PORTER | 280 |
| Abb. B-64 | PORTERsche Wertkette im touristischen Phasenmodell | 281 |
| Abb. B-65 | Phasenorientiertes Wertkettenmodell der Pauschalreise | 283 |
| Abb. B-66 | Wertschöpfungsketten verschiedener Reiseveranstalter | 286 |
| Abb. B-67 | Geschäftssystemanalyse Flugpauschalreise | 287 |
| Abb. B-68 | Beispiele für Indikatoren der Dienstleistungsqualität | 289 |
| Abb. B-69 | Das touristische Angebot | 291 |
| Abb. B-70 | Checkliste Orte/Regionen | 294 |

# Abbildungsverzeichnis

| | | |
|---|---|---|
| Abb. B-71 | Beziehungen zwischen Umwelt und Unternehmensanalysen . | 297 |
| Abb. C-0 | Die Konzeptionsphase im touristischen Marketing-Management | 300 |
| Abb. C-1 | Strategische Wege | 302 |
| Abb. C-2 | Aufbau und Inhalt der Marketingkonzeption | 303 |
| Abb. C-3 | Die konstitutiven Merkmale strategischen Denkens | 305 |
| Abb. C-4 | Reichweite der Diagnosemethoden in bezug auf Teilanalysen der Informationsphase | 308 |
| Abb. C-5 | Chancen-Risiken für den Tourismus in/nach Deutschland | 309 |
| Abb. C-6 | Beispiel eines Stärken-Schwächen-Profils im Tourismus | 312 |
| Abb. C-7 | SWOT-Analyse für Deutschland als Reiseland | 315 |
| Abb. C-8 | Lebenszyklusanalyse | 317 |
| Abb. C-9 | Lebenszyklus im Tourismus – Beispiel Destinationen in Entwicklungsländern | 320 |
| Abb. C-10 | Klassische Portfolio-Matrix (mit Aussagen zum Lebenszyklus von SGE's) | 324 |
| Abb. C-11 | Portfolio-Matrix als Vorteilsmatrix | 326 |
| Abb. C-12 | Normstrategien in der Portfolio-Matrix | 327 |
| Abb. C-13 | Aktivitäten-Portfolio deutscher Touristen in Tirol im Winter 1991 | 328 |
| Abb. C-14 | Übersicht Zielsysteme | 332 |
| Abb. C-15 | Gap-Analyse | 333 |
| Abb. C-16 | Zielbestimmung als Managementaufgabe | 335 |
| Abb. C-17 | Makro- und Mikroziele im Tourismus | 336 |
| Abb. C-18 | Leitbild eines Dorfes | 338 |
| Abb. C-19 | Zielebenen im Tourismus | 340 |
| Abb. C-20 | Touristische Bereichsziele | 340 |
| Abb. C-21 | Kombinationen von Zielebenen und -bereichen im Tourismus | 341 |
| Abb. C-22 | Zielbeziehungen am Beispiel einer Destination | 342 |
| Abb. C-23 | Zielpyramide | 344 |
| Abb. C-24 | Unternehmensgrundsätze | 346 |
| Abb. C-25 | Die drei Elemente der Corporate Identity | 349 |
| Abb. C-26 | Basiskategorien von Unternehmenszielen | 352 |
| Abb. C-27 | Ziele bei Reiseveranstaltern | 353 |
| Abb. C-28 | Kundenbindung im Zielsystem der Unternehmung | 354 |
| Abb. C-29 | Marketingziele für die touristische Leistungskette | 358 |
| Abb. C-30 | Instrumentalziele im Tourismus-Marketing | 360 |
| Abb. C-31 | Das Strategie-Mix (als integrativer Strategieansatz, Übersicht) | 362 |
| Abb. C-32 | Massenmarktstrategien | 366 |
| Abb. C-33 | Standardisierungsebenen im Dienstleistungsbereich | 367 |
| Abb. C-34 | Konzentrierte Marketing-Strategie: eine Strategie für ein Segment | 369 |
| Abb. C-35 | Differenzierte Marketing-Strategien<br>a: für den Gesamtmarkt<br>b: für verschiedene Marktsegmente | 370 |
| Abb. C-36 | Vor- und Nachteile von Massenmarkt- und Segmentierungsstrategie | 371 |

## Abbildungsverzeichnis

| | | |
|---|---|---|
| Abb. C-37 | Dynamische Marktentwicklung und betriebliche Marktentwicklungs-Strategie | 374 |
| Abb. C-38 | Produkt-Markt-Mix | 376 |
| Abb. C-39 | Das Produktlinien-Markt-Schema der Wachstumsalternativen nach ANSOFF | 377 |
| Abb. C-40 | Die Z-Strategie | 379 |
| Abb. C-41 | Diversifikationsmöglichkeiten des örtlichen Angebots für Fremdenverkehrsorte | 380 |
| Abb. C-42 | Basisstrategien der Marktabdeckung | 381 |
| Abb. C-43 | Formen des internationalen Marketing | 385 |
| Abb. C-44 | Wettbewerbsbezogene Grundstrategien | 388 |
| Abb. C-45 | Wettbewerbsvorteile aufgrund von Qualitäts- und Leistungsvorteilen | 390 |
| Abb. C-46 | Kundenorientierte Strategiemuster in der ANSOFF-Matrix | 393 |
| Abb. C-47 | Zielgruppensegmentierung | 394 |
| Abb. C-48 | Nielsen-Gebiete | 395 |
| Abb. C-49 | Positionierung im Preis-Qualitäts-Modell | 397 |
| Abb. C-50 | Merkmale der Präferenz- und Preis-Mengen-Strategie | 400 |
| Abb. C-51a | Positionierung von TUI-Marken | 401 |
| Abb. C-51b | Positionierung von Verkehrsmitteln | 402 |
| Abb. C-52 | Strategie-Box | 403 |
| Abb. C-53 | Marketing-„Mix" | 406 |
| Abb. C-54 | Strategischer und taktischer Anteil der Marketing-Instrumente | 408 |
| Abb. C-55 | Bedeutung der Marketing-Instrumente im Phasenmodell des Tourismus-Marketing | 410 |
| Abb. D-0 | Die Gestaltungsphase im touristischen Marketing-Management | 412 |
| Abb. D-1 | Die traditionellen und neuen P's im Tourismus-Marketing | 417 |
| Abb. D-2 | Übersicht zur touristischen Produktpolitik | 422 |
| Abb. D-3 | Produktpolitik im Tourismus: Leistungsphasen, Leistungsebenen und Gesamtleistung | 425 |
| Abb. D-4 | Produktpolitik als Ausweitung und Differenzierung der Leistungskette | 427 |
| Abb. D-5 | Produktpolitik in der touristischen Leistungskette (Übersicht) | 428 |
| Abb. D-6 | Markenstrategien | 434 |
| Abb. D-7 | Der Beschwerdemanagementprozeß im Überblick | 439 |
| Abb. D-8 | Produktpolitik in der touristischen Servicekette einer Tourist-Information (TI) | 441 |
| Abb. D-9 | Marketing-Verbund-Kasten für touristische Leistungen | 443 |
| Abb. D-10 | Marketingwandel: vom Kern- zum Zusatzprodukt | 447 |
| Abb. D-11 | Erlebnisinhalte der persönlichen Freizeit | 450 |
| Abb. D-12 | Probleme und Problemlösungen im Tourismus | 451 |
| Abb. D-13 | Produktpolitik im Rad-Tourismus | 453 |
| Abb. D-14 | Leistungshierarchie und Kundennutzen im Bahntourismus | 454 |
| Abb. D-15 | Zusatzeigenschaften von Tourismusleistungen | 455 |
| Abb. D-16 | Möglichkeiten der Produktpolitik | 456 |
| Abb. D-17 | Programmstruktur von Reiseveranstaltern | 458 |

| | | |
|---|---|---|
| Abb. D-18 | Baukastensystem der Leistungselemente für Gesundheitspauschalen. | 460 |
| Abb. D-19 | Positionierung von Gaststätten | 461 |
| Abb. D-20 | Beeinflußbarkeit von Pauschalreisebestandteilen | 464 |
| Abb. D-21 | Aufgaben der Preispolitik | 468 |
| Abb. D-22 | Aufgaben der strategischen und taktischen Preispolitik | 469 |
| Abb. D-23 | Elemente der Preisbestimmung | 470 |
| Abb. D-24 | Preispolitik im touristischen Phasenmodell | 472 |
| Abb. D-25 | Formen der Preisbestimmung. | 478 |
| Abb. D-26 | Kostenarten | 480 |
| Abb. D-27 | Durchschnittliche Preisbildung einer Pauschalreise | 481 |
| Abb. D-28 | Kostenelemente einer Reise | 483 |
| Abb. D-29 | Elastizitäten | 485 |
| Abb. D-30 | Änderung der Marktschichtenstruktur | 488 |
| Abb. D-31 | Formen der Preisdifferenzierung | 493 |
| Abb. D-32 | Yield-Management/Überbuchung | 494 |
| Abb. D-33 | Aufgaben der Vertriebspolitik | 499 |
| Abb. D-34 | Das strategische Dreieck der Distribution | 500 |
| Abb. D-35 | Distributionsorgane Tourismus – Anzahl der Agenturen bei Großveranstaltern | 503 |
| Abb. D-36 | Distributionspolitischer Entscheidungsprozeß | 504 |
| Abb. D-37 | Mischformen von direkt-eigenen und indirekt-fremden Distributionssystemen | 505 |
| Abb. D-38 | Direkte und indirekte Vertriebsmethoden von Reiseveranstaltern | 506 |
| Abb. D-39 | Vertriebsaufgaben im touristischen Phasenmodell | 508 |
| Abb. D-40 | Vertriebswege im Tourismus | 510 |
| Abb. D-41 | Arten von Reisebüros | 512 |
| Abb. D-42 | Stellung von Kooperationen zwischen Markt und Konzern | 514 |
| Abb. D-43 | Leistungen im Franchising | 517 |
| Abb. D-44 | Vorteile des Franchising | 518 |
| Abb. D-45 | Die heutige Stellung der CRS im Distributionssystem der Tourismuswirtschaft. | 520 |
| Abb. D-46 | Die künftige Stellung der CRS im Distributionssystem der Tourismuswirtschaft. | 520 |
| Abb. D-47 | Der Global Ring aus Sicht der deutschen Tourismuswirtschaft. | 522 |
| Abb. D-48 | Akteure in Tourismusnetzen. | 524 |
| Abb. D-49 | Aufbau einer nationalen und touristischen Datenbank für Destinationen | 527 |
| Abb. D-50 | Grundstruktur der Kommunikation und Kommunikation im Tourismus | 529 |
| Abb. D-51 | Kommunikationspolitik (Übersicht) | 532 |
| Abb. D-52 | Zielrichtung von Kommunikationsmitteln | 534 |
| Abb. D-53 | Kommunikationsmix im Phasenmodell. | 535 |
| Abb. D-54 | Der Prozeß der Imagebildung | 542 |
| Abb. D-55 | Vom Fishbein- zum Trommsdorf-Modell | 545 |
| Abb. D-56 | Imagefaktoren für Reiseziele | 548 |
| Abb. D-57a | Allgemeine Eigenschaften des Landes Bayern | 549 |
| Abb. D-57b | Sympathiewerte verschiedener Länder. | 549 |

| | | |
|---|---|---|
| Abb. D-58 | Image-Strategien | 551 |
| Abb. D-59 | Übersicht über Verkaufsförderungsmaßnahmen | 555 |
| Abb. D-60 | Verkaufsformeln | 561 |
| Abb. D-61 | Verkaufen früher und heute | 562 |
| Abb. D-62 | Bedeutung von Öffentlichkeitsarbeit und Public Relations im deutsch- und englischsprachigen Raum | 565 |
| Abb. D-63 | Abgrenzungsmöglichkeiten der Kommunikationsinstrumente Werbung, Verkaufsförderung, Public Relations | 570 |
| Abb. D-64 | Interne und externe Public Relations | 572 |
| Abb. D-65 | Öffentlichkeitsarbeit im Reisebüro | 578 |
| Abb. D-66 | Vier-Felder-Matrix zur Rolle und Wirkung von Werbung | 582 |
| Abb. D-67 | Erstellen einer Werbekonzeption | 583 |
| Abb. D-68 | Werbeplattform | 584 |
| Abb. D-69 | Werbemittel | 587 |
| Abb. D-70 | Aufbau eines Reisekatalogs | 588 |
| Abb. D-71 | Werbeartikel | 591 |
| Abb. D-72 | Fachbegriffe der Mediaplanung | 593 |
| Abb. D-73 | Kommunikationsmittel und Formen der Verschlüsselung von Werbebotschaften | 594 |
| Abb. D-74 | Direkt-Marketing | 595 |
| Abb. D-75 | Methoden der Werbewirksamkeitskontrolle | 598 |
| Abb. D-76 | Gemeinschaftswerbung im Tourismus | 599 |
| Abb. D-77 | Vergleich von Werbemedien | 600 |
| Abb. D-78 | Formen des Sponsorings | 602 |
| Abb. D-79 | Vielfalt von Events | 606 |
| Abb. D-80 | Der Event-Management-Prozeß | 609 |
| Abb. D-81 | Product Placement | 612 |
| Abb. D-82 | Tourismus-Messen als Marketing-Instrument | 614 |
| Abb. D-83 | Marketing-Mix in der Tourismuswirtschaft | 615 |
| Abb. E-0 | Übersicht über den Implementierungsprozeß | 618 |
| Abb. E-1 | Übergang vom konzeptionellen Marketing zur Marketing-Implementierung | 619 |
| Abb. E-2 | Implementierungsdimensionen im Marketing-Management-Prozeß bei verschiedenen Marketing-Autoren | 622 |
| Abb. E-3 | Wissenschaftliche Implementierungsansätze im Marketing | 623 |
| Abb. E-4 | Implementierung als dynamische Aufgabe im Phasenmodell des Tourismus-Marketing | 626 |
| Abb. E-5 | Die Stellung des Marketing im Betrieb | 632 |
| Abb. E-6 | Stab-Linien-Organisation der TUI | 634 |
| Abb. E-7 | Divisionale Organisationsstruktur im Tourismus (Beispiel Reisebüro) | 635 |
| Abb. E-8 | Matrix-Organisation | 636 |
| Abb. E-9 | Blueprint eines Restaurants | 638 |
| Abb. E-10 | Von der „traditionellen" zur „serviceorientierten" Organisationspyramide | 639 |
| Abb. E-11 | Träger der Marketing-Implementierung im öffentlich-rechtlichen Bereich des Tourismus | 641 |
| Abb. E-12 | Organisation des Tourismus im föderalistischen System | 644 |

| | | |
|---|---|---|
| Abb. E-13 | Organisationsvorschlag im Binnenbereich des öffentlichen Fremdenverkehrs | 647 |
| Abb. E-14 | Rechtsformen für Fremdenverkehrsstellen | 649 |
| Abb. E-15 | Rechtsformen im Überblick (Charakteristik) | 650 |
| Abb. E-16 | Bewertung der Rechtsformen für eine Marketing-Implementierung | 652 |
| Abb. E-17 | Ausbalancieren von Zielen und Ressourcen als Implementierungsaufgabe | 654 |
| Abb. E-18a | Implementierung als Allokationsaufgaben | 655 |
| Abb. E-18b | Bewertungsschema für die Ressourcen-Allokation | 656 |
| Abb. E-19 | Kontinuierliche und diskontinuierliche zeitliche Implementierung | 661 |
| Abb. E-20 | Fristigkeiten der Aufgaben im Marketing-Management | 662 |
| Abb. E-21 | Zeitplanung der Prospektgestaltung bei Reiseveranstaltern | 664 |
| Abb. E-22 | Zeitliche Wirkung von Fremdenverkehrsgutachten | 665 |
| Abb. E-23 | Zeitliche Messeplanung bei der DZT | 666 |
| Abb. E-24 | Mit Implementierungsaufgaben betrautes Personal | 669 |
| Abb. E-25 | Personalstrategien | 671 |
| Abb. E-26 | Aufgaben der Personalplanung | 672 |
| Abb. E-27 | Beschäftigungsfelder im Tourismus | 673 |
| Abb. E-28 | Maßnahmen zur Personalbindung | 677 |
| Abb. E-29 | Betriebliche Entwicklung und Fort- bzw. Weiterbildung am Beispiel Reisemittler | 679 |
| Abb. E-30 | Aufgaben der Finanzplanung | 681 |
| Abb. E-31 | Entwicklung des Cash-flows am Beispiel eines mittelständischen Reiseveranstalters | 684 |
| Abb. E-32 | Arten der Finanzierung im öffentlichen Fremdenverkehr | 685 |
| Abb. E-33 | Profiteure und Finanzierungsmechanismen im Destinations-Management | 686 |
| Abb. E-34 | Anspruchsgruppen im Tourismus | 690 |
| Abb. E-35 | Touristische Verbände in Deutschland | 695 |
| Abb. E-36 | Typisierung von Erarbeitungsprozessen von Leitbildern im Tourismus | 697 |
| Abb. E-37 | Konzertierte Aktion oder Tourismus-Forum | 701 |
| Abb. E-38 | Tourismus-Moderation im „Intelligenten Tourismus" | 703 |
| Abb. E-39 | Umweltmediation als Weiterentwicklung bekannter Konfliktlösungsverfahren | 704 |
| Abb. E-40 | Binnenmarketing im Tourismus | 712 |
| Abb. E-41 | Unterscheidungsmerkmale zwischen operativem und strategischem Controlling | 716 |
| Abb. E-42 | Funktionen des Controlling | 718 |
| Abb. E-43 | Kontrolle im Marketing-Management | 720 |
| Abb. E-44 | Der Objektbereich des Marketing-Audit | 722 |

# Stichwortverzeichnis

**A**

Abgrenzungskriterien für Märkte 178
Absatz-Marketing 42, 65
Absatzpotential 181f
Absatzvolumen 181f
Abschlußphase 561
Abschöpfungspreispolitik 489
Affektive Faktoren 90
After-Sale-Marketing 71
AIDA-Formel 588
AIDA-Modell 203
Akustische Werbemittel 589
Akzeptanz der Werbung 598
Allokation
   finanzieller Ressourcen 680
   personeller Ressourcen 667
   zeitlicher Ressourcen 656
Allokationsfähigkeit 624, 653
Amtliche Statistiken 233
Analysephase 115ff
Analytic Hierarchy Process (AHP) 204
Angebot
   abgeleitetes 291, 293
   natürliches 290, 293
   vorstellbares 90, 448f
   wahrnehmbares 448
   Kern- 89ff, 94, 444ff
   Zusatz- 89ff, 444ff
Ankunftsdichte 265
Anmutungsqualität 266
Anrechtehandel 497
Anspruchsgruppen
   betriebsinterne 691
   einzelbetriebliche 691
   im Bereich Politik und Verwaltung 693
   im Tourismus 689ff
   in touristischen Makrobetrieben 692
   - Management und Marketing-Implementierung 687ff
   marktbezogene 692
   sozio-kulturelle 694
   zukunftsorientierte 696
Anzeigenwerbung 589
Äquivalenzprinzip 477
Arbeitszeit und Wertewandel 147
Attraktivitätsanalysen 164
Audiovisuelle Medien 592
Ausflugsverkehr 4
Ausgabeverhalten 170
Auslands-Marketing 385

Außendienstverkauf 559
Außenwerbung 592
Ausstattungspolitik 416
Aussteller 615
Ausstellungen 667
Auswahlverfahren der Marktforschung 228

**B**

Basisleistung 445
Basisservice 90
BAT-Freizeitforschungs-Institut 235
Befragungen 228
Beherbergungskapazität 265
Beherbergungswesen 20ff
Benchmarking 220
benchmarks 313
Beratungsqualität 271
Bereichsziele 340
Bereichsziele Marketing 356
Bereitstellungsabteilung 636
Bereitstellungsaufgabe 429
Bereitstellungsforschung 164, 167
Bereitstellungskommunikation 536
Bereitstellungs-Marketing 70
Bereitstellungswerte 282
Beschaffungs-Marketing 42, 167
Beschaffungs-Marktforschung 167
Beschäftigungsfelder 673
Beschwerde-Management 78, 438f
Beschwerde-Management-Prozeß 438
Beschwerdepolitik 439ff
Betriebe im Tourismus 245
Betriebsabgrenzung 243
Betriebsanalyse 243ff, 254ff, 308ff
Betriebsbewertung 253, 286
Betriebsketten 87, 252
Betriebsmodelle
   dienstleistungsorientierte 247
   sachgüterorientierte 246
Betriebsorientierte Wertkette 279
Betriebsstätte 243
Betriebsvergleich
   für Kurortunternehmen 260, 262
   für Reisebüros 259
Betriebspyramide 252
Bevölkerungsentwicklung 152
Bewertungsschema 654
Beziehungs-Marketing 73
Billig-Strategie 396
Binnenkommunikation 531

Binnen-Marketing 273, 437, 571, 706, 708, 712
Binnenstruktur und Implementierung 643
Binnen-Tourismus 29
Black-Box-Modelle 193
Blueprint 638
Boomfaktoren 143
Brainstorming 134, 136
Branchenorientierte Wertketten 282
Branchenstruktur 214
Branchentrends 122
branding 432
broadening 34, 52

**C**
Cash-Cows 324
ceteris-paribus-Analyse 28
Chancen-Risiken-Analyse 307f
Clusteranalyse 129, 233
Coaching 699
Computer-Reservierungssysteme (CRS) 22, 151, 167, 213, 518f
Conjointanalyse 130
Controlling 718
 operatives 716
 strategisches 716
Corporate Behaviour 349, 350, 538
Corporate Communication 349f
Corporate Design 349
Corporate Identity 347, 533, 538, 710
Corporate Identity-Kommunikation 536

**D**
Dachmarkenstrategie 435
Datenerhebung 239
Deckungsbeitrag 352, 480
deepening 34, 52
Dekorative Werbemittel 589
Delphi-Befragungen 135
Delphi-Methode 137
Demographische Marktsegmentierung 184
Demoskopische Marketingforschung 138
Designebene 90
Design-Wert 449
Deskriptoren der Szenarioanalyse 142, 144
Destinationen 22f, 81, 262, 462, 646, 686
Destinations-Marken 431
Diagnosemethoden 308
Diagnostisches Marketing 117
Die Reise (Grundmodell) 5
Dienstleistungsmentalität 675
Dienstleistungsorientiertes Produktionsmodell 67

Dienstleistungsqualität 76, 266
Differenzierte Marketingstrategien 369
differenziertes strategisches Marketing 367
DIN EN 273
DIN ISO 266
Direct-Mailing 596
Direkte Distributionswege 505
Direkter Eigenvertrieb 505
Direkter Fremdvertrieb 506
Direkt-PR 596
Direkt-Verkauf 596
Direkt-Werbung 592, 595, 596
Diskriminanzanalyse 130, 233
Distributionsaufgabe 496
Distributionsformen 504
Distributionsorgane 503, 509
Distributionspolitik 406ff, 495, 498
Distributionspolitischer Entscheidungsprozeß 504
Distributionsweg Reisebüros 511
Distributionswege 504ff
Diversifikation 212
Diversifikationsmöglichkeiten 380
Diversifikations-Strategie 378, 393
Divisionale Organisationsstruktur 633ff
dogs 325
Durchführungsabteilung 637
Durchführungswerte 283
DWIF 235
Dynamische Implementierung 625
Dynamische Marktfeldstrategien 378
Dynamische Umfeldanalyse 120
Dynamische Märkte 373

**E**
E-Commerce 523ff
Eigenbetrieb 651
Eigenbild 542
Eigenforschung 222
Eigengesellschaft 651
Eigenvertrieb 507
Einführungsphase 316
Einstellungen 200
Einstellungsforschung 174
Eintrittswahrscheinlichkeiten 121
Einzelkosten 479
Einzelmarkenstrategie 433
Elastizitäten 485
Elektronische Medien 590
Emnid-Institut 235
Emotionen 201
Endkontrolle 719
Enge Konkurrenz 211
Entgeltpolitik 465
Entsorgungsaufgaben 78

Entstehungsphase 316
Entwicklungs-Strategien 372, 403
Erfolgsziele 352
Ergebnisabteilung 637
Ergebnisebene 90
Ergebnisimplementierung 626
Ergebniskontrolle 719
Ergebnis-Marketing 78
Ergebnis-Mix 407, 409
Ergebnisorientierung 68, 75
Ergebnisphase 67f, 83, 249
Ergebnisqualität 174, 273, 289, 440
Ergebnisstandardisierung 367
Ergebniswerte 283f
Erinnerungswirkung 539
Erlebnis-Marketing 107
Erlebnisorientiertes Marketing 108
Erlebniswerte 201, 449
Ersatzprodukte 217
Erstellungswerte 283
Event-Management 608
Event-Management-Prozeß 610
Event-Marketing 608
Events 552, 605ff
Event-Tourismus 606f
Experimente 228
Expertenbefragungen 134
Expertengespräche 230
Expertensysteme 525
Ex-post-Kontrolle 720
externe Marktforschung 223
Externe PR 572f
externer Faktor 94, 168, 249, 537

**F**
Fachbesuchermessen 614
Fachzeitschriften 236
Fähigkeiten-Analyse 221
Faktorenanalyse 129, 233
Filialen 507
Filialverkauf 559
Filmwerbung 590
Financial Relations 574
Finanzierungsarten 685
Finanzierungsmechanismen 686
Finanzmanagement 680f
Finanzplanung 681
  kurzfristig 683
  langfristig 682
  öffentliche 683
Finanzziele 352
Fishbein-Modell 545
Fixkosten 479
Flugblätter 589
Föderalistisches System 644
Folgestrategien 375

Forschungsgemeinschaft Urlaub + Reisen 235
Fragebogengestaltung 240
Fragezeichen im Portfolio 323
Franchise-Geber 517f
Franchise-Nehmer 517f
Franchising 516ff, 640
Freizeit und Wertewandel 147
Freizeitgesellschaft 148
Freizeitorientiertes Marketing 107
Freizeitreisen 4
Freizeit-Touristen 29
Fremdbild 542
Fremdenverkehrsamt
  Eigenbetrieb 650
  Regiebetrieb 650
Fremdenverkehrsbewußtsein 708
Fremdenverkehrs-GmbH 650
Fremdenverkehrslehre 31
Fremdenverkehrsorte 22
Fremdenverkehrsstellen 649
Fremdenverkehrsverein (e.V.) 650f
Fremdfaktor 71f, 249
Fremdforschung 222f
Fremdvertrieb 507
Friedliche Konkurrenzstrategien 388
Fristigkeiten der Marketing-Implementierung 662
Frühwarnsysteme 131
Führungsstil
  autoritär 676
  kooperativ 676
Funktionale Nachfragemodelle 207, 210
Funktionale Organisationsstruktur 631
funktionale Qualität 288
Funktionsbereiche 691
Futurologie 122

**G**
Ganzheitlicher Tourismus 699
Ganzheitliches Implementierungsmodell 627
Ganzheitliches Marketing 61, 102, 104
Ganzheitliches Modell der Tourismuswirtschaft 33
GAP-Analyse 333
GAP-Modell 274
Gästebefragung 238, 242, 273
Gästefreundlichkeit 647
Gästestammtisch 699
Gästezeitschriften 589
Gemeinkosten 479
Gemeinschaftswerbung 600
Gemeinwirtschaftliche Betriebe 250
Gemeinwirtschaftliche Ziele 352, 355
Generic-Placement 611, 613

Gesamtbetriebe 287
Gesamt-Kontrolle 719
Gesamtkosten 480
Gesamtprodukt 79
Geschäftsfelderbezogene Ziele 359
Geschäftsfelder-Strategien 372, 376ff
Geschäftsreisen 4
Geschäftssystemanalyse 279, 286
Geschäfts-Touristen 29
Gesellschaftsorientiertes Tourismus-Marketing 104
Gestaltung der Qualität 461ff
Gestaltung der Quantität 460ff
Gestaltungsphase 110, 411ff
Glaubwürdigkeit 165, 598
Global Ring 522
Globale Tätigkeiten 674
Globales Marketing 108, 386
Globalstrategie 382
Governmental Relations 574
Grundleistung 445
Gütesiegel 272, 432

**H**
Handels-Promotion 557
Handlungsziele 343
Handzettel 589
Heimatort 80
Heterogenisierung 176
Hierarchischer Zielfindungsprozeß 343
Hochpreispolitik 489
Hochschulen Tourismus 235
Homogenisierung 176
Horizontale Kooperationen 513
Hotelbetriebsvergleich 258
human concept of marketing 105
Human Ressources 152
Hunde im Portfolio 325

**I**
Identität 350
Image 200f, 350, 542f
Image Placement 612
Imageanalysen 174
Imagebildung 542
Imagefaktoren 450, 548
Imageforschung 165, 541, 545
Image-Kampagnen 552
Imagekomponenten 547
Image-Kontrolle 553
Imagekorrektur 551
Image-Objekte 542, 547
Imageorientierung 710
Image-Placement 613
Image-Prospekte 587
Image-Strategien 550, 551

Image-Subjekte 542, 546
Imageveränderungen 553
Immaterialität 69, 75, 94, 497
Implementierung
 auf Bundesebene 642
 auf Landesebene 642
 auf lokaler Ebene 643
 auf regionaler Ebene 643
 im Makrobereich 641
 im Mikrobereich 643
Implementierungsansätze 623
Implementierungs-Audit 722
Implementierungsaufgaben 621ff
Implementierungs-Dilemma 620
Inbound-Marketing 13
Incoming-Tourismus 29, 383
Indirekte Distribution 507
Informationsauswertung 231
Informationsphase 115
Informationsquellen 233
Informationsverhalten 165f, 205
Innenkommunikation 531
Innen-Marketing (s. auch Binnen-Marketing) 707f
Institutionelles Marketing 61
Instrumentalstrategien 302
Instrumentalziele 359f
Instrumente der Qualitätsmessung 268
Instrumentelles Marketing 36, 49
Integrationsgrad 511
Integrativer Strategieansatz 361
Intelligenter Tourismus 699, 703
Interaktion 436
Intermediavergleich 593
Internationales Marketing 108, 384
Interne Cash-Flow-Analyse 683
Interne Marktforschung 223
Interne PR 572, 576
Internet-Marketing 523ff
Intervallskalen 232
Interviewerschulung 240
Intramediavergleich 594
Intuitive Verfahren 133
Investition 681
Involvement 206
Involvementtheorien 581
IPK International 235
ISO-Normen 277f
Ist-Portfolios 256, 321

**J**
Just-in-Time-Management 661

**K**
Kapazitäten 70
Kapazitätspolitik 473

Kataloge 586
Kauf, Kaufprozeß 70f
Kaufverhalten 201
Kaufverhaltensforschung 25f, 165, 191ff, 581
  Modelle der 192ff
Kennzahlen 257
Kernleistung 89ff, 94, 445
Kernprodukt 444ff, 452
Kinowerbung 590
Klumpenstichprobe 230
Kognitive Faktoren 90
Kollektivbetriebe 251
Kollektive Produktion 96
Kommerzielles Marketing 55, 63
Kommunikation 73
Kommunikation „below the line" 601
Kommunikationserfolgskontrolle 530
Kommunikationsinstrumente 532
Kommunikationsmedien 530
Kommunikationsmittel 595
Kommunikationsmix 535
Kommunikationspolitik 406, 498, 528ff
Kommunikationswissenschaft 531
Komparativer Konkurrenzvorteil (KKV) 304, 306, 362
Kompetenz 69
Komplementarität 94
Konditionenpolitik 465, 474, 477, 494
Konfliktäre Strategien 387
Konfliktbewältigung 702
Konkurrentenvergleich 219
Konkurrenzabgrenzung 211
Konkurrenzanalyse 210, 216
Konkurrenzfunktion der Preispolitik 473, 484
Konkurrenzorientierte Strategien 386ff
Konkurrenz-Strategie 371, 403
Konsumentenforschung (s. Kaufverhaltensforschung)
Konsumentenmärkte 43
Kontakthäufigkeit 593
Kontaktkosten 593
Kontaktpersonen 169
Kontaktphase 561
Kontaktwegepolitik 498
Kontingenzanalyse 130
Kontrahierungspolitik (s. Preispolitik)
Kontrollphase 110, 719ff
Konzentration 182
Konzentrierte Marketingstrategie 368
Konzeptionelles Marketing im Tourismus 51
Konzeptionsphase 110, 299
Konzernbildungen 640
Konzertierte Aktion 701

Kooperationen 389, 512ff, 639, 699
Kooperations-Strategie 389
Koordiniertes Marketing 82, 96
Korrelationsanalyse 127, 233
Kostenarten 480
Kostenführerschaft 387
Kostenorientierte Preisbildung 479
Kostenvorteile 388
Kreative Verfahren 126, 133
Kreativitätstechniken 134, 136
Kreislaufgedanke im Marketing 112
Kreislaufmodell 112
Kreuzpreiselastizität 485
kulturelles Marketing 107
Kundenbindung 354, 438
Kundenkontakt 74, 575, 638
Kundenkontaktpersonal 668
Kunden-Mailing 596
Kundenorientierte Strategien 391
Kunden-Strategie 387, 403
Kur-Touristen 30
Kurzreisen 4

**L**
Längsschnittuntersuchungen 230
Last-Minute 476
Lebenszeiten 658
Lebenszyklusanalyse 307f, 315ff
Leistungsbündel 79, 91, 94, 290
Leistungsebenen 420, 442
Leistungserstellung
  Ort der 80
Leistungsfähigkeit 248
Leistungskette 82ff, 94, 269, 420, 426, 636
  Gesamtbetriebe 287
Leistungspolitik 536
Leistungsqualität 272
Leistungsträger
  Beherbergung 20
  Transport 19
Leistungsübliches Produkt 445
Leistungsvorteile 388
Leitbilder 336ff, 697, 699
Lernmodell 581
Lieferantenmacht 217
Lifestyle-Typologien 188ff
Links-unten-Strategie 396
Liquidität 683
Liquiditätsplanung 681ff
LISREL-Ansatz 130
Lobbyismus 574
Lückenplanung 334

**M**
Makroabgrenzung 177
Makro-Kette 82, 86

Pauschalreise 88
Makro-Marketing 61, 96ff 100
Makroökonomie 7, 10
Makrosegmentierung 175
Makroumfeld 119f
Makro-Wertkette 282ff
Makro-Wertschöpfung 285
Makro-Ziele 335f
Managementstrukturen 628
Markenartikel 430ff
Markendesign 432
Markenfamilienstrategie 435
Marken-Placement 612f
Markenpolitik 430ff, 450
Markenstrategien 434
Markenzeichen 432
Marketing 11
  als Managementfunktion 37
  der Leistungsträger 20
  der Reisemittler 22
  der Reiseveranstalter 21
Marketing-Audit 720ff
Marketing-Controlling 715ff
Marketing-Events 606
Marketingforschung 115
Marketing-Implementierung 617ff, 628
  öffentlich-rechtlicher Tourismusbetriebe 640
  Partialansätze 627
  privatwirtschaftlicher Tourismus Unternehmen 630
  Totalansätze 624
Marketing-Kennziffern 263
Marketingkonzeption 303
Marketing-Management-Methode 62
Marketing-Mix 303, 405ff, 411, 414ff, 616
Marketing-Mix-Verbund 421
Marketing-Organisation 628
Marketingpotential 181
Marketing-Strategien 299ff
Marketing-Verbund 443
Marketing-Verbund-Kasten 443
Markt 178
Marktabdeckung 380
Marktabgrenzung 174
Marktanalyse 161ff, 308
Marktanteil 181f
Marktareal-Strategie 383
Marktbeobachtung 228
Marktdurchdringung 377
Märkte als Schnittstelle 10
Markteintrittsbarrieren 216
Marktentwicklung 378
Marktfelder-Strategie 376
Marktforschung(s) 222ff
  -institute 235

  -kosten 477
Marktkommunikation 530
Marktorientierte Preisbildung 483
Marktpotential 181f
Marktschichtenstruktur 488
Marktsegmentierung 168, 177, 183
Marktspezialisierung 383
Marktstellungsziele 352
Marktvolumen 180ff
Maslow'sche Bedürfnispyramide 198
Massen-Marketing 363
Massenmarktstrategien 366, 371
Maßnahmen-Audit 722
Matrix-Organisation 635f
Media-Analysen 234
Mediaplanung 594
Mediation 699, 704
Medien 698
Mega-Szenarien 155
Megatrends 122ff, 144
Mehrmarkenstrategie 434
Mehrstufige Auswahlverfahren 230
Melkkühe im Portfolio 324
Merchandising 558, 591
Messegesellschaften 614f
Messen 419, 667
Messeplanung 666
Messeverkauf 559
Messung des Kaufverhaltens 599
Methode 6-3-5 135f
Methoden
  der Marktforschung 225ff
  der Qualitätsmessung 268ff
  der strategischen Diagnose 306ff
Me-Too-Strategie 388
Mikroabgrenzung 177, 183
Mikro-Kette 82
Mikro-Marketing 61, 96f
Mikroökonomische Preistheorie 486
Mikrosegmentierung 175
Mikroumfeld 119f
Mikro-Ziele 334ff
Mitarbeiter 691
Mittelpreis-Strategie 491
Mitwirkungspflicht 73, 94, 272, 476
Mitwirkungspotential 73, 436
Mobilität 149
Modernes Marketing 41, 92
Modulares Tourismusmodell 31
Momente der Wahrheit, moments of truth 73, 84
Monopolistischer Spielraum 399
Morphologie 135f
Motiv 29
Motivationsmöglichkeiten 677
Motive 4, 198

Multidimensionale Skalierung 129
Multinationales Marketing 384
Multiple Zukunftsforschung 140
Multiplikatoren 575
Multivariate Verfahren 128
Mund-zu-Mund-Kommunikation 531

**N**
Nachbetreuung 77, 438, 477, 539
Nachfrageorientierte Preisbildung 484
Nachfrager-Strategie 371
Nachfrager-Wertschöpfung 285
Nachfragetypologien 29
Nachkauf-Marketing 71, 76ff
Nachkonsum-Marketing (s. Nachkauf-Marketing)
Nach-Reise-Marketing (s. Nachkauf-Marketing)
Namensgebung und Markenpolitik 432
Nationales Marketing 102
Natürliches Angebot 290, 293
Nebenkosten 475
Net-Working 640
Neue Konkurrenten 215
Neue Netze 523
Neue P's 406
Nicht-kommerzielles Marketing 57, 63
Nicht-Reisende 30
Niedrigpreispolitik 489
Niedrigpreisstrategie 387
Nielsen-Gebiete 395
Nischenstrategie 388
Nominalskalen 232
Non-Profit-Marketing 105
Normative Ziele 334
Normatives Marketing 36
Normstrategien 316, 327
Null-Fehler-Problematik 74, 269, 427

**O**
Öffentliche Betriebe 250
Öffentliche Verwaltung 643, 649
Öffentlichkeitsarbeit 76, 533, 537f, 563ff
Ökologie 153
Ökologische Kennziffern 264
Ökologisches Marketing 105
Ökonomische Ziele 351
Ökonomisches Tourismus-Marketing 103
Online-Dienste 523, 574
Operationalisierung 332, 356
Operative Preispolitik 468
Operative Ziele 335
Operatives Marketing 36, 617
Optimismus-Szenario 145ff
Ordinalskalen 232
Organisations-Pyramide 637, 639

Organismus 196
Orientierungsziele 343
Ort 3
Outbound-Marketing 13
Outgoing-Tourismus 29, 384

**P**
Packages 417, 460
Paketpreise 475
Panelbefragungen 230
Parallelkontrolle 719, 721
Partizipation 415, 699, 706, 711
Partnership (Partnerschaften) 418
Paul-Phänomen 398f
Pauschalangebote 80
Pauschalreise 283, 463
Pauschalreisebestandteile 464
People 415
Personalbeschaffung 672, 674
Personalbindung 677
Personaleinsatzplanung 674
Personalentwicklung 678
Personalführung 672, 676
Personalkostenplanung 676
Personal-Management 671
Personalplanung 667
Personalqualifizierung 672
Personalschulung 713
Personalstrategien 670
Persönlicher Verkauf 554ff
Persönlichkeitsbezogenes Marketing 108
Persönlichkeitsmerkmale 206
Pessimismus-Szenario 145ff
Peter-Phänomen 398f
Phantasiemarken 432
Phasenbezogene Produktpolitik 425
Phasen-Mix 407
Phasenmodell 272
Phasenorientierte
    Distributionspolitik 508
    Implementierung 626
    Kommunikationspolitik 535
    Marktforschung 163
    Preispolitik 472
    Produktpolitik 428
Phasenorientiertes
    Marketing-Mix 410
    Wertkettenmodell 283
Philosophie 303
Physical evidence 416
Pionierstrategie 375
Plakate und Werbung 589
Portfolio-Analyse 307, 321, 334
Portfolio-Matrix 323f
Positionierung 401f, 462
Positionierungspolitik 430, 462

Positionierungs-Strategien 371, 387, 396, 403
Positioning (Positionierung) 418
Potentialanalysen 164, 254
Potentialimplementierung 626
Potential-Mix 407f
Potentialorientierung 68
Potentialphase 67, 83, 248
Potentialqualität 270, 289, 430
Potentialstandardisierung 366
Potentialwerte 282f
Power („Macht") 418
PR und Marketing-Management 568
Prädikate 272
Präferenz-Strategie 400
Prämienpreisstrategie 489
Prämissen-Audit 722
Preisbestimmung 470, 478, 481
Preisbindung 474
Preisdifferenzierung 491ff
Preisillusion 475
Preisklima 477
Preis-Leistungs-Verhältnis 398, 465
Preis-Mengen-Strategien 400f
Preispolitik 406, 465ff, 476
Preispolitische Strategien 487
Preispolitischer Ausgleich 490
Preis-Qualitäts-Modell 397
Preisvergleich 476
Premium-Strategie 396
Pressedienste 573
Pressefahrten 573
Pressekonferenzen 573
Primäre Aktivitäten 279, 281
Primärforschung 227, 228
Printmedien 592
Privat-Public-Partnerships 645
Privatwirtschaftliche Betriebe 250
Problemlösung 75, 445, 451
Process 416
Product-Placement 592, 611ff
Product Publicity 569
Produktentwicklung 378
Produktionsbegriff 249
Produkt-Markt-Konzentration 382
Produkt-Markt-Mix 376
Produkt-Markt-Strategie 371ff, 387
Produkt-Mix 420
Produktpalette 459
Produktpolitik 406, 420ff, 425
    Gestaltungsmöglichkeiten 456
    im Tourismus 420
Produktpositionierung 462
Produktprofilierung 462
Produktspezialisierung 382
Produzentenmärkte 43

Professionelles Tourismus-Marketing 51
Profilierungs-Strategien 396
Profit-Center 633ff, 647
Prognosen 120
Programming
    (Programmgestaltung) 417
Promotionspreis-Strategie 490
Prospekte 586f, 664
Prosumer 73
Prozeß 303
    -Audit 722
    der Wahrheit 73
Prozeßbetrachtung 113
Prozeßimplementierung 626
Prozeßkettenziele 358
Prozeß-Mix 407ff
Prozeßorientierte
    Betriebsanalyse 265
    Organisation 636
    Qualitätsanalyse 269
    Totalansätze 625
Prozeßorientierung 68, 71
Prozeßphase 67, 83, 249
Prozeßpolitik 416
Prozeßqualität 271, 289, 437
Prozeßstandardisierung 367
Prozeßwerte 283
Psychographische
    Marketingziele 360
    Marktsegmentierung 186
Public („Öffentlichkeit") 418
Public Relations (PR) 563ff
    Aufgaben der 565
    Grundsätze der 566
    Instrumente der 567
Pull-Marketing 13
Push-Marketing 13

Q
Qualitätsbewertungsmethoden 267
Qualitätsforschung 168, 170
Qualitätsführerschaft 387
Qualitätslücken 275
Qualitäts-Management 265, 428, 710
Qualitätsmeßmethoden 267
Qualitätsorientierte Betriebsanalyse 272
Qualitätspolitik 419ff
Qualitätszirkel 699
Querschnittsdisziplin 113
Querschnittsuntersuchungen 230
question marks 323
Quotenauswahl 230

R
Realisierungsphase 110, 617
Realismus-Szenario 145ff

Recall-Test 598
Rechtsformen 646
    für Fremdenverkehrsstellen 649f
Rechts-oben-Strategie 396
Regiebetrieb 650
Regionale Marketing-Träger 100
Regressionsanalyse 127, 130, 233
Reichweite 593
Reifephase 318
Reiseabsichtsanalysen 165
Reiseboom 35
Reisebüros 22, 512
Reise-Destinationen 80
Reiseentscheidung
    aktivierende Komponenten der 198
    kognitive Komponenten der 202
Reisekataloge 588
Reisemittler 22, 512
Reisen
    als Investition 27
    als Konsum 27
Reiseveranstalter 21
Reiseverhalten 171
Reisezufriedenheit 170ff
Reisezyklen 658
Reklamationen 172, 438, 477, 539
Reklamationsforschung 172
Reklamationspolitik 438, 539
Relaunch 318
Relevanter Markt 175
Residenzprinzip 71f, 498
Response 207
Ressourcen-Analyse 254f, 307, 310
Ressourcen-Marketing 106
Restwertmethode 597
Rezeptionsforschung 581
Rivalität 214
Rückwärtsintegration 212
Rundfunkspots 590

**S**

Sachgüterorientierte(s)
    Betriebsmodell 65
    Wertketten 279
Saisonalität 165
Saisonzeiten 657
Sättigungsphase 318
Schnittstellen-Management 427
Schrumpfungsphase 318
Schrumpfungs-Strategie 373
Schwächen 314
Segmentierungsstrategie 371
Sekundäre Aktivitäten 279ff
Sekundärforschung 226f
Selbstbeteiligung 476
Selektive Marketingstrategie 368

Selektive Spezialisierung 382
Serviceketten 82, 93, 441
Serviceorientiertes Modell 639
Servicepolitik 419
Service-Qualität 265, 272
SERVQUAL-Ansatz 276
SGE 323
Signalfunktion der Preispolitik 473
Skalentypen 233
Skalierungsverfahren 232
Skimming-Preisstrategie 489
Social-Marketing 105
Soll-Image 550
Soll-Portfolio 321
S-O-R-Modelle 193
Souvenirs 591
Soziale Ziele 352ff
Spartenorganisation 633
Sponsoring 592, 602
Sport-Marketing 107
S-R-Ansatz 193
Stabilisierungs-Strategie 373
Stab-Linien-Organisation 634
Stammkundschaft 78
Standardisierung 270, 431
Standardisierungsebenen 367
Standardisierungsmöglichkeiten 366
Stärken 314
Stärken-Schwächen-Analyse 219, 307
Stärken-Schwächen-Profile 310
Stars im Portfolio 324
START 521ff
Statische Betrachtung 119, 181
Sterne im Portfolio 324
Stichprobe 228
Stimulus 196
Strategie
    -Box 403
    -Chips 403
    -Entwicklung 361ff
    -Mix 362
    -Modul(e) 302, 403
Strategien 303ff
Strategien-Audit 722
Strategische
    Allianzen 514, 699
    Diagnose 295f
    Erfolgsposition (SEP) 362
    Geschäftseinheiten (SGE) 256, 304,
        306, 322, 635
    Preispolitik 467
    Unternehmensziele 351
    Ziele 329ff, 335
Strategisches Image-Management (SIM)
    545
Strategisches Marketing 36, 299ff, 302

Strukturansätze 193, 303
Studienkreis für Tourismus 235
Subjektivität 94
Substitution 212
SWOT-Analyse 315, 328
Synektik 135, 136
Systematische Verfahren 126
Szenarien 120, 140
Szenariofeld-Analyse 142
Szenario
 -Prognostik 144
 -Tableau 156
 -Technik 138ff

**T**
Taktische Preispolitik 468
Technik 151
Technische Qualität 288
Teilkostenkalkulation 480
Telefonverkauf 559, 596
Theorie des Tourismus-Marketing 32
Timing-Strategien 375
TIN 526f.
Top-Ebenen-Verkauf 559
Total-Quality-Management
 (TQM) 252, 265, 270, 288, 710
Tourismus
 -Angebot 16
 betriebswirtschaftlicher Aspekt 6
 Definition 4
 Definition der WTO 5
 funktionale BWL 6
 institutionelle BWL 6
 volkswirtschaftlicher Aspekt 7
Tourismusabhängige Betriebe 25
Tourismusbetriebe
 im engeren Sinne 17
 im weiteren Sinne 17
Tourismusdichte 264f
Tourismus-Forum 699ff
Tourismus-Kollektiv 251
Tourismuslehre 3
Tourismus-Marketing als Dienstleistungs-Marketing 60, 64
Tourismusmärkte 179
Tourismus-Messen 612, 615
Tourismus-Nachfrage 25
 makroökonomische Erklärungen 27
 mikroökonomische Erklärungen 27
 Nachfrageanalyse 195
Tourismuspolitik 10
Tourismus-Produzenten 16
Tourismusspezialisierte Betriebe 24
Tourismusvereine 24, 645
Tourismuswirtschaft 25

Tourismuswirtschaft im engeren Sinne 18
Tourismuswissenschaft 31
Touristentypologien 186
Touristische
 Dienstleistungen 68
 Leistungsträger 19
 Märkte 178
 Reisen als Investition 28
 Transportbetriebe 19
 Verbände 695
Touristisches Grundmodell 31
Touristisches Marktmodell 10
TQM (s. Total-Quality-Management)
TQM-bezogene Totalansätze 625
TQS-Total-Quality-Service 265
Traditionelles Marketing 39, 92
Traditionelles Produktionsmodell 65
Träger der Marktforschung 222
Trendanalysen 127
Trendexpolationen 127, 133
Trendforschung 122
Trends 120ff
Trendsetter 575
Trend-Szenario 145, 146
Trichtermodelle 145
Trommsdorf-Modell 545
TV-Werbung 590
Typenbildungen 187
Typologieorientiertes Marketing 108

**U**
Überbetriebliche Organisationsstruktur 639
Überbetriebliches Marketing 61
Übernachtungsdichte 265
Umfeldanalyse 118ff, 124ff, 308
Umsetzungsbegleitung 702
Umweltverträglichkeitsprüfung (UVP) 699
Undifferenzierte Marketingstrategie 363
Unique Selling Proposition (USP) 264, 304, 306, 362
uno-actu-Prinzip 94, 249, 497
Unternehmensgrundsätze 346
Unternehmensidentität 347
Unternehmenskultur 667f
Unternehmenspersönlichkeit 542
Unternehmenszweck 345
Urlaubertypologien 190
Urlaubsreisen 4
Ursprüngliches Angebot 291
USP (s. Unique Selling Proposition)

**V**
Variable Kosten 479

Varianzanalyse 130
Veranstaltung (s. auch Events)
Veranstaltungskalender 589
Veranstaltungs-Management 605
Veranstaltungs-Marketing 605
Verbände im Tourismus 234
Verbraucherorganisationen 696
Verbraucher-Promotion 557
Vereins-Marketing 107
Verfahrenskontrolle 719, 721
Vergänglichkeit 94
Vergleichsprofil 313
Verhaltensorientierte Marktsegmentierung 185
Verhältnisskala 232
Verhandlungsphase 561
Verhandlungsstärke der Abnehmer 218
Verkäufer-Promotion 557
Verkaufsförderung 533, 537f, 554ff
Verkaufsformeln 561
Verkaufspsychologie 560
Verkehrsszenarien 149
Verrichtungsqualität 74, 170
Vertikale Kooperationsformen 513
Vertrauen im Marketing 69
Vertrauensbildende Maßnahmen 428
Vertriebsfranchising 516
Vertriebswege 508
  -förderung 554
  im Tourismus 510
  -politik 495ff
Verursacherprinzip 473
Verwaltung 250, 649
Videos und Werbung 590
Visuelle Werbemittel 590
Vollerhebung in der Marktforschung 228
Vollkostenkalkulation 479
Vorstellbare Zusatzleistungen 449
Vorstellungsebene 90, 448f
Vorteils-Matrix 325
Vorwärtsintegration 211

**W**
Wachstumsphase 316
Wachstums-Strategie 373
Wahrnehmbare Zusatzleistungen 449
Wahrnehmungsebene 90, 448
Weite(re) Konkurrenz 211
Werbeartikel 590f
Werbebotschaften 595
Werbebriefe 589
Werbebudget 597
Werbedurchführung 597
Werbeerfolgskontrolle 598
Werbe-Kommunikation 536
Werbekontrolle 598

Werbekonzeption 583
Werbekostenkontrolle 598
Werbemedienvergleich 600f
Werbemittel 586f
Werbemix 584
Werbeplattform 584
Werbepolitik 579
Werbeträger 592
Werbewirksamkeitskontrolle 599
Werbeziele 585
Werbung 533, 538
Werbung als Teil-Marketing 580
Werbung below the line 592
Werte 149
Werteorientiertes Marketing 108
Wertewandel 147
Wertketten 280, 284
  -analyse 265, 279, 288
  für touristische Leistungen 281
Wertschöpfung 249, 283f, 352
Wertschöpfungsstufe 287
Wertsystem 282
Wettbewerbsbezogene Grundstrategien 388
Wettbewerbsfaktoren 213
Wettbewerbsorientierte Strategie 387
Wiedererkennungswert 598
Wiederholerrate 173
Wir-Bewußtsein 542
Wirkung der Werbung 581f
Wirkungskontrolle 598
Wirtschaftliche Ziele 352
Wirtschaftsentwicklung 146

**Y**
Yield-Management 167, 492, 494
Yield-Management-System 494

**Z**
Zeit 4
Zeitallokation 663
Zeithorizonte 658
Zeit-Management 659f
Zeitplanung 656
Zeitraumbezug 94
Zertifikate 278, 432
Ziele 303, 331
Zielebenen 339
Zielfindung 330
Zielgebiet 80
Zielgruppen 97
Zielgruppenbestimmung 585
Zielgruppendurchdringung 393
Zielgruppenentwicklung 393
Zielkonflikte 342
Zielkongruenz 342

Ziel-Mittel-Charakter 332
Zielneutralität 343
Zielplanung 329
Ziel-Portfolio 256
Zielpyramide 344
Zielstrukturen 331
Zielsysteme 332
Z-Strategie 379

Zufallsstichprobe 229
Zufriedenheitsforschung 76, 172, 174
Zukunftsentwicklung 303
Zukunftswerkstatt 699
Zusatzeigenschaften 455
Zusatzleistungen 89ff, 445f
Zusatznutzen 75, 433, 452
Zwischen-Kontrollen 719